第4版

M&A・企業組織再編の スキームと税務

~M&Aを巡る戦略的税務プランニングの最先端~

西村あさひ法律事務所
パートナー弁護士

太田 洋【編著】
yo ota

一般財団法人
大蔵財務協会

第4版　序　文

　本書の第3版は、2016年2月に上梓されたが、幸いにして非常な好評を得ることができ、書肆における在庫も僅少となってきたこと、並びに、第3版発刊後に登場したM&Aに関する課税問題についての重要判決であるヤフー・IDCF事件最高裁判決及びIBM事件最高裁決定に対応すると共に、平成29年度税制改正によるスピン・オフ税制の導入及び同30年度税制改正による一定の認定自社株対価TOBに関する課税繰延特例の導入等に対応する必要があったことから、このたび版を改めることとなった。

　第4版においても、世の中で現実に用いられる、又は今後用いられるであろうと予想されるM&Aの手法の類型毎に、それぞれについての課税上の取扱いの概要や、法令解釈上問題となり得る点を深く掘り下げて分析・検討する、という初版からの一貫した方針に変更はない。
　本書では、平成29年度税制改正によるスピン・オフ税制の導入及び同30年度税制改正による一定の認定自社株対価TOBに関する課税繰延特例の導入等を受けて、第9章及び第10章を全面的に書き改めた。
　また、ヤフー・IDCF事件最高裁判決及びIBM事件最高裁決定を受けて、租税回避行為の一般的否認規定である法人税法132条、132条の2及び132条の3について論じた第14章を大幅に加筆・補充した。
　もちろん、既存の章についても、第3版刊行後の税制改正等に対応して、記載を原則として2018年12月31日現在の最新のものに改め、一部の記述の不備を修正していることはいうまでもない。

　本書が刊行に至ったのは、初版と同様、一般財団法人大蔵財務協会の木村幸俊理事長をはじめ、刊行に当たって終始ご協力をいただいた編集局の

諸氏の御尽力の賜物である。

　この場を借りて深謝申し上げたい。

2019年2月吉日

西村あさひ法律事務所

パートナー

弁護士・ニューヨーク州弁護士　太田　　洋

第3版 序　文

　本書の第2版は、2013年6月に上梓されたが、幸いにして非常な好評を得ることができ、書肆における在庫も僅少となってきたこと、及び、第2版発刊後に登場したM&Aに関わる重要判決であるヤフー・IDCF事件に係る東京地裁・東京高裁判決及びIBM事件東京地裁・東京高裁判決に対応すると共にクロス・ボーダーM&Aを巡る昨今の実務の動向に対応する必要があったことの2点から、このたび版を改めることとなった。

　第3版においても、世の中で現実に用いられる、又は今後用いられるであろうと予想されるM&Aの手法の類型毎に、それぞれについての課税上の取扱いの概要や、法令解釈上問題となり得る点を深く掘り下げて分析・検討する、という初版からの一貫した方針に変更はないが、M&A手法の一つとして用いられる第三者割当増資と課税に関する章を、新たに第7章として追加した。

　また、ヤフー・IDCF事件東京地裁・東京高裁判決を受けて、租税回避行為の一般的否認規定である法人税法132条、132条の2及び132条の3について論じた旧第13章（新第14章）を大幅に補充して書き改めた。

　なお、新たに追加した第7章は、太田洋「有利発行に関する課税問題」金子宏＝中里実＝Ｊ．マーク・ラムザイヤー編著『租税法と市場』（有斐閣、2014）354－371頁を基に、最新の法令・裁判例等の状況を踏まえて大幅な加筆・修正を加えたものである。

　もちろん、既存の章についても、第2版刊行後の税制改正等に対応して、記載を最新のものに改め、一部の記述の不備を修正していることはいうまでもない。

　なお、本書の刊行に当たっては、事務所の同僚である飯永大地弁護士か

ら、資料収集や記述のチェック等の面で多大な協力を得た。この点、特に記して謝意を表したい。

　本書が刊行に至ったのは、初版と同様、一般財団法人大蔵財務協会の石坂匡身理事長をはじめ、刊行に当たって終始ご協力をいただいた編集局の諸氏の御尽力の賜物である。
　この場を借りて深謝申し上げたい。

2015年10月吉日
東京大学大学院法学政治学研究科教授
西村あさひ法律事務所
弁護士・ニューヨーク州弁護士　太田　洋

第 2 版 序 文

　本書の初版は、2012年6月に上梓されたが、幸いにして非常な好評を得ることができ、書肆における在庫も僅少となってきたこと、及び、初版における積残し事項を補充すると共にクロス・ボーダーM&Aを巡る昨今の実務の動向に対応する必要があったことの2点から、このたび版を改めることとなった。

　第2版においても、世の中で現実に用いられる、又は今後用いられるであろうと予想されるM&Aの手法の類型毎に、それぞれについての課税上の取扱いの概要や、法令解釈上問題となり得る点を深く掘り下げて分析・検討する、という初版からの方針に変更はないが、M&Aについての課税上の問題を理解するために必要となる、コーポレート・ファイナンス理論の基礎について解説する章を、新たに第1章として追加した。

　また、平成22年度税制改正により、連結納税制度の適用を申請しようとする際の障害であった時価評価課税や繰越欠損金の切捨てが緩和されたことを背景として、昨今、連結納税制度の適用を受けている企業グループが増加していることを踏まえ、初版では触れることができなかった、連結納税制度の適用を受けている企業グループによるM&A・企業組織再編について解説する章も、新たに第10章として加えることとした。

　更に、最近、わが国上場会社と海外の上場会社との国境を越えた対等統合の第1号事例である、東京エレクトロンと米国のアプライドマテリアルズとの経営統合が発表された（2013年9月24日公表）が、経済のグローバル化が進む中で、今後もそのような事例が増加するものと予想されるところ、国際的な経営統合を実現するための有力な手法となり得る二元上場会社スキームについて解説する章を、新たに第12章として追加した。

なお、新たに追加した章のうち、第1章及び第10章は新たに書き下ろしたものであるが、第12章は、太田洋＝清水誠「二元上場会社（デュアル・リステッド・カンパニー）の仕組みと実務上の論点〔上〕〔下〕」旬刊商事法務2003号（2013）4－13頁・同2004号（同）15－24頁を基に、最新の法令・裁判例等の状況を踏まえて大幅な加筆・修正を加えたものである。
　もちろん、既存の章についても、初版刊行後の税制改正等に対応して、記載を最新のものに改めていることはいうまでもない。

　本書が刊行に至ったのは、初版と同様、一般財団法人大蔵財務協会の石坂匡身理事長をはじめ、刊行に当たって終始ご協力をいただいた編集局の諸氏の御尽力の賜物である。
　この場を借りて深謝申し上げたい。

2013年11月吉日
東京大学大学院法学政治学研究科教授
西村あさひ法律事務所
弁護士・ニューヨーク州弁護士　太田　　洋

序　文

　2011年は、IBMに対する巨額課税処分を巡る税務訴訟やYahoo！によるソフトバンクからのIDC買収に関してなされた課税処分を巡る税務訴訟など、組織再編を巡って大型の税務訴訟が相次いで提起された画期的な年となった。平成13年度税制改正でわが国に組織再編税制が導入されて10年余りが経過し、ようやく、組織再編を巡る課税問題が訴訟の場でオープンに争われる時代が到来したということであろう。この間、M&A・企業組織再編に関するわが国の税制については、平成15年度税制改正による適格組織再編成後に適格合併が行われた場合に関する適格要件の緩和、平成18年度税制改正による株式交換・株式移転税制の改正、平成19年度税制改正による三角合併等対応税制の導入、平成22年度税制改正によるグループ法人税制の導入、法人の清算所得課税制度の廃止及び無対価組織再編に係る課税上の取扱いに関する整備など、毎年のように改正や制度の創設が繰り返され、内容的な整備が進んできた。
　一方で、M&Aや企業組織再編の手法は益々多様化し、平成12年商法改正による会社分割法制の導入に続き、2006年には会社法の制定に伴って全部取得条項付種類株式などのスクィーズ・アウトのための法制が整備され、更に、2007年には合併等対価の柔軟化によってわが国でも三角合併や三角株式交換等が可能となった。そして、2011年には、改正産業活力再生特別措置法の下で自社株対価TOBに関する大幅な規制緩和がなされ、これを用いてクロス・ボーダーM&Aをより簡便に実行することが可能となった。
　このように、M&Aや企業組織再編の手法が多様化すると共に、それらに関連する課税上の問題は益々複雑化してきており、今後は、それらが国税不服審判所や裁判所において争われる事例が急増することが見込まれる。
　本書は、そのような状況の中で、実際にM&Aに携わる会社関係者、投資銀行関係者、弁護士、公認会計士、税理士及びコンサルタントが、タッ

クス・プランニング上どのようなことを念頭に、M&Aのスキームを選択し、構築していけばよいかにつき、羅針盤の役割を果たすことができるよう、執筆されたものである。従って、本書は、類書でしばしば見られるように、租税法令の条文に沿った形で、通達を交えつつ、その内容を叙述していく、という体裁を採っていない。あくまで、世の中で現実に用いられている、又は今後用いられるであろうと予想されるM&Aの手法の類型毎に、それぞれについての課税上の取扱いの概要や、法令解釈上問題となり得る点を深く掘り下げて分析・検討することに、重点を置いている。特に後者については、理論的に最先端の問題についても、できる限りの検討を加えたつもりである。他方、租税法令の背後にある基本構造についての解説や法令解釈上の問題の分析・検討に紙幅を割いた分、仕訳を用いた数字による説明は余り行っていない。これは、タックス・プランニングを行う際には、租税法令の背後にある基本構造や法令解釈上の問題の方が遙かに重要と考えられるからである。

　本書の試みが果たして成功しているかどうかは読者諸兄諸姉の判断に委ねるほかないが、我々執筆者としては、M&Aのプランニングに際して、本書が実戦的な意味で有益・有用な存在となると共に、理論的にも水準の高い書籍となるよう、最善を尽くしたつもりである。但し、本書では、紙幅の関係もあって、連結納税制度を採用している企業グループによるM&A・企業組織再編についてはカバーし切れていない。この点は折を見て補充することとしたい。

　なお、本書は、この数年で筆者らが書きためた論文を基に、それらに最新の法令・裁判例等の状況を踏まえた大幅な加筆・修正を加えると共に、いくつかの書き下ろしの章を加えて構成されている。各論文の原題と加筆・修正前の初出は以下のとおりである。

第1章　太田洋「組織再編を用いたM&A・企業グループ再編と課税─現行税制の概要と課題─」租税研究2011年10月号(2011)154－170頁
第2章　書き下ろし（2012）
第3章　書き下ろし（2012）

第4章　書き下ろし（2012）
第5章　太田洋「三角合併等対応税制とM&A実務への影響」旬刊商事法務1812号（2007）51－62頁
第6章　太田洋「わが国におけるMBOの実務と課題」落合誠一ほか監修『経営判断ケースブック』（商事法務、2008）73－121頁
第7章　太田洋「改正産活法を利用した海外企業の買収―自社株対価TOBに関する規制緩和のポイント〔上〕〔下〕」ビジネス法務11巻9号（2011）55－61頁・同11巻10号（2011）68－73頁
第8章　太田洋「スピン・オフとスプリット・オフ―成長戦略としての積極的活用に向けて―〔上〕〔下〕」旬刊商事法務1945号（2011）15－26頁・同1946号（2011）35－44頁
第9章　太田洋「インバージョン対応税制の在り方とその未来」金子宏編『租税法の発展』（有斐閣、2010）717－747頁
第10章　太田洋「企業再編に伴う租税回避問題―法人税法132条の2の適用範囲を中心に」ジュリスト1437号（2012）23－29頁

　終わりに、本書刊行の機会を与えて下さいました一般財団法人大蔵財務協会の石坂匡身理事長をはじめ、刊行に当たって終始ご協力をいただきました編集局の諸氏に心から謝意を表します。また、本書の校正や資料収集に協力を惜しまなかった事務所の同僚である山田裕貴、伊東有里子及び黒松昂蔵の各弁護士にも、この場を借りて感謝の気持ちを伝えたいと思う。
　本書が、M&A取引の実務に携わる全ての会社関係者、投資銀行関係者、弁護士、公認会計士、税理士及びコンサルタントの方々に縦横無尽に利用され、それらの方々が実務に携わる上での一助になれば、我々執筆者としては望外の喜びである。

2012年5月吉日　編者を代表して
西村あさひ法律事務所
弁護士・ニューヨーク州弁護士　太田　洋

目 次

第1章 コーポレート・ファイナンス理論の基礎

1 コーポレート・ファイナンス理論を学ぶ意味 …………… 3
2 貨幣の時間的価値（Time Value of Money） …………… 3
3 現在価値（present value）の算定 …………………… 8
4 現在価値算定のためのツール …………………………… 12
5 投資評価とIRR（内部収益率） ………………………… 16
6 基礎的財務用語の解説 …………………………………… 18
7 会計制度がM&Aに及ぼす影響（総論） ……………… 21
8 EPSとEBITDA ………………………………………… 29
9 のれんと減価償却 ………………………………………… 30
10 株式価値の評価と類似企業評価法 ……………………… 37
　(1) 何故株式価値の評価を取り上げるのか ……………… 37
　(2) 類似企業評価法（Comps）～総論 ………………… 37
　(3) PER倍率法 ……………………………………………… 38
　(4) EBITDA倍率法 ………………………………………… 39
11 株式価値の評価とCAPM ……………………………… 40
　(1) 何故CAPMを取り上げるのか ……………………… 40
　(2) 株式収益率のボラティリティ（標準偏差） ………… 41
　(3) 分散化による個別企業の個別リスクの消去 ………… 44
　(4) β（システマティック・リスクに対する感応度）と株式の資本コスト ………………………………………… 47
　(5) 企業価値評価モデル（その1）～割引フリー・キャッシュフロー・モデル ……………………………………… 51
　(6) 株式価値評価モデル（その2）～配当還元法 ……… 53
12 MM理論 …………………………………………………… 55

(1) モディリアーニ＝ミラーの第1命題：資本政策を変更しても株主価値と債権者価値の和（＝企業価値）は変わらない … 55
　　(2) 不完全な資本市場によるモディリアーニ＝ミラーの第1命題の修正 ………………………………………………………… 57
　　(3) モディリアーニ＝ミラーの第1命題の派生命題：企業価値は配当政策とは無関係である ……………………………… 60
　　(4) モディリアーニ＝ミラーの第2命題 ……………………… 63
　13　レバレッジ（Leverage）の意味 ……………………………… 67
　14　コール・オプションとプット・オプション ……………… 69
　15　二項モデル ……………………………………………………… 71
　16　ブラック＝ショールズ・モデル …………………………… 74
　17　新株予約権についての課税の基礎 ………………………… 77

第2章　組織再編を用いたM&A・企業グループ再編と課税（総　論）

　1　はじめに ………………………………………………………… 89
　2　「組織再編」の外延 …………………………………………… 92
　3　機能主義的アプローチに基づく（広義の）組織再編の分類 … 96
　4　わが国における組織再編についての課税の基本的枠組み … 98
　　(1) はじめに……………………………………………………… 98
　　(2) 新株を対価として（既存）株式が取得される組織再編について ………………………………………………………… 98
　　(3) 新株を対価として資産が取得される組織再編について … 99
　　(4) 資産を対価として新株が取得される組織再編について … 100
　　(5) 金銭を対価として資産（事業）が取得される組織再編について ………………………………………………………… 100
　　(6) 金銭を対価として新株が取得される組織再編について … 101

(7) 親会社の株式を対価として（既存）株式が取得される組織再編について ……………………………………………101
　(8) 親会社の株式を対価として資産が取得される組織再編について ………………………………………………………102
　(9) 取得者側が一方的に株式の交付を受ける組織再編について …103
　(10) （取得者側が）一方的に資産の交付を受ける組織再編について ……………………………………………………………108
　(11) グループ法人税制 ………………………………………114
5　適格組織再編成の要件と比較法的特徴………………………116
　(1) 組織再編に関する税制の基本構造 ………………………116
　(2) 適格組織再編成の要件 ……………………………………117
6　クロスボーダー組織再編に関する課税上の取扱い …………128
7　今後の組織再編に関する税制の課題と展望 …………………134

第3章 「資本金等の額」及び利益積立金額とみなし配当課税

1　はじめに …………………………………………………………141
2　「資本金等の額」と利益積立金額………………………………141
　(1) 「資本金等の額」と利益積立金額との区別の意義…………141
　(2) 「資本金等の額」の意義・機能……………………………143
　(3) 利益積立金額の意義・機能 ………………………………146
　(4) 組織再編における「資本金等の額」と利益積立金額 ………150
3　みなし配当課税と株式譲渡損益課税 …………………………161
　(1) みなし配当（constructive dividend）とは ………………161
　(2) 自社株TOB及び自己株式立会外買付取引とみなし配当課税 ……………………………………………………………165
　(3) 組織再編と株主への分配（組織再編とみなし配当） ………167
　(4) 合併及び分割型分割におけるみなし配当課税 ………………168
　(5) 合併及び分割型分割における株式譲渡損益課税 ……………171

(6) 株式分配におけるみなし配当課税と株式譲渡損益課税 ……… 173
　4 マイナスの「資本積立金額」、「資本金等の額」及び利益積立
　　金額 …………………………………………………………………… 176
　　(1) マイナスの「資本積立金額」 ………………………………… 176
　　(2) マイナスの「資本金等の額」 ………………………………… 180
　　(3) マイナスの利益積立金額 ……………………………………… 181

第4章　合併・会社分割・現物出資・事業譲渡・株式譲渡を用いた M&Aと課税

　1　はじめに ……………………………………………………………… 187
　2　支配関係にない対象会社の完全買収 …………………………… 191
　　(1) 株式又は金銭を対価とする吸収合併の方法による全部買収 … 191
　　(2) 金銭を対価とする事業譲渡の方法による全部買収 ………… 213
　　(3) 金銭を対価とする株式譲渡の方法による全部買収 ………… 216
　3　支配関係にない対象会社の部分買収 …………………………… 222
　　(1) 株式又は金銭を対価とする会社分割の方法による部分買収 … 222
　　(2) 金銭を対価とする事業譲渡の方法による部分買収 ………… 233
　　(3) 会社分割又は現物出資＋株式譲渡の方法による部分買収 … 235
　4　共同出資（合弁）会社設立による（個別）事業統合（相互
　　型の「割合的」買収） ……………………………………………… 241
　5　組織再編行為の無効が課税関係に与える影響 ………………… 248
　　(1) はじめに ………………………………………………………… 248
　　(2) 事案の概要と判示の要旨 ……………………………………… 249
　　(3) 分析と検討 ……………………………………………………… 250

第5章　株式移転・株式交換と課税

　1　はじめに ……………………………………………………………… 263
　2　現行の株式移転・株式交換税制の概要 ………………………… 264

(1) かつての株式移転・株式交換税制の概要 ……………264
　(2) 平成18年改正後の株式移転・株式交換税制の概要 ………265
　(3) 法人レベルにおける課税に関する問題 ………………272
　(4) 株主レベルにおける課税に関する問題 ………………275
　(5) 第2次再編その他多段階再編が見込まれている場合の
　　　取扱い ……………………………………………………277
　3　一部現金対価株式交換の課税上の取扱い ………………285
　4　株式移転に際しての子会社の兄弟会社化に関する課税問題 ……289
　5　株式移転・株式交換を用いたM&Aの類型ごとの課税問題 ……294
　(1) 株式交換を用いたグループ内組織再編（完全子会社化）
　　　と課税 ……………………………………………………294
　(2) 株式交換によるグループ外企業の買収と課税（事業関連
　　　性要件の問題）……………………………………………296
　(3) 共同株式移転を用いた経営統合と課税（特定役員要件及
　　　び事業規模要件）…………………………………………303

第6章　三角合併等と課税

　1　三角合併等の解禁と三角合併等対応税制の概要 ……………313
　(1) はじめに …………………………………………………313
　(2) 三角合併等の利用の進展 ………………………………314
　(3) 三角合併等対応税制の概要 ……………………………318
　2　親会社株式の取得及び交付を巡る買収ビークルにおける税
　　　務上の取扱い ……………………………………………325
　(1) 親会社株式の交付に際しての買収ビークルにおける課税 ……325
　(2) 親会社株式の取得に際しての買収ビークルにおける課税 ……327
　3　買収ビークルが保有する対象会社株式の取扱いと税制適格
　　　要件について ……………………………………………330
　4　三角株式交換に関する諸問題～逆三角合併の問題 ……………333

⑴　「三角株式交換＋逆さ合併」方式を用いた場合における
　　　税制適格要件の充足の問題 ………………………………………333
　⑵　「三角株式交換＋逆さ合併」方式による事実上の逆三角
　　　合併を用いた場合と正三角合併を用いた場合との間の課税
　　　上の不均衡 …………………………………………………………336
5　一部現金対価三角合併及び一部現金対価三角株式交換の課
　　税上の取扱いに関する平成29年度税制改正による改正 …………338
6　三角分割の税制適格要件について ……………………………………340
7　適格三角合併等に該当するための要件を充足しているか否
　　かが問題となる場合 ……………………………………………………343
8　孫会社を買収ビークルとする三角合併を用いた買収 ………………344
9　対象会社のストック・オプションを買収親会社のストッ
　　ク・オプションに振り替える場合の課税問題 ………………………347
10　買収親会社における買収ビークル株式の取得価額を巡る問題 …348
11　コーポレート・インバージョン対策税制に関する実務上の
　　問題点 ……………………………………………………………………350
12　日本企業による外国企業の三角合併等を用いた買収に関連
　　する問題 …………………………………………………………………351
13　その他の問題 …………………………………………………………354

第7章　第三者割当増資を用いたM&Aと課税

1　第三者割当増資を用いたM&Aと課税 ………………………………359
2　有利発行の意義及びその課税上の取扱い（概観） …………………360
3　誰から誰に対する利益移転がなされたものとして取り扱わ
　　れるのか …………………………………………………………………364
4　有利発行課税の構造とタイ子会社有利発行事件東京高裁判決 …366
　⑴　タイ子会社有利発行事件東京高裁判決の事案 ……………………366

(2)　利益移転の当事者と法人税法22条2項にいう「取引」の
　　　当事者 …………………………………………………………368
　(3)　利益移転に関する当事者間の「合意」ないし「意思の合
　　　致」の要否 ……………………………………………………374
5　有利発行該当性に関する問題 ……………………………………378
　(1)　「10％以上のディスカウント」の有無で判断することの
　　　妥当性が問題となる場合 ……………………………………378
　(2)　「株式の発行価額決定日の時価」の算定方法 ……………386

第8章　MBOと課税

1　はじめに ……………………………………………………………397
2　わが国におけるMBOのトレンド ………………………………399
　(1)　MBOとは ……………………………………………………399
　(2)　わが国におけるMBOのトレンド …………………………400
3　全部取得条項付種類株式を利用したMBO
　　～レックス・ホールディングスのMBOの事例 ………………408
　(1)　スキームの概要 ……………………………………………408
　(2)　レックスのMBOによる株式非公開化の具体的手続 ……412
　(3)　レックスのスクィーズ・アウトに関する論点 …………421
4　平成18年度税制改正による株式移転・株式交換税制の抜本
　　改正と全部取得条項付種類株式利用スキーム …………………426
　(1)　平成18年度税制改正による株式移転・株式交換税制の抜
　　　本改正 …………………………………………………………426
　(2)　端数株式交換スキームと全部取得条項付種類株式利用ス
　　　キームの登場 …………………………………………………433
5　会社法平成26年改正施行後におけるスクィーズ・アウトの
　　ための手法と産業競争力強化法による特例措置 ………………437

(1) 会社法平成26年改正におけるスクィーズ・アウト関連の
　　　改正 ………………………………………………………………437
　(2) 特別支配株主の株式等売渡請求制度 …………………………438
　(3) 全部取得条項付種類株式利用スキームを利用したスクィ
　　　ーズ・アウト ……………………………………………………451
　(4) 株式併合を利用したスクィーズ・アウト ……………………454
　(5) 現金株式交換ないし現金合併を利用したスクィーズ・ア
　　　ウト ………………………………………………………………460
　(6) 産業競争力強化法によるスクィーズ・アウトの各手法に
　　　ついての特例措置 ………………………………………………461
　(7) 小　括 ……………………………………………………………467
　6　平成29年度税制改正によるスクィーズ・アウト税制の改正
　　　とその実務への影響 ………………………………………………470
　(1) 平成29年度税制改正によるスクィーズ・アウト税制の改正 …470
　(2) 実務への影響 ……………………………………………………478

第9章　自社株対価TOBによる買収と課税

　1　改正産活法（現・産競法）と自社株対価TOB ……………………487
　2　自社株対価TOBに関する規制緩和の意義 ………………………490
　3　自社株対価TOBに関する規制緩和の内容 ………………………495
　(1) 産競法の基本構造 ………………………………………………495
　(2) 現物出資規制の適用除外 ………………………………………505
　(3) 有利発行規制の適用排除及び簡易自社株対価TOB ……………508
　(4) まとめ ……………………………………………………………511
　4　親会社株対価TOB（三角株式対価TOB）に関する規制緩和 …514
　5　金融商品取引法上の問題とその他の実務上の問題 ………………519
　(1) スケジュールに関連する諸問題 ………………………………519
　(2) 対価の均一性に関する問題 ……………………………………520

(3)　海外企業に対する自社株対価TOBを行う場合の諸問題 ……522
6　自社株対価TOBの課税上の取扱い ……………………………526
　　(1)　わが国における現状の課税上の取扱い（総論） ……………526
　　(2)　三角株式対価TOBについてのわが国における課税上の
　　　　取扱い ……………………………………………………………534
　　(3)　わが国における現状の課税上の取扱いの帰結 ………………535
　　(4)　米国等における課税上の取扱い ………………………………537
7　自社株対価TOB＋スクィーズ・アウトによる完全買収と
　　株式交換による完全買収 …………………………………………541
　　(1)　はじめに …………………………………………………………541
　　(2)　米国証券法の規制の概要 ………………………………………543
8　株式交付制度の創設 ………………………………………………547
　　(1)　株式交付制度の概要 ……………………………………………548
　　(2)　株式交付親会社における決定事項 ……………………………551
　　(3)　株式交付子会社の株式の譲渡しの申込み等 …………………554
　　(4)　株式交付親会社におけるその他の手続 ………………………554
　　(5)　株式交付子会社における手続 …………………………………555
　　(6)　株式交付制度創設の実務上の意義 ……………………………556

第10章　スピン・オフ、スプリット・オフ及びスプリット・アップと課税

1　総　論 ………………………………………………………………561
　　(1)　はじめに …………………………………………………………561
　　(2)　スピン・オフ、スプリット・オフ及びスプリット・アッ
　　　　プの意義並びにトラッキング・ストック ……………………564
2　スピン・オフについて ……………………………………………579
　　(1)　改正前商法下でのスピン・オフと現行会社法下でのスピ
　　　　ン・オフ …………………………………………………………579

(2)　わが国におけるスピン・オフの課税上の取扱い ……………584
　(3)　スピン・オフについての金融商品取引法上の取扱い …………620
　(4)　スピン・オフについての産業競争力強化法による会社法
　　　の特例 ……………………………………………………………623
3　スプリット・オフについて …………………………………………626
　(1)　改正前商法下でのスプリット・オフと現行会社法下での
　　　スプリット・オフ ………………………………………………626
　(2)　スプリット・オフの課税上の取扱い …………………………627
　(3)　スプリット・オフについての金融商品取引法上の取扱い ……632
4　スプリット・アップについて ………………………………………635
　(1)　改正前商法下でのスプリット・アップと現行会社法下で
　　　のスプリット・アップ …………………………………………635
　(2)　わが国におけるスプリット・アップの課税上の取扱い ………635
　(3)　わが国におけるスプリット・アップの金融商品取引法上
　　　の取扱い …………………………………………………………638
5　スピン・オフ税制導入の影響 ………………………………………640
　(1)　上場会社による「選択と集中」のためのスピン・オフの
　　　増加 ………………………………………………………………640
　(2)　アクティビスト・ファンドによるアクティビスト活動へ
　　　の影響 ……………………………………………………………642
　(3)　大規模業界再編に伴う問題解消措置としてのスピン・オ
　　　フの利用 …………………………………………………………644
　(4)　事業部門ないし完全子会社の「独立」の手段としてのス
　　　ピン・オフの利用 ………………………………………………644
6　スピン・オフ税制下における実務上の留意点 ……………………645
　(1)　完全子会社以外の子会社及び関連会社のスピン・オフ ………645
　(2)　分割型単独新設分割類型と「完全支配グループ内組織再
　　　編＋現物分配」類型との選択 …………………………………647

(3)　スピン・オフとトラッキング・ストックとの選択 …………648
　(4)　平成30年度税制改正により「完全支配グループ内組織再編成＋現物分配」類型のスピン・オフに幅広く課税繰延・非課税措置が認められたことの意義 ………………………649
　(5)　スピン・オフと同時又はそれ以後に自社株買いを実施する場合の問題 ……………………………………………………651

第11章　M&Aと連結納税制度

1　はじめに ……………………………………………………………657
2　連結納税グループの内外に跨るM&Aに係る税務上の留意点 …659
　(1)　留意すべき連結納税制度特有の規定の概要 ………………659
　(2)　具体的なケースにおけるタックス・プランニング上の留意点 ………………………………………………………………704
3　連結納税グループ内部における企業再編に係る税務上の留意点 ……………………………………………………………………722
　(1)　留意すべき連結納税制度特有の規定の概要 ………………722
4　連結法人に係る行為計算否認規定（法法132条の3）に関する検討 …………………………………………………………………729
　(1)　連結法人に係る行為計算否認規定（法法132条の3）の趣旨及び要件 …………………………………………………729
　(2)　IBM事件と法人税法132条の3 ……………………………730
5　連結納税制度の課題と展望 ………………………………………733

第12章　海外への本社移転(コーポレート・インバージョン)と課税

1　はじめに ……………………………………………………………737
2　インバージョンの実態とその背景 ………………………………738
　(1)　インバージョンの目的 ………………………………………738
　(2)　海外におけるインバージョンの実例 ………………………741

(3) 国際的な経営統合の結果としての本拠地の移転 ················749
　　(4) わが国におけるインバージョンに関連する制度的環境 ········754
　　(5) わが国におけるインバージョンの実例 ···························762
　　(6) わが国で今後行われることが予想されるインバージョン
　　　　のパターン ··766
　3　わが国のインバージョン対応税制 ··770
　　(1) インバージョン対応税制創設の背景 ····································770
　　(2) わが国のインバージョン対応税制の概要 ····························771
　4　インバージョンに関するわが国の税制対応の課題 ····················780
　　(1) インバージョン対策合算税制と租税条約との抵触 ··············780
　　(2) 上場会社によるインバージョンへの対応 ····························786
　　(3) CFC税制及び外国子会社配当益金不算入制度との関係 ········797
　　(4) インバージョン後のアーニングス・ストリッピングへの
　　　　対応 ··799
　　(5) 今後の課題についての総括 ···808
　5　インバージョンの手法と実務上の留意点 ··································808
　　(1) インバージョン親会社の設立準拠法を選択する際の考慮
　　　　要素 ··808
　　(2) 株主の「移管」方法 ···811
　　(3) 本社機能の移管について ···827
　　(4) インバージョンの実施に伴う実務上の問題点 ·····················831

第13章　二元上場会社（デュアル・リステッド・カンパニー）

　1　二元上場会社とは ··839
　2　なぜ二元上場会社なのか～二元上場会社の利点～ ····················843
　　(1) 「対等合併（統合）」の実現 ···844
　　(2) 株式のフローバック問題の回避 ···846
　　(3) 税務上の利点 ··848

	(4) 会計上の利点	852
	(5) チェンジ・オブ・コントロールの回避	853
	(6) 経営統合のための手続上の負担の軽減	853
	(7) 資本市場へのアクセスの維持	855

3 二元上場会社の仕組み ……………………………………855
  (1) 二元上場会社の基本的な仕組み ……………………856
  (2) 株主の経済的条件の均等化 …………………………863
  (3) 株主総会 ………………………………………………864
  (4) 取締役会及び役員構成 ………………………………865
  (5) 相互の債務保証 ………………………………………865

4 二元上場会社の事例分析〜カーニバルの事例〜 ……………865
  (1) ストラクチャー ………………………………………867
  (2) 経済的利益の均等化 …………………………………868
  (3) 株主の議決権 …………………………………………870
  (4) 取締役及び経営陣のメンバー ………………………872
  (5) 相互保証 ………………………………………………872
  (6) 買収規制 ………………………………………………873
  (7) 相互保有株式の取扱い ………………………………874
  (8) 強制交換(一元化メカニズム) ……………………874

5 二元上場会社の問題点 …………………………………………875
  (1) 運営の複雑さ …………………………………………875
  (2) 株価の乖離 ……………………………………………876
  (3) 資本市場における非効率 ……………………………877
  (4) 両国の規制に服することによる負担 ………………877
  (5) 敵対的買収の可能性が減少することによる株価への悪影響 …878
  (6) 取締役の注意義務 ……………………………………878
  (7) 税務上の問題点 ………………………………………879
  (8) 二元上場会社の一元化 ………………………………880

6　二元上場会社に関する日本法上の論点 ……………………883
　　(1)　均等化契約の承認手続 ………………………………883
　　(2)　取締役の資格を二元上場会社を構成する他方当事会社の
　　　　取締役である者に限る旨の定款規定の有効性 ……………885
　　(3)　取締役会の決議事項の範囲の差異に伴う取締役会の適切
　　　　な構成の問題 ……………………………………………886
　　(4)　剰余金の配当を二元上場会社を構成する他方当事会社に
　　　　よる配当と一定比率で行う旨の定款規定の有効性 …………888

第14章　M&A・企業グループ再編と一般的行為計算否認規定

　1　はじめに ……………………………………………………895
　2　同族会社の行為計算否認規定（法法132条）の趣旨及び概要……896
　3　法人税法132条の適用要件とその射程 ………………………897
　　(1)　否認の対象となる行為又は計算の主体 ……………………897
　　(2)　否認の対象となる「行為」の範囲 …………………………898
　　(3)　否認の対象となる「計算」の範囲 …………………………899
　　(4)　「法人税の負担を……減少させる結果となる」の意義………900
　　(5)　「不当に」の意義 ……………………………………………901
　　(6)　主観的な租税回避目的の要否 ………………………………909
　4　法人税法132条の効果に関する問題 …………………………910
　5　法人税法132条の2の趣旨と概要 ……………………………910
　6　法人税法132条の2の適用要件とその射程 …………………913
　　(1)　適用対象となる行為・計算 …………………………………913
　　(2)　適用対象となる法人 …………………………………………920
　　(3)　「不当に」という文言の意義 ………………………………921
　　(4)　税負担の減少をもたらす事由 ………………………………926
　　(5)　主観的な租税回避目的の要否 ………………………………931
　7　法人税法132条の2の適用の効果 ……………………………934

8 「ステップ・トランザクションの法理」(段階取引の法理)………936
   9 連結法人に係る行為計算否認規定(法法132条の3)の趣
     旨及び概要 ……………………………………………………944
  10 法人税法132条の3に係る解釈上の留意点及び問題点…………946
   (1) 否認の対象となる行為又は計算の主体 ……………………946
   (2) 否認の対象となる「行為」の範囲 …………………………948
   (3) 否認の対象となる「計算」の範囲 …………………………949
   (4) 法人税法132条の3所定の「不当に」の意義と個別否認
     規定との関係 …………………………………………………950
   (5) 主観的な租税回避目的の要否 ………………………………954
   (6) その他の問題 …………………………………………………955

索　引 ……………………………………………………………………957

―――〔凡　例〕―――

　本文中に引用している法令等については、原則として、以下の略称を使用している。なお、本書で引用した法令及び通達等は、別段の記載がない限り、全て2018年12月31日現在のものである（なお、諸外国の法人実効税率及び租税法令等も、別段の記載がない限り、全て2018年12月31日現在のものである）。

法　　令

　法法……………………法人税法
　法施令…………………法人税法施行令
　法施規…………………法人税法施行規則
　法基通…………………法人税基本通達
　所法……………………所得税法
　所施令…………………所得税法施行令
　所施規…………………所得税法施行規則
　所基通…………………所得税基本通達
　地法……………………地方税法
　地施令…………………地方税法施行令
　措法……………………租税特別措置法
　措施令…………………租税特別措置法施行令
　措施規…………………租税特別措置法施行規則
　金商法…………………金融商品取引法
　金商法施行令…………金融商品取引法施行令
　米国（連邦）内国歳入法典……Internal Revenue Code

第1章

コーポレート・ファイナンス理論の基礎

1 コーポレート・ファイナンス理論を学ぶ意味
2 貨幣の時間的価値(Time Value of Money)
3 現在価値(present value)の算定
4 現在価値算定のためのツール
5 投資評価とIRR(内部収益率)
6 基礎的財務用語の解説
7 会計制度がM&Aに及ぼす影響(総論)
8 EPSとEBITDA
9 のれんと減価償却
10 株式価値の評価と類似企業評価法
11 株式価値の評価とCAPM
12 MM理論
13 レバレッジ(Leverage)の意味
14 コール・オプションとプット・オプション
15 二項モデル
16 ブラック=ショールズ・モデル
17 新株予約権についての課税の基礎

1 コーポレート・ファイナンス理論を学ぶ意味

　M&Aに関する課税上の取扱いを学ぶ上で、コーポレート・ファイナンス理論の基礎を学んでおくことは極めて有益である。

　かつては、コーポレート・ファイナンス理論は、ともすれば租税法とは全く別世界の議論と考えられていた節があるが、会社法を始めとする法の各分野において「法と経済学」の考え方が影響力を増すにつれ、租税法の分野でも「法と経済学」的思考の重要性が飛躍的に増大しつつある。

　それに伴って、特にM&Aと租税の領域では、M&Aを実行する際に不可欠となる企業価値の評価を客観的かつ適正に行うためのツールであるコーポレート・ファイナンスに関する様々な理論を十分に理解しておくことが、課税上の取扱いを考えるに当たっても非常に有益であると考えられるようになってきている。

　そこで、本書では、M&Aに関する課税上の取扱いの全体像を俯瞰するに当たって、まず、その前提として、コーポレート・ファイナンス理論の基礎を必要最小限の範囲で概説することとしたい。

　なお、本書では、理論的な厳密性を犠牲にして、分かりやすさを優先した大雑把な説明を行っている点に留意されたい。詳しい説明は、野口悠紀雄＝藤井眞理子『現代ファイナンス理論』（東洋経済新報社、2005）などの専門書を是非参照して貰いたい。

2 貨幣の時間的価値（Time Value of Money）

　課税の問題を考えるに際して、極めて重要な概念が「貨幣の時間的価値（Time Value of Money）」の概念である。どれだけ重要かというと、筆者がHarvard Law Schoolで受けたTaxationの講義で、担当のAlvin C. Warren教授は、初回の講義で正にこの概念から講義をスタートさせたくらい、課税の問題を理解するには重要な概念である。

もっとも、その内容は決して難解なものではなく、そのエッセンスは、10年後に受け取ることのできる100万円（即ち、10年後に100万円を受領できる権利）の価値は、現在手許にある100万円の価値よりも低い、ということに尽きる。このことは、貨幣のような資産について生じる「運用益」（貨幣の場合には利子）を考えれば明らかである。現在、100万円を必要としているXが、Yから一時的に（仮に1年間とする）100万円を借りようとする場合、よほど善意に溢れた人でなければ、Yは、1年間100万円を貸すことに対する対価（即ち、利子）を受け取ることができない限り、100万円を貸し付けることはないであろう。何故なら、Yは、もしその100万円を貸し付けないのであれば、その1年間、銀行に預金したり株式に投資するなどして、それを殖やすことができるのであり、それを諦めて、1年間Xに100万円を貸し付けるということは、それだけの収益機会（機会費用）を喪失するということに他ならないからである。

この1年間の機会費用に相当する利子の額（正確には無リスク利子率＝リスクフリー・レートによる利子の額）が、正に、1年間分の「貨幣の時間的価値」に当たる。つまり、貨幣は、時間の経過と共に必ず収益を生み出す資産であると観念できるのであり、このように、貨幣が時間の経過と共に生み出す価値を「貨幣の時間的価値」と呼ぶのである。

この概念は、M&Aに際して問題となる、キャピタル・ゲイン課税及び（みなし）配当課税のうち、前者との関係で非常に重要である。キャピタル・ゲイン課税とは、一言でいえば、資産の含み益に対する課税である。即ち、ある資産が、その取得原価（簿価）を超えて値上がりした場合に、その値上がり益に対してなされる課税である。わが国では、アメリカと同様に、所得課税に関して、いわゆる「包括的所得概念」を採用して、違法なものであれ、キャッシュが流入しないものであれ、およそ納税者に経済的利益が帰属する場合には所得税ないし法人税などの所得課税を行うこと

としているが、他方で、所得課税について「実現主義」を採用しているため、資産の単なる値上がり益（評価益）に対しては基本的に課税はなされず、かかる値上がり益が「実現」した（典型的には、それがキャッシュの形で資産の所有者に帰属した）時点で初めて課税がなされるものとされている[1]。それ故、当該資産の所有者は、かかる値上がり益に対する課税分について、上記の「貨幣の時間的価値」を享受することができる。つまり、当該資産の所有者は、経済的には、例えば、かかる値上がり益を担保として借り入れた資金を運用して利益を上げるなど、何らかの形で当該値上がり益の発生による利益を現実に享受できるにも拘らず、それに対する課税は、当該利益が「実現」したと看做し得る時点まで繰り延べることができる（これを広義の「課税繰延べ」という）のである。

このように、課税繰延べが認められる場合には、納税者は、課税された場合に納付しなければならない税額相当額について、当該課税が繰り延べられている期間に対応する「貨幣の時間的価値」を享受することができる。この「貨幣の時間的価値」相当額については、課税がなされていない（それが「課税繰延べ」の実質的な意味である）ので、「課税繰延べ」とは、実質的には、その額について（包括的所得概念の例外として）非課税の取扱いをするということに等しい。その意味で、（広義の）「課税繰延べ」は、単に課税を「繰り延べている」のではなく、実質的な課税の軽減措置であるといえる。

このように「実現主義」との関係で認められている（広義の）課税繰延べとの関係で、「貨幣の時間的価値」という概念は非常に重要であるが、それとは別に、（課税上の優遇措置の一環としての）狭義の「課税繰延べ」との関係でも、この概念は極めて重要である。

---

[1] なお、以下、本章では、有価証券は、全て時価評価による評価損益に対する課税がなされる「売買目的有価証券」（法法61条の3第1項1号）ではないことを前提として論じるものとする。

そもそも、わが国の租税法上、課税上の優遇措置（preferential tax treatments）を講じるための立法技術としては、大雑把にいって、以下の9種類のテクニックが存在する。
① 課税除外（tax exclusion / tax exemption）
② 所得控除（exclusion）、必要経費控除等（deduction）
③ 益金不算入
④ 損金算入
⑤ （狭義の）課税繰延べ（tax deferral）
⑥ 分離課税（separate taxation）[2]
⑦ 税率軽減
⑧ 税額控除（tax credit）
⑨ 源泉徴収義務免除[3]

　このうち、上記⑤にいう（狭義の）「課税繰延べ」とは、取引が行われた年度において本来生じ得る課税について、課税上「課税所得」ないし「益金」に算入される「収益」が認識されるタイミングを翌課税年度以降に繰り延べることにより、又は、通常であれば課税上翌課税年度以降に

---

[2] 分離課税は、所得課税において累進税率が採用されている場合に、一定の所得の金額を累進税率表の適用対象となる課税標準から除外して別途一定の税率で課税するというもので、わが国では、累進税率が採用されている所得税に関してのみ、用いられている立法技術である。

[3] 源泉徴収義務免除は、通常は、①源泉徴収時から法人税申告時までの課税繰延べ＋②欠損法人における源泉徴収による徴収時から還付時までの間のキャッシュフロー減少の効果の除去、という2つの効果を有している。しかしながら、外国法人の内国法人からの受取配当に対する課税のように、事実上の源泉分離課税がなされているものについては、平成6年度税制改正によって創設された旧租税特別措置法9条の5（利益をもってする株式の消却の場合におけるみなし配当等に関する源泉徴収の不適用等。平成13年度税制改正で廃止）のケースのように、場合によっては（例えば、恒久的施設を有しない外国法人・非居住者等に関して）、事実上の課税免除の効果を持つようなこともあり得る。

「必要経費」ないし「損金」に算入される「費用等」が認識されるタイミングを当該の課税年度に繰り上げることにより、当該取引がなされた課税年度における課税所得額を圧縮し、当該圧縮された課税所得額に対する課税時期を翌課税年度以降に繰り延べることをいい、具体的には、取得価額の引継ぎ（carry over）、圧縮記帳、特別償却（special depreciation／amortization）、準備金（reserve）への繰入れ等を認めるという形で行われる。

そして、上述した9種類の課税上の優遇のための立法技術のうち、特に法人に関して適用されるものを、その効果及び性格に基づいて大まかに分類すると、下表のように、2種類に分けられる。

【表1－1】　課税上の優遇のための立法技術の分類

	Aグループ	Bグループ
同種の特例措置	軽減税率、課税除外（非課税所得）、税額控除、所得控除、（受取配当等の）益金不算入、（寄附金等の）損金算入	特別償却、準備金、圧縮記帳、税制適格組織再編等についての課税繰延べ
性　　格	課税の絶対的軽減	（広義の）課税の繰延べ
同義の施策	補助金	無利子融資（利子補給）

即ち、最終的な納税額を絶対的に軽減する効果を有するAグループに属する立法技術と、課税を繰り延べる効果を有するBグループに属する立法技術である。このうち前者による施策は、補助金の給付と実質的に等しい（これらの施策による減税額＝補助金の額である）。これに対して、後者による施策は、無利子融資（利子補給）と実質的に等しい（これらの施策による減税額＝利子補給相当額である）。このBグループに属する課税上の優遇のための立法技術（即ち、狭義の課税繰延べのための措置）は、実質的に、納税者に対して、課税を繰り延べている期間に対応する「貨幣の時間的価値」を給付するものであるということができよう。

第1章　コーポレート・ファイナンス理論の基礎

3 現在価値（present value）の算定

　上述の「貨幣の時間的価値」の問題と表裏一体を成す問題が、将来受領する金銭の額をいかにして現在価値（present value）に換算するかという問題である。即ち、貨幣を現時点から将来のある時点までの一定期間保有することについての利益（＝その量の金銭を当該一定の期間だけ運用することによって得られる利益）が、その期間に対応する「貨幣の時間的価値」であるが、当該将来のある時点で受領することのできる一定額の金銭は、現時点においてはどれだけの価値を有しているかという問題が、当該金銭についての現在価値の算定の問題であって、結局のところ、この当該金銭についての現在価値にその「貨幣の時間的価値」（＝運用益）を加算したものが、上記の「将来のある時点で受領することのできる」金銭の額に他ならないからである。

　この現在価値の概念は、コーポレート・ファイナンス理論の中核を成す企業価値ないし株式価値の評価の問題を考えるに際して、極めて重要な概念であるが、近時、最高裁は、いわゆる生保年金二重課税事件に関して、現在価値の考え方を取り入れて解釈論を展開し、経済学の理論やファイナンスの理論が租税実定法の解釈においても重要な意味を有することを正面から認める画期的な判決（最二小判平成22年7月6日判時2079号20頁）[4]を下した。この判決は、具体的には、まず、相続・贈与による財産の取得について相続税又は贈与税の他に所得税を課すことを禁じる所得税法9条1項15号（現16号。但し、以下、便宜上本章では15号で統一する）の趣旨につき、「〔同号の〕趣旨は、相続税又は贈与税の課税対象となる経済的価

---

[4] 中里実「租税法におけるストックとフローの関係」ジュリスト1410号（2010）19頁参照。

値に対しては所得税を課さないこととして、同一の経済的価値に対する相続税又は贈与税と所得税との二重課税を排除したものであると解される」とした上で、「年金の方法により支払を受ける上記保険金(年金受給権)のうち有期定期金債権に当たるものについては、同項〔相続税法24条1項〕1号の規定により、その残存期間に応じ、その残存期間に受けるべき年金の総額に同号所定の割合を乗じて計算した金額が当該年金受給権の価額として相続税の課税対象となる」ところ、「この価額は、当該年金受給権の取得の時における時価(同法22条)、即ち、将来にわたって受け取るべき年金の金額を被相続人死亡時の現在価値に引き直した金額の合計額に相当し、その価額と上記残存期間に受けるべき年金の総額との差額は、当該各年金の上記現在価値をそれぞれ元本とした場合の運用益の合計額に相当する」〔傍点は筆者〕と判示した。そして、「本件年金受給権は、年金の方法により支払を受ける上記保険金のうちの有期定期金債権に当たり、また、本件年金は、被相続人の死亡日を支給日とする第1回目の年金であるから、その支給額と被相続人死亡日の現在価値とが一致するものと解される」ので、「本件年金の額は、すべて所得税の課税対象とはならない」として、納税者に対する所得税の課税処分を取り消し、納税者勝訴の判決を下した。

　要は、問題となる生命保険契約に基づく年金受給権の「現在価値」については、既に相続税の課税対象とされている以上、その現在価値部分それ自体に所得税を課すことは、同一の経済的価値に対する相続税又は贈与税と所得税との二重課税を排除した所得税法9条1項15号の趣旨に照らして許されない(逆に、その現在価値部分を元本とする運用益部分については所得税の課税対象とすることが許される)としたのである。この判決は、年金払特約付きの生命保険契約に基づいて支払われる年金の基本債権たる年金受給権が相続税の課税対象となっていることを、(相続税法の文理上は必ずしも明確でないにも拘らず、)将来受け取る年金を年金受給権取得時の現在価値に割り引いたものが相続税の課税対象となっていると機能的

に理解したものであって[5]、「現在価値」の考え方を明示的に租税法の解釈に持ち込んだものとして画期的である。

それでは、現在価値はどのようにして求めることができるのであろうか。この点については、まず、「利子率」の考え方を理解する必要がある。

そもそも、貨幣経済の下では、あらゆる取引は金銭を用いて決済される。したがって、金銭自体が決済のためのツールとして需要の対象となるため、現在の金銭と将来の金銭との間で交換取引が成立することになる。この交換取引は、通常、金銭の消費貸借によってなされるが、その交換比率は下記の「貨幣利子率」（以下、単に「利子率」という）で表される[6]。

$$利子率 = \frac{返済すべき金額の額}{借り入れた金銭の額} - 1.0 \quad \cdots\cdots (1.1)$$

なお、本書において、今後「利子率」の語を用いる場合、それは基本的には「無リスク利子率（risk free rate）」を意味するものとする。「無リスク利子率」は、「安全利子率」ともいい、米国債や日本国債などのデフォルトの危険のない（と考えられる）安全資産に投資した場合の収益率を意味する（確実に返済を受けることのできる債券の金利と言い換えてもよい）。

安全資産の現在価値は、この利子率を用いることによって算定することができる。即ち、ある安全資産が存在し、これを保有していれば、現在から期間 t が経過した時点で C の利得を確実に受け取ることができるとして、この資産の現在価値を PV、期間 t に対する利子率を r とすれば、この資産の現在価値 PV は、以下の算式によって求めることができる[7]。

$$PV = \frac{C}{1+r} \quad \cdots\cdots (1.2)$$

---

[5] 渕圭吾「相続税と所得税の関係—所得税法9条1項16号の意義をめぐって」ジュリスト1410号（2010）12頁参照。

[6] 草野耕一『金融取引課税法〔補訂版〕』（商事法務、2010）19頁参照。

それでは、もう少し一般的に、利子率 r は1年間の期間に対応するもの（即ち、年利）であるとして、現時点から n 年が経過した場合に利得 C を受け取ることのできる資産の現在価値 PV を算定してみよう。

まず、現時点で得ることができるキャッシュフロー C の n 年後における将来価値 FV_n は、市場利子率 r が一定であるとすると、下記 (1.3) 式で表すことができる。

キャッシュフローの将来価値
$$FV_n = C \times \underbrace{(1+r) \times (1+r) \times \cdots \times (1+r)}_{n 回} = C \times (1+r)^n \cdots\cdots (1.3)$$

この (1.3) 式に基づいて考えると、n 年後に受け取ることができるキャッシュフロー C の現時点における価値（＝現在価値）PV は、市場利子率 r が一定であるとすると、r を n 回用いてそれを割り引くことで算定できるので、

キャッシュフローの現在価値
$$PV = C \div (1+r)^n = \frac{C}{(1+r)^n} \cdots\cdots (1.4)$$

となる。

そうすると、現時点で C_0、1年後に C_1、2年後に C_2、……N 年後に C_n というキャッシュフロー（キャッシュフロー流列）をもたらすような

7　この (1.2) 式が成立することは、いわゆる裁定の論法（「無裁定理論」ともいう）を用いて証明することができる。ここで、裁定の論法とは、競争的市場においては、いかなる裁定取引（等価な商品について、その価格差から利益を得るために行われる売買取引をいう。以下同じ）も継続的にこれを行うことはできないという命題を前提として展開される論理のことである。詳細についての分かりやすい解説として、例えば、ジョナサン・バーク＝ピーター・ディマーゾ（久保田敬一＝芹田敏夫＝竹原均＝徳永俊史・訳）『コーポレートファイナンス：入門編〔第2版〕』（ピアソン、2011）78－84頁以下参照。この他、野口悠紀雄＝藤井眞理子『現代ファイナンス理論』（東洋経済新報社、2005）71頁なども参照。

投資機会の現在価値 PV は、

$$PV = C_0 + \frac{C_1}{(1+r)^1} + \frac{C_2}{(1+r)^2} + \cdots + \frac{C_N}{(1+r)^N} \quad \cdots\cdots\cdots\cdots\cdots\cdots (1.5)$$

となり、これを（高校数学で習う）総和記号 Σ を使って表すと、

$$PV = \sum_{n=0}^{N} PV(C_n) = \sum_{n=0}^{N} \frac{C_N}{(1+r)^N} \quad \cdots\cdots\cdots\cdots\cdots\cdots\cdots\cdots (1.6)$$

となる（なお、$(1+r)^0 = 1$ であることに注意）。

このように、キャッシュフロー流列の現在価値は各キャッシュフローの現在価値の和であり、将来1回だけ発生するキャッシュフローを生みだすために現時点で投資する必要がある金額が正にその現在価値であるから、連続して発生するキャッシュフロー（C_0、C_1・・・、C_N）を生みだすために現時点で投資する必要がある金額が、上記の（1.6）式で表される当該キャッシュフロー流列の現在価値ということになる。言い換えると、これらの連続して発生するキャッシュフロー（キャッシュフロー流列）を受け取るということは、現時点でそれらの現在価値を手許に保有していることと等価である。

4 現在価値算定のためのツール

債券や株式の価値を評価するに当たっては、キャッシュフローの発生が一定の規則的なパターンに従っている場合におけるキャッシュフロー流列の現在価値の算定に関する簡便法を覚えておくと、非常に便利である。そこで、ここでは、代表的なものとして、①Perpetuity（永久債）、②Annuity（年金）及び③成長する永久債（定成長モデル）の現在価値を算定するための公式と、その導出方法を紹介する[8]。特に、後記**11(5)**で詳述する割引フリー・キャッシュフロー・モデルに基づく株式価値評価に際して

は、③の成長する永久債の算式を用いることになるので、以下の公式は十分に理解しておくことが必要である。

まず、前提として、高校数学で習った無限等比級数の公式を復習する。それによると、初項が a、公比が k の等比数列 $\{a_n\}$ の級数（初項から n 項までの総和）S_n は、次の式で表すことができる。

$$\begin{aligned} S_n &= a_1 + \ldots + a_n \\ &= a + ak + \ldots + ak^{n-1} \\ &= a(1 + k + \ldots + k^{n-1}) \\ &= a \times \frac{1-k^n}{1-k} \end{aligned}$$

ここで、$|k| < 1$ の場合、$n \to \infty$ とすれば、$k^n \to 0$ であるから、

$$\lim_{n \to \infty} S_n = \frac{a}{1-k} \quad \cdots\cdots\cdots\cdots\cdots\cdots\cdots\cdots\cdots\cdots\cdots\cdots\cdots\cdots\cdots\cdots\cdots (1.7)$$

となる。以下、この公式を用いて計算を行う。

① Perpetuity（永久債）

毎期の期末に同額を永久に受け取ることができる資産のことを、「Perpetuity」（永久債ないしコンソル債とも呼ばれる）という。毎期受け取る利得を C、利子率（一定とする）を r として、Perpetuity の現在価値 PV_p を計算する。

まず、n 年後までに受け取ることのできる利得の現在価値の合計を S_n とすれば、

$$S_n = \frac{C}{1+r} + \frac{C}{(1+r)^2} + \ldots + \frac{C}{(1+r)^n}$$

である。ここで、$\frac{1}{1+r} = k$ とすれば、

8　以下の説明は、草野・前掲（注6）32-35頁に依る。

$$S_n = kC \times (1 + k + \ldots + k^{n-1})$$

となる。これは、初項を kC、公比を k とする等比級数の式であり、$|k| < 1$ であるから、(1.7) 式より、

$$PV_p = \lim_{n \to \infty} S_n$$
$$= \frac{kC}{1-k}$$
$$= \frac{C}{r} \quad \cdots\cdots\cdots\cdots\cdots\cdots\cdots\cdots\cdots\cdots\cdots\cdots\cdots\cdots\cdots\cdots\cdots\cdots\cdots\cdots \quad (1.8)$$

となる。

② Annuity（年金）

　一定期間について毎期の期末に同額を受け取ることができる資産のことを、「Annuity」という。Annuity についての現在価値の計算は、毎期の受取額を個別に現在価値に換算して、これを足し合わせるという方法によって行うことも可能であるが、Perpetuity の現在価値に関する (1.8) 式を利用すると、よりエレガントに計算できる。

　まず、$(n+1)$ 年後に支払いが開始される Perpetuity があると考える。この Perpetuity の n 年後における現在価値（正確には将来価値）PV_n は、(1.8) 式より、

$$PV_n = \frac{C}{r}$$

であるから、その現在価値 PV_0 は、$(1+r)$ で割り引いて、

$$PV_0 = \frac{PV_n}{(1+r)^n}$$
$$= \frac{C}{(1+r)^n r}$$

である。

然るところ、n 年後まで支払いがなされる Annuity の現在価値 PV_a は、Perpetuity の現在価値 PV_p から（n 年後までは支払いがなされない）PV_0 を差し引いた金額に等しくなければならない。したがって、

$$
\begin{aligned}
PV_a &= PV_p - PV_0 \\
&= \frac{C}{r} - \frac{C}{(1+r)^n r} \\
&= \frac{C}{r}\left(1 - \frac{1}{(1+r)^n}\right) \quad\cdots\cdots\cdots\cdots\cdots\cdots\cdots\cdots\cdots\cdots (1.9)
\end{aligned}
$$

となる。

③ 定成長モデル（成長する永久債）

毎期の期末における受取額が一定の割合 g で増加する（この現象を「定成長（constant growth）」という）資産の現在価値を求める公式も、定成長配当割引モデルの計算などのために有用である。ここでは、定成長モデルに属するキャッシュフロー流列を生み出す資産のうち、「成長する永久債（growing perpetuity）」の現在価値を求めてみよう。

成長する永久債とは、一定間隔で発生し、一定割合で永久に成長するキャッシュフロー流列（を生み出す資産）である。まず、1年後に受け取る利得を C、1年間の成長率を g、n 年後に受け取る利得を C_n とすれば、

$$C_n = C \times (1+g)^{n-1}$$

であるから、n 年後までに受け取る利得の現在価値の総和 S_n は、市場利子率を r とすると、(1.4) 式から、

$$
\begin{aligned}
S_n &= \frac{C_1}{1+r} + \frac{C_2}{(1+r)^2} + \ldots + \frac{C_n}{(1+r)^n} \\
&= \frac{C}{1+r}\left(1 + \frac{1+g}{1+r} + \ldots + \left(\frac{1+g}{1+r}\right)^{n-1}\right)
\end{aligned}
$$

である。ここで、$\frac{1+g}{1+r} = k$ とすれば、

$$S_n = \frac{C}{1+r}(1+k+\ldots+k^{n-1})$$

となる。これは、初項を $\frac{C}{1+r}$、公比を k とする等比級数の式であり、$0 < g < r$ である限り $|k| < 1$ となる（$g \geq r$ では、キャッシュフローは割り引かれるよりも早く成長するため、この場合は、成長する永久債のキャッシュフローの割引現在価値は無限大となってしまう。このような永久債は現実には存在し得ないので、$g<r$ と仮定する他ない）ので、前記（1.7）式より、

$$\lim_{n \to \infty} S_n = \frac{C}{1+r} \times \frac{1}{1-k}$$
$$= \frac{C}{r-g}$$

となる。したがって、成長する永久債の現在価値 PV_0 を求める公式は、

$$PV_0 = \frac{C}{r-g} \quad \cdots\cdots\cdots\cdots (1.10)$$

という極めてシンプルなものとなる。

5 投資評価と IRR（内部収益率）

プライベート・エクイティ・ファンド（PEファンド）などの担当者が、投資機会の有望性を計る尺度として、よく、「IRRが最低20％は見込めないと」などということがあるが、この IRR（Internal Rate of Return：内部収益率）という概念は、実務では現在非常に広く使われている。

この IRR は、投資の現在価値と当該投資から生み出されるキャッシュフローは判明しているが、それらに対応する利子率が分かっていないとい

う場合の利子率を意味しており、キャッシュフローの正味現在価値（Net Present Value。以下「NPV」という）がゼロとなるような利子率として定義される[9]。

例えば、ある投資主体に、現時点で10億円の投資をすると 6 年後に20億円を受け取ることのできる投資機会があると仮定する。時間軸に表すと、

となる。この投資機会の有望性を計るために、この投資機会の NPV がゼロになるような利子率 r を求める。すると、

$$NPV = -10億円 + \frac{20億円}{(1+r)^6} = 0$$

であるから、これを書き換えると

$$10億円 \times (1+r)^6 = 20億円$$

となる。つまり、r は、6 年後において（将来価値）20億円を受け取るために10億円の元本について生じるべき利子率に等しい。これを r について解くと、以下のとおりとなる。

$$1 + r = \left(\frac{20億円}{10億円}\right)^{1/6} = 1.1225$$

したがって、上記設例の投資機会の IRR＝r＝12.25パーセントということになる。言い換えれば、この投資を実行すると、6 年間で年12.25パーセントの利回りを確保できるということになる。

この設例のように、2 つのキャッシュフロー（投資とそれに対するリターン）のみを考えるのであれば、IRR の計算は簡単である。これを一般化

9　以下の説明は、バーク＝ディマーゾ・前掲（注 7 ）145－146頁に依る。

して、現時点で P 円投資して、N 年後に FV 円を受け取るという投資機会について、IRRを求めると、以下のとおりとなる。

$$P \times (1+IRR)^N = FV$$
$$1 + IRR = (FV/P)^{1/N}$$

即ち、FV/P を $1/N$ 乗して1を引くことで、1年当たりの IRR を算出することができる。

6 基礎的財務用語の解説

上記5ではIRRについて説明したが、企業価値ないし株式価値を評価(算定)するに際して重要な用語を以下にいくつか紹介する。これらは、企業の財務状況を表す基本的な指標として、新聞等でもよく登場する用語であり、M&Aの実務でも頻出するので、覚えておくことが望ましい。

PBR（株価純資産倍率）：Price Book Ratio の略。株価を1株当たりの株主資本（簿価純資産）の額で割った数値（なお、簿価純資産の代わりに、株主資本の額を、有価証券の含み損益、不動産の含み損益及び未認識退職給付債務の額などを用いて修正したもので株価を割った数値である修正PBRもよく用いられる）。PBRが1倍を下回るということは、株式時価総額＜簿価純資産額の状態であることを意味し、対象会社の株価は、理論上、その解散価値より割安ということになる。したがって、このような会社を株式市場でTOBなどを用いて

買収して解散させ、その資産を換価して分配を受ければ（いわゆる解体型買収を実行すれば）、理論上、買収価額以上の分配を受けることができることになる。そのため、PBR＜1.0の状態にある会社は敵対的買収の標的となりやすい。また、そのような会社は、事業をそのまま継続するより解散した方が株主の利益に適うということで、1999年に行われた東京証券取引所2部上場の繊維商社であった立川の自主解散の事例のように、自ら解散の途を選ぶこともある（同社の上場廃止時の株価は130円であったが、清算分配金は1株当たり202円であった）

EPS（1株当たり利益）：Earnings Per Share の略。対象会社の当期純利益を同社の発行済社外株式総数で割った数値であり、自社株は分母から除かれているため、自社株買いを行うと値が上昇する。伝統的に用いられてきた代表的な投資指標

PER（株価収益率）：Price-Earnings Ration の略。P/E レシオともいわれる。対象会社の株価を1株当たり利益（EPS）で割った数値であり、EPSと同様、伝統的に用いられてきた代表的な投資指標。この値が業界平均等と比べて高いと現在の株価が割高であることを、低いと現在の株価が割安であることを、各々示す。ごく一般的には、15〜20倍未満であれば株価は割安であるといわれることが多いが、成長期待の高い企業では高い値となることも多い[10]

ROA（総資産利益率）： Return on Assets の略。対象会社の当期純利益を同社の総資産額で割った数値。企業の収益性を判定する代表的な数値の一つ。資産のオフバランス化や資産圧縮、自社株買いなどは ROA を向上させるために行われる企業行動

ROE（株主資本利益率）：Return on Equity の略。対象会社の当期純利益を同社の株主資本（純資産）の額で割った数値。これも企業の収益性を判定する代表的な数値の一つ。これも自社株買いを実行すると値が上昇する。2012年現在で、東証１部上場企業の平均は約５％であるが、英米の上場企業の平均は約15％といわれている

EBITDA： Earnings Before Interest, Taxes, Depreciation & Amortization の略。企業の買収価格決定の際などに多用される、フリー・キャッシュフローをベースとする比較的新しい投資指標の一つ。対象会社の企業価値の本質は、その会社の生み出すフリー・キャッシュフローであるとの考え方をベースとして、営業権を計上している企業の利益にのれん償却費等を加え、数値を標準化して比較できるようにすること等を主眼として考案された指標

---

[10] 東京証券取引所上場企業の各月ごとの業種別の平均 PER 及び平均 PER の値は《http://www.tse.or.jp/market/data/per-pbr/》にて閲覧可能。

7 会計制度がM&Aに及ぼす影響（総論）

　M&A取引を会計上どのように処理すべきかという問題は、M&A取引の成否自体をも左右する非常に大きなインパクトを有する問題である。まずは、このことを端的に示していると思われる、1990年代の米国におけるM&A会計の変更を巡る経緯を紹介する。

【図1－1】　企業結合に係る日米会計基準の変遷

	米国会計基準	日本会計基準
～2000年	APB意見書16号[11] ◆ パーチェス法と持分プーリング法が併存	
2001年	SFAS141号「企業結合」制定[12] ◆ 持分プーリング法を廃止し、パーチェス法に一本化 ◆ のれんの償却が禁止に	
2002年		
2003年		企業会計基準第21号 「企業結合に関する会計基準」制定[13] ◆ パーチェス法と持分プーリング法とが併存
2004年		
2006年		「企業結合に関する会計基準」の強制適用開始[14]

11　制定は1970年8月。
12　2001年6月30日以降に開始される企業結合に適用。
13　制定は2003年10月31日。
14　2006年4月1日より強制適用。

2007年		
2008年	SFAS141号「企業結合」等の改正[15] ◆ 子会社株式を売買しても、支配を喪失しない限り損益が発生しないことに ◆ 子会社に対する支配が喪失した場合には、残存の投資について評価替えすることに	企業会計基準第21号「企業結合に関する会計基準」改正（平成20年基準）[16] ◆ 持分プーリング法を廃止し、パーチェス法に一本化
2009年		
2010年		平成20年基準の強制適用開始[17]
2011年〜2012年		
2013年		企業会計基準第21号「企業結合に関する会計基準」再改正（平成25年基準）[18] ◆ 子会社株式を売買しても、支配を喪失しない限り損益が発生しない
2014年		
2015年		平成25年基準の強制適用開始[19]
2016年〜		以下の点については、引き続き検討課題に ◆ のれんの規則的償却を禁止するか ◆ 子会社に対する支配が喪失した場合には残存の投資について評価替えするか

---

[15] 略称は「SFAS141R」。制定は2008年1月10日。2008年12月16日以降に開始する事業年度中に完了した企業結合から適用。
[16] 改定は2008年12月26日。
[17] 2010年4月1日より強制適用。

2001年までの米国の会計処理基準（APB意見書[20]第16号[21]）では、企業買収に際しての会計処理について、原則的にはパーチェス法に基づいた処理が要求されるものの、一定の場合には持分プーリング法による処理が強制されていた。

　パーチェス法とは、買収時に被買収企業の資産・負債を時価で評価替えして買収後の新会社の結合貸借対照表を作成する方法で、この方法の下では、被買収企業の実際の価値を示す時価純資産価額と買収価額との差額とをのれんとして当該貸借対照表の資産の部に計上することが要求される。このれんは、無形資産として、米国の当時の会計基準（APB意見書17号）の下では40年以内に償却＝費用化していくことが義務づけられていたため、パーチェス法を用いてM&A取引の会計処理をした場合には、買収側企業の会計上の利益は圧迫されることとなっていた。他方、持分プーリング法とは、一定の要件を充たした株式の交換取引による買収の場合に適用されていた方式で、買収時に、被買収企業の資産・負債を簿価ベースで単純に合算して、買収後の新会社の結合貸借対照表を作成する方法である。この方法では、①買収に伴うのれんの計上が生じないため、買収側企

18　公開草案の公表は2013年1月11日、改定は同年9月13日。従来は、子会社株式を追加取得した場合、追加取得持分と追加投資額との間に生じた差額は、連結財務諸表上、のれん（又は負ののれん。以下同じ）として処理することとされていたが、この改正により、当該差額は損益ではなく資本剰余金として処理することとなった。これにより、例えば、TOB等により対象会社を子会社化した（支配を獲得した）後、その翌事業年度以降に株式交換により対象会社の非支配株主から残存株式を取得する等の方法で当該会社を完全子会社化した場合、支配獲得後における子会社株式の追加取得に際してはのれんが生じないため、支配関係の存しない対象会社を株式交換等により一挙に完全子会社化する場合と比較して、生じるのれんの金額が大きく異なり得ることとなった。この改正では、この他、取得関連費用（外部のアドバイザー等に支払った特定の報酬・費用）を取得原価に含めることを改め、発生時に費用処理することとされた。

19　2015年4月1日より強制適用。
20　正式名称はAccounting Principles Board Opinion。以下「APB意見書」という。
21　1970年8月制定。

業の会計上の利益が圧迫されない利点があったほか、②買収の結果として資産価値を失うことになる被買収企業の商号などの無形資産について一括償却が要求されず、その償却を長期間(当時の会計基準の下では最大で40年間)に亘って先送りすることが可能であったため、この点からも、買収直後における買収側企業の会計上の利益が圧迫されずに済むメリットがあった。

そして、米国では、特に1990年代以降は、連結フリー・キャッシュフローやEBITDAなどが投資指標として重視されるようになってきていたとはいえ、投資家の間では依然として1株当たり利益(EPS)を重視する傾向が強かったところ、上記で述べたとおり、持分プーリング法が適用される場合には、1株当たり利益に悪影響を与えることなくM&Aを実行することが可能であった[22]。その結果、1990年代の米国におけるM&A案件は、シティーコープとトラベラーズ・グループとの経営統合など代表的な大型M&Aを含む9割以上のM&Aがこの持分プーリング法が適用されるスキームによって行われていたといわれており、持分プーリング法は、1990年代における米国の大型M&Aブームを支える制度的要因の一つとも指摘されていた[23]。

このような状況の下で、米国財務会計基準審議会(Financial Accounting Standards Board。以下「FASB」という)が、1999年4月に、2000年から持分プーリング法の採用を禁止し、パーチェス法の一律適用を義務付けることを柱とするM&Aに関する会計基準の変更を実施する旨の草案を発表したため、米国の産業界は騒然となった。この変更案には、M&Aブームに冷水を浴びせるものであるとして産業界から激しい反対論が噴出したが、FASBが同年9月に基本的にこの案を基礎として最終案[24]を正式決

---

[22] 持分プーリング法の適用に際しては、買収スキームとして三角合併などの株式の交換スキームの利用が要求されているため、1990年代ではそれが大きな要因となって株式の交換スキームが広く利用されていた。

定したため、一時、ハイテク企業などを中心に会計基準案の変更前に買収を済ませようとする「駆け込みM&A」の動きすら生じたと報じられていた。

結局、更なる紆余曲折を経て、最終的に、2001年6月に、企業買収についてパーチェス法の適用を義務付ける財務会計基準書（Statement of Financial Accounting Standards。以下「SFAS」という）141号及びのれんの規則的償却を禁止（但し、毎期減損テストが義務付けられ、減損が生じたときには強制一括償却）する旨のSFAS142号が制定され、米国会計基準に関してはこの問題に決着がつけられた[25]。

その後、会計基準の国際的なコンヴァージェンス（convergence：収斂）の流れの中で、EU諸国を中心として世界各国で採用されている国際財務

---

[23] 因みに、典型的なLBOが全盛であった1980年代において、投資リターンを主目的とするLBOによる買い手は、当該買収の会計処理をパーチェス法で処理するか持分プーリング法で処理するかといった問題にほとんど関心を持たなかったといわれている。それらの買い手は、専ら対象会社のキャッシュフローを重視し、IPOではなく、同様の目的を有する買い手に対してM&A市場で対象会社を売却するのが基本的な出口戦略であったからである。ところが1990年代に入ると、投資リターン目的（財務目的）の買い手は、株式公開市場の活況を利用して、買収した企業を一旦非公開化（Going Private）した後、再度早期に公開し（IPO）、多額のキャピタル・ゲインを狙う戦略に切り替えるようになった。それ故、1990年代以降は、特に投資ファンドによって、取得した企業の株式をできるだけ早く（再）公開することを意図して買収が行われることが多くなった。その場合、1990年代以降、投資リターン目的の買い手は、有利に株式を公開するため、対象会社の1株当たり利益を押し上げることに重点を置くようになり、それが1990年代のM&A会計における持分プーリング法の利用、買収スキームとしての株式の交換スキームの利用の増加に寄与している面もあると指摘されていた。何故なら、上述のとおり、1株当たり利益を大きくしたい場合、パーチェス法は大きな障害となるからである。

[24] 当該最終案では、のれんの償却期間は40年以内から20年以内に短縮するものとされていた。

[25] その後、2008年1月10日にSFAS141号は改定され、SFAS141Rとなっている。なお、改定後は、パーチェス法の名称は「取得法（Acquisition method）」に変更されている。

報告基準（International Financial Reporting Standards。以下「IFRS」という）においては、2004年3月に、企業買収につきパーチェス法の適用を義務付けると共にのれんの規則的償却を禁止するIFRS3号（企業結合会計基準）が制定された[26,27,28]。そして、わが国でも、2003年10月に、経済界からの反対論を押し切る形で、企業買収につきパーチェス法による処理を原則とし、持分プーリング法による処理は一部についてのみ認める企業会計基準第21号「企業結合に関する会計基準」（以下「企業結合会計基準」という）が制定され、その後、2008年12月の当該基準の改正により、持分プーリング法の使用が最終的に禁止された。もっとも、わが国では、現在でも、20年以内の期間におけるのれんの規則的償却が認められている[29]が、企業会計基準21号で、のれんについては「固定資産の減損に係る会計基準」が適用されるものとされたため、米国会計基準などと同様、毎期における減損テストの実施と、減損が生じたときにおける強制一括償却の実施は義務付けられている（以上のM&A取引の会計処理に関する米国会計基準と日本会計基準の変遷については、前掲の【図1－1】参照）。なお、2015年6月30日付けで企業会計基準委員会（以下「ASBJ」という）によって策定され、2016年3月期から適用可能となっている「修正国際基準

---

[26] なお、IFRSの下では、IFRS3号が制定されるまでは、1998年に公表されたIAS22号（International Accounting Standards。以下「IAS」という）の下で、のれんの償却は20年以内とされていた。

[27] なお、IFRSの下では、既に1998年に公表されたIAS36号から、のれんについては毎期減損テストが義務付けられ、減損が生じたときには強制一括償却するものとされていた。

[28] その後、2008年1月10日にIFRS3号及びそれと密接に関係するIAS27号（連結及び個別財務諸表）の改定が公表されている。なお、改定後は、米国会計基準におけるのと同様、パーチェス法の名称は「取得法（Acquisition method）」に変更されている。

[29] それまでは租税法の下での処理に倣って5年間の均等償却が一般的であったが、1997年の連結財務諸表原則の改正により20年以内の期間における規則的償却が認められることとなった。

(JMIS:国際会計基準と企業会計基準委員会による修正会計基準によって構成される会計基準)」における修正国際基準第1号「のれんの会計処理」でも、上述した現行の日本会計基準と同様、のれんの会計処理については、規則的償却及び減損アプローチが踏襲されている[30]。

但し、のれんについて規則的償却を行うべきか否かについては、国際的にも会計的に決着がついたわけではなく、減損アプローチ一本でのれんの償却の是非を判断する場合には、①減損するか否かについて経営者の恣意的判断が入り込む余地が否定できないという問題、②償却期間の設定や減損処理の判断が実務上非常に困難であるという問題、③相対的に一時により多額の減損が生じ得るという問題、④規則的な償却を実施しない結果、増収増益を維持するための買収を誘発し、事業等の買収の価格交渉に際しても買収側が高値掴みをしがちになるのではないかという問題等を考慮して、のれんについて規則的償却を必須とすべきという意見は、学界等でも依然根強いものがある。そのため、日本会計基準に関しては、上記のとおり、2013年の企業結合会計基準の改正に際しても、のれんについて規則的償却を必須とする取扱いが維持されており、IFRS に関しても、IASB が IFRS におけるのれんの減損処理の問題点も認識した上で、のれんの会計処理の見直しに着手しており[31]、今後も、M&A 取引によって生じるのれんの処理に関する主要な会計基準の動向については注視を要する。

もっとも、上記の米国などにおける会計基準の変更に関する政治的論争の意味合いを考える場合には、以下のことに注意する必要がある。即ち、パーチェス法が適用されても持分プーリング法が適用されても、(近時に

---

[30] 近時におけるのれんの規則的償却の要否を巡る議論の概括的紹介については、例えば、西川郁生「経済教室 国際会計基準の展望〔下〕『のれん』処理、日本型は妥当」2015年1月15日付け日本経済新聞朝刊を参照。

[31] 2018年9月14日付け日本経済新聞朝刊1面の「M&A費用計上検討」と題する記事及び2018年10月19日付け日本経済新聞朝刊17面の「『遅すぎる減損』に危機感」と題する記事を各参照。

おいて企業を評価する際の重要な指標の一つとなるに至った）フリー・キャッシュフローの数値には全く影響がない、ということである。企業買収がパーチェス法で処理されようと持分プーリング法で処理されようと、企業価値の観点からは本質的には問題ではない（のれんの年間償却費は非現金項目であり、企業の本来の営業成績には関係しない）はずであり、現在では、機関投資家などの洗練された投資家は、のれんの償却が企業の財務に与える影響を割り引いて考えるようになってきている[32]。このような動きを受けて、わが国でも、大型買収を繰り返しているような企業では、決算発表に際して、既にのれん代の償却費などを除いた修正純利益を公表する例が増えてきている。

　このように、投資家の間において、企業価値評価の基準が、従来伝統的であった1株当たり利益（EPS）からフリー・キャッシュフロー（ないしその代用としてのEBITDA）等へと変化しており、パーチェス法による処理か持分プーリング法による処理かという問題は勿論、のれんの償却に関する会計基準の動向についても、それがM&A取引のマーケットに与える影響は、次第に限定的になってきているものと考えられる。

　もっとも、特にわが国では、伝統的な会計上の1株当たり利益の額にこだわる投資家心理にも依然として根強いものがあり、今後も、特にのれんの償却に関する会計基準の動向（特に、わが国で現在検討されている、20年以内の期間におけるのれんの規則的償却の廃止が実現するか否か）は、少なからずM&A取引のマーケットにも影響を及ぼすものと考えられる。

---

[32] EBITDAは、かかる見地から、営業権を計上・償却している企業の利益に営業権償却費を加え、数値を標準化して比較できるようにした指標として、現在では、投資銀行や機関投資家だけでなく、M&Aの実務に携わる企業の担当者等によっても広く利用されている。

8 EPS と EBITDA

　上述のとおり、企業価値ないし株式価値を評価する際の指標としては、伝統的には1株当たり利益（EPS）及び株価をそれで割った PER がよく用いられており、現在でも、個人投資家はこれらの指標を重視する傾向が強いといわれている。

　他方、近時、特に機関投資家が重視している指標が EBITDA である。これは、前述のとおり、Earnings Before Interest, Taxes, Depreciation and Amortization の略で、税引前当期利益に支払利息及び有形・無形固定資産の減価償却費を加算したものである。実務上は、特別損益等の一時的な損益も除いて考え、営業利益＋減価償却費で求めることが多い（損益計算書記載の営業利益にキャッシュフロー計算書記載の減価償却費を加算して求める）。

　そもそも、①支払利息の金額は、それぞれの企業の資本構成（特に Debt/Equity Ratio）や国又は通貨圏によって異なる金利水準の影響を受ける。また、②支払税額は、国ごとに法人実効税率が異なることや租税優遇措置の影響を大きく受ける。更に、③減価償却費の金額は、国ごとにその会計上及び税務上の取扱いが異なることによって大きく左右される。その点、この EBITDA は、事業の収益性から、支払利息、支払税額及び減価償却費の影響を除去した数値であるため、特に複数の国にまたがる複数の同業種に属する企業（又は同種の事業）の収益性を相互に比較する際に非常に有益であり、それが故に、特にグローバルに投資を行っている機関投資家に好んで利用されている。

　また、このような特性から、M&A の世界では、後述するように、企業価値（Enterprise Value）が EBITDA の何倍で取引されているか、ないし取引されるべきか、を示す EV/EBITDA マルチプル（EBITDA 倍率）が広く用いられている。

また、EBITDAを売上高で割った指標であるEBITDAマージンは、企業の本業の収益力を表す指標として、経営分析における財務分析等で広く利用されている[33]。

　もっとも、EBITDAは企業価値評価に際して有用な指標であるとはいえ、減価償却費を単なるコストとしてのみ把握しているため、企業や事業の存続のために必要不可欠な設備投資の必要性が十分に考慮されなくなってしまう憾みがある。この点を考慮するため、EBITDAだけでなく、併せて、i) EBITDA−Capex[34]（設備投資）やii) EBITA（EBITDAから設備投資に起因する有形資産の減価償却費のみを控除したもの[35]）なども、実務上、併せて考慮されることが多い。

9 のれんと減価償却

　EBITDA及びEBITAに関する上記の説明から明らかなとおり、「のれん（goodwill）」及びその減価償却という概念は、企業（又は株式）価値評価

---

[33] 日本企業でEBITDA及びEBITDAマージンの値を公表している例としては、例えば、ソフトバンクグループが挙げられる（同社の2017年度アニュアル・レポート26頁参照）。更に、多国籍企業の中には、四半期ごとのEBITDA及びEBITDAマージンの値を公表している企業もある（例えば、Alibaba Group Holding Limitedの2017会計年度第4四半期及び2017会計年度通期業績プレスリリース（《http://www.alibabagroup.com/en/news/press_pdf/p180504.pdf》にて閲覧可能）等を参照）。

[34] Capital Expenditureの略。不動産や設備の価値を維持又は向上させるための設備投資に関する資本的支出を意味する。単なる修繕費は含まない。

[35] 無形資産の減価償却費（EBITDAの「A」）を控除しないのは、当該減価償却費の大半は、企業買収の際に生じるのれんの償却費であるところ、企業買収は、設備投資と異なって継続的に行われるものではなく、また、事業の「成長」についてはともかく、その「継続」に必要なものでもないため、有形資産の減価償却費とは異なって、事業の収益性を測るための数値から敢えて控除するまでの必要性はない、との理由に基づく。

や企業の財務分析を行うに際して極めて重要であるので、ここで簡単に解説する。

「のれん」には「正ののれん」と「負ののれん」とがある。「正ののれん」は、企業買収を行った際に、被取得企業又は取得した事業の取得原価が、取得した資産及び引き受けた負債に配分された純額を超過する場合の当該超過額（大雑把にいえば、企業ないし事業買収の対価の額が当該企業ないし事業の時価純資産価額を超過する場合の当該超過額[36]）をいい、他方、「負ののれん」は、上記の取得原価が上記の純額に不足する場合の当該不足額（大雑把にいえば、企業ないし事業買収の対価の額が当該企業ないし事業の時価純資産価額に不足する場合の当該不足額）をいう。

この「正ののれん」については、わが国会計基準の下では、1997年の連結財務諸表原則の改正以来、20年間の期間内における規則的償却が求められている（税務上は5年間の均等償却が認められている）が、「負ののれん」についても、かつては「正ののれん」と同様、20年間の期間内における規則的償却が求められていた（この場合、「償却」といっても、その結果、損益計算書上で営業外収益に加算されていた）ところ、2008年12月26日に企業会計基準委員会によって公表され、2010年4月1日から強制適用されている改正企業結合会計基準（前述した平成20年基準）の下では、IFRSと同様、まず識別した資産・負債の公正価値を確認・認識した上で、その後即時に損益計算書上で一括して特別利益として利益認識されることとなった。

因みに、減価償却とは、費用収益対応の原則に基づき、収益の獲得に貢

---

[36] もっとも、2008年12月26日公表の改正（平成20年基準）前のわが国企業結合会計基準の下では、実務上、企業結合会計において無形資産の識別が強制されておらず、対象会社の取得価額から対象会社の時価純資産額を差し引いた金額がそのまま「のれん」として計上されることが多かったが、改正後の企業結合会計基準の下では、（仕掛）研究開発費や識別可能な無形資産を時価で認識した後の差額のみが「のれん」として計上されることとなった。

献する資産の取得価額を、収益に貢献し得る期間に亘って費用として配分し、当該期間内における各会計年度ごとの損益を適正に表示するための会計上の手法であり、当該取得価額を、収益貢献を期待し得る期間である耐用年数内における各会計年度に、費用として割り付けるものである。もっとも、このことから、耐用年数（収益を生み出すことが期待し得る期間）が∞である（言い換えれば、時間の経過によっても価値が減少しない）と考えられる土地や株式などは償却不能資産とされ、減価償却の対象とならない。また、償却可能資産については、取得価額は減価償却費を耐用年数分だけ積み上げたものに等しい（言い換えれば、会計上及び税務上、減価償却費と取得価額とは exchangeable な存在である）。

　なお、前述のとおり、グローバルに会計基準のコンヴァージェンスが進められた結果、日本会計基準と IFRS 及び米国会計基準との差異は相当程度解消されたものの、依然として M&A の会計処理について重要な差異が存在しており、のれんの取扱いの差異は、その中でも最も大きな差異といってよい。

　即ち、IFRS 及び米国会計基準[37]においては、のれんは将来の収益力によって価値が変動する資産であり、かかる収益力が低下した場合に資産価値に反映すべきという考え方に基づき、規則的な償却を行わず、減損テスト

37　米国会計基準については、2002年10月のノーウォーク合意に基づき、わが国よりも一足先に IFRS とのコンヴァージェンスに着手した結果、IFRS との差異は概ね解消されているようである。もっとも、M&A 取引の会計処理においては、非支配株主持分（少数株主持分）の測定方法に関して、米国会計基準では、取得日の公正価値で測定される一方で、IFRS では、①取得日時点における非支配株主持分の公正価値又は②取得日時点における被支配企業の識別可能純資産の公正価値に対する非支配株主持分に相当する額のいずれかを企業結合ごとに選択することができるという差異が残っている。なお、米国会計基準（及び日本会計基準）では適用すべきルールを詳細に定める規則主義（又は細則主義）が採用されている一方で、IFRS では数値等の詳細な基準が定められていない原則主義が採用されており、会計基準の在り方についての根本的な考え方が異なることも、完全なコンヴァージェンスにまで至らない要因の1つになっていると思われる。

を毎期行って収益力の低下が認められた場合に減損するという方法が採用されている。他方、日本会計基準では、のれんは超過収益力を表す費用性・消耗性の資産であり、時間の経過に伴ってその価値が徐々に減価していくという考え方に基づき、その効果の及ぶ期間に亘って規則的な償却を行うという方法が採用されている（もっとも、前述のとおり、日本会計基準においてものれんは減損会計基準の適用対象資産として、規則的な償却に加えて、のれんの価値が損なわれた場合には減損処理を行うものとされている)[38]。なお、規則的な償却を行う際ののれんの償却期間につき、日本会計基準では、20年を上限とした上で、「売却による回収額と利用による回収額が等しくなると考えられる時点までの期間」等を参考に、償却期間を定めるものとされており、特に陳腐化のスピードが速い技術等が価値の源泉となっている事業等の買収に際しては、実務上、会計監査を担当する監査法人から、償却期間を10年以下の短い期間（例えば、５年等）にするよう要求されることが多いように思われる[39]。

従って、買収した事業等の収益力が大きく落ち込むことがない限り、連結決算に日本会計基準を適用している企業は、IFRSや米国会計基準を適用している企業と比較して、のれんの規則的な償却が必要な分、営業費用が増加して営業利益が見かけ上減少することになる（特に、のれんの償却期間が５年など非常に短い期間に設定された場合には、この営業利益への

---

[38] なお、これらのほかに、計上されたのれんを即時に一括して償却する方法も考えられる。

[39] この点、2014年７月22日にASBJ、欧州財務報告諮問グループ（EFRAG）及びイタリアの会計基準設定主体（OIC）によるリサーチ・グループが公表した「のれんはなお償却しなくてよいか——のれんの会計処理及び開示」と題するディスカッション・ペーパーの第84項（c）では、のれんの償却期間に関し、企業は、通常、①取得した事業が単独の事業としてより高い収益率を稼得すると取得企業が見込む予想期間、②取得企業と被取得企業の純資産及び事業の結合により生じるシナジーや他の便益が実現する期間、③企業結合に係る投資の予想回収期間、④主たる識別可能な長期性有形資産（無形資産を含む）である主要な資産の耐用年数（又は資産のグループの加重平均耐用年数）を考慮することになるとの考え方が紹介されており、参考になる。

ネガティヴ・インパクトは非常に深刻になる)。それ故、連結決算に日本会計基準を適用している企業は、一般的には、買収の結果として多額ののれんが計上される(別の言い方をすれば、多額の買収プレミアムを支払う)ことになるような M&A に取り組むことを躊躇しがちになるといわれており、そのため、M&A に積極的に取り組む企業は、日本会計基準よりも IFRS を任意適用する傾向が強いとも指摘されている[40]。

　もっとも、日本会計基準と IFRS 等とでは、のれんの範囲が異なるため、IFRS を任意適用すれば、日本会計基準でいうところの「のれん」の全額について規則的な償却が不要となるわけではない点に注意する必要がある。即ち、日本会計基準では、のれんも無形資産も規則的償却の対象とされているため、のれんに分類するか無形資産に分類するかに関するルールは IFRS と比較してそれほど厳密ではないが、IFRS では、のれんは規則的償却の対象とされない一方で無形資産は規則的償却の対象とされているため、市場関連資産(ブランド、販売権等)、顧客関連資産(顧客リスト、顧客基盤等)及び技術関連資産(特許権、ソフトウェア等)等は、実務上、手間をかけて慎重に無形資産に分類されている。そのため、日本会計基準でいう「のれん」の金額には、実務上、IFRS でも規則的償却の対象

---

[40]　2016年6月12日付け日本経済新聞朝刊1面の「国際会計基準広がるアサヒや味の素採用140社へ M&A 加速で」と題する記事のほか、「適用する企業が急増『打って出る』から IFRS」日経ビジネス2016年8月22日号42−46頁及び「急増する M&A の罠　米国＆国際財務報告基準の採用企業積み上がる『のれん代』の落とし穴」エコノミスト2016年3月15日号74−77頁等参照。他方で、実証研究の中には、IFRS の任意適用を行った日本企業が実施した M&A の収益性が、任意適用を行っていない日本企業(即ち、日本会計基準を採用する日本企業)と比較して、IFRS の任意適用開始後に有意に低下しており、このことは、IFRS の任意適用が、わが国企業の経営者に、収益性の低い M&A を行うインセンティブを与えている可能性を示唆している、と論じるものもある(天野良明「IFRS 任意適用が M&A の収益性へ与える影響」(http://mizuho-sc.gsm.kyoto-u.ac.jp/wp-content/uploads/2017/11/13b2f82161497689ca2ef3b2bd1a9294.pdf)参照)。

とされている無形資産の金額が含まれている可能性がある[41]。

　また、連結決算においてIFRSないし米国会計基準を用いている企業がそれらに従ってのれんの規則的な償却を行わない場合には、のれんの減損テストの実施負担が重い点、及び相対的に減損リスクが高くなる点にも注意が必要である。即ち、例えば、日本会計基準では、減損の兆候がある場合に・の・み減損損失を認識するかどうかの判定を行えば足りる[42]が、IFRSでは、減損テストを毎・期・実施する必要がある。また、日本会計基準では、割引前将来キャッシュフローの総額が帳簿価額を下回る場合に・の・み[43]、帳簿価額を回収可能価額まで減額して減損損失を認識すれば足りるが[44]、IFRSでは、回収可能価額が帳簿価額を下回る場合には減損損失を認識することになるため、回収可能価額の評価次第ではあるものの、相対的に減損リスクは高くなるといえる。

　なお、前述したとおり、わが国においては、2015年6月30日付けでJMISが策定され、2016年3月期から適用が可能となっているが、JMISは、M&A取引において発生する「のれん」の取扱いについてIFRSのルールを変更し、日本会計基準と同様に、最大20年間で規則的に償却することができるものとしている。「ピュアIFRSとほとんど同じコストをかけて偽物を公表するインセンティブは、ほとんどないと思われる」といった厳しい指摘[45]に代表されるように、JMISに対しては批判的な論調が目立つこともあり[46]、未だJMISを採用した企業はないが、IFRSと日本会計基

---

[41] 《https://www2.deloitte.com/jp/ja/pages/mergers-and-acquisitions/articles/acounting-qa-04.html》参照。
[42] 「固定資産の減損に係る会計基準」(以下「減損会計基準」という) 二1参照。
[43] 減損会計基準二2(1)参照。
[44] 減損会計基準二3参照。
[45] 小宮山賢「消えた日本基準のコンバージェンスの行方」証券アナリストジャーナル2016年3月号45頁参照。
[46] 2015年6月30日付け日本経済新聞朝刊17面の「修正国際基準を決議」と題する記事等参照。

準のいわば「いいとこ取り」をした基準と考えれば、選択肢になり得るようにも思われる。

　そもそも、わが国上場会社は、連結決算について、日本会計基準の他に、IFRS[47]や前述したJMISを任意で適用することができ、また、米国のニューヨーク証券取引所やNASDAQに株式を上場する企業など、米国会計基準に基づく連結財務諸表を米国証券取引委員会（以下「SEC」という）に登録した企業等は、米国会計基準を適用することも可能である[48]。従って、わが国上場企業にとっては、連結決算のために用いる会計基準について、基本的に、日本会計基準、JMIS、IFRS[49]及び米国会計基準という４つの選択肢が存するわけであるが、M&Aが企業の経営戦略の重要な一部となってきている今日においては、それら４つの会計基準のいずれを選択するかを決定するに当たっては、M&Aに係る会計処理が連結決算にもたらすインパクトの問題が重要な考慮要素となるものと解される。そして、上述のとおり、M&Aを実行した場合におけるのれんの規則的な償却がもたらす連結営業利益の（見かけ上の）減少が大きな問題であると認識

---

[47] 2009年12月11日に公布され、即日施行された、「連結財務諸表規則の一部を改正する内閣府令及び会社計算規則の一部を改正する法務省令」により、わが国企業も、2010年（平成22年）３月期の連結財務諸表からIFRSを任意適用することが可能となった。2015年の「連結財務諸表の用語、様式及び作成方法に関する規則」等の改正により、IFRSを任意適用することができる対象が大幅に拡大された。

[48] 現在、わが国において米国会計基準を適用することができるのは、①米国会計基準に基づく連結財務諸表をSECに登録している会社、②今後、新たにSECにかかる登録をした会社、及び③（既にSECへの登録を廃止したものの、）わが国に連結財務諸表制度が導入された昭和52年４月以前から米国会計基準に基づいて連結財務諸表を作成・開示している会社に限られている（連結財務諸表の用語、様式及び作成方法に関する規則第95条及び第96条、並びに平成14年内閣府令第11号附則第３項）。

[49] 2018年４月２日現在、法律上IFRSを任意適用することができる企業のうち上場会社だけでも3,500社を超えているが、わが国において既にIFRSを適用済み及び適用を決定した上場会社の数は合計で174社（うち、適用を決定したが未適用の企業数は31社）に過ぎない（日本取引所グループのウェブサイト（《http://www.jpx.co.jp/listing/others/ifrs/index.html》にて閲覧可能）等を参照）。

する企業等では、今後、連結決算について、日本会計基準に代えて、IFRS等を適用する動きが徐々に進んでいくのではないかと思われる[50]。

10 株式価値の評価と類似企業評価法

(1) 何故株式価値の評価を取り上げるのか

　株式価値の評価は、(株式買収の手法により) M&Aを行う際の最も重要な作業であり、株式価値を評価する方法を学ぶことは、M&A実務の基礎中の基礎である。また、自社の株式の価値を評価することは、企業が自社株買いをすべきか否かといった自社の資本政策を策定する際の基礎となる作業であるとともに、他社からの買収提案や株主からのリストラクチャリングの提案などを評価する上でも、その前提となる作業である。その意味で、株式価値の評価は、企業にとって、その財務戦略や経営戦略を大きく左右し得る問題である。そこで、以下では、株式価値ないし企業価値を評価する際の基本的な手法の一つである、類似企業評価法、その中でもPER倍率法とEBITDA倍率法について、その概要を紹介する。

(2) 類似企業評価法 (Comps) 〜総論

　類似企業評価法(method of comparables。略してCompsとも呼ばれる)は、企業のキャッシュフローを直接的に評価するのではなく、ある企業の価値を、その類似企業又は非常によく似たキャッシュフローを生み出すものと期待される投資の価値に基づいて評価ないし算定するという手法である。例えば、既存の上場企業と全く同一のキャッシュフローを生み出す新

---

[50] この点、既にIFRSを任意適用済みの会社においては、M&Aの業績への適切な反映や経営管理の高度化などの観点から、IFRSの適用に対して肯定的な評価も見られる(金融庁が2015年4月15日付けで公表した「IFRS適用レポート」29-32頁参照)。

規上場企業があるとした場合、この両社が全く同一のキャッシュフローを生み出すのであれば、一物一価の法則より、当該新規上場企業の企業価値を算定するに際して、当該既存上場企業の企業価値がそのまま使用できるはずである。

勿論、実際には、世の中に全く同一のキャッシュフローを生み出す企業など存在しないが、ある企業の企業価値ないし株式価値を算定するに当たって、類似した事業を営む類似した規模の企業の企業価値ないし株式価値は相当程度参考になる。

かかる観点に基づいて、実務でもよく使われているPER倍率法とEBITDA倍率法について、以下、その概要をそれぞれ紹介する。

(3) PER倍率法

類似企業評価法のうち、最も一般的な評価方法は、前述したPER（株価収益率）を用いる方法であり、PER倍率法と呼ばれる。

PERは、前記6で述べたとおり、株価をEPS（1株当たり利益）で割って算出される値であり（PER＝株価÷EPS）、そのことから逆に、PER×EPS＝株価であって、しかも、同じような事業を営む企業のPERには相当程度の相関性が見られるので、類似企業のPERの平均値にEPSを乗じることで株価を推定できる（PER×EPS＝株価）。

なお、PERにはフォワード利益（今後12か月間の利益）に基づいて計算されるフォワードPERとトレイリング利益（過去12か月間の利益）に基づいて計算されるトレイリングPERとがあるが、企業価値評価を目的とする場合、多くの場合は将来の利益の方がより重要であるので、一般論としては、フォワードPERが用いられることが多い。

PERは、一般に高い成長率の企業（したがって、将来の利益の大幅な伸びが期待できる企業）ほど高い傾向にある。

(4) EBITDA 倍率法

　EBITDA 倍率法とは、対象企業の企業価値（Enterprise Value。EV と略されることもある）を、当該企業が営む事業と類似の事業を営む企業において平均的な EV/EBITDA マルチプル（EBITDA 倍率）を用いて算定する方法であり、M&A の実務において広く用いられている。1980年代に、当時の米タイム・ワーナーなどのメディア企業が使い始めたのが最初といわれているようである。

　企業価値は、企業のステークホルダーのうち、いわゆるフィナンシャル・ステークホルダー（有利子負債の債権者及び株主）が把握している価値の合計を意味している。上場会社においては、株主が把握している価値は株式時価総額（Market Capitalization。Market Cap と略されることが多い）として表されているので、企業価値は、株式時価総額に、債権者が把握する価値である有利子負債の額を加算して、最後に貸借対照表上のキャッシュ（現金同等物を含む）を差し引いて算定される（最後にキャッシュを引くのは、求めようとしているのは「会社」の価値ではなく、あくまで「事業」の価値であるからである。もっとも、ファイナンス理論上は、より厳密には、控除するのは「余剰」キャッシュに限定されるものとされている）。そして、EV/EBITDA マルチプルとは、類似企業において、EV が EBITDA の何倍とされているか（又はされるべきか）を表す指標である。一般に、上場企業の EV/EBITDA マルチプルは 7～8 倍が目安とされている[51]。

　EV/EBITDA マルチプルを用いた M&A に際しての企業価値評価（算定）は、具体的には、例えば、対象企業の類似企業の EV/EBITDA マルチプルの最大値、最小値及び平均値を Bloomberg 等の情報端末を用いて取

---

[51] 《http://pages.stern.nyu.edu/~adamodar/New_Home_Page/datafile/vebitda.html》において、ニューヨーク大学スターン・ビジネススクールによる米国上場企業の業種別 EV/EBITDA マルチプルの平均値を閲覧することが可能である。

得した上で、それらを対象企業のEBITDAに乗じて、対象企業の企業価値のレンジを求める、といった形で行われる。

もっとも、EBITDA倍率法は、あくまで簡易な企業価値評価（算定）の一つの方法であって、実際に企業価値を算定する場合には、対象企業の詳細な事業計画に基づく割引フリー・キャッシュフロー・モデル（後述する）による企業価値評価なども併せて用いられる。逆に、理論的な企業価値評価方法である割引フリー・キャッシュフロー・モデル以外に、EBITDA倍率法やPER倍率法などが併用されるのは、割引フリー・キャッシュフロー・モデルによる企業価値評価では、後述する割引率やTerminal Value等の変数が少し動いただけで、算出される企業価値の値が大きく異なってしまうため、他の方法で、その評価の妥当性をチェックする必要があるためである。

11 株式価値の評価とCAPM

(1) 何故CAPMを取り上げるのか

上記10では、PER倍率法とEBITA倍率法による企業（ないし株式）価値の評価について紹介した。しかしながら、これらはいずれも類似企業評価法であって、厳密な意味での類似企業が存在しない場合には誤差が大きくなり過ぎるという難点がある。以下では、フリー・キャッシュフロー（以下「FCF」という）の額に基づいて企業（ないし株式）価値を算出する代表的な手法である割引フリー・キャッシュフロー・モデル（DCF法）の理論的基礎を成しているCAPM（資本資産価格モデル。俗に「キャップM」と呼ばれる）について紹介する。

因みに、割引フリー・キャッシュフロー・モデルのように、類似企業との比較ではなく、企業の生み出す収益などから企業価値を算定するアプロ

ーチを、Intrinsic Valuation と呼ぶ。これは、企業の財務指標などから、その本源的価値（Intrinsic Value）を算定するアプローチである。

なお、「企業（ないし株式）価値」の評価といった場合、どのような状況を前提として評価するのかが問題となる。例えば、企業が清算するという前提で（静的な）評価を行った場合、それによって算定される価値は清算（ないし解体）価値（liquidation value）である。この場合には、企業が保有している資産及び負債をそれぞれ時価（清算価値の算定の場合には基本的には再販売価格が基準となるであろう）で評価して、その差額を算出することで、企業価値を算定することになる。他方、企業が今後も going concern として存続し、事業を継続するという前提で（動的な）評価を行った場合、それによって算定される価値は継続価値（going concern value）ということになる。この場合には、企業が適宜必要な資金を事業に投入し、収益を生み続けることを前提に、企業価値評価を行う訳であるから、その評価に際しては、当該企業がどのような収益力を有しているのかが問題となる。後記(5)で解説する割引フリー・キャッシュフロー・モデルは、正に、このような観点から企業の継続価値を算定・評価するための代表的なモデルの一つである。

(2) 株式収益率のボラティリティ（標準偏差）

CAPM を理解するためには、「市場のリスク・プレミアム」という概念を理解しなければならない。そこで、まず、投資家が証券を購入する際に負うことになる「リスク」と将来生じ得る「収益率（当初の投資額１円当たりの価値の変化率：R）」を測定するにはどのようにすればよいかを考えてみる[52]。

そもそも、投資にリスクが存する場合には、得られるリターンの額は状況に応じて様々である。もっとも、実現する可能性のあるリターンについ

---

[52] 以下の説明は、バーク＝ディマーゾ・前掲（注７）355-358頁に依る。

ては、それぞれその実現の蓋然性が異なる。この情報は確率分布の形で表すことができる。

収益率の確率分布（後掲の【図1－2】参照）が与えられれば、期待（平均）収益率（$E[R]$）を算出することができる。期待収益率とは、起こり得る収益率の加重平均（全ての実現可能な収益率についての個々のR×その実現確率（P_R）の総和）であり、その投資を何回も繰り返すと平均的に得られる収益率である。

それを算式で表現すると、以下のとおりとなる。

$$\text{期待収益率} = E[R] = \sum_R P_R \times R \quad \cdots\cdots\cdots\cdots\cdots\cdots (1.11)$$

仮に確率をウェイトと考えるならば、期待（平均）収益率は分布の「重心」を示すものといえる。

そして、確率分布のばらつき度合いについて、よく用いられる測度は分散（Var）と標準偏差（SD）である。このうち、分散（Var）とは平均からの乖離の二乗の加重平均であり、標準偏差（SD）とは分散の平方根である。したがって、収益率についての分散（Var）と標準偏差（SD）を算式の形で表すと、上記（1.11）式を用いて、

$$Var(R) = E[(R-E[R])^2] = \sum_R P_R \times (R-E[R])^2$$
$$SD(R) = \sqrt{Var(R)} \quad \cdots\cdots\cdots\cdots\cdots\cdots\cdots\cdots\cdots\cdots (1.12)$$

となる[53]。収益率についてのこの確率分布のばらつき度合いこそが、後掲の【図1－2】から明らかなとおり、正にリスク（但し、上方の「リスク」ともいえるアップサイドと通常の意味におけるリスクである下方の「リスク」＝ダウンサイドとは区別されていない点に注意）であり、したがって、リスクの測度としては、収益率の確率分布のばらつき度合いに関する測度

---

[53] 分散と標準偏差については、田中亘編著・飯田秀聡＝久保田安彦＝小出篤＝後藤元＝白井正和＝松中学＝森田果著『数字でわかる会社法』（有斐閣、2013）172頁及び草野耕一『数理法務のすすめ』（有斐閣、2016）74－75頁も参照。

である収益率の分散（$Var(R)$）と標準偏差（$SD(R)$）が用いられている。

　因みに、ファイナンス理論においては、収益率の標準偏差（$SD(R)$）のことをボラティリティとも呼んでいる。収益率の分散（$Var(R)$）と標準偏差（$SD(R)$）とは、共に収益率の変動性の大きさを測る尺度であるが、標準偏差は収益率と同様、％を単位として表すことができるので、この方が使いやすい。そのため、収益率の変動性の大きさを測る尺度としては、一般に、収益率の標準偏差（$SD(R)$）、即ち、ボラティリティが用いられる。

　なお、前述したように、期待（平均）収益率は、実現可能な収益率の確率分布の「重心」を示すものなので、期待収益率が同じ２つの証券でも、一方が他方よりもボラティリティ（ばらつき＝収益率の標準偏差（$SD(R)$））が大きいことはあり得る。

　例えば、下記の【図１－２】においてＡ社の株式とＢ社の株式とは共に期待（平均）収益率は10％で等しいが、Ａ社株の収益率はＢ社株のそれよりもばらつきが大きい。そのため、Ａ社株の収益率の分散、ひいては標準偏差（＝ボラティリティ）の方が、Ｂ社株のそれよりも大きい。

【図１－２】　Ａ社株とＢ社株の収益率の確率分布

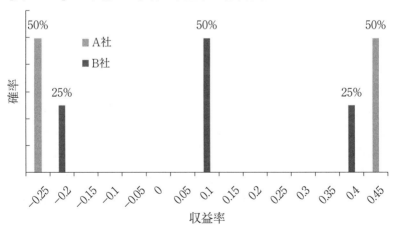

※　ジョナサン・バーク＝ピーター・ディマーゾ（久保田敬一＝芹田敏夫＝竹原均＝徳永俊史・訳）『コーポレートファイナンス：入門編〔第２版〕』（ピ

アソン、2011）357頁掲記の表を引用

(3) 分散化による個別企業の個別リスクの消去

　次に、「分散化」による個別企業の個別リスクの消去について説明する[54]。

　そもそも、リスクには、「東京都港区における盗難リスク」のように、個々の住宅が直面しているリスクが相互に関連していない（実際は、同じ地域に所在する住宅相互間では一定の相関関係が存すると思われるが、ここでは説明の便宜のため、それぞれの住宅についての盗難リスクは相互に相関性がないものとする）リスクと、「東京都港区における地震リスク」のように、個々の住宅が直面しているリスクが完全に相関している（東京都港区を直下型地震が襲えば、港区に所在する住宅はほとんど全て甚大な影響を受ける）リスクとが存する。前者のように、それぞれのリスクが相関を持たず、独立であるようなリスクを独立リスクといい、後者のように、それぞれのリスクが完全に相関しているリスクを共通リスクという。

　それぞれが独立リスクを抱えている資産のポートフォリオを非常に大きくすることで、全体としてのリスクを非常に小さくすることができる。これを「分散化」という。

　この分散化の原理は保険業界では日常的に使われている。生命保険や盗難保険などは、保険契約の大きなポートフォリオを構築することで、保険金請求数（クレームの数）を相対的に予測可能な程度にまで収斂させ、全体としてのリスクを減少させるという仕組みにより、ビジネスとして成り立っている。

　他方、共通リスクは分散化できない。どのようにポートフォリオを大きくしても、そのリスクが顕在化したときの影響はポートフォリオ全体に及んでしまうからである。

54　以下の説明は、バーク＝ディマーゾ・前掲（注7）372-381頁に依る。

それでは、株式ポートフォリオにおいては、どのようなリスクが独立リスクとして分散化が可能であり、どのようなリスクが共通化リスクとして分散化が不可能なのであろうか。

　結論的には、その企業に固有なニュース（例えば、新製品の開発、営業利益の増加、工場の被災など）によって生じる当該企業の株式の収益率の変動は独立リスク（企業固有リスクないし個別リスクとも呼ばれる）であり、市場全体のニュース（例えば、円高、公定歩合の引き下げ、全国的な電力不足など）によって生じる個々の企業の株式の収益率の変動は共通リスク（システマティック・リスクないし市場リスクとも呼ばれる）である。

　このうち、企業固有リスクの方は、多くの企業の株式をポートフォリオに組み入れ、ポートフォリオを大きくすることで平準化され、分散化することが可能であるが、システマティック・リスクは、全ての企業、ひいてはポートフォリオ全体に影響を与えるため、分散化することができない。

　そして、現実の企業は、システマティック・リスク及び企業固有リスクの双方から影響を受けているので、多くの企業の株式をポートフォリオに組み入れ、ポートフォリオを大きくすることで、企業固有リスクが分散化され、最終的には、全ての企業に影響を与えるシステマティック・リスクのみが残る形にすることができる。

　それでは、ある証券のリスク・プレミアムは、どのように決定されるのであろうか。

　まず、企業固有リスクのみに影響を受ける企業をＩタイプの企業というものとする。投資家は、このタイプの企業への投資からリスク・プレミアムを得ることを期待できるであろうか。仮に、Ｉタイプの企業の株式の期待収益率が無リスク利子率を上回るとする。その場合、投資家は、多数のＩタイプの企業の株式から成る大きなポートフォリオを保有することで、これら企業の企業保有リスクを分散化することができ、実質的にリスクを取ることなく、無リスク利子率を上回る収益率を獲得できることになる。

そうなると、投資家は、無リスク利子率で資金を借り入れて、多数のIタイプの企業の株式から成る大きなポートフォリオに争って投資することになり、結果として、Iタイプの企業の株価は上昇し、期待収益率は低下していく。そして、最終的に、Iタイプの企業の株式の収益率は無リスク利子率と等しくなるまで低下するはずである。ということは、結論的に、分散可能なリスク（企業固有リスク）のリスク・プレミアムはゼロであり、投資家が企業固有のリスクを保有しても、それに対する補償はなされない、ということを意味する。この原理は、Iタイプの企業の株式に対してだけでなく、全ての株式、そして証券に対して適用できる。

　結局、投資家は、自らのポートフォリオを分散化することによって、企業固有リスクを「タダで」（即ち、何らの追加的なリスクを取ることなく）除去することができるため、そのリスクを保有することの対価（リスク・プレミアム）を要求することはない。

　これに対して、分散化を行っても、システマティック・リスクを除去することはできないところ、投資家は、本質的にリスク回避的(risk averse)であるから、システマティック・リスクを保有するためにはそれに見合うリスク・プレミアムを要求する。それが得られないのであれば、投資家は、そのような（システマティック・リスクを抱えた）株式を売却して無リスク債券に投資することで、自らの財務ポジションを改善（better off）できる。つまり、システマティック・リスクは、期待収益率を犠牲にしない限り、除去できないのである。言い換えれば、システマティック・リスクは分散化を行うだけでは除去できないため、投資家は、システマティック・リスクを負担するのであれば、より高い（追加的な）収益率を獲得することによって、その代償を得たいと考えるはずである。この、システマティック・リスクを受け入れる代償として投資家が要求する追加的な収益率が、リスク・プレミアムである。

　したがって、ある証券のリスク・プレミアムは、結論的に、そのシステマティック・リスクへの感応度によって決定され、（分散可能な）企業固

有リスクによっては決まらない、ということが導き出される。また、システマティック・リスクのみを含むポートフォリオ（効率的ポートフォリオ）の代表は市場ポートフォリオ（市場における全ての株式や証券を含むポートフォリオ[55]）であるから、上記より、システマティック・リスクに対応する「市場の」リスク・プレミアムは、結局のところ、市場ポートフォリオの期待収益率（$E[R_{Mkt}]$）と無リスク利子率（r_f）との差であることが分かる。

$$\text{市場のリスク・プレミアム} = E[R_{Mkt}] - r_f \quad \cdots\cdots\cdots\cdots\cdots \quad (1.13)$$

したがって、例えば、市場ポートフォリオの期待収益率が11％で、$r_f=$5％であれば、市場のリスク・プレミアムは6％ということになる。なお、市場ポートフォリオ（の近似としてのS&P500ポートフォリオ）の期待収益率は歴史的な存在であって、事後的・歴史的にその数値は観察可能である[56]。

(4) β（システマティック・リスクに対する感応度）と株式の資本コスト[57]

上述したとおり、ある証券のリスク・プレミアム（投資家が投資を受け入れるために要求する代償）は、そのシステマティック・リスクへの感応度によって決定され、（分散可能な）企業固有リスクによっては決まらない。したがって、ある株式について、そのリスク・プレミアムがどれだけ

55　米国では、この近似としてS&P500ポートフォリオが用いられるのが通常であり、わが国では、この近似として、TOPIXポートフォリオが用いられるのが通常である。
56　なお、市場のリスク・プレミアムの詳細については、田中・前掲（注53）36－53頁も参照。
57　本(4)の説明は、バーク＝ディマーゾ・前掲（注7）385－393頁に依る。なお、株式の資本コスト（株主資本コスト）と負債の資本コスト（負債資本コスト）及びWACC、並びに株主資本コストと負債資本コストそれぞれの推計方法については、田中・前掲（注53）31－36頁も参照のこと。

かを測定するためには、当該株式の収益率の変動性のうち、分散可能な企業固有リスク以外のシステマティック・リスクによる部分がどの程度の大きさであるかを測定する必要がある。具体的には、市場全体に影響を与えるシステマティックなショックに対して、その株式の収益率がどの程度反応するかを測定しなければならない。

　このための方法としては、一般に、システマティック・リスクの影響だけに対して反応（変化）するポートフォリオ（即ち、効率的ポートフォリオ＝市場ポートフォリオ）の収益率が１％変化することに応じて、当該株式の収益率が平均してどの程度変化するかを測定する方法が用いられる。

　この市場ポートフォリオの超過収益率（無リスク利子率を超える期待収益率）の１％の変化に対する、ある証券の超過収益率の変化率（感度）を示す指標が、当該証券のベータ（β）として知られているものである。このβは個々の証券ごとに異なっており、歴史的な存在であって、事後的・歴史的にその数値は観察可能である。下記の米国上場企業の個別銘柄のS&P500に対するβ（感応度）から明らかなとおり、一般に、業績が安定している成熟産業（電力・ガスなどの公益事業、食品など）を営む企業の株式のβは小さく、高い成長率を誇る一方で業績が相対的に不安定な新興企業（IT企業が典型）の株式のベータは大きい[58]。

【表１－２】　米国上場企業の個別銘柄のS&P500に対するベータ

（2004年から2008年の月次データに基づく）

企業名	ティッカー	業種	株式ベータ
ファミリーダラーストア	FDO	小売り	0.10
アボットラボラトリーズ	ABT	医薬品	0.18
コンソリデーテッドエジソン	ED	公益	0.19
ハーシー	HSY	食品	0.19
ピードモント天然ガス	PNY	ガス	0.24
ジェネラルミルズ	GIS	食品	0.25

---

[58]　βについてのコンパクトにまとまった説明として、田中・前掲（注53）34頁参照。

企業名	ティッカー	業種	株式ベータ
ウォルマート・ストアーズ	WMT	スーパー	0.31
アルトリアグループ	MO	タバコ	0.31
ケロッグ	K	食品	0.44
アムジェン	AMGN	バイオテクノロジー	0.45
デブライ	DV	教育	0.49
エクソンモービル	XOM	石油・ガス	0.56
プロクター・アンド・ギャンブル	PG	家庭用品	0.57
コカ・コーラ	KO	ソフトドリンク	0.60
ニューモント・マイニング	NEM	産金	0.65
マクドナルド	MCD	レストラン	0.79
UPS	UPS	航空貨物・物流	0.79
サウスウェスト航空	LUV	航空	0.83
コストコホールセール	COST	スーパー	0.85
ウォルト・ディズニー	DIS	映画・エンターテイメント	0.96
マイクロソフト	MSFT	システム・ソフトウェア	0.98
スターバックス	SBUX	レストラン	1.04
ターゲット	TGT	小売り	1.07
ゼネラルエレクトリック	GE	コングロマリット	1.12
シスコシステムズ	CSCO	通信設備	1.27
マリオット・インターナショナル	MAR	ホテル・リゾート	1.29
インテル	INTC	半導体	1.35
デル	DELL	コンピュータ・ハードウェア	1.36
シアーズ	SHLD	デパート	1.36
グーグル	GOOG	インターネット・サービス	1.45
ティファニー	TIF	専門店	1.64
コーチ	COH	アパレル・高級品	1.65
アップル	AAPL	コンピュータ・ハードウェア	1.89
アマゾン	AMZN	インターネット小売り	1.89
イーベイ	EBAY	インターネット・サービス	1.93
サザビーズ	BID	オークション・サービス	2.07
オートデスク	ADSK	アプリケーション・ソフトウェア	2.31
セールスフォース・ドットコム	CRM	アプリケーション・ソフトウェア	2.39

出所：Capital IQ
※ ジョナサン・バーク＝ピーター・ディマーゾ（久保田敬一＝芹田敏夫＝竹原均＝徳永俊史・訳）『コーポレートファイナンス：入門編〔第2版〕』（ピアソン、2011）388頁掲記の表を引用

　一般に、投資機会の価値を評価するためには、その投資機会についての「資本コスト」を推定する必要がある。ある投資の「資本コスト」とは、

当該投資に対して投資家が要求する期待収益率を意味するが、これは、「投資のコスト」と言い換えることもできる（株式の資本コストは、投資家から見ると当該株式への投資に対して投資家が要求する期待収益率であり、投資先企業から見ると投資家に対して還元しなければならないリターンである）。

そして、リスクのある投資では、投資家は、その負担するシステマティック・リスクに対する代償（＝適正なリスク・プレミアム）だけではなく、「貨幣の時間的価値」に対する補償（＝無リスク利子率）も要求するはずであるから、「一物一価の法則」に基づき、

　　資本コスト＝無リスク利子率＋適正なリスク・プレミアム

である。

そして、ある企業の株式に対する投資については、当該株式の負担するシステマティック・リスクに対応する適正なリスク・プレミアムの値は、市場のリスク・プレミアム×当該株式のβ（当該株式のシステマティック・リスクに対する感応度）で算出できるから、

　　ある株式についての資本コスト（r_i）＝無リスク利子率（r_f）＋当該株式のβ×市場のリスク・プレミアム（$E[R_{Mkt}]-r_f$）

$$\Rightarrow \quad r_i = r_f + \underbrace{\beta_i \times (E[R_{Mkt}] - r_f)}_{\text{証券}i\text{のリスクプレミアム}} \quad \cdots\cdots\cdots\cdots (1.14)$$

となる（市場のリスク・プレミアムの部分には前記（1.13）式を代入）。これが「株式の資本コストに関するCAPMの式」である。

このようにして、株式の資本コストを求めることができた訳であるが、EquityとDebtにより事業に必要な資金を調達する企業にとって、資本コストには、大別して、①株式の資本コスト（株主資本コスト）、②負債の

資本コスト（負債資本コスト）、③WACC（Weighted Average Cost of Capital）：加重平均資本コスト＝税引後の実効資本コスト）の3種類がある（この他に、④税引前WACCというものも存在するが、実務では余り使われない）。

このうち、①の株式の資本コスト（r_E）＝無リスク利子率＋当該株式のβ×市場のリスク・プレミアムであり、②の負債の資本コスト（r_D）＝満期までの約定利回り－デフォルト確率×期待損失率である。また、企業が負債により資金調達を行ったとき、当該企業は支払利息を損金算入することで課税所得を圧縮できるから、③のWACCは、

$$r_{wacc} = \frac{E}{E+D} r_E + \frac{D}{E+D} r_D (1-\tau_c) \quad \cdots\cdots\cdots\cdots\cdots\cdots\cdots (1.15)$$

という算式を用いて算出することができる（τ_cは法人実効税率）。

(5) 企業価値評価モデル（その1）～割引フリー・キャッシュフロー・モデル

それでは、以上を前提に、企業（ないし株式）価値を算定するモデルのうち、類似企業評価法以外の代表的なモデルの一つである、割引フリー・キャッシュフロー・モデル（Discounted free-Cash Flow Model）について解説する[59]。

このモデルは、企業価値（企業の営業価値）を評価・推定するためには、企業が全投資家（即ち、債権者と株主の全て）に対して支払い可能なフリー・キャッシュフロー（FCF）の現在価値を算定すればよい、との考え方に基づく企業価値の評価モデルである。

まず、上記の考え方を算式の形で表すと、

---

[59] 以下の説明は、バーク＝ディマーゾ・前掲（注7）319－322頁に依る。より詳細には、田中・前掲（注53）25－32頁（将来FCFの割引率としてWACCを用いるべきことについては、特に同書32頁）を参照のこと。

$$V_0(企業の営業価値) = PV(企業の将来フリー・キャッシュフロー)$$
.... (1.16)

となるが、この PV は、特定の期間における当該企業の各年度ごとのフリー・キャッシュフローの割引現在価値の総和と、当該期間（N 年間）の末日における当該企業の継続価値（Terminal Value（V_N）と呼ばれる）との合計を算出することによって求めることができる。そして、株主と債権者の双方に帰属する FCF を割り引かなくてはならないので、割引率としては、後述の配当還元モデルのように株式の資本コスト（r_E）を用いるのではなく、株式の資本コストと負債の資本コストとの加重平均である上記の WACC＝加重平均資本コスト（r_{wacc}）を用いるべきことになる。

この点、もし「貨幣の時間的価値」（将来における一定額の金銭の現在価値）を求めるのであれば、割引率としては無リスク利子率を用いることになるが、企業価値の現在価値を求めるのであれば、割引率としては、やはり WACC を用いなければならない。何故なら、当該企業が WACC より低いリターンしか上げられないのであれば、裁定の論法により、当該企業には誰も投資しなくなり、投資家は全て他の企業に投資することになるはずである以上、現在価値に割り引く際には WACC を用いるのが適切と考えられるからである[60]。

以上から、上記（1.16）式は、前記（1.5）式を用いて下記のように書き換えられる。

$$V_0 = \frac{FCF_1}{1+r_{wacc}} + \frac{FCF_2}{(1+r_{wacc})^2} + \cdots + \frac{FCF_N + V_N}{(1+r_{wacc})^N}$$

そして、上記の Terminal Value（V_N）は、フリー・キャッシュフローが多くの場合に N 年度以降は長期成長率 g_{FCF} で一定して成長すると推定

---

[60] したがって、仮に株主価値（equity）ないし株式の現在価値を求めるのであれば、割引率としては株式の資本コスト（株主資本コスト）を使うべきことになる。

される（このときの長期成長率 g_{FCF} は、通常は企業の総収益の予想長期成長率に基づいている。これを「永久成長率」という）ことから、**4**の③で前述した「成長する永久債のPV」を求める公式（下記※）に、かかる永久成長率を代入することで算出できる。

> 成長する永久債の現在価値 PV_0 を求める公式は、前記（1.10）式のとおり、
> $$PV_0 = \frac{C}{r-g} \quad \text{（※）}$$

具体的には、下記の算式のとおり、Terminal Value（V_N）＝予測最終事業年度（N年度）の翌年度（$N+1$年度）における見込FCF÷（割引率[61]－永久成長率）で求められる。

$$V_n = \frac{FCF_{N+1}}{r_{wacc} - g_{FCF}} = \left(\frac{1 + g_{FCF}}{r_{wacc} - g_{FCF}} \right) \times FCF_N$$

このようにして V_0（企業の営業価値）が算定できれば、後は、それにネット・キャッシュ（現金－負債）の額を加算したものを、発行済株式総数で割ることによって、対象企業の1株当たりの価値を推定することができる。

$$P_0 = \frac{V_0 + 現金_0 - 負債_0}{発行済株式総数_0} \quad (1.17)$$

(6) 株式価値評価モデル（その2）〜配当還元法

最後に、類似企業評価法以外の企業（ないし株式）価値を算定するモデ

---

[61] 企業の営業の現在価値を評価するための割引率なので WACC を用いる。

ルのうち、もう一つの代表的なモデルである、配当割引モデル（配当還元法）について解説する[62]。

まず、投資家がある株式をその現在の株価である P_0 で購入し、1年後に、その間に支払われる配当金 Div_1 を受領した上で、その時点における株価 P_1 で当該株式を売却したとする。この場合、当該取引のNPV（正味現在価値）が負でない限り、即ち、将来の期待配当（Div_1）と期待売却価格（P_1）の割引現在価値を現在の株価（P_0）が超えない限り、投資家はこの取引を実行するはずである。もっとも、ここでのキャッシュフローにはリスクがあるので、「貨幣の時間的価値」を算出する場合のように無リスク利子率を用いて割り引くことは不適切であり、割引率としては、株式の資本コスト（r_E：即ち、市場における当該企業の株主資本と同等のリスクで利用可能な他の投資についての期待収益率）を用いなければならない。

そして、「裁定の論法」により、現在の株価（P_0）は必ず以下の算式を満たす形に収斂するはずである。

$$P_0 = \frac{Div_1 + P_1}{1 + r_E} \quad\quad\quad\quad\quad\quad\quad\quad\quad\quad (1.18)$$

次に、上記の設例で、投資家が株式を保有する期間を2年間とする。つまり、投資家がある株式をその現在の株価である P_0 で購入し、2年後に、その間に支払われる配当金 Div_1 及び Div_2 を受領した上で、その時点における株価 P_2 で当該株式を売却したとする。この場合、現在の株価（P_0）が当該株式から得られる将来のキャッシュフローの割引現在価値と等しくなるように設定すると、以下の（1.19）式が得られる。

$$P_0 = \frac{Div_1}{1 + r_E} + \frac{Div_2 + P_2}{(1 + r_E)^2} \quad\quad\quad\quad\quad\quad (1.19)$$

---

[62] 以下の説明は、バーク＝ディマーゾ・前掲（注7）301-307頁に依る。なお、配当還元法による株式価値の評価に関しては、田中・前掲（注53）20-25頁も参照のこと。

以上のプロセスを繰り返すと、任意の投資期間 N に対して一般化された配当割引モデルを導くことができる。

$$P_0 = \frac{Div_1}{1+r_E} + \frac{Div_2}{(1+r_E)^2} + ... + \frac{Div_N}{(1+r_E)^N} + \frac{P_N}{(1+r_E)^N} \quad \cdots\cdots\cdots\cdots (1.20)$$

ここで（1.20）式は、任意の期間 N について成立する。結果として、（同一の期待をもつ）全ての投資家は、投資期間に関係なく、その株式に対して同一の価格付けを行うことになるはずである。即ち、当該投資家自身がどれだけ長期間株式を保有するつもりなのか、そして、リターンを配当とキャピタル・ゲインのどちらから得ようとしているかは、当該株式の価格の決定には無関係である。

更に、対象となる株式の発行企業が将来永久に配当を支払い続け、買収されることもないような特殊なケースでは、株式を永久に保有することが可能である。その結果、上記（1.20）式は、N を無限大として、以下のとおり書き換えることができる。

$$P_0 = \frac{Div_1}{1+r_E} + \frac{Div_2}{(1+r_E)^2} + \frac{Div_3}{(1+r_E)^3} + ... = \sum_{n=1}^{\infty} \frac{Div_n}{(1+r_E)^n} \quad \cdots\cdots\cdots\cdots (1.21)$$

即ち、株式価格は、将来支払われる期待配当の割引現在価値に等しい。

12 MM 理論

(1) モディリアーニ＝ミラーの第1命題：資本政策を変更しても株主価値と債権者価値の和（＝企業価値）は変わらない

それでは、企業は、一般に Equity と Debt のどちらの方法で資金を調達することが望ましいのであろうか。この点、結論的には、完全な資本市場を前提とする限り、どちらともいえないと解される。これが、1958年に F. Modigliani（モディリアーニ）及び M. H. Miller（ミラー）という二人

の経済学者が発表した、「資本構成は企業価値とは無関係である」という命題（以下「MM第１命題」という）である。即ち、「完全な資本市場[63]を前提とすれば、企業の価値は企業の保有している資産によって決まるのであって、企業の経営者がその資金をEquityで調達しようとDebtで調達しようと、企業価値は変わらないし、変えられない」というのである。

したがって、企業経営者としては、どのように資金を調達するかという財務判断と、調達した資金をどのように運用するかという投資判断とを全く独立して行うことができる訳である。しかしながら、現実には、「完全な資本市場」なるものは存在しないので、現実世界においては、会社がEquityで資金を調達するかDebtで調達するかの判断は、結果的に企業価値に影響を与え得る。そこで、以下、上記のMM第１命題について、簡単に検討してみることとする。

まず、「完全な資本市場」を前提として、MM第１命題が正しいかどうかを検証してみることとする。

まず、ここに、全く同じ営業収益を生んでいるが、資本構成が異なる２つの会社UとLがあると仮定する。会社Uは、全ての資金をEquityによって調達している会社であるとする。そうすると会社Uの企業価値（以下「V_U」と表示する）は、そのEquityの価値（以下「E_U」と表示する）と同じはずである。つまり、$V_U=E_U$のはずである。他方、会社Lは、一部の資金をEquityではなくDebtでも調達している会社であるとする。この場合、会社LのEquityの価値（以下「E_L」と表示する）は、同社の企業価値（「V_L」と表示する）から同社のDebtの価値（「D_L」と表示する）を控除したもの（$E_L=V_L-D_L$）と考えられる。

今、投資家が、会社UのEquityを５％だけ購入したとする。この場合、

---

[63] もっとも、どういう条件を充たせば「完全な資本市場」と言えるか自体が問題であるが、ここではとりあえず、「完全な資本市場」とは株式その他の有価証券の価格が投資家にとって入手可能な全ての情報を直ちに反映したものとなっているような市場をいう、と理解しておいて貰いたい。

当該投資家の保有する会社Uの Equity の価値は$0.05V_U$ であり、その結果、当該投資家は会社Uの純利益（以下「P」と表示する）の5％（$0.05P$）分の保有者となる。

　それでは、その同じ投資家が会社Lの方に投資した場合はどうなるであろうか。そこで、当該投資家が、会社LのEquity 5％を購入すると共に会社LのDebt 5％の貸主にもなると仮定する。すると、当該投資家の投資額は$0.05E_L+0.05D_L$ となるが、これに対して当該投資家が得ることのできる見返りは、Debtの貸主が受け取る利息の総額をIとすると、Equityに対するリターン分が0.05（$P-I$）であり、Debtに対するリターン分が$0.05I$となるはずである。つまり、この場合において当該投資家が得ることのできるリターンの合計は、0.05（$P-I$）$+0.05I=0.05P$ となり、結局、会社UのEquity 5％を購入した場合と同じ結果となる。

　そして、「完全な資本市場」を前提にすれば、同じリターンを得られるということは、そのリターンを得るための投資の価値も同じということになるから、

　　　$0.05E_U=0.05E_L+0.05D_L$

である。したがって、

　　　$0.05V_U=0.05E_U=0.05$（E_L+D_L）$=0.05V_L$

となり、結論的に、$V_U=V_L$ となって、2つの会社UとLの企業価値は同じということが分かる。したがって、「完全な資本市場」を前提とすれば、会社の価値は資本構成により影響を受けないのである。

(2) **不完全な資本市場によるモディリアーニ＝ミラーの第1命題の修正**

　さて、前述のMM第1命題（＝「資本構成は企業価値に影響しない」という命題）は、「完全な資本市場」を前提にしていたが、現実には「完

全な資本市場」というのは幻想である。そもそも、米国や日本のような高度に発達した資本主義国でも、市場が完全に効率的であるかどうかは極めて疑わしいし、そもそも、現実世界においては、日本でも（また米国等他の先進国でも）Equityに対するリターンである配当とDebtに対するリターンである利子とでは税務上の取扱いが異なっている。即ち、利子は会社にとってコストであり、会社レベルでは課税されない（法人税法上損金に算入される）が、配当は会社における法人税課税後の利益からしか行うことはできないし、法人税法上損金にも算入されない[64]（【表1-3】にDebt（利子）とEquity（配当）との課税上の取扱いの差異を簡単にまとめている）。

【表1-3】 Debt（利子）とEquity（配当）との課税上の取扱いの差異

利子	支払法人側では損金算入可	受取り側では課税（個人・法人を問わない）
剰余金分配	支払法人側では損金算入不可	受取り側が法人の場合
		受領額の80％のみ課税（3分の1超を直前の配当基準日から問題となる配当の基準日まで継続保有の株主であれば100％非課税、5％超3分の1以下を保有の場合には50％のみ課税）[65]
		受取り側が個人の場合
		(イ)「剰余金の配当」額のうち、会社法上の**「利益剰余金」を原資とする部分**は、株主（個人）の側では**全て配当所得として所得税課税**
		(ロ)「剰余金の配当」額のうち、会社法上の**「その他資本剰余金」を原資とする部分**は、株主（個人）の側では、大雑把にいって、**会社における(a)「利益積立金額」と(b)「資本金等の額」との割合でプロラタ計算**し[66]、**上記(a)に対応する部分のみを配当所得として所得税課税**（後者については、措置法37条の10第3項3号により、株主側の取得価額との差額につき譲渡所得課税）[67]

したがって、100％Equityの会社と一部がDebtの会社とでは、投資家に対して支払われるリターンの額が異なることとなり、その結果として企業価値も異なり得ることになる。下記の【表1−4】の設例を参照されたい。

【表1−4】　　　　　　　　　　　　　　　　　　　　　　　（単位は円）

	100％Equityの会社	一部がDebtの会社
利息及び法人税等控除前の収益	10,000,000	10,000,000
Debt保有者に対する支払利息(X)	0	500,000
税引前利益	10,000,000	9,500,000
法人税等（実効税率40％と仮定）	4,000,000	3,800,000
Equity保有者の純所得（Y）	6,000,000	5,700,000
両保有者の純所得の合計（X+Y）	6,000,000	6,200,000

　この表は、利息及び法人税等控除前の利益の額が同一の会社が、その資金調達の100％をEquityで賄った場合と一部をDebtで賄った場合との結果を比較したものであるが、結果的に、一部をDebtで賄った会社の方が200,000円だけリターンが多くなっている。

　これをEquity保有者の側から見ると、Equity保有者の取り分は税引後

64　会社レベルだけでなく、投資家レベルの課税関係（配当所得や利息収入に対する課税の違い）も企業価値に影響を与える可能性があるが、ここでは立ち入らない。

65　平成27年度税制改正により変更。従前は、6か月以上継続して株式等保有割合が25％以上であれば100％非課税（受取配当の益金不算入割合が100％）、それ以外の場合には50％のみ課税（受取配当の益金不算入割合が50％）であった。

66　厳密には、(a)「（会社から交付を受けた金銭の額）−（会社における資本金等の額のうち資本剰余金の減少に対応する部分の金額）」と(b)「（会社から交付を受けた金銭の額）−((a)の金額）」とに区分する（所得税法25条1項4号、所得税法施行令61条2項4号）。

67　前田繼男『個人投資家の証券税務読本〔四訂版〕（平成26〜27年版）』（法令出版、2015）71−73、162−163頁参照。なお、小原昇＝佐々木浩「平成18年度税制改正〜会社法制定に伴う整備を中心に」租税研究677号（2006）84頁も参照。

の利益であるから、税金(法人税等)を減らす(つまり、Debtを増やして支払利子を増加させる)方がEquity保有者にとっても有利ということである。勿論、そうであるからと言ってDebtを際限なく増やしていくと、倒産の危機に瀕することにもなりかねない。

つまり、現実世界では、配当と利子との税務上の取扱いの差異だけでなく、倒産リスクに関連するコスト(例えば、支払遅延を起こした場合の遅延利息や、債務のリスケジューリングのためのtransaction cost、倒産に至った場合のダメージ)も企業価値に影響を与え得ることが明らかである。

したがって、これらの要因を考慮すると、企業価値は、以下の算式で表現することができる。

　　企業価値＝Equityの価値＋Debtの価値＋節税効果の価値－倒産リスクに関する費用の価値

(3) モディリアーニ＝ミラーの第1命題の派生命題：企業価値は配当政策とは無関係である

株主にとっては、ストックとしてのキャピタル・ゲインを享受することと同様、フローとしての配当を受け取ることも重要である。そうであるとすると、企業の価値も配当額によって影響を受けるように思える。即ち、他の条件が同等であれば、配当額が多い会社の株式の価値(これは会社のEquityの価値を体現している)の方が配当額の少ない会社の株式の価値よりも高いように思える。実際、個人投資家の中には、配当の多寡(いわゆる配当利回りの高さ)に着目して投資を行っている人も多い。しかしながら、モディリアーニ＝ミラーは、「一定の投資計画と借入計画の下で、配当政策は企業価値に影響しない」とも主張している。

そこで、このMM第1命題の派生命題である「企業価値は配当政策とは無関係である」が正しいか否か検証してみよう。

モディリアーニ＝ミラーは、完全な資本市場(即ち、税金、倒産リスク

に関連する取引費用その他の市場の不完全性要因がない場合）においては、配当政策は企業価値と無関係であると論じている。即ち、ある会社が、一定の投資計画と借入計画とを有しており、投資に必要な資金のうち借入れで賄うことのできないものは留保利益から支出し、残余の利益は配当として株主に支払っていたと仮定した場合、かかる会社がいくら配当の額を増加させても、その企業価値は増加しないと論じたのである。

　その根拠は、この場合、配当を増額すると、投資に回す資金は足りなくなるが、会社が一定の借入計画を有しているとすれば、その資金の不足分は新株発行により賄う他ないという点にある。即ち、会社の投資計画及び借入計画に変動がなければ、本来、会社のEquity自体の価値に変動はないはずであり、そうであるとすれば、新株を発行して増配を行ったことによって生じるのは、結局、既存の株主が有していた株式の価値の一部が新規の株主の取得した株式（新株）の価値に移転した（いわゆる希釈化が生じた）ということに過ぎない。勿論、既存株主は増配の利益を享受している訳であるが、上述した既存株式の価値の減少分が配当の増加分に対応しているため、結局のところ、その財務ポジションは従来と変わらないと考えられる。この点を具体的事例で見てみよう。

　会社Xは、以下のような資金を有しており、無借金経営であると仮定する。

① 現　　金　　　　　　　1億円　下記③の投資に必要な資金
② 固定資産　　　　　　　9億円
③ 投資機会の現在価値　　10億円　上記①の現金を投資した場合の見
　　　　　　　　　　　　　　　　返り（純額）

　Xは無借金経営の会社であるから、XのEquityの価値は、①＋②＋③＝20億円であり、これはXの企業価値に等しい。ところで、Xが5,000万円の増配を行うこととして、①の現金の一部をこの財源に流用することを

決定したが、それでは③の投資に必要な資金が不足してしまうので、これを全額、新株発行で賄うことにしたとする。この場合、Ｘの投資計画及び借入計画が一定であれば、配当の支払いの有無にかかわらず、Ｘの企業価値は一定のはずなので、既存のＸ株式の価値は以下のとおりとなる。

（Ｘの既存株式の価値）＝（Ｘの企業価値）－（Ｘの新株の価値）
　　　　　　　　　　　＝ 20億円－0.5億円
　　　　　　　　　　　＝ 19.5億円

つまり、既存株主は、新株発行の結果、実質的に0.5億円分のキャピタル・ロスを被っているが、その分は、増配によって埋め合わされているのである。

それでは、既存株主は、株式の価値の一部に代えて配当の増額分を受け取ることで何か得をしたり損をしたりするのであろうか。この点、結論的には、完全な資本市場の下では、株主は配当の増額分を受け取らなくても、いつでも自らその保有する株式の一部を売却して換価することが可能であり、結局、投資家にとってみれば、配当の増加という形で現金を得る必要がないのであれば、配当が増加したとしても、それは特段の利益にもならず、不利益にもならないということになる。

したがって、結論的に、配当政策によって会社の価値は変わらないことが明らかとなる。

もっとも、実際の資本市場には税金や倒産リスクに関連する取引費用等の不完全性があるので、このＭＭ第１命題の派生命題も、その限度で修正される必要がある。例えば、配当に対する課税の方がキャピタル・ゲインに対する課税より重ければ、会社とすれば、配当をできる限り少なくして、自社株買い（この場合には少なくとも株主が受け取る収入の一部はキャピタル・ゲインとなる）で利益を株主に還元した方が株主にとって「得」ということになり、それが株式の価値に影響を与えることになる。

(4) モディリアーニ＝ミラーの第2命題[68]

　以上で述べたとおり、「完全な資本市場」の下では、企業の資金調達方法の選択が企業価値に影響を与えることはない。しかしながら、このことは、一般に負債の資本コストの方が株式の資本コストよりも低いということと矛盾しているように見える。負債の資本コストの方が低いのであれば、企業は、EquityよりもDebtで資金調達を行った方が（レバレッジを極限まで高めた方が）有利なのではないだろうか。

　この点、結論から先にいうと、Debtを増大させると、その分だけEquity（自己資本）のリスクが増大する結果、それを埋め合わせるためにEquityにはより多くの「見返り」、つまり、より高い期待収益率が要求され、結局、当該企業の加重平均資本コスト（WACC）は変わらないことになるので、EquityよりもDebtで資金調達を行った方が有利ということにはならない。つまり、Debtを増大させてDebt/Equity ratioが上昇すれば（レバレッジが高くなれば）、その分だけEquityの期待収益率（＝株式の資本コスト）も増大するので、結局、WACCは不変であり、レバレッジを極限まで高めた方が企業にとって有利ということにはならない。このことを、以下、簡単な設例を用いて説明する。

　今ここで、「完全な資本市場」において、資金調達の3分の1をDebtで行い、残る3分の2をEquityで行っている企業があるとして、その稼得する当期利益の額を a とする。この場合、a をEquity投資家（株主）とDebt投資家とで分け合うことになるが、どのように分けられることになるであろうか。

　この問題については、以下のように考えられる。まず、株式市場で要求される資本コストを K_e とし、Debt市場で要求される資本コストを K_d と

---

[68] 以下の説明は、基本的に、島義夫『入門　コーポレートファイナンス』（日本評論社、2010）167－174頁の説明に依る。

する。また、EquityとDebtの価値の額をそれぞれEとDとする。そうすると、株主に対して支払われるコストの額は、$E \times K_e$になり、Debt保有者に対して支払われるコストの額は$D \times K_d$になる。そして、これらの支払い原資は上記のとおりaであるから、次の等式が成立するはずである。

$$a = E \times K_e + D \times K_d \qquad (1.22)$$

この等式の意味は、企業は、稼得した当期純利益の額aを、株主とDebt保有者に対して、それぞれのコストと持分に応じて配分するというものである。

この等式の両辺を企業価値[69]Vで割ると、次の等式が得られる。

$$\frac{a}{V} = \frac{E}{V} K_e + \frac{D}{V} K_d \qquad (1.23)$$

そして、この等式の左辺$\frac{a}{V}$はR_a（総資産利益率：ROA）のことであるから、

$$R_a = \frac{E}{V} K_e + \frac{D}{V} K_d \qquad (1.24)$$

となる。

この等式の右辺は、税引前加重平均資本コスト（税引前WACC）である[70]。つまり、この等式が意味しているのは、ROA（総資産利益率）は税引前WACCに等しいということである。

例えば、上記企業（Xとする）の$E = 600$、$D = 400$、$V = 1,000$とする。その貸借対照表は後掲の【図1－3】のとおりである。そして、Xの年間

---

[69] Enterprise Value、即ち、企業のステークホルダーのうち、Financial Stakeholder（有利子負債の債権者及び株主）が捕捉する価値の合計を意味する。

[70] この設例では「完全な資本市場」を前提としているため、この等式においては、Debtのコストを表すK_dの後に（$1-\tau$）がない。即ち、この等式の右辺は加重平均資本コスト（WACC）ではなく、税引前WACCである。

の当期利益 a ＝48、Equity の資本コスト K_e ＝ 6 ％、Debt の資本コスト K_d ＝ 3 ％とする。

【図 1 － 3】　X 社のバランスシート

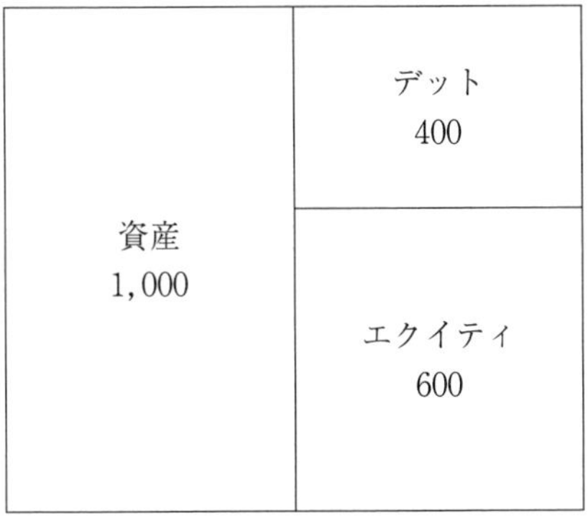

```
┌─────────────┬─────────────┐
│             │   デット    │
│             │    400      │
│    資産     ├─────────────┤
│   1,000     │             │
│             │  エクイティ │
│             │     600     │
└─────────────┴─────────────┘
```

すると、前記（1.22）式の右辺は600×0.06＋400×0.03＝48となり、a ＝48であるので、（1.22）式は成立している。

次に、X の ROA＝48÷1000なので R_a ＝4.8％である。

また、同社の Equity のウェイトを示す E/V は600÷1,000＝0.6、Debt のウェイトを示す D/V は400÷1,000＝0.4なので、（1.24）式の右辺、即ち、税引前 WACC は0.6×6％＋0.4×3％＝3.6％＋1.2％＝4.8％となるが、上記のとおり、R_a ＝4.8％であるので、（1.24）式も成立している。

以上のとおり、（1.24）式が成立していることが示された訳であるが、この（1.24）式を、Equity のコストである K_e について解いた等式が、以下に記載するモディリアーニ＝ミラーの第 2 命題を表す等式である。

モディリアーニ＝ミラーの第 2 命題：
「借入れを行っている企業の Equity の資本コスト（＝Equity の期待収益率）K_e は、デット・エクイティ比率（Debt/Equity ratio）D/E に比例する」

第 1 章　コーポレート・ファイナンス理論の基礎

又は、
「Debt を増大させてデット・エクイティ比率が上昇すれば Equity の資本コストである K_e も増大する」

$$K_e = R_a + (R_a - K_d)\frac{D}{E} \quad \cdots\cdots\cdots\cdots\cdots\cdots\cdots (1.25)$$

因みに、この (1.25) 式に、上記の設例の数字 ($R_a=4.8\%$、$K_d=3\%$、$D=400$、$E=600$) を代入することで、X の Equity の資本コスト (K_e) を求めることができる。

$$K_e = R_a + (R_a - K_d)\frac{D}{E}$$
$$= 4.8\% + (4.8\% - 3\%) \times \frac{400}{600}$$
$$= 4.8\% + 1.8\% \times \frac{400}{600}$$
$$= 4.8\% + 1.2\% = 6\%$$

モディリアーニ＝ミラーの第2命題が示しているのは、企業が負債 D を増やしてデット・エクイティ比率を上げると、Equity 投資家はより高いリターンを求めるようになるということである。これは、デット・エクイティ比率が上昇すると、Equity 投資家は財務リスク（倒産リスク）が増大したと認識するからに他ならない。

確かに Debt は Equity よりも相対的に資本コストが低いが、そのコストだけを独立した存在として考えてはならない。Debt の資本コスト（負債の資本コスト）が低いからといって、資金調達に占める Debt の割合を高めていくと、株主にとっての財務リスクが高まるために、Equity の資本コスト（株式の資本コスト）が上昇していくことになり、結果として、デット・エクイティ比率の上昇による資本コストの低下分を完全に相殺することになるのである。このことが、モディリアーニ＝ミラーの第2命題の意味することである。

13 レバレッジ（Leverage）の意味

　PEファンドなどが企業買収の形で投資を実行するとき、しばしばかなりのレバレッジ（Leverage）をかけて投資を行う。即ち、自らは基本的にEquityの形による投資のみを行い、そのEquity投資額よりも遥かに多額のDebtを金融機関や他の投資家から調達して、それらを合わせて当該企業買収の対価を支払っている。なお、「レバレッジ」とは梃子を意味する。要は、Equity出資によるリターンを、多額のDebtを併せて投資をすることで、「梃子の原理」によりリターンを増幅させることが企図されているのである。この場合の典型的な投資スキームを設例によって図示すると以下のとおりである。

【図1－4】　レバレッジによる買収

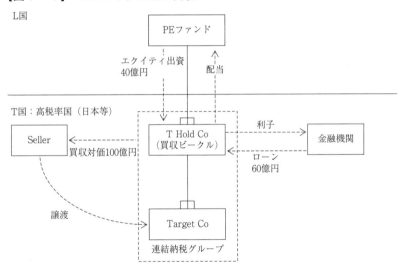

　まず、買い手のPEファンドは、対象会社（Target Company）を買収する際に、買収ビークルとしてT Hold Co.を設立する。最終的には、こ

の買収ビークルである T Hold Co. が Seller に100億円の買収対価を支払って対象会社を買収するが、その100億円のうち、40億円は PE ファンドからの Equity 出資で賄い、残りの60億円は外部の金融機関から調達する。

この設例において、対象会社の企業価値が、1年で100億円から110億円に増大するとする。

この場合、この対象会社を仮に全て PE ファンドからの Equity 出資で買収しても、1年当たりの収益率は（110－100）／100＝10％に過ぎない。

しかしながら、設例では、同社を Debt 60億円と Equity 40億円で買収しているので、借入利率が5％（即ち、利息が年間3億円）であったとしても、1年後における当該 PE ファンドの収益は110－（60＋3）－40＝7億円で、年間収益率は7／40＝17.5％に上昇する。

仮に、同社を Debt 70億円と Equity 30億円で買収すれば、借入利率が5％（即ち、利息が3.5億円）でも、1年後における当該 PE ファンドの収益は110－（70＋3.5）－30＝6.5億円で、年間収益率は6.5／30＝約21.9％になる。同様に、Debt を80億円にして Equity を20億円にすれば、借入利率が変わらないとすると、1年後における当該 PE ファンドの収益は110－（80＋4）－20＝6億円で、年間収益率は30％となる。

更に、Debt を90億円にして Equity を10億円にすれば、借入利率が変わらないとすると、1年後における当該 PE ファンドの収益は110－（90＋4.5）－10＝5.5億となり、年間収益率は5.5／10＝55％にまで達する。仮に借入金利が8％となっても、当該 PE ファンドの収益は110－（90＋7.2）－10＝2.8億となり、年間収益率は2.8／10＝28％となって、Equity 100％で買収する場合よりも遥かに高いリターンを達成することができる。

これがレバレッジのマジックである（このようにレバレッジを掛けて行われる企業買収は Leveraged Buy-out：LBO）と呼ばれる。PE ファンドはこのようにして高い投資リターンを達成しているのである。

更に、上記の設例では、T Hold Co. が金融機関から借り入れた60億円について支払う利子3億円も、税務上損金に算入されるため、T Hold Co. に

おいて税務上多額の損金が生じるところ、T Hold Co.と対象会社とを合併させるか連結納税グループ化することにより、対象会社が稼得する課税所得が、上記の支払利子に係る損金によって圧縮されるという副次的効果も生じる。

なお、上記の設例で、PEファンドによるEquity出資の一部を、債券と株式の中間の性質を持つHybrid Instrument（優先株や劣後債など）、即ち、T Hold Co.の所在地国であるT国では債券として取り扱われ、L国においては株式として取り扱われるような性質のものに置き換えれば、T国では、当該Hybrid Instrumentに係る「利息」部分が損金算入され、L国では当該「利息」部分が「配当」として益金不算入の取扱いを受けるなどして、更なる節税効果を享受することも可能となる。

このように、高税率国のT国に所在する対象会社を買収する際に、借入れを創出して、その利払いにより、T国における租税負担割合を圧縮することを狙ったスキームは、一般に「Debt Pushdown」と呼ばれている。

14 コール・オプションとプット・オプション

今まで、コーポレート・ファイナンス理論の基礎について、適宜租税法との関係に言及しながら説明してきたが、最後に、オプションの基礎を説明して本章を終えることとしたい。

オプションには必ず原資産（Underlying Asset）となる資産や金融商品が存在する。オプションは、それら原資産を一定の価格（行使価格ないしstrike price）で購入したり、売却することのできる権利であって、購入することのできる権利をコール・オプション（Call Option）、売却することのできる権利をプット・オプション（Put Option）という。

このコール・オプションの価値はプット・オプションの価値を使って表すことができる。何故なら、株式の現物とstrike priceがKの（当該株式

を原資産とする）プット・オプションを持っているということは、当該株式の価格がK以上となればKを超過した額だけの利益が得られ、当該株式の価格がKより下がればプット・オプションの行使によってKに相当する額の利益を確保できるということを意味するが、これは、strike price K の（当該株式を原資産とする）コール・オプションとKに相当する額の金銭を保有していることと経済的に等しいからである。即ち、$t=0$ における（株式Sを原資産とする）strike price がKのコール・オプションの価値 C_0 は、その時点における（株式Sを原資産とする）strike price がKのプット・オプションの価値 P_0 と、株式Sの価値 S_0、及び $t=T$（オプションの行使可能時点）における金銭Kの価値 K_t を用いて、以下のように表すことができる。

$$C_0 + K_t = S_0 + P_0$$

これは、言い換えれば、$t=0$ における上記コール・オプションの価値 C_0 は、$t=T$ までの無リスク金利を r として、$t=0$ において $\frac{K}{1-r}$ の金銭を借り入れて、株式Sと上記プット・オプションを購入する場合に必要となる資金の額（S_0+P_0）に等しく[71]、逆に、その時点における上記プット・オプションの価値 P_0 は、株式Sをその時点で空売りして、$\frac{K}{1-r}$ を貸し付けた上で上記コール・オプションを購入する際に必要となる資金の額に等しい、ということである。即ち、

$$C_0 = S_0 - \frac{K}{1-r} + P_0$$

$$P_0 = -S_0 + \frac{K}{1-r} + C_0$$

である（この式をプット＝コール・パリティの公式と呼ぶ）。このことは、

---

[71] つまり、株式を原資産とするコール・オプションの価値は、借入れをして（レバレッジを掛けて）株式の現物とプット・オプションを購入する際に必要となる追加の資金の額と等しい訳である。この点については、草野・前掲（注6）329頁参照。

デリバティブ（Derivatives）を埋め込んだ債権（債券）が、現物とオプションとに分解できることを示している。したがって、それぞれの課税に平仄が取れていないと、租税裁定取引が可能となる[72]。

15 二項モデル

　それでは、株式を原資産とするオプションの公正価値ないし時価（以下では議論を単純化するため、コール・オプションの・み・を取り上げるが、上記から明らかなとおり、コール・オプションの公正価値が分かれば、プット＝コール・パリティの公式により、プット・オプションの公正価値も自動的に算出できる）はどのように算定すればよいのであろうか。

　この問題は、商法平成13年11月改正によって、正に株式を原資産とするコール・オプションである「新株予約権」の制度が導入され（もっとも、新株予約権が行使された場合には発行済株式総数が増加し、行使価格と株式の市場価格とが乖離している場合には、希薄化が生じるため、厳密には新株予約権はコール・オプションそのものとは異なる）、その単独発行が可能となって（商法昭和56年改正で導入された「新株引受権」は、それ自体を単独で発行することは許されていなかった）、その「時価発行」はどのように観念すべきかということが問題となった際、わが国の会社法制においても意識的に問題とされるに至った。

　結論的には、新株予約権の公正価値を算定する方法には様々のものが存在するが、会社法上は、合理的な評価方法であればよいとされている[73]。

---

[72] なお、オプションが組み込まれた仕組債の課税問題について論じた先駆的な論文として、例えば、米田隆＝太田洋「ハイブリッド型金融派生商品の課税問題―オプションを組み込んだ仕組債を中心として―」租税法学会編『租税法研究24号　金融取引の課税問題』（有斐閣、1996）23頁以下参照。

[73] 伊藤靖史＝大杉謙一＝田中亘＝松井秀征『LEGAL QUEST 会社法〔第4版〕』（有斐閣、2015）339頁参照。

このような合理的な評価方法としては、しばしばブラック＝ショールズ・モデルが挙げられるが、これに限られるものではなく、発行会社の経営状態や発行される新株予約権の特徴によって適切な評価方法は異なる[74]。以下では、まず、最も標準的なオプション評価モデルである二項モデルについて説明する[75]。なお、実務で用いられるオプション評価モデルとしては、この他に、後述するブラック＝ショールズ・モデルや、三項ツリーモデル[76]、二項格子モデル[77]、モンテカルロ法[78]などがある。

　二項モデルは、対象となるコール・オプションと全く同じキャッシュフローを生み出す「複製資産（等価ポートフォリオ）」を想定し、その「複製資産」の価値を算定することで、対象のコール・オプションの公正価値を求めるモデルである[79]。したがって、前記14で述べたところから、株式

---

[74] 伊藤＝大杉＝田中＝松井・前掲（注73）339頁参照。なお、ブラック＝ショールズ・モデルは行使価額修正条項や早期償還条項の付された新株予約権の公正価値の算定には適していないことにつき、武井一浩＝中山龍太郎＝郡谷大輔＝有吉尚哉編著『資金調達ハンドブック』（商事法務、2008）141－142頁参照。

[75] 以下の説明は、島・前掲（注68）195－198頁の説明に依る。なお、二項モデルの基礎的説明としては、この他、田中・前掲（注53）168－171頁が分かりやすい。

[76] 東京地決平成17年3月11日判タ1173号143頁〔ニッポン放送事件原審決定〕などで用いられた。

[77] 東京地決平成18年6月30日判タ1220号110頁〔サンテレホン事件〕などで用いられた。なお、「〔スクランブル〕ブラック＝ショールズから格子モデルへ」旬刊商事法務1695号（2004）70頁も参照。

[78] 札幌地決平成18年12月13日金判1259号14頁〔オープンループ事件〕及び東京地決平成19年11月12日金判1281号52頁〔オートバックスセブン事件〕などで用いられた。モンテカルロ法の簡潔な説明については、田中・前掲（注53）180頁参照。

[79] 「複製」とは、他の資産を組み合わせることにより、対象資産と全ての実現値を同じにする（即ち、資産として経済的な実質的同一性が認められる）ポートフォリオを作成することであるが、上記の定義から明らかなとおり、対象資産の価値を直接算定することができない場合には、「複製資産」の価値を算定することで、対象資産の価値を導き出すことができる。二項モデルは、この考え方を用いたコール・オプションの価値算定モデルである。

を原資産とするコール・オプションについては、「株式の現物＋借入れ」を複製資産として、当該コール・オプションの公正価値を算定することになる（算定対象が株式を原資産とするプット・オプションであれば、「株式の現物の空売り＋貸付け」を複製資産として、その公正価値を算定することになる）。

ここでは、二項モデルを使って、株式Ｓにつき、その現在の株価が100円で、1年後にそれが50％ずつの確率で130円か80円のいずれかになるとした場合における、1年後に行使可能なstrike price100円の当該株式Ｓに係るコール・オプションの公正価値を求めてみよう。

まず、このオプションの価値は、1年後にＳの株価が130円であれば30円となり、Ｓの株価が80円であればゼロとなることは明らかである。このキャッシュフローは、$\frac{30}{130-80}=0.6$株のＳ株の現物（この0.6をオプション・デルタ（δ）と呼ぶ）と1年後に元利合計で48円となる借入債務の1年後のキャッシュフロー（このポートフォリオは、株価が130円であれば＋30円、株価が80円であればゼロとなる）と同じである。

何故なら、借入金の額をXと置くと、

$\delta \times 130 - X = 30$ かつ $\delta \times 80 - X = 0$ なので、

$\delta \times (130 - 80) = 30$

$\delta = 0.6$

であり、したがって、

$X = \delta \times 130 - 30 = 0.6 \times 130 - 30 = 48$

となるからである。

したがって、上記の条件下では、上記のコール・オプションの現在価値は、0.6株のＳ株の現物と48円の借入債務の現在価値に等しいはずである。それ故、無リスク利子率をrとすれば、

$$上記のコール・オプションの価値 = 0.6株 \times 100円 - \frac{48円}{1+r}$$

となる。つまり、二項モデルに基づく株式を原資産とするコール・オプションの価値 C は、当該株式の株価を P、当該コール・オプションの複製資産における借入金の額を X とすると、

$$C = \delta \times P - \frac{X}{1+r}$$

という形に一般化できる。この δ（オプション・デルタ）は株価の変動性に関する値である。即ち、株式を原資産とするコール・オプションの価値は、株価の変動性に比例するということが分かる。

16 ブラック＝ショールズ・モデル

ブラック＝ショールズ・モデルは、Fisher Black（ブラック）と Myron Scholes（ショールズ）によって1973年に発表されたオプション評価モデル[80]であり、それによる株式を原資産とするコール・オプションの公正価値の算定式（ブラック＝ショールズ式）は以下のとおりである。

$$C = SN(d_1) - Ke^{-rt}N(d_2)$$

$$d_1 = \frac{log\left(\frac{S}{K}\right) + \left(r + \frac{\sigma}{2}\right)_\tau}{\sigma\sqrt{\tau}}$$

$$d_2 = \frac{log\left(\frac{S}{K}\right) + \left(r - \frac{\sigma}{2}\right)_\tau}{\sigma\sqrt{\tau}}$$

---

[80] ブラックは1995年に死去したが、ショールズとこのモデルに厳密な証明を与えたロバート・マートン（Robert Merton）は1997年度のノーベル経済学賞を受賞した。

C：コールオプションの価値

S：原資産価格（＝株価）

K：権利行使価格

$N(d_x)$：値が d_x のときの標準正規分布の累積密度（後述）

e：自然対数の底

r：無リスク利子率（リスクフリーレート）

τ：満期までの期間

σ：株価変動性（ボラティリティ）

　ブラック＝ショールズ式の導出過程を説明することは、本書の目的を超える[81]ので、ここでは敢えて立ち入らないが、上記の式からも明らかなとおり、ブラック＝ショールズ・モデルにおいて株式のコール・オプションの公正価値（オプション・バリューないしオプション価値ともいう）を算定するに際して重要なパラメーターは、①権利行使価額、②原資産たる株式の価額（株価）、③当該株式のボラティリティ（原資産の価格変動の大きさを表す指標）、④予想残存期間（権利行使期間）、⑤無リスク利子率（リスクフリー・レート）である。この他、⑥権利行使期間内に当該株式について剰余金の配当が生じる場合[82]にはその額も、かかるコール・オプションの公正価値に影響を与え得る[83]。

　上記の式を観察して、コール・オプションの公正価値に対するそれぞれのパラメーターの影響をまとめると、以下のとおりとなる[84]。

ⅰ）　株価（S）とその変動性を表すボラティリティ（σ）、及び $N(d_1)$ は、コール・オプションの公正価値にプラスに作用する。

---

[81]　ブラック＝ショールズ式の導出については、例えば、草野・前掲（注６）335－351頁参照。

[82]　なお、ブラック＝ショールズ式は、元々は無配当株式のオプションを前提とする理論式であった。

[83]　以上につき、江頭憲治郎『株式会社法〔第７版〕』（有斐閣、2017）790頁参照。

[84]　以下につき、島・前掲（注68）200頁参照。

ⅱ）権利行使期間の終期までの時間（τ）は（長ければ長いほど）コール・オプションの公正価値にプラスに作用する。

ⅲ）権利行使価格（K）は（高ければ高いほど）コール・オプションの公正価値にマイナスに作用する。

　上記のうち、特にボラティリティが大きくなるとオプション価値が増大するという点と、権利行使期間までの終期（有効期間）が長いとオプション価値が増大するという点は、非常に重要である。元々、ブラックとショールズのアプローチは、物理学上の現象であったブラウン運動についての考え方を応用したものであり、「市場における株価変動」が存在しない非上場株式については、ブラック＝ショールズ式を適用する余地はない（非上場株式については、ボラティリティを観念できない）。

　なお、ブラック＝ショールズ式で株式を原資産とするコール・オプションの公正価値を求める際に通常用いられる（ヒストリカル）ボラティリティ（歴史的変動率とも呼ばれる）は、それぞれの株式について歴史的に観察され得るものであり、過去一定期間における原資産価格（原資産が株式の場合には株式）の変化率の平均値から求められる[85]。これは、統計学でいう「標準偏差（σ：シグマ）」に当たる。

　このように、二項モデルでは、１つの時点しかない将来の株価の変動に

---

[85] なお、ヒストリカル・ボラティリティはExcelを用いることによって比較的容易に計算可能であるし、東京証券取引所１部上場株式の過去60日間におけるヒストリカル・ボラティリティの数値は《http://jp.kabumap.com/servlets/kabumap/Action?SRC=stockRanking/base&ind=vlt&exch=T1&d=d》などでも簡単に入手できる。なお、ボラティリティとしては、本文で述べたヒストリカル・ボラティリティの他に、インプライド・ボラティリティ（implied volatility）と呼ばれるものが用いられる場合もある。ヒストリカル・ボラティリティは、過去の（原資産の）継続的な価格変動を基に算出（測定）されるのに対して、インプライド・ボラティリティは、市場で取引されている実際のオプション価格から逆算して算出（測定）される点が異なっている。

ついて2つの場合しか考えていないところ、ブラック=ショールズ・モデルは、時間を連続的に把握し、将来の株価は様々な値をとり得る（確率分布に従う）と考えている点が大きな違いである。

なお、$N(d_1)$及び$N(d_2)$は確率密度関数（大雑把にいうと、株価がある値 d_x 以下になる確率を示す関数）である。これは、ブラック=ショールズ・モデルが、将来の株価変動は対数正規分布に従うという仮定に基づいているところから出てくる。この仮定は、統計的に、ある程度以上の期間（例えば、1年以上）を経過した株価の確率分布は、対数正規分布に近似するといわれている[86]ことに由来している。もっとも、現実の金融商品では、この仮定は成立していないのではないかとの批判もある。

17 新株予約権についての課税の基礎

上記15及び16で、新株予約権などの株式を原資産とするコール・オプション（但し、厳密にいえばコール・オプションそのものではないことは前述のとおり）の公正価値（オプション・バリュー）についての代表的な算定方法である二項モデルとブラック・ショールズ・モデルの内容を簡単に紹介したが、それでは、現行のわが国租税法の下で、新株予約権はどのような形で課税されているのであろうか[87]。

この点、現行法の下では、新株予約権の付与を受けた個人（法人については本項では割愛する）については、①対象となる新株予約権の発行時にオプション・バリュー相当額の払込みがなされているか否か（即ち、時価発行か時価未満での発行か）、②当該新株予約権は譲渡制限に服している

---

[86] 例えば、草野・前掲（注6）330頁参照。
[87] 以下、詳細については、太田洋＝山本憲光＝柴田寛子編集代表『新株予約権ハンドブック〔第4版〕』（商事法務、2018）380頁以下及び648頁以下参照。

か[88]、及び③いわゆる税制適格ストック・オプションに該当するか否かによって、異なる課税上の取扱いがなされている。それを図示すると、後掲の【表1－5】のとおりである。

---

[88] 平成18年度税制改正前における所得税法施行令84条柱書は、同条1号から4号までに規定されていた権利（1号から3号までは現在の1号から3号までに、4号は現在の5号に、それぞれ対応する）が付与された場合、その権利の行使時に、当該行使によって取得された株式の時価から所定の価額を控除した額が各種所得の収入金額に計上されるものと定めていた。然るに、平成18年度税制改正により、付与される権利に関して、「当該権利の譲渡についての制限その他特別な条件が付されているものを与えられた場合」（所施令84条柱書、その後、平成28年度税制改正により項番が移動し、現行法では所施令84条2項柱書）という条件が付された。これは、同条の対象としては、ストック・オプション等が予定されており、付与時において、市場での自由取引が可能であるために経済的利益が直ちに顕在化するような新株予約権は除外される（つまり、権利行使時まで課税が繰り延べられる新株予約権等は譲渡制限が付されているものに限定する）ことを明確にする趣旨であるとされている（財務省大臣官房文書課編『(ファイナンス別冊) 平成18年度税制改正の解説』（大蔵財務協会、2006）152頁参照。

[89] 税理士法人山田＆パートナーズほか編著『新株予約権の税・会計・法律の実務Q&A〔第7版〕』（中央経済社、2017）106－108頁参照。

[90] 武田昌輔編著『DHCコンメンタール所得税法』（第一法規、加除式）3201頁参照。

[91] 被付与者が個人の場合には、株式等の譲渡所得等として申告分離課税（措法37条の10、37条の11）。

[92] 所施令84条2項4号。

[92] 会社法の観点から考えれば、予約権の取得価額はその発行価額と同額になるものと考えられるが、その譲渡が禁止されていること等により付与時に課税されない新株予約権の税務上の取得価額はゼロになるものとされている（国税庁のHPにおける質疑応答事例の中の「金銭の払込みに代えて報酬債権をもって相殺するストックオプションの課税関係」と題する照会事例（《https://www.nta.go.jp/law/shitsugi/shotoku/02/33.htm》にて閲覧可能）参照）。

[94] 被付与者が個人の場合には、株式等の譲渡所得等として申告分離課税（措法37条の10、37条の11）。取得価額が権利行使時の時価となる点につき所施令109条1項3号。

[95] 所施令109条1項、措施令19条の3第12項。

【表1－5】 新株予約権の被付与者側の課税関係

<table>
<tr><th colspan="2"></th><th>付与時（発行時）</th><th>行使時</th><th>行使によって取得した株式の売却時</th></tr>
<tr><td rowspan="3">税制非適格ストック・オプション等</td><td>㋑　時価発行[89]</td><td>課税なし（オプション・バリュー相当額と新株予約権の発行価額との差額がない）</td><td>課税なし</td><td>当該株式の売却価額と取得価額（＝新株予約権の発行価額＋行使価額）との差額につき譲渡損益課税</td></tr>
<tr><td>㋺　時価未満での発行</td><td>課税あり（オプション・バリュー相当額と新株予約権の発行価額との差額に課税[90]）</td><td>課税なし</td><td>当該株式の売却価額と取得価額（＝新株予約権の発行価額＋行使価額）との差額につき譲渡損益課税[91]</td></tr>
<tr><td>㋩　特に有利な条件もしくは金額であるものまたは役務提供等の対価であるもの・譲渡制限あり[92]（㋑㋺の例外）</td><td>課税なし</td><td>課税あり（行使によって取得した株式の時価と新株予約権の取得価額[93]及び行使価額の合計額との差額につき課税）</td><td>当該株式の売却価額と取得価額（＝新株予約権行使時の当該株式の時価）との差額につき譲渡損益課税[94]</td></tr>
<tr><td colspan="2">税制適格ストック・オプション（譲渡制限あり）</td><td>課税なし</td><td>課税なし</td><td>当該株式の売却価額と取得価額（＝新株予約権の行使価額）との差額につき株式譲渡損益課税[95]</td></tr>
</table>

インセンティブ報酬として交付される新株予約権であるストック・オプションは、通常譲渡制限が付され[96]、また役務提供の対価であることから、基本的に【表1－5】の㈧に記載の課税関係となると考えられる。

　なお、会社法下において、ストック・オプションとしての新株予約権を発行しようとする場合、その法律構成としては、相殺構成と無償構成の2つがあるとされている[97]。このうち、無償構成については、会社法制定前は、新株予約権の払込金額（発行価額）を無償として（即ち、募集新株予約権と引換えに金銭の払込みを要しないこととして）、付与対象者に対して新株予約権を付与する方式であり、その発行はいわゆる有利発行規制に服するとの考え方も有力であった。しかし、現在は、有利発行該当性の判断においては、金銭の払込み以外の形で会社に提供される便益についても、新株予約権の対価の一部と評価でき、発行決議時点で取締役が合理的な判断をしているという前提に立つ限り、当該新予約権の公正価値が、会社が提供を受けることを期待できる便益の正当な価値との見合いにおいて会社が本来負担すべき費用額を大きく超えることはないのが通常であるとして、有利発行規制の適用はないと一般に解されている[98]。

　また、相殺構成は、ストック・オプション目的の新株予約権を発行する場合において、その公正価額を算定した上でこれを払込金額とし、当該払込金額の払込義務と付与対象者の有する発行会社に対する債権（例えば、インセンティブ報酬債権）とを相殺する（会社法246条2項）法律構成であり、当該相殺に用いるために（ストック・オプションとしての新株予約権の発行のために）、新たに、付与対象者に対して、新株予約権の公正価

---

[96] 太田＝山本＝柴田・前掲（注87）413頁参照。
[97] 例えば、太田＝山本＝柴田・前掲（注87）289－294頁参照。
[98] 太田＝山本＝柴田・前掲（注87）284－285、293頁参照。なお、会社法立案担当者も「会社法では、ストック・オプションの付与については、新株予約権の有利発行に該当しないのが通常である」と説明している（相澤哲＝葉玉匡美＝郡谷大輔編著『論点解説　新・会社法』（商事法務、2006）444頁参照）。

額(払込金額＝発行価額)と同額のインセンティブ報酬等の金銭債権を付与しているのが通常である。結論的には、一般に、当該金銭債権の額が新株予約権の公正価額(オプション・バリュー)以上である限り、相殺構成に基づいて新株予約権を発行する場合にも、有利発行規制の適用はないと解されている[99]。いずれにせよ、会社法上の有利発行規制該当性は、典型的なストック・オプションの課税関係とは関係がない(所施令84条2項4号は役務提供の対価であって譲渡制限が付されていれば、払込金額の高低によらず適用される)。

そして、相殺構成を採る場合における金銭債権の付与の部分についても、権利行使時まで課税関係は生じないとされ[100]、その付与が新株予約権発行会社と付与対象者との間のどのような関係に基づいてなされたものであるかに応じて、給与所得、退職所得、事業所得、雑所得又は一時所得として課税されることになるのが通常ではないかと考えられる。

また、税制適格ストック・オプションに該当するための要件は、次頁の【表1－6】のとおりである(措法29条の2、措令19条の3)。

他方、新株予約権を発行した会社側における課税関係は、新株予約権の付与を受けた者の課税関係と対応して、後掲の【表1－7】のとおりとされている(なお、被付与者が新株予約権の行使によって取得した株式を売却しようと売却しまいと、発行会社には課税関係が生じることはない。)。

このように、新株予約権の発行会社側では、原則として、新株予約権が従業員等の役務の対価として付与されたものである場合であって譲渡制限が付されている場合には、一般に公正妥当と認められる会計処理の基準に従って費用として認識される金額の範囲内で、その付与日から権利確定日までの期間に亘って、役務の提供が完了するのに応じて税務上も損金算入が可能である(但し、役員報酬については法人税法34条所定の制限に服す

---

[99] 例えば、太田＝山本＝柴田・前掲(注87)290－291頁参照。
[100] 前掲(注92)の照会事例参照。

【表1－6】 税制適格ストック・オプションに該当するための要件

付与対象者	次のいずれかに該当するもの（一定の大口株主及びその特別関係者を除く）。 ・自社の取締役、執行役又は使用人（及びその相続人） ・発行株式総数の50％超を直接又は間接に保有する法人の取締役、執行役又は使用人（及びその相続人）
権利行使期間	付与決議の日後2年を経過した日から付与決議の日後10年を経過するまでの間
権利行使価額	ストック・オプションに係る契約締結時の一株当たり価額（※）以上
権利行使価額の制限	権利行使価額が年間1,200万円を超えない
譲渡期限	ストック・オプションについて譲渡してはならないこととされていること
その他	・付与決議において決定した募集事項（会社法238条）に反しないで交付されたこと ・ストック・オプションで取得する株式が事前の取決めに従い、その取得後直ちに振替口座に記載されること等

※ 1株当たりの価額に関して、未公開会社の株式については、「売買実例」のあるものは最近において売買の行われたもののうち適正と認められる価額とすることとされている（所基通23～35共－9(4)イ）が、普通株式のほかに種類株式を発行している未公開会社が新たに普通株式を対象とするストック・オプションを付与する場合、種類株式の発行は、この「売買実例」には該当しない（国税庁確認済み）。

※ 経済産業省ホームページ（《http://www.meti.go.jp/policy/newbusiness/stock_option/》にて閲覧可能）掲載の表を基に作成

※ なお、「平成31年度税制改正の大綱」13頁の、中小企業等経営強化法上の認定があれば要件を緩和する旨の改正提案の立法動向も注目される。

---

101 法法54条の2第5項により、時価と払込金額に差額があっても、益金または損金の額に算入しないこととされている。
102 法法22条5項（資本等取引）参照。
103 法法54条の2第1項、法施令111条の3参照。

【表1－7】 新株予約権の発行会社側の課税関係

		付与時（発行時）	行使時
税制非適格ストック・オプション等	役務提供への対価以外	課税関係なし[101]	課税関係なし[102]
	役務提供への対価・譲渡制限あり	課税関係なし	ストック・オプション費用の損金算入可[103]（原則として予約権の発行時のオプション・バリュー相当額[104]につき損金算入可）但し、役員報酬については法法34条で損金算入制限あり
	役務提供への対価・譲渡制限なし	付与日から権利確定日までの期間に亘ってストック・オプション費用の損金算入可[105]（予約権の発行時のオプション・バリュー相当額につき損金算入可）但し、役員報酬については法法34条により損金算入制限あり	課税関係なし
税制適格ストック・オプション（譲渡制限あり）		課税関係なし	課税関係なし（ストック・オプション費用の損金算入不可[106]）

---

104 法施令111条の3第3項。なお、ここでいう「オプション・バリュー相当額」は、例外的に法施令71条の3第1項に定める確定数給与（あらかじめ支給するストック・オプションの数を定めてから、数年後に、当該期間を通じて勤続した者に対してストック・オプションを発行するケース等）については、支給する数を定めた時のオプション・バリュー相当額とされ、仮に発行時にオプション・バリューが高騰していても、その額を損金算入できる訳ではない。

105 法法22条3項2号、法基通2－2－12参照。

106 法法54条の2第2項参照。

る)。しかしながら、①税制適格ストック・オプションについては、被付与者側で権利行使に際して享受できる経済的利益について非課税の取扱いがなされていることの見返りとして、発行会社側では一切損金算入が認められないものとされており、また、②被付与者側で所得税法上課税される時点が（典型的には権利行使時まで）繰り延べられている譲渡制限付新株予約権については、所得税と法人税とを総合して考えた場合に税務上の損金算入が先行して事実上の課税の繰延べが生じることを防ぐ等の理由から、発行会社側における損金算入時期が、被付与者側で所得税法上課税される時点（典型的には権利行使時）まで繰り延べられている[107]。そして、③時価発行の場合でも、譲渡制限が付されていれば、形式的には上記②の損金算入時期の繰延べの対象とされているが、損金算入できるストック・オプション費用の計算において、被付与者から払い込まれた金銭や資産の額が除かれるため（所施令111条の3第5項）、結局、発行会社が費用として損金算入できる額は実際上存しないことになる[108]。

以上を表の形にまとめると、次頁の【表1－8】のとおりとなる。

---

[107] 法法54条の2第1項財務省大臣官房文書課・前掲（注88）344頁、三上二郎＝坂本英之「新会社法下における企業組織と租税法(2) 役員報酬、ストック・オプション」旬刊商事法務1776号（2006）34頁参照。なお、権利行使時を待たずに譲渡制限付新株予約権の被付与者側で所得税法上課税される例として、権利行使時以前に譲渡制限が解除される場合がある（国税庁のホームページにおける質疑応答事例の中の「被買収会社の従業員に付されたストックオプションを買収会社が買い取る場合の課税関係」と題する照会事例（《https://www.nta.go.jp/law/shitsugi/shotoku/02/49.htm》にて閲覧可能）参照）。

[108] 武田昌輔編著『DHCコンメンタール法人税法』（第一法規、加除式）3447の18参照。

【表1-8】 役務提供の対価として付与される新株予約権に関する課税関係のまとめ

		被付与者側における課税繰延べの有無	発行会社側における損金算入の可否等
税制非適格	時価発行譲渡制限なし	×	×
	時価発行譲渡制限あり	△ 行使時まで課税繰延べ	×
	時価未満での発行譲渡制限あり	△ 行使時まで課税繰延べ	△ 損金算入できるが算入可能時は行使時に繰延べ
	時価未満での発行譲渡制限なし	×	○ 付与時から権利確定日までの期間に亘り損金算入可
税制適格	—	○ 株式売却時まで課税繰延べ	×

第2章

組織再編を用いたM＆A・企業グループ再編と課税
（総　　論）

1　はじめに
2　「組織再編」の外延
3　機能主義的アプローチに基づく（広義の）組織再編の分類
4　わが国における組織再編についての課税の基本的枠組み
5　適格組織再編成の要件と比較法的特徴
6　クロスボーダー組織再編に関する課税上の取扱い
7　今後の組織再編に関する税制の課題と展望

1 はじめに

　私法上、株式会社を当事者とする「組織再編」は、一つ以上の株式会社が当事者となって組織的な結合や分離を行う行為、及び株式会社の貸借対照表に直接的な影響が及ぶ資本的ないし組織的な変動を伴う行為であると、ひとまず考えることができよう。

　このような意味における「組織再編」の代表例としては、会社法第5編に規定されている、合併、株式交換・株式移転、会社分割、三角合併（親会社株式を対価とする合併）、三角交換（親会社株式を対価とする株式交換）及び三角分割（親会社株式を対価とする会社分割）が挙げられる。また、これら以外に、現行の会社法に定めがあるものの中では、新株発行（自己株式の処分を含む）、自社株買い、現物出資、事後設立、事業譲渡、現物配当、組織変更及び解散も、上記の意味における（広義の）「組織再編」に該当すると考えられる。他方、わが国租税法における「組織再編成」の語は、会社法第5編に規定されている典型的な組織再編行為のほか、現物出資や現物配当など、上記の広義の意味における組織再編的な行為の一部をも包摂する概念として構築されている。もっとも、私法上、（広義の）組織再編と考えられる行為の中でも、新株発行、自社株買い、事業譲渡、組織変更及び解散は、少なくとも現時点では、租税法上の「組織再編成」の概念には含まれていない。

　しかしながら、わが国の組織再編税制の下における適格組織再編成に対応する、米国連邦内国歳入法典（以下「内国歳入法典」という）における非課税組織再編成（tax free reorganization）、即ち、A型組織再編成（type A reorganization）乃至G型組織再編成（type G reorganization）[1]並びに正

1　内国歳入法典368条(a)(1)(A)乃至(G)参照。

三角Ａ型組織再編成[2]、逆三角Ａ型組織再編成[3]、三角Ｂ型組織再編成[4]、三角Ｃ型組織再編成[5]及びドロップ・ダウン組織再編成[6]の12種の非課税組織再編成は、わが国の適格組織再編成よりもかなり幅広い行為を包摂する概念である[7]。即ち、内国歳入法典における非課税組織再編成は、例えば、発行体と株式ないし社債保有者との間における株式と株式、株式と社債ないし社債と社債の交換取引（いわゆる資本再構成取引。一定の要件の下でＥ型組織再編成に該当する）のみならず、株式を対価とする新株発行やいわゆる自社株対価TOB（一定の要件の下でＢ型組織再編成に該当する）といった（現物出資による新株発行という要素は含むものの）取引行為の色彩が強い行為までも含む概念とされている。

　これは、米国では連邦レベルの会社法が存在せず、会社法は各州の州法に委ねられている一方で、連邦所得税は連邦法である内国歳入法典によって規律されていることに相当程度由来していると考えられる[8]が、彼我の組織再編税制のよって立つ設計思想の差異の現れでもあるように思われる。即ち、わが国では、組織再編税制は、基本的には、会社法第５編に規定されている典型的な組織再編行為（を構成する諸概念）を基礎として、それらに対する課税上の取扱いを定める形で構築されている（制定法を基礎としたアプローチ）が、米国では、組織再編税制は、「投資の継続（continuity of interest）」という性質が見られる組織再編的な行為を広く対象とした上で、問題となる行為によって交換される財産の性質や当該行

---

[2]　内国歳入法典368条(a)(2)(D)参照。

[3]　内国歳入法典368条(a)(2)(E)参照。

[4]　内国歳入法典368条(a)(1)(B)括弧書参照。

[5]　内国歳入法典368条(a)(1)(C)括弧書参照。

[6]　内国歳入法典368条(a)(2)(C)参照。

[7]　なお、この他に、わが国でいう分割型分割に対応する組織再編行為については内国歳入法典355条で、わが国でいう現物出資や分社型分割に対応する組織再編行為については内国歳入法典351条で、それぞれ基本的に規律されている。

[8]　渡辺徹也『企業組織再編成と課税』（弘文堂、2006）42頁及び186頁参照。

為により達成される結果に着目した機能的な観点からそれらを分類し、それぞれに対する課税上の取扱いを定めるという形で構築されている（機能主義的なアプローチ）。

別の言い方をすれば、わが国の組織再編税制では、会社法の概念を前提として税制適格要件が構築されている（問題となる行為が会社法上の「合併」や「会社分割」に該当しなければ、そもそも適格組織再編成に該当する余地がない[9]）ところ、米国の組織再編税制では、A型組織再編成などを除けば、(州)会社法の概念を前提とせず、専ら、租税法独自の観点から、取引・行為の類型ごとに課税繰延べを認めるための要件が構築されている[10]点に特徴がある。なお、これは組織再編税制に限ったことではなく、税制全般において、わが国では、基本的には私法上の概念を前提として課税上の取扱いが定められていることがほとんどである（例えば、「株式」と「債券」との区別など）が、米国では、私法上の概念を必ずしも前提とせずに租税法独自の観点から機能的に課税上の取扱いが定められていることがかなり多い（例えば、「equity」と「debt」との区別など）[11]。

米国の組織再編税制が採用するこのような機能主義的なアプローチをも加味して、わが国のM&Aないし企業グループ再編で用いられる組織再編的な行為を分類し、それらについての課税上の取扱いを検討することは、わが国のM&Aないし企業グループ再編に関する現行税制が抱える課題を

---

[9] その結果、組織再編税制が対象としている組織再編行為の各類型に該当しない行為を行っても、組織再編行為に関する一般的否認規定（法法132条の2）は適用されない。

[10] 渡辺・前掲（注8）42頁参照。

[11] 吉村政穂「出資者課税―『法人税』という課税方式〔一〕」法学協会雑誌120巻1号（2003）17頁及び「同〔三〕」法学協会雑誌120巻5号（2003）28頁参照。なお、これに関連して、米国では、1997年の税制改正により、負債に類似する一定の優先株式が、内国歳入法典351条（わが国の適格現物出資に関する規定に相当）所定の「株式」には含まれず、boot（非適格資産）として取り扱われるものとされている（渡辺徹也「税法における負債と株式の相対化および多様化に関する覚書」税法学563号（2010）437－439頁参照）。

浮き彫りにする意味があるように思われる。本章は、そのような観点から、株式会社を当事者とする組織再編的な行為（以下、このような広義の意味における組織再編的な行為を、単に「組織再編」という）に関する現行税制を概観し、その課題を探ろうとするものである。

2 「組織再編」の外延

　本章では、株式会社を当事者とする組織再編を、一つ以上の株式会社が当事者となって、組織的な結合や分離を行う行為であると定義する。したがって、対象となる株式会社が直接関与しない、株式の相対による売買や現金等によるTOBは、この意味での「組織再編」には当たらないことになる。

　このような意味における組織再編の代表例としては、会社法第5編に規定されている、合併、株式交換・株式移転、会社分割、三角合併（親会社株式を対価とする合併）、三角株式交換（親会社株式を対価とする株式交換）及び三角分割（親会社株式を対価とする会社分割）が挙げられる。また、これ以外に、株式会社が第三者との間で行う行為のうち、当該会社の資本的基盤や組織に変動をもたらす行為も、上記の意味における「組織再編」に該当するが、このような行為のうち、会社法に定めがあるものとしては、例えば、新株発行（自己株式の処分を含む。以下同じ）、現物出資、事後設立、事業譲渡、現物配当、組織変更及び解散が挙げられる。

　以上は、行為類型そのものが会社法等に直接定められている組織再編であるが、取引・行為の経済的な特徴・効果に着目して、現実の経済社会において株式会社が行っている組織再編を析出すると、例えば、近時広く行われているものとしては、スクィーズ・アウト（squeeze-out：現金を対価とする少数株主の締出し）やデット・エクイティ・スワップ（debt equity swap：債務の株式化。以下「DES」という）などが挙げられよう。

また、2011年7月1日に施行された旧産活法（現・産業競争力強化法）の改正法[12,13]によって（主務大臣の認定を取得することを条件として）大幅に利用しやすくなった、いわゆる自社株対価TOBないしエクスチェンジ・テンダー・オファー（exchange tender offer）も、今後広く行われるようになると考えられる。更に、米国で広く行われており、わが国でも今後広く実施されることが予想されるものとしては、子会社や事業を会社と資本関係を持たない形で切り出す手法である、スピン・オフ（spin-off：現物配当により、株主に対して既存子会社又は事業を切り出して設立した新設子会社の株式を交付することによって、当該子会社又は事業を切り離す組織再編）、スプリット・オフ（split-off：株主に対して、当該株主の保有する株式の償還対価として、既存子会社又は事業を切り出して設立した新設子会社の株式を交付することによって、当該子会社又は事業を切り離す組織再編）及びスプリット・アップ（split-up：株主に対して、解散に伴う清算配当に際して既存子会社又は事業を切り出して設立した新設子会社の株式を交付することによって、当該子会社又は事業を切り離す組織再編）などが挙げられる。

　以上のうち、スクィーズ・アウトは、会社法所定の行為類型でいうと、全部取得条項付種類株式を用いた株式の大きさの「変換」（株式の大きさを極端に大きくすることで、少数株主の保有する株式を端数株式化する）やいわゆる現金交付株式交換ないし現金交付合併、株式等売渡請求等によって実行することができ、DESは、会社に対する債権の現物出資に基づく新株発行によって実行することができる。また、自社株対価TOBは、

12　正式名称は「産業活力の再生及び産業活動の革新に関する特別措置法の一部を改正する法律」。

13　なお、旧産活法の規定の多くは、2013年12月11日に公布され、2014年1月20日に施行された産業競争力強化法に引き継がれているが、産業競争力強化法でも、同様に、自社株対価TOBに関する特例規定が存置され、2018年にはTOB以外の方法（相対取引での譲渡等）による自社株対価M&Aも特例規定の対象適用に追加されている（平成30年改正後の産業競争力強化法32条）。詳細は本書**第9章**参照。

会社法の下でも、対象会社株式のTOBによる取得と当該株式の現物出資による買収会社の新株発行を組み合わせることで実行すること自体は可能であるが、旧産活法の下で、会社法第5編所定の組織再編行為に準じた手続として実行することもできるようになった。

　また、スピン・オフは、現行のわが国会社法の下では、イ）「新設分割＋当該新会社株式の現物配当」若しくは、ロ）「現物出資による新会社設立＋当該新会社株式の現物配当」（事業のスピン・オフの場合。なお、法人税法の整理では、上記イ）は「分割型（単独）新設分割」及び「分社型新設分割＋現物分配」に、上記ロ）は「現物出資＋現物分配」に、それぞれ相当する）、又は、ハ）「（対象子会社株式の）現物配当」（子会社のスピン・オフの場合）によって、それぞれ実行することができる。

　他方、スプリット・オフは、現行会社法の下では、ニ）「新設分割＋当該新会社株式を対価とする自社株買い」、ホ）「現物出資による新会社設立＋当該新会社株式を対価とする自社株買い」、ヘ）「新設分割＋親元会社の既存株式への全部取得条項付与＋当該新会社株式を取得対価とする全部取得条項付種類株式の全部取得」[14]、若しくはト）「現物出資による新会社設立＋親元会社の既存株式への全部取得条項付与＋当該新会社株式を取得対価とする全部取得条項付種類株式の全部取得」（事業のスプリット・オフの場合）、又は、チ）「（対象子会社株式を対価とする）自社株買い」若しくはリ）「親元会社の既存株式への全部取得条項付与＋対象子会社株式を取得対価とする全部取得条項付種類株式の全部取得」（子会社のスプリット・オフの場合）の6つの方法のいずれかを用いることにより、実行することができる[15]。

　また、スプリット・アップは、かつては、旧商法の解釈として解散時に

14　山川博樹「金融商品・企業組織再編・企業再生に係る文書回答・事前照会について〔下〕」租税研究2010年10月号219頁参照。

15　渡辺・前掲（注8）192－193頁参照。

おける残余財産の現物分配には全株主の同意が必要との説が有力であった[16]ため、全株主の同意がない場合に実行できるか否かに疑義があったところであるが、会社法の制定により、全株主の同意なしに現物残余財産分配が可能であることが明確化された（会社法504条1項1号、505条参照）ため、現在では、この方法を用いて実行することが可能である。

　このように、取引・行為の経済的な特徴・効果に着目する形で現実の経済社会において行われている取引・行為を析出した場合でも、それらを、その手段として用いられている会社法所定の行為に因数分解することは可能である。また、前述のとおり、わが国の組織再編税制を含む税制全般は、概ね、私法上の概念を前提として、その課税上の取扱いが定められるという形で構築されている。従って、わが国において組織再編行為を用いてM&Aや企業グループ再編が行われた場合の課税関係を検討するに当たって、以下では、組織再編に係る会社法上の概念（行為）を出発点とした上で、それらを当該行為が行われる際に交換される財産の有無・性質や当該組織再編により達成される結果に基づいて分類し（機能主義的アプローチ）、それぞれについての課税上の取扱いを概観する、という手法を用いることとしたい。

　以上を前提に、本章では、M&Aや企業グループ再編に通常用いられる会社法上の行為である、合併、株式交換・株式移転、会社分割、三角合併・三角株式交換・三角分割、新株発行（第三者割当増資）、現物出資、事後設立、事業譲渡、現物配当及び現物残余財産分配に絞って、それぞれの課税上の取扱いを概観する。

16　例えば、江頭憲治郎『株式会社・有限会社法〔第4版〕』（有斐閣、2005）823頁脚注(6)参照。

3 機能主義的アプローチに基づく(広義の)組織再編の分類

　株式会社は、株主の出資によって成立しているため、会社法第5編に規定されている典型的な組織再編については、組織再編の当事者の法人レベルにおける課税とその株主レベルにおける課税とが問題となる点が特徴的である。

　もっとも、新株発行（第三者割当増資）、現物出資、事後設立、事業譲渡、現物配当及び現物残余財産分配のように、会社法第5編に規定されていない広義の「組織再編」については、それらの行為を行う主体である株式会社の株主レベルでの課税は、通常問題とならない。

　M&Aや企業グループ再編のために用いられる私法上の（広義の）組織再編は、当該組織再編行為の実行に伴って交換される財産の種類に即して分類すると、以下の9種類に分けられるものと考えられる。

　即ち、まず、外形的に財産の「交換」が行われるタイプのものとしては、

① 　新株（自己株を含む。以下同じ）を対価として（既存）株式が取得される組織再編（stock for stock型）：ⅰ）株式交換・株式移転、及びⅱ）（前述した自社株対価TOBに代表されるような）第三者の発行に係る株式を現物出資財産とする現物出資による新株発行

② 　新株を対価として資産（金銭及び株式を除く。以下同じ）が取得される組織再編（stock for assets型）：ⅰ）合併、及びⅱ）会社分割

③ 　（上記②を逆方向から見ただけのことであるが、）資産を対価として新株が取得される組織再編（asset for stock型）：ⅰ）（通常の）現物出資、及びⅱ）事後設立（これらにはいわゆるDESも含まれる。以下同じ）

④ 　金銭を対価として資産（事業）が取得される組織再編（cash for

asset型）：事業譲渡（会社法467条1項1号・2号）
⑤　金銭を対価として新株が取得される組織再編（cash for stock型）：新株発行
⑥　親会社の株式を対価として（既存）株式が取得される組織再編：三角株式交換
⑦　親会社の株式を対価として資産が取得される組織再編：ⅰ）三角合併、及びⅱ）三角分割

の7種類が存在する。この他、外形的には財産の「交換」が行われないタイプの組織再編として、

⑧　（取得者側が）一方的に株式の交付を受ける組織再編：ⅰ）現物配当による子会社株式の分配、ⅱ）分割型（単独）新設分割、ⅲ）現物残余財産分配による子会社株式の分配、及びⅳ）無対価交換（無対価での株式交換）
⑨　（取得者側が）一方的に資産の交付を受ける組織再編：ⅰ）無対価合併（無対価での合併）、及びⅱ）無対価分割（無対価での会社分割）

の2種類が存在する。

　上記の分類に関しては、注意を要する点が2点ある。第一は、（通常の）合併の位置付けである。即ち、（通常の）合併は、会社法上はいわゆる人格承継説的に把握されているが、株主レベルから見た場合には、その保有株式を対価とする他の会社の新株の取得であり、また、わが国の租税法では、会社法上の理解とは異なり、法人レベルに着目して、被合併法人がその全ての資産と負債とを合併法人に移転し、対価として受領した合併法人の新株や資産を被合併法人の株主に分配して解散する取引（つまり、合併法人の側から見れば、その新株を対価とする被合併法人からの資産の取得）として整理されているため、上記では、②の「新株を対価として資産

が取得される組織再編」に含まれるものとして整理している。

第二は、会社分割の概念整理についてである。即ち、会社分割については、2006年5月1日に施行された会社法の下では、商法平成12年改正によって創設された会社分割法制の下における従前の分割型分割（人的分割）は、「株式を対価とする分社型分割（物的分割）＋分割会社が対価として受領した株式の株主への交付」として整理され、概念としては廃止されている（つまり、現在は、「会社分割」は、従前の分社型分割（物的分割）のみを意味する概念とされている）にも拘わらず、租税法の分野では、この概念が依然として維持されている（法法2条12号の9参照）ことに注意が必要である。そのため、上記の分類においても、分割型（単独）新設分割は、一般の会社分割とは区別して、⑧に含める形で整理していることに留意されたい。

わが国における組織再編についての課税の基本的枠組み

(1) はじめに

わが国の租税法の下では、前述したとおり、組織再編に際しては、法人レベルでの法人保有に係る資産・負債（以下「資産等」という）についての譲渡損益課税（時価評価課税を含む。以下同じ）及び租税属性（tax attributes）の引継ぎと、株主レベルでのみなし配当課税及び譲渡損益課税とが問題となる。前記3の①から⑨までの各類型に即して大まかに述べると、以下のとおりとなる。

(2) 新株を対価として（既存）株式が取得される組織再編について

まず、前記3の①についてであるが、ⅰ）の株式交換・株式移転では、

かつては法人レベルでの課税は問題とならず、株主レベルでの課税についても広い範囲で譲渡損益課税の繰延べが認められていたが、平成18年度税制改正によって、後述する合併等と同様に、ａ）適格組織再編成（後述）に該当するか否かで株式交換・株式移転完全子会社の法人レベルでの課税の有無が異なることになり（なお、株主レベルでの課税は適格組織再編成に該当するか否かで異ならない）、ｂ）株主に対して株式（及び100％親会社の株式）以外の金銭その他の財産（いわゆるboot）の交付がなされるか否かで、株主レベルでの譲渡損益課税の有無が決せられることとなった。即ち、問題となる株式交換・株式移転が適格組織再編成に該当する場合には、法人レベルでは課税問題は生じないが、適格組織再編成に該当しない場合には、法人レベルではその資産等について時価評価課税がなされる（もっとも、株主レベルでのみなし配当課税は、問題となる株式交換・株式移転が適格組織再編成に該当するか否かに拘らず、生じない）。また、bootが交付されない場合には株主レベルで譲渡損益課税は繰り延べられるが、交付される場合には株主レベルで譲渡損益課税がなされる。そして、ⅱ）の、第三者の発行に係る株式を現物出資財産とする現物出資による新株発行については、新株の発行者側では資本等取引に該当するものとして課税は生じないが、出資者側では当該現物出資財産について譲渡損益課税がなされる。

(3) **新株を対価として資産が取得される組織再編について**

次に、前記３の②の合併・会社分割については、ａ）適格組織再編成に該当するか否かで被合併法人ないし分割法人の法人レベルでの課税とその株主レベルでのみなし配当課税の有無が異なるものとされ、ｂ）株主に対してbootの交付がなされるか否かで株主レベルでの譲渡損益課税の有無が異なるものとされている。即ち、問題となる合併等が適格組織再編成に該当する場合には、法人レベルでは譲渡損益課税の繰延べと一定の範囲における租税属性の引継ぎ（特に、合併の場合には、繰越欠損金も引き継が

れる場合がある）がなされ、その株主レベルではみなし配当課税の繰延べがなされる（もっとも、分社型分割の場合には、分割法人の株主への分配等がないため、そもそもみなし配当課税は問題とならない）。

　他方、適格組織再編成の要件を満たさない場合には、法人レベルではその資産等についての譲渡損益課税がなされ（なお、租税属性は引き継がれない）、その株主レベルでは、分社型分割の場合を除き（つまり、分割型分割及び合併の場合には）みなし配当課税がなされる。また、株主レベルでの譲渡損益課税に関しては、分社型分割の場合には、分割法人の株主への分配等がないため、そもそも株主レベルでの譲渡損益課税は問題とならないが、分割型分割及び合併の場合には、bootが交付されないときは株主レベルで譲渡損益課税は繰り延べられるものの、交付されるときは株主レベルで譲渡損益課税がなされる。

(4) 資産を対価として新株が取得される組織再編について

　前記3の③の現物出資・事後設立については、新株の発行者側では資本等取引に該当するものとして課税は生じないが、出資者側では、原則として、出資対象財産について譲渡損益課税がなされる。もっとも、問題となる現物出資が適格現物出資に該当する場合には、出資者側において譲渡損益課税の繰延べがなされる。なお、平成13年度税制改正による組織再編税制の導入時においては「適格事後設立」の制度が存在していたが、後述のとおり、平成22年度税制改正によるグループ法人税制の導入により、現在では当該制度は廃止されている。

(5) 金銭を対価として資産（事業）が取得される組織再編について

　次に、前記3の④の事業譲渡については、譲渡会社において法人レベルで譲渡損益課税がなされる（同社の株主レベルでは、株主に対する分配等がないため課税は生じない）。但し、事業譲渡の場合、その譲渡法人において譲渡益として課税される金額のうち、個別の資産の時価としては評価

しきれない金額については、事業の譲受法人において、原則として、これを「のれん」(正確には「資産調整勘定」)として計上し、課税所得計算上5年間で均等額を減価償却し損金化することが認められる(即ち、事業の譲渡法人と譲受法人とを総合して見た場合には、「のれん」に相当する金額のキャピタル・ゲインに対する課税額は5年間で国から全て回収され得る)点に注意が必要である。因みに、株式譲渡の場合には、たとえその譲渡法人において譲渡損益課税に服する場合でも、その譲受法人においてこのような減価償却による損金化は認められていない。従って、この点で事業譲渡を用いた買収と株式譲渡を用いた買収とは大きく異なる。

(6) 金銭を対価として新株が取得される組織再編について

前記3の⑤の新株発行については、発行会社側では、資本等取引に該当するため、そもそも課税問題は生じない(また、同社の株主レベルでも、株主に対する分配等がないため課税は生じない)。他方、引受人側でも、金銭を出資しているだけであるため、課税は生じないのが原則であるが、例外的に、当該新株発行がいわゆる有利発行に該当するときは、受贈益課税(法人の場合)ないし一時所得課税等(個人の場合)の課税問題が生じる。なお、税務上、有利発行に該当するか否かは、新株引受価額が新株発行決議日前日の株価に比して概ね10％以上ディスカウントされているか否かを基準に判断される(法施令119条1項4号、法基通2-3-7参照)。

(7) 親会社の株式を対価として(既存)株式が取得される組織再編について

次に、前記3の⑥の三角株式交換については、2007年5月1日の会社法における合併等対価の柔軟化に関する部分の施行に伴い、平成19年度税制改正によって所要の手当てが講じられ、a)それが適格組織再編成に該当するか否かで買収対象会社(三角株式交換完全子法人)の法人レベルでの課税の有無が異なるものとされる(なお、買収対象会社の株主レベルでの

課税は適格組織再編成に該当するか否かで異ならない）一方、b）買収対象会社の株主に対してbootの交付がなされるか否かでその株主レベルでの譲渡損益課税の有無が異なるものとされている。即ち、問題となる三角株式交換が適格組織再編成に該当する場合には、（直接の三角株式交換完全親法人となる買収ビークルによる親会社株式の取得が時価ベースで行われることを前提とすれば、）買収対象会社の法人レベルでは譲渡損益課税の繰延べがなされる[17]が、適格組織再編成の要件を満たさない場合には、法人レベルではその保有資産等についての時価評価課税がなされる（なお、買収対象会社の株主レベルにおけるみなし配当課税は、問題となる三角株式交換が適格組織再編成に該当するか否かに拘らず、生じない）。また、bootが交付されない場合には買収対象会社の株主レベルで譲渡損益課税は繰り延べられるが、交付される場合には当該株主レベルで譲渡損益課税がなされる[18]。

(8) 親会社の株式を対価として資産が取得される組織再編について

また、前記3の⑦の三角合併・三角分割については、上記の三角交換の場合と同様に平成19年度税制改正によって所要の手当てが講じられ、a）それが適格組織再編成に該当するか否かで買収対象会社（被合併法人・分割会社）の法人レベルでの課税とその株主レベルでのみなし配当課税の有無が異なるものとされる一方、b）買収対象会社の株主に対してbootの交付がなされるか否かで株主レベルでの譲渡損益課税の有無が異なるものとされている。即ち、問題となる三角合併等が適格組織再編成に該当する場合には、（直接の合併法人等となる買収ビークルによる親会社株式の取

---

[17] 租税属性の引継ぎがない点につき、岡村忠生『法人税法講義〔第3版〕』（成文堂、2007）458頁参照。

[18] 中里実＝太田洋＝弘中聡浩＝宮塚久編『国際租税訴訟の最前線』（有斐閣、2010）284頁〔太田洋〕参照。

得が時価ベースで行われることを前提とすれば、）買収対象会社の法人レベルでは譲渡損益課税の繰延べと一定の範囲での租税属性の引継ぎ（特に、三角合併が適格合併に該当する場合には、繰越欠損金も引き継がれる場合がある）[19]がなされ、その株主レベルではみなし配当課税の繰延べがなされる一方、適格組織再編成の要件を満たさない場合には、買収対象会社の法人レベルではその保有資産等についての譲渡損益課税がなされ、その株主レベルではみなし配当課税がなされる。また、bootが交付されない場合には、買収対象会社の株主レベルで譲渡損益課税は繰り延べられるが、交付される場合には、当該株主レベルで譲渡損益課税がなされる[20]。

(9) 取得者側が一方的に株式の交付を受ける組織再編について

そして、前記3の⑧についてであるが、まず、ⅰ）の現物配当による子会社株式の分配に関しては、わが国では、従来、米国の連邦所得税の場合のように一定の場合に法人レベル及び株主レベルでの課税繰延べを認める規定が存在せず、課税当局は、原則として、分配会社の法人レベルでは分配対象となる子会社株式に関する譲渡損益課税がなされ、分配会社の株主レベルではみなし配当課税及び譲渡損益課税がなされるものとして、それぞれ取り扱ってきた[21]。しかしながら、この原則には、近時の税制改正によって大きな変更が加えられている。

第一は、平成22年度税制改正による「適格現物分配」制度の創設である（法法2条12号の15）。これにより、株主と発行法人との間に完全支配関係がある場合、例えば、ある会社Xが子会社Yの株式を100％保有している

---

19 岡村・前掲（注17）444頁及び446頁参照。
20 中里＝太田＝弘中＝宮塚・前掲（注18）284頁〔太田洋〕参照。
21 水野忠恒『大系租税法〔第2版〕』（中央経済社、2018）609－610頁同旨。もっとも、金子宏「法人税における資本等取引と損益取引－『混合取引の法理』の提案（その1.『現物配当』)」金子宏編『租税法の発展』（有斐閣、2010）347－352頁は解釈論としては反対していた。

場合には、例外的に、子会社Yによる親会社Xへの現物分配に関しては、分配法人であるYのレベルでも被分配法人であるXのレベルでも課税が生じない（当該分配について源泉所得税も課されない）ものとされた。具体例を挙げて説明すると、上記の例で、子会社Yが有する100％子会社Z（Xから見ると100％孫会社）の株式を現物配当によって親会社Xに全て分配し、ZをXの直接の子会社（Yの兄弟会社）とする場合には、課税上、Yにおいては当該Z株式に関する譲渡損益課税は繰り延べられる（当該繰り延べられた譲渡損益はXによる当該Z株式の譲渡の際に実現することになる。法施令123条の6第1項参照[22]）ものとされ、他方、Xにおいては、当該Z株式を受領したことにより生ずる収益の額は益金の額に算入されず（法法62条の5第4項。従って、Yは当該配当に関して源泉徴収義務を負わない。所法24条1項参照）、Xが従前から保有していたYの発行株式についても、税務上譲渡損益は生じない（法法61条の2第17項。その分は、法施令8条1項22号により、Xの資本金等の額を減算又は加算することによって調整される）ものとされる。

　第二は、平成29年度税制改正によるスピン・オフ税制の導入（この制度の下で新たに「適格株式分配」という概念も創設されている）及び平成30年度税制改正によるスピン・オフ税制の拡充であるが、この点については、**第10章**において詳述する。

　他方、ⅱ）の分割型新設分割については、従来から適格組織再編成の要件を充足すれば（分割法人の発行済株式総数の50％超を保有する株主が存在すれば、）グループ内組織再編として適格組織再編成に該当し得るものとされてきた。従って、適格組織再編成の要件を充足すれば、分割会社の法人レベルでは課税上の譲渡損益認識の繰延べと一定の範囲での租税属性の引継ぎがなされ、その株主レベルではみなし配当課税の繰延べがなされ

22　諸星健司『グループ法人税制と申告調整実務』（税務研究会出版局、2010）118頁、林浩二「組織再編税制における実務上の留意点」租税研究2011年4月号115頁参照。

るが、適格組織再編成の要件を満たさない場合（分割法人の発行済株式総数の50％超を保有する株主が存在しなければ、事業関連性の要件が欠けるため共同事業要件が充たされず、自動的に非適格組織再編成となる）には、分割会社の法人レベルではその保有資産等についての譲渡損益課税がなされ、その株主レベルではみなし配当課税がなされるのが原則である。もっとも、平成29年度税制改正によるスピン・オフ税制の導入に伴い、会社の事業部門を分離・独立（スピン・オフ）する場合に、一定の要件に該当すれば、適格組織再編成に該当するものとされたが、詳細については、**第10章**において詳述する。

　また、bootが交付されない場合には分割会社の株主レベルで譲渡損益課税は繰り延べられるが、交付される場合には当該株主レベルで譲渡損益課税がなされる。

　また、ⅲ）の現物残余財産分配による子会社株式の分配に関しては、わが国では、米国の連邦所得税のように一定の場合に法人レベル及び株主レベルでの課税繰延べを認める規定が存在しないところ、平成22年度税制改正で法人の清算所得課税制度（平成22年度税制改正前法92条、93条）が廃止されたため、現在では、原則として、法人レベルでは分配対象となる子会社株式に関する（通常の）譲渡損益課税がなされ（法法62条の5第1項）、株主レベルではみなし配当課税（法法24条1項4号、所法25条1項4号）及び譲渡損益課税（法法61条の2第1項、措法37条の10第3項3号）がなされるものとして、それぞれ取り扱われている[23]。

　そして、ⅳ）の無対価交換に関しては、従前その取扱いが不明確であったところ、平成22年度税制改正によって明確化が図られ、株式交換の直前の時点において、その当事者の双方が第三者によって各々の発行済株式等

---

[23] 岡村忠生＝渡辺徹也＝髙橋祐介『ベーシック税法〔第7版〕』（有斐閣、2013）264頁参照。なお、金子・前掲（注21）338頁は、残余財産の現物分配についても、混合取引の一種として、現物配当と同様の解釈論が妥当する可能性を暗に示唆しているようである。

の100％を直接に保有されているか（同一者完全支配関係）、又は、その一方（株式交換完全親法人）及びその100％株主が他方（株主交換完全子法人）の発行済株式等の100％を直接に保有している場合（親法人完全支配関係）に限り、他の適格組織再編成の要件を充足すれば（平成30年度税制改正前法施令４条の３第18項２号等参照）、株式交換の当事者双方の法人レベル及び株主レベルのいずれにおいても強制的に時価評価課税（法人レベル）ないし譲渡損益課税（株主レベル）が繰り延べられるものとされた（株主レベルでのみなし配当課税は元々存しない）[24]。

その後、平成30年度税制改正により、上記の強制的に時価評価課税（法人レベル）ないし譲渡損益課税（株主レベル）が繰り延べられる場合が拡充・明確化された。

具体的には、法人レベルについて、㋐株式交換前に、株式交換完全子法人と株式交換完全親法人との間に、同一の者による完全支配関係がある場合（法施令４条の３第18項２号）、いずれか一方の法人による支配関係がある場合（法施令４条の３第19項１号）又は同一の者による支配関係がある場合（法施令４条の３第19項２号）の無対価交換にあっては、「株主均等割合保有関係」が存する場合に限り、他の適格組織再編成の要件を充足すれば、適格株式交換等として時価評価課税が繰り延べられることとされた。「株主均等割合保有関係」とは、大要、株式交換完全子法人の株主及び株式交換完全親法人の株主等の全てについて、その者が保有する「当該株式交換完全子法人の株式数の当該株式交換完全子法人発行済株式等の総数の内に占める割合」と「当該株式交換完全親法人の株式数の当該株式交換完全親法人発行済総株式等の総数の内に占める割合」とが等しい場合における、当該株式交換完全子法人と当該株式交換完全親法人との間の関係である。平成22年度税制改正で無対価株式交換でも適格株式交換に該当す

---

[24] 詳細につき、朝長英樹編著『グループ法人税制〔第２版〕』（法令出版、2015）400－401、407－425頁参照。

ることが明確化された、株式交換完全子法人と株式交換完全親法人の双方が第三者によって発行済株式等の100％を直接に保有されている関係、及びその一方（株式交換完全親法人）及びその100％株主が他方（株主交換完全子法人）の発行済株式等の100％を直接に保有している関係は、いずれも「株主均等割合保有関係」に包含される[25]。また、⑦共同で事業を行うための無対価交換についても、株主均等割合保有関係が存する場合に限り、他の適格組織再編成の要件（但し、株式継続保有要件については、「交付された株式交換完全親法人株式の継続保有」を無対価交換では観念し得ない[26]ことから、支配株主が無対価交換直後に保有する株式交換完全親法人の株式の数に、支配株主が無対価交換直後に保有する株式交換完全親法人の株式の簿価の内で無対価交換直前に保有していた株式交換完全子法人の株式の簿価の占める割合を乗じて計算された数だけ、株式交換完全親法人株式を継続保有する見込みがあることとされている）を充足すれば（法施令4条の3第20項柱書・5号）、適格株式交換等として時価評価課税が繰り延べられることとされた[27]。

他方、株主レベルについては、適格株式交換等に該当する無対価交換の場合に限らず、株主均等割合保有関係がある無対価交換（特定無対価株式交換）により株式交換完全子法人株式を有しないこととなった場合であれば、譲渡損益課税が繰り延べられることが明確にされた（所法57条の4第

---

[25] 寺﨑寛之ほか『改正税法のすべて〔平成30年版〕』（大蔵財務協会、2018）327頁〔藤田泰弘ほか執筆部分〕参照。

[26] 藤田泰弘「平成30年度法人税関係（含む政省令事項）の改正について」租税研究2018年7月号（2018）61頁参照。

[27] なお、無対価交換が適格組織再編成の要件を満たすことができなかった場合における株式交換完全親法人における処理についても、平成30年度税制改正により明確化が図られた（法施令8条1項10号、119条1項10号・27号等参照）なお、明文の規定は置かれていないが、株主均等割合保有関係が存しない無対価交換の場合、株式交換完全親法人の資本金等の額は増加せず、原則として、税務上、株式交換完全子法人の株式の価額による受贈益を計上することとされている（寺﨑ほか・前掲（注25）328頁〔藤田ほか〕）。

1項、所施令167条の7第2項、法法61条の2第9項、法施令119条の7の2第5項。なお、株主が株式交換完全親法人の株式を所有している場合、その取得価格についての付替計算については所施令167条の7第5項、法施令119条の3第15項、119条の4参照)。

⑽ (取得者側が)一方的に資産の交付を受ける組織再編について

　最後に、前記 3 の⑨の無対価合併・無対価分割については、やはり従前その取扱いが不明確であったところ、平成22年度税制改正によって明確化が図られ、いずれについても、それら組織再編の直前の時点において、当該組織再編の当事者の一方(若しくは当該一方当事者とその100％株主)が他方の発行済株式等の100％を直接に保有しているか、又はその双方が第三者によって各々の発行済株式等の100％を直接に保有されている場合に限り他の適格組織再編成の要件を充足すれば(平成30年度税制改正前法施令4条の3第2項乃至8項等参照)、合併(分割)の当事者双方の法人レベル及び株主レベルのいずれにおいても、強制的に譲渡損益課税が繰り延べられるものとされた(株主レベルでのみなし配当課税は生じない)[28]。

　その後、平成30年度税制改正により、無対価交換の場合と同様に、上記の法人レベル及び株主レベルのいずれにおいても、強制的に譲渡損益課税が繰り延べられる場合が拡充[29]・明確化された。

28　詳細につき、朝長・前掲(注24) 392-400、401-407及び410-425頁参照。
29　平成30年度税制改正によって適格組織再編成となり得ることとなった無対価合併及び無対価分割は、平成22年度税制改正によって適格組織再編成になり得るものとされていた無対価合併及び無対価分割を包含している(寺崎ほか・前掲(注25) 317頁、321-322頁〔藤田ほか〕)。なお、平成30年度税制改正による無対価組織再編成の適格組織再編成となり得る範囲の拡充の趣旨は、例えば、合併については、「被合併法人と合併法人の株主構成が等しい場合には、合併の対価として合併法人の株式を交付してもしなくても、各株主の被合併法人株式の持分割合と合併前の合併法人株式の持分割合が合併後の合併法人株式の持分割合と等しいため、対価の交付がなかった場合についても対価の交付の省略があったと認められることから、適格合併になる類型とされた」と説明されている(同書316-317頁〔藤田ほか〕)。

具体的には、無対価合併及び無対価分割型分割については規律が類似しているためまとめて説明すると、まず、㋐企業グループ内の組織再編成（のうち無対価合併及び無対価分割型分割）については、合併（分割型分割）前に、被合併（分割）法人と合併（分割承継）法人との間に、(A)「いずれか一方の法人」による「完全支配関係」がある場合にあっては、合併（分割承継）法人が被合併（分割）法人の発行済株式等の全部を保有する関係（法施令4条の3第2項1号・6項1号イ）が存する場合に限り、また、(B)「同一の者」による「完全支配関係」がある場合の無対価合併及び無対価分割型分割にあっては、大要、(i)合併（分割承継）法人が被合併（分割）法人の発行済株式等の全部を保有する関係（法施令4条の3第2項2号イ・6項2号イ(1)。合併（分割承継）法人による全部保有関係）又は(ii)被合併（分割）法人及び合併（分割承継）法人の株主等の全てについて、その者が保有する「当該被合併（分割）法人の株式数の当該法人の発行済株式等の総数の内に占める割合」と「当該合併（分割承継）法人の株式数の当該法人の発行済株式等の総数の内に占める割合」とが等しい場合における、かかる被合併（分割）法人と合併（分割承継）法人との間の関係（法施令4条の3第2項2号ロ・6項2号イ(2)。株主均等割合保有関係）がそれぞれ存する場合に限り、他の適格組織再編成の要件が充足されれば、適格合併ないし適格分割型分割として、法人レベルでは譲渡損益課税が繰り延べられ、株主レベルではみなし配当課税の繰延べがなされるものとされた。そして、被合併（分割）法人と合併（分割承継）法人との間に、(C)「いずれか一方の法人」による「支配関係」がある場合における無対価合併（法施令4条の3第3項1号）及び無対価分割型分割（法施令4条の3第7項1号イ）にあっては、株主均等割合保有関係が存する場合に限り、また、(D)「同一の者」による「支配関係」がある場合における無対価合併（法施令4条の3第3項2号）及び無対価分割型分割（法施令4条の3第7項2号）にあっては、全部保有関係又は株主均等割合保有関係が存する場合に限り、他の適格組織再編成の要件が充足されれば、適格合併

ないし適格分割型分割として、法人レベルでは譲渡損益課税が繰り延べられ、株主レベルではみなし配当課税の繰延べがなされるものとされた。

　他方、⑦共同事業を行うための組織再編成（のうち無対価合併及び無対価分割型分割）についても、株主均等割合保有関係が存する場合に限り、他の適格組織再編成の要件が充足されれば（法施令4条の3第4項・8項）[30]、適格合併ないし適格分割型分割として、法人レベルでは譲渡損益課税が繰り延べられ、株主レベルではみなし配当課税の繰延べがなされるものとされた。なお、この場合における株式継続保有要件は、無対価合併及び無対価分割型分割については「交付された合併（分割承継）法人の株式の継続保有」をそもそも観念し得ないこと[31]から一部修正されており、(A)無対価合併にあっては、「支配株主が無対価合併直後に保有する合併法人の株式の簿価」（法施規3条の2第1項）のうち「支配株主が無対価合併直前に保有していた被合併法人の株式の簿価」の占める割合を、支配株主が無対価合併直後に保有する合併法人の株式の数に乗じて計算した数の合併法人の株式を、継続保有する見込みがあること（法施令4条の3第4項5号）とされ、また、(B)無対価分割型分割にあっては、「支配株主が無対価分割型分割直後に保有する分割承継法人の株式の簿価」（法施規3条の2第2項）のうち「支配株主が無対価分割型分割直前に保有していた分割法人の株式の簿価のうち無対価分割型分割により分割承継法人に移転し

30　なお、無対価合併又は無対価分割が適格組織再編成の要件を満たしていない場合（非適格の無対価合併又は無対価分割）の合併（分割承継）法人側における処理についても、平成30年度税制改正により明確化が図られた（法法62条の8、法施令8条1項5号・6号、123条の10第15項、法施規27条の16第2項・3項等参照）。

31　藤田・前掲（注26）61頁参照。本文に述べた計算により、合併（分割承継）法人の株式のうち合併（分割）により取得したものと考えられる数に代えて、その無対価合併（分割）が適格合併（分割）に該当すると仮定した場合における合併（分割承継）法人の株式の帳簿価額の増加分に相当し得る合併（分割承継）法人の株式の数を用いて、株式継続保有要件の充足の有無を判定している（寺﨑ほか・前掲（注25）317頁〔藤田ほか〕）。

た資産又は負債に対応する部分の金額」（法施規3条の2第3項）の占める割合を、支配株主が無対価分割型分割直後に保有する分割承継法人の株式の数に乗じて計算した数の分割承継法人の株式を、継続保有する見込みがあること（法施令4条の3第8項6号イ）とされている。そして、株主均等割合保有関係がある場合における無対価合併（特定無対価合併）により被合併法人株式を有しないこととなった場合には、（被合併法人の）株主レベルでの譲渡損益課税も繰り延べられるものとされている（所施令112条2項、法法61条の2第2項、法施令119条の7の2第2項）。なお、無対価分割型分割が行われても、そもそも分割法人株主は分割法人株式を有しないことになる訳ではなく、金銭等を交付する会社分割のように、「譲渡を行ったものとみなす」旨の定め（法法61条の2第4項）もないため、そもそも（分割法人の）株主レベルでの譲渡損益課税は問題とならない。因みに、株主が合併（分割承継）法人の株式を所有している場合、株主均等割合保有関係が存する無対価合併ないし無対価分割型分割が行われると、その税務上の取得価額について付替計算がなされる（所施令112条2項及び113条2項、法施令119条の3第10項・12項及び119条の4）。

以上に対して、無対価分社型分割については規律がやや異なっており、⑦企業グループ内の組織再編成（のうち無対価分社型分割）については、分社型分割前に、分割法人と分割承継法人との間に、(A)いずれか一方の法人による完全支配関係がある場合（法施令4条の3第6項1号ロ）、(B)同一の者による完全支配関係がある場合（法施令4条の3第6項2号ロ）、(C)いずれか一方の法人による支配関係がある場合（法施令4条の3第7項1号ロ）、及び(D)同一の者による支配関係がある場合（法施令4条の3第7項2号）における無対価分社型分割にあっては、分割法人が分割承継法人の発行済株式等の全部を保有する関係（分割法人による全部保有関係）が存する場合に限り、他の適格組織再編成の要件が充足されれば、適格分社型分割として、法人レベルでの譲渡損益課税が繰り延べられることとされた。なお、分社型分割の場合には、分割法人の株主への分配等がないた

め、そもそも（分割法人の）株主レベルでのみなし配当課税及び譲渡損益課税は問題とならない。

　他方、㋐共同事業を行うための組織再編成（のうち無対価分社型分割）についても、分割法人による全部保有関係が存する場合に限り、他の適格組織再編成の要件が充足されれば、適格分社型分割として、法人レベルでの譲渡損益課税が繰り延べられることとされた（但し、株式継続保有要件については、無対価分割型分割の場合と同様に、「分割法人が無対価分社型分割直後に保有する分割承継法人の株式の簿価」（法施規3条の2第4項）のうち「分社社型分割により移転した資産又は負債の簿価を基礎として計算した金額」（法施規3条の2第5項）の占める割合を、分割法人が無対価分社型分割の直後に保有する分割承継法人の株式の数に乗じて計算した数の分割承継法人の株式を継続保有する見込みがあること（法施令4条の3第8項6号ロ）と定められている）。なお、分社型分割の場合には、分割法人の株主への分配等がないため、そもそも（分割法人の）株主レベルにおけるみなし配当課税及び譲渡損益課税は問題とならないことは、上記㋐の企業グループ内の組織再編成（のうち無対価分社型分割）の場合と同様である。

　以上の(9)及び(10)で論じた無対価組織再編成について、全部保有関係又は株式均等割合保有関係のいずれがあれば、適格組織再編成となり得るかという観点からまとめると、後掲の【表2－1】記載のとおりとなる。

【表2−1】 無対価での組織再編成が適格組織再編成となり得るために必要となる関係

適格組織再編成となり得る類型		必要となる関係	法施令4条の3中の該当条文
企業グループ内の無対価組織再編成			
いずれか一方の法人による完全支配関係がある場合	合併	合併法人による全部保有関係	2項1号
	分割型分割	分割承継法人による全部保有関係	6項1号イ
	分社型分割	分割法人による全部保有関係	6項1号ロ
	株式交換	−	−
同一の者による完全支配関係がある場合	合併	合併法人による全部保有関係又は株主均等割合保有関係	2項2号イ又はロ
	分割型分割	分割承継法人による全部保有関係又は株主均等割合保有関係	6項2号イ(1)又は(2)
	分社型分割	分割法人による全部保有関係	6項2号ロ
	株式交換	株主均等割合保有関係	18項2号
いずれか一方の法人による支配関係がある場合	合併	株主均等割合保有関係	3項1号
	分割型分割	株主均等割合保有関係	7項1号イ
	分社型分割	分割法人による全部保有関係	7項1号ロ
	株式交換	株主均等割合保有関係	19項1号
同一の者による支配関係がある場合	合併	合併法人による全部保有関係又は株主均等割合保有関係	3項2号→2項2号
	分割型分割	分割承継法人による全部保有関係又は株主均等割合保有関係	7項2号→6項2号イ
	分社型分割	分割法人による全部保有関係	7項2号→6項2号ロ
	株式交換	株主均等割合保有関係	19項2号
共同事業を行うための無対価組織再編成			
共同事業を行うための組織再編成に当たる場合（※株式継続保有要件につき修正）	合併	株主均等割合保有関係	4項柱書・5号
	分割型分割	株主均等割合保有関係	8項柱書・6号イ
	分社型分割	分割法人による全部保有関係	8項柱書・6号ロ
	株式交換	株主均等割合保有関係	20項柱書・5号

⑾ グループ法人税制

　なお、平成22年度税制改正により、グループ法人税制が導入され、直接・間接の100％親子会社間及び共通の親会社傘下の直接・間接の100％子会社間における組織再編及び資産譲渡（但し、その当事者全てが内国法人であるものに限る）については、以上で述べたところに拘らず、たとえそれが適格組織再編成に該当しない場合でも、譲渡損益調整資産（具体的には、譲渡直前の帳簿価額が1,000万円以上の固定資産、土地、有価証券[32]、金銭債権及び繰延資産）の譲渡を行ったことにより生じる譲渡損益への課税は、大雑把にいって、譲受法人が当該資産を譲渡（100％グループ内への譲渡も含む[33]）した時点又は貸倒れ、除却その他の戻入事由の発生時点まで繰り延べられることとされている（法法61条の13）。言い換えれば、グループ法人税制が適用される法人を当事者とする100％グループ内における組織再編については、それが適格組織再編成に該当すれば、当該組織再編によって移転される資産等について、資産移転法人の法人レベルにおける譲渡損益課税は繰り延べられるが、仮にそれが適格組織再編成に該当しない場合でも、移転する資産等のうち譲渡損益調整資産に該当する資産については、その譲渡損益に関する課税が強制的に繰り延べられるものとされた（なお、のれんは、譲渡直前の帳簿価額が零、即ち、1,000万円未満であることから、譲渡損益調整資産に該当することはなく、グループ法人税制に基づく課税繰延べは行われない）。

　つまり、組織再編税制とグループ法人税制の適用関係としては、まずは、問題となる組織再編が組織再編税制の下で適格組織再編成に該当するか否かが判断され、該当する場合には、適格組織再編税制の下で所定の課

---

[32] 売買目的有価証券を除く。
[33] 佐々木拓己「税制関係を踏まえた法人税申告に当たっての留意事項－グループ税制を中心に」租税研究2011年4月号146頁参照。

税繰延べがなされる一方、適格組織再編成に該当しない場合であっても、当該組織再編が100％グループ内のものであってそれにより譲渡損益調整資産が移転される場合にはグループ法人税制が適用され、他方、譲渡損益調整資産以外の資産が移転される場合には時価で譲渡したものとして課税所得金額が計算されることになる[34]。

なお、前述したとおり、グループ法人税制の創設に伴って、従来、組織再編税制の下で、一定の事後設立について出資者側における課税繰延べを認めていた「適格事後設立」の制度は廃止され、グループ法人税制の中に吸収されることとなった。

また、平成22年度税制改正では、グループ法人税制の一環として、単体納税制度の枠内において一体的経営が行われているという実態を、課税上の取扱いに反映させるものとされ、例えば、100％親会社が100％子会社に自社株買いを行わせる場合や、100％子会社が非適格合併や非適格分割型分割等を行って、その100％親会社にみなし配当が生じる場合等に関して、当該親会社側において当該みなし配当についての益金不算入の適用は受けられるものの、当該親会社が保有する当該子会社株式に関する譲渡損益は税務上切り捨てられ[35]、当該親会社自身の資本金等の額の加減算によりその分が調整される制度（法法61条の2第17項、法施令8条1項22号）が導入された。因みに、平成22年度税制改正によるこのような手当ては、2010年3月に新聞等で報じられた、日本IBMグループに対する巨額の追徴課

---

34 以上につき、武田昌輔監修『グループ法人税制の実務』（第一法規、2010）1101、1108-1109頁参照。

35 課税上の損益認識の繰延べではなく、切り捨てなので、当該親会社側で従来であれば株式譲渡益が生じるような場合でも、当該株式譲渡益相当額については永久に課税の対象とはならない（大石篤史「平成22年度税制改正がM&Aの実務に与える影響」租税研究2011年1月号163頁、中村慈美「グループ法人税制の今」租税研究2011年3月号291-292頁参照）。

税事件[36]の事案が契機となったのではないかとも指摘されることがある。

5 適格組織再編成の要件と比較法的特徴

(1) 組織再編に関する税制の基本構造

　平成12年商法改正による株式移転・株式交換制度の創設及び平成13年商法改正による会社分割制度の創設を受けて、平成13年度税制改正において、法人税法本法の大幅な改正がなされ、それにより、従来、断片的な形で存在した、合併の清算所得に係る法人税（平成13年度税制改正前法法111条）や特定現物出資に関する規定（平成13年度税制改正前法法51条）が廃止され、新たな考え方に基づく組織再編税制が導入された。これにより、法人税法は、従来の、会計的思考に基づく所得計算規定を中心とする法制から、法人の特殊性を反映する法人と株主との関係を法人課税問題の中心に据えて、それを法人のライフサイクル、即ち、法人の設立、運営及び組織の変更に対応する形で体系化していく方向に大きく変貌を遂げていくことになった[37]。その後、平成18年度税制改正による株式交換・株式移転税制の全面改正及び平成19年度税制改正による三角合併等対応税制の創設等によって、少なくとも会社法上の組織再編行為については、全てこの組織再編税制の中で統一的に規律されるに至ったところである。

36　2010年3月18日付け朝日新聞朝刊及び同日付け日本経済新聞夕刊等参照。なお、当該事件に関しては、日本IBMが、2011年6月に、課税当局に対して、課税処分取消しを求める訴訟を提起し、一審判決（東京地判平成26年5月9日判夕1415号186頁）及び控訴審判決（東京高判平成27年3月25日判例時報2267号24頁）のいずれにおいても、納税者側の主張が基本的に認められて納税者側が全面的に勝訴し、最高裁は課税当局側による上告受理申立てを不受理とした（最一小決平成28年2月28日LEX／DB文献番号25542527〔IBM事件〕）。なお、同事件の詳細については、本書**第14章**参照。

37　水野・前掲（注21）532頁以下参照。

もっとも、現時点においては、法人税法は、組織再編成に関して、必ずしも完全には体系化されていない。即ち、組織再編税制は、法人税法2条の定義規定において、組織再編成の諸形態とその税制適格要件とが定められ、組織再編成の課税上の取扱いについては同法62条以下において「組織再編成に係る所得の金額の計算」として規定されているものの、米国の連邦所得税では租税属性と呼ばれて統一的に扱われている、棚卸資産の評価、減価償却資産の評価、繰延資産、引当金及び繰越欠損金等の引継ぎ等に関する規定は所得の計算規定の中に散在している状態であり[38]、前述したスプリット・オフ及びスプリット・アップに該当する取引のほとんどや自社株対価TOB、更にはいわゆる資本再編成に該当する取引の大部分についても、現時点においては、米国の内国歳入法典の下で認められているような課税繰延べ等の措置は講じられていない[39]。

(2) 適格組織再編成の要件

　わが国の法人税法では、法人レベルでの資産の移転に対する課税を中心

---

[38] 水野・前掲（注21）536頁参照。
[39] なお、平成30年度税制改正において、産業競争力強化法所定の特別事業再編計画の認定を受けた自社株対価TOB等に関する課税繰延措置が、法人税法本則ではなく、租税特別措置法に時限措置として新設された（詳細につき本書**第9章**参照）。その理由について、立案担当者は、①法人税法における組織再編税制では、単なる資産ではなく「事業」を移転する場合について、その事業の支配が継続することを要件に、譲渡損益の計上を繰り延べることとされている一方で、公開買付けなどにより、株主が株式対価での買収に応ずる場合には、その株式の譲渡は、事業の移転とはいえず、法人税法上、譲渡損益の計上が繰り延べられる組織再編には該当しないこと、また、②法人税法における組織再編税制では、単なる株式の譲渡であっても、「強制的な」株式の譲渡で投資が継続しているものについては、その譲渡損益の計上を繰り延べることとされているが、公開買付けなどによる株式の譲渡は「任意」の株式の譲渡であることを踏まえたものである旨説明している（寺﨑ほか・前掲（注25）535頁〔藤田ほか〕）。このように、立案担当者は、租税特別措置法に定められた一定の自社株対価TOB等に係る課税繰延措置を、「法人税法における組織再編税制」の範疇を超えた特別な課税繰延措置と位置付けているようである。

に組織再編成に関する税制が組み立てられ、基本的には、「移転資産に対する支配が再編成後も（株式保有の形で）継続していること（移転資産に対する法人支配の継続）」が、適格組織再編成に該当するものとして課税繰延べが認められるための基礎に据えられている。この点は、株主レベルに焦点を当てて、株主による「投資の継続」性（continuity of interests）を基礎として課税繰延べのための税制適格要件が構築されている米国の連邦所得税の場合とは、大きく異なっている[40]。

　もっとも、法人税法で「移転資産に対する法人支配の継続」を基礎に税制適格要件の構築がなされているといっても、それが完全に貫徹されている訳ではない。例えば、ⅰ）合併の場合には、被合併法人は解散するため、合併法人の被合併法人に対する支配は観念できないし、ⅱ）分割型分割や、現物分配及び株式分配（会社法上の現物配当の方法等で行われる）の場合にも、移転資産に対する直接的な「法人支配の継続」は存在しない。しかし、それらの場合に課税繰延べが一切認められないとするのは不合理であるから、平成13年度税制改正による組織再編税制の導入時においては、共同事業再編類型の適格合併及び適格分割型分割に該当するための要件としては、基本的には、直接的な「移転資産に対する法人支配の継続」の代わりに、移転資産に対する株式の所有を通じた間接的な「法人支配の継続」の考え方が用いられ、原則として、受領した合併法人株式（ないし分割承継法人株式）の全部を継続して保有することが見込まれている株主の有する被合併法人株式（ないし分割法人株式）が、当該被合併法人

---

[40]　もっとも、2000年10月3日付けで政府税制調査会法人課税小委員会から公表された「会社分割・合併等の企業組織再編成に係る税制の基本的考え方」（以下「基本的考え方」という）第一(3)においては、適格組織再編成において課税繰延べがなされる一般的な根拠を「組織再編成により資産を移転する前後で経済実態に実質的な変更が無い」こととした上で、そのような場合として、「移転資産に対する支配が再編成後も継続していると認められるもの」と、「株主の投資が継続していると認められるもの」の二つを並列的に挙げており、建前としては「移転資産に対する法人支配の継続」と「投資の継続」の両面を考慮して制度設計を行っているということができる。

株式（ないし分割法人株式）の発行済株式総数の80％以上であることが、適格組織再編成に該当するための要件とされた[41]。かかる株式継続保有要件は、平成18年度税制改正による株式移転・株式交換税制（組織再編税制の株式移転・株式交換への適用範囲拡大）の導入時に、共同事業再編類型の適格株式交換及び適格株式移転に該当するための要件としても、同様に要求されるに至った[42]。

　なお、平成29年度税制改正により、上記の株式継続保有要件については、支配株主が存在する場合に限り、当該支配株主が、交付された合併法人株式（ないし分割承継法人株式）の全部を継続して保有されることが見込まれていること、という要件に改められた。本改正の理由に関しては、「移転資産に対する法人支配の継続」の判断においては、誰が当該グループを支配しているかという点を意識すべきであり、支配株主が存在する法人については、当該支配株主が当該法人を支配していると見るべきであるから、その支配株主にのみ株式の継続保有を課せばよいと考えることになるためであると説明されている[43]（スピン・オフ税制の下で適格組織再編

---

[41] 泉恒有ほか『改正税法のすべて〔平成20年版〕』（大蔵財務協会、2008）344頁、武田昌輔編『DHC コンメンタール法人税法』（第一法規出版、加除式）615の10頁参照。もっとも、株式継続保有要件については、「投資の継続性」の考え方に基づくものと理解することも可能である（渡辺・前掲（注8）37頁参照）。

[42] なお、株式継続保有要件については、被合併法人等に多数の株主が存在する場合に、その保有割合を管理することは事実上困難であることから、被合併法人等の株主数が50人以上である場合には、適用除外とされていた（武田・前掲（注34）615の11頁参照。なお、当該要件については、平成28年度税制改正によって、被合併法人等が複数存在する場合における適用関係が明確化され（平成29年度税制改正前法施令4条の3第4項5号、8項6号、18項5号及び22項5号参照）、更に、平成29年度税制改正により、本文記載のように、上記の被合併法人等の株主数が50人以上か否かで株式継続保有要件を課すか否かを区別する規律が廃止され、被合併法人等に支配株主が存在しない場合には、そもそも株式継続保有要件自体が課されないものとされた（法施令4条の3第4項5号・8項6号イ・20項5号・24項5号参照）。

[43] 藤田泰弘「平成29年度法人税関係（含む政省令事項）の改正について」租税研究2017年7月号（2017）59－60頁参照。

成に該当するための要件についてはこれと異なるが、詳細については**第10章**において詳述する)。他方、支配株主の存在しない法人については、株式継続保有要件は課されないこととされたが、これは、平成29年税制改正において、支配株主が存在しない法人については、当該法人自身が移転資産を支配していると考えるべきとの考え方が採られたこと[44]を考慮すれば、支配株主の存在しない法人については、そもそも当該法人の株主は当該法人の移転資産を支配していないことから、株式継続保有要件と「移転資産に対する法人支配の継続」とが無関係であると考えられることによるものと見ることができよう[45]。

従って、上記の平成29年度税制改正後も、依然として「移転資産に対する法人支配の継続」の考え方自体は、形を変えて維持されているものといえる[46]。

因みに、「法人」支配の継続が基礎とされているため、個人事業を現物出資により法人化した場合(いわゆる「法人成り」の場合)にも、「法人」が支配を継続している訳ではないとして、適格組織再編成には該当しないものとされている点に注意が必要である。

いずれにせよ、法人税法は、原則として「移転資産に対する法人支配の継続」の考え方を基礎として税制適格要件を構築し、まず、㋐再編前に資

---

[44] 藤田・前掲(注43)56頁参照。

[45] なお、株式継続保有要件(取得株式継続保有要件)を「投資の継続性」の考え方に基づいて説明する見解からは、支配株主の存在しない場合に株式継続保有要件が課されないことを整合的に説明することは、やや難しいと考えられる。もっとも、平成29年度税制改正前においても、株主等の数が50人以上である場合には株式継続保有要件は適用除外とされており、「投資の継続性」が常に厳密に要求されていた訳ではなかったことを考慮すれば、平成29年度税制改正が支配株主の存在しない場合に株式継続保有要件を課さないこととしたことについても、専ら執行上の観点から、株式継続保有要件を支配株主の存在する場合に限定して適用することとしたと説明することが一応可能であろう(なお、株式継続保有要件に係る改正の理由は明らかでないものの、「執行上の理由ではないかと推測される」とする文献として、渡辺徹也『スタンダード法人税法』(弘文堂、2018)282頁参照)。

産移転の当事法人間に完全支配関係が存在する場合（100％グループ内再編類型）には、基本的に、ⓐ再編後における完全支配関係の継続とⓑ対価

46 　もっとも、平成29年度税制改正におけるスピン・オフ税制の導入時に、単独新設分割型分割及び完全子会社の株式の全部の現物分配（株式分配）が適格組織再編成とされたため、わが国租税法は、現在でも、適格組織再編成について課税繰延べが認められる根拠として、「移転資産に対する法人支配の継続」という考え方に依拠しているのかが問題となる。この点、立案担当者は、スピン・オフのための単独新設分割型分割及び株式分配が適格組織再編となり得るのは、「『移転資産に対する支配が再編成後も継続している』かどうかについて、現行の組織再編税制は、グループ経営の場合には、グループ最上位の法人がグループ法人及びその資産の実質的な支配者であるとの観点に立って判断しているとの側面もあり（例えば、適格組織再編における株式の保有に関する要件）、グループ最上位の法人（支配株主のない法人）の実質的な支配者はその法人そのものであり、その法人自身の分割であるスピン・オフについては、単にその法人が2つに分かれるような分割であれば、移転資産に対する支配が継続しているとして、適格性を認めうる」旨説明している（藤山智博ほか『改正税法のすべて〔平成29年版〕』（大蔵財務協会、2017）317－318頁〔藤田泰弘ほか〕）。しかしながら、これに対しては、支配株主のいない法人について、「支配者がいない」ということはできても、「法人そのものが支配している」とすることには論理の飛躍があるように思われ、上記のスピン・オフにも「移転資産に対する法人支配の継続」が見い出せるとの説明を理解するのは容易でなく、むしろアメリカ法のように株主による投資持分の継続性から説明した方が分かりやすいのではないかとの指摘がある（渡辺徹也「組織再編税制に関する平成29年度改正－スピンオフ税制とスクイーズアウト税制を中心に－」税務事例研究162号（2018）44頁）。なお、ここで立案担当者が示している「支配の継続」なる概念が、従来の適格組織再編成において課税繰延べの根拠とされてきた「支配の継続」と果たして同様の意義を有しているのかについて議論の余地があると指摘するものとして、岡村忠生＝酒井貴子＝田中晶国『租税法』（有斐閣、2017）〔田中晶国〕207頁参照）。また、ここで語られる「支配の継続」について、違和感の残るところではあるものの、当初は資産が移転した法人間の関係に注目して支配の継続を基礎付けていた日本の組織再編税制が、平成22年度税制改正のグループ法人税制の創設を経て、最上位の法人の下で形成されるグループに注目する仕組みへと変質していたことが改めて示されている、と評価する見解もある（吉村政穂「平成29年度税制改正による組織再編成への影響」税務事例研究160号（2017）5頁、10－11頁。なお、吉村教授は平成30年度税制改正についても同様の評価をしている。同「自己株対価TOBの実現と多段階再編への対応－平成30年度税制改正による企業買収への影響」税務事例研究166号（2018）2頁、10頁参照）。

としての boot の交付禁止を条件に、適格組織再編成に該当するものとしている。なお、資産移転の当事法人間に完全支配関係がある場合だけでなく、当事法人が共通の者（個人を含む）によって完全に支配されている場合にも、ここでいう完全支配関係の存在は認められるものとされている。

次に、⑩再編前に過半数支配が存在する企業グループ内の組織再編成（50％超グループ内再編類型）も、上記ⓑ及びⓐを一部修正した要件である支配関係継続の要件に加え47、単なる資産譲渡と組織再編成とを区別す

47　なお、平成29年度税制改正により、吸収合併及び株式交換について、合併法人又は株式交換完全親法人の被合併法人又は株式交換完全子法人に対する持株割合が3分の2以上の場合には、被合併法人又は株式交換完全子法人の少数株主に対して金銭その他の資産（boot）を交付する場合でも、適格組織再編成に該当し得ることとされ、税制適格要件の一つである現金等不交付要件（boot不交付要件）が一部緩和された（詳細については、**第4章**及び**第5章**参照）。この現金等不交付要件の緩和についても、「移転資産に対する法人支配の継続」という考え方と果たして整合しているのかが問題となる。この点、立案担当者は、「組織再編成前に特定の株主が対象会社を支配している場合において、その特定の株主に対し対象会社が吸収される合併が行われるとき又は、その特定の株主の対象会社に対する持株割合が減少しないときは、組織再編成により少数株主に株式以外の対価が交付されたとしても、その特定の株主が株式の所有を通じて対象会社の資産を支配している状態に変わりがないといえる」旨説明し、従来の組織再編税制において課税繰延べの根拠とされてきた、「移転資産に対する法人支配の継続」という考え方には特段の変更はないとの見解を示している（藤山ほか・前掲（注46）318頁〔藤田ほか〕）。しかしながら、これに対しては、上記の説明は、支配の継続は、特定の支配株主についてだけ判断すればよいということであり、「基本的考え方」（前掲（注40）参照）に示された「移転資産に対する法人支配の継続」という概念を大幅に修正するものであって、従前はたった1人の株主が金銭の交付を受けただけで、法人の有していた資産の含み損益に課税がされ、かつ株式のみを交付された残りの株主についてもみなし配当課税は不可避であると整理されてきたこととの理論的整合性（加えて、全部取得条項付種類株式の端数処理、株式併合の端数処理及び株式等売渡請求という法形式を用いたスクィーズ・アウトは、そもそも「基本的考え方」に示された「移転資産に対する法人支配の継続」を観念しがたい行為であるにも拘らず、「株式交換等」として組織再編成の一類型と取り扱うことそれ自体の論拠）が問われる、と批判する有力な見解も見られる（渡辺・前掲（注45）245、274－275頁）。

るための要件である、ⓒ資産の移転が独立した事業単位で行われること、ⓓ移転事業について従業者の80％以上が承継されること、及びⓔ移転事業の再編後における継続、という３要件が充足されることを条件に、適格組織再編成に該当するものとされる。

　以上は企業グループ内の組織再編成であるが、法人税法は、企業グループ内組織再編成以外の場合であっても、更に、前述したように、「移転資産に対する法人支配の継続」性ないし「投資の継続」性が認められる場合のうち、㈥共同で事業を行うための組織再編成[48]について、前記ⓑⓒⓓⓔ及び前記ⓐを一部修正した要件である前記の株式継続保有要件（取得株式継続保有要件）に加え、ⓕ移転事業と移転先法人の行う事業とが関連性を有していること（事業関連性要件）、並びにⓖ移転事業とそれと関連性を有する事業の規模の割合が概ね１対５の範囲内にあること（事業規模要件）又は一定の役員の引継ぎがあること（経営参画要件）、という２つの要件が共に充足される限り、法人段階での事業継続性（Continuity of Business Enterprise：COBE）が認められること等を踏まえ、適格組織再編成に当たるものとしている（いわゆる共同事業再編類型）。

　なお、前記ⓑ所定の、対価としてのbootの交付禁止（現金等不交付要件）であるが、分社型分割及び現物出資では、資産移転の対価が法人レベルにおいて交付されるため、分割法人（現物出資法人）に対し、分割承継法人（被現物出資法人）ないし分割承継法人の100％親会社の株式以外の資産が交付されなければ、それで要件が充足される（法法２条12号の11・12号の14等）が、合併及び分割型分割では、移転資産の対価が資産移転法人の株主に交付されるため、原則として被合併法人（分割法人）の株主に対して合併法人（分割承継法人）ないしその100％親会社の株式以外の資産（法法２条12号の８等）が交付されないことが要求されるほか、分割型

---

[48] なお、平成29年度税制改正前は、共同で事業を「営む」ための組織再編と呼ばれていたが、同改正により、非営利法人が行う組織再編成に対応して、共同で事業を「行う」ための組織再編と呼ばれることとされた。

分割においては、更に、分割法人の株主が保有する株式の数に応じて分割承継法人の株式が交付される場合（按分型分割）でなければ、そもそも適格分割に該当しないものとされている（法法２条12号の11柱書括弧内参照）。

同様に、平成29年度税制改正によって創設されたスピン・オフ税制の下で、適格株式分配（適格スピン・オフ）に該当するものとされるための要件として、事業部門のスピン・オフに用いられる分割型新設分割類型については、分割型分割に際して分割法人の株主に分割承継法人（分離会社）の株式以外の資産が交付されないこと（現金等不交付要件）のほか、交付される株式（分離会社の株式）が分割法人（親元会社）の株主の持株割合又は出資割合に応じて交付されること（按分交付要件）が要求され（法法２条12号の11柱書）、また、子会社のスピン・オフに用いられる単純現物分配類型についても、現物分配に際して現物分配法人（親元会社）の完全子法人（分離会社）の株式以外の資産が交付されないこと（現金等不交付要件）のほか、交付される株式（分離会社の株式）が現物分配法人（親元会社）の株主の持株割合又は出資割合に応じて交付されること（按分交付要件）まで要求されている（法法２条12号の15の３）（詳細については**第10章**参照）。

なお、平成15年度税制改正により、適格組織再編成の後に更に適格合併が見込まれている場合には、当初の組織再編についての適格要件が緩和され（いわゆる第２次再編に係る適格要件の緩和）、それが平成18年度税制改正で導入された株式交換・株式移転税制にも（適格株式交換・株式移転の後に適格合併、適格分割ないし適格現物出資が見込まれている場合についての当初の適格組織再編成についての適格要件の緩和という形で）及ぼされ、更に、平成29年度税制改正により、（スピン・オフ税制の下で、いわゆる非支配関係継続要件が適格要件を充足するための要件とされている適格株式分配（適格スピン・オフ）を除き、）当初の適格組織再編成の後に第３次再編以降の組織再編成が行われることが見込まれている場合でも、当初の再編成（第１次組織再編）がなお適格組織再編成に該当し得る

ように、当初の組織再編成についての適格要件が緩和・整理されている（いわゆる第3次再編等に係る適格要件の緩和。法法2条12号の8ロ・12号の11ロ・12号の14ロ・12号の17ロ・12号の18ロ、法施令4条の3第1項乃至8項、13項乃至15項・17項乃至25項）点にも、注意が必要である。更に、平成30年度税制改正により、従業者引継（継続）要件及び事業継続要件について、事業の移転を受けた法人との間に完全支配関係がある法人（加えて、当初の組織再編成後に行われる適格合併により合併法人に事業が更に移転する見込みがある場合には、その適格合併に係る合併法人と完全支配関係がある法人）を含めてその充足の有無が判断されることとなり、組織再編成後に従業者や事業が100％グループ内で（適格合併によらずに）移転する場合であっても、従業者引継（継続）要件や事業継続要件を充足することが可能になった。

　なお、上述のとおり、平成29年度税制改正においては、スピン・オフ税制の導入（それに伴う「適格株式分配」概念の創設）と共に、組織再編税制について、横断的に、50％超グループ内再編類型における支配関係継続要件及び共同事業再編類型における株式継続保有要件の修正やいわゆる第3次再編等に係る適格要件の緩和等といった適格要件の修正がなされた。また、平成30年度税制改正により、スピン・オフ税制の適用範囲が拡充されると共に、「株主均等割合保有関係」が存する場合における無対価組織再編成が適格組織再編成に該当し得ることとなったほか、当初の組織再編成後に100％グループ内で従業員又は事業が移転することが見込まれている場合についても従業者引継（継続）要件及び事業継続要件を充足し得るものとされ、50％超グループ内再編類型及び共同事業再編類型における従業者引継（継続）要件及び事業継続要件が緩和されているが、その概要については、後掲の【表2－2】を参照されたい。

【表2-2】 組織再編成の税制適格要件に係る平成29年度及び平成30年度税制改正の概要

	100％グループ内再編	50％超グループ内再編	共同事業を行うための再編	その他
適格合併	［平成29年度改正］ ・第3次再編対応（完全支配関係の継続） ［平成30年度］ ・スピン・オフ税制の拡充 ・無対価合併に係る適格類型の追加	［平成29年度改正］ ・第3次再編対応（①支配関係の継続、②従業者引継、③主要事業継続） ［平成30年度改正］ ・無対価合併に係る適格類型の追加に伴う整備 ・当初再編後に見込まれる100％グループ内再編に係る従業者引継要件、事業継続要件の緩和	［平成29年度改正］ ・（取得）株式継続保有要件の見直し ・第3次再編対応（①従業者引継、②主要事業継続、③株式継続保有） ［平成30年度］ ・当初再編後に見込まれる100％グループ内再編に係る従業者引継要件、事業継続要件の緩和 ・無対価合併に係る適格類型の追加に伴う株式継続保有要件の整備	［平成29年度改正］ ・支配株主が存する場合の対価要件の緩和 ・第3次再編対応（適格対価となる親法人株式に係る親法人との関係）
適格分割	［平成29年度改正］ 〔分割型分割〕 ・完全支配関係継続要件の見直し 〔分社型分割〕 ・分割後に適格株式分配が予定されている場合の当初要件緩和 〔共通〕 ・第3次再編対応（完全支配関係の継続） ［平成30年度改正］ ・スピン・オフ税制の拡充 ・無対価分割型分割に係る適格要件の追加	［平成29年度改正］ 〔分割型分割〕 ・支配関係継続要件の見直し 〔共通〕 ・第3次再編対応（①支配関係の継続、②主要資産負債移転、③従業者引継、④事業継続） ［平成30年度改正］ ・無対価分割型分割に係る適格類型の追加に伴う整備 ・当初再編後に見込まれる100％グループ内再編に係る従業者引継要件、事業継続要件の緩和	［平成29年度改正］ 〔分割型分割〕 ・（取得）株式継続保有要件の見直し 〔共通〕 ・第3次再編対応（①主要資産負債移転、②従業者引継、③事業継続、④株式継続保有） ［平成30年度改正］ ・当初再編後に見込まれる100％グループ内再編に係る従業者引継要件、事業継続要件の緩和 ・無対価分割型分割・分社型分割の適格類型の追加に伴う株式継続保有要件の整備	［平成29年度改正］ ・分割型スピン・オフに係る適格要件の追加 ・第3次再編対応（適格対価となる親法人株式に係る親法人との関係）
適格現物出資	［平成29年度改正］ ・現物出資後に適格株式分配が予定されている場合の当初要件の緩和 ・第3次再編対応（完全支配関係の継続） ［平成30年度改正］ ・スピン・オフ税制の拡充	［平成29年度改正］ ・第3次再編対応（①支配関係の継続、②主要資産負債移転、③従業者引継、④事業継続） ［平成30年度改正］ ・当初再編後に見込まれる100％グループ内再編に係る従業者引継要件、	［平成29年度改正］ ・第3次再編対応（①主要資産負債移転、②従業者引継、③事業継続、④株式継続保有） ［平成30年度改正］ ・当初再編後に見込まれる100％グループ内再編に係る従業者引継要件、事業継続要件の緩和	

		事業継続要件の緩和		
適格現物分配	［平成29年度改正］ ・適格株式分配の創設への対応			
適格株式分配				［平成29年度改正］ ・株式分配に係る適格要件の追加
適格株式交換等	［平成29年度改正］ ・当事者間100％関係における交換後及び第2次再編が予定されている場合の第2次再編までの間の関係の見直し ・第3次再編対応（完全支配関係の継続） ［平成30年度改正］ ・スピン・オフ税制の拡充 ・無対価交換に係る適格類型の追加	［平成29年度改正］ ・第2次再編が予定されている場合の支配関係継続要件の見直し ・第3次再編対応（①支配関係の継続、②従業者継続従事、③主要事業継続） ・キャッシュ・アウトのための株式交換類似行為の追加に伴う整備 ［平成30年度改正］ ・無対価交換に係る適格類型の追加に伴う整備 ・当初再編後に見込まれる100％グループ内再編に係る従業者継続従事要件、事業継続要件の緩和	［平成29年度改正］ ・（取得）株式継続保有要件の見直し ・第2次再編が予定されている場合の完全親子関係継続要件の見直し ・第3次再編対応（①従業者継続従事、②主要事業継続、③完全親子関係継続、④株式継続保有） ［平成30年度改正］ ・当初再編後に見込まれる100％グループ内再編に係る従業者継続従事要件、事業継続要件の緩和 ・無対価交換に係る適格類型の追加に伴う株式継続保有要件の整備	［平成29年度改正］ ・支配株主が存する場合の対価要件の緩和 ・第3次再編対応（適格対価となる親法人株式に係る親法人との関係）
適格株式移転	［平成29年度改正］ ・第2次再編が予定されている場合の完全支配関係継続要件の見直し ・第3次再編対応（完全支配関係の継続） ［平成30年度改正］ ・スピン・オフ税制の拡充	［平成29年度改正］ ・第2次再編が予定されている場合の支配関係継続要件の見直し ・第3次再編対応（①支配関係の継続、②従業者継続従事、③主要事業継続） ［平成30年度改正］ ・当初再編後に見込まれる100％グループ内再編に係る従業者継続従事要件、事業継続要件の緩和	［平成29年度改正］ ・（取得）株式継続保有要件の見直し ・第2次再編が予定されている場合の完全親子関係継続要件の見直し ・第3次再編対応（①従業者継続従事、②主要事業継続、③完全親子関係継続、④株式継続保有） ［平成30年度改正］ ・当初再編後に見込まれる100％グループ内再編に係る従業者継続従事要件、事業継続要件の緩和	

出典：財務省資料を基に筆者らにて加工

6 クロスボーダー組織再編に関する課税上の取扱い

　最後に、わが国の組織再編に関する税制のうち、わが国企業が行うクロスボーダー組織再編に関する課税上の取扱いについて概観する。

　まず、前提として、会社法の制定前から、少なくとも実務上は、内国法人は、外国法人との間で合併、株式交換又は会社分割を行うことはできないものと解されている。もっとも、従来から、外国法人に対して現物出資や事後設立を行うことは可能であった。しかしながら、組織再編税制の下で、これらの組織再編が適格組織再編成とされ、それによって移転する資産等に関する譲渡益課税が繰り延べられると、わが国における課税の機会が永久に失われる可能性がある。そこで、このような事態を防止するため、既に平成10年度税制改正により、当時の特定現物出資制度が改正され、一定の場合に当該資産等に関する譲渡益課税の繰延べを否定する手当てが講じられていたところであるが、それを継承する形で、現行法の下でも、適格現物出資のうち、外国法人に対して国内にある資産等の移転を行うものについては、原則として、適格組織再編成に該当しないものとされている（法法２条12号の14括弧書）。もっとも、海外子会社を統括する中間持株会社の設立を阻害しないようにするため、例外的に、外国法人の発行済株式等の総数の25％以上の株式[49]を移転する場合には、適格組織再編成への該当性は否定されないものとされている（法施令４条の３第10項括

---

[49]　なお、この「株式」には出資も含まれる（法施令４条の３第４項５号参照）。なお、「出資」には一般財団法人又は公益財団法人につき設立者が拠出した財産は含まれないことについて、「合併法人の株主に公益財団法人が含まれている場合の支配関係の判定について」と題する照会に対する平成30年１月26日付けの名古屋国税局審理課長の回答（《https://www.nta.go.jp/about/organization/nagoya/bunshokaito/hojin/180126/index.htm》にて閲覧可能）参照。

弧書)。

　なお、事後設立についても、上記と同様の規律がなされていたが、平成22年度税制改正によるグループ法人税制の導入により、適格事後設立の制度がグループ法人税制の中に吸収されたため、現在では、グループ法人税制の下で、100％グループ内の法人間において譲渡損益調整資産の譲渡が行われた場合における譲渡損益課税の繰延措置の例外として、当該譲渡のいずれかの当事者が外国法人である場合には、上記の譲渡損益課税の繰延措置は適用されないものとされ（法法61条の13第１項、62条の５第３項等)、その結果、事後設立のうち外国法人に対するものについては、対象資産に関する譲渡損益課税の繰延べは一律に認められないものとされている。

　一方、2007年５月１日から、会社法の合併等対価の柔軟化に関する部分の施行に伴って三角合併等が可能となったことにより、わが国企業が（三角合併等が認められている法域において）その発行株式を以て外国企業を買収することが可能となると共に、外国企業が、その発行株式を以て、わが国に所在する買収ビークルを通じてわが国企業を買収し、100％子会社化することが可能となった。そのため、このことを悪用して、わが国の課税権が浸食される可能性が生じたことから、平成19年度税制改正において、以下のような税制上の措置が講じられた。

　第一に、外国企業が、三角合併等を用いてわが国企業を買収する場合に、当該対象会社の株主に外国株主（非居住者ないし外国法人たる株主）が含まれているときは、当該外国株主については株主レベルでの課税に関して特別の取扱いがなされている。即ち、この場合、当該外国株主にとっては、従前保有していたわが国企業の株式が買収者である外国企業の株式に振り替わることになるため、わが国に恒久的施設を有しない外国株主についても課税の繰延べが無条件に認められると、当該外国株主がその後に当該外国企業の株式を売却しても、わが国の課税権が最早及ばないことになり、結果として、課税のループホールが生じることとなる。従って、そのような事態を防ぐため、入り口である三角合併等の段階で課税繰延べに

一定の制限を課し、このような外国株主に対して、三角合併等を通じて買収ビークルの親会社である外国親会社の株式が買収対価として分配されるときは、当該外国株主がわが国に恒久的施設を有しない場合であっても、しかもわが国の株主については課税繰延べが認められる場合であっても、当該外国株主による対象会社株式の譲渡ないし移転が国内源泉所得となるとき（大雑把にいえば、当該外国株主による対象会社株式の譲渡ないし移転が、買集めによって取得した株式（事業譲渡類似株式）の譲渡や不動産関連法人株式の譲渡に該当する場合）においては、原則として、当該三角合併等の時点で当該外国株主について株式譲渡損益課税がなされる（課税繰延べが認められない）ものとされている（措法37条の10第1項、37条の11第1項、37条の12第1項・3項、37条の14の3第1項乃至4項・8項、措施令25条の14第5項乃至8項、法法61条の2第4項前段・8項前段、142条、142条の10、法施令184条1項20号、191条参照）。

第二に、コーポレート・インバージョン（corporate inversion）の問題に対応するため、コーポレート・インバージョン対策税制が創設された。詳細については**第12章**で述べるが、コーポレート・インバージョンとは、わが国で事業を営んでいる企業がわが国に本店を置いている場合には、わが国の法人税法上、全世界所得課税の原則によって、全世界で稼得した所得について課税がなされることとなるため、わが国の高い法人税を免れることを目的として、三角合併等を用いて本店機能を外国のタックス・ヘイブン等に移転してしまい、自らを当該タックス・ヘイブン等に設立した外国持株会社等の完全子会社にしてしまう（そのような形で資本関係を「反転」させる）というテクニックを指す。

このようなことが無制限に行われることになると、外国の軽課税国に設立された持株会社が利子やライセンス料等をわが国の事業会社から吸い上げることで、わが国の課税ベースが浸食されることになり、また、従前わが国企業の傘下にあった海外子会社の株式を当該外国持株会社に付け替えることで、海外事業から上がる収益もわが国の課税権の網の外に出てしま

うことになりかねない。そこで、平成19年度税制改正（及びその後の税制改正）により、5名以下の株主の関係者グループ（特殊関係株主等）によってその発行済株式等の80％以上を保有されている内国法人（特定内国法人）の当該特殊関係株主等が、三角合併等を用いて、軽課税国に所在する実体のない外国法人（特定外国関係法人、対象外国関係法人ないし部分対象外国関係法人）[50]を通じて当該内国法人の80％以上（保有割合の計算は「掛け算方式」ではなく各保有段階で独立に計算して判定）に当たる発行済株式等を間接保有することとなった場合には、当該特殊関係株主等（居住者であるかや内国法人であるかを問わない）は、その所得の額に当該特定外国法人の留保所得を一定の範囲で合算して課税するものとされた（措法40条の7乃至40条の9、66条の9の2乃至66条の9の5）。つまり、5名以下の株主の関係者グループ（特殊関係株主等）によってその発行済株式等の80％以上を保有されているわが国企業が存する場合に、当該特殊関係株主等がコーポレート・インバージョンを行って、ケイマン等の軽課税国・地域に設立した実体のない持株会社を通じて当該わが国企業等の発行済株式等の80％以上を間接保有することとなった場合には、当該特殊関係株主等は、その所得に当該軽課税国・地域に所在する持株会社の留保所得を合算して、わが国の所得課税に服することとされている。

　なお、コーポレート・インバージョンによってわが国企業がタックス・

50　なお、現在では、平成29年度税制改正によって、本文記載の合算課税が適用される要件のうち、特殊関係株主等と特殊関係内国法人との間に（発行済株式等の保有を通じて）介在する外国法人（外国関係法人）に係る要件については、それが外国法人のうち租税負担割合が著しく低いものである場合に合算課税がなされるのではなく、タックス・ヘイブン対策税制上の「外国関係法人」のうち、ペーパー・カンパニー等に該当するもの（「特定外国関係法人」）ないし経済活動基準を満たさないもの（「対象外国関連法人」）である場合に、法人単位の合算課税がなされるものとされている（以上の詳細については、**第12章**参照。また、平成29年度税制改正によるタックス・ヘイブン対策税制の改正の概要については、例えば、太田洋「地域統括会社の設置・運営に関する実務上の留意点〜平成29年度税制改正とデンソー事件最高裁判決を踏まえて」旬刊商事法務2161号（2018）32−35頁参照）。

ヘイブン所在の外国親会社の傘下に入り、従前、当該わが国企業が有していたタックス・ヘイブン所在の子会社をその株式の現物出資等により当該外国親会社の傘下に付け替えると、タックス・ヘイブン対策税制による規制が空洞化することになるので、このコーポレート・インバージョン対策税制の下で特殊関係株主等の所得にその留保所得が合算されることになる外国会社には、タックス・ヘイブン所在の外国親会社に直接又は間接に支配されるタックス・ヘイブン所在の子会社も含まれるものとされているほか、それらの子会社株式をタックス・ヘイブン所在の外国親会社に現物出資した場合には、当該現物出資は適格組織再編成に該当しないものとされている（措法68条の2の3第4項)[51]。

また、上記のような典型的なコーポレート・インバージョンではなく、より広義の意味におけるコーポレート・インバージョンに対応するため（具体的には、わが国に所在する含み益を有する資産が、非課税で外国法人の株式に転換されてしまうと、当該含み益に対するわが国の課税権が浸食されてしまうので、このような事態を生じさせないため）、平成19年度税制改正によって、軽課税国に所在する実体のない外国親会社がわが国に買収ビークルを設立し、当該外国親会社がその発行株式を対価とする三角合併等により対象会社を買収するような場合には、当該買収ビークルに事業実体がないこと及び対象会社と当該買収ビークルとが相互に又は共通の株主グループによってその発行済株式等の50％超を直接又は間接に保有されていること等の要件が満たされれば、このような三角合併等は適格組織再編成に該当しないものとされ（措法68条の2の3）、株主レベルでもその再編時に課税がなされるものとされた（措法37条の14の4、68条の3、68条の109の2）（以上は「適格合併等の範囲等に関する特例（特定グループ内合併等についての税制適格組織再編からの除外)」制度と呼ばれる）。

---

[51] コーポレート・インバージョンと課税の問題に関して詳細に論じた論考として、例えば、太田洋「インバージョン対応税制の在り方とその未来」金子宏編『租税法の発展』（有斐閣、2010）717－747頁参照。

この点についても、詳細は**第12章**を参照されたい。

　これは、三角合併等が全面的に解禁されたことによって、外国企業が、自社の発行株式を対価としてわが国企業を買収することが可能となり、その結果、わが国所在の含み益の存する資産を保有するわが国企業の株式を外国企業の株式に転換することができるようになったことを受けて、課税上のループホールが生じる事態を防止するために設けられた措置であって、前述した、外国法人に対する現物出資についての適格現物出資からの除外制度の延長線上の制度である。

　なお、平成29年度税制改正によるスピン・オフ税制の導入に際しても、平成19年度税制改正による組織再編税制の三角合併等への適用範囲の拡大時になされた上記の手当てのうち第一のものと同様に、親元会社がスピン・オフによって分離・独立する会社が外国子会社であって、かつ、当該親元会社の株主に外国株主が含まれているときは、株主レベルでの課税について、当該外国株主に関しては特別の取扱いがなされている。この場合、当該外国株主にとっては、従前保有していたわが国企業である親元会社の株式の価値に埋め込まれていた外国子会社たる分離会社の株式の価値が、スピン・オフに際して交付される分離会社の株式に実質的に振り替わることになるため、課税繰延べが我が国に恒久的施設を有しない外国株主についても無条件に認められると、当該外国株主がその後に外国企業である当該分離会社の株式を売却してもわが国の課税権が最早及ばない結果として、課税のループホールが生じることとなる。従って、そのような事態を防ぐため、入り口であるスピン・オフの段階で課税繰延べに一定の制限を課し、このような親元会社の外国株主に対して、分離会社である外国子会社の株式がスピン・オフによって分配されるときは、当該外国株主がわが国に恒久的施設を有しない場合であっても、しかもわが国の株主については課税繰延べが認められる場合であっても、当該外国株主による当該外国子会社株式の譲渡ないし移転が国内源泉所得となるとき（大雑把にいえば、当該外国株主による当該外国子会社株式の譲渡ないし移転が、買集め

によって取得した株式(事業譲渡類似株式)の譲渡や不動産関連法人株式の譲渡に該当する場合)においては、原則として、当該スピン・オフの時点で当該外国株主について旧株(親元会社株式)のうち、その交付を受けた当該外国子会社株式に対応する部分の譲渡を行ったものとみなして、キャピタル・ゲイン課税がなされる(課税繰延べが認められない)ものとされている(措法37条の10第1項、37条の11第1項、37条の12第1項・3項、37条の14の3第3項・8項、措施令25条の14第7項、所施令281条7項2号、法法61条の2第8項前段、142条、142条の10、法施令178条7項2号、184条1項20号、191条)。

7 今後の組織再編に関する税制の課題と展望

　平成13年度税制改正による組織再編税制の導入以降、組織再編に関するわが国の税制については、平成15年度税制改正による適格組織再編成後に適格合併が行われた場合に関する税制適格要件の緩和、平成18年度税制改正による株式交換・株式移転税制の改正、平成19年度税制改正による三角合併等対応税制の導入、平成22年度税制改正によるグループ法人税制の導入、法人の清算所得課税制度の廃止及び無対価組織再編に係る課税上の取扱いに関する整備、平成29年度税制改正によるスピン・オフ税制の導入及びいわゆる第3次再編等に係る適格要件の緩和、平成30年度税制改正による一定の自社株対価TOB等が行われた場合における対象会社株主についての課税繰延措置(特別事業再編を行う法人の株式を対価とする株式等の譲渡に係る所得計算の特例等)[52]の導入など、毎年のように改正や制度の創設が繰り返され、内容的な整備が進んできた。

　しかしながら、米国の組織再編税制との対比でいえば、当該税制におけるB型組織再編成(議決権株式を対価とする株式の取得行為)、スプリット・オフ及びスプリット・アップ、並びにE型組織再編成(recapitalization：資本再編成）については、平成29年度税制改正によるスピン・オフ税制の導入及び平成30年度税制改正による一定の自社株対価TOB等が行われた場合における対象会社株主についての課税繰延措置（特別事業再編を行う法人の株式を対価とする株式等の譲渡に係る所得計算の特例等）の導入後も、依然として、わが国では、適格現物分配に該当する場合や産業競争力強化法所定の特別事業再編計画の認定を受けて行われる自社株対価TOB等の場合など一部の例外を除いて課税繰延べは認められていない。これらについて課税繰延べを認めるためには、従来、適格再編成に該当するための要件として「移転資産に対する法人支配の継続」が重視されてきたことを改め、「投資の継続」を重視して課税繰延べを認める考え方に転換し、経済的な意味で対象となる資産に対する株主の利益が実質的に継続していると考えられる場合には、広く課税繰延べを認めていくことが必要となる[53]と考えられる。

　また、組織再編税制の下で適格組織再編成に該当するための前提条件として、原則として会社法第5編所定の組織再編行為（即ち、組織行為的性格が濃厚な行為）のいずれかに該当することを要求している点を改め、実質的に見て被買収会社ないし対象会社の株主レベル（しかも、上場会社を念頭に置くと、そこでいう「株主」は集合的存在として捉えることが必要

---

[52] 産業競争力強化法上の認定特別事業再編事業者に対して、個人が株式を譲渡する場合には措法37条の13の3及び措施令25条の12の3により、法人が株式を譲渡する場合には措法66条の2の2及び措施令39条の10の3第1項により、譲渡した株式等に係る譲渡損益課税はそれぞれ繰り延べられ、それらの者が対価として取得する認定特別事業再編事業者の株式の税務上の取得価額は、譲渡した株式等の帳簿価額に相当する金額とされる。他方、認定特別事業再編事業者が取得した株式等の税務上の取得価額については、措施令39条の10の3第2項1号により、適格株式交換に係る法施令119条1項10号（**第5章**の**【表5−3】**参照）と類似した処理がなされるものとされ、また、増加資本金等の額等については同項2号・3号による処理がなされる。なお、連結納税制度についても同様の措置が講じられている（措法68条の86、措施令39条の110参照）。詳細については本書**第9章**を参照されたい。

[53] 同様の考え方を述べるものとして、例えば、渡辺・前掲（注8）185−186頁参照。

であろう[54]）での「投資の継続」が認められる場合には、組織行為的性格よりも取引行為的性格が濃厚な行為であっても、課税繰延べを認めていくべきであろう。現に、平成22年度税制改正前の組織再編税制の下で課税繰延べが認められていた事後設立は、会社の資本を変動させる行為ではなく、単なる契約による資産の取得行為であって、取引行為的性格が極めて濃厚であるし、現行の組織再編税制の下で課税繰延べが認められている現物出資のうち、会社設立後に行われるものについては、取引行為的性格が濃厚である（DESなどが典型である）。

また、法人税法61条の2第14項1号乃至3号は、取得請求権付株式等の請求権の行使等による株式の譲渡について、取得された株式と交付を受けた株式とが概ね同額であることを要件として、税務上、譲渡損益の計上を繰り延べるものとしている。これは、従来は転換株式として株主の手許で株式が転換するだけであり、税務上、譲渡損益は生じないと解されていたところ、会社法制定に際して、会社側による①取得請求権付株式等の会社による取得と②会社によるその対価としての株式の交付と整理され、経済的な効果は従前と変わらないにも拘らず、株主の側から見ると、取得請求権付株式等の譲渡として、原則的に譲渡損益が生じることとなるために手当てがなされたものではある[55]が、かかる措置が存在していることは、わが国の税制の下でも、株主において「投資の継続」があると見られる場合には、組織行為的性質が希薄な行為についても課税繰延べを認める余地が存していることを示唆しているものといえよう。

もっとも、会社法の下で、合併等の対価が柔軟化され、また、全部取得条項付種類株式を用いることで普通株式を（株主総会の特別決議を経ることを条件としてではあるが）あらゆる種類の財産に強制的に「転換」する

---

[54] もっとも、2016年1月から利用が開始された個人番号（マイナンバー）の活用が、そのための前提条件となろう。

[55] 青木孝徳ほか『平成18年版　改正税法のすべて』（大蔵財務協会、2006）271－273頁〔佐々木浩＝長井伸仁＝一松旬執筆部分〕。

ことが可能となった中で、合併等の組織再編によって対象会社の株主が従前保有していた株式等が（合併法人の株式をはじめとする）他の種類の財産に「転換」される場合のうち、どのような場合について対象会社の株主による「投資の継続」が認められるとして対象会社の法人レベル及び株主レベルでの課税繰延べを許容し、どのような場合にそれを許容しないのかの線引きが、以前と比較して飛躍的に難しくなっていることは確かである。この点、米国の組織再編税制が、取得型の組織再編行為について、その対価を議決権株式に限定していることが参考となるのではないかと思われる[56]。

自社株対価TOBや資本再編成等についての課税繰延べの不徹底が、これらを用いた機動的な企業グループ再編や業界再編のためのM&Aの阻害要因となっている[57]中で、組織再編税制自体を「再編」してかかる阻害要因を取り除き、企業グループ再編や業界再編を通じたわが国企業の国際競争力の強化を図ることは、今後のわが国経済の成長戦略にとって、極めて重要と思われる。

---

[56] 渡辺・前掲（注8）176－177頁、渡辺・前掲（注11）436頁参照。
[57] 更に、**第9章**で詳述するとおり、自社株対価TOB（エクスチェンジ・テンダー・オファー）についても、米国の組織再編税制におけるB型組織再編成の制度など、課税繰延べを認める措置が欧米各国に存在する（税理士法人プライスウォーターハウスクーパースによる2011年3月18日付け「平成22年度産業組織法の適切な執行　『組織再編の実態とそれにふさわしい税制のあり方に関する調査』調査報告書」（《http://www.meti.go.jp/meti_lib/report/2011fy/E001296.pdf》にて閲覧可能）参照）中で、わが国だけがそのような制度を持たないことは、わが国企業の国際的な競争環境をできる限りlevel playing fieldにしていく観点から、大きな問題である。この点、産業競争力強化法改正の改正に併せて、平成30年度税制改正によって、一定の自社株対価TOB等が行われた場合における対象会社株主についての課税繰延措置（特別事業再編を行う法人の株式を対価とする株式等の譲渡に係る所得の計算の特例等）が導入されたことは、この問題の解消に向けた第一歩であると評価できよう。

第3章

「資本金等の額」及び利益積立金額とみなし配当課税

1 はじめに
2 「資本金等の額」と利益積立金額
3 みなし配当課税と株式譲渡損益課税
4 マイナスの「資本積立金額」、「資本金等の額」及び利益積立金額

1 はじめに

　組織再編に際しては、株式会社の純資産の部の金額に変動が生じ、また、株主レベルで課税がなされることがある[1]。これらに係る課税関係を理解するために必要な基礎概念が、「資本金等の額」（法法 2 条16号）、「利益積立金額」（同条18号）及びみなし配当（所法25条 1 項、法法24条 1 項）である。本章は、M&Aや組織再編のために用いられる各種の手法のうち、特に合併及び分割型分割が行われた場合における（被合併法人又は分割法人の）株主レベルでの課税関係を理解するために必須の概念であるこれらについて、その意義や機能を明らかにし、以て**第 4 章**以降における各論につなげていこうとするものである。

　なお、完全支配関係がある内国法人間の取引については、グループ法人税制が適用されるが、叙述が複雑になるので、本章では、特に断らない限り、これについては言及しない。

2 「資本金等の額」と利益積立金額

(1) 「資本金等の額」と利益積立金額との区別の意義

　株式会社の純資産の部は、法人税法上、「資本金等の額」と「利益積立金額」の二種類から構成される。株式会社がその株主に対して金銭その他の資産を分配する場合、株主レベルでは、その分配の原資が「資本金等の額」と「利益積立金額」のいずれとされるかによって、課税関係が全く異

---

[1]　本章では、専ら株式会社の場合を念頭に論じる。

なってくる[2]。即ち、分配の原資が「資本金等の額」であるとされる場合には、それは株主にとっては出資の回収（元本の払戻し）に該当するため、課税の対象とはならないとされている一方（所法25条1項、法法24条1項参照）[3]、分配の原資が「利益積立金額」であるとされる場合には、それは株主に対する利益の分配であるとして、その全額が課税の対象となると整理されている。

　法人税の本質に関しては、所得税の先取りに過ぎないとの理解[4]や所得税とは本質的に異なる別個独立の税であるとの理解があるが、いずれにせよ、出資者である株主の視点に立てば、現行法は、法人の活動の成果から生じた所得について、法人段階（法人税）と株主段階（終局的には、個人に分配されるので、所得税[5]）の2段階で課税を行うものであると理解される。かかる2段階課税に際して、株主レベルで、「投資元本」と「投資収益」とを継続的に区別して課税関係が決定されることを確保するためには、法人から株主に分配される金銭その他の資産の原資が「投資元本」に相当する部分と「投資収益」に相当する部分のいずれであるかを区分することが重要となる[6]。何故なら、株主が法人に出資した金銭その他の資産の原資は既に課税済みの所得であるから[7]、これが法人から株主に分配さ

---

[2] 株式会社のレベルでは、分配の原資が「資本金等の額」と利益積立金額のいずれとされる場合であっても、分配する金銭その他の資産の価額を損金に算入することができない点は同じである（法法22条3項3号参照）。

[3] 但し、出資に対応する部分の金額を超えるときは、譲渡益課税の対象となる。

[4] 例えば、「法人税は、法人の活動の成果として生じた所得を課税の対象とし、終局的に株主等の構成員・持分参加者に帰属すべき利益を捕捉することを目的としている」という見解（中里実ほか編『租税法概説〔第2版〕』（有斐閣、2015）183頁〔吉村政穂〕）がある。

[5] 法人である株主については、受取配当益金不算入制度の適用があり得る。

[6] 中里ほか・前掲（注4）184頁〔吉村政穂〕参照。

[7] 借入金によって株式を取得した場合も課税済み所得からの出資といえなくはないことについて、渡辺徹也「法人税法における出資と分配―会社法施行を受けた平成18年度改正を中心に」税法学556号（2006）154頁。

れた時点（元本の払戻しの時点）で、かかる「投資元本」に相当する部分についてまで株主レベルで課税がなされるとすれば、二重課税になるからである。このようにみてくると、法人税法上の「資本金等の額」と「利益積立金額」は、法人から株主に分配される金銭その他の資産の原資が「投資元本」に相当する部分と「投資収益」に相当する部分のいずれであるかを区分するための機能概念である、と理解できることになる。

(2) 「資本金等の額」の意義・機能

「資本金等の額」は、法人税法上の固有概念であり、「法人〔中略〕が株主等から出資を受けた金額として政令で定める金額」をいうものと定義されている（法法2条16号）。その基本的な機能は、前述のとおり、株主段階で課税済みの資産がどれだけ法人に出資されているかを示すことにあり、これによって、株主の「投資元本」部分への課税を防止することを可能にしている[8]。かかる「資本金等の額」は、具体的には、株式会社の場合、下記の【計算式3－1】のとおり、「資本金の額」に法人税法施行令8条1項各号に掲げる各調整額（その合算額は平成18年度税制改正前の「資本積立金額」に相当する。以下、便宜上、現行法における「資本金等の額」から「資本金の額」を差し引いた額を「資本積立金額」と称することとする）を加算又は減算する方法で計算される（法施令8条）。

【計算式3－1】「資本金等の額」（法施令8①）

「資本金等の額」 ＝ 資本金の額（確定決算に基づき貸借対照表に資本金として計上された額） ＋ 法人税法施行令8条1項各号に掲げる各調整額の合計額〔資本積立金額〕

「資本金等の額」の計算の出発点となる上記「資本金の額」（法施令8条

8　岡村忠生『法人税法講義〔第3版〕』（成文堂、2007）319頁参照。

1項柱書)は、会社法上の「資本金の額」(同法445条1項)と同義であると解されており(いわゆる借用概念である)、確定した決算に基づき貸借対照表に資本金として計上された額を意味する。しかしながら、これに加算又は減算される上記の調整額は法人税法独自の観点から規律されているため、「資本金等の額」は、必ずしも会社法上の「資本金」の額と「資本剰余金」(「資本準備金」と「その他資本剰余金」とに区分される。会社計算規則76条4項)の額との合計額とは一致しない。例えば、会社法の規定(会社法448条1項、450条1項)に基づき利益準備金又はその他利益剰余金の額を減少させて資本金の額を増加させたとしても(いわゆる資本組入れ、会社計算規則25条1項)[9]、法人税法上は、かかる増加額相当額が「資本金等の額」の減算額とされているため(法施令8条1項13号)、「資本金の額」の増加はこの「資本金等の額」の減算によって打ち消され、結局、全体としての「資本金等の額」は、かかる資本組入れの前後で変動しない[10,11](なお、平成13年度税制改正前は、利益準備金の資本組入れがなされた場合には、株主はいわゆる「2項みなし配当」課税に服するものとされていた[12]が、この「2項みなし配当」課税の制度は、平成13年度税制

---

[9] 利益準備金及びその他利益剰余金の資本組入れ(改正前商法293条の2、293条の3参照)は、2006年5月1日に施行された会社法により一時認められないものとされていたが、2009年4月1日施行の会社計算規則改正によって再び可能となった。なお、この間の曲折に関しては、太田洋「マイナスの『資本金等の額』、『資本積立金額』および『利益積立金額』」西村利郎先生追悼論文集『グローバリゼーションの中の日本法』(商事法務、2008)107頁参照。

[10] 利益準備金及びその他利益剰余金の資本組入れに際しては、それに対応した利益積立金額の減算はなされず、また、株主が「金銭その他の資産の交付」を受けるわけでもないため、みなし配当課税もなされない(所法25条1項、法法24条1項)。

[11] 平成13年度税制改正により、このような手当てが講じられた結果、「資本金等の額」から「資本金の額」を差し引いた残額である「資本積立金額」がマイナスとなる事態が生じ得ることとなった。この点の詳細については、太田・前掲(注9)106-122頁参照。

改正により廃止されている)。利益積立金額から「資本金等の額」への転換は、株主レベルにおける将来の配当課税額を減少させる効果を有するため、会社法に基づく「資本金の額」の増加（ひいては法人税法上の「資本金の額」の増加）の効果を租税法上打ち消すために、このような「資本金等の額」の減算規定が置かれているのである。

このように、会社法上の資本組入れがなされても法人税法上「資本金等の額」を増加させないような調整がなされるということは、「資本金等の額」という概念が、「法人……の株主等である内国法人が当該法人の次に掲げる事由により金銭その他の資産の交付を受けた場合において、その金銭の額及び金銭以外の資産の価額……の合計額が当該法人の資本金等の額〔中略〕のうちその交付の基因となった当該法人の株式〔中略〕に対応する部分の金額を超えるときは、この法律の規定の適用については、その超える部分の金額は、第二三条第一項第一号〔受取配当等の益金不算入〕に掲げる金額とみなす」〔傍点は筆者ら〕（法法24条1項柱書）といったように、みなし配当（constructive dividend）の額を算出する際の控除項目とされていることから、実質的には、将来においてみなし配当として課税対象となる金額が減少しないようにする効果を持つ。言い換えれば、これによって、当該金額についての将来における配当課税の余地を留保している（「資本金等の額」が増加しなければ、利益準備金又はその他利益剰余金の資本組入れによって「会社法上の」利益準備金又はその他利益剰余金の額が減少していたとしても、将来、みなし配当事由が生じた時に、税務上はあたかもそのような減少が起こらなかったかのように、株主レベルでみなし配当課税がなされることになる）訳である。

別の表現をすれば、利益積立金を、もはや永久に課税されることのない資本（資本は個人株主に払い戻されても所得課税はなされない、というの

---

12 西村総合法律事務所〔現・西村あさひ法律事務所〕編『M&A法大全』（商事法務、2001）202-204、217-221頁〔太田洋＝小倉美恵〕参照。

がわが国の所得課税の大原則[13]である）に組み入れた場合には、本来、それを配当とみなして株主レベルで所得税を課税するというのが、わが国租税法が採用している「法人所得についての２段階課税の原則」[14]からすると自然であるが、平成13年度税制改正を経て、現行法は、その課税時期を、資本組入れの時点からみなし配当事由が生じた時点まで繰り延べている、と考えることもできよう。

(3) 利益積立金額の意義・機能

利益積立金額も、法人税法上の固有概念であり、「法人〔中略〕の所得の金額〔中略〕で留保している金額として政令で定める金額」をいうものと定義されている（法法２条18号）。その基本的な機能は、未だ株主レベルでの配当課税がされずに法人内部に留保されている利益の額を示すことにある[15]。法人レベルで法人税が課された利益のみならず、法人税が課されなかった利益（例えば、受取配当等の益金不算入の規定により所得の金額の計算上益金の額に算入されない金額（法施令９条１項１号ロ））も利益積立金額を構成するため、利益積立金額は、いわば「法人税法というス

---

[13] わが国租税法には「資本取引に課税なし」という大原則があるが、この原則はその大原則の一側面を成している。

[14] 法人の稼いだ所得については、法人税による課税と個人株主への配当に対する所得税課税の２段階の課税を行うことではじめて一切の課税関係が終了する仕組みのことをいう。このことの帰結として、個人株主は、配当所得についても他の所得と総合して課税されるのが原則である（所得税法22条２項１号）。もっとも、個人が会社形態で事業を営む場合に、このように会社レベルと株主レベルの２段階で課税がなされること（いわゆる「二重課税の問題」）によって個人が自ら事業を営む場合と比較して課税負担が不当に重くなることがないよう、株主が個人の場合には、その受取配当に対して課された源泉徴収所得税の額は、その個人に課されるべき所得税から一定の限度で控除できる（所得税法92条）ものとされている（いわゆる「配当控除」）。

[15] 岡村・前掲（注８）368頁参照。

クリーン」を通過した留保利益の額を示しているともいえよう[16]。利益積立金額の具体的な計算方法は法人税法施行令9条1項に規定されているが、その機能から来る当然の帰結として、株主レベルで配当として課税の対象となった場合（受取配当益金不算入のような形で実際には納税額を増加させなくとも、課税の「対象」となれば足りる）には、その額だけ利益積立金額が減算される[17]。

　株式会社が株主に対して利益を分配する最も基本的な方法は、「剰余金の配当」（会社法453条）である。会社法上は、その他利益剰余金とその他資本剰余金のいずれを原資としても剰余金の配当を行うことができるが（会社計算規則23条）[18]、法人税法上は、その原資に着目して異なる規律が適用される。即ち、「資本剰余金の額の減少に伴」わない剰余金の配当（つまり、その他利益剰余金のみを原資とする配当）が行われた場合には、法人税法23条1項により規律される通常の配当（換言すれば、利益の分配）として、配当額全額が利益積立金額から減算される（法施令9条1項8号）一方、「資本剰余金の額の減少に伴う」剰余金の配当が行われた場合には、法人税法上は「資本の払戻し」（同法24条1項4号）として、みなし配当課税（後述）の対象とされ、剰余金の配当の額の一部（後掲の【計算式3－2】参照）のみが利益積立金額から減算される（法施令9条

---

[16] 小山真輝「配当に関する税制の在り方―みなし配当と本来の配当概念との統合の観点から」税務大学校論叢62号（2009）89頁参照。

[17] なお、その逆は、必ずしも真ではない。即ち、利益積立金額が減少するから株主レベルで配当課税がなされるという論理的関係にあるわけではない（岡村・前掲（注8）368頁参照）。

[18] 剰余金の配当に際してその他利益剰余金とその他資本剰余金のいずれをどれだけ減少させるかについては（会社計算規則23条参照）、会社法上、取締役会のほか、代表取締役等がこれを決定することができる（郡谷大輔＝和久友子編『会社法の計算詳解〔第2版〕』（中央経済社、2008）277頁参照）。

1項12号、8条1項18号)[19,20]。

　なお、その他資本剰余金とその他利益剰余金の双方を同時に減少して剰余金の配当を行った場合（換言すれば、両者が混合して配当原資を構成する場合）には、その「・全・体・が・資・本・の・払・戻・し・と・な・る」〔傍点筆者ら〕というのが立案担当者の見解であり[21]、かかる整理によれば、「資本剰余金の額の減少に伴う」ものとして、その他利益剰余金を原資とする部分についても法人税法施行令9条1項8号の規定は適用されず、かかる剰余金の配当の・額・全額について、みなし配当規定（所法25条1項、法法24条1項）が適用されることを前提に、法人税法施行令9条1項12号の規定に従って、減少する利益積立金額が計算される[22]。

【計算式3－2】　資本の払戻しにより減少する「資本金等の額」・利益積立金額（法施令8①十八、9①十二）

減少する「資本金等の額」(減資資本金額) ＝ 資本の払戻しの直前の資本金等の額(A) × 資本の払戻しにより減少した資本剰余金の額 / 前事業年度末の簿価純資産価額（前事業年度末後に資本金等の額又は利益積立金額の変動があった場合には、これらを加減算した金額）(B)

19　課税当局は、法人税法施行令9条1項8号にいう「資本剰余金」の意義について、株式会社の場合、会社法上の「その他資本剰余金」（会社計算規則141条3項2号）を意味すると解しているようである（岡村忠生「法人課税の基本問題と会社法制－資金拘束とインセンティブ」税法学559号（2008）96頁参照）。

20　なお、分割型分割における分割法人の株主に対する分割承継法人株式その他の資産の交付については、会社法上は剰余金の配当の一つであると整理されているが（同法758条8号、763条12号参照）、法人税法上は、後述するとおり、その（みなし）配当課税及び利益積立金額の計算に関しては別段の規律が設けられている。

21　青木孝徳ほか『改正税法のすべて〔平成18年版〕』（大蔵財務協会、2006）262頁。なお、東京地裁平成29年12月6日 LEX/DB 文献番号25560540も、その他資本剰余金とその他利益剰余金の双方を同時に減少して剰余金の配当をおこなった場合、それが「資本の払戻し」（法法24条1項4号）に該当すると判断している。

但し、上記の分数部分は、(i)Aが零以下である場合には零とし、(ii)Aが零を超え、かつ、Bが零以下である場合には1とし、(iii)小数点以下3位未満の端数は切り上げる。また、当該分数が1を超える場合には1とされる。

22　但し、みなし配当の額及び減少する利益積立金額は、交付された金銭等の価額の合計額（法法24条1項、法施令9条1項12号、8条1項18号）について「資本金等の額」と利益積立金額とで按分計算する方法によって算出されるわけではなく、まずは、「資本の払戻しにより減少した資本剰余金の額」（その他資本剰余金原資部分）について、「資本金等の額」と利益積立金額とで按分計算（プロ・ラタ計算）して前者に対応する部分の額を算出した上で、これと交付された金銭等の価額の合計額との差額によって計算される（【計算式3－2】参照）。このような計算方法が採用されている結果、その他資本剰余金とその他利益剰余金の双方を原資として剰余金の配当を行うときは、全体としてみれば、同じ額の配当を同じ額のその他資本剰余金・その他利益剰余金を原資として行う場合であっても、一つの配当決議に基づきその他資本剰余金とその他利益剰余金の双方を同時に減少して剰余金の配当を行う場合の方が、配当決議を二つに分けて二回の剰余金の配当を行う（具体的には、その他利益剰余金のみを原資とする剰余金の配当を先に行って、「資本金等の額」が純資産価額に占める割合を大きくした後に、その他資本剰余金のみを原資とする剰余金の配当を行う）場合と比べて、租税法上、配当（みなし配当を含む）とされる額の合計額が多くなる（かかる問題を指摘するものとして、小山・前掲（注16）5、33頁）。なお、利益剰余金からの配当と資本剰余金からの配当の2つの配当が別個の配当決議に基づき同時に行われた場合において、法人税法23条及び24条の適用方法が争点となった裁決事例として東京国税不服審判所裁決平成24年8月15日裁決事例集88集206頁、並びにその評釈である園浦卓「資本剰余金と利益剰余金の双方を同時に減少して剰余金の配当を行った場合（混合配当）の課税関係に関する裁決事例」太田洋＝伊藤剛志編著『企業取引と税務否認の実務～税務否認を巡る重要裁判例の分析～』（大蔵財務協会、2015）512頁及び大島恒彦「資本と利益の同時、混合配当に関する裁決事例（平成24年8月15日審判所裁決）の争点とその問題点」租税研究2014年1月号260頁参照。また、裁判例として、法人税法施行令23条1項4号の定めは、「資本剰余金と利益剰余金の双方を原資とする剰余金の配当への適用に当たり、当該剰余金の配当により減少した資本剰余金の額を超える『払戻し等の直前の払戻等対応資本金額等』が算出される結果となる限りにおいて法人税法の委任の範囲を逸脱した違法なものとして無効であるというべきであり、この場合の『払戻し等の直前の払戻等対応資本金額等』は、当該剰余金の配当により減少した資本剰余金の額と同額となるものと解するのが相当である」との判断を示した東京地裁・前掲（注21）参照（現在、控訴審が東京高裁民事23部にて係争中（東京高裁平成29年行コ388号）であり、その動向が注目される）。

減少する利益積立金額　＝　交付した金銭の額及び金銭以外の資産の価額の合計額から減資資本金額を控除した金額

(4) 組織再編における「資本金等の額」と利益積立金額

イ　合併及び分割型分割

　各種の組織再編行為の中で、株主レベルでのみなし配当課税が問題となる代表的なものは合併及び分割型分割であるので、以下、それらに関して、法人レベルでの「資本金等の額」及び利益積立金額についての規律と株主レベルでのみなし配当課税についての規律との相互関係を概観してみよう。なお、平成29年度税制改正によるスピン・オフ税制の導入に伴い、分割型単独新設分割を用いた事業部門のスピン・オフも、一定の要件の下に適格分割型分割に該当することとなったが、当該改正によって手当てされたのは、税制適格要件の拡張のみであって、以下で述べる適格（分割型）分割に該当する場合及び該当しなかった場合の課税上の取扱いについては、従前から適格（分割型）分割に該当するとされていたものと同様である。

　まず、非適格合併又は非適格分割型分割が行われる場合、被合併法人又は分割法人においては、当該法人からその株主に対して分配が行われるため（3(3)参照）、株主レベルでみなし配当課税（後述）が行われ、これに対応して、その「資本金等の額」及び利益積立金額が消滅又は減少（法施令8条1項15号、9条1項9号）する一方[23]、合併法人又は分割承継法人においては、後述するとおり、利益積立金額の「引継ぎ」が行われない結果、利益積立金額の増加は生じず、大雑把にいって、当該合併又は会社分割に伴って発行される株式の価額に相当する額（正確には、下記の**【計算式3－3】**及び**【計算式3－4】**で示される額）が合併法人又は分割承継

---

[23]　なお、非適格分割型分割の場合に減少する利益積立金額は、後述するみなし配当額の合計と一致する。

法人の「資本金等の額」に加算される（法施令8条1項5号・6号）（後掲の【図3－1】参照）。

【計算式3－3】 非適格合併における純資産の部の金額の取扱いの概要 （法施令8①五）

合併法人において増加する「資本金等の額」

= 合併法人株式その他の合併対価[24]（交付株式・金銭等）の価額[25]（時価） － 被合併法人の株主に交付された合併法人株式以外の資産（交付金銭等）の価額（時価） － 合併直前の抱合せ株式の簿価 － 抱合せ株式に係るみなし配当の額

合併法人における利益積立金額：変動せず

（注） 被合併法人は消滅するので、被合併法人についての「資本金等の額」や利益積立金額が問題となることはない。

---

[24] なお、法人税法24条2項の規定により抱合せ株式に対して交付されたとみなされる合併法人株式その他の合併対価を含む（法施令8条1項5号）。

[25] 但し、無対価合併で、いわゆる株主均等割合保有関係（被合併法人及び合併法人の株主の全てについて、【その者が保有する当該被合併法人の株式の数の当該被合併法人の発行済株式等の総数のうちに占める割合】と【当該者が保有する当該合併法人の株式の数の当該合併法人の発行済株式等の総数のうちに占める割合】とが等しい場合における当該被合併法人と合併法人との間の関係）がある場合には、当該合併により移転を受けた資産（営業権にあっては独立取引営業権に限る）の価額（資産調整勘定を含む）から当該合併により移転を受けた負債の価額（負債調整勘定を含む）を控除した金額（法施令8条1項5号ロ）。

【計算式3－4】 非適格分割型分割における純資産の部の金額の取扱いの概要（法施令8①六・十五、9①九）

分割承継法人において増加する「資本金等の額」 ＝ 分割承継法人株式その他の分割対価（交付株式・金銭等）の価額（時価）[26,27] － 分割法人の株主に交付された分割承継法人株式以外の資産（交付金銭等）の価額（時価)[28]

$$\text{分割法人において減少する「資本金等の額」} = \text{分割直前の分割法人の資本金等の額}(A) \times \frac{\text{分割直前の移転資産及び負債の簿価純資産価額}(B)}{\text{前期期末時の簿価純資産価額（前期期末後に資本金等の額又は利益積立金額の変動があった場合には、これらを加減算した金額）}(C)}$$

但し、上記の分数部分は、(i)Aが零以下である場合には零とし、(ii)A及びBが零を超え、かつ、Cが零以下である場合には1とし、(iii)小数点以下三位未満の端数は切り上げる。また、当該分数が1を超える場合には1とされる。

---

[26] 但し、資産調整勘定又は負債調整勘定の計上に関する法人税法62条の8の規定が適用されない非適格分割型分割（非適格分割型分割のうち、分割法人の「事業及び当該事業に係る主要な資産又は負債のおおむね全部」（法施令123条の10第1項）を分割承継法人に移転させるもの、に該当しないもの）の場合には、移転事業に係る時価純資産価額（法施令8条1項6号ロ）。

[27] 但し、無対価分割で、いわゆる株主均等割合保有関係（分割法人の株主及び分割承継法人の株主の全てについて、【その者が保有する当該分割法人の株式の数の当該分割法人の発行済株式の総数のうちに占める割合】と【当該者が保有する当該分割承継法人の株式の数の当該分割承継法人の発行済株式等の総数のうちに占める割合】とが等しい場合における当該分割法人と分割承継法人との間の関係）がある場合には、移転資産（営業権にあっては独立取引営業権に限る）の価額（資産調整勘定を含む）から移転負債（負債調整勘定を含む）の価額を控除した金額（法施令8条1項6号ハ）。

[28] なお、無対価分割で、分割法人と分割承継法人との間に完全支配関係又は株主均等割合保有関係がある場合には、分割法人の株式に係る法人税法61条の2第4項に規定する分割純資産対応帳簿価額（法人税法24条3項の規定により交付されたものとみなされる当該法人の株式に係るみなし配当を加算する）を、さらに控除する（法施令8条1項6号柱書）。

分割承継法人における利益積立金額：変動せず
分割法人において減少する利益積立金額＝分割法人の株主に交付された分割対価（交付株式・金銭等）の価額（時価）－分割法人において減少する「資本金等の額」

　他方、適格合併又は適格分割型分割の場合には、概略、後掲の【計算式3－5】及び【計算式3－6】記載のとおり、被合併法人・分割法人の「資本金等の額」及び利益積立金額の合併法人・分割承継法人への引継ぎがなされる[29]（これに対応して、3(4)でも後述するとおり、被合併法人・分割法人の株主レベルでもみなし配当課税は行われない）。平成22年度税制改正前においては、適格分割型分割の場合の「資本金等の額」及び利益積立金額の引継ぎ額については、先に利益積立金額の引継ぎ額を計算することとされていて、そのため、事業年度の中途において分割型分割が行われた場合においては、利益積立金額の引継ぎ額を計算する必要性があることから、分割型分割の日の前日を事業年度終了の日とするみなし事業年度制度[30]が設けられていた[31]。しかしながら、平成22年度税制改正において、「平成18年度改正で資本金等の額の意義が『法人が株主等から出資を受けた金額』（法法2十六）と明らかにされたことからすれば、株主等から出資を受ける行為でない場合には資本金等の額は増加させないこと、及び将来利益の払戻しはありうるが将来資本の払戻しはありえないこととなり、

---

[29] 平成22年度税制改正後も、財務省主税局は、適格合併及び分割型分割について、「利益積立金額の引継ぎ」という基本的な考え方自体は維持しているようである（「適格分割型分割が行われた場合の利益積立金額及び資本金等の額の引継額は、先に資本金等の額の引継額を計算する構成とされました」との説明（泉恒有ほか『改正税法のすべて〔平成22年版〕』（大蔵財務協会、2010）297－298頁）等を参照）。

[30] 法人が事業年度の中途において当該法人を分割法人とする分割型分割を行った場合には、その事業年度開始の日から分割型分割の日の前日までの期間及び分割型分割の日からその事業年度の末日までの期間がそれぞれ一つの事業年度とみなされていた。

[31] 泉ほか・前掲（注29）297頁。

この考え方を踏まえ、資本の部の引継額の計算のあり方を考えると、まず資本金等の額の引継額を計算し、移転純資産の帳簿価額から資本金等の額を減算した金額を利益積立金額の引継額とすることが適当であると考えられ〔る〕」[32]との理由に基づいて、みなし事業年度制度が廃止されるとともに、適格分割型分割が行われた場合の「資本金等の額」及び利益積立金額の引継ぎ額については、まず先に「資本金等の額」の引継ぎ額を算出する構成に変更された[33]。また、同様に、適格合併により引き継がれる利益積立金額の計算方法に関する規定（法施令9条1項2号）についても、平成22年度税制改正によって、ⅰ）被合併法人の適格合併の日の前日の属する事業年度終了の時の利益積立金額をそのまま引き継ぐという構成から、ⅱ）先に増加する「資本金等の額」を算出し、移転する資産及び負債の簿価純資産額から当該「資本金等の額」の増加額を減算することで「増加する利益積立金額」を算出するという構成に改められている[34]（もっとも、平成22年度税制改正後においても、適格合併による利益積立金額の引継ぎ額は、結果的には、被合併法人の適格合併の日の前日の属する事業年度終了の時における利益積立金額となることに変更はないと解される[35]）。

---

[32] 泉ほか・前掲（注29）297頁。

[33] このように、「資本金等の額」の引継ぎ額から先に計算する方法に変更する改正がなされたことに対して、「〔平成22年度税制改正に〕は、引き継ぐ金額を資本金等の額とし、利益積立金額が単なる差額概念になってしまっているという問題点」があると指摘する見解がある（朝長英樹編『詳解グループ法人税制』（法令出版、2011）363頁〔朝長英樹＝掛川雅仁〕）。

[34] この点は、「分割型分割のみなし事業年度が廃止され、適格分割型分割における利益積立金額の引継額について、移転する資産の帳簿価額から移転する負債の帳簿価額および資本金等の額の増加額を控除した差額で計算する方法に改められた取扱い〔中略〕と平仄を合わせたものと思われる」（太田達也『「純資産の部」完全解説〔第3版〕』（税務研究会出版局、2013）391－392頁）と指摘されている。

[35] 武田昌輔『DHCコンメンタール法人税法』（第一法規、加除式）789の5頁参照。

【計算式3－5】 適格合併における純資産の部の金額の取扱いの概要（法施令8①五、9①二）

合併法人において増加する「資本金等の額」 ＝ 被合併法人の最後事業年度終了時の「資本金等の額」 － 被合併法人の株主に交付された合併法人株式以外の資産（交付金銭等）の価額（時価）[36]

　　－ 合併直前の抱合せ株式の簿価

合併法人において増加する利益積立金額 ＝ 移転資産及び負債の簿価純資産価額 － 当該適格合併により増加した「資本金等の額」 － 被合併法人の株主に交付された合併法人株式以外の資産（交付金銭等）の価額（時価）[37]

　－ 合併直前の抱合せ株式の簿価 ＝ 移転資産及び負債の簿価純資産価額 － 被合併法人の最後事業年度終了時の「資本金等の額」[38]

（注）　被合併法人は消滅するので、被合併法人についての「資本金等の額」や利益積立金額が問題となることはない。

---

[36] 平成29年度税制改正において、吸収合併及び株式交換における適格組織再編の対価要件の見直しが行われ、吸収合併においては、合併の直前において合併法人が被合併法人の発行済株式等の総数又は総額の3分の2以上に相当する数又は金額の株式又は出資を有する場合は、合併法人以外の株主等に金銭その他の資産を交付する吸収合併も、適格合併に該当し得ることとなった（法法2条12号の8柱書括弧書。詳細については、**第4章2(1)ロ参照**）。かかる適格合併に該当する吸収合併において、合併法人が合併法人以外の株主等に交付する金銭その他の資産の価額は、合併法人において増加する資本金等の額及び利益積立金額から控除される。

[37] 前掲（注36）参照。

[38] この第二の算式の二段目の計算式（岡村忠生＝渡辺徹也＝高橋祐介『ベーシック税法〔第7版〕』（有斐閣、2013）288頁参照）は、適格合併によって増加する合併法人の利益積立金額に関する理解の便宜のため、一段目の計算式（法施令9条1項2号所定の計算式を簡略化したもの）中の「当該適格合併により増加した『資本金等の額』」に、第一の算式（法施令8条1項5号参照）を代入したものである。

【計算式3−6】 適格分割型分割における純資産の部の金額の取扱いの概要（法施令8①六、十五、9①三、十）

分割承継法人において増加する「資本金等の額」 ＝ 分割法人において減少する「資本金等の額」[39]

分割法人において減少する「資本金等の額」 ＝ 分割直前の分割法人の「資本金等の額」(A) × $\dfrac{\text{分割直前の移転資産及び負債の簿価純資産価額(B)}}{\text{前期期末時の簿価純資産価額（前期期末後に資本金等の額又は利益積立金額の変動があった場合には、これらを加減算した金額）(C)}}$

但し、上記の分数部分は、(i)Aが零以下である場合には零とし、(ii)A及びBが零を超え、かつ、Cが零以下である場合には1とし、(iii)小数点以下三位未満の端数は切り上げる。また、当該分数が1を超える場合には1とされる。

分割承継法人において増加する利益積立金額 ＝ 分割直前の移転資産及び負債の簿価純資産価額 − 当該適格分割型分割により増加した資本金等の額

分割法人において減少する利益積立金額 ＝ 分割直前の移転資産及び負債の簿価純資産価額 − 分割法人における資本金等の額の減少額

ロ　分社型分割及び現物出資

　分社型分割又は現物出資の場合には、分割法人又は現物出資法人においては、当該法人からその株主に対して分配が行われるわけではないため（3(3)参照）、その純資産の部の金額は変動しないが、分割承継法人又は被現物出資法人においては、資産等の移転を受けるに際して純資産の部の金額が変動し、「資本金等の額」が増加する（法施令8条1項7号・8号・9号）。なお、適格分社型分割又は適格現物出資の場合も、利益積立金額の「引継ぎ」はなされない。

---

[39] なお、無対価分割で、分割法人と分割承継法人との間に完全支配関係又は株主均等割合保有関係がある場合には、分割法人の株式に係る法法61条の2第4項に規定する分割純資産対応帳簿価額を控除する（法施令8条1項6号柱書）。

ハ　適格現物分配

　平成22年度税制改正により、現物分配が新たに法人税法上の組織再編成の一形態として位置づけられた。法人税法上の現物分配とは、剰余金の配当、解散による残余財産の分配又は自己株式の取得等のみなし配当事由により、株主等に金銭以外の資産を交付することをいう（法法2条12号の5の2）。

　適格現物分配により資産の移転を行った法人（現物分配法人）の側では、税務上、移転資産の譲渡損益の認識が繰り延べられ（法法62条の5第3項）、その純資産の部に関して、ⅰ）当該適格現物分配が剰余金の配当[40]による場合には、交付した資産の直前の帳簿価額相当額全額の利益積立金額が減少するので（法施令9条1項8号）、その「資本金等の額」は変動せず、ⅱ）当該適格現物分配がみなし配当事由による場合には、法人税法施行令8条1項18号又は20号の規定に従って計算される「資本金等の額」が減少するとともに、交付した資産の直前の帳簿価額からその減少する「資本金等の額」を控除した額だけ、利益積立金額が減少する（法施令9条1項12号・14号）。

　他方、適格現物分配により資産の移転を受けた法人（被現物分配法人）の側では、ⅰ）当該適格現物分配が剰余金の配当[41]による場合には、交付を受けた資産の直前の帳簿価額相当額の全額が利益積立金額に加算されて（法施令9条1項4号）、「資本金等の額」は変動しないが、ⅱ）当該適格現物分配がみなし配当事由に該当する場合には、交付を受けた資産の額の一部を構成するみなし配当相当額[42]がその利益積立金額に加算される（同号）とともに、被現物分配法人の所有に係る現物分配法人株式についての

40　資本剰余金の額の減少に伴うもの並びに分割型分割によるもの及び株式分配を除く。
41　資本剰余金の額の減少に伴うもの並びに分割型分割によるもの及び株式分配を除く。
42　具体的には、交付を受けた資産の直前の帳簿価額相当額から、現物分配法人の「資本金等の額」のうちその交付の基因となった当該法人株式に対応する部分の金額を控除した額である。

譲渡損益に相当する額がその「資本金等の額」にチャージされる（法施令8条1項22号）[43]。なお、被現物分配法人が適格現物分配により資産の移転を受けたことで生ずる収益の額（具体的には、ⅰ）当該適格現物分配が剰余金の配当に該当する場合には交付を受けた資産の直前の帳簿価額相当額の全額、ⅱ）当該適格現物分配がみなし配当事由に該当する場合には、交付を受けた資産の額の一部を構成するみなし配当相当額）は、その全額が益金不算入とされる[44]（なお、配当金として法人税法23条（受取配当等の益金不算入）の規定により益金不算入となるのではなく、同法62条の5第4項の規定により益金不算入となる[45]）。また、適格現物分配については、組織再編成の一形態として位置づけられ、所得税法上、配当所得の対象となる「配当等」の範囲から除外された（所法24条1項括弧書）結果、源泉徴収も不要とされている[46]。

---

[43] 一般的には、みなし配当を受けた株主レベルで株式譲渡損益課税が行われるが（**3**(5)参照）、適格現物分配の場合には、みなし配当を受けた株主（ここでは、被現物分配法人）レベルでは、みなし配当の基因となった株式（ここでは、現物分配法人株式）に係る譲渡損益は税務上認識されず（法法61条の2第17項）、これに相当する額を当該株主の「資本金等の額」にチャージする（当該譲渡損益相当額は、法施令8条1項22号により、当該株主の「資本金等の額」を減算又は加算することによって調整される）ものとされている（**第2章**参照）。これは、適格現物分配制度が、完全支配関係がある内国法人間の資産の移転の時点では当該資産に関する譲渡損益課税を生じさせないことを趣旨とするグループ法人税制の一環であることによる。

[44] 適格現物分配による資産の取得は「無償による資産の譲受け」に該当するが、被現物分配法人が適格現物分配により資産の移転を受けたことによって生ずる収益の額については、法人税法22条2項の別段の定めとして、当該被現物分配法人の各事業年度の所得の金額の計算上、益金の額に算入しないものとされている（法法62条の5第4項）。

[45] 税理士法人山田＆パートナーズ『逐条詳解　組織再編税制の実務〔第3版〕』（中央経済社、2010）263頁参照。

[46] 泉ほか・前掲（注26）96頁参照。なお、適格株式分配も同様であることにつき、藤山智博ほか『改正税制のすべて〔平成29年度版〕』（大蔵財務協会、2017）324頁参照。

【図3－1】 抱合せ株式がある場合の増加「資本金等の額」・利益積立金額

◆ 非適格合併に係る合併法人（合併法人が抱合せ株式（旧株）を有する場合）

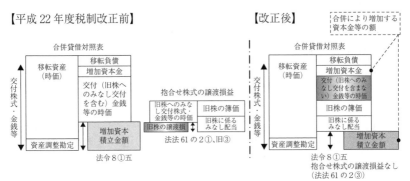

（注） 本図における「金銭等」には、合併法人の株式は含まない。

◆ 適格合併に係る合併法人（合併法人が抱合せ株式（旧株）を有する場合）

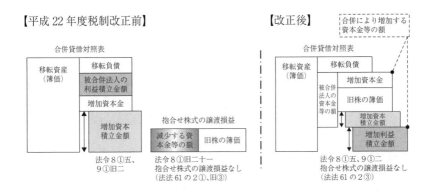

（財務省「平成22年度改正関係参考資料（法人税関係）」38頁記載の図を基に作成）

二 株式分配

平成29年度税制改正に基づくスピン・オフ税制の導入に伴い、「現物分配」の一種として、新たに「株式分配」が法人税法上の組織再編成の一類

型として付加された。法人税法上の株式分配とは、現物分配[47]のうち、その現物分配の直前においてその現物分配法人により発行済株式等の全部を保有されていた法人（完全子法人）のその発行済株式等の全部が移転するもの[48]である（法法2条12号の15の2）。

まず、非適格株式分配が行われる場合については、現物分配法人の株主レベルでみなし配当課税がなされ（法法24条1項3号）、これに対応して、現物分配法人の「資本金等の額」及び利益積立金額が減少する（法施令8条1項17号、9条1項11号）。

【計算式3－7】非適格株式分配における純資産の部の金額の取扱いの概要（法施令8①十七、9①十一）

現物分配法人において減少する「資本金等の額」 ＝ 株式分配の直前の資本金等の額（A）× 株式分配の直前の完全子法人の株式の帳簿価額（B） / 前期期末時の簿価純資産額（前期期末後に資本金等の額又は利益積立金額の変動があった場合には、これらを加減算した金額）（C）

但し上記の分数部分は、(i)Aが零以下である場合は零とし、(ii)A及びBが零を超え、かつ、Cが零以下である場合には1とし、(iii)小数点以下三位未満の端数は切り上げる。また、Bが零以下である場合は零とし、当該分数が1を超える場合には1とされる。

現物分配法人において減少する利益積立金の額 ＝ 株式分配によりその現物分配法人の株主等に交付した完全子法人の株式その他の資産の価額の合計額 － 現物分配法人における資本金等の額の減少額

---

47 剰余金の配当又は利益の配当に限られる。
48 適格現物分配との重複を避けるために、その現物分配により完全子法人の発行済株式等の移転を受ける者がその現物分配の直前においてその現物分配法人との間に完全支配関係がある者のみである場合における現物分配が除かれている。

他方、適格株式分配の場合には、現物分配法人において、税務上、株主等に移転する完全子法人株式の譲渡損益の認識が繰り延べられる（法法62条の5第3項）と共に、適格株式分配により株主等に交付した完全子法人の株式の現物分配法人における帳簿価額に相当する金額が、現物分配法人の「資本金等の額」から減算され（法施令8条1項16号）、利益積立金の額は変動しない（法施令9条1項8号参照）。なお、適格株式分配においては、現物分配法人の株主レベルにおいては配当課税もみなし配当課税も生じない（法法23条1項1号、24条1項3号参照）。

3　みなし配当課税と株式譲渡損益課税

(1)　みなし配当（constructive dividend）とは

　法人からその株主に対して金銭その他の資産の分配がなされる場合、その分配の原資が「投資元本」に相当する部分と「投資収益」に相当する部分（法人が稼得した利益）のいずれであるかによって株主レベルでの課税関係を区別するというのが、現行租税法の基本的な考え方である。即ち、分配の原資が「投資元本」に相当する部分である場合には、かかる部分については株主レベルでは課税しない（譲渡原価を超える部分のみを譲渡益課税の対象とする）が、分配の原資が「投資収益」に相当する部分（法人が稼得した利益）である場合には、その全額につき株主レベルにおいて配当課税（みなし配当課税を含む）を行うという考え方である。

　しかしながら、法人が稼得した利益を原資とする株主への金銭その他の資産の交付は、会社法上の剰余金の配当の方法によるとは限らず、また、法人から株主に対して交付される金銭その他の資産の原資の中に「投資元本」に相当する部分と「投資収益」に相当する部分（法人が稼得した利益）とが混合している場合もある。このような場合、法人が稼得した利益

が株主レベルでの配当課税を受けないままに株主に分配されると、課税当局としては、かかる利益について株主レベルでの課税機会を失うことになってしまう。そこで、現行租税法は、前述した「法人所得についての2段階課税の原則」における株主レベルでの課税を確保するため、株主が剰余金の配当以外の一定の取引により金銭その他の資産の交付を受けた場合にも、分配された資産の価額のうちの一定割合（各株主の実際の株式取得価額とは無関係に、発行会社の税務上の貸借対照表に従って租税法上一律に算出される一定の割合である）を、法人内部に留保されている利益を原資とするものであると擬制する（いわゆる「（強制）プロ・ラタ」方式）ことによって、かかる部分を剰余金の配当とみなして、みなし配当課税を行っている（所法25条1項、法法24条1項）。具体的には、合併や自社株買い等が行われる場合に株主に交付される金銭その他の資産は、「資本金等の額」を原資とする部分と利益積立金額を原資とする部分から成るものとされ、配当とみなされる額は、交付を受けた金銭その他の資産の価額の合計額からその交付の基因となった株式に対応する「資本金等の額」（非常に大雑把にいえば、会社のみなし配当事由発生直前時点における「資本金等の額」を、自己株式を除く発行済株式総数で除して、当該資産の交付を受ける株主が保有する株式（＝「交付の基因となった株式」）の数を乗じて得られた額。後掲の**【計算式3－8】**及び**【計算式3－9】**など参照）を控除した額であり、その計算方法はみなし配当の事由ごとに政令で定められている（所施令61条、法施令23条）。

　配当とみなされた金銭その他の資産（みなし配当）は、剰余金の配当と同様の形式・方法で課税される。みなし配当の交付を受けた株主が法人である場合には、受取配当益金不算入制度が適用され、当該法人株主が(i)発行済株式総数（自己株式を除く）の3分の1超を一定期間継続保有している場合には、所得の金額の計算上、配当とみなされた額の100％が益金の額に算入されず、そして(ii)発行済株式総数（自己株式を除く）の5％超3分の1以下を保有している場合には、配当とみなされた額の50％が益金の

額に算入されず、そして、(iii)発行済株式総数（自己株式を除く）の５％以下を保有している場合には、配当とみなされた額の20％が益金の額に算入されない（法法23条１項、法施令22条の２、22条の３及び22条の３の２）[49]。また、かかる株主が個人である場合には、配当所得としての課税を受け（所法22条２項１号、24条）、一定割合が配当税額控除の対象になる（所法92条）。なお、みなし配当課税が行われた場合、みなし配当を行った法人の側では、配当とみなされた額だけ利益積立金額が減算され（法施令９条１項９号、11号、12号、14号参照）、源泉徴収義務が発生する（所法181条、212条３項）。

　わが国のみなし配当課税制度は非常に複雑であるが、その一つの理由は、「みなし配当」について課税がなされる際に、同時に株式に関する譲渡損益課税もなされる仕組みが採用されているからである。そもそも、みなし配当が生じるのは、大雑把にいって、株主が従前から保有していた株式が、組織再編その他の事由に基づいて会社に取得され、その代替物として会社から当該株主に対して金銭等が交付される場合であるから、この場合も、単純に、株主は、その保有株式を発行会社に「譲渡」して、その対価として金銭等の交付を受けている、と考えることは理論的に十分可能である。現に、米国の内国歳入法典の下では、この場合の大部分はキャピタル・ゲイン課税のみによって処理されているところである。

　しかしながら、わが国の現行租税法は、この局面をみなし配当課税と株式譲渡損益課税（キャピタル・ゲイン課税）とが交錯する領域であると見て、この場合に、まずはみなし配当課税がなされるものとして処理し、株主が交付を受けた金銭等の価額からみなし配当の額を差し引いた残額を株式譲渡損益課税における「譲渡収入」であると擬制して、当該交付の基因となった株式についての譲渡損益課税を行う（後記(5)参照）、という重畳

---

[49] 但し、当該事業年度において支払う負債の利子があるときは、法人税法23条６項で定義される関連法人株式等については、一定の負債利子額を控除して益金不算入の対象となる額が計算される（法法23条４項）。

的な処理を行っている（譲渡損益の計算上、みなし配当の額は、譲渡収入の額から控除される）。しかも、それに加えて、現行租税法では、みなし配当額の計算について、前記の「(強制)プロ・ラタ」方式を採用して、会社側の裁量の余地を封じ[50]、会社の税務上の貸借対照表に基づいて機械的にみなし配当の額が算出されるものとしている。

以上の論理的帰結でもあるが、みなし配当を受ける株主が法人である場合、配当とみなされる額の全部又は一部が当該法人株主の益金に算入されないため、みなし配当課税が行われると、みなし配当の基因となった株式の株主側における取得価額やみなし配当を行った法人の税務上の貸借対照表の計数次第では、当該株主側では、株式譲渡損が認識されて、全体としても税務上損失のみが認識される場合も生じる。

なお、かつては、このような構造を利用して、自己株式として取得（みなし配当事由の一つである。法法24条1項5号）されることが予定されている株式（例えば、反対株主に株式買取請求権が発生するような組織再編が行われることが公表された株式）について、通常の投資利益を目的とせずに、税務上の譲渡損失の計上を行うことを主たる目的としてこれを取得し、かかる株式について予定どおり発行会社に取得させることで、その目的を達成するといった例が見られた（多額の利益積立金を有している会社の株式については、取得価額と同額でそれを会社に引き取らせても、株主側で多額の税務上の譲渡損失を認識することができた）。しかしながら、平成22年度税制改正によって、自己株式として取得されることを「予定」して取得した株式については、予定されていた自己株式取得の際のみなし

---

[50] 平成13年度税制改正前は、減資、合併又は自社株買い等の際に株主に交付される資産の額が対応する「資本等の金額」を超えた場合に、その金額が、資本積立金額の取崩しによるものなのか、それとも利益積立金額の取崩しによるものなのかの判断を会社に任せる方式が採用されていた。即ち、当時の法人税基本通達においては、減資等の場合の配当等の額とみなす金額の計算については「その超える部分の金額が資本積立金額又は利益積立金額のいずれから成るかは、当該交付する法人の計算による」（平成14年12月15日改正前法基通3-1-8）とされていた。

配当に係る益金不算入が認められない（即ち、全額が益金に算入される）こととなった（法法23条3項）。

(2) 自社株TOB及び自己株式立会外買付取引とみなし配当課税

なお、自社株買いのうち、自社株TOB又はToSTNeT－2ないし3を用いた方法により行われたものについては、上記自社株買いがなされた場合における通常の課税上の取扱いとは異なる取扱いがなされる場合があるので注意する必要がある。

例えば、平成22年度税制改正前においては、自社株TOBに応募した法人株主については、原則どおりみなし配当課税と株式譲渡損益課税がなされるものとされていた一方で、個人株主については、例外的に、みなし配当課税は生じない（したがって、株式譲渡損益課税のみに服する）ものとされていた。これは、みなし配当課税が生じるものとしてしまうと、個人株主にとっては、総合課税の下で累進税率によって課税されることになるため、課税負担が相対的に重くなることがあり、結果的に、個人株主がTOBに応募しないことがあるといった事情に配慮したものであった[51]。

しかしながら、平成22年度税制改正によって上記の特例は廃止され、現在では、自社株TOBに応募した法人株主も個人株主も、原則どおり、みなし配当課税（法法24条1項5号、所法25条1項5号）及び株式譲渡損益課税（法法61条の2第1項、措法37条の10第3項5号）に服するものとされている。

もっとも、現在でも、自社株買いのうち、金融商品取引所の開設する市場を通じた取得（典型的には、信託銀行や証券会社に委託して行う、市場からの買付けの方法による自社株買い）の場合には、売主に対してはみなし配当課税はなされず、株式譲渡損益課税のみがなされるものとされている（法法24条1項5号括弧書、所法25条1項5号括弧書）。これは、市場

---

[51] 泉ほか・前掲（注29）127頁参照。

からの買付けの方法による自社株買いの場合、当該株式の売主としては、取引相手方を特定できず、それが第三者による通常の株式の購入であるのか、発行会社による自社株買いであるのかが分からないためである。

　この点、ToSTNeT－2ないし3などの立会外買付取引による自社株買いが、果たして上記の法人税法24条1項4号括弧書等にいう「金融商品取引法第2条第16項に規定する金融商品取引所の開設する市場における購入による取得」に該当するのかが問題となる。ToSTNeT－2ないし3は、金融商品取引法上、東京証券取引所が開設する「市場」を通じた取引であると整理されていることに鑑みると、「金融商品取引所の開設する市場における購入」に該当し、みなし配当課税は生じないとも考えられるし、特にToSTNeT－2ないし3は、自社株買いのために用いられる場合には、取引執行の前日に発行会社によって当該取引が行われる予定である旨が公表されるため、売主にとって、取引相手方を特定できないという問題はないことを重視すれば、原則どおり、みなし配当課税が生じるとも考えられる。

　この点、国税不服審判所裁決平成24年5月25日（東裁（法）平成23第233号）〔ゼンショー＝カッパ・クリエイト事件〕は、法令の文理に忠実な解釈を採用し、ToSTNeT－3による自社株買いは、「金融商品取引所の開設する市場における購入」に該当し、みなし配当課税は生じないものと判断している[52]。

　この裁決に照らすと、ToSTNeT－2による自社株買いも、当然、「金融商品取引所の開設する市場における購入」に該当し、みなし配当課税は生じないということになろう。

---

[52] 税務情報誌等によると、本件の審査請求人は更正処分取消訴訟の提起を断念した模様である（週刊T&A Master488号（2013）11頁参照）。なお、同裁決の評釈として、例えば、伊藤剛志「ToSTNet-3取引を利用した自己株式取得とみなし配当～ゼンショー＝カッパ・クリエイト事件～」太田＝伊藤・前掲（注22）497頁参照。

(3) 組織再編と株主への分配（組織再編とみなし配当）

　組織再編に際しても、下記で見るとおり、株主レベルでみなし配当課税がなされる場合があり、みなし配当課税がどのようにしてなされるかに関するメカニズムの理解は、会社が行う組織再編に関する諸々の課税問題を理解する上で極めて重要である。

　組織再編のうち、まず、会社分割であるが、このうち分社型分割については、分割対価が分割会社（分割法人）に対してのみ交付されるものとして構成されている会社法と同様に（会社法758条、763条参照）、法人税法上も、分割法人からその株主への分配はなされないものとして構成されているため（法法62条、62条の3参照）、分割会社（分割法人）の株主レベルでのみなし配当課税はそもそも行われない（所法25条1項2号括弧書、法法24条1項2号括弧書）。他方、分割型分割については、会社法上、「（法人税法にいうところの）分社型分割＋剰余金の配当」と整理されている（会社法758条8号、763条12号参照）[53]のと同様に、法人税法上も、分割法人がその株主へ分配を行うものとして構成されている（法法62条、62条の2参照）ため、分割会社（分割法人）の株主レベルでみなし配当課税が生じる場合がある。

　次に、合併については、会社法上は、消滅会社（被合併法人）の株主に対して合併対価を交付するのは存続会社・新設会社（合併法人）であるとされているが（会社法749条1項2号、753条1項）、法人税法上は、これと異なり、被合併法人が、移転した資産・負債の対価として合併法人株式その他の資産[54]を合併法人から時価により取得し、直ちにこれらの対価を

---

[53] 会社法上の会社分割の概念には、法人税法上の分社型分割に相当する概念しか含まれていない（**第2章3**参照）。

[54] 法人税法上は、合併法人が合併の直前に有していた被合併法人の株式（抱合せ株式）に対して（現実には交付されないが）交付されたものとみなされる合併法人の株式その他の資産も、合併対価を構成するとされている（法法62条1項）。

被合併法人の株主に対して交付するものと擬制されている（法法62条、62条の2）[55]。このような整理がなされている結果、合併についても、租税法上は、（被合併）法人からその株主に対する分配が行われるものとされているため、みなし配当課税の有無が問題となるのである。

他方、株式移転又は株式交換の場合は、みなし配当課税は行われない（所法25条1項、法法24条1項参照）。これは、これらの取引に際しては、会社法上だけでなく、租税法上も、完全子会社となる会社ではなく完全親会社となる会社が完全子会社となる会社の株主に対して対価を交付する（換言すれば、法人が自らの株主に対して分配を行うわけではない）ものと構成されているため、非適格株式移転又は非適格株式交換の場合であっても、完全子会社となる会社が稼得した利益が当該会社の株主に分配されることはないと整理されているためであろう[56]。

(4) 合併及び分割型分割におけるみなし配当課税

合併と分割型分割については、前述のとおり、租税法上、被合併法人又は分割法人からその株主に対して株式その他の資産が交付されるものと構成されているため、非適格合併又は非適格分割型分割の場合、被合併法人又は分割法人の株主レベルでみなし配当課税がなされる（非適格合併又は非適格分割型分割の場合、「資本金等の額」と利益積立金額の双方が被合

---

[55] このような擬制がなされているので、法人税法上は、「合併は、全ての資産および負債が移転される特殊な（窮極的な）分割型分割」と位置づけることができる（岡村・前掲（注8）406頁参照）。

[56] 「仮に、非適格となっても、株式交換という取引の性質上、T社〔完全子会社となる会社〕の利益積立金額がT社内に残るからだと思われる」との理解（渡辺徹也「企業組織再編税制－現行制度における課税繰延の理論的根拠および問題点等」租税研究687号（2007）33頁）もある。現行租税法の構造上、利益積立金額の減少の有無が株主レベルでの配当課税の有無を決するという論理的な関係は必ずしも存在しないが（前掲（注17）参照）、利益積立金額が残存し、将来の課税機会が留保されることは、みなし配当課税を行わないことについての（課税当局から見た）立法の合理性を基礎づけるため、このような説明も可能であろう。

併法人又は分割法人の株主への交付原資となるとの整理がなされている[57,58]。この場合、配当とみなされる額は、それら株主が交付を受けた合併法人株式又は分割承継法人株式、金銭その他の資産の価額（時価）の合計額から、その交付の基因となった株式に対応する被合併法人又は分割法人の「資本金等の額」（分割型分割の場合は、移転純資産の帳簿価額が分割法人の純資産の帳簿価額に占める割合に対応する部分の額）を控除した額である（所法25条1項1号・2号、所施令61条2項1号・2号、法法24条1項1号・2号、法施令23条1項1号・2号）（後掲の**【計算式3－8】**及び**【計算式3－9】**参照）。なお、合併法人が合併の直前に被合併法人株式（抱合せ株式）[59]を有していた場合には、かかるみなし配当額の計算上、抱合せ株式に対しても（株式会社の場合、現実には交付される訳ではないが[60]）合併法人株式その他の資産が交付されたものと擬制される（法法24条2項）（前掲の**【図3－1】**参照）。

このようにして計算されるみなし配当額は、合併又は分割型分割によって消滅する被合併法人又は分割法人における留保利益（含み損益を含む）に対応するものである。

57　中尾睦ほか『改正税法のすべて〔平成13年版〕』（大蔵財務協会、2001）157頁参照。
58　制度設計として、論理的には、被合併法人又は分割法人に利益積立金額が存する限り、まずは利益積立金額を原資として被合併法人又は分割法人の株主に対する合併法人株式又は分割承継法人株式の交付がなされる、との整理もあり得たであろうが、現行租税法は、前述のとおり、みなし配当の額の計算について「（強制）プロ・ラタ」方式を採用しているため、本文のような整理がなされたものであろう。
59　法人税法上の用語は「抱合株式」（例えば、法法24条2項）であるが、ここでは便宜上「抱合せ株式」と称する。
60　株式会社の場合、そもそも、会社法上、存続会社（合併法人）が、自らが合併前に有していた消滅会社（被合併法人）株式（即ち、抱合せ株式）に対して、存続会社株式（新設合併の場合は、設立会社株式）その他の合併対価を交付することは禁止されている（会社法749条1項3号括弧書、753条1項7号括弧書）。

【計算式３－８】　非適格合併におけるみなし配当の額（法法24①一、法施令23①一）

$$\text{みなし配当の額} = \left(\text{交付株式・金銭等の価額} - \text{被合併法人の合併の日の前日の属する事業年度終了の時の資本金等の額}\right) \times \frac{\text{所有株式数}}{\text{発行済株式（自己株式を除く）の総数}}$$

但し、零以下となる場合には、みなし配当は生じない。

【計算式３－９】　非適格分割型分割におけるみなし配当の額（法法24①二、法施令23①二）

$$\text{みなし配当の額} = \left(\text{交付株式・金銭等の価額} - \text{分割資本金額等}\right) \times \frac{\text{所有株式数}}{\text{当該分割型分割に係る株式の総数}}$$

但し、零以下となる場合には、みなし配当は生じない。

$$\text{分割資本金額等} = \text{分割直前の資本金等の額(A)} \times \frac{\text{分割直前の移転資産及び負債の簿価純資産価額(B)}}{\text{前期期末時の簿価純資産価額（前期期末後に資本金等の額又は利益積立金額の変動があった場合には、これらを加減算した金額）(C)}}$$

但し、上記の分数部分は、(i)Aが零以下である場合には零とし、(ii)A及びBが零を超え、かつ、Cが零以下である場合には１とし、(iii)小数点以下三位未満の端数は切り上げる。また、当該分数が１を超える場合には１とされる。

他方、適格合併又は適格分割型分割の場合にも、被合併法人又は分割法人からその株主に対して分配（具体的には、株式の交付）が行われるが（前記３(3)参照）、適格組織再編成は株主レベルの課税も繰り延べる制度として設計されているため、結論的に、みなし配当課税は行われない（所法25条１項１号括弧書、２号括弧書、法法24条１項１号括弧書、２号括弧書）。このことの理由については、従来、「移転資産の譲渡損益の計上を繰

り延べる場合には、従前の課税関係を継続させるという観点から、利益積立金額は新設・吸収法人や合併法人に引き継ぐのが適当であり、したがって、配当とみなされる部分は無いものと考えられる」[61]との考え方に基づくものであると説明されてきた。つまり、適格合併又は適格分割型分割の場合における被合併法人又は分割法人の株主に対する株式の交付は、被合併法人又は分割法人の留保利益ではなく、それら株主の「投資元本」に相当する部分(被合併法人又は分割法人の「資本金等の額」)のみを原資とするものであるとの整理がなされているという説明である[62]。もっとも、近時では、このような伝統的な理解とは異なって、適格合併及び適格分割型分割の場合の「資本金等の額」と利益積立金額の引継ぎ額を「資本金等の額」から先に計算する方法に変更した平成22年度税制改正(前記 **2(4)イ** 参照)後は、「改正前にあった過去の課税関係を引き継がせるという考え方は放棄してしまった、と言っても過言ではない状況を生み出してしまってい〔る〕」との指摘もなされている[63]。

(5) 合併及び分割型分割における株式譲渡損益課税

　合併又は分割型分割に際して、被合併法人又は分割法人の株主が、その保有する被合併法人株式又は分割法人株式(本章において以下「旧株」と総称する)の対価として、合併法人若しくは分割承継法人の株式又はそれらの完全親法人[64]の株式のいずれか一方以外の資産(いわゆるboot)の交付を受けた場合には、原則として、時価による旧株全部の譲渡があったと

61　2000年10月3日付けで政府税制調査会法人課税小委員会から公表された、「会社分割・合併等の企業組織再編成に係る税制の基本的考え方」第一‐(4)参照。

62　中村慈美=内山裕『企業組織再編の法人税務〔平成22年改訂〕』(大蔵財務協会、2010)376頁、武田昌輔「法人税改正の重要問題(5)─利益積立金額を巡る問題」税務事例43巻5号(2011)97頁、中里ほか・前掲(注4)185頁〔北村導人〕参照。

63　朝長・前掲(注33)359頁〔掛川雅仁〕。

64　合併法人又は分割承継法人の発行済株式(自己株式を除く)の全部を直接保有する法人をいう。以下同じ。

して、譲渡損益課税がなされる（措法37条の10第3項1号・2号、法法61条の2第1項・4項）。この場合における譲渡損益の計算上、みなし配当の額は、譲渡収入の額から控除される（措法37条の10第3項柱書、法法61条の2第1項1号）。但し、平成22年度税制改正後においては、合併法人が合併の直前に有していた被合併法人の株式（抱合せ株式）については、被合併法人の資産・負債への投資が継続していると考えられることを理由として[65]、その譲渡収入の額が当該抱合せ株式の合併直前の帳簿価額に相当する金額とされ、税務上譲渡損益は認識されないものとされた（法法61条の2第3項）[66,67]。この抱合せ株式に関する譲渡損益の非認識は、課税の繰延べではなく[68]、税務上の譲渡損益の切捨てである[69]。

他方、合併又は分割型分割に際して、合併法人若しくは分割承継法人の株式又はそれらの完全親法人の株式のいずれか一方以外の資産（boot）が被合併法人又は分割法人の株主に交付されなかった場合[70]には、たとえ非適格合併又は非適格分割型分割の場合であっても、株主による投資の継続

---

[65] 泉ほか・前掲（注29）339頁。

[66] かかる改正の結果、合併法人が、自己が保有する抱合せ株式に係る税務上の譲渡損を実現させるために、適格合併の要件を充足することが可能な場合（例えば、親子会社間の合併）においても、敢えて金銭等を交付して非適格合併とする（非適格合併の場合には、抱合せ株式についてもみなし配当が生じるが、前述のとおり、法人株主はその全部又は一部について益金に算入しないことができる）というプランニング（大石篤史＝小島義博＝小出浩『税務・法務を統合したM&A戦略』（中央経済社、2009）77頁参照）は利用できなくなった。

[67] なお、平成22年度税制改正前に譲渡損益として損金の額又は益金の額とされていた金額は「資本金等の額」にチャージされることになった（法施令8条1項5号）（前掲の【図3－1】参照）。

[68] 課税の繰延べは、将来損益が実現した時点で課税を行うことを前提とする制度である。

[69] 大石篤史＝小島義博＝小出浩「平成22年度税制改正がM&Aの実務に与える影響〔上〕」旬刊商事法務1901号（2010）11頁参照。

[70] 被合併法人又は分割法人の株主が、無対価の適格組織再編成（無対価適格合併・分割型分割）により当該旧株を有しないこととなった場合を含む。

を理由として、旧株に係る譲渡損益課税が繰り延べられる（法法61条の2第2項・4項）[71]。なお、この場合、非適格組織再編成としてみなし配当課税がなされることの結果として、合併法人株式等[72]の取得価額の計算上、みなし配当の額が加算される（所施令112条1項、113条1項、法施令119条1項5号・6号）。

　もっとも、平成29年度税制改正により、吸収合併における対価要件の見直しが行われ、吸収合併のうち、合併の直前において合併法人が被合併法人の発行済株式等の3分の2以上を有する場合に、当該合併法人以外の株主（＝少数株主）に対して金銭その他の資産を交付するものも、適格合併に該当し得ることとなった。かかる適格合併では、少数株主において、みなし配当は発生せず（所法25条1項1号括弧書、法法24条1項1号括弧書）、旧株の譲渡損益のみが認識される（措法37条の10第3項1号、法法61条の2第1項）。

(6) 株式分配におけるみなし配当課税と株式譲渡損益課税

　平成29年度税制改正により、株式分配が新たに法人税法上の組織再編成の一形態として位置づけられた。株式分配は、現物分配、即ち、金銭以外の資産を交付する剰余金の配当の一種であり、現物分配法人からその株主に対して完全子法人の発行済株式等が交付される。そのため、非適格株式分配の場合には、（非適格合併及び非適格分割型分割と同様に）現物分配法人の株主レベルでみなし配当課税が生じる。配当とみなされる額は、株主が交付を受けた完全子法人株式、金銭その他の資産の価額（時価）の合計額から、その交付の基因となった株式に対応する現物分配法人の「資本金等の額」を控除した金額である（所法25条1項3号、所施令61条2項3

---

[71] 但し、非按分型の分割型分割については、課税繰延べが認められない（所令113条4項、法令119条の8第2項）。
[72] 合併法人株式若しくは合併親法人株式又は分割承継法人株式若しくは分割承継親法人株式を指している。

号、法法24条1項3号、法施令23条1項3号)(後掲の【計算式3－10】参照)。

【計算式3－10】非適格株式分配におけるみなし配当の額(法法24①三、法施令23①三)

$$\text{みなし配当の額} = \text{交付株式・金銭等の価額} - \text{分配資本金額等} \times \frac{\text{所有株式数}}{\text{当該株式分配に係る株式の総数}}$$

但し、零以下となる場合には、みなし配当は生じない。

$$\text{分配資本金額等} = \text{株式分配の直前の資本金等の額(A)} \times \frac{\text{株式分配の直前の完全子法人の株式の帳簿価額(B)}}{\text{前期期末時の簿価純資産額(前期期末後に資本金等の額又は利益積立金額の変動があった場合には、これらを加減算した金額)(C)}}$$

但し、上記の分数部分は、(i)Aが零以下である場合は零とし、(ii)A及びBが零を超え、かつ、Cが零以下である場合には1とし、(iii)小数点以下三位未満の端数は切り上げる。また、Bが零以下である場合は零とし、当該分数が1を超える場合には1とされる。

他方、適格株式分配の場合にも、現物分配法人からその株主に対して分配(完全子法人の株式の交付)がなされるが、適格組織再編成は株主レベルにおける課税も繰り延べる制度として設計されているため、(適格合併及び適格分割型分割と同様に)みなし配当課税はなされない(所法25条1項3号括弧書き、法法24条1項3号括弧書き)[73]。

他方、株式分配法人の株主レベルにおける株式譲渡損益課税について

---

[73] なお、株式分配は、通常の配当課税が生じる剰余金の配当からも除かれている(所法24条1項、法法23条1項1号参照)ため、(みなし配当ではない)通常の配当課税も生じない。

は、金銭等不交付株式分配[74]か否かにより異なる。即ち、株主が現物分配法人の行う株式分配により完全子法人の株式その他の資産の交付を受けた場合には、その所有株式のうち、その完全子法人の株式に対応する部分についての譲渡を行ったものとみなされる（措法37条の10第3項3号、法法61条の2第8項）ところ、完全子法人の株式以外の資産が交付されなかった株式分配で、その株式が現物分配法人の各株主の有する現物分配法人の株式数の割合に応じて交付されたもの（金銭等不交付株式分配）については、部分譲渡による譲渡損益は税務上認識されず（措法37条の10第3項3号、法法61条の2第8項）、また、株主が交付を受けた完全子法人の株式の取得価額は、株主における現物分配法人の株式の帳簿価額に、【計算式3－10】の分配資本金額等の算式における分数の割合（現物分配法人における、株式分配の直前における完全子法人の株式の帳簿価額が前期期末時の簿価純資産額に占める割合）を乗じて計算した金額[75]となり（法施令119条1項8号）、帳簿価額の付け替えが生じることとなる。

　他方、金銭等不交付株式分配以外の株式分配では、譲渡対価の額は、交付を受けた完全子法人の株式のその他の資産の価額からみなし配当の額を控除した金額となり、株主において現物分配法人の部分譲渡による譲渡損益が税務上認識される（措法37条の10第3項3号、法法61条の2第1項）。また、株主が交付を受けた完全子法人の株式の取得価額は、金銭等不交付株式分配と同様に計算した金額に、みなし配当の金額を加算した金額となる（法施令119条1項8号）。

---

[74] 適格株式分配は、その定義上、「完全子法人の株式のみが移転する」ことが要件とされている（法法2条12号の15の3）ため、当然に金銭等不交付株式分配に該当することとなる。

[75] 完全子法人の株式の交付を受けるために要した費用がある場合には、その費用の額を加算する。

4 マイナスの「資本積立金額」、「資本金等の額」及び利益積立金額

　最後に、みなし配当課税の理解に際して特に難解な、「資本積立金額」、「資本金等の額」及び利益積立金額がそれぞれマイナスとなる場合について、そのような事態が何故生じるのか、及びその意味について、簡単に触れておきたい。

(1) マイナスの「資本積立金額」

　「資本金等の額」のうち平成18年度税制改正前の「資本積立金額」に相当する部分（法人税法施行令8条1項各号に掲げる各調整額の合計額であって、「資本金等の額」から資本金の額を減算して得た額に相当する。但し、平成18年度税制改正により、現在では概念としては廃止されている）は、かつては、出資者が法人に拠出した金額のうち資本金に組み入れられなかった部分の金額であるから、およそマイナスの値になることはないと考えられていたところであるが[76]、前述のとおり、平成13年度税制改正後は、いわゆる「資本積立金額」に相当する額がマイナスとなり得ることが、法文上も明確になった[77]。

　例えば、前記の**2**(2)で述べたとおり、会社法の規定（同法448条、450条）に基づく利益準備金又はその他利益剰余金の額の資本組入れについては、これがなされても全体としての「資本金等の額」に変動が生じないという意味で、比喩的にいえば、法人税法上は、いわば「なかったもの」とみなされている（具体的には、組み入れられた資本金の額と同じ額だけの

---

[76] 太田・前掲（注9）106頁脚注22記載の各文献参照。
[77] 中尾ほか・前掲（注57）156頁参照。

「資本積立金額」[78]が減算されるという調整が行われる[79]。法施令8条1項13号参照）。したがって、例えば、当該資本組入れ前の「資本積立金額」（例えば、1,000万円）を超える額の利益準備金又はその他利益剰余金（例えば、1,200万円）を資本金の額に組み入れた場合には、これによる資本金の額の増加（この数値例では1,200万円の加算）にもかかわらず、「資本金等の額」が資本組入れの前後で変動しないように「資本積立金額」に相当する部分を減算する調整（この数値例では1,200万円の減算）が行われる。その結果、結局、「資本積立金額」に相当する部分がマイナス（この数値例ではマイナス200万円）となる（後掲の【計算式3－1】参照）[80]。

この他、マイナスの資本積立金額が生じる代表的なケースとしては、企業会計上パーチェス法[81]が適用されるような組織再編が、組織再編税制の下で税制適格要件を充足することにより、企業会計上は被合併法人等において資産の含み益が実現したものとされる一方、税務上は被合併法人等の資産について合併法人等に簿価引継ぎがなされるような場合が挙げられる。例えば、後掲の【図3－2】所掲の吸収合併の事例では、合併前の被合併法人の資産（簿価80、時価300）に220の含み益が存するところ、当該合併にパーチェス法が適用される結果として、企業会計上は、合併法人は当該資産をその時価である300で受け入れるものとされる（それに対応し

---

[78] 正確には「資本金等の額」が減算される。
[79] なお、考え方としては、会社法上の資本金への組入れを税務上「否認」する訳であるから、「資本金等の額」（平成13年度税制改正当時は「資本積立金額」）ではなく「資本金の額」（平成13年度税制改正当時は「資本の金額」）を減算するという処理もあり得たはずであるが、租税法上の「資本金」という概念は会社法上の「資本金」という概念の借用概念であるから両者の額は一致させるべきであるという政策判断の結果として、「資本金の額」の代わりに「資本金等の額」が減算されるものとされていると考えられる。
[80] このような処理がなされていることの税務上の意義については、前記2(2)参照。
[81] 企業組織再編に際してパーチェス法が適用され得ることについては、平成18年4月1日以降に開始される事業年度から適用されている、企業会計審議会の平成15年10月31日付け「企業結合に係る会計基準の設定に関する意見書」に定められている。

て、合併法人の純資産の部において、被合併法人の資本金の額である20に加えて、更に実現された含み益相当額である220だけ資本金の額を増額させることができる[82]。一方、税務上は、当該合併が適格合併に該当する結果、合併法人は当該資産をその簿価である80で受け入れるべきものとされ、資本金を会社法上の限度額まで増加させた場合における資本金の増加額である240（20＋220）は、「資本金等の額」（平成18年度税制改正前の資本積立金額）を当該含み益の額に対応する220だけ減額することで相殺されるものとして処理される。ここで、合併法人の「資本積立金額」が当該合併前において180であり、被合併法人のそれが20であるとすると、当該合併後の合併法人の「資本積立金額」は180＋20－220＝180－200＝－20となり、結果的にマイナスの値となる（なお、この場合における当該合併法人の「資本金等の額」＝「資本金の額」＋「資本積立金額」の増加額は240＋（－20）＝220である）。

　これにより、適格合併に際して課税繰延べがなされた被合併法人の資産含み益相当額は、将来、合併法人にみなし配当事由が生じたときに、当該合併法人の株主が、（上記課税繰延べの際に資本積立金額がその分だけ減算処理されている結果として）その分だけ増加することになるみなし配当額について課税に服するという形で、順次、課税されていくこととなる。

---

[82] もっとも、吸収合併の場合の資本金の増加額は零でもよいとされている（会社計算規則35条1項1号・2項）。

【図3−2】 マイナスの「資本積立金額」の数値例

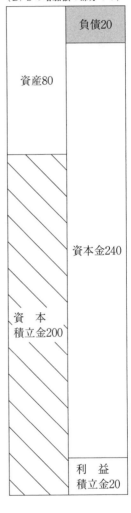

このように、法人税法施行令8条1項各号に掲げる各調整額の合計額（いわゆる資本積立金額に相当する額）は、マイナスの値となることがあるが、「資本金の額」は、借用概念であって会社法上の資本金額と一致するため、常に正の値をとる。

【計算式3－1】「資本金等の額」（法施令8①）〔再掲〕

「資本金等の額」 ＝ 資本金の額（確定決算に基づき貸借対照表に資本金として計上された額） ＋ 法人税法施行令8条1項各号に掲げる各調整額の合計額〔資本積立金額〕

　もっとも、現行租税法上、「資本積立金額」は、「資本金等の額」と「資本金の額」との差額概念に過ぎず（しかも、前述したとおり、「資本積立金額」という概念自体、法文上からは姿を消している）、みなし配当の額などを算出する際の基礎ともされていない。従って、本書の理解との関係では、現行の租税法では、上記の利益準備金又はその他利益剰余金の額の資本組入れの場合に典型的に見られるように、将来におけるみなし配当課税の余地を留保しておくための課税上のテクニックとして、「資本金等の額」の減算による調整が、次第に多用される傾向にあることに留意しておけば十分である。

(2) マイナスの「資本金等の額」

　更に、例えば、自己株式の市場取得があった場合（法施令8条1項21号）には、「資本積立金額」に相当する部分のみならず、「資本金等の額」それ自体がマイナスの値になることすらあり得る[83]。

---

[83] 斎須朋之ほか『改正税法のすべて〔平成23年版〕』（大蔵財務協会、2011）277頁。この点、**前記3(2)**で述べたとおり、自己株式の市場取得は、本来、みなし配当として利益積立金額を減少させるべきところ、取引相手を特定できないために、みなし配当の額がないものとして取得の対価の相当額の全額につき「資本金等の額」を減少させるものとされている。その結果、株価が1株当たりの資本金額よりも相当高い場合などに「資本金等の額」がマイナスとなるような事態も生じることがあり得る。

この点、かつては、「資本金等の額」がマイナスである場合には、みなし配当の額の計算規定上、みなし配当の額が、実際に株主が交付を受けた金銭その他の資産の価額を超えてしまうという問題があった[84]。しかしながら、この問題は、平成19年度税制改正により計算規定が整備され、解消されたものとされている[85]。即ち、非適格分割型分割の場合、計算要素に零又はマイナスの数値がある場合の計算規定（法施令23条1項2号）が整備された結果、「資本金等の額」がマイナスの法人が、自己を分割法人とする非適格分割型分割を行った場合には、その分割法人の株主が交付を受けた資産の価額の全額がみなし配当の額（譲渡収入の額は零）となり、また、その株主の旧株の譲渡原価（法法61条の2第4項、法施令119条の8第1項）は零になる。

　なお、平成23年度税制改正により、「マイナスの資本金等の額は前事業年度から繰り越された欠損金額と同様のものと考えられ」るとして[86]、解散の場合における期限切れ欠損金の損金算入制度について、適用年度終了の時における「資本金等の額」が零以下である場合には、そのマイナスの「資本金等の額」を欠損金額と同様に損金算入の対象とすることとされた（法施令118条1号）。

(3) マイナスの利益積立金額

　利益積立金額についても、マイナスの値になることがあり得る。利益積立金額がマイナスとなる原因としては、プラスの利益積立金額が（十分に）ない状況の下における、①欠損金額の増加（法施令9条1項1号リ）[87]、②完全支配関係がある内国法人間の非適格合併による譲渡損益調

---

[84] この問題の詳細については、太田・前掲（注9）118頁参照。
[85] 小山真輝「配当に関する税制の在り方―自己株式のみなし配当に対する取扱いを中心として」税務大学校論叢58巻（2008）108頁。
[86] 斎須ほか・前掲（注83）277頁。
[87] 欠損金額の累計額は利益積立金額の減算事由とされている。

整資産の移転に係る譲渡利益額の繰延べ（同号ヲ）[88]、みなし配当事由の発生（同項9号・11号・12号・14号）[89]が挙げられる。

　欠損金額の増加により利益積立金額がマイナスとなっている場合を除き、このように利益積立金額がマイナスの値となっているということは、法人レベルでは未だ法人税が課されていない「利益」について、株主レベルで先取り的に（みなし）配当として課税の対象とされた金額が存するということを意味しているものと考えられる[90]。

　なお、利益積立金額がマイナスとなった後、それを解消するだけの利益を計上することができず、利益積立金額がマイナスの状態のままで法人が解散に至ることもあり得ることからすれば、みなし配当事由が生じた結果として利益積立金額がマイナスとなることが予定されているということ（換言すれば、みなし配当の原資が法人段階で課税済みの利益に必ずしも限られていないということ）は、比喩的にいえば、法人レベルにおいて法人税課税がなされていないにもかかわらず、株主（少なくとも法人株主）の側で、先取り的に配当として二重課税排除のための「恩典」（受取配当の益金不算入や、株式譲渡損益の計算に際してのみなし配当額の譲渡収入

---

[88] 平成22年度税制改正におけるグループ法人税制の導入によって、完全支配関係がある内国法人間で非適格合併が行われた場合、譲渡損益調整資産（法人税法上、損益の繰延べの対象とされている一定の資産）の移転に係る税務上の譲渡損益についての認識の繰延べが行われることになった（法法61条の13第7項）。かかる繰延べは、被合併法人においては、税務上譲渡損益の認識がされないように、譲渡損益調整資産を簿価で移転させる一方で、合併法人において、本来の取得価額（時価）と受入価額（被合併法人における簿価）との差額分だけ利益積立金額を減額する方法で行われる（法施令9条1項1号ヲ）。

[89] 利益積立金額がみなし配当の額に不足していても、マイナスの処理がなされ、利益積立金額が借方に計上される（大島恒彦「最近の2つの事例から資本と利益の区分原則を考える」租税研究723号（2010）37頁）。

[90] 太田・前掲（注9）126頁参照。

額からの控除）を受けることができる場合があり得ることを意味する[91]。この点を直観的にいえば、現行の法人税法は、「法人段階で課税済みの利益（大雑把にいえば、プラスの利益積立金額）を原資とする分配のみを株主段階での（みなし）配当課税の対象とするような税制」と比較して、相対的に、配当課税がなされる領域が広く、他方、譲渡益課税がなされる領域が狭いというような説明も可能であるように思われる。

　なお、利益積立金額がマイナスの状態のままで法人が解散に至った場合、マイナスの利益積立金額の発生原因のうち、譲渡損益調整資産の移転に係る譲渡利益額の繰延額相当分については、当該資産の処分による譲渡利益の実現によってその全部又は一部が解消する（利益積立金額の加算事由）ものとされ、繰越欠損金額相当分についても、最終的には、その全部又は一部が損金算入により解消する（法法59条3項、法施令118条）ものとされている。

91　「二重課税排除の調整に着目するのであれば、その課税済の部分のみを対象とすべきという考え」方を検討するものとして、小山・前掲（注16）89頁参照。

第4章

合併・会社分割・現物出資・事業譲渡・株式譲渡を用いたM&Aと課税

1 はじめに
2 支配関係にない対象会社の完全買収
3 支配関係にない対象会社の部分買収
4 共同出資(合弁)会社設立による(個別)事業統合(相互型の「割合的」買収)
5 組織再編行為の無効が課税関係に与える影響

1 はじめに

　本章では、平成13年度税制改正における組織再編税制導入当初から同税制において規律されていた合併、会社分割及び現物出資（並びにそれらと対比する意味で事業譲渡及び株式譲渡）を用いた企業買収に関する課税関係の基礎を概観する。

　具体的には、現実の買収スキームのタックス・プランニングの参考となるように、企業買収を、対象会社が営む事業の全部又は対象会社の支配権の全部を対象とする買収（全部買収）と対象会社が営む事業の一部のみを対象とする買収（部分買収）とに大別した上で、かかる二つの企業買収形態ごとに、実際に利用されることの多い代表的な買収スキームを列挙し、各買収スキームについて、買収スキームを選択する際に重要となる事項を中心として、その課税関係を概観する（もっとも、株式交換や共同株式移転、及び三角合併や三角株式交換も全部買収のための代表的な手法ではあるが、これらについては、租税法上、合併、会社分割及び現物出資とはやや異なる位置づけが与えられているため、本章ではこれらには言及せず、**第5章**及び**第6章**でそれぞれ触れることとする）。なお、本章では、企業買収に際しての課税関係のみを取り上げる関係で、企業買収とは直接関係がない場合が多いスピン・オフ及びコーポレート・インバージョンについては、それぞれ**第10章**及び**第12章**において論じることとする。

　因みに、わが国の組織再編税制は、組織再編成当事者間の資本関係（株式所有関係）に応じて区別して規律されており、支配関係又は完全支配関係にある当事者間の組織再編成（企業グループ内の組織再編成）であるか

否かによって課税関係が異なる[1]（後掲の【表4－11】参照）。然るところ法人税法上、支配関係とは、①一の者（その者が個人である場合には、その者及びこれと特殊の関係のある個人）が法人の発行済株式若しくは出資（当該法人が有する自己の株式又は出資は除外される）の総数等の50％を超える株式等を直接若しくは間接に保有する関係として政令で定める関係（当事者間の支配の関係）又は②一の者との間に当事者間の支配の関係がある法人相互の関係をいう（法法2条12号の7の5、法施令4条の2第1項）（後掲の【図4－1】参照）[2]。また、完全支配関係とは、①一の者（その者が個人である場合には、その者及びこれと特殊の関係のある個人）が法人の発行済株式等の全部を直接若しくは間接に保有する関係として政令で定める関係（当事者間の完全支配の関係）又は②一の者との間に当事者間の完全支配の関係がある法人相互の関係をいう[3]（法法2条12号の7の6、法施令4条の2第2項）（後掲の【図4－1】参照）。

なお、本章は、主として企業買収に際しての課税関係を概観することを目的としているため、特に断りがない限り、以下の記述は、取引の当事者間にそのような支配関係又は完全支配関係が存しないことを前提としている。

---

[1] 当該株式会社が種類株式を発行している場合であっても、完全支配関係及び支配関係が存するか否かは、議決権の有無その他の各種類株式の内容の如何を問わず、単純に、株式の数のみによって判定されると解されている点に、注意が必要である。国税庁HP掲載の「議決権のない株式を発行した場合の完全支配関係・支配関係について」と題する文書回答事例（名古屋国税局平成29年3月8日回答。《http://www.nta.go.jp//organization/nagoya/bunshokaito/hojin/170321/index.htm》にて閲覧可能）でも同趣旨の見解が示されている。

[2] 支配関係の有無の判定における当該支配関係を有することとなった日とは、例えば、その有することとなった原因が「株式の購入」である場合には、当該株式の引渡しのあった日をいう（法基通1－3の2－2(1)）。

[3] なお、一定の従業員持株会が保有する株式の数及びストック・オプションの行使によって取得された株式で役員等が保有するものの合計が発行済株式等の総数の5％未満である場合には、これらの株式以外の発行済株式等の全部を保有する関係があれば、完全支配関係が肯定される（法施令4条の2第2項）。

【図 4 − 1 】 支配関係と完全支配関係

支配関係
（法法 2 条12の 7 の 5 号）

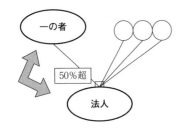

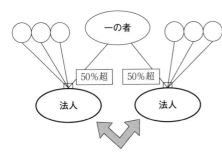

※ 50％超か否かの判定に当たっては、間接支配を含む（法施令 4 条の 2 第 1 項）

完全支配関係
（法法 2 条12の 7 の 6 号）

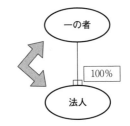

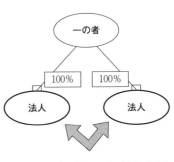

※ 100％の判定に当たっては、以下のとおり（法施令 4 条の 2 第 2 項）
・ 5 ％未満の従業員持株会所有株式及び役員又は使用人のストック・オプション行使による所有株式を除く
・間接支配を含む

間接支配

(法施令4条の2第1項)

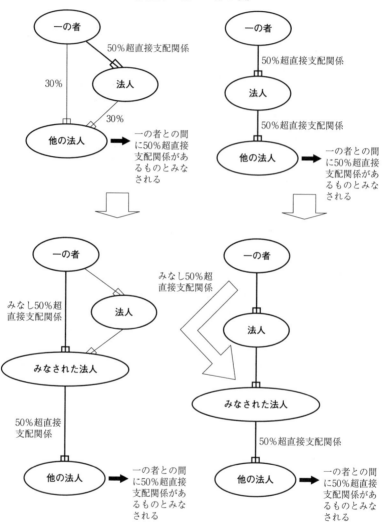

(財務省「平成22年度改正関係参考資料(法人税関係)」3頁及び4頁記載の図を基に作成)

2 支配関係にない対象会社の完全買収

(1) 株式又は金銭を対価とする吸収合併の方法による全部買収

イ 適格合併と非適格合併における課税関係の概要

　対象会社の事業の全部を買収するための最も代表的な手段が、合併である。合併は、合併により消滅する会社（法人税法上の用語では、被合併法人）の権利義務の全部を合併後存続する会社又は合併により設立する会社（同法上の用語では、合併法人）に包括的に承継させる手続である（会社法2条27号・28号）。2007年5月1日以降、会社法上、組織再編成の対価が柔軟化され、存続会社（合併法人）株式のみならず、親会社株式や金銭その他の財産を合併の対価とすることも認められるようになった。合併による買収の課税関係を検討する上で出発点となるのが、適格合併への該当性である。当該合併が適格合併に該当するか否かによって、合併により移転する資産等の（被合併法人の）法人レベルにおける譲渡損益課税（キャピタル・ゲイン課税）や、**第3章**で概説した被合併法人の株主レベルにおけるみなし配当課税の有無などの課税関係が異なってくる。

　適格合併に該当すると、（被合併法人の）法人レベルと株主レベルの双方で、課税上の損益認識が繰り延べられる。即ち、適格合併による被合併法人の資産等の移転については、税務上、簿価による引継ぎが強制されているため（法法62条の2第1項）、移転資産等に含み損益があったとしても、合併の時点では譲渡損益は認識されず、合併法人が当該移転資産等を将来第三者に譲渡する時点まで譲渡損益の認識が税務上繰り延べられる。また、被合併法人の株主レベルでも、適格合併の場合には、保有株式に係る譲渡損益課税もみなし配当課税もなされないのが原則である（後掲の**【表4-1】**及び**第3章**参照）。もっとも、平成29年度税制改正により、吸収合併について、合併法人の被合併法人に対する持株割合が3分の2以上

の場合には、被合併法人の少数株主に対して金銭その他の資産（boot）を交付する場合でも、適格組織再編成に該当し得るものと改正された（法法２条12号の８）一方で、合併の際に、被合併法人の株主がその保有に係る被合併法人株式につき税務上譲渡損益の認識が不要となるための要件については、株式（及び100％親会社の株式）以外の金銭その他の財産（いわゆる boot）の交付がない合併（上記改正で「金銭等不交付合併」と名付けられた）であるとされたまま、特に改正されなかった（法法61条の２第２項）。従って、適格合併のうち金銭等不交付合併に該当しない合併では、たとえそれが適格合併に該当しても、被合併法人の株主レベルで株式の譲渡損益課税がなされる場合が生じることになった（後掲の【表４－１】参照）。

　他方、非適格合併に該当すると、被合併法人の法人レベルと株主レベルの双方で、課税がなされ得る。即ち、非適格合併の場合、合併法人に移転する被合併法人の資産等について時価による譲渡があったとみなされるため（法法62条１項）、かかる資産等の簿価と時価との差額について損益が認識され、譲渡損益課税がなされる。また、被合併法人の株主レベルでも、みなし配当課税がなされ[4]、合併の対価として金銭が交付されない場合には、株主は納税資金を別途準備しなければならないこととなる。さらに、当該非適格合併の対価として合併法人株式（いわゆる三角合併の場合には、合併親法人株式）以外の資産（いわゆる boot）が交付される場合には、原則として保有株式に係る譲渡損益課税もなされる（下記の【表４－１】及び**第３章**参照）。

---

[4] 但し、非適格合併の場合でも、合併対価として交付される株式・金銭等の価額がその交付の基因となった株式（所有株式）に対応する被合併法人の最後事業年度終了時点の「資本金等の額」に満たないとき（大雑把にいえば、被合併法人株式１株当たりの合併対価の額が１株当たりの当該「資本金等の額」に満たないとき）には、結果として、みなし配当は生じない（所法25条１項、法法24条１項）。

【表4－1】 被合併法人の株主レベルでの課税関係

	金銭等（合併法人株式又は合併親法人株式のいずれか一方以外の資産）の交付の有無	課税関係
適格合併	交付がない場合	課税なし
	交付があっても例外的に適格合併に該当する場合	譲渡損益課税
非適格合併	交付がない場合	みなし配当課税
	交付がある場合	みなし配当課税＋譲渡損益課税

　一般的には、被合併法人の法人レベルと株主レベルの双方で課税上の損益認識が繰り延べられる適格合併の方が税務上有利である場合が多いが、非適格合併により企業買収を行う方が当事者の税負担を実質的に軽減させる場合も少なくない。例えば、まず、移転資産等を全体としてみて含み損失がある場合には、買収スキームを非適格組織再編成として構成して税務上譲渡損を認識した方が、通常は、税負担の面では有利である。また、非適格合併においては、合併の対価の額が移転資産等の時価純資産価額を超える場合には、その超える部分の一定額が資産調整勘定（法人税法上の（正の）のれん）として計上され（法法62条の8第1項）、5年間の均等償却により損金算入できる（同条4項・5項）という課税上のメリットがある。従って、買収スキームを非適格組織再編成として構成することは、適格組織再編成の要件が比較的形式的に規律されていることもあって、いわゆる「適格外し」であるとして一般的行為計算否認規定に基づく否認を受けるリスク（**第13章**参照）を別とすれば、後述するとおり、常に、当事者にとって検討に値する選択肢である[5]。

5　岡村忠生『法人税法講義〔第3版〕』（成文堂、2007）354頁参照。

ロ　対価要件（現金等不交付要件）〜平成29年度税制改正による改正

　平成29年度税制改正前においては、合併の対価に1円でも現金その他の資産（boot）が含まれる場合（かかる場合の合併を、以下「現金交付合併」という）は、常に非適格合併（平成29年度税制改正前法法2条12号の8参照）に該当するものとされていた。その結果、合併の対価に1円でもbootが含まれる場合には、常に、被合併法人が保有する資産の含み損益に対して、合併時に譲渡損益課税がなされるものとされていた（平成29年度税制改正前法法62条の2参照）。

　しかしながら、平成29年度税制改正により、上場会社等の完全子会社化のためのスクィーズ・アウトに係る課税上の取扱いについて統一的な規律がなされたことに伴い、現金交付合併の場合であっても、必ずしも税制非適格とはならないこととされ、合併に係る税制適格要件のうち、対価に関する要件（現金等不交付要件）については、合併の直前において合併法人が被合併法人の発行済株式（自己株式を除く）の3分の2以上を有する場合における当該合併法人以外の株主に対して交付する対価を除外して判定されることとなった（法法2条12号の8柱書括弧書）。

　そのため、平成29年度税制改正後は、吸収合併を用いたM&A（新設合併がM&Aで用いられることは実務上ほとんどないので、以下では基本的に吸収合併を念頭に置いて論じる）では、買収会社（合併法人）の対象会社（被合併法人）に対する持株割合が3分の2以上である限り、対象会社の株主に合併対価としてbootをいくら交付しても（極端な場合、合併対価が現金のみであっても）、対象会社の法人レベルにおける課税は繰り延べられることとなった（他方、上記イで述べたとおり、対象会社の株主レベルでは、対価としてbootが交付された分だけ株式譲渡損益課税がなされる）。

　現金交付合併が適格合併に該当するための要件は、後掲の【表4－2】記載のとおりである。

【表4−2】 現金交付合併が適格合併に該当するための要件

	合併法人と被合併法人との関係	適格要件
		AからCに共通する要件 ・合併法人の被合併法人に対する持株割合が3分の2以上であること
A 100% グループ内	完全支配関係 又は 同一の者による完全支配関係及び合併後におけるその者による合併法人に対する完全支配関係の継続見込み	
B 50%超 グループ内	当事者間の支配関係及びその関係の継続見込み 又は 同一の者による支配関係及びその関係の継続見込み	① 被合併法人の合併直前の従業者の概ね80%以上の継続従事が見込まれていること〔従業者継続従事要件〕 ② 被合併法人の主要な事業のうち合併法人の合併事業と関連する事業のいずれかが合併法人において引き続き行われることが見込まれていること〔事業継続要件〕
C 50%以下 （共同事業を行うための合併）	上記以外	① 被合併法人の主要な事業のうちのいずれかの事業と合併法人のいずれかの事業とが相互に関連するものであること〔事業関連性要件〕 ② 被合併法人の主要な事業のうちのいずれかの事業とその事業と関連する合併法人の事業のそれぞれの規模（売上金額、従業者数、資本金の額又はこれらに準ずるもの）が概ね5倍を超えないこと〔事業規模要件〕又は 被合併法人の「特定役員」（常務クラス以上の役員又はこれに準ずる者で法人の経営に従事している者）のいずれかと合併法人の「特定役員」のいずれかとが、合併後

に合併法人の「特定役員」となることが見込まれていること〔特定役員要件又は経営参画要件〕

(注) 特定役員とは、社長、副社長、代表取締役、代表執行役、専務取締役若しくは常務取締役又はこれらに準ずる者で法人の経営に従事している者（法施令4条の3第4項2号）を意味する。

③ 被合併法人の合併直前の従業者の概ね80％以上の継続従事が見込まれていること〔従業者継続従事要件〕
④ 被合併法人の主要な事業のうち合併法人の合併事業と関連する事業のいずれかが合併法人において引き続き行われることが見込まれていること〔事業継続要件〕
⑤ 合併により交付される合併法人（いわゆる三角合併の場合には、合併親法人）の議決権株式のうち支配株主に交付されるものの全部が、支配株主により継続して保有されることが見込まれていること〔株式継続保有要件（取得株式継続保有要件）〕

(注) 支配株主とは、合併直前に被合併法人と他の者との間に当該他の者による支配関係がある場合における当該他の者及び当該他の者による支配関係があるものを意味する（但し、合併法人は除く）。
(注) 合併直前に被合併法人の全てについて他の者との間に当該他の者による支配関係がない場合には、本要件は必要とされない。

ハ　共同事業を行うための合併に関する税制適格要件

① 税制適格要件の概要

当事者間に完全支配関係（法法2条12号の7の6、法施令4条の2第2項）又は支配関係（法法2条12号の7の5、法施令4条の2第1項）がない場合（概していえば、発行済株式総数の50％超の株式保有関係が存しない場合）における適格組織再編成は、一般に、共同事業を行うための組織再編成と呼ばれている。このような完全支配関係又は支配関係にない会社を合併により買収する場合には、当該合併が適格組織再編成に該当するか否かは、共同事業を行うための組織再編成に係る税制適格要件が充足されるか否かに帰着することになるが、その要件（法法2条12号の8ハ、法施令4条の3第4項）の概要は、後掲の【表4－3】のとおりである。以下、各要件に係る解釈上の論点等について順次検討する（但し、株式継続保有要件（取得株式継続保有要件）については、後記3(1)ロ②で論じる）。

【表4－3】　共同事業を行うための合併に関する税制適格要件の概要

対価要件 （boot不交付要件）	合併法人株式（いわゆる三角合併の場合には、合併親法人株式）以外の資産が交付されないこと （注）　配当見合い又は反対株主の株式買取代金としての金銭等の交付及び合併法人の被合併法人に対する持株割合が3分の2以上の場合における被合併法人の少数株主に対する金銭その他の資産の交付は、対価に関する税制適格要件の充足を妨げない（法法2条12号の8柱書括弧書）。
事業関連性要件	被合併法人の主要な事業のうちのいずれかの事業と合併法人のいずれかの事業とが相互に関連するものであること
事業規模要件又は経営参画要件	被合併法人の主要な事業のうちのいずれかの事業とその事業と関連する合併法人の事業のそれぞれの規模（売上金額、従業者数、資本金の額又はこれらに準ずるもの）が概ね5倍を超えないこと〔事業規模要件〕 又は 被合併法人の「特定役員」（常務クラス以上の役員又はこれに準ずる者で法人の経営に従事している者）のいずれかと合併法人の「特定役員」のいずれかとが、合併後に合併法人の「特定役員」となることが見込まれていること〔経営参画要件〕

従業者引継要件	被合併法人の合併直前の従業者の概ね80％以上が合併法人の業務（合併法人との間に完全支配関係がある法人の業務、並びに当該被合併法人の事業が当該合併後に行われる適格合併（第2次合併）により当該第2次合併に係る合併法人に移転することが見込まれている場合における当該第2次合併に係る合併法人及び当該第2次合併に係る合併法人との間に完全支配関係のある法人の業務を含む）に従事することが見込まれていること
事業継続要件	被合併法人の主要な事業のうち合併法人の合併事業と関連する事業のいずれかが、合併法人（合併法人との間に完全支配関係がある法人、並びに当該被合併法人の事業が当該合併後に行われる適格合併（第2次合併）により当該第2次合併に係る合併法人に移転することが見込まれている場合における当該第2次合併に係る合併法人及び当該第2次合併に係る合併法人との間に完全支配関係のある法人を含む）において引き続き行われることが見込まれていること
株式継続保有要件（取得株式継続保有要件）	合併により交付される合併法人（いわゆる三角合併の場合には、合併親法人）の議決権株式（以下、本表において「対価株式」という）のうち支配株主に交付されるものの全部が、当該支配株主（当該合併後に行われる適格合併（第2次合併）により当該対価株式が当該第2次合併に係る合併法人に移転することが見込まれている場合における当該合併法人を含む）により継続して保有されることが見込まれていること（当初の合併後に合併法人（いわゆる三角合併の場合には合併親法人）を被合併法人とする適格合併（第2次合併）を行うことが見込まれている場合には、当該第2次合併の直前の時まで当該対価株式の全部が当該支配株主により継続して保有されることが見込まれていること） （注）　支配株主とは、合併直前に被合併法人と他の者との間に当該他の者による支配関係がある場合における当該他の者及び当該他の者による支配関係があるものを意味する（但し、合併法人は除く）。 （注）　合併直前に被合併法人の全てについて他の者との間に当該他の者による支配関係がない場合には、本要件は必要とされない。

※　当初の合併後に合併法人又はその株主が適格合併を行うことが見込まれている場合には、従業者引継要件、事業継続要件及び株式継続保有要件が緩和されている（後記⑥参照）。

② 対価要件（現金等不交付要件）

前述のとおり、被合併法人の株主に対して合併の対価として合併法人株

式（いわゆる三角合併の場合[6]には、合併親法人株式）以外の資産（いわゆる boot）が交付されないことが、原則として、適格合併に該当するための要件の一つとされている（法法2条12号の8柱書）。

このことは、買収スキームを非適格合併として構成しようとする場合には、合併法人株式以外の資産（いわゆる boot。典型的には金銭）を合併対価とすることによって、それだけで、当該資産の額の多寡や、それが合併対価の全部であるか一部であるかに拘らず、いわゆる一般的行為計算否認規定に基づく否認のリスク（**第13章**参照）を別とすれば、当該合併を非適格合併とすることができることを意味する。但し、合併に際しての配当見合い又は反対株主の株式買取代金としての金銭等の交付及び合併法人の被合併法人に対する持株割合が3分の2以上の場合における被合併法人の少数株主に対する金銭その他の資産（boot）の交付は、法人税法上、税制適格要件の充足の有無に影響を与えない（即ち、これらの場合にbootが交付されても、それだけでは非適格合併とはならない）とされている（法法2条12号の8柱書括弧書）。

③　事業関連性要件

事業関連性要件に関しては、法人税法施行規則3条1項1号の事業性の要件及び同項2号の事業関係の要件（後掲の**【表4－4】**参照）のいずれをも充足する場合（簡単にいえば、被合併法人の事業と合併法人の事業の双方に事業性が存在し、且つ、その事業が相互に関連している場合）には、事業関連性要件を充足するものとする旨の規定が設けられている（法

---

[6] 三角合併に関しては、**第6章**を参照。なお、2018年12月21日に閣議決定された「平成31年度税制改正の大綱」64頁において、「合併、分割及び株式交換に係る適格要件並びに被合併法人等の株主における旧株の譲渡損益の計上を繰り延べる要件のうち、対価に関する要件について、対象となる合併法人等の発行済株式の全部を間接に保有する関係のある法人の株式を加える」との改正提案がなされており、今後の立法の動向が注目される。

施規3条1項柱書)。そして、いわゆるペーパー・カンパニーについては、この事業性の要件が欠けるものとされている(第6章1(3)参照)。もっとも、かかる規定は同項各号に掲げられた要件の全てを満たした合併が事業関連性要件を充足する旨を定めているに過ぎず、同項各号に掲げられた要件の一部を充足しない合併についても、事業関連性要件を充足する場合があると解されている[7]。

実務上は、例えば、持株会社を一方の当事者とする合併の場合に、事業関連性要件を充足するか否かをどのように判定するかが問題となり得るが、持株会社が子会社と共同してその子会社の事業を行っていると認められる実態が備わっている場合には、その子会社の事業も含めて事業関連性の判定がなされると解されている[8]。

【表4-4】 事業性の要件及び事業関係の要件の概要

事業性の要件の概要(法施規3条1項1号)
・ 被合併法人及び合併法人が合併の直前において、それぞれ次に掲げる要件の全てに該当すること 　イ　事務所、店舗、工場その他の固定施設(その本店又は主たる事務所の所在地がある国又は地域にあるこれらの施設に限る)を所有し、又は賃借していること 　ロ　従業者(役員にあっては、その法人の業務に専ら従事するものに限る)があること 　ハ　自己の名義をもって、且つ、自己の計算において商品販売等、そのための市場調査・許認可等の申請その他の法人税法施行規則3条1項1号ハに掲げるいずれかの行為をしていること
事業関係の要件の概要(法施規3条1項2号)
・ 被合併事業(被合併法人の合併前に行う主要な事業のうちのいずれかの事業)と合併事業(合併法人の合併前に行う事業のうちのいずれかの事業)との関係に関して、合併の直前において次に掲げるいずれかの関係があること 　イ　被合併事業と合併事業とが同種のものであること 　ロ　被合併事業に係る商品等又は経営資源と合併事業に係る商品等又は経営資源とが同一のもの又は類似するものであること 　ハ　被合併事業と合併事業とが合併後に当該被合併事業に係る商品等又は経営資源と当該合併事業に係る商品等又は経営資源とを活用して行われることが見込まれていること

④　事業規模要件

　事業規模要件は、その代替要件である経営参画要件(特定役員引継要件)と比べ、その充足の有無を判定することが困難である場合が少なくない。

　実務上、例えば、持株会社を一方の当事者とする合併の場合、規模を比較すべき「事業」の把握の方法が問題となり得る。この点は、特に純粋持株会社と事業持株会社との合併に際して問題となる。

　これに関して、事業規模要件との関係では、持株会社の子会社において行う事業を比較対象に含めることはできないと解する見解（即ち、あくまでも持株会社の単体ベースで事業規模を比較すべきとする見解）[9]がある。しかしながら、条文上は、事業関連性要件における「事業」と事業規模要件における「事業」とは異なるものとして規定されていないし、また、事業規模要件は、組織再編成の実態が一方当事者による他方当事者の買収でないこと（即ち、対等合併といえること）を認定するために要求されている要件であること等に照らせば[10]、事業関連性要件の場合と同様に、持株

---

[7]　金融庁から提出された照会文書（「投資法人が共同で事業を営むための合併を行う場合の適格判定について（照会）」）に対する、平成21年3月19日付けの国税庁の回答参照。

[8]　課税当局は、（株式交換の文脈ではあるが）「持株会社の事業をどのように見るかはその実態に応じることとなりますが、持株会社が子法人の事業について、その重要な機能の一部を担っている場合など、持株会社が子法人と共同してその子法人の事業を行っていると認められる実態が備わっている場合には、その子法人の事業も含めて事業関連性の判定を行うことが考えられます」と説明している（青木孝徳ほか『平成18年版　改正税法のすべて』（大蔵財務協会、2006）303頁。国税庁HP掲載の「持株会社と事業会社が合併する場合の事業関連性の判定について」と題する質疑応答事例（《https://www.nta.go.jp/law/shitsugi/hojin/33/05.htm》にて閲覧可能）でも、同趣旨の見解が示されている）。

[9]　例えば、佐藤信祐『組織再編における税制適格要件の実務Q&A〔第4版〕』（中央経済社、2017）124-125頁、遠藤敏史『株式交換・株式移転の税務Q&A』（清文社、2009）39頁。

[10]　組織再編成の一方当事者が事業持株会社で、他方当事者が純粋持株会社である場合に、事業持株会社の事業規模と持株会社それ自体の事業規模とをそのまま比較したのでは、（仮に両当会社グループの規模はほぼ同じであり、組織再編成の実態が買収に該当しない場合であったとしても、）必然的に事業規模要件を充足しないとの結論が導かれてしまい、当該要件が設けられた趣旨に悖る結果となると考えられる。

会社が子会社と共同してその子会社の事業を行っていると認められる実態が備わっている場合には、その子会社の事業も含めて事業規模要件を充足するか否かが判定されると解すべきであろう。

⑤　経営参画要件（特定役員引継要件）

「経営参画要件」（特定役員引継要件）は、事業規模の割合が概ね5倍を超えないという「規模要件」を充足しない場合であっても、これを充足する場合には、経営面での共同事業性が担保されているもの（つまり、一方当事者による他方当事者の実質的な買収ではない）として設けられたものであり、規模要件の代替要件とされている[11]。即ち、被合併法人の「特定役員」のいずれかと合併法人の「特定役員」のいずれかとが合併後に合併法人の経営に従事する「特定役員」となることが見込まれている場合には、事業規模要件を充足しない合併であっても、適格合併に該当し得るものとされている。

「特定役員」の範囲について、法人税法施行令4条の3第4項2号括弧書は「社長、副社長、代表取締役、代表執行役、専務取締役若しくは常務取締役又はこれらに準ずる者で法人の経営に従事している者をいう」と規定しており、ここにいう「これらに準ずる者」とは、「役員又は役員以外の者で、社長、副社長、代表取締役、代表執行役、専務取締役又は常務取締役と同等に法人の経営の中枢に参画している者をいう」とされている（法基通1－4－7）[12]。従って、役員以外の者（例えば、「顧問」等の地位を有する者）であっても、上記役員等と同等に法人の経営の中枢に参画しているといえる者は「特定役員」に該当するが、「経営の中枢に参画している」か否かは「経営会議に参加しているという事実だけではなく、その法人における経営会議の位置付け（取締役会等との関係）、当該常務執行役員の権限、役割等の具体的な事実関係に基づき総合的な判断を行う」

11　最判平成28年2月29日民集70巻2号242頁〔ヤフー事件〕参照。

というのが国税庁課税部審理室の見解であり[13]、実務上は、役員以外の者が「特定役員」に該当する場合は限定的であると理解されている[14]。

　「経営参画要件」は、このように企業買収に際してこれを充足させるか否かについて当事者にとって比較的選択の余地がある要件であるという点で、買収スキーム（具体的には、適格組織再編成により企業買収を行うか否か）のプランニング上、重要な要件である。もっとも、専ら経営参画要件の充足のみを目的として、ある者を形式的・一時的に合併法人の常務取締役等に就任させる場合には、事実認定のレベルで「合併後に当該合併に係る合併法人の特定役員となることが見込まれていること」との要件が充足されないと認定されたり、いわゆる一般的行為計算否認規定に基づき否

---

[12] なお、会社法上、役員が存在しない合同会社においては、業務執行社員が法人税法上の役員（いわゆる、みなし役員。法施令7条1号）に該当するとされているが（国税庁HP掲載の「役員の範囲」と題するタックスアンサー（《https://www.nta.go.jp/taxes/shiraberu/taxanswer/hojin/5200.htm》にて閲覧可能））、事案によっては、「特定役員」に該当するためには、単に業務執行社員であるだけでは足りず（株式会社における平取締役と同様に取り扱われる）、代表社員（会社法599条3項）として選任される必要があろう（逆にいえば、代表社員を選任しない限り、特定役員が存在しないこととなり、「経営参画要件」を充足できないおそれがある。以上につき、「共同事業要件の充足による適格合併を考えるLLCは代表社員の選任を単なる業務執行社員は特定役員に該当しない可能性大」と題する2013年7月11日付けニュースPRO記事参照）。

[13] 山川博樹「金融商品・企業組織再編・企業再生に係る文書回答・事前照会について〔下〕」租税研究732号（2010）206頁。

[14] 「『これらに準ずるもの』とは、理事長や常務理事等をいうのであって、いわゆる平取締役は、これには入らず、また、監査役、執行役員（専務、常務、上席、シニアー等の役職を定めている場合には、それが付かない単なる執行役員）も含まれないものと解される。つまり、租税法上の役員（法2条15号）の範囲よりは著しく狭いものとなっている」とする見解がある（武田昌輔編『DHCコンメンタール法人税法』（第一法規出版、加除式）615の7頁）。

認されたりする可能性がある点に注意が必要である[15]（なお、適格合併の要件の一つである特定役員引継要件との関係ではなく、みなし共同事業要件との関係であるが、実際に法人税法132条の２が適用されて特定役員引継要件の充足が否認された例として、後記**第14章**で詳述するヤフー事件の例参照）。もっとも、対象会社の職務分掌規程上、その者が常務取締役・常務執行役員以上のランクの役職者と同等の権限を有しており、実際にその権限を行使しているような実態が存する場合には、通常は、「経営参画要件」の充足が否定されることはないであろう。

⑥ 第２次再編その他多段階再編が見込まれている場合の取扱い（「見込まれていること」との要件との関係）

平成15年度税制改正前においては、合併の後にさらに別の組織再編成（第２次再編）を行うことが予定されている場合には、当初の合併（第１次再編）は、税制適格要件（従業員引継要件、事業継続要件及び株式継続保有要件等）を充足しないことになり、非適格合併となるのが通例であった。例えば、対象会社（第１次合併における被合併法人）を吸収合併により買収する会社（例えば、買収用に設立されたSPC）について、当該買収会社（第１次合併における合併法人）を第１次合併の実行後に別の会社（例えば、当該買収会社の親会社）に吸収合併（第２次合併）させることが第１次合併の段階において既に見込まれている場合には、当該買収会社（第１次合併における合併法人、第２次合併における被合併法人）が第２次合併の結果消滅することが見込まれているため、被合併法人の合併直前

---

[15] 国税庁HP掲載の「特定役員引継要件」と題する質疑応答事例（《https://www.nta.go.jp/law/shitsugi/hojin/33/03.htm》にて閲覧可能）でも、「極端に短期間で退任したり、特定役員として就任はしたものの、実際にはその職務を遂行していない場合（名目的な特定役員である場合）などには、適格要件を形式的に満たすためだけに就任させたのではないかと見る余地もありますので注意が必要です」とされている。同旨を述べるものとして、渡辺淑夫「適格合併の要件具備のみを目的とする形式的な特定役員の選任の可否」国際税務34巻12号（2014）132頁参照。

の従業者の概ね80％以上が合併法人の業務に従事することが見込まれていることとの要件（従業者引継要件）などを充足しないことになり、実質的には「投資の継続」（**第2章5(2)参照**）が存するといえる場合であっても、当該第1次合併は非適格合併となるとされていた。

そこで、平成15年度税制改正により、当初の合併の後に行うことが見込まれる組織再編成（第2次再編）が当初の合併における合併法人を被合併法人とする適格合併に該当する場合には、一定の要件を満たせば、当初の合併（第1次再編）を適格合併の要件を充足するものとする旨の税制適格要件（具体的には、従業者引継要件、事業継続要件及び株式継続保有要件等）の緩和が行われた[16]（会社分割及び現物出資に関しても、同様の改正が行われている）。合併、会社分割及び現物出資に関しては[17]、このように、第2次再編を行うことが見込まれている場合の税制適格要件の緩和が、当該第2次再編が適格合併である場合に限って認められている（即ち、適格分割等は許容されていない）点に注意を要するが、このような立

---

[16] 法施令4条の3第4項3号乃至5号等。なお、平成29年度税制改正により、従業者引継要件について、当初の合併後に行われる適格合併（第2次合併）に係る合併法人の業務が、当初の合併後に従業者の従事すべき「合併法人の業務」に含まれることとなった（法施令4条の3第4項3号）。これにより、同一の日に、当初の合併と、当初の合併に係る合併法人を被合併法人とする適格合併（第2次合併）とが行われ、当初の合併と第2次合併の間に、従業者が当初の合併に係る合併法人の業務に従事する時間がない場合であっても、当初の合併が適格合併となり得ることが明確化された。

[17] なお、株式移転又は株式交換については、第2次再編が、適格合併である場合に限らず、当該株式移転又は株式交換により完全子法人となる会社を分割法人又は現物出資法人とする適格分割又は適格現物出資である場合にも、税制適格要件が緩和されている。即ち、平成29年度税制改正により、第1次再編が株式移転又は株式交換であり、第2次再編が適格合併である場合については、適格合併を2回以上行って事業を順次移転することが見込まれていても、従業者継続要件及び事業継続要件を充足し得るように税制適格要件が緩和された。一方、第2次再編が適格分割又は適格現物出資である場合については、株式交換完全子法人を分割法人又は現物出資法人とする適格分割又は適格現物出資に限り、税制適格要件を緩和することとされている（**第5章参照**）。

法がなされた理由については、「適格合併であれば当初の組織再編成により交付を受ける株式、移転を受ける事業等の全部がそのまま〔第2次再編における〕合併法人に引き継がれることとなるため」と説明されている[18]。

なお、平成29年度税制改正によって、第2次再編に限らず、当初の合併の後に2以上の適格合併が行われることが見込まれている場合についても、一定の要件を満たせば、当初の合併が適格合併の要件を充足する旨の税制適格要件の緩和がなされた。

具体的には、株式継続保有要件、従業者引継要件及び事業継続要件について、対象株式や対象となる従業者及び事業が、当初の合併(第1次合併)後に行われる適格合併(第2次合併以降の合併)により、当該後続の適格合併に係る合併法人に移転されることが見込まれれば、当初の合併における株式継続保有要件、従業者引継要件及び事業継続要件は充足することとされた(法施令4条の3第4項3号乃至5号)。即ち、第1次合併における株式継続保有要件、従業者引継要件及び事業継続要件について、株式の継続保有が見込まれているべき法人や、適格要件の対象となる従業者及び事業の引継ぎが見込まれているべき法人に、第1次合併後に行われることが見込まれている全ての適格合併(第2次合併以降の合併)に係る合併法人が含まれることとなったことにより、第1次合併後に、複数回の適格合併により、対価株式や従業者及び事業が順次移転することが見込まれている多段階再編を行っても、第1次合併は適格合併の要件を満たし得ることとなった。

また、平成29年度税制改正では、当初の会社分割及び現物出資の後に2以上の適格合併が行われる場合についても、株式継続保有要件、従業者引継要件及び事業継続要件が同様に改正されたほか、分割又は現物出資後に分割承継法人又は被現物出資法人を被合併法人とする適格合併を行うことが見込まれている場合に関して、主要資産移転要件も、その適格合併に係る

18　柴崎澄哉ほか『改正税法のすべて〔平成15年版〕』(大蔵財務協会、2003) 202頁。

合併法人への主要な資産及び負債が移転する見込みを不要とする形に改められた。

さらに、平成30年度税制改正により、合併、会社分割及び現物出資に関して、当初の組織再編成の後に完全支配関係がある法人間で従業者又は事業を移転することが見込まれている場合にも、当初の組織再編成の適格要件のうち従業者引継要件及び事業継続要件への該当性は充足することとされた（法法2条12号の8ロ(1)(2)・12号の11ロ(2)(3)・12号の14ロ(2)(3)、法施令4条の3第4項3号・4号、8項4号・5号、15項4号・5号）。

これを支配関係がある法人間の適格合併を例にとって説明すると、まず、従業員引継要件について、合併に係る被合併法人のその合併の直前の従業者のうち、その総数の概ね80％以上に相当する数の者が、その合併後に従事する見込みがあるべき業務には、①当該合併に係る合併法人の業務だけでなく、②上記①の合併法人との間に完全支配関係がある法人の業務、③当該合併後に行われる適格合併により当該被合併法人の当該合併前に行っている主要な事業が当該適格合併に係る合併法人に移転することが見込まれている場合における、当該適格合併に係る合併法人の業務、及び④上記③の当該適格合併に係る合併法人との間に完全支配関係がある法人の業務を全て含めることとされた（法法2条12号の8ロ(1)）。次に、事業継続要件について、合併に係る被合併法人のその合併前に行っている主要な事業が引き続き行われるべき法人には、①当該合併に係る合併法人だけでなく、②上記①の合併法人との間に完全支配関係がある法人、③当該合併後に行われる適格合併により当該主要な事業が当該適格合併に係る合併法人に移転することが見込まれている場合における、当該適格合併に係る合併法人、及び④上記③の当該適格合併に係る合併法人との間に完全支配関係がある法人が全て含まれることとされた（法法2条12号の8ロ(2)）。

このように、上記②乃至④の法人（の業務）を「含む」ことと定められているため、被合併法人の従業者の80％が1つの法人の業務に従事する必要もなければ、被合併法人の合併前に行う主要な事業の全てが1つの法人

において行われる必要もなくなった。即ち、その合併法人との間に完全支配関係がある法人（上記②）、当初の合併後に行われる適格合併に係る合併法人（上記③）及びその適格合併に係る合併法人との間に完全支配関係がある法人（上記④）の業務に従事する者までを全て合計して概ね80％以上となれば、従業員引継要件は充足されることになり、また、これらの複数の法人において主要な事業が行われている場合でも、事業継続要件は充足されることになった。なお、「合併法人との間に完全支配関係がある法人」には、合併後に新設されることが見込まれる法人や被合併法人の完全子会社で合併により合併法人の完全子会社となるものであっても該当するとされている[19]。

二　繰越欠損金・含み損

　各事業年度開始の日前10年以内に開始した事業年度に生じた欠損金額が残っているときは、繰越控除前の各事業年度の所得金額の50％相当額（但し、中小法人等の場合には、当該所得金額の全額）を限度として、当該欠損金額相当額を各事業年度の損金に算入することができる（平成27年度税制による改正後の法法57条1項・11項[20]）。

　適格合併により企業買収を行うことのメリットの一つは、被合併法人の繰越欠損金を引き継ぐことができることである（合併法人の繰越欠損金も使用することができる）[21]。支配関係にない会社を合併により買収する場

---

[19]　寺﨑寛之ほか『改正税法のすべて〔平成30年版〕』（大蔵財務協会、2018）314－316頁〔藤田泰弘ほか執筆部分〕参照。

[20]　2015年4月1日から2016年3月31日までの間に開始する事業年度における控除限度額は、その繰越控除をする事業年度のその繰越控除前の所得の金額の65％とし、同様に2016年4月1日から2017年3月31日までの間に開始する事業年度については60％、2017年4月1日から2018年3月31日までの間に開始する事業年度については55％とする旨の経過措置が設けられている（平成27年度税制改正法附則27条）。

[21]　かつては合併類似適格分割型分割による欠損金の引継ぎも認められていたが、平成22年度税制改正によって、かかる制度は廃止された。

合には、企業グループ内の組織再編成の場合とは異なって、それが適格合併（具体的には、そのうちの共同事業を行うための適格合併）に該当するときには、被合併法人の繰越欠損金の引継ぎの制限や（法法57条3項）、合併法人が合併前から有していた繰越欠損金の使用の制限（同条4項）、特定の資産の譲渡等による損失（譲渡等により実現した含み損）の損金算入の制限（法法62条の7第1項）（これらについては、後記**2**(3)ロ参照）を課されることなく、被合併法人の繰越欠損金をそのまま引き継ぐことができる。

　逆に、当該合併が適格合併に該当しないときは、被合併法人の繰越欠損金を引き継ぐことができず（当該繰越欠損金は合併に際して消滅する）、また、移転資産等について時価による譲渡があったとみなされるため、被合併法人が保有する資産等についての含み損を税務上引き継ぐこともできない。

　なお、非適格合併の場合には、それが完全支配関係にある法人間で行われる場合（即ち、グループ法人税制の適用により一定の資産に係る譲渡損益課税が繰り延べられる場合。後記**3**(3)参照）を除き、合併法人が合併前から有していた繰越欠損金の使用の制限や、特定の資産の譲渡等による損失（譲渡等により実現した含み損）についての損金算入制限は課されていない[22]（但し、下記**ホ**で後述するとおり、実質的に被合併法人の欠損金額に相当する部分が資産調整勘定の計上を通じて合併法人において損金算入されることを防止するための措置は設けられている）。

ホ　資産調整勘定・負債調整勘定

　非適格合併による企業買収の場合には、移転資産等は合併法人において時価により取得したものとみなされるところ、移転資産等の時価純資産価

---

[22] 法人税法57条4項所定の「適格組織再編成等」の定義規定及び同法62条の7第1項所定の「特定適格組織再編成等」の定義規定部分参照。なお、朝長英樹編『グループ法人税制〔第2版〕』（法令出版、2015）213頁〔緑川正博＝新沼潮〕も参照。

額と合併対価の額とが一致しない場合、両者の差額は、資産調整勘定又は差額負債調整勘定として税務上の貸借対照表に計上された上で、順次、損金化又は益金化される。即ち、合併の対価の額が移転資産等の時価純資産価額を超えるときは、その超える部分の一定額が、資産調整勘定（法人税法上の「正ののれん」）として税務上の貸借対照表に計上された上で（法法62条の8第1項）、その後5年間、均等償却（なお、平成29年度税制改正により初年度について月割計算をすることになった）により損金に算入され（同条4項・5項）、買収対価の一部を損金化できるという税務上のメリットが生じる（後掲の【図4－2】参照）。他方、合併の対価の額が移転資産等の時価純資産価額に満たないときは、その満たない部分の金額は、差額負債調整勘定（法人税法上の「負ののれん」）として税務上の貸借対照表に計上された上で（同条3項）、その後5年間、均等償却により益金に算入しなければならず（同条7項・8項）、税務上の負担が生じる（後掲の【図4－2】参照）。

　これらの資産調整勘定及び差額負債調整勘定の額は、時として多額となるため、タックス・プランニング上重要である。この点、資産調整勘定には、このように当事者の税負担を実質的に軽減させる効果が存するが、潜脱防止のための規定も別途設けられている点には注意が必要である。即ち、前記のとおり、合併の対価の額のうち移転資産等の時価純資産価額を超える部分は原則として5年間の均等償却により損金に算入できるところ、被合併法人に実質的に欠損金に相当する金額がある場合（大雑把にいえば、移転資産等の時価純資産価額がマイナスである場合）には、本来、非適格合併においては被合併法人の繰越欠損金やその保有資産等についての含み損の引継ぎが認められていないにも拘らず（前記2(1)ニ参照）、特段の制限規定がなければ、当該欠損金相当額についても資産調整勘定の計上を通じて（結果的には事後的に）損金化されることになり、結局は、被合併法人の当該欠損金相当額が資産調整勘定に置き換わる形で実質的に引き継がれる（別の言い方をすれば、被合併法人の欠損金が合併を通じて実

質的に「売買」されているといえる)ことになってしまう(後掲の【図4－2】及び【図4－3】参照)。そこで、「合併……により移転を受ける事業により見込まれる収益の額の状況その他の事情からみて実質的に当該合併……に係る被合併法人……の欠損金額(当該移転を受ける事業による収益の額によって補てんされると見込まれるものを除く。)に相当する部分から成ると認められる金額」については、資産等超過差額[23]として資産調整勘定を構成しない(つまり、資産等超過差額は資産調整勘定の減額要素である)ものとされている(法法62条の8第1項、法施令123条の10第4項、法施規27条の16第2号。後掲の【図4－3】参照)。

　なお、適格合併に該当する場合には、被合併法人の資産等の移転については簿価による引継ぎが強制されているため(法法62条の2第1項)、資産調整勘定又は差額負債調整勘定が計上されることはない。また、平成30年度税制改正により、無対価の非適格組織再編成における資産調整勘定・差額負債調整勘定の計算方法が明確化された[24]。

---

[23] 資産等超過差額は、法人税法上、「資産」として取り扱われる(財務省大臣官房文書課編『ファイナンス別冊　平成18年度税制改正の解説』(大蔵財務協会、2006)369頁参照)。
[24] 具体的な処理については藤田泰弘「平成30年度法人税関係(含む政省令事項)の改正について」租税研究2018年7月号(2018)96－98頁、特に97頁の図を参照。なお、M&Aやグループ再編との関係で特に注目されるのは、㋑株主均等割合保有関係(**第2章**参照)がある非適格の無対価合併、㋺株主均等割合保有関係がある非適格の無対価分割型分割又は㋩分割法人が分割承継法人の発行済株式等の全部を保有する関係がある無対価分社型分割において一定の「資産評定」(法施規27条の16第2項)がなされている場合には、合併法人の資産調整勘定の金額を算定する基礎となる、移転事業に係る営業権の価額は、その一定の資産評定による価額を用いることができるとされたこと(法施令123条の10第15項1号ロ)である。このような取扱いが定められたのは、「対価の省略が可能な組織再編成が行われるのは基本的に100%グループ内であることから、非適格になるのは事業の移転先法人の株式のグループ外の者への譲渡が予定されている場合や事業再生の場合が想定され」るため、「グループ外の者への譲渡の場合において、取引価格の決定に際して参考とされた営業権の価額は一応公正な営業権の価額とみることができると考えられることから、このような場合のデューデリジェンスにおける価額をもって営業権の価額として税務上も受け入れる」ことにしたためであると説明されている(寺崎ほか・前掲注19)318頁〔藤田ほか〕)。

【図4－2】 資産調整勘定と差額負債調整勘定

【資産調整勘定（法人税法上の「正ののれん」）が計上される場合】

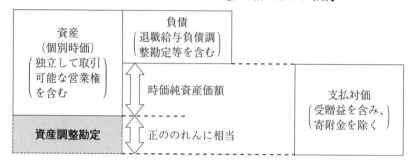

【差額負債調整勘定（法人税法上の「負ののれん」）が計上される場合】

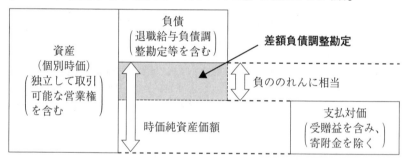

※ 財務省公表資料[25]を基に作成

---

25 財務省大臣官房文書課・前掲（注23）367頁。

【図4−3】 資産等超過差額（実質的に被合併法人の欠損金相当額から成る部分の金額）

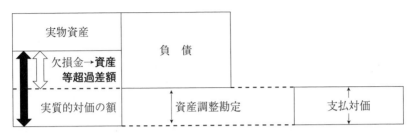

※ 財務省公表資料[26]を基に作成

ヘ　潜在的租税債務

　合併は、被合併法人（対象会社）の私法上の権利義務の全部を包括的に承継する手続（会社法2条27号・28号）であって、対象会社の潜在債務（偶発債務）のリスクを遮断することができない買収スキームである。合併により被合併法人の公法上の権利義務が合併法人に承継されるか否かはそれぞれの公法上の制度ごとに異なるが、租税債務に関しては、私法上の権利義務と同様に、合併法人が被合併法人の租税債務を承継するものと定められている（国税通則法6条、地法9条の3）。そのため、合併による企業買収の場合には、対象会社の税務リスクを遮断することはできない。

(2)　金銭を対価とする事業譲渡の方法による全部買収

　事業譲渡（会社法制定前の「営業譲渡」に相当する）とは、株式会社が、その事業を取引行為（特定承継）の形式で他の者に譲渡する行為である[27]。事業譲渡は、合併や会社分割等の組織法上の行為や株式譲渡等の企業買収手段とは異なり、事業を構成する債務や契約上の地位等を移転させ

26　財務省大臣官房文書課・前掲（注23）369頁。
27　江頭憲治郎『株式会社法〔第7版〕』（有斐閣、2017）958−959頁。

るために、原則として各契約の相手方の同意を個別に取得する必要がある点で、手続上の負担が重い。そのため、一般論としては、大規模な事業を買収するための手段としては不向きであるが、①合併や株式譲渡と異なり、(会社分割と同様に) 対象会社の潜在債務を遮断することが可能であり、また、②会社分割と異なって、承継される事業に主として従事する労働者についても、その労働契約が譲受会社に承継されないことへの法定の異議権[28]が認められていない、などといった特徴がある。事業譲渡の対価としては通常は金銭が用いられるが、必ずしも金銭でなければならない必然性はない (なお、事業譲渡の対価として譲受会社 (買収会社) の株式が用いられる場合には、法形式としては「現物出資」に該当することになる)。

金銭を対価とする事業譲渡の法人税法上の位置付けは、資産等の集合体の譲渡であって、その課税関係は、非適格合併等についての課税関係に類似している。

即ち、まず、譲渡会社 (対象会社) の法人レベルにおいては、譲渡した資産等の簿価と譲渡価額との差額について譲渡会社 (対象会社) に課税上譲渡損益が認識される (即ち、譲渡会社 (対象会社) の法人レベルでの課税の繰延べは認められない)。他方、譲受会社 (買収会社) の法人レベルにおいては、譲受会社 (買収会社) は、譲渡会社 (対象会社) の繰越欠損金を引き継ぐこともできない。

因みに、譲渡会社 (対象会社) の事業及びその主要な資産・負債の概ね全部を移転する事業譲渡が行われたときは、適格現物出資に該当する場合を除き、非適格合併等がなされた場合と同様に、事業譲渡の対価の額と移転資産等の時価純資産価額との差額が譲受会社 (買収会社) の資産調整勘定 (法人税法上の正ののれん) 又は差額負債調整勘定 (同法上の負ののれん) として税務上の貸借対照表に計上され、その後5年間の均等償却 (な

---

28 会社分割に伴う労働契約の承継等に関する法律4条参照。

お、平成29年度税制改正により、初年度について月割計算をすることになった）により、損金化又は益金化される（法法62条の8第1項、法施令123条の10、法法62条の8第4項・5項・7項・8項）。

なお、事業譲渡による資産等の移転については、土地、有価証券、金銭債権、現金等の移転を除き（消費税法6条1項）、消費税の課税対象とされている[29]。この点は、合併や会社分割などの組織法上の行為による資産等の移転が「資産の譲渡」に該当せず、消費税の課税対象外取引であると解されていることと異なる。

次に、譲渡会社（対象会社）の株主レベルにおける課税であるが、事業譲渡の場合には、事業譲渡後に譲渡会社が解散・清算等しない限り、株主に対する分配が行われないため、非適格合併等の場合とは異なり、譲渡会社（対象会社）の株主レベルでの課税（具体的には、みなし配当課税やその保有株式に係る譲渡損益課税）は生じない。

また、譲渡会社（対象会社）の抱える潜在的な税務リスクについてであるが、事業譲渡の場合には、合併の場合と異なって、当該リスクは原則として譲受会社（買収会社）に承継されない。但し、無償若しくは著しく低い額の対価で事業を譲り受けた場合（国税徴収法39条、地法11条の8）、又は、親族その他の特殊関係者から事業を譲り受けた場合（国税徴収法38条、地法11条の7）には、買収会社は、譲渡会社（対象会社）の滞納租税について一定の責任（第二次納税義務）を負う場合があるので、注意する必要がある。

---

[29] もっとも、消費税に関しては、譲受会社（買収会社）側で仕入税額控除（消費税法30条）を受けることができるので、譲渡会社と譲受会社とを全体としてみた場合に、税負担の面において、合併や会社分割と比較して常に不利になるというわけではない。なお、事業譲渡により、課税資産と非課税資産とを一括して譲渡する場合には、それらの対価の額を合理的に区分して消費税を課す旨明らかにするものとして、国税庁HPに掲載の「営業の譲渡をした場合の対価の額」と題する質疑応答事例（《https://www.nta.go.jp/law/shitsugi/shohi/14/01.htm》にて閲覧可能）参照。

(3) 金銭を対価とする株式譲渡の方法による全部買収

イ　株式全部の譲渡

　株式譲渡は、対象会社の法人格の独立性を維持しつつ、対象会社の支配権の全部（又は一部）を獲得することを可能にする企業買収手段である。

　金銭を対価とする株式譲渡の方法により企業買収を行う場合、対象会社株式を譲渡した者には、譲渡した対象会社株式の取得価額と譲渡価額との差額について株式譲渡損益課税がなされる（即ち、株主レベルでの課税の繰延べは認められない。なお、株式を対価とする株式譲渡の方法については**第9章**を参照）。他方、対象会社においては、株主の構成に異動が生じるに過ぎず、その資産等が移転するわけではないため、その資産等について譲渡損益課税がなされることはない。

　また、株式譲渡の方法による全部買収の場合には、(非適格)合併や事業譲渡による全部買収の場合とは異なり、買収金額が対象会社の移転資産等の時価純資産価額を上回っても、税務上は資産調整勘定（法人税法上の正ののれん）が計上されることはなく、その超過額（買収金額の一部）を損金化し、将来の納税額を軽減させるという効果を享受することはできない。

　株式譲渡の方法による企業買収は、対象会社の法主体としての同一性が損われないため、対象会社が買収前に有していた繰越欠損金及び保有資産等に係る含み損についての課税関係には影響が生じないのが原則であるが、繰越欠損金を有する法人を買収した上で、利益の見込まれる事業を当該法人に移転することによって課税所得を圧縮する、といった租税回避行為を防止するための制度が設けられている。具体的には、買収の結果、買収者と繰越欠損金又は一定の含み損（「評価損資産」についての含み損）を有する対象会社（欠損等法人）との間に特定支配関係（概していえば、発行済株式総数の50％超の株式保有関係）が形成された場合、当該欠損等法人が、かかる関係が形成された日から5年以内に、旧事業を廃止し、その事業規模の概ね5倍を超える資金借入れ等を行うこと等の適用事由に該

当するときは、その該当する日の属する事業年度前において生じた欠損金額につき、繰越控除制度の適用が制限されるとともに、その事業年度開始の日から3年以内に生ずる一定の資産に係る譲渡等損失額の損金算入も制限される（法法57条の2、60条の3）。

ロ　株式全部の譲渡＋適格合併

買収会社が、対象会社の発行済株式の全部を金銭を対価とする株式譲渡の方法により取得した後に当該対象会社を合併する場合（下記の【図4－4】参照）、当該合併は完全支配関係にある法人間の取引となるため、合併対価として合併法人株式以外の資産が交付されない限り、企業グループ内の組織再編成として適格合併（法法2条12号の8イ）に該当する（後掲の【表4－5】参照）。そして、適格合併による被合併法人（ここでは、対象会社）の資産等の移転については、簿価による引継ぎが強制されているため（法法62条の2第1項）、課税上の譲渡損益は認識されず（即ち、被合併法人の法人レベルでの譲渡損益課税が繰り延べられ）、また、被合併法人（ここでは、買収会社）の株主レベルでの課税は行われない。

【図4－4】　株式全部の譲渡＋適格合併

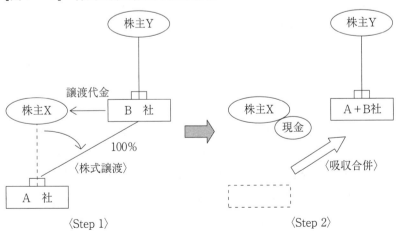

【表４－５】 完全支配関係にある法人間の合併に関する税制適格要件の概要

対価要件	合併法人株式（いわゆる三角合併の場合には、合併親法人株式）以外の資産が交付されないこと （注） 配当見合い又は反対株主の株式買取代金としての金銭等の交付並びに合併法人の被合併法人に対する持株割合が３分の２以上の場合における被合併法人の少数株主に対する金銭その他の資産の交付は、対価に関する税制適格要件の充足を妨げない（法法２条12号の８柱書括弧書）。
完全支配関係	当事者の一方による完全支配関係のある合併の場合： 完全支配関係 同一の者による完全支配関係のある合併の場合： 完全支配関係及び合併後におけるその者による合併法人に対する完全支配関係の継続見込み

※ 同一の者による完全支配関係のある合併について、当初の合併後に合併法人を被合併法人とする適格合併を行うことが見込まれている場合には、完全支配関係の継続見込みに係る要件が緩和されている。平成29年度税制改正以降は、同一の者による完全支配関係がある合併について、①同一の者を被合併法人とする適格合併（第２次合併）を行うことが見込まれている場合には、当該第２次合併に係る合併法人をその同一の者とみなすこととし、②同一の者とみなされた法人を被合併法人とするさらなる適格合併（第３次合併以降の合併）が見込まれる場合にも、当該第３次以降の合併に係る合併法人を同一の者とみなすこととされた（法施令４条の３第２項２号、３項２号、25項１号）。このように、当初の合併（第１次合併）の後に、複数回の適格合併により、第１次合併に係る合併法人との間に完全支配関係を有する者が順次変更することが見込まれている場合には、それぞれの適格合併に係る合併法人により継続して完全支配関係が継続することが見込まれていれば、第１次合併が適格合併に該当し得ることとなった。

　適格合併の場合、被合併法人（ここでは、対象会社）の繰越欠損金は合併法人（ここでは、買収会社）に原則として引き継がれ（法法57条２項）、また、移転資産等が簿価により引き継がれるため、移転資産等に係る含み損も原則として引き継がれることになる。しかしながら、合併法人と被合併法人との間の（ここでは、株式譲渡によって形成される）支配関係が当

該適格合併の日の属する事業年度開始の日の5年前の日以後に形成された場合（概していえば、支配関係形成後5年間を経過せずに適格合併が行われた場合[30]）には（法施令112条4項1号、9項）、当該適格合併が、後述する「共同で事業を行うための合併」に該当しない限り、①被合併法人の繰越欠損金の一部[31]の引継ぎが制限されるとともに（法法57条3項）、②引継ぎが制限される当該被合併法人の繰越欠損金に対応する合併法人の側の繰越欠損金についても、その使用が制限され（同条4項）、さらに、③合併によって被合併法人から合併法人に移転された資産で、当該被合併法人が支配関係発生日の属する事業年度開始の日以前から保有していた一定の資産（特定引継資産[32]）の含み損及び当該合併法人が支配関係発生日の属する事業年度開始の日以前から保有していた一定の資産（特定保有資産[33]）の含み損が譲渡等により実現した場合の損失額（特定資産譲渡等損失額）は、合併後一定の期間、その損金算入が制限される（法法62条の7

---

[30] なお、合併法人と被合併法人との間に「同一の者」による支配関係がある場合、当該「同一の者」が入れ替わった場合であっても「継続して支配関係がある」と考えられることにつき、国税庁による「株式の保有関係が変更している場合の青色欠損金額の引継ぎ」と題する質疑応答事例（《https://www.nta.go.jp/law/shitsugi/hojin/33/17.htm》にて閲覧可能）、「株主が個人である法人が適格合併を行った場合の未処理欠損金額の引継ぎについて（支配関係の継続により引継制限の判定をする場合）」と題する照会に対する平成29年11月7日付けの名古屋国税局審理課長の回答（《https://www.nta.go.jp/about/organization/nagoya/bunshokaito/hojin/171117/index.htm》にて閲覧可能）、及び「株式の保有関係が変更している場合の支配関係の継続要件の判定について」と題する照会に対する平成29年12月12日付けの名古屋国税局審理課長の回答（《https://www.nta.go.jp/about/organization/nagoya/bunshokaito/hojin/171212/index.htm》にて閲覧可能）参照。

[31] 具体的には、支配関係形成前の事業年度に係る繰越欠損金（法法57条3項1号）と支配関係形成以後の事業年度に係る繰越欠損金のうち支配関係発生日の属する事業年度の開始の日以前から保有する資産の含み損の実現による部分（特定資産譲渡等損失額に相当する金額から成る部分）（同項2号）。

[32] 法法62条の7第2項、法施令123条の8第3項5号参照。

[33] 法法62条の7第2項2号参照。

第1項）点に、注意が必要である。ここにいう「共同で事業を行うための合併」（上記の制限規定の適用除外事由）に該当するための要件（法施令112条3項、10項）は「みなし共同事業要件」と呼ばれており、その概要は、下記の【表4－6】記載のとおりである。

【表4－6】 みなし共同事業要件の概要

次の①から④までに掲げる要件全て、又は①及び⑤に掲げる要件全てに該当する場合に、みなし共同事業要件が充足される（法施令112条3項、10項）。

①事業関連性要件	被合併法人の被合併事業（被合併法人の主要な事業のうちのいずれかの事業）と合併法人の合併事業のいずれかの事業とが相互に関連するものであること
②事業規模要件（5倍）	被合併法人の被合併事業（被合併法人の主要な事業のうちのいずれかの事業）とその事業と関連する合併法人の事業のそれぞれの規模（売上金額、従業員数、資本金の額[34]又はこれらに準ずるもの）が概ね5倍を超えないこと
③被合併法人の事業規模継続要件（2倍）	被合併法人の被合併事業（被合併法人の主要な事業のうちのいずれかの事業）が、被合併法人と合併法人との間の支配関係発生時から合併の直前まで継続して行われており、かつ、当該支配関係発生時と合併の直前の時点における当該被合併事業の規模（上記②の規模の割合の計算の基礎とした指標に係るものに限る）の割合が、概ね2倍を超えないこと
④合併法人の事業規模継続要件（2倍）	合併法人の合併事業（被合併法人の主要な事業のうちのいずれかの事業と関連する合併法人の事業）が、合併法人と被合併法人との間の支配関係発生時から合併の直前まで継続して行われており、かつ、当該支配関係発生時と合併の直前の時点における当該合併事業の規模（上記②の規模の割合の計算の基礎とした指標に係るものに限る）の割合が、概ね2倍を超えないこと

---

34 資本金の額については、事業単位ではなく、法人単位で比較する。

④合併法人の事業規模継続要件（2倍）	合併法人の合併事業（被合併法人の主要な事業のうちのいずれかの事業と関連する合併法人の事業）が、合併法人と被合併法人との間の支配関係発生時から合併の直前まで継続して行われており、かつ、当該支配関係発生時と合併の直前の時点における当該合併事業の規模（上記②の規模の割合の計算の基礎とした指標に係るものに限る）の割合が、概ね2倍を超えないこと
⑤特定役員引継要件	被合併法人の合併の前における「特定役員」（常務クラス以上の役員又はこれに準ずる者で法人の経営に従事している者）のいずれか（支配関係発生時前において役員又はこれに準ずる者であったものに限る）と合併法人の合併の前における「特定役員」のいずれか（支配関係発生時前において役員又はこれに準ずる者であったものに限る）とが、合併後に合併法人の「特定役員」となることが見込まれていること

　なお、みなし共同事業要件には、「共同事業を行うための合併」に関する税制適格要件（前掲の【表4－3】参照）とは異なって、従業者引継要件が含まれていない。そのため、仮に、買収会社が対象会社を直接吸収合併した場合には従業者引継要件の点で「共同事業を行うための合併」に関する税制適格要件を充足しないケースであっても、買収会社がまず対象会社の発行済株式の全部を株式譲渡の方法により取得した上で当該対象会社を吸収合併する方法（当該吸収合併はみなし共同事業要件を満たすことが前提）によって、制限を課されることなく、対象会社の繰越欠損金及びその保有資産等についての含み損を買収会社に引き継ぐことができる場合もあり得ると考えられる[35]（但し、**第14章**で論じる、いわゆる一般的行為計

---

[35] 玉井裕子編『合併ハンドブック〔第3版〕』（商事法務、2015）549－550頁〔宰田高志〕参照。

算否認規定に基づく否認は別途問題となり得る[36])。

3 支配関係にない対象会社の部分買収

(1) 株式又は金銭を対価とする会社分割の方法による部分買収

イ 適格分割と非適格分割における課税関係の概要

　対象会社の事業の一部を買収する手段として、まず第一に考えられるのは、会社分割（通常はその中でも吸収分割なので、以下では吸収分割を念頭に論じる）による方法である。これは、買収会社（分割承継法人）が、吸収分割（会社法2条29号）の方法によって、直接、対象会社（分割法人）から、その事業に関して有する権利義務の一部を承継するという方法である（後掲の【図4－5】参照）。吸収分割の対価についても、合併の対価の場合と同様に、会社法上、その全部又は一部として、分割法人の株式やその完全親会社の株式だけでなく、金銭を含むそれ以外の資産（いわ

---

[36] みなし共同事業要件としての特定役員引継要件に関して、「支配関係を生じさせてから合併するという一連の過程において、合併後に存続会社の特定役員として予定する者を、存続会社と消滅会社の間に支配関係が近々生じることは予定されているがいまだ実際に生じていない段階で〔中略〕、合併相手たる会社に特定役員として送り込んだり、実際には合併後は合併の相手会社の特定役員に総退陣してもらうところ、合併後の短期間だけ形式的に存続会社の特定役員となってもらう」場合には、「濫用的な事案」として、一般的行為計算否認規定により、欠損金の使用を認めてもらえない可能性もある、と指摘する見解がある（玉井・前掲（注35）550頁〔宰田高志〕）。実際に、特定役員引継要件を形式的に充足している場合において、一般的行為計算否認規定（法法132条の2）が適用され、その充足が否認された事案として、前掲（注11）所掲の最一小判平成28年2月29日民集70巻2号242頁〔ヤフー事件〕及び最二小判平成28年2月29日民集70巻2号470頁〔IDCF事件〕並びにそれらの評釈として太田洋「ヤフー・IDCF事件最高裁判決の分析と検討」税務弘報64巻6号(2016)44頁等参照。

ゆる boot）を用いることが認められている[37]。

なお、会社分割は、法人税法上は、承継する権利義務の対価の全てが分割の日に分割法人（対象会社）の株主に交付されるもの（分割型分割：法法2条12号の9）と、承継する権利義務の対価が、分割の日に分割法人（対象会社）の株主に交付されずに、分割法人（対象会社）に交付されるもの（分社型分割：法法2条12号の10）とに分類されていることは、**第2章**において述べたとおりである（なお、会社法上の「会社分割」は、法人税法上の「分社型分割」のみを指す概念とされている）。

【図4－5】 分社型（吸収）分割の方法による部分買収と分割型（吸収）分割の方法による部分買収

【分社型（吸収）分割による事業買収】　　【分割型（吸収）分割による事業買収】

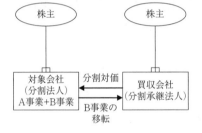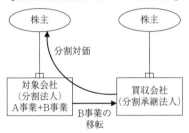

吸収分割の方法を用いて部分買収を実行する場合、それが適格分割に該当するか否かによって、会社分割で移転する資産等についての分割法人（対象会社）の法人レベルにおける譲渡損益課税や、分割法人の株主レベルにおけるみなし配当課税の有無などの課税関係が異なってくる。

---

[37] なお、平成29年度税制改正により、吸収合併について、合併法人の被合併法人に対する持株割合が3分の2以上の場合には、被合併法人の少数株主に対して金銭その他の資産（boot）を交付する場合でも、適格組織再編に該当し得ることとされた（法法2条12号の8）が（前記2⑴ロ参照）、吸収分割においては、このような形での対価要件（現金等不交付要件）の緩和は認められていない（法法2条12号の11柱書参照）。

適格分割に該当すると、それが分割型分割又は分社型分割のいずれであっても、分割法人の法人レベルと株主レベルの双方で、課税上の譲渡損益認識が繰り延べられる。即ち、適格分割による分割法人の資産等の移転については、税務上、簿価による引継ぎが強制されているため（法法62条の２第２項、62条の３第１項）、移転資産等に含み損益があったとしても、会社分割の時点では課税上譲渡損益は認識されず、分割承継法人が当該移転資産等を将来第三者に譲渡する時点まで、譲渡損益の認識が繰り延べられる。また、分割法人の株主レベルでも、適格分割の場合には、保有株式に係る譲渡損益課税は勿論、みなし配当課税も生じない（後掲の**【表４－７】**及び**第３章**参照）。

　他方、適格分割に該当しないと、分割承継法人（買収会社）に移転する資産等について時価による譲渡があったとみなされる（法法62条１項）ため、分割法人（対象会社）において、税務上、当該資産等の簿価と時価との差額について課税上譲渡損益の認識がなされる。さらに、分割法人の株主レベルでも、当該分割が分社型分割の場合には、そもそも株主レベルでの課税は問題とならない（当該分割が適格分割であるか非適格分割であるかを問わない）ものの、当該分割が分割型分割であって適格分割に該当しない場合には、非適格合併の場合と同様に、みなし配当課税がなされる場合がある（なお、当該分割型分割が適格分割であるか否かに拘らず、その対価として、分割承継法人株式又は分割親法人株式のいずれか一方以外の資産（boot）が分割法人の株主に交付される場合には、当該株主レベルで株式譲渡損益課税もなされる[38]）（後掲の**【表４－７】**及び**第３章**参照）。もっとも、当該分割が分社型分割に該当する場合には、たとえそれが非適格分割である場合にも、分割法人の株主に対してはそもそも分割の対価が交付されないため、株主としての課税関係は生じない。

38　逆に、分割型分割の対価として、分割承継法人株式又は分割親法人株式のいずれか一方以外の資産（boot）が分割法人の株主に交付されない場合には、当該株主レベルで株式譲渡損益課税が行われることはない（**第３章３(4)**参照）。

適格分割と非適格分割との間のタックス・プランニング上の有利・不利についても、合併について前述したところと同様である（前記 **2**(1)参照）。

【表 4 − 7】 分割法人の株主レベルでの課税関係

	金銭等（分割承継法人株式又は分割親法人株式のいずれか一方以外の資産）の交付の有無	課税関係
適格分割型分割	交付なし	課税なし
非適格分割型分割	交付がない場合	みなし配当課税
	交付がある場合	みなし配当課税＋譲渡損益課税
分社型分割	交付がない場合	課税なし
	交付がある場合	課税なし

ロ　共同事業を行うための会社分割に関する税制適格要件

① 税制適格要件の概要

　　支配関係にない会社（対象会社）から会社分割（吸収分割）の方法を用いて事業を買収する場合、当該会社分割が適格組織再編成に該当するか否かは、「共同事業を行うための組織再編成」に係る税制適格要件を充足するか否かに帰着することとなる。共同事業を行うための会社分割に関する税制適格要件（法法 2 条12号の11ハ、法施令 4 条の 3 第 8 項）は、合併の場合のそれと類似しているため、ここでは詳述しないが、その要件の概要は、次頁の**【表 4 − 8】**のとおりである。

【表4－8】 共同事業を行うための会社分割に関する税制適格要件の概要

対価要件 （現金等不交付要件）	分割承継法人株式（いわゆる三角分割の場合には、分割承継親法人株式）以外の資産が交付されないこと ［分割型分割の場合に追加的に必要となる要件］ 分割承継法人株式又は分割承継親法人株式が交付される場合には、当該株式が分割法人の株主の有する当該分割法人の株式の数の割合に応じて交付されること（按分型分割への限定）
事業関連性要件	分割事業と分割承継法人のいずれかの事業とが相互に関連するものであること
事業規模要件又は経営参画要件	分割事業とその事業と関連する分割承継法人の事業のそれぞれの規模（売上金額、従業者数又はこれらに準ずるもの）が概ね5倍を超えないこと〔事業規模要件〕 又は 分割法人の役員等のいずれかと分割承継法人の「特定役員」のいずれかとが、分割後に分割承継法人の「特定役員」となることが見込まれていること〔経営参画要件〕
主要資産・負債移転要件	分割事業に係る主要な資産及び負債が分割承継法人に移転すること
従業者引継要件	分割の直前の分割事業に係る従業者の概ね80％以上が分割承継法人の業務（分割承継法人との間に完全支配関係がある法人の業務、並びに分割事業が分割後の適格合併により合併法人に移転することが見込まれている場合における当該合併法人及び当該合併法人との間に完全支配関係のある法人の業務を含む）に従事することが見込まれていること
事業継続要件	分割承継法人の事業と関連する分割事業が分割承継法人（分割承継法人との間に完全支配関係がある法人並びに分割事業が分割後の適格合併により合併法人に移転することが見込まれている場合における当該合併法人及び当該合併法人との間に完全支配関係のある法人を含む）において引き続き行われることが見込まれていること

株式継続保有要件（取得株式継続保有要件）	［分割型分割の場合］ 分割型分割により交付される分割承継法人（いわゆる三角分割の場合には、分割承継親法人）の議決権株式（以下、本表において「対価株式」という）のうち、支配株主に交付されるものの全部が、当該支配株主（分割後の適格合併により対価株式が合併法人に移転することが見込まれている場合の当該合併法人を含む）により継続して保有されることが見込まれていること（なお、当初の分割後に分割承継法人（いわゆる三角合併の場合には分割承継親法人）を被合併法人とする適格合併を行うことが見込まれている場合には、当該適格合併の直前の時まで当該対価株式の全部が支配株主により継続して保有されることが見込まれていること） （注） 支配株主とは、当該分割型分割の直前にその分割型分割に係る分割法人と他の者との間に当該他の者による支配関係がある場合におけるその他の者及びその他の者による支配関係があるものを意味する（但し、分割承継法人は除く）。 （注） 分割の直前に分割法人の全てについて他の者との間にその他の者による支配関係がない場合には、本要件は必要とされない。 ［分社型分割の場合］ 分社型分割により対価株式の交付を受けた分割法人（なお、分割後の適格合併により対価株式が合併法人に移転することが見込まれている場合の当該合併法人を含む）が対価株式の全部を継続して保有することが見込まれていること（当初の分割後に分割承継法人（いわゆる三角合併の場合には分割承継親法人）を被合併法人とする適格合併を行うことが見込まれている場合には、当該適格合併の直前の時まで当該対価株式の全部が当該分割法人により継続して保有されることが見込まれていること）

※ 当初の分割後に分割承継法人又はその株主が適格合併を行うことが見込まれている場合には、従業者引継要件、事業継続要件及び株式継続保有要件の「見込み」に係る要件が緩和されている。また、主要資産・負債移転要件については、分割事業に係る主要な資産及び負債が分割承継法人に移転することが要件とされ、そもそもその適格合併に係る合併法人への移転の「見込み」は要件とされていない（前記2(1)ハ⑥参照）。

② 合併における税制適格要件との相違

前述のとおり、共同事業を行うための組織再編成に係る税制適格要件に関しては、合併の場合と会社分割（現物出資）の場合とで概ね相違は

ないが、いわゆる経営参画要件（特定役員引継要件）及び株式継続保有要件（取得株式継続保有要件）の内容については、会社分割（現物出資）の場合のそれは、合併の場合のそれとは若干異なる。

　具体的には、経営参画要件については、会社分割（現物出資）の場合には、分割法人（現物出資法人）において「特定役員」（つまり、大雑把にいえば、・常・務・取・締・役、・常・務・執・行・役又は・常・務・執・行・役・員以上の者。法施令4条の3第4項2号参照）である必要はなく、分割法人（現物出資法人）で「役員等」（「役員」[39]及び法施令4条の3第4項2号にいう「社長、副社長、代表取締役、代表執行役、専務取締役若しくは常務取締役に準ずる者」を意味する。即ち、大雑把にいえば、・取・締・役、・執・行・役及び・常・務・執・行・役・員以上の者。法施令4条の3第8項2号参照）に該当する者が、少なくとも1名以上、分割承継法人（被現物出資法人）においても「特定役員」に就任すれば、当該要件は満たされることになる。

　この点、合併の場合には、経営参画要件が充足されるためには、被合併法人において「特定役員」に該当する者が、少なくとも1名以上、合併法人においても「特定役員」に就任する必要があるのと異なる（次頁【表4－9】参照）。

---

[39] 「役員」には、会社法上の役員のみならず、「法人の使用人以外の者でその法人の経営に従事しているもの」（いわゆる、みなし役員）が含まれる（法施令7条1号）。なお、平の執行役員については、「執行役員制度の下での執行役員は、一般に、代表取締役等の指揮・監督の下で業務執行を行い、会社の経営方針や業務執行の意思決定権限を有していないことから、『法人の経営に従事しているもの』には該当しない」とされており、基本的に、「役員等」には該当しないものとされている（国税庁がＨＰにて公表している「所得税基本通達30－2の2《使用人から執行役員への就任に伴い退職手当等として支給される一時金》の取扱いについて（情報）」と題する平成19年12月5日付け法人課税課情報（源泉所得税関係）第3号所定の問7に対する回答参照。《https://www.nta.go.jp/law/joho-zeikaishaku/shotoku/shinkoku/071205/01.htm》にて閲覧可能）。

【表4－9】 経営参画要件についての差異

	再編前移転法人	再編前承継法人
合　　併	特定役員	特定役員
会社分割	役員等	特定役員
現物出資	役員等	特定役員

　なお、合併の場合における経営参画要件に関して前記2(1)ハ⑤で述べたとおり、特定役員になった者の就任期間については、租税法令上は何も規定されていないが、あまりに短い就任期間では、共同事業を行うために特定役員として引き継がれるという経営参画要件の趣旨を没却することになり、組織再編成に係る一般的行為計算否認規定である法人税法132条の2の適用などによって、当該要件の充足が否定されるリスクがあるので、この点、十分な注意が必要である。

　次に、株式継続保有要件（取得株式継続保有要件）についてであるが、共同事業を行うための組織再編成においても、グループ内組織再編成の場合における100％の完全支配関係や50％超の支配関係の継続要件の場合と同様に、再編後の取得株式の保有に関して、一定の要件が設けられている。

　この点、グループ内組織再編成の場合には、発行済株式総数に対して所定の保有割合の継続が一律に求められているのに対して、共同事業を行うための組織再編成に関しては、組織再編成の法形式（例えば、合併か分社型会社分割か）等により、株式継続要件に関する具体的な要件設定が異なっている。なお、被合併法人又は分割法人の全てについて他の者による支配関係がない合併及び分割型分割については、この株式継続保有要件は不要とされている。これは、平成29年度税制改正において、スピン・オフに係る税制適格要件（第10章参照）を、誰が支配していたかという要件を意識して見直したことと平仄を合わせて、支配株主さえ株式の保有を継続していればよいと考えたためであるとされている[40]。それぞれの組織再編成の形態毎の具体的な株式継続保有要件の相違については、次頁の【表4－

10】に記載のとおりである。

【表4－10】 合併、会社分割及び現物出資それぞれにおける（取得）株式継続保有要件の相違

	新株の交付を受ける株主		（取得）株式継続保有要件の内容
合　併 分割型分割	被合併法人又は分割法人の株主	支配株主なし	（取得）株式継続保有要件は不問
		支配株主あり	再編直前の被合併法人又は分割法人の支配株主が、新たに交付を受ける合併法人又は分割承継法人の議決権株式の全部を継続して保有することが見込まれていること
分社型分割 現物出資	分割法人又は現物出資法人	N/A	分割法人又は現物出資法人が、再編により交付される分割承継法人又は被現物出資法人株式の全部を継続して保有することが見込まれていること

ハ　繰越欠損金・含み損

　会社分割（吸収分割）の方法により事業の買収を行う場合、合併の場合と異なり、税制適格要件の充足の有無に拘らず、分割承継法人（買収会社）は分割法人（対象会社）の繰越欠損金を一切引き継ぐことができず[41]、分割法人の繰越欠損金はそのまま存続する。なお、①企業グループ内で適格分割が行われる場合には、繰越欠損金を引き継ぐことができないにも拘らず、適格合併の場合（前記 2 (3)ロ参照）と同様に、分割承継法人（買収会社）が当該分割前から有していた繰越欠損金について使用制限

40　藤田泰弘「平成29年度法人税関係（含む政省令事項）の改正について」租税研究2017年7月号（2017）59頁及び**第 2 章 5 (2)**参照。

41　なお、前掲（注21）で述べたとおり、かつて存在した合併類似適格分割型分割による欠損金の引継ぎ制度は、平成22年度税制改正によって廃止された。

（法法57条4項）が課される場合があることに注意を要するが[42]、㋩支配関係のない会社から会社分割（吸収分割）の方法を用いて事業を買収する場合には、当該分割が適格分割に該当するか否かに拘らず、このような繰越欠損金についての使用制限が課されることはない（同項参照）。

　他方、吸収分割によって移転する資産等に係る含み損に関しては、当該吸収分割が適格分割に該当する場合には、当該移転資産等が簿価により引き継がれるため、その含み損も分割承継法人（買収会社）に引き継がれることになる。なお、ⓐ企業グループ内で適格分割が行われる場合には、適格合併の場合（前記 2 (3)ロ参照）と同様に、分割法人（対象会社）から移転を受けた一定の資産及び分割承継法人（買収会社）が支配関係発生日の属する事業年度開始の日前から継続保有する一定の資産の含み損が譲渡等により実現した場合の損失額（特定資産譲渡等損失額）についての損金算入の制限（法法62条の7第1項・2項、法施令123条の8第3項5号）が課される場合があるが、ⓑ支配関係にない会社から会社分割（吸収分割）の方法を用いて事業を買収する場合には、当該分割が適格分割に該当するか否かに拘らず、このような、譲渡等により後に実現する含み損についての損金算入制限が課されることはない（同項参照）。

二　資産調整勘定・負債調整勘定

　会社分割（吸収分割）の方法により事業の買収を行う場合、当該分割が非適格分割であって、分割法人（対象会社）の「事業及び当該事業に係る主要な資産又は負債のおおむね全部」を分割承継法人（買収会社）に移転させるものである場合（法施令123条の10第1項）には、非適格合併の方

---

[42] 繰越欠損金が引き継がれない場合にもこのような繰越欠損金の使用制限が課され得るのは、分割法人（対象会社）の「黒字」事業を税務上の譲渡損益を認識させることなく承継させ、当該事業の利益と相殺する方法によって分割承継法人（買収会社）の繰越欠損金が不当に利用されることを防止するためであると考えられる（岡村・前掲（注5）451頁参照）。

法により企業買収を行う場合と同様に（前記 2 (1)参照）、当該分割の対価の額のうち移転資産等の時価純資産価額を超える部分は、資産調整勘定（法人税法上の正ののれん）として分割承継法人（買収会社）の税務上の貸借対照表に計上された上で（法法62条の 8 第 1 項）、同社において、その後 5 年間の均等償却（なお、平成29年度税制改正により初年度について月割計算をすることになった）によって税務上損金化することができる（同条 4 項・ 5 項）[43]。

なお、会社分割（吸収分割）の方法により事業の買収を行う場合であって、当該分割が適格分割に該当する場合には、適格分割による分割法人の資産等の移転については、税務上簿価による引継ぎが強制されているため（法法62条の 2 第 2 項、62条の 3 第 1 項）、そもそも資産調整勘定又は差額負債調整勘定が計上されることはなく、従って、分割承継法人（買収会社）が資産調整勘定（正ののれん）の償却による税務メリットを享受することもできない。

ホ　潜在的租税債務

分割型分割の方法により事業の買収を行う場合、分割承継法人（買収会社）は、分割法人（対象会社）から承継した財産の価額を限度として、一定の租税債務について、連帯納付責任を負う（国税通則法 9 条の 3 、地法10条の 4 ）。そのため、分割型分割の方法により事業の買収を行う場合には、合併による場合と同様に、分割法人（対象会社）の税務リスクを遮断することはできない。

他方、分社型分割の場合には、分割法人の株主に対して分割対価が交付される分割型分割の場合と異なって、分割法人はその担税力を会社分割に

---

[43] 非適格分割による資産調整勘定の計上及びその償却による損金化がなされた場合において、一般的行為計算否認規定（法法132条の 2 ）の適用が問題となった事案として、前掲（注36）所掲の最二小判平成28年 2 月29日民集70巻 2 号470頁〔IDCF事件〕及びその評釈として、太田・前掲（注36）44頁等参照。

よって失わないとして、連帯納付責任は定められていない。そのため、分社型分割の方法による事業の買収の場合には、事業譲渡による場合と同様に、分割法人（対象会社）の税務リスクは、原則として、分割承継法人（買収会社）に承継されない。但し、無償若しくは著しく低い額の対価で会社分割により事業を譲り受けた場合（国税徴収法39条、地法11条の8）、又は、親族その他の特殊関係者から会社分割により事業を譲り受けた場合（国税徴収法38条、地法11条の7）には、分割法人の滞納租税について一定の責任（第二次納税義務）を負う場合があると解されていることに注意が必要である。

(2) **金銭を対価とする事業譲渡の方法による部分買収**

　会社分割の方法による事業買収の場合には、移転対象事業に対する対価は、買収会社（分割承継法人）の株式とすることも金銭その他の資産（boot）とすることも可能であるが、事業譲渡の方法による事業買収の場合には、移転対象事業に対する対価として買収会社の株式を用いることはそもそも原理的にできない。

　対象会社の事業の一部のみを、金銭を対価とする事業譲渡の方法により買収する場合の課税関係は、基本的には、その全部の事業を当該方法により買収する場合の課税関係（前記 **2**(2)参照）と同様である。もっとも、事業譲渡により移転を受ける資産等に係る調整勘定についての損金算入（法法62条の8）に関しては、譲渡会社（対象会社）の「事業及び当該事業に係る主要な資産又は負債のおおむね全部」〔傍点筆者ら〕を譲受会社（買収会社）に移転させるものであることが、資産調整勘定（法人税法上の正ののれん）を計上するための要件とされているため（法施令123条の10第1項）、対象会社の一部の事業のみを買収する場合には、基本的には資産調整勘定の計上はできない。従って、「事業」の外延をどのように画するかにもよるが、この場合には、譲受会社（買収会社）がこの資産調整勘定（正ののれん）の償却による税務メリットを享受することは、基本的に不

可能である。

　比較すると、金銭を対価とする事業譲渡についての対象会社レベルでの課税関係は、少なくとも法人税の領域では、税制非適格の分社型分割のそれと同様であり、従って、分社型分割が適格分割に該当しない限りは、基本的には、事業譲渡の方法を用いる場合と分社型分割の方法を用いる場合とでいずれかが有利でいずれかが不利ということはない[44]。

　また、不動産取得税に関しても、少なくとも金銭を対価とする場合には、事業譲渡と分社型分割との間でいずれかが有利でいずれかが不利ということはない[45]。

　なお、従前は、事業譲渡の方法を用いた事業買収は、会社分割の方法による事業買収と比較して、不動産所有権の移転登記等に係る税率の軽減制度[46]の適用がない点等において不利であったが、かかる税率の軽減措置は、平成27年度税制改正により廃止されている。

　また、消費税法上、会社分割による資産等の移転は「資産の譲渡」に該当せず、不課税取引であると解されている一方で、前記2(2)で述べたとおり、事業譲渡による資産等の移転については、土地、有価証券、金銭債権、現金等の移転を除き（消費税法6条1項）、消費税の課税対象とされている。もっとも、消費税に関しては、事業を譲り受けた側（買収会社側）で仕入税額控除（同法30条）を受けることができるため、譲渡会社と

---

[44]　佐藤信祐＝松村有紀子『企業買収・グループ内再編の税務』（中央経済社、2010）81頁参照。

[45]　会社分割による不動産の取得については、事業譲渡の方法によるそれと異なって、不動産取得税に係る非課税制度が設けられている（地法73条の7第2号）。しかしながら、会社分割による不動産の取得について不動産取得税が非課税とされるためには、分割承継法人の株式以外の資産が分割の対価として交付されないことその他の適格分割の要件に類似した非課税要件（地施令37条の14）を充足する必要があり、分割の対価が金銭である場合には、かかる非課税要件を充足し得ない。

[46]　なお、会社分割に伴う不動産の抵当権の移転登記等に対する登録免許税の税率軽減制度については、平成24年度税制改正によって廃止された。

譲受会社とを全体としてみた場合には、当事者の税負担の面で、会社分割と比較して常に不利になるわけではない。

(3) 会社分割又は現物出資 ＋ 株式譲渡の方法による部分買収

　売主の一部の事業のみを「売買」する方法として、実務上、（実質的な意味での）「売買」対象である売主の事業（以下「対象事業」という）をまず当該売主の完全子会社に対して切り出した上で、売主と買主との間で、当該完全子会社（対象会社）の株式の譲渡のみを行う、という手法（以下、このようなスキームを「分割等＋株式譲渡スキーム」という）が用いられることがある。

　売主の一部の事業のみを「売買」する方法としては、前述したとおり、法的には、会社分割（吸収分割）を用いる方法や事業譲渡を用いる方法が存在し、これらは、対象事業を「直接」売主から買主に移転することができる点でスキームが簡明であるというメリットがあるが、会社分割を用いる場合には、売主において債権者保護手続や法定の労働者保護手続等を行わなければならず、その履践のために一定の時間が必要となる[47]ので、買収のための最終契約の締結から事業買収の完了（クロージング）まで一定の期間を空けざるを得なくなる。また、事業譲渡の方法を用いる場合には、他の買収手段とは異なり、事業を構成する債務や契約上の地位等の移転のために、原則として、移転対象となる契約や債権債務のそれぞれの相手方の同意を個別に取得しなければならず、それらの可否や時期が、当事者のコントロールが通常及ばない第三者の意思に左右され、買収の完了が円滑に行われるかどうかの点で不安定性が残る。

　そこで、事業の買収に関する最終契約の締結から買収完了（クロージング）までの期間をできるだけ短縮し、且つ、クロージングに際しての不安定性を事前に除去しておくための手段として、「分割等＋株式譲渡スキー

47　債権者保護手続の履行には、少なくとも1か月間を要する（会社法789条2項等）。

ム」を用いて、予め「売買」の対象となる事業だけで構成される法人をセット・アップしておき、当該法人（対象会社）の株式のみを売買の対象とすることがある[48]。

　なお、対象事業を当該売主の完全子会社に切り出すための（会社法上の）手法としては、主として、①新設会社に対して対象事業を承継させる新設分割（分社型新設分割）の手法、②他の事業を営んでいない売主の完全子会社に対して対象事業を承継させる吸収分割（分社型吸収分割）の手法、③対象事業を現物出資して新会社を設立する手法、の3つがある（後掲の【図4－6】参照）。

---

[48] 「分割等＋株式譲渡スキーム」が実際に用いられた例として、例えば、①日本ビクター（現在のJVCケンウッド）が、そのモーター事業部門を新設分割の方法により分社化した上で、当該新設会社株式の全部を日本産業パートナーズの投資組合が設立した会社に対して譲渡した事例（2008年2月27日公表）や、②フリービットが、そのコールセンター事業等を新設分割の方法により分社化した上で、当該新設会社株式の全部をスリープログループに対して譲渡した事例（同年8月21日公表）、③オリンパスが、その分析機事業を吸収分割の方法により同社の完全子会社（他の事業を営んでいない会社）に承継させた上で、当該子会社株式の全部をベックマン・コールスターに対して譲渡した事例（2009年2月27日公表）、④東芝が、そのメモリ事業を吸収分割の方法により同社の完全子会社（他の事業を営んでいない会社）に承継させた上で、当該子会社株式の全部をベイン・キャピタルを軸とする企業コンソーシアムにより組成された買収受皿会社に対して譲渡した事例（2017年9月20日公表）などがある。

【図4-6】 (分社型)分割又は現物出資+株式譲渡の方法による部分買収

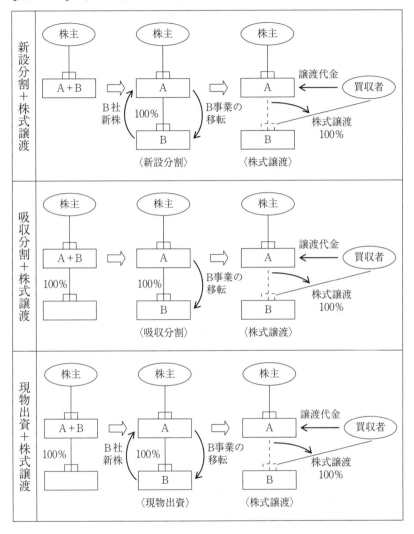

　なお、税制適格要件との関係では、前記の①新設分割(分社型新設分割)、②吸収分割(分社型吸収分割)及び③現物出資のいずれについても、これらが対象事業の譲渡の準備として行われるものであって、その後に対

象会社(分割承継法人又は被現物出資法人)の発行済株式の全部を第三者に対して譲渡することが予定されている場合には、通常は、当該「分割後に分割法人と分割承継法人との間に当該いずれか一方の法人による支配関係が継続すること」(③の現物出資については、当該「現物出資後に当該現物出資法人と被現物出資法人との間に当該いずれか一方の法人による支配関係が継続すること」)が見込まれているとの要件(法法2条12号の11ロ、法施令4条の3第7項、法法2条12号の14ロ、法施令4条の3第14項)を充足しないため、企業グループ内の組織再編成に係る税制適格要件を充足せず、また、株式継続保有要件(法法2条12号の11ハ、法施令4条の3第8項6号ロ、法法2条12号の14ハ、法施令4条の3第15項6号、前掲の【表4－8】参照)も充足しないため、共同事業を行うための適格組織再編成にも該当せず[49]、結局、税制適格組織再編成には該当しないことになる。

　対象事業の「切出し」(具体的には、①新設分割(分社型新設分割)、②吸収分割(分社型吸収分割)又は③現物出資)が税制非適格組織再編成に該当する場合の課税関係は、基本的には、支配関係にない当事者間において行われる会社分割が税制非適格組織再編成(非適格分割)に該当する場合のそれと同様であり(前記3(1)参照)、売主(分割法人又は現物出資法人)において、時価による譲渡があったとして移転資産等の含み損益について譲渡損益課税がなされることになる(法法62条1項参照)。

　なお、平成22年度税制改正におけるグループ法人税制の導入によって、完全支配関係(前記1及び前掲の【図4－1】参照)がある内国法人間で税制非適格組織再編成により資産の移転が行われる場合には、譲渡法人(ここでは、分割法人又は現物出資法人)が譲受法人(ここでは、分割承継法人又は被現物出資法人)との間に完全支配関係を有しなくなる時点ま

---

[49] 佐藤＝松村・前掲(注44)76頁参照。

で[50]、当該譲渡法人において譲渡損益調整資産（一定の固定資産、土地、有価証券、金銭債権及び繰延資産）に係る譲渡損益課税が繰り延べられる[51]ことになったが（法法61条の13第１項）、上記の「切出し」のタイミングと切り出された対象会社の株式全部の譲渡の実行日[52]とが譲渡法人（売主）の事業年度の末日を跨がなければ、結局、かかる課税繰延べは行われないままに、当該「切出し」の時点で移転資産等の含み損益について譲渡損益課税が行われることになる。その場合、上記の「切出し」に伴って、売主の保有に係る対象会社（分割承継法人又は被現物出資法人）株式の税務上の取得価額（簿価）が（かかる移転資産等の含み損益認識後の）当該「切出し」時点における時価に修正されるため（法施令119条１項27号）、売主が当該株式を買収会社に対して譲渡する段階では、かかる時価と同額を譲渡価額として定めれば、その段階では基本的には課税は生じないことになる。

---

[50] 譲渡法人と譲受法人との間の完全支配関係が崩れた場合には、原則として、譲渡損益調整資産に係る譲渡利益額又は譲渡損失額に相当する金額が、譲渡法人の当該完全支配関係が崩れた日の前日の属する事業年度において、課税所得計算上益金又は損金に算入される（法法61条の13第３項）。

[51] 具体的には、譲渡した事業年度の課税所得の金額の計算上、譲渡利益額と同じ額が損金に算入され、又は譲渡損失額と同じ額が益金に算入される方法で譲渡損益が繰り延べられ（法法61条の13第１項）、それによって譲受法人における移転資産等の取得価額は（譲渡法人における簿価ではなく）時価で認識される。この点は、資産等を譲渡した側における簿価を引き継ぐ方法で譲渡損益の繰延べが行われる適格組織再編成の場合とは異なるところである。

[52] 株式譲渡の場合、株式の引渡しの日において「完全支配関係を有しなくなった」とされることについて、国税庁の平成22年８月10日付け「平成22年度税制改正に係る法人税質疑応答事例（グループ法人税制関係）（情報）」問１（《https://www.nta.go.jp/law/joho-zeikaishaku/hojin/100810/pdf/01.pdf》にて閲覧可能）参照。

【表4－11】 合併・会社分割・現物出資に係る税制適格要件の概要のまとめ

	企業グループ内の組織再編成		共同事業を行うための組織再編成
	完全支配関係のある法人間の組織再編成	支配関係のある法人間の組織再編成	
適格合併	対価要件：合併法人の株式又は親法人の株式のみ ※　吸収合併においては、合併法人の被合併法人に対する持株割合が3分の2以上の場合には被合併法人の少数株主に対する金銭その他の資産（boot）の交付も可能		
適格合併	完全支配関係及びその継続見込み ※　合併前に合併法人と被合併法人との間にいずれか一方の法人による完全支配関係がある場合は継続不要	支配関係及びその継続見込み ※　合併前に合併法人と被合併法人との間にいずれか一方の法人による支配関係がある場合は継続不要 ［合併法人］ ・従業者引継要件 ・事業継続要件（主要な事業の継続）	［合併法人］ ・事業関連性要件 ・事業規模要件又は経営参画要件 ・従業者引継要件 ・事業継続要件 ［被合併法人の株主：支配株主が存在する場合のみ］ ・取得株式継続保有要件
適格分割型分割	対価要件：分割承継法人又は親法人の株式のみ＋分割が按分型分割であること		
適格分割型分割	完全支配関係及びその継続見込み ※　分割前に分割承継法人による完全支配関係がある場合は継続不要	支配関係及びその継続見込み ※　分割前に分割承継法人による支配関係がある場合は継続不要 ［分割承継法人］ ・主要資産・負債移転要件 ・従業者引継要件 ・事業継続要件	［分割承継法人］ ・事業関連性要件 ・事業規模要件又は経営参画要件 ・主要資産・負債移転要件 ・従業者引継要件 ・事業継続要件 ［分割法人の株主：支配株主が存在する場合のみ］ ・取得株式継続保有要件

適格分社型分割／適格現物出資	対価要件：分社型分割について、分割対価が分割承継法人又は親法人の株式のみ		
	完全支配関係及びその継続見込み	支配関係及びその継続見込み	[分割承継法人] ・事業関連性要件 ・事業規模要件又は経営参画要件 ・主要資産・負債移転要件 ・従業者引継要件 ・事業継続要件
		[分割承継法人／被現物出資法人] ・主要資産・負債移転要件 ・従業者引継要件 ・事業継続要件	[分割法人／現物出資法人] ・取得株式継続保有要件

(中里実ほか編『租税法概説〔第2版〕』(有斐閣、2015) 192頁記載の表に加筆・修正して作成)

共同出資(合弁)会社設立による(個別)事業統合(相互型の「割合的」買収)

　平成12年商法改正によって会社分割制度が創設されて以降、世界的な競争激化の波の中で、複数の会社が、従来それぞれ別個独立に営んでいた事業を一体化させて競争力を強化する等の目的で、それら各社の事業を会社分割や現物出資によって切り出して共同出資会社(合弁会社)に移管して事業統合をする事例が急速に増加した。代表的な例としては、①2001年3月9日に公表された、分社型共同新設分割による伊藤忠丸紅鉄鋼の設立を通じた伊藤忠商事と丸紅の鉄鋼製品事業の統合、②2002年1月29日に公表された、分社型共同新設分割による東芝松下ディスプレイテクノロジーの設立を通じた東芝と松下電器産業との液晶事業の統合、③2002年5月23日に公表された、現金出資により設立した共同出資会社である日本エーイー

パワーシステムズへの各社の事業の吸収分割による移転を通じた日立製作所、富士電機及び明電舎の変電事業の統合、④2002年5月27日に公表された、分社型共同新設分割によるメタルワンの設立を通じた三菱商事と日商岩井の鉄鋼製品事業の統合、⑤2002年10月3日に公表された、分社型共同新設分割によるルネサステクノロジの設立を通じた日立製作所と三菱電機のシステムLSI事業の統合、⑥2002年12月26日に公表された、分社型共同新設分割による新日鐵住金ステンレスの設立を通じた新日本製鐵と住友金属のステンレス鋼事業の統合、⑦2003年11月18日に公表された、分社型共同新設分割によるカシオ日立モバイルコミニュケーションズの設立を通じたカシオ計算機と日立製作所の携帯電話事業の統合、⑧2012年3月8日に公表された、分社型共同新設分割による統合新会社の設立を通じた住友商事と三井物産の国内肥料事業の統合（最終的に破談）、⑨2013年7月31日に公表された、分社型共同吸収分割による三菱日立パワーシステムズに対する事業移転を通じた三菱重工業と日立製作所の火力発電システム事業の統合等が挙げられる[53]。

　このような共同出資会社の設立ないし同社への事業移管を通じた事業統合は、どの参加当事者が統合対象の事業の「買い手」であるかが判別し難いことも多いが、実質的には、各参加当事者による、他社が移転する対象事業についての相互的な割合的買収とでもいうべきものである（後掲の【図4－7】参照)。

---

[53]　なお、先行する事業統合に後に第三者が合流する場合には、先行する事業統合のための共同出資会社と、当該第三者が対象事業を会社分割等で切り出して設立した子会社とを合併させる方法が採用される例が多い。このような方法が用いられた例として、例えば、⑤の日立製作所と三菱電機とのシステムLSI事業の統合にNECが合流した事例（2009年4月27日公表。NECのシステムLSI子会社であったNECエレクトロニクスがルネサステクノロジを吸収合併して、ルネサスエレクトロニクスに社名変更することで実行）や、⑦のカシオと日立製作所との携帯事業の統合にNECが合流した事例（2009年9月14日公表。統合後の新会社の社名はNECカシオモバイルコミュニケーションズ）などの事例がある。

なお、事業統合の受け皿となる共同出資会社としては、新設会社と既存の会社のいずれを用いることも可能であるが、事業を移転する方法としては、ⅰ）新設会社を用いる場合には、主として（共同）新設分割や（共同）現物出資による会社の設立が、ⅱ）既存の会社（許認可や登録を取得するための便宜から、先行して現金出資で受け皿会社を設立しておく場合もある）を用いる場合には、主として（共同）吸収分割や（共同）現物出資が、それぞれ用いられることが多い。

　この他に、近時では、税務上の損失を有効に利用することも視野に入れて、有限責任事業組合（LLP）を用いて、事業用の資産をLLPに譲渡した上で、LLPを通じて事業の運営を統合する形態の緩やかな事業統合（運営統合）も見られる。代表的な例としては、2010年4月1日に公表された、現金出資による千葉ケミカル製造有限責任事業組合の設立と同組合へのエチレン装置の譲渡等を通じた、千葉地区における出光興産と三井化学との間のエチレン事業の運営統合などが挙げられるが、本書では、紙幅の関係上、この形態による事業統合については立ち入らない。

　なお、東京海上・朝日生命・日動火災の3社が2000年9月18日に発表した、いわゆる「川下持株会社」[54]の設立による事業統合[55]（その後、2002年1月31日に白紙となった）は、実質的にこれら3社の事業全体の統合である点で、対象事業が参加各社にとって各々の事業の一部分にとどまる通常の「共同出資会社を用いた事業統合」とは、その目的等が大きく異なっているが、（想定されていた）法的スキームの観点からは、基本的にこれと同様であった。

54　朝日生命は保険相互会社であったが、保険相互会社が株式会社に転換するにはかなりの時間を要する一方で、朝日生命が保険相互会社のままであると、同社は（株式会社でないが故に）持株会社の傘下に入ることができないため、それまでの間に3社の実質的な事業統合を進めるためには、3社の上に共同持株会社（川上持株会社）を創るのではなく、3社の下に事業統合のプラットフォームとしての持株会社（川下持株会社）を設立することが必要であった。

55　2000年9月14日付け日本経済新聞朝刊参照。

【図4－7】 共同出資会社の設立による事業統合

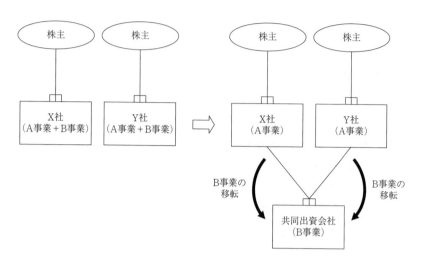

　以上を前提として、会社分割（具体的には、分社型新設分割若しくは分社型吸収分割）又は現物出資を用いた共同出資会社の設立等の方法によって行われる事業統合に関する課税関係について、以下検討する。

　まず、前提として、このような方法で行われる事業統合は、いわゆる「共同事業を行うための組織再編成」として適格分割又は適格現物出資に該当する場合があり、それらに該当すれば、共同出資者のレベルでは移転事業に係る資産等についての譲渡損益課税が繰り延べられることになる（なお、事業統合の受け皿となる共同出資会社側では、その設立又は資本金の増額分に関する登録免許税の問題を除けば特段の課税は生じない）。そして、「共同事業を行うための組織再編成」として適格分割又は適格現物出資に該当するための要件に関しては、共同出資者の数には特に制限は設けられていない。従って、2社のみならず3社以上の会社が共同出資者となって事業統合を行う場合でも、各共同出資者が行う会社分割又は現物出資は、適格分割又は適格現物出資に該当し得る。

　その上で、①受け皿会社（共同出資会社）として新設会社を用いる場

合、即ち、会社分割又は現物出資を用いた共同出資会社の設立等の方法によって行われる事業統合についての課税関係は、事業統合の受け皿会社として新設会社と既存の会社とのいずれを用いるかによって大きく異なってくる。

　まず、支配関係のない2社以上の会社（共同出資者）が（分社型）共同新設分割（法人税法上の複数新設分割）又は（分社型）共同新設現物出資（同法上の複数新設現物出資）によって新設する会社（共同出資会社）に対して事業を移転させる場合には、「共同事業を行うための適格組織再編成」として当該移転対象事業に係る移転資産等に係る譲渡損益課税が繰り延べられることになるか否かに関しては、各共同出資者（分割法人又は現物出資法人）と当該共同出資会社（分割承継法人又は被現物出資法人）との間における共同事業性ではなく、各共同出資者間における共同事業性の有無で判断される（法施令4条の3第8項・15項）[56]。即ち、複数新設分割の場合には、「共同事業を行うための会社分割」に関する税制適格要件（前掲の【表4−8】参照）のうち、各共同出資者が行う新設分割が事業関連性要件や事業規模要件を充足するか否かは、当該共同出資会社の事業とではなく、他の共同出資者（分割法人）の事業（具体的には、分割前に行う事業のうち、当該分割により分割承継法人＝共同出資会社において行われることとなるもの）との比較によって判定され、また、経営参画要件に関しても、「全ての」共同出資者（分割法人）のいずれかの役員等が分割後に共同出資会社（分割承継法人）の特定役員となることが見込まれていなければならないものとされる（この点は、複数新設現物出資の場合も

---

[56] なお、3社の共同出資者が複数新設分割を行う場合にも、分割法人ごとに税制適格要件の充足の有無が判定されるわけではないため、例えば、3社のうち2社が支配関係にあり（即ち、同一の企業グループ内にあり）、残り1社が他の2社と資本関係を有しないときは、当該複数新設分割全体が「共同事業を行うための会社分割」に該当するか否かによって税制適格要件の充足の有無が判定されることになると解されている（佐藤・前掲（注9）213−214頁）。

同様である)。なお、この場合には、適格分割又は適格現物出資に該当するための要件に関して、共同出資者それぞれの当該共同出資会社に対する持株比率がどのようなものであるかは特に問題とされていない。

他方、受け皿の会社(共同出資会社)として既存の会社を用いる場合には、2社以上の共同出資者(分割法人又は現物出資法人)が同時に吸収分割又は現物出資により当該共同出資会社に対して移転対象事業を移転させたとしても、法人税法上は、複数の吸収分割又は現物出資が同時に行われたとみなされるに過ぎず、それぞれの共同出資者(分割法人又は現物出資法人)ごとに単独吸収分割又は単独現物出資が行われたものとして、適格組織再編成への該当性が判定されることになると解されている[57]。従って、この場合には、共同出資者それぞれの当該共同出資会社に対する持株比率によって税制適格要件が異なることになり、概していえば、①共同出資会社に対する持株比率が50％超である出資者からの移転資産等について譲渡損益課税が繰り延べられるか否かは、「企業グループ内の適格組織再編成」に該当するか否かの問題に帰着することになり、他方、②当該持株比率が50％以下である出資者からの移転資産等についてのそれは、結局、「共同事業を行うための適格組織再編成」に該当するか否かの問題に帰着することになる。この場合における、それぞれの共同出資者が行う吸収分割又は現物出資が「共同事業を行うための適格組織再編成」に該当するか否かを左右する事業関連性要件[58]や事業規模要件の充足の有無は、上述の共同新設分割又は共同新設現物出資の場合とは異なって、他の共同出資者(分割法人又は現物出資法人)が移転する事業との比較ではなく、共同出資会社(分割承継法人又は被現物出資法人)の事業との比較によって判定される。従って、各共同出資者による出資の順序如何によっては、ある共

---

[57] 佐藤・前掲(注9)226-228頁参照。
[58] 組織再編成の当事者の一方がペーパー・カンパニーである場合については一般に事業関連性要件を欠くと解されている(**第6章1(3)参照**)。

同出資者が行う吸収分割又は現物出資が適格分割又は適格現物出資として譲渡損益課税が繰り延べられるにも拘らず、別の順序で出資が行われる場合には、当該共同出資者が行う吸収分割又は現物出資が適格分割又は適格現物出資に該当せず、移転対象事業に係る資産についての譲渡損益課税が生じることもあり得るので、この点、注意を要する。例えば、事業規模要件についていえば、共同出資会社として用いられる既存の会社の親会社である共同出資者（以下「マジョリティ出資者」という）と他の共同出資者（以下「マイノリティ出資者」という）の2社が、当該共同出資会社に対してそれぞれ吸収分割又は現物出資により移転対象事業を移転させる事例では、①マジョリティ出資者が先に当該共同出資会社に対して移転対象事業を移転させる場合には、続いて行われるマイノリティ出資者による吸収分割又は現物出資が事業規模要件を充足するか否かを判定するに際して、マジョリティ出資者の移転対象事業を共同出資会社（分割承継法人又は被現物出資法人）の事業としてこれに含めた上で、当該共同出資会社の事業規模とマイノリティ出資者の移転対象事業の規模とを比較することが可能になるため、事業規模要件が充足されやすくなる[59]一方、②マイノリティ出資者がマジョリティ出資者よりも先に当該共同出資会社に対して移転対象事業を移転させる場合には、マイノリティ出資者による吸収分割又は現物出資が事業規模要件を充足するか否かを判定するに際して、マジョリティ出資者が移転対象事業を移転させる前の当該共同出資会社の事業規模

---

[59] なお、各共同出資者による出資の完了後においてもマジョリティ出資者が当該共同出資会社の発行済株式総数の50％超に相当する株式を引き続き保有することが見込まれている場合には、マジョリティ出資者による吸収分割又は現物出資が適格組織再編成に該当するか否かは、「共同事業を行うための適格組織再編成」としての税制適格要件ではなく、「企業グループ内の組織再編成」としての税制適格要件を充足するか否かという問題に帰着することになる。そして、「企業グループ内の組織再編成」に関しては、事業規模要件は税制適格要件として要求されていないため、上記の場合には、マジョリティ出資者による吸収分割又は現物出資が適格組織再編成に該当するか否かという論点との関係では、そもそも事業規模要件が問題になることはない。

（通常は、共同事業を行うための準備等以外の業務は行っておらず、その事業規模は非常に小さいと思われる）とマイノリティ出資者の移転対象事業の規模とを比較して、両者が概ね5倍を超えない関係にあるか否かを判定しなければならなくなるため、少なくとも事業規模要件については、その充足が困難になると考えられる[60]。

5 組織再編行為の無効が課税関係に与える影響[61]

(1) はじめに

　最後に、合併等の組織法上の行為が私法上（つまり、会社法上）無効とされた場合に、それが課税関係に与える影響について検討する。

　この点に関してのリーディング・ケースは、大阪高判平成14年12月26日判タ1134号216頁（以下、本章において「本判決」という）[62,63]であるので、まず、この判決の事案と判旨の概要を紹介する。

---

[60] もっとも、事業規模要件を充足しない場合であっても、経営参画要件を充足すれば、「共同事業を行うための適格組織再編成」に該当し得る（2(1)ハ⑤参照）。

[61] 本項の詳細については、太田洋「租税法律関係における合併無効判決の効果」金子宏ほか編『税研148号　最新租税判例60』（日本税務研究センター、2009）94頁、太田洋＝生方紀裕「合併無効判決が課税関係に及ぼす効果―旧商法110条と会社法839条の相違―」週刊T&A master324号（2009）20－26頁参照。

[62] 原審判決は、大阪地判平成14年5月31日判タ1098号140頁。この判決の評釈としては、例えば、北佳子「判批」民事研修545号（2002）27頁、同「合併無効判決の確定と更正の請求の可否」税理46巻12号（2003）220頁参照。

[63] なお、本件はその後上告されたが、最一小決平成17年6月2日税資255号順号10046によって上告不受理決定がなされ、確定している。

(2) 事案の概要と判示の要旨

　事案は、平成17年改正前商法（以下「旧商法」という）の下で、訴外Ａ社（有限会社）を吸収合併したＸ１社（株式会社）が、Ａ社に清算所得（平成13年改正前法法112条）が生じた[64]として、また、Ａ社の社員Ｘ２及びＸ３が、みなし配当所得（平成13年度税制改正前所法25条１項４号）が生じたとして、それぞれ確定申告を行ったが、その後、本件合併に係る合併無効判決が確定したため、課税当局に対し、いわゆる後発的理由に基づく更正の請求（国税通則法23条２項１号）を行ったが、認められなかった（更正すべき理由がない旨の通知処分がなされた）ことから、当該通知処分の取消しを求めてＸ１からＸ３が提訴したというものである。これに関して、大阪高裁は、合併により生じた所得について、存続会社（Ｘ１社）及び消滅会社（Ａ社）の社員が確定申告を行った後に合併無効判決が確定した場合、当該合併無効判決の効力は租税法律関係においても遡及せず、既に行った確定申告は、更正の請求の対象とはならないと判示した。

　本件の主な争点に関する大阪高裁の判断は、以下のとおりである。まず、①旧商法110条の趣旨について、本判決は、合併無効に「民法の一般原則のとおり遡及効を認めると、取引の安全を害し、いたずらに法律関係の混乱を招くおそれがあることから……〔同条は〕合併無効判決の遡及効を制限しているものと解される。そして、租税法上、課税関係における合併無効判決の効力に関する規定はないが、私法上の効力と別異に解すべき理由はなく、課税関係においても、合併無効判決の効力は遡及しない」とし、同条は、「取引行為が介在するか否かにかかわらず、課税関係を含め、合併を巡る多数の法律関係一般について画一的に合併無効判決の遡及効を

---

[64] なお、後述のとおり、平成13年度税制改正で企業組織再編税制が導入されたことから、本件で問題となった合併に係る清算所得に対する法人税の制度は既に廃止されている。

否定したものと解することができる」と判示した。その上で、本判決は、合併に基づく経済的成果は発生しておらず、課税を行うことは不合理ではないかとのＸ１らの主張に対し、②「合併無効判決の遡及効を否定し、将来に向かって消滅した会社が復活すると解する以上、本件合併によって、清算所得及びみなし配当所得が生じたことは否定できないところであり、現実に経済的成果が生じている」として、かかる主張を退けた。

さらに、Ｘ１らが、合併無効判決が確定したにも拘らず、合併に伴って課税が生じることを認めると、合併消滅会社及びその株主は二重に課税される結果となって不合理であると主張したのに対して、本判決は、③「合併無効判決の確定によって存続会社が『分割』された場合、復活する訴外会社は、税務上は既に『時価相当』として評価された有価証券を従前の価格に減額するのではなく……評価増した金額のまま引き継ぐと解すべきであるから、再度合併した場合でも評価増した金額を基に清算所得を計算することにより、また、当該有価証券を売却する際にも、評価増した金額が譲渡原価になると解することにより、二重課税の問題も生じない」とした。

(3) 分析と検討

イ　本判決のポイント

民法上、無効な法律行為は、行為時から当然に効力を有しないとされている[65]。しかしながら、合併に関しては、旧商法110条が「合併ヲ無効トスル判決ハ合併後存続スル会社又ハ合併ニ因リテ設立シタル会社、其ノ社員及第三者ノ間ニ生ジタル権利義務ニ影響ヲ及ボサズ」と規定し、合併無効判決の遡及効が（少なくとも一定の範囲で）制限される旨を定めてい

---

[65] 我妻栄『新訂民法総則』（岩波書店、1965）385頁、於保不二雄＝奥田昌道編『新版注釈民法(4)』（有斐閣、2015）391頁〔奥田昌道＝平田健治〕、四宮和夫＝能見善久『民法総則〔第９版〕』（弘文堂、2018）320頁等参照。

た。

　本判決は、合併無効判決の遡及効を制限する旧商法110条は、租税法律関係においても適用されるとした上で、旧商法110条は合併無効判決の遡及効を全面的に制限した規定であると解し、その結果、合併無効判決を理由とする更正の請求は認められない（即ち、消滅会社についての清算所得課税と消滅会社株主についてのみなし配当課税は、合併無効判決にも拘らず、その後もそのまま維持される）と判示した。その意味では、本判決は、旧商法110条の効果の問題として、合併無効判決が確定したとしても、消滅会社についての清算所得課税と消滅会社株主についてのみなし配当課税は（それによって遡及的に無効とされることなく）その後もそのまま維持される、と判断したものである。

ロ　私法上の法律行為と租税法

　金子宏東京大学名誉教授は、租税法は、種々の経済活動ないし経済現象を課税の対象としているが、それらの活動ないし現象は、第一次的には私法によって規律されており、租税法律主義の目的である法的安定性を確保するためには、課税は原則として私法上の法律関係に即して行うべきであり[66]、租税法律関係についても、それを排除する明文の規定ないしは特段の理由がない限り、私法規定が適用ないし準用されると解すべきであろう[67]と論じており、この考え方は、現在の判例及び通説となっている。本判決も、かかる考え方に沿って判断を下したものと考えられる。

　もっとも、私法上遡及効が定められている行為等が関係する場合などにおいて、当該行為等が行われる前に一定の事実関係が既に形成されているときに、かかる考え方を、課税上どの程度まで貫徹すべきかは、必ずしも

66　金子宏『租税法〔第22版〕』（弘文堂、2017）119頁参照。
67　金子・前掲（注66）29頁参照。

容易な問題ではない[68]。

ハ　合併無効判決の遡及効が及ぶ範囲

いずれにせよ、上記の判例及び通説の考え方に従うと、まずは旧商法110条の意義が問題となる訳であるが、この点、同条は、一般に、合併無効が遡及することによる法律関係の錯雑化を防ぐ趣旨で、合併無効の遡及効を制限したものであると解されており[69]、その結果、合併無効判決は、存続会社、その株主及び第三者との間に生じた権利・義務に影響を及ぼさず、消滅会社は将来に向かって復活することから、「存続会社は、いわば分割される」と解されていたところである[70]。

そして、復活後の消滅会社に関しては、

ⅰ）合併の際に消滅会社の株式が併合されていた場合には、併合前の状態に復させることなく、併合された状態で消滅会社株式とすれば足りる[71]

ⅱ）消滅会社の株主は復活した消滅会社（以下「復活会社」という）の

---

[68] 例えば、対象不動産が時効取得される前に相続に基づく申告納税がなされた相続税につき、取得時効の遡及効を理由として更正の請求が認められるべきであるとした納税者の主張を退けた、大阪高判平成14年7月25日判タ1106号97頁（この判決の評釈として品川芳宣「判批」税研18巻4号（2003）90頁）参照。なお、金子名誉教授は、この判決が「課税は、私法ではなく税法に基づき行われるのであって、……税法の解釈を離れて私法が適用されるものではない」と判示したのに対し、これを原則論として考えているとすれば、それは「租税法と私法の分裂」を意味し、租税法におけるルール・オブ・ローの発展にとって重大な問題であると指摘されている（金子宏「最近10年の租税判例の動向―基礎理論を中心として―」税研18巻3号（2002）16頁）。

[69] 上柳克郎＝鴻常夫＝竹内昭夫編『新版注釈会社法(1)』（有斐閣、1985）446頁〔小橋一郎〕参照。

[70] 上柳ほか・前掲（注68）446頁参照。

[71] 江頭・前掲（注27）896頁参照。

株主として復活する[72]が、合併に際して持株を端数株式として処分された株主は、もはや株主として復活しない

iii) 復活した消滅会社の取締役等については、合併当時の取締役等が当然に復職するのではなく、復活後に選任がなされるまでは、合併無効判決確定時における存続会社の取締役等が、消滅会社の取締役等としての権利義務を有する[73]

iv) 合併に伴う新株の発行については、存続会社が合併に際し割り当てた株式は、将来に向かって無効になる[74]

と、それぞれ解されていた[75]。

この点、金子名誉教授[76,77]は、旧商法110条は、合併無効の登記までの間に存続会社等、その株主及び第三者の相互間で生じた権利義務の効力を維持することを目的とするものであって、合併自体は、合併無効判決が確定すると遡って無効になると解すべきであるとし、合併の場合の消滅会社

---

[72] 消滅会社の株主であった者から、消滅会社の株式と引換えに取得した存続会社株式を譲り受けた株主の処理については、会社法上も難問とされており、具体的な処理についての議論も余りなされていないが、会社分割に関する規定の類推適用により、合併無効判決確定時の存続会社株主に消滅会社株式を一律に割り当てていくという処理を示唆するものとして、河本一郎ほか『合併の理論と実務』(商事法務、2005) 493頁〔今井宏発言〕参照。

[73] 北沢正啓『会社法〔第6版〕』(青林書院、2001) 767頁参照。

[74] 江頭・前掲(注27) 896頁参照。

[75] なお、江頭憲治郎＝門口正人編集代表『会社法大系第4巻』(青林書院、2008) 398頁〔佐々木宗啓〕は、会社法839条の下でも、これらの解釈は引き続き維持されるべきものとしている。

[76] 金子宏「会社の設立・合併・分割の無効判決の効果の不遡及と租税法律関係─『租税法と私法』に関する一考察─」税経通信57巻3号 (2002) 17頁参照。

[77] 武田昌輔「会社の組織法的行為と課税問題(下)」月刊税務事例35巻2号 (2003) 1頁、山田俊一「合併無効判決の遡及効と課税関係」税理48巻15号 (2005) 184頁等は、金子名誉教授が指摘する理論的問題が本判決に存在することについては認めつつも、合併無効判決を原因とする更正の請求を認めた場合における実務上の処理の困難性を理由に、結論的に本判決に賛成する。

の譲渡損益の計上は、合併によって実現した譲渡損益の認識の結果であり、みなし配当も、合併手続の一環として存続会社から消滅会社の株主に交付される金銭その他の資産であるから、いずれも合併と不可分の関係に立っているとして、これらは、旧商法110条が予定している通常の取引行為ではなく、合併手続の一環であるから同条は適用されず、従って、合併無効の判決が確定すると、これらについての税務上の認識は直ちに遡って効力を失うと解すべきとして、判旨に反対している[78]。

二　二重課税又は課税漏れが発生する可能性

　この点、本判決に賛成する立場からは、①合併無効判決に基づく更正の請求を認めなくとも二重課税の問題は生じず、不都合はない、とされる[79]一方、反対説（金子説）に対しては、②かかる考え方によると、存続会社が合併完了から合併無効判決までの間に消滅会社から引き継いだ資産又は負債（以下「承継資産等」という）を譲渡したような場合、合併時における譲渡損益課税のみが無効となり、当該譲渡に係る譲渡損益課税はそのまま維持されることになると思われるが、そうすると、合併時における消滅会社の保有資産等についての含み損益相当分について課税のチャンスが失われる[80]、③同様に、消滅会社株主が受け取った合併交付株式等についても、それを合併無効判決までに第三者に譲渡した場合には、合併時になされた譲渡損益課税やみなし配当課税が無効となり、当該譲渡に係る譲渡損

---

[78] 本判決の判旨に賛成する立場からの評釈として、北佳子「合併無効判決の確定と更正の請求の可否」税理46巻12号（2003）220頁、久乗哲「判批」月刊税務事例37巻8号（2005）36頁、西本強「判批」銀行法務21644号（2005）122頁、佐藤孝一「判批」国税速報6106号（2010）5頁。さらに、渡辺徹也「判批」水野忠恒ほか編『別冊ジュリスト207号　租税判例百選〔第5版〕』（有斐閣、2011）34頁も、「合併そのものを遡ってなかったとして復活させることは、その後の課税上の処理に、執行上多大な影響を与えてしまう場合がありえる。この観点から、遡及効を一切認めないという扱いに一定の合理性を見いだすことは可能だと思われる」とする。

[79] 北佳子「判批」民事研修545号（2002）33－34頁参照。

益課税がそのまま維持された場合、合併時に課税された部分について課税のチャンスが失われる、といった批判が加えられている[81]。

しかしながら、本判決のロジックに対しては、㋑確かに、無効判決が下された「合併」の後に、復活会社が再度合併したり復活会社の株主がその保有に係る復活会社株式を譲渡すれば、その時点で当初の「合併」の効力発生時に課税された清算所得やみなし配当の金額の分だけ課税の圧縮が図られることになるという意味では、本判決に従った場合でも、二重課税の問題は一応解消され得ることになるものの、それまでの間においては、少なくとも私法上は当初の「合併」はなかったものとされているにも拘らず、あたかも合併がなされたかのような課税がなされたままとなって、納税者がいわゆる「貨幣の時間的価値（time value of money）」[82]の分だけ不利益を被る結果となっていることは否めないし[83]、㋺本判決のように合併無効判決により新たに会社分割がなされたと考えるのであれば、むしろ、「合併」の効力時から合併無効判決までの間の含み損益について、合併無効判決の時点で再度譲渡損益の認識をするのが首尾一貫するのではないか、と批判することも可能であろう。

これらの点を重視するのであれば、承継資産等や合併交付株式のうち、

---

80 もっとも、この批判に対しては、無効とされた「合併」の効力発生時から合併無効判決までの間に存続会社が消滅会社から承継した資産を譲渡した場合の課税については、仮に合併無効判決の確定によって、合併時における税務上の譲渡損益の認識を否定すると解するとしたとしても、上記資産の譲渡時に、「合併」直前の消滅会社における簿価を基準として税務上の譲渡損益の計算を行うこととすれば、課税漏れの問題は生じないのではないか、との反論もあり得るであろう。

81 小林磨寿美「合併無効判決の遡及効」税法学549号（2003）161頁、久乗・前掲（注77）39－40頁参照。

82 貨幣の時間的価値（time value of money）の概念については**第1章**参照。

83 また、復活会社は必ずしも再度の合併を行うとは限らないところ、もし再度の合併を行わなければ、復活会社は、自らに対して一旦行われた清算所得課税による課税額を取り戻す機会がないことになり、この点、不都合であるとも考えられよう（堀口和哉「判批」月刊税務事例35巻4号（2003）5頁参照）。

少なくとも第三者への処分がなされていないものに関する譲渡損益課税又はみなし配当課税については、合併無効が遡及することによる法律関係の錯雑化の問題も存せず、取引安全を害するおそれも特にないのであるから、これらの場合における課税関係の処理には旧商法110条所定の遡及効の制限は適用されず、更正の請求は認められる、と解することも考えられよう[84]。

ホ　現行法の下における本判決の意義

　平成13年度税制改正で企業組織再編税制が導入されたことから、本件で問題となった合併に係る清算所得に対する法人税の制度は廃止されているが、非適格合併の際には、承継資産等に対する譲渡損益課税（法法62条）及び消滅会社の株主に対するみなし配当課税（所法25条1項1号、法法24条1項1号）がなされることから、本判決の意義は依然として失われていない[85]。

　しかしながら、租税法律関係についても、それを排除する明文の規定ないしは特段の理由がない限り、私法規定が適用ないし準用されると解する、現在の判例及び通説[86]に従うと、会社法制の下における合併無効判決の効力に関する考え方が、本件の、後発的理由に基づく更正の請求が認められるかについての結論を左右することになると解されるところ、平成17年の会社法制定により旧商法110条の規定が改正され、会社法の下で合併無効判決等の遡及効について定める会社法839条の文言は旧商法110条のそれと表現振りが異なっていることから、上述の、旧商法110条を前提とし

---

[84] 旧商法110条の適用により無効とならない第三者への資産や合併交付株式の譲渡を除いた、無効となった合併交付株式や消滅会社に分割される承継資産等についてのみ、譲渡損益の認識を取り消すとの取扱いが妥当ではないかと示唆する見解もある（小林・前掲（注81）162頁参照）。

[85] 金子宏＝佐藤英明＝増井良啓＝渋谷雅弘『ケースブック租税法〔第5版〕』（弘文堂、2017）538頁参照。

[86] 金子・前掲（注66）29頁参照。

て展開されてきた従来の解釈論が、会社法839条を前提とした場合でも引き続き妥当するかについては、別途検討の余地がある。

この点、会社法839条の文言は、「会社の組織に関する訴え……に係る請求を認容する判決が確定したときは、当該判決において無効とされ……た行為……は、将来に向かってその効力を失う」〔傍点筆者〕とされており、合併という会社の組織法上の行為自体については民法の一般原則に従って遡及的に無効となることを前提としつつ、合併完了後の存続会社等又はその株主の行為や取引との関係では合併無効判決による無効の効果は遡及しない旨を定めた規定であると解する余地のあった前述の旧商法110条の文言とは、表現振りが大きく異なっている[87]。

そして、このような会社法839条と旧商法110条の表現振りの違いが実質的な意味内容の変更であるとすると、会社法839条は、会社の組織に関する訴えにおいて無効とされた「行為」（＝合併）が「将来に向かってその効力を失う」と文理上明確に定めており、そこでは合併という「行為」それ自体の効力が明示的に対象とされている以上、旧商法110条の解釈論として従来唱えられていたように、合併自体が民法の一般原則に従って遡及的に無効となると解することは、もはや困難であるように思える[88]。

そうであるとすれば、現行会社法下においては、前述した金子名誉教授の有力説は維持することがいささか困難であって、合併無効判決が確定し

---

[87] なお、会社法839条の「会社の組織に関する訴え」には、合併の無効の訴え以外の組織再編行為の無効の訴えも含まれている。

[88] 金子名誉教授が指摘するとおり、旧商法110条が合併無効判決によって合併自体は遡って無効となることを前提とした規定であるか否かについては従来余り論じられていなかったようであり（金子・前掲（注76）21－22頁参照）、会社法839条の文言の旧商法110条の文言からの変更が実質的な意味内容の変更をも意図してなされたものであるかどうかは必ずしも明らかではないが、少なくとも、会社法839条については（どの程度意識的であるかは別として）、合併無効判決の効力の不遡及を定めた規定であると理解する見解が散見される（例えば、弥永真生『リーガルマインド会社法〔第14版〕』（有斐閣、2015）389頁、龍田節＝前田雅弘『会社法大要〔第2版〕』（有斐閣、2017）501－502頁等参照）。

たとしても、その効力は将来に向かってしか生じない以上、「申告、更正又は決定に係る課税標準等又は税額等の計算の基礎となった事実に関する訴えについての判決……により、その事実が当該計算の基礎としたところと異なることが確定した」（国税通則法23条2項1号）とはいえず、後発的理由に基づく更正の請求は認められないと解するのが、自然な解釈であるということになろう。

　もっとも、会社法制定の際の要綱案や会社法制定時における法務省の立案担当者の解説などを見ても、旧商法110条から会社法839条への前記のような表現振りの変更が実質的な法的意味内容の改正を意図してなされたものであるとしているものはなく、逆に、文献等においては、旧商法110条と会社法839条の意味内容は実質的に同様であるとするものも存すること[89]に鑑みると、会社法839条が合併無効判決の効力が将来に向かって生ずる旨を明記した趣旨は、旧商法110条と同じく、あくまで取引の安全の確保や法律関係の錯雑化等の問題の防止に存するのであって、取引の安全や法律関係の錯雑化等の問題が生じる余地のない場合にまで、およそ私法上の一般原則である遡及的無効を認めないとする趣旨ではないとも解される。

　そうであるとすれば、会社法839条の解釈として、取引の安全や法律関係の錯雑化等の問題が生じる余地のない、承継資産等や合併交付株式のうち第三者への処分が未だなされていないものが存在する場合における、当該承継資産等や合併交付株式については、私法上の一般原則に従って、無効の効果は遡及的に生じると解することも、解釈論上は許容されると考えられる。

　従って、結論的には、承継資産等や合併交付株式のうち第三者への処分

---

[89] 例えば、奥島孝康＝落合誠一＝浜田道代編『別冊法学セミナー201号　新基本法コンメンタール会社法3』（日本評論社、2009）382頁〔小林量〕は、旧商法110条等を、巻戻しによる取引関係の混乱を防止するため、法的安定性維持の観点から遡及効を否定する趣旨であるとしつつ、会社法においても同様の立場が採られているとする。

がなされていないものが存在する場合における、当該承継資産等や合併交付株式に関する課税関係の処理については、(無効判決が下された「合併」の後に、復活会社が再度合併したり復活会社の株主がその保有に係る復活会社株式を譲渡するまでの期間において、復活会社及びその株主が課税上あたかも当該「合併」が有効であるかのように取り扱われ、前記ニの①で述べた「貨幣の時間的価値」の分だけ不利益を被る結果とならないように、)会社法839条所定の遡及効の制限は適用されず、本判決の結論とは逆に、後発的理由に基づく更正の請求は認められると解する[90]ことも、理論的には必ずしも不可能ではないように思われる。

ヘ　現行法の下における実務対応

しかしながら、実務的には、本判決が厳然と存在しており[91](しかも最高裁で上告受理申立てが却下されており)、かつ、上記のとおり、現行会社法の下ではそれに対する反対説(金子説)の論拠が失われているとも解し得る以上、合併や会社分割など組織法上の行為が私法上(つまり、会社法上)無効とされた場合でも、それら組織法上の行為につき無効判決が確定したことは、従前形成されていた課税関係の効力に影響を与えず、更正の請求などは認められない、ということを前提に、タックス・プランニングを行っていくほかないであろう。

90　会社法制定後に刊行された、金子・前掲(注66)125頁でも、金子名誉教授は、引き続き、「被合併会社について生ずる譲渡益に対する納税義務の効力まで維持されると考えるのはゆきすぎであろう」と述べている。

91　例えば、最近の文献である渡辺徹也『スタンダード法人税法』(弘文堂、2018) 259頁も「現行法下においても、本判決の持つ意義は失われていないことになる」と評している。

第5章

株式移転・株式交換と課税

1 はじめに
2 現行の株式移転・株式交換税制の概要
3 一部現金対価株式交換の課税上の取扱い
4 株式移転に際しての子会社の兄弟会社化に関する課税問題
5 株式移転・株式交換を用いた M&A の類型ごとの課税問題

1 はじめに

　2006年10月1日に施行された株式移転・株式交換税制の抜本改正（以下「平成18年改正」という）は、M&A関連税制の分野において平成13年度税制改正による組織再編税制の導入以来の重要な改正であり、株式を対価とするわが国企業のM&A（合併、会社分割及び株式交換）について、対象会社及び株主の各レベルにおいてストラクチャーの工夫次第で課税繰延べ（つまり、当該M&Aの時点における非課税）を享受しつつM&Aを実行することが比較的容易であった「牧歌的な」時代が完全に終焉を迎えたことを意味する点で、わが国のM&A関連税制の歴史の中でも大きな意義を有するものであった。

　即ち、平成18年改正によって、わが国企業同士のM&Aにあっては、それが企業グループの枠を超えたものである限り、その対価が現金であれ、株式であれ、買収対象企業による公正価額による第三者割当増資の引受けを手段とするM&Aの場合を除いて、法人税法等に定められた税制適格要件を充足しない限り、買収対象企業の資産（ないし買収対象の事業又は資産）の含み損益についてはキャピタル・ゲイン課税（時価評価課税）が、買収対象企業の株主レベルでは場合によりみなし配当課税及び／又はキャピタル・ゲイン課税が、各々なされ得ることとなった。

　また、平成28年度税制改正により、株式移転・株式交換に係る適格要件について、他の組織再編成に係る適格要件と平仄を合わせる形で要件が緩和され、更に、平成29年度税制改正によりいわゆるスクィーズ・アウト税制の創設に伴う適格要件の改正等が行われた。

　そこで、本章では、以上の改正を経た現行の株式移転・株式交換税制の概要と、その下における株式交換・株式移転に関する課税上の取扱いについて論じることとしたい。

2 現行の株式移転・株式交換税制の概要

(1) かつての株式移転・株式交換税制の概要

　まず、2006年9月30日以前を株式移転又は株式交換の日とする株式移転・株式交換に関する課税上の取扱いがどのようなものであったかについて概観しておくと、法人レベルの課税については、株式移転又は株式交換により完全親会社となる会社の資産の含み損益が税務上認識されることがないのは勿論、完全子会社となる会社の有する資産の含み損益についても、当該資産自体については私法上所有権の移転等が生じないことから、わが国のキャピタル・ゲイン課税に関する一般原則である実現主義に従って、当該株式移転又は株式交換を原因として、税務上、その含み損益について認識がなされることはなかった。

　これに対して、株主レベルの課税に関しては、完全子会社となる会社の株主は、その有する完全子会社の株式と引換えに完全親会社の株式を交付されることとなるため、税務上その段階で株式譲渡損益の認識が行われるのが原則であるが、当該株式移転又は株式交換が、①完全子会社となる会社の株主に対して交付される対価のうち、金銭等の占める割合が5％以下であること、及び②完全親会社となる会社における完全子会社となる会社の株式の受入価額が、株式交換等の直前時の完全子会社となる会社の株主における当該株式の帳簿価額ないし取得価額の合計額以下であること（株式交換等の直前時において当該完全子会社となる会社の株主の数が50人未満の場合）又は当該受入価額が当該完全子会社となる会社の純資産の帳簿価額以下であること（上記の株主の数が50人以上の場合）といった所定の要件を満たしている場合には、税務上株式譲渡損益の認識は繰り延べられる（平成18年改正前措法37条の14、67条の9、平成18年改正前措施令25条の13、39条の30）というものであった。

(2) 平成18年改正後の株式移転・株式交換税制の概要

イ 平成18年改正の骨子

　平成18年改正による改正後（平成28年度税制改正・平成29年度税制改正前）の株式移転・株式交換税制の骨子をまとめると、以下の7点となる。

　即ち、①株式移転・株式交換税制は、平成18年改正前は租税特別措置法において規律されていたところ、法人税法本則の下で規律されることになった。②同改正後における株式移転・株式交換税制の下では、株式移転・株式交換も合併や会社分割等の組織再編行為とパラレルな形で「適格」株式移転・株式交換と「非適格」株式移転・株式交換とに分けて規律されることとなった[1]。③適格「株式移転・株式交換」に該当するための要件は、合併や会社分割等の他の組織再編行為についてと同様、基本的に、株式以外の資産（いわゆるboot）が交付されないこと及び企業グループ内の株式交換等であること又は共同事業のための株式交換等であることであり、具体的な税制適格要件の内容も、概ね他の組織再編行為の税制適格要件とパラレルとされた。④適格株式移転・株式交換に該当しない場合、法人レベルの課税については、完全親会社となる会社に関しては特段の課税関係は生じないが、完全子会社となる会社に関しては、その保有資産の時価評価課税が行われる。即ち、当該移転・交換の結果として完全子会社となる会社が保有する資産のうち一定のものについては、その会計上の取扱いに拘らず（言い換えれば、会計上は、たとえパーチェス法が適用される場合であっても、完全子会社となる会社の保有資産については時価評価損益の認識は特に行われないにも拘らず）、税務上は時価評価が行われ、そ

---

[1] ある会社が単独で株式移転を行った場合であっても、いわゆる現金等不交付要件を満たしており、株式移転後に株式移転完全親法人が株式移転完全子法人の発行済株式等の100％を直接又は間接に保有する関係が継続することが見込まれている場合には、適格株式移転に該当するものとされている（法法2条12号の18イ、法施令4条の3第21項）。

の評価損益のネット分について評価損益課税がなされる。⑤具体的には、上記④の時価評価課税に際しては当該株式移転・株式交換の実施直前の時価が用いられ、当該時価評価により発生した益金又は損金は、それぞれ当該株式移転・株式交換を実施した年度における当該完全子会社となる会社の課税所得の増額又は減額要因となる（ネットで評価益が存する場合には当該評価益の金額につき所得課税がなされる）。⑥一方、株式移転・株式交換の当事会社の株主レベルでは、完全親会社となる会社の株主に関しては特段の課税関係は生じない一方、完全子会社となる会社の株主に関しては、法人レベルでの課税上の取扱いとは異なり、当該株式移転・株式交換が適格株式移転・株式交換に該当するか否かを問わず、およそ完全親会社となる会社の発行株式（いわゆる三角株式交換の場合には、株式交換完全支配親法人株式）以外の資産（boot）の交付がない限りは常に税務上の損益認識の繰延べが認められ、かかる資産の交付がある場合にのみ、従前それら株主が保有していた完全子会社となる会社の株式が時価で譲渡されたものとして税務上の損益が認識される（ただし、完全子会社となる会社から株主への資産の交付がないことから、合併等の場合とは異なり、みなし配当課税は一切なされない[2]）。

　なお、この株式移転・株式交換税制に関しては、平成28年度税制改正によって、適格要件の一部見直し（特定役員引継要件につき、従前の、特定役員の「いずれか」が株式移転・株式交換に伴って退任するものでないこととの要件から、特定役員の「全て」が退任するものでないこととの要件への改正等）がなされた他、平成29年度税制改正によって、**第8章**で述べるとおり、上場会社等の完全子会社化のためのスクィーズ・アウトに係る課税上の取扱いについて統一的な規律がなされることとなった結果として、株式等売渡請求、株式併合ないし全部取得条項付種類株式を用いたスクィーズ・アウトが、株式交換と同様に、組織再編税制の一環として位置

---

[2] 青木孝徳ほか『改正税法のすべて〔平成18年版〕』（大蔵財務協会、2006）。

付けられることとなった。そのため、平成29年度税制改正後は、全部取得条項付種類株式の端数処理、株式併合の端数処理ないし株式等売渡請求による完全子会社化に際しては、全て、当該完全子会社化の対象となった会社の有する資産につき、株式交換による完全子会社化の場合と同様、原則として時価評価課税がなされることとなり、一定の税制適格要件が満たされた場合のみ、「適格株式交換等」（法法2条12号の17）として、当該時価評価課税の対象から除かれることとなった（法法62条の9第1項参照）。

それ故、平成29年度税制改正後は、「適格株式交換」の語は正確には「適格株式交換等」と表記すべきであるが、株式等売渡請求、株式併合ないし全部取得条項付種類株式を用いたスクィーズ・アウトのうち、かかる税制適格要件を充足するものは、株式交換のうち税制適格要件を充足するものとは（スクィーズ・アウトのために行われる現金株式交換のうち税制適格要件を充足するものを除き）性質を大きく異にしているので、本章においては、スクィーズ・アウトのために行われる現金株式交換のうち税制適格要件を充足するものに言及する場合を除き、基本的に「適格株式交換等」の語は「適格株式交換」と表記することとする。

ロ　株式移転・株式交換に関する税制適格要件

上記のとおり、平成18年改正後における株式移転・株式交換税制の下では、株式移転及び株式交換に関する（当事会社の法人レベルの）課税関係は、合併や会社分割等の組織再編行為に係る組織再編税制とパラレルな形で適格株式移転・株式交換と非適格株式移転・株式交換とに分けて規律されており、適格株式移転・株式交換に該当するための要件は、合併や会社分割等の他の組織再編行為に係る税制適格要件と基本的には同様である（要件の詳細は後掲の【表5－1】及び【表5－2】参照）。

しかしながら、とりわけ共同事業を行うための株式移転・株式交換に係る税制適格要件については、その細部において合併・分割等の税制適格要件と異なる点があるため、プランニングに際しては十分な注意が必要である。

【表５－１】 株式移転に係る税制適格要件

		適格要件
	完全子法人と他の完全子法人との関係	AからCに共通する要件：完全子法人の株主に、完全親法人の株式以外の資産が交付されないこと
A 100％グループ内	同一の者による完全支配関係及びその関係の継続見込み（単独株式移転の場合：完全支配関係の継続見込み）	
B 50％超グループ内	移転前の50％超の支配関係及び完全親法人による支配関係の継続見込み 又は 同一の者による支配関係及びその関係の継続見込み	① 完全子法人の従業者の概ね80％以上の継続従事が見込まれていること（従業者継続従事要件） ② 完全子法人の主要な事業が引き続き行われることが見込まれていること（事業継続要件）
C 50％以下（共同事業を行うための株式移転）	上記以外	① 子法人同士の子法人事業が相互に関連すること（事業関連性要件） ② 事業規模の割合が概ね５倍を超えない（事業規模要件）又は完全子法人の特定役員の全てが株式移転に伴って退任するものでないこと（特定役員要件[3]又は経営参画要件） （注） 特定役員とは、社長、副社長、代表取締役、代表執行役、専務取締役若しくは常務取締役又はこれらに準ずる者で法人の経営に従事している者（法施令４条の３第20項２号、24項２号、４項２号）を意味する。 ③ 完全子法人の従業者の概ね80％以上の継続従事が見込まれていること（従業者継続従事要件）

---

[3] 平成28年度税制改正前の要件につき後記 **5**(3)ロ参照。

④ 完全子法人の子法人事業が引き続き行われることが見込まれていること（事業継続要件）
⑤ 株式移転により交付される当該株式移転に係る株式移転完全親法人の議決権株式のうち支配株主に交付されるものの全部が支配株主により継続して保有されることが見込まれていること[4]（(取得)株式継続保有要件）
⑥ 株式移転後に完全子法人と他の完全子法人との間に、株式移転に係る株式移転完全親法人による完全支配関係の継続が見込まれていること（完全親子関係継続要件）
(注)　支配株主とは、株式移転の直前に完全子法人と他の者との間に当該他の者による支配関係がある場合における当該他の者及び当該他の者による支配関係があるものを意味する。
(注)　株式移転直前に完全子法人と他の者との間に当該他の者による支配関係がない場合には、本要件は必要とされない。

---

[4] 本要件の改正の経緯については、**第2章5(2)**参照。

【表5－2】 株式交換に係る税制適格要件

			適格要件
		完全親法人と完全子法人との関係	AからCに共通する要件： 完全子法人の株主に、完全親法人の株式（いわゆる三角株式交換の場合には、株式交換完全支配親法人株式）以外の資産が交付されないこと（ただし、完全親法人の完全子法人に対する持株割合が3分の2以上の場合における株式交換完全子法人の少数株主に対しては金銭その他の資産の交付がある場合でも適格要件を満たすものとされている）
A	100％グループ内	完全支配関係及びその継続見込み 又は 同一の者による完全支配関係及びその関係の継続見込み	
B	50％超グループ内	当事者間の支配関係及びその関係の継続見込み 又は 同一の者による支配関係及びその関係の継続見込み	① 完全子法人の従業者の概ね80％以上の継続従事が見込まれていること（従業者継続従事要件） ② 完全子法人の主要な事業が引き続き行われることが見込まれていること（事業継続要件）
C	50％以下（共同事業を行うための株式交換）	上記以外	① 子法人事業と親法人事業が相互に関連すること（事業関連性要件） ② 事業規模の割合が概ね5倍を超えない（事業規模要件）又は完全子法人の特定役員の全てが株式交換に伴って退任するものでないこと（特定役員要件[5]又は経営参画要件） （注） 特定役員とは、社長、副社長、代表取締役、代表執行役、専務取締役若しくは

---

[5] 平成28年度税制改正前の要件につき後記 **5**(3)ロ参照。

C	50％以下 （承前）	常務取締役又はこれらに準ずる者で法人の経営に従事している者（法施令4条の3第18項2号、22項2号4項2号）を意味する。 ③ 完全子法人の従業者の概ね80％以上の継続従事が見込まれていること（従業者継続従事要件） ④ 完全子法人の子法人事業が引き続き行われることが見込まれていること（事業継続要件） ⑤ 株式交換により交付される当該株式交換に係る株式交換完全親法人（いわゆる三角株式交換の場合は株式交換完全支配親法人）の議決権株式のうち支配株主に交付されるものの全部が支配株主により継続して保有されることが見込まれていること[6] ⑥ 完全親法人と完全子法人との間に完全親法人による完全支配関係の継続が見込まれていること（完全親子関係継続要件） （注） 支配株主とは、株式交換の直前に完全子法人と他の者との間に当該他の者による支配関係がある場合における当該他の者及び当該他の者による支配関係があるものを意味する（但し、完全親法人を除く）。 （注） 株式交換直前に完全子法人と他の者との間に当該他の者による支配関係がない場合には、本要件は必要とされない。

---

[6] 本要件の改正の経緯については、**第2章5(2)**参照。

(3) 法人レベルにおける課税に関する問題

イ　株式移転、株式交換完全子法人における時価評価課税

　前述したように、現行税制の下では、税制適格要件を充足しない、いわゆる非適格株式移転・株式交換が行われる場合、完全子法人となる会社が保有する一定の資産につき、税務上、時価評価による損益が認識され、当該評価損益に課税がなされる（法法62条の9第1項）（但し、非適格株式移転・株式交換の場合であっても、株式移転又は株式交換の直前に、(a)株式移転完全子法人と他の株式移転完全子法人との間に完全支配関係がある場合又は(b)株式交換完全子法人と株式交換完全親法人との間に完全支配関係があるときは、時価評価課税はなされない（同項1項括弧書））。この場合、時価評価課税の対象となる一定の資産とは、主に固定資産（後述するように営業権も含まれるが、一定の圧縮記帳の適用を受けた減価償却資産は除かれる）、土地（土地の上に存する権利を含み、固定資産に該当するものを除く）、有価証券（売買目的有価証券及び償還有価証券を除く）、金銭債権及び繰延資産であって、これらのうちその含み損益が1,000万円以上[7]のものである。

　この時価評価課税との関係でかつて問題となっていたのが、時価評価課税の対象とされる資産に、不動産等だけでなく、法人税法上の「営業権」まで含まれるとされている点である[8]。即ち、法人税法上の「営業権」に

---

[7]　但し、当該資産を保有する内国法人の資本金等の額の2分の1に相当する金額が1,000万円よりも少ない場合には、当該資本金等の額の2分の1に相当する金額（法施令123条の11第1項5号）。なお、平成29年度税制改正により、簿価が1,000万円未満の資産については時価評価の対象から除外されることとなった（法施令123条の11第1項4号、法施規27条の15及び27条の16の2）。

[8]　因みに、法人税法62条の9第1項所定の「固定資産」には、「営業権」も含まれるものとされている（法施令1条、法法2条22号、法施令12条2号及び13条8号ヲ）。

については特に定義規定はなく、かつては、一般にM&Aに際して買収企業が支払う買収対価が被買収企業の時価純資産価額を上回っている場合に買収企業側で会計上認識される、いわゆるのれん（被買収企業の超過収益力を表したもの）をも含む概念として理解されてきたところである。従って、万一、この「被買収企業の超過収益力が化体された存在としてののれん」を、株式移転・株式交換を契機として完全子会社の側で税務上時価評価課税しなければならないものとすると、企業結合会計の下でパーチェス法が適用される場合であっても、完全子会社側では、会計上は通常このようなのれん（自己創設営業権）は認識されることがないにも拘わらず、税務上の目的からこのようなのれんが認識され、その時価が、最大で、株式移転・株式交換によって発行される完全親会社株式の時価の合計額（X）から完全子会社の時価純資産価額（Y）を控除した額（Z）であると評価されて、その額につき課税が発生する（完全子会社側では税務上そのようなのれんは認識されていないのが通常であろうから、通常は、最大でZに相当する額に対して法人実効税率で課税が行われることになる）おそれがある。万一、このような意味でののれんに対する課税が行われるのであれば、高い超過収益力を有するグループ外企業を株式交換で買収すること[9]に対する極めて大きな阻害要因となりかねない。

　もっとも、この問題については、平成29年度税制改正によって、適格要件を満たさない株式等売渡請求、株式併合ないし全部取得条項付種類株式を用いたキャッシュ・アウトについても、非適格株式交換等として時価評価を行う一方、時価評価を行う場合が拡張されたことを受けて、事務負担に配慮するため、簿価価額が1,000万円未満と少額である資産を一律で対象外とする改正がなされた（法施令123条の11第1項4号）。この結果、そ

---

[9] この場合、共同事業要件まで満たさない限り適格株式交換に該当しないために、その資産に対する時価評価課税が行われるリスクが相対的に高かった。

れまで未計上の（つまりは、そもそも簿価が存在しない）自己創設営業権は時価評価の対象外であることが明確になった。なお、連結納税グループ開始又は同グループへの加入時における時価評価課税（法法61条の11第１項柱書、61条の12第１項柱書）に係る規定に関しても、同様の改正がなされた（法施令122条の12第１項４号、法施規27条の13の２、27条の15第１項）。

ロ　株式移転・株式交換完全親法人が取得した株式移転・株式交換完全子法人の株式の取得価額

　株式移転・株式交換完全親法人が取得した株式移転・株式交換完全子法人の株式の取得価額は、以下のとおり、適格株式移転・株式交換又は完全支配関係を有する法人間の株式移転・株式交換の場合、当該株式移転・株式交換の直前の株式交換完全子法人の株主数によって異なる。

【表５－３】　株式移転・株式交換完全親法人が取得した株式移転・株式交換完全子法人の株式の取得価額

株式移転・株式交換の直前における株式移転・株式交換完全子法人の株主数	50人未満	50人以上
適格株式移転・株式交換（金銭等不交付株式交換に限る） 完全支配関係を有する法人間の株式移転・株式交換	株式移転・株式交換完全子法人の株式の株式移転・株式交換等の直前の帳簿価額に相当する金額の合計額（法施令119条１項10号イ・12号イ）	株式移転・株式交換完全子法人の（組織再編時ではなく）前期末時の資産の帳簿価額から負債の帳簿価額を減じた額（法施令119条１項10号ロ・12号ロ）[10]
上記以外の非適格株式移転・株式交換	株式交換等の時における取得のために通常要する価額（法施令119条１項27号）	

(4) 株主レベルにおける課税に関する問題

　株式移転又は株式交換を行うことによって、完全子法人となる会社の株主は、完全子法人となる会社の株式と引換えに完全親法人となる会社の株式等の対価を受け取ることになるため、わが国租税法の下では、これによって株式譲渡損益が実現することが原則である。

　しかしながら、前述したとおり、株式移転又は株式交換において完全子法人となる会社の株主[11]に対して交付される対価が完全親法人の株式（いわゆる三角株式交換の場合には、株式交換完全支配親法人株式）に限定されている等の一定の要件（以下この要件を「現金等不交付要件」という）を満たしている場合[12,13]には、株主レベルでは株式譲渡損益は税務上認識されない（法法61条の2第9項乃至11項、所法57条の4第1項・2項）。また、非適格株式移転・株式交換であってもみなし配当課税はなされない（法法24条1項に規定されるみなし配当の対象外）。

　以上のとおり、株式移転又は株式交換によって完全子法人となる会社の株主について株式譲渡損益課税がなされるか否かは、当該株式移転又は株式交換が適格株式移転・株式交換になるか否かとは関係がなく、非適格株式移転・株式交換であっても、株式移転又は株式交換により完全子法人と

10　平成28年度税制改正以前は、株式移転完全子法人又は株式交換完全子法人の、株式移転又は株式交換の直前の簿価純資産額（資産の帳簿価額から負債の帳簿価額を減算した金額）に相当する金額とされていたため、株式移転又は株式交換が期中で行われた場合には、実務上、取得価額の計算が煩雑であった。このため、平成28年度税制改正によって、前期末時（株式移転完全子法人又は株式交換完全子法人の、その株式移転又は株式交換の日の属する事業年度の前事業年度終了の時）の簿価純資産額に相当する金額を取得価額とすることとされた（但し、当該前期末時から株式移転・株式交換の直前の時までの間に資本金等の額又は利益積立金額若しくは連結個別利益積立金額が増減した場合は、かかる増減額を加算又は減算した額とされている）。

11　かかる株主が内国法人又は居住者の場合である。かかる株主が外国法人や非居住者である場合には、別途恒久的施設の有無や国内源泉所得への該当性及び租税条約の適用等について検討する必要がある。

なる会社の株主について、株式譲渡損益の認識が税務上繰り延べられることがあり得る。

なお、内国法人又は居住者が完全子法人の発行する新株予約権又は新株予約権付社債を所有している場合に、株式移転又は株式交換によって当該新株予約権又は新株予約権付社債と引換えに対価を交付された場合には、譲渡損益課税がなされることが原則であるが、当該新株予約権又は新株予約権付社債に代えて完全親法人の新株予約権又は新株予約権付社債のみの

---

12 なお、「対価として交付される資産が完全親会社の株式のみであること」との要件に関しては、配当代わり金や株式買取請求に対する対価として交付されるものに関して若干の例外が設けられている。この点、株式交換の場合には、株式交換によって完全子法人になる会社の株主に対して交付される対価が、①完全親法人の株式又は株式交換完全支配親法人株式のいずれか一方、②当該株主に対する剰余金の配当として交付された金銭その他の資産及び③株式交換に反対する当該株主に対するその買取請求に基づく対価として交付される金銭その他の資産に限られている場合には、株主レベルにおける課税繰延べ（正確には税務上の損益認識の繰延べ。以下同じ）が認められているのに対して（法法61条の2第9項、所法57条の4第1項）、株式移転の場合には、上記の課税繰延べが認められるための対価の種類が、①完全親法人の株式及び②株式移転に反対する当該株主に対するその買取請求に基づく対価として交付される金銭その他の資産に限定されており、株式交換の場合とは微妙に要件が異なっている（法法61条の2第11項、所法57条の4第2項）点に留意する必要がある。因みに、前述のとおり、現行税制の下で、株式移転・株式交換に際して株主レベルで課税繰延べが認められるか否かは適格株式移転・株式交換に該当するか否かと直接リンクしていないが、上記の、現金不交付要件が充足されていることは、後記4で詳述するスクィーズ・アウトのために行われる現金株式交換のうち一定の要件を充足する場合を除いて、適格株式移転・株式交換に該当するための前提条件とされている（法法2条12号の16・12号の17）。

13 なお、後記3で詳述するとおり、平成29年度税制改正の結果、スクィーズ・アウトのために行われる現金株式交換のうち一定の要件を充足するものについては、現金等不交付要件は適格要件から除外されることとなった。もっとも、株式交換において株主における完全交換完全子法人株式の譲渡損益を計上しないための要件は、あくまで現金等不交付要件のままであって、この点については特段改正はなされておらず、適格株式交換であっても「現金等不交付株式交換」に該当しない限りは、株主レベルでの譲渡損益が税務上認識される（法法61条の2第9項）。

交付を受けた場合には、税務上、譲渡損益の認識が繰り延べられるものとされている（法法61条の2第12項、所施令116条)[14]。

(5) 第2次再編その他多段階再編が見込まれている場合の取扱い

株式移転又は株式交換の実施後に別の組織再編成（第2次再編）を行うことが予め見込まれている場合について、当初の株式移転及び株式交換（第1次再編）に係る税制適格要件を緩和する規定が設けられていたところ、平成29年度税制改正[15]によって、第2次再編に限らず、当初の株式移転及び株式交換の後に第3次以降の組織再編成が行われることが見込まれている場合についても、一定の要件を満たせば、それぞれの組織再編成が

---

[14] なお、完全子法人が発行していた新株予約権について、当該新株予約権者が株式移転・株式交換によって完全親法人の新株予約権の新株予約権者になることは、会社法上は、完全子法人が発行していた新株予約権の消滅と完全親法人による新たな新株予約権の発行とされている（会社法768条1項4号・5号、769条4項、773条1項9号・10号、774条4項。相澤哲＝豊田祐子「新会社法の解説(6) 新株予約権」旬刊商事法務1742号(2005)24頁参照）。そのため、完全子法人が税制適格ストック・オプション（措法29条の2）を発行していた場合に、そのストック・オプションの権利者が、株式移転・株式交換によって当該ストック・オプションに代えて完全親会社の新株予約権の発行を受けた場合に、当該新株予約権が、従前の条件を引き継いだ税制適格ストック・オプションになり得るのかという問題がある。この点、税制適格ストック・オプションを発行していた会社が株式移転を行うに当たって、株式移転により設立される親会社が、株式移転計画に基づいて、そのストック・オプションの権利者に対して従前の新株予約権と同一内容の新株予約権を交付する旨の事案に関する事前照会に対して、東京国税局は、平成22年1月25日付けで、かかる親会社が発行する当該新株予約権についても、引き続き税制適格要件を満たす旨の回答している（《https://www.nta.go.jp/about/organization/tokyo/bunshokaito/gensen/03/01.htm》にて閲覧可能）。

[15] なお、平成29年度税制改正に先立ち、平成28年度税制改正では、株式移転又は株式交換の実施後に、完全子法人を被合併法人等とする適格合併等が行われることにより、当該子法人事業の全部又は一部が移転することが見込まれている場合には、その移転する子法人事業がその（適格合併等に係る）合併法人等において引き続き営まれることにより、事業継続要件が満たされる旨を明確化する改正がなされていた（平成29年度税制改正前の旧法施令4条の3第18項4号、22項4号）。

適格組織再編成の要件を充足する旨の税制適格要件の緩和がなされた（法法2条12号の17ロハ、法施令4条の3第20項3号・4号、法法2条12号の18ロハ、法施令4条の3第24項3号・4号等）。その結果、このような緩和規定がなかりせば非適格組織再編成となるような株式移転及び株式交換についても、適格組織再編成に該当することになる場合がある。

　この点、合併、会社分割及び現物出資に関しては、2以上の再編（第2次再編以降の再編）を行うことが見込まれている場合の税制適格要件の緩和が、当該第2次再編以降の再編が適格合併である場合に限って認められている（即ち、適格分割等は許容されていない）のに対して、株式移転及び株式交換については、それに続く第2次再編以降の再編が適格合併である場合に限らず、他の類型の組織再編成（具体的には、株式移転又は株式交換により完全子法人となる会社を分割法人又は現物出資法人とする適格分割又は適格現物出資）である場合にも税制適格要件が緩和されている[16]。従って、株式移転及び株式交換は、合併、会社分割及び現物出資と比較して、ストラクチャー設計上の自由度が高い手段であるといえる[17]（株式移転又は株式交換の実施後に第2次再編が実施される例については、後掲の【図5－1】を参照）。

　さらに、平成30年度税制改正により、株式移転又は株式交換に関して、大要、当初の組織再編成の後に完全支配関係がある法人間で従業者又は事業を移転することが見込まれている場合にも、当初の組織再編成の適格要

---

[16] 但し、適格合併は、被合併法人が限定されていないため、適格合併を2回以上行って事業を順次移転することが見込まれている場合にも緩和された要件を満たすことができるが、会社分割及び現物出資はその株式移転完全子法人又は株式交換完全子法人を分割法人又は現物出資法人とするものに限られるため、適格要件緩和の対象となるのは1回限りとなる。

[17] この点、「株式交換・株式移転はその後の合併、分割の前段階として行われる場合が多いことから、このような場合の株式交換・株式移転またはその後の組織再編成の適格要件について、一定の緩和を行う規定が置かれている」と説明されている（例えば、岡村忠生『法人税法講義〔第3版〕』（成文堂、2007）430頁参照）。

【図5－1】 株式移転又は株式交換に続いて第2次再編が行われる例

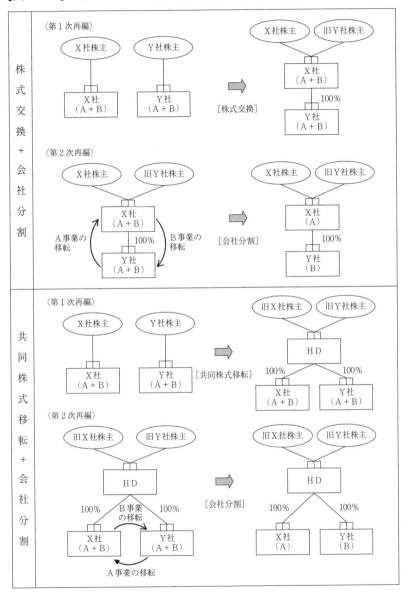

※ 上記の図中の「A」と「B」とは、異なる種類の会社の事業を示している。

件のうち従業者継続従事要件及び事業継続要件は充足するものとされ（法法2条12号の17ロ(1)(2)・12号の18ロ(1)(2)、法施令4条の3第20項3号・4号、24項3号・4号）、ストラクチャー設計上の自由度は一層高まった（後掲の【表5－4】及び【表5－5】を参照。）。

【表5－4】 株式移転後に株式移転完全子法人を被合併法人（ないし合併法人）、分割法人又は現物出資法人とする適格合併等（第2次再編以降の再編）の実施が見込まれている場合の適格株式移転（第1次再編）の従業者継続従事要件及び事業継続要件

	従業者継続従事要件	事業継続要件
100％グループ内	なし	なし
50％超グループ内	以下の①又は②の業務に引き続き従事する各完全子法人の従業者の合計数がその総数の概ね80％以上となることが見込まれていること ① 株式移転（第1次再編）後に行われる適格合併等（第2次再編以降の再編）により完全子法人の行う主要な事業がその適格合併等（第2次再編以降の再編）に係る合併法人等に移転することが見込まれている場合における、(i)その合併法人等の業務又は(ii)その合併法人等との間に完全支配関係のある法人の業務 ② (i)完全子法人の業務又は(ii)その完全子法人との間に完全支配関係のある法人の業務	各完全子法人の株式移転（第1次再編）前に行う主要な事業が、以下の①又は②の法人において引き続き行われることが見込まれていること ① 株式移転（第1次再編）後に行われる適格合併等（第2次以降の再編）により、各完全子法人の行う主要な事業が、合併法人等に移転することが見込まれている場合における、(i)その合併法人等又は(ii)その合併法人等との間に完全支配関係のある法人 ② (i)完全子法人又は(ii)その完全子法人との間に完全支配関係のある法人

50％以下（共同事業を行うための株式移転）	以下の①又は②の業務に引き続き従事する完全子法人又は他の完全子法人の従業者のそれぞれの合計数が、それぞれの総数の概ね80％以上となることが見込まれていること ① 株式移転（第1次再編）後に行われる適格合併等（第2次再編以降の再編）により、完全子法人の行う主要な事業のうちのいずれかの事業又は他の完全子法人の行う事業のうちのいずれかの事業が、合併法人等に移転することが見込まれている場合における、(i)その合併法人等の業務又は(ii)その合併法人等との間に完全支配関係のある法人の業務 ② (i)完全子法人若しくは他の完全子法人の業務又は(ii)その完全子法人若しくは他の完全子法人との間に完全支配関係のある法人の業務	完全子法人の株式移転（第1次再編）前に行う主要な事業のうちのいずれかの事業の中で、他の完全子法人の株式移転（第1次再編）前に行う事業のうちのいずれかの事業と相互に関連する事業が、以下の①又は②の法人において引き続き行われることが見込まれていること ① 株式移転（第1次再編）後に行われる適格合併等（第2次以降の再編）により、完全子法人の行う主要な事業のうちのいずれかの事業の中で、他の完全子法人の行う事業のうちのいずれかの事業と相互に関連する事業が、合併法人等に移転することが見込まれている場合における、(i)その合併法人等又は(ii)その合併法人等との間に完全支配関係のある法人 ② (i)完全子法人若しくは他の完全子法人又は(ii)その完全子法人若しくは他の完全子法人との間に完全支配関係のある法人	

※ 株式移転に係る完全子法人（②(i)）だけでなく、その完全子法人との間に完全支配関係がある法人（②(ii)）、当初の株式移転の後に行われる適格合併等に係る合併法人等（①(i)）及びその合併法人等との間に完全支配関係がある法人（①(ii)）を「含む」との定めとなっているため、これらの複数の法人の業務に従事する者を合計して概ね80％以上となれば従業者継続従事要件を充足することになり、また、主要な事業を複数の部分に分けてこれらの法人において分担して行っている場合であっても事業継続要件は充足される。

※ 従業者継続従事要件及び事業継続要件以外の適格要件に関しては、前掲の【表5－1】参照（なお、従業者継続従事要件及び事業継続要件以外の適格要件及び同表の「完全子法人と他の完全子法人との関係」欄に記載した（完全）支配関係継続見込み要件についても、多段階再編の実施が見込まれている場合には適格要件が緩和される場合がある）。

【表5－5】 株式交換後に完全子法人を被合併法人（ないし合併法人）、分割法人又は現物出資法人とする適格合併等（第2次再編以降の再編）の実施が見込まれている場合の適格株式交換（第1次再編）の従業者継続従事要件及び事業継続要件

	従業者継続従事要件	事業継続要件
100％グループ内	なし	なし
50％超グループ内	以下の①又は②の業務に引き続き従事する完全子法人の従業者の合計数がその総数の概ね80％以上となることが見込まれていること ① 株式交換（第1次再編）後に行われる適格合併等（第2次再編以降の再編）により完全子法人の行う主要な事業がその適格合併等（第2次再編以降の再編）に係る合併法人等に移転することが見込まれている場合における、(i)その合併法人等の業務又は(ii)その合併法人等との間に完全支配関係のある法人の業務 ② (i)完全子法人の業務又は(ii)その完全子法人との間に完全支配関係のある法人の業務	完全子法人の株式交換（第1次再編）前に行う主要な事業が、以下の①又は②の法人において引き続き行われることが見込まれていること ① 株式交換（第1次再編）後に行われる適格合併等（第2次以降の再編）により、完全子法人の行う主要な事業が、合併法人等に移転することが見込まれている場合における、(i)その合併法人等又は(ii)その合併法人等との間に完全支配関係のある法人 ② (i)完全子法人又は(ii)その完全子法人との間に完全支配関係のある法人
50％以下（共同事業を行うための株式交換）	以下の①又は②の業務に引き続き従事する完全子法人の従業者の合計数が、その総数の概ね80％以上となることが見込まれていること ① 株式交換（第1次再編）後に行われる適格合併等（第2次再編以降の再編）により、完全子法人の行う	完全子法人の株式交換（第1次再編）前に行う主要な事業のうちのいずれかの事業の中で、完全親法人の株式交換（第1次再編）前に行う事業のうちのいずれかの事業と関連する事業が、以下の①又は②の法人において引き続き行われることが見込まれていること

50％以下 （承前）	主要な事業のうちのいずれかの事業が、合併法人等に移転することが見込まれている場合における、(i)その合併法人等の業務又は(ii)その合併法人等との間に完全支配関係のある法人の業務 ② (i)完全子法人の業務又は(ii)その完全子法人との間に完全支配関係のある法人の業務	① 株式交換（第１次再編）後に行われる適格合併等（第２次以降の再編）により、完全子法人の行う主要な事業のうちのいずれかの事業の中で、完全親法人の行う事業のうちのいずれかの事業と関連する事業が、合併法人等に移転することが見込まれている場合における、(i)その合併法人等又は(ii)その合併法人等との間に完全支配関係のある法人 ② (i)完全子法人若しくは他の完全子法人又は(ii)その完全子法人若しくは他の完全子法人との間に完全支配関係のある法人

* 株式交換に係る完全子法人（②(i)）だけでなく、その完全子法人との間に完全支配関係がある法人（②(ii)）、当初の株式交換の後に行われる適格合併等に係る合併法人等（①(i)）及びその合併法人等との間に完全支配関係がある法人（①(ii)）を「含む」との定めとなっているため、これらの複数の法人の業務に従事する者を合計して概ね80％以上となれば従業者継続従事要件を充足することになり、また、主要な事業を複数の部分に分けてこれらの法人において分担して行っている場合であっても事業継続要件は充足される。

※ 従業者継続従事要件及び事業継続要件以外の適格要件に関しては、前掲の【表５－２】参照（なお、従業者継続従事要件及び事業継続要件以外の適格要件及び同表の「完全子法人と他の完全子法人との関係」欄に記載した（完全）支配関係継続見込み要件についても、多段階再編の実施が見込まれている場合には適格要件が緩和される場合がある）。

なお、関東信越国税局は、一社のみが完全子法人となる株式移転（単独株式移転）に係る照会事例（単独株式移転後に、株式移転完全子法人Ｙ社がその子会社Ａ社を吸収合併しつつ、併せて株式移転完全親法人Ｘ社と同完全子法人Ｙ社との間に中間持株会社を介在させるスキームに関する照会事例：後掲の【図５－２】参照）について、第２次再編を行うことが見込まれている場合の適格要件は、（株式移転後に合併が行われ、株式移転完

全親法人が株式移転完全子法人の発行済株式の全部を直接又は間接に保有する関係を有しないこととなった場合であっても、①当該株式移転後に当該株式移転完全親法人が当該株式移転完全子法人の発行済株式の全部を直接保有する関係が継続し、更に、②当該適格合併後に当該株式移転完全親法人が当該株式移転完全子法人の当該適格合併の直前における発行済株式の全部に相当する数の株式を継続して直接保有する関係が見込まれているときには、要件を充足し得るものとする）要件の緩和措置であるため、この緩和された適格要件自体は充足しないものの、緩和される前の本則的な要件を充足する場合には適格組織再編成になると解されるという照会者の見解を、結論的に肯定していた[18]。

　なお、問題となった規定（照会当時の旧法施令4条の2第19項）は、平成29年度税制改正に際して改正され、株式移転完全子法人を被合併法人又は合併法人とする適格合併を行うことが見込まれている場合、株式移転の時からその適格合併の直前の時まで、当該完全子法人と株式移転完全親法人との間に、当該完全親法人による完全支配関係が継続することが見込まれていれば、税制適格要件を充足し得るものとされた（法施令4条の3第22項）。このように、平成29年度税制改正後は、発行済株式の全部に相当

---

[18] 「株式移転後に株式移転完全子法人を合併法人とする適格合併が見込まれている場合の当該株式移転に対する適格判定について（照会）」と題する照会に対する平成21年3月31日付けの関東信越国税局審理課長の回答（《https://www.nta.go.jp/about/organization/kantoshinetsu/shiraberu/bunshokaito/hojin/090331/index.htm》にて閲覧可能）参照。株式移転後に株式移転完全子法人（Y社）を合併法人とする適格合併（被合併法人A社の吸収合併）が行われることが見込まれている場合において、更に、株式移転完全親法人（X社）がその別の完全子会社（中間持株会社）に対してその保有する株式移転完全子法人（Y社）株式の全部を譲渡し、当該適格合併後に、結果的に、株式移転完全親法人（X社）が株式移転完全子法人（Y社）の発行済株式の100％を中間持株会社を介して「間接的に」保有するに至ることが見込まれているときは、（株式移転完全親法人と同完全子法人である）X社とY社との間において株式の「直接的な」保有関係を欠く結果、上記②の要件は充足しない（後掲【図5－2】参照）ために問題となった事案である。

する数の株式を継続して直接保有する関係に限られず、(間接的に保有する場合も含まれる)完全支配関係が要求されるにとどまることになったため、仮に上記照会事例と同様の組織再編が実施されても、上記の解釈問題は生じないこととなった。

【図5－2】 株式移転後、株式移転完全子法人を株式移転完全親法人の間接子会社とする事例

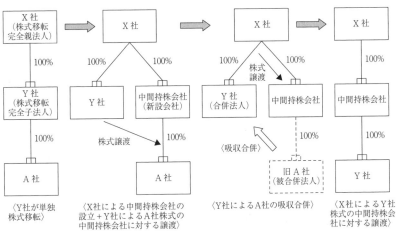

※ 本図は、前掲(注18)記載の照会の前提とされた事案を簡略化したものである。

3 一部現金対価株式交換の課税上の取扱い

平成18年度税制改正後、平成29年度税制改正前においては、株式交換の対価に1円でも現金その他の資産（boot）が含まれる場合（かかる場合の株式交換を、以下、本章において「一部現金対価株式交換」という）は、常に、非適格株式交換（平成29年度税制改正前法法2条12号の16参照）に

該当するものとされていた。その結果、株式交換による完全子会社化の対象となる会社が当該株式交換の直前の時において有する時価評価資産の評価損益は、常に、当該株式交換の日の属する事業年度の課税所得の金額の計算上、益金の額又は損金の額に算入しなければならないものとされていた（いわゆる時価評価課税。平成29年度税制改正前法法62条の9第1項参照）。

　しかしながら、平成29年度税制改正により、上場会社等の完全子会社化のためのスクィーズ・アウトに係る課税上の取扱いについて統一的な規律がなされたことに伴い、一部現金対価株式交換の場合であっても、必ずしも税制非適格とはならないこととされ、株式交換に係る適格要件のうち、対価に関する要件（現金等不交付要件）については、株式交換の直前において株式交換完全親法人が株式交換完全子法人の発行済株式（自己株式を除く）の3分の2以上を有する場合における株式交換完全親法人以外の株主に対して交付する対価を除外して判定されることとなった（法法2条12号の17）。そして、①全部取得条項付種類株式の取得に係る決議、②株式併合又は③株式売渡請求の承認により、対象会社が買収者との間に「完全支配関係」（法法2条12号の7の6、法施令4条の2第2項）を有することとなることが、④株式交換と併せて「株式交換等」と定義されることとなり（法法2条12号の16）、中でも、企業グループ内の株式交換と同様の税制適格要件が満たされる場合が「適格株式交換等」と定義されることとなって（同条12号の17）、この「適格株式交換等」に該当する場合に限り、従前の「適格株式交換」の場合と同様、対象会社の資産については時価評価課税がなされないこととなった（法法62条の9第1項参照）。

　そのため、結論的に、買収会社が買収対象会社を株式交換によって買収しようとする場合であって、当該買収会社が当該買収対象会社の発行済株式（自己株式を除く）の3分の2以上を有するときには、当該株式交換は、たとえ一部現金対価株式交換であっても、「適格株式交換等」に該当し得ることとなった。そして、「適格株式交換等」に該当することとなっ

た場合には、対象会社の資産については時価評価課税はなされないことになる[19]（要件の詳細は前掲の【表5－6】参照）。

【表5－6】 一部現金対価株式交換が適格株式交換等に該当するための要件

	完全親法人と完全子法人との関係	適格要件
		AからCに共通する要件 ・完全親法人の完全子法人に対する持株割合が3分の2以上であること
A	100％グループ内	完全支配関係及びその継続見込み 又は 同一の者による完全支配関係及びその関係の継続見込み	
B	50％超グループ内	当事者間の支配関係及びその関係の継続見込み 又は 同一の者による支配関係及びその関係の継続見込み	① 完全子法人の従業者の概ね80％以上の継続従事が見込まれていること（従業者継続従事要件） ② 完全子法人の主要な事業が引き続き行われることが見込まれていること（事業継続要件）
C	50％以下（共同事業を行うための株式交換）	上記以外	① 子法人事業と親法人事業が相互に関連すること（事業関連性要件） ② 事業規模の割合が概ね5倍を超えない（事業規模要件） 又は 完全子法人の特定役員（※）の

---

[19] なお、適格株式交換等に該当しない場合でも、平成29年度税制改正により、帳簿価額が1,000万円未満の資産（貸借対照表に計上されていない帳簿価額がゼロのいわゆる自己創設のれんを含む）については時価評価の対象から除外されることとなった（法施令123条の11第1項4号）。

C	50％以下 （承前）	上記以外	全てが株式交換に伴って退任するものでないこと（特定役員要件又は経営参画要件） （注）特定役員とは、社長、副社長、代表取締役、代表執行役、専務取締役若しくは常務取締役又はこれらに準ずる者で法人の経営に従事している者（法施令4条の3第20項2号、同条4項2号）を意味する。 ③ 完全子法人の従業者の概ね80％以上の継続従事が見込まれていること（従業者継続従事要件） ④ 完全子法人の子法人事業が引き続き行われることが見込まれていること（事業継続要件） ⑤ 株式交換により交付される当該株式交換に係る株式交換完全親法人（三角株式交換の場合は株式交換完全支配親法人）の議決権株式のうち支配株主に交付されるものの全部が支配株主により継続して保有されることが見込まれていること ⑥ 完全親法人と完全子法人との間に完全親法人による完全支配関係の継続が見込まれていること （注）支配株主とは、株式交換の直前に完全子法人と他の者との間にその他の者による支配関係がある場合におけるその他の者及びその他の者による支配関係があるものを意味する（但し当該株式交換完全親法人を除く）。 （注）株式交換直前に完全子法人と他の者との間に当該他の者による支配関係がない場合には、本要件は必要とされない。

4 株式移転に際しての子会社の兄弟会社化に関する課税問題

　通常の事業会社は子会社を保有していることも多いが、そのような事業会社が株式移転によって持株会社体制に移行する場合、併せて、従来の子会社を持株会社傘下の直接の子会社とし、従前の親子関係を持株会社傘下における兄弟関係に転換することが企図されることがある（後掲の【図5－3】参照）。

　そのための手法としては様々なものがあり得るが、最も単純な方法、即ち、①当該事業会社による、その子会社株式の当該持株会社に対する譲渡の方法を用いた場合には、当該事業会社は当該子会社株式の譲渡につき譲渡損益課税に服することになる。しかしながら、グループ内組織再編であるにも拘わらず、課税がなされることになると、持株会社制度の下で企業グループの資本構造を最適化することが妨げられることになりかねないため、平成18年度税制改正前の旧租税特別措置法67条の10では、一定の要件が満たされた場合には[20]、上記の事業会社が、その有する子会社株式を持株会社に譲渡したとしても、当該子会社株式の譲渡に係る株式譲渡益相当額を当該事業年度において損金に算入することを認め、結果的に当該譲渡

---

[20] その要件の概要は、ある会社が株式移転によって持株会社を設立し、当該会社が有する子会社株式を当該持株会社に対して譲渡する場合であって、①株式移転を行う会社が、譲渡に係る子会社の発行済株式等の100％を、株式移転による持株会社設立の日の1年前の日から当該子会社株式の当該持株会社に対する譲渡の日まで引き続き有していること、②譲渡に係る当該子会社株式の譲渡時における価額が、譲渡を行う会社における当該子会社株式の譲渡直前の帳簿価額を超えていること、③当該子会社株式の譲渡を受けた当該持株会社が、その子会社株式の取得価額を、当該子会社株式の譲渡を行った会社の譲渡直前における帳簿価額に相当する金額としていること、④株式移転による当該持株会社の設立の日を含む事業年度からその設立の日以後1年を経過した日を含む事業年度までのいずれかの事業年度において、当該持株会社に対して当該子会社株式の全部の譲渡が行われていることであった（平成18年改正前措法67条の10）。

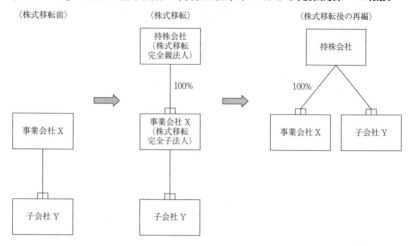

【図5-3】 従前の親子関係の持株会社傘下における兄弟関係への転換

益に係る課税の繰延べを認めていた。しかしながら、この特例は平成18年度税制改正で廃止された[21]。

もっとも、平成18年度税制改正後においても、上記のような事例で、②事業会社が有している「子会社管理事業」を会社分割（これは所定の要件

---

[21] 会社の成立後2年以内に、その成立前から存在する財産であってその事業のために継続して使用するものを一定の金額（会社法施行前の平成17年改正前商法下においては資本の5％以上の金額、会社法下においては純資産額の20％以上の金額）を対価として取得する場合には事後設立規制に服することになる（改正前商法246条、会社法467条1項5号）。株式移転によって持株会社が設立された場合に当該持株会社に事後設立規制が適用されるのかについては、株式移転を行った全ての当事会社（株式移転により新規に設立された持株会社を除く）が会社成立後2年を経過していた場合には、当該持株会社について事後設立規制の適用はないという有力説もあった（例えば、江頭憲治郎『株式会社・有限会社法〔第4版〕』（有斐閣、2005）66頁）ところであるが、平成17年改正前商法下では、条文の文言上、株式移転によって設立された会社に事後設立規制の適用がない旨が明確になっているとはいえなかったため、実際上、平成18年度税制改正前における旧租税特別措置法67条の10の特例は余り利用されていなかった。因みに、会社法においては、株式移転によって新規に設立された会社に事後設立規制の適用がないことが条文の文言上明確になっているため（会社法467条1項5号、25条参照）、上記のような事後設立規制による問題は生じない。

の下で「適格分割」に該当し得る)により移転する方法を利用して、事業会社傘下から持株会社傘下に付け替えられる場合の子会社の株式譲渡益について課税繰延べを行うことは、可能と解されてきた[22,23]。この点、平成18年度税制改正に際しての旧租税特別措置法67条の10の廃止は、このような「子会社管理事業」を会社分割によって移転するというスキームを用いた兄弟会社化が、組織再編税制上「適格分割」に該当することを前提としたものである(その意味で、平成18年度税制改正に際しての旧租税特別措置法67条の10の廃止は、課税当局が、かかるスキームによる兄弟会社化が「適格分割」に該当することを、いわば「裏から」確認したものである)

---

[22] そもそも平成17年改正前商法ないし会社法上の「会社分割」に該当しないものについては、法人税法上の適格分割に該当する余地がないと考えられるところ、会社法施行前の改正前商法においては、会社分割によって承継するものは「営業の全部又は一部」(旧商法373条、374条の16)とされていたため、いかなる場合に子会社管理事業(営業)として会社分割の対象となり得るのかについて議論がなされていた。しかしながら、会社法においては会社分割の対象が「その事業に関して有する権利義務の全部又は一部」(会社法2条29号・30号)とされ、その趣旨について、平成17年改正前商法とは異なり、有機的一体性や事業活動の承継が会社分割の要件ではないことを明らかにするものであると説明されている(相澤哲＝細川充「新会社法の解説⑭組織再編行為〔上〕」旬刊商事法務1752号(2005)5頁、相澤哲＝葉玉匡美＝郡谷大輔編著『論点解説　新・会社法』(商事法務、2006)668頁)。なお、江頭憲治郎『株式会社法〔第7版〕』(有斐閣、2017)898頁、神田秀樹『会社法〔第20版〕』(弘文堂、2018)378頁、弥永真生『リーガルマインド会社法〔第14版〕』(有斐閣、2015)359頁も同旨であるが、前田庸『会社法入門〔第13版〕』(有斐閣、2018)762-764頁はこのような解釈に反対している。

[23] なお、子会社管理事業が会社分割の対象とされたと解される実例としては、例えば、いずれも会社法制定前の事案であるが、①第一勧業銀行、富士銀行及び日本興業銀行を分割会社、みずほホールディングスを分割承継会社、証券子会社管理「営業」及び信託銀行子会社管理「営業」を分割対象とする2002年4月1日付けの会社分割、②日本航空を分割会社、日本航空システムを分割承継会社、ジャルセールス及びジャルキャピタルに係る管理「営業」を分割対象とする2003年4月1日付けの会社分割、③東京海上日動火災保険を分割会社、ミレアホールディングスを分割承継会社、日新火災海上保険の管理「営業」を分割対象とする、2006年4月1日付けの会社分割等が存する。

と考えられてきたところである[24]。しかしながら、このスキームを用いた兄弟会社化については、債権者保護手続等の会社分割のための手続が別途必要になるため、手続が煩雑化することに加え、株式移転による持株会社化の場合には、持株会社が株式移転によって設立された後でなければ分割契約書の締結ができないため、兄弟会社化が完了するまでに一定程度の時間が必要となるという難点もある。

　以上のような状況の中、平成22年度税制改正において新たな組織再編税制の類型として適格現物分配制度が導入されるとともに、グループ内での取引についていわゆるグループ法人税制が導入されたため、上記のような事例で、事業会社傘下の子会社を持株会社傘下に付け替えて兄弟会社化しつつ、当該子会社の株式譲渡益について課税繰延べの利益を享受し得る方法として、新たに、③子会社株式を持株会社に対して現物分配する方法、及び④グループ法人税制の下で子会社株式を譲渡する方法が利用可能となった[25]。

　そこで、上記②から④までの3つの手法のうち、いずれを採用するのが適切であるかが問題となる。

　まず、前提として、組織再編税制とグループ法人税制との適用関係（どちらが優先して適用されるか）であるが、この点について、現行税制は、**第2章**で述べたとおり、まずは、問題となる組織再編が組織再編税制の下で適格組織再編成に該当するか否かを判定し、(i)該当する場合には、適格組織再編税制の下で所定の課税繰延べがなされるが、(ii)適格組織再編成に該当しない場合であっても、当該組織再編が100％グループ内のものであって、それにより譲渡損益調整資産が移転される場合には、グループ法人

---

[24] 以上につき、「〔座談会〕日本のM&A税制の到達点と改革の視点」マール2006年7月号14頁〔貞森恵祐・経済産業省産業組織課長、太田洋発言〕参照。

[25] 完全子会社となる会社が保有している自己株式に対して株式交換・株式移転により割り当てられた完全親会社株式をどのように処分するかについての検討の文脈ではあるが、完全支配関係のある内国法人間での株式の無償譲渡による方式と現物配当による方式とを比較検討したものとして、大石篤史＝小島義博＝小山浩「平成22年度税制改正がM&Aの実務に与える影響〔下〕」旬刊商事法務1902号（2010）49頁参照。

税制が適用され、当該資産に係る譲渡損益の税務上の認識が繰り延べられる（なお、譲渡損益調整資産以外の資産が移転される場合には時価で譲渡がなされたものとして課税所得金額が計算される）という構造を採用している[26]。従って、前記の②から④までの各手法のうち、②における「適格分割」又は③における「適格現物分配」のいずれにも該当しないとされたときに、④のグループ法人税制が適用されることになる。

　以上を踏まえた上で、まず前記③の方法（子会社株式を適格現物分配により親会社に移転する方法）について見てみると、この方法を用いた場合、子会社株式の現物分配を行った法人（前記事例にいう事業会社）においては当該子会社株式に関する含み損益の実現が繰り延べられる（法法62条の5第3項）と共に、親会社（前記事例にいう持株会社）においては子会社株式を受け入れることにより生ずる収益は益金不算入とされている（法法62条の5第4項）ため、課税繰延べの利益を享受しつつ、事業会社傘下の子会社を持株会社傘下に付け替えて兄弟会社化することが可能である。しかしながら、「適格現物分配」も会社法所定の「剰余金の配当」に該当するため、分配可能額規制その他の剰余金の配当に関する規制に服することになる（会社法461条1項8号、462条）点には注意が必要である。

　最後に、前記④の方法（グループ法人税制の下で子会社株式を譲渡する方法）についてであるが、グループ法人税制の下では、直接・間接の100％親子会社間及び共通の親会社傘下の直接・間接の100％子会社間における組織再編及び資産譲渡（但し、その当事者全てが内国法人であるものに限る）については、たとえそれが適格組織再編成に該当しない場合でも、譲渡損益調整資産（具体的には、譲渡直前の帳簿価額が1,000万円以上の固定資産、土地、有価証券[27]、金銭債権及び繰延資産）の譲渡を行ったことにより生じる譲渡損益への課税は、大雑把にいって、譲受法人が当

---

[26] 以上につき、武田昌輔監修『グループ法人税制の実務』（第一法規、加除式）1101、1108－1109頁参照。
[27] 売買目的有価証券を除く。

該資産を譲渡（100％グループ内への譲渡も含む[28]）した時点又は貸倒れ、除却その他の戻入事由の発生時点まで繰り延べられることとされている（法法61条の13）。従って、株式移転を行う会社（前記事例における事業会社）が、その有する子会社株式を、当該株式移転によって設立される100％親会社である持株会社に対して無償で譲渡する場合にも、譲渡される子会社株式の含み損益と同額の益金又は損金が計上されることになり、結果として当該含み損益についての課税は繰り延べられる。しかしながら、当該持株会社が、譲り受けた子会社株式を更に譲渡等した場合（100％グループ内における譲渡も含まれることに注意）には、当該子会社株式に係る譲渡損益課税が、当該子会社株式を持株会社に譲渡した会社（前記事例における事業会社）に対してなされることになる（法法61条の13第2項以下）。

従って、上記②から④までのいずれの手法を用いて兄弟会社化を実行するかについては、当該子会社の再譲渡が想定し難いような場合であれば、基本的には上記④の手法を用いるのが、上記事例にいう事業会社における分配可能額規制を気にすることなく簡便に兄弟会社化を実現できる点で、適切であると考えられる。

5 株式移転・株式交換を用いたM&Aの類型ごとの課税問題

(1) 株式交換を用いたグループ内組織再編（完全子会社化）と課税

2007年に、米系投資ファンドのペリー・キャピタルが、(当時NECの

---

[28] 佐々木拓己「税制改正を踏まえた法人税申告に当たっての留意事項－グループ税制を中心に」租税研究2011年4月号146頁参照。

上場子会社であった）NECエレクトロニクスの株式を実質的に約70％割保有していたNECに対して、その株式保有割合を50％未満に引き下げることを要求した事件などを契機として、親子上場に対する批判が高まったこと等を契機として、近時、わが国上場会社の間では、その上場子会社を株式交換等を用いて完全子会社化する動きが広がっている[29]。このように、株式交換は、企業グループ内において子会社ないし関連会社を完全子会社化する手段として多用されているが、株式保有比率が50％超の子会社を株式交換により完全子会社化する場合における税制適格要件は、前掲の【表5－2】のBに記載のとおり、それほど厳格ではないので、このような取引に用いられる株式交換については、課税上の問題は余り存在しない（なお、平成18年改正がM&A実務に与えた影響のうち最も大きいと思われるものは、ゴーイング・プライベート（少数株主のスクィーズ・アウト）のストラクチャーに与えた影響であるが、その問題については、別途**第8章**で詳説する[30]）。

また、平成18年改正は、全体的に見れば、上記2で述べたとおり、M&Aに対する阻害要因として機能する点の多い改正であったと評価し得るが、少なくとも、株式交換を用いたグループ会社等の完全子会社化を促進

---

[29] 例えば、藤田勉『上場会社法制の国際比較』（中央経済社、2010）281－297頁参照。
[30] 即ち、平成18年改正の前は、スクィーズ・アウトの手法として、TOBを行った上で当時の産業活力再生特別措置法の認定を受けて現金交付株式交換を行うスキームを用いる方法が主流であった（内間裕＝野田昌毅「ゴーイング・プライベートの法的手法と留意点」旬刊商事法務1675号（2003）81頁、谷川達也＝福沢美穂子「産業再生法を利用したゴーイング・プライベートの実務」旬刊商事法務1676号（2003）22頁参照）ところ、平成18年改正により、かかる手法を用いた場合には、非適格株式交換として対象会社の保有資産につき時価評価課税が行われてしまうこととなった。そのため、平成18年改正後は、筆者らが、本章のベースとなった太田洋＝野田昌毅「株式移転・株式交換税制の抜本改正とM&A実務への影響」旬刊商事法務1778号（2006）38頁及び43頁において論じた全部取得条項付種類株式利用スキームが、主として用いられるようになった。その後の平成29年度税制改正の影響も含め、スクィーズ・アウトに関する課税問題の詳細については、**第8章**参照。

する効果を有していた面もある。

即ち、平成18年改正前においては、連結納税グループに自社の100％子会社を加入させる場合、当該100％子会社の有する資産については、原則として、その時点で税務上時価評価損益の認識が行われるものとされており、株式交換によって完全子会社となった100％子会社についても、それを連結納税グループに組み入れるに際しては、厳格な要件（連結開始後譲渡損益を計上しない等。平成18年改正前法法61条の11第1項1号乃至6号、同61条の12第1項1号乃至4号参照）を充足しない限り、連結納税グループへの加入段階において当該100％子会社の有する資産につき税務上時価評価損益の認識が行われるものとされていた。しかしながら、平成18年改正により、適格株式交換によって連結親法人が法人の発行済株式の100％を取得した場合には、一律に税務上時価評価損益の認識が行われないこととされた（法法61条の11第1項4号、同61条の12第1項2号）ため、グループ会社その他の会社を連結納税グループに組み入れる際に、従来は、当該グループ会社等の保有資産についての時価評価課税を回避することが極めて困難であったものが、適格株式交換による完全子会社化の途を経由することにより、そのような時価評価課税を回避しつつ、当該グループ会社等を連結納税グループに組み入れることが可能となった。従って、少なくともこの点では、平成18年改正は、株式交換を用いたグループ会社等の完全子会社化を促進する効果を有していたといえる。

(2) 株式交換によるグループ外企業の買収と課税（事業関連性要件の問題）

イ　株式交換によるグループ外企業の買収と事業関連性要件

株式交換は、対象会社の法人格を維持しつつ、それを買収会社の株式を対価として100％買収することを可能にする方法（因みに、同様に、対象会社の法人格を維持しつつ、それを買収会社の株式を対価として部分的に買収することを可能にする方法が、**第9章で述べる自社株対価TOB**であ

る）であり、そのような特質を生かして、グループ外の企業を買収する手段として株式交換を用いた例も存在する[31]。しかしながら、そのような例は余り多くない。

　その主たる理由は、一般に、対象会社の株主にとっては、買収会社の株式よりも現金の方が買収の対価として魅力的なためであると思われる[32]

---

[31] 近時の例としては、例えば、①2011年12月に公表された、自動車用品販売チェーンであるイエローハット（東京証券取引所第 1 部上場（以下「東証 1 部上場」という））による、同業のモンテカルロ（ジャスダック証券取引所上場（以下「ジャスダック上場」という））の株式交換による買収の事例や、②2011年 5 月に公表された、住宅資材業大手の住生活グループ（東証 1 部上場）による、同業のハイビック（ジャスダック上場）の株式交換による買収の事例、③2010年 9 月に公表された、娯楽事業を営むコナミ（東証 1 部上場）による、パチスロ事業を営むアビリット（東証 1 部上場）の株式交換による買収の事例、④2012年10月 1 日に公表された、ソフトバンク（東証 1 部上場の現・ソフトバンクグループ）による、イー・アクセス（東証 1 部上場）の株式交換による買収の事例、⑤2014年 1 月に公表された、百貨店事業等の経営を行う持株会社であるエイチ・ツー・オー　リテイリング（東証 1 部上場）（以下「H2O リテイリング」という）による、衣料品販売事業を営むイズミヤ（東証 1 部上場）の株式交換による買収の事例、⑥2015年12月に公表された、自動車部品製造業を営むアイシン精機（東証 1 部上場）による、同業のシロキ工業（東証 1 部上場）の株式交換による買収の事例、⑦2016年 1 月に公表された、自動車事業を営むトヨタ自動車（東証 1 部上場）による、同業のダイハツ工業（東証 1 部上場）の株式交換による買収の事例、⑧2016年 3 月に公表された、機械加工品事業等を営むミネベア（東証 1 部上場）による、電気機械器具の製造販売業を営むミツミ電機（東証 1 部上場）の株式交換による買収の事例などが存する。

[32] なお、TOB の直後に株式交換を行って対象会社株式の100%を買収した例としては、例えば、①2009年11月に公表された、ドラッグストアチェーンのマツモトキヨシホールディングス（東証 1 部上場）による、同業のミドリ薬品（ジャスダック上場）の買収の事例、②2010年12月に公表された、パナソニック（東証 1 部上場）による、同業の三洋電機（東証 1 部上場）の買収の事例、③2015年 7 月に公表された、不動産事業の経営等を行う持株会社である野村不動産ホールディングス（東証 1 部上場）による、④スポーツクラブ運営等の事業を営むメガロス（ジャスダック上場）の買収の事例、2016年 7 月に公表された、モバイルサービス事業を営むコロプラ（東証 1 部上場）による、ゲームコンテンツの開発等の事業を営むエイティング（東京証券取引所マザーズ上場）の買収の事例などが存する。

が、それ以外に、平成18年改正後の現行税制の下では、税制適格要件の一つとして事業関連性要件が課されることになった（法法２条12号の17ハ・12号の18ハ、法施令４条の３第20項１号・24項１号）ことも若干影響しているのではないかと思われる。即ち、平成18年改正により、税制適格要件の一つとして事業関連性要件が課された結果、ある会社（買収会社）が新規事業に進出するためにグループ外の企業（対象会社）を株式交換によって買収する場合には、事業関連性要件が充足されていないとして、当該株式交換が「適格株式交換」に該当しないものとされ、当該対象会社の保有資産について時価評価課税がなされる事態があり得ることとなった。言い換えれば、平成18年改正により、株式のみを対価として純粋なコングロマリット化（事業多角化）のための企業買収を行う場合に、対象会社（被買収会社）レベルでその保有資産の含み益に対する時価評価課税を回避することは困難になった（平成18年改正前においては、合併や会社分割の方法を用いた場合には適格組織再編成の要件を充足しない場合であっても、株式交換の方法を用いることにより、かかる時価評価課税ないしキャピタル・ゲイン課税を回避することが可能であった）ということができる。その意味で、わが国の現行税制は、平成13年度税制改正による組織再編税制の創設や平成18年改正による株式移転・株式交換税制の組織再編税制への組込みにより、各種の組織再編行為につき、税制適格要件として事業関連性要件が課されていくことで、全体として、既存子会社の完全子会社化をはじめとする「選択と集中」（そのうち特に「集中」）のためのM&Aに比して、コングロマリット化（事業多角化）のためのM&Aが、課税上相対的に不利になりつつあるようにも思われる[33]。

　もっとも、単純に株式交換のみを行う方法に代えて、最初にTOBにより対象会社の発行済株式総数の過半数を取得した上で、株式交換を通じて残りの株式の全てを取得するスキームを利用すれば、買収会社が、自らの

33　前掲（注24）15頁〔太田洋発言〕参照。

事業と事業関連性のない事業を営んでいる会社（対象会社）の株式の100％を、その法人格を維持した上で、かつ、その保有資産に対して時価評価課税がなされることを回避しつつ買収することは可能である。この方法を用いれば、最初のTOBの段階で、TOBに応じた対象会社の株主は、応募した対象会社株式につき譲渡損益課税に服するものの、二段階目の株式交換は、支配関係の存する当事者間における株式交換（前掲の【表5－2】のB参照）として、①対象会社の従業員の概ね80％以上の継続従事が見込まれていること、②対象会社の主要な事業が引き続き行われることが見込まれていること、及び③買収会社（又はその完全親会社）の株式以外の資産（boot）が対象会社の株主に交付されないこと[34]、という要件が満たされれば、「適格株式交換」に該当し、対象会社の保有資産についての時価評価課税を回避することができるからである[35]。

---

[34] 但し、前記3で述べたとおり、平成29年度税制改正により、上場会社等の完全子会社化のためのキャッシュ・アウトに係る課税上の取扱いについて統一的な規律がなされたことに伴い、この対価に関する要件については、株式交換の直前において株式交換完全親法人が株式交換完全子法人の発行済株式（自己株式を除く）の3分の2以上を有する場合におけるその他の株主に対して交付する対価を除外して判定されることとなった（法法2条12号の17）。従って、TOBによって買収者が対象会社の発行済株式（自己株式を除く）の3分の2以上を有するに至った場合には、現金対価株式交換であっても「適格株式交換等」（同号）に該当し得ることとなった。そして、「適格株式交換等」に該当することとなった場合には、従前の「適格株式交換」の場合と同様、対象会社の資産については時価評価課税がなされないこととされている（法法61条の11第1項4号・5号）。

[35] 税制適格要件の充足の有無は、公表資料からは必ずしも明らかではないが、買収目的会社（SPC）が、最初にTOBにより対象会社の発行済株式総数の過半数を取得した上で、株式交換を通じて残りの株式の全てを取得するスキームを利用して、事業関連性を欠く関係にあると思われる対象会社を買収した例としては、エスアイシー・インベストメントによる東芝セラミックのMBO（2006年11月1日提出の公開買付届出書参照）や、IGCによるベルテクノのMBO（2006年11月20日提出の公開買付届出書参照）などがある（なお、これらの事例は、いずれも、いわゆる端数株式交換スキームと呼ばれるスキーム（第8章4(2)参照）が用いられた事例である）。なお、組織再編成の当事者の一方がペーパー・カンパニーである場合については、一般に、事業関連性要件を欠くと解されている（第6章1(3)参照）。

ロ　純粋持株会社が当事者となる株式交換と事業関連性要件

　イで述べたとおり、グループ外の企業を株式交換により買収するに当たり、事前にTOB等によりその発行済株式総数の過半数を取得できる場合には、株式交換に際して支配関係のある法人間のグループ内再編としての税制適格要件を充足すれば足りるが、事前にその発行済株式総数の過半数を取得せずに株式交換によって対象会社を買収する場合には、税制適格要件を充足するためには、共同事業を行うための組織再編成として、共同事業要件を充足しなければならない（グループ外の企業と共同株式移転を行う場合も同様である）。この際、実務上特に問題となり得る共同事業要件の一つが、事業関連性要件である。

　事業関連性要件とは、株式交換の場合は、株式交換に係る株式交換完全子法人の事業と株式交換完全親法人の事業とが相互に関連するものであること、株式移転の場合は、株式移転完全子法人の事業と他の株式移転完全子法人の事業とが相互に関連するものであることという要件である。この事業関連性要件で特に問題となり得るのは、事業関連性要件の判定対象となる当事会社が純粋持株会社の場合である。何故なら、純粋持株会社それ自体は株式の保有等を主たる事業としているため、純粋持株会社の傘下に買収会社（ないし対象会社）と関連する事業を行う会社があるとしても、純粋持株会社それ自体の事業と買収会社（ないし対象会社）の事業との間に関連性があるかという点について疑義が生じ得るからである。

　この点、課税当局は、一般に純粋持株会社の「事業」はその実態に応じて判断するものとしているようであり、純粋持株会社が、自らの子会社の事業について、その重要な機能の一部を担っている場合など、純粋持株会社がその子会社と共同してその子会社の事業を行っていると認められる実態が備わっている場合（例えば、単に株主としての立場のみしか有しない持株会社ではなく、事業最適化等を踏まえた事業計画の策定や事業に関する指導及び監査業務などの経営管理業務を行うことによって、持株会社としてグループ全体の財務面、監査面などを経営上監督する立場にあり、持

株会社と子会社とが相俟って一つの事業を営んでいる実態にあるような場合）には、当該子会社の事業も含めて事業関連性の判定を行うことができるとしている[36]。かかる見解に従えば、ある会社がその子会社と共同してその子会社の事業を行っていると認められる実態が備わっていると認められるのは、必ずしも純粋持株会社の場合に限られるわけではないことから、通常の事業（持株）会社においても、そのような実態が認められるのであれば、そのような事業（持株）会社と対象会社との間の株式交換に際しての事業関連性の判定に当たっては、当該事業（持株）会社の子会社の事業を含めて検討することができると解すべきであろう。

なお、純粋持株会社が純粋持株会社を株式交換により買収しようとする

---

[36] 青木ほか・前掲（注2）303頁は、「持株会社の事業をどのように見るかはその実態に応じることとなりますが、持株会社が子法人の事業について、その重要な機能の一部を担っている場合など、持株会社が子法人と共同してその子法人の事業を行っていると認められる実態が備わっている場合には、その子法人の事業も含めて事業関連性の判定を行うことが考えられます」としており、佐々木浩＝小原一博「平成18年度税制改正（法人税関係）について―会社法制定に伴う整備等を中心に―」租税研究681号（2006）38頁も同旨を述べている。なお、国税庁HP掲載の「持株会社と事業会社が合併する場合の事業関連性の判定について」と題する質疑応答事例（《https://www.nta.go.jp/law/shitsugi/hojin/33/05.htm》にて閲覧可能）及び2014年11月12日付け大阪国税局による事前照会に対する文書回答事例「持株会社を株式交換完全親法人とする株式交換における事業関連性の判定について」（《https://www.nta.go.jp/about/organization/osaka/bunshokaito/hojin/141112/01.htm》にて閲覧可能）も参照。後者の事前照会では、小売業（百貨店等）を営む事業会社を含む子会社の経営指導等を主な事業とする持株会社であるH2Oリテイリングを株式交換完全親法人、小売業（大規模スーパー等）を営む事業会社であるイズミヤを株式交換完全子法人とする株式交換において、H2Oリテイリングは、百貨店等を中心に多様な小売業等を営む各子会社との間に経営指導に関する包括的な契約を締結し、各子会社の事業計画の策定、予算管理、監査などの経営指導のほか、H2Oリテイリンググループ共通のシステムを活用した各子会社の資金管理、経理業務支援を行うなど、小売業に係る経営指導等の事業を営んでいることから、H2Oリテイリングは小売業を営む子会社と共同して事業を行っており、当該事業とイズミヤの小売業等の事業とは、事業関連性要件を満たすものとして解して差し支えないかとの事前照会に対し、貴見のとおりで差し支えない旨の回答が出されている。

場合などにおいては、以上で論じたような事業関連性要件や事業規模要件との関係で、そもそも純粋持株会社それ自体には「事業」が存するといえるのか、という点も問題となり得る。この点、①いわゆる純粋持株会社についても、少なくとも事業がないと評価されるものではなく、「株式保有に係る事業」を行っているものと考えられること（課税当局においてもこのように認識されていると思われる）、②仮に純粋持株会社には「事業」がないとすると、（当事者間に完全支配関係が存在しない限り）純粋持株会社を当事者とする組織再編がおよそ適格組織再編成に該当する余地がなくなるという不合理な結果が生じること、及び③適用場面や文脈は異なるものの、タックス・ヘイブン対策税制においては、いわゆる経済活動基準のうちの事業基準として「株式等の保有を主たる事業とするもの」との規定が設けられており（措法66条の6第2項3号イ）、当該税制の下で当該規定における「事業」に該当するか否かを判断する際には、専従の従業員が存在すること等が必要であるとの議論はされていないこと[37]等、に鑑みれば、専従の従業員が存在していないような（つまり、それに所属する人員は役員のみであるような）純粋持株会社についても、「株式保有に係る事業」ないし「子会社管理事業」を営んでいるものと解し得ると考えられる。

---

[37] なお、課税当局が、特定外国子会社等が子会社株式（日本の親会社から見れば孫会社株式）を保有していること及び子会社（孫会社）からの受取配当を収受していることを根拠に、当該特定外国子会社等の「株式の保有に係る事業」を認定し、更には特定外国子会社等が保有する子会社株式の金額や受取配当の額が大きいことを根拠に、「株式の保有に係る事業」を「主要な事業」であるとして、タックス・ヘイブン対策税制を適用した下級審裁判例があった（いわゆる第一次デンソー事件に関する名古屋高判平成28年2月10日訟月62巻11号1943頁）が、当該下級審の判断は、最高裁によって覆された（最三小判平成29年10月24日裁判所時報1686号1頁）。

(3) 共同株式移転を用いた経営統合と課税（特定役員要件及び事業規模要件）

イ　共同株式移転を用いた経営統合

　商法平成11年改正に基づき、1999年10月1日に株式移転・株式交換制度が創設されて以降、平成18年改正がなされるまでの間は、共同株式移転を用いた場合には、基本的には当事者会社の法人レベルでも株主レベルでも課税を生じさせることなく経営統合を行うことが可能であったため、日本興業銀行、富士銀行及び第一勧業銀行による共同持株会社であるみずほホールディングスの下での経営統合、日本製紙と大昭和製紙による共同持株会社である日本ユニパックホールディングスの下での経営統合など、従来の合併の代わりに、共同株式移転を用いた共同持株会社設立方式により経営統合を行った例が多数登場した。

　これに対して、平成18年改正がなされて以降は、共同株式移転が「適格株式移転」に該当し、当事者会社の法人レベルでも株主レベルでも課税が繰り延べられるためには、前掲の【表5－1】のC所定の要件（いわゆる共同事業要件）を充足することが必要となったが、平成18年改正の後も、2006年11月に公表されたコーエーとテクモとの経営統合、2008年5月に公表された日本ビクターとケンウッドとの経営統合、2008年12月に公表された新日本石油と新日鉱ホールディングスとの経営統合、2009年7月公表の損害保険ジャパンと日本興亜損害保険との経営統合、2014年5月公表の八千代銀行と東京都民銀行との経営統合、同月公表のドワンゴとKADOKAWAとの経営統合、同じく同月公表のセガとサミーとの経営統合、2017年9月公表の第三銀行と三重銀行との経営統合、2018年3月公表の第四銀行と北越銀行との経営統合など、数多くの経営統合が、共同株式移転により共同持株会社を設立する方式によって行われている。

　この共同株式移転による経営統合が「適格株式移転」に該当するかに関して、解釈論上、特に問題となるのは、①経営統合の前後に共同株式移転

を行う当事会社の役員を退任する者があった場合の特定引継役員要件（いわゆる経営参画要件）の充足に関する問題と、②純粋持株会社と事業（持株）会社とが共同株式移転によって経営統合を行う場合における事業規模要件の捉え方に関する問題である。

ロ　共同株式移転による経営統合と特定役員の退任を巡る問題

　まず、イで述べた前記①の特定役員引継要件（経営参画要件）に関してであるが、現行税制においては、事業規模要件の代替要件として、株式移転・株式交換前の株式移転・株式交換完全子法人又は他の株式移転・株式交換完全子法人の特定役員[38]の全てが当該株式移転・株式交換に「伴って」「退任をするものでない」こと、が要求されている（法施令4条の3第24項2号）[39]。

　この特定役員引継要件（経営参画要件）は、事業規模の割合が概ね5倍を超えないという事業規模要件が満たされていない場合であっても、これが満たされている場合には、経営面での共同事業性が担保されている（つまり、株式移転の一方当事者による他方当事者の実質的な買収ではない）として、税制適格要件が充足されるというものであって、事業規模要件の代替要件として設けられたものである[40]。この特定役員引継要件は、平成28年度税制改正前は、株式移転又は株式交換前の株式移転又は株式交換完全子法人の特定役員のいずれかが当該株式移転又は株式交換に伴って退任

---

[38] 社長、副社長、代表取締役、代表執行役、専務取締役若しくは常務取締役又はこれらに準ずる者で法人の経営に従事している者をいう（法施令4条の3第4項2号参照）。

[39] なお、この場合の「退任」とは、「特定役員であることを退任する」という意味であると解されている（平成28年度税制改正前の文献であるが、佐藤信祐『組織再編における税制適格要件の実務Q&A〔第3版〕』（中央経済社、2009）390頁参照）。従って、社長、副社長、代表取締役、代表執行役、専務取締役若しくは常務取締役等が平取締役（で法人の経営に従事していない者）に降格された場合でも、特定役員の「退任」に該当する。

[40] 直接的には合併に関する記述であるが、前掲・佐藤（注39）135頁参照。

（当該株式交換完全親法人の役員への就任に伴う退任を除く）するものでないこと（平成28年度税制改正前の法施令4条の3第16項2号第20項2号）とされていた（つまり法文上は1人でも特定役員から退任すれば特定役員引継要件が充足されないことになった）ため、問題となりやすかった。しかしながら、平成28年度税制改正により、それぞれの特定役員の全てが当該株式移転又は株式交換に伴って退任するものでないこと、と要件が緩和されたため、今後はこの要件が実務上問題となることは大幅に減少するものと考えられる。

　この特定役員引継要件における「伴って」の意義に関しては、その文言自体がやや曖昧である（「同時に」などとはされていない）のと、それに関する確立した解釈が存しないため、実務上問題となりやすいが、特定役員引継要件が定められた前記の趣旨からすれば、「特定役員」の退任が株式移転・株式交換を行うか否かに拘らずなされたものである場合には、株式移転・株式交換に「伴って」退任するものではないと解することができると考えられる[41]。従って、例えば、(i)死亡や病気等のほか、(ii)定年や通常の任期を全うして退任する場合、(iii)企業グループとしての人員の適材適所への配置という観点からの人事異動により退任する場合などについても、これらは株式移転・株式交換がなかったとしても当然に行われるべき性質のものであることから、株式移転・株式交換に伴う退任とはいえず、

---

[41] なお、波戸本尚ほか『改正税法のすべて〔平成28年度版〕』（大蔵財務協会、2016）306頁では、「この要件は特定役員が株式交換に伴って退任をするものでないこととされているとおり、基本的には株式交換と同時期に、ないし付随して特定役員が退任をするものかどうかで判定されるものと考えられます。この点、例えば、株式交換後に株式交換完全子法人を被合併法人とする適格合併を行うことが見込まれている場合には、株式交換完全子法人は消滅してしまうことから、結果的に株式交換完全子法人の特定役員を退任することが見込まれていることとなりますが、当初の株式交換と次の適格合併に相当の因果関係が認められるものや、一連の組織再編成が実質的に株式交換完全子法人の全ての特定役員を退任させてグループ法人の経営に対する影響力を排除させることを意図したもので無い限りは、要件を満たすものと考えられます」と解説されている。

特定役員引継要件の充足を妨げないものと解すべきであろう[42]。

ハ　共同株式移転による経営統合と事業規模要件を巡る問題

次に、イで述べた前記②の純粋持株会社と事業（持株）会社とが共同株式移転によって経営統合を行う場合における事業規模要件の捉え方に関する問題を検討する。前述のとおり、現行税制においては、特定役員引継要件の代替要件として、株式移転・株式交換前の株式移転・株式交換完全子法人の事業と株式移転・株式交換完全親法人の事業（当該子法人事業と関連する事業に限定されている）のそれぞれの「売上金額、当該子法人事業と親法人事業のそれぞれの従業者の数若しくはこれらに準ずるものの規模の割合」が概ね5倍を超えないことが要求されている（法施令4条の3第20項2号・24項2号）。

この点、純粋持株会社と事業（持株）会社とが共同株式移転によって経営統合を実行しようとするときは、通常は、純粋持株会社それ自体の売上高や従業員数は、それが事業（持株）会社形態を採っていたとした場合に想定される売上高や従業員数よりも相当小規模であることから、それをベースに判定を行うとすれば、事業規模要件を充足しないことになるのではないかが問題となる。

この問題に関しては、まず、事業規模判定の指標となる「売上金額、当該子法人事業と親法人事業のそれぞれの従業者の数若しくはこれらに準ずるものの規模の割合」のうち、「これらに準ずるもの」には何が含まれるかが問題となる。この点、「これらに準ずるもの」には、金融機関におけ

42　稲見誠一＝佐藤信祐『新版　制度別逐条解説　企業組織再編の税務』（清文社、2009）951頁及び979頁参照。

43　阿部泰久＝山本守之＝鈴木英伸＝山谷耕平「〔座談会〕　企業組織再編通達をめぐって」税務弘報50巻5号（2002）66頁〔山本守之発言〕では、「『金融機関における預金量』というのは、『例えば』ということですからね。いろいろな要素は、それぞれの法人の業種と業態によって違ってきていいのではないかという感じがしています。」と述べられている。

る預金量なども該当するといわれており[43]、そうである以上、事業規模を示す指標たり得るものであれば、様々な指標が含まれ得るものと解される。

　従って、純粋持株会社が営んでいる「株式保有に係る事業」ないし「子会社管理事業」についていえば、それら事業における主たる資産は関係会社株式であることから、それら関係会社株式の価額が、上記の「これらに準ずるもの」に該当すると考えることもできるように思われる。この他、関係会社から収受する経営管理料及びブランド料等に受取配当金額を加算した額が、「株式保有に係る事業」ないし「子会社管理事業」に係る「売上金額」に相当するものとして、上記の「これらに準ずるもの」に該当すると解することもできよう。

　しかしながら、仮に以上のように解したとしても、純粋持株会社それ自体の事業規模は、一般に、それを頂点とする企業グループと同規模の企業グループの頂点に立つ事業（持）会社よりも相当小さい（又は、関係会社株式の価額をベースに比較した場合等では、逆に相当大きい）ものと判定される可能性が高いように思われる。

　そうであるとすれば、前述したとおり、一般に、純粋持株会社が子法人の事業について、その重要な機能の一部を担っている場合など、純粋持株会社が子法人と共同してその子法人の事業を行っていると認められる実態が備わっている場合には、事業関連性要件の当てはめに際して、純粋持株会社の「子会社の事業」を含めて判断してよいと解されている[44]ことに鑑みれば、条文上は、事業「規模」要件における「子法人事業」の定義は事業「関連性」要件における「子法人事業」の定義と全く同一である以上[45]、事業「規模」要件の当てはめにおいても、持株会社傘下の子会社の事業も含めて判断してよいと解すべきであると思われる。実質的にも、事業規模

44　前掲（注36）参照。
45　法人税法施行令4条の3第24項1号は、「株式移転に係る株式移転完全子法人の子法人事業（当該株式移転完全子法人の当該株式移転前に行う主要な事業のうちのいずれかの事業をいう。以下この項において同じ。）」と規定している。

要件は、組織再編成の実態が一方当事者による他方当事者の買収でないこと（即ち、概ね対等合併であること）を認定するために要求されている要件であることに照らせば、組織再編成の一方当事者が事業（持株）会社で、他方当事者が純粋持株会社である場合に、当該事業（持株）会社の事業規模と当該純粋持株会社それ自体の事業規模とをそのまま比較したのでは、（仮に両当事会社グループの規模はほぼ同じであり、組織再編成の実態が「買収」に該当しない場合であったとしても、）必然的に事業規模要件を満たさないとの結論が導かれてしまい、当該要件が設けられた趣旨に悖る結果となる。

二　その他のタックス・プランニング上の留意点

なお、共同株式移転による共同持株会社設立方式を用いて経営統合を行う場合、当該持株会社の資本金が多額に上るため、当該資本金額について課せられる登録免許税（税率は0.7％）の額が実務上無視し得ないほど多額になる場合が多いが、産業競争力強化法[46]に基づく主務大臣による所定の計画認定を受けることができれば、一定の限度でかかる登録免許税の税

---

[46] 1999年に制定された「産業活力の再生及び産業活動の革新に関する特別措置法」（以下「旧産活法」という）は、2014年1月20日付けで、産業競争力強化法の施行に伴って廃止されている。なお、産業競争力強化法に基づく措置の詳細については、**第8章**及び**第9章**参照。

[47] 例えば、前述した、日本興業銀行、富士銀行及び第一勧業銀行によるみずほホールディングスの下での経営統合の場合、みずほホールディングスの資本金額は約2兆6,000億円にも上り、これについて通常の税率で登録免許税が課せられるとすると、その税額は約180億円にもなるはずであった。しかしながら、みずほホールディングスは、旧産活法の認定を受けることで、この税額を半分の約90億円にまで圧縮できたといわれている。産業競争力強化法の下では、例えば、東京都民銀行と八千代銀行は、2014年10月1日付けで、共同株式移転により持株会社である東京TYフィナンシャルグループを設立したが、当該共同株式移転につき認定事業再編計画の認定を受け、資本金200億円に係る登録免許税の税率について軽減措置を受けている（通常の税率0.7％であれば1億4,000万円であるところ、軽減税率0.35％により7,000万円の納税で済んでいる）。

率を通常の半分の0.35％にまで軽減できる（措法80条1項1号参照）[47]。従って、特に経営統合後の共同持株会社の資本金額が多額に上るような場合には、タックス・プランニング上、この産業競争力強化法による計画認定の取得も検討しておくべきであろう。

第6章

三角合併等と課税

1 三角合併等の解禁と三角合併等対応税制の概要
2 親会社株式の取得及び交付を巡る買収ビークルにおける税務上の取扱い
3 買収ビークルが保有する対象会社株式の取扱いと税制適格要件について
4 三角株式交換に関する諸問題〜逆三角合併の問題
5 一部現金対価三角合併及び一部現金対価三角株式交換の課税上の取扱いに関する平成29年度税制改正による改正
6 三角分割の税制適格要件について
7 適格三角合併等に該当するための要件を充足しているか否かが問題となる場合
8 孫会社を買収ビークルとする三角合併を用いた買収
9 対象会社のストック・オプションを買収親会社のストック・オプションに振り替える場合の課税問題
10 買収親会社における買収ビークル株式の取得価額を巡る問題
11 コーポレート・インバージョン対策税制に関する実務上の問題点
12 日本企業による外国企業の三角合併等を用いた買収に関連する問題
13 その他の問題

1　三角合併等の解禁と三角合併等対応税制の概要

(1)　はじめに

　2007年5月1日の会社法下における三角合併等の全面解禁（合併等対価の柔軟化の全面解禁）の施行に伴い、一定の三角合併等につき課税繰延べを認める税制上の手当て（以下「三角合併等対応税制」という）が施行された[1,2,3]。これにより、ⓐ合併対価の柔軟化を利用した三角合併方式による買収親会社（以下、その完全子会社を買収ビークルとして用いて、三角合併等により対象会社を買収しようとする会社を「買収親会社」又は単に「買収会社」ということがある）の発行株式を用いた企業買収（後掲【図6－1】参照）だけでなく、その応用版として、ⓑ株式交換対価の柔

---

[1]　三角合併等対応税制の導入前において、その在り方について米国の三角合併税制を手掛かりに網羅的に検討した論考として、例えば、西本靖宏「三角組織再編に対する課税についての一考察」ジュリスト1302号（2005）156頁以下及び大石篤史「三角合併を利用したクロスボーダーのM&A─税制の課題を中心に」租税研究2006年6月号95頁以下参照。

[2]　三角合併等対応税制の内容について、網羅的に解説を行っている論考としては、例えば、遠藤敏史「政省令で明らかになった合併等対価の柔軟化の税務徹底研究」ターンアラウンドマネージャー3巻7号（2007）80頁以下、大石篤史「三角合併の税務─適格要件の判定と留意点」ビジネス法務2007年9月号37頁以下、延平昌弥「三角合併制度の活用と税務上の諸問題」税経通信2007年8月号67頁以下、小柴正光「合併等対価の柔軟化」税務弘報2007年7月号56頁以下、太田洋「三角合併等対応税制とM&A実務への影響」中里実＝太田洋＝弘中聡浩＝宮塚久『国際租税訴訟の最前線』（有斐閣、2010）262頁以下などが挙げられる。

[3]　なお、平成15年改正産業再生法の下における三角合併及び三角株式交換の税務上の問題を網羅的に検討した論考として、太田洋＝谷川達也「改正産業再生法における合併等の対価の柔軟化と税務上の取扱い」国際税務2003年7月号8頁以下及び太田洋「改正産業再生法を活用した企業再編に関する税務上の留意点」租税研究2004年1月号98頁以下参照。

軟化を利用した「三角株式交換」方式による企業買収（買収対象会社が許認可等を要する事業を営んでおり、それを消滅会社とする形で合併が行われると当該許認可等が失われてしまう場合に用いられる。後掲【図6－2】参照）や、ⓒ会社分割対価の柔軟化を利用した「三角分割」方式による事業買収（買収対象会社を100％買収するのではなく、その事業の一部のみを買収親会社の発行株式により買収する場合に用いられる。後掲【図6－3】及び【図6－4】参照）の場合にも、一定の要件の下で、株主レベルでも買収対象会社レベルでも課税繰延べが認められることとなった。

(2) 三角合併等の利用の進展

以上の三角合併、三角株式交換及び三角分割は、いずれも、合併、株式交換及び会社分割と同様、現金の代わりに買収会社の株式を対価として対象会社を買収することを可能にする手法であるが、一般に、合併、株式交換及び会社分割は、わが国企業と外国企業との間で行うことができないと解されているのに対し、三角合併、三角株式交換及び三角分割は、外国企

【図6－1】　合併対価の柔軟化（正三角合併）

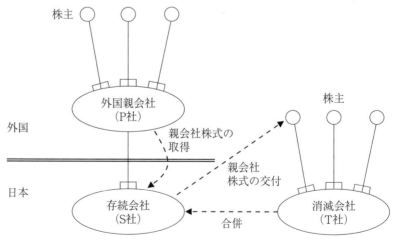

【図6−2】 株式交換対価の柔軟化（三角株式交換）

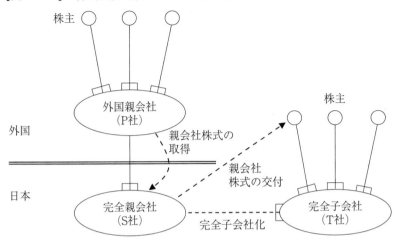

【図6−3】 会社分割対価の柔軟化（分割型分割タイプの三角分割）

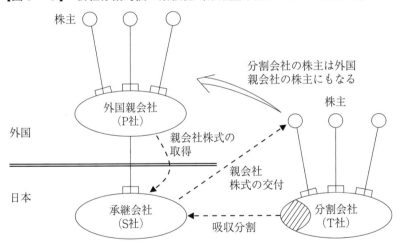

業がその株式を対価としてわが国企業を買収するためにも用いることができることから、外国企業によるわが国企業のインバウンド型買収を活性化させるものと期待されていた。なお、これらの中では三角合併が基本形であるが、対象会社が許認可業種（例えば、放送業や金融業、医薬品製造業）を営む企業であるような場合には、当該会社が三角合併の際に消滅会社になると、従来保有していた許認可が失効してしまう恐れがあるため、そのような場合には、対象会社の法人格を保全したままで外国親会社の株式を対価とした買収を実現することができる三角株式交換が用いられることになると考えられる。また、三角合併や三角株式交換では、必然的に対象会社の事業全部を（少なくとも一旦は）買収することになるため、対象会社が営む事業のうちの一部のみを買収会社の株式を対価として買収しようとする場合には、（外国）親会社がわが国に買収ビークル（承継会社）を設立し、その買収ビークルが承継会社となる形で対象会社（分割会社）から移転対象となる事業のみを会社分割によって承継した上で、その対価として当該（外国）親会社の株式を交付するという手法である三角分割[4]が用いられることになる（なお、この場合、典型的には、前掲の【図6－3】で示すとおり、対象会社（分割会社）の株主は、対象会社が買収ビークル（承継会社）から交付を受けた当該（外国）親会社の株式を剰余金分配の形で受領することになると考えられる）。

　しかしながら、2007年5月1日における三角合併等の全面解禁から現在に至るまで、三角合併、三角株式交換又は三角分割を用いて、わが国企業又はその事業が外国企業に買収（ないし完全子会社化）された例は、少なくとも公表されているものとしては、2007年10月2日に公表された、シティグループによる日興コーディアルグループの三角株式交換による完全子会社化の例、及び、2013年9月24日に公表された、東京エレクトロンとアプライドマテリアルズによる三角株式交換（当初発表時には三角合併）

---

[4]　江頭憲治郎『株式会社法〔第7版〕』（有斐閣、2017）899頁脚注4参照。

（日本側）と逆三角合併（米国側）との組み合わせによる国際経営統合の例（但し、米国競争法に基づく企業結合規制上の理由により、最終的に破談）が2件存するのみである[5]。

しかしながら、日本企業同士のM&Aにおいては、近時、三角合併等（特に三角株式交換）が用いられる事例が着実に増えてきている[6]。それ

---

[5] なお、新聞等において、三角合併等を用いた経営統合の例として報じられた、GCAによる米投資銀行のサヴィアンとの経営統合の事例が、正確には三角合併等を用いたものとはいえない点につき、太田・前掲（注2）274－276頁参照。

[6] 例えば、①2008年12月22日に公表された、マルハニチロホールディングス（東証1部上場）による、その100％子会社であるマルハニチロ食品を通じた、ニチロサンフーズ（JASDAQ上場）の三角株式交換による買収、②2009年1月28日に公表された、オリックス（東証1部上場）による、その100％子会社であるオリックス証券を通じた、ジェット証券（グリーンシート）の三角合併による買収、③2009年8月4日に公表された、阪急阪神ホールディングス（東証1部上場）による、その100％子会社（中間持株会社）である阪急阪神交通社ホールディングスを通じた、阪神エアカーゴ（非上場）の三角株式交換による買収、④2009年12月18日に公表された、パソナグループ（東証1部上場）による、その100％子会社であるパソナを通じた、パソナキャリア（非上場）の三角株式交換による買収、⑤2011年2月5日に公表された、日本電産（東証1部上場）による、その100％子会社である日本電産テクノモータホールディングスを通じた、日本電産パワーモータの三角株式交換による完全孫会社化、⑥2011年3月15日に公表された、みずほフィナンシャルグループ（東証1部上場）による、その100％子会社であるみずほコーポレート銀行ないしみずほ銀行を通じた、みずほ証券及びみずほインベスターズ証券（共に東証1部上場）の三角株式交換による各完全孫会社化、⑦2011年5月13日に公表された、セガサミーホールディングス（東証1部上場）による、その100％子会社であるサミーを通じた、タイヨーエレック（JASDAQ上場）の三角株式交換による買収、⑧2011年10月21日に公表された、ふくおかフィナンシャルグループ（東証1部上場）による、その100％子会社である福岡銀行を通じた、前田証券の三角株式交換による買収、⑨2012年3月19日に公表された、日本アジアグループ（東証マザーズ上場）による、その100％子会社である日本アジアホールディングズを通じた、琉球ホールディングズの三角株式交換による買収、⑩2012年9月5日に公表された、日本アジアグループ（東証マザーズ上場）による、その100％子会社である日本アジアホールディングズを通じた、多摩證券の三角株式交換による買収、⑪2014年1月7日に公表された、セブン＆アイ・ホールディングス（東証1部上場）による、その100％子会社であるセブン＆アイ・ネットメディアを通じた、セブンネットショッピングの三角株式交換による買収、⑫2014年2月6日に公

第6章 三角合併等と課税

らの事例は、概ね、（買収会社である）持株会社が、対象会社を、（三角株式交換によって）当該持株会社傘下の中間持株会社や特定事業領域を統括する事業子会社（中核事業子会社）の100％子会社にすることを目的としたものである。

わが国経済の成長力の減退に伴い、外国企業によるわが国企業の買収案件は当面伸び悩む可能性が高いことから、今後もしばらくは、三角合併等は、このようなケースにおける日本企業間でのM&Aの手法として用いられることになるのではないかと予想される。

(3) **三角合併等対応税制の概要**

それでは、三角合併等は、わが国の課税上、どのように取り扱われているのであろうか。まず、三角合併等対応税制の要点を概観してみることとしよう。

表された、三菱ケミカルホールディングス（東証１部上場）による、その100％子会社である三菱化学を通じた、三菱化学メディアサイエンスの三角株式交換による買収、⑬2014年12月25日に公表された、アプラスフィナンシャル（東証１部上場）による、その100％子会社であるアプラスを通じた、新生カードの三角株式交換による買収、⑭2016年８月２日に公表された、セブン＆アイ・ホールディングス（東証１部上場）による、その100％子会社であるセブン＆アイ・ネットメディアを通じた、ニッセンホールディングス（東証１部上場）の三角株式交換による買収、⑮2016年９月14日に公表された、三菱ケミカルホールディングス（東証１部上場）による、その100％子会社である三菱化学を通じた、日本化成（東証１部上場）の三角株式交換による買収、⑯2017年７月25日に公表された、ミライト・ホールディングス（東証１部上場）による、その100％子会社であるミライトを通じた、日進通工の三角株式交換による買収、⑰2017年８月30日に公表された、富士フイルムホールディングス（東証１部上場）による、その100％子会社である富士フイルムを通じた、和光純薬工業の三角株式交換による買収、⑱2018年４月27日に公表された、ミライト・ホールディングス（東証１部上場）による、その100％子会社であるミライトを通じた、日設の三角株式交換による買収、⑲2018年８月１日に公表された、ミライト・ホールディングス（東証１部上場）による、その100％子会社であるミライトを通じた、ホープネットの三角株式交換による買収等々の事例が存する。

この点、三角合併等対応税制の要点をごく簡単にまとめると、次のようになる。

　即ち、まず第一に、三角合併についても、三角株式交換や三角分割についても、買収対象会社のレベルにおいては、一定の税制適格要件を満たせば、それによって買収される対象会社の資産の含み損益に対する税務上の損益認識が繰り延べられる一方、それが充足されなければ、買収対象会社が被合併法人となる場合（正三角合併の場合）や分割法人となる場合（三角分割の場合）に、当該会社の資産の含み損益についてキャピタル・ゲイン課税がなされるのは勿論のこと、買収対象会社の法人格には何ら影響がない場合（三角株式交換の場合）であっても、正三角合併の場合とパラレルに、その資産の含み損益について強制的に時価評価課税がされることとなる。

　第二に、買収対象会社の株主レベルにおいては、三角合併及び三角分割の場合には、みなし配当課税に関しては、適格三角合併等の要件に該当すれば課税はなく、逆に税制非適格の場合には課税がなされるが、株式譲渡損益課税に関しては、買収親会社の株式以外の対価が交付されなければ税務上の損益認識が繰り延べられる一方、かかる対価の交付があれば税務上の損益認識がなされる[7]。これに対して、三角株式交換の場合には、みなし配当課税は一律に行われず、株式譲渡損益課税に関しては、買収親会社の株式以外の対価が交付されなければ税務上の損益認識が繰り延べられる一方、かかる対価の交付があれば税務上の損益認識がなされる[8]。

　第三に、税制適格要件に関しては、三角合併、三角株式交換又は三角分割によって買収される対象会社の株主に対して、買収ビークルとして用いられるわが国の会社（以下、本章において単に「買収ビークル」という）

---

[7]　所法25条1項1号・2号、法法24条1項1号・2号、同61条の2第2項・4項、措法37条の10第3項1号・2号、法施令119条の7の2第1項・2項。
[8]　法法61条の2第9項、法施令119条の7の2第3項。

の100％親会社（間接保有を含まない9）の株式以外の資産が交付されないことが税制適格要件を充足するための必須の要件とされた上で、グループの枠を超えたM&Aが税制適格となるために必要とされる「共同事業要件」の主たる構成要素である事業関連性要件に関しては、その有無につき、上記の100％親会社（実質的な買収会社）と対象会社との間で判定するのではなく、合併等の当事会社間、即ち、買収ビークルと対象会社との間で判定すべきものとされている。また、事業関連性要件が充足される前提として、買収ビークルは、実際に事業を営んでいることまでは不要であるものの、事業を行う場所及び人を確保した上で事業の開始を準備している事業準備会社である必要があるとされ、いわゆるペーパー・カンパニーでは上記の事業性の要件が欠けるものとされている[10]。

第四に、三角合併等によって買収されることとなった対象会社の株主に非居住者又は外国法人（以下、本章において「外国株主」という）が含まれている場合に課税繰延べを認めることによる課税ベースの浸食の問題に対処するための措置が税制上講じられている。即ち、合併、吸収分割又は株式交換といった手法による株式を対価とする株式の買収（stock for stockの買収）について、それらをわが国企業と外国企業との間で行う余地がない法制の下では、買収の対象となったわが国の対象会社の株主に外国株主が含まれているときに課税繰延べを認めた場合でも、それらの外国株主について当該買収完了後にわが国の課税権が及ばなくなり、結果として課税漏れが生じる、といった事態は生じないが、三角合併等が許容され

---

[9] この点、2018年12月21日に閣議決定された「平成31年度税制改正の大綱」64頁において、「三角合併等における再編当事者が、その対価としての直接の親会社以外の完全親会社の株式を交付する場合」について「間接保有の完全親会社の株式を用いた組織再編であっても適格組織再編とする」旨が盛り込まれており、今後の立法の動向が注目される。

[10] 法法2条12号の8、同条12号の11、同条12号の17、法施令4条の3、法施規3条1項1号。

ている法制の下では、株式を対価とする会社又は事業の買収を、国境を越えた形で行うことが可能であり、その結果として、そのような課税漏れ（わが国企業の株式が無税で外国企業の株式に転換されることによる課税漏れ）が生じ得る。このような課税漏れの問題に対処するため、（わが国企業である）買収ビークルが、買収対象会社の既存の外国株主に対して、買収ビークルの親会社である外国企業の株式を買収対価として分配する場合には、たとえそれが税制適格要件を充足する三角合併等によるものであって、対象会社の株主のうち居住者ないし内国法人には課税繰延べが認められるようなときでも、また、当該外国株主がわが国に恒久的施設を有しないときであってもそれら外国株主は、その保有に係る対象会社株式を手放すことによる譲渡益が国内源泉所得となる場合（即ち、恒久的施設帰属所得に該当する場合、買集めにより取得した株式や事業譲渡類似株式又は不動産関連法人株式の譲渡がなされた場合）には、一定の場合[11]を除き、キャピタル・ゲイン課税に服するものとされている[12]。

　第五に、広い意味でのコーポレート・インバージョンの問題（詳細は後述）、特にわが国所在の含み益を有する資産が外国（特に軽課税国）法人の株式に非課税で転換されることによるわが国の課税ベースの浸食の問題等に対処するため、軽課税国に所在する実体のない外国親会社が、わが国に買収ビークルを作って、それと含み益のある資産を保有する買収対象会社とを三角合併等させるような場合には、当該ビークルに事業実体が存しないこと及び買収対象会社と当該ビークルとが相互に又は同一の者によっ

---

[11] ごく大雑把にいうと、①それら外国株主が日本国内に恒久的施設（いわゆる Permanent Establishment: PE）を有している場合であって、買収対象会社の株式を、自らが国内において行う事業に係る資産として当該恒久的施設において管理している場合（この場合の買収対象会社株式は「恒久的施設管理株式」と呼ばれる）、及び②日本と当該外国株主との間において適用される租税条約によって、わが国が買収対象会社株式の譲渡益につき課税権を有しないものとされている場合、の二つの場合である。

[12] 措法37条の14の3、法法142条、142条の10、法施令184条1項20号、191条。

てその発行済株式等の50％超を直接又は間接に保有されていること[13]等の一定の条件に当てはまれば、当該三角合併等は適格三角合併等に該当しないものとされ、法人段階での資産の移転に対する課税の繰延べ及び買収対象会社の株主段階におけるみなし配当課税の繰延べは認められないものとされている[14]（この制度は、「適格合併等の範囲に関する特例（特定グループ内合併等についての税制適格組織再編からの除外）」制度と呼ばれている）。これは、三角合併等が許容される法制の下では、国境を越える形で株式を対価とする会社又は事業の買収を行うことが可能であり、その結果、例えば、含み益を有する資産を保有するわが国の対象会社を支配する者が、タックス・ヘイブン対策税制の適用を受けない軽課税国に持株会社を設立し、当該持株会社が、わが国に設立した買収ビークルを通じた三角合併等によって当該対象会社を買収した場合に、もし当該対象会社の保有資産の含み益に課税がなされなければ、当該含み益を有する資産を外国持株会社の株式の形式に転換し、それを第三者に譲渡すること等によって、わが国における当該資産の含み益に対するキャピタル・ゲイン課税を回避することが可能となってしまうことを考慮して、そのような方法による課税逃れを封じること等を目的として設けられている措置である。

　なお、わが国に所在する含み益を有する資産を軽課税国への現物出資又は事後設立の方法によって当該軽課税国所在の法人の発行に係る株式ないし出資持分に転換し、それによってわが国の課税ベースを浸食する行為については、従前から、平成10年度税制改正による、特定の現物出資により取得した有価証券の圧縮記帳額の損金算入制度の改正（国内にある不動産

---

[13] 措法68条の2の3第1項・第5項、措施令39条の34の3第10項、同39条の34の3第1項等参照。なお、三角合併において、仮に買収対象会社と買収ビークルとが相互に又は同一の者によってその発行済株式等の50％超を直接又は間接に保有されていた場合でも、措施令39条の34の3第1項所定の全ての要件を満たす場合には、税制非適格組織再編成にはならない。

[14] 措法68条の2の3、同68条の3、同37条の14の3。

等の出資により海外子会社を設立する場合には圧縮記帳の特例による課税繰延べを否定する旨を規定）以来、立法的手当てが随時行われ、外国法人に対して国内にある事業所に属する資産等の移転を行った場合には、適格現物出資には該当しないものとされていた（法法2条12号の14柱書、法施令4条の3第10項[15]）ところであるが、前記の「適格合併等の範囲に関する特例（特定グループ内合併等についての税制適格組織再編からの除外）」制度は、それらの延長線上の制度として位置付けられるものである。

　第六は、corporate inversion（資本関係の反転）による課税逃れに対する対策税制[16]（コーポレート・インバージョン対策税制）である。コーポレート・インバージョンについての課税上の問題については、本書の**第12章**で詳述するが、コーポレート・インバージョン（corporate inversion）とは、内国企業が、自らないしその株主等によってタックス・ヘイブン等の軽課税国に設立されたペーパー・カンパニーを買収者として、当該ペーパー・カンパニーに自らを三角合併等の方法により買収させ、それによって自らの株主を当該ペーパー・カンパニーの株主に振り替え、資本関係を反転させることで、タックス・ヘイブン対策税制の適用を回避しつつ、本国における国内源泉所得「以外」の所得についての課税を免れ、更に上記の軽課税国にプールした資金を借り入れて支払利子を経費控除するなどして国内源泉所得を圧縮し、結果的に、本国における課税負担を大幅に軽減

---

[15] もっとも、単独分社型分割については同様の規定は存在しないが、これは、外国に会社法上の新設分割の方法によって新たに法人を設立することが、会社法の解釈上、一般には不可能であると考えられていることによるものと考えられる。

[16] 内国法人である「特殊関係株主等」についての留保所得合算課税制度につき、措法66条の9の2（創設当時は同法66条の9の6）、措施令39条の20の2（創設当時は同令39条の20の8）等、居住者である「特殊関係株主等」についての留保所得合算課税制度につき、措法40条の7（創設当時は同法40条の10）、措施令25条の25（創設当時は同令25条の30）等を各々参照。なお、本文記載のコーポレート・インバージョン対策税制の詳細については、前田睦人「国際課税関係の改正」税務弘報2007年6月臨時増刊号255頁以下などを参照。

することによる課税逃れをいう。米国においては、このような行為による課税ベースの浸食を防止するために、1996年に内国歳入法典367条(a)項(1)号の下で詳細な対処規定が設けられたところである（詳細については本書**第12章**参照）が、三角合併等の全面解禁により、わが国企業の中にもこのような方法によって「本社」を軽課税国に移し、わが国における課税負担を大幅に軽減させる企業が出現してくる可能性が出てきたことから、三角合併等対応税制の一環として、このようなコーポレート・インバージョンに対する対策税制が設けられている。

具体的には、5名以下の株主の関係者のグループ（措法66条の9の2第1項及び措施令39条の20の2等において「特殊関係株主等」と定義されている）によってその発行済株式総数等の80％以上を所有されている内国法人（「特定内国法人」と呼ばれる）の当該特殊関係株主等が、三角合併等により、軽課税国に所在する実体のない外国法人（「特定外国法人」と呼ばれる）を通じて、当該特定内国法人（又は当該特定内国法人から資産・負債の大部分の移転を受けた内国法人）の発行済株式総数等の80％以上（保有割合は、いわゆる「掛け算方式」ではなく、各保有段階で独立に計算することで算出される）を間接保有することとなった場合には、当該外国法人及びその外国子会社（軽課税国に所在する実体のない外国子会社に限る）に留保された所得は、その持分割合に応じて、当該特殊関係株主等である内国法人ないし居住者の所得に合算して課税するものとされている（措法40条の7第1項及び措法66条の9の2第1項等参照）。

なお、以上のうち、第一から第三までについては、2007年5月1日以降に行われる合併等から適用され、第四から第六までの国際的な租税回避行為の防止措置については、2007年10月1日以降に行われる合併等から適用されている。

2 親会社株式の取得及び交付を巡る買収ビークルにおける税務上の取扱い

(1) 親会社株式の交付に際しての買収ビークルにおける課税

　三角合併等が行われる場合には、買収ビークルが、その親会社の株式を、買収対象会社の株主等に対して交付することになるので、当該親会社株式の取得及び交付を巡って買収ビークルがいかなる課税上の取扱いを受けるかが問題となる[17]。

　この点、当該三角合併等が適格組織再編成に該当するときは、買収ビークルが、その親会社の株式[18]を対象会社の株主等へ交付した場合には、当該三角合併等の効力発生日において、後述する一定の場合を除き、当該親会社株式の帳簿価額により譲渡したものと看做され、買収ビークルにおいては税務上当該親会社株式の譲渡損益を認識しない（即ち、課税繰延べがなされる）ものとされている（法法61の2第6項、第7項、第10項[19]）。但し、当該親会社が、買収ビークルの発行済株式の全部を保有することが、当該三角合併等の契約日において見込まれる法人であって、ⅰ）当該買収ビークルが、当該三角合併等の契約日以前から親会社株式を保有して

---

[17] 以下の記述につき、佐々木浩「平成19年度の法人税関係の税制改正の概要－組織再編成を中心に－」別冊商事法務編集部編『別冊商事法務309号　合併等対価の柔軟化への実務対応』（商事法務、2007）75頁を参照。

[18] ここでいう親会社は、当該三角合併等の効力発生日において買収ビークルの発行済株式等の全部を直接保有する法人であることが前提とされていることは、前述したとおりである。なお、「平成31年度税制改正の大綱」64頁において、間接完全支配関係を有する親法人の株式が用いられる場合でも、適格組織再編成とすべき旨が盛り込まれていることについて、前掲（注9）参照。

[19] なお、三角合併等対応税制の創設時は、これらの条項の条数はそれぞれ、同条第7項、第8項、第10項であった。

いたような場合や、又はⅱ）当該三角合併等の契約日以降に親会社となることが見込まれる法人以外の法人から、当該買収ビークルを存続会社とする一定の適格組織再編成[20]により親会社株式の移転を受けた場合には、当該三角合併等の契約日又はかかる移転を受けた日において、当該親会社株式を時価により譲渡し、再度取得したものと看做して、当該親会社株式に係るそれまでの含み損益を課税上精算（但し、対象会社株主に交付することが見込まれる数の親会社株式についてのものに限る）するものとされている（合併法人等が有する親法人株式のみなし譲渡。法法61の２第23項、

20　ここでいう一定の適格組織再編成とは、当該三角合併等の契約日以降に行われる、次のイからヘまでに掲げる組織再編成とされているが、当該契約日以降に親会社となることが見込まれる法人から移転を受けるものは除かれている（法施令119条の11の２第２項）。これは、買収ビークルの完全親会社から、当該三角合併等に際して対象会社株主に交付する対価として使用する目的で、買収ビークルに対して移転された当該完全親会社株式を除く趣旨である。詳細につき、武田昌輔編『DHCコンメンタール法人税法』（第一法規出版、1979）3581の168－3582頁〔2018年３月30日最終追録〕参照。
イ　当該買収ビークルを合併法人、分割承継法人、被現物出資法人又は被現物分配法人とする適格合併、適格分割、適格現物出資又は適格現物分配
ロ　当該買収ビークルが有していた株式を発行していた法人（対象会社ではない。以下、ハ、ヘ、ホについても同様）が合併により消滅した場合における当該合併（株式の譲渡損益の認識が繰り延べられるもの、即ち、金銭等が対価として交付されないものに限る）
ハ　当該買収ビークルが有していた株式を発行していた法人が、金銭等の交付がない分割型分割（金銭等不交付型分割型分割）における分割法人となって、分割の対価として親法人株式を交付する場合における当該分割型分割
ニ　当該買収ビークルを分割法人とする適格三角分社型分割
ホ　当該買収ビークルが有していた株式を発行していた法人が、株式分配を行ってその完全子法人の株式を（当該買収ビークルを含む）自らの株主に交付する場合があって、当該完全子法人の株式が親法人株式である場合の当該株式分配（株式の譲渡損益の認識が繰り延べられるもの、即ち、金銭等が対価として交付されないものに限る）
ヘ　当該買収ビークルが有していた株式を発行していた法人が、株式交換完全親法人から、交換の対価として親会社株式の交付を受ける場合における、当該株式交換（株式の譲渡損益の認識が繰り延べられるもの、即ち、金銭等が対価として交付されないものに限る）

法施令119条の11の2第1項参照)。これは、何らかの形で親会社株式を保有していた内国法人が、含み益について課税されることなく親会社株式を保有し続けるインセンティブをなくすことや、自らが保有する親会社株式の含み益についてのキャピタル・ゲイン課税を免れるために、課税繰延べが可能な適格三角合併等を通じて親会社株式の移転を行うことを防止する趣旨である。

他方、当該三角合併等が適格組織再編成に該当しない場合には、買収ビークルは、対価として交付する親会社株式の当該三角合併等の効力日における時価とその(親会社からの)取得価額との差額について、株式譲渡損益課税に服する。

(2) 親会社株式の取得に際しての買収ビークルにおける課税

三角合併等に際して買収対象会社の株主に交付するために買収ビークルがその親会社株式を取得した場合、基本的には、当該買収ビークルが取得した当該親会社株式の税務上の取得価額は、その取得のために支払った価額となる。

とはいっても、当該親会社株式が、適格組織再編成に該当する三角合併等により買収対象会社の株主に交付された場合には、上記(1)で述べたとおり、その税務上の譲渡価額は原則としてその税務上の取得価額と同一とされる(法法61の2第1項、第6項、第7項、第10項)ため、当該買収ビークルが、かかる親会社株式の譲渡によって税務上損益を認識されることはない。

このような親会社株式の取得が、その時点における親会社株式の時価で行われていれば(例えば、買収ビークルが当該時価相当額を現金でその親会社に対して払い込むことにより当該取得がなされていれば)、それ以上特に問題は生じない。

しかしながら、実際には、買収ビークルは、買収対象会社の株主に交付するのに十分な数量の親会社株式を取得することができるだけの現金を手許に保有していないことも多い。そのような場合には、買収ビークルは、

どのように親会社株式を調達すればよいのであろうか。一つの方法としては、①親会社（買収会社）が貸付け[21]又は出資により、そのために必要な現金を買収ビークルに供給することが考えられる[22]。しかしながら、親会社自身もそれだけの量の現金を保有していない場合等においては、他の方法として、②買収ビークルには少額の現金のみを供給しておき、有利発行の方法によって、当該現金相当額のみを払込金額として必要な数量の親会社株式を発行することが考えられる（但し、この方法では、当該親会社がわが国の株式会社である場合には、原則として、会社法上、有利発行規制に服さなければならないものと考えられる[23]）。

　もっとも、かかる方法を用いた場合には、買収ビークルにおいて受贈益課税の問題が生じる可能性がある[24]。一般に、新株発行等がいわゆる有利発行に該当する場合には、引受人が法人である場合には受贈益課税の問題が生じる（法法22条２項、法施令119条１項４号）ものとされているためである[25]。因みに、税務上、有利発行に該当するか否かは、新株引受価額が新株発行決議日前日の株価に比して概ね10％以上ディスカウントされているか否かを基準に判断されるものとされている（法基通２－３－７参照）ため、10％以上のディスカウント価格で親会社株式をわが国の買収ビ

---

[21] もっとも、買収会社が外国企業である場合に、買収ビークルにおいて必要な資金調達をその親会社（買収会社）からの借入れで調達するときは、過少資本税制（措法66条の５）の適用が問題となり、一定の場合（典型的には、買収ビークルの親会社からの借入金の平均残高が、当該親会社の当該買収ビークルに対する資本持分の３倍を超えている場合など）には、支払利子につき買収ビークル側において税務上損金算入が認められなくなる可能性があることに注意が必要である。

[22] 会社法上の仮装払込み規制との関係などの詳細については、森・濱田松本法律事務所編『税務・法務を統合したM&A戦略〔第２版〕』（中央経済社、2015）199頁参照。

[23] 詳細については、森・濱田松本法律事務所・前掲（注22）200頁参照。

[24] 大石・前掲（注２）38頁参照。

[25] 岡村忠生＝髙橋祐介＝田中晶国「有利発行課税の構造と問題」岡村忠生編『新しい法人税法』（有斐閣、2007）257頁など参照。

ークルに対して発行すると、当該買収ビークルにおいて、引き受けた親会社株式の時価相当額と親会社に払い込んだ払込金額との差額について受贈益課税が生じる可能性があることになる[26]。もっとも、受贈益課税がなされた場合には、その分だけ、買収ビークルが取得した親会社株式の取得価額はステップ・アップするので、結果としては、当該買収ビークルにおける当該親会社株式の税務上の取得価額は、当該親会社株式の時価相当額と等しくなるものと考えられる。

　このような受贈益課税の問題を回避するために、親会社（買収会社）が、買収ビークルに対して、行使価額が1円の新株予約権A（目的となる当該親会社株式の数は三角合併等で対象会社の株主に交付することが予定されている数量とする）を第三者割当ての方法により（時価）発行し（その発行価額の払込みは、当該買収ビークルが自己宛てに1円で有利発行した行使価額1円の新株予約権Bをその親会社に対して現物出資する方法によって行う）、当該買収ビークルに（当該親会社株式を目的とする）新株予約権Aを行使させる方法などが提唱されている[27]が、非常に技巧的な方法であ

---

[26] この問題の詳細については、太田洋＝伊藤剛志編著『企業取引と税務否認の実務〜税務否認を巡る重要裁判例の分析〜』（大蔵財務協会、2015）331−391頁及び森・濱田松本法律事務所・前掲（注22）201頁参照。なお、平成22年度税制改正でグループ法人税制が導入された結果、内国法人である完全親子会社間の（損益）取引に関しては、たとえ完全子会社の側で（会計上）受贈益が生じる場合であっても、そのうち完全親会社側における寄附金の額に対応する金額については、完全子会社の課税所得計算上、益金に算入されないこととなった。しかしながら、本文記載の場合において、完全親会社が行う新株発行等は、税務上は「資本等取引」であって、有利発行に該当する場合でも、基本的に完全親会社側では税務上「寄附金」の額が認識されることはない他、完全親会社が外国法人である場合には、そもそも内国法人間での利益移転のみを対象とするグループ法人税制が適用される余地はないことから、結局のところ、やはり完全子会社側において税務上受贈益課税の問題が生じるといわざるを得ない（篠原倫太郎「三角組織再編制度の利用における今後の課題と展望」岩原紳作＝小松岳志編『会社法施行5年　理論と実務の現状と課題』（有斐閣、2011）157頁脚注12参照）。

[27] 葉玉匡美「国内企業の三角合併活用法」ビジネス法務2007年9月号19−20頁及び森・濱田松本法律事務所・前掲（注22）204頁参照。

るため、その税務上の取扱いには不明な点もある。この問題をどのように解決するのが最善かについては今後の実務の蓄積を待つほかないであろう。

3　買収ビークルが保有する対象会社株式の取扱いと税制適格要件について

　三角合併等を用いた買収を行う際に、買収親会社又はその子会社である買収ビークルが対象会社の株式を保有している必要性は特にない。対象会社の株主総会の特別決議で当該三角合併等が承認されるのであれば、会社法上は、当該三角合併等は有効に実施できる。しかしながら、わが国の三角合併等対応税制の下では、当該三角合併等の対価として対象会社の株主に現金等のboot（正確には買収ビークルの直接の完全親会社の株式以外の財産）が１円でも交付されると税制適格要件を充足しなくなってしまうことから[28]、対象会社の株主の中に、自らの保有する対象会社株式の対価として現金の交付を受けることを望む者がいるような場合には、現金で当該株式を買い集める必要があるし、また、対象会社の株主総会で三角合併等の承認決議が得られることを確実にしておくためにも、買収親会社としては、三角合併等を実行するに先立って、現金を対価とするTOB等の方法で、買収ビークルを通じて、対象会社の株式を一定量取得しておくことが通常であろう。

　しかしながら、会社法上、買収ビークル自身が保有する対象会社株式に対しては、三角合併又は三角株式交換に伴って当該買収ビークルの親会社（つまり、買収親会社）株式を割り当てることができないとされている（会社法749条１項３号括弧書及び768条１項３号括弧書参照）[29]ことから、

---

[28]　なお、後記４参照。
[29]　江頭・前掲（注４）263−264頁脚注４参照。

上述の場合には、対象会社の株主間（つまり、買収ビークルとその他の株主との間）において、三角合併又は三角株式交換の対価の割当てが非按分的になされる結果となる。そのため、そのことが、税制適格要件との関係で問題とされるのではないかということが、一時、問題とされた[30,31]。

　もっとも、この点に関しては、シティグループによる、三角株式交換を用いた日興コーディアルグループ（以下、本章において「日興CG」という）の完全子会社化の際に、買収ビークルであったシティグループ・ジャパン・ホールディングス（以下、本章において「CJH」という）が保有する日興CG株式（約67.2％分相当）に対して、CJHの完全親会社であるシティグループ株式の割当てがなされなかったにも拘わらず、当該三角株式交換は適格組織再編成に該当するとされたため、結論的には、三角株式交換の場合、買収ビークル自身が保有する対象会社株式に対して三角株式交換に伴って当該買収ビークルの親会社（つまり、買収親会社）株式を割り当てないことが、適格組織再編成への該当性を否定することにはならないものと解される[32]。条文上も、三角株式交換が税制適格組織再編成に該当するための要件としては、「株式交換完全子法人の株主に株式交換完全親法人の株式又は株式交換完全支配親法人株式……のいずれか一方の株式以外の資産……が交付されない」との要件等が要求されているに過ぎず（法法2条12号の17柱書参照）、株式交換完全子法人の「全」株主に対して株式交換完全親法人株式を交付することまでは要求されていない。

---

[30] Lotus21の配信に係る、「三角株式交換　株式交換完全親法人への株式交付なしでも適格再編に」と題する2007年10月16日付けニュースPRO記事参照。

[31] なお、分割型分割においては、分割法人の株主が保有する株式の数に応じて分割承継法人の株式が交付される場合（按分型分割）でなければ、そもそも適格分割に該当しないものとされている（法法2条12号の11柱書括弧内参照）。

[32] 「日本初"三角株式交換"で気になる課税上の疑問点」週刊T&A master231号（2007）4－5頁参照。

同様に、三角合併の場合でも、三角合併が適格組織再編成に該当するための要件としては、被合併法人の「全」株主に対して合併親法人株式を交付することまでは要求されていない（法法２条12号の８柱書参照）ため、三角合併に伴って買収ビークル自身が保有する対象会社株式に対して当該買収ビークルの親会社（つまり、買収親会社）株式を割り当てないことが、適格組織再編成への該当性を否定することにはならないと考えられる。

　しかしながら、三角分割の場合には、それが適格組織再編成に該当するための要件として、「〔分割承継親法人〕株式が交付される分割型分割にあつては、当該株式が分割法人の株主等の有する当該分割法人の株式の数……の割合に応じて交付されるものに限る」（法法２条12号の11柱書括弧内参照）と規定されているため、対象会社の株主間（つまり、買収ビークルとその他の株主との間）において、三角分割の対価の割当てが非按分的になされた場合には、当該三角分割は適格組織再編成に該当しないことになると解される。もっとも、この場合、剰余金の配当等としてなされることになる[33]、買収ビークルによる対象会社の株主に対する買収親会社株式の分配に際しては、会社法上、買収ビークル（＝吸収分割承継会社）を含めた対象会社の株主全てに当該買収親会社株式の分配を行うことが許容されているので[34]、結論的には、三角分割の場合にも、買収ビークルが事前に対象会社の株式を取得していたときを含めて、当該三角分割は適格組織再編成に該当し得ることになると考えられる。

---

[33]　会社法758条８号参照。なお、この場合には、会社法792条により分配可能額の制限は適用されない。

[34]　江頭・前掲（注４）264頁脚注５参照。

4　三角株式交換に関する諸問題 〜逆三角合併の問題

(1) 「三角株式交換＋逆さ合併」方式を用いた場合における税制適格要件の充足の問題

　買収対象会社が許認可等を要する事業を営んでおり、合併の際に消滅会社となると当該許認可等が失われてしまうような場合には、三角合併（米国における正三角合併に相当する）方式による買収の代わりに三角株式交換が用いられることになると思われる。しかしながら、この場合に買収ビークルと買収対象会社の双方を存続させると事務管理コストがかさむことになるので、その問題への対処として、買収ビークルを消滅会社とする形で買収対象会社に吸収合併（いわゆる逆さ合併）させ、仕上がりベースで三角合併方式による買収が行われたのと同一の状態（米国でいう逆三角合併が行われたのと同一の結果）を実現させる実務上のニーズがある。

　しかしながら、この場合に、当該三角株式交換が税制上の適格要件を満たすためには、第2次再編として、株式交換完全親法人である買収ビークル（前掲の【図6－2】におけるS社）を被合併法人（消滅会社）とする適格合併を行うことが見込まれているような三角株式交換が、適格（三角）株式交換に該当するための要件である、「当該株式交換前に当該株式交換完全子法人と株式交換完全親法人との間に当該同一の者による支配関係があり（法施令4条の3第19項2号柱書）、かつ、当該株式交換の時から当該適格合併の直前の時まで当該株式交換完全親法人と当該株式交換完全子法人との間に当該株式交換完全親法人による完全支配関係が継続し、当該適格合併後に当該適格合併に係る合併法人と当該株式交換完全子法人との間に当該合併法人による完全支配関係が継続すること」（法施令4条

の３第19項２号ハ(2)参照）との要件を充足する必要があるところ、上記の例では、三角株式交換に係る株式交換完全子法人と第２次再編における逆さ合併に係る合併法人（存続会社）とが共に買収対象会社（前掲の【図６－２】におけるＴ社）であるため、上記の「当該適格合併〔筆者ら注：第２次再編の際の逆さ合併〕後に当該適格合併に係る合併法人〔筆者ら注：上記の例では買収対象会社（前掲の【図６－２】のＴ社）〕と当該株式交換完全子法人〔筆者ら注：上記の例では買収対象会社（前掲の【図６－２】のＴ社）〕との間に当該合併法人による完全支配関係が継続すること」との要件を文理上充足し得ないのではないかとの疑義がある[35]。もしそのような解釈に従うのであれば、上記の「三角株式交換＋逆さ合併」のスキームを用いた買収に関しては、三角株式交換が税制非適格となるため、課税繰延べが認められず、買収対象会社の資産の含み益が時価評価課税に服することとなってしまう[36]。

---

[35] 平成29年度税制改正後は、「適格株式交換等」に含まれる、株式等売渡請求、株式併合ないし全部取得条項付種類株式を用いたキャッシュ・アウト後に買収ビークルを消滅会社とする合併が予定されている場合も同様の問題が生ずることとなった。一方、2018年12月21日に閣議決定された「平成31年度税制改正の大綱」では、企業が「株式交換等」によって他の会社を完全子会社にした後、当該完全子会社を存続会社としてその完全親会社と逆さ合併（適格合併に該当するもの）を行う場合には、当該「株式交換等」に係る適格要件のうち、完全支配継続要件、支配関係継続要件及び親子関係継続要件を、当該逆さ合併の直前の時までの関係によって判定する旨が盛り込まれており、今後の立法の動向が注目される。

[36] 結論的にそのように解するものとして、平成29年度税制改正前の文献ではあるが、例えば、遠藤敏史「政省令で明らかになった合併等対価の柔軟化の税務徹底研究」ターンアラウンドマネージャー2007年７月号86－87頁、大石・前掲（注２）43頁など参照。また、平成29年度税制改正後の文献として、例えば、大石篤史「平成29年度税制改正がM&A実務に与える影響」租税研究2017年８月号74頁参照。

この点、文理上の制約はあるものの、実質的に見れば、この「三角株式交換＋逆さ合併」のスキームは、仕上がりベースで買収対象会社（＋買収ビークル）が買収親会社[37]の100％子会社となる点で、税制適格とされる「三角株式交換＋（通常の）合併」や三角合併のスキームと全く異なるところはなく、買収対象会社の許認可等の維持という正当な事業目的ないし事業上のニーズも存在するのであるから、課税当局が、このような「三角株式交換＋逆さ合併」のスキームも、その運用上、法施令4条の3第19項2号ハ(2)その他の税制適格要件を充足するものとして取り扱うことが望まれるところである[38]。

　なお、実質的に米国でいう逆三角合併が行われたのと同一の結果を実現する手段としては、その他に、ⅰ）買収ビークルに予め買収親会社の株式を保有させておいた上で、ⅱ）買収対象会社においてその発行済株式に全部取得条項を付し（その株主の保有株式は全部取得条項付種類株式に変換される）、更に、ⅲ）買収対象会社において買収ビークルを消滅会社として吸収合併（逆さ合併）を行って（買収ビークルの親会社である）買収親会社には買収ビークル株式の代わりに買収対象会社の普通株式を割り当て（この際、存続会社である買収対象会社は、買収ビークルが保有していた買収親会社株式を承継する）、然る後に、ⅳ）買収対象会社において全部取得条項を発動して、旧買収対象会社株主＝全部取得条項付種類株主に対し

37　法人税法上は、株式交換完全支配親法人（法法2条12号の17）と呼ばれる。
38　平成29年度税制改正前の文献であるが、大石篤史「組織再編税制と租税回避」金子宏編『租税法の発展』（有斐閣、2010）517頁は、三角株式交換後の第2次再編における逆合併を順合併と読み替えるという柔軟な解釈が許される余地があるのではないかとする。

て、その取得の対価として、承継した買収親会社株式を交付する方法[39,40]も考えられるが、この方法にも、上記iv）の段階で旧買収対象会社株主に課税の問題が生じる[41]などの問題点が存在する。

(2) 「三角株式交換＋逆さ合併」方式による事実上の逆三角合併を用いた場合と正三角合併を用いた場合との間の課税上の不均衡

前記の「三角株式交換＋逆さ合併」方式を用いたスキームにつき、仮に適格組織再編成に該当すると認められたとしても、更に、①買収対象会社をかかるスキームで買収した場合と②正三角合併を用いて買収した場合とでは、買収対象会社の株主に対する課税上の結果が異なるという問題は残る（なお、「三角株式交換＋逆さ合併」方式を用いたスキームについて、仮に課税当局の運用上、適格組織再編成への該当性が認められた場合には、上記の①と②で買収対象会社レベルでの課税上の結果は同一となる）。

---

[39] 但し、この方法については、「子会社による親会社株式の取得」に該当する買収ビークルによる買収親会社株式の取得が、会社法800条ないし会社法施行規則23条8号の例外として認められるかという問題がある。もっとも、会社法135条1項が禁じているのは、「親会社である株式会社の株式」の取得であり、文言上は外国会社は「親会社」に含まれていないので、買収親会社が外国会社である場合には、わが国会社法との関係ではこの点は特に問題とはならない（なお、解釈論として、会社法135条の目的は親会社に生ずる弊害を防止する目的に出たものであり、外国会社が親会社の場合には会社法の禁止は及ばないとする説が有力であることについては、江頭・前掲（注4）271－273頁、藤田友敬「会社の従属法の適用範囲」ジュリスト1175号（2000）14－15頁、龍田節「国際化と企業組織法」竹内昭夫＝龍田節編『現代企業法講座2 企業組織』（東京大学出版会、1985）313頁等を参照）。もっとも、買収親会社の設立準拠法国の会社法が子会社による親会社株式の取得を禁じている場合（英国会社法など）には、それとの関係でこの方法を用いることは実質的に不可能である。

[40] なお、葉玉・前掲（注27）21頁は、全部取得条項付種類株式を用いて実質的に逆三角合併を実現する手法を紹介するが、それが本文で述べたものと同一のものであるのかは判然としない。

[41] 葉玉・前掲（注27）21頁も、全部取得条項付種類株式を用いて実質的に逆三角合併を実現する手法につき、買収対象会社株主への課税の問題を指摘する。

即ち、買収対象会社の株主レベルの課税関係については、上記②の場合（正三角合併方式を用いた場合）には、当該正三角合併が適格三角合併に該当しないときにはみなし配当課税が問題となるにも拘わらず、上記①の場合（「三角株式交換＋逆さ合併」方式を用いた場合）には、みなし配当課税がおよそ問題とならず、買収対象会社の株主に買収親会社株式以外の資産（即ち、boot）が分配されるか否かによって株式譲渡損益課税の有無が決せられる（対象会社の株主に買収親会社株式以外の資産が分配されない場合にはそれら株主には常に課税繰延べが認められる）のみとなって、両者の間には不整合が生じる（つまり、上記①の「三角株式交換＋逆さ合併」方式を用いた場合の方が、買収対象会社の株主レベルの課税に関しては課税繰延べが認められる範囲が広い）こととなる。最終的な結果（買収対象会社が買収親会社の100％子会社となること）が全く同一であるにも拘わらず、上記の①の場合と②の場合とでそのような不整合が生じる点は問題ではあるが、これが課税理論上やむを得ない結果であるとすれば[42]、上記①の「三角株式交換＋逆さ合併」方式を用いた場合について課税当局が適格組織再編成への該当性を認める運用をする限りにおいては、買収対象会社の株主レベルでの課税上のメリットを考慮して、実務上は、買収対象会社が（吸収合併消滅会社となることで失効してしまうような）許認可等を要する事業を営んでいない場合においても、上記①の「三角株式交換＋逆さ合併」方式を用いることが検討されることになろう。

---

[42] 渡辺徹也「企業組織再編税制〜現行制度における課税繰延の理論的根拠および問題点等」租税研究2007年1月号29、33頁は、合併の場合と株式交換との場合との株主レベルにおけるこのような課税の在り方の違いは、株式交換の場合には税制非適格となるときでも（買収対象会社の法人格がそのまま保全される）株式交換という取引の性質上、買収対象会社の利益積立金額がそのまま同社内に残るのに対し、合併の場合には、取引が税制非適格となれば利益積立金の引継ぎが認められず消滅してしまうため、最後の課税機会としてみなし配当課税を行っておく必要があるからであろうとする。

5 一部現金対価三角合併及び一部現金対価三角株式交換の課税上の取扱いに関する平成29年度税制改正による改正

　平成29年度税制改正前においては、三角合併及び三角株式交換に際して、買収ビークルが買収対象会社の株主に対して交付する買収対価に、当該買収ビークルの親会社（買収会社）の株式だけでなく、1円でも現金その他の資産（boot）が含まれる場合（かかる場合の三角合併ないし三角株式交換を、以下、本章において、各々「一部現金対価三角合併」ないし「一部現金対価三角株式交換」という）には、常に非適格組織再編成に該当するものとされていた。その結果、それらの場合には、常に、当該三角合併における消滅会社たる買収対象会社が保有する資産の含み損益に対してはキャピタル・ゲイン課税がなされ、当該三角株式交換における株式交換完全子会社たる買収対象会社が保有する時価評価資産の評価損益に対しては時価評価課税がなされるものとされていた。

　しかしながら、平成29年度税制改正により、上場会社等の完全子会社化のためのキャッシュ・アウトに係る課税上の取扱いについて統一的な規律がなされたことに伴い、一部現金対価三角合併や一部現金対価三角株式交換の場合であっても、必ずしも非適格組織再編成とはならないこととされ、①三角合併に係る税制適格要件のうち、現金等不交付要件については、三角合併の直前において買収ビークル（合併法人）が買収対象会社（被合併法人）の発行済株式（自己株式を除く）の3分の2以上を有する場合におけるその他の株主に対して交付する対価を除外して判定されることとなり（法法2条12号の8）、また、②三角株式交換に係る税制適格要件のうちの現金等不交付要件についても、三角株式交換の直前において買収ビークル（株式交換完全親法人）が買収対象会社（株式交換完全子法人）の発行済株式（自己株式を除く）の3分の2以上を有する場合におけ

るその他の株主に対して交付する対価を除外して判定されることとなった（法法 2 条12号の17）。

　そして、上記①で修正された現金等不交付要件を含む適格要件を満たす三角合併（上記の一部現金対価三角合併を含む）は、「適格合併」（法法 2 条12号の 8 ）に該当することとなって、その場合には、当該三角合併における消滅会社たる買収対象会社が保有する資産の含み損益に対しては、その時点ではキャピタル・ゲイン課税はなされず、課税繰延べがなされるものとされた（法法62条の 2 第 1 項）。また、上記②で修正された boot 不交付要件を含む税制適格要件を満たす三角株式交換（上記の一部現金対価三角株式交換を含む）は、前記 4 (3)でも述べたとおり、ⓐ全部取得条項付種類株式の取得に係る決議、ⓑ株式併合、若しくはⓒ株式等売渡請求の承認により、対象会社が買収者との間に「完全支配関係」を有することとなるもの、又はⓓ（通常の）株式交換であって、上記②で修正された現金等不交付要件と同様の要件を含む、企業グループ内の株式交換と同様の税制適格要件が満たされるものと併せて、全てが「適格株式交換等」（法法 2 条12号の17）に該当することとなって、その場合には、当該三角株式交換における株式交換完全子会社たる買収対象会社が保有する時価評価資産の評価損益に対しては、時価評価課税がなされず[43]、課税繰延べがなされることとなった（法法62条の 9 参照）。

　そのため、結論的に、三角合併又は三角株式交換における買収ビークルが買収対象会社の発行済株式（自己株式を除く）の 3 分の 2 以上を有する場合、それが一部現金対価三角合併又は一部現金対価三角株式交換であっても、それぞれ「適格合併」又は「適格株式交換等」に該当し得ることとなった。そして、「適格合併」に該当することとなった場合には、当該三

43　なお、前述のとおり、適格株式交換等に該当しない場合でも、平成29年度税制改正により、簿価が1,000万円未満の資産（貸借対照表に計上されていない帳簿価額がゼロのいわゆる自己創設のれんを含む）については、時価評価の対象から除外されることとなった（法施令123条の11第 1 項 4 号）。

角合併における消滅会社たる買収対象会社が保有する資産の含み損益に対しては、その時点ではキャピタル・ゲイン課税はなされず、課税繰延べがなされるものとされ、「適格株式交換等」に該当することとなった場合には、当該三角株式交換における株式交換完全子会社たる買収対象会社が保有する時価評価資産の評価損益に対しては時価評価課税がなされず、課税繰延べがなされることとなる。

6 三角分割の税制適格要件について

　三角分割には、【図6－4】のような分社型分割タイプと【図6－5】のような分割型分割タイプとがある。
　このうち、分社型分割タイプの三角分割とは、買収親会社が買収受皿子会社（分割承継法人）に対象会社（分割法人）の事業を吸収し、その対価として、当該対象会社に対して、買収受皿子会社の株式ではなく、買収親会社の株式を交付する、という形の組織再編成である。このタイプの三角分割は、【図6－4】のように、買収者が傘下に中間持株会社を有しており、当該中間持株会社が複数の事業子会社を支配しているときに、相手方会社の事業の一部を切り出して当該事業子会社のうちの一社に統合するが、合弁事業のビークル（合弁会社）としては上記の中間持株会社を活用するという場合等で利用できる。
　これに対して、分割型分割タイプの三角分割は、【図6－5】のように、上記で当該対象会社に対して交付される買収親会社の株式が、当該対象会社の株主に対して当該分割の日に直ちに分割される、という形の組織再編成である。

【図6－4】 三角分割（分社型分割）の利用例

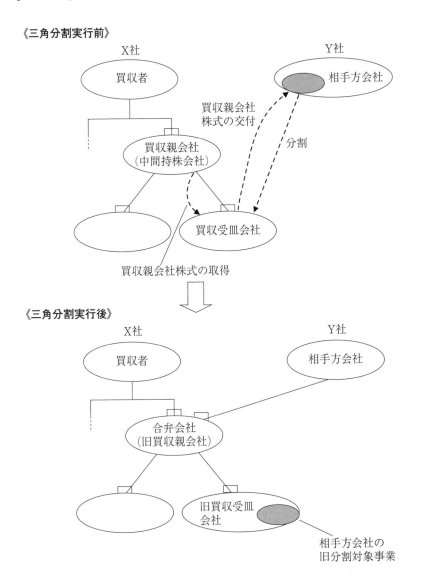

【図6-5】 三角分割（分割型分割）

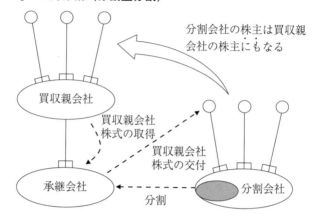

　これらの三角分割に関する税制適格要件は、基本的には一般の会社分割（分社型分割・分割型分割）と同様であるが、上記でその株式が交付されることになる買収親会社の株式が、買収受皿子会社（分割承継法人）の直接の100％親会社でなければならない（法法2条12号の11柱書）点のみが異なっている[44]。

　なお、三角分割においては、分社型分割タイプであるか分割型分割タイプであるかを問わず、税制適格要件のうちのいわゆる共同事業要件を構成する、①事業関連性要件、②従業者引継要件、③事業継続要件、④事業規模要件及び⑤経営参画要件（特定役員引継要件）については、上記の買収受皿子会社（分割承継法人）と対象会社（分割法人）との間で判定される（即ち、買収親会社と対象会社との間で判定される訳ではない）ことに注意する必要がある。

44　国税庁HP（《https://www.nta.go.jp/law/shitsugi/hojin/33/33.htm》及び《https://www.nta.go.jp/law/shitsugi/hojin/33/34.htm》にて閲覧可能）における、「いわゆる『三角分割（分社型分割）』に係る適格要件について」及び「いわゆる『三角分割（分割型分割）』に係る適格要件について」と題する質疑応答事例参照。

7 適格三角合併等に該当するための要件を充足しているか否かが問題となる場合

　適格三角合併等に該当するための要件を充足しているか否かが実務上問題となる場合としては様々なケースが想定されるが、本章では、紙幅の関係上、そのうち2つのケースについて特に触れることとする。

　まず第一は、外国の買収親会社が三角合併等によりわが国の買収対象会社を買収する際、対価として、当該買収親会社株式そのものではなく、それを表章する預託証券（いわゆる「日本預託証券（JDR）」[45]）が交付される場合でも、当該三角合併等は適格三角合併等に該当するかという問題である。この点、適格組織再編成に該当するためには、対象会社株主に対して交付される対価は「株式又は出資」である必要があるため、条文上は疑義もあるが、国税庁は、過去に米国預託証券（ADR）について、明文の規定はないものの、課税上はそれが表章する原株式と同様に取り扱うものとしており[46]、適格組織再編成への該当性の文脈においても、課税当局が、その運用上、JDRを、それが表章する原株式である外国の買収親会社の「株式」として取り扱う可能性は十分に存するものと解される[47]。

　第二は、三角合併等を行う際に対象会社株主に対して交付すべき買収親会社株式に端数が生じた場合、三角合併等に際しては会社法234条を利用することができないために、その部分についてはそれらの株主に対して株式の代わりに現金（その他の財産）を交付せざるを得ないが、これによっ

---

[45] JDRについては、2008年1月に解禁されているが（同年1月28日付日本経済新聞朝刊参照）、その詳細は西村あさひ法律事務所編『ファイナンス法大全〔全訂版〕下』（商事法務、2017）632-643頁参照。

[46] 平成3年6月3日直審3-49、4-23、5-6（メキシコの電話会社テレフォノス・デ・メヒコ社株式に係るADR（米国預託証券）の課税上の取扱いについて）。

[47] 中山龍太郎「外国会社による三角合併利用に係る実務上の課題」旬刊商事法務1802号（2007）33頁脚注35参照。

て当該三角合併等が適格三角合併等に該当しないこととなるか、という問題である[48]。

この問題については、かつては疑義が存していたところであるが、平成20年度税制改正により、端数に応じて金銭が交付されるときは、当該端数に相当する部分は存続会社の完全親会社の株式（合併親法人株式等）に含まれるものとされた（平成20年度税制改正後の法施令139条の3の2第1項参照）ため、現在では、このような端数相当分の現金の交付により税制適格該当性が崩れることはないという形で、立法的に解決がなされている。もっとも、実務上は、三角合併等に係る契約書において、それら交付される現金が端数調整分であることを明記しておくことが慎重な対応であろう。

8 孫会社を買収ビークルとする三角合併を用いた買収

適格三角合併等に該当するためには、買収対象会社の株主に対して交付される買収親会社の株式は、当該三角合併等の直前及び直後に買収ビークルを「直接」100％保有する法人の株式である必要がある[49]。したがって、買収親会社からみて孫会社以下に相当する資本関係にある法人を買収ビークルとして利用する形で、買収親会社の株式を交付するような場合には、税制適格要件が充足されないことになる。

その結果、海外の多国籍企業においてよくみられるように、本体の直接の子会社として香港やシンガポールにアジア地域を統括する中間持株会社を設置し、当該中間持株会社を通じて日本法人（本体からみて孫会社）を保有しているような場合には、当該日本法人を買収ビークルとして三角合

---

[48] 法法2条12号の8本文及び葉玉・前掲（注27）20－21頁参照。
[49] 法法2条12号の8、法施令4条の3第1項。

併等を用いてわが国の対象会社を買収しようとしても、当該三角合併等が適格三角合併等に該当せず、課税繰延べが認められないこととなる。

このような場合に、上記のような孫会社以下の日本法人と最終的に統合することを視野に入れて、わが国の会社である対象会社Tを、本体の株式（究極の買収親会社Pの株式）を対価として買収する必要があるときには、例えば、【図6－6】記載のとおり、①究極の買収親会社Pが、直接完全支配する買収ビークルS4をわが国において設立し、対象会社Tと共同事業要件を充足する適格三角合併を行って買収対象会社Tをひとまず究極の買収親会社の直接の子会社（S4＋T）としておいた上で、②アジア統括会社S1が従来から保有する日本子会社又は新たに受け皿会社として設立した日本子会社（S3）を合併法人とし、上記の旧対象会社（S4＋T）を被合併法人とする形で適格合併（100％の資本関係を有するグループ内合併）を行うことで、買収に際して課税繰延べの適用を受けることが可能となる（なお、S3とS4＋Tとの合併により究極の買収親会社Pが取得するS3株式は、S1に対して適格現物出資することになろう)[50]。

このスキームを用いた場合には、対象会社Tは、最終的に究極の買収親会社の孫会社となる訳であるが、上記①の三角合併の際の合併法人であるS4が上記②の第2次再編における被合併法人となることが見込まれている場合には、第2次再編での適格合併の直前までPによるS4（＋T）に対する直接完全支配関係が継続すれば、税制適格要件が充足されるものとされる（但し、第2次再編では、100％グループ内における適格合併の税制適格要件として、Pが直接又は間接にS3（＋S4＋T）の完全支配関係を継続することが要求される)[51]。

もっとも、このようなスキームをわざわざ利用することを強制する合理的な理由は特に見出し難いので、立法論としては、孫会社以下の会社を買

---

[50] 遠藤・前掲（注2）86頁参照。
[51] 以上につき、法施令4条の3第1項括弧書、同5項括弧書、同17項括弧書参照。

【図6-6】 孫会社以下の日本法人と統合させる形での三角合併方式による買収

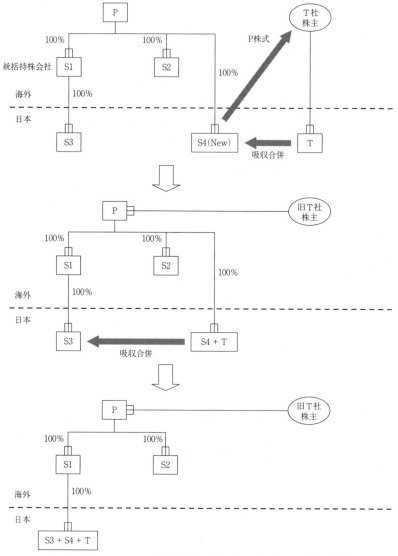

※ 遠藤・前掲（注2）86頁掲記の図を基に筆者らが修正

収ビークルとするような三角合併等についても、税制適格該当性を認めるべきもののように思われる（具体的には、対象会社株主に交付される親法人株式として、買収ビークルに対して直接完全支配関係を有する親法人の株式でなく、間接完全支配関係を有する親法人の株式を用いた場合でも、適格組織再編成に該当するようにすべきである）[52]。

9 対象会社のストック・オプションを買収親会社のストック・オプションに振り替える場合の課税問題

　三角合併等によって買収される対象会社がストック・オプション（新株予約権）を発行していた場合、買収目的の達成のためには、三角合併等に伴ってその新株予約権については消滅させる措置を講じざるを得ないが、対象会社の役職員のインセンティブを維持する観点から、それら役職員に対して代わりに買収親会社のストック・オプション等を付与することが実務上必要とされる場合がある。

　この場合、それら役職員に対象会社の新株予約権を無償で放棄させ、代わりに買収親会社の新株予約権を無償で付与することが、それら役職員に課税の問題を生ぜしめるか、という問題が存する（措施令25条の8第4項1号参照）[53]。

　この点についても、実務上余り議論はなされていないが、個人であるそれら役職員に付与された新株予約権が、譲渡制限の付されたストック・オプションであるような場合には、当該新株予約権に代えて同種の買収親会

---

[52] 以上につき、遠藤・前掲（注2）86頁参照。なお、「平成31年度税制改正の大綱」64頁において、間接完全支配関係を有する親法人の株式が用いられる場合でも、適格組織再編成とすべき旨が盛り込まれていることについて前掲（注9）参照。

[53] 大石・前掲（注2）42-43頁、森・濱田松本法律事務所・前掲（注22）211頁参照。

社の新株予約権が無償で付与されたとしても、課税問題は生じないものと解すべきではないかとの見解が提唱されている（所施令84条2項4号参照)[54]。傾聴すべき見解であり、基本的には支持されるべきものと思われる。

10 買収親会社における買収ビークル株式の取得価額を巡る問題

　三角合併等対応税制の下では、対象会社を三角合併によりプレミアム付きで買収した場合（対象会社の時価純資産価額を上回る時価の買収親会社株式を対価として買収した場合）であっても、当該三角合併等が適格三角合併等に該当すれば、対象会社の保有する資産の含み益についての課税は繰り延べられることになるが、税務上、買収親会社においては、対価として用いた自己の発行株式の時価をコスト（取得価額）として認識することができず、将来買収した（買収ビークルとの合併後の）対象会社を売却する場合、その分だけ税務上不効率が生じることとなる。

　例えば、時価純資産価額が1,000億円（簿価純資産価額は500億円とする）の対象会社（T社。わが国の上場会社であって株式時価総額は1,500億円とする）を時価1,800億円相当の買収親会社（P社）株式を対価として三角合併を用いて買収する場合（即ち、対象会社株式を、その時価に2割のプレミアムを上乗せして買収する場合）を考える。そして、合併法人となる買収ビークル（S社）が取得する買収親会社（P社）株式の取得価額を、当該株式のその時点における時価である1,800億円とする。

　この場合、P社が、S社を買収ビークルとして、三角合併を用いてT社を買収するときに、当該三角合併が適格組織再編成に該当するとすれば、

---

[54]　森・濱田松本法律事務所・前掲（注22）211-212頁及び大石篤史「株式を対価とする外国企業とのM&Aの実務〔下〕—『クロスボーダー合併』の新展開—」旬刊商事法務2045号（2014）124頁参照。

S社はT社の資産等をその取得価額を引き継ぐ形で受け入れることとなるので、S社は、T社の資産等を、その簿価である500億円を税務上の取得価額として受け入れることとなる。この際、S社におけるP社株式の取得価額1,800億円（いわゆるアウトサイド・ベイシス）とT社の資産等の取得（受入）価額500億円（いわゆるインサイド・ベイシス[55]）の差額である1,300億円は、S社における「資本金等の額」の減少額として処理されることとなる（法施令8条1項5号）。

　ここで、買収親会社P社がS社の全株式を第三者に2,000億円で転売する場合を考えると、この場合には、S社株式の譲渡は事業譲渡類似株式の譲渡となるので、P社が外国法人であっても当該譲渡に係る譲渡益は国内源泉所得とされ、P社の本国とわが国との間において日米租税条約や日蘭租税条約のような租税条約による特段の定めが存しない限り、このS社株式の譲渡益についてはわが国で課税がなされることになる。この場合、P社が三角合併の方法によりS社にT社を吸収合併させたことでその保有に係るS社株式の取得価額（basis）が税務上どのような調整を受けるかは、わが国の租税法令によって決せられることになるが、三角合併等対応税制には何らの調整規定も設けられていないため、S社がT社を三角合併の方法により吸収しても、P社の保有に係るS社株式の取得価額がわが国における課税上調整されることはない。したがって、P社におけるS社株式の取得価額は、わが国の課税上は1,800億円のままとして取り扱われると考えられる。

　そうであるとすると、①P社がS社株式を将来2,000億円で第三者に売却した場合には、P社においては200億円の株式譲渡益が生じ、これに対して国内源泉所得としてわが国で譲渡益課税がなされることになる一方、②S社が将来T社から受け入れた全事業（T社から受け入れた資産等の全

---

[55] インサイド・ベイシス及びアウトサイド・ベイシスについては、例えば、岡村忠生『法人税法講義〔第3版〕』（成文堂、2007）396-397頁ほか参照。

てを含む）を2,000億円で第三者に売却した場合、S社においては2,000億円からT社から受け入れた資産等の税務上の取得価額である500億円を差し引いた1,500億円の譲渡益が課税上認識されることになり、これに対して譲渡益課税がなされることになる。つまり、この②の場合には、①の場合と比較して、経済実態としては実質的に同じ取引を行っているにも拘わらず、「資本金等の額の減少」として処理されることとなって失われるに至った税務上の取得価額に相当する1,300億円に対応する法人税額が、P社グループ全体にとっての余計な税務上のコストになってしまう。このことは、タックス・プランニング上、十分留意すべきであろう[56]。

11 コーポレート・インバージョン対策税制に関する実務上の問題点

コーポレート・インバージョン対策税制との関係では、前述したとおり、内国法人である対象会社が軽課税国に所在する実体のない外国（持株）会社を通じてその持株割合の80％以上を5名以下の株主及びその関係者のグループ（前述の「特殊関係株主等」）によって間接に保有されているか否かが当該税制の適用対象となるか否かのメルクマールとなるが、この80％以上という持株割合要件は、わが国の居住者ないし内国法人（以下、対象会社の株主の中でこれらに該当する者を「日本株主」という）の・みでカウントされるのではなく、対象会社が三角合併を行う直前の株主構成を見て、5名以下の株主（及びこれらの者の特殊関係者）によって80％以上の数の株式が保有されているか否かによって判断されることとなる

---

[56] そもそも、この②の場合に、所得課税の原則からすると本来課税すべきではないbasisの性質を有するものを、実質的に課税対象とすることが理論的に許されるのかどうかは問題である。この点は、岡村忠生教授の示唆に基づく（なお、岡村・前掲（注55）536−541頁参照）。

(措法40条の7第1項及び措法66条の9の2第1項等参照)点、即ち、外
国法人や非居住者(以下、対象会社の株主の中でこれらに該当する者を、
本章において「外国株主」という)をも含めて対象会社株主の上位5名の
株主及びその関係者のグループの持株割合の合計が80％以上になる場合に
は、この持株割合要件にヒットすることとなる点に、注意が必要である。

　仮に三角合併等によって軽課税国の持株会社に対象会社の株式を移転す
ることができたとしても、コーポレート・インバージョン対策税制が適用
される場合には、タックス・ヘイブン対策税制類似の留保所得合算課税の
規制が及ぶことになり、当該三角合併等の結果として軽課税国の持株会社
の株主となった者については、当該持株会社に留保された所得も、その持
分割合に応じて自らの所得に合算されて課税されることになる。したがっ
て、外国株主も含めて対象会社株主の上位5名の株主及びその関係者(特
殊関係株主等)の持株割合の合計が80％以上になる場合には、それら特殊
関係株主等に含まれる日本株主は、その後において当該軽課税国の持株会
社に留保された所得までも、その持株割合に応じて、自らの所得に合算し
て課税されることとなる(なお、持株割合10％未満の株主も合算課税の対
象となるなど様々な差違はあるものの、あくまでもタックス・ヘイブン対
策税制の延長線上のものとして軽課税国に所在する持株会社の留保所得が
日本株主の所得に合算されるという建付けであるため、当該持株会社の株
主が外国株主である場合には、当該外国株主が居住者とされる国の租税法
令に従ってどのような課税がなされるのかが決せられることとなる)。

12　日本企業による外国企業の三角合併等を用いた買収に関連する問題

　三角合併等対応税制の創設に伴い、外国の租税法令によって外国企業間
における三角合併等につき課税繰延べがなされた際に、当該三角合併等に

よって買収される対象会社の株主に日本株主が含まれている場合に、それら日本株主についてわが国の課税関係は発生することになるかという問題も生じることとなる。

　この点は、従来から、外国企業同士の合併等が、わが国の組織再編税制の下で適格組織再編の要件を充足する場合に、当該組織再編によって買収される対象会社の日本株主についてわが国ではどのような税務上の取扱いがされることになるのか、という形で問題とされてきたところである[57,58]が、三角合併等対応税制の創設により、わが国企業が外国企業を現地の法令に基づき三角合併等により買収した場合に、当該外国企業の日本株主は当該三角合併等に関連して一体どのような課税を受けることになるか、と

---

[57] 国税不服審判所裁決平成15年4月9日裁決事例集65巻84頁並びにその評釈である増井良啓「外国会社からの現物分配と所得税―再論」税務事例研究126号（2012）47頁以下及び浅妻敬＝坂本英之「外国法人の組織再編により関連会社株式の分配を受けた株式に対する配当課税」税研2005年3月号90頁以下参照。また、増井良啓＝宮崎裕子『国際租税法〔第3版〕』（東京大学出版会、2015）267－273頁も参照のこと。

[58] なお、課税当局による課税処分の取消しが争われた事案ではないが、米国法人が行った（75％の減資を伴う）スピン・オフ（内国歳入法典の下では課税繰延べが認められていた）により分離会社2社の株式の交付を受けたことにつき、これらの株式の交付が配当所得ないしみなし配当所得に該当し、被告（控訴人）がわが国で所得課税に服することになるかが争われた事案において、東京地判平成21年11月21日判例タイムズ1324号134頁及びその控訴審判決である東京高判平成22年6月23日〔当該判決については、最決平成23年4月21日（平成22（オ）1775、平成22（受）2148）により上告不受理決定がなされ、確定〕は、当該スピン・オフによる株式の交付が内国歳入法典において課税繰延べの対象であったとしても、そのことはわが国の租税法の解釈について特段の影響を及ぼすものではないとして、被告（控訴人）側の主張を退け、それら株式の交付により被告（控訴人）は配当所得ないしみなし配当所得を得ているものと判示している。もっとも、当該判決は、いずれも、当該スピン・オフがわが国法人税法所定の分割型分割ないし適格分割型分割に相当するものであるかについては触れていない（Lotus21の配信に係る、「米国法人のスピン・オフにより取得した株式は配当所得・みなし配当所得に該当　最高裁の上告棄却により、一審判決支持の東京高裁判決が確定」と題する2011年6月16日付けニュース PRO 参照。また、同様の問題を指摘するものとして、小塚真啓「税法上の配当概念の意義と課題」Kyoto University Research Information Repository（2014）2頁参照）。

いうことが、新たに問題となるに至った。

即ち、2006年5月1日における会社法本体の施行に伴い、わが国企業が外国企業を三角合併等により買収する目的で、当該対象会社の所在国に買収ビークルとして外国子会社を設立し、当該外国子会社に親会社たる自らの株式を取得させることが子会社による親会社株式の取得禁止規制に反しない旨が法令上明文で明らかにされた[59]が、当該外国の租税法令の下では三角合併等による買収につき（当該対象会社レベルでもその株主レベルでも）課税繰延べが認められている場合、当該対象会社の日本株主（当該対象会社がNYSEやNASDAQなどに上場している国際的な大手企業である場合には、通常、日本株主が存在するであろう）は、わが国でもみなし配当課税及び／又は株式譲渡益課税の課税繰延べの恩典を受けることができるのかが問題となる。

この点、米国では、2006年1月23日以降、上記に相当する場合に、内国歳入法典及び関連する財務省規則上の所定の要件さえ充足すれば、米国法以外の外国の法令に基づく合併に際しても、被合併法人の米国株主に課税繰延べが認められる（当該外国において当該合併が課税繰延べを認められるものであるか否かを問わない）ことを明記した財務省規則が施行されているところである[60]。そして、わが国でも、上記のような場合に関して、外国法令に基づいて行われた組織再編成がわが国の租税法令所定の適格組織再編成に該当する限り（なお、当該外国において当該組織再編成が課税繰延べを認められるものであるか否かを問わない）、対象会社の日本株主には課税繰延べが認められる（逆に、わが国における適格組織再編成の要

---

[59] 会社法135条2項5号、会社法施行規則23条8号等参照。なお、わが国企業による三角合併等を用いた外国企業の買収に関しては、例えば、弥永真生＝岩倉正和＝太田洋＝佐藤丈文『新会社法実務相談』（商事法務、2006）301頁以下〔太田洋〕参照。

[60] Treas. Reg. §1.368－2(b)(1)(ii)及び同(ii)掲記のExample13参照。なお、当該規則に関する規則案の解説として、渡邊健樹「国際間の株式を対価とする企業買収と課税および会社法－三角合併を中心として」中里実＝神田秀樹編『ビジネス・タックス』（有斐閣、2005）179－180頁、195－196頁参照。

件に該当しない限り、当該外国において課税繰延べが認められる場合であっても課税繰延べは認められない[61]）と一般に解釈されている[62]。

13　その他の問題

　三角合併等を用いたM&Aを実際に行う場合には、本章で論じた以外にも数多くの税務上の問題が実務上生じ得る。そのうち主なものとしては、例えば、①（いわゆる「共同事業要件」を充たすための要件の一つである）前述の事業性の要件を充足するためには、買収ビークルが自己の名義かつ自己の計算で商品販売等の事業ないしその事業準備を行っている必要があるとされている[63]ところ、買収ビークルとして、既存の事業会社ではなく新設の子会社が用いられる場合に、その事業準備が買収対象会社のために行われるものと認められず、したがって「自己の計算」で行われていると認められるためには、具体的にどのような事情が存する必要があるのかとの問題[64]や、②買収親会社が保有する買収ビークル株式の取得価額について調整（米国で認められるいわゆるover-the-top）を認めるべきでは

61　この点につき、前掲（注57）の国税不服審判所裁決平成15年4月9日参照。
62　公益社団法人日本租税研究協会・国際的組織再編等課税問題検討会による2012年4月9日付け「外国における組織再編成に係る我が国租税法上の取扱いについて」と題する報告書参照。なお、当該報告書は、「単なる検討会の意見というよりは、むしろ国税当局のお墨付きを得た内容のものとご理解いただいて結構ではないかと思います。したがいまして、この報告書で示した基準に沿っている限りにおいては、国税当局から否認されるリスクはほとんどない、という意味において、本報告書の内容は、セーフ・ハーバーとして利用していただけるものと考えております」とされている（国際的組織再編等課税問題検討会専門部会「外国における組織再編成に係る我が国租税法上の取扱いについて」租税研究2012年7月号41頁〔座長：小田嶋清治発言〕）。
63　法施規3条1項1号。
64　大石・前掲（注2）40頁参照。

ないかとの問題[65]が挙げられる。

　これらの問題については紙幅の関係上割愛しているが、詳細は適宜脚注に掲記の論文等を参照されたい。

---

[65] 立法論としての問題である。詳しくは、大石・前掲（注１）107頁参照。

第7章

第三者割当増資を用いた M&A と課税

1 第三者割当増資を用いた M&A と課税
2 有利発行の意義及びその課税上の取扱い（概観）
3 誰から誰に対する利益移転がなされたものとして取り扱われるのか
4 有利発行課税の構造とタイ子会社有利発行事件東京高裁判決
5 有利発行該当性に関する問題

1 第三者割当増資を用いた M&A と課税

　買収の対象会社に研究・事業開発や設備投資等のための資金需要が存する場合、M&A の手段として第三者割当増資が用いられることがある。かかる M&A は、典型的には、対象会社が、買収会社（又はその投資ビークル）に対して第三者割当増資を行い、当該買収会社の連結子会社となる、という形で行われる。このような手法で行われたわが国における M&A の近時の実例としては、①2012年5月11日に公表された、ビックカメラ（東証1部上場）によるコジマ（東証1部上場）の買収、②2012年7月13日に公表された、ヤマダ電機（東証1部上場）によるベスト電器（東証1部上場）の買収、及び③2014年3月26日に公表された、カカクコム（東証1部上場）によるタイムデザインの買収等の例がある。

　もっとも、第三者割当増資を始めとする新株発行については、発行会社側では、資本等取引に該当するため、基本的に、そもそも課税問題は生じない[1]（また、同社の株主レベルでも、株主に対する分配等がないため課税は生じない）。他方、引受人側でも、金銭を出資しているだけであるため課税は生じない（その一方で、株式は減価償却資産ではないため、事業譲受等による買収の場合に買収者がのれん相当額につき減価償却を通じて損金化することが可能であるのとは異なり、引受人＝買収者側では、当該出資した金額＝買収に要した費用について、減価償却の方法により損金化することはできない）のが原則である。しかしながら、例外的に、当該新

---

[1] もっとも、いわゆる高額発行の場合には、対象会社ないしその既存株主について受贈益課税が、引受人たる買収会社について寄附金課税が、それぞれ問題となることがある（なお、高額発行の場合に発行法人側に受贈益課税が生じないとした判例として、名古屋高判平成14年5月15日税務訴訟資料252号順号9121〔相互タクシー事件〕参照）。詳しくは、太田洋＝伊藤剛志編『企業取引と税務否認の実務』（大蔵財務協会、2015）221頁以下参照。

株発行がいわゆる有利発行に該当するときは、引受人について受贈益課税（法人の場合）ないし一時所得課税等（個人の場合）の課税問題が生じる。なお、税務上、有利発行に該当するか否かは、新株引受価額が新株発行決議日前日の株価に比しておおむね10％以上ディスカウントされているか否かを基準に判断するというのが課税当局の立場である（法施令119条1項4号、法基通2－3－7参照）。

そこで、本章では、以下、第三者割当増資が有利発行によって行われる場合に生じる課税問題を中心に論じることとする。

2　有利発行の意義及びその課税上の取扱い（概観）

会社法上、いわゆる「公開会社」（会社法2条5号）が譲渡制限株式以外の新株又は自己株（以下、これらを併せて「新株等」と総称する）の発行又は処分（以下、これらを併せて「発行等」と総称する）を行う場合には、取締役会の決議に基づいてそれらを行うことができるのが原則であるが、その際の払込金額が株式を引き受ける者（以下「引受人」という）に特に有利な金額である場合には、株主総会の特別決議による承認を取得しなければならない等の規制（以下「有利発行規制」という）を遵守する必要がある[2,3]。このように、株主総会の特別決議等を要する「特に有利な金額」による新株発行等は、一般に「有利発行」と呼ばれている。

これについて、わが国の租税法令では、「有価証券と引換えに払込みをした金銭の額及び給付をした金銭以外の資産の価額の合計額が払い込むべ

---

[2] 江頭憲治郎『株式会社法〔第7版〕』（有斐閣、2017）743頁参照。

[3] 現行法のような有利発行規制が会社法制に導入されたのは、商法昭和41年改正の際である（松井秀征「新株有利発行規制に関する一考察」小塚荘一郎＝高橋美加編『落合誠一先生・還暦記念　商事法への提言』（商事法務、2004）384－385頁など参照）。

き金銭の額又は給付すべき金銭以外の資産の価額を定める時におけるその有価証券の取得のために通常要する価額に比して有利な金額である場合」には、当該払込み又は当該給付（以下「払込み等」という）によって引受人が取得した有価証券の税務上の取得価額は、「法人の株主等が当該株主等として」払込み等により取得した当該法人の株式等を除き、「その取得の時におけるその有価証券の取得のために通常要する価額」となるものと定められている（法施令119条1項4号参照）。

　この場合に、当該引受人に対していかなる課税がなされるかについては、後述のとおり、租税法令上、特に明文の規定はないが、前述のとおり、判例及び課税実務においては、結論的に、当該払込み等がなされた価額（以下「払込価額」という）と上記の「その取得の時におけるその有価証券の取得のために通常要する価額」との差額につき、引受人が法人である場合には受贈益課税、引受人が個人である場合には一時所得課税等がなされる（所法36条1項・2項、所施令84条2項5号、法法22条2項、法施令119条1項4号）[4,5]ものとされている。但し、当該引受人によるそのような有利な払込価額で発行された新株等（以下「有利発行新株等」という）の取得が「株主等として」のものであれば、上記のとおり、その場合における当該有利発行新株等の税務上の取得価額が払込価額とされることに対応して、当該引受人に対しては受贈益課税はなされないものとされている（法施令119条1項4号参照）。

　なお、かつての通達は、この「株主等として」取得する場合とは、株主等としての地位に基づき平等に取得した場合をいうとしており[6]（平19課法2－3、課審5－11による改正前の法基通2－3－8）、それは、一般に、株主の持株数に比例して按分的に取得した場合と解されていた。しかしながら、平成17年商法改正による会社法の制定により、株式会社が発行

---

[4]　例えば、岡村忠生＝高橋祐介＝田中晶国「有利発行課税の構造と問題」岡村忠生編『新しい法人税法』（有斐閣、2007）257頁及び小原一博『法人税基本通達逐条解説〔八訂版〕』（税務研究会出版局、2016）225－226頁など。

することのできる種類株式の内容等が大幅に自由化されたことに伴い、平成18年度税制改正の一環を成す平成18年7月14日政令第235号による政令改正で、上記の「株主等として」取得する場合とは、発行法人の他の株主等に損害を及ぼすおそれがないと認められる場合に限るものとされ（法施

---

5 なお、その課税のタイミングは、有利発行による新株の引受権の付与時（発行会社による割当決議時）ではなく、発行価額の払込み時であると解される。即ち、平成18年度税制改正前における所得税法施行令84条柱書は、同条1号乃至4号に規定されていた権利（旧4号が有利発行についての規定で「有利な発行価額により新株を取得する権利」とされていた）が付与された場合には、その「権利の行使時」に各種所得の収入金額に計上すると定めていたが、当該改正により、付与される権利について、「当該権利の譲渡についての制限その他特別な条件が付されているものを与えられた場合」（平成28年度税制改正前の所施令84条柱書。現・所施令84条2項柱書）との条件が付された。これは、同条の対象としては、ストック・オプション等が予定されているところ、付与時において、市場での自由取引が可能であるために経済的利益が直ちに顕在化するような新株予約権は除外される（つまり、権利行使時まで課税が繰り延べられる新株予約権等は譲渡制限が付されているものに限定する）ことを明確にする趣旨であるとされている（財務省大臣官房文書課編『（ファイナンス別冊）平成18年度税制改正の解説』（大蔵財務協会、2006）152頁参照）が、当該改正により5号に移された有利発行に関する規定が定める「株式と引換えに払い込むべき額が有利な金額である場合における当該株式を取得する権利」は、会社法でいう「出資の履行により株主となる権利」に該当するため、そもそもその譲渡は株式会社に対抗することができない（会社法208条4項）。したがって、現5号に規定された権利は、当該改正により明確にされた、上記の「権利の譲渡についての制限その他特別な条件が付されたもの」に該当するため、その付与時には課税がなく、発行価額の払込み時に課税がなされることは明らかである（岡村＝高橋＝田中・前掲（注4）254頁脚注3同旨）。なお、この所得税法施行令84条5号現・同84条2項5号については、立案担当者は、内容は従来と同じであって平成18年度税制改正は用語の整理を行ったものに過ぎないとしている（財務省大臣官房文書課編・前掲153頁）ほか、取得価額に関する所得税法施行令109条の改正も、上記の所得税法施行令84条の改正に対応したに過ぎないとしており（財務省大臣官房文書課編・前掲153－154頁）、立案担当者は、平成18年度税制改正前から、株式の有利発行については、その課税のタイミングは、有利発行による新株の引受権の付与時（発行会社による割当決議時）ではなく、発行価額の払込み時であったと考えていたようである。

6 武田昌輔『立法趣旨 法人税法の解釈〔平成10年度版〕』（財経詳報社、1998）128頁。

令119条1項4号括弧書)⁷、これを受けて改正された法人税基本通達2－3－8（平19課法2－3、課審5－11による改正後のもの）では、「株主等として」有利発行新株等を取得し、かつ、他の株主に損害を及ぼすおそれが認められない場合とは、法人税法施行令119条1項4号に規定する権利が株主等の有する株式の内容及び数に応じて平等に与えられ、かつ、その株主等とその内容の異なる株式を有する株主等との間においても経済的な衡平が維持される場合のことを指す、とされるに至った。なお、ここで「損害を及ぼすおそれ」が認められるかどうかは、会社法322条所定の種類株主総会の決議があったか否かのみで判定するのではなく、その発行法人の発行する各種類の株式の内容等を総合的に勘案して判断されるものとされている⁸。

　また、課税当局は、税務上、上記の「通常要する価額に比して有利な金額である場合」に該当するか否かは、有利発行を承認する旨の会社法上の株主総会における特別決議が存したか否かによって判断されるのではなく⁹、「〔払込価額〕を決定する日の現況における当該発行法人の株式の価額」に比しておおむね10％以上ディスカウントされているか否かを基準に

7　財務省大臣官房文書課編・前掲（注5）152頁参照。
8　改正後の通達（平19課法2－3、課審5－11による改正後の法人税基本通達2－3－8及び平18課個2－18、課資3－10、課審4－114による改正後の所得税基本通達23～35共－8）は、「会社法の規定による種類株主総会の決議があったか否かのみによるのではなく、その発行法人の各種類の株式の内容、無償割当の内容等を総合的に勘案して判定する必要があることに留意する」としている。なお、岡村＝高橋＝田中・前掲（注4）259頁脚注14は、これらの通達について、「この前提にあると考えられるのは、法的に種類株主総会の決議が必要とされる場合と、実際に決議がなされる場合とが、必ずしも一致しないことである。例えば、ある株式発行に『損害を及ぼすおそれ』があるか否かを判断することが困難であるため、予防的に決議を経ることもあり得る。このため、通達は種類株主総会の決議の有無のみでは判断をしないとしたものと考えられる」としている。
9　岡村＝高橋＝田中・前掲（注4）236頁。

判断されるものとしている（法基通2-3-7[10]（注）1参照）。そして、この「〔払込価額〕を決定する日の現況における当該発行法人の株式の価額」については、「決定日の価額のみをいうのではなく、決定日前1月間の平均株価等、払込金額等を決定するための基礎として相当と認められる価額をいう」ものとされている（法基通2-3-7（注）2参照）。

以上のように、少なくとも、課税当局の取扱いにおいては、会社法上、有利発行規制が適用されて新株発行等に際して株主総会の特別決議や種類株主総会決議が必要とされるか否かと、課税上、「有利発行」として引受人に受贈益課税がなされるか否かとは、それぞれ別個の問題（相互に独立に判定されるべき問題）とされているようである。

3 誰から誰に対する利益移転がなされたものとして取り扱われるのか

会社法上、手続的規制としての有利発行規制が存在する理由は、有利発行がなされると、既存株主から有利発行を受ける引受人に対して、発行会社に対する持分の経済的価値の移転が生じるので、そのような持分希釈化の不利益を受ける既存株主の利益を保護するためであるとされている[11]。

他方、課税上、「有利発行」に関して、上記のような引受人に対する受贈益課税等がなされる理由についても、一般に、有利発行がなされると、有

---

[10] なお、この通達の前身は、1973年（昭和48年）に発遣された、「昭48直法2-81」であり、これにより、払込金額が発行決議日前日の株価から「10％以上ディスカウントされているか」が、課税上「有利発行」に該当するとして引受人に受贈益課税がなされるか否かのメルクマールとされることとなった。なお、この通達の趣旨の解説として、渡辺淑夫＝田中豊『コンメンタール法人税基本通達〔4訂版〕』（税務研究会出版局、1997）227-228頁参照。

[11] 江頭・前掲（注2）719頁など参照。

利発行を受けた引受人が、取得した新株等の時価と払込金額との差額分の利益を得る一方で、有利発行を受けない既存株主が、その保有株式につき価値の希釈化による損失を被っているためであると理解されている[12,13]。

　もっとも、上記のような課税上の取扱いの理由に関する理解については、当該取扱いの根拠規定を法人税法22条2項に求めるか否かと関連して、有利発行がなされた場合における既存株主から引受人に対する持分の経済的価値の移転を、同項所定の「無償による資産の譲受け」ないし「無償による……その他の取引」とみることができるか等につき、争いがある。

---

[12] 占部裕典「法人税法22条2項の適用範囲について―オウブンシャホールディング事件における第三者割当増資を通して」税法学551号（2004）8頁、岡村忠生『法人税法講義〔第3版〕』（成文堂、2007）323-324頁参照。

[13] なお、株主が1人しか存在しない会社で当該株主に対して有利発行がなされた場合には、当該取得は「株主等」としての取得であり、かつ、「当該法人の他の株主等に損害を及ぼすおそれがない」ため、時価を取得価額とする規定（所施令109条1項3号、法施令119条1項4号）の適用はなく、払込金額がそのまま取得価額となることから（所施令109条1項1号、法施令119条1項2号）、この場合、引受人が有利発行新株等の時価と払込金額との差額につき課税を受けないことは明らかである。その理由に関しては、「1種類の株式のみが発行されている場合には、有利発行を受けなかった株主がいる場合、その株主は株式の希釈化（法人の利益や資産に対する持分の減少）による損失を被る。この損失は、有利発行を受けた株主の利益に対応するから、株主間で持分の移転が発生したと見ることができる。ところが、按分的な場合には、有利発行がもたらす利益と希釈化の損失とが、同一の株主において打ち消し合うため、結局、ちょうど払込金額の分だけ各株主における総持株の価値が増加する。株主における株式取得価額も、平均化される」（岡村・前掲（注12）325頁）からであると説明されている。

4 有利発行課税の構造とタイ子会社有利発行事件東京高裁判決

(1) タイ子会社有利発行事件東京高裁判決の事案

　東京高判平成22年12月15日税務訴訟資料260号順号11571（最三小決平成24年5月8日税務訴訟資料262号順号11945[14]により納税者側の上告受理申立てが却下され、確定）[15,16,17]（以下「タイ子会社有利発行事件東京高裁判決」という）は、某大手総合商社のタイ子会社が第三者割当ての方法により行った額面発行増資が「有利発行」に該当するとして引受人たる当該大手商社（納税者）に受贈益課税がなされた事案について、納税者敗訴の判断を示した判決である。この判決は、有利発行がなされた場合における関係当事者間における課税の構造（以下、かかる構造を、便宜上「有利発行課税の構造」という）を考える際に非常に重要な示唆を含むものであるので、以下、同判決の内容のうち、有利発行課税の構造に関連する部分について詳しく見ておくこととする。

　タイ子会社有利発行事件東京高裁判決の事案は、非常に簡略化していうと、納税者であるわが国の大手商社甲が、タイ王国に、自己が直接及び間

---

[14] 2012年10月11日付けニュースPRO1127号参照。

[15] 裁判所ホームページにも掲載されている。

[16] タイ子会社有利発行事件東京高裁判決は、一審判決（東京地判平成22年3月5日税務訴訟資料260号順号11392（裁判所ホームページにも掲載））を一部修正する他は、基本的に同判決の判断枠組みに従っている。当該一審判決については、水野忠恒「新株の有利発行と課税関係－東京地方裁判所平成22年3月5日判決を手がかりに－」『村井正先生喜寿記念論文集　租税の複合法的構成』（清文社、2012）251頁以下が詳細な検討を行っているほか、判例評釈として、辻富久「外国関連会社の額面発行株式の引き受けに伴う受贈益課税」ジュリスト1431号（2011）168頁がある。

[17] タイ子会社有利発行事件東京高裁判決の詳細な分析については、太田＝伊藤・前掲（注1）366－390頁〔太田洋〕参照。

接にその発行済株式総数の100％を保有する連結子会社乙１と、乙１がその発行済株式総数の73.71％を直接保有し、甲が同じく2.46％を直接に保有する乙２（同社のその余の23.83％の株式はその他の外部株主が保有）という連結子会社２社を有していたところ、甲が、乙２が発行した新株（以下「本件株式」という）を、時価を大幅に下回る額面価額（タイ民商法典の下では、株式会社は、全て定款で１株の価額を定めなければならないとされており[18]、新株はその予め定められた価額未満で発行することはできず[19]、基本定款に定めがある場合には額面超過額で発行することができる[20]ものとされている。つまり、新株発行は原則として額面で行うべきものとされている。因みに、本件の乙２の定款所定の１株の価額は1,000バーツであった）で引き受け（その発行価額総額は13億7,200万バーツ）、その乙２に対する持株割合を47.06％まで引き上げた（なお、当該新株発行の結果、乙１の同社に対する直接の持株割合は73.71％から40％に、その他の外部株主の持株割合は23.83％から12.94％に、それぞれ低下している）ことにつき、課税当局から、当該新株発行（以下「本件新株発行」という）は有利発行に該当する[21]として、本件株式の払込期日における価額（時価）と払込価額との間の差額につき受贈益課税を受けたというものである。

　なお、本件では、実際は別途乙１が別の機会に行った有利発行による第三者割当増資についても問題とされており、タイ子会社有利発行事件東京高裁判決では、乙１と乙２の両社を併せて「本件２社」と表現されている

---

[18]　タイ民商法典1098条５号。つまり、同法典の下では無額面株式は存在しない。なお、この価額は１株５バーツ以上でなければならないものとされている（同法典1117条）。

[19]　タイ民商法典1105条１項。

[20]　タイ民商法典1105条２項。

[21]　具体的には、本件株式は、法人税法施行令119条１項３号（平成18年政令第125号による改正前のもの。取得価額は「その有価証券の当該払込みに係る期日における価額」と規定されていた）所定の有利発行に係る有価証券に該当すると認定された。

が、論点は共通しているので、ここでは、事案の簡略化のため、甲及びその直接・間接の子会社以外の株主（外部株主）が存在する乙2の甲に対する有利発行による第三者割当増資のみに焦点を絞って論じる。

(2) 利益移転の当事者と法人税法22条2項にいう「取引」の当事者

　有利発行に際して、その引受人に対して法人税法22条2項に基づき受贈益課税がなされるものとされている理由については、前述のとおり、一般に、有利発行がなされると、引受人が取得した新株等の時価と払込金額との差額分の利益を得る一方で、引受人以外の既存株主がその保有株式につき価値の希釈化による損失を被るからであると理解されているところであるが、かかる課税が、同項の文理との関係で、どのように基礎づけられるのかについては争いがある。特に、引受人に対する法人税法22条2項に基づく受贈益課税が、「誰から」の受贈益について課税しているのか、具体的には、「発行会社からの」受贈益についての課税であるのか（発行会社説）、「引受人以外の既存株主からの」受贈益についての課税であるのか（既存株主説）に関しては、従来から争いがあり、学説においては議論がやや混乱していた[22]。

　しかしながら、後述する最三小判平成18年1月24日判例時報1923号20頁（以下「オウブンシャホールディング事件最高裁判決」という）[23]を契機に、近時では、学説上、引受人に対する受贈益課税は、租税法上も、会社法上の考え方と同様に、「発行会社からの」利益の移転に基づくものではなく、「既存株主からの」利益の移転に基づくものと解すべきであるとす

---

[22] この発行会社説と既存株主説との争いの問題に関しては、原一郎「新株の有利発行をした場合の発行会社側の処理」税務事例研究47巻（1999）11-18頁が詳しい。

[23] オウブンシャホールディング事件最高裁判決の詳細な分析については、太田＝伊藤・前掲（注1）331-357頁〔太田洋＝清水誠〕及び太田洋「法人税法22条2項にいう『取引』の意義」中里実＝佐藤英明＝増井良啓＝渋谷雅弘『租税判例百選〔第6版〕』（有斐閣、2016）100頁参照。

る見解（既存株主説）が優勢になりつつあるように思われる。その中の代表的な見解[24]は、この問題を以下のように分析している。

　第一に、この見解は、自己株を資産ではないとした平成18年度税制改正[25]の後では、有利な処分価格による自己株処分は、法人税法22条2項所定の「資産」の低額譲渡とは文理上解し難いことなどを理由として、新株の有利発行の場合を含めて、発行会社側では寄附金課税を行うことはできず、それに対応して、引受人側では（発行会社から利益を移転されたことに基づく）受贈益課税はできない（新株ないし自己株の時価と払込価額との差額については、資本等取引、つまり、発行会社から株主に対する「分配」として取り扱うべきである）とする[26,27]。

　その上で、第二に、a）無償取引からは収益は発生しないとの立場（法人税法22条2項に関する限定説）[28]を前提とした場合には、寄附金規定（法法37条7項）の作用として、発行価額が非正常であって、既存株主に希薄化損失が発生するなど寄附金該当性の要件が満たされる場合には、当該既存株主から引受人への利益移転は「寄附金」とされ、それに対応する形で当該引受人には受贈益課税がなされるものと解することになり、b）無償取引からも収益が発生するとの立場（法人税法22条2項に関する無限

24　その全体像については、岡村＝高橋＝田中・前掲（注4）264－284頁参照。もっとも、この論者の見解は入り組んでいるため分かりにくい点があり、以下に述べるこの見解の要約は、筆者が推測も交えてまとめたものである。

25　平成18年度税制改正においては、法人税法2条21号の有価証券の定義に自己株式を除く旨の括弧書きを付け加える改正がなされた。

26　岡村・前掲（注12）323－324頁（なお、同328頁も参照）、岡村＝高橋＝田中・前掲（注4）264－266頁参照。なお、渕圭吾「新株の有利発行と受贈益課税」『金融取引と課税(1)』（トラスト60、2011）15頁も参照。

27　逆に、新株等の高額発行（いわゆる不利発行）の場合に、引受人側では寄附金課税はできず、発行会社側では受贈益課税はできないということになるか否かは、論理的には一応別の問題である。詳細については、渕・前掲（注26）13－14頁参照。

28　岡村・前掲（注12）163頁脚注9、岡村忠生「無利息貸付課税に関する一考察〔三〕」法学論叢122巻1号（1987年）5頁。

定説[29]）を前提とした場合には、例えば、以下のようなロジックで、有利発行を受けた引受人に対して受贈益課税がなされることになると論じる。即ち、法人税法22条2項が無償「取引」の例示として資産の販売や、有償又は無償による資産の譲渡などを列挙していることに鑑みれば、これらに共通した要素である「意図的な資産の移転」が、同項所定の「取引」に該当するための要件であると解される[30]。従って、有利発行の場合に、既存株主に引受人に対する持分移転の意図が認められれば、①当該有利発行は、法人税法22条2項所定の「取引」に当たることとなって、同項に基づき、当該既存株主の側では当該引受人に対する経済的価値の移転につき、課税上譲渡損益が認定されることになり、更に、②当該価値移転が寄附金該当性の要件を満たす場合には、それに対応する形で、当該引受人の側では法人税法22条2項に基づき受贈益課税が発生する[31]ことになる。

　なお、この見解の論者は、上記のａ）の構成とｂ）の構成とを比較すると、「持分の経済的価値の減少を直截に把握することができる点で、〔前者の構成である〕寄附金からのアプローチに優位性が認められる」としている[32]が、後述するとおり、オウブンシャホールディング事件最高裁判決は、直接的には有利発行の場合の引受人に対する受贈益課税の根拠について触れてはいないものの、そのロジックの構造は、上記のｂ）の構成と比

29　例えば、金子宏「無償取引と法人税―法人税法22条2項を中心として―」同『所得課税の法と政策（所得課税の基礎理論（下））』（有斐閣、1996）349頁など。

30　岡村＝高橋＝田中・前掲（注4）277頁。もっとも、法人税法22条2項にいう「取引」とは売買等の法的取引に限られ、簿記会計におけるように法的取引以外の行為や事実を広く含むものではないとする反対説も有力である（例えば、金子宏「租税法解釈論序説」金子宏＝中里実＝マーク・ラムザイヤー編『租税法と市場』（有斐閣、2014）23-24頁参照）。

31　論者はここまで明示的に述べていないが、ロジカルにはこのような帰結となると考えられる。なお、岡村＝高橋＝田中・前掲（注4）277頁。なお、渕・前掲（注26）15頁参照。

32　岡村＝高橋＝田中・前掲（注4）283頁。

較的整合的であるように思われる[33]。

 この点、タイ子会社有利発行事件東京高裁判決は、有利発行を行った乙２の間接的な大株主（前述のとおり、発行済株式総数の2.46％相当の直接保有株式も有していた）であり、乙２の有利発行による第三者割当増資を引き受けた甲に対して、法人税法22条２項を適用して、受贈益課税を行うことを是認したが、当該有利発行による利益（本件株式の時価とその払込金額との差額）は乙２から甲に移転したのか（発行会社説）、それとも甲以外の乙２の他の既存株主から移転したのか（既存株主説）との問題に関しては、「発行会社と新株主〔引受人〕との間に経済的利益の移転がない場合であっても、有利発行により経済的利益を得ていれば、当該収益が益金を構成することになる」と判示しており、実質的に、発行会社説を否定し、既存株主説[34]を採ったものと解される。

 なお、タイ子会社有利発行事件東京高裁判決と有利発行の問題に関する

---

[33] 上記の見解の論者自身も、「〔オウブンシャホールディング〕事件では、既存株主と新株主の間に有利発行による持分移転をするという事実上の合意（法律行為であれば、その合意によって合意内容を実現する法的効果が生じるが、この事件での合意自体は、持分の移転を直ちに生じさせるものではない〔という〕意味で法的効果はない。合意された行為を発行法人と新株主が現実に行うことで、持分の変動が生じる）があることは認められる。本判決は、従前の私法上の事実認定による否認のように、納税者の主張する事実またはその私法上の性質を否認するのではなく、有利発行のために必要な一連の行為を行い、持分割合を変動させるという事実上の合意と、それに基づく持分の移転が課税要件を充足するとして、これがないものとして行われた既存株主による所得計算を『否認』しているだけである。本件は、既存株主と新株主の間の合意に基づいて、第三者割当の有利発行増資決議がなされ、持分が移転した事実が、法人税法22条２項の『資産の無償譲渡』または『その他の取引』に該当するとしたものであり、法人税法の取得金額の計算の基本規定の解釈とその適用に関する判示であると理解すべきである」と述べて（岡村＝高橋＝田中・前掲（注４）278頁脚注56）、上記のｂ）の構成とオウブンシャホールディング事件最高裁判決のロジックの構造とが整合的であることを強く示唆している。

[34] 既存株主説を採る代表的な学説として、例えば、岡村＝高橋＝田中・前掲（注４）267頁参照。

重要な最高裁判例であるオウブンシャホールディング事件最高裁判決は、事案としてはかなり異なっているが、どちらも、①有利発行が行われた場合、引受人には、（わが国が課税権を有する限り、）法人税法22条2項に基づいて受贈益課税がなされることを前提としている点、及び②有利発行による利益の移転は、発行会社から引受人に対してなされるのではなく、引受人以外の既存株主から引受人に対してなされることを前提としている点において共通している。しかしながら、タイ子会社有利発行事件東京高裁判決は、有利発行が行われた場合に、引受人に対して具体的にどのような法解釈論上のロジックで法人税法22条2項に基づく受贈益課税がなされるかについては、オウブンシャホールディング事件最高裁判決や上述した近時優勢になりつつある学説上の見解と大きく異なる考え方を採用している。

　即ち、オウブンシャホールディング事件最高裁判決は、当該事案においては、「〔X〕[35]の保有する〔Aの発行〕株式に表章された〔A〕の資産価値については、〔X〕が支配し、処分することができる利益として明確に認めることができるところ、〔X〕は、このような利益を、〔F〕との合意に基づいて同社に移転したというべき」であって、当該「資産価値の移転は、……〔X〕において意図し、かつ、〔F〕において了解したところが実現したもの」であるので、これは「22条2項にいう取引に当たる」と判示して、有利発行が行われた際の既存株主側（納税者であるX）に対して、法人税法22条2項に基づく収益を認識し、課税を行っている。この判示では、法人税法22条2項所定の「取引」の意義は積極的には述べられていないが、少なくとも、「取引」の当事者は引受人以外の既存株主（X）と引受人（F）であることを前提に、当該既存株主と引受人との「合意」による資産価値の移転は「取引」に該当することが明らかにされている（上述した近時支配的になりつつある学説上の見解も同様である）。

　これに対して、タイ子会社有利発行事件東京高裁判決は、「本件のよう

35　当事者名の表記は、太田・前掲（注23）100頁に従った。

な新株の発行においては、そもそも控訴人〔引受人〕による現金の払込みと、その金額を超える時価の新株の取得という『取引』が存在しているのであり、法人税法22条2項が、『取引に係る収益の額』と規定し、『取引による収益の額』としていないのは、取引自体から生ずる収益だけではなく、取引に関係した基因から生ずる収益を含む意味である」と判示し、引受人による発行会社の新株の引受けそれ自体が法人税法22条2項の「取引」に該当するものとしている。即ち、この判決は、有利発行によって引受人以外の既存株主から引受人に対して資産価値が移転することを前提としながら、法人税法22条2項の「取引」の当事者は発行会社と引受人であると認定している点、つまり、同項の適用上、資産価値が移転する当事者と「取引」の当事者とは異なっても構わないとの判断を示している点で、非常に特徴的である。

　この点に関しては、条文解釈の方法としてアクロバティックに過ぎる、等々の様々な批判があり得るであろうが、例えば、そのようなアクロバティックな解釈を弄するよりは、むしろ、資産価値（経済的利益）の移転の当事者と法人税法22条2項所定の「取引」の当事者とを一致させ、引受人（甲）が、発行会社（乙2）との間における資本等取引（本件株式の時価とその払込金額との差額に相当する額の、乙2から甲への出資の一部払戻しないし配当）によって得た額（即ち、上記差額相当額）を、発行会社（乙2）の（甲以外の）他の株主に対して寄附したものと構成した方がより自然ではないか、との批判も十分成り立つように思われる[36]。

---

[36] 渕圭吾「法人税法22条2項における『取引』の意義」水野忠恒＝中里実＝佐藤英明＝増井良啓＝渋谷雅弘『租税判例百選〔第5版〕』（有斐閣、2011）101頁は、オウブンシャホールディング事件最高裁判決について、引受人（X）が、発行会社（A）との間における資本等取引（出資の一部払戻しないし配当）によって得た額を、発行会社（A）の他の株主（F）に対して寄附したものと構成する途もあったのではないか、という示唆を行っている。なお、わが国の法人税法22条2項及び37条を用いた処理と同様の機能を果たしている、ドイツ法の下における「隠れた利益配当」の概念については、増井良啓『結合企業課税の理論』（東京大学出版会、2002）82-89頁参照。

(3) 利益移転に関する当事者間の「合意」ないし「意思の合致」の要否

　更に、納税者である甲が、上述したオウブンシャホールディング事件最高裁判決の判示を踏まえて、「旧株主〔既存株主〕から新株主〔引受人〕への資産価値の移転が問題となる新株引受けにおいては……旧株主と新株主との間で株式に表章された資産価値（含み益）を移転させるという『関係者間の意思の合致』が認められる場合に限り、法人税法22条2項が適用される」ところ、本件ではそのような事情が認められないことから同項は適用されないと主張したのに対して、タイ子会社有利発行事件東京高裁判決は、以下のように判示して、納税者側の主張を排斥した。即ち、同判決は、本件では「株式を引き受けた旧株主である控訴人と発行会社との間の取引に関係した基因により、控訴人について受贈益課税の対象となる利益が生じているか否かが問題となっているのに対し、〔オウブンシャホールディング事件〕の事案は、株式を引き受けていない旧株主〔X〕に寄附金課税をする上で、当該旧株主〔X〕と発行会社〔A〕との関係においてではなく、当該旧株主〔X〕と新株主〔F〕との間の関係における資産価値の移転を問題とした事案であるから、両者の事案は異なって」いる旨判示して、結論的に納税者の主張を排斥した。このように、タイ子会社有利発行事件東京高裁判決は、少なくとも、法人税法22条2項の適用のために、引受人以外の既存株主と引受人との間に有利発行による利益の移転に関する「合意」ないし「意思の合致」が存在することは不要であるとの立場を明確にしている。

　このようなタイ子会社有利発行事件東京高裁判決のロジックは、法人税法22条2項所定の「取引」の文理を手掛かりとして、有利発行に際して引受人に受贈益課税がなされる場合を解釈論上限定しようという従来の学説等の試み[37]を全面的に否定するものである。もっとも、タイ子会社有利発行事件東京高裁判決が、有利発行に際して引受人に受贈益課税がなされる

場合を無限定に拡張する趣旨であるかははっきりしない。同判決の事案は、支配株主である甲が、正にその支配力を使って、外部の少数株主から（移転された持分に係る）経済的価値を一方的に「吸い上げた」というものであって、同判決は、そのような「状況」が存在することを、既存株主と引受人との間に有利発行による経済的価値の移転に関する何らかの「合意」が存在し̇な̇い̇場合において、有利発行を受けた引受人に対して受贈益課税を行うための暗黙裡の前提としているのではないかとも考えられる。

　要は、有利発行を受けた引受人に対して受贈益課税がなされる場合には、少なくとも、①オウブンシャホールディング事件最高裁判決の事案のように、既存株主と当該引受人との間に有利発行による経済的価値の移転に関する何らかの「合意」が存在するような類型だけでなく、②タイ子会

37　例えば、渕圭吾「オウブンシャホールディング事件に関する理論的問題」租税法学会『租税法研究第32号　租税法解釈論の重要課題と最近の裁判例』（有斐閣、2004）43頁は、オウブンシャホールディング事件最高裁判決の原審判決が、関係者間の意思の合致ないし合意があって初めて法人税法22条2項が適用され得るとしていることにつき、「法22条2項の趣旨を踏まえつつも無限定な適用を避けているように読める点で評価できる」とする。また、萱嶋智彦「法人税法22条2項の適用範囲について－旺文社事件の検討を通して－」（立命館法政論集第4号、2006）107頁は、前述のとおり、オウブンシャホールディング事件最高裁判決が、引受人以外の既存株主と引受人との間に有利発行による利益の移転に関する「合意」が存在していることに加えて、当該引受人以外の既存株主が、移転対象となった対象会社（A）の資産価値に対し、「支配し、処分することのできる利益」を有していた旨を明示的に認定していることに着目し、この立場は取引の目的物に「管理支配権」を要求する考え方と類似しているのではないかと述べる。なお、オウブンシャホールディング事件の差戻審判決（東京高判平成19年1月30日判時1974号138頁）の評釈である、垂水英夫「著しく有利な第三者割当増資による含み益の移転」金子宏ほか編『税研第148号　最新租税判例60』（日本税務研究センター、2009）32－33頁は、オウブンシャホールディング事件最高裁判決につき、この事案は発行会社であるAが一人会社であることを「前提とした議論が実際的ではないか」とした上で、「一人会社における新株の第三者割当は、その『支配株主の地位・・・』を移転させる取引（法人税法22条2項）といえる」ところ、本件は、X、A及びF三社の合意による「『支配株主の地位』」の移転」に係る取引であって、最高裁判決の射程は限定されていると考えるべきではないか」と述べている。

社有利発行事件東京高裁判決の事案のように、当該引受人が発行会社を支配していて、その支配力を用いて、当該会社の外部少数株主から一方的に（移転された持分に係る）経済的価値を「吸い上げる」ような類型も存在すると考えるのである。このように考えれば、ⅰ）オウブンシャホールディング事件の原審判決[38]が出されるまでは、一般に、有利発行がなされた場合に、既存株主に対して課税が発生するとはほとんど考えられていなかった[39]理由を説得的に説明できる[40,41]し、ⅱ）タイ子会社有利発行事件東京高裁判決が、オウブンシャホールディング事件最高裁判決とは事案が異なるとして、既存株主と引受人との間で（移転された持分に係る）経済的価値を移転させるという「意思の合致」が存在することは、引受人に対して受贈益課税を行う上での要件ではないと判示したことを、合理的に説明可能である。もっとも、この点については、タイ子会社有利発行事件東京高裁判決において特に明言されているわけではないので、今後、裁判例等によって引受人に対して受贈益課税がなされ得る場合の外延（及び受贈益課税が行われるための要件）が明確に定まっていくことが強く期待される。

　なお、タイ子会社有利発行事件東京高裁判決及びこれに対する納税者側の上告受理申立てを不受理とした最高裁決定を契機に、海外子会社への増資が行われた同種事案について、当該増資の引受人である日本の親会社へ

---

[38] 東京高判平成16年1月28日判時1913号51頁。

[39] 岡村＝高橋＝田中（注4）257頁、渕・前掲（注26）15－16頁参照。

[40] それは、従来は、有利発行に際して引受人に対する受贈益課税が問題となる場合として、上記①のような類型は余り念頭に置かれていなかったからである、と説明できる。

[41] なお、上記②の類型における外部少数株主については、それがわが国の内国法人であったとしても、自己の意思に基づいて自己の持分に係る経済的価値の移転が行われている訳ではない以上、法人税法22条2項（及び／又は61条の2第1項）に基づく株式譲渡損益課税はそもそも生じない（課税上の収益が生じない以上、その移転についての寄附金該当を理由とする損金不算入も生じない。即ち、以上の現象を一体的に表現する用語である、いわゆる「寄附金課税」も生じない）ものと解される。

受贈益課税を行う課税処分が相次いでいたが、そのほとんどの事案において、納税者は課税処分を受け容れた（中には、確定申告における所得計算において、自ら受贈益を加算した納税者もいた）模様である。もっとも、そのうちの一件に関しては、納税者が課税処分の取消しを求めて訴訟を提起し、近時、それに対する判決が下されている（東京高判平成28年3月24日裁判所ウェブサイト〔神鋼商事事件〕）[42]。当該訴訟においては、海外子会社が所在する国の外資規制の関係上、当該子会社の株式の一部を現地の株主が所有する中で、日本の親会社が当該子会社の増資を（課税当局が主張する時価よりも低い価格で）引き受けたことが問題とされていたところ、納税者は、タイ子会社有利発行事件東京高裁判決で争われた争点に追加して、当該現地の株主が保有する株式の権利が、当該親会社及び子会社との間の契約により制限されていること等を根拠に、現地の株主が保有する株式と日本の親会社が保有する株式とは異なる種類の株式であって、当該増資により発行される海外子会社の株式は法人税法施行令119条1項4号所定の『法人の株主等が当該株主等として金銭その他の資産の払込み等……により取得をした当該法人の株式……（当該法人の他の株主等に損害を及ぼすおそれがないと認められる場合における当該株式……に限る。）』に該当する旨を主張したが、当該判決においては、この新たに追加された主張も含め、納税者の訴えが全面的に退けられている。

---

[42] なお、当該判決は、最決平成29年2月24日判例集未登載により納税者側の上告受理申立てが却下され、確定している。

5 有利発行該当性に関する問題

(1) 「10%以上のディスカウント」の有無で判断することの妥当性が問題となる場合

　有利発行に伴う課税問題のうち、実務上最大の問題は、株主に「株式の割当てを受ける権利」を付与することなく行われた新株発行等が課税上「有利発行」であるとして当該引受人に受贈益課税等がなされるか否かは、一体どのような基準で決せられるか、という点である。

　この点については、前述したとおり、実務上、(株主割当増資ではない)第三者割当増資の場合、自社株処分を含む新株発行が「有利発行」であったか否かの判定は、発行価額(払込金額)が「発行価額決定日の時価」と比較して10％以上ディスカウントされているか否かを基準として行われるものとされてきた。しかしながら、果たしてそのような形式的な基準で判断することが妥当かどうかが問題となる場合もある。

イ　公募増資の場合

　第一は、公募増資の場合において、いわゆるブックビルディング方式で払込金額が定まったが、その価額が、結果的に、発行会社の発行決議日前日の株価に比して「10％以上ディスカウント」された金額となった場合、公募増資は課税上「有利発行」であるとして、その引受人に対して受贈益課税がなされることになるか、という問題である。

　この点、前述のとおり、課税当局の運用では、課税上「有利発行」に該当するか否かは、有利発行を承認する旨の会社法上の株主総会における特別決議が存したか否かによって判断されるのではない[43]とされている。確

---

[43]　小原・前掲(注4)224頁。

かに、特別決議が取得されるかどうかは、客観的に見て「会社法上」当該新株発行等が有利発行に該当するか否かと必ず連動するものではないから、このような運用自体は特に不当ではない。しかしながら、会社法上の有利発行規制と課税上の有利発行に際しての引受人に対する受贈益課税とは、趣旨が異なるとはいえ、前述のとおり、上記の課税上の受贈益課税も、会社法上の有利発行規制と同様、既存株主から引受人に対する持分移転に係る経済的価値の移転に着目してなされるものである以上、少なくとも、客観的に見て（即ち、神の眼から見て）会社法上有利発行に該当しないような場合（即ち、会社法上は、新株発行等による既存株主から引受人への経済的価値の移転が、既存株主を含めた株主総会の特別決議による承認を経ることなく行われることが許容されている場合）にまで、引受人に対して受贈益課税をすべきではないであろう。従って、少なくとも、客観的に見て、そもそも会社法上有利発行に該当しないような新株発行等については、課税上も「有利発行」とはされず、その引受人に対して受贈益課税がなされることもないものと解される。

　そこで、公募増資の場合において、いわゆるブックビルディング方式で払込金額が定まったが、その価額が、結果的に、発行会社の発行決議日前日の株価に比して「10％以上ディスカウント」された金額となった場合、それが「会社法上」有利発行に該当するか否かがまず問題となるが、結論的には、ブックビルディングが適正に行われている限り、上記の場合が「会社法上」有利発行に該当することはないものと解される。理由は以下のとおりである。

　そもそも、会社法上の公開会社の場合、会社法上、募集株式の発行に当たっては、取締役会決議において払込金額を定めなければならないものとされている（会社法199条1項2号）が、市場価格のある株式の募集をするときは、「●●円」という特定の金額を定めるのではなく、「公正な価額による払込みを実現するために適当な払込金額の決定の方法」を定めるこ

とが許容されている（会社法201条2項）[44]。そして、日本証券業協会の規則（有価証券の引受け等に関する規則25条2項、同規則に関する細則14条1項）に従ったブックビルディングにより払込金額を決定する方法は、一般に、上記の「公正な価額による……適当な払込金額の決定の方法」に該当すると解されている[45]。

このように、会社法上、具体的な払込金額ではなく、「決定の方法」を定めることが許容された趣旨は、上場会社において株式の引受人を募集する場合には、払込金額は、できる限り払込期日における株価に近接していることが望ましい（そうでない場合には、発行決議日から払込期日までの株価下落リスクを考慮して、払込金額についてディスカウントが必要となる）ところ、他方で、募集事項の公告との関係で発行決議は払込期日の2週間前までに行う必要があるため、かかる期間のギャップを埋める点にある。かかる趣旨から、平成13年6月商法改正により、上記のような方法が認められた[46]。

この点、公募増資においてブックビルディング方式が採用された場合については、「払込金額の有利性を判断するために参照されるべき株式の市場価格は、従前の価格1,000円〔筆者注：募集事項を取締役会で決定する前の株価〕ではなく、公募増資の公表後に形成された価格800円の方であると解すべきだと思われる」とされており、有利性の判断にあたっては、公表後の株価の下落も加味すべきものとされている[47]。また、一般に、ブ

---

[44] 平成13年6月商法改正によって許容されるようになった（神田秀樹＝武井一浩編著『新しい株式制度』（有斐閣、2002）193－195頁参照）。

[45] 神田＝武井・前掲（注44）195頁、田中亘編著・飯田秀総＝久保田安彦＝小出篤＝後藤元＝白井正和＝松中学＝森田果著『数字でわかる会社法』（有斐閣、2013）138頁〔松中学〕参照。

[46] 原田晃治＝泰田啓太＝郡谷大輔「自己株式の取得規制等の見直しに係る改正商法の解説〔下〕」旬刊商事法務1609号（2001）7頁参照。

[47] 田中亘「募集株式の有利発行と取締役の責任」新堂幸司＝山下友信編『会社法と商事法務』（商事法務、2008）186頁参照。

ックビルディングの方法は、上記会社法201条2項所定の「公正な価額による……適当な払込金額の決定の方法」であると解されていることからすれば、ブックビルディング方式による限り、会社法上は、基本的に、これにより定まった価格が「特に有利な金額」であるとして、当該新株発行等が有利発行に該当するとされることはないと考えられる[48]。

　従って、そうである以上、公募増資の場合において、いわゆるブックビルディング方式で払込金額が定まったが、その価額が、結果的に、発行会社の発行決議日前日の株価に比して「10％以上ディスカウント」された金額となった場合でも、課税上「有利発行」として取り扱われることはなく、その引受人に対して受贈益課税がなされることもないものと解すべきであろう[49]。実際、法人税基本通達2－3－7（注）2でも、「10％以上ディスカウント」されたか否かを判断する際の基準となる株価は、「払込金額等を決定する日の……価額のみをいうのではなく、……払込金額等を決定するための基礎として相当と認められる価額をいう」とされているところ、ブックビルディング方式で定まった払込金額は、この「相当と認められる価額」に該当すると考えられ、払込金額がブックビルディング方式で定まった場合には引受人において特段の課税関係は生じない旨の国税庁による文書回答事例（「ソニー株式会社が発行する子会社連動株式に係る所得税及び法人税の取扱いについて」と題する照会に対する平成13年5月21日付けの国税庁課税部長の回答[50]参照）も存するところである。

---

[48] なお、田中・前掲（注47）188頁では、「実際にはろくにブックビルディングなどしないで……非常に低い価格で株式を引き受けさせたような場合」には、会社法上、特に有利な払込金額に該当し得るとされている。

[49] 太田洋「有利発行に関する課税問題」金子宏＝中里実＝マーク・ラムザイヤー編『租税法と市場』（有斐閣、2014）366－368頁参照。

[50] 《http://www.nta.go.jp/shiraberu/zeiho-kaishaku/joho-zeikaishaku/shotoku/shinkoku/010521/01.htm》にて閲覧可能。

ロ　並行第三者割当増資の場合

　次に、上記イの応用問題として、上記のような形でブックビルディング方式による公募増資が行われたが、それと並行して第三者割当増資（以下、このような第三者割当増資を「並行第三者割当増資」という）が行われ、当該並行第三者割当増資における払込金額が、「ブックビルディングの方法で定められた公募の価格と同額」と定められていたところ、当該価額が、結果的に、発行会社の発行決議日前日の株価に比して「10％以上ディスカウント」された金額となった場合には、当該並行第三者割当増資は課税上「有利発行」として取り扱われるか、ということも問題となり得る。

　この問題についても、まず、上記のような並行第三者割当増資が、「会社法上」有利発行に該当するものとされるのかが問題となる。具体的には、並行第三者割当増資について、「公正な価額による払込みを実現するために適当な払込金額の決定の方法」（会社法201条2項）として、同時に行われる公募増資におけるブックビルディングの手続を経て定まった価格を用いることができるか、そして、ブックビルディング方式で定まった払込金額が、結果的に、発行会社の発行決議日前日の株価に比して「10％以上ディスカウント」された金額となった場合に、当該並行第三者割当増資が有利発行に該当するものと評価されることはないかが問題となる。この点、①並行第三者割当増資の場合に、会社法201条2項を利用することは法文上制限されていないこと、②上記イで論じたように、ブックビルディング方式で定まった払込金額が、発行会社の発行決議日前日の株価に比して「10％以上ディスカウント」された金額となった場合でも、会社法上有利発行には該当しないものと解されている以上、それと並行して行われる第三者割当増資において、同一の払込金額が、それが第三者割当ての方法で行われているとの一事を以て有利発行に該当することになると解するのは不当であること、等々に鑑みると、結論的には、上記のような並行第三者割当増資についても、ブックビルディング方式による公募増資が有利発行に当たると評価されるのでない限り、会社法上有利発行には該当しないものと解される。

実際、上場会社において、並行第三者割当増資が実施されている例（それらの事例においては、いずれも、並行第三者割当てに係る払込金額の算定方法が「ブックビルディングの方法で定められた公募の価格と同額」という形で定められている）は少なからず存在しており[51]、そのうちの幾つかの事例[52]では、発行会社のプレス・リリース上、「当該第三者割当増資の払込金額の決定方法は、会社法第201条第2項に定める『公正な価額による払込みを実現するために適当な払込金額の決定の方法』に該当する適切な決定方法であると当社は判断しており、当該第三者割当増資の払込金額は会社法に定める特に有利な条件には該当しないものと判断しております」〔傍点は筆者〕と明示されている。

51　①2008年8月26日に公表された藤倉化成によるフジクラに対する並行第三者割当増資の事例、②2010年5月28日に公表されたジェイテクトによるトヨタ自動車に対する並行第三者割当増資の事例、③2010年8月17日に公表されたアインファーマシーズによるセブン＆アイ・ホールディングスに対する並行第三者割当増資の事例、④2011年2月17日に公表された平和不動産による三菱地所に対する並行第三者割当増資の事例、⑤2012年7月17日に公表されたユニーによる伊藤忠に対する並行第三者割当増資の事例、⑥2012年11月29日に公表されたTOKAIホールディングスによる資産管理サービス信託銀行（信託口）に対する並行第三者割当増資の事例、⑦2013年2月21日に公表されたJMSによるカネカに対する並行第三者割当増資の事例、⑧2013年9月18日に公表されたシャープによるデンソー等に対する並行第三者割当増資の事例、⑨2014年2月14日に公表された日本電子によるニコンに対する並行第三者割当増資の事例、⑩2014年4月7日に公表された三井海洋開発による三井造船等に対する並行第三者割当増資の事例、⑪2014年6月2日に公表された大王製紙による北越紀州製紙に対する並行第三者割当増資の事例、⑫2014年8月22日に公表されたエフオンによる日本テクノに対する並行第三者割当増資の事例、⑬2015年2月24日に公表された東洋建設による前田建設工業に対する並行第三者割当増資の事例、⑭2015年5月21日に公表されたメディカルシステムネットワークによる綜合臨床HD等に対する並行第三者割当増資の事例、⑮2015年5月22日に公表されたプリマハムによる伊藤忠に対する並行第三者割当増資の事例、⑯2015年7月13日に公表された三光合成による双葉電子に対する並行第三者割当増資の事例、⑰2016年8月30日に公表されたイオンフィナンシャルサービスによるイオンに対する並行第三者割当増資の事例、⑱2017年2月14日に公表されたドリコムによる楽天に対する並行第三者割当増資の事例など。

52　例えば、前掲（注51）記載の④乃至⑥及び⑩乃至⑱の事例。

以上からすると、並行第三者割当増資が行われた場合において、並行して実施されたブックビルディング方式による公募増資でブックビルディング方式により定まった払込金額が、結果的に、発行会社の発行決議日前日の株価に比して「10％以上ディスカウント」された金額となった場合でも、当該公募増資が有利発行に当たると評価されるような例外的状況でない限り、当該並行第三者割当増資は会社法上有利発行に該当しないと解され、従って、課税上も有利発行には該当しないものとして取り扱われることになると解すべきであろう[53]。

ハ　小　括

以上で述べてきたとおり、有利発行に関する課税問題については、依然として十分に論じられていない点が残されている。

特に、少なくとも現状において、課税上「有利発行」に該当するか否かのメルクマールとして、払込金額が発行決議日前日の株価から「10％以上ディスカウントされているか」という形式的基準を用いる課税当局の運用が果たして妥当であるかについては、やや疑問が残る。勿論、この基準は簡便なスクリーニングのための基準としてはそれなりに有用と考えられるが、上記イにおけるブックビルディング方式を用いた公募増資の事例や上記ロにおける並行第三者割当増資の事例などからすれば、このような形式的な基準ではなく、まずは、問題となる新株等の発行等が会社法上客観的に見て「有利発行」に該当するか否かを検討し（該当しなければ課税上も「有利発行」ではないと取り扱う）、仮に会社法上「有利発行」に該当するか否かに疑義が存するときは、実質的な基準として、①少なくとも引受人と発行会社ないしはその支配株主とが、移転価格税制における納税者と「国外関連者」との関係に準ずるような関係に立たない場合であれば、また、②仮にそのような関係がある場合でも、第三者割当増資の条件決定が

---

[53] 太田・前掲（注49）365－370頁参照。

独立当事者間取引と看做し得るような状況でなされたのであれば、払込金額が発行決議日前日の株価から「10％以上ディスカウントされている」ような第三者割当増資についても、課税上「有利発行」には該当しないものと取り扱うべきではないかと思われる[54,55]。何故なら、引受人に対する受贈益課税の条文上の根拠が前述（**4(2)**）のとおり法人税法22条2項に求められるのであれば、同項と共通性を有すると解される移転価格税制[56]における考え方を援用することに十分な合理性が認められるからである。この

---

[54] 三宅茂久『資本・株式の会計・税務〔第3版〕』（中央経済社、2010）42−43頁も、「例えば、再生企業が資金調達をしたい場合に、市場価格では株式を発行できないことがあり、このようなケースにおいては……新株主が発行会社や既存株主との利害関係がなく、新株式を引き受けるにあたって交渉により決定した発行価額が市場価格を下回っていたとしても、第三者間取引価格であり、時価であるので、税務上の受贈益の認定はないものと考えられる」とする。森・濱田松本法律事務所編『税務・法務を統合したM&A戦略〔第2版〕』（中央経済社、2015）289頁も同旨。

[55] なお、「産業活力の再生及び産業活動の革新に関する特別措置法」の平成23年一部改正法（施行は2011年7月1日。現在は産業競争力強化法）の下で主務大臣の認定を受けて行われる自社株対価TOB（以下「認定自社株対価TOB」という）のうち、買収会社（発行会社）における株主総会の特別決議による承認が不要とされるもの（発行等される買収会社の新株等の数に買収会社の1株当たり純資産の額を乗じた額が買収会社の純資産額の20％以下であるような場合）に関して、①少なくとも買収者と対象会社ないしはその支配株主とが、移転価格税制における納税者と国外関連者との関係に準ずるような関係に立たない場合であれば、ないしは、②仮にそのような関係があるような場合でも、認定自社株対価TOBを用いた買収取引が独立当事者間取引と看做し得るような状況が存するのであれば、たとえ応募株主に交付される買収会社の新株等の発行決議日前日における市場価額が、当該TOBにおいてそれに対応するものとして定められた数の対象会社株式の当該TOBの決済時における株価に11.1％以上のプレミアムを上乗せしたものである場合であっても、それだけで直ちに応募株主が受贈益課税ないし一時所得課税等に服すると解すべきではないことにつき、本書**第9章6(1)**参照。

[56] 金子宏「アメリカ合衆国の所得課税における独立当事者間取引（arm's length transaction）の法理（上）—内国歳入法典四八二条について—（ジュリスト724号、1980）104頁及び増井良啓『結合企業課税の理論』（東京大学出版会、2002）49頁は、法人税法22条2項とわが国の移転価格税制の母法である米国の連邦内国歳入法典482条との共通性を指摘している。

点、今後の裁判例及び学説の蓄積に期待したい。

(2) 「株式の発行価額決定日の時価」の算定方法

　前述したとおり、実務上、（株主割当増資ではない）第三者割当増資の場合、自社株処分を含む新株発行が「有利発行」であったか否かの判定は、発行価額（払込金額）が「発行価額決定日の時価」と比較して10％以上ディスカウントされているか否かを基準として行われるものとされてきたが、この「株式の発行価額決定日の時価」の算定方法については、法人税法上明文規定がなく、国税庁が発遣した通達でも特段の定めがされていなかったところである。

イ　「株式の発行価額決定日」の意義

　このうち、「株式の発行価額決定日」の意義については、わが国会社法の下では、一般に有利発行か否かを判断する時期は新株発行決議日であるとされている[57]ことから、課税実務上は、（恐らくは）そのことを前提に、「〔払込価額〕を決定する日」、即ち、新株発行決議日の現況における発行法人の株式の価額を基準に、有利発行該当性が判断されている（法基通2－3－7（注）1参照）。

　もっとも、発行会社が外国会社である場合には、「株式の発行価額決定日」とはどの時点を指すのかが問題となり得る。実際、この点に関し、前述のタイ子会社有利発行事件東京高裁判決の事案では、この前段の「株式の発行価額決定日」とはどの時点を指すかが問題となり、納税者側は、「株式の発行価額の決定過程を実質的に見ると、株主総会において、株主が自ら会社に必要な資金の額、市場の動向などを考慮して新株の発行価額を算出しているとの仮定はおよそ非現実的で」「実際には、取締役会等の

---

[57] 上柳克郎＝鴻常夫＝竹内昭夫『新版注釈会社法(7)　新株の発行』（有斐閣、1987）71－72頁〔森本滋〕ほか参照。

当該会社の実質的意思決定機関が諸般の事情を考慮し専門的な判断に基づいて発行価額を算出し、それを株主総会に諮るという過程を経ている」のであるから、「株式の発行価額決定日」とは「実質的な意思決定機関による決定の日」と解すべきであるところ、「本件各株式の発行は、控訴人グループのタイにおける事業に対する出資形態の変更の一環として行われたものであるから、グループを統括する控訴人の最終的な意思決定機関における決定日」である「控訴人の社長室会の決定日[58]」となる旨主張した。しかしながら、タイ子会社有利発行事件東京高裁判決は、タイ民商法典1220条では、非公開株式会社は「株主総会の特別決議」によって新株発行による増資を行うことができると規定されていること等を根拠に、課税当局側の主張を支持し、「株式の発行価額決定日」とは「臨時株主総会の日[59]」であると判示した。

ロ 「時価」の意義

他方、「株式の発行価額決定日の時価」の語句の後段、即ち、「時価」については、特に発行会社の株式に市場株価が存在しない非上場会社の場合に、問題とされることが多い。この点、課税実務は、一般に、法人税法施行令119条1項4号所定の「有価証券の取得の時におけるその有価証券の取得のために通常要する価額」の算定方法について定めた法人税基本通達2－3－9を通じて、（本来は資産の評価益を算定する目的で策定された通達ではあるが、）法人税法22条2項に係る適正取引価額の算定の際にも参照されることが多い法人税基本通達4－1－5及び4－1－6所定の算定方法（①適正な売買実例が存する場合には、その売買価額を用い、②適正な売買実例が存しない場合には、いわゆる類似業種比準価額や純資産価額を参酌して算定する方法）を用いている。

---

[58] 2003年10月7日。
[59] 2004年11月22日。

裁判例においても、例えば、タイ子会社有利発行事件東京高裁判決では、現在の法人税法施行令119条１項４号の前身である同号３号所定の「有価証券の取得の時におけるその有価証券の取得のために通常要する価額」の算定方法について定めた法人税基本通達２－３－９に準じて、本件の乙２の株式は、売買実例もなく、類似法人も存在しない株式であると認定した上で、その発行価額決定日の時価を「財産評価基本通達の定める非上場株式の評価方法に基づき、１株当たりの純資産価額等を参酌して通常取引されると認められる価額」（当時の法基通９－１－13(4)、９－１－14[60]）によって算定した課税当局の処分を支持している。

ハ　私法上発行価額が規制されている場合の取扱い

　このほか、有利発行該当性の問題については、発行会社が服する私法その他の法令上の規制により、発行価額を時価より10％以上ディスカウントした価額とすべきものとされている場合に、当該法令上の規制に従った価額によって行われた第三者割当増資の引受人には、有利発行に基づく受贈益課税が課されることになるか（言い換えれば、この場合には、「株式の発行価額決定日の時価」とは、当該法令上の規制の下での最高額であると看做すことができるか）、ということも問題となる。この問題は、日本企業の海外進出が益々一般的となり、海外で設立された合弁会社が、資金調達のために、合弁の一方当事者たる日本企業に対して第三者割当増資を実施するような事例が増加するにつれて、今後、日常的に問題となるものと予想される。

　この点、前述したタイ子会社有利発行事件東京高裁判決の事案では、発行会社（本件２社）は、タイの民商法典上、新株発行は、定款に特段の定めがない限り、額面発行によるべきことが強制されており、そうである以上、かかる特段の定めを有しなかった本件２社による額面発行に基づく第

60　現在の法基通４－１－５(4)、４－１－６。

三者割当増資を引き受けた引受人（甲）に対しては、額面発行が有利発行に該当することを理由として受贈益課税（という不利益処分）をすることには問題があるのではないか（私法上不可能な取引（額面発行）を「行わないこと」を理由として課税することは許されないのではないか）ということが問題となった[61]。

しかしながら、タイ子会社有利発行事件東京高裁判決は、納税者のかかる「主張は、タイの法律上、新株の発行においては額面額発行が予定されており、〔乙2〕株についても、これに基づいて額面額で発行されていることを指摘するにすぎず、〔乙2〕株の額面価額（1株1,000バーツ）が、〔その〕時価であったことを裏付ける事情であるということはできない」として、結論的に、額面発行が有利発行に該当することを理由として甲に対して受贈益課税をすることに特に問題はないと判断した。

もっとも、同判決の事案では、乙2は、本件新株発行直前の時点で甲がその発行済株式総数の76.17%を直接又は間接に支配しており（因みに、乙1の場合には、甲がその発行済株式総数の100%を直接又は間接に支配していた）、タイ民商法典上、総株主の議決権総数の75%以上を保有していれば株式会社の基本定款を変更することはいつでも可能であった[62]。従って、当該事案に関しては、たとえ乙2の基本定款に額面超過額による新株発行を可能とする旨の定めがなくても、甲は、株主総会特別決議によって、いつでも基本定款を変更して額面金額を超過する発行価額による新株発行を行うことができたことが明らかであり、それ故、同判決が、額面発行が有利発行に該当することを理由として甲に対して受贈益課税をすることに問題はないと判断したことは、それなりに理解できる。

---

[61] タイ民商法典下では額面発行が基本である以上、額面発行がなされた場合でもそれは不公正な価額による発行ではないとして、引受人に対する受贈益課税に疑問を呈する見解として、水野・前掲（注16）261-262頁参照。

[62] タイ民商法典1194条は、株式会社の株主総会特別決議の決議要件を、総会に出席した議決権を有する株主の総議決権の4分の3以上の賛成と定めている。

しかしながら、問題はそれで終わりではない。仮に、当該事案において、甲が乙2をしてその基本定款を変更せしめることがいつでも可能であったとしても、実際には基本定款を変更しておらず、乙2が、その当時の基本定款の下では、タイ民商法典上、額面超過額による新株発行を行うことができなかったのであれば、いかなる根拠に基づいて、わが国の課税上、「甲は乙2に対してその新株の時価相当額を払い込むべきで、それより低廉な額面金額しか払い込まなかった甲には、割当てを受けた乙2株式の時価とその額面金額との差額につき受贈益課税が生じるものと解される」ことになるのかが問われなければならないはずである。

　この点、仮に甲が同族会社であれば、法人税法132条所定の同族会社の行為計算否認規定の適用により、本件の甲による乙2発行に係る新株の引受けを、当該発行された乙2株式の時価（タイ子会社有利発行事件東京高裁判決の認定では1株当たり3,266バーツ）の合計額をその1株当たりの額面金額（1,000バーツ）によって除した数に相当する数の乙2株式の引受けと引き直すなどして、甲に受贈益課税をすることができるかも知れない。しかしながら、大手総合商社である甲は非同族会社であるので、法人税法132条が適用される余地はそもそもないし、また、本件新株発行のような第三者割当増資は法人税法132条の2（組織再編行為の行為計算否認規定）が適用され得る組織再編行為にも含まれないことが文理上明らかであるので、同条が適用される余地もない。そうであるとすれば、判例上、「いわゆる租税法律主義の下においては、法律の根拠なしに、当事者の選択した法形式を通常用いられる法形式に引き直し、それに対応する課税要件が充足されたものとして取り扱う権限が課税庁に認められているものではな」く（東京高判平成11年6月21日高裁民集52巻1号26頁〔相互売買事件〕[63]）、また、「私法上は複数の手段、形式が考えられる場合」には「ど

---

[63] 最二小決平成15年6月13日税務訴訟資料253号順号9367で上告不受理決定がなされ、確定。

のような法的手段、法的形式を用いるかについて、〔納税者は〕選択の自由を有するというべきである」ところ、「このことは、他の法的手段、形式を選択すれば税負担を求められるのに、選択の結果、これを免れる場合であっても基本的には同様というべきである」(名古屋地判平成16年10月28日判例タイムズ1204号224頁〔航空機リース事件〕[64])とされている以上、当事者(甲と乙2)間で行われた新株引受け行為につき、上記のような引き直し等を行って甲に対して受贈益課税をすることは不適法と解するのが論理的であるように思われる。

　また、少なくとも乙2が基本定款を変更していない以上、甲が乙2に対して、その第三者割当増資を引き受けるに際して額面金額を超過する金額を払い込んでも、それはタイ民商法典上違法かつ無効なのであって、甲が額面金額を超過する金額を乙2に対して払い込まなかったことを理由として甲に対して受贈益課税をするのは、私法上不可能な行為を課税上行ったものと看做すもので、不当ではないかとも考えられる[65]。因みに、法人税法22条2項と共通性を有すると解されている米国の連邦内国歳入法典482条(関連企業間において、独立当事者間の正常な取引と異なる条件で取引が行われた場合に、独立当事者間の正常な取引の基準に即して所得を再配分する権限を内国歳入庁に付与するもの。移転価格税制に関する規定であ

---

[64] 名古屋高判平成17年10月27日税務訴訟資料255号順号10180による控訴棄却により確定。
[65] 利息制限法違反の未収利息を、所得税法上、納税者の課税所得に含めることを違法と判断した、最判昭和46年11月9日民集25巻8号1120頁参照。なお、同様の趣旨が法人税法にも妥当する旨判示したものとして、最判昭和46年11月16日刑集25巻8号938頁及び東京高判昭和48年6月13日税務訴訟資料73号1003頁など参照。この問題の詳細については、日産事件に関する東京高判平成26年6月12日訟務月報61巻2号394頁(最一小決平成27年9月24日判例集未登載により、上告棄却決定及び上告不受理決定がなされ、確定)を取り扱った、太田=伊藤・前掲(注1)393-431頁を参照。

るが、米国では内国法人間の取引にも適用される)[66]の下でも、判例上、米国内外の法規制により、取引の対価として「独立企業間価格」よりも低い価額しか収受できず、実際に収受しなかったという場合には、同条を適用して所得の再配分を行うことはできないと解されているところである[67,68,69]。

タイ子会社有利発行事件東京高裁判決においては、納税者側の主張が必ずしも十分に掘り下げられていなかったこともあってか、以上の問題点[70]

---

[66] 金子宏「アメリカ合衆国の所得課税における独立当事者間取引（arm's length transaction）の法理（上）―内国歳入法典四八二条について―（ジュリスト724号、1980）104頁及び増井・前掲（注36）49頁参照。

[67] First Security Bank 連邦最高裁判決（Commissioner v. First Security Bank of Utah, 405 U.S. 394 (1972)）は、First Security Corp.の子会社である銀行が当時の米国銀行法上の規制に従って勧誘手数料を受領しなかったという事案について、当該銀行は適法に手数料を受領することができないのであるから、内国歳入庁は連邦内国歳入法典482条に基づいてその手数料を銀行に所得として再配分することはできないとした（Salyersville National Bank v. USA, 613F. 2d 650（6th Cir. 1980），rev'g77-2 U.S. Tax Cas.(CCH) P9711（1980）も、ほぼ同様の判示をしている）。また、Procter & Gamble 租税裁判所判決及び控訴審判決（The Procter & Gamble Company v. Commissioner of Internal Revenue, 95 T.C. 323 (1990), 961 F.2d 1255 (1992)）は、スペイン子会社による外国親会社に対するロイヤルティーの支払いがスペインの法令により制限されていたため当該子会社がロイヤルティーを支払っていなかったという事案について、上記 First Security Bank 連邦最高裁判決を引用して連邦内国歳入法典482条の適用を否定した。更に、Exxon Corporation 租税裁判所判決（Exxon Corporation and Affiliated Companies, *et al.,* Petitioners v. Commissioner of Internal Revenue, 66 T.C. M. 1707 (1993) T.C. Memo. 1993-616 (1993)）も、原油の再販売価格を規制するサウジアラビア政府の指令を遵守し、低い価格で国外関連会社に原油を販売していたという事案について、上記 First Security Bank 連邦最高裁判決を引用した上で、納税者はかかる価格規制下で価格設定の支配を有していなかったので、同条を適用することはできないとした（同様の事案として、Texaco Inc. v. Commissioner, 98 F.3d 825 (5th Cir. 1996), *cert. denied,* 520 U.S. 1185 (1997) 参照）。このように、米国の判例法理の下では、米国内外の法規制により、取引の対価として「独立企業間価格」よりも低い価額しか収受できず、実際に収受しなかったという場合には、連邦内国歳入法典482条を適用して所得の再配分を行うことはできないとされている。

が十分に検討されていない憾みがある。それらの問題点に関しては、今後の裁判例及び学説において更に議論が深められることを期待したい。

68 中里実『国際取引と課税－課税権の配分と国際的租税回避』(有斐閣、1994) 428－429頁参照。
69 わが国の移転価格税制の下でも、独立企業間価格の算定は、外国政府による価格規制まで考慮してなされるべきことが、課税当局自らによって明らかにされており(租税特別措置法関係通達(法人税編)66の4(3)－3注2参照)、裁判例においても、独立企業間価格の算定に当たって、エクアドルのバナナ管理法に基づく価格規制を反映させなければならないとして、基本三法である再販売価格基準法の適用が排斥されている(東京地判平成24年4月27日税務訴訟資料262号順号11944及びその控訴審判決である東京高判平成25年3月28日税務訴訟資料263号順号12187〔エクアドルバナナ事件〕(最二小決平成27年1月16日判例集未登載により納税者側の上告受理申立てが却下され、確定)参照)。
70 この他の問題点に関しては、太田＝伊藤・前掲(注1) 359－391頁〔太田洋〕参照。

第8章

MBO と課税

1　はじめに
2　わが国における MBO のトレンド
3　全部取得条項付種類株式を利用した MBO
　〜レックス・ホールディングスの MBO の事例
4　平成18年度税制改正による株式移転・株式交換税制の抜本改正と全部取得条項付種類株式利用スキーム
5　会社法平成26年改正施行後におけるスクィーズ・アウトのための手法と産業競争力強化法による特例措置
6　平成29年度税制改正によるスクィーズ・アウト税制の改正とその実務への影響

1 はじめに

近時、業績が低迷する上場会社において抜本的な経営改革を実現するための手段、ないし親子上場解消等の手段として、わが国でも株式非公開化を伴うMBOが定着してきている。実際、その件数も、2005年までは1桁台で推移していたが、2006年以降はしばらく毎年2桁台で推移し、2011年には過去最高の21件を記録した[1]。その後は減少傾向に転じているが、それでも2012年と2013年は9件、2014年は5件、2015年は6件、2016年は4件、2017年は4件の取引が行われている[2]。

また、MBOとは異なるが、株式非公開化を伴うという意味で同種の取引である、親会社による上場子会社の完全子会社化の事例も着実に増加している。親会社による上場子会社の完全子会社化に際しては、**第5章**で詳述した株式交換が用いられることも多い[3]が、最近では、株式交換を用いると、株式交換完全子会社となる会社における米国在住株主の持株割合次第では、米国の1933年連邦証券法の関係で、米国SECにForm F−4を提出しなければならないとされていること[4]との関係もあってか、後述する

---

[1] 吉富優子「『MBOによる非上場化(3)』12年半で123件。ファンドの関与は激減」マール228号（2013）6頁参照。

[2] 澤田英之「2013年のM&A回顧」マール232号（2014）10頁、荏草礼依「2014年のM&A回顧」マール244号（2015）10頁、澤田英之「2015年のM&A回顧」マール256号（2016）10頁、澤田英之「2016年のM&A回顧」マール268号（2017）10頁、加藤美幸「2017年のM&A回顧」マール280号（2018）10頁参照。

[3] 例えば、2008年5月に公表された、三菱UFJフィナンシャル・グループによる三菱UFJニコスの完全子会社化の事例、2009年5月に公表された、東洋水産によるフクシマフーズの完全子会社化の事例、2011年2月に公表された、東亞合成によるアロン化成の完全子会社化の事例、2016年1月に公表された、トヨタ自動車によるダイハツ自動車の完全子会社化の事例、2017年4月に公表された、ヤマダ電機によるベスト電器の完全子会社化の事例など参照。

[4] この問題の詳細については、例えば、竹田絵美「米国SEC規則の改正と日本国内のM&A実務への影響」旬刊商事法務1860号（2009）19頁以下参照。

上場会社のMBOの場合と同様に、2015年5月1日に施行された会社法平成26年改正（以下「会社法平成26年改正」という）の施行前までは、「現金を対価とするTOB（現金対価TOB）＋全部取得条項付種類株式を用いたスクィーズ・アウト」のスキームが利用されることも多かった[5]。しかしながら、会社法平成26年改正が施行された後は、株式交換以外では「現金を対価とするTOB（現金対価TOB）＋特別支配株主の株式等売渡請求を用いたスクィーズ・アウト」のスキームが多く利用されている[6]。

　本章では、以上を踏まえて、わが国のMBOについて、上場会社の株式非公開化を伴うMBOを中心に、まず、わが国におけるその歴史的展開を概観する（下記2）。続いて、MBO実行のためのスキームのうち、会社法平成26年改正が施行されるまで最もポピュラーな手法であり、親会社による上場子会社の完全子会社化取引に際してもしばしば用いられてきた、「現金対価TOB＋全部取得条項付種類株式利用スキーム」を、それが実務上初めて利用された事例であるレックス・ホールディングス（以下「**レックス**」という）のMBOのケースを素材として解説するとともに（下記3）、当該スキームのうち、特に全部取得条項付種類株式を利用してスクィーズ・アウト（現金による少数株主の締出し）を行う部分に焦点を当て

---

[5]　例えば、2009年7月に公表された、日立製作所による日立マクセルの完全子会社化の事例など参照。

[6]　会社法平成26年改正が施行された2015年5月1日以降に公表されたものとしては、例えば、2015年11月に公表された、楽天によるケンコーコムの完全子会社化の事例、2016年4月に公表された、富士通によるニフティの完全子会社化の事例、同年5月に公表された、エヌ・ティ・ティ・データによるエヌジェーケーの完全子会社化の事例、2017年3月に公表された、住友不動産による住友不動産販売の完全子会社化の事例などがある。また、「現金を対価とするTOB（現金対価TOB）＋株式併合を用いたスクィーズ・アウト」のスキームを用いたものとしては、2016年8月に公表された、イトーキによるダルトンの完全子会社化の事例がある。

て、その課税上の問題について概説する（下記4）。そして、会社法平成26年改正も含め、その後のMBOに関する法制の改正を概説するとともに（下記5）、平成29年度税制改正によるスクィーズ・アウト税制の改正とその実務への影響（下記6）について論じることとする[7,8]。

2　わが国におけるMBOのトレンド

(1) MBOとは

　会社の経営陣（以下では取締役及び委員会設置会社における執行役を指すものとしてこの語を用いる）が、株主兼経営者として当該会社の経営を行っていくために、当該会社の株式を取得する取引のことをマネジメント・バイアウト（Management Buy-Out：MBO）という。わが国においても、上場会社の経営陣がTOB等を通じて当該上場会社の株式を自ら又は他の投資家と共同して取得し、株式の非公開化を伴う形で行われる

---

[7]　本章は、太田洋「わが国におけるMBOの実務と課題」井口武雄＝落合誠一監修・日本取締役協会編著『経営判断ケースブック―取締役のグッドガバナンスの実践―』（商事法務、2008）73頁以下、太田洋＝清水誠「MBO取引における利益相反等解消措置についての最新実務」日本バイアウト研究所篇『日本バイアウト市場年鑑―2009年上半期版―』（日本バイアウト研究所、2009）162頁及び太田洋＝清水誠「わが国におけるMBOの実務と課題〜レックス・ホールディングスのMBOを素材として〜」『M&A法務の最先端』（商事法務、2010）を基に再構成し、これをアップデートした上で大幅に加筆修正を加えたものである。

[8]　わが国のMBOに関する法的問題を取り扱った文献等は枚挙にいとまがない。本書では、その中でも、網羅的且つ詳細に関連する法的問題を分析・検討した労作として、北川徹「マネジメント・バイアウト（MBO）における経営者・取締役の行為規整〔一〕〔二〕〔三〕〔四〕〔五〕」成蹊法学67号（2008）133頁以下、同68＝69合併号（2008）51頁以下、同71号（2009）217頁以下、同72号（2010）153頁以下、74号（2011）1頁以下を挙げておきたい。

MBOの事例が、近年かなり増えてきている。MBOが行われる理由は案件毎に様々であるが、MBOの主たる効用としては、株主と経営者を一致させることによってエージェンシー・コストを削減することや株式非公開化により開示コスト等を削減することを通じて企業価値を向上させること、及び、資本市場が短期的利益志向を強める中で株式を中長期的な観点からの企業価値の向上に着目する投資家に集約することによって経営の抜本的改革が可能になること等々が指摘されている。

(2) わが国におけるMBOのトレンド

わが国でMBOが本格的に行われるようになってきたのは、1999年4月2日に、当時の通商産業省が、同省の設置したMBO研究会による「我が国におけるMBO導入の意義とその普及に向けての課題」を公表した頃からである[9]が、実際に行われたMBOの具体例をクロノロジカルに分析すると、時期に応じて以下のような傾向があるのではないかと考えられる。

まず、第Ⅰ期（1998年頃～2003年前半頃まで）は、会社の事業部門や子会社がその幹部を中心として分離独立する形でのMBO（カーブアウト型MBO）が主流であった時代である。1998年2月のドッドウェルマーケティングの英インチケープからのMBOによる独立、1999年11月のディジットの三井物産からのMBOによる分離独立（ディジットはその後2000年9月に当時のナスダック・ジャパンに上場）、2001年1月のトーカロ（当時店頭登録）の日鐵商事からのMBOによる分離独立（トーカロは2003年12月に東証2部に再上場）、同年のバンテックや日産陸送（現・ゼロ）の日

---

[9] 当該報告書の要点に関する通商産業省（当時）の担当官による概説として、藤原豊「MBO導入の意義と普及に向けての課題」旬刊商事法務1525号（1999）42頁以下参照。また、わが国におけるMBOの普及に向けての論点を検討したこの時期の論考として、内間裕＝佐粧朋子「日本におけるMBOの普及・活性化に向けて〔上〕〔中〕〔下〕」旬刊商事法務1537号（1999）20頁以下、1538号（1999）11頁以下、1540号（1999）31頁以下参照。

産自動車からのMBOによる独立(ゼロはその後2005年8月に東証2部に上場)、2003年のワンビシアーカイブズのMBOによる独立などが代表的な事例である。この時期は、景気低迷下で大企業が非主力事業の切り離しを進めており、その手段として、非主力事業部門・子会社の幹部によるMBOが行われるようになった時期である。

　第Ⅱ期(2003年後半頃～2005年頃まで)は、上場会社の経営陣がバイアウト・ファンドと組んで、当該上場会社を非公開化(ゴーイング・プライベート[10])する形でのMBOが本格的に登場するようになった時期である。2003年2月のロキテクノのラフィアキャピタル傘下での株式非公開化、同年7月のキトーのカーライル・グループ傘下での株式非公開化(キトーはその後2007年8月に東証1部に再上場)、同年9月のフードエックス・グローブのエーシーキャピタル傘下での株式非公開化、同年11月の東芝タンガロイ(現・タンガロイ)の野村プリンシパル・ファイナンス傘下での株式非公開化などが代表的事例である。この時期には、大企業のリストラ・事業再編が一巡してカーブアウト型MBOにブレーキがかかり、一方で、経営の抜本的合理化などを目的として、上場会社の経営陣が豊富な事業再生ノウハウを有するハンズ・オン型のバイアウト・ファンドと組んでゴーイング・プライベートを進める動きが本格化した。

　第Ⅲ期(2005年頃～2007年初頭頃まで)は、同族経営の上場会社において、創業家のイニシアチブの下にMBOによる株式非公開化を行う動きが本格化した時期である。2005年7月のワールドのMBOによる株式非公開化、同年8月のポッカのアドバンテッジ・パートナーズ傘下でのMBOによる株式非公開化、2006年6月のすかいらーくの野村プリンシパル・ファイナンス他の傘下でのMBOによる株式非公開化(すかいらーくはその後

---

[10] ゴーイング・プライベートという場合、上場を廃止するという意味にとどまる場合もあれば、一般少数株主を完全に排除して対象会社の株式全てを取得することを意味する場合もあるが、本書においては後者の意味で用いている。

2014年10月に東証1部に再上場)、同年10月のキューサイのエヌ・アイ・エフSMBCベンチャーズ傘下でのMBOによる株式非公開化、同年11月のレックスのアドバンテッジ・パートナーズ傘下でのMBOによる株式非公開化、同年12月のサンテレホンの日本産業パートナーズ及びベイン・キャピタル傘下でのMBOによる株式非公開化、2007年2月のサンスターのMBOによる株式非公開化[11]などが代表的事例である。この時期には、敵対的買収の脅威の高まりが叫ばれる中、同族経営の上場会社において、経営の抜本的合理化などを企図して創業家主導によりMBOによる株式非公開化が実施される事例が続出した。

　第Ⅳ期(2007年半ば～2008年半ばまで)は、2007年4月から開始されたテーオーシーの創業家によるMBOが、ダヴィンチ・アドバイザーズの対抗TOB提案によって失敗し、創業家主導のMBOによる株式非公開化にブレーキがかかった時期である。この時期には、創業家主導のMBOによる株式非公開化の事例が急速に増加したことを受けて、スクィーズ・アウト(現金による対象会社からの少数株主の締出し)に際しての少数株主の権利保護が注目を浴びるようになり、テーオーシーの事例でMBOのためのTOBがわが国において初めて失敗したことなどを契機に、創業家主導のMBOによる大型の株式非公開化取引が停滞傾向となった。

　第Ⅴ期(2008年半ば～)は、リーマン・ショックに端を発する日本経済の低迷を背景にMBOによる株式非公開化が再び活発化した時期であるが、案件数の増加に加え、MBO実行のための手続の公正性確保に一層注意が払われるようになった点が注目に値する。即ち、第1に、MBOに際しての少数株主の権利保護が社会的関心を集めるようになったこと等に対

---

[11] 2007年6月29日付け日経金融新聞は、サンスターのMBOのためのTOBへの対抗TOBを複数の投資銀行が検討したものの結局断念したと報じており、MBOのためのTOBに対する対抗TOBの動きが水面化で存在していたことが窺われる。

応して、2007年8月2日に企業価値研究会（座長：神田秀樹東京大学大学院教授）により「企業価値の向上及び公正な手続確保のための経営者による企業買収（MBO）に関する報告書」が公表され、それを受けて、同年9月4日には、経済産業省により、「企業価値の向上及び公正な手続確保のための経営者による企業買収（MBO）に関する指針」（以下「MBO指針」という）が公表された[12,13]。MBO指針は、MBOに新たな規制を課す趣旨で提案されたものではないとされているものの、MBO指針が公表されて以降のわが国のMBO実務は、概ね、MBO指針に記載されている実務上の対応の例を尊重して行われるようになってきているということができる。第2に、レックス、サンスター及びサイバードホールディングス（以下「サイバード」という）等[14]の各MBOの事例について、少数株主による全部取得条項付種類株式の取得価格の決定の申立て[15]に係る裁判所の

---

[12] 梅津英明「『企業価値の向上及び公正な手続確保のための経営者による企業買収（MBO）に関する指針』の概要」旬刊商事法務1811号（2007）4−5頁参照。

[13] なお、これに先立ち、2006年12月13日には旧証券取引法及び関係政省令や取引所規則が改正され、MBOを目的とするTOB等における開示の強化が図られている。

[14] レックス、サンスター及びサイバード以外の事例として、札幌高決平成22年9月16日金融・商事判例1353号64頁（原審は、札幌地決平成22年4月28日金融・商事判例1353号58頁）、大阪地決平成24年4月13日金融・商事判例1391号52頁、東京高決平成25年10月8日金融・商事判例1429号56頁（原審は、東京地決平成25年3月14日金融・商事判例1429号48頁）、東京高決平成26年2月7日判例集未登載（原審は、東京地決平成25年11月6日金融・商事判例1431号52頁）、東京高決平成25年11月8日判例集未登載（原審は、東京地決平成25年9月17日金融・商事判例1427号54頁）、東京高決平成28年3月28日金融・商事判例1491号32頁（原審は、東京地決平成27年3月25日金融・商事判例1467号34頁）、最決平成28年7月1日民集70巻6号1445頁（原審は、東京高決平成27年10月14日金融・商事判例1497号17頁、原々審は、東京地決金融・商事判例1465号42頁）。

[15] 全部取得条項付種類株式利用スキームによるスクィーズ・アウトに際し、全部取得条項付種類株式の取得価格に不満がある株主は、裁判所に対してかかる価格を決定すべきことを申し立てる権利が付与されている（会社法172条）。

決定が相次いで下され[16]、MBO ないしスクィーズ・アウト（現金による対象会社からの少数株主の締出し）に際して対象会社の株主が受領する対価の公正性に関する裁判所の考え方がある程度明らかになった。また、レックス、サンスター[17]及びサイバードのいずれのケースにおいても、裁判所により、全部取得条項付種類株式の取得の対価として一般株主に実際に交付された金額を超える金額が「取得の価格」として決定されたことが契機となって、株式非公開化を伴う上場会社の MBO を実行する際の手続について、公正性を確保することの重要性が、実務において従来にも増して認識されるに至った。この点は、2008年に、シャルレの創業家一族らによる MBO が、同社取締役会による当該 MBO のための TOB への賛同意見表明の過程に問題があったとの指摘がなされたことを契機に失敗に終わっ

---

[16] レックスの事案について、東京地決平成19年12月19日判例時報2001号109頁、東京高決平成20年9月12日金融・商事判例1301号28頁、最決平成21年5月29日金融・商事判例1326号35頁、サンスターの事案について、大阪地決平成20年9月11日金融・商事判例1326号27頁、大阪高決平成21年9月1日金融・商事判例1326号20頁、大阪高決平成21年9月28日判例集未登載（許可抗告不許可）、最決平成22年2月23日資料版商事法務312号123頁、サイバードの事案について、東京地決平成21年9月18日金融・商事判例1329号45頁、東京高決平成22年10月27日資料版商事法務322号174頁、最決平成23年6月2日判例集未登載。以上の各裁判例及びその評釈については、別冊商事法務編集部編『別冊商事法務346号　MBO に係る株式取得価格決定申立事件の検討』（商事法務、2010）が詳しい。なお、サイバードの事案については、その抗告審決定に関する評釈である、宍戸善一「MBO における全部条項付種類株式の株式取得価格決定─サイバード事件東京高裁決定─東京高決平成22.10.27」ジュリスト1437号（2012）92頁も参照。

[17] サンスターのケースは、特別抗告に対する判断である前掲・最決平成22年2月23日において、田原睦夫裁判官が、許可抗告を不許可とした大阪高裁の決定は相当でないとする異例ともいえる補足意見を付し、また、抗告審において大阪高裁が審問期日を設けることなくサンスター側に不利益な決定を行ったことを批判する論考も発表されるなど（中東正文「非訟事件手続における手続保障─サンスター事件高裁決定への疑問─」金融・商事判例1326号（2009）1頁）、価格決定事件における当事者の手続保障のあり方が議論される契機ともなった。

たことによっても[18]、強く認識されるに至ったところである。なお、新たな訴訟類型として、レックス及びシャルレの事例においては、株主から、MBOないしスクィーズ・アウト（現金による対象会社からの少数株主の締出し）を行い、又は行おうとした取締役及び対象会社に対するスクィーズ・アウトを理由とする損害賠償請求訴訟[19]も提起されているが、現在の

---

[18] この事案については、当該MBOの失敗に至る経営の混乱の責任を取る形で、当該MBOを推し進めた創業家出身の社長及び取締役が辞任に追い込まれ、その後、株主から、それら辞任した元取締役ら及び社外取締役3名に対して、上記賛同意見表明の開示内容等を原因とする株価の下落を理由とした損害賠償請求訴訟が提起されると共に、更には、個人株主から、①当該MBOに「一定の関与をした可能性のある」取締役の解任、②「不正なMBOの監視等を主任務とする社外取締役候補」等の取締役選任、③創業者支配からの脱却のための新株発行として、2010年度中に創業家以外の株主に対し、時価又は時価を下回る価格で、1株につき1株の新株を割り当てる旨を定款に定める定款変更について株主提案がなされるなど、波紋が広がっている（2009年1月15日付け日経産業新聞24頁、「市場から見放された『シャルレ』」VERDAD2009年2月号14頁、2009年5月23日付け日本経済新聞朝刊、シャルレの2010年5月13日付け「当社定時株主総会における株主提案に対する当社取締役会の意見について」と題するプレス・リリース等参照）。

[19] レックスの事案につき、東京地判平成23年2月18日金融・商事判例1363号48頁及び東京高判平成25年4月17日金融・商事判例1420号20頁、シャルレの事案につき、東京地判平成23年7月7日判例時報2129号114頁、東京高判平成23年12月21日判例タイムズ1372号198頁及び最判平成24年9月11日判例集未登載。前者の東京地裁判決についての評釈として、例えば、弥永真生「取締役の価格交渉義務」ジュリスト1422号（2011）102頁、十市崇「レックス損害賠償請求事件東京地裁判決の検討」旬刊商事法務1937号（2011）4頁、飯田秀総「MBOを行う取締役の義務と第三者に対する責任」ジュリスト1437号（2012）96頁及び玉井利幸「MBOにおける取締役の株主に対する義務」ジュリスト1440号（2012）96頁等、東京高裁判決についての評釈として、例えば、弥永真生「MBOと取締役等の義務」ジュリスト1456号（2013）2頁、飯田秀総「レックス・ホールディングス損害賠償請求事件東京高裁判決の検討〔上〕〔下〕」旬刊商事法務2022号（2014）4頁・2023号（同）17頁、三苫裕「レックス・ホールディングス損害賠償請求事件東京高裁判決＜金融商事の目＞」金融・商事判例1422号（2013）1頁、白井正和「レックス・ホールディングス損害賠償請求事件東京高裁判決の検討」ビジネス法務2013年11月号46頁、田中亘ほか「レックスHD事件高裁判決の意義と実務への影響〔上〕〔下〕」ビジネス法務2013年12月号42頁、2014年

ところ、いずれの事案についても株主の請求は棄却されている。もっとも、近時、株主が、MBOが頓挫したのは取締役らが利益相反等の善管注意義務違反及び忠実義務違反並びに情報開示義務違反にあたる行為をしたことによるものであって、そのために会社が無駄な費用を支出し、その信用が失墜したと主張して株主代表訴訟を提起した事案につき、①取締役は、善管注意義務の一環として、「MBO完遂尽力義務」を負っているものと解され、また、善管注意義務（MBO完遂尽力義務）に由来するものとして、「MBOの合理性確保義務」を負っていることに加え、企業価値の向上に資する内容のMBOを計画、実現（完遂）するための努力義務（善管注意義務）の一環として、「公開買付価格それ自体の公正さ」はもとより、「その決定プロセスにおいても、利益相反的な地位を利用して情報量等を操作し、不当な利益を享受しているのではないかとの強い疑念を株主に抱かせぬよう、その価格決定手続の公正さの確保に配慮すべき」義務を負っている、②取締役は、かかる善管注意義務（MBO完遂尽力義務）の一環として、「株式公開買付けに関して一般に対してMBOの対象会社として提出する意見表明を公表するに当たって、株主が株式公開買付けに応じるか否かの意思決定を行う上で適切な情報を開示すべき」義務を負っているものと解するのが相当である等として、取締役らに一部損害賠償を

1月号54頁、齊藤真紀「MBOにおける役員等の注意義務」法学教室402号別冊付録（2013）19頁、森本滋「MBOにおける取締役の公正価値移転義務と株主に対する責任」私法判例リマークス49号（2014）90頁、玉井利幸「MBOに関する取締役の責任」岩原紳作ほか編『会社法判例百選〔第3版〕』（有斐閣、2016）112頁等参照。なお、後者の東京地裁判決についての評釈として、弥永真生「MBOと株主・投資家に対する取締役の責任」ジュリスト1431号（2011）56頁、萬澤陽子「MBOにおける対象会社および取締役の責任」ジュリスト1449号（2013）112頁、東京高裁判決についての評釈として、飯田秀総「MBOと取締役の責任」神田秀樹＝神作裕之編『金融商品取引法判例百選』（有斐閣、2013）32頁、齊藤真紀「不成功に終わったMBOにおける対象会社取締役の対第三者責任―シャルレ損害賠償請求事件―」旬刊商事法務2095号（2016）42頁参照。

命じた裁判例も現れている[20]。かなり例外的な事例であると思われるが、注目される。

なお、株式非公開化を伴うMBOは、2011年に過去最高の21件を記録した後、減少傾向に転じており、2012年と2013年は9件、2014年は5件、2015年は6件、2016年は4件、2017年は4件の取引が行われている。後述するように、実務では、会社法平成26年改正が施行された2015年5月1日を境に、MBOに際して採用されるスキームが大きく変わっており[21]、ま

---

[20] 神戸地判平成26年10月16日判例時報2245号98頁、大阪高判平成27年10月29日判例時報2285号117頁。神戸地裁判決についての評釈として、例えば、志谷匡史「シャルレ株主代表訴訟事件第一審判決の検討」旬刊商事法務2061号（2015）4頁、飯田秀総「MBOの頓挫と取締役の責任（シャルレ株主代表訴訟）」ビジネス法務2015年7月号56頁、得津晶「MBOと取締役の善管注意義務」法学教室426号別冊附録（2016）20頁、白井正和「MBO完遂尽力義務により導かれる手続的公正性配慮義務」金融・商事判例1471号（2015）1頁、和田宗久「MBO時の取締役の行為規範と株主に交付される対価の公正性」金融・商事判例1485号（2016）2頁等参照。大阪高裁判決についての評釈として、例えば、阿南剛「シャルレMBO株主代表訴訟事件控訴審判決の検討」旬刊商事法務2095号（2016）32頁、荒達也「MBOに関する取締役の責任：MBOが頓挫した事例」岩原紳作ほか編『会社法判例百選〔第3版〕』（有斐閣、2016）226頁、中村信男「MBOの頓挫を理由とする取締役の会社に対する損害賠償責任」金融・商事判例1495号（2016）2頁参照。

[21] MBOのスキームにかかわる問題ではないが、平成28年7月1日に、ジュピターテレコムの事案について、少数株主による全部取得条項付種類株式の取得価格の決定の申立てに係る最高裁の決定（最決平成28年7月1日民集70巻6号1445頁）が新たに下されたことも重要である。同決定についての評釈として、藤田友敬「公開買付前置型キャッシュアウトと株式の取得価格」論究ジュリスト20号（2017）87頁、弥永真生「全部取得条項付種類株式の取得価格」ジュリスト1498号（2016）2頁、北村雅史「公開買付け後に行われる全部取得条項付種類株式の取得価格」法学教室434号（2016）163頁、松本暢子「キャッシュアウトにおける株式の取得価格(1)」岩原紳作ほか編『会社法判例百選〔第3版〕』（有斐閣、2016）180頁、桑原聡子ほか「ジュピターテレコム事件最高裁決定の検討：二段階取引による非公開化に係る価格決定手続における公正な価格」旬刊商事法務2114号（2016）16頁、鳥山恭一「二段階の企業再編における株式の公正な価格」法学セミナー741号（2016）113頁、船津浩司「先行する公開買付けが適正な手続により行われた場合における全部取得条項付種類株式の『取得の価格』」ジュリスト臨時増刊1505号（2017）104頁参照。

た、近時の平成29年度税制改正によってもMBOの実務に影響が生じている。

3 全部取得条項付種類株式を利用したMBO
〜レックス・ホールディングスのMBOの事例

(1) スキームの概要

（MBOによる）株式非公開化に際しては、通常、まず対象会社の経営陣と外部投資家が出資した買収ビークル（レバレッジを効かせるため、この買収ビークルに金融機関が貸付けを行うのが通例である[22,23]）が対象会社株式について現金による株式公開買付け（TOB）を行い、当該買収ビ

---

22 レックスのMBOに際してもそのようなスキームが採用されている。
23 なお、MBOに特有の問題ではないが、公開買付者がTOBのための資金を金融機関からのローンで調達する場合、TOBの開始までにローン契約の最終的な内容まで合意することが時間的に困難である場合が多いこと等から、TOB前には金融機関との間ではローン契約の大まかな条件についてタームシート等の形で合意するに留め、かかる合意に基づいて金融機関から融資証明書を取得し、これを「公開買付けに要する資金……の存在を示すに足る書面」としてその写しを公開買付届出書に添付し、ローン契約の締結自体はTOBの終了後に行うというのが実務上一般的であると思われる（例外的にTOB開始前にローン契約が締結された事例として、例えば、アドバンテッジ・パートナーズによる東京スター銀行株式に対するTOBがある。同TOBに係るジャパン・ブルー・スカイ・キャピタル・パートナーズ・エルピー他の2008年2月5日付け公開買付届出書参照）。かかる融資証明書について、金融庁が2010年3月31日に公表した「株券等の公開買付けに関するQ&A」（追加分）において、ローン契約の締結等のための前提条件が付されている場合には、当該前提条件のうち、重要な事項の内容を記載すること等が必要であるとされた。これにより、かかるQ&Aの公表後におけるTOBにおいては、それ以前に実務上公開買付届出書の添付書類として一般的に用いられていた融資証明書と比較し、かなり詳細な内容の融資証明書が用いられるようになっている（ユニマットライフのMBO（2010年3月公表）がそのパイオニア的な案件である）。

ークルが対象会社の総株主の議決権の概ね90％[24]以上に当たる株式を取得した上で、対象会社が何らかの方法によりスクィーズ・アウトを実施する、というステップが踏まれる。

　このスクィーズ・アウトの手法としては様々な方法が考えられるが、レックスの株式非公開化（以下「本件MBO」ということがある）に際しては、わが国で初めて「普通株式の全部取得条項付種類株式への変換＋全部取得条項の発動による少数株主持分の端数株式化によるスクィーズ・アウト」（以下このスキームを「全部取得条項付種類株式利用スキーム」という）が用いられた。この方法は、少数株主に十分な手続的保障を付与しつつ、対象会社の資産含み益に対する課税リスクを可及的に軽減するもの（後述するとおり、平成18年度税制改正により、従来用いられてきた、いわゆる「現金株式交換」の方法でスクィーズ・アウトを実施した場合には、対象会社の資産含み益に時価評価課税がなされることとなった）として画期的であり、レックスの株式非公開化の後、サンテレホンやサンスターの株式非公開化を始めとして多数の上場会社のMBOにおいても用いられ、会社法平成26年改正が施行されるまでは、上場会社のスクィーズ・アウトの手段として最もポピュラーな方法であった。

　このスキームは、買収ビークル＝公開買付者がTOBによって対象会社株式を取得した後に、対象会社において株主総会を開催し、当該株主総会において、対象会社が発行している普通株式の全てに全部取得条項を付すとともに、当該全部取得条項付種類株式の全部取得決議を行い、全部取得条項付種類株式の株主に対しては取得の対価として対象会社の異なる種類の株式を交付することとするが、一般株主に対しては1株未満の端数株式のみが交付されるような比率にすることによって、少数株主については会社法234条の規定に従って金銭による処理を行い、これらを通じて少数株主のスクィーズ・アウトを行うというものである（後掲の【図8－1】参照）。

24　後掲（注41）参照。

この全部取得条項付種類株式利用スキームの下では、基本的に、以下のステップを通じてスクィーズ・アウトが実現される[25]。即ち、

① 買収ビークルがTOBによって対象会社の総株主の議決権の2／3以上に相当する株式（普通株式）を取得
② 対象会社の株主総会特別決議を経て定款変更を行い、対象会社の発行済株式（普通株式）全てに全部取得条項を付与（会社法108条2項）
③ 上記と同一の対象会社の株主総会において全部取得の特別決議を行い（会社法309条2項3号、171条）、対象会社は少数株主に対しては端数株式しか交付されない比率により各株主に取得の対価として対象会社の異なる種類の株式[26]を交付

---

[25] 全部取得条項付種類株式利用スキームの下でのスクィーズ・アウトの会社法上の手続の詳細については、例えば、渡辺邦広「会社法実務の主要論点(6)　全部取得条項付種類株式を用いた完全子会社化の手続」旬刊商事法務1896号（2010）25頁以下、水野信次＝西本強『ゴーイング・プライベート（非公開化）のすべて』（商事法務、2010）参照。

[26] 全部取得条項付種類株式利用スキームによるMBO実行後に対象会社が発行する株式は1種類のみであるため、会社法の観点からは、③において各株主に交付する株式は、普通株式（会社法上「普通株式」という概念は存在しないものの、会社法107条又は108条に基づく特殊な事項を定めていない株式を講学上及び実務上「普通株式」と呼び慣わしており、本章においてもかかる用法に従い普通株式と呼ぶ）でも特段差し支えない。実際、レックスの事案でも、後述のとおり、③において各株主に交付する株式は普通株式とされている。もっとも、スクィーズ・アウト後における対象会社の有価証券報告書提出義務との関係では、対象会社の株主に新たに交付する株式が普通株式と異なる種類の株式であるときは、対象会社が取得した全部取得条項付種類株式の全部を消却することによって、金融商品取引法24条1項各号に掲げる有価証券に該当する有価証券が存在しなくなるという理由により、（ほかに同項各号の要件に該当しない限り）対象会社の有価証券報告書提出義務が直ちに消滅すると解釈されていることから（長島・大野・常松法律事務所編『公開買付けの理論と実務〔第3版〕』（商事法務、2016）324－325頁）、かかる解釈に従って、有価証券報告書の提出義務を消滅させることを目的として、普通株式とは異なる種類の株式を交付する例が多かった。

④ 全部取得終了後に会社法234条の手続に従い、端数株式を金銭により処理する[27]（この結果、少数株主は金銭のみを受領することになる）ことで少数株主のスクィーズ・アウトを実現

　この全部取得条項付種類株式利用スキームを用いる主なメリットは、ⅰ）対象会社の普通株式に全部取得条項を付す（当該普通株式を全部取得条項付種類株式に変換する）手続に際して反対株主による株式買取請求手続が設けられている（会社法116条1項2号）[28]ほか、全部取得に際して取得価格の決定の申立て（会社法172条）も認められており、価格に不満のある株主は自らのイニシアチブで買取価格を引き上げる機会を確保することが可能である（その分、少数株主に十分な手続的保障が付与されているものと評価し得る）点、及びⅱ）前述したとおり、対象会社の資産含み益に対する課税リスクを可及的に軽減することが可能である点の2点である。

　なお、全部取得条項付種類株式の全部取得には、一般に自社株買いの場合と横並びの形で分配可能額を限度とする財源規制がある（会社法461条

---

[27] なお、かかる端数処理に際しては、会社法234条に従い、端数の合計数に相当する数の株式を売却することになるが、かかる売却に応じて行う株式の取得は、公開買付制度の趣旨からは、一般論として公開買付けを行わせる必要性の低い取引であるという理由により、通常、金融商品取引法27条の2第1項に規定する「株券等の買付け等」には該当しないと解されている（三井秀範＝土本一郎編『詳説公開買付制度・大量保有報告制度Q&A』（商事法務、2011）21-23頁参照）。

[28] 会社法平成26年改正が施行されるまでは、株式買取請求権を行使した株主は、全部取得条項付種類株式が対象会社に取得された後は、対象会社の株主としての地位を失うことから、その後は、株式買取請求ではなく、価格決定の申立てにより価格の妥当性を争うことになると解されていた。もっとも、会社法平成26年改正が施行された後は、反対株主が株式買取請求権を行使した場合における株式の買取りの効力発生時期が、代金支払時から定款変更の効力発生日に変更されたため、反対株主が株式買取請求権を行使することも実務上可能となった（長島・大野・常松法律事務所・前掲（注26）333-334頁）。

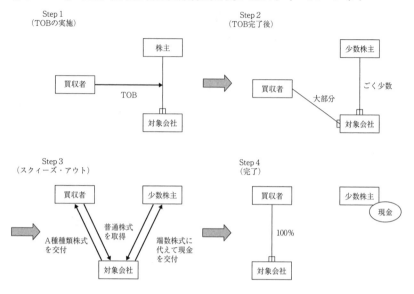

【図 8 − 1】 全部取得条項付種類株式を用いたスクィーズ・アウト

1項4号)が、取得の対価が対象会社株式である場合には、この分配可能額を限度とする財源規制が例外的に適用されない(会社法461条1項柱書参照)[29]。

(2) レックスの MBO による株式非公開化の具体的手続

レックスの MBO による株式非公開化に際しての手続の概略(スキーム)は前記(1)で述べたとおりであるが、その具体的な手続の詳細は、以下のとおりである。即ち、

① まず、買収ビークルである株式会社 AP 8(以下「AP 8」という)が、レックスの創業者であり代表取締役社長であった西山知義氏及びその家族(以下「創業家」と総称する)との間で、創業家の資産管理会社でレックスの普通株式約16.35%を保有する有限会社エタニティ

---

29 後掲(注32)参照。

ーインターナショナル（以下「エタニティー」という）の全ての株式（以下「本件エタニティー株式」という）を、本件TOB（下記②参照）後に譲り受ける旨の2006年11月10日付け「合意書」（以下「本件合意書」という）及び同年12月13日付け「合意書の締結に関する覚書」（本件合意書と併せて以下「本件合意書等」という）を締結

② AP8は、買付け等の期間を2006年11月11日から同年12月12日まで（以下「本件公開買付期間」という）とすること及びレックスの普通株式の買付け等の価格を1株につき金230,000円とすること等を記載した、2006年11月13日付け公開買付届出書（同公開買付届出書に係るTOBを、以下「本件TOB」という）及び同年12月1日付け公開買付届出書の訂正届出書（同年11月13日付け公開買付届出書と併せて以下「本件公開買付届出書」という）をそれぞれ関東財務局長宛に提出

③ AP8は、2006年12月19日付けで、本件公開買付届出書に記載した買付条件等に従い、本件TOBに応募されたレックスの普通株式に係る株券等を買い付け、更に、同月21日付けで、本件合意書等に基づき、本件エタニティー株式の譲受けを実施（なお、エタニティーは、レックスの普通株式を43,104株保有していたところ、本件エタニティー株式の譲渡対価は、エタニティーが保有するレックスの普通株式の価額を1株につき金230,000円と評価した上で算定されている）

④ AP8は、2007年2月27日を合併の効力発生日として、AP8を吸収合併存続会社、エタニティーを吸収合併消滅会社とする吸収合併を実施

⑤ 前記の本件エタニティー株式の譲受け及び本件TOB後、レックスの2007年3月28日開催の定時株主総会において、(i)普通株式と異なる内容の定めをした種類の株式（以下「A種類株式」という）及び普通株式に関する定款の定めを設ける旨の株主総会特別決議、(ii) a）上記(i)の株主総会特別決議が可決されることを条件として、発行済みのレックスの普通株式に、株主総会の決議によって当該普通株式を対価と

してその全部を取得することができる旨の全部取得条項を付すという株式の内容変更を行うとともに、Ａ種類株式の内容を普通株式に内容変更する旨の定款変更を行うという株主総会特別決議、並びに、ｂ）発行済みのレックスの普通株式に、株主総会の決議によって当該普通株式を対価としてその全部を取得することができる旨の全部取得条項を付すという株式の内容変更をする旨の定款変更を行うという、2006年12月31日付けの最終の株主名簿及び実質株主名簿に記載又は記録された普通株主を構成員とする種類株主総会特別決議（この株主総会特別決議及び種類株主総会特別決議により発行済みのレックスの普通株式の内容を変更することで成立する種類株式を、以下「本件全部取得条項付種類株式」といい、上記(ii)ａ）の株主総会特別決議及び(ii)ｂ）の種類株主総会特別決議を総称して「内容変更決議」という）、(iii)レックスが、レックスの普通株式を対価として[30]本件全部取得条項付種類株式の全部を取得する旨の株主総会特別決議（以下「全部取得決議」という）が、それぞれ可決（なお、本件全部取得条項付種類株式１株を取得するのと引換えに本件全部取得条項付種類株式を有する株主に対して交付するレックスの普通株式の数は、ＡＰ８以外のレックス株主（以下「本件少数株主」という）に対して交付しなければならないレックスの普通株式が、それぞれ１株に満たない端数のみになると共に、本件少数株主に対して交付されるべき当該端数の合計が１株以上になるように定められ、また、全部取得決議が可決されることが、内容変更決議の効力発生のための停止条件とされている）

⑥ レックスは、全部取得決議に基づき、レックスの普通株式を対価として[31]本件全部取得条項付種類株式の全部を取得。この際、レックス

---

30 前掲（注26）参照。
31 前掲（注26）参照。

は、会社法234条の規定に基づき、本件全部取得条項付種類株式の株主に交付しなければならないレックスの普通株式の1株に満たない端数の合計数に相当する数のレックスの普通株式を、裁判所の許可を得て、AP8に売却[32]。そして、レックスは、その売却により得られた代金をその端数に応じて本件全部取得条項付種類株式の各株主に交付（その結果、レックスの本件全部取得条項付種類株式の対価として、最終的に、AP8はレックスの普通株式及び現金を、本件少数株主は現金のみを、それぞれ受け取ることとなった）（以下「本件スクィーズ・アウト」という）

⑦　(i)AP8は、本件合意書を、本件TOBに係る公開買付開始公告が行われる前に締結しており、また、(ii)本件公開買付届出書、本件TOBに係る公開買付開始公告及び公開買付説明書においては、AP8が、本件公開買付期間終了後に、本件合意書に基づいて創業家から本件エタニティー株式を譲り受けること及び本件合意書の内容が記載されており、且つ、(iii)本件スクィーズ・アウトにおいて交付される対価の金額は、レックスの普通株式1株当たりの価値を本件TOBにおける公開買付価格と同額と評価した上で算定される予定である旨が記載されている

⑧　本件スクィーズ・アウトを通じて、本件少数株主が保有していたレックスの普通株式につき、その全部取得条項付種類株式への内容変更及びレックスによる当該全部取得条項付種類株式の全部取得等を経て、最終的に本件少数株主に対して交付された対価の額は、実質的に

---

[32]　なお、この端数の合計数に相当する数の普通株式を発行会社（本件の場合には、レックス）自身が買い取ることも認められているが、この場合には、全部取得の場合と異なり、分配可能額の規制が及ぶ（会社法461条1項7号）点に留意する必要がある。この点につき、渡辺・前掲（注25）30頁も参照。

見て、本件TOBにおけるレックスの普通株式の買付価格と同額であった
⑨ なお、上記の本件全部取得条項付種類株式の全部取得が行われる時点においては、レックスの普通株式はジャスダック証券取引所への上場を廃止されており、会社法234条2項に規定する市場価格は存在していなかった
⑩ 本件全部取得条項付種類株式の全部取得の対価として本件少数株主に対して交付されるべき普通株式のうち、1株未満の端数となる部分を合計して整数になる部分の株式については、東京地裁が、2007年7月11日付けで、会社法234条の規定に従って、1株につき100億3,806万8,152円で任意売却することの許可決定を行っている（平成19年（ヒ）第215号端数相当株式任意売却許可申立事件・東京地方裁判所民事第8部平成19年7月11日決定）

なお、AP8にはレックスの代表取締役社長であった西山知義氏が本件TOB成立後に33.4％の出資を行っている。

因みに、上記の手続により行われた本件スクィーズ・アウトに対し、2007年4月5日付けで、一部少数株主から、会社法172条に基づき、レックスによる本件全部取得条項付種類株式の取得の価格の決定に関する申立てが行われ、東京地裁では、取得価格を本件公開買付価格と同額の1株当たり23万円とする決定（前掲・東京地決平成19年12月19日[33]）がなされた

---

[33] この原審決定の評釈として、例えば、髙山崇彦＝保坂雄「レックス・ホールディングス事件東京地裁決定の検討―全部取得条項付種類株式の取得価格の判断枠組み―」旬刊商事法務1837号（2008）23頁以下、河村尚志「全部取得条項付種類株式の取得価格の決定事例―レックス・ホールディングス株式取得価格決定申立事件」私法判例リマークス38（2009＜上＞）94頁以下等がある。

が、抗告審である前掲・東京高決平成20年9月12日[34]は、原審決定を変更し、原審と同様、株式の取得価格決定の申立てがなされた場合に裁判所が決定する価格とは、取得日における当該全部取得条項付種類株式の「公正な価格」であり、かかる「公正な価格」は、取得日における当該株式の客観的な時価に加えて、強制的取得により失われる今後の株価上昇に対する期待権を評価した価額をも考慮するのが相当であり、裁判所がその裁量により決定するものであるとした上、(イ)取得日におけるレックス株式1株の客観的価値を、レックスが業績予想の下方修正等のプレス・リリースを行った2006年8月21日の前後を含む同年5月10日から同年11月9日までのレックス株式の終値の平均値である28万805円と認定し、(ロ)本件においては、一件記録に基づき、MBOに際して実現される価値を検討した上で、株価の上昇に対する評価額を決することは困難であるといわざるを得ないとし、本件MBOに近接した時期においてMBOを実施した各社の例などを参考にして、その裁量に基づき、株価の上昇に対する評価額を、上記(イ)で

---

[34] この抗告審決定の評釈として、例えば、太田洋「レックス・ホールディングス事件東京高裁決定の検討」旬刊商事法務1848号（2008）4頁以下、弥永真生「全部取得条項付種類株式の価格の決定」ジュリスト1366号（2008）42頁以下、北川徹「全部取得条項付種類株式の取得価格─MBOにおける『公正な価格』の意義」ジュリスト1374号（2009）96頁以下、伊藤靖史「全部取得条項付種類株式の取得価格の決定」『平成20年度重要判例解説』ジュリスト1376号（2009）109頁、奈良輝久他編著『最新M&A判例と実務─M&A裁判例及び買収規制ルールの現代的展開』（判例タイムズ社、2009）464頁〔若松亮〕以下、大塚和成「MBO時の公正な株式取得価格とは　レックスHD事件で見えてきた裁判所の判断基準」ビジネス法務2009年1月号22頁以下、弥永真生「レックスHD事件高裁決定の株式取得価格が適正な場合とは」ビジネス法務2009年4月号62頁以下、新山雄三「『公正な取得価格とは何か』を示したレックス株式取得価格申立事件」ビジネス法務2009年7月号104頁以下、井上光太郎＝中山龍太郎＝増井陽子「レックス・ホールディングス事件は何をもたらしたか─実証分析からの示唆─」旬刊商事法務1918号（2010）4頁以下、中東正文＝大杉謙一＝石綿学編『M&A判例の分析と展開II』（経済法令研究会、2010）190頁〔後藤元〕以下、徳本穰「MBOにおける株式の取得価格」岩原紳作ほか編『会社法判例百選〔第3版〕』（有斐閣、2016）182頁以下等がある。

認定した取得日におけるレックス株式1株の客観的価値の20％に相当する金額である旨認定して、取得価格を33万6,966円とした。当該決定は高裁によって最高裁への抗告が許可されたが（東京高決平成20年10月8日判例集未登載）、前掲・最決平成21年5月29日[35]が許可抗告を棄却し、抗告審の決定が維持されるに至っている。なお、当該最高裁決定には、田原睦夫判事による補足意見が付されている。

また、上記最高裁決定が確定した後、本件TOBに株式を応募したレックスの元株主が、本件MBOが実施されたことによってその所有するレックスの株式を1株当たり23万円で手放すことを余儀なくされたため、適正な価格である33万6,966円との差額である10万6,966円が損害であると主張して、レックスを承継したAP8に対しては会社法350条又は民法709条に基づき、レックスの代表取締役に対しては会社法429条1項又は民法709条に基づき、レックスのその他の取締役・監査役に対しては会社法429条1項に基づき、それぞれ損害賠償請求訴訟を提起した。しかしながら、前掲・東京地判平成23年2月18日は、株式会社の取締役は、善管注意義務・忠実義務の一環として、株主の共同利益に配慮する義務を負っているもの

---

[35] この最高裁決定の評釈としては、例えば、加藤貴仁「レックス・ホールディングス事件最高裁決定の検討—『公正な価格』の算定における裁判所の役割—〔上〕〔中〕〔下〕」旬刊商事法務1875号（2009）4頁以下・1876号（2009）4頁以下・1877号（2009）24頁以下、弥永真生「全部取得条項付株式の価格の決定」ジュリスト1384号（2009）98頁以下、十市崇「レックス・ホールディングス事件最高裁決定とMBO実務への影響—地裁決定および高裁決定を踏まえて—〔上〕〔下〕」金融・商事判例1325号（2009）8頁以下・1326号（2009）2頁以下、大塚和成「レックスHD事件平21.5.29最高裁決定の意義と実務に与える影響」ビジネス法務2009年11月号40頁以下、大杉謙一「全部取得条項付種類株式の取得価格の決定—レックス・ホールディングス株式取得価格決定申立事件最高裁決定」法学教室354号別冊付録『判例セレクト2009〔Ⅱ〕』（2010）18頁、行澤一人「全部取得条項付種類株式を利用した少数株主締出しと企業再編」法学教室378号（2012）114頁以下及び徳本穰「MBOと株式取得価格」神田秀樹＝神作裕之編『金融商品取引法判例百選』（有斐閣、2016）30頁以下等がある。

というべきである[36]と述べた上で、当時の代表取締役が、取締役としての株主の共同利益に配慮する義務に違反して本件 MBO を強行したとまではいえず、また、対象会社の取締役に価格交渉義務があるといえるのかどうかは疑問があると述べて請求を棄却している（この判決に対して原告株主側が控訴したが、前掲の東京高判平成25年4月17日により控訴棄却され、これに対して株主側が上告及び上告受理申立てをした。その後の動向は公刊された裁判例等では明らかでない）。因みに、以下の【表8－1】は、本件 MBO における主なイベントを時系列に従って示したものである。

【表8－1】 レックスの MBO の経過

日　時	イベント
2006年8月21日	レックスが業績予想の下方修正を発表
同年11月10日	MBO 発表・レックス取締役会が TOB 賛同表明 同時に配当予想の修正・株主優待制度の廃止も発表
同年11月13日	アドバンテッジ・パートナーズの買収ビークルである AP 8による TOB 開始
同年12月1日	公開買付届出書の訂正届出書提出
同年12月12日	TOB 期間末日
同年12月13日	TOB 応募結果発表（約75.43％が応募）
同年12月21日	レックス株式の約16.35％を保有する資産管理会社エタニティーの全株式を AP 8 が取得（AP 8 の持株割合は約91.78％に）
2007年1月31日	西山氏がレックス代表取締役社長から取締役会長に
同年2月26日	レックスが業績予想の下方修正発表
同年3月13日	レックスが定時株主総会の招集通知を発送
	レックスの定時株主総会において同社発行済普通株式の全

---

[36] 取締役は株主利益最大化原則につき株主に対して善管注意義務・忠実義務を負うと解することができるとする立場とほぼ同じ趣旨なのではないかとの指摘がなされている（弥永真生「取締役の価格交渉義務」ジュリスト1422号（2011）103頁参照）。

同年3月28日	部取得条項付種類株式への変換及び全部取得条項の発動による少数株主のスクィーズ・アウトの承認決議
同年4月5日	一部少数株主が、会社法172条に基づき、東京地裁に対して、全部取得条項付種類株式の取得価格の決定を申立て
同年4月29日	レックス株式がジャスダック証券取引所において上場廃止
同年5月9日	レックスが本件全部取得条項付種類株式を全部取得し、同株式1株につき普通株式0.00004547株を対価として交付
同年6月15日	レックスが、東京地裁に対し、本件全部取得条項付種類株式の全部取得の対価として本件少数株主に対して交付されるべき普通株式のうち、1株未満の端数となる部分を合計して整数になる部分の株式につき、会社法234条の規定に従って1株につき100億3,806万8,152円で任意売却することの許可を求める申立て
同年7月9日	東京国税局が、全部取得の対価として交付された端数株式の換価代金を受け取ったレックスの少数株主だけでなく、会社法172条に基づき全部取得条項付種類株式の取得価格の決定に関する申立てを行ったレックスの少数株主についても、みなし配当課税を行わず、譲渡益課税のみを行う方針をレックスに対し回答[37]
同年7月11日	東京地裁が、本件全部取得条項付種類株式の全部取得の対価として本件少数株主に対して交付されるべき普通株式のうち、1株未満の端数となる部分を合計して整数になる部分の株式につき、会社法234条の規定に従って1株につき100億3,806万8,152円で任意売却することを許可する決定
同年9月1日	AP8を吸収合併存続会社、レックスを吸収合併消滅会社とする吸収合併の効力発生
同年12月19日	東京地裁が、一部少数株主による会社法172条に基づく全部取得条項付種類株式の取得価格の決定の申立てにつき、当該取得価格を、本件TOBにおける買付価格と同額の1株当たり23万円とする旨を決定
2008年9月12日	東京高裁が、原審を変更し、取得価格を33万6,966円とする旨を決定
同年10月8日	東京高裁が、レックスによる許可抗告を許可
2009年5月29日	最高裁が、許可抗告を棄却

---

[37] 2007年7月10日付け日本経済新聞朝刊参照。

(3) レックスのスクィーズ・アウトに関する論点

　株式非公開化に関しては、それによってスクィーズ・アウトされる（現金等によって締め出される）少数株主の保護がしばしば問題となる[38]。

　この点、少数株主がスクィーズ・アウトに際して受領することとなる対価が不公正である、ないしそもそも当該スクィーズ・アウトを行うこと自体が不当であり違法性を帯びると考える場合、スクィーズ・アウトに際して用いられた手続の効力そのものを争うことが考えられる。一般に、合併条件の不公正自体は合併の無効事由にはならないと考えられているものの、特別利害関係人の議決権行使により著しく不当な合併条件が決定されたときは、合併承認決議の決議取消事由（又は合併成立後は合併無効事由）に該当すると考えられている（会社法831条1項3号）[39]ことに鑑み、

---

[38] この問題の詳細に関しては、例えば、山本憲光＝廣澤太郎「少数株主排除取引における株主保護」ビジネス法務2007年6月号32頁、池永朝昭ほか「MBO（マネージメント・バイアウト）における株主権」金融・商事判例1282号（2008）2頁参照。

[39] 江頭憲治郎『株式会社法〔第7版〕』（有斐閣、2017）865頁及び東京高判平成2年1月31日資料版商事法務77号193頁（東京地判平成元年8月24日判例時報1331号136頁を支持）参照。全部取得条項付種類株式を利用した場合においても同様に考えるべきであることについて、笠原武朗「全部取得条項付種類株式制度の利用の限界」『江頭憲治郎先生還暦記念企業法の理論〔上巻〕』（商事法務、2007）252頁参照。この点に関し、吉本興業のMBOについて、個人株主により、普通株式に全部取得条項を付する旨の定款変更等の株主総会決議の差止めを求める訴訟が提起されたようであり（2009年10月19日付け朝日新聞夕刊参照。かかる訴訟の帰趨は不明であるが、2010年1月28日付けでかかる定款変更等の株主総会決議が成立したことから（2010年1月28日付け朝日新聞夕刊参照）、訴えは取下げないし却下となったものと思われる）、更には、かかる株主総会決議について、株主総会決議無効の訴えが提起されたが、大阪地判平成24年6月29日金融・商事判例1399号52頁により株主側の請求は合併無効の訴えが法定期間内に提起されていないことを理由に訴えの利益を欠くとして却下され、これに対して株主側が控訴したものの、最終的に大阪高判平成25年2月14日判例集未登載により控訴棄却され、確定している。なお、全部取得条項付種類株式利用スキームを用いてスクィーズ・アウトを行うことについて、「正当な事業目的」といった制約を課す必要があるのではないかと指摘する見解として、例えば、弥永真生『リーガル

買収ビークルがスクィーズ・アウトのための対象会社の株主総会決議に関与する場合には、スクィーズ・アウトに際して少数株主が受領することとなる対価が不公正であれば、当該株主総会には決議取消事由の瑕疵が存在することになると通常考えられている[40]。

マインド会社法〔第14版〕』（有斐閣、2015）374頁脚注21（なお、同書の202頁脚注119でも、後掲（注40）で引用するインターネットナンバー事件東京地裁判決が、著しく不当な決議に該当するための要件として「少数株主に交付される予定の金員が、対象会社の株式の公正な価格に比して著しく低廉であること」を要求していることが説得力に欠けると批判されている）ほか参照。他方、「正当な事業目的」といった要件を課すことに否定的な見解として、伊藤靖史＝大杉謙一＝田中亘＝松井秀征『LEGAL QUEST会社法〔第4版〕』（有斐閣、2018）388頁及び田中亘「組織再編と対価柔軟化」法学教室304号（2006）81頁ほか参照（この他、この問題については、川村力「合併の対価と企業組織の形態〔一〕」法学協会雑誌126巻4号（2009）104頁も参照）。

[40] 清原健＝田中亘「対談：MBO・非公開化取引の法律問題〔前〕」ビジネス法務2007年6月号19頁〔田中亘発言〕参照。また、石綿学「会社法と組織再編—交付金合併を中心に」法律時報78巻5号（2006）64頁は、「決議取消事由になるような不公正さとしては、交付金の額が著しく不十分であるような場合に限定するべきであろう」と指摘している。なお、全部取得条項付種類株式利用スキームにおける株主総会決議の瑕疵が争われた代表的な裁判例として、インターネットナンバー事件（東京地判平成22年9月6日金融・商事判例1352号43頁、東京高判平成23年4月28日判例集未登載）とアムスク事件（東京地裁平成26年4月17日金融・商事判例1444号44頁、東京高判平成27年3月12日金融・商事判例1469号58頁）があり、前者の東京地裁判決の評釈として、例えば、弥永真生「全部取得条項付種類株式を用いたスクィーズアウトと株主総会決議取消しの訴え」ジュリスト1410号（2010）36頁、鳥山恭一「少数派株主を締め出す総会決議の取消しの可否」法学セミナー673号（2011）117頁、福島洋尚「全部取得条項付種類株式を用いた少数株主の締め出しと株主総会決議の瑕疵」金融・商事判例1359号（2011）16頁及び久保田安彦「全部取得条項付種類株式による締出しと株主総会決議の瑕疵」旬刊商事法務2032号（2014）107頁、後者の東京地裁判決の評釈として、例えば、弥永真生「種類株主総会決議の取消し」ジュリスト1469号（2014）2頁、山田和彦「アムスク株主総会決議取消請求事件と実務への影響」旬刊商事法務2039号（2014）17頁、松井智予「基準日設定公告なしに開催された種類株主総会と決議取消し」ジュリスト1479号（2015）97頁等参照。また、後者の東京高裁判決の評釈として、例えば、弥永真生「追認決議の遡及効と全部取得決議取消しの訴えの利益」ジュリスト1482号（2015）2頁、吉本健一「基準日設定公告を欠くスクイズアウトに係る種類株主総会決議の取消し」金融・商事判例1478号（2015）2頁、三宅新「基準日の設定に不備がある株主総会決議の効力」岩原紳作ほか編『会社法判例百選〔第3版〕』（有斐閣、2016）217頁参照。

もっとも、買収ビークルがTOB等を通じて対象会社の総株主の議決権の90％以上（会社法468条1項）を確保することに成功した場合には、スクィーズ・アウトの方法として、後述する端数株式交換など組織再編行為を用いるのであれば、略式組織再編の制度（会社法784条1項及び796条1項）を利用することでスクィーズ・アウトのための対象会社の株主総会を省略することが可能となる。また、会社法平成26年改正の施行により、特別支配株主の株式等売渡請求制度を利用することによっても、スクィーズ・アウトのための対象会社の株主総会を省略することが可能である。

　しかしながら、スクィーズ・アウトの方法として全部取得条項付種類株式利用スキームや株式併合スキームが用いられる場合には、対象会社では株主総会が必ず開催されることとなり、その結果、この場合には、MBOによる株式非公開化それ自体の不当性を争おうとする少数株主は、普通株式への全部取得条項の付与や株式併合などを決議する株主総会決議（及び普通株主の種類株主総会決議）の取消しの訴えを提起することになる。

　また、MBOによる株式非公開化それ自体には賛成であるが対価の公正性について争う少数株主は、たとえそれらのスクィーズ・アウトのための株主総会の決議が取り消されたとしても、対象会社の株主の地位のまま取り残されることとなってしまうから、むしろスクィーズ・アウトを通じて少数株主が受領する対価の公正性を保障するための制度を利用することになる。具体的には、①端数株式交換スキームが用いられる場合には株式買取請求権の行使を、②全部取得条項付種類株式利用スキームが用いられる場合には株式買取請求権の行使又は裁判所に対する取得対価の価格決定の申立てを、③株式併合スキームが用いられる場合には株式買取請求権の行使を、④特別支配株主の株式等売渡請求制度スキームが用いられる場合には裁判所に対する売買価格決定の申立てを、それぞれ行うことになる。

　レックスのMBOによる株式非公開化に際しては、全部取得条項付種類株式利用スキームの下で、前記(2)の⑤(ⅰ)乃至(ⅲ)所掲の株主総会決議及び種類株主総会決議がなされたが、これらについては結果的に3か月の出訴期

間（会社法831条）内に株主総会決議取消訴訟が提起されることはなかった。

これは、①レックスのMBOによる株式非公開化は、リスクを少数の投資家に集中させた上で痛みを伴う抜本的経営改革を断行するという正当な事業目的に基づくものであり、少数株主の利益を犠牲にして大株主の利益を図ることを目的としている訳ではなかったこと、②法令及びジャスダック証券取引所規則に従って適時に適正な開示が行われた上で、買収ビークルであるAP8が本件TOB及び本件エタニティー株式の譲受けを通じて直接又は間接にレックスの総株主の議決権の約91.8％を取得しており[41]、かかる事実それ自体が本件TOBにおいて提示された買付価格が公正な金額であったことを十分合理的に推認させるものであること、③本件TOBの

---

[41] 本文記載のとおり、本件TOB及び本件エタニティー株式の譲受けを通じて総議決権の90％以上を直接又は間接に取得することは、価格の十分性を推認させる事情としての意義をも有すると考えられるが（但し、本件MBOに関する取得価格決定の申立てに関する前掲・東京高決平成20年9月12日は、「多数の株主が公開買付けに応じたとの事実から、買付価格や買付価格の設定に当たって考慮されたプレミアムの額が合理的であり、正当であったと容易に推認するのでは、公開買付けが成立した場合には、これに反対する株主にも同額での買付けに応ずることを強制することにもなりかねず、〔中略〕取得価格の決定申立制度の趣旨を没却することにもなりかねない」と判断した。かかる判断に反対するものとして、例えば、奈良輝久ほか・前掲（注34）486頁がある）、TOBを行った結果、買収ビークルが総株主の議決権の90％以上を取得できなかったような場合であっても、それ故に直ちに少数株主の締出し（スクィーズ・アウト）を行うことが違法となる訳ではないと解される。もっとも、たとえTOBによって買収ビークルが対象会社の総株主の議決権の90％以上を取得したとしても、十分な開示がなされていなかった場合やTOB後の少数株主の締出しの際に支払われる対価が公開買付価格よりも低くなることが明示されている場合などには、90％以上の議決権を取得した事実が必ずしも買付価格の十分性を推認させるものとはならない可能性がある。何故なら、十分な開示がなされていた場合には90％以上もの株主がTOBに応募しなかった可能性があるし、また、TOB後の少数株主の締出しの際に支払われる対価が公開買付価格よりも低くなる旨が明示されている場合には、公開買付価格には満足していないが、TOBに応募しないと交付される対価が低額になってしまうためにやむを得ずTOBに応募した株主が存在する可能性もあるからである（いわゆる強圧性の問題）。

開始後、本件TOBよりも株主に有利な条件による対抗TOBは実施されなかったこと（このこと自体も本件TOBにおいて提示された買付価格が公正な金額であったことを十分合理的に推認させる）、④本件スクィーズ・アウトに反対する本件少数株主に対して、本件スクィーズ・アウトの際に交付される対価の金額を争う機会が付与されていたこと、⑤本件スクィーズ・アウトを通じて、本件少数株主が保有していたレックスの普通株式につき、本件全部取得条項付種類株式への内容変更及びレックスによる本件全部取得条項付種類株式の全部取得等を経て、最終的にそれら各本件少数株主に対して交付された対価の額は、実質的に見て、本件TOBにおけるレックスの普通株式の買付価格（1株当たり23万円）と同額であったこと、並びに⑥当該の株主総会及び種類株主総会は約2時間55分を費やして十分な質疑応答が尽くされたものであったこと、等々によるものと考えられる。

　なお、レックスのMBOによる株式非公開化の事例では、普通株式に全部取得条項を付す旨のいわゆる内容変更決議の効力発生の直後に全部取得決議の効力が発生するものとされていたため、全部取得のための株券提供公告を行う段階においては未だに内容変更決議の効力は発生しておらず、したがって、その段階で存在する株式は全部取得条項付種類株式ではなく普通株式に過ぎなかったが、当該普通株式はそのまま全部取得条項付種類株式に内容変更されることが既に決議済みであることからすると、そのような手続についても適法であると考えることが合理的である。

　なお、前述したとおり、本件MBOの対価の公正性に関しては、一部少数株主から、会社法172条に基づき、レックスによる本件全部取得条項付種類株式の取得の価格の決定に関する申立てが行われ、最終的に（本件公開買付価格である）1株当たり23万円を超える33万6,966円を取得価格とする決定が確定している。

4 平成18年度税制改正による株式移転・株式交換税制の抜本改正と全部取得条項付種類株式利用スキーム

(1) 平成18年度税制改正による株式移転・株式交換税制の抜本改正[42]

　平成18年度税制改正による株式移転・株式交換税制の抜本改正に至るまでの株式非公開化の実務においては、平成17年改正前産活法の認定を用いた「現金株式交換方式（産活法方式）」や「株式移転＋株式譲渡＋清算方式」が用いられることが多かった。

　具体的には、「現金株式交換方式（産活法方式）」は、買収ビークル＝公開買付者がTOBによって対象会社株式を買い付けた後で、平成17年改正前産活法の認定を受けて公開買付者を完全親会社、対象会社を完全子会社とする現金交付株式交換を行い、TOBに応募しなかった対象会社の少数株主を現金を対価として締め出す（スクィーズ・アウトする）という方式[43]である（後掲の【図8－2】参照）。

　また、「株式移転＋株式譲渡＋清算方式」は、公開買付者がTOBによって対象会社株式の買付けを行った後に、対象会社が単独の株式移転を行って対象会社株式全てを所有する持株会社を設立し、当該持株会社がその

---

[42] 以下につき、本書第5章参照。また、改正前商法下におけるものを含めた株式非公開化の手法について、武井一浩＝野田昌毅「M&A／組織再編取引におけるプランニング実務―新会社法と先端的実務対応（第1回）―」月刊資本市場255号（2006）62頁以下参照。

[43] 会社法制定前における当時の商法では現金株式交換が認められていなかったため、平成17年改正前産活法に定められていた、主務大臣の計画認定を受けることを条件として現金株式交換を行うことを認める特例措置を利用する方式である。現在では、会社法の下で株式交換対価が柔軟化されたため、主務大臣の計画認定を受けなくとも、会社法に基づいてこの方式を利用することが可能である。

有する対象会社株式全てを株式譲渡によって譲渡した後に当該持株会社を清算し、当該持株会社の株主となっている一般株主に対して金銭を分配するというものである（後掲の【図8－3】参照）[44]。

いずれの方式によっても、対象会社の一般株主に対しては最終的には金銭が交付される（そのことによってスクィーズ・アウトがなされる）ため、対象会社の一般株主においては課税がなされていたが、対象会社たる完全子会社の有する資産の含み損益が税務上直接認識されることはなかった[45]。

しかしながら、平成18年度税制改正（施行日は2006年10月1日）の結果、株式移転・株式交換に関する税制上の取扱いも抜本的に改正されることとなった。既に**第5章**で述べたところと重複するが、改正の概要は、以下のとおりである。即ち、

① 株式移転・株式交換税制は、従前は租税特別措置法において規律されていたところ、法人税法本則の下で規律されることになった。

② 新たな株式移転・株式交換税制の下では、株式移転・株式交換も合

---

[44] 2002年に行われたアボット・ラボラトリーズ（以下「アボット」という）による北陸製薬の完全子会社化に際して用いられた方式である（このケースでは、北陸製薬が株式移転を行って完全親会社である北陸インベストメントホールディングを設立し、当該完全親会社は、その所有する北陸製薬の全株式をアボットの100％子会社であるダイナボットに売却して、清算により消滅した。北陸製薬は、その後ダイナボットと合併している）。その詳細については、藤縄憲一「企業再編における実務上の課題と取組み〔下〕」旬刊商事法務1656号（2003）79頁、内間裕＝野田昌毅「ゴーイング・プライベートの法的手法と留意点」旬刊商事法務1675号（2003）81頁、谷川達也＝福沢美穂子「産業再生法を利用したゴーイング・プライベートの実務」旬刊商事法務1676号（2003）22頁参照。

[45] 「株式移転＋株式譲渡＋清算方式」については、株式移転によって設立された持株会社が対象会社の株式を公開買付者に対して譲渡する際に、株式譲渡益に対するキャピタル・ゲイン課税の形で間接的には対象会社の資産の含み益に対する課税が行われるのが原則であったが、実務上、株式移転の際に持株会社において対象会社の資産等を時価で受け入れる（この際、対象会社の一般株主はその保有していた対象会社株式について譲渡益課税に服する）ことによって対象会社の資産の含み益に対する課税を事実上回避する途があり得るのではないかとも指摘されていたところである。

併や会社分割等の組織再編行為とパラレルな形で「適格」株式移転・株式交換と「非適格」株式移転・株式交換とに分けて規律されることになった。

③　「適格」株式移転・株式交換に該当するための要件は、合併や会社分割といった他の組織再編行為と同様、基本的に、株式以外の資産が交付されないこと及び企業グループ内の株式交換等であること又は共同事業のための株式交換等であることであり、詳細な税制適格要件の内容も概ね他の組織再編行為の税制適格要件とパラレルとされた。

④　税制「非適格」株式移転・株式交換に該当する場合、完全親会社となる会社に関しては特段の課税関係は生じないが、完全子会社となる会社に関しては、その保有資産の時価評価課税が行われることとなった。即ち、当該株式移転・株式交換の結果として完全子会社となる会社が保有する資産のうち一定のものについては、会計上の取扱いに拘わらず（言い換えれば、会計上は、たとえパーチェス法が適用される場合であっても、完全子会社となる会社の保有資産については時価評価損益の認識は特に行われないにも拘わらず）、税務上は時価評価が行われ、その評価損益のネット分について税務上認識がなされることとなった。

⑤　上記④の時価評価に際しては株式移転・株式交換の実施直前の時価が用いられ、当該時価評価により発生した益金又は損金は、それぞれ当該株式移転・株式交換を実施した年度における当該完全子会社となる会社の税務上の課税所得の増額又は減額要因となる（ネットで評価益が存する場合には当該評価益の金額につき所得課税がなされる）こととされた。

⑥　時価評価の対象となる資産は主に、固定資産（営業権も含まれるが、一定の圧縮記帳の適用を受けた減価償却資産は除かれる）、土地（土地の上に存する権利を含み、固定資産に該当するものを除く）、有価証券（売買目的有価証券及び償還有価証券を除く）、金銭債権及び

繰延資産であって、これらのうちその含み損益が1,000万円以上のものとされた。

⑦　一方、株式移転・株式交換の当事会社の株主レベルでは、完全親会社となる会社の株主に関しては特段の課税関係は生じない一方、完全子会社となる会社の株主に関しては、法人レベルでの課税上の取扱いとは異なり、当該株式移転・株式交換が適格株式移転・株式交換に該当するか否かを問わず、およそ完全親会社となる会社の発行株式以外の資産（boot）の交付がない限りは税務上の損益認識の繰延べが認められ、かかる boot の交付がある場合にのみ、従前それら株主が保有していた完全子会社の発行株式が時価で譲渡されたものとして税務上損益認識がされることとされた（完全子会社となる会社から株主への資産の交付がないことから、合併等の場合とは異なり、みなし配当課税は一切行われない[46]）。

このように、平成18年度税制改正の結果、適格株式移転又は適格株式交換に該当するための要件として現金等不交付要件や株式継続保有要件が課されることとなる（法法2条12号の17・12号の18）[47]とともに、税制非適格の株式移転・株式交換が行われた場合には、株式移転完全子会社ないし株式交換完全子会社となる会社においては、その資産の含み益について時価評価課税が行われることとなった。

そのため、「現金株式交換方式（産活法方式）」を用いたスクィーズ・ア

---

[46]　青木孝徳ほか『改正税法のすべて〔平成18年版〕』（大蔵財務協会、2006）299頁。

[47]　従前は、完全親会社となる会社から交付を受けた金銭及び資産の価額が、当該金銭及び資産の価額と完全親会社となる会社から割当てを受けた株式の交換時における価額との合計額に占める割合が5％以下であることが、課税繰延べの要件とされていたが（平成18年度税制改正前の措法37条の14第1項、67条の9第1項）、かかる要件は廃止されている。なお、現金等不交付要件が課されるようになったものの、株主に対する剰余金の配当として金銭その他の資産を交付する場合には、現金等不交付要件に抵触せず、適格株式交換に該当し得るものとされている（法法2条12号の17柱書）。

ウトについては、現金等不交付要件に抵触する結果として税制非適格の株式交換とされ、また、「株式移転＋株式譲渡＋清算方式」を用いたスクィーズ・アウトについては、株式移転によって設立した持株会社がその有する対象会社株式を譲渡することが見込まれている結果、株式継続保有要件に抵触して税制非適格の株式移転とされることとなって、結局のところ、いずれの方式を用いた場合でも、対象会社たる完全子法人の有する資産の含み益について時価評価課税が行われることとなった。

なお、株式非公開化のために従前実務上用いられてきた方式のうち、公開買付者が対象会社株式を TOB によって取得した後に、公開買付者が対象会社を自ら又はその完全子会社に吸収合併させて完全子会社化し、その際、一般株主に対しては1株未満の端数のみを交付する形にして、会社法の規定に従って端数株式の処理を行う方式（いわゆる「端数株式交付合併方式」[48]）については、平成18年度税制改正の影響を直接的には受けなかったところである[49]。しかしながら、この方式についても、2007年5月1

---

[48] 例えば、スクウェア・エニックスによるタイトーの完全子会社化に際しては、スクウェア・エニックスが、その完全子会社である SQEX に（TOB によって子会社化していた）タイトーを吸収合併させることによって、タイトーの少数株主のスクィーズ・アウトを行っている（2005年12月12日付けプレス・リリース参照）。なお、現金等不交付要件との関係については、法人税基本通達1—4—2参照。

[49] 但し、例えば端数株式を交付する株式交換を行った後で、許認可の承継等の関係で、公開買付者ではなく対象会社を存続会社として対象会社と公開買付者が合併を行うことがあるが、このような場合には、当該株式交換が非適格になるおそれがある。株式交換後に株式交換完全親法人が被合併法人となる適格合併を行うことが見込まれている場合には、①当該株式交換のときから当該適格合併の直前の時まで株式交換完全親法人が株式交換完全子法人の発行済株式等の全部を直接保有する関係が継続し、且つ、②当該適格合併後に当該適格合併の合併法人が株式交換完全子法人の発行済株式等の全部を直接又は間接に保有する関係が継続することが見込まれていることが適格株式交換に該当するための要件とされているところ（法法2条12号の17、法施令4条の3第18項（なお、平成18年度税制改正直後は第13項））、株式交換完全子法人たる対象会社を合併法人、公開買付者を被合併法人とする合併を行うと、当該合併後に合併法人が株式交換完全子法人の発行済株式の全部を保有する関係にならず、②の要件を満たさないためである。

日に会社法上の合併等対価の柔軟化が施行されたことで、法人税法132条の2による行為又は計算の否認がなされるのではないかというリスクに留意する必要性が高まることとなった。何故なら、（産活法の認定の取得に伴う様々な制限を受けることなく）会社法上現金を対価として交付する合併等が認められているにも拘らず、敢えて端数株式を対価として交付することの理由につき合理的な説明[50]を行うことは、従前よりも困難になったとも考えられたからである。

【図8－2】 現金株式交換を用いたスクィーズ・アウト

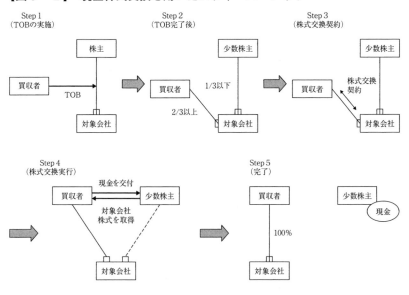

---

[50] このような合理的な説明の例としては、例えば、対象会社の既存の大株主に株主として残留し、対象会社の経営に引き続き関与してもらう必要があるため、かかる大株主についてまでキャッシュ・アウトしてしまう現金交付合併ではなく、端数株式交付合併を用いる必要がある等の説明が考えられる。

【図8-3】 株式移転+株式譲渡+清算方式によるスクィーズ・アウト

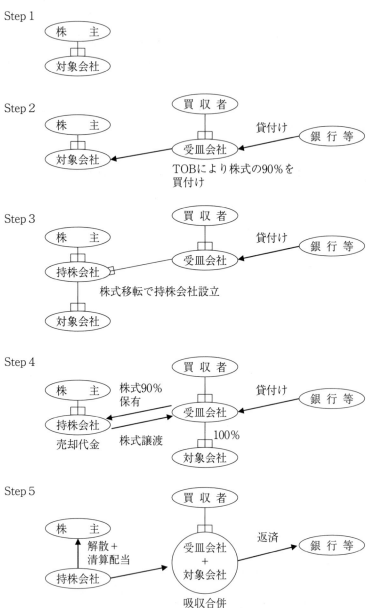

(2) 端数株式交換スキームと全部取得条項付種類株式利用スキームの登場

　このような事態を受けて、新たに考案されたのが「端数株式交換スキーム」と「全部取得条項付種類株式利用スキーム」である。このうち前者の「端数株式交換スキーム」は、まず、①買収ビークルがTOBによって対象会社の総株主の議決権の２／３以上に相当する株式を取得した上で、②対象会社の少数株主に対しては１株未満の株式のみが交付されるような比率で、買収ビークルを株式交換完全親会社とし、対象会社を株式交換完全子会社とする株式交換を行い、③当該株式交換完了後に、会社法234条（端数株に関する競売等による代金交付制度）の手続に従い、端数株式を金銭により処理する、というスキームであり（後掲の【図８−４】参照）、東芝セラミックス、ベルテクノ及びツバキ・ナカシマ等のMBOによる株式非公開化に際して用いられた。しかしながら、平成19年３月13日付け課法2-3・課審5-11による法人税基本通達１−４−２の改正により、国税庁から、端数株式の代金として交付された金銭が、その交付の状況その他の事由を総合的に勘案して実質的に当該株主等に対して支払う合併の対価であると認められるときは、当該合併の対価として金銭が交付されたものとして取り扱うとの解釈が示されたため、現在では、「現金株式交換方式（産活法方式）」を用いた場合と同様に、対象会社の資産含み益に時価評価課税がなされるリスクが高まったものと解さざるを得ず、最近では実務上余り用いられていない[51]。

　他方、後者の「全部取得条項付種類株式利用スキーム」は、前述したよ

51　組織再編行為に対する一般的否認規定である法人税法132条の２の射程については、本書**第14章**参照。なお、当時端数株式交換スキームが全部取得条項付種類株式利用スキームよりも租税回避として否認される可能性が高いと述べていたものとして、渡辺裕泰「組織再編税制の適格要件に関する一考察」金子宏編『租税法の基本問題』（有斐閣、2007）542−544頁。

うに、公開買付者がTOBによって対象会社株式を取得した後に、対象会社において株主総会を行い、対象会社が発行している普通株式を全部取得条項付種類株式に内容変更するとともに当該全部取得条項付種類株式の全部取得決議を行い、全部取得条項付種類株主に対して取得の対価として対象会社の普通株式を交付するものとするが、その際、少数株主に対しては1株未満の端数株式・・のみが交付されるような比率にすることによって、少数株主については会社法234条の規定に従って金銭（端数株式の売却代金の交付）による処理を行うというものである（前掲の【図8－1】参照）。この方式は、「現金株式交換方式（産活法方式）」や「株式移転＋株式譲渡＋清算方式」と異なり、株式交換や株式移転を用いていないため、前述した平成18年度税制改正による株式移転・株式交換税制の抜本改正による影響を直接受けることがない（即ち、少数株主のスクィーズ・アウトを行っても対象会社の資産含み益に時価評価課税がなされることがない）。その結果、会社法平成26年改正の施行までは、上場会社のMBOによる株式非公開化に際して実務上用いられることが多くなったことは、前述したとおりである。

　なお、この全部取得条項付種類株式利用スキームが利用されるようになった当初においては、当該スキームを用いて少数株主のスクィーズ・アウトが行われた場合、全部取得の対価として交付された端数株式の換価代金を受け取った少数株主や会社法172条に基づき全部取得条項付種類株式の取得価格の決定に関する申立てを行った少数株主が、みなし配当課税に服するか否かが問題となっていた[52]（仮にみなし配当課税がなされるとすれば、これらの少数株主は、譲渡益課税にしか服さないことになる買収ビークルによるTOBに応じた株主よりも税引後の手取額で不利になる可能性

52　これらの少数株主は、形式上、対象会社自身からスクィーズ・アウトの対価の交付を受けることになるため、みなし配当課税の有無が問題となる。

が存していたため、当該TOBが強圧性を帯びることになるのではないかとして問題とされていた。更に、みなし配当課税がなされる場合には源泉徴収課税がなされることになる点や、そのこととの関係で、それら少数株主が非居住者等である場合には当該源泉徴収された所得税額が事実上取り戻せない事態が生じ得る点も問題とされていた。なお、前記の法基通2－3－1但書参照）。しかしながら、東京国税局が、レックスのスクィーズ・アウトの事例につき、レックスに対し、全部取得の対価として交付された端数株式の換価代金をそのまま受け取ったレックスの少数株主だけでなく、会社法172条に基づき全部取得条項付種類株式の取得の価格の決定に関する申立てを行ったレックスの少数株主についても、みなし配当課税を行わず、譲渡益課税のみを行う方針を回答した[53]ことで、現在では、この問題についても実務上決着がついている。

---

53 前掲（注37）の2007年7月10日付け日本経済新聞朝刊参照。

【図8-4】 端数株式交換を用いたスクィーズ・アウト

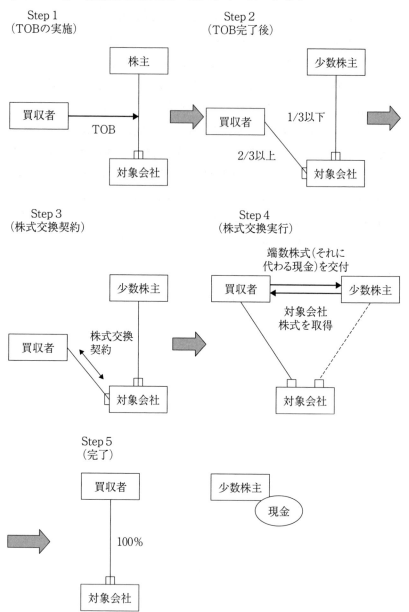

5　会社法平成26年改正施行後におけるスクィーズ・アウトのための手法と産業競争力強化法による特例措置

(1)　会社法平成26年改正におけるスクィーズ・アウト関連の改正

　以上で述べたとおり、平成18年度税制改正の影響もあって、2006年11月に公表されたレックスのMBOの事例以降は、上場会社等のスクィーズ・アウトの手法としては、主として全部取得条項付種類株式利用スキームが用いられるようになった。もっとも、会社法平成26年改正前の旧会社法（以下「平成26年改正前会社法」という）の下では、完全子会社化そのものを目的にした手法は定められておらず、全部取得条項付種類株式制度も、本来、いわゆる100％減資の手続の簡易化を想定して創設された制度であり、スクィーズ・アウトを目的とする利用に一定の限定を付すべきとの指摘[54]や、全部取得条項付種類株式の取得を利用した場合には、（略式組織再編行為のように株主総会の決議を省略する制度が会社法上用意されておらず）常に株主総会の特別決議を要することになってしまうため、スクィーズ・アウトに要する時間的・手続的コストが大きいとの指摘もなされていた。

　さらに、後者の指摘に関連して、例えば、実務上よく行われていたように、第1段階として公開買付けを実施した後に、第2段階として全部取得条項付種類株式の取得を利用してスクィーズ・アウトを実施する場合には、臨時株主総会を開催する場合を念頭に置くと、公開買付けの決済日か

---

[54]　議論の詳細については、笠原武朗「全部取得条項付種類株式制度の利用の限界」黒沼悦郎・藤田友敬編『江頭憲治郎先生還暦記念　企業法の理論〔上巻〕』（商事法務、2007）235頁参照。

ら約 8 週間程度の期間が必要となることから[55]、TOB の終了からスクィーズ・アウトが実施されるまでの間、長期間に亘って TOB に応募しなかった少数株主が不安定な立場に置かれることになる。従って、株主に、このようなリスクを避けるために第 1 段階目の TOB に応募しようとのインセンティブを生じさせてしまう（TOB に強圧性が生じる）おそれがあるという問題も指摘されていた。

このような背景の中、会社法平成26年改正においては、スクィーズ・アウトに必要となる時間的・手続的コストを軽減させると共に、スクィーズ・アウトに係る一連の手続の中で少数株主に交付される対価の適正さを確保する観点から、株式等売渡請求制度が創設された他、スクィーズ・アウトのために用いられる会社法の各制度について、横断的な改正がなされた。

そこで、以下では、会社法平成26年改正によるこれらの改正の内容を概説すると共に、現状、スクィーズ・アウトのために利用することができる会社法（及び産業競争力強化法）上の制度を概観することとする。

(2) 特別支配株主の株式等売渡請求制度

イ 制度の概要

2015年 5 月 1 日に施行された会社法平成26年改正により、新たなスクィーズ・アウトのための制度として、特別支配株主の株式等売渡請求制度が導入された。

この特別支配株主の株式等売渡請求制度（以下「株式等売渡請求制度」という）とは、対象会社の総株主の議決権の90％以上を保有する株主（以下「特別支配株主」という）は、対象会社の株主総会の決議を要することなく（但し、対象会社の取締役会又は取締役の承認が前提となる）、少数

---

[55] 香田温子＝鈴木賢一郎＝渡辺奈津子「株主総会判断型の買収防衛策」旬刊商事法務1752号（2005）42頁参照。

株主に対して、その保有する株式又は株式及び新株予約権（以下、本章において「株式等」という）を売り渡すように請求できる（以下、かかる請求を「株式等売渡請求」という）というものである（会社法179条～179条の10）。なお、この特別支配株主の株式等売渡請求制度とスクィーズ・アウトのために利用されている他の制度との関係であるが、2011年11月24日に法務省民事局参事官室から公表された、「会社法制の見直しに係る中間試案の補足説明」（以下、本章において「補足説明」という）においては、特別支配株主の株式等売渡請求制度は対象会社の総株主の議決権の90％以上を保有する株主が利用し得るスクィーズ・アウトの手法として、他の手法とは別に新たな手法を追加するものであって、当該制度の創設は、他の手法によるスクィーズ・アウトに関する改正前の会社法の規律の変更を意図するものではないと説明されており、例えば、買付者が公開買付けにおいて対象会社の総株主の議決権の90％未満しか対象会社の株式を取得できず、特別支配株主による株式等売渡請求制度を利用することができない場合等においても、金銭を対価とする組織再編行為や全部取得条項付種類株式の取得を利用したスクィーズ・アウトをこれまでどおり実施することが可能であると一般に解されている。

特別支配株主による株式等売渡請求制度を利用したスクィーズ・アウトの手続の概要は、後掲の【図8－5】のとおりであり、同制度を利用してスクィーズ・アウトを実施する場合と全部取得条項付種類株式利用スキームによってスクィーズ・アウトを実施する場合との主要な事項に関する比較については後掲の【表8－2】のとおりである。

以下、特別支配株主による株式等売渡請求制度の概要を簡潔に概説する。

ロ　特別支配株主の意義

まず、この制度の下で少数株主に対してその保有する株式等を売り渡すように請求できるためには、「特別支配株主」（会社法179条1項）に該当することが必要となるが、「特別支配株主」とは対象会社の総株主の議決

権の90％（定款でそれを上回る割合が定められているときはその割合）以上を保有する株主である。ここでいう議決権の保有には直接保有のみならず間接保有も含まれるものとされている。間接保有については、発行済株式の全部を保有する株式会社その他これに準ずるものとして法務省令（会社法施行規則33条の4）で定める法人（特別支配株主完全子法人）が保有しているものが合算されるものとされている。

　なお、実務上、既存の大株主2社が上場会社に対するスクィーズ・アウトを実施し、合弁会社化するというケース（あるいは、MBOの場面において既存の大株主は公開買付けに応募しないようなケース）があるが、このような場面において、株式等売渡請求制度を利用できるかどうかが問題となる。この点、2015年2月6日付けで法務省が公表した「会社法の改正に伴う会社更生法施行令及び会社法施行規則等の改正に関する意見募集の結果について」と題する文書の「第3　意見の概要及び意見に対する当省の考え方」（以下、これを「法務省パブコメ回答」という。なお、以下で法務省パブコメ回答を引用する場合、項番号の「第3」は全て省略して引用する）の2(4)⑤において、特別支配株主は1人（1社）であることが必要であるとの回答がなされているため、公開買付け実施後において、特別支配株主完全子法人以外の第三者との間で合算して議決権の90％以上を保有するに至ったような場合であっても、株式等売渡請求制度は利用できないことになる。従って、このような状況においてスクィーズ・アウトを実施しようとする場合、全部取得条項付種類株式利用スキームや株式併合を利用する方法など、株式等売渡請求制度以外の方法による必要がある。

ハ　新株予約権・新株予約権付社債の取扱い

　次に、株式等売渡請求制度の下では、スクィーズ・アウトの際に、新株予約権・新株予約権付社債についても併せて売り渡すよう請求することができるものとされている。この点、全部取得条項付種類株式利用スキームによるスクィーズ・アウトの場合には、新株予約権者から新株予約権を強

制的に取得することが制度上不可能であるため、スクィーズ・アウトを実行した後においても、新株予約権者が残存する場合には、完全子会社化の目的を想定どおりには達成できないおそれがあった（但し、新株予約権が行使される都度スクィーズ・アウトを実施することで最終的には完全子会社化の目的を達成することは可能である）。これに対して、特別支配株主が株式等売渡請求制度を利用してスクィーズ・アウトを実施する場合には、その実効性を確保する観点から、株主と併せて、新株予約権者及び新株予約権付社債権者に対しても、その保有する新株予約権について売渡請求を行うことができるものとされたため、全部取得条項付種類株式利用スキームよりも、スクィーズ・アウトの手法としてメリットがあるものと考えられる。

　なお、新株予約権付社債に付された新株予約権については、基本的に社債と分離して譲渡できないものとされている（会社法254条2項参照）ことから、会社法制の見直しに際してその取扱いについて議論があったところであるが、最終的には株式等売渡請求制度の対象とされている（会社法179条第3項）。

二　株式等売渡請求の手続

　株式等売渡請求の手続等であるが、会社法では、株式等売渡請求に際して、特別支配株主は、①特別支配株主完全子法人に対して株式売渡請求をしないこととするときは、その旨及び当該特別支配株主完全子法人の名称（会社法179条の2第1項1号）、②売渡株主（対象会社、特別支配株主及び特別支配株主完全子法人を除く）に対して、売渡株式の対価として交付する金銭の額又はその算定方法（同項2号）、③売渡株主に対する上記②の金銭の割当てに関する事項（同項3号）を定めなければならない。さらに、特別支配株主が、株式売渡請求に併せて新株予約権売渡請求をするときには、④その旨及び新株予約権に係る上記①から③に対応する事項を定めなければならない（同項4号）。その他、特別支配株主は、⑤売渡株式

等を取得する日（同項5号）、⑥株式売渡対価[56]の支払いのための資金を確保する方法（同項6号、会社法施行規則33条の5第1項1号）、及び⑦上記①から⑤までに掲げる事項のほか、株式等売渡請求に係る取引条件を定めるときは、その取引条件（会社法179条の2第1項6号、会社法施行規則33条の5第1項2号）を明らかにすべきものとされている。なお、法務省パブコメ回答2(4)①では、上記⑥の支払いのための資金を確保する方法について対象会社が確認する方法としては、特別支配株主の預金残高証明や金融機関からの融資証明書等が想定されるとされている。

次に、特別支配株主は、株式等売渡請求をしようとするときは、対象会社に対し、その旨及び上記①から⑦までに掲げる事項を通知し、対象会社の承認を受けなければならないものとされている（会社法179条の3第1項）。

ここで、対象会社の承認を株式等売渡請求の要件としている点については、補足説明によると、株式等売渡請求制度においては、スクィーズ・アウトの対価その他の条件は特別支配株主が定めるものとされているところ、売渡株主等の利益への配慮という観点に鑑みると、特別支配株主等による一方的な条件提示のみによって無条件にスクィーズ・アウトを認めることは適切ではなく、スクィーズ・アウトの条件について一定の制約が必要であることから、このような制約として、対象会社の取締役（対象会社が取締役会設置会社である場合には、取締役会）が株式等売渡請求について承認をする際、売渡株主等の利益に配慮し、スクィーズ・アウトの条件が適正なものといえるかどうかを検討することを期待する趣旨であると説明されている。

なお、特別支配株主が株式売渡請求に併せて新株予約権売渡請求を行ったときは、対象会社は新株予約権売渡請求のみを承認することはできないとされているが（会社法179条の3第2項）、これは、特別支配株主が株式

---

[56] 新株予約権等売渡請求権を同時に行使する場合には、株式売渡対価及び新株予約権売渡対価。

売渡請求を行った後に新株予約権が行使される場合、スクィーズ・アウトの目的が想定どおりには達成できないことを防止する趣旨から株式等売渡請求制度の対象に新株予約権を含めたという制度目的に照らして規定されたものである[57]。他方、特別支配株主が株式売渡請求に併せて新株予約権売渡請求を行った時であっても、対象会社において株式売渡請求のみを承認し、新株予約権売渡請求を承認しないことは可能である。従って、特別支配株主として株式売渡請求のみが承認されるような事態を避けるためには、株式売渡請求の条件として新株予約権売渡請求が承認されることを盛り込む等の手当てが必要であろう。

また、会社法322条1項1号の2は、対象会社が会社法179条の3第1項に規定する株式等売渡請求の承認をする場合において、ある種類の株式の種類株主に損害を及ぼすおそれがあるときは、当該承認は、当該種類の株式の種類株主を構成員とする種類株主総会の決議がなければ、その効力を生じないとしている。これは、株式等売渡請求制度においては、株式に係る売渡請求は全ての株主に対して行われることになるところ、対価の割当てについては株式の種類ごとに異なる取扱いを行うことが認められていることから、一定の場合に種類株主総会の決議を要することにより、種類株主間の利害関係を調整する趣旨であると説明されている[58]。株式等売渡請求の場面における「損害を及ぼすおそれ」の意義は、必ずしも明らかではないが、対価の割当てが株式の種類ごとに異なること自体をもって「損害を及ぼすおそれ」があると広く解すれば、対象会社が種類株式発行会社である場合には、実務上種類株主総会を開催することが必須となる。その場合、対象会社の株主総会の決議を要しないという株式等売渡請求のメリットが減殺されることになるため、実務上は注意が必要である。

次に、会社法179条の4は、対象会社は、株式等売渡請求に対する承認

57　法制審議会会社法制部会第22回会議議事録14-15頁〔内田修平関係官発言〕参照。
58　法制審議会会社法制部会第18回会議議事録29頁〔内田修平関係官発言〕参照。

をしたときは、取得日の20日前までに、売渡株主等に対しては、当該承認をした旨、特別支配株主の氏名又は名称及び住所、並びに会社法179条の2第1項1号から5号までに掲げる事項その他法務省令で定める事項を（会社法179条の4第1項1号）、また、売渡株式の登録株式質権者及び売渡新株予約権の登録新株予約権質権者に対しては、当該承認をした旨を（同項2号）、それぞれ通知しなければならないものと規定している。

　この点、会社法179条の4第2項では、売渡株主に対して行うものを除き、公告をもって通知に代えることができるとされており、また、振替株式を発行している対象会社は、振替株式である売渡株式の株主又はその登録株式質権者に対する上記の通知に代えて、当該通知すべき事項を公告しなければならないものとされている（「社債、株式等の振替に関する法律」161条2項）。従って、上場会社においては、このような公告が義務付けられていることになる。

　対象会社が上記の通知又は公告をしたときは、特別支配株主から売渡株主等に対し、株式等売渡請求がされたものとみなされる（会社法179条の4第3項）。

　なお、特別支配株主による株式等売渡請求制度においては、売渡株主等に対する情報開示について一定の役割を果たすという観点から、対象会社による事前開示手続及び事後開示手続が設けられている（会社法179条の5及び179条の10）。

　事前開示事項は、①特別支配株主の氏名又は名称及び住所、②特別支配株主完全子法人に対して株式売渡請求をしないこととするときは、その旨及び当該特別支配株主完全子法人の名称、③売渡株主に対して売渡株式の対価として交付する金銭の額又はその算定方法、④売渡株主に対する上記③の金銭の割当てに関する事項、⑤株式売渡請求に併せて新株予約権売渡請求をするときは、その旨及び新株予約権売渡請求に関する事項、⑥特別支配株主が売渡株式を取得する日（取得日）、⑦株式売渡対価の支払いのための資金を確保する方法、⑧上記②から⑥までのほか、株式等売渡請求

に係る取引条件を定めるときは、その取引条件、⑨株式等売渡請求の承認をした旨、⑩株式売渡対価及び新株予約権売渡対価の総額の相当性に関する事項や承認に当たり売渡株主等の利益を害さないように留意した事項その他の対価についての定めの相当性に関する事項、⑪株式等売渡対価の支払いのための資金を確保する方法（上記⑦）についての定めの相当性その他の株式等売渡対価の交付の見込みに関する事項（当該見込みに関する対象会社の取締役の判断及びその理由を含む）、⑫株式等売渡請求に係る取引条件（上記⑧）についての定めがあるときは、当該定めの相当性に関する事項（当該相当性に関する対象会社の取締役の判断[59]及びその理由を含む）、⑬対象会社の後発事象等、並びに⑭特別支配株主が売渡株式等の全部を取得する日までの間に上記⑩から⑬までに変更が生じたときは、変更後の当該事項とされている（会社法179条の5第1項、会社法施行規則33条の7）。

他方、事後開示事項は、①特別支配株主が売渡株式等の全部を取得した日、②差止請求に係る手続の経過、③売買価格決定の申立手続の経過、④株式売渡請求により特別支配株主が取得した売渡株式の数[60]、⑤新株予約権売渡請求により特別支配株主が取得した売渡新株予約権の数、⑥上記⑤の売渡新株予約権が新株予約権付社債に付されたものである場合には、当該新株予約権付社債についての各社債（特別支配株主が新株予約権売渡請求により取得したものに限る）の金額の合計額、並びに⑦上記①から⑥までのほか、株式等売渡請求に係る売渡株式等の取得に関する重要な事項とされている（会社法179条の10第1項、会社法施行規則33条の8）。

---

[59] 法務省パブコメ回答2⑷④は、「『取締役会』の『判断』とは取締役会の決議による判断を意味する。また、『その理由』は、当該取締役会の決議による判断の理由を意味し、当該決議の審議の過程に即した内容とすることが求められる（審議の過程に照らし、取締役会の判断の理由として複数の理由を記載することが適当である場合であれば、当該複数の理由を記載することが求められる。）」とする。

[60] 種類株式発行会社のときは、種類及び種類ごとの数。

ホ　売渡株式等の取得日

　会社法179条の9は、株式等売渡請求をした特別支配株主が、取得日に売渡株式等の全部を取得するものと定めている。これは、補足説明によると、法律関係の画一的処理の観点から、売渡株式等の全部が取得日に一括して特別支配株主に移転する趣旨であると説明されている。もっとも、売渡株式等の取得の条件として、対価の支払いが規定されていないことから、特別支配株主において対価の支払いを行わなくても売渡株式等の所有権を取得できることになる（即ち、売渡株式等の取得と対価の支払いは同時履行の関係に立たない）。

　この点に関しては、会社法平成26年改正の法案審議の際に問題となり、最終的に、前述のとおり、会社法施行規則において、対象会社の取締役が対価の交付の見込みを確認した上で、事前開示事項として当該確認結果を開示すべき旨が定められた（会社法施行規則33条の7）。この場合における対価の交付の見込みを確認するための具体的な方法については、前述のとおり、特別支配株主の預金残高証明書や金融機関からの融資証明書等で確認することになるものと解される（法務省パブコメ回答2(4)①参照）。

　仮に売渡株式等に対する対価の交付の大部分が未払いである場合には、取得手続の著しい瑕疵に該当するとして、売渡株式等の取得の無効の訴えにおける無効事由に該当し得るものと解されている[61]。これにより、売渡株主等は上記訴えを提起することで売渡株式等の取得の全部の無効を主張することができる。売渡株主等が自身に対する対価の未払いを理由として自己の保有していた売渡株式等に関して・の・み、債務不履行を理由とした個別解除をすることができるかについては見解が分かれている[62]。

　対象会社の取締役が上記の確認義務を怠った場合、善管注意義務違反に

---

[61] 坂本三郎編著『一問一答平成26年改正会社法〔第2版〕』（商事法務、2015）283頁。
[62] 江頭憲治郎＝中村直人編著『論点体系会社法＜補巻＞』（第一法規、2015）158－159頁〔前田修志執筆部分〕。

なると解されることから、対象会社の取締役は全部取得条項付種類株式利用スキームを用いたスクィーズ・アウトと比べて重い義務を負うことになると思われる。

ヘ　少数株主等（売渡株主等）の救済手段

特別支配株主の株式等売渡請求制度においては、少数株主等（売渡株主等）の救済方法として、①裁判所への売買価格決定の申立て、②株式等売渡請求による株式等取得の差止請求、及び③株式等売渡請求による株式等取得の効力を争う訴えの各制度が設けられている。

まず、裁判所への売買価格の決定の申立てであるが、会社法では、株式等売渡請求があった場合には、売渡株主等が、取得日の20日前の日から取得日の前日までの間に、裁判所に対し、その有する売渡株式等についての売買価格の決定の申立てをすることができるものとされている（会社法179条の8）。

なお、最高裁決定により、株式等売渡請求に係る対象会社の通知又は公告後に売渡株式を取得した者による売買価格決定の申立ては認められない旨が示されている[63]。

63　最決平成29年8月30日金融・商事判例1526号162頁。この決定の評釈として、弥永真生「売渡株式等の売買価格決定申立てをすることができる者」ジュリスト1513号（2017）2頁、辰巳郁「株式売渡請求に係る対象会社の通知または公告後に売渡株式を取得した者による売買価格決定申立ての可否(消極)―最二小決平29.8.30―」金融法務事情2080号（2017）44頁、鳥山恭一「キャッシュ・アウトにおいて価格決定の申立てが認められる株主の範囲：株式会社マツヤ事件」法学セミナー755号（2017）111頁、松尾健一「会社法179条の4第1項の通知等の後に株式を譲り受けた者による売買価格決定の申立ての可否」法学教室447号（2017）149頁、松田敦子「会社法179条の4第1項1号の通知又は同号及び社債、株式等の振替に関する法律161条2項の公告がされた後に会社法179条の2第1項2号に規定する売渡株式を譲り受けた者が、同法179条の8第1項の売買価格の決定の申立てをすることの可否」ジュリスト1516号（2018）90頁、加藤貴仁「特別支配株主による株式売渡請求がなされた場合に売買価格の決定の申立てをすることができる株主の範囲」ジュリスト臨時増刊1518号（2018）102頁。

次に、株式売渡請求による株式取得の差止請求に関しては、会社法179条の7が、①株式売渡請求が法令に違反する場合、②対象会社が会社法179条の4第1項1号（売渡株主に対する通知に係る部分に限る）又は会社法179条の5（事前開示手続）の規定に違反した場合、③会社法179条の2第1項2号又は3号に掲げる事項が対象会社の財産の状況その他の事情に照らして著しく不当である場合のいずれかに該当する場合であって、売渡株主が不利益を受けるおそれがあるときには、売渡株主は特別支配株主に対して当該売渡株式の全部の取得をやめることを請求できると定めている[64]。この点、補足説明によると、株式売渡請求による株式の取得については、全部取得条項付種類株式の取得の場合と異なり、対象会社の株主総会等の決議の取消しの訴え（会社法831条）による救済の余地がないことから、それに代わる売渡株主の救済方法として、差止請求を認めたものと説明されている。

　差止事由については、この制度が略式組織再編行為の差止請求制度（平成26年改正前会社法784条2項）を参考に創設されたものであることから、基本的な枠組みは略式組織再編行為の差止請求制度と同様である[65]。なお、前述したとおり、会社法施行規則において、事前開示事項として、「対価の交付の見込み」が定められたことから、虚偽の書類を提出する等、「対価の交付の見込み」に虚偽があると考える少数株主は、会社法施行規

---

[64] 会社法179条の7第2項で、売渡しの対象が新株予約権者である場合についても同様の規定が設けられている。

[65] 但し、株式等売渡請求制度によるスクィーズ・アウトは、組織再編行為によるスクィーズ・アウトの場合と異なり、取引は特別支配株主と売渡株主との間においてのみ行われ、対象会社が取引の相手方にならない。従って、株式等の売渡請求が定款に違反することを観念し得ないと考えられることから、平成26年改正前会社法784条2項1号とは異なり、「法令又は定款に違反する場合」ではなく「法令に違反する場合」（会社法179条の7第1項1号）とのみ規定されている。

則違反を根拠に差止請求を提起することができると考えられる[66]。

最後に、株式等売渡請求による株式等取得の効力を争う訴え(以下「売渡株式等の取得の無効の訴え」という)についてであるが、株式等売渡請求による株式等の取得は、多数の株主等の利害に影響を及ぼすことから、法的安定性を確保するため、この売渡株式等の取得の無効の訴えについては、提訴期間が取得日から6か月以内(対象会社が公開会社でない場合にあっては、取得日から1年以内)に限定されている(会社法846条の2第1項)。また、売渡株式等の取得の無効の訴えを提起できる提訴権者には、売渡株主等のほか、その利益に配慮すべき者として、対象会社の取締役、監査役、執行役又は清算人及び取得日において対象会社の取締役、監査役又は執行役であった者も含まれるものとされている(会社法846条の2第2項)。

無効事由については、募集株式の発行の無効や組織再編の無効と同様、特に明文で定められておらず、解釈に委ねられている。具体的な無効事由としては、①特別支配株主となるための議決権保有割合(総株主の議決権の90%以上)の要件が満たされていない場合、②株式等売渡請求について対象会社の承認を受けていない場合、③売渡株式等の売買価格が著しく不当である場合及び④売渡株式等の大部分について対価が支払われない場合が考えられる[67]。法制審議会会社法制部会では、株式等売渡請求による株式等の取得の場合は、組織再編の場合とは異なり、株式等売渡請求がされたことを前提に法律関係が積み重なったり資産が変動したりすることが少ないと考えられるので、その無効事由は、組織再編における無効事由よりも広いと考えられるのではないかという指摘もなされていた[68]。

---

[66] 2014年6月19日開催の参議院法務委員会における谷垣禎一法務大臣の答弁(第186回国会参議院法務委員会会議録第25号2頁)参照。

[67] 坂本・前掲(注61)282-284頁、290頁脚注2参照。

[68] 法制審議会会社法制部会第18回会議議事録18頁以下〔藤田友敬幹事発言〕、坂本・前掲(注61)283-284頁参照。

【図8−5】 株式等売渡請求を用いたスクィーズ・アウト

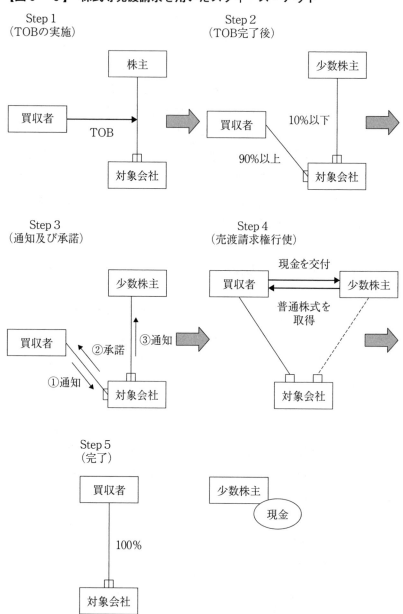

(3) 全部取得条項付種類株式利用スキームを利用したスクィーズ・アウト

イ　改正の概要

　上記のとおり、会社法平成26年改正では、新たなスクィーズ・アウト制度として特別支配株主の株式等売渡請求制度が創設されたが、後述する株式併合の制度を含め、スクィーズ・アウトのために用いられる他の制度についても、横串を刺す形で、制度の内容を可能な限り揃えることを目的とした改正がなされた。

　そして、従来、スクィーズ・アウトの目的で実務上多用されてきた全部取得条項付種類株式の制度についても、従前の会社法上の規律が一部改められた。改正された事項は、具体的には、①事前開示手続・事後開示手続による情報開示の充実、②取得価格決定申立てに関する規律の整備、③全部取得条項付種類株式の取得に関する差止制度の創設の3点である。

ロ　事前開示手続・事後開示手続による情報開示の充実

　スクィーズ・アウトの方法としては、従来、全部取得条項付種類株式利用スキームが用いられることが実務上多かったが、補足説明によると、この方法を用いた場合には、会社法上、組織再編行為を利用する場合と比較して情報開示に関する規律が必ずしも十分ではなかったため、この点を改善すべく、組織再編行為に係る規律と同様に、会社法平成26年改正により、新たに事前開示手続及び事後開示手続が設けられた。

　このうち、事前開示事項（会社法171条の2）については、①取得の対価に関する事項（会社法171条1項1号）、②その割当てに関する事項（同項2号）、③取得日（同項3号）、④取得対価の相当性に関する事項（会社法施行規則33条の2第1項1号）、⑤取得対価について参考となるべき事項（同項2号）、⑥計算書類等に関する事項（同項3号）、⑦取得日までの間に上記④から⑥までに変更が生じたときは、変更後の当該事項（同項4

号）が開示対象とされている。なお、スクィーズ・アウトのために株式の端数処理を行う場合、会社法施行規則において開示事項とされた上記④の事項として、端数処理の方法に関する事項、当該処理により株主に交付することが見込まれる金銭の額及び当該額の相当性に関する事項が追加されている（会社法施行規則33条の２第２項４号）。

　また、事後開示事項（会社法173条の２）については、①株式会社が全部取得条項付種類株式の全部を取得した日（会社法施行規則33条の３第１号）、②差止請求に係る手続の経過（同条２号）、③価格決定の申立手続の経過（同条３号）、④株式会社が取得した全部取得条項付種類株式の数（同条４号）、⑤上記①から④までのほか、全部取得条項付種類株式の取得に関する重要な事項（同条５号）が開示対象とされている。

ハ　取得価格決定申立てに関する規律の整備及び全部取得条項付種類株式の取得に関する差止制度の創設

　会社法平成26年改正前から、会社法においては、全部取得条項付種類株式の取得については、取得に係る株主総会の決議（会社法171条１項）において議決権を行使できない株主にも取得価格決定の申立権が認められている（同法172条１項２号）が、全部取得条項付種類株式の全部の取得に係る通知又は公告の手続が設けられていないことから、このような株主が全部取得条項付種類株式の全部の取得の事実を知ることなく申立期間が経過する可能性があると指摘されていた。そこで、上記の問題に対応するため、会社法平成26年改正により、組織再編行為等における株式買取請求権の規律（会社法785条３項及び785条４項等）を参考にして、全部取得条項付種類株式の発行会社は、取得日の20日前までに、全部取得条項付種類株式の株主に対し、当該全部取得条項付種類株式の全部を取得する旨を通知しなければならないものとした上で、当該通知を公告をもって代えることができるものとされた（会社法172条２項及び３項）。

　その他、組織再編行為等における株式買取請求権の規律（会社法785条

5項等）を参考にして、全部取得条項付種類株式の取得価格の決定の申立ては、取得日の20日前の日から取得日の前日までの間にしなければならないものとされる（会社法172条1項柱書）など、会社法平成26年改正により、全部取得条項付種類株式の取得価格決定申立てに関して、一定の手続的整備がなされている。

この他、会社法平成26年改正により新たに創設された組織再編行為に関する差止制度（会社法784条の2、796条の2、805条の2）と平仄を合わせるため、全部取得条項付種類株式の取得についても差止制度（同法171条の3）が創設されている。

【表8－2】 全部取得条項付種類株式利用スキームによるスクィーズ・アウトと株式等売渡請求によるスクィーズ・アウトとの比較

	全部取得条項付種類株式を利用する場合	株式等売渡請求を利用する場合
① スクィーズ・アウトの実現に必要な議決権保有割合	理論上は議決権の3分の2以上保有で可能 （実務上は、より多くの議決権を確保して行われることが多い）	議決権の90％以上保有が必要 （会社法179条1項）
② 対象会社における株主総会決議の要否	必要（会社法171条1項）	不要
③ 対象会社における取締役会決議の要否	不要（株主総会招集のためのものを除く）	必要（会社法179条の3第3項）
④ 事前開示・事後開示手続の要否	必要（会社法171条の2、173条の2）	必要（会社法179条の5、179条の10）
⑤ 新株予約権残存リスク（新株予約権付社債は除く）	あり	なし（会社法179条2項）
⑥ 任意売却許可申立ての要否	必要	不要
⑦ 反対株主による買取請求権	有り（会社法116条1項2号）	なし

⑧ 価格決定の申立て制度による救済	あり（会社法172条）	あり（会社法179条の8）
⑨ 価格決定の際の利息[69]	年6％	年6％（会社法179条の8第2項）
⑩ 価格決定の申立てがなされた場合の支払者	対象会社	特別支配株主（会社法179条の8）
⑪ 差止請求権の有無	あり（会社法171条の3）	あり（会社法179条の7）
⑫ 総会決議取消の訴えの可否	可能	不可能
⑬ 無効の訴えの可否	不可能	可能（会社法846条の2）

(4) 株式併合を利用したスクィーズ・アウト

イ 改正の概要（端数となる株式の買取請求制度の創設）

　会社法平成26年改正前から、会社法においては、株式の併合によって生じる一株未満の端数について、端数の合計数に相当する数の株式の売却等によって得られた代金を、端数に応じて株主に交付するものとされている（金銭交付による端数処理の手続。会社法235条、234条）。この点、かねてから、株式の併合により多くの端数が生じる場合には、このような処理に

---

[69] 2020年4月1日施行の改正民法とその施行に伴う整備法（平成29年法律第45号）により、商事法定利率は廃止され、法定利率が年3％に引き下げられるとともに変動制が導入されることになる。民法改正法附則15条では、施行日前に利息が生じた場合におけるその利息を生ずべき債権に係る法定利率については、旧法を適用することとされており、整備法では、その基準時をその利息の発生の契機となった株主総会の招集手続の開始等（全部取得条項付種類株式を利用する場合には全部取得に係る決議を行う株主総会の招集手続の開始、株式等売渡請求による場合には特別支配株主による対象会社に対する通知、株式併合を利用する場合には株式併合に係る決議を行う株主総会の招集手続の開始）が施行日前に行われたか否かで判断するものとされている（整備法47条3項3～5号）。堀越健二ほか「民法（債権関係）改正に伴う会社法改正の概要―整備法（平成29年法律第45号）の解説―」旬刊商事法務2454号（2017）12－13頁参照。

よると、市場価格の下落や売却先の確保が困難になること等により、それら端数株式につき適切な対価が交付されないおそれがあると指摘されていた。

 そこで、会社法平成26年改正により、株式の併合によって多くの端数が生じる場合に、それら端数株式の株主に対して適正な対価を交付するための手続を充実させる目的で、上記の金銭交付による端数処理の手続に加えて、株主が会社に対して端数となる株式の買取りを請求することができる制度（会社法182条の4）が創設された。

 具体的には、株式会社が株式の併合をすることにより株式の数に一株に満たない端数が生ずる場合には、反対株主は、当該株式会社に対し、自己の有する株式のうち一株に満たない端数となるものの全部を公正な価格で買い取ることを請求できるものとされている（会社法182条の4）。なお、ここでいう反対株主とは、①株式の併合に係る株主総会において議決権を行使できる株主であって、当該総会に先立って当該株式の併合に反対する旨を会社に対して通知し、当該総会において当該株式の併合に反対した株主、又は②株式の併合に係る株主総会において議決権を行使できない株主をいうものとされている（会社法182条の4第2項1号・2号）。

 なお、会社法平成26年改正前においては、株式併合をスクィーズ・アウト目的で利用することには消極的な見解が多数を占めていた。その主たる理由としては、会社法平成26年改正前においては、反対株主の買取請求権が認められず、反対株主において対価の公正性を争う機会がないことが挙げられていた。従って、会社法平成26年改正により、以上のとおり、株式併合についても反対株主の買取請求権が認められ、実際にスクィーズ・アウトの目的で株式併合が用いられる場合も出てきている[70]。

---

[70] 会社法平成26年改正施行後に公表された、上場会社について、買収会社によるTOB後に株式併合を利用したスクィーズ・アウトが行われた主な事例としては、①二度のTOBの条件変更後に最終的に2017年11月24日に公表されたKKRによるTOB後における、日立国際電気（東証1部上場）の、KKR傘下の特別目的会社と日立製

この株式併合に際しての端数株式の買取請求に関する手続的規律については、組織再編に反対する株主の株式買取請求の場合と同様に、反対株主は、効力発生日の20日前の日から効力発生日の前日までの間に、その株式買取請求に係る株式の数を明らかにして、株式買取請求権を行使しなければならないものとされている（会社法182条の4第4項）。その他、株式買取請求の撤回、効力発生日の20日前までの通知（又はそれに代わる公告）及び会社と株主との間で買取価格につき協議が調った場合の代金の支払期限についても、組織再編に反対する株主の株式買取請求の場合と同様の規律がなされている（会社法182条の4第6項、3項、182条の5）。

ロ　情報開示

　会社法平成26年改正では、株式併合が、多くの端数株式を生じさせ、一部の株主が株主たる地位を失う可能性もある等、株主に大きな影響を及ぼし得ることに鑑み、株式併合についても、組織再編の場合と同様の事前開

作所以外の少数株主のスクィーズ・アウト、②2017年10月31日に公表された沖電気工業（東証1部上場）によるTOB後における、沖電線（東証1部上場）の、沖電気工業以外の少数株主（当該株式併合前における沖電気工業の沖電線に対する議決権所有割合は86.76％）のスクィーズ・アウト、③2017年10月2日に公表されたベイン・キャピタルによるTOB後における、アサツーディ・ケイ（東証1部上場）の、ベイン・キャピタル傘下の特別目的会社以外の少数株主（当該株式併合前における当該特別目的会社のアサツーディ・ケイに対する議決権所有割合は87.53％）のスクィーズ・アウト、④2017年8月3日に公表された伊藤忠（東証1部上場）及びファミリーマート（東証1部上場）による共同TOB後における、ポケットカード（東証1部上場）の、伊藤忠傘下の特別目的会社及びファミリーマート傘下の特別目的会社並びに三井住友銀行以外の少数株主のスクィーズ・アウト、⑤2017年4月21日に公表されたパナソニック（東証1部上場）によるTOB後における、パナホーム（東証1部上場）の、パナソニック以外の少数株主（当該株式併合前におけるパナソニックのパナホームに対する議決権所有割合は80.12％）のスクィーズ・アウト等の事例がある（なお、東証への上場会社がどのような法的スキームによって上場廃止に至ったかについては、《https://www.jpx.co.jp/listing/stocks/delisted/index.html》にて随時閲覧可能である）。

示手続及び事後開示手続が設けられることとなった（会社法182条の2、182条の6）。

　株式併合を行う際の事前開示事項は、①併合の割合、②株式の併合の効力発生日、③株式会社が種類株式発行会社である場合には、併合する株式の種類、④効力発生日における発行可能株式総数、⑤ａ）親会社等がある場合には、当該株式会社の株主（当該親会社等を除く）の利益を害さないように留意した事項（当該事項がない場合にあっては、その旨）及びｂ）端数処理をすることが見込まれる場合における当該処理の方法に関する事項、当該処理により株主に交付することが見込まれる金銭の額及び当該額の相当性に関する事項、その他の上記①及び③の定めの相当性に関する事項、⑥株式の併合をする株式会社についての後発事象等、並びに⑦効力発生日までの間に上記⑤及び⑥に変更が生じたときは、変更後の当該事項とされている（会社法182条の2第1項、会社法施行規則33条の9）。また、株主併合を行う際の事後開示事項は、①株式の併合の効力発生日、②差止請求に係る手続の経過、③反対株主による株式買取請求手続の経過、④株式併合が効力を生じた時における発行済株式[71]の総数、及び⑤上記①から④までのほか、株式の併合に関する重要な事項とされている（会社法182条の6第1項、会社法施行規則33条の10）。

ハ　価格決定の申立て

　会社法平成26年改正では、組織再編に際しての反対株主の株式買取請求の場合と同様に、端数となる株式の反対株主による買取請求についても、効力発生日から30日以内に協議が調わない場合には、株主又は株式発行会社は、その期間の満了の日後30日以内に裁判所に対する価格決定の申立てを行うことができるものとされている（会社法182条の5第2項）。この価格決定の申立てについては、会社法平成26年改正によって組織再編に係る

---

[71] 種類株式発行会社にあっては、併合した種類の発行済株式。

規律として新たに創設された株式買取請求に係る株式等に係る価格決定前の支払制度も適用される（会社法182条の5第5項）。その他、この株式併合に際しての端数株式の買取請求についても、組織再編等における反対株主の株式買取請求の場合と同様に、年6分の利率により算定した利息を支払わなければならないものとされている（会社法182条の5第4項）[72]。

ニ　分配可能額

会社法平成26年改正では、株式の併合に際しての端数株式の買取請求に応じるための自己株式の取得については、分配可能額規制が適用されないものとされている（会社法461条1項参照）。

他方、株式の併合に際しての端数株式の買取請求に応じて株主に支払った代金が分配可能額を超えた場合については、会社法116条1項各号の行為を会社が行った場合の株式買取請求と同様に、当該株式の取得に関する職務を行った業務執行者が、会社に対して連帯してその超過額を支払う義務を負うものとされている（会社法464条）。これは、補足説明によると、株式の併合は会社が単独で行うことができるため、端数となる株式の買取請求が、株主に対する濫用的な会社財産の還元に用いられるおそれがあることから、同様の問題が生じ得る会社法116条1項の場合と同様の規律を設けたものであると説明されている。

ホ　株式併合が選択される場合

会社法平成26年改正の施行後は、TOBの結果、(i)総株主の議決権の90％以上を所有するに至った場合には株式等売渡請求により、他方、(ii)総株主の議決権の90％以上を所有するに至らなかった場合には株式併合により、それぞれスクィーズ・アウトを行うものとされている例が多いようで

---

[72] 2020年4月1日施行の改正民法とその施行に伴う整備法（平成29年法律第45号）により、商事法定利率は廃止され、法定利率が年3％に引き下げられるとともに変動制が導入されることになる。この点については、前掲（注69）も参照されたい。

ある[73]。

　例えば、2015年5月13日に公開買付開始公告が行われたテンプスタッフによるP&PホールディングスのTOBの株式及び新株予約権を対象としたTOBにおいては、当該TOBの結果、(i)テンプスタッフがP&Pホールディングスの総株主の議決権の90％以上を所有するに至った場合には株式等売渡請求により、他方、(ii)総株主の議決権の90％以上を所有するに至らなかった場合には株式併合により、それぞれスクィーズ・アウトを行うものとされていた。

　このように、(ii)の総株主の議決権の90％以上を所有するに至らなかった場合のスクィーズ・アウトについて、全部取得条項付種類株式利用スキームではなく、株式併合によることとされたのは、定款変更等が不要であるという手続の簡便性や、反対株主が税務上の取扱いを自ら選択することができず、反対を誘発する可能性が相対的に低いと考えられた点（全部取得条項付種類株式利用スキーム方法による場合には、対価の額を争わない株主には譲渡損益課税が生じる一方で、争う株主には、争う方法如何によってみなし配当課税＋譲渡損益課税が発生した。しかし、後述のとおり、平成29年度税制改正により、買取請求時に割当てに関する事項が反対株主に明らかにされていればみなし配当課税は生じず、譲渡益課税のみとなった）等を考慮したものと推測される。

　なお、(i)の総株主の議決権の90％以上を所有するに至った場合のスクィーズ・アウトについて、全部取得条項付種類株式利用スキームではなく、株式等売渡請求によることとされたのは、新株予約権を全て買い取り、100％スクィーズ・アウトを円滑に実施するためだったのではないかと推測される（因みに、上記TOBの結果、テンプスタッフはP&Pホールディングスの総株主の議決権の約95％を所有するに至ったため、実際には株式等売渡請求によってスクィーズ・アウトが実施されている）。

73　前掲（注70）の②及び③の事例等参照。

(5) 現金株式交換ないし現金合併を利用したスクィーズ・アウト

　前記4(1)で述べたとおり、2007年5月1日の会社法下における三角合併等の全面解禁（合併等対価の柔軟化の全面解禁）以降、スクィーズ・アウトの手法としては、現金株式交換ないし現金合併を用いることも可能であった。しかしながら、平成18年度税制改正の結果、現金株式交換ないし現金合併の方法によるスクィーズ・アウトについては、平成29年度税制改正が施行されるまでは、組織再編税制において適格組織再編成に該当するための要件の一つとされていた対価要件（現金等不交付要件）を満たさなかったため（旧法法2条12号の16、2条12号の8）、常に非適格株式交換ないし非適格合併とならざるを得ず、少数株主のスクィーズ・アウトがなされる対象会社（即ち、株式交換等完全子法人ないし被合併法人）の資産の含み損益に時価評価課税がなされるものとされていた（旧法法62条の9第1項、62条1項）。従って、現金株式交換や現金合併がスクィーズ・アウトの手法として用いられるのは、対象会社の資産が全体として含み損を抱えているような例外的な場合に限られていた[74]。

　会社法平成26年改正においては、現金株式交換ないし現金合併の方法を用いたスクィーズ・アウトについては特段の改正はなされず、上記の状況にも変化はなかったが、後記6で詳述するとおり、平成29年度税制改正により上記の対価要件（現金等不交付要件）が緩和され、現金株式交換や現金合併の方法によるスクィーズ・アウトについても、一定の範囲で適格株式交換ないし適格合併に該当し得ることとなった。即ち、平成29年度税制

---

[74] 例えば、①2011年11月1日に公表された、日立ソリューションズ（非上場）による日立ビジネスソリューション（東証1部上場）の現金株式交換による完全子会社化の事例、及び②2014年1月21日に公表された、ゼンショーホールディングス（東証1部上場）傘下の小売り事業を統括する中間持株会社（100％子会社）である日本リテールホールディングス（非上場）によるマルヤ（東証2部上場。ゼンショーホールディングスが2012年11月にTOBを実施して子会社化していた）の現金株式交換による完全子会社化の事例など参照。

改正後は、株式交換完全親法人又は合併法人（買収会社）が、株式交換完全子法人又は被合併法人（対象会社）の発行済株式総数の3分の2以上を有する場合には、その他の少数株主に対して交付する対価を除外して対価要件を判断することとなり（法法2条12号の17、2条12号の8）、買収会社がTOB等により対象会社の株式を3分の2以上取得した上で、現金株式交換又は現金合併の方法によってスクィーズ・アウトを実施する場合には、対価要件（現金等不交付要件）が充足されることとなり、後は、「支配関係のある法人間の組織再編成」（50％超グループ内組織再編類型）として適格組織再編成に該当するための要件を満たせば、適格株式交換ないし適格合併に当たることとなった。

そのため、平成29年度税制改正後は、買収会社がTOB等により対象会社の株式を3分の2以上取得した上で行うスクィーズ・アウトの場合を中心として、現金株式交換ないし現金合併を用いてスクィーズ・アウトを行う例が現れている[75]。

(6) 産業競争力強化法によるスクィーズ・アウトの各手法についての特例措置

イ 総論

2011年5月25日に公布され、同年7月1日に施行された「産業活力の再生及び産業活動の革新に関する特別措置法」（いわゆる「産活法」）の一部改正法（平成23年法律第48号）（以下、当該改正後の産活法を、本章にお

---

[75] 例えば、2017年3月24日に公表されたMBKパートナーズによるTASAKI（東証1部上場）に対するTOB＋現金合併によるスクィーズ・アウトの事例や、（スクィーズ・アウト前に買収会社によるTOBが先行した事例ではないが、）2018年2月6日に公表された、ユニー（東証1部上場）によるその子会社のUCS（JASDAQ上場）の簡易現金株式交換による完全子会社化の事例など参照。

いて「改正産活法」という）[76]では、全部取得条項付種類株式利用スキームによるスクィーズ・アウトでは、対象会社において株主総会及び種類株主総会を開催する必要があり、種類株式の端数の合計数の売却による換金手続（裁判所の許可を得て行う任意売却によることが一般的）等のために、対象会社が上場会社である場合には、買収会社による対象会社へのTOB終了後、スクィーズ・アウトの完了まで4～6か月程度の期間が必要となるといった問題を緩和するため、①事業者が、TOB及び完全子会社化手続を行う内容を含む計画を作成・申請し、主務大臣による計画認定を受け、認定計画に基づきTOBにより対象会社株式を取得した場合であって、②当該TOBの結果、対象会社の総株主の議決権の90％以上を保有するようになった場合に、当該TOBの終了後、特例利用の申請を行ったときには、主務大臣が、(a)完全子会社化手続の履行に当たって手続が法令又は定款に違反していないか、(b)少数株主に最終的に付与される金銭は、認定計画に従って行われた上記TOBにおける買付け等の価格に相当する額となっているかの要件を審査し、特例利用の認定を行うことにより、完全子会社化される対象会社における、(i)定款変更に係る株主総会決議の省略及び(ii)全部取得条項付種類株式の取得に係る株主総会決議の省略、並びに(iii)端数株式の売却に係る裁判所の許可の省略ができるものと定めていた（改正産活法21条の3）。この会社法の特例は、その後、2013年12月11日に公布され、2014年1月20日に施行された産業競争力強化法（以下、本章において「産競法」という）に引き継がれた（旧産競法35条参照）が、2018年5月16日に成立し、同年7月9日に施行された「産業競争力強化法等の一部を改正する法律」（平成30年法律第26号）による同法の一部改正（以下、本章において当該改正を「産競法平成30年改正」という）によって、上記の全部取得条項付種類株式利用スキームによるスクィーズ・アウトに

---

[76] 改正産活法の立案担当者による解説として、経済産業省経済産業政策局産業再生課『逐条解説産活法』（商事法務、2011）149－154頁、藤田知也「改正産活法における会社法特例措置の概要」旬刊商事法務1933号（2011）26頁以下参照。

ついての会社法の特例措置は廃止された（なお、この改正の前後を問わず、株式併合を用いたスクィーズ・アウトのために利用可能な会社法上の特例措置は設けられていない[77]）。

しかしながら、産競法平成30年改正後の産競法には、前記(1)及び(4)で述べた株式等売渡請求を用いたスクィーズ・アウト及び現金株式交換ないし現金合併を利用したスクィーズ・アウトのそれぞれについて、手続を簡略化し、機動的なスクィーズ・アウトの実現を可能にするための会社法の特例措置が定められているので、以下、それらの内容を概説することとする[78]。

ロ　株式等売渡請求を用いたスクィーズ・アウトについての特例

株式等売渡請求制度は、前述したとおり、対象会社の総株主の議決権の90％以上を有する株主（特別支配株主）が、対象会社を除く他の株主の全員に対して、その有する対象会社株式の全部を売り渡すことを請求できるとする制度である（会社法179条１項本文）が、産競法平成30年改正では、産競法上の主務大臣の認定を受けた事業者（以下、本章において「認定事業者」という）が、その関係事業者（この詳細については、後掲の**第9章3(1)参照**）を対象会社として、認定された事業再編計画又は特別事業再編計画（以下、本章においてこれらを「認定計画」と総称する。詳細については、後掲の**第9章3(1)参照**）に従って株式等売渡請求を行う場合、上記の議決権保有要件を「90％以上」から「３分の２以上」に引き下げる旨の特例が新たに設けられた（産競法30条５項、１項）。なお、下記ロで後述

---

[77]　産競法31条１項が定める株式併合についての会社法の特例は、各株主の保有する議決権数が影響を受けず、株式併合が既存株主に与える影響が少ない場合に関して設けられた特例であり、少数株主のスクィーズ・アウトに用いることはできない。

[78]　産競法平成30年改正によるこれらの特例措置の概要については、越智晋平「産業競争力強化法における会社法特例の改正の解説」旬刊商事法務2173号（2018）11－13頁参照。

する略式組織再編等の場合と同様に、この「3分の2」の算定に当たっては、複数の認定事業者及びそれらの完全子会社の保有議決権が合算されるものとされている。

　従って、この産競法上の株式等売渡請求についての会社法の特例を利用すれば、買収会社は、TOB等により対象会社の総株主の議決権の3分の2以上を取得しさえすれば、全部取得条項付種類株式利用スキームによるスクィーズ・アウトや株式併合を用いたスクィーズ・アウトの場合と異なり、対象会社において株主総会の特別決議等を経ることなく、機動的にスクィーズ・アウトを実施することが可能である。このように、産競法上の株式等売渡請求についての会社法の特例を利用することにより、対象会社の総株主の議決権の90％以上を取得していなくとも、TOB終了からスクィーズ・アウトの完了までの期間を、全部取得条項付種類株式利用スキームを利用した場合と比較して3か月程度短縮することができる（結果として、TOB終了からスクィーズ・アウト完了まで、実務上1～2か月程度で済むこととなる）。もっとも、他方で申請に先立つ事前相談の開始から認定までに要する期間は通常1～2か月程度とされているため、この産競法上の株式等売渡請求についての会社法の特例を利用する場合には、TOB関連のドキュメントの作成と並行して、事前に主務官庁と十分な協議を行いつつ、スケジュールを組む必要がある。

　なお、会社法上は、対象会社及び特別支配株主の完全子会社以外の全ての株主を売渡請求の対象とせざるを得ないものとされているが、産競法では、共同認定事業者及びその完全子会社も、売渡請求の対象から除くことができるものとされ、この点が柔軟化されている（産競法30条5項括弧書）。そのため、この産競法所定の特例を利用すれば、スクィーズ・アウト後に完全支配関係にない二者を対象会社の株主として残したい場合にも、株式等売渡請求を活用することが可能となる。

　株式等売渡請求に係る事業再編計画又は特別事業再編計画の認定要件等については、略式組織再編等の場合と重複する部分が多いので、下記ロで

後述する。

ハ　産競法上の略式組織再編等についての特例とそれを用いた現金株式交換ないし現金合併によるスクィーズ・アウト

　会社法上、①事業譲渡、②総資産額の20％を超える子会社の株式又は持分の譲渡、③事業の全部の譲受け、④吸収合併、⑤吸収分割、⑥株式交換、及び⑦株式移転については、原則として株主総会の特別決議が必要であり、例外的に、他の会社（及びその完全子会社）によってその議決権の90％以上を保有されている会社が当該「他の会社」（特別支配会社）との間で組織再編等を行う場合には、原則として株主総会決議は不要（取締役会決議のみで足りる）ものとされている（いわゆる略式手続。かかる手続に従って行われる上記①から⑦までの組織再編を、以下、本章において「略式組織再編等」という）[79]。

　なお、組織再編行為のうち、新設合併及び新設分割については、略式手続は設けられていない（会社法804条1項）。

　然るところ、産競法では、上記①から⑦までの行為が認定計画に従って認定事業者とその関係事業者との間で行われる場合には、略式手続を利用するための議決権保有要件が「90％以上」から「3分の2以上」にまで引き下げられる旨の特例が設けられている（産競法30条1項。なお、認定事業者及びその完全子会社が3分の2以上の議決権を有する関係事業者を「特定関係事業者」という）。

　また、認定計画に従って、特定関係事業者が消滅する新設合併又は新設分割を行うときは、当該特定関係事業者における株主総会特別決議は不要となる旨の特例も設けられている（産競法30条2項）。

　なお、上記の特例の適用を受けるためには、産競法平成30年改正前は、1社の認定事業者（及びその完全子会社）のみで議決権の3分の2以上を

---

[79]　会社法468条1項、784条1項、796条1項。

保有している必要があったが、当該改正により、複数の認定事業者及びその完全子会社の有する議決権を合算して3分の2以上か否かが判断されることとなった[80]。

但し、略式組織再編等及び上記ロで述べた株式等売渡請求に係る会社法の特例を受けるためには、①1社の認定事業者（及びその完全子会社）のみでは議決権の3分の2以上を保有していない場合、複数の事業者が認定計画に従って事業再編又は特別事業再編のための措置を共同して行うことを書面により合意していることが事業再編計画ないし特別事業再編計画の認定要件とされている（「事業再編の実施に関する指針」（以下、本章において「実施指針」という）八ロ）。

また、②対象会社（特定関係事業者）とその取締役との利益が相反する状況にある場合その他の不公正な条件で略式組織再編等が行われることにより他の一般株主の利益が害されるおそれがある状況にある場合には、行政機関によって策定された関連する指針等[81]を勘案し、略式組織再編等に係る条件の公正性を担保するための措置を講ずることが、事業再編計画ないし特別事業再編計画の認定要件とされている（実施指針八ハ）。

この産競法上の略式組織再編等に係る会社法の特例を利用すれば、買収会社は、TOB等により対象会社の総株主の議決権の3分の2以上を取得しさえすれば、全部取得条項付種類株式利用スキームによるスクィーズ・アウトや株式併合を用いたスクィーズ・アウトの場合と異なり、現金株式交換ないし現金合併を利用したスクィーズ・アウトを、対象会社において株主総会の特別決議を経ることなく（当該株式交換ないし合併が買収会社に

---

[80] 但し、複数の認定事業者のうち1社が対象会社を関係事業者としていることが必要であり、この点は、上記ロで述べた株式等売渡請求に関する特例においても同様である。経済産業省「産業競争力強化法における事業再編計画の認定要件と支援措置について」《http://www.meti.go.jp/policy/jigyou_saisei/kyousouryoku_kyouka/180604_gaiyou.pdf》にて閲覧可能）35頁参照。

[81] 経済産業省「企業価値の向上及び公正な手続確保のための経営者による企業買収（MBO）に関する指針」（2007年9月4日）等が考えられよう。

おいて簡易株式交換ないし簡易合併の要件を満たすときは、買収会社においても株主総会の特別決議を経ることなく）、機動的に実施することが可能である[82]。このように、産競法上の略式組織再編等に係る会社法の特例を利用することにより、対象会社の総株主の議決権の90％以上を取得していなくとも、TOB終了からスクィーズ・アウトの完了までの期間を、全部取得条項付種類株式利用スキームを利用した場合と比較して3か月程度短縮することができる（結果として、TOB終了からスクィーズ・アウト完了まで、実務上1～2か月程度で済むこととなる）。もっとも、上記ロで述べたとおり、申請に先立つ事前相談の開始から認定までに要する期間は通常1～2か月程度とされているため、この産競法上の略式組織再編等に係る会社法の特例を利用する場合には、TOB関連のドキュメントの作成と並行して、事前に主務官庁と十分な協議を行いつつ、スケジュールを組む必要があることは、上記ロの場合と同様である。なお、産競法上の略式組織再編等についての特例を利用した現金株式交換ないし現金合併によるスクィーズ・アウトは、産競法平成30年改正前から利用可能であったが、本書脱稿時点においては、本特例を利用して現金株式交換ないし現金合併によるスクィーズ・アウトを行った事例は未だ存在しないようである[83]。

(7) 小　括

　以上に基づき、特別支配株主による株式等売渡請求制度によるスクィーズ・アウトと他の手法（現金株式交換、株式併合、全部取得条項付種類株式）を利用したスクィーズ・アウトとの相違点をまとめると、後掲の【表8－3】のとおりとなる（但し、産競法上の特例措置については省略）。

82　越智・前掲（注78）13頁参照。
83　《http://www.meti.go.jp/policy/jigyou_saisei/kyousouryoku_kyouka/nintei.html》参照。

【表8－3】 スクィーズ・アウトのために利用可能な会社法上の各制度の比較

	現金株式交換 略式以外	現金株式交換 略式	株式併合	全部取得条項付種類株式の取得	株式等売渡請求
類型（直接移転型・端数処理型）	直接移転型	直接移転型	端数処理型	端数処理型	直接移転型
対象会社における株主総会の要否	必要	不要	必要	必要	不要
対象会社の意思決定機関	株主総会	取締役会	株主総会	株主総会	取締役会
現金の拠出者	買収者（株式交換完全親会社）	買収者（株式交換完全親会社）	対象会社	対象会社	買収者（特別支配株主）
スクィーズ・アウトに最低限必要な議決権保有割合（実務上は、より多くの議決権を確保して行うことが多い）	3分の2以上	N／A ※1	3分の2以上	3分の2以上	90％以上 ※2
対象会社における情報開示	事前/事後開示	事前/事後開示	事前/事後開示	事前/事後開示	事前/事後開示
買収者の属性	株式会社・合同会社	株式会社・合同会社	限定なし	限定なし	限定なし
買収者における手続	・株主総会特別決議必要（簡易／略式要件を満たす場合不要）・債権者保護手続・事前／事後開示	・株主総会特別決議必要（簡易／略式要件を満たす場合不要）・債権者保護手続・事前／事後開示	不要	不要	売渡請求に係る手続

反対株主の採り得る主な手段	株式買取請求・価格決定申立て	株式買取請求あり（簡易要件を満たす場合はなし）		株式買取請求あり	価格決定申立てあり	価格決定申立てあり
	支払者	買収者		対象会社	対象会社	買収者
	差止請求	あり（簡易要件を満たす場合はなし）	あり	あり	あり	あり
	取消訴訟	あり	なし	あり	あり	なし
	無効訴訟	あり		なし	なし	あり
スクィーズ・アウトの対象証券		株式（なお、買収者の新株予約権を交付することにより、対象会社の新株予約権消滅可能）		株式のみ	株式のみ	株式、新株予約権（新株予約権付社債に付されたものを含む）
対象会社の有価証券報告書提出義務		提出義務は存続。事業年度末日後に承認を得て中断		提出義務は存続。事業年度末日後に承認を得て中断	提出義務は消滅	提出義務は存続。事業年度末日後に承認を得て中断

※1　略式手続の利用のためには総株主の議決権の90％以上の保有が必要であるが、産競法上の主務大臣による計画認定を取得すれば、この「90％以上」の要件は「2／3以上」に引下げ

※2　産競法上の主務大臣による計画認定を取得すれば、この「90％以上」の要件は「2／3以上」に引下げ

6　平成29年度税制改正によるスクィーズ・アウト税制の改正とその実務への影響

(1)　平成29年度税制改正によるスクィーズ・アウト税制の改正

　平成29年度税制改正前は、スクィーズ・アウトの手法の違いによって課税上の取扱いに不均衡が生じていたが、平成29年度税制改正によってスクィーズ・アウトが組織再編税制の一環として組み込まれたことにより、かかる課税上の不均衡は基本的に解消されることになった。

　これにより、連結納税制度を採用している会社が、連結納税グループ外の子会社等（対象会社）の完全子会社化に際して、税制適格要件を満たす通常の株式交換等（株式を対価とする株式交換等）を用いず（後掲の**第11章２イ(ロ)b(b)(ⅱ)参照**）、現金によるスクィーズ・アウト（以下、買収会社等の株式を対価とする少数株主の締出しと対比する意味で「キャッシュ・スクィーズ・アウト」ということがある）を通じて当該対象会社を完全子会社化した場合でも、当該対象会社の連結納税グループの加入に伴う資産の含み損益に対する時価評価課税と繰越欠損金の切捨てを回避できる途が開けたため、今後は、連結納税グループ外の子会社等の完全子会社化の手法としてキャッシュ・スクィーズ・アウトの手法が用いられるケースも増えてくることが見込まれる。

　以下では、キャッシュ・スクィーズ・アウトを実施する場合における関係当事者の課税上の取扱いについて、対象会社、買収会社、少数株主の順に説明する。なお、キャッシュ・スクィーズ・アウトを実施する場合における課税関係については、平成29年度税制改正後における実務の蓄積が未だ十分であるとはいえないことから、実際の運用に当たっては、当該時点における実務上の標準的な取扱いも踏まえて慎重な検討を行うべきことに留意されたい。

イ　対象会社についての課税上の取扱い
(イ)　スクィーズ・アウトの手法の違いによる課税上の不均衡の是正

　平成29年度税制改正までは、全部取得条項付種類株式の取得、株式併合又は株式等売渡請求の方法を用いたスクィーズ・アウトの実施を理由として対象会社の資産の含み損益について時価評価課税がなされることはなかった（但し、買収会社が連結納税制度を採用している場合については、後述する）。しかしながら、平成29年度税制改正により、これらの手法によるスクィーズ・アウトも「株式交換等」（法法2条12号の16）として組織再編税制の一環として位置付けられることになり、支配関係のある法人間の組織再編成（50％超グループ内組織再編類型）に関する税制適格要件である以下の要件を充足しない限り、対象会社の資産の含み損益について時価評価課税がなされることとなった。

① 支配関係要件：　スクィーズ・アウト前の株式交換等完全親法人（買収会社）による株式交換等完全子法人（対象会社）の支配関係等が、スクィーズ・アウト後においても継続することが見込まれていること（法法2条12号の17ロ本文、法施令4条の3第19項1号本文）
② 従業者引継要件：　株式交換等完全子法人（対象会社）のスクィーズ・アウトの直前の従業者の概ね80％に相当する数の者が株式交換等完全子法人（対象会社）の業務に引き続き従事することが見込まれていること（法法2条12号の17ロ(1)）
③ 事業継続要件：　株式交換等完全子法人（対象会社）の主要な事業が引き続き株式交換等完全子法人（対象会社）において行われることが見込まれていること（法法2条12号の17ロ(2)）

　そもそも、現金株式交換や現金合併の方法によるキャッシュ・スクィーズ・アウトについては、前記5(5)においても触れたとおり、平成29年度税制改正が施行されるまでは税制適格要件のうちの「対価要件（現金等不交

付要件)」を常に満たさなかったため（旧法法2条12号の16・12号の8）、自動的に非適格株式交換ないし非適格合併に当たることとなり、株式交換等完全子法人ないし被合併法人の資産の含み損益について時価評価課税がなされていた（旧法法62条の9第1項、62条1項）。しかしながら、平成29年度税制改正により、上記の「対価要件（現金等不交付要件）」が緩和され、税制適格要件を充足できる可能性が生じることとなった。即ち、平成29年度税制改正後は、株式交換完全親法人又は合併法人（買収会社）が、株式交換完全子法人又は被合併法人（対象会社）の発行済株式総数の3分の2以上を有する場合には、その他の少数株主に対して交付する対価を除外して対価要件（現金等不交付要件）の充足の有無を判断することになり（法法2条12号の17・12号の8）、買収会社がTOB等により対象会社の株式を3分の2以上取得した上でキャッシュ・スクィーズ・アウトを実施する場合には、対価要件（現金等不交付要件）を満たすこととなり、支配関係のある法人間の組織再編成（50％超グループ内組織再編類型）に関するその他の税制適格要件を充足すれば、「適格株式交換等」に該当するものとして、対象会社の資産の含み損益について時価評価課税はなされないこととなった。

　かかる改正の結果、買収会社が対象会社の株式を3分の2以上取得した上で実施するキャッシュ・スクィーズ・アウトについては、全部取得条項付種類株式の取得、株式併合、株式等売渡請求、現金株式交換、現金合併のいずれの手法を採用する場合でも、対象会社における課税上の取扱いは同様となり、支配関係のある法人間の組織再編成（50％超グループ内組織再編類型）に関するその他の税制適格要件である支配関係要件、従業者引継要件及び事業継続要件の3要件を全て満たす場合には、対象会社に課税は生じず、他方で、これらの3要件を満たさない場合には、対象会社に課税が生じることとなった。

㈡　連結納税制度を採用している買収会社がキャッシュ・スクィーズ・アウトを実施した場合の対象会社における課税上の取扱いに関する改正

　平成29年度税制改正までは、連結納税制度を採用している会社が、連結納税グループ外の子会社等（対象会社）の完全子会社化に際して、税制適格要件を満たす通常の株式交換等（株式を対価とする株式交換等）を用いず（後掲の**第11章２イ㈡b(b)(ⅱ)**参照）、キャッシュ・スクィーズ・アウトを通じて当該対象会社を完全子会社化すると、連結納税の承認があったものとみなされ（法法４条の３第10項）、当該対象会社において資産の含み損益について時価評価課税がなされるとともに、繰越欠損金が切り捨てられた。そのため、平成29年度税制改正までは、連結納税制度を採用している会社が子会社等を完全子会社化する場合、この連結納税グループへの加入に伴う時価評価課税や繰越欠損金の切捨ての問題を回避するためには、株式を対価とする通常の株式交換等を用いて税制適格要件を満たすくらいしか方法がなく、キャッシュ・スクィーズ・アウトの手法を採用して完全子会社化を実施することは税務上不利になる場合が大半であった。

　これに対して、平成29年度税制改正により、キャッシュ・スクィーズ・アウトの手法が税制適格要件を満たす場合（即ち、「適格株式交換等」に該当する場合）には、対象会社の完全子会社化に伴う連結グループへの加入に伴って、当該対象会社の資産の含み損益について時価評価課税がなされることはなくなった（法法61条の11第１項４号、61条の12第１項２号）。また、同じく税制適格要件を満たした場合（即ち、「適格株式交換等」に該当する場合）には、株式交換等完全子法人となった法人（対象会社）の連結納税グループ加入前に生じた欠損金額を、その個別所得金額を限度として、連結納税制度の下での繰越欠損金控除の対象に加えることとされ、上記の繰越欠損金の切捨てが実質的に生じないこととなった（法法81条の９第２項１号本文、61条の11第１項各号、61条の12第１項各号）。

　従って、平成29年度税制改正後は、連結納税制度を採用している会社が、連結納税グループ外の子会社等（対象会社）の完全子会社化を行う場

合、株式を対価とする通常の株式交換等の代わりに、キャッシュ・スクィーズ・アウトの手法を用いた場合でも、特に税務上の不利益は生じなくなったものといえる。

(ハ) **2名以上の大株主を残すスクィーズ・アウトを行う場合について**

　実務上、スクィーズ・アウトに際して、最終的に2名以上の大株主を残すために、全部取得条項付種類株式利用スキーム又は株式併合を用いるスキームによるスクィーズ・アウトが行われることがある（この他、前述のとおり、産競法上の手続を利用して、大株主として残る予定である2社以上が共同で事業再編計画等の認定を受け、そのうちの1社が残りの者を除外して株式等売渡請求を行うことにより、2社以上の大株主を残したスクィーズ・アウトを行うことも可能である）。この場合には、条文上は「株式交換等」の定義（最大株主等である法人……との間に完全な支配関係を有することとなること）に該当しないため、平成29年度税制改正前と同様に、組織再編税制の対象にはならないと考えられる。その結果、対象会社が、その資産の含み損益について時価評価課税に服することはないと考えられる。

ロ　**買収会社についての課税上の取扱い**

　全部取得条項付種類株式利用スキーム又は株式併合を用いるスキームによってキャッシュ・スクィーズ・アウトを行う場合には、平成29年度税制改正前から、端数処理手続により株式の交付を受けることとなる株主（買収会社）についても、端数処理に際して端数を取りまとめた株式の整数部分の買い手が買収会社以外の者（典型的には対象会社。会社法234条4項、5項、235条2項）である場合には、従前の買収会社の保有分から生ずる端数部分について、譲渡損益課税がなされるものと解されていた（法基通2－3－25、所基通57の4－2）。この点については、平成29年度税制改正による影響は特にないと考えられる。

これに対して、株式等売渡請求、現金株式交換又は現金合併によるスクィーズ・アウトの場合には、上記のような端数処理手続を経ることがないため、買収会社における課税は特に生じないと考えられていた（但し、合併の場合には抱合せ株式についてみなし配当課税がなされる[84]）。この点についても、用いられたキャッシュ・スクィーズ・アウトの手法が税制適格要件を満たす場合（即ち、「適格株式交換等」に該当する場合）に抱合せ株式についてみなし配当課税が生じなくなることを除いては、平成29年度税制改正による影響は特にないと考えられる。

ハ　対象会社の少数株主についての課税上の取扱い
(イ)　争うことなく対価を受領する対象会社の少数株主における課税上の取扱い

　平成29年度税制改正前から、キャッシュ・スクィーズ・アウトの手法として、全部取得条項付種類株式利用スキーム、株式併合、株式等売渡請求又は現金株式交換のいずれを用いた場合でも、当該スクィーズ・アウトにより手放すこととなった株式の対価を特に争うことなく受領した対象会社の少数株主においては、株式譲渡損益課税に服するものと考えられていた[85]。この点については、平成29年度税制改正による影響は特にないと考えられる。

　他方、現金合併の方法が用いられた場合には、上記の少数株主は、みなし配当課税（法法24条1項1号、所法25条1項1号）及び株式譲渡損益課税が生じると考えられていたが、平成29年度税制改正により税制適格要件

---

[84]　法法24条2項参照。なお、いわゆる抱合せ株式の譲渡損益については課税上切捨て処理がなされる（法法61条の2第3項）。
[85]　株式等売渡請求と株式交換は自己株式の取得を伴わないため、みなし配当課税は問題とならない。全部取得条項付種類株式の取得と株式併合によるスクィーズ・アウトに伴う端数株式の買取りについても、法施令23条3項9号、所施令61条1項9号により、みなし配当課税は生じない。

を満たす場合には、みなし配当課税は生じず（法法24条１項１号括弧書、所法25条１項１号括弧書）、株式譲渡損益課税のみに服することになると考えられる。

(ロ) **対価の額について争う対象会社の少数株主についての課税上の取扱い**
　対価の額について争う対象会社の少数株主（以下、本章において「反対株主」ということがある）についての課税上の取扱いについては、キャッシュ・スクィーズ・アウトの手法によって差異が生じる。
　まず、①全部取得条項付種類株式利用スキームを用いた場合には、平成29年度税制改正までは、株式買取請求をした株主に対してはみなし配当と株式譲渡損益課税がなされるのに対して、取得価格の決定の申立てを行う株主に対しては株式譲渡損益課税がなされるものとされていたため、対価を争う方法によって税務上の取扱いに差が生じていた。この点については、平成29年度税制改正により、全部取得条項を定める定款変更に反対する株主からの株式買取請求について、買取請求の時において取得決議に係る取得対価の割当てに関する事項（当該株主に交付される株式の数が１に満たない端数となる場合に限る）が当該株主に明らかにされている場合には、当該買取請求による対象会社の株式の取得についてみなし配当は生じないこととされた。これにより、株式買取請求を用いる場合であると取得価格決定の申立てを用いる場合であると、スクィーズ・アウトの対価の額を争うときは、いずれにせよみなし配当課税がなされることはなく[86]、かかる対価の額を争う少数株主は株式譲渡損益のみに服することとなった。
　次に、②現金合併ないし③株式併合を用いてキャッシュ・スクィーズ・アウトが行われる場合には、少数株主は株式買取請求により、④株式等売渡請求を用いてキャッシュ・スクィーズ・アウトが行われる場合には、少

---

[86] 株式買取請求については、法施令23条３項10号と所施令61条１項10号、価格決定申立てについては、法施令23条３項11号と所施令61条１項11号参照。

数株主は売買価格決定の申立てにより、それぞれスクィーズ・アウトの対価の額を争うことができるが、平成29年度税制改正前から、いずれの場合にも、税務上みなし配当が認識されることはなく[87]、かかる対価の額を争う少数株主は株式譲渡損益のみに服するものと解されてきた。この点については、平成29年度税制改正による影響は特にないと考えられる。

最後に、⑤現金株式交換を用いてキャッシュ・スクィーズ・アウトが行われる場合には、少数株主は株式買取請求によりスクィーズ・アウトの対価の額を争うことができるが、平成29年度税制改正前から、かかる株式買取請求をした株主は、みなし配当課税[88]及び株式譲渡損益課税に服するものと解されていた。この点についても、平成29年度税制改正による影響は特にないと考えられる。

二 まとめ

以上から、キャッシュ・スクィーズ・アウトのために利用可能な各制度について、関係当事者が課税上どのように取り扱われるかをまとめると、後掲の【表8－4】のとおりとなる。

---

[87] 株式等売渡請求の価格決定申立てについては自己株式の取得を伴わないため、みなし配当課税は問題とならない。現金を対価とする合併については法施令23条3項8号、所施令61条1項8号により、株式併合については法施令23条3項9号、所施令61条1項9号により、それぞれみなし配当課税はなされない。

[88] みなし配当課税が生じない場合について列記した法施令23条3項と所施令61条1項には、株式交換に反対する株主の株式買取請求が規定されていない。

【表8－4】 キャッシュ・スクィーズ・アウトに用いられる各制度の税務上の観点からの比較

	現金合併	現金株式交換	全部取得条項付種類株式	株式併合	株式等売渡請求
対象会社の少数株主への課税	適格要件を満たせば譲渡損益課税[89]	譲渡損益課税	譲渡損益課税	譲渡損益課税	譲渡損益課税
対象会社の反対株主への課税	譲渡損益課税	みなし配当課税＋譲渡損益課税	譲渡損益課税[90]	譲渡損益課税	譲渡損益課税
買収会社	適格要件を満たせば課税なし[91]	課税なし	端数処理部分につき譲渡損益課税		課税なし
対象会社の課税	適格要件を満たせば課税なし	適格要件を満たせば時価評価課税なし			

(2) 実務への影響

イ 法的な観点からのスキーム選択への制約

　平成29年度税制改正により、キャッシュ・スクィーズ・アウトの手法の違いによる課税上の取扱いの不均衡は概ね解消されることになったため、

89　非適格の場合、みなし配当課税＋譲渡損益課税となる。
90　買取請求の時において取得決議に係る取得対価の割当てに関する事項（当該株主に交付される株式の数が1に満たない端数となる場合に限る）が当該株主に明らかにされている場合には、みなし配当課税は生じず、譲渡損益課税のみとなる。
91　非適格の場合、抱合せ株式に関してみなし配当課税が生じる余地がある（法法24条2項）。

スキーム選択に際しては法的な観点からの制約の方が大きく影響するように思われる。

まず、①買収者が対象会社の株式の90％以上を取得していない場合には、産競法上の手続を利用しない限り、株式等売渡請求の方法を採用することはできない。また、②買収者が株式会社又は合同会社でない場合（典型的には、外国法人や自然人である場合）には、株式交換又は合併の方法を採用することはできない。さらに、③対象会社の新株予約権を任意に放棄させたり無償取得したりすることによって処理できない場合には、株式併合又は全部取得条項付種類株式の取得の方法を採用することができない。その他、特殊なケースではあるが、前記(1)イ(ハ)で述べたとおり、④複数の株主を残してスクィーズ・アウトを実施する場合には、株式等売渡請求（但し、前述のとおり、産競法上の特例措置あり）、株式交換又は合併の方法を採用することはできない。

ロ　平成29年度税制改正後におけるキャッシュ・スクィーズ・アウトのスキーム選択

最後に、典型的なケースである、わが国の株式会社が、対象会社の株式を3分の2以上取得した上でキャッシュ・スクィーズ・アウトを実施する場合、いかなる手法を採用すべきかについて検討する。

まず、法的には、現金合併、現金株式交換、株式等売渡請求、株式併合、全部取得条項付種類株式利用スキームはいずれも利用可能である。もっとも、株式併合を用いるスキームと全部取得条項付種類株式利用スキームとを比較すると、両者の間では課税上の取扱いに特に差がなく、株式併合を用いるスキームの方が手続的に簡便であるため、特段の事情がない限りは、全部取得条項付種類株式による取得を採用するメリットは特段ないものと考えられる。また、テクニカルな点ではあるが、全部取得条項付種類株式利用スキームを用いた場合に行われる端数処理手続を進めるためには、少数株主に対して交付される1株未満の端数を合計したものが1株以

上になる必要があるところ（会社法234条1項）、会社法平成26年改正の結果、全部取得条項付種類株式1株に対して交付される他の種類の株式の数（対価として交付される株式の比率）を決議した後に、多数の株式について取得価格決定の申立てがなされると、当該申立てを行った株主に端数が割り当てられないことが明確になった（会社法173条2項）ことにより、結果的に端数の合計数が1株未満となり、端数処理手続が頓挫するおそれも否定できない[92]。このことからも、全部取得条項付種類株式利用スキームを選択するよりは、株式併合を用いるスキームを選択する方が合理的であるといえる。

　次に、課税上は、現金合併を用いるスキームについては、税制適格要件を満たしたとしても、繰越欠損金の引継制限・使用制限及び特定資産譲渡等損失額の損金算入制限があることとの関係で、不利な場合があると考えられる。また、解釈論上、税制適格要件を満たすためには、逆さ合併（買収会社が消滅会社、対象会社が存続会社となる合併）ではなく、順合併（買収会社が存続会社、対象会社が消滅会社となる合併）を採用しなければならない可能性がある[93]が、順合併の場合には、対象会社が保有している許認可等が買収会社に承継できるとは限らない点にも注意が必要である。

　そうすると、典型的なケースでは、キャッシュ・スクィーズ・アウトの手法としては、現金株式交換、株式等売渡請求又は株式併合のいずれかを選択することが合理的である場合が多くなると考えられる。

　このうち、まず、主として株式等売渡請求と株式併合とを比較すると、株式等売渡請求の方が対象会社の新株予約権も処理することができ、か

---

[92] なお、株式併合の場合は、反対株主による株式買取請求がなされた株式にも株式併合の効力が及び、端数の合計数に算入されるため、株式併合の比率を決定した後になって結果的に端数の合計数が1株未満となり、端数処理手続が頓挫するリスクは回避できる。

[93] 伊藤剛志「スクイーズアウトについての平成29年度税制改正」西村あさひ法律事務所M&Aニューズレター2017年9月号5頁。

つ、手続的に簡便である一方、株式等売渡請求は、産競法上の特例を利用しない限り、対象会社の総株主の議決権の90％以上を取得できなければ利用できないため、(i)対象会社の株式を90％以上取得できた場合には、株式等売渡請求か現金株式交換のいずれかを選択することが合理的であると解される。他方、(ii)対象会社の株式を90％以上取得できなかった場合には、株式併合か現金株式交換のいずれかを選択するか、産競法上の特例を利用して株式等売渡請求を選択することが合理的であると解される。また、(iii)キャッシュ・スクィーズ・アウト後に、対象会社に2社以上の大株主を残したい場合には、会社法上は現金株式交換及び株式等売渡請求を用いることができないため、かかる場合には株式併合を用いるのが通常の実務であるが、産競法上の特例を利用することにより、大株主として残る予定の2社以上が共同で事業再編計画等の認定を受け、そのうちの1社が残りの者を除外して株式等売渡請求を行うことにより、2社以上の大株主を残したスクィーズ・アウトを簡易に行うことも可能である。

　最後に、現金株式交換と、株式等売渡請求及び株式併合とを比較すると、前者の方が買収会社にて事前備置・債権者保護手続を要するという点で若干負担が重くなることから、後述するとおり、対象会社に2社以上の大株主を残したい場合でなければ、(現金株式交換を利用することによる課税上のデメリットが払拭された) 平成29年度税制改正後においても、一般的には、平成29年度税制改正前の状況（前記 **5(4)ホ** 参照）と同様に、「(i)対象会社の株式を90％以上取得できた場合には株式等売渡請求、(ii)取得できなかった場合には株式併合を用いる」というスキームが採用されることが、やはり多いのではないかと考えられる。

　もっとも、後者の(ii)対象会社の株式を90％以上取得できない場合については、買収会社にて事前備置・債権者保護手続を行うことがさほど負担でなければ、株式併合による場合と比較して、端数処理手続が不要であり、新株予約権の処理が可能であるといった現金株式交換のメリットや、対象会社の株式の90％以上取得できるか否かに拘らず、取引スキームの全体像

を当初段階で確定的に決定できるという点を重視し、現金株式交換を利用するスキームを選択するということもあり得ると考えられる[94]。

　他方、キャッシュ・スクィーズ・アウト後に、対象会社に2社以上の大株主を残したい場合には現金株式交換を用いることはできないため、株式併合を用いるか、又は、産競法上の特例を利用して大株主として残る予定の2社以上が共同で事業再編計画等の認定を受け、そのうちの1社が残りの者を除外して株式等売渡請求を行うことにより、2社以上の大株主を残したスクィーズ・アウトを行うことも可能である。

　つまり、結論的には、平成29年度税制改正後は、キャッシュ・スクィーズ・アウトのスキームとしては、キャッシュ・スクィーズ・アウト後に、対象会社に2社以上の大株主を残したい場合でなければ（買収会社が対象会社を完全子会社化したい場合であれば）、㋑「(i)対象会社の株式を90％以上取得できた場合には株式等売渡請求、(ii)取得できなかった場合には株式併合を用いる」というスキームか、又は㋺「(対象会社の株式をTOBでどの程度取得できるかに拘らず）現金株式交換を用いる」というスキームのいずれかを選択することが合理的である場合が多いのではないかと考えられ、また、キャッシュ・スクィーズ・アウト後に、対象会社に2社以上の大株主を残したい場合には、基本的には、㋩「(対象会社の株式をTOBでどの程度取得できるかに拘らず）株式併合を用いる」というスキームを選択することが合理的である場合が多いと考えられる[95]。

　もっとも、産競法上の特例を利用することにより、上記(ii)については、株式等売渡請求を用いることが可能であるほか、上記㋩についても、大株主として残る予定の2社以上が共同で事業再編計画等の認定を受け、そのうちの1社が残りの者を除外して株式等売渡請求を行うことにより、2社以上の大株主を残したスクィーズ・アウトを行うことも可能である。

---

[94] スクィーズ・アウトの手法を比較した文献として、塚本英巨＝田中良「キャッシュ・アウトに関する税制改正の概要と実務への影響〔上〕〔下〕」旬刊商事法務2137号（2017）17頁及び2138号（2017）26頁参照。

95　平成29年度税制改正後において、買収会社が対象会社の最終的な完全子会社化を目指してTOBを行った際に、スクィーズ・アウトの手法として、本文④の「(i)対象会社の株式を90％以上取得できた場合には株式等売渡請求、(ii)取得できなかった場合には株式併合を用いる」というスキームを採用することを公表していた例としては、例えば、前掲（注70）所掲の、①2017年10月31日に公表された沖電気工業（東証１部上場）による沖電線（東証１部上場）に対するTOB（最終的には、沖電気工業が確保できた沖電線に対する議決権所有割合は86.76％にとどまったため、株式併合によってスクィーズ・アウトがなされている）、②2017年10月２日に公表されたベイン・キャピタルによるアサツーディ・ケイ（東証１部上場）に対するTOB（最終的には、ベイン・キャピタル傘下の特別目的会社が確保できたアサツーディ・ケイに対する議決権所有割合は87.53％にとどまったため、株式併合によってスクィーズ・アウトがなされている）、及び③2017年４月21日に公表されたパナソニック（東証１部上場）によるパナホーム（東証１部上場）に対するTOB（最終的には、パナソニックが確保できたパナホームに対する議決権所有割合は80.12％にとどまったため、株式併合によってスクィーズ・アウトがなされている）、の各事例が存する。なお、他方、本文⑫の「(対象会社の株式をTOBでどの程度取得できるかに拘らず）現金株式交換を用いる」というスキームとは若干異なるが、買収会社が対象会社の最終的な完全子会社化を目指してTOBを行った際に、スクィーズ・アウトの手法として、「(対象会社の株式をTOBでどの程度取得できるかに拘らず）現金合併を用いる」を採用することを公表していた例としては、例えば、前掲（注75）所掲の、2017年３月24日に公表されたMBKパートナーズによるTASAKI（東証１部上場）に対するTOBの事例が存する。また、スクィーズ・アウト前に買収会社によるTOBが先行した事例ではないが、現金株式交換によりスクィーズ・アウトが行われた例として、例えば、前掲（注75）所掲の、2018年２月６日に公表された、ユニー（東証１部上場）によるその子会社のUCS（JASDAQ上場）の簡易現金株式交換による完全子会社化の事例が存する。

第 9 章

自社株対価 TOB による買収と課税

1 改正産活法(現・産競法)と自社株対価 TOB
2 自社株対価 TOB に関する規制緩和の意義
3 自社株対価 TOB に関する規制緩和の内容
4 親会社株対価 TOB(三角株式対価 TOB)に関する規制緩和
5 金融商品取引法上の問題とその他の実務上の問題
6 自社株対価 TOB の課税上の取扱い
7 自社株対価 TOB+スクィーズ・アウトによる完全買収と株式交換による完全買収
8 株式交付制度の創設

1　改正産活法(現・産競法)と自社株対価TOB

　2011年5月25日、「産業活力の再生及び産業活動の革新に関する特別措置法」(いわゆる「産活法」)の一部改正法[1] (以下「改正産活法」という)が公布[2]され、同年6月29日には関連する政令[3]の一部改正 (以下、当該改正後の政令を「改正産活法施行令」という)、関連する省令[4]の一部改正 (以下、当該改正後の省令を「改正産活法施行規則」という) 及び告示[5]の改正が、それぞれ公布された。同法は、これら関連する改正政省令等と併せて、2011年7月1日に施行された。

　また、これらに併せて、2011年7月1日には、金融庁から、「株券等の公開買付けに関するQ&A」について、問42～44及びそれらについての回答が織り込まれた改訂版 (以下、改正後の当該「Q&A」を「改正公開買付けQ&A」という) が公表され[6]、同年8月5日には、「企業内容等の開示に関する内閣府令の一部を改正する内閣府令」(以下、当該府令による

---

[1]　平成23年法律第48号。
[2]　改正産活法の立案担当者による解説として、藤田知也「改正産活法における会社法特例措置の概要」旬刊商事法務1933号 (2011) 26頁以下参照。
[3]　「産業活力の再生及び産業活動の革新に関する特別措置法施行令」(平成11年政令第258号)。以下、改正前の当該政令の条項は、「改正前産活法施行令1条1号」のように引用する。
[4]　「産業活力の再生及び産業活動の革新に関する特別措置法施行規則」(平成21年内閣府ほか省令第1号)。以下、改正前の当該省令の条項は、「改正前産活法施行規則2条1号」のように引用する。
[5]　「産業活力の再生及び産業活動の革新に関する特別措置法の施行に係る指針」、「我が国の産業活力の再生及び産業活動の革新に関する基本的な指針」及び「中小企業再生支援指針」。以下、改正後の「我が国の産業活力の再生及び産業活動の革新に関する基本的な指針」を「改正産活法基本指針」という。
[6]　《http://www.fsa.go.jp/news/23/sonota/20110701-3.html》参照。なお、当該Q&Aの改正案は、2011年6月17日からパブリック・コメントに付されていた。

改正後の「企業内容等の開示に関する内閣府令」を「改正企業内容開示府令」という）が公布・施行される[7]と共に、「企業内容等の開示に関する留意事項」（企業内容等開示ガイドライン）の改正（以下、当該改正後の企業内容等開示ガイドラインを「改正開示ガイドライン」という）が公表され、同日から適用されることとなった[8]。これらにより、改正産活法の下で行われる自社株を対価とするTOB（以下、自社株を対価とするTOBを「自社株対価TOB」といい、改正産活法の下で行われる自社株対価TOBを、後述する現行産競法の下で行われるものを含めて、「認定自社株対価TOB」という）に関連する、①新株又は金庫株（以下、これらを併せて「新株等」という）の発行又は処分（以下、これらを併せて「発行等」という）についての開示規制及び②TOBについての手続規制の全貌が全て明らかになり、改正産活法に基づく認定自社株対価TOBを利用した、わが国企業による海外企業等の買収が可能となるに至った。

　この改正産活法は、法案段階で関係省庁と公正取引委員会との連携に関する条項について衆議院で一部修正がなされたが、提出時法案の内容[9]はほとんど維持されており、同法の施行によって、①自社株対価TOBに関する特例措置の創設、②一定の場合におけるスクィーズ・アウト手続の簡便化、③企業再編等に際しての関係省庁と公正取引委員会との連携の強化

---

[7]　当該府令の改正案は、2011年6月17日からパブリック・コメントに付されていた。

[8]　当該ガイドラインの改正案は、2011年6月17日からパブリック・コメントに付されていた。

[9]　これを解説したものとしては、例えば、太田洋「自社株を対価とする他社買収の規制緩和、産業活力再生法改正への期待」Asahi Judiciary2011年1月19日掲載（《http://judiciary.asahi.com/outlook/2011011700002.html》にて閲覧可能）の他、髙原達広「産業活力再生法改正案とM&A実務—自社株対価TOBの実現とスクイーズアウトの簡易迅速化」MARR2011年5月号42頁以下、森本大介＝藤井宏樹「企業買収の新たな有効戦略　改正産活法による『自社株対価TOB』の活用場面を探る」ビジネス法務2011年6月号58頁以下及び森本大介「改正産活法とM&A実務への影響」銀行営業推進2011年8月号50頁以下がある。

が実現することとなった。

　このうち、特に①は、既に、経済産業省が2010年6月23日に公表した、「今後の企業法制の在り方について」にも盛り込まれており、わが国企業による海外企業及び国内企業の買収の促進・活性化に大いに資するとして、かねてからその立法化が強く望まれていたものである。

　なお、改正産活法の規定の多くは、2013年12月11日に公布され、2014年1月20日に施行された産業競争力強化法（以下「産競法」という）に引き継がれているが、産競法においても、同様に、自社株対価TOBに関する特例措置が存置されている（産競法32条）。

　また、産競法は、2018年5月16日、「産業競争力強化法等の一部を改正する法律」（平成30年法律第26号）によって一部改正され（以下、当該改正を「産競法平成30年改正」という）、同改正は同年7月9日から施行されている[10]ので、本書では、特段の断りがない限り、以下、基本的に当該改正後の産競法の内容に従って解説することとする。

　さらに、産競法に基づく認定自社株対価TOBに加えて、その内容を会社法一般の制度に拡張した「株式交付」制度の導入が、2018年2月14日付けで法制審議会会社法制（企業統治等関係）部会が取りまとめて公表した会社法制（企業統治等関係）の見直しに関する中間試案（以下、本章において「中間試案」という）において謳われている（中間試案第3部第2参照）が、その詳細については、後記8を参照されたい。

　以下では、主として上記①の自社株対価TOBに関する特例措置に絞って、そのポイントと実務上の活用方法を簡単に概説し、その上で、自社株対価TOBに関する課税上の取扱いについて論じることとしたい。

---

[10] 産競法平成30年改正の自社株対価TOBに関する会社法の特例に係る部分の立案担当官による解説として、越智晋平「産業競争力強化法における会社法特例の改正の解説」旬刊商事法務2173号（2018）4頁以下参照。

2 自社株対価TOBに関する規制緩和の意義

　わが国の企業が現金を対価として外国企業を含む他の企業を買収しようとする場合、基本的には、(i)対象会社が非上場会社であれば、その株主との相対での売買による株式取得の方法で、(ii)対象会社が上場会社であれば、現金を対価とするTOB（キャッシュTOB）の方法で、それぞれ実行することが可能である。

　一方、わが国の企業が自社の株式を対価として他の企業を買収しようとする場合、対象会社がわが国の企業であれば、以下の方法で、実行することが可能である。

(a) 合併による方法
(b) 株式交換による方法
(c) 三角合併(三角株式交換を含む。以下、本章において同じ)による方法
(d) （対象会社が英国法系諸国の法令に従って設立された株式会社等である場合には）スキーム・オブ・アレンジメントによる方法
(e) 自社株対価TOB（エクスチェンジ・テンダー・オファー）による方法

　もっとも、(a)の合併による方法は、対象会社の抱える偶発債務を全て引き受けることになるし、対象会社の従業員の処遇を自社のそれに合わせる必要が出てくるなど、様々な問題があるので、通常は、簡便な(b)の株式交換の方法が用いられている。

　しかしながら、株式交換（及び三角合併ないしスキーム・オブ・アレンジメント）による場合、対象会社は必ず買収会社の100％子会社となるため、対象会社側が、一定の経営上の自律性の確保や上場維持などを求めているときには、これらの方法を用いることはできない。このような場合、特に対象会社が上場会社であるようなときには、(e)の自社株対価TOBの

方法しか選択肢はない（【図9－1】参照）。

　また、対象会社が外国企業である場合には、現在の一般的な考え方によれば、(a)合併と(b)株式交換の方法はそもそも利用できず、(c)三角合併の方法又は(d)英国を始めとする英国法系の諸国で広く認められているスキーム・オブ・アレンジメントか(e)自社株対価TOBの方法しか用いることはできない。

　しかも、アメリカのように三角合併をわが国とほぼ同様の要件で用いることができる国はそれほど多いわけではなく、例えば、英国で認められているスキーム・オブ・アレンジメントでは裁判所の許可に加えて株主の頭数の過半数及び出資割合の4分の3以上の賛成がないと三角合併と同様のスキームを実行することはできないとされているなど、対象会社の所在国によっては、三角合併の利用には困難が伴う。

　加えて、前述のとおり、三角合併（又はスキーム・オブ・アレンジメント）による場合、対象会社は必ず買収会社の100％子会社となるため、対象会社側が一定の経営上の自律性の確保や上場維持などを買収受入れの条件としているような場合には、三角合併（又はスキーム・オブ・アレンジメント）は利用できない。従って、このような場合（特に対象会社が上場会社であるような場合）にも、(e)の自社株対価TOBしか利用可能な方法はない。

　グローバルな観点から見ても、三角合併（又はスキーム・オブ・アレンジメント）が認められていない（又は困難な）EU諸国の企業を対象として行われる、株式を対価とする国際的M&A（ないし国際経営統合）では、自社株対価TOBが用いられることが多く、1998年のBP（英）によるアモコ（米）の買収、1999年のボーダフォン・エアタッチ（英）によるマンネスマン（独）の買収及びローヌ・プーラン（仏）によるヘキスト（独）の買収、2005年のウニクレディト（UniCredit）（伊）によるヒポ・フェラインスバンク（HVB　Group）（独）の買収、2006年のミッタル（蘭）によるアルセロール（ルクセンブルク）の買収、2008年～2009年の

【図9-1】 通常のTOB（キャッシュTOB）と自社株対価TOBの違い

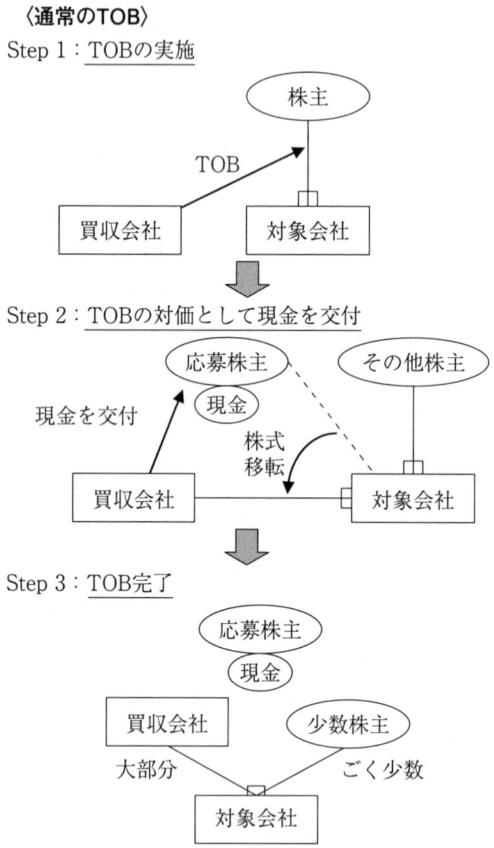

〈通常のTOB〉

Step 1：TOBの実施

Step 2：TOBの対価として現金を交付

Step 3：TOB完了

BHPビリトン（英＝豪）によるリオ・ティント（英＝豪）の買収（最終的には破談）、更に、2009年〜2010年のクラフト・フーズ（米）によるキャドバリー（英）の買収などは、いずれも自社株対価TOBの方法で行われており、2011年に発表されたドイツ証券取引所（独）とNYSEユーロネクスト（米）との経営統合（最終的には破談）にも、スキームの一部に自社株対価TOBが組み込まれている[11]。最近では、2016年12月20日に公表された産業ガスの世界大手であるリンデ（独）と同業のプラクスエア

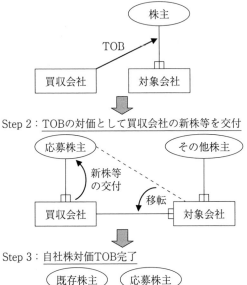

（米）との経営統合（統合新会社はアイルランドに設立され、その傘下にリンデとプラクスエアが入る形で統合するものとされている）においても、統合新会社によるリンデの買収（完全子会社化）の部分について自社

---

11 具体的には、当該統合は、オランダに設立された持株会社がドイツ証券取引所に対して自社株対価TOBを実施し、当該持株会社が米国に設立する買収ビークルを通じた三角合併によってNYSEユーロネクストをその完全子会社とすることによって行われるものとされている（【図9－2】参照）。

株対価TOB（エクスチェンジ・テンダー・オファー）が用いられるものとされている（因みに、統合新会社によるプラクスエアの買収（完全子会社化）の部分については逆三角合併が用いられるものとされている）。

【図9-2】　ドイツ証取＝NYSEユーロネクストの統合スキーム

※自社株対価TOBと三角合併との組合せによるクロス・ボーダーの経営統合の事例

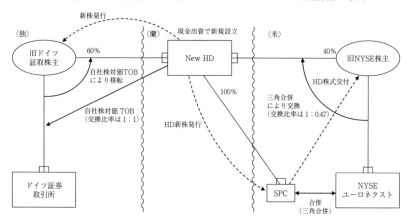

　従って、わが国企業による自社株を買収対価とするクロス・ボーダーの買収を促進し、同時に、わが国国内における自社株を対価とするM&A（特に部分買収）を活性化するために、わが国企業による自社株対価TOBの利用を阻害する要因を除去することは、非常に有益である。特に、アベノミクス後の株高によって相対的な価値が高まっているわが国企業の株式を買収対価として利用していくことは、今後のわが国の成長戦略にとっても重要といえよう。

　もちろん、上場外国企業を対象とする、わが国企業による自社株対価TOBを用いた買収が成功するためには、対価として用いる自社株が、対象会社の所在地国の証券取引所において上場されていることが事実上必要であろうが、クロス・ボーダーの（自社株対価TOBや三角合併又はスキ

ーム・オブ・アレンジメントを用いた）株式を対価とする買収の事例で、買収と同時にそのような上場が行われた例は決して少なくない（例えば、2005年のAixtron（独）による三角合併を用いたGenus（米）買収に際しての同社のNASDAQ上場の事例など参照。また、2018年に公表された武田薬品工業によるシャイアー（英領ジャージー諸島籍）の買収の事例でも、用いられるスキームは英領ジャージー諸島法上のスキーム・オブ・アレンジメントであるが、その対価の一部は武田薬品工業の株式とされ、買収完了時には同社の株式はニューヨーク証券取引所にも上場するものとされている）。

　以上のような狙いから、改正産活法は、主務大臣による所定の計画認定等を条件に、わが国企業が自社株対価TOBを用いて買収を実行する際の障害となっていた各種の規制を大幅に緩和することとした。

3　自社株対価TOBに関する規制緩和の内容

　それでは、改正産活法（現在の産競法。以下では、産競法に関する記述を中心に、読者の便宜のため改正産活法の条文番号等についても、適宜併記する）は、具体的にはどのような規制緩和を行っているのであろうか。

(1)　産競法の基本構造

　産競法では、「事業再編計画」の認定（23条）と「特別事業再編計画」の認定（25条）という2つの制度が用意されており（後者の制度は、産競法平成30年改正で従来の「特定事業再編計画」の認定制度に代えて、新たに創設された）、組織再編等を通じ事業構造を変更し、新商品の開発等に取り組む事業者が主務大臣からいずれかの認定を得た場合には、認定を受けた計画の実施に関して、各種の政策的支援を受けることができるものとされている。

特別事業再編計画の認定制度は、事業再編計画の認定制度の加重類型として、従前の特定事業再編計画の認定制度に代えて産競法平成30年改正で新たに創設されたが、これに併せて、平成30年度税制改正により、特別事業再編計画の認定を受けた場合に限り、自社株対価TOBに際して、譲渡株主が株式譲渡益課税の繰延べを受けることができる措置が新たに導入された（措法37条の13の3、66条の2の2、68条の86）。かかる課税繰延措置については、後記6(1)イ(ロ)にて詳述する。

　事業再編計画ないし特別事業再編計画の認定を受けるためには、自社株対価TOBその他の取引等が、それぞれ「事業再編」ないし「特別事業再編」の要件を満たし、更に、事業再編計画ないし特別事業再編計画の認定要件を満たすことが必要とされている。

　事業再編の要件の概要は、後掲の【表9-1】、特別事業再編の要件の概要は、後掲の【表9-2】、事業再編計画及び特別事業再編計画の各認定要件の概要は、後掲の【表9-3】のとおりである。認定基準の詳細は、「事業再編の実施に関する指針」（以下「実施指針」という）で定められている。

　また、事業再編計画及び特別事業再編計画には、認定を受けようとする申請事業者が経営を実質的に支配していると認められる事業者（「関係事業者」及び「外国関係法人」）が事業再編のために行う措置に関する計画を含めることができる（産競法23条4項、25条4項）ものとされているが、「関係事業者」及び「外国関係法人」の範囲の概要は、後掲の【表9-4】のとおりである[12]。

　なお、自社株対価TOBは、「事業再編」に該当する取引等のうちの「他の会社の株式又は持分の取得」（産競法2条11項1号ト。以下「株式等取得行為」という）及び「外国法人の株式若しくは持分又はこれらに類似するものの取得」（同法2条11項1号リ。以下「外国法人株式等取得行為」

---

[12]　産競法2条8項、産競法施行規則3条・4条参照。

という）並びに「特別事業再編」に該当する取引等のうちの「株式等取得行為」（同法2条12項1号イ）ないし「外国法人株式等取得行為」（同法2条12項1号ロ）の一種に該当するため、産競法に基づき、当該自社株対価TOBが事業再編計画ないし特別事業再編計画の認定を受ければ（前記の認定自社株対価TOBとなれば）、後記(2)以下で詳述する、産競法所定の会社法の特例措置（同法32条）の適用を受けることができるものとされている。ちなみに、産競法平成30年改正前の旧産競法では、かかる会社法の特例措置（旧産競法34条）の適用を受けることができる自社株対価TOBないし現物出資を用いた株式取得行為は、あくまで「公開買付け」又は「外国における公開買付けの方法に相当するもの」に限定されていたが、産競法平成30年改正により、かかる限定がなくなり、他の株式会社の株式又は外国法人の株式若しくは持分又はこれらに類似するもの（以下、本章において「株式等」という）を、公開買付けによらない相対の現物出資の方法（対価は買収会社が発行する新株又は処分する金庫株。以下、便宜上「自社株対価相対株式取得」という）により取得する場合[13]や、自社株対価TOB等により既存の「関係事業者」又は「外国関係法人」の株式等の買増しを行う場合にも、会社法の特例措置が適用されることとなった（産競法32条）。

　その意味で、産競法平成30年改正は、従前の産競法における会社法の特例措置の適用対象を、自社株対価TOBに限らず、公開買付手続を必要と

13　また、これにより、買収対価の全部又は一部を買収会社が発行する新株又は処分する金庫株とする形で、英国法上のスキーム・オブ・アレンジメントを用いて英国の対象会社を「外国関係法人」とすること等も可能となった（越智・前掲（注10）11頁参照）。この場合には、わが国企業である買収会社側の手続は、産競法の下で主務大臣の認定を受けた自社株対価相対株式取得で、英国企業である対象会社側の手続は、国際私法（国際会社法）の一般理論に基づき、対象会社の従属法である英国法に従って、それぞれ行われることになる。国際会社法におけるこのような基本的な考え方については、後記8で取扱う株式交付制度に関して述べられたものであるが、大杉謙一「株式交付制度への期待」旬刊商事法務2168号（2018）19-20頁参照。

しない、自社株対価相対株式取得にも広く拡充したものといえる。そのため、産競法平成30年改正により、産競法の定める会社法の特例措置（産競法32条）は、買収会社が、対象会社の株式を、公開買付けによらない自社株対価相対株式取得（対象会社の株式等を、その株主から、買収会社が、相対の現物出資手続を通じて、自らが発行する新株又は処分する金庫株を対価として買収する行為）によって取得する場合にも利用できることとなり、対象会社が非上場会社である場合にも利用できることとなった。

なお、「事業再編」における「株式等取得行為」ないし「外国法人株式等取得行為」と比較した場合における、「特別事業再編」における「株式等取得行為」ないし「外国法人株式等取得行為」の特徴としては、以下のような点が挙げられる。

① 事業再編に該当するそれらの取引等と異なり、特別事業再編に該当するのは、株式等の取得により他の会社等が「関係事業者」又は「関係外国法人」となる場合に限られている。言い換えれば、既に「関係事業者」又は「関係外国法人」となっている会社の株式の追加取得は含まれない[14]。

② 「株式等取得行為」ないし「外国法人株式等取得行為」の対価が、株式会社である認定事業者の「株式のみ」であることが特別事業再編の要件の一つとされている[15]。ただし、交付する株式の端数処理金の支払が行われても、この「株式のみ」要件は満たされる（産競法32条3項による会社法234条の準用）。また、1段階目で自社株対価TOBを行い、2段階目の取引でスクィーズ・アウトを行う二段階買収の場合も、1段階

---

[14] 産競法2条12項1号イ・ロ。越智・前掲（注10）15頁脚注8参照。

[15] そのため、現金と株式のいわゆる混合対価の場合には、特別事業再編の要件を満たさず、後述する課税繰延措置を受けられないことになる。この場合でも、事業再編計画の認定を受けて、会社法の特例を受けることは可能である。

[16] 安藤元太＝中山龍太郎＝松尾拓也＝武井一浩「M&A新時代—株対価M&Aの幕開け」MARR Online286号（2018年7月17日アップロード）32頁〔安藤発言〕参照。

目の取引と2段階目の取引とは別の行為と整理できるので、1段階目の自社株対価TOBについて、特別事業再編計画の認定を受けることは可能と考えられる[16]。

③　特別事業再編では、対価の額が余剰資金の額を上回ることが求められている。「対価の額」は、計画申請時に交付を見込んでいる申請事業者の株式の数に、1株当たりの時価を乗じて算出する（実施指針四イ(2)）。時価は直近の株価に限定されず、例えば〇カ月前平均など、合理性のある考え方が示せればよいものとされている[17]。また、「余剰資金」は、原則として特別事業再編計画実施予定日の属する事業年度の直前事業年度末の貸借対照表の帳簿価額を用いて、現預金－運転資金（売上債権＋棚卸資産－仕入債務）＝余剰資金、という算式で計算され、特別事業再編計画に他の株式等の取得が含まれるときは、当該買収において支払われる金銭の額及び手数料等その他の取得に要する費用を余剰資金の額から控除することができるものとされている（経済産業省関係産業競争力強化法施行規則4条の2）。

④　特別事業再編では、後記4で述べる親会社株対価TOB（三角自社株対価TOB）は認められていない[18]。

以下、「産業競争力強化法施行令」は「産競法施行令」、「産業競争力強化法施行規則」は「産競法施行規則」と、それぞれ略記することとする。

17　安藤＝中山＝松尾＝武井・前掲（注16）27頁〔武井・安藤発言〕参照。
18　越智・前掲（注10）15頁脚注6参照。

【表9－1】 事業再編の要件（産競法2条11項）

(1) **生産性向上に関する要件（産競法2条11項柱書）**
　　事業者がその事業の全部又は一部の生産性を相当程度向上させることを目指した事業活動であること

(2) **取引の外形に関する要件（産競法2条11項1号）**
　　次に掲げる措置のいずれかによる事業の全部又は一部の構造の変更（当該事業者の関係事業者及び外国関係法人が行う事業の構造の変更を含む）を行うものであること
　イ　合併
　ロ　会社の分割
　ハ　株式交換
　ニ　株式移転
　ホ　事業又は資産の譲受け又は譲渡（外国におけるこれらに相当するものを含む）
　ヘ　出資の受入れ
　ト　他の会社の株式又は持分の取得（当該他の会社が関係事業者である場合又は当該取得により当該他の会社が関係事業者となる場合に限る）
　チ　関係事業者の株式又は持分の譲渡（当該株式又は持分を配当財産とする剰余金の配当をすることを含み、当該譲渡により当該事業者の関係事業者でなくなる場合に限る）
　リ　外国法人の株式若しくは持分又はこれらに類似するものの取得（当該外国法人が外国関係法人である場合又は当該取得により当該外国法人が外国関係法人となる場合に限る）
　ヌ　外国関係法人の株式若しくは持分又はこれらに類似するものの譲渡（当該株式若しくは持分又はこれらに類似するものを配当財産とする剰余金の配当をすることを含み、当該譲渡により当該事業者の外国関係法人でなくなる場合に限る）
　ル　会社又は外国法人の設立又は清算
　ヲ　有限責任事業組合（有限責任組合契約に関する法律2条）に対する出資
　ワ　保有する施設の相当程度の撤去又は設備の相当程度の廃棄

(3) **事業活動に関する要件（産競法2条11項2号、実施指針ニイ）**
　　事業者がその経営資源を活用して行う事業の全部又は一部の分野又は方式の変更であって、次に掲げるもののいずれかを行うものであること
　イ　新商品の開発及び生産又は新たな役務の開発及び提供により、生産若しくは販売に係る商品の構成又は提供に係る役務の構成を相当程度変化させること：新商品等の売上高比率を全社売上高の1％以上とすること
　ロ　商品の新たな生産の方式の導入又は設備の能率の向上により、商品の生産を著しく効率化すること：商品一単位当たりの製造原価を5％以上低減[19]
　ハ　商品の新たな販売の方式の導入又は役務の新たな提供の方式の導入により、商品の販売又は役務の提供を著しく効率化すること：商品等一単位当たりの販売費を5％以上低減[20]

ニ 新たな原材料、部品若しくは半製品の使用又は原材料、部品若しくは半製品の新たな購入の方式の導入により、商品の生産に係る費用を相当程度低減すること：商品一単位当たりの製造原価を５％以上低減

【表９－２】 特別事業再編の要件（産競法２条12項、実施指針四）

(1) **生産性向上に関する要件（産競法２条12項柱書）**
　　事業再編のうち、事業者が当該事業者と他の会社又は外国法人の経営資源を有効に組み合わせて一体的に活用[21]して、その事業の全部又は一部の生産性を著しく向上させることを目指したものであること
(2) **取引の外形に関する要件（産競法２条12項１号）**
　① 次に掲げる措置のいずれかによる事業の全部又は一部の構造の変更を行うものであること
　　イ 他の会社の株式又は持分の取得（当該取得により当該他の会社が関係事業者となる場合に限る）
　　ロ 外国法人の株式若しくは持分又はこれらに類似するものの取得（当該取得により当該外国法人が外国関係法人となる場合に限る）
　② 自社株式のみを対価とすること
　③ 対価の額が、余剰資金の額を上回ること
(3) **事業活動に関する要件（産競法２条12項２号）**
　　新事業活動（産競法２条３項）であって、次に掲げる事業活動のいずれかを行うことにより、当該事業活動に係る商品又は役務の新たな需要を相当程度開拓するものであること
　① 新市場開拓事業活動
　② 価値創出基盤構築事業活動
　③ 中核的事業強化事業活動

19　商品一単位当たりの材料費の低減が困難と認められる場合、製造原価から材料費を控除した額を10％以上低減させることも認められる。また、商品一単位当たりの製造原価の低減額の算定が困難と認められる場合には、当該商品に係る売上原価の金額を売上高で除した値を５％以上（売上原価から材料費を控除する場合は10％以上）低減させることでもよい。
20　一単位当たり販売費の算定が困難と認められる場合は、商品又は役務の提供に係る販売費及び一般管理費の金額を売上高の金額で除した値を５％以上低減させることでもよい。
21　それぞれの有する知識、技術又は技能等を活用することにより、商品の開発、資材調達、生産若しくは販売又は役務の開発若しくは提供等において協力すること（実施指針四イ(1)）。

【表9-3】 事業再編計画及び特別事業再編計画の認定要件

事業再編計画 (産競法23条5項、実施指針一・二ロ)	特別事業再編計画 (産競法25条5項、実施指針三・四ロ)
① 実施指針に照らし適切なものであること：事業再編計画の実施期間（原則3年以内）の終了年度に、イ及びロの目標達成が見込まれること	① 実施指針に照らし適切なものであること：特別事業再編計画の実施期間（原則3年以内）の終了年度に、イ及びロの目標達成が見込まれること
イ 事業再編の対象となる事業部門単位で、以下のいずれかを達成[22] (i) 修正ROA2％ポイント向上 (ii) 有形固定資産回転率5％向上 (iii) 従業員1人当たり付加価値額6％向上 ロ 事業再編を行う事業者単位で、以下の(i)及び(ii)を達成[23] (i) （有利子負債－現預金－信用度の高い有価証券等の評価額－運転資金）÷（留保利益＋減価償却費＋全事業年度からの引当金増減額）≦10 (ii) 経常収入＞経常支出	イ 特別事業再編の対象となる事業部門単位で、以下のいずれかを達成 (i) 修正ROA3％ポイント向上 (ii) 有形固定資産回転率10％向上 (iii) 従業員1人当たり付加価値額12％向上 ロ （事業再編計画に同じ）
② （特別）事業再編が円滑かつ確実に実施されると見込まれるものであること：認定事業者の技術力、販売力等に照らして過度に実施困難なものでなく、かつ、当該計画の実施に必要な資金の調達が不可能なものでないこと	
③ （特別）事業再編による生産性の向上が、当該事業分野における市場構造に照らして、持続的なものと見込まれるものであること	

---

[22] 減価償却費及び研究開発費を控除する前の営業利益÷総資産金額を便宜的に「修正ROA」と表記している（実施指針一イ）。「有形固定資産回転率」は、売上高÷有形固定資産の帳簿価額、付加価値額は、営業利益＋人件費＋減価償却費、でそれぞれ計算される（実施指針九ロ）。

[23] ただし、事業者の業態の特性等の固有の事情を勘案して柔軟に判断される（実施指針一ロ）。

④	当該（特別）事業再編計画に係る事業の属する事業分野が過剰供給構造にある場合（実施指針ニロ(3)）にあっては、当該（特別）事業再編計画に係る（特別）事業再編が、当該事業分野の過剰供給構造の解消に資するものであること：計画実施により供給能力が減少する又は需要を開拓
⑤	従業員の地位を不当に害するものでないこと：（特別）事業再編に係る事業所における労働組合等と協議により十分に話し合いを行い、かつ、（特別）事業再編計画の実施に際して雇用の安定等に十分に配慮
⑥	内外の市場の状況に照らして、当該申請を行う事業者とその営む事業と同一の事業分野に属する事業を営む他の事業者との間の適正な競争が確保されるものであること：（特別）事業再編計画が、申請事業者の営む事業と同一の事業分野に属する事業を営む他の事業者の活動を著しく困難にさせるおそれのあるもの、申請事業者と当該事業分野に属する事業を営む他の事業者との間の協調的な行為を伴うもの、その他当該申請事業者と当該事業分野に属する事業を営む他の事業者との間の適正な競争を阻害することとなるものでない
⑦	一般消費者及び関連事業者の利益を不当に害するおそれがあるものでないこと：（特別）事業再編を実施することにより、申請事業者が製造、販売若しくは提供する商品又は役務の価格の不当な引上げ等が誘発されること、その他の一般消費者及び関連事業者の利益を不当に害するおそれが生ずるものでない

【表9－4】 関係事業者及び外国関係法人の概要（産競法2条8項、産競法施行規則3条、4条）

1. 関係事業者は、申請事業者との間で以下のA、B、C又はDの関係を満たす事業者。外国関係法人は、申請事業者との間で以下のA、B、又はCの関係を満たす外国法人
2. 上記1の関係を満たす事業者ないし外国法人が、単独若しくは複数で、又は申請事業者と共同して、1のA、B、又はCの関係を満たす事業者も、関係事業者ないし外国関係法人となる。

	申請事業者が有する株式等比率	申請事業者が派遣する役員等比率
A	50％以上	
B	40％以上50％未満	50％以上
C	20％以上40％未満かつ筆頭株主	50％以上
D	Cの株式等比率要件かつ①申請事業者と事業再編計画に関する他の事業者が共同現物出資で設立、②申請事業者と事業再編計画に関する他の事業者が合計で100％の株式を保有	役員数筆頭占有者

関係事業者・外国関係法人の範囲の例

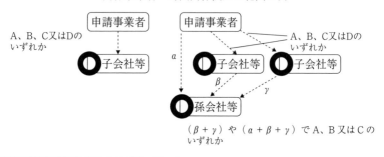

(2) 現物出資規制の適用除外

　第一は、買収会社側における現物出資規制の適用除外である。

　即ち、自社株をTOBの対価として利用する場合、会社法上は、かかる行為は、「対象会社の株主によるその保有株式の現物出資に対して行われる買収者の新株発行（又は金庫株処分）」と整理されるため、現物出資規制が適用され、検査役調査（これは、対象会社が上場会社であれば、TOBにプレミアムが付されないようなケースでは通常不要である（会社法207条9項3号）[24]し、非上場会社であっても弁護士等の証明書があれば省略できる（同項4号）ので実質的には大きな問題とならない）のほか、対象会社の株式が値下がりした場合における価額填補責任が現物出資者（＝TOBに応募した対象会社の株主）と新株発行会社（＝買収会社）の取締役に課せられる（ただし、検査役調査を経た場合を除く）ものとされている。しかも、現物出資者にとってはこの価額填補責任は無過失責任とされ（会社法212条1項2号）、また、新株発行会社の取締役にとってはこの価額填補責任は挙証責任の転換された過失責任（要は、自らが無過失であることの立証を要求される責任）とされており（会社法213条1項・2項2号）、非常に責任が重い。

　従って、対象会社の株式が、新株発行決議の日から払込日までの2週間（新株発行公告期間）[25]に値下がりする可能性を否定できない上場株式であるような場合には、それらの価額填補責任がネックとなって、これまで、自社株対価TOBは事実上利用されない状態にあった。

---

[24] 森本＝藤井・前掲（注9）60頁参照。

[25] 対象会社が日本企業である場合には、わが国の公開買付期間が最短20営業日であってこの新株発行公告期間よりも長いこととの関係上、この値下がりリスクが問題となる期間は、自社株対価TOBのための公開買付期間となる。対象会社の株式取得に対して適用されるTOB規制が外国のそれであって、当該規制の下では公開買付期間が本文記載の新株発行公告期間より長い場合にも同様である（藤田・前掲（注2）32頁脚注4とそれに対応する本文参照）。

この点、産競法は、①事業者（以下、本章において「買収会社」という）が、その提出に係る事業再編計画又は特別事業再編計画につき主務大臣の認定を得た上で、②当該認定された計画（以下「認定事業再編計画等」という）に従ったTOBによって他の株式会社を「関係事業者」（産競法2条8項、同法施行規則3条。なお、改正産活法2条2項、同法施行規則2条）としようとする場合（又は、③外国におけるTOBによって外国法人を「外国関係法人」（産競法2条9項、同法施行規則4条。なお、改正産活法2条3項、同法施行規則3条）にしようとする場合）には、当該TOBの対価とされる買収会社の新株等の発行等につき、前記の検査役調査を不要とする（産競法32条1項（なお、改正産活法21条の2第1項参照）による会社法199条の読替えにより同条1項3号の適用が排除され、会社法207条1項が適用されないこととなる）ほか、価額填補責任に関する規定等については適用を排除する（産競法32条2項[26]。なお、改正産活法21条の2第2項参照）こととして、前記の現物出資規制の適用を排斥している。

　また、当該新株等の発行等については、現物出資財産の価額を定めなければならないとする会社法199条1項3号の適用を排除し、買収会社は、

---

[26] 産競法32条2項により会社法212条が不適用となって認定自社株対価TOBに応募する対象会社株主の価額填補責任は生じないものとされ、その結果、同条1項2号に掲げる場合を適用要件とする会社法213条1項も不適用となって、認定自社株対価TOBを実施する買収会社の取締役等の価額填補責任も生じないものとされる（以上につき、越智・前掲（注10）16頁脚注21参照）。

[27] 産競法32条1項（なお、改正産活法21条の2第1項参照）所掲の会社法199条1項2号の読替え適用による。

[28] この比率として「（変動幅限定付）変動制交換比率方式」（これは、交換比率の算定に際しての対象会社株式の基準価格を1株当たりx円と設定した上で、対象会社株主に対してその保有する株式1株につき交付される買収会社株式の数（y）を、y＝x円÷一定期間における買収会社株式の1株当たり平均株価×為替相場、といった算式によって算出するというものである）等の変動交換比率を定めることも可能である（藤田・前掲（注2）28頁、越智・前掲（注10）9頁参照）。

当該新株等の募集事項において自社株対価TOBの条件として定められる対象会社株式と買収会社株式との交換比率を決定すれば足りるものとしている[27,28]。

問題は、上記のTOB（外国におけるTOBを含め、以下、併せて「TOB」という）は、一体どのようなものであればよいかということである。

この点、実施指針（改正産活法下では改正基本指針）によれば、TOBによって取得する議決権の割合（正確には、TOBの完了後における買収会社並びにその子会社及び子法人等の対象会社に対する議決権保有割合[29]）が40％以上3分の2[30]未満の範囲であれば上限を付すことは認められるものの、その下限は、TOBの完了後に、最低でも対象会社に対する買収会社並びにその子会社及び子法人等の議決権保有割合が40％以上となるように設定されなければならないとされている（以上につき、実施指針八ニ（なお、改正基本指針十一ニ参照））。

なお、TOBは、金融商品取引法27条の2第6項に従って行われるものであれば、強制公開買付規制の適用がないような場合（例えば、対象会社が有価証券報告書提出会社でないような場合など）に行われるもの（つまり、いわゆる任意TOB）でもよい。もっとも、産競法平成30年改正前の旧産競法では、以上で述べた会社法の特例措置（旧産競法34条）の適用を受けることができる自社株対価TOBないし現物出資を用いた株式取得行為は、あくまで「公開買付け」又は「外国における公開買付けの方法に相当するもの」に限定されていたところ、産競法平成30年改正により、かかる限定がなくなり、他の株式会社の株式等を、公開買付けによらない相対の現物出資の方法（対価は買収会社が発行する新株又は処分する金庫株）により取得する場合にも、かかる会社法の特例措置が適用されることとな

29　実施指針六ロ参照。
30　正確には、金融商品取引法27条の2第8項所定の「株券等所有割合」が3分の2未満であることが必要である（金商法27条の13第4項2号、金商法施行令14条の2の2参照）。

った（産競法32条）ことは、前述したとおりである。

(3) 有利発行規制の適用排除及び簡易認定自社株対価TOB

第二は、一定の要件が充足されることを条件とした、買収会社側における有利発行規制の適用除外である。

即ち、自社株対価TOBもTOBの一種であるから、その成立のためには、通常はある程度のプレミアムを上乗せする必要があるが、前記のとおり、自社株対価TOBの法的性質が現物出資による新株発行（又は金庫株処分）とされる結果、一定額以上のプレミアムを上乗せした場合には、会社法上、有利発行規制が適用されることになる。

例えば、買収会社の株価が100円で、対象会社の株価が200円のとき、プレミアムを50％上乗せして、対象会社の株式1株につき買収会社の株式を3株発行するとすれば、買収会社の株式1株当たりの発行価額は約66.7円となるため、有利発行に該当することとなる。従って、その実行のためには、買収会社が株主総会において有利発行を必要とする理由を説明し、特別決議を取得することが必要となる（会社法199条3項、201条1項参照）。

これには相当のコストと時間を要するため、この点も、従来、わが国企業が自社株対価TOBを利用しにくい原因となっていた。産競法は、このような問題を解決するため、前記(2)の①及び②（又は③）の場合において、前述した有利発行規制の適用はカテゴリカルに排除されるものとした（産競法32条2項[31]（なお、改正産活法21条の2第2項参照）、同条1項（なお、改正産活法21条の2第1項参照）による会社法199条1項2号の読替えに伴う「払込金額」の定義の削除による同条3項の不適用）。

その上で、産競法は、この会社法所定の有利発行規制の適用排除に拘らず、原則として、認定自社株対価TOBのための新株発行（又は金庫株処

---

[31] 同項は、買収会社が認定計画に従って行う新株等の発行等につき公開会社の特則を定めた会社法201条1項の適用を排除している。

分）には株主総会特別決議を必要とする（産競法32条2項（なお、改正産活法21条の2第2項参照）による会社法201条1項の適用排除、会社法199条2項及び309条2項5号）一方、簡易組織再編の場合に準じて、発行等される買収会社の新株等の数に買収会社の1株当たり純資産の額を乗じた額が買収会社の純資産額の20％以下であるような場合（以下、このような場合を「簡易発行等に該当する場合」という）に、特別決議を不要としている（産競法32条3項[32]。以下、簡易発行等に該当する場合の自社株対価TOBを「簡易認定自社株対価TOB」という）。

但し、この場合でも、①原則として、買収会社の総株主の議決権の6分の1超[33]を保有する株主が、産競法32条1項（なお、改正産活法21条の2第1項参照）所定の新株発行等を行う旨等の通知若しくは公告[34]から2週間の異議申出期間内に当該新株発行等に反対する旨を通知した場合、又は②買収会社が（会社法上の）公開会社ではなく、かつ、その発行等する新株等の全部又は一部が譲渡制限株式である場合には、原則に立ち返って、買収会社の株主総会における特別決議が必要とされることになる（以上につき、産競法32条3項[35]参照）。

また、買収会社の株主総会で上記の新株等の発行等について特別決議が必要となる場合には、自社株対価TOBに反対する買収会社の株主は、株式買取請求権を行使することができるものとされている（産競法32条3

---

[32] 産競法32条3項（なお、改正産活法21条の2第3項参照）所掲の平成26年会社法改正後の会社法796条2項の読替え準用による。

[33] 産競法32条3項（なお、改正産活法21条の2第3項参照）により読み替えて準用される会社法796条3項及び産競法施行規則27条1号参照。

[34] 産競法32条3項（なお、改正産活法21条の2第3項参照）所掲の会社法797条3項・4項の読替え準用による。

[35] ①は産競法32条3項（なお、改正産活法21条の2第3項参照）所掲の会社法796条3項の、②は会社法796条2項柱書の但書の、各読替え準用による。

項[36]及び同法施行令6条。なお、改正産活法21条の2第3項参照)。その場合、株式買取請求期間は、当該自社株対価TOBの決済日(=対象会社株式の給付の期日)の前日から遡って20日間とされるが、当該自社株対価TOBが中止されれば、株式買取請求もその効力を失う[37]。

　このように、産競法では、会社法における簡易組織再編の場合に準じて、買収会社側における株主総会の決議を経ることなく(つまりは、買収会社の取締役会決議の・み・で)対象会社を認定自社株対価TOBで買収することができるものとされているが、自社株対価TOBの基本的な性質が(現物出資による)新株発行であることが変わるわけではないので、買収会社の株主は、法令違反(株主総会の特別決議が必要とされる場合であるにも拘らず、当該特別決議を取得せずに認定自社株対価TOBを行うことによる法令違反を含む)又は不公正発行を理由として(TOBの対価の支払いとして行われる)新株発行の差止めを求めることができる(会社法210条)。

　これは、TOB手続そのものの差止めではないが、新株発行の差止めが認められた場合には、結局TOBの決済ができない(債務不履行となる)ことになるので、TOB手続の差止めに似た効果が期待できよう。なお、新株発行の差止めが認められた場合にTOBの撤回ができるかどうかについては疑義が存する[38]が、仮に撤回が許されないとすれば、TOBの決済が

---

[36] つまり、簡易発行等に該当する場合には、一定の場合を除き、買収会社の株主は株式買取請求権を有しない。一定の場合とは、募集事項の決定に買収会社の株主総会における特別決議が必要な場合と同様である(産競法32条3項及び同法施行令6条(なお、改正産活法21条の2第3項参照)による読替準用後の会社法797条1項但書参照)。

[37] 産競法32条3項(なお、改正産活法21条の2第3項参照)所掲の会社法797条5項・8項の読替え準用による。

[38] 金融商品取引法施行令14条1項3号イやヌは、いずれもTOBの対象となった株券等の発行会社(つまり、自己株対価TOBの文脈では対象会社)について生じた事実なので、これらに該当するとはいいにくいであろう。

できず、債務不履行となるため、買収会社は、損害賠償として、基本的に、TOB の対価とされていた自社の新株等の決済日時点における時価相当額又は応募された対象会社の株式等の当該時点における時価相当額のいずれか高い額を、当該 TOB の応募者それぞれに対して賠償すべきことになろうか。この点をどのように解すべきかは、今後の課題である。

因みに、上記の現物出資規制や有利発行規制の適用除外は、実施される認定自社株対価 TOB がキャッシュ TOB との混合型であるような場合（つまり、対象会社株式の TOB の対価が買収会社の株式と現金との混合であるような場合）にも認められる[39]。そのような場合でも、買収会社側で債権者保護手続を実施する必要はない。

(4) まとめ

以上で述べた、産競法に基づく認定自社株対価 TOB 等についての会社法上の特例の内容を、会社法上の原則と対比する形でまとめたものが、以下の【表 9 − 5】である。

【表 9 − 5】 自社株対価 TOB 等に係る会社法の特例措置の概要

	会社法の原則	産競法による会社法の特例
検査役の調査	原則として必要	不要
出資財産である対象会社株式の「価額」の決定	必要	不要（対象会社株式と買収会社株式の交換比率を決定すれば足りる）
応募株主・買収会社取締役等の価額填補責任	あり	なし

---

[39] 藤田・前掲（注 2 ）27頁、越智・前掲（注10） 8 頁参照。当該 TOB への応募株主が、TOB の対価の受領に際してその居住地国等において課税に服する場合（課税繰延べが認められない場合）には、応募株主に納税資金を確保させるためにも、当該 TOB の対価の一部を現金としておく必要性は高いであろう。

有利発行規制	適用あり	適用なし
買収会社における募集事項の決議機関	会社法上の公開会社の場合、有利発行でなければ取締役会。有利発行のときは株主総会特別決議	有利発行かどうかを問わず、株主総会特別決議が必要。但し、簡易要件を満たすときは取締役会決議のみ
買収会社の親会社の株式を対価とする自社株対価TOB（親会社株対価TOB）	子会社による親会社株式の取得禁止規定適用あり	子会社による親会社株式の取得禁止規定適用なし
買収会社株主の株式買取請求権	なし	あり。但し、簡易要件を満たすときはなし

　なお、前述したとおり、産競法平成30年改正前の旧産競法では、かかる会社法の特例措置（旧産競法34条）の適用を受けることができる買収会社による自社株を買収対価とする対象会社の株式の取得行為は、あくまで自社株対価TOB又は外国における自社株対価TOBを通じて対象会社を新たに「関係事業者」ないし「外国関係法人」にしようとするものに限定されていたが、産競法平成30年改正により、かかる限定が外れ、①他の株式会社の株式又は外国法人の株式等を、TOBによらない相対の現物出資の方法（自社株対価相対株式取得）により取得する場合や、②自社株対価TOBや自社株対価相対株式取得により既存の「関係事業者」又は「外国関係法人」の株式等の買増しを行う場合にも、上記【表9－5】記載の会社法の特例措置が適用されることとなった（産競法32条）。

　また、上記のとおり、産競法平成30年改正により、産競法の定める会社法の特例措置が、自社株対価TOBを通じた対象会社の株式取得だけでなく、（TOBによらない）自社株対価相対株式取得を通じた対象会社の株式取得にも適用されることとなった結果、産競法の定める上記【表9－5】記載の会社法の特例措置は、対象会社が非上場会社である場合にも利用できることとなった。

以上で述べた産競法による会社法の特例が適用される結果として、認定自社株対価 TOB を用いて行う買収は、自社株対価相対株式取得（対象会社の株式等を、その株主から、買収会社が、相対の現物出資手続を通じて、自らが発行する新株又は処分する金庫株を対価として買収する行為）を用いて行う買収（2005 年のそーせいによるアラキス（英）の買収等で用いられている）及び株式交換を用いて行う買収と、その利用可能範囲及び利用した場合の効果の点でどのような相違が存することになるかを表にまとめると、【表 9 − 6】のとおりとなる。

【表 9 − 6】　株式を対価とする M&A の各手法の比較

	自社株対価相対株式取得（会社法上の現物出資による新株の発行等）	認定自社株対価 TOB	株式交換
買収会社	日本法上の株式会社	日本法上の株式会社	日本法上の株式会社・合同会社
対象会社	制限なし	日本法上の株式会社・外国法人	日本法上の株式会社のみ
全部／部分買収	両方可能	両方可能	全部買収のみ
現物出資規制（検査役調査・財産価額填補責任）	適用され得る	不適用	不適用
買収会社における決定機関・決議要件	①　公開会社の場合 　原則：取締役会決議 　有利発行の場合：株主総会特別決議 ②　非公開会社の場合 　株主総会特別決議	原則：株主総会特別決議 簡易要件充足：取締役会決議	原則：株主総会特別決議 簡易要件充足：取締役会決議
買収会社の反対株主の株式買取請求権	なし	あり	あり
買収会社株主による差止請求権	会社法 210 条	会社法 210 条	会社法 796 条の 2

対価に株式等以外の財産が含まれる場合の債権者異議手続	なし	なし	あり
子会社による親会社株式の取得の禁止	抵触	抵触せず	抵触せず
対象会社における決定機関・決議要件	機関決定不要	機関決定不要	原則：株主総会特別決議 略式要件充足：取締役会決議
わが国上場会社が買収に用いた実例	そーせいによるアラキス（英）買収（2005）オリックスによるロベコ（蘭）の買収〔対価の一部のみ〕（2013）等	本書脱稿日現在なし	多数

※　越智晋平「産業競争力強化法における会社法特例の改正の解説」旬刊商事法務2173号（2018）7頁所掲の表を筆者にて一部修正して作成

4　親会社株対価TOB（三角株式対価TOB）に関する規制緩和

　第6章で述べたとおり、2007年5月1日の三角合併等の全面解禁に伴って、外国企業による日本企業の買収だけでなく、日本企業同士のM&Aにおいても三角合併等（特に三角株式交換）が用いられる事例が増えてきている。

　それらの事例は、概ね、（買収会社である）持株会社が、対象会社を、（三角株式交換によって）当該持株会社傘下の中間持株会社や特定事業領域を統括する事業子会社（中核事業子会社）の100％子会社にすることを目的としたものであった。

　もっとも、この三角株式交換を用いた方法では、対象会社は買収会社の

子会社の完全子会社とならざるを得ず、対象会社の上場を維持したり、対象会社の少数株主を残すことは不可能である。

産競法では、買収会社傘下の100％子会社が、その親会社である買収会社の発行株式を対価として対象会社の株式等に対してTOB（以下「三角株式対価TOB」という）を実施することを可能としている（産競法32条1項柱書・2項[40]。なお、改正産活法21条の2第1項柱書・2項参照）。因みに、通常の自社株対価TOBと異なり、この三角株式対価TOBは産競法上の事業再編計画の認定を受けない限り、そもそも実施できない（なお、特別事業再編ではこの三角株式対価TOBは認められていない。産競法2条12項1号参照）。

これにより、例えば、①わが国企業A社が、海外の上場企業T社を、その上場を維持したまま、A社傘下の海外統括持株会社や地域統括持株会社（S社）の子会社とすることが可能となった（後掲の【図9－3】参照）。また、②持株会社であるわが国企業A社が、他のわが国上場企業Tを、その上場を維持したまま、A社傘下の中間持株会社や中核事業子会社（S社）の子会社とすることも可能となった。

このうち特に①が可能となったことは、わが国企業が海外本社（海外統括持株会社）や地域統括持株会社を設置する動きが強まっている現在[41]、それらを通じた海外企業のM&Aを柔軟に実施することを可能にする点

---

[40] 同項は、認定事業再編計画に従って行われる買収会社の新株等の発行等については、子会社による親会社株式の取得禁止を定めた会社法135条1項は適用されないとしている。

[41] 例えば、NTTデータは、海外子会社130社を4つの地域（米国、欧州、アジア太平洋、中国）ごとに束ねる地域統括会社の上に、それらを統括する海外本社を2013年4月を目処に設立する旨報じられている（2011年4月13日付け日本経済新聞朝刊参照）。また、平成22年度税制改正によるタックス・ヘイブン対策税制の改正により軽課税国に地域統括持株会社を置きやすくなったことから、海外に地域統括持株会社を設ける動きが強まっているといわれている。

で、大きな意義があろう。

なお、産競法の予定する三角株式対価TOBは、以下(i)～(iv)の手順で行われるものと考えられる[42]。

(i) S社による、T社株式のT社株主からのTOBを通じた取得
(ii) S社による、当該取得したT社株式又はそれに類似するもののA社に対する給付[43]
(iii) 上記(ii)と引換えになされる、A社によるS社に対するA社の新株等の発行等
(iv) S社による、当該取得したA社株式の、当該TOBへの応募株主（T社株主）に対する交付

ここで、上記(ii)において、S社が単純にA社に対してT社株式を交付してしまうと、【図9－4】のとおり、T社はS社の子会社ではなく、兄弟会社（つまり、A社の直接の子会社）となってしまう。

従って、T社をS社の子会社とするためには、【図9－3】のとおり、上記(ii)においてS社がA社に対して交付する対象を、T社株式ではなく、それに「類似するもの」としての「T社株式の引渡請求権」とする等の工夫（当該引渡請求権の交付を受けた後で、A社は当該引渡請求権をS社に対して現物出資して、S社の新株を引き受けることになろうか）をする必要がある。

但し、前記①のように三角株式対価TOBを実施するために海外子会社をビークルとして用いる際には、当該子会社の設立準拠法国において、子会社による親会社株式取得・保有禁止規制が存しないか否かに注意する必

---

[42] 出資の先履行（会社法208条、209条参照）を前提とすると、(iii)の前に(ii)が必要となり、結果として本文記載のような手順になると考えられる。
[43] 産競法32条1項（なお、改正産活法21条の2第1項参照）により読み替えて適用される会社法199条1項2号参照。

【図9-3】 対象会社を地域統括会社傘下に収めるための三角株式対価TOBスキーム

Step 1：TOBの実施

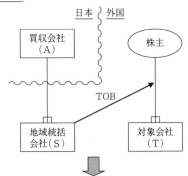

Step 2：TOBの対価として買収会社の新株等を交付

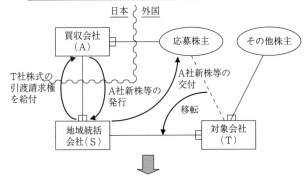

Step 3：三角株式対価TOB完了

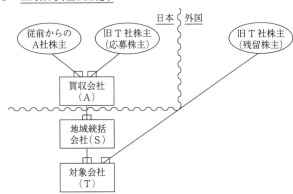

【図9-4】 通常の三角株式対価TOB

Step 1：TOBの実施

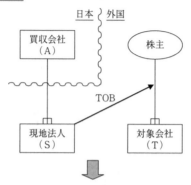

Step 2：TOBの対価として買収会社の新株等を交付

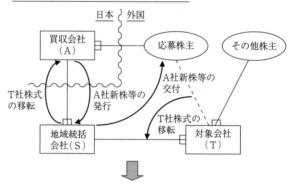

Step 3： 三角株式対価TOB完了

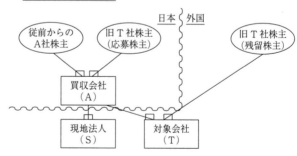

要がある。イギリスやフランス、ドイツ、オランダ、オーストリア、イタリア、香港、シンガポール、マレーシアなどのように、子会社による親会社株式取得禁止規制が存在する場合、三角株式対価TOBのために当該海外子会社が親会社の新株等を取得することは当該規制に抵触する可能性が存するためである（この点については、**第12章5**(1)も参照）。

5　金融商品取引法上の問題とその他の実務上の問題

(1)　スケジュールに関連する諸問題

　認定自社株対価TOBを実施するためには、買収会社は、大雑把にいって、①産競法に基づく主務大臣による所定の計画認定等を取得すると共に、②（当該自社株対価TOBのための）新株等の発行等に関して、取締役会決議その他の所要の手続を履践し、更に、③有価証券届出書又はその他の金融商品取引法で要求されている書類を監督当局に提出すること、及び④（当該自社株対価TOBのための）TOBに際して必要となる諸手続（例えば、公開買付届出書の提出等）を行う必要がある。

　産競法の下で、海外企業を対象に簡易認定自社株対価TOBを行う場合、同法所定の事業再編計画を主務大臣に認定してもらうには、認定申請前の事前相談のために概ね1ヶ月間、更に認定申請から計画の認定まで最大1ヶ月間（同法施行規則13条1項。なお、改正産活法施行規則5条1項参照）を要するので、自社株対価TOBのローンチの遅くとも2ヶ月前までには、主務大臣に計画認定のための相談を持ち込むことが必要となると思われる（なお、自然に考えれば、認定自社株対価TOBに用いる自社の新株等の発行等のための取締役会決議は、通常、TOB期間の初日の前日に行われることになると思われるが、金融庁の「改正公開買付けQ&A」

の問42に対する答によると、公開買付届出書の添付書類である「有価証券等……の存在を示すに足る書面」として、簡易認定自社株対価TOBの場合には、取締役会議事録のうち、新株等の発行等に係る決議事項を内容とする部分の写しのほか、異議通知を受けていないことを証する書面等が要求されているため、TOBのローンチの前に、前述した2週間の異議申出期間を置く必要が生じることとなる。従って、簡易認定自社株対価TOBを実施する旨の買収会社の取締役会決議は、最短でも、TOB期間の初日の15日前に行われる必要があると考えられる)。

(2) 対価の均一性に関する問題

　自社株対価TOBの場合のように、TOBにおける買付け等の対価が有価証券その他金銭以外のものである場合、金融商品取引法上は、買付け等の対象となる株券等と当該有価証券その他金銭以外のものとの交換比率が公開買付価格とみなされるものとされている[44]（金商法施行令8条2項）。

　そして、金融商品取引法上、TOBによる株券等の買付け等を行う場合には、買付け等の価格は、全ての応募株主等について均一にしなければならないものとされている（対価の均一性規制：金商法27条の2第3項、同法施行令8条3項参照）が、公開買付者が応募株主等に複数の種類の対価を選択させる場合には、選択することができる対価の種類を全ての応募株主等につき同一とし、かつ、それぞれの種類ごとに当該種類の対価を選択した応募株主等について均一にしなければならないものとされており（金商法施行令8条3項但書）、公開買付けに際して応募株主等に複数の種類の対価を選択させることも可能であるとされている。

　そこで、自社株対価TOBを行う際、対象会社の株式については買付け等の対価を買収会社の新株等とする一方、対象会社の新株予約権や新株予

---

[44]　なお、交換に係る差金として金銭を交付するときは、当該金銭の額を含むものとするとされている。

約権付社債については買付け等の対価を金銭のみとする方法を採用することが上記の対価の均一性規制に反することにならないかとの関係で問題とされている。この点、均一性規制には反しないとする見解（甲説）[45]は、「公開買付者が応募株主等に複数の種類の対価を選択させる場合には、選択することができる対価の種類をすべての応募株主等につき同一とし、かつ、それぞれの種類ごとに当該種類の対価を選択した応募株主等について均一にしなければならない」とする規制（金商法施行令8条3項但書）の他には、TOBにおいて対価の種類の同一性を要求する規定が存しないことを根拠として、対価の均一性規制は、応募される有価証券の種類が異なる場合に買付け等の対価の種類が同一であることまで求めていないものと解する。他方、上記は均一性規制に反するとする見解（乙説）は、金融商品取引法施行令8条3項本文が、対価が金銭以外のものによって構成されることもあり得る旨を定めた同条2項を受けて対価の均一性原則を定めている以上、逆に但書によって明示的に許容されている以外の局面においては、対価の均一性原則が貫徹されると解すべきものとする[46]。

　この問題は困難な問題であるが、最判平成22年10月22日民集64巻7号1843頁〔カネボウ損害賠償請求事件〕が、TOB規制を定める金融商品取引法27条の2以下において、形式的に種類の異なる株券等であれば全て「株券等」に含まれないのか、それとも、形式的に種類の異なる株券等であっても、実質的な内容が同一の株券等であれば「株券等」に含まれると解する余地はないのかという問題について、形式的に種類の異なる株券等であれば全て「株券等」に含まれないとする形式説を採用したものと解される[47]

---

[45] 小島義博＝峯岸健太郎＝藤田知也「自社株対価TOBの実務上の諸問題〔下〕」旬刊商事法務1943号（2011）27頁。

[46] 金融商品取引法研究会編『金融商品取引法研究会研究記録第35号　公開買付規制を巡る近時の諸問題』（日本証券経済研究所、2012）43頁〔松尾直彦発言〕。

[47] 石丸将利「判解」平成22年度判解民事篇〔下〕694頁は、公開買付けの実施の有無が刑事責任にも関わることなどからすれば、「株券等」の内容が不明確になる解釈は採り難いとして、当該最高裁判決は形式説を採用したものと考えられるとする。

ことからすれば、金融商品取引法施行令8条3項本文は買付け等の対象となる「株券等」の種類ごとに対価が均一であるべきことを認めているものと解すべきであるから、結論的には、対価の均一性規制は、応募される有価証券の種類が異なる場合に買付け等の対価の種類が同一であることまで求めていない（即ち、甲説が正当である）と解すべきであろう[48]。

(3) 海外企業に対する自社株対価TOBを行う場合の諸問題

　海外企業を対象として、わが国企業が自社株対価TOBを用いた買収を行う場合、当該企業の株主の居住地国等で募集又は売出しに係る現地の証券規制に服すべきことは当然であるが、その他に、わが国の金融商品取引法に基づく開示規制等にも服することになる場合がある。具体的には、当該わが国企業が当該自社株対価TOBにより発行等を行うことになる自社の新株等の価額が1億円以上である限り（金商法4条1項5号参照）、わが国の所轄財務局に有価証券届出書を提出することが必要となることがあり得る[49]（なお、買収対象会社が海外企業である場合、少なくとも当該海外企業に日本居住株主が存在しなければ、有価証券届出書の提出までは不要で、臨時報告書の提出が必要となることがあり得る・・・のみであると解される[50,51]）が、その提出が必要となる場合には、当該提出は遅くともTOBの開始までに行われることを要する（金商法27条の4[52]参照）。そして、当該届出書の作成準備のためには、わが国の上場会社の場合、実務上、1～2週間程度は必要となると考えられるので、有価証券届出書の提出が必

---

[48] 以上につき、太田洋「公開買付規制を巡る近時の諸問題」金融商品取引法研究会編『金融商品取引法制の潮流』（日本証券経済研究所、2015）46－56頁参照。

[49] 改正企業内容開示府令に定められた第二号の六様式では、自社株対価TOBを行おうとする買収会社は、その新株等の発行等について有価証券届出書の提出が必要となる場合には、当該届出書において、募集（売出し）の発行（交付）条件の合理性に関する考え方、当該条件により募集（売出し）を行う理由・判断の過程を記載すべきものとされている（当該様式の記載上の注意（5－2）b参照）。これは臨時報告書の提出で足りる場合についても同様である。

要となる場合には、遅くとも、TOB開始から遡って約1〜2週間前には、この提出のための準備に着手する必要があろう。

なお、産競法の下では、会社法上の「公開会社」が簡易認定自社株対価TOBを行う場合については、会社法上の手続と同様に、新株等の発行決議日からその払込日まで2週間空けなければならない（産競法32条1項。なお、改正産活法21条の2第1項参照）により読み替えて適用される会社法201条3項・5項参照）こととの関係上、仮にTOB期間にわが国のような最短期間の制限[53]のない国において簡易認定自社株対価TOBを行う場合でも、TOBの決済日は、当該自社株対価TOBのための新株等の発行決議日から15日目以降に設定しなければならないことに注意する必要がある。

---

[50] 実務上、少なくとも第三者割当増資の場合のように事実上相対取引で行われるような場合でない限り、海外市場だけで有価証券を発行するときは、有価証券の募集ないし売出しが日本国内では行われていないということで、有価証券届出書の提出は必要とならず、臨時報告書の提出で足りると解されている。このことからすれば、自社株対価TOBによる買収の場合にも、買収対象会社が海外上場企業であっても、少なくとも当該企業に日本居住株主がおよそ存在しなければ（そのような場合は余りないであろうが）、買収会社の新株等の発行等に関する有価証券届出書の提出は不要であると解し得る。問題は、当該海外上場企業に日本居住株主が存する場合であるが、当該自社株対価TOBに際して、当該企業の日本居住株主が当該TOBに応募できないものとされていれば、有価証券届出書の提出までは必要とならず、臨時報告書の提出で足りるとも解し得るように思われる。この点については、監督当局により、早期に明確な考え方ないしガイドラインが示されることが望まれる。

[51] なお、この点に関して、改正企業内容開示府令19条2項1号ワでは、自社株対価TOBによる海外上場企業の買収の場合に、買収会社の新株等の発行等に関しては臨時報告書の提出で足りる場合があり得ることが前提とされている。また、改正開示ガイドラインにおいては、海外公開買付け（金商法施行令12条7号）のための募集又は売出しにより臨時報告書が提出された場合には有価証券届出書に準じて審査を行うものとされ、また、有価証券届出書の必要性についても入念に審査を行うものとされている。

[52] なお、金融商品取引法27条の4第1項・2項の文言に拘らず、公開買付届出書の提出前に有価証券届出書の提出を行うことが許されることについては、2011年7月1日に金融庁から公表された、改正公開買付けQ&A案へのパブリック・コメントに対する「主要なご意見等の概要及びそれに対する金融庁の考え方」参照。

[53] わが国では、TOB期間は20営業日以上60営業日以下でなければならない（金商法27条の2第2項、同法施行令8条1項）ものとされている。

また、海外企業を対象に自社株対価TOBを行う場合、TOB手続に関しては、原則として、行為地の法域又は当該企業の株式が上場されている市場の所在国[54]におけるTOB規制に従う必要があるが、当該国におけるTOB期間に関する規制や、わが国会社法204条3項が払込期日又は払込期間の初日の前日までに申込者に対してその者に割り当てる募集株式の数を通知しなければならないとしていることとの関係で、買収のために発行する自社の新株等の払込（給付）期日ないし期間[55]をどのように設定するかが、実務上は問題となろう[56]。

　他方、海外企業を買収するために、当該企業の株式が上場されている市場の所在国など海外において自社株対価TOBを行う際に、当該企業の株主にわが国に居住する株主が含まれていなければ、たとえ買収会社がわが国企業であったとしても、わが国において金融商品取引法の定めるTOB

---

[54] EUの場合には、EU公開買付指令4条2項で、概ね、①対象会社株式が取引されている市場の所在国＝対象会社の本店所在地の場合は、当該国、②対象会社株式がその本店所在地の市場で取引されていない場合には、当該株式が取引されている市場の所在国、③取引されている市場が複数の場合には、最初に取引がなされる市場の所在国(但し、そのような市場の所在国が複数存在するときは対象会社の選択に従う)とされている（《http://doors.doshisha.ac.jp/duar/repository/ir/17928/038007010002.pdf》参照）。

[55] 産競法32条1項（なお、改正産活法21条の2第1項）により読み替えて適用される会社法199条1項4号参照。

[56] わが国におけるTOB期間の規制（60営業日が上限。但し、条件変更の場合には更に10営業日の伸長あり）の下では、TOB期間を60営業日とした場合には、払込期日を（会社法204条3項所定の割当通知を行うための日数も勘案して）例えば70営業日目に設定することが考えられるが、この場合に、TOBの条件が変更されたためにTOB期間が更に10営業日延びたときには、当該払込期日の取扱いが問題となる。この点、簡易自社株対価TOBの場合には、新株発行のための取締役会決議をもう一度取り直すことによって対処することができるであろう。しかしながら、簡易自社株対価TOBの方法に依ることができない場合には、株主総会の特別決議を取り直すのは実務上困難と解されるので、そのようなときは、TOB期間の延長に備えて、取締役会が払込期日を恣意的に変更するようなことがないような配慮も加えて、払込期日そのものを、「(70営業日目の)×月×日 (但し、当初の公開買付期間である60営業日が延長された場合には当該延長後の公開買付期間終了日の10営業日後)」等とすることも一案ではないかと思われる。

手続を履践する必要は当然存しないが、当該企業の株主にわが国に居住する株主が含まれていた場合でも、当該企業がわが国で有価証券報告書を提出すべき義務を負っていなければ、やはり、わが国において金融商品取引法の定めるTOB手続を履践する必要はない（金商法27条の2第1項参照）。しかしながら、その海外企業がわが国で有価証券報告書を提出すべき義務を負っている場合には、当該企業の株主にわが国に居住する株主が含まれている限り、わが国において金融商品取引法の定めるTOB手続を履践しなければならないものと解される。恐らく、そのためであると思われるが、海外企業が、わが国の自社株対価TOBに相当するエクスチェンジ・テンダー・オファーを通じて他の海外企業を買収する際においても、当該他の海外企業（対象会社）がわが国で有価証券報告書の提出義務を負っていた場合に、わが国で公開買付届出書が提出されていた実例が存する[57,58]。かかる取扱いは、改正産活法（現・産競法）の施行後も同様である。

---

[57] ダイムラークライスラー・アーゲー（独）によるダイムラー・ベンツ・アクツィエンゲゼルシャフト（独）の株式に対するエクスチェンジ・テンダー・オファー（当該TOBは、ドイツ、米国等外国で行われるTOBと併せて、公開買付者であるダイムラークライスラー・アーゲーが、自らの発行する新株を対価として、ダイムラー・ベンツ・アクツィエンゲゼルシャフトの発行済株式総数の75％以上の株式を取得することを目的として行われたものである）について、1998年9月24日付けで提出されている公開買付届出書を参照。

[58] なお、海外企業が、エクスチェンジ・テンダー・オファーを実施するために、わが国で公開買付届出書を提出した実例としては、前掲（注57）記載の実例の他、グラクソ・ウェルカムplc（英）が、ウェルカムplc（英）の株式に対するエクスチェンジ・テンダー・オファーのために、1995年5月10日付けで公開買付届出書を提出した例がある。もっとも、当該TOBは、英国において先行して行われたTOBにより、グラクソ・ウェルカムplcがウェルカムplcの株式の90％以上を取得した結果、英国会社法上、グラクソ・ウェルカムplcが残存するウェルカムplcの少数株主からその保有株式を買い取ることのできる権利（いわゆるバイアウト権）を取得したことに基づいて行われたもの（公開買付者であるグラクソ・ウェルカムplcが、自らの発行する新株及び現金を対価として、残存するウェルカムplcの全ての少数株主からその所有株式の全てを取得することを目的として行われたものである）であり、本文記載の事情に基づいてわが国で旧証券取引法に基づくTOB手続が行われたものではない。

6　自社株対価TOBの課税上の取扱い

(1)　わが国における現状の課税上の取扱い（総論）
イ　対象会社及びTOBに応募した株主に対する課税
(イ)　原則

　自社株対価TOBはM&A取引の一手段として用いられるものであるが、合併、株式移転・株式交換、会社分割等と異なって、改正産活法（現・産競法）に基づく認定自社株対価TOBであるか否かに拘らず、平成13年度税制改正で創設された組織再編税制ではカバーされていない。

　M&A取引に関する課税上の取扱いについては、既に本書で縷々述べているとおり、（買収）対象会社が保有する資産の含み損益についてのキャピタル・ゲイン課税と、対象会社の株主に対するみなし配当課税及び株式譲渡損益課税とがポイントとなるので、まず、自社株対価TOBによって買収される株式会社がわが国の株式会社であって、その株主がわが国の内国法人ないし居住者である場合について検討すると、自社株対価TOBは、上記のとおり組織再編税制の対象とはされていないため、課税上は、通常の「第三者の発行に係る株式を現物出資財産とする現物出資による新株発行」と同様に取り扱われる。

　即ち、対象会社は、単にその株式が譲渡の対象となるだけで、その資産について法的な移転等がなされないため、その保有に係る資産の含み損益について特に課税は発生しない。他方、新株を発行することになる買収会社については、単純に現物出資によって新株等を発行等しているに過ぎず、当該取引は資本等取引に該当するので、当該買収会社には特段課税は生じない。また、自社株対価TOBに応募しなかった対象会社の株主に課税がなされることもない。これに対して、自社株対価TOBに応募した対象会社の株主は、対象会社の株式を現物出資して買収会社の新株等を取得

したものとして取り扱われるため、原則として（例外については後記㈡で詳述）、応募に係る対象会社の株式につき、通常の株式譲渡損益課税（法法61条の２第１項、措法37条の10第１項）に服することになる。なお、税率に関しては、当該対象会社の株主が法人である場合には、当該法人株主は、当該株式の譲渡益についてわが国の法人所得課税における実効税率で課税されるが、当該対象会社の株主が個人株主である場合には、原則として地方税と併せて20％の申告分離課税に服する（措法37条の10第１項及び地法71条の49）とされている[59]。

なお、対象会社の株主が個人株主である場合、上記のとおり、原則として、それら株主は申告分離課税に服するが、特定口座（証券会社が証券取引の損益計算を行う口座。措法37条の11の３第３項１号）内での譲渡損益の申告不要制度（源泉徴収選択口座制度。措法37条の11の４）を利用すれば、証券会社による源泉徴収のみで課税関係が終了するものとされている。

その結果、この源泉徴収選択口座制度を利用する対象会社の個人株主が、自社株対価 TOB に応募することで譲渡益を得た場合には、公開買付代理人は、これらの者に対する譲渡対価の支払いに際して、所定の所得税を源泉徴収し、これを納付しなければならないことになる（措法37条の11の４第１項）。そうすると、公開買付代理人側としては、それら株主から所定の所得税を源泉徴収することができないことによるリスクを回避する必要に迫られるので、実務上は、買収者としては、自社株対価 TOB の対価として、自社の株式等だけでなく、源泉税相当額の金銭を交付すること

---

[59] なお、かかる上場株式の譲渡所得課税についての軽減税率の適用延長は2014年以降は行われず、それに併せて、非課税口座内の少額上場株式等に係る配当及び譲渡益を課さないこととする制度（いわゆる「日本版 ISA」ないし「NISA」）が2014年１月１日から施行されている（措法９条の８、同37条の14）。

を求められることになると考えられる[60,61]。従って、少なくともわが国の株式会社を買収するために自社株対価TOBを用いる場合には、その対価を自社の株式等のみとすることは、通常は、実務上極めて難しいということになると思われる。

  (ロ)　**平成30年度税制改正による特例措置**

　以上のとおり、自社株対価TOBに応募する対象会社の株主が株式譲渡損益課税に服することは、実務上の手間も含めて様々な問題を生じせしめるので、経済産業省は、平成24年度税制改正要望及び平成25年度税制改正要望の中で、わが国の株式会社を買収するために自社株対価TOBが用いられた場合に、当該TOBに応募した当該会社の株主について生じ得る株式譲渡損益課税を繰り延べるべきである旨の要望を行っていたところであるが、平成24年度及び平成25年度税制改正ではかかる課税繰延措置の導入は見送られていた。

　しかしながら、以上のような問題を一定の範囲で解消するため、平成30年度税制改正により、一定の範囲で、認定自社株対価TOBに応募してその保有する株式を譲渡した対象会社の株主にも、課税繰延べを認める特例

60　小島＝峯岸＝藤田・前掲（注45）31頁参照。
61　なお、かつての、産活法の平成15年改正法（以下「平成15年改正産活法」という）に基づくスピン・オフに関する特例措置（主務大臣の認定に基づいて、株式会社が現物配当の方法を用いてスピン・オフを行うことを認める特例措置。会社法制定に伴って廃止されている）においても、親元会社は、その株主に、スピン・オフされる分離会社株式と併せて、当該株主に対する現物配当に係るみなし配当に関する源泉税相当額の金銭を交付することが、認められていた（平成15年改正産活法12条の8第1項、産業活力再生特別措置法第十二条の八第一項の経済産業省令で定める金銭等を定める省令第1条。同条によれば、交付することができる金銭は、当時の所法182条2号に規定する配当等に係る所得税の納付のための金銭とされていた）。

措置が導入された[62]。即ち、平成30年度税制改正によって改正された租税特別措置法では、事業者が、特別事業再編計画の認定を受けることを条件[63]として、当該事業者が、特別事業再編計画の認定を受けた株式等取得行為（産競法2条11項1号ト）又は外国法人株式等取得行為（同法2条11項1号リ）により、他の会社の株式等を取得し、対価として新株を発行し又は金庫株の処分を行った場合には、対象会社（外国会社を含む）の株主側については、税務上、株式譲渡損益認識が自動的に繰り延べられる[64]。特別事業再編計画の認定は、産業競争力強化法改正の施行日から2021年3月31日までに受けることが必要とされている[65]。

　なお、前記3(1)において述べたとおり、特別事業再編に該当するのは、株式等の取得により他の会社等が新たに「関係事業者」又は「関係外国法人」となる場合に限られているため、認定自社株対価TOBにより、既に「関係事業者」又は「関係外国法人」となっている対象会社の株式を追加取得する場合（買い増しを行う場合）には、上記の課税繰延措置は適用されない。また、特別事業再編に該当するための要件として、「株式等取得行為」ないし「外国法人株式等取得行為」の対価が、株式会社である認定事業者の「株式のみ」であることが要求されている（ただし、交付する株式の端数処理金の支払いがなされても、この「株式のみ」要件は満たされることについては、前記3(1)において述べたとおり）ため、認定自社株対価TOBに際して、TOBの対価の一部が金銭その他の財産（いわゆるboot）である場合にも、上記の課税繰延措置は適用されない（そのため、TOBの対価が現金と自社株とのいわゆる混合対価の場合には、「特別事業

62　当該課税繰延べを認める特例措置の概要については、業天邦明＝大草康平「産業競争力強化法における株式対価M&Aに関する計画認定制度の創設および税制措置の解説」旬刊商事法務2174号（2018）18頁以下参照。

63　特別事業再編計画の概要及び認定要件等の詳細については、業天＝大草・前掲（注62）20－24頁参照。

64　正確には、課税上譲渡がなかったものと看做される。

65　以上につき、措法37条の13の3、66条の2の2、68条の86参照。

再編」の要件を満たさず、課税繰延措置を受けられないことになる。もっとも、この場合でも、「事業再編」計画の認定を受けて、会社法の特例を受けることは可能である)。

　他方、株式等の取得により他の会社等が「関係外国法人」となる場合にも「特別事業再編」に該当し得るので、わが国企業が外国企業を買収する場合でも、この自社株対価TOBについての課税繰延措置は適用され得る。もっとも、かかる課税繰延措置は当然のことながら、「わが国における」キャピタル・ゲイン課税を繰り延べるというものに過ぎないため、その恩恵を実質的に享受できるのは基本的には日本の居住者ないし内国法人であるし、対象会社である外国企業の所在地国における課税（対象会社の株主がわが国の居住者ないし内国法人であっても、株式譲渡について源泉地国課税がなされる諸国では、かかる課税が問題となり得る）が別途生じることは当然あり得る点には注意が必要である。

　これに対して、外国企業がわが国企業を買収する際に上記の自社株対価TOBについての課税繰延措置を利用できるかであるが、そもそも、「特別事業再編」計画の認定を受けることができるのは、買収会社が日本法上の株式会社である場合に限られており、また、対価として自社株でなく自己の親会社の株式を使用した場合には、課税繰延べの要件を満たすことはできない（「特別事業再編」では、親会社株対価TOB（三角自社株対価TOB）は認められていない）ため、外国企業がわが国企業を買収する場合には、（たとえ日本に設立した買収受皿会社を用いたとしても）いずれにせよこの自社株対価TOBについての課税繰延措置の適用を受けることはできない。

ロ　認定自社株対価TOBが有利発行に当たる場合における応募株主の受贈益課税の問題

　この他、自社株対価TOBについては、応募株主に交付される対価である買収会社の株式等の発行決議日前日における市場価額（＝発行価額）

が、それに対応する数として当該 TOB において定められた数の対象会社株式の当該 TOB の決済時における株価に11.1％以上のプレミアムを上乗せしたものである場合（即ち、発行等される買収会社の株式等の発行決議日前日における1株当たりの市場価格を100とした場合に、それに対応して払い込まれた対象会社株式の市場価額の合計額が90以下となっていたような場合）には、有利発行に準じるものとして、たとえ当該自社株対価 TOB が会社法上の有利発行規制の適用を受けない認定自社株対価 TOB であるときでも、応募株主に受贈益課税ないし一時所得課税が生じないかが問題となる[66]。

これは、一般に、新株発行等がいわゆる有利発行に該当するときは、受贈益課税（法人の場合）ないし一時所得課税等（個人の場合）の課税問題が生じるものとされている[67]ところ（所法36条1項・2項、所施令84条2項5号、法法22条2項、法施令119条1項4号）、税務上、有利発行に該当するか否かは、会社法上の有利発行規制に服するか否かで判断されるのではなく、新株引受価額が新株発行決議日前日の株価に比しておおむね10％以上ディスカウントされているか否かを基準に判断されるものとされている（所基通23〜35共−7、法基通2−3−7参照）ためである。

もっとも、引受人（＝認定自社株対価 TOB に応募した対象会社株主）がわが国の内国法人である場合には、引受人は、受贈益課税を受けなくとも、前記イ(ロ)で述べた特例措置が適用される場合を除き、原則としてそもそも譲渡（＝TOB に応募）した対象会社株式の簿価と対価として受領した買収会社株式の時価との差額につき、株式譲渡損益課税に服することになる（法法61条の2第1項）ので、上記のディスカウント分につき、課税

---

[66] 自社株対価 TOB 一般についてこの問題を指摘するものとして、例えば、中里実＝神田秀樹＝草野耕一＝宮崎裕子「〔座談会〕新会社法と法人税制」中里実＝神田秀樹編著『ビジネス・タックス』（有斐閣、2005）49頁〔宮崎発言〕参照。

[67] 岡村忠生＝髙橋祐介＝田中晶国「有利発行課税の構造と問題」岡村忠生編『新しい法人税法』（有斐閣、2007）255−257頁など参照。

上受贈益として取り扱われることになろうが株式譲渡益として取り扱われることになろうが、いずれにせよ、わが国法人税法の下では、それらは共に益金に算入され、フラットな法人実効税率によって課税されることになるので、特段、課税上の差異は生じない。

しかしながら、引受人がわが国の居住者である場合には、所得税法上、累進税率の下で、課税上、株式譲渡所得（措法37条の10第1項）として取り扱われた方が一時所得として取り扱われるよりも有利な場合が多い[68]ために、問題となり得る。例えば、自社株対価TOBによって、時価80の対象会社（上場会社とする）株式1株につき時価100の買収会社株式1株が交付されるときに、税務上の取得価額が60の対象会社株式1株を保有する株主（所得税の最高税率を仮に50％として、当該株主の限界税率は当該最高税率であるとする）が、当該自社株対価TOBに応募した場合、a）10％以上のディスカウント分（100－10－80＝10）については一時所得として取り扱われ、残りが株式譲渡所得となるとすると、一時所得に対する所得税額は$10 \times 0.5^{[69]} \times 0.5 = 2.5$、株式譲渡所得に対する所得税額は$(100-10-60) \times 0.2^{[70]} = 6$となって、所得税額の合計は$2.5 + 6 = 8.5$となるが、b）10％以上のディスカウント分についての一時所得としての課税がなく、全体が株式譲渡所得として課税されるとすると、所得税額は、（100

---

[68] 当該TOBに応募した対象会社株主が居住者である場合には、原則として地方税と併せて20％の申告分離課税に服する（措法37条の10第1項及び地法71条の49）とされている（なお、前掲（注59）も参照）。これに対して、一時所得の場合には、所得税の課税対象となるのは、その収入金額から直接必要な経費を控除した額のうちの半額であるが、総合課税に服するものとされているため、それに対する税率には、当該居住者についての所得税の限界税率が用いられることとなる（所法22条2項2号、34条2項、89条）。

[69] 前述のとおり、一時所得のうち所得税の対象となるのは、その収入金額から直接必要な経費を控除した額のうちの半額である（所法22条2項2号、34条2項、89条）。

[70] この設例では、2014年1月1日以降の上場会社の株式譲渡益に対する申告分離課税の税率である20％を用いる。

−60)×0.2＝8となって、上記ａ）の場合より0.5だけ少なくなる。

　この点は困難な問題ではあるが、結論的には、①少なくとも買収者と対象会社ないしはその支配株主とが、移転価格税制における納税者と国外関連者との関係（措法66条の４第１項、措施令39条の12第１項乃至４項）に準ずるような関係に立たない場合であれば、また、②仮にそのような関係があるような場合でも、認定自社株対価TOBを用いた買収取引が独立当事者間取引（arm's length transaction）と看做し得るような状況が存するのであれば、たとえ応募株主に交付される買収会社の株式等の発行決議日前日における市場価額が、それに対応する数として当該TOBにおいて定められた数の対象会社株式の当該TOBの決済時における株価に11.1％以上のプレミアムを上乗せしたものである場合であっても、それだけで直ちに応募株主が受贈益課税ないし一時所得課税等に服するとは解すべきではないと思われる[71]。何故なら、①そもそも、自社株対価TOBと同様に株式を対価とする企業買収の手段である合併や株式交換については、買収プレミアムとして上乗せされた額如何で税制適格組織再編成に該当するか否かが左右されるものとはされていないし、②たとえそれらが非適格組織再編成であったとしても、買収プレミアムが11.1％どころか20％や30％を超えた場合にそれのみで直ちに対象会社の株主に受贈益課税や一時所得課税等がなされるとは一般に解されていないのであるから、これらとのバランス上も、自社株対価TOBの場合にのみ、そのような課税がなされると解すべきではないからである。また、③前述したとおり、認定自社株対価TOBについては、産競法上、合併や株式交換といった会社法上の組織再編行為に準じた規律がなされており、通常の第三者割当増資よりも、むしろそれら会社法上の組織再編行為に引き付けた形で課税上取り扱うのが妥当と解されること等も理由となろう。

---

[71] 小島＝峯岸＝藤田・前掲（注45）32頁も結論同旨。なお、この問題については、本書**第7章**及び太田洋「有利発行に関する課税問題」金子宏＝中里実＝Ｊ.マーク・ラムザイヤー編『租税法と市場』（有斐閣、2014）365-371頁も参照。

(2) 三角株式対価TOBについてのわが国における課税上の取扱い

　前述のとおり、産競法の下では、主務大臣の認定が得られることを条件に、三角株式対価TOBを行うことも認められている（その意味で、一般の自社株対価TOBの中に認定自社株対価TOBとそうでない自社株対価TOBとが含まれているのとは異なる）が、三角合併や三角株式交換、三角分割などと異なって、三角株式対価TOBも一般の自社株対価TOBと同様に組織再編税制ではカバーされていない。

　三角株式対価TOBにも、前述したとおり、複数のパターンがあると思われるが、ここでは、基本形である、対象会社（T社）が取引終了後にTOBの買付者（S社）の兄弟会社となるパターン、即ち、①S社がT社株式をTOBを通じてT社の株主から取得し、②S社が当該取得したT社株式をS社の親会社であるP社に対して給付し、③それと引換えにP社がS社に対してP社の新株等を発行等した上で、④それによって取得したP社株式をS社が当該TOBに応募したT社株主に交付する、というパターンについて、検討する。

　このうち、当該TOBに応募したT社株主（上記①及び④参照）は、上記(1)で述べたのと同様、現状では、前記(1)イ(ロ)で述べた特例措置が適用される場合を除き、わが国には課税繰延措置が存しないので、P社株式の時価とT社株式の時価との差額について株式譲渡益課税に服することになる。

　また、現物出資により新株等の発行等を行うP社（上記②及び③参照）については、当該取引は資本等取引に該当するので、特に課税は生じない。他方、S社（上記①乃至④参照）については、ⅰ）P社との間では、T社株式を現物出資してP社の新株等を取得しているので、取得したP社の新株等の時価と現物出資したT社株式の取得価額（時価）との差額について株式譲渡損益課税に服する一方、ⅱ）当該TOBに応募したT社株主との間では、P社の新株等を交付する代わりにT社の株式を取得している

（法的には交換）ので、交付したＰ社の新株等の時価とＴ社株主から取得したＴ社株式の時価との差額について株式譲渡損益課税に服することになると解される。

　なお、対象会社の株主が個人株主である場合、それら株主は申告分離課税に服するが、源泉徴収選択口座制度を利用すれば、証券会社による源泉徴収のみで課税関係が終了するものとされていることは前記(1)イ(イ)で述べたとおりであり、その結果、この源泉徴収選択口座制度を利用する対象会社の個人株主が、自社株対価TOBに応募することで譲渡益を得た場合には、公開買付代理人は、これらの者に対する譲渡対価の支払いに際して、所定の所得税を源泉徴収し、これを納付しなければならなくなること（従って、実務上は、買収者であるＰ社としては、自社株対価TOBの対価として、自社の株式等だけでなく、源泉税相当額の金銭を交付することを求められることになること）も、やはり前記(1)イ(イ)で述べたとおりである。

　その他、Ｓ社が当該三角株式TOBに際してプレミアム分を上乗せした数量のＰ社の新株等をＴ社株主に交付した場合に、当該TOBに応募したＴ社株主において受贈益課税ないし一時所得課税等が生じるかとの問題については、前記(1)ロで述べたところと同様である。

(3)　わが国における現状の課税上の取扱いの帰結

　以上のようなわが国における自社株対価TOBに関する課税上の取扱いは、M&Aの実務にいかなる影響を及ぼすであろうか。

　第一は、株式を対価として用いる買収であって、対象会社を（自己とは別個独立の法人格である）自己の子会社とすることを目的とするような買収の手段としては、株式交換と自社株対価TOBとが存在するところ、①対象会社の株主が保有する株式が含み益を有するものであれば、株式交換の方が対象会社の株主にとって税務上有利であるので、そちらが選択され、②対象会社の株主が保有する株式が含み損を有するものであれば、株式交換の対価として現金その他の財産（boot）が交付されず、しかも前記

(1)イ(ロ)で述べた認定自社株対価TOBについての課税繰延措置の適用がない限りは、通常は、自社株対価TOBの方が対象会社の株主にとって税務上有利であるので、そちらが選択されることにつながりやすいということである。

第二は、株式を対価とする買収を行う際に、対象会社の資産含み益に対するキャピタル・ゲイン課税（時価評価課税）を回避することが優先される場合には、税制適格組織再編成に該当するための要件を充足できないリスクが存在するのであれば、合併や株式交換よりも、対象会社の資産含み益に対するキャピタル・ゲイン課税が生じるおそれがない自社株対価TOBが選択されやすくなるということである。

なお、上記の第二の点に関連する問題として、対価の一部を現金とし、その余を買収会社の株式とするような株式交換（いわゆる現金株式交換）により対象会社を買収する場合には、平成29年度税制改正前は、現金不交付要件を充足しないため適格組織再編成に該当せず、対象会社の資産含み益に時価評価課税がされていたのに対し、（買収会社の新株又は金庫株を対価とする）自社株対価TOBを用いて対象会社の発行済株式の大半を取得した後、全部取得条項付種類株式や株式併合を用いたスキームでスクィーズ・アウトする場合（本書**第8章**参照）には、対象会社の資産含み益に対する時価評価課税はなされないという差異が存在していた。

もっとも、この点については、平成29年度税制改正により、株式交換に係る適格要件のうち対価に関する要件については、株式交換の直前において株式交換完全親法人が株式交換完全子法人の発行済株式（自己株式を除く）の3分の2以上を有する場合におけるその他の株主に対して交付する対価を除外して判定することとされた（法法2条12号の17）ため、買収者が対象会社の発行済株式総数（自己株式を除く）の3分の2以上を有するときは、株式交換の対価に現金その他の財産（boot）が含まれていても、なお「適格株式交換等」（同号）に該当し得ることとなり、かかる限度で上記の差異は消失している。また、平成29年度税制改正によって、キャッ

シュ・アウトの手続も株式交換と同様に組織再編税制の一環として位置付けられ、適格要件を満たさない場合には、完全子法人等の有する資産は全て時価評価課税の対象とされるに至った。そのため、この点に関する差異は相対化しているといえよう。

それでは、以上の自社株対価TOBに関する課税上の取扱い、とりわけ、平成30年度税制改正による、特別事業再編計画の認定を受けた自社株対価TOBについての課税繰延措置の導入は、わが国における敵対的買収の在り方に影響を与え得るであろうか。

この点、結論的には、特段の影響はないものと考えられる。そもそも、課税繰延措置の適用を受けるためには、主務大臣から「特別事業再編」計画の認定を受けることが必要とされているところ、かかる認定を受けるためには、対象会社の協力を得ることが事実上不可欠と考えられるため、敵対的（ないし非友好的）買収を行う際に、この自社株対価TOBについての課税繰延措置の適用を受けることは事実上極めて困難であると考えられるからである。

(4) 米国等における課税上の取扱い

以上、自社株対価TOB（三角株式対価TOBを含む）によって買収される株式会社（対象会社）がわが国の株式会社であって、その株主がわが国の内国法人ないし居住者である場合について検討してきたが、対象会社が米国法人であって、その株主が米国法人ないし米国居住者である場合には、その課税上の取扱いは大きく異なる。

即ち、米国の連邦所得税との関係では、わが国でいう自社株対価TOBに相当するエクスチェンジ・テンダー・オファーは、いわゆるB型組織再編成（連邦内国歳入法典368条(a)(1)(B)）に該当し、買収会社が対象会社の議決権株式の80％以上かつ無議決権株式を含めて発行済株式総数の80％以上を取得する等の一定の条件を充足する場合には、自社株対価TOBに応募して買収会社の株式を取得する対象会社の株主は、TOBへの応募（対

象会社株式の売却）時点では課税がなされず、課税が繰り延べられるものとされている。この点、現行のわが国の組織再編税制が法人レベルにおける資産の移転に対する課税を中心に構築されているのと異なり、米国連邦所得税を規律する連邦内国歳入法典では、法人レベルではなく、株主レベルに焦点を当てた上で、株主による投資が従前と基本的にさほど変わらない形で継続しているかどうか、即ち、continuity of interests という考えを基礎として税制適格要件が構築されており、自社株対価TOBが完了した状態において、買収会社の対象会社に対する議決権割合及び持株割合が共に80％以上になるのであれば、自社株対価TOBに応募した対象会社の株主は、（自社株対価TOBの完了後において当該対象会社の株式を80％以上保有している買収会社の株式を保有することで、）当該対象会社に対する投資を間接的に継続しているものとして、一定の要件の下に、当該自社株対価TOBに応募したことによる株式譲渡損益について課税繰延べが認められるものとされている[72]。

　また、同様の課税繰延措置は、イギリス、ドイツ、フランス、オランダ等のEU諸国にも広く存在する[73]。例えば、イギリスでは、1992年キャピ

---

[72] B型組織再編においては、買収会社が対価として対象会社の株主に交付できるのは、買収者又はその親会社の議決権株式のみであり、金銭その他のいわゆるbootの交付は一切認められない（連邦内国歳入法典368条(a)(1)(B)）。また、B型組織再編成において、対象会社株主における課税が繰り延べられる場合には、買収会社における対象会社株式の取得価額は、旧株主の帳簿価額を承継する（連邦内国歳入法典362条(b)）。従って、買収会社は、原則として、取得した対象会社株式につき、旧株主における帳簿価額を全て把握しなければならないが、対象会社による情報請求に対して回答のない旧株主の分については、当該株主から受領した株券の発行日時点における公正価値を用いた一定の推定計算が認められる他、実務上の煩雑性を考慮して一部の株主を対象としたサンプリングによる調査も認められるものとされている（Rev. Proc.81-70, 1981-2C.B.729参照）。

[73] 税理士法人プライスウォーターハウスクーパースによる2011年3月18日付け「平成22年度産業組織法の適切な執行『組織再編の実態とそれにふさわしい税制のあり方に関する調査』調査報告書」（《http://www.meti.go.jp/meti_lib/report/2011fy/E001296.pdf》にて閲覧可能）参照。

タル・ゲイン税法（Taxation of Chargeable Gains Act 1992）の下で、一定の株式等の交換取引が行われた場合（例えば、A社がT社の支配権を取得するため、公開買付けを行い、株式取得の対価として株式又は債券を発行した場合など[74]）には、T社の株主において課税繰延べが認められている。また、ドイツでは、エクスチェンジ・テンダー・オファーに応募した対象会社の個人株主については、①当該エクスチェンジ・テンダー・オファーにおいて、少なくとも1株以上の買収会社株式が発行され、②買収会社が対象会社の議決権の50％超を取得する場合であって、かつ、③ドイツにおける課税権が維持される場合であれば、その対価のうち買収会社の株式で受領した部分については、課税繰延べが認められるものとされている（但し、bootの価額は、対価として交付される株式の額面総額の10％以内でなければならないとの制限が存する）。また、エクスチェンジ・テンダー・オファーに応募した対象会社の法人株主については、そもそも株式譲渡益一般について、（EU諸国で広く見られる）いわゆる資本参加免税制度（participation exemption）により、株式譲渡益のうち95％相当は非課税とされ、残りの5％分のみが税率約30％で課税されるものとされているところ、上記の①から③までの要件が全て満たされれば、個人株主の場合と同様に課税繰延べが認められるものとされている[75]。

　このように、わが国で自社株対価TOBに課税繰延べが認められていない場合でも、対象会社の所在地国（通常は当該国がその株主の大半の居住地国でもある）において、自社株対価TOBに応募した対象会社の株主に課税繰延べが認められていれば、わが国の企業が買収会社となって自社株対価TOBを利用したクロスボーダーM&Aを行う場合でも、現金で買収を行う場合に比べて、少なくとも当該国に居住する対象会社の株主にとっては税務上より有利な形で買収を実行することが可能となる。何故なら、

74　同法135条(1)項(b)号及び同条(3)項参照。
75　前掲（注73）所掲のプライスウォーターハウスクーパース報告書60頁参照。

そもそも、現金を対価として買収を行う場合には、どの国でも基本的に対象会社の株主には課税繰延べは認められておらず、それら株主は対象会社の株式を売却した時点で株式譲渡益課税に服するところ、自社株対価TOBに応募した対象会社の株主に課税繰延べが認められていれば、含み益を有する株式を保有する対象会社の株主にとっては、対価の額が同一である限り、現金を対価とする買収に応じるよりも自社株対価TOBに応募した方が、税引き後の手取り額は多くなるからである。

　従って、そのような場合には、例えば、複数の買収者が競合した場合などにおいて、現金によるTOBを提案する買収者よりも自社株対価TOBを提案する買収者の方が、少なくとも税引き後の手取り額ベースでは、よりコンペティティブ（competitive）なオファーを提示できることになる（これは、税引き後の手取り額ベースで考えると、現金によるTOBに応募した場合には、仮に法人実効税率が30％（因みに、2018年度におけるわが国の法人実効税率は29.74％である）であれば法人である応募株主の手許に残るのはTOB価格の70％にとどまることになるのに対し、自社株対価TOBに応募した場合には、課税が繰り延べられるため、TOB価格の100％が応募株主の手許に残ることになるためである）。

　言い換えれば、わが国のように、自社株対価TOB（エクスチェンジ・テンダー・オファー）についての課税繰延措置が限定的にしか導入されていない国（又はかかる課税繰延措置が存在しない国）に所在する企業に対して、日本企業や外国企業が自社株対価TOBによる買収を仕掛けても、現金によるTOBを通じて買収する場合に比べて、TOBに応募する対象会社株主でわが国に居住する者は、税引き後の手取り額ベースで、特段有利なポジションを得ることはないが、米国やドイツなどのように、エクスチェンジ・テンダー・オファーを用いたM&A取引についての課税繰延措置が広く導入されている国に所在する企業を日本企業や外国企業が買収する場合には、現金を対価として買収する場合に比べて、自社株対価TOBを利用することで、当該国に居住する対象会社の株主に対して、税引き後の

手取り額ベースではより魅力的なオファーを提示できる可能性が存すると
いうことである。従って、このような場合には、買収会社としては、現金
を使わなくて済むという点以外にも、キャッシュ TOB の代わりに自社株
対価 TOB を用いるメリットがあるということになる。

このように、企業買収の手段として自社株対価 TOB を用いるか否かを
決定するに際しては、対象会社の所在地国（通常は当該国がその株主の大
半の居住地国でもある）において、自社株対価 TOB（エクスチェンジ・
テンダー・オファー）に応募した対象会社の株主に対して課税繰延べが認
められているか否かが大きな考慮要素となる。

わが国でも、（前記(1)イ(ロ)で述べた）平成30年度税制改正で導入された
特別事業再編計画の認定を受けた自社株対価 TOB についての課税繰延制
度を拡充した上で、法人税本則に規定することが期待されるところであ
る。

7 自社株対価 TOB＋スクィーズ・アウトによる完全買収と株式交換による完全買収

(1) はじめに

自社株を（主たる）対価として上場会社たる対象会社を100％買収する
方法としては、株式交換による方法が代表的であるが、この他に、自社株
対価 TOB を行って対象会社の総議決権の3分の2以上に当たる株式を取
得した上で、現金による少数株主のスクィーズ・アウトを行うという方法
（自社株対価 TOB＋スクィーズ・アウトによる完全買収の方法）がある。
しかしながら、従来、後者の方法によって対象会社の100％買収を行った
例は見当たらない。その主たる理由の一つは、上述したとおり、株式交換
を用いた場合には、対象会社の株主への株式譲渡益課税が繰り延べられる

のに対して、自社株対価TOBでは対象会社株主への株式譲渡益課税が避けられないという点にあるとかねて指摘されてきた。しかしながら、前記6で詳述したとおり、産競法平成30年改正及びそれと併せてなされた平成30年度税制改正による自社株対価TOBに係る課税繰延措置の導入により、現在では、主務大臣による特別事業再編計画の認定を受けることで、自社株対価TOBを用いた場合でも対象会社株主への株式譲渡益課税を回避することができることとなったため、少なくとも当該認定を受けることが可能な場合には、対象会社株主への課税の問題は、自社株対価TOB＋スクィーズ・アウトによる完全買収の方法よりも株式交換による完全買収の方法を選好すべき理由ではなくなっている。

この両者の方法の特徴を簡単に比較すると、以下の【表9－7】のとおりとなる。

【表9－7】 自社株対価TOB＋スクィーズ・アウトによる完全買収と株式交換による完全買収との比較

	産競法に基づくTOB＋スクィーズ・アウトによる完全買収	株式交換による完全買収
産競法上の計画認定	必要	不要
対象会社の株主レベルにおける課税	特別事業再編計画の認定を受けた場合には課税繰延べ可	課税繰延べ可
対象会社の法人レベルにおける課税	なし	適格株式交換に該当する場合はなし（非適格の場合には対象会社の資産の含み損益に時価評価課税）
買収者側における株主総会決議の要否	株主総会の特別決議が必要。但し、簡易要件を満たす場合は取締役会決議のみで可能	株主総会の特別決議が必要。但し、簡易要件を満たす場合は取締役会決議

対象会社側における株主総会決議の要否	不要（但し、スクィーズ・アウトの部分については、手法次第で株主総会の特別決議が必要）	株主総会の特別決議が必要
100％化のための別途の対応の要否	通常 TOB に応募しない株主がいるので、スクィーズ・アウト手続が別途必要	不要
米国証券法対応	不要と整理することが可能（後述）	必要

　従って、産競法平成30年改正後においては、自社株対価 TOB を用いた買収は、株式交換による買収と比較して、対象会社で株主総会の特別決議が不要であることや対象会社株式の一部取得が可能（対象会社が上場会社である場合、買収後も対象会社の上場維持が可能）であるという点でメリットがあると評価できるものと思われる。

　また、上場会社である対象会社を100％買収する場合でも、米国証券法の規制（いわゆる Form F－4 問題）を回避できるという点で株式交換による完全買収の方法よりも自社株対価 TOB＋スクィーズ・アウトによる完全買収の方法が優れており、かかる観点から、今後は、そのような場合でも、自社株対価 TOB＋スクィーズ・アウトによる完全買収の方法が用いられるケースが増えてくるのではないかと予想される。

(2) 米国証券法の規制の概要

(a) 株式交換への米国証券法の適用可能性

　米国の1933年連邦証券法の下では、組織再編に関して行われる証券の発行等は同法上の売出し又は募集に該当することになり、原則として米国証券取引委員会（SEC）への登録が必要となる。そして、同法は、少なくとも米国では広く域外適用がされるものと理解されており、そのため、同法は、たとえ日本法に基づく組織再編であっても適用され得ると解されている。その結果、株式交換による買収の場合を例にとれば、対象会社（株式

交換完全子会社）に米国株主が存在する限り、株式交換に伴う買収会社（株式交換完全親会社）株式の対象会社株主への発行に関して、原則として、1933年連邦証券法に基づくSECへの登録を行わなければならない。

この場合、上記の登録には、Form F－4 と呼ばれる書式に基づき、登録届出書を提出する必要があるところ、その際には、買収会社（株式交換完全親会社）について（さらに、規模によっては株式交換完全子会社も含めて）米国会計基準又は国際財務報告基準（IFRS）による財務諸表の作成及び監査が必要となり、相当な労力と費用を費やすことを余儀なくされる。加えて、登録届出書についてはSECへの事前相談を経ることが必要とされているところ、かかるSECの書類審査が完了する時期は、買収の両当事者からは予測することが困難であるため、Form F－4 の提出が必要となった場合には、スケジュール上の予測可能性が大幅に低下することになる。

もっとも、対象会社（株式交換完全子会社）における米国株主の保有比率が10％以下である等の要件を満たす場合には、1933年連邦証券法に基づくRule 802所定の、いわゆるクロスボーダー・エグゼンプション（cross border exemption）により、簡易な手続によることが可能であるが、この米国株主保有比率10％の計算も単純ではない

まず、いつの時点で米国株主保有比率が10％以下である必要があるか、という判定基準日については、M&A取引を公表した日の60日前から30日後までの期間における任意の日とされ、この90日間に判定基準日が設けられない場合には、公表の120日前の日まで遡ることができるものとされている（Rule 800(h)(1)）。もっとも、実質的に規制を回避するために米国株主の株式保有比率が10％以下となる日を恣意的に選択することは認められない[76]。

また、米国株主保有比率は、原則として対象会社の株主名簿に従って判

---

[76] See Commission Guidance and Revisions to the Cross-Border Tender Offer, Exchange Offer, Rights Offerings, and Business Combination Rules and Beneficial Ownership Reporting Rules for Certain Foreign Institutions, 73 Fed. Reg. 60050, 60056 n. 86 (Oct 9, 2008).

断されるが、株式は株主のために証券会社等のノミニー名義で保有されていることも多く、米国又は対象会社の設立準拠法地若しくは対象会社の株式の主たる取引地のいずれかに所在する証券会社、銀行その他のノミニーが名義上の株主になっている場合には、米国株主により実質保有されている対象会社の株式がないか、合理的な調査を行う必要がある（Rule 800(h)(3)）。もっとも、このような合理的な調査によっても米国株主が実質保有している株式数の情報が得られない場合には、ノミニーの主たる営業地を実質株主の居住地とみなすことができる（Rule 800(h)(4)）[77]。

なお、この米国株主保有比率の計算に際しては、買収会社（株式交換完全親会社）の保有する対象会社（株式交換完全子会社）の株式の数が分母及び分子の双方から控除される（Rule 800(h)(2)）ため、例えば、P社が51％の株式を保有するS社との間で完全子会社化のために株式交換を行う場合には、S社の少数株主の中で米国株主の占める割合が5％であったとしても、Rule 800(h)に基づく計算上は、米国株主保有比率が約10.2％となり、適用除外要件を充足しなくなる点に注意を要する[78]。

(b) **自社株対価TOB＋スクィーズ・アウトによる完全買収の方法を用いた場合の考え方**

このように、上場会社を株式交換による方法で完全買収する場合には1933年連邦証券法の適用を受けることを前提としてわが国のM&A実務は

---

[77] なお、株主名簿が一年のうち一定期間ごとにしか作成されず、これ以外の時期における株主情報の入手ができない場合、株式の名義人が実質的な保有者の情報を開示することが法律上禁止される場合や敵対的買収の場合等の実質株主の調査ができない場合に依拠することができる代替的な基準も用意されている（Rule 800(h)(7)）。

[78] 新川麻＝スティーブン・ボーラー＝星明男「日本国内におけるM&A取引への米国証券法の適用―1933年証券法の登録届出書提出義務を中心に―」旬刊商事法務1815号（2007）40頁。なお、2008年のSEC規則改正により、買収対象会社の大株主の保有する株式については、米国株主保有比率の計算上、分母及び分子の双方から控除しないこととする改正が行われた（竹田絵美「米国SEC規則の改正と日本国内のM&A実務への影響」旬刊商事法務1860号（2009）19頁）が、買収会社の保有する対象会社の株式は依然として分母及び分子の双方から控除することとされている。

動いているが、自社株対価TOB＋スクィーズ・アウトによる完全買収の方法を用いた場合には、上記のForm F－4の提出の要否についてはどのように考えるべきであろうか。

　そもそも、TOBによる投資家への勧誘行為と米国規制との関係については、日本における通常のTOB（現金対価TOB）について、米国証券法（ウィリアムズ法）上のTOB規制が適用されるかという文脈で、伝統的に議論されてきた経緯がある。そしてかかる論点については、SECが示す解釈指針に準拠する形で、わが国のTOB実務上、米国内に居住ないし所在する株主（以下、本章において「米国株主」という）をTOBの対象から除外し、米国を経由した応募を受け付けないことを公開買付届出書に注記する等の方策を採ることで、米国のTOB規制の適用を免れるという対応が一般に確立しているところである（なお、日本国内の常任代理人や証券口座を経由したTOBへの応募は受け付けられる）。

　もっとも、現金対価TOBでは、米国証券法上のTOB規制の適用があるか否かのみが問題となるが、自社株対価TOBについては、買収会社側が買収対価として自社株を交付する点について、株式交換の場合と同様、1933年連邦証券法が適用されるのではないかということが、併せて問題となる。しかしながら、現金対価TOBにおいて、上記のとおり米国株主をTOBによる「買付け等」から除外する対応が可能なのであれば、論理的には、米国株主をTOBによる「買付け等」から除外している場合には、当該「買付け等」の対価である自社株の「交付の勧誘」も米国株主に対してはなされていないことになり、自社株の交付の部分については1933年連邦証券法の規制は及ばない、と考えるべきことになろう。

　従って、わが国で自社株対価TOBが実施される場合（わが国の上場会社等の株式を対象にTOBが実施される場合）には、実務上、米国株主をTOBによる「買付け等」から除外することにより、基本的には米国の1933年連邦証券法の適用はないと解釈できるものと考えられ、そうであれば、米国SECに対するForm F－4の登録等の手続も不要とされるもの

と考えられる。

　なお、自社株対価TOB＋スクィーズ・アウトによる完全買収の方法が用いられた場合、当該TOBに応募しなかった米国株主が存するとき（日本国内の常任代理人又は証券口座を経由した応募もなかったとき）、他の残存株主を含めて、現金対価のスクィーズ・アウトを実施すれば、特段、米国証券法との抵触の問題を生じさせることなく、完全子会社化を実施することができる。

　このように、自社株対価TOBと現金対価スクィーズ・アウトのスキームとを組み合わせる自社株対価TOB＋スクィーズ・アウトによる完全買収の方法を用いることによって、株式交換の場合とは異なり、米国の1933年連邦証券法その他の証券法の適用を回避しつつ、（スクィーズ・アウトの局面で一部現金を利用することにはなるものの、）自社株を対価として完全子会社化を実現することが可能となるものと考えられる。

　従って、上場会社である対象会社を100％買収する場合、米国証券法の規制（いわゆるForm F－4問題）を回避できるという点で株式交換による完全買収の方法よりも自社株対価TOB＋スクィーズ・アウトによる完全買収の方法が優れているといえ、産競法平成30年改正及びそれと併せてなされた平成30年度税制改正によって、一定の自社株対価TOBについては対象会社株主にも株式交換と同様の課税繰延べが認められるようになったことで、今後は、上場会社の完全買収に際して、自社株対価TOB＋スクィーズ・アウトによる完全買収の方法が用いられるケースが増加するのではないかと考えられる。

8　株式交付制度の創設

　既に法制化されている産競法に基づく自社株対価TOBに加えて、本書脱稿日現在、2018年2月14日付けで法制審議会会社法制（企業統治等関

係）部会が取りまとめて公表した中間試案において、産競法のような会社法の特則としてではなく、自社株対価 TOB を行いやすくなるための制度として、会社法の本則に「株式交付」制度を創設することが提案されている。そこで、以下、この制度の概要を現時点で判明している限度で簡単に解説することとしたい[79]。なお、最終的に次期の会社法改正においてこの制度の創設が盛り込まれるか、盛り込まれるとしてもどのような制度内容となるかについては、引き続き注視する必要がある[80]。

(1) 株式交付制度の概要

　中間試案において提案されている「株式交付」制度の概要は、以下のとおりである（詳細については、中間試案第3部第2参照）。

　株式交付とは、ある株式会社（以下「株式交付親会社」という）が、他の株式会社（これと同種の外国会社を含む。以下「株式交付子会社」という）を自らの子会社とするために、当該株式交付子会社の株式を譲り受け、それと引換えにその譲渡人に対して株式交付親会社の株式を交付することをいうもの、とされている。ここで、「株式交付子会社」となり得る会社にはわが国の株式会社と同種の外国会社を含むものとされているため、株式交付制度を外国企業の買収（国際的 M&A）に用いることも可能である。この点は、一般に国境を越えた買収には用いることができないと解されている株式交換とは異なる。

　株式交付は、いわば部分的な株式交換として、それまで親子会社関係が

---

[79] 株式交付制度の概要等については、例えば、大杉・前掲（注13）17頁以下参照。

[80] 例えば、2018年12月12日開催の法制審議会会社法制（企業統治等関係）部会第18回会議で用いられた部会資料27「会社法制（企業統治等関係）の見直しに関する要綱案（仮案（2））」第3部第2・1の補足説明においては、外国会社は株式交付子会社となり得ないという重要な変更がなされている。このまま要綱として取りまとめられ、次期の会社法改正の内容となる場合には、以下の記載にも重大な影響が生じるため、この点については特に注視する必要がある。

存しなかった株式交付親会社と株式交付子会社との間に親子会社関係が創設される組織法上の行為と位置付けられており、そのため、中間試案では、性質上株式交換とは異なる規律とすることが適当と考えられるものを除き、基本的に株式交換と同様の規律を設けることが提案されている。そのため、株式交付については、その基本的な性質は、対象会社（株式交付子会社）株式の現物出資による買収会社（株式交付親会社）の新株発行又は金庫株処分（以下、便宜上、「自社株対価相対株式取得」と略記する）と共通する部分があるものの、株式交換の場合と同様に、会社法199条3項及び同項の適用を前提とした有利発行規制や、現物出資財産に係る検査役の調査（会社法207条）、募集株式の引受人及び取締役等の財産価額填補責任（同法212条、213条）に係る規律は適用されないことが前提とされている。

　なお、株式交付制度は、会社法の本則に規定される制度となることが予定されているため、産競法平成30年改正前の旧産競法の下における認定自社株対価TOBに関する会社法の特例措置の場合（旧産競法34条）と異なり、他の株式会社の株式等を、TOB手続を経ず、自社株を対価として取得する場合にも利用できるものとされているため、対象会社が非上場会社である場合にも利用できるものとされている（この点は、前記3(1)で述べたとおり、産競法平成30年改正後の産競法の下における会社法の特例措置の場合と同様である）。その結果、自社株TOBの利用を妨げてきた会社法上の現物出資規制等の緩和の対象が、認定自社株対価TOBに限らず、自社株対価TOBの大半にまで拡大されることになる。

　もっとも、株式交付親会社の株式が、別途わが国の金融商品取引法所定の要件にヒットする場合には、当該株式交付親会社の株式の交付は、別途、金融商品取引法上の発行開示規制の適用対象となることがある旨が前提とされているほか、株式交付子会社の株式に流通市場が存在する場合（例えば、株式交付子会社が上場会社である場合）には、当該株式交付子会社の株式の取得には、別途、当該流通市場を規律する証券規制（TOB

規制）が適用されることになる[81]。従って、株式交付子会社が、例えばわが国の上場会社である場合には、金融商品取引法の定める他社株TOBに係る規制（同法27条の2以下）のうち、いわゆるエクスチェンジ・テンダー・オファーに係る規制が適用されることになる[82]。

　そして、対象会社（株式交付子会社）が外国会社である場合には、国際証券法の一般原則に従って、株式交付親会社の株式の交付が、対象会社の所在地国の証券規制の下で発行開示規制の適用を受ける場合には、株式交付親会社は、かかる発行開示規制を履践する必要があるし、対象会社（株式交付子会社）の株式に流通市場が存在する場合（例えば、対象会社の株式がその所在地国の証券市場に上場されている場合）には、対象会社株式の取得については、別途、当該流通市場を規律する証券規制（典型的には、TOB規制や英国における The City Code on Takeovers and Mergers 等の買収規制）が適用される場合がある。

　つまり、株式交付制度による対象会社（株式交付子会社）の買収には、日本を含む対象会社所在地国における発行開示規制及びTOB手続が必要とされるものと、それらが必要とされないものとが存在することになる。

　株式交付制度は、上記のとおり、他の株式会社の株式を、TOB手続を経ずに取得する場合にも利用できるものとされているため、産競法の下で行われる認定自社株対価M&Aと同様に、買収対価の全部又は一部を買収会社（株式交付親会社）が発行する新株又は処分する金庫株とする形で、対象会社側においては英国やアイルランド、オーストラリア、カナダその他の英国法系の諸国において利用可能な「スキーム・オブ・アレンジメント（scheme of arrangement）」を、買収会社である日本企業側では株式交付制度をそれぞれ用いて、それら諸国の対象会社を子会社化することも、可能ではないかと思われる。もっとも、中間試案では、株式交付は株式交

81　大杉・前掲（注13）19−20頁参照。
82　大杉・前掲（注13）19頁参照。

付親会社と株式交付子会社の株主との間の譲渡に係る個別合意を前提したものであると説明されている（中間試案補足説明57頁参照）ことから、（必ずしも個別の合意に基づかないものと解される）英国等のスキーム・オブ・アレンジメントと株式交付制度とを組み合わせて英国企業等を対象とする自社株対価M&Aを実行することができるか否かについては、若干の疑問が生じる余地があるかも知れない。この点、中間試案では、株式交付の定義においては、単に「譲渡」や「取得」とされているのみで、必ずしも個別の合意を前提とした文言になっていないことから、英国等のスキーム・オブ・アレンジメントと株式交付制度とを組み合わせて英国企業等を対象とする自社株対価M&Aを実行することも可能であるように思われるが、この点については、株式交付制度の法制化の際に、解釈の明確化がなされることが期待される。

(2) 株式交付親会社における決定事項

　株式交付親会社は、株式交付をしようとするときは、株式交付計画において、(a)①株式交付子会社の商号及び住所、②株式交付により譲り受ける株式交付子会社の株式の数（株式交付子会社が種類株式発行会社[83]である場合にあっては、株式の種類及び種類ごとの数）の下限、③株式交付子会社の株式の譲渡人に対して当該株式の対価として交付する株式交付親会社の株式の数又はその数の算定方法並びに増加する資本金及び準備金の額に関する事項、④株式交付により株式交付子会社の株式の譲渡人に対して当該株式の対価として株式交付親会社の株式以外の財産を交付するときは、当該財産の種類に応じ、当該財産の内容及び数若しくは額又はこれらの算定方法等、⑤株式交付子会社の株式の譲渡人に対する上記③の株式[84]の割当てに関する事項、⑥株式交付子会社の株式の譲渡しの申込みの期日（以

---

[83] これに相当する外国会社を含む。
[84] なお、上記④に該当する場合には、上記④所定の財産を含む。

下、本章において「申込期日」という)、⑦株式交付がその効力を生ずる日（以下、本章において「効力発生日」という）を定めなければならず、また、(b)上記(a)②所定の下限は、効力発生日において株式交付子会社が株式交付親会社の子会社[85]となるように定めなければならない（但し、株式交付親会社が株式交付子会社を新たに会社法施行規則3条3項1号に掲げる場合に該当する子会社としようとするときに限られるため、株式交付完了後における株式交付親会社の株式交付子会社に対する議決権割合は50%超でなければならない）ものとされている。

このうち、上記(b)の要件は、株式交付が、それまで親子会社関係が存在しなかった株式交付親会社と株式交付子会社との間に新たに親子会社関係を創設するものとして組織法上の行為と位置付けられ、そうであるが故に新株発行（会社法199条1項の募集により株式を発行する場合）と異なる規律を適用することになると解されているところ、このために設けられている「株式交付子会社をその子会社としようとする場合」という要件が満たされることを担保すべく、株式交付の規律の対象となる株式の交付の範囲を、客観的かつ形式的な基準によって定める趣旨で設けられている。言い換えれば、株式交付子会社に対する議決権割合が40%以上50%以下で、会社法施行規則3条3項2号イからホまでのいずれかの要件に該当するという場合には、会社法上は親子会社関係が創設されることになり得るにも拘らず、株式交付制度を利用できる要件を満たさないこととなる。また、親会社が会社法施行規則3条3項1号に該当する既存の子会社の株式を買い増す場合にも、株式交付制度を利用することはできないが、既存の子会社が同項2号に該当する子会社の場合には、当該子会社を同項1号に該当する子会社にしようとするときは、株式交付を利用することができる。

なお、株式交付は、株式交付親会社の株式を対価として株式交付子会社を買収するための制度であり、この手続の中で株式交付親会社の株式を全

---

85 会社法施行規則3条3項1号に掲げる場合に限る。

く交付しないことは想定されていない。そのため、株式交付計画において
は、株式交付により株式交付子会社の株式の譲渡人に対して当該株式の対
価として交付することになる株式交付親会社の株式の数又はその数の算定
方法並びに増加する資本金及び準備金の額に関する事項を必ず定めなけれ
ばならないものとされている（上記(a)③参照）。即ち、株式交付によってい
わゆる三角株式対価TOB（株式交付親会社の親会社が発行する株式のみ
を対価とする親会社株対価TOB）を行うことはできない。この点、前記4
で述べたとおり、産競法の下で行われる認定自社株対価TOBについては、
その一環として、親会社株対価TOBを実施することも認められているのと
は異なっている（なお、親会社株対価TOBについては、産競法及びその前
身の産活法の平成23年改正により認定自社株対価TOBが認められる以前
の2007年に、フリージア・マクロスの子会社であったフリージアトレーデ
ィングが、親会社であるフリージア・マクロスの株式を対価とするエクス
チェンジ・テンダー・オファーにより、技研興業を買収した事例がある）。
　もっとも、株式交付親会社は、株式交付親会社の株式と併せて当該株式
以外の財産をも対価とすることができることが前提とされており（即ち、
「一部現金交付株式交付」のようなものも認められている。上記(a)④参
照）、また、株式交付子会社が種類株式発行会社である場合には、一部の
種類の株式交付子会社の株式についてのみ株式交付親会社の株式を対価と
した上で、その他の種類の株式については無対価とし又は株式交付親会社
の株式以外の財産を対価とすることができることも前提とされている[86]。

(3) 株式交付子会社の株式の譲渡しの申込み等

　株式交付親会社は、株式交付子会社の株主等に対し、上記(2)(a)①から⑦
までの事項を定めた株式交付計画の内容等を通知しなければならず、株式

---

[86] 2018年2月14日付けで法務省民事局参事官室が公表した、会社法制（企業統治等関係）の見直しに関する中間試案の補足説明59頁参照。

交付子会社の株式等の譲渡しの申込みをする者は、譲り渡そうとする株式等の数その他の事項を記載した書面を株式交付親会社に交付することとされている。譲渡しを行うか否かは、株式交付子会社の株主等の任意の裁量に委ねられている。その意味で、株式交付制度の下における株式交付は、組織法上の行為として位置付けられてはいるものの、取引法上の行為としての性格も一部帯びている。

株式交付親会社は、譲渡しに係る申込者が申込期日において申込みをした株式の数の総数が下限に満たない場合を除き、効力発生日の前日までに、申込者に対して、当該申込者から譲り受ける株式等の数を通知することとされている。これに対して、申込者は、効力発生日に、株式交付親会社が通知した数の株式等を給付しなければならず、効力発生日に株式交付親会社が給付を受けた株式の総数が下限以上である場合には、当該給付をした申込者は、効力発生日に株式交付親会社の株主となる。

大要、以上のような手続を経て、株式交付子会社の株主のうち申込みをした者に対して株式交付親会社の株式が交付されるが、株式交付親会社においては、以上の手続を通じて、会社法199条3項及び同項の適用を前提とした有利発行規制や、現物出資財産に係る検査役の調査（会社法207条）、募集株式の引受人及び取締役等の財産価額填補責任（同法212条、213条）に相当する規律が適用されることはない旨定められている。

(4) 株式交付親会社におけるその他の手続

株式交付親会社において必要となり得るその他の手続としては、株式交換完全親会社の手続に準じて、㋑株主総会の特別決議による前記(2)(a)①から⑦までの事項を定めた株式交付計画の承認、㋺反対株主による株式買取請求に係る手続、㋩一定の場合における債権者異議申述手続、㊁事前備置書類の備置き等が挙げられる。

もっとも、上記㋑については、株式交付子会社の株主に対して交付する株式交付親会社の株式その他の財産の価額が株式交付親会社の純資産額に占

める割合が20％以下である場合には、株主総会の特別決議は不要(取締役会決議のみで実行可能)とされている。このように、株式交付親会社において、いわゆる簡易手続によることも認められている(いわゆる簡易株式交付)。

なお、株式交付手続を通じた株式交付子会社の株式の取得については、前記(1)で述べたとおり、金融商品取引法上の公開買付規制の適用が別途あり得ることが前提とされているところ、株式交付子会社が有価証券報告書提出会社である場合には、前記(2)のとおり、効力発生日において株式交付子会社が株式交付親会社の子会社（会社法施行規則3条3項1号に掲げる場合に該当する子会社に限る）となるように定めなければならないとされている結果、自ずから買付け等の後の株券等保有割合が3分の1超となるため、株式交付制度を利用すると、常にTOB手続（対価が株式となるため、いわゆるエクスチェンジ・テンダー・オファーとなる）を履践する必要があることになる（金商法27条の2第1項2号）。

(5) 株式交付子会社における手続

株式交付子会社においては、株式交付について、株主総会の決議や取締役会の決議等の特段の手続を要しないものとされている。株式交付制度においては、株式交付子会社の株主等は、自らの申込みに基づいて、自らが有する株式交付子会社の株式等を譲り渡すものとすることが想定されていることから、株式交付子会社において株主総会決議を要求するなど、株主の保護に関する手続を要求する必要は特にないと考えられているためである。

もっとも、株式交付子会社については、わが国株式会社と同種の外国会社でもよいとされているところ、株式交付子会社が外国会社である場合には、当該外国会社側の手続は、国際私法（国際会社法）の一般理論に基づき、当該外国会社の従属法である同社の設立準拠法において必要な手続も、別途履践される必要がある[87]。

---

[87] 大杉・前掲（注13）19－20頁参照。

(6) 株式交付制度創設の実務上の意義

　以上のとおり、株式交付は、対象会社（株式交付子会社）による手続が通常不要である点を除き、概ね手続的には株式交換と同様であるが、部分買収が可能である点が株式交換と異なっている。

　他方、株式交付は、部分買収が可能である点では認定自社株対価TOBと同様であるが、単なる買増しには利用できない点や、一定の場合に買収会社（株式交付親会社）側で債権者保護手続が必要となる点が認定自社株対価TOBと異なる。

　なお、株式交付を用いた買収がなされた場合に、対象会社の法人レベル及び株主レベルでそれぞれどのような課税上の取扱いがなされるのかについては、今後の税制上の手当てを俟つ他ない。この点、前記6(1)イ(ロ)で詳述したとおり、平成30年度税制改正によって、特別事業再編計画について主務大臣による認定を受けた場合に限ってではあるが、認定自社株対価TOBを用いて買収がなされる際に、当該TOBに応募した対象会社の株主に課税繰延べ（株式譲渡益への課税の繰延べ）が認められる余地が拓かれている。つまり、米国やドイツなどのようにエクスチェンジ・テンダー・オファーを用いたM&A取引について広く課税繰延べが認められている国に所在する企業を日本企業や外国企業が買収する場合と同様、わが国でも、買収会社が日本の株式会社であることが条件とはなるものの、特別事業再編計画について主務大臣から認定を受けた認定自社株対価TOBを利用することで、現金で買収を行う場合に比べて、対象会社の株主にとって、税務上より有利な形で買収を実行することが可能となっている（現金を対価として買収を行う場合には、わが国でも他国でも対象会社の株主に課税繰延べは認められていないため）。しかしながら、認定自社株対価TOBが用いられた場合における対象会社株主に対する上記の課税繰延措置は、特別事業再編計画について主務大臣から認定がなされることが条件となっているのみならず、租税特別措置法に基づく時限措置（2021年3月

末までに特別事業再編計画について主務大臣による認定を受けた認定自社株対価TOBのみに適用）とされている。

　これに対して、前述したとおり、米国では、一般的に（つまり、特段の計画認定等を要することなく）、わが国でいう自社株対価TOBに相当するエクスチェンジ・テンダー・オファーは、いわゆるB型組織再編成（連邦内国歳入法典368条(a)(1)(B)）に該当し、買収会社が対象会社の議決権株式の80％以上かつ無議決権株を含めて発行済株式総数の80％以上を取得する等の一定の条件を充足する場合には、自社株対価TOBに応募して買収会社の株式を取得する対象会社の株主に対しては、TOBへの応募（対象会社株式の売却）時点では連邦所得税の課税がなされず、課税が繰り延べられるものとされている。また、同様の一般的な課税繰延制度は、ドイツ、フランス、オランダ等のEU諸国にも広く存在する。

　わが国で、従来、認定自社株対価TOBが利用されてこなかった原因の一つとして、合併や株式交換等といった買収会社の自社株を対価とする他の買収手法が用いられた場合と異なって、自社株対価TOBを用いて買収を実行した場合には、当該TOBに応募した対象会社の株主が株式譲渡益課税に服することになってしまうという点が考えられるのではないかということは、かねて指摘されてきた。それ故、平成30年度税制改正で、認定自社株対価TOBについて、限定的ながらも当該TOBに応募した対象会社株主への課税繰延措置が導入されたことは大きな前進であるが、会社法改正によって株式交付制度が創設され、会社法の本則に基づいて、特段の計画認定等を要することなく、一般的に自社株対価TOBを円滑に実施できるようになった暁には、M&Aの手法として（種々のメリットを有する）自社株対価TOBが積極的に活用されるようにするためにも、租税特別措置法に基づく時限措置としてではなく、法人税法及び所得税法の本則に基づく恒久的措置として、少なくとも一定の範囲内においては、当該TOBに応募した対象会社（株式交付子会社）株主への課税繰延べが認められることが望ましいものと思われる（因みに、株式交換については、対

象会社＝株式交換完全子法人の株主は、株式交換完全親法人となる会社の発行株式以外の資産（boot）の交付がない限りは、常に税務上の損益認識の繰延べが認められるものとされている）。

なお、前記7で述べたとおり、米国株主が存するわが国上場会社に対して、株式交付制度を用いて自社株対価TOBが実行される場合にも、日本における通常のTOB（現金対価TOB）について、米国SECが示す解釈指針に準拠する形で、日本のTOB実務上、米国株主をTOBから除外し、米国を経由した応募を受け付けない（日本国内の常任代理人又は証券口座からの応募は受け付ける）ことを公開買付届出書に注記する等の方策を執ることで米国証券法（ウィリアムズ法）に基づくTOB規制の適用を免れることができるとの実務対応が確立していることに鑑みて、同様の方策を執ることで、米国の1933年連邦証券法に基づくForm F−4の登録等の規制の適用を免れることができるのではないかと考えられる。これは、現金対価TOBにおいて、米国株主をTOBによる「買付け等」から除外する対応が可能なのであれば、「買付け等」の対価である自社株の「交付の勧誘」も米国株主に対してはなされていないこととなり、自社株の交付の部分について米国の1933年連邦証券法の規制は及ばないと考えることが、論理的に首尾一貫するためである。

株式交付制度が創設された場合、かかる解釈が確立されれば、Form F−4の登録等の規制への抵触の懸念から株式交換の利用が困難なときでも、（認定自社株対価TOB又は）株式交付を用いた自社株対価TOBを利用することで、自社株を対価とするM&Aを実行することが可能となる。従って、この点についての解釈が早期に確立することも、強く望まれる。

※　前掲（注80）の内容に関しては、校正の最終段階において、外国会社は株式交付子会社となり得ないという内容のまま、2019年1月16日に開催された会社法制（企業統治等関係）部会第19回会議で要綱案として取りまとめられた（「会社法制（企業統治等関係）の見直しに関する要綱案」第3部第2・1参照）。

第10章

スピン・オフ、スプリット・オフ及びスプリット・アップと課税

1　総論
2　スピン・オフについて
3　スプリット・オフについて
4　スプリット・アップについて
5　スピン・オフ税制導入の影響
6　スピン・オフ税制下における実務上の留意点

1 総　論

(1) はじめに

　平成12年商法改正によって会社分割制度が導入されてから、早くも約15年以上が経過し[1]、今や会社分割は企業グループ再編や事業統合の手段として完全にわが国に定着している。しかしながら、米国において「会社分割」（corporate divestiture）の手法として一般に理解されている、スピン・オフ（spin-off：現物配当その他の比例的分配により、株主に対して既存子会社又は事業を切り出して設立した新設子会社の株式を交付することによって、当該子会社又は事業を切り離す組織再編）、スプリット・オフ（split-off：株主に対して、当該株主の保有する株式の償還対価として、既存子会社又は事業を切り出して設立した新設子会社の株式を交付することによって、当該子会社又は事業を切り離す組織再編）及びスプリット・アップ（split-up：株主に対して、解散に伴う清算配当に際して、既存子会社又は事業を切り出して設立した新設子会社の株式を交付することによって、当該子会社又は事業を切り離す組織再編）は、わが国ではほとんど行われたことがない。そのことの一因は、わが国の会社分割制度が、米国のそれを範とせず、ドイツ及びフランスのそれを基礎として設計された[2]点にあると考えられるが、後述するとおり、少なくとも現行会社法の下ではスピン・オフ、スプリット・オフ及びスプリット・アップ（後掲の【図10－1】参照）を行うこと自体にはさほど支障がないことに鑑みると、こ

1　会社分割制度の創設を盛り込んだ平成12年商法改正（平成12年法律第90号）が施行されたのは、2001年4月1日である。
2　森本滋編『会社法コンメンタール17―組織変更、合併、会社分割、株式交換等(1)』（商事法務、2010）238－239頁〔神作裕之〕、政府税制調査会中期答申「わが国税制の現状と課題」第二の二(5)①ロ「会社分割制度と税制」（平成12年7月）参照。

れらがわが国で利用されてこなかったことには別の理由があったものと考えられる。そして、それら（特にスピン・オフとスプリット・オフ[3]）が米国と異なって十分に活用されてこなかったことが、わが国企業（特に上場企業）による事業の「選択と集中」を中途半端なものに止め、わが国経済が未だに十分なダイナミズムを発揮できないでいる一因となってきたのではないかと思われる。

【図10－1】 米国における（分割型）会社分割の3形態

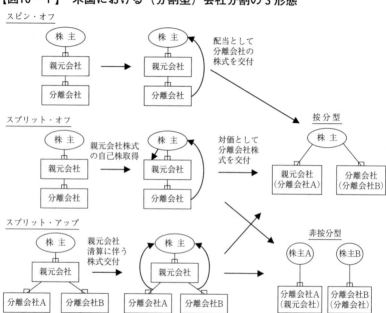

米国でも余り実施されていないスプリット・アップはともかく、わが国において、スピン・オフ及びスプリット・オフが米国と比較してほとんど

---

[3] 米国でも、スプリット・アップは余り利用されていないといわれている（武井一浩＝内間裕「米国会社分割制度の実態と日本への示唆〔Ⅰ〕」旬刊商事法務1525号（1999）41頁参照）。

行われてこなかった[4]大きな要因の一つは、スピン・オフ及びスプリット・オフについての課税繰延措置の欠如であったのではないかと考えられる。

　しかしながら、平成29年度税制改正によって、スピン・オフについての課税繰延措置（以下、当該措置に係る税制の全体を、便宜上「スピン・オフ税制」と呼ぶこととする）が導入され、平成30年度税制改正によって拡充されたことに伴い、今後は、わが国の上場会社等の間でも、スピン・オフを実施する動きが出てくるのではないかと思われる。

　そこで、本章では、①スピン・オフ、スプリット・オフ及びスプリット・アップそれぞれの意義を、コングロマリット・ディスカウント解消のための他の手法であるトラッキング・ストックのそれと対比しながら明らかにすると共に、②それらはわが国の会社法制の下でどのような形で行うことができるのか、③それらはわが国における課税上どのように取り扱われるのか（平成29年度税制改正の前後における比較を含む）、④それらはわが国の金融商品取引法（以下「金商法」という）上どのように取り扱わ

---

[4] わずかな例外の中で著名なものは、2002年9月に、中外製薬が、スイスのロシュ・グループの傘下に入ることに伴い、その100％子会社である米国バイオ企業のジェン・プローブ・インコーポレイテッド（以下「ジェン・プローブ」という）を分離独立させた（なお、同社は分離・独立と同時に米国NASDAQ市場に上場した）事例である。しかしながら、この当時は、平成17年改正前商法の下で現物配当が認められていなかったので、便法として、実質上の減資に伴う株式の有償消却の対価として子会社株式を交付する手法が用いられている。具体的には、中外製薬の資本及び資本準備金を減少させ、それに伴う払戻しの対価として、同社が所有するジェン・プローブの全株式を、中外製薬の株主に対して、その持株比率に応じて割り当てるという、いわゆる有償減資及び有償準備金と株主への払戻しとを組み合わせた方法が採用された。もっとも、この手法は、理論的には、スプリット・オフに類似した手法ともいい得る。即ち、この事例では、中外製薬の株主はジェン・プローブの株式を受領する対価を中外製薬に対して何ら交付しておらず、この点ではスピン・オフと類似するが、理論的には、中外製薬が全ての株主からジェン・プローブの株式を対価として自社株買いを行って、その資本及び資本準備金を減少せしめて、その分だけ買い入れた株式を消却しているとも見ることができ、その点ではスプリット・オフに類似していると考えることも可能である。

れるのか、等々について、概説することとしたい。

　なお、以下では、紙幅の関係上、スピン・オフ（又はスプリット・オフ若しくはスプリット・アップ）を実施する会社（以下「親元会社」といい、切り離されて独立した会社を「分離会社」という）の株主については、特に断りのない限りそれが居住者又は内国法人である場合に限定して論じることとする。

(2)　スピン・オフ、スプリット・オフ及びスプリット・アップの意義並びにトラッキング・ストック

イ　スピン・オフの意義

　スピン・オフは、前述のとおり、現物配当その他の比例的分配により、株主に対して、既存子会社又は事業を切り出して設立した新設子会社の株式を交付することによって、当該子会社又は事業を切り離す組織再編である（後掲の【図10－2】参照）が、米国では、上場会社の間でも1980年代辺りから利用され始め、1990年代以降、事業の切り離しの手段として広く普及したといわれている[5]。

【図10－2】（全部）スピン・オフの模式図

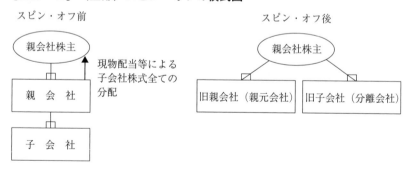

---

[5]　安田荘助＝松古樹美＝高谷晋介編著『株式交換と会社分割　グループ価値を高める新しいマネジメント手法』（日本経済新聞社、2000）113頁参照。

S&P Global Market Intelligence Quantamental Research のデータによれば、米国におけるスピン・オフの件数は、後掲の【グラフ10－1】が示すとおり、1990年代末から2000年代初頭とリーマン・ショック前の2007・08年にピークを迎えた後、2014・15年にも大きく増加しており、1989年から2016年に至るまでの期間におけるその件数の合計は617件に上っている。また、スピン・オフの取引規模も、後掲の【グラフ10－2】が示すとおり、2000年及び2007・08年に総額1,500億ドルに達した後、2015年にも総額1,500億ドルを超えるに至っている[6]。このように、米国では、毎年多数の上場会社がスピン・オフを実行している。

【グラフ10－1】 米国における完了したスピン・オフの件数

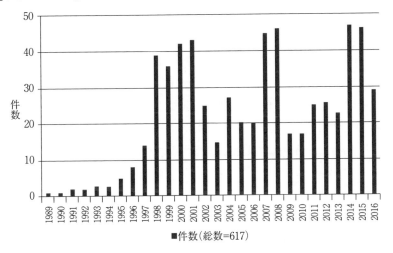

---

[6] 《http://marketintelligence.spglobal.com/documents/our-thinking/research/Capital_Market_Implications_of_Spinoffs.pdf》参照。

【グラフ10－2】 米国における完了したスピン・オフの取引価額

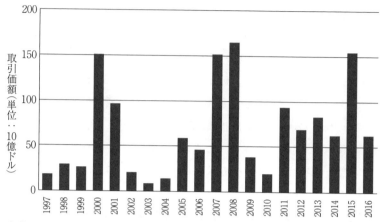

出所：S&P Global Market Intelligence Quantamental Research　データは2017年3月5日現在

　なお、スピン・オフは前掲の【図10－2】で示すように子会社（事業部門を分社化して設立されるものを含む）株式の全部を分配する形で行われるのが通常であるが、子会社株式の一部だけを分配する場合もある（partial spin-off）（以下「部分的スピン・オフ」という）[7]。後者の場合には、親会社は引き続き当該子会社の親会社又は主要株主であり続けることになる。

　米国においてスピン・オフが用いられた例としては、①1993年のバクスター・インターナショナルによるケアマークの分離独立、②1994年のシアーズによるオールステート保険及びディーン・ウィッター証券の分離独立、③同年のAMEXによるリーマン・ブラザーズの分離独立、④1996年

---

[7]　このような部分的スピン・オフの例としては、例えば、NASDAQ上場の企業であるSears Holdings Corporationが2012年10月22日に発表した、トロント証券取引所上場の子会社であるSears Canada Inc.の部分的スピン・オフの事例が挙げられる。この例では、Sears Canadaの発行済社外普通株式総数の約95.5％を保有していたSears Holdingsが、うち約44.5％相当の普通株式を同社の株主に按分比例の形で分配し、持株割合を51％にまで減少させている（《https://searsholdings.com/press-releases/pr/312》参照）。

566

のAT&Tによるルーセント・テクノロジーズの分離独立、⑤1997年のAT&TによるNCRの分離独立、⑥同年のペプシコによるトライコン[8]の分離独立、⑦1999年のGMによるデルファイの分離独立、⑧同年のヒューレット・パッカードによるアジレント・テクノロジーの分離独立、⑨2000年のルーセント・テクノロジーズによるAvayaの分離独立、⑩同年のサラ・リーによるコーチの分離独立、⑪2004年のモトローラによるフリースケール・セミコンダクタの分離独立、⑫2007年のアルトリア・グループ（旧フィリップ・モリス）によるクラフト・フーズの分離独立、⑬2009年のタイム・ワーナーによるAOLの分離独立、⑭2011年のモトローラによる携帯電話事業等を営むモトローラ・モビリティ（その後、Googleに買収され、更にLenovoに買収されている）の分離独立、⑮2012年のクラフト・フーズによる北米向けの食料品事業を営むクラフトフーズ・グループの分離独立[9]、⑯2012年のタイコ・インターナショナルによる北米のセキュリィ事業を営むADTとエネルギー市場向けのフロー制御事業等を営むペンティア両社の分離独立、⑰2015年の電子商取引大手のeBayによるオンライン決済サービス大手のPayPal Holdingsの分離独立、⑱2017年の自動車部品大手デルファイ（Delphi Automotive Plc）によるそのパワートレイン・システム部門 Delphi Technologies Plc.の分離独立[10]等が著名である。

　このように、米国で1990年代以降、スピン・オフによる子会社ないし事業の分離独立が上場会社の間で急速に普及したのは、1970年代以降のコングロマリット経営の行き詰まりと1980年代に吹き荒れた敵対的買収の嵐を経て、事業の「選択と集中」を通じて株主価値を高める必要性が強く意識されるようになったためである。

8　ピザハット、ケンタッキーフライドチキン、タコベル等の運営会社。
9　当該分離独立後のクラフト・フーズは、モンデリーズ・インターナショナルに改称した。
10　旧デルファイ（Delphi Automotive Plc）は当該スピン・オフ後にAptiv Plcに改称した。

しかしながら、スピン・オフは、株主の視点から見れば、従前保有していた企業の株式の価値が、分離会社の株式の価値と親元会社の株式の価値とに分属するだけであって、本来であれば価値中立的な行為のはずである。にも拘らず、スピン・オフが株主価値の向上につながるとされるのはどうしてであろうか。この点、スピン・オフが株主価値を高めることになる要因として、幾つかのものが指摘されている。代表的なものは、コングロマリット・ディスカウント[11]の解消である。スピン・オフによって、それまで隠れていた（潜在的成長性の高い）事業の価値が顕在化する（市場で十分認識されていなかった価値が認識されるようになる）というのである。また、分離会社の経営の自由度や経営判断の迅速性が高まり、事業環境の変化に柔軟に対応することが可能になって、その価値が向上する可能性が高まるということも指摘される。親元会社も、スピン・オフによって規模が縮小するわけであるから、同様の効果を享受できる可能性は高まる。更に、スピン・オフによって、分離会社も親元会社も事業戦略が明確化して「選択と集中」を加速させることができ、結果として経営が効率化するため、それぞれの企業価値が増大するということも指摘される。この他、スピン・オフによって事業が絞り込まれることで、ストック・オプション

---

[11] 機関投資家は株式投資のポートフォリオを自らの投資判断に従って構成するため、リスク分散と共に経営資源まで分散してしまいがちな多角化企業よりも、得意分野に集中した企業（pure-play）に対する投資を選好する傾向がある。例えば、ひところのインターネットやバイオ医薬品のように成長性の高い事業は、一般的に、将来への期待感から現在の売上高や収益性に比して高い倍率の株価をつける傾向があるが、当該事業が成熟産業に属する会社の一事業部門という位置づけである場合、証券アナリストのカバレッジの限界等に起因して、市場における企業分析精度が不十分となり、その価値が当該会社グループ全体の売上高や収益性の中に埋もれてしまうことが多い。その結果として、そのような会社の株価は、当該成長性の高い事業部門の価値を十分に反映しない割安な水準に止まることが多い。コングロマリット・ディスカウントとは、このような、当該会社（特に当該成長性の高い事業部門）の本源的価値が資本市場において十分に評価されない結果として生じる株価（ひいては株式時価総額）の割負けを意味する。

や株式報酬といったエクイティ・ベースの報酬制度が採用されていれば、分離会社でも親元会社でも経営陣及び従業員にとっての株主価値向上へのインセンティブが増大するということや、株主からのガバナンスが効きやすくなる（企業が甲事業と乙事業とを営んでいる場合には、当該企業の株主は、それらをセットとして運営している経営陣に対してしかガバナンスを効かせることができないが、甲事業がスピン・オフされれば、株主は、甲事業を運営している経営陣と乙事業を運営している経営陣に対してそれぞれ直接にガバナンスを効かせることができる）ということも指摘される[12]。

このように、スピン・オフについては株主価値向上の観点から様々な利点が指摘されており、また、実際にも、少なくとも米国においては、スピン・オフが実施された場合、長期的には分離会社の株主価値と親元会社のそれとの総和はスピン・オフ実施前と比べて増大する例が多いと指摘されている[13]。

この他、スピン・オフは、反トラスト法上の企業結合規制との関係で、当事会社同士の企業結合を実現するために、当該企業結合によって市場シェアが高くなり過ぎる一部の製品ないしサービスに係る事業を切り離すための手段として用いられることも多い。例えば、ローヌプーランとの合併に先立って、ヘキストが1999年にその傘下の化学子会社であったCelanese AG をスピン・オフによって分離独立させた例や、前述した中外製薬のロシュ・グループ入りに伴って2002年に行われた、中外製薬によるその米国子会社のジェン・プローブの分離独立の例[14]等がその例である。

更に、経営陣（及び従業員）が自ら又は PE ファンド等と共同して対象事業部門や子会社を買収して独立する、という本来の意味での MBO や

---

[12] 以上につき、例えば、安田＝松古＝高谷・前掲（注5）194－196頁、武井一浩＝平林素子『会社分割の実務』（商事法務研究会、2000）201－204頁参照。

[13] *See* Chris Veld & Yulia V. Veld-Merkoulova, *Do spin-offs really create value?:The European case*, 28 JOURNAL OF BANKING & FINANCE 1111, 1112（2004）.

[14] 前掲（注4）参照。

MEBOとは異なるが、特定の事業部門ないし子会社が、その経営に直接当たっている経営陣（及び従業員）を中心に親元会社から分離独立するための手段としても、スピン・オフは有用である。何故なら、ⅰ）スピン・オフであれば、MBO等のために外部から資金を借り入れる等の必要がなく、分離独立後の新会社の資金負担が大幅に軽くなるし、ⅱ）通常は株式非公開化が前提となるMBO等の場合と異なり、分離独立と同時に上場を果たすこともできるからである。

ロ　スプリット・オフの意義

　スプリット・オフは、前述のとおり、株主に対して、当該株主の保有する株式の償還対価として、既存子会社又は事業を切り出して設立した新設子会社の株式を交付することによって、当該子会社又は事業を切り離す組織再編である（後掲の【図10－3】参照）が、米国では、スピン・オフと同様、上場企業の間でも1980年代辺りから利用され始め、1990年代以降、事業の切り離しの手段として広く普及したといわれている。

　スプリット・オフとは、「アメリカにおける会社の分割の一手法で、会社財産の一部を現物出資して子会社を設立した会社（親会社）が、自己の既存株主から会社株式の一部の引渡しを受けるのと引き換える形で子会社株式を株主に分配することをいう」[15]とされており、子会社株式の分配が親会社株式の全部又は一部との交換で行われる（そのため、わが国においては「株式償還型分割」等と称されることもある）点で、そのような交換を伴わないスピン・オフとは区別される。なお、スピン・オフの場合と異なり、子会社株式の分配は必ずしも親会社株式の持株数に按分比例する形で行われなくともよいものとされており、実務では、かかる分配が非按分的な形でなされるのが通常のようである[16]。

15　田中英夫編『英米法辞典』（東京大学出版会、1991）800頁参照。
16　岡村忠生「法人分割税制とその乱用」税経通信55巻15号（2000）42頁脚注5参照。

【図10−3】 スプリット・オフの概要

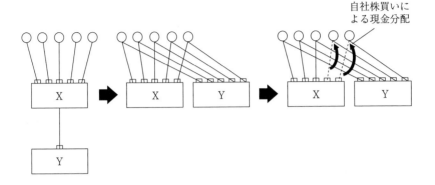

　米国においてスプリット・オフが用いられた例としては、①1995年のイーライ・リリーによるガイダントの分離独立、②1996年のGMによるEDSの分離独立、③1998年のデュポンによるコノコの分離独立、④2003年のIMSヘルスによるコグニザントの分離独立、⑤2009年のブリストル・マイヤーズ・スクイブによるミード・ジョンソンの分離独立等の事例が著名である。

　スピン・オフが利用される目的は、基本的にスプリット・オフが利用される目的としてもそのまま妥当するが、スプリット・オフには、スピン・オフと異なり、以下のような特色が存する。第一に、親元会社の株主が、当該会社の株式をそのまま保有することを望む者、分離会社の株式を取得することを望む者、及びそれら両社の株式を保有することを望む者とに分かれる場合に、スプリット・オフを用いることで、それら各株主の選好に合わせた柔軟な分配が可能である[17]。第二に、親元会社にとって、自社株買いが組み込まれた手法であるが故に、その1株当たり利益（EPS:Earn-

---

[17] その結果、親元会社の株主が、スピン・オフによって受領した株式を（自己の投資選好に合致しないという理由から）直ちに売却することによって生じる場合がある分離会社の株価の短期的な値下がり（フロー・バック）を、可及的に回避することも期待し得る。

ings Per Share）の減少幅をその分だけ圧縮することが可能である[18]。

　第三に、米国では、複数の事業を営んでいる企業の一部門ないし子会社が、MBO や MEBO などによって分離独立するための手段としても、スプリット・オフが用いられることがある[19]。これは、ⅰ）スプリット・オフであれば、スピン・オフの場合と同様、MBO 等のために外部から資金を借り入れる等の必要がなく、分離独立後の新会社の借入負担が大幅に軽くなることと、ⅱ）親元会社の観点から見ても、後述するとおり、エクイティ・カーブアウトや第三者への当該事業ないし子会社の売却を行う場合と異なり、分離独立する事業又は子会社に係るキャピタル・ゲイン課税を繰り延べることができるケースが多いこと、等々によるものと推測される。前述したとおり、従来、わが国では、このような場合、経営陣が外部の PE ファンドと組んで親元会社から現金で対象事業部門や子会社を買収する方法により MBO 等が行われてきたが、スピン・オフ税制の適用範囲がスプリット・オフにも適用されれば、今後は、スプリット・オフを用いて MBO 等を実行する例も登場してくると思われる。

　第四に、スプリット・オフでは、株主に対して、分離対象となる（新）会社の株式を非按分的に分配することが可能であるため、複数の事業を営んでいる合弁会社その他の閉鎖会社の株主間における事業分割にも用いることができる。例えば、公表された合弁事業の解消の事例を用いて説明すると、2010年3月23日に公表された、三菱総研 DCS と富士ソフトとの合弁事業（SAP 事業及び Oracle 事業の共同展開）の解消の事例[20]では、その方法として、ⅰ）両社が合弁会社として設立していたダイヤモンド富士

---

[18] 親元会社は、分離会社の稼得する利益に相当する額の利益を失うこととなるが、自社株買いによって減少する自らの株式の数が十分に多ければ、1株当たり利益は逆に増加することもあり得る。

[19] 前述した、EDS の GM からの分離独立の例などが典型例である。なお、安田＝松古＝高谷・前掲（注5）115頁も参照。

[20] 2010年3月23日付けの三菱総合研究所及び富士ソフトによるプレス・リリース参照。

ソフト（以下「D&F」という。三菱総研DCSと富士ソフト両社の持分割合は55：45であった）からまずOracle事業を単独新設分割により切り出し、当該分割により設立された新会社の株式の全てを富士ソフトがD&Fからの現金による譲受けによって取得した上で、ⅱ）当該分割の結果としてSAP事業のみを営むこととなったD&Fが、同社の発行株式のうち富士ソフトの保有に係る45％相当の株式を自社株買いによって取得して、D&Fを三菱総研DCSの完全子会社とする、というスキームが用いられているが、この取引は、スプリット・オフ（日本法の下では、後記3(1)で述べる①の方法、即ち、「(Oracle事業の)新設分割＋当該新会社株式を対価とする（D&Fによる富士ソフトからの)自社株買い」の手法によって実行できる）を用いれば、少なくとも、手続上はより簡便に実現することが可能であった[21]。

このように、スプリット・オフにはスピン・オフにはないメリットが複数存するが、上記第四で述べた閉鎖会社の株主間における事業分割に際して利用される場合は別として、上場会社の場合には、一般に、スピン・オフの方が好まれることが多いといわれている。その理由としては、親元会社の経営陣が、スプリット・オフのためのエクスチェンジ・テンダー・オファーに際して当該会社の既株式と分離独立する（新）会社の株式との交換比率を適正に定めなければならないことに伴う事務負担及びコスト（並びにそれに付随して株主から争訟が提起されるリスク）を回避したがることが多い、といった点などが指摘されている。

ハ　スプリット・アップの意義

スプリット・アップは、前述のとおり、株主に対して、解散に伴う清算

---

[21] なお、紙幅の関係上、詳細には立ち入ることができないが、本件の取引は、米国で行われていれば、米国の法人分割税制の下で、課税繰延べの特例の適用を受けることができた可能性があるように思われる（安田＝松古＝高谷・前掲（注5）119頁、渡辺徹也『企業組織再編成と課税』（弘文堂、2006）196－199頁など参照）。

配当に際して既存子会社又は事業を切り出して設立した新設子会社の株式を交付することによって、当該子会社又は事業を切り離す組織再編である[22]（前掲の【図10－1】参照）が、米国では、上場会社の間ではほとんど用いられないものの、非上場会社において、複数の大株主が完全に袂を分かちたい場合（例えば、のれん分けを行う場合など）や合弁関係を解消する場合、更には企業グループ内で事業を再編する場合などで用いられているといわれている[23]。しかしながら、会社の清算を伴うため、債権者保護手続など煩雑な手続が必要となることから、実際上は利用されることは少ないといわれる[24]。

　米国においてスプリット・アップが用いられた例としては、①1995年のITTの3分割（NSE上場会社であるITTを、シェラトンなどのホテル・チェーン、カジノ、野球・ホッケーなどのプロ・スポーツチーム及び遊技場を保有するITTコーポレーション、生損保事業を営むITTハートフォード、並びに自動車部品や防衛関係その他の製造業を営むITTインダストリーズ、という3つのNYSE上場会社に分割）した事例が著名である。

　前述した、スピン・オフが利用される目的は、基本的にスプリット・アップが利用される目的としてもそのまま妥当する。即ち、スプリット・アップが実施される目的のうち代表的なものは、コングロマリット・ディスカウントの解消である。また、分離独立する（新）会社の経営の自由度や経営判断の迅速性が高まり、事業環境の変化に柔軟に対応することが可能になって、その価値が向上する可能性が高まるという点や、スプリット・アップによって、分離独立するそれぞれの（新）会社の事業戦略が明確化

22　スプリット・アップとは、「アメリカにおける会社の分割の一手法で、資産の現物出資により2以上の子会社を設立した会社が解散し、清算手続において子会社株式を自己の既存株主に対して原則としてその持株割合に応じて分配することによりその目的を達成するものをいう」（田中・前掲（注15）800－801頁参照）ものとされている。
23　安田＝松古＝高谷・前掲（注5）116頁参照。
24　武井＝平林・前掲（注12）208頁参照。

され、結果として経営が効率化するため、それぞれの企業価値が増大するという点も指摘される。

　また、スプリット・アップでも、全株主の同意があれば、株主に対して、分離対象となる（新）会社の株式を非按分的に分配することが可能であるため、スプリット・オフと同様、複数の事業を営んでいる合弁会社その他の閉鎖会社の株主間における事業分割にも用いられる。例えば、わが国で公表された合弁事業の解消の事例を用いて説明すると、2008年1月11日に公表された、古河電気工業（以下「古河電工」という）と住友電気工業（以下「住友電工」という）との合弁事業（アンテナ関連事業）の解消の事例[25]では、その方法として、両社が50：50の合弁会社として保有していたブロードワイヤレス株式会社（以下「BW」という）を解散して清算するスキームが用いられているが、この取引は、スプリット・アップ（日本法の下では、後記4(1)で述べる①の方法、即ち、「BWからの古河電工の出資に基づく事業の新設分割によるX社の設立及び住友電工の出資に基づく事業の新設分割によるY社の設立＋現物残余財産分配によるX社株式の古河電工への分配及びY社株式の住友電工への分配」の手法）によっても実行することが可能であった[26]。

ニ　スピン・オフ、スプリット・オフ及びスプリット・アップとトラッキング・ストック

　多角的に事業を営んでいる会社の株価（ひいてはその株式時価総額）について生じているコングロマリット・ディスカウントを解消する手段としては、前述した①スピン・オフ、②スプリット・オフ及び③スプリット・

---

[25]　2008年1月11日付けの古河電工及び住友電工の共同プレス・リリース参照。

[26]　もっとも、この場合には、古河電工も住友電工もBWから承継した事業をそれぞれの子会社（X社及びY社）で引き受けることになるため、それら事業を本体で営むことが目的であれば、スプリット・アップを用いることで、手続がより煩雑になる（古河電工へのX社の吸収合併手続と住友電工へのY社の吸収合併手続が必要となる）。

アップの他に、④トラッキング・ストックを発行する手法が存在する。トラッキング・ストックとは、後掲の【図10－4】で示すとおり、会社が有する特定の完全子会社（以下、本章において「対象子会社」という）ないし特定の事業部門等の業績にのみ価値が連動するよう設計された株式である[27]。なお、トラッキング・ストックが対象とする特定の事業（以下、本章において「対象事業」という）が会社の社内部門と子会社とに分属する場合、トラッキング・ストックはこれら社内部門及び子会社を包括したバーチャル・カンパニーの業績に連動することになる[28]。以下、対象子会社の業績にのみ価値が連動するよう設計されたトラッキング・ストックを「子会社連動株式」ないし「子会社事業連動株式」と、対象事業の業績にのみ価値が連動するよう設計されたトラッキング・ストックを「事業部門連動株式」ないし「事業部門業績連動株式」と、それぞれ呼ぶこととする。

【図10－4】　トラッキング・ストックの仕組み

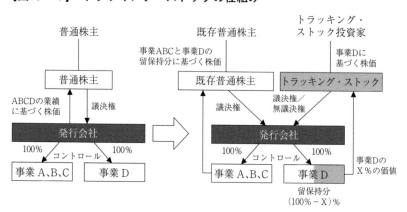

〔出所：メリルリンチ証券〕

27　江頭憲治郎『株式会社法〔第7版〕』（有斐閣、2017）144頁参照。
28　西村総合法律事務所『M&A法大全』（商事法務、2001）572頁参照。

トラッキング・ストックは、その価値が対象子会社又は対象事業の価値に連動するため、その発行会社（以下、本章において、トラッキング・ストックを発行する会社のことを、単に「発行会社」という）は、コングロマリット・ディスカウントを避けつつ、対象子会社又は対象事業の価値を適切に反映させた形で資金調達をすることが可能となる[29]。この点、トラッキング・ストックを発行すれば、対象子会社ないし対象事業の営む事業価値を顕在化させることにより、発行会社は有利な条件での資金調達を行うことができ、結果として、当該発行会社の株式時価総額について生じていたコングロマリット・ディスカウントを解消することができる[30]。

　トラッキング・ストックは、1984年に大手自動車メーカーのGMがシステム開発大手のElectric Data Systems（EDS）を買収する際にEDS株主に対して発行したのが最初といわれているが、この事例は、正に、成熟産業に属する会社が、成長性の高い会社を買収する際に、コングロマリット・ディスカウントが生じることを防ぐために、トラッキング・ストックを用いた事例であった。

　このようにトラッキング・ストックは、コングロマリット・ディスカウントを解消する効果を有している点で、スピン・オフ、スプリット・オフ及びスプリット・アップと共通性を有する。しかしながら、スピン・オフ、スプリット・オフ及びスプリット・アップを行った場合には、親元会社は、それらによって当該親元会社から分離された子会社又は事業に対する経営支配権を喪失することになるが、トラッキング・ストックを用いれば、発行会社は、対象子会社ないし対象事業に対する経営支配権を100％掌握し続けたままで、当該対象子会社ないし当該対象事業が稼得する利益のみを100％外部の投資家（即ち、トラッキング・ストック株主）に提供

---

[29] 太田洋＝松尾拓也編著『種類株ハンドブック』（商事法務、2017）297頁〔太田洋＝森田多恵子〕参照。

[30] 太田＝松尾・前掲（注29）298頁〔太田洋＝森田多恵子〕参照。

することができる[31]。また、スピン・オフ税制導入前においては、後述のとおり、スピン・オフ又はスプリット・オフを実行した場合、親元会社から分離される子会社ないし事業に多額の含み益が存していれば、当該親元会社は当該含み益に対して多額のキャピタル・ゲイン課税を受けることを免れなかったところであるが、トラッキング・ストックを用いれば、発行会社は、対象子会社ないし対象事業に多額の含み益が存している場合でも当該含み益に対するキャピタル・ゲイン課税を受けることなく、コングロマリット・ディスカウントを事実上解消することが可能となる点で優位性があった。もっとも、この点については、平成29年度税制改正によるスピン・オフ税制の導入により、状況が大きく変わることとなったが、その点に関しては後記6(3)で述べる。

　また、スピン・オフ、スプリット・オフ及びスプリット・アップを行った場合には、親元会社は、分離される子会社又は事業の価値に見合うキャッシュを獲得することができない（むしろスプリット・オフを行う場合には、自社株買いを行う分だけ親元会社からキャッシュが流出する）のに対して、トラッキング・ストックを発行した場合には、発行会社は、対象子会社ないし対象事業の価値に概ね見合うキャッシュを獲得することができる。もっとも、この点は、親元会社が分離される子会社（の株式[32]）や事業を外部の第三者に売却する方法でも達成できるが、かかる方法では、当該子会社の株式ないし事業に多額の含み益が存している場合には、（スピン・オフ税制導入後も、）当該親元会社は当該含み益に対して多額のキャピタル・ゲイン課税を受けることを免れない。

　因みに、米国でも、2015年11月12日に、NASDAQ上場のケーブルTV

---

[31]　大杉謙一「トラッキング・ストック―IT時代の企業組織再編とわが国企業法制の将来―」法学教室250号（2001）56頁。

[32]　分離される子会社の株式の全部又は一部を市場で売り出して、当該子会社の株式を金融商品取引市場（証券市場）に上場させることは、子会社上場（エクイティ・カーブアウトとも呼ばれる）といい、詳細は本章6(1)及び後掲（注151）参照。

大手であったLiberty Media Corp.（以下、本章において「**Liberty Media**」という）が、資本再編成（Recapitalization）により、その株式を、Liberty SiriusXM stock（Liberty Mediaの上場子会社であるSirius XM Holdings Inc.の持分の60％相当の価値にトラックする[33]）、Liberty Braves stock（Liberty Mediaの100％子会社であって大リーグの野球チームであるAtlanta Bravesとその関連資産を保有するBraves Holdingsの価値にトラックする）及びLiberty Media stock（Liberty Bravesグループの資産及び負債のグループ内利益の20％相当の価値とLiberty Mediaが保有するLive Nationの持分の27％相当の価値にトラックする[34]）という3種のトラッキング・ストックに交換することを発表する[35,36]など、現在でも、トラッキング・ストックは、対象子会社ないし対象事業に対する経営支配権を発行会社が掌握し続けたままで、当該対象子会社ないし当該対象事業の価値の全部又は一部を顕在化させ、コングロマリット・ディスカウントを全面的に又は部分的に解消する手段として用いられている。

2 スピン・オフについて

(1) 改正前商法下でのスピン・オフと現行会社法下でのスピン・オフ

2006年5月1日に会社法が施行される前の平成17年改正前商法下では、

---

[33] 残る40％相当の持分は上場株式として市場で取引されている。
[34] 残る73％相当の持分は上場株式として市場で取引されている。
[35] 《http://www.friedfrank.com/siteFiles/Publications/Tracking％20Stock％20Awakens％20(2).pdf》及び《https://www.bloomberg.com/news/articles/2015-11-12/liberty-media-creates-tracking-stocks-for-braves-sirius》参照。
[36] かかる資本再編成は、2016年4月15日に完了している（《http://ir.libertymedia.com/releasedetail.cfm?releaseid=965402》参照）。

「親会社が子会社株式を配当として親会社の既存株主に交付すること」は、少なくとも実務上は認められないものと考えられていた。即ち、改正前商法下では、米国型のスピン・オフが可能であるか否かは、利益配当に際して、現金ではなく「子会社株式」のような現物を交付することが許されるのか、という形で解釈論上争われており、それを肯定する有力な学説も存していた[37]ところであるが、法務省及び登記実務は、現物配当は認められず、現金による配当のみが認められるという立場を堅持していたようである[38]。他方、法務省及び登記実務は、実質上の減資に伴う株式の有償消却の対価として現金ではなく子会社株式を交付することについては、許容していた[39]。

それ故、会社ができる限りスピン・オフに近い形での組織再編を行おうとする場合には、現物配当に代わる便法として、実務上、実質上の減資に伴う株式の有償消却の対価として子会社株式を交付する手法(理論的にはスプリット・オフに類似した手法ともいい得る[40])が用いられていた。例えば、2002年9月に、中外製薬が、ロシュ・グループの傘下に入ることに

---

[37] 江頭憲治郎『株式会社・有限会社法〔第2版〕』(有斐閣、2002)507頁等参照。なお、この論点に関する当時の解釈論の状況を要領よくまとめた論考として、村上裕「アメリカ型会社分割に関する一考察―利益配当として子会社株式を分配することの可否を中心に―」東北法学21号(2003)135頁以下(特にその183頁以下)参照。

[38] 稲葉威雄ほか編『実務相談株式会社法5〔新訂版〕』(商事法務研究会、1992)106頁〔元法務省民事局第4課木村るみ子〕、上柳克郎ほか編『新版注釈会社法(9)』(有斐閣、1988)4頁〔龍田節〕も同旨。

[39] 江頭憲治郎「会社分割」『奥島孝康教授還暦記念第1巻 比較会社法研究』(成文堂、1999)193頁、江頭・前掲(注37)508頁、稲葉・前掲(注38)106頁、河本一郎「個人株主保護の観点から見た会社分割」旬刊商事法務1407号(1995)2頁以下。なお、河本・上記論文は、「株式の有償償却は、実質的には会社財産の一部の清算であり、残余財産の分配の場合には金銭をもって行うのが原則であるが、金銭以外の財産をもってすることも株主平等原則に反しない限り違法でないといわれている」と指摘していた(なお、服部栄三編『基本法コンメンタール会社法3〔第7版〕』(日本評論社、2001)147頁〔志村治美〕等参照)。

[40] 前掲(注4)参照。

伴い、その100％子会社である米国バイオ企業のジェン・プローブを分離独立させた（なお、同社は分離・独立と同時に米国 NASDAQ 市場に上場した）際には、かかる方法が用いられている[41,42]。具体的には、中外製薬の資本及び資本準備金を減少させ、それに伴う払戻しの対価として、同社が所有するジェン・プローブの全株式を、中外製薬の株主に対して、その持株比率に応じて割り当てるという、いわゆる有償減資及び有償減準備金と株主への払戻しとを組み合わせた方法が採用された。

　一方、平成12年商法改正によって会社分割制度が創設されたことにより、分割型単独新設分割（平成17年改正前商法373条）を用いることで、少なくとも、企業の一部門をスピン・オフすることは可能となった。

　しかしながら、上記の有償減資及び有償減準備金と子会社株式の払戻しとを組み合わせる方法にせよ、分割型単独新設分割を用いる方法にせよ、債権者保護手続を履践することが不可欠であり、実務上、非常に煩瑣であったため、2003年4月9日に施行された、産業活力再生特別措置法の一部を改正する法律（平成15年法律第26号。以下、当該改正後、会社法の施行に伴う関係法律の整備等に関する法律による改正前の旧産業活力再生特別措置法を「旧産活法」という）によって、一定の要件下で、「親会社が子会社株式を配当として親会社の既存株主に交付すること」（現物配当）が認められることとなり、これによって、主務大臣の計画認定さえ受ければ、債権者保護手続を経ることなく（しかも、株主総会決議すら経ることなく、）米国型のスピン・オフを実行することができるものとされていた[43]。具体的には、事業再構築計画（旧産活法3条1項、2条2項）、共

41　2003年7月27日付け日本経済新聞朝刊28面、2002年11月5日付け日経金融新聞1面等参照。

42　この他の実例としては、1957年に小糸製作所が行った小糸工業の分離独立の事例（旬刊商事法務68号（1957）505頁参照）が存在する。

43　以下の旧産活法に関する記述につき、太田洋＝手塚崇史「改正産業再生法の下で解禁された『スピン・オフ』に関する税務上の諸問題」国際税務23巻11号（2003）34－37頁参照。

同事業再編計画（旧産活法5条1項、2条3項）又は経営資源再活用計画（旧産活法6条1項、2条4項）が主務大臣によって認定された場合には、当該認定計画に沿って、取締役会の決議により、親会社が子会社株式を配当として親会社株主に分配することが可能とされた（旧産活法12条の8）。かかる認定を受けるための主な要件は、①現物配当を行おうとする親会社が会計監査人による監査を受けていること、②当該親会社が、現物配当の対象となる子会社につき、その総株主の議決権の3分の2以上を保有していること[44]、③当該子会社株式につき譲渡制限がなされていないこと、④分配しようとする当該子会社株式の価額が配当可能利益の範囲内であること（旧産活法12条の8第3項）、であった。もっとも、残念ながら、この旧産活法による特例措置は、後述する税制上の手当ての不存在等が影響してか、一度も用いられることなく、会社法の制定に伴って廃止された（会社法整備法449条）。

以上を受けて、平成17年に制定された会社法では、現物配当制度（454条1項1号・4項、456条、459条1項4号、309条2項10号参照）が創設される一方、会社分割については、従前の分割型分割（人的分割）は、「株式を対価とする分社型分割（物的分割）＋分割会社が対価として受領した株式の株主への交付」として整理され、概念としては廃止された[45,46]（つまり、現在では、会社法上は、「会社分割」は、かつての分社型分割

---

[44] 旧産活法12条の8第1項及び同法12条の2参照。

[45] もっとも、租税法の分野では、この概念が依然として維持されている（法法2条12号の9参照）。

[46] もっとも、吸収分割契約又は新設分割計画において、剰余金の配当として、分割の効力発生日に、承継会社又は分割によって設立される新会社の株式を親元会社（分割会社）の株主に分配する旨定めておくことによって（会社法758条8号ロ、763条12号ロ）、従前の分割型分割と同じ結果を実現することは可能であり、この場合、分割とは別に剰余金の配当のための決議（同法454条1項、5項）を改めて得る必要はなく、また、分配可能額による規制も適用されない（同法792条2号、812条2号）。

(物的分割)のみを意味する概念とされている)。その結果、会社法の下では、事業のスピン・オフは①「新設分割＋当該新会社株式の現物配当」又は②「現物出資による新会社設立＋当該新会社株式の現物配当」により、子会社のスピン・オフは③（対象となる子会社株式の）現物配当により、それぞれ実行することが可能となった。なお、会社法の下では、上記で述べた有償減資及び有償減準備金に基づく株主への払戻しの制度は廃止され、株主に対する分配は、解散の際の清算分配及び従前の分割型分割に相当する行為が行われる場合を除き、全て、分配可能額の範囲内でのみ行うことができるものとされた。

　なお、現物配当を行うに際して、債権者保護手続を履践する必要はないため、上記の②又は③を用いる場合には、旧産活法の特例措置に基づく現物配当と同様に、債権者保護手続を経ることは不要（上記の①を用いる場合には通常必要）であるが、株主に金銭分配請求権を付与せずに現物配当を実施するためには株主総会の特別決議が必要とされている（会社法309条2項10号参照）。従って、この点では、取締役会決議で実施できるものとされていた旧産活法の特例措置に基づく現物配当よりも要件が加重されていたが、産業競争力強化法の特例措置が設けられたことで、再び一部の会社は取締役会決議で実施できるようになっている（後記2(4)参照）。

　なお、2013年5月に、ソニーの株式を大量に取得したサード・ポイントが、ソニーに対して、ライツ・オファリングを用いて同社のエンターテイメント子会社であるソニー・ピクチャーズを部分的にスピン・オフするように提案したが、かかる提案は、以下のスキームを用いることで現行会社法の下でも実現可能である。即ち、まず、一般のライツ・オファリングと同様に、ソニーがその全ての株主に対して新株予約権の無償割当てを行うが、当該新株予約権に取得条項を付し、当該取得条項に基づく当該新株予約権の取得の対価を子会社であるソニー・ピクチャーズの株式にしておく。このようにすれば、①ソニー・ピクチャーズの株式を単純に部分的にスピン・オフする（同社の株式の20％分のみを現物配当でソニーの株主に

分配する）場合とは異なり、一般のライツ・オファリングの場合と同様、新株予約権の行使価額相当の払込みがなされるため、ソニー本体が資金を調達することが可能である。他方で、②ソニー・ピクチャーズの株式を単純に部分的に売り出す場合（売出し型カーヴ・アウト）と異なり、新株予約権の無償割当てを受けるソニーの既存株主は、割り当てられるライツ（新株予約権）の行使価格の理論株価に対するディスカウント分だけ利益を享受することが可能であり、この点で、ソニーの既存株主にとっても提案内容を魅力的に見せることができる[47]。

(2) わが国におけるスピン・オフの課税上の取扱い

イ 会社法制定前における課税上の取扱い

上記(1)で述べたとおり、改正前商法下では、実質的にスピン・オフを実現するための方法としては、ⓐ有償減資及び有償減準備金と子会社株式の払戻しとを組み合わせる方法、ⓑ分割型単独新設分割を用いる方法、及びⓒ旧産活法の特例措置に基づく現物配当を利用する方法、の3つが存していたところであるが、いずれの方法を用いた場合でも、基本的には、親元会社に対してスピン・オフに係る事業又は子会社株式の含み益についての譲渡益課税がなされると共に、株式の分配を受けた当該親元会社の株主に対しても、みなし配当課税（及び株式譲渡益課税）がなされるものと解されていたところである。以下、それぞれについて具体的に述べる。

即ち、まずⓐの有償減資及び有償減準備金と子会社株式の払戻しとを組み合わせる方法を用いた場合であるが、例えば、前述した中外製薬によるジェン・プローブの分離独立の事例では、まず親会社である中外製薬のレベルで、同社がジェン・プローブを売却したものとして取り扱われ、中外製薬の保有に係るジェン・プローブ株式の時価総額約795億円とその簿価

---

[47] 詳細については、太田洋＝松原大祐『西村高等法務研究所叢書第9巻 アクティビスト・敵対的買収対応の最新動向』（商事法務、2014）36－42頁参照。

総額約256億円との差額につき株式譲渡益課税がなされ、それによって中外製薬は約225億円もの法人税を負担することとなったと報じられている[48]。そして、これに加えて、中外製薬の既存株主のレベルでは、分配を受けたジェン・プローブ株式に関してみなし配当課税及び場合によりみなし譲渡損益課税が生じるものとされ、このみなし配当額に関する源泉所得税額のうち、一般的な源泉所得税率である20％に相当する部分については、全て中外製薬が負担したと報じられているが、この中外製薬による負担分だけで総額約125億円にも上ったとされている[49]。このように、上記ⓐの方法を用いてスピン・オフを行った中外製薬の事例では、中外製薬による負担分だけで総額約350億円にも上る多額の課税負担が生じていたところである。

　次に、前記ⓑの分割型単独新設分割を用いた場合であるが、分割法人（親元会社）の発行済株式総数の50％超を保有する株主が存在すれば、後述するとおり、50％超グループ内組織再編として適格組織再編成に該当し得る余地があった（該当すれば、分割会社の法人レベルでは課税上の譲渡損益認識の繰延べがなされ、その株主レベルではみなし配当課税の繰延べがなされる）が、そうでなければ、単独新設分割では事業関連性要件が充足されないため共同事業要件が満たされず、自動的に非適格組織再編成とされていた[50]。その結果、分割会社の法人レベルではその保有資産等についての譲渡損益課税がなされ、その株主レベルではみなし配当課税がなされるものとされていた。また、現金などの非適格資産（いわゆる boot）が交付されない場合には、分割法人の株主レベルで譲渡損益課税は繰り延

48　前掲（注41）所掲の各新聞記事参照。
49　中外製薬の2002年8月5日付け「有償減資等に伴うみなし配当税額等に関するお知らせ」参照。なお、前掲（注41）所掲の各新聞記事も参照。
50　佐藤信祐『組織再編における税制適格要件の実務Q&A〔第4版〕』（中央経済社、2017）182頁参照。

べられるが、交付される場合には、当該株主レベルで譲渡損益課税がなされるものとされていた。

最後に、前記ⓒの旧産活法の特例措置に基づく現物配当を利用した場合[51]であるが、この場合、子会社株式の現物配当を行う親会社については、当該子会社株式を売却したものと扱われ、当該子会社株式の簿価と売却時の時価との差額について株式譲渡損益課税がなされる（当時の法法62条）ものと解されていた。他方、子会社株式の分配を受けた親会社株主は、課税上、配当を受けたものとして取り扱われる（株式譲渡損益課税には服さない）ものとされていた。その結果、当該株主が法人である場合には総合課税の対象となり、当該みなし配当の金額につき地方税と併せて当時の東京都の場合で約40％の実効税率（当時の法法60条1項等参照）による課税がなされるが、法人株主が当該親会社の株式数の25％以上を保有している場合には、配当相当額の100％を益金不算入とすることができる（当時の法法23条1項、5項参照）ものとされていた。また、子会社株式の分配を受けた親会社株主が個人株主である場合は、当該個人株主が保有する当該親会社の株式が非上場株式であるときは、配当につき20％の源泉徴収課税がなされる（当時の所法25条、24条、181条、182条参照）ものとされ、当該個人株主が保有する当該親会社の株式が上場株式であるとき（但し、当該個人株主が当該親会社の株式を5％以上保有している場合を除く。当時の措法9条の3第1項参照）は、原則として源泉分離課税の方法により、10％の税率で課税されるものとされていた。なお、旧産活法の下では、上記のみなし配当に関する源泉徴収税額を、前述した中外製薬の事例のように、親元会社が肩代わりすることができるよう、その株主に対する配当課税分の金銭について、子会社株式の分配と併せて株主に交付す

---

[51] 以下の、旧産活法の特例措置に基づく現物配当を利用した場合における課税上の取扱いに関する記述につき、太田＝手塚・前掲（注43）37－39頁参照。

ることを可能とする措置が講じられていた[52]。

ロ　会社法制定後、スピン・オフ税制導入前における課税上の取扱い

　会社法の下で、実質的にスピン・オフを実現するための方法としては、前記(1)で述べたとおり、①「新設分割による新会社設立＋当該新会社株式の現物配当」若しくは②「現物出資による新会社設立＋当該新会社株式の現物配当」（以上、事業部門のスピン・オフの場合）又は③（対象子会社株式の）現物配当（子会社のスピン・オフの場合）の3つが存在するが、スピン・オフ税制導入前におけるそれらの課税上の取扱いは以下のとおりであった[53]。

　まず、最も単純な上記③の（対象子会社株式の）現物配当については、課税当局は、原則として、親元会社の法人レベルでは分配対象となる対象子会社株式に関する譲渡損益課税がなされ[54]、その株主レベルでは配当課税（但し、資本剰余金を原資とする配当の額が存するときは、その部分は「みなし」配当課税となる）及び場合により株式譲渡損益課税がなされるものとして取り扱っていた[55]。

　次に、上記①の「新設分割による新会社設立＋当該新会社株式の現物配

---

[52] 旧産活法12条の8第1項、旧産業活力再生特別措置法第十二条の八第一項の経済産業省令で定める金銭等を定める省令1条（同条では、交付することができる金銭は、当時の所得税法182条2号に規定する配当等に係る所得税の納付のための金銭とされていた）参照。

[53] 太田洋「わが国におけるスピン・オフに関する法制上・税制上の課題」証券アナリストジャーナル53巻10号（2015）34－35頁参照。

[54] 水野忠恒『大系租税法〔第2版〕』（中央経済社、2018）610頁同旨。もっとも、金子宏「法人税における資本等取引と損益取引－『混合取引の法理』の提案（その1.『現物配当』）」『租税法の発展』（有斐閣、2010）347－352頁は解釈論としては反対。

[55] 前記イで述べたとおり、中外製薬によるジェン・プローブの分離独立の事例では、当時、平成17年改正前商法下で現物配当が認められておらず、有償減資及び有償減準備金と子会社株式の払戻しとを組み合わせる方法が用いられているが、課税上の取扱いとしては、結果的に現物配当が用いられた場合と類似した結果が生じている。

当」については、法人税法上はⅰ）「分割型（単独）新設分割」又はⅱ）「分社型（単独）新設分割＋現物分配」のいずれかであると整理されており、ⅰ）の「分割型（単独）新設分割」については、仮に分割法人（親元会社）にその発行済株式総数の50％超を保有する株主が存在すれば、グループ内組織再編として適格組織再編成に該当し得る余地がある（該当すれば、分割法人の法人レベルでは課税上の譲渡損益認識の繰延べがなされ、その株主レベルではみなし配当課税の繰延べがなされる）ものの、そうでなければ、単独新設分割においては事業関連性の要件が欠けるため共同事業要件が充たされず、自動的に非適格組織再編成となる結果、分割法人の法人レベルではその保有資産等についての譲渡損益課税がなされ、その株主レベルではみなし配当課税がなされるものとされていた。また、現金等の非適格資産（いわゆるboot）が交付されない場合には分割法人の株主レベルで譲渡損益課税は繰り延べられるが、交付される場合には当該株主レベルで譲渡損益課税がなされるものとされていた。他方、ⅱ）の「分社型（単独）新設分割＋現物分配」については、第一段階目の新設分割は、スピン・オフ後に親元会社が新会社の発行済株式総数の50％超を継続保有する部分的スピン・オフの場合を除くと、当該分割後に分割法人と分割承継法人との間に支配関係が継続することが見込まれているとの要件を充足しないため、グループ内組織再編に該当せず、加えて、単独新設分割においては事業関連性の要件が欠ける結果として、共同事業要件も充足されないことから、結局、非適格組織再編成となって、分割法人である親元会社の法人レベルでその保有資産等についての譲渡損益課税がなされるものとされ、第二段階目の現物分配については、上記③の（対象子会社株式の）現物配当に関して述べたことがそのまま妥当するものとされていた。

　最後に、上記②の「現物出資による新会社設立＋当該新会社株式の現物配当」についてであるが、これは、法人税法上は「単独新設現物出資＋現物分配」であると整理されており、これも、第一段階目の現物出資は、スピン・オフ後に親元会社が新会社の発行済株式総数の50％超を継続保有する

部分的スピン・オフの場合を除くと、当該現物出資後に現物出資法人と被現物出資法人との間に支配関係が継続することが見込まれているとの要件を充足しないため、グループ内組織再編に該当せず、加えて、単独新設現物出資においては事業関連性の要件が欠ける結果、共同事業要件も充足されないことから、結局、非適格組織再編成となって、現物出資法人である親元会社の法人レベルでその保有資産等についての譲渡損益課税がなされるものとされ、第二段階目の現物分配については、上記③の（対象子会社株式の）現物配当に関して述べたことがそのまま妥当するものとされていた。

ハ 平成29年度・30年度税制改正によるスピン・オフ税制の導入と拡充
(イ) 概要

平成29年度税制改正により、米国におけるスピン・オフ税制（いわゆるD型組織再編についての課税繰延措置）[56]と類似した税制が、会社が、その100％子会社（特定の事業部門を切り出して設立されたものを含む）を

---

[56] 米国では、基本的に、わが国でいう分割型分割に対応する組織再編行為については内国歳入法典355条で、わが国でいう現物出資や分社型分割に対応する組織再編行為については内国歳入法典351条で、それぞれ規律されている。スピン・オフ及びスプリット・オフについて米国連邦所得税の課税繰延べが認められるための要件をごく大雑把に概説すると、まず、内国歳入法典の規定上、①子会社株式を分配する親元会社が、分配直前の時点において当該子会社の総株主の議決権及び（無議決権株式を含む）発行済株式総数の各80％以上を保有していること、②子会社株式が当該分配の際に全て分配されること、③親元会社及び分離独立した子会社が、当該スピン・オフ等の直後に積極的な事業活動（Active Trade Business：いわゆるATB）を営んでいること、④当該スピン・オフ等が租税回避目的のために行われたものでないこと（いわゆるdevice test）、がそれぞれ要求されている。それらに加え、判例法上、⑤株主の投資の継続性（なお財務省規則1.355－2(c)(1)のexampleにて非按分型スピン・オフでも、適格になり得ることが示されている）、⑥事業継続性、⑦正当な事業目的の存在等が要求されている（例えば、安田＝松古＝高谷・前掲（注5）119頁及び渡辺徹也「組織再編税制に関する平成29年改正―スピンオフ税制とスクィーズアウト税制を中心に」税務事例研究162号（2018）44頁参照）。なお、2016年に財務省規則の改正が提案され、③ATB要件及び④device testの厳格化が進められている。また、スピン・オ

現物配当等を通じてスピン・オフする場合に限ってであるが、わが国でも導入されることとなった[57]。この日本版スピン・オフ税制においては、①親元会社の特定の事業部門を分割型新設分割により切り出し、切り出された完全子会社（分離会社）株式を直ちに当該親元会社の株主に分配する場合（以下、かかる類型を「分割型単独新設分割類型」という。後掲【図10－5】参照)[58]と、②完全子会社に該当する分離会社の株式を現物分配により親元会社の株主に分配する場合（以下、かかる類型を「単純現物分配類型」という。後掲【図10－6】参照)[59]という２つの類型が、新たに適格組織再編成とされ、一定の税制適格要件を満たせば、当該親元会社においては、当該分離会社の株式につき譲渡損益課税を受けず（税務上は簿価譲渡とされ）、当該親元会社の株主においては、分配される当該分離会社の株式につき、みなし配当課税も譲渡損益課税も受けない（なお、分配を受ける親元会社の株主において、移転簿価純資産割合に応じて、税務上の簿価が、分配を受ける当該親元会社株主の保有する親元会社株式から分配を受けた当該分離会社株式へと付け替わる）ものとされている[60]。

　フ及びスプリット・オフについて米国連邦所得税の課税繰延べが認められるための要件の詳細については、例えば、Herbert N.Beller & Lori E.Harwell, *After the Spin: Preserving Tax-Free Treatment Under Section 355*, 92 TAX NOTES 1587(2001), *also available at* https://us.eversheds-sutherland.com/portalresource/lookup/poid/Z1tOl9NPluKPtDNIqLMRV56Pab6TfzcRXncKbDtRr9tObDdEuSpCs0!/fileUpload.name=/TAX355.PDF 参照。

[57] 法法２条12号の11ニ、同条12号の15の３、23条１項１号、24条１項３号、61条の２第８項、62条の５第３項等参照。

[58] 法法２条12号の11ニ及び法施令４条の３第９項参照。

[59] 法法２条12号の15の２及び12号の15の３並びに法施令４条の３第16項参照。

[60] 親元会社が譲渡損益課税を受けないことにつき、法法62条の２第２項、62条の５第３項参照。また、親元会社の株主がみなし配当課税を受けないことにつき、所法25条１項２号括弧書・３号括弧書、法法24条１項２号括弧書・３号括弧書参照。さらに、親元会社の株主が譲渡損益課税を受けないこと及び親元会社株式から分離会社株式への税務上の簿価の付け替えにつき、法法61条の２第１項・４項・８項、措法37条の10第３項２号括弧書・３号括弧書、37条の11第３項、所施令113条１項、113条の２参照。

【図10－5】 「分割型単独新設分割類型」のスピン・オフ

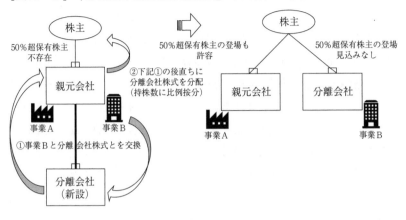

【図10－6】 「単純現物分配類型」のスピン・オフ

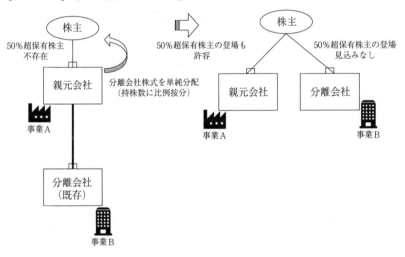

また、この他、平成29年度税制改正の際、厳密には上記②の類型の派生形であるが、③親元会社の特定の事業部門を分社型単独新設分割又は単独新設現物出資[61]により切り出し、切り出された完全子会社（分離会社）株式を当該親元会社の株主に分配する場合（以下、かかる類型を「『分社型新設分割又は現物出資＋現物分配』類型」という。後掲【図10－7】参照）にも、一定の税制適格要件を満たせば、第一段階目の分社型新設分割又は現物出資が適格組織再編成とされ、第二段階目の現物分配が適格株式分配とされて、第一段階目に関しては当該親元会社において当該分離会社への分離対象事業に係る資産等の移転につき譲渡損益課税が繰り延べられ（税務上は簿価譲渡とされ）[62]、第二段階目については上記②と同様の課税繰延・非課税措置が適用されるものとされていた[63]。

　なお、上記③の類型は、平成30年度税制改正によって拡張・一般化され、③′完全支配関係がある法人間で行われる合併、分割、現物出資、株式交換及び株式移転[64]によって、完全支配関係がある法人から特定の事業を完全子会社の新設と共に切り出しあるいは既存の完全子会社に集約し、当該完全子会社（分離会社）株式を親元会社の株主に分配する場合（以

61　平成29年度税制改正の時点では、分社型単独新設分割（法法２条１項12号の10、法施令４条の３第６項１号参照）及び単独新設現物出資（法施令４条の３第13項１号参照）に限られていた（法施令４条の３第６項１号ハ、第13項１号同号ロ参照）。

62　分社型新設分割につき法法62条の３第１項、現物出資につき法法62条の４第１項を、それぞれ参照。

63　法法２条12号の15の２・12号の15の３、法施令４条の３第16項等参照。

64　平成29年度税制改正の時点で認められていた親元会社による分社型単独新設分割又は単独新設現物出資は、親元会社が完全支配関係グループを形成する法人を新設すると同時に事業を移転するという「完全支配関係がある法人間の組織再編成」の中の（極めて限定された）一類型であったところ、平成30年度税制改正によって、完全支配関係がある法人間の組織再編成が幅広く網羅されるに至った。具体的には、合併につき法施令４条の３第２項２号、会社分割につき法施令４条の３第６項各号、現物出資につき法施令４条の３第13項各号、株式交換につき法施令４条の３第18項各号、株式移転につき法施令４条の３第21項各号・22項を、それぞれ参照。

下、かかる類型を「『完全支配グループ内組織再編成＋現物分配』類型」という。後掲の【図10－8】参照）にも、一定の税制適格要件を満たせば、第一段階目の合併、分割、現物出資、株式交換及び株式移転が適格組織再編成とされ、第二段階目の現物分配が適格株式分配とされて、第一段階目に関しては組織再編成に伴う課税が繰り延べられ[65]、第二段階目については上記②と同様の課税繰延・非課税措置が適用されるものとされている[66]。

【図10－7】「『分社型新設分割又は現物出資＋現物分配』類型」のスピン・オフ

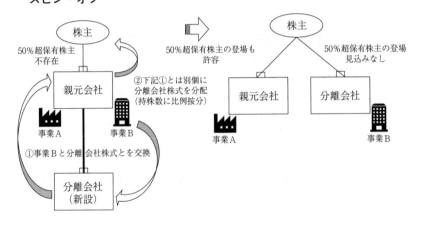

---

[65] 完全支配関係がある法人間で行われる多様な組織再編成（多段階組織再編成を含む）と課税については、**第4章**及び**第5章**参照。

[66] 前掲（注63）参照。

【図10−8】 「完全支配グループ内組織再編成＋現物分配」類型のスピン・オフ

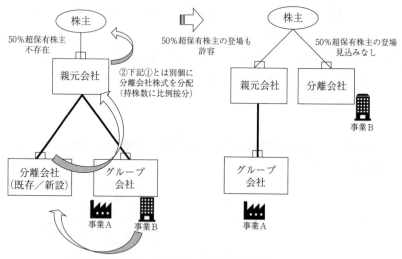

※ 本図表は、一段階目の組織再編成として、分離会社（分割承継法人）とグループ会社（分割法人）との間に同一の者（親元会社）による完全支配関係がある場合における、分割型単独新設分割（分離会社を新設する場合）又は分割型吸収分割（分離会社が既存の会社の場合）を行った場合の例を示したものである。

このうち、上記①及び③′（旧③）の各類型が、親元会社の特定の事業部門のスピン・オフに、上記②の類型が、親元会社の完全子会社のスピン・オフに、それぞれ対応する。これら①から③′までの類型のスピン・オフは、従来の組織再編税制における適格組織再編成の範疇に入らない、典型的なスピン・オフであって、これら3つの類型のスピン・オフを、下記で触れる非典型的スピン・オフと対比する意味で、以下、「典型的スピン・オフ」と呼ぶこととする。もっとも、以上のような課税繰延措置の適用は、基本的に、親元会社に支配関係[67]を有する者（以下「支配株主」と

---

[67] 基本的には、当該者の持株割合又は出資割合が50%超となっている場合である（法法2条12号の7の5）。

いう)がなく、また、分離会社に支配株主が登場することが見込まれていない場合でなければ適用されない[68]ため、多くの閉鎖会社ないし上場会社のうち上場子会社等の親会社が存する会社が親元会社として行うスピン・オフには、上記の課税繰延措置の適用はない。

　この他、今回導入された日本版スピン・オフ税制においては、従来から50％超グループ内組織再編類型ないし共同事業組織再編類型の一種として、適格組織再編成に該当するものとされてきた一部の類型のスピン・オフについても、組織再編税制全体の要件の整理・見直しの一環として、税制適格要件の見直しがなされた。即ち、まず、従来から、支配株主が存在する親元会社が分離会社に対して分割型分割によって事業を移転し、その対価として得られた分離会社株式を親元会社の株主に対して持株数に按分比例して分配する場合には、当該分割の前後を通じて、当該支配株主による親元会社及び分離会社双方に対する50％超の株式保有による直接・間接支配(同一の支配株主による支配[69])が継続するのであれば(支配関係継続要件)、(i)主要資産等引継要件、(ii)従業者引継要件、及び(iii)事業継続要件が充足されることを条件に、50％超グループ内組織再編の一種として適格分割型分割に該当するものとされてきた(後掲【図10－9】参照)が、平成29年度税制改正により、④上記の支配関係継続要件のうち、「分割後に同一の者(支配株主)による分割法人(親元会社)と分割承継法人(分離会社)に対する支配関係が継続することが見込まれていること」との要件が、「分割後に当該同一の者(支配株主)による分割承継法人(分離会社)に対する支配関係が継続することが見込まれていること」に修正され(当該支配株主による分割法人(親元会社)に対する支配関係の継続は不要とされた)[70]、

68　上記①及び③′(旧③)の各類型につき法施令４条の３第９項１号柱書、上記②の類型につき同条16項１号柱書を、それぞれ参照。
69　平成29年度税制改正前法施令４条の３第７項２号、６項２号柱書参照。
70　100％グループ内組織再編について支配継続要件が改正され(法施令４条の３第６項２号イ(非新設分割型分割の場合)、ハ(1)(新設分割型分割の場合))、当該改正が50％グループ内組織再編について法施令４条の３第７項２号により準用されている。

上記の分割型分割が行われた場合において、かかる修正後の支配関係継続要件が充足されているときには、(i)主要資産等引継要件、(ii)従業者引継要件、(iii)事業継続要件が充足されることを条件に、50％超グループ内組織再編の一種として適格分割型分割に該当するものとされた（支配株主存在型スピン・オフ：後掲【図10-10】参照）。

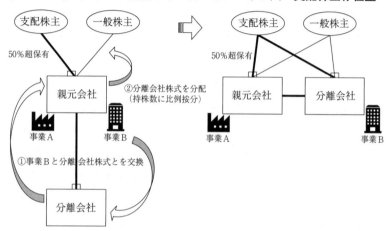

【図10-9】　従来から適格であったスピン・オフ(1)〜支配株主存在型

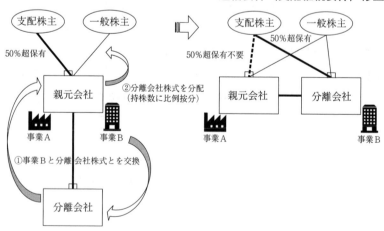

【図10-10】　支配株主存在型についての適格要件（支配継続要件）修正

また、従来から、株主が50名以上いる親元会社が分離会社に対して分割型分割によって（分離会社の営む事業Cと事業関連性のある）事業Bを移転し、その対価として得られた分離会社株式を親元会社の株主に対して持株数に按分比例して分配する場合には、(i)主要資産等引継要件、(ii)従業者引継要件、(iii)事業継続要件、(iv)事業規模要件（又は経営参画要件）が充足されれば、共同事業組織再編の一種として適格分割型分割に該当するものとされてきた（なお、親元会社の株主数が49名以下である場合には、分離会社の株式全部を継続して保有することが見込まれる親元会社の株主の当該親元会社に対する議決権割合が80％以上であることという株式継続保有要件が充足されれば、適格分割型分割に該当するものとされていた[71]）（後掲【図10－11】参照）が、平成29年度税制改正により、⑤親元会社の株主数が50名以上か否かで株式継続保有要件を要求するか否かを変える規律が廃止され、代わりに、分割の直前に親元会社の発行済株式総数の50％超を保有する支配株主が存在する場合にのみ株式継続保有要件を要求することとし[72]、親元会社に支配株主が存在する場合は、当該支配株主がその交付を受けた分離会社の株式の全部を継続して保有することが見込まれていれば、株式継続保有要件は充足されるものとされた[73]。上記の分割型分割が行われた場合に、かかる修正後の株式継続保有要件が充足され、親元会社が移転した事業Bと分離会社が営む事業Cとの間に事業関連性があれば、(i)主要資産等引継要件、(ii)従業者引継要件、(iii)事業継続要件、(iv)事業規模要件（又は経営参画要件）が充足されることを条件に、共同事業組織再編の一種として適格分割型分割に該当するものとされた（共同事業組織再編型スピン・オフ：後掲【図10－12】参照）。

　上記④の支配株主存在型スピン・オフ及び⑤の共同事業組織再編型スピン・オフについては、上記①から③′までの典型的スピン・オフと対比す

71　平成29年度税制改正前法施令4条の3第8項6号イ参照。
72　法施令4条の3第8項柱書第2括弧書参照。
73　法施令4条の3第8項6号イ参照。

る意味で、以下、「非典型的スピン・オフ」と呼ぶこととする。

なお、現行のスピン・オフ税制のうち、典型的スピン・オフに関しては、分離会社の発行済株式の全てが親元会社の株主に交付又は分配されることが、適格組織再編成に該当するための要件となっており[74]、(分離会社の株式の一部のみが親元会社の株主に交付又は分配される) 部分的スピン・オフについては課税繰延措置が適用されないことに注意が必要である。

また、以上の典型的スピン・オフのうち①から③までに関する課税繰延措置は2017年4月1日以後に実施された組織再編から、上記③′に関する課税繰延措置は2018年4月1日以降に実施された組織再編から、非典型的スピン・オフに関する課税繰延措置は、2017年10月1日以後に実施された組織再編から、それぞれ適用されるものとされている。

【図10－11】 従来から適格であったスピン・オフ(2)〜共同事業組織再編型

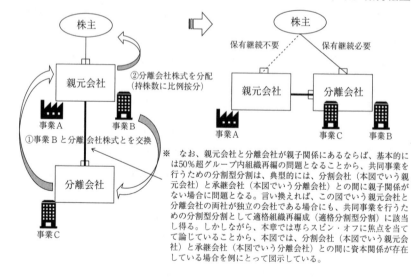

※ なお、親元会社と分離会社が親子関係にあるならば、基本的には50％超グループ内組織再編の問題となることから、共同事業を行うための分割型分割は、典型的には、分割会社(本図でいう親元会社)と承継会社(本図でいう分離会社)との間に親子関係がない場合に問題となる。言い換えれば、この図でいう親元会社と分離会社の両社が独立の会社である場合にも、共同事業を行うための分割型分割として適格組織再編成(適格分割型分割)に該当し得る。しかしながら、本章では専らスピン・オフに焦点を当てて論じていることから、本図では、分割会社(本図でいう親元会社)と承継会社(本図でいう分離会社)との間に資本関係が存在している場合を例にとって図示している。

---

74 法法2条12号の11ニ・12号の9、法法2条12号の15の3・12号の15の2参照。

【図10-12】 共同事業組織再編型についての適格要件(株式継続保有要件)修正

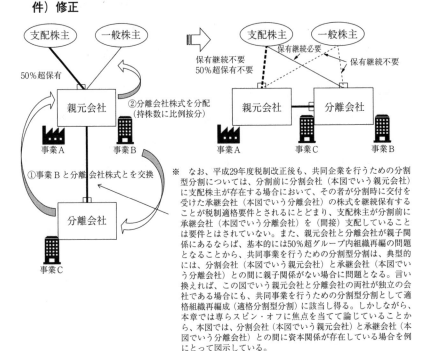

※ なお、平成29年度税制改正後も、共同企業を行うための分割型分割については、分割前に分割会社(本図でいう親元会社)に支配株主が存在する場合において、その者が分割時に交付を受けた承継会社(本図でいう分離会社)の株式を継続保有することが税制適格要件とされるにとどまり、支配株主が分割前に承継会社(本図でいう分離会社)を(間接)支配していることは要件とはされていない。また、親元会社と分離会社が親子関係にあるならば、基本的には50%超グループ内組織再編の問題となることから、共同事業を行うための分割型分割は、典型的には、分割会社(本図でいう親元会社)と承継会社(本図でいう分離会社)との間に親子関係がない場合に問題となる。言い換えれば、この図でいう親元会社と分離会社の両社が独立の会社である場合にも、共同事業を行うための分割型分割として適格組織再編成(適格分割型分割)に該当し得る。しかしながら、本章では専らスピン・オフに焦点を当てて論じていることから、本図では、分割会社(本図でいう親元会社)と承継会社(本図でいう分離会社)との間に資本関係が存在している場合を例にとって図示している。

(ロ) 分離会社株式の交付を受ける親元会社の株主についての課税関係

　日本版スピン・オフ税制の下で、適格組織再編成に該当するスピン・オフがなされた場合、前述したとおり、親元会社においては、分離会社の株式につき譲渡損益課税が繰り延べられ(税務上は簿価譲渡とされ)、スピン・オフによって分配される分離会社株式の交付を受ける当該親元会社の株主においては、基本的に、当該分離会社の株式につき、みなし配当課税も譲渡損益課税も受けない(なお、分配を受ける親元会社の株主において、移転簿価純資産割合に応じて、税務上の簿価が、分配を受ける当該親元会社株主の保有する親元会社株式から分配を受けた当該分離会社株式へと付け替わる)ものとされているが、分離会社が外国子会社であって、親

元会社の株主に外国法人又は非居住者がいるときには、将来、それら株主が海外で当該分離会社株式を売却することで、わが国で課税されることなく当該分離会社株式の含み益が海外に流出しないよう、一定の場合にそれらの外国法人株主ないし非居住者株主に対して課税する措置が講じられている。

まず、前提として、わが国の会社法の下では、実務上、国境を越える形で会社分割を実行することはできないと解されているため、事業部門をスピン・オフする場合に、分離会社を外国会社とする形で前記(イ)①の分割型単独新設分割類型のスピン・オフや前記(イ)③の「分社型新設分割又は現物出資＋現物分配」類型（平成30年度税制改正後は、前記(イ)③′の「完全支配グループ内組織再編成＋現物分配」類型）のうちの「分社型新設分割＋現物分配」類型など会社分割が組み込まれた形でのスピン・オフを実行することは、そもそも私法上できない。他方、わが国の会社法の下においても、現物出資は国境を越える形で実行することはできると一般に解されているし、外国子会社の株式を現物配当によって株主に分配することもやはり一般に可能と解されているので、前記(イ)③の「分社型新設分割又は現物出資＋現物分配」類型のうちの「現物出資（による子会社設立）＋現物分配」類型のスピン・オフや前記(イ)②の単純現物分配類型のスピン・オフを実行することについて、私法上の問題はない。もっとも、法人税法2条12号の14括弧書及びそれを受けた同法施行令4条の3第10項は、外国法人に対して国内資産等の移転を行う場合、即ち、「国内にある事業所に属する資産（外国法人の発行済株式等の総数……の百分の二十五以上の数……の株式を有する場合におけるその外国法人の株式を除く。）又は負債」を外国法人に対して現物出資する場合には、適格現物出資に該当しない旨等を定めているので、わが国企業が国内事業部門を外国子会社にした上でスピン・オフするために、前記(イ)③の「分社型新設分割又は現物出資＋現物分配」類型のうちの「現物出資（による子会社設立）＋現物分配」類型のスピン・オフを用いた場合には、それが適格組織再編成に該当することはな

いと解される。

　他方、法人税法２条12号の15の２及び同12号の15の３は「適格株式分配」の税制適格要件として分配される株式が内国法人の株式でなければならないとは定められていないので、親元会社が、前記(イ)②の単純現物分配類型のスピン・オフによって、その外国完全子会社の株式全部を当該親元会社株主に分配した場合にも、適格組織再編成（適格株式分配）に該当し得ることは明らかである。

　しかしながら、前記(イ)②の単純現物分配類型のスピン・オフによって分離される分離会社が外国子会社であって、親元会社の株主に外国法人又は非居住者がいるとき、特にそれら株主がわが国に恒久的施設を有していないとき等においては、単純にそれら株主にも当該分離会社株式受領時における課税繰延措置を適用してしまうと、それら株主が、将来海外で当該分離会社株式を売却することで、当該分離会社株式の含み益がわが国で課税されることなく海外に流出してしまうことになってしまう。

　そこで、後掲【表10－1】にまとめたとおり、前記(イ)②の単純現物分配類型のスピン・オフによって分離される分離会社が外国子会社である場合、親元会社の外国法人株主又は非居住者株主が、(i)その恒久的施設において管理していない旧株[75]（親元会社株式）に対応して交付を受ける当該分離会社株式については、事業譲渡類似みなし株式譲渡として国内源泉所得に該当する場合に限り、旧株（親元会社株式）のうち、その交付を受けた分離会社株式に対応する部分の譲渡を行ったものとみなして譲渡益課税がなされるものとされており、また、(ii)恒久的施設において管理する旧株（親元会社株式）に対応して交付を受ける分離会社株式についても、原則、課税繰延べを認めるものの、当該分離会社株式の交付の時にその全部又は一部を本店等に移管する行為その他恒久的施設において管理しなくなる行

75　平成29年度税制改正で導入された法人税法61条の２第８項、所得税法施行令113条の２等では、かかる旧株（親元会社株式）を「所有株式」と呼んでいる。

為を行った場合には、交付の時に恒久的施設で管理した後に直ちに本店等に移転する内部取引が行われたものとして、恒久的施設帰属所得に係る所得の金額を計算し、譲渡益課税をするものとされている。

なお、適格組織再編成に該当しないスピン・オフが行われた場合における、分離会社株式の交付を受ける親元会社の株主の課税関係については、分離会社株式と併せて金銭等の交付がされる場合とされない場合とに大別されるが、(i)金銭等の交付がされる場合には、旧株（親元会社株式）のうち、交付を受けた分離会社株式に対応する部分の譲渡を行ったものとみなして譲渡損益課税がなされる[76]と共に、当該交付を受けた金銭等の額及び分離会社株式の価額の合計額のうち、親元会社の対応する資本金等の額を超える部分の金額を配当とみなして、みなし配当課税[77]がなされるものとされ、(ii)金銭等の交付がされない場合には、譲渡損益課税は繰り延べられる（なお、交付された分離会社株式の親元会社における簿価が親元会社の簿価純資産額に占める割合に応じた親元会社株式の簿価に、下記のみなし配当額及び取得費用の額を加算した金額が、交付を受けた分離会社株式の簿価に付け替わるものとされる[78]）一方で、当該交付を受けた分離会社株式の価額のうち、親元会社の対応する資本金等の額を超える部分の金額を配当とみなして、みなし配当課税[79]がなされるものとされている。

---

[76] 法法61条の2第4項・8項、措法37条の10第3項2号・3号、37条の11第3項参照。

[77] 法法24条1項2号・3号、所法25条1項2号・3号参照。

[78] 法法61条の2第4項・8項、法施令119条1項6号・8号、措法37条の10第3項2号括弧書・3号括弧書、37条の11第3項、所施令113条1項、113条の2第1項参照。

[79] 法法24条1項2号・3号、所法25条1項2号・3号参照。

【表10－1】 外国法人・非居住者株主に分離会社株式を現物分配した場合における日本での課税上の取扱い

※ 完全子法人株式以外の資産交付なし。
　持株数に比例按分した分配であることが前提

交付対象株式	外国法人・非居住者株主の課税関係	
	改正前	改正後
内国子法人株式	交付された分離会社株式を、配当として受け取ったものとして課税	外国法人株主については、所有株式（親元会社株式）のうち、その交付を受けた分離会社株式に対応する部分の譲渡を行ったものとみなして取り扱われるが、簿価譲渡とみなされるため、譲渡益課税は繰延べ（法法61の2⑧） 非居住者株主については、譲渡益課税は行われず、所有株式（親元会社株式）のうち、その交付を受けた分離会社株式に対応する部分の簿価が、当該非居住者株主の税務上の取得価額に付け替え（措法37の10③三、37の11③、所施令165、113の2①）
外国子法人株式		恒久的施設において管理しない所有株式に対応して交付を受ける分離会社（外国子法人）株式については、事業譲渡類似みなし株式譲渡（所施令281⑦二、法施令178⑦二）として国内源泉所得に該当する場合に限り、所有株式（親元会社株式）のうち、その交付を受けた分離会社株式に対応する部分の譲渡を行ったものとみなして、譲渡益課税（措法37の14の3③・⑧、法法61の2⑧前段、法施令184①十九、191） 恒久的施設において管理する所有株式に対応して交付を受ける分離会社（外国子法人）株式については、課税繰延べ（措法37の14の3③、法施令184①十九、191）。但し、当該分離会社（外国子法人）株式の交付の時にその全部又は一部を本店等に移管する行為その他恒久的施設において管理しなくなる行為を行った場合には、交付の時に恒久的施設で管理した後に直ちに本店等に移転する内部取引が行われたものとして、恒久的施設帰属所得に係る所得の金額を計算し、譲渡益課税（措法37の14の3⑤、措施令25の14①、法施令184③）

※　上記表については、条はアラビア数字、項は○付数字、号は漢数字でそれぞれ表記

二 適格組織再編成に該当するスピン・オフの5類型
(イ) 分割型単独新設分割類型についての税制適格要件

　従前、適格組織再編成に該当する会社分割としては、完全支配関係のある企業グループ内の分割（法法2条12号の11イ）、支配関係のある企業グループ内の分割（同号ロ）及び共同事業を行うための分割（同号ハ）という3つの類型が設けられ、それぞれ別個の税制適格要件が定められていたが、スピン・オフ税制の導入に伴い、分割型単独新設分割類型のスピン・オフについては、新たにそのための特別の類型（同号ニ）が設けられ、共同事業を行うための分割に類似した税制適格要件（具体的には、①対価要件[80]、②比例交付要件[81]、③非支配関係継続要件[82]、④主要資産等引継要件[83]、⑤従業者引継要件[84]、⑥事業継続要件[85]及び⑦特定役員就任要件[86]の7つに分けられる）が定められることとなった。その詳細については、後掲の【表10-2】記載のとおりである。

　これらの各要件の解釈に際して生じる問題は、概ね、共同事業を行うための分割に係る税制適格要件のそれぞれについて問題となる点[87]と共通していると考えられるが、分割型単独新設分割類型のスピン・オフに特徴的な税制適格要件についてのみ若干触れると、まず、上記①の対価要件に関しては、分割承継法人の株式のみが分配される通常のスピン・オフと併せて、分割承継親法人（分割承継法人との間にそれによる直接完全支配関係があるものに限られる）の株式のみが分配される場合も、税制適格要件を

---

[80] 法法2条12号の11柱書。なお、交付する株式に端数が存する場合に、その端数に相当する金銭の交付が認められることにつき、法施令139条の3の2第2項参照。
[81] 法法2条12号の11柱書括弧書参照。
[82] 法施令4条の3第9項1号参照。
[83] 法施令4条の3第9項3号参照。
[84] 法施令4条の3第9項4号参照。
[85] 法施令4条の3第9項5号参照。
[86] 法施令4条の3第9項2号参照。
[87] 詳細については、本書**第4章3(1)ロ**参照。

充足するように見える[88]。もしそうであれば、親元会社が、自らの事業部門を、その直接の子会社である中間持株会社傘下の孫会社に対して移転し、当該親元会社の株主には当該中間持株会社の株式を分配する、いわゆる分割型三角分割[89]に該当するような場合についても、適格組織再編成に該当することになる。しかしながら、上記ハ(イ)で述べたとおり、分割型単独新設分割類型のスピン・オフについては、あくまで「単独新設分割」に該当する分割型分割しか適格組織再編成に該当するものとされていない（吸収分割に該当する分割型分割は適格組織再編成とはならないものとされている）一方で、分割型三角分割には概念上「単独新設分割」に該当する分割型分割は存在しない[90]ので、結論的には、上記で述べたような場合には適格組織再編成に該当しないものと解される。

　上記②の非支配関係継続要件については、分割後に分割承継法人（分離会社）株式が譲渡されることが予定されていても、当該分割承継法人（分離会社）に支配株主が生じないものと見込まれる限りにおいては、当該要件は充足されるものと考えられる（但し、法人税法132条の2所定の組織再編成に係る一般的行為計算否認規定の適用はあり得る[91]）。

　さらに、上記⑥の特定役員就任要件については、共同事業を行うための分割に係る税制適格要件の一つである特定役員就任要件[92]とは異なり、スピン・オフの特性を踏まえて、分割法人（親元会社）の役員等だけでなく、その「重要な使用人」が分割承継法人（分離会社）の特定役員となる

88　法法2条12条の11柱書、法施令4条の3第5項参照。
89　詳細については、本書**第6章**参照。
90　分割法人Aが単独新設分割によって分割承継法人Cを設立し、Aが直ちに新設分割によってBを設立して、自らが有するCの株式管理事業を移転したとしても、Aは法的には少なくとも一旦はCの株式を取得せざるを得ず、その親会社となるBの株式をCの株式を取得することなしに直接取得することはできないため。
91　法人税法132条の2所定の組織再編成に係る一般的行為計算否認規定の射程については本書**第14章5**乃至**7**参照。
92　法施令4条の3第8項2号。

ことが見込まれている場合にも充足できるものとされているところ、この「重要な使用人」については「法人税法をはじめ法人税法施行令等に特に定義が規定されていませんが、会社法においてその選解任につき取締役会の決定事項とされている重要な使用人（会社法362④）と同様に解するのが相当です」と国税庁の質疑応答事例[93]によって明確化されている[94]。この点、スピン・オフ税制が設けられた趣旨に鑑みて、少なくとも分割対象事業の責任者レベルであれば、この要件を満たすものと解してよいのではないかと考えられる[95]（執行役員や本部長クラスだけでなく、事業の規模によっては部長クラスの使用人ということもあり得よう）。

---

[93] 国税庁HPに掲載されている「単独新設分割型分割（スピンオフ）に係る適格要件のうち役員引継要件における「重要な使用人」について」と題する質疑応答事例（《https://www.nta.go.jp/law/zeiho-kaishaku/shitsugi/hojin/33/44.htm》にて閲覧可能）参照。なお、この質疑応答事例では、その選任について取締役会の決定事項としている場合であっても、会社法上の重要な使用人としての実態がないような場合には、特定役員就任要件における「重要な使用人」に該当しないと説明されている。

[94] 藤山智博ほか『改正税法のすべて〔平成29年版〕』（大蔵財務協会、2017）319頁〔藤田泰弘ほか〕も同旨。

[95] 藤山ほか・前掲（注94）319頁〔藤田ほか〕では、支店長、本店部長、執行役員を「重要な使用人」の具体例として挙げつつ、「このように重要な使用人を含めることとされているのは、近年、取締役の人数を減らすとともに重要な使用人を事業の責任者としている事例が一般化しつつあることによります」として、分割対象事業の責任者を念頭に本規定が設けられた旨が説明されている。一方で、前掲（注93）の質疑応答事例では、スピン・オフの対象事業部門の責任者に「事業部長という職制上の地位を有する使用人」が就任しているが、「この事業部長は、会社法上の重要な使用人には該当しないため、その選任は担当取締役の決定事項として」いる事例について、「お尋ねの事業部長については、会社法上の重要な使用人には該当しないということですので、一般的には、同号に規定する『重要な使用人』には該当しないと考えられます」との回答がなされている点には注意が必要である。

【表10-2】 分割型単独新設分割類型についての税制適格要件

①対価要件	分割承継法人（分離会社）の株式のみが交付されること
②比例交付要件	分割型分割によって交付される株式（分離会社の株式）が分割法人（親元会社）の株主の持株割合又は出資割合に応じて交付されること
③非支配関係継続要件	分割法人（親元会社）について分割前に他の者による支配関係がなく、分割承継法人（分離会社）について分割後に継続して他の者による支配関係がないことが見込まれていること
④主要資産等引継要件	分割法人（親元会社）の分割対象事業の主要な資産及び負債が分割承継法人（分離会社）に移転していること
⑤従業者引継要件	分割法人（親元会社）の分割対象事業の従業者の概ね80％以上が分割承継法人（分離会社）の業務に従事することが見込まれていること
⑥事業継続要件	分割法人（親元会社）の分割対象事業が分割承継法人（分離会社）において引き続き行われることが見込まれていること
⑦特定役員就任要件	分割法人（親元会社）の役員又は重要な使用人が分割承継法人（分離会社）の特定役員となることが見込まれていること

(ロ) 単純現物分配類型についての税制適格要件

　従前、適格組織再編成に該当する現物分配としては、グループ法人税制の導入時に併せて導入された、完全支配関係のある法人間で行われる一定の現物分配を適格現物分配（法法2条12号の15）とする類型しか定められていなかったところであるが、スピン・オフ税制の導入に伴い、単純現物分配類型のスピン・オフについては、新たにそのための特別の類型（法法2条12号の15の3）が設けられ、分割型単独新設分割類型のスピン・オフに係る税制適格要件に類似[96]した税制適格要件（具体的には、①対価要件[97]、

---

[96] 分割型単独新設分割類型のスピン・オフの場合と異なり、単純現物分配という性質上、主要資産等引継要件は定められていない。

[97] 法法2条12号の15の3参照。なお、交付する株式に端数が存する場合に、その端数に相当する金銭の交付が認められることにつき、法施令139条の3の2第3項参照。

②比例交付要件[98]、③非支配関係継続要件[99]、④従業者引継要件[100]、⑤事業継続要件[101]及び⑥特定役員引継要件[102]の６つに分けられる）が定められることとなった。その詳細については、後掲の【表10－3】記載のとおりである。

　適格株式分配に該当する単純現物分配類型のスピン・オフについては、親元会社では分離会社株式の譲渡損益は税務上認識されず（その反面として、分配を受ける親元会社の株主においては、移転簿価純資産割合に応じて、税務上の簿価が、それぞれが保有する親元会社株式から当該分配を受けた分離会社株式へと付け替わる[103]）、現物分配に伴う源泉徴収等も行われない[104]（その反面として、分配を受ける親元会社の株主は、みなし配当課税も受けない[105]）。

　これらの各要件の解釈に際して生じる問題は、概ね、共同事業を行うための分割に係る税制適格要件のそれぞれについて問題となる点[106]と共通していると考えられるが、単純現物分配類型のスピン・オフに特徴的な税制適格要件についてのみ若干触れると、まず、①の対価要件との関係では、これを満たす完全子法人株式は、特に内国法人株式に限定されていない[107]ため、外国法人株式も含まれる点に注意が必要である。また、⑥の特定役員引継要件は、共同事業を行うための株式交換・株式移転が税制適格株式交換・株式移転に該当するための要件の一つである特定役員引継要件と同

98　法法２条12号の15の３括弧書参照。
99　法施令４条の３第16項１号参照。
100　法施令４条の３第16項３号参照。
101　法施令４条の３第16項４号参照。
102　法施令４条の３第16項２号参照。
103　法法61条の２第８項、法施令119条１項８号、措法37条の10第３項３号括弧書、37条の11第３項、所施令113条の２第１項参照。
104　藤山ほか・前掲（注94）324頁〔藤田ほか〕参照。
105　法法24条１項３号括弧書、所法25条１項３号括弧書参照。
106　詳細については、本書**第４章3**(1)ロ参照。
107　法法２条12号の15の２参照。

様に、組織再編成前の特定役員のうち全てが当該組織再編成に「伴って」退任してはならない（即ち当該組織再編成後に、1人でも特定役員が残留していれば、仮にそれ以外の特定役員が退任をしたとしても要件を満たす[108]）と定めるものであるため、株式交換・株式移転に際してどのような場合に特定役員引継要件の充足が認められるかに関する議論[109]が、同様に妥当することになるものと解される[110]。

【表10－3】 単純現物分配類型についての税制適格要件

①対価要件	現物分配法人（親元会社）の完全子法人（分離会社）の株式のみが交付されること
②比例交付要件	現物分配によって交付される株式（分離会社の株式）が現物分配法人（親元会社）の株主の持株割合又は出資割合に応じて交付されること
③非支配関係継続要件	現物分配法人（親元会社）について現物分配前に他の者による支配関係がなく、完全子法人（分離会社）について現物分配後に継続して他の者による支配関係がないことが見込まれていること
④従業者引継要件	完全子法人（分離会社）の従業者の概ね80％以上がその業務に引き続き従事することが見込まれていること
⑤事業継続要件	完全子法人（分離会社）の主要な事業が引き続き行われることが見込まれていること
⑥特定役員引継要件	完全子法人（分離会社）の特定役員の全てがその現物分配に伴って退任をするものでないこと

---

108 波戸本尚ほか『改正税法のすべて〔平成28年版〕』（大蔵財務協会、2016）326頁〔藤田ほか〕参照。
109 例えば、波戸本ほか・前掲（注108）326頁〔藤田ほか〕では「この要件は特定役員が株式交換に伴って退任をするものでないこととされているとおり、基本的には株式交換と同時期に、ないし付随して特定役員が退任をするものかどうかで判定されるものと考えられます」〔傍点は原文ママ〕と説明されている。なお、本書**第5章**も参照。
110 藤山ほか・前掲（注94）321頁〔藤田ほか〕においても、本要件については「株式交換又は株式移転における特定役員継続要件と同様です」と説明されている。

(ハ) 「完全支配グループ内組織再編成＋現物分配」類型についての税制適格要件

　スピン・オフ税制導入前は、分社型単独新設分割後に分割承継法人株式を、又は単独新設現物出資後に被現物出資法人株式を、それぞれ現物分配することが見込まれている場合には、分割法人ないし現物出資法人による支配関係が継続しないことが見込まれるため、かかる第一段階目の分社型単独新設分割ないし単独新設現物出資は非適格組織再編成になるものとされていたが、平成29年度税制改正によるスピン・オフ税制の導入に際して、第2次組織再編成が見込まれる場合の完全支配関係継続見込み要件が一部緩和され、分社型単独新設分割時（又は単独新設現物出資時）に分割承継法人株式（又は被現物出資法人株式）を現物分配することが見込まれている場合には、完全支配関係継続見込み要件は、当該現物分配の直前の時まで完全支配関係が継続することが見込まれていれば満たされることとされたため[111]、「分社型新設分割又は現物出資＋現物分配」類型のスピン・オフについても、全体として適格組織再編成として課税繰延べが認められることとなった。

　そして、このように、完全支配関係継続見込み要件は、当該現物分配の直前の時まで完全支配関係が継続することが見込まれていれば満たされる旨が法文上明記されていることからすれば、分社型新設分割又は現物出資と同時でなく、それから一定期間が空いた後に現物分配がなされるような場合（いわゆる時間差スピン・オフの場合）にも、それらの一連の行為は、全体として適格組織再編成に該当するものと解される。

　また、そうである以上、「分社型新設分割又は現物出資」と同時又はその直後に親元会社が現金を対価とする自社株買いを行うような場合でも、当該「分社型新設分割又は現物出資」の結果として設立された会社（分離

---

[111] 分社型新設分割につき法法2条12号の11イ及び法施令4条の3第6項1号ハ、現物出資につき法法2条12号の14イ及び法施令4条の3第13項1号ロを、それぞれ参照。

会社）がその後の「現物分配」の時まで当該親元会社の完全子会社であり続け、かつ、上記(イ)で述べた非支配関係継続要件が満たされている限り、かかる現金による自社株買いの実行それ自体は、「分社型新設分割又は現物出資」から「現物分配」に至る一連の取引が、全体として適格組織再編成に該当することを特に妨げるものではないと解される。

さらに、平成30年度税制改正におけるスピン・オフ税制の拡充によって、多段階組織再編成が見込まれる場合の完全支配関係継続見込み要件が緩和される場合がさらに広がり、完全支配関係がある法人間で行われる合併、分割、現物出資、株式交換及び株式移転（その詳細については、後掲の【表10－4】記載のとおり）の後に適格株式分配を行うことが見込まれている場合には、完全支配関係継続見込み要件は、これらの組織再編成の時から当該適格株式分配の直前まで完全支配関係が継続することが見込まれていれば満たされることとされたため[112]、「完全支配グループ内組織再編成＋現物分配」類型のスピン・オフであれば（「分社型新設分割又は現物出資＋現物分配」類型のスピン・オフに限らず）、全体として適格組織再編成として課税繰延べが認められるに至った。

なお、平成30年度税制改正では、完全支配関係がある法人間で行われる合併、分割、現物出資、株式交換及び株式移転の完全支配関係継続見込み要件に関しても、法文上は「適格株式分配を行うことが見込まれている場合には……適格株式分配の直前の時点まで」完全支配関係が継続すること

---

[112] 但し、当初の株式交換後に株式交換完全親法人を完全子法人とする適格株式分配を行うことが見込まれている場合（例えば、①子会社S1を株式交換完全親法人、孫会社S2を株式交換完全子法人とする三角株式交換を行った後に、②親会社Pが子会社S1（株式交換完全親法人＝適格株式分配における完全子法人）の株式を親会社Pの株主に分配するケース）には、かかる株式交換後に（株式分配後も）株式交換完全親法人（子会社S1）と株式交換完全子法人（孫会社S2）との間に、その株式交換完全親法人による完全支配関係の継続が見込まれることが要件とされている（法施令4条の3第18項2号ニ）。株式移転についても同様である（法施令4条の3第21項5号・6号）。

が見込まれていれば満たされる旨が明記されたことからすれば、「完全支配グループ内組織再編成＋現物分配」類型のスピン・オフについても、いわゆる時間差スピン・オフの場合を含めて、それらの一連の行為は、全体として適格組織再編成に該当するものと解される[113]。

【表10－4】「完全支配グループ内組織再編成＋現物分配」類型においてスピン・オフ前に税制適格要件該当性を崩さずに実施可能な完全支配関係のある法人間における組織再編成（100％グループ内組織再編類型）

完全支配関係のある法人間での組織再編成の類型（※1）				法施令4条の3中の該当条項
合併前に	被合併法人と合併法人との間に	同一の者による完全支配関係	合併（※2）	2項2号
分割前に	分割法人と分割承継法人との間に	いずれか一方の法人による完全支配関係	吸収分割（そもそも完全支配関係継続見込みが要件とされていない場合※3を除く）	6項1号ロ
		同一の者による完全支配関係	分割型吸収分割	6項2号イ
			分社型吸収分割	6項2号ロ
			分割型単独新設分割	6項2号ハ(1)
分割後に			分社型単独新設分割	6項2号ハ(2)
		分割法人による完全支配関係	分社型単独新設分割	6項1号ハ（※4）
分割前に	分割法人と他の分割法人との間に	いずれか一方の法人による完全支配関係	複数新設分割	6項1号ニ(1)(2)
		同一の者による完全支配関係		6項2号ニ

---

[113] 経済産業省産業組織課「『スピンオフ』の活用に関する手引」（平成30年3月30日公開・同8月31日更新版（《http://www.meti.go.jp/press/2018/08/20180831001/20180831001-1.pdf》にて閲覧可能））30頁参照。

現物出資前に	現物出資法人と被現物出資法人との間に	いずれか一方の法人による完全支配関係	吸収現物出資	13項1号イ
		同一の者による完全支配関係		13項2号イ
現物出資後に			単独新設現物出資	13項2号ロ
		現物出資法人による完全支配関係		13項1号ロ（※4）
現物出資前に	現物出資法人と他の現物出資法人との間に	いずれか一方の法人による完全支配関係	複数新設現物出資	13項1号ハ
		同一の者による完全支配関係		13項2号ハ
株式交換前に	株式交換完全子法人と株式交換完全親法人との間に	株式交換完全親法人による完全支配関係	株式交換	18項1号
		同一の者による完全支配関係		18項2号イ・ロ
株式移転前に	株式移転完全子法人と他の株式移転完全子会社との間に	同一の者による完全支配関係	複数株式移転	21項1号・2号・3号
－	－	－	単独株式移転	22項

※1　本図表に掲げた組織再編成等を複数組み合わせた完全支配関係グループ内での多段階組織再編成を、スピン・オフ前に実施することも可能である。なお、完全支配関係グループ内での多段階組織再編成の過程で、例えば、完全支配関係グループ内の頂点に位置する法人を被合併法人とする合併を行う見込みがある場合、当該法人の法人格が消滅することが見込まれる以上、完全支配関係の継続は見込まれないこととなるようにも思われる。しかし、このような場合については、本【表10－4】に掲げる組織再編成の類型に応じて、当該組織再編成後、それぞれ以下の法人を被合併法人とする適格合併を行うことが見込まれている場合、その適格合併に係る合併法人を（被合併法人とされた）これらの法人とみなして、完全支配関係継続見込み要件の充足の有無を判定するとされている（法施令4条の3第25項）ため、そのような合併を多段階組織再編成に組み込んだとしても、完全支配関係継続見込み要件を充足することは可能である。

> ・「同一の者」による完全支配関係がある場合の類型
>   ：当該「同一の者」（なお、株式交換又は株式移転にあっては、①当該「同一の者」又は②適格合併に係る合併法人が当該「同一の者」との間に完全支配関係のある法人である場合における株式交換完全親法人又は株式移転完全親法人）
> ・「いずれか一方の法人」による完全支配関係がある場合の類型
>   ：当該「いずれか一方の法人」
> ・分割法人、現物出資法人又は株式交換完全親法人による完全支配関係がある場合の類型
>   ：当該分割法人、当該現物出資法人又は当該株式交換完全親法人
> ・単独株式移転
>   ：株式移転完全親法人

※2　合併前に合併法人と被合併法人との間にいずれか一方の法人による完全支配関係のある場合の合併（法施令4条の3第2項1号）については、そもそも完全支配関係継続見込み要件は要求されていない。

※3　分割前に分割法人と分割承継法人との間に分割承継法人による完全支配関係のある場合における分割型吸収分割（法施令4条の3第6項1号イ）については、そもそも完全支配関係継続見込み要件は要求されていない。

※4　会社分割後に分割法人と分割承継法人との間に分割法人による完全支配関係がある場合における分社型単独新設分割及び現物出資後に現物出資法人と被現物出資法人との間に現物出資法人による完全支配関係がある場合における単独新設現物出資は、平成29年度税制改正時点から完全支配関係継続見込み要件が緩和されており、本章において「分社型新設分割又は現物出資＋現物分配」類型として論じてきた類型である。

㈡　**支配株主存在型スピン・オフについての税制適格要件**

　前述したとおり、この類型のスピン・オフに関しては、平成29年度税制改正によって支配継続要件が修正され、従来は、支配株主が、スピン・オフ後において分割法人（親元会社）と分割承継法人（分離会社）の双方について支配関係を継続しなければならないとされていたところ、改正後は、分割承継法人（分離会社）についてのみ支配関係が継続すれば足りることとされた。従って、例えば、支配株主の傘下に親子会社が連なって50％超グループを形成しているときに、支配株主の側で、親会社（支配株主にとっては子会社）＝親元会社だけをその傘下から切り離して、子会社（支配株主にとっては孫会社）＝分離会社に対する支配のみを継続したいという場合にも、この類型のスピン・オフを用いることによって、適格組織再編成として課税繰延べの利益を享受できることとなった。これは、支配株主が、分割型分割によって、分割承継法人（分離会社）に継続する事業を集約した後、分割法人（親元会社）をグループ外に切り離す場合については、当該グループが上記㈣で述べた完全支配関係グループではないようなスピン・オフについても、支配関係のある法人間の組織再編成（50％超グループ内再編類型）として適格組織再編成に該当し得る[114]ものとした

---

[114]　但し、親元会社と分離会社との間でなされる（適格）会社分割に続く、親元会社のグループ外への切離し自体には、当然ながら別途課税がなされ得る。例えば、支配株主が親元会社の株式を第三者に譲渡することで切り離す場合には、当該支配株主は、当該親元会社の株式につき譲渡損益課税を受けると考えられる（大石篤史「平成29年度税制改正がM&Aの実務に与える影響」租税研究2017年８月号80頁参照）。また、本文で述べた支配株主の傘下に親子会社が連なっている例では、親元会社（子会社）が分離会社（孫会社）の親会社として保有していた当該分離会社の株式は、当該親元会社と当該分離会社との間における分割型分割後も当該親元会社が保有している（一方、支配株主（究極の親会社）が分割型分割により得られるのは、分割対価に相当する当該分離会社の株式に過ぎない）ため、当該親元会社が当該分離会社の株式を相当数保有したままグループ外に切り離される場合、当該支配株主は当該分離会社に対する支配関係継続見込み要件を充足できない事態も考えられる。従って、この点の検討も必要となる。

ものと評することができよう。

　支配株主存在型スピン・オフについての税制適格要件をまとめたものが、後掲の【表10－5】である。

【表10－5】　支配株主存在型スピン・オフについての税制適格要件

①対価要件	分割承継法人（分離会社）の株式のみが交付されること
②比例交付要件	分割型分割によって交付される株式（分離会社の株式）が分割法人（親元会社）の株主の持株割合又は出資割合に応じて交付されること
③支配関係継続見込み要件	分割法人（親元会社）及び分割承継法人（分離会社）について分割前に同一の者（支配株主）による支配関係が存在しており、分割後に当該同一の者（支配株主）による分割承継法人（分離会社）に対する支配関係が継続することが見込まれていること
④主要資産等引継要件	分割法人（親元会社）の分割対象事業の主要な資産及び負債が分割承継法人（分離会社）に移転していること
⑤従業者引継要件	分割法人（親元会社）の分割対象事業の従業者の概ね80％以上が分割承継法人（分離会社）の業務に従事することが見込まれていること
⑥事業継続要件	分割法人（親元会社）の分割対象事業が分割承継法人（分離会社）において引き続き行われることが見込まれていること

　㋭　共同事業組織再編型スピン・オフについての税制適格要件

　前述したとおり、この類型のスピン・オフに関しては、平成29年度税制改正によって、株式継続保有要件に抜本的な修正が加えられた。即ち、従前は、親元会社の株主が50名以上である場合にのみ株式継続保有要件が不要とされ、当該要件が必要とされる場合（株主数が49名以下の場合）にも、当該分割により交付を受けた分離会社の株式の全部を継続して保有することが見込まれる親元会社の株主の当該親元会社に対する議決権割合が80％以上であることが要求されていたところ、親元会社の株主数が50名以上か否かで株式継続保有要件を要求するか否かを変える規律自体が廃止さ

れ、代わりに、分割の直前に親元会社の発行済株式総数の50％超を保有する支配株主が、その交付を受けた分離会社の株式の全部を継続して保有することが見込まれていれば、株式継続保有要件は充足されるものとされて、結論的に、親元会社に支配株主が存在することが、適格組織再編成に該当するための要件の一つである株式継続保有要件の充足が要求されるための前提条件となった[115]。

　この点、従来は、親元会社が上場会社のように多数の株主を抱える会社である場合には、事業関連性要件が要求されているために分割型単独新設分割が適格分割とならず、他方で、親元会社の株主が少数の場合には、親元会社の株主の80％以上が当該分割によってその者が交付を受けた分離会社の株式の「全部」を継続して保有することが見込まれない限り、適格分割とならなかったために、この類型のスピン・オフが行われることは実務上ほとんどなかった。これに対して、平成29年度税制改正による上記の税制適格要件見直しの結果、親元会社が分離会社に対して、分割型分割によって（分離会社の営む事業Cと事業関連性のある）事業Bを移転し（④事業関連性要件）、その対価として得られた分離会社株式を（①対価要件）、親元会社の株主に対して持株数に比例按分して分配する場合には（②比例交付要件）、親元会社の発行済株式総数の50％超を保有する支配株主が存在するときは、その支配株主がその交付を受けた分離会社の株式の全部を継続して保有することが見込まれているのであれば（株式継続保有要件）、⑤主要資産等引継要件、⑥従業者引継要件、⑦事業継続要件、⑧事業規模要件（又は経営参画要件）が充足されれば、共同事業組織再編の一種として適格分割型分割に該当し得ることとなった。これにより、平成29年度税制改正後においては、親元会社は、支配株主が存在する場合には、その支配株主についてのみ、交付された分離会社の株式を分割後も保

115　親元会社（分割法人）に支配株主が存在しない場合には、支配株主による株式継続保有要件は要求されていない（法施令4条の3第8項柱書第2括弧書参照）。

有し続ける見込みがあるか否かを確認すれば足りることとなる。これにより、平成29年度税制改正前であれば各株主が交付を受けた分離会社の株式を全て保有し続けるか否かを確認しなければならなかった、株主が50名未満である中小規模の親元会社にとっては、共同事業組織再編型スピン・オフが相当程度活用し易くなったといえる[116]。

　さらに、平成30年度税制改正により、従業者引継要件と事業継続要件について、分割承継法人（分離会社）だけでなく、当該分割承継法人（分離会社）が属する完全支配関係グループ内の法人において、従業者が引き継がれているか、分離事業が継続しているかを判定することになった。このため、スピン・オフの後に、分割承継法人（分離会社）の属する完全支配関係グループ内において人員や事業を再配置する予定がある場合（再配置の方法は特に適格組織再編成に限定されていない）にも、共同事業組織再編型スピン・オフの適格要件を満たすことが可能になった。

　共同事業組織再編型スピン・オフについての税制適格要件をまとめたものが、後掲の【表10－6】である。

---

[116] なお、親元会社が、上場会社のように多数の株主を抱え、株式継続保有要件が不要とされてきた会社であって、そもそも支配株主も存在しない場合には、平成29年度税制改正の前後を問わず、主要資産等引継要件、従業者引継要件、事業継続要件及び事業規模要件（又は経営参画要件）だけを充足すれば、適格組織再編成に該当することとなる。

【表10-6】 共同事業組織再編型スピン・オフについての税制適格要件

①対価要件	分割承継法人（分離会社）の株式のみが交付されること
②比例交付要件	分割型分割によって交付される株式（分離会社の株式）が分割法人（親元会社）の株主の持株割合又は出資割合に応じて交付されること
③株式継続保有要件	分割法人（親元会社）について分割前に他の者（支配株主）による支配関係が存在している場合には、分割後に当該他の者（支配株主）が、分割型分割によって交付される株式（分離会社の株式）の全部を継続して保有することが見込まれていること
④事業関連性要件	分割法人（親元会社）の分割対象事業が分割承継法人（分離会社）のいずれかの事業と相互に関連するものであること
⑤主要資産等引継要件	分割法人（親元会社）の分割対象事業の主要な資産及び負債が分割承継法人（分離会社）に移転していること
⑥従業者引継要件	分割法人（親元会社）の分割対象事業の従業者の概ね80％以上が分割承継法人（分離会社）の業務（分割承継法人（分離会社）との間に完全支配関係がある法人の業務、並びに分割後に行われる適格合併により分割事業が合併法人に移転することが見込まれている場合におけるその合併法人及び合併法人との間に完全支配関係のある法人の業務を含む）に従事することが見込まれていること
⑦事業継続要件	分割法人（親元会社）の分割対象事業が分割承継法人（分離会社）(分割承継法人（分離会社）との間に完全支配関係がある法人、並びに分割後に行われる適格合併によりその主要な事業が合併法人に移転することが見込まれている場合におけるその合併法人及び合併法人との間に完全支配関係のある法人を含む）において引き続き行われることが見込まれていること
⑧事業規模要件又は経営参画要件	分割対象事業とその事業と関連する分割承継法人（分離会社）の事業のそれぞれの規模（売上金額、従業員数又はこれらに準ずるもの）が概ね5倍を超えないこと〔事業規模要件〕 又は 分割法人（親元会社）の役員等のいずれかと分割承継法人（分離会社）の「特定役員」のいずれかとが、分割後に分割承継法人の「特定役員」となることが見込まれていること〔経営参画要件〕

(3) スピン・オフについての金融商品取引法上の取扱い

前記(1)で述べた、会社法の下で実質的にスピン・オフを実現するための方法である、①「新設分割による新会社（分離会社）設立＋当該新会社株式の現物配当」、②「現物出資による新会社（分離会社）設立＋当該新会社株式の現物配当」及び③（対象子会社株式の）現物配当のそれぞれについて、それらの金商法上の取扱いを概観する（但し、紙幅の関係上、有価証券届出書の提出の要否の点に絞って述べる）。以下では、親元会社が有価証券報告書提出会社であることを前提とする。

まず、前記①の方法が用いられた場合であるが、この場合の有価証券届出書の提出義務に関する金商法上の規律は、当該新設分割の構成の如何、即ち、新会社（新設分割によって設立される会社）株式の現物配当を新設分割計画内で行う（分割型分割的構成）か、それとも、かかる現物配当を事後における新設分割とは別の手続で行う（「（分社型）分割＋通常の現物配当」構成）かによって分かれている。まず、前者の場合については、2007年9月30日から施行された旧証取引法の一部改正法（平成18年法律第65号）により新設された同法2条の2に基づき、親元会社（新設分割を行う会社）が同条4項1号所定の「組織再編成対象会社」に該当することになり（同法施行令2条の2参照）、当該親元会社の発行に係る株券等（新株予約権証券その他政令所定の有価証券が含まれる）の所有者が50名以上（同法2条の2第4項1号、同法施行令2条の3、2条の4）である場合には、当該組織再編成に係る書面等の備置きは「特定組織再編成発行手続」に該当することとなるため、当該新設分割により発行される当該新会社株式の発行価額の総額が1億円以上である限り（同法4条1項5号）、当該新会社の代表取締役に就任する予定の者において有価証券届出書の提出を行うことが必要となる（同項柱書[117]）。他方、後者の場合、即ち、新

---

[117] 2007年7月31日に公表された金融庁「コメントの概要及びコメントに対する金融庁の考え方」123頁1番参照。

設分割計画においては分割の効力発生日に新会社（当該新設分割によって設立される会社）株式の現物配当を行うことを定めず、分割後に改めて当該新会社株式の現物配当を行う場合（「（分社型）分割＋通常の現物配当」構成の場合）には、当該新設分割に関しては、少なくとも金商法の明文上は有価証券届出書の提出が必要となることはない（平成21年改正後の同法施行令２条の２括弧書参照）。但し、この場合も、現物配当に関して、前記②の場合について以下に述べるとおり、有価証券届出書の提出が必要とならないかどうかが問題となり得る。

　次に、前記②の場合であるが、この場合の取扱いは、必ずしも明らかではない。即ち、「会社の設立に際し、会社法第25条の規定により株式の全部を発起人引受けにより発行する場合」は「有価証券の募集」とはならないことが企業内容等開示ガイドラインにおいて明らかにされており（企業内容等開示ガイドライン２－４①）、また、子会社の設立は組織再編成に係る開示制度における「組織再編成」の定義にも含まれていない（金商法２条の２第１項、同法施行令２条参照）。さらに、分離独立する新会社の株式の現物配当に関しても、平成２年改正前商法上の株式配当（平成２年商法改正前の旧商法293条ノ２）については勧誘行為を伴わない株式発行であると整理する当時の大蔵省の担当官の議論[118]も参考になりそうである。これらからすれば、前記②の場合、少なくとも株主総会の特別決議で金銭分配請求権を排除している[119]ときには、勧誘行為を欠くため有価証券

---

[118] 証券法制研究会編『逐条解説　証券取引法』（商事法務研究会、1995）16頁〔中村明雄大蔵省大臣官房企画官（当時）ほか〕。

[119] 排除していないときには「勧誘」があると考えざるを得ないとする見解として、金融商品取引法研究会編『開示制度（Ⅰ）―企業再編成に係る開示制度および集団投資スキーム持分等の開示制度―（金融商品取引法研究会研究記録第23号）』（日本証券経済研究所、2008）（以下「金商法研究会研究記録第23号」という）36頁〔中村聡発言〕参照。

の募集・売出しのいずれにも該当せず、親元会社[120]と新会社（分離会社）のいずれにおいても有価証券届出書の提出を行うことが必要となることはないと解することも十分に可能であると思われる[121]。もっとも、前記①のうち前者の法的構成（分割型分割構成）が用いられた場合に関して述べたとおり、いわゆる分割型分割が行われた場合（金商法施行令２条の２括弧書参照）については、前記のとおり、有価証券の募集として[122]有価証券届出書の提出を求めるとの立法判断がなされているところ、前記②は、前記①と経済的にはほぼ同一のスキームといえる。かかる実質を重視すると、前記②についても、文理上やや無理はあるが、現物出資による新会社の設立の際に当該新会社株式の現物配当を行うことが既に予定されている場合には、実質的には、新会社の設立行為自体が、（親元会社それ自体ではなく）親元会社の株主に対する（会社設立によって新たに発行される）新会社株式の取得の申込みの勧誘を行う取引であるといえるため、当該設立行為は上記の企業内容等開示ガイドライン２－４①にいう「会社の設立に際し、会社法第25条の規定により株式の全部を発起人引受けにより発行する場合」に該当せず、それ自体が「有価証券の募集」に該当するものとして、新会社の設立発起人である親元会社において有価証券届出書の提出が必要となるという解釈がなされる可能性も、理論上全くあり得ないわけではないように思われる。

---

[120] 当該有価証券の発行により会社を設立する場合の提出義務者は、新会社の発起人であるとされている（企業財務制度研究会編著『証券取引法における新『ディスクロージャー制度』詳解』（税務研究会出版局、2001）54頁及び河本一郎＝関要監修『逐条解説証券取引法〔三訂版〕』（商事法務、2008）84頁）。
[121] 金商法研究会研究記録第23号35頁〔川口恭弘発言、太田洋発言〕参照。なお、株主総会の特別決議によって金銭分配請求権を排除した現物配当の場合にも、当該特別決議を取得する際に「勧誘」があると見ることができるのではないかと示唆する見解として、金商法研究会研究記録第23号36頁の黒沼悦郎教授の発言を参照。
[122] 特定組織再編成発行手続も有価証券の募集に含まれるものと整理されている（金商法４条１項柱書）。

さらに、現物配当は、原則的には株主総会決議を通じた株主の意思に基づいて行われることからすれば（会社法454条1項）、「既に発行された有価証券……の買付けの申込みの勧誘」として、親元会社による「有価証券の売出し」（金商法2条4項）に該当し、発行者である新会社において有価証券届出書を提出する必要が生じると解釈される可能性も全くないわけではないように思われる。特に、現物配当に際して株主に金銭分配請求権（会社法454条4項1号）を付与し、株主をして、対象子会社株式と現金のいずれを受領するかを選択させる場合には、「有価証券の売出し」に該当すると解される可能性も絶無ではないように思われる[123]。

もっとも、以上の理論的な検討はともかく、この点に関しては、2018年3月に経済産業省が公表した「『スピンオフ』の活用に関する手引」において、「金銭分配請求権がない株式分配は、スピンオフされた会社の株式の交付が有価証券の募集や売出しに該当しないため、有価証券届出書の提出や目論見書の作成は不要です」との解釈が明らかにされており[124]、実務上はこの解釈に依拠することが可能である。

最後に、前記③の場合であるが、この場合にも、前記②について上述したとおり、理論的には対象子会社株式の現物配当が「有価証券の売出し」に該当するかどうかが問題となり得るものと思われるが、実務上は経済産業省が公表した解釈に依拠することが可能であろう。

(4) スピン・オフについての産業競争力強化法による会社法の特例

2018年5月16日に成立し、同年7月9日に施行された「産業競争力強化法等の一部を改正する法律」（平成30年法律第26号）による産業競争力強化法（以下「産競法」という）の一部改正（以下、本章において当該改正を「産競法平成30年改正」という）によって、スピン・オフを実施する場

---

[123] 金商法研究会研究記録第23号27頁及び36頁〔中村聡発言〕参照。
[124] 経済産業省産業組織課・前掲（注112）18頁参照。

合の手続的負担を軽減するための会社法の特例措置が新たに設けられた（産競法及び産競法平成30年改正の詳細については、前掲の**第９章３(1)**参照）。

スピン・オフは、これまで述べてきたとおり、現物配当等により、株主に対して、既存子会社または事業を切り出して設立された会社等の株式を交付することにより当該子会社または事業を切り離す組織再編であるが、最も基本的な単純現物分配類型（詳細は、前記(2)ハ・ニ(ロ)及び前掲**【図10－６】**参照）のスピン・オフは、前記(1)で述べたとおり、会社法が定める現物配当の手続に従って行われる。

然るところ、前記(1)で述べたとおり、会社法上は、現物配当を含む剰余金の配当には、原則として株主総会決議が必要であり（会社法454条１項）、①取締役会決議により中間配当を行う旨の定款の定めがある場合（同法454条５項）及び②(i)会計監査人設置会社である監査役会設置会社で、取締役の任期が１年である会社、又は(ii)監査等委員会設置会社若しくは指名委員会等設置会社で、剰余金の配当等の決定を取締役会決議で行う旨の定款の定めがある場合（同法459条１項）には、取締役会決議により剰余金の配当を行うことができるものとされている。もっとも、上記①の中間配当は、配当財産が金銭であるものに限られているため（会社法454条５項括弧書）、現物配当を実施する場合には利用できず、上記②においても、いわゆる現物分配を行う場合には、株主に金銭分配請求権（当該配当財産に代えて金銭を交付することを株式会社に対して請求する権利）を付与しなければならないため（同法459条１項４号、454条４項）、そのままでは適格株式分配に該当するための要件の一つである対価要件（分離会社の株式のみが交付されること。前掲**【表10－３】**参照）を満たさない。そのため、単純現物分配類型のスピン・オフを適格株式分配に該当するように実行するためには、分離会社株式の現物配当について、親元会社の株主総会において、上記の金銭分配請求権を排除することにつき特別決議による承認を取得する必要がある（会社法454条４項、309条２項10号）。

しかしながら、これでは手続的に非常に重いため、産競法平成30年改正により、主務大臣による事業再編計画又は特別事業再編計画の認定を受けた事業者（以下、本章において「認定事業者」という）が、当該認定を受けた計画に従って、当該認定事業者の関係事業者又は外国関係法人の株式若しくは持分若しくはこれらに類似するもの（以下、本章において「株式等」という）を配当する場合は、金銭を配当する場合と同様の手続によって現物分配を行うことができる旨の制度（特定剰余金配当制度）が新たに導入された（産競法33条）。

　この会社法の特例（以下「本特例」という）が適用される場合には、①会社法459条1項の規定による定款の定めがある株式会社は、取締役会決議により（但し、産競法による特定剰余金配当については、定款の定めにより株主総会の決定権限を排除することはできないものとされている。産競法33条1項による会社法460条1項及び309条2項10号の読替え）、②上記①の定款の定めがない株式会社は、株主総会の普通決議により、単純現物分配類型のスピン・オフを実行することができるものとされている。なお、上記①の場合に株主に金銭分配請求権を与える必要はない（産競法33条1項による会社法459条1項4号の読替え）。

　本特例は、分離会社が親元会社の「関係事業者」又は「外国関係法人」である場合（「関係事業者」及び「外国関係法人」の定義の詳細については、前記**第9章3**(1)（特に**【表9－4】**））に利用できるものとされているため、100％子会社以外の子会社の株式を分離会社としてスピン・オフを実行することもできるし、外国の子会社を分離会社としてスピン・オフを実行することもできる。また、分離会社となる子会社の株式を全て親元会社の株主に分配する場合でなくとも（つまり、いわゆる部分的スピン・オフの場合でも）、本特例を利用することができるものとされている[125]。

---

[125] 越智晋平「産業競争力強化法における会社法特例の改正の解説」旬刊商事法務2173号（2018）14頁参照。

なお、本特例を利用するには、現物配当される分離会社の株式等につき、その上場承認が現物配当の効力発生条件になっていることその他の現物配当の効力発生日後遅滞なく上場が予定されていることが、計画認定の要件になっており（事業再編の実施に関する指針八ホ）、金融商品取引法への上場に関する日程が事業再編計画又は特別事業再編計画の申請書類別表の記載事項とされている（様式第16・第25）。

3　スプリット・オフについて

(1)　改正前商法下でのスプリット・オフと現行会社法下でのスプリット・オフ

　スプリット・オフの本質的要素として、親元会社の株主が、その保有する株式の全部又は一部を、現実に当該会社に対して交付することが必要であると考えるか否かにより、改正前商法の下でスプリット・オフを実行するために用いることができた方法としてどのような手法が考えられるかは変わってくるが、仮に現実の「交付」（即ち、分離独立する新会社の株式との「交換」）がスプリット・オフにとって本質的要素であると考えると、改正前商法下でスプリット・オフを実行するために利用可能であった方法は、（自社株買いが一般的に認められるようになった商法の平成13年６月改正の施行後は、）事業のスプリット・オフについては①「新設分割＋当該新会社株式を対価とする自社株買い」及び②「現物出資による新会社設立＋当該新会社株式を対価とする自社株買い」、子会社のスプリット・オフについては③「（対象子会社株式を対価とする）自社株買い」[126]であった

---

[126]　株式を対価とする株式公開買付けを通じてこのような自社株買いを行う方法は、一般にエクスチェンジ・テンダー・オファー（exchange tender offer）とも呼ばれる。詳細は本書**第９章**参照。

と、それぞれ考えられる。

　会社法制定後も、これらの方法は共にスプリット・オフを実行するための手段として引き続き利用可能であると考えられるが、会社法によって全部取得条項付種類株式の制度が創設されたことにより、新たに、事業のスプリット・オフについては④「新設分割＋親元会社の既存株式への全部取得条項付与＋当該新会社株式を取得対価とする全部取得条項付種類株式の全部取得」を用いる方法[127]及び⑤「現物出資による新会社設立＋親元会社の既存株式への全部取得条項付与＋当該新会社株式を取得対価とする全部取得条項付種類株式の全部取得」を用いる方法が、子会社のスプリット・オフについては⑥「親元会社の既存株式への全部取得条項付与＋対象子会社株式を取得対価とする全部取得条項付種類株式の全部取得」を用いる方法が、それぞれ利用可能になったものと考えられる[128]。

(2) スプリット・オフの課税上の取扱い

イ　スピン・オフ税制導入前の課税上の取扱い

　上記(1)で述べたとおり、スピン・オフの場合と異なり、スプリット・オフの場合には、会社法の制定によって、それを実現するための選択肢が単純に増えただけであるので、会社法の制定前後で区別することなく、わが国の現行税制の下で、それらの選択肢を利用したときの課税上の取扱いについてのみ、概観することとする。

　まず、前記①の「新設分割＋当該新会社株式を対価とする自社株買い」が用いられた場合についてであるが、この場合には、スプリット・オフ後に親元会社が新会社の発行済株式総数の50％超を継続保有する部分的なスプリット・オフの場合を除くと、通常、支配関係継続見込み要件が充足されないので、第一段階の新設分割自体が適格組織再編成となる余地がな

---

[127] 山川博樹「金融商品・企業組織再編・企業再生に係る文書回答・事前照会について〔下〕」租税研究2010年10月号219頁参照。

[128] なお、渡辺・前掲（注21）192－193頁も参照。

く、親元会社の法人レベルにおいては、分離対象事業に係る含み損益について譲渡損益課税がなされる。また、当該会社の株主レベルにおいては、自社株買いが市場取引以外の方法によって行われたとき（なお、株式を対価とする自社株買いを市場取引によって行うことは考えられない）[129]は、まず、その際に株主に対価として交付された分離対象の子会社株式の時価が、親元会社の資本金等の額のうち、買い取られた当該会社の株式（自己株式）に対応する部分の金額を超える場合には、当該超える部分の金額がみなし配当として課税され（所法25条1項4号、法法24条1項4号）、当該交付された分離対象の子会社株式の時価から上記みなし配当額を控除した残額が、ⅰ）当該株主における当該自己株式の取得価額よりも大きい場合には、上記に加えて、更に株式譲渡益課税もなされる（措法37条の10第3項4号、法法61条の2第1項）一方、ⅱ）当該株主における当該自己株式の取得価額よりも小さい場合には、当該株主が法人であるならば、税務上株式譲渡損失が認識されるものの、当該株主が個人であるときは、他に株式等に係る譲渡益が存しない限り、計算上生じる株式譲渡損失は「なかったもの」と看做されて、税務上切り捨てられる（措法37条の10第1項第2文、37条の11第1項第2文）[130]。

次に、前記②の「現物出資による新会社設立＋当該新会社株式を対価とする自社株買い」が用いられた場合についてであるが、この場合も、スプリット・オフ後に親元会社が新会社の発行済株式総数の50％超を継続保有するような部分的なスプリット・オフの場合を除くと、通常、株式継続保有要件が充足されないので、第一段階の現物出資自体が適格組織再編成と

---

[129] 自社株TOBに応じた個人株主の課税につき、みなし配当課税を行わないものとし、配当に関する源泉徴収課税も凍結していた平成22年度税制改正前租税特別措置法9条の6は、平成22年度税制改正の結果、2010年12月31日限りで廃止された。
[130] 但し、親元会社が上場会社である場合には、かかる個人の譲渡損失は、上場株式等に係る配当等（上記みなし配当も含まれる）との損益通算が可能とされていた（措法37条の12の2第2項4号、37条の10第3項4号）。

なる余地がなく、親元会社の法人レベルにおいては、分離対象事業に係る含み損益について譲渡損益課税がなされる。そして、当該会社の株主レベルにおいては、前記①に関して株主レベルにおける課税上の取扱いとして述べたことが、そのまま妥当する。

また、前記③の「（対象子会社株式を対価とする）自社株買い」の方法が用いられた場合であるが、親元会社の法人レベルにおいては、分離対象の子会社株式の含み損益について譲渡損益課税がなされ、当該会社の株主レベルの課税については、前記①に関して株主レベルにおける課税上の取扱いとして述べたことが、そのまま妥当する。

そして、前記④の「新設分割＋親元会社の既存株式への全部取得条項付与＋当該新会社株式を取得対価とする全部取得条項付種類株式の全部取得」が用いられた場合についてであるが、この場合も、スプリット・オフ後に親元会社が新会社の発行済株式総数の50％超を継続保有する部分的なスプリット・オフの場合を除くと、通常、株式継続保有要件が充足されないので、第一段階の新設分割自体が適格分割となる余地がなく、親元会社の法人レベルにおいては、分離対象事業に係る含み損益について譲渡損益課税がなされる。そして、当該会社の株主レベルにおいては、全部取得条項付種類株式の全部取得によって取得された当該会社の株式の取得価額と、対価として交付された分離対象の子会社株式の時価との差額について、株式譲渡損益課税がなされる（所法25条1項4号括弧書、措法37条の10第3項4号括弧書、法法24条1項4号括弧書、61条の2第1項。なお、所法57条の4第3項3号、法法61条の2第13項3号参照）。

前記⑤の「現物出資による新会社設立＋親元会社の既存株式への全部取得条項付与＋当該新会社株式を取得対価とする全部取得条項付種類株式の全部取得」が用いられた場合についても、スプリット・オフ後に親元会社が新会社の発行済株式総数の50％超を継続保有するような部分的なスプリット・オフの場合を除くと、通常、株式継続保有要件が充足されないので、第一段階の現物出資自体が適格組織再編成となる余地がなく、親元会

社の法人レベルにおいては、分離対象事業に係る含み損益について譲渡損益課税がなされる。そして、当該会社の株主レベルにおいては、前記④に関して株主レベルにおける課税上の取扱いとして述べたことが、そのまま妥当する。

最後に、前記⑥の「親元会社の既存株式への全部取得条項付与＋対象子会社株式を取得対価とする全部取得条項付種類株式の全部取得」が用いられた場合についてであるが、親元会社の法人レベルにおいては、分離対象の子会社株式の含み損益について譲渡損益課税がなされ、当該会社の株主レベルの課税については、前記④に関して株主レベルにおける課税上の取扱いとして述べたことが、そのまま妥当する。

ロ　スピン・オフ税制導入後における課税上の取扱い

平成29年度税制改正で導入されたスピン・オフ税制では、スプリット・オフに関しては、それ自体を対象とする特段の税制上の手当てはなされていない。従って、スプリット・オフに関する課税上の取扱いについては、基本的には上記イで述べたことがそのまま妥当する。

しかしながら、上記2(2)ハ(イ)並びにニ(イ)及び(ハ)で述べた「分割型単独新設分割類型のスピン・オフ」又は「『完全支配グループ内組織再編成＋現物分配』類型のスピン・オフ」と「親元会社による現金を対価とする自社株買い」とを組み合わせれば、親元会社による自社株買いに応じた親元会社の株主が（分離会社の株式ではなく）現金を受領する点は別として、その他の点に関しては、前記イで述べたスプリット・オフを実現する6つのスキームのうち、前記①の「新設分割による新会社（分離会社）設立＋当該新会社株式を対価とする自社株買い」ないし前記②の「新設現物出資による新会社（分離会社）設立＋当該新会社株式を対価とする自社株買い」の方法によるスプリット・オフと、ある程度類似した結果（但し、親元会社の株式を手放さない同社株主を含めて、同社の全株主が分離会社株式を受領する点は異なる）を実現することができる。また、上記2(2)ハ(イ)及びニ

(ロ)で述べた「単純現物分配類型のスピン・オフ」と「親元会社による現金を対価とする自社株買い」とを組み合わせれば、親元会社による自社株買いに応じた親元会社の株主が（分離会社の株式ではなく）現金を受領する点は別として、その他の点に関しては、前記イで述べたスプリット・オフを実現する6つのスキームのうち、前記⑤の「（分離会社株式を対価とする）自社株買い」の方法によるスプリット・オフと、やはりある程度は類似した結果（但し、親元会社の株式を手放さない同社株主を含めて、同社の全株主が分離会社株式を受領する点は異なる）を実現することができる。

　これらの場合、自社株買いに応じた親元会社の株主が、自社株買いの対価として受領した現金の額について通常の自社株買いの場合と同様の課税を受けることは当然であるが、その他の点においては、親元会社及び同社の株主は、スピン・オフ税制の下で、それぞれ、上記2(2)ニ(イ)、(ロ)及び(ハ)で述べた、「分割型単独新設分割類型のスピン・オフ」、「単純現物分配類型のスピン・オフ」及び「『完全支配グループ内組織再編成＋現物分配』類型のスピン・オフ」と同様の課税上の取扱いを受けることができるものと解される[131]。

---

[131] 親元会社の現金による自社株買いは、これら各類型のスピン・オフに該当する取引が適格組織再編成に該当することを妨げないと解される。けだし、前記2(2)ニ(イ)、(ロ)及び(ハ)で述べたとおり、そもそも「分社型新設分割又は現物出資」と同時又はその直後に親元会社が現金を対価とする自社株買いを行うような場合でも、当該「分社型新設分割又は現物出資」の結果として設立された会社（分離会社）がその後の「現物分配」の時まで当該親元会社の完全子会社であり続け、かつ、前記2(2)ニ(イ)及び(ロ)で述べた非支配関係継続要件が満たされている限り、かかる現金による自社株買いの実行それ自体は、「分社型新設分割又は現物出資」から「現物分配」に至る一連の取引が、全体として適格組織再編成に該当することを特に妨げるものではないと解される。そうである以上、「分割型単独新設分割」類型又は「単純現物分配」類型のスピン・オフと同時又はその実行から一定期間空けた上で親元会社が現金を対価とする自社株買いを行っても、当該「分割型単独新設分割」類型又は「単純現物分配」類型のスピン・オフが適格組織再編成に該当することを妨げないと解するのが合理的と考えられるからである。

なお、かかる結果は、典型的なスプリット・オフの場合（即ち、スピン・オフと同時に親元会社による親元会社株式の自社株買いが実行される場合）に限らず、スピン・オフから一定期間経過後に親元会社による親元会社株式の自社株買いが実行される場合でも同様である。

もっとも、前記2⑵ニ(イ)、(ロ)及び(ハ)で述べたとおり、「分割型単独新設分割」類型、「単純現物分配」類型及び「完全支配グループ内組織再編成＋現物分配」類型のいずれの類型によるスピン・オフについても、税制適格要件として比例交付要件が定められているため、少なくとも、分離会社株式の分配が親元会社の持株数に比例しない形で行われるスプリット・オフ（米国ではそのような例がむしろ多いといわれているようである）については、米国の場合と異なり[132]、現行のスピン・オフ税制の下では、いずれにせよ課税繰延べは一切認められない点には注意が必要である。

⑶ スプリット・オフについての金融商品取引法上の取扱い

次に、上記⑴で述べた、会社法の下で実質的にスプリット・オフを実現するための方法である、①「新設分割による新会社（分離会社）設立＋当該新会社株式を対価とする自社株買い」、②「新設現物出資による新会社（分離会社）設立＋当該新会社株式を対価とする自社株買い」、③「新設分

---

[132] 米国においては、分離会社株式の分配が親元会社の持株数に比例しない形で行われるスプリット・オフ（非按分比例型スプリット・オフ）も含めて、スプリット・オフについても基本的にスピン・オフと同様の要件（前掲（注56）参照）の下に課税繰延べの適用を受けることができるものとされている（但し、後掲（注159）のセーフハーバーに留意が必要である）。この点、米国では、スプリット・オフについては、税制適格要件のうち投資持分継続性要件との関係が問題となり得るものの、当該要件の趣旨が、分離会社の株式が実質的に（従前親元会社の株主であった者以外の）第三者に対して譲渡されるような場合とそうでない場合とを区別する点にあることから、従前親元会社の株主であった者の内部で分離会社の株式が非按分的に分配されたとしても、投資持分継続性要件を充足しないことになるわけではないとされているようである。See Beller & Harwell, *supra* note 56 1588 (2001); Gregory N. Kidder, Basics of U.S. tax free spin-offs under section 355, 5 INTERNATIONAL TAXATION 55 (2011).

割による新会社（分離会社）設立＋親元会社の既存株式への全部取得条項付与＋当該新会社株式を取得対価とする全部取得条項付種類株式の全部取得」、④「現物出資による新会社（分離会社）設立＋親元会社の既存株式への全部取得条項付与＋当該新会社株式を取得対価とする全部取得条項付種類株式の全部取得」、⑤（分離会社株式を対価とする）自社株買い、及び⑥「親元会社の既存株式への全部取得条項付与＋分離会社株式を取得対価とする全部取得条項付種類株式の全部取得」のそれぞれが用いられた場合における、それらの金商法上の取扱いを概観する（但し、紙幅の関係上、有価証券届出書の提出の要否の点に絞って述べる）。以下では、親元会社が有価証券報告書提出会社であることを前提とする。

　まず、上記①の方法が用いられた場合であるが、この場合には、スピン・オフの場合とは異なり、新設分割計画において、分割の効力発生日に新会社（当該新設分割によって設立される会社）株式の現物配当を行うことを定めるものではない（即ち、いわゆる分社型分割である）ため、親元会社（新設分割を行う会社）は金商法2条の2第4項1号所定の「組織再編成対象会社」に該当せず（金商法施行令2条の2括弧書参照）、当該新設分割に関して、有価証券届出書の提出が必要となることはない。しかしながら、「新会社株式を対価とする自社株買い」に関して、親元会社が、その50名以上の株主（金商法2条4項1号、同法施行令1条の8）に対して（自社株買いの対価としての）新会社（分離会社）株式の「売付け勧誘等」（金商法2条4項柱書）を行う場合には、これは「有価証券の売出し」に該当することになるため、当該新会社株式の売出価額の総額が1億円以上であれば（同法4条1項5号）、新会社（分離会社）において有価証券届出書の提出を行うことが必要となる（同法4条1項柱書本文）。なお、親元会社が上場会社等である場合には、当該新会社株式を対価とする自社株買い（エクスチェンジ・テンダー・オファーの一種）について公開買付規制（金商法27条の22の2）も適用される。

　また、上記②の方法が用いられる場合についても、現物出資による新会

社の設立に関して、有価証券届出書の提出が必要となることはない（前記2(3)で②の場合について述べた部分を参照）。しかし、「新会社株式を対価とする自社株買い」に関して、「有価証券の売出し」として新会社（分離会社）において有価証券届出書の提出が必要となる場合があることについては、上記①に関して述べたとおりである。また、当該新会社株式を対価とする自社株買い（エクスチェンジ・テンダー・オファーの一種）に関して、親元会社が上場会社等である場合には公開買付規制（金商法27条の22の2）が適用されることについても、上記①に関して述べたとおりである。

次に、上記⑤の方法が用いられた場合であるが、上記①に関して述べたとおり、「有価証券の売出し」として新会社（分離会社）において有価証券届出書の提出が必要となる場合がある。また、親元会社が上場会社等である場合には、当該新会社株式を対価とする自社株買い（エクスチェンジ・テンダー・オファーの一種）について公開買付規制（金商法27条の22の2）も適用される。

また、上記③、④及び⑥の方法が用いられた場合であるが、この場合は、上記①、②及び⑤の場合と異なり、通常、「有価証券の売出し」として有価証券届出書の提出が必要となることはない（「全部取得条項付種類株式についてその全部を取得する旨の株主総会決議があったことにより有価証券を移転する場合」には「有価証券の売出し」とはならないことに関して、企業内容等開示ガイドラインＢ２－11②）。なお、企業内容等開示ガイドラインにおいて、「全部取得条項付種類株式についてその全部を取得する旨の株主総会の決議があったことにより有価証券を発行する場合」は「有価証券の募集」とはならないことも明確にされている（同ガイドラインＢ２－４⑤）。

4 スプリット・アップについて

(1) 改正前商法下でのスプリット・アップと現行会社法下でのスプリット・アップ

スプリット・アップは、わが国では、会社法が制定されるまでは、解散時における残余財産の現物分配には全株主の同意が必要との説が存していた[133]ため、全株主の同意がない場合に、これを実行することができるか否かに疑義があった。しかしながら、会社法の制定により、全株主の同意なしに現物残余財産分配が可能であることが明確化された（会社法504条1項1号、505条参照）ため、現在では、わが国でも、この現物残余財産分配の方法を用いてスプリット・アップを実行することが可能である。

具体的には、事業のスプリット・アップについては①「新設分割＋現物残余財産分配による当該新会社株式の株主への分配」及び②「現物出資による新会社設立＋現物残余財産分配による当該新会社株式の株主への分配」によって、子会社のスプリット・アップについては③「現物残余財産分配による対象子会社株式の株主への分配」によって、それぞれ実行することが可能であると考えられる。

(2) わが国におけるスプリット・アップの課税上の取扱い

上記(1)で述べたとおり、スプリット・アップは、会社法の制定によって初めてわが国でも実行できることが明確になった手法であるため、わが国の現行税制の下で、スプリット・アップを行ったときの課税上の取扱いについて・・のみ、以下で概説する。

---

[133] 例えば、江頭憲治郎『株式会社・有限会社法〔第4版〕』（有斐閣、2005）823頁脚注(6)など参照。

前述のとおり、わが国会社法の下では、スプリット・アップは、現物残余財産分配によって子会社株式を分配することによって行うことができるわけであるが、現物残余財産分配による子会社株式の分配に関しては、わが国の租税法令には、米国の連邦内国歳入法典と異なり、一定の場合に法人レベル及び株主レベルでの課税繰延べを認める規定は存在しない[134,135]。

　そして、平成22年度税制改正により法人の清算所得課税制度（平成22年度税制改正前法法92条、93条）が廃止されたため、現在では、現物残余財産分配による子会社株式の分配については、原則として、法人レベルでは分配対象となる子会社株式に関する（通常の）譲渡損益課税がなされ（法法62条の5第1項）、株主レベルではみなし配当課税（法法24条1項4号、所法25条1項4号）及び譲渡損益課税（法法61条の2第1項・18項、措法37条の10第3項4号、37条の11第3項）がなされるものとして取り扱われている[136]。

　それでは、現行のわが国税制の下では、(1)で前述したスプリット・アップの3つの方法、即ち、①「新設分割＋現物残余財産分配による当該新会

---

[134] 米国の連邦内国歳入法典の下における清算分配に関する課税関係については、例えば、渡辺徹也「アメリカ税法における現物分配と子会社清算―わが国における適格現物分配への示唆を求めて―」税法学566号（2011）480頁以下参照。因みに、米国連邦内国歳入法典の下では、清算分配を受ける法人株主が、清算会社の総株主の議決権の80％以上及びその株式の総価値の80％以上を保有している場合など一定の要件を充足している場合には、清算法人の側では当該資産分配に関して税務上損益認識がなされず（内国歳入法典337条(a)項・(c)項）、当該法人株主（80％親会社）の側でも当該資産分配に関して税務上損益認識がなされず（同332条(a)項・(b)項、1504条(a)項(2)号）、当該分配対象資産について清算法人で付されていた簿価が引き継がれる（同381条(a)項(1)号）、言い換えれば、当該分配対象資産の含み損益について課税繰延べがなされるものとされている。

[135] もっとも、後述する1965年（昭和40年）の法人税基本通達の全文改正（直審（法）59（例規）による）までは、企業合同によって設立された会社が解体される場合に、法人株主が、自らが現物出資した資産の現物分配を受けたときは、当該分配を受けた資産に関しては、解体された会社側における譲渡損益課税は繰り延べられるものとされていた（当該改正前の法基通259参照）。

社株式の株主への分配」、②「現物出資による新会社設立＋現物残余財産分配による当該新会社株式の株主への分配」及び③「現物残余財産分配による対象子会社株式の株主への分配」は、それぞれどのように取り扱われるのであろうか。

　まず、上記③の「現物残余財産分配による対象子会社株式の株主への分配」の方法によるスプリット・アップについては、上記の現物残余財産分配に関する課税上の取扱いがそのまま妥当する。

　次に、上記①の「新設分割＋現物残余財産分配による当該新会社株式の株主への分配」の方法によるスプリット・アップについては、新設分割後に親元会社が解散してしまう以上、支配関係継続見込み要件が充足されないので、第一段階の新設分割自体が適格組織再編成となる余地がなく、親元会社の法人レベルにおいて、新設分割の段階で、分離対象事業に係る含み損益について譲渡損益課税がなされる。その結果、現物残余財産分配がなされる時点では、通常、分配の対象となる新会社の株式の簿価はその時価と等しくなっているので、分配時点では清算される親元会社レベルでは税務上の譲渡損益はゼロとなるため事実上課税は生じず、分配を受ける株主の側では、当該分配により取得した新会社株式の時価が、親元法人の資本金等の額のうち、その交付の基因となった株式（当該株主が保有していた親元会社の株式）に対応する部分の金額を超える場合には、当該超える部分の金額はみなし配当としてみなし配当課税の対象となり、更に、当該分配により取得した新会社株式の時価から上みなし配当額を控除した残額が、ⅰ）当該株主における当該交付の基因となった株式（当該株主が保有していた親元会社の株式）の取得価額よりも大きい場合には、上記に加えて、更に株式譲渡益課税もなされる（措法37条の10第3項4号、37条の

136　岡村忠生＝渡辺徹也＝高橋祐介『ベーシック税法〔第7版〕』（有斐閣、2013）264－265頁参照。なお、金子・前掲（注54）338頁は、現物残余財産分配についても、いわゆる混合取引の一種として、前述した現物配当と同様の解釈論が妥当する可能性を暗に示唆しているようである。

11第3項、法法61条の2第1項）一方、ⅱ）当該株主における当該交付の基因となった株式の取得価額よりも小さい場合には、当該株主が法人であるならば、税務上株式譲渡損失が認識されるものの、当該株主が個人であるときは、他に株式等に係る譲渡益が存しない限り、計算上生じる株式譲渡損失は「なかったもの」と看做されて、税務上切り捨てられる（措法37条の10第1項第2文、37条の11第1項第2文）。但し、親元会社が上場会社である場合には、かかる個人の譲渡損失は、上場株式等に係る配当等（上記みなし配当も含まれる）との損益通算が可能である（措法37条の12の2第2項4号、37条の10第3項4号）。

最後に、上記②の「現物出資による新会社設立＋現物残余財産分配による当該新会社株式の株主への分配」の方法によるスプリット・アップについては、現物出資後に親元会社が解散してしまう以上、株式継続保有要件が充足されないので、第一段階の現物出資自体が適格現物出資となる余地がなく、親元会社の法人レベルにおいて、現物出資の段階で、分離対象事業に係る含み損益について譲渡損益課税がなされる。その他の課税関係は、前記①について述べたところと同様である。

(3) わが国におけるスプリット・アップの金融商品取引法上の取扱い

最後に、わが国現行法の下で、現物残余財産分配による子会社株式の分配の方法を用いてスプリット・アップが行われた場合における、金融商品取引法上の取扱いを概観する（但し、紙幅の関係上、有価証券届出書の提出の要否の点に絞って述べる）。以下では、スプリット・アップを実施する（即ち、解散する）会社が有価証券報告書提出会社であることを前提とする。

清算会社が金銭以外の残余財産（即ち、現物残余財産）の分配をしようとするときは、株主は、常に金銭分配請求権を有し[137]、当該株主が当該現

---

[137] 現物配当の場合（会社法309条2項10号参照）と異なり、金銭分配請求権を排除することができない。

物残余財産の分配を受けることを望まない場合には、当該現物残余財産に代えて金銭を交付することを清算株式会社に対して請求することができる（会社法505条1項）。このように、現物残余財産分配としての株式（前記(1)の①及び②の場合には新会社株式、③の場合には対象子会社株式）の分配を行おうとする場合には、株主は、当該株式と現金のいずれを受領するかについての選択（一種の投資判断ともいえよう）を迫られることになる以上、現物残余財産分配としての株式の分配に際しては、「既に発行された有価証券……の買付けの申込みの勧誘」がある[138]として、親元会社による「有価証券の売出し」（金商法2条4項）に該当し、発行者である会社（前記(1)の①及び②の場合は新会社、③の場合は対象子会社）において、有価証券届出書を提出する必要が生じると解釈される可能性もあるように思われる[139]。

　もっとも、前記(1)の①の方法（「新設分割＋現物残余財産分配による当該新会社株式の株主への分配」）によりスプリット・アップが行われた場合、そのうち新設分割の部分に関しては、有価証券届出書の提出が必要となることはない。スプリット・アップの場合には、新設分割計画において、分割の効力発生日に新会社（当該新設分割によって設立される会社）株式の現物配当を行うことを定めるわけではなく（即ち、当該会社分割は、必然的にいわゆる分社型分割ということになる）、親元会社（新設分割を行う会社）は金融商品取引法2条の2第4項1号所定の「組織再編成対象会社」に該当しないためである（金商法平成21年改正後の同法施行令2条の2括弧書参照）。

---

[138] 例えば、会社法505条2項所定の株主に対する金銭分配請求権を行使することができる期間の通知が「勧誘行為」に該当するという解釈が考えられる。

[139] 「有価証券の売出し」に該当すると解釈される場合、「売出価額」（売出価額の総額が1億円未満の場合には有価証券届出書の提出が不要となる（金商法4条1項5号））は、金銭分配請求権を行使すればそれによって得られる金銭の額（会社法505条3項柱書の「当該残余財産の価額に相当する金銭」）が基準となるのではないかと思われる。

また、前記(1)の②の方法（「現物出資による新会社設立＋現物残余財産分配による当該新会社株式の株主への分配」）によりスプリット・アップが行われた場合、そのうち現物出資による新会社の設立に関しても、やはり、有価証券届出書の提出が必要となることはない（前記 **2**(3)で②の「現物出資による新会社設立＋当該新会社株式の現物配当」に関して述べた部分を参照）。

5 スピン・オフ税制導入の影響

(1) 上場会社による「選択と集中」のためのスピン・オフの増加

　米国では、スピン・オフないしスプリット・オフを実行した親元会社の会社レベルでも、分離会社の株式の交付を受ける株主のレベルでも、一定の要件の下ではあるが、課税繰延べが広く認められており[140,141]、そのことが、それらが広く用いられる一因となっているとかねてより指摘されていた[142]。従って、スピン・オフ税制の導入により、一定の範囲のスピン・

---

[140] 米国連邦所得税について課税繰延べが認められるための要件の概要については、前掲（注56）参照。

[141] 欧州諸国でも、少なくとも、スピン・オフについては、広く課税繰延べが認められているようである。See Veld & Veld-Merkoulova, *supra* note 5, at 1116. 例えば、ドイツにおけるスピン・オフの課税上の取扱いの詳細については、*see* Stefan W. Suchan, *Taxation of Spin-of-U.S. and German Corporate Tax Law,* CORNELL LAW SCHOOL GRADUATE STUDENT PAPERS, PAPER 3（June 8, 2004）, available at http://scholarship.law.cornell.edu/lps_papers/3. 最近の米国・イギリス・ドイツ・フランスにおけるスピン・オフの課税上の取扱いについては平成29年3月公開のKPMG税理士法人「経済産業省研究委託事業（事業再編制度及び実態等に関する調査）調査報告書」（経済産業省HP《http://www.meti.go.jp/meti_lib/repert/H28FY/000407.pdf》にて閲覧可能）59-85頁参照。

[142] 例えば、安田＝松古＝高谷・前掲（注5）113頁参照。

オフに課税繰延べが認められたことで、今後、わが国でも、事業の「選択と集中」のために、ノン・コアないしは低収益の事業部門や完全子会社を、スピン・オフの手法を用いて分離独立させる動きが出てくるものと予想される。もっとも、従来わが国でスピン・オフがほとんど行われてこなかった理由は、必ずしも課税上の問題のみに帰せられるわけではないと考えられる。課税上の問題以外に、従来わが国でスピン・オフがほとんど行われてこなかった理由の第一は、わが国の企業経営者の間に、ノン・コアの事業部門ないし子会社であっても、それは「会社のもの」、ひいては「自分たち経営陣が支配すべきもの」であるという意識が強く（言い換えれば、それが究極的には株主に帰属しているものであるという意識が弱く）、それを何らの対価を得ることなく会社から分離独立させることに対して強い抵抗感があるということであろう。第二は、最近は、コーポレートガバナンス・コードの導入と相前後してわが国上場会社の間でもROEを重視する傾向が強まってきたことから、かなり変化が見られはするものの、わが国の企業経営者の間に、まだまだ利益よりも（連結）売上高の多寡に拘泥する雰囲気が根強く残っていることであろう[143]。

　しかしながら、平成29年度税制改正に基づくスピン・オフ税制の導入により、課税上の問題が相当程度取り除かれたことから、同時期に進んでいたスチュワードシップ・コードの改訂[144]に伴って、（海外機関投資家だけでなく）国内機関投資家の間でも、わが国上場企業に対して「選択と集

---

[143] 太田洋「わが国におけるスピン・オフに関する法制上・税制上の課題」証券アナリストジャーナル53巻10号（2015）35－36頁参照。

[144] 金融庁は、「スチュワードシップ・コードに関する有識者検討会」が取りまとめた『「責任ある機関投資家」の諸原則≪日本版スチュワードシップ・コード≫〜投資と対話を通じて企業の持続的成長を促すために〜」の改訂案を2017年3月28日に公表し、同日から4月27日までパブリック・コメントの手続に付し、5月29日に改訂版を公表している（金融庁ホームページ《http://www.fsa.go.jp/news/29/singi/20170529.html》参照）。

中」の深化によるROEの向上を求める声が高まるものと予想される。加えて、平成30年度税制改正によりスピン・オフ税制が拡充され、同時期に産競法平成30年改正によりスピン・オフに伴う会社法上の手続を緩和する特例[145]が設けられることとなった今、こうした「選択と集中」を求める圧力は一層高まるであろう。

従って、今後は、そのような機関投資家からのプレッシャーの高まりを受けて、わが国上場会社の中にも事業部門や完全子会社のスピン・オフに踏み切る例が徐々に増加していくのではないかと予想される。

(2) アクティビスト・ファンドによるアクティビスト活動への影響

上記(1)で述べたこととの関連で注目されるのは、海外系のアクティビスト・ファンドの動きである。即ち、2008年のリーマン・ショック以降、米国では、アクティビスト株主が、上場会社に対して、ノン・コア事業等のスピン・オフを求めて「キャンペーン」を実施する傾向が強まっている[146]。例えば、著名なアクティビスト・ファンドであるサード・ポイントは、2014年、世界的な大手化学メーカーであるダウ・ケミカルの株式を約7％取得して、同社に、低成長の石油化学品部門をスピン・オフするよう求める「キャンペーン」を実施し、最終的に同社は、2015年12月、アクティビスト株主である Trian Fund Capital Management による「キャンペーン」に晒されていたライバルのデュポンと合併した後、18から24か月後に、アグリカルチャー、マテリアル・サイエンス及びスペシャルティ・ケミカルをそれぞれ営む3つの上場会社にスピン・オフの方法により分離することを発表するに至った[147]。また、著名なアクティビスト投資家である

---

[145] 一定の場合は株主総会の特別決議を省略できる（産競法33条及び本章2(4)参照）。

[146] 太田洋「米国におけるアクティビスト株主対応の最新動向とわが国への示唆－空売りアクティビストの動向も含めて－」旬刊商事法務2128号（2017）6頁参照。

[147] 例えば、《http://www.investopedia.com/articles/markets/122115/dow-chemical-activist-investment-analysis-dow.asp》等参照。

カール・アイカーン氏が、電子商取引大手の eBay に対して、2014年1月から委任状争奪戦を仕掛ける（委任状争奪戦自体は同年4月の「休戦協定」により同社の株主総会前に終結）などして、オンライン決済サービスの PayPal を分離するように圧力をかけた結果、最終的に、2015年7月に、PayPal Holdings が eBay からスピン・オフして米国 NASDAQ 市場にその株式を再上場させるに至っており、さらに、2016年11月には、ケンタッキー・フライドチキンやピザハット等を傘下に有するヤム・ブランズが、有力なアクティビスト・ファンドである Corvex Management の圧力に屈する形で、その中国事業部門をスピン・オフして、ニューヨーク証券取引所にその株式を上場させている[148]。

　これらのスピン・オフは、いずれもそれらが課税繰延措置の適用を受けられることを前提に発表されており[149]、わが国でスピン・オフ税制が導入されたことを受けて、今後、海外系のアクティビスト・ファンドを中心に、わが国上場会社に対して、当該税制に基づく課税繰延・非課税措置の適用を受ける形で、ノン・コアないしは低収益の事業部門ないし完全子会社のスピン・オフを実行するよう要求する動きが活発化してくる可能性もある。従って、わが国上場会社としても、そのようなアクティビスト・ファンドの動きや機関投資家の動向を注視しておく必要があろう[150]。

---

[148] 例えば、《http://www.forbes.com/sites/ywang/2016/11/01/yum-brands-spins-off-china-unit-in-new-york-amid-losses-in-market-share/#38bd91df447f》等参照。

[149] 《http://www.dow.com/en-us/news/press-releases/dupont-and-dow-to-combine-in‒merger‒of‒equals》及び《http://www.reuters.com/article/us‒yum‒brands‒restructuring-idUSKCN0SE1A820151020》等参照。

[150] 太田・前掲（注146）13頁参照。

(3) 大規模業界再編に伴う問題解消措置としてのスピン・オフの利用

前記1(2)で述べたとおり、欧米では、スピン・オフは、反トラスト法上の企業結合規制との関係で、当事会社同士の企業結合を実現するために、当該企業結合によって市場シェアが高くなり過ぎる一部の製品ないしサービスに係る事業を切り離すための手段として用いられることも多い。

わが国でも、今後、新日本製鐵と住友金属との統合による新日鐵住金の誕生やJXホールディングスと東燃ゼネラル石油との統合によるJXTGホールディングスの誕生のような大規模な経営統合を通じた業界再編が進んでいく中で、統合を認めると独占禁止法における企業結合規制の観点から問題が生じる商品や役務に係る事業の切り離しが課題となる（従来は、そのような切り離しが実際上困難であったために、一部の重要な商品や役務についての統合後のシェアが50％超となるような経営統合が、検討の過程で断念される例が見られた）と思われるが、スピン・オフは、そのような切り離しのための手段として、有力な選択肢となると思われる。

特に、平成30年度税制改正により「完全支配関係グループ内組織再編成＋現物配当」類型のスピン・オフに課税繰延・非課税措置が認められたことで、この目的でのスピン・オフは相当に実施し易くなったといえる。

(4) 事業部門ないし完全子会社の「独立」の手段としてのスピン・オフの利用

上記(1)で述べたことの裏返しであるが、特定の事業部門ないし子会社が、その経営に直接当たっている経営陣（及び従業員）を中心に親元会社から分離独立するための手段としてスピン・オフが活用される場面も出てくるのではないかと予想される。何故なら、①スピン・オフであれば、MBO等のために外部のファンドや金融機関から資金を調達する必要がなく、分離独立後の新会社の資金負担が大幅に軽くなるし、②通常は株式非公開化が前提となるMBO等の場合と異なり、分離独立と同時に上場を果

たすこともできるからである。従来、わが国では、このように特定の事業部門ないし子会社が、その経営陣等のイニシアチブで親元会社からの分離独立を図る場合には、当該経営陣等が外部のPEファンド等と組んで買収ヴィークルを設立し、それに対して親元会社が現金を対価として当該事業又は子会社を売却することでMBO等を実現する方法が用いられてきたところである（例えば、2006年における東芝セラミックスの東芝からの分離独立の事例等）が、スピン・オフ税制の導入によってスピン・オフを実行した場合の課税上の問題が取り除かれることで、親元会社の側でも上記のような形で特定の事業部門ないし子会社が分離独立することを認めやすくなり、今後、スピン・オフを用いて親元会社からの分離独立を果たす例がわが国でも登場してくるのではないかと考えられる。

6 スピン・オフ税制下における実務上の留意点

(1) 完全子会社以外の子会社及び関連会社のスピン・オフ

　前記2(2)ハ(イ)で述べたとおり、現在の典型的スピン・オフに関するスピン・オフ税制では、完全子会社以外の子会社ないし関連会社のスピン・オフ（会社法の下では、通常、現物配当を用いて実行されることになろう）には課税繰延・非課税措置の適用が認められていない。従って、上場会社が事業上のシナジーが希薄化した上場子会社や上場関連会社をスピン・オフによって切り離す場合にも、前記2(2)ロで述べた平成29年度税制改正前の取扱いのとおり、当該上場会社の法人レベルでは分配対象となる株式に関する譲渡損益課税がなされ、その株主レベルでは配当課税（但し、資本剰余金を原資とする配当の額が存するときは、その部分は「みなし」配当課税となる）及び場合により株式譲渡損益課税がなされることとなる。従って、それら上場子会社ないし上場関連会社の株式に含み益が存する場合

には、課税の問題がスピン・オフを実施することについてのディスインセンティブとして働くことになる。

しかしながら、資産効率（ROA等で計測される）ないし資本効率（ROE等で計測される）の観点や経営資源の効率的な配分の観点からは、上場企業にとって、事業上のシナジーが薄い、又は低収益の上場子会社や上場関連会社を切り離すことには大きな意味があると考えられる。

また、スピン・オフが上場会社の間で広く行われている米国でも、分離会社が独立した上場会社として「独り立ち」できるまでの「慣らし運転」として、まず総株主の議決権及び発行済株式総数の各20％以内[151]で分離会社株式を売出し又は現物配当を行うことを通じて上場させ（これを「エクイティ・カーブアウト（equity curve-out）」という）、（場合により一定の投資回収を行い、）分離会社が上場企業として完全に独立して運営できる体制が整った後に、分離会社を完全に親元会社から分離するためのスピン・オフないしスプリット・オフを実行する例が多い（AT&Tによるルーセントと NCR の分離独立、モトローラによるモトローラ・モビリティの分離独立等は、いずれもこのような経過を辿っている）[152]。完全子会社以外の子会社のスピン・オフに課税繰延・非課税措置が適用されないと、このような「二段ロケット」方式で行われるスピン・オフが課税上の問題から大きく阻害されることになる。

従って、平成29年度税制改正によって導入され、平成30年度税制改正によって拡充された典型的スピン・オフに関する課税繰延・非課税措置がある程度定着した暁には、課税繰延・非課税措置の適用対象を、完全子会社以外

---

[151] 20％以内とされるのは、分離会社が親元会社の連結納税制度の適用対象から外れないようにするため、及びエクイティ・カーブアウトがスピン・オフの手法（現物配当）を用いて実行される場合には、当該スピン・オフが前掲（注56）で触れた課税繰延要件を充足することを確保するためである。

[152] 安田＝松古＝高谷・前掲（注5）116－117頁及び148－150頁など参照。

の子会社（少なくとも米国同様に80％子会社）にまで拡充する[153]ことも検討すべきであろう。

(2) 分割型単独新設分割類型と「完全支配グループ内組織再編成＋現物分配」類型との選択

現行のスピン・オフ税制では、事業部門のスピン・オフの方法として、分割型単独新設分割類型と「完全支配グループ内組織再編成＋現物分配」類型の双方について、課税繰延措置の適用があるものとされている。このうち、前者を用いた場合には、切り離される対象事業部門は、親元会社から独立した会社として切り出されると同時に親元会社との間に全く資本関係を有しない会社として切り離されることになるが、後者の方法を用いた場合には、対象事業部門は、親元会社から独立した会社として切り出され、又は既存の子会社に集約された後、親元会社の完全子会社としてしばらく運営された上で、現物配当（租税法上の用語では現物分配）によって親元会社との間に全く資本関係を有しない会社として独立する、ということも可能である。

従って、対象事業部門に独立した会社として運営できるだけの組織体制や経営資源が不足している場合には、後者の方法を用いて、分社型新設分割又は現物出資によって当該部門を親元会社から独立した会社として切り出した後、しばらく親元会社の完全子会社として運営し、「独り立ち」で

---

[153] もっとも、ドイツでは、企業再編税法（Umwandlungssteuergesetz: UmwStG）の下で、わが国と異なり、そもそも、わが国で平成29年度税制改正によって課税繰延措置が講じられた「分社型新設分割又は現物出資＋現物分配」類型のスピン・オフには課税繰延措置が認められていないだけでなく、①事業部門（operational unit）のスピン・オフ、又は②取引ないし事業を営むパートナーシップ持分若しくは③100％子会社の株式のスピン・オフ（但し、上記の②及び③については移転の日以前の３年間に取得又は持分割合の増加がなされていないことが条件とされる）にしか課税繰延べが認められていないようである。*See* Suchan, *supra* note 141 at 36-37,51-52,54-56及びKPMG税理士法人・前掲（注141）83頁参照。

きる時期になったときに現物配当によって親元会社から完全に独立させる、という「二段ロケット」方式でのスピン・オフを行うこととなろう。

(3) **スピン・オフとトラッキング・ストックとの選択**

前記1(2)で述べたとおり、多角的に事業を営んでいる会社の株価（ひいてはその株式時価総額）について生じているコングロマリット・ディスカウントを解消する手段としては、前述した①スピン・オフ、②スプリット・オフ及び③スプリット・アップの他に、④トラッキング・ストックを発行する手法が存在する。

トラッキング・ストックは、前記1(2)で述べたとおり、コングロマリット・ディスカウントを解消する効果を有している点で、スピン・オフ及びスプリット・オフと共通性を有するが、スピン・オフ及びスプリット・オフを行った場合には、親元会社は、それらによって当該親元会社から分離された子会社又は事業に対する経営支配権を喪失することになる一方、トラッキング・ストックを用いれば、発行会社は、対象子会社ないし対象事業に対する経営支配権を100％掌握し続けたままで、当該対象子会社ないし当該対象事業が稼得する利益のみを100％外部の投資家（即ち、トラッキング・ストック株主）に提供することができる点等が異なる。

この他、スピン・オフ税制導入前においては、スピン・オフ又はスプリット・オフを実行した場合、親元会社から分離される子会社ないし事業に多額の含み益が存していれば、当該親元会社は当該含み益に対して多額のキャピタル・ゲイン課税を受けることを免れなかったところであるが、トラッキング・ストックを用いれば、発行会社は、対象子会社ないし対象事業に多額の含み益が存している場合でも当該含み益に対するキャピタル・ゲイン課税を受けることなく、コングロマリット・ディスカウントを事実上解消することが可能となる点で、優位性があった。しかしながら、スピン・オフ税制の導入により、スピン・オフないしスプリット・オフを行う場合との比較におけるトラッキング・ストックを発行する手法の優位性の

うち、前述した、対象子会社ないし対象事業に多額の含み益が存している場合でも、当該含み益に対するキャピタル・ゲイン課税を受けることなくコングロマリット・ディスカウントを事実上解消することが可能になるという部分は、基本的に消失することとなった。とはいえ、今回導入されたスピン・オフ税制では、前記2(2)ハ(イ)で述べたとおり、米国のそれと異なり、親会社がその完全子会社（事業部門を会社分割等で切り出したものを含む）を部分的にスピン・オフする場合、つまり、当該親会社が自らの株主に当該子会社株式の一部のみを現物配当等で分配する場合には、課税繰延べの適用がないものとされているため、平成29年度税制改正及び平成30年度税制改正後も、トラッキング・ストックは、対象子会社ないし対象事業に多額の含み益が存している場合でも、対象子会社ないし対象事業に対する経営支配権を100％掌握し続けたままで、当該含み益に対するキャピタル・ゲイン課税を受けることなく、対象子会社ないし対象事業の価値を部分的に顕在化させて資金調達を行いつつ、コングロマリット・ディスカウントを一定程度解消するための方策としては、依然として有効といえる。

(4) 平成30年度税制改正により「完全支配グループ内組織再編成＋現物分配」類型のスピン・オフに幅広く課税繰延・非課税措置が認められたことの意義

前記2(2)ハ(イ)で述べたとおり、平成29年度税制改正により導入された当時のスピン・オフ税制では、事業部門のスピン・オフについて、分割型単独新設分割類型及び「分社型新設分割又は現物出資＋現物分配」類型にしか課税繰延・非課税措置の適用が認められておらず、親元会社から対象事業部門を切り出す際に、新設分割又は新設現物出資以外の方法を用いた場合には、課税繰延・非課税措置の適用が受けられないものとされていた。

しかしながら、各種業法の中には、「医薬品、医療機器等の品質、有効性及び安全性の確保等に関する法律」（旧薬事法。以下「薬機法」という）上の医薬品製造販売業許可及び貸金業法上の貸金業の登録など、会社分割

ないし現物出資によって対象事業が分割承継会社ないし被現物出資会社（以下、本章において「承継会社」という）に移転しても、分割会社が取得していた許認可や登録等（以下、本章において「許認可等」という）が当然には当該承継会社に承継されない場合が数多く存する[154]。対象事業部門が営む事業についてこのような許認可等が必要とされている場合には、スピン・オフ前後において途切れなくかかる事業を継続するためには、実務上、対象事業部門を親元会社から切り出すに際して、新設分割ないし新設現物出資の方法を用いるのではなく、まず、許認可等を受けるために必要最小限の現金を出資することにより準備会社を設立しておき、当該準備会社において必要な許認可等の申請を行って、分割ないし現物出資の効力発生日までに当該許認可等が下りる状況を確保した上で、吸収分割ないしは（新設でない）現物出資により対象事業部門を当該準備会社に移転する、という方法（以下「準備会社への吸収分割・現物出資スキーム」という）を採らざるを得ない[155]。従って、平成29年度税制改正により導入された当時のスピン・オフ税制の下では、対象事業部門が営む事業の中に上記のような許認可等を必要とするものが含まれている場合には、「分社型『吸収』分割又は『非新設』現物出資＋現物分配」類型のスピン・オフについて課税繰延措置が適用されない結果として、当該事業部門のスピン・オフを実行すると多額の譲渡益課税など課税上の問題が生じることになりかねなかった。

---

[154] 例えば、薬機法では、医薬品製造販売承認については会社分割の場合における「承継」が定められている（同法14条の8参照）のに対し、製造販売業の許可（同法12条参照）については、上記のような会社分割の場合の「承継」について定めた規定が存在しない。貸金業法においても、貸金業の登録につき、会社分割の場合にこれを「承継」できる旨の定めは存在しない。なお、会社分割に伴って許認可等が自動的に承継される旨又は簡易な手続のみで承継される旨が業法で定められている例については、酒井竜児編『会社分割ハンドブック〔第2版〕』（商事法務、2015）22－23頁参照。

[155] 酒井・前掲（注154）121－122頁、玉井裕子＝岩崎友彦＝鹿はせる「事例ごとに整理する複数の取引を含むM&A契約上の留意点」旬刊経理情報1393号（2014）38頁参照。

そもそも、平成29年度税制改正により導入された当時のスピン・オフ税制において、何故「分社型『吸収』分割又は『非新設』現物出資＋現物分配」類型のスピン・オフについて課税繰延措置が適用されないものとされているのかは明確ではなく、また、対象事業部門を親元会社から切り出すに際して、常に「新設」分割ないし「新設」現物出資の方法を用いるものとしなければ、課税上の弊害が生じるというものでもないように思われるところであった。

　この点に関して、平成29年度税制改正の当初は、制度設計上問題がないか十分に検証できていないとして「分社型新設分割又は現物出資＋現物分配」類型に限って課税繰延・非課税措置が設けられたが、その後１年間の検討期間を経て[156]、平成30年度税制改正ではスピン・オフ税制が拡充され、「完全支配グループ内組織再編成＋現物分配」類型について幅広く課税繰延・非課税措置が講じられることとなった。この平成30年度税制改正によるスピン・オフ税制の拡張によって、上記の「準備会社への吸収分割・現物出資スキーム」を用いた事業部門のスピン・オフが阻害されるおそれは実質的に解消されたと評価できよう。

(5) スピン・オフと同時又はそれ以後に自社株買いを実施する場合の問題

　前述のとおり、現行のスピン・オフ税制では、スプリット・オフに関しては、それ自体を対象とする特段の税制上の手当てはなされていない。しかしながら、前記3(2)ロで述べたとおり、「分割型単独新設分割類型のスピン・オフ」、「『完全支配グループ内組織再編成＋現物分配』類型のスピン・オフ」又は「単純現物分配類型のスピン・オフ」と「親元会社による現金を対価とする自社株買い」とを組み合わせれば、親元会社による自社

156　藤田泰弘「平成30年度法人税関係（含む政省令事項）の改正について」租税研究2018年７月号（2018）60頁参照。

株買いに応じた親元会社の株主が（分離会社の株式ではなく）現金を受領する点は別として、その他の点に関しては、前記3(1)で述べたスプリット・オフを実現する6つのスキームのうち、①の「新設分割による新会社（分離会社）設立＋当該新会社株式を対価とする自社株買い」、②の「新設現物出資による新会社（分離会社）設立＋当該新会社株式を対価とする自社株買い」ないし⑤の「（分離会社株式を対価とする）自社株買い」の方法によるスプリット・オフと、ある程度は類似した結果（但し、親元会社の株式を手放さない同社株主を含めて、同社の全株主が分離会社株式を受領する点等は異なる）を実現することができる。

　これらの場合、前記3(2)ロで述べたとおり、自社株買いに応じた親元会社の株主が、自社株買いの対価として受領した現金の額について通常の自社株買いの場合と同様の課税を受けることは当然であるが、その他の点においては、親元会社及び同社の株主は、スピン・オフ税制の下で、それぞれ、「分割型単独新設分割類型のスピン・オフ」、「単純現物分配類型のスピン・オフ」及び「『完全支配グループ内組織再編成＋現物分配』類型のスピン・オフ」と同様の課税上の取扱いを受けることができる。また、かかる結果は、典型的なスプリット・オフに近い場合（即ち、スピン・オフと同時に親元会社による親元会社株式の自社株買いが実行される場合）に限らず、スピン・オフから一定期間経過後に親元会社による親元会社株式の自社株買いが実行される場合でも同様である。

　この点、前記2(2)ニ(イ)、(ロ)及び(ハ)で述べたとおり、「分割型単独新設分割類型のスピン・オフ」、「単純現物分配類型のスピン・オフ」及び「『完全支配グループ内組織再編成＋現物分配』類型のスピン・オフ」のいずれについても、税制適格要件の一つとして比例交付要件[157]が定められている

157　法人税法2条12号の11柱書の括弧書・12号の15の3括弧書。
158　法人税法施行令4条の3第9項1号及び16項1号は、分離会社に支配株主が登場する見込みがないことを要件としており、親元会社に支配株主が登場するか否かは適格要件を充足するか否かとは無関係とされている。

ことから、特に分割型単独新設分割又は現物分配と同時に（又は著しく近接して）現金による自社株買いが行われ、それに応じる株主と応じない株主とが出てくる場合に、結果的に比例交付要件が充足されていないとして、法人税法132条の２所定の組織再編成に係る一般的行為計算否認規定が適用され、適格組織再編成該当性が否認されることにならないかが問題となる。

　この点、少なくとも、かかるスピン・オフを行う親元会社において、㋑スピン・オフそのものについては比例交付要件が満たされていると共に、㋺ROEの向上や一株当たり利益の増加による株主価値の最大化といった自社株買いを実施する資本政策上の正当な理由があり、㋩自社株買いの方法が、市場を通じたものであるか、又は自社株TOBやToSTNeT－３ないしToSTNeT－２といった金融商品取引法上「市場取引」として取り扱われるもの（即ち、特定の株主からのみ自社株買いを行うことができない旨が制度上保障されている取引形態）であって、㋥自社株買いの実施により親元会社に支配株主が出現することが見込まれていない場合[158]には、自社株買いを行うことが比例交付要件の潜脱とは解し得ず、結論的に、法人税法132条の２所定の組織再編成に係る一般的行為計算否認規定が適用され、適格組織再編成への該当性が否認されることはないと考えるべきであろう[159]。

---

[159] この点、米国では、上場会社については、①自社株買いについて十分な事業目的が存すること、②広く保有されている株式が自社株買いの対象とされていること、③自社株買いがopen marketを通じて行われること、及び④当該自社株買いが、発行済社外株式総数の20％以上に相当する数量の自社株を取得する計画又は意図を以って行われるものではないこと、という４つのセーフ・ハーバー要件を満たしていれば、スピン・オフと同時に自社株買いが実施される場合（スプリット・オフの場合）においても、課税繰延措置の適用は否定されないものとされている（Rev. Proc. 96－30, § 4.05(1)(b)）。また、IRSは、プライベート・レター・ルーリングにおいて、対象会社（親元会社）が売り手を覚知できない形で行われるブロックトレードである場合に、上記③の要件である「自社株買いがopen marketを通じて行われる」場合に該当するとし（Ltr. Rul. 199914028 (Jan. 8, 1999); see also, Ltr. Rul. 200039032 (Jun. 30, 2000),

supplementing Ltr. Rul. 200029037 (Aug. 3, 1999) [no device where Distributing repurchased less than 2% of its stock from an unrelated financial institution that had purchased such shares on the open market])、また、売買価格が売り手のブローカー証券会社から対象会社への自発的なオファーによる価格提示に引き続いて交渉によって定められた場合でも、上記③の要件は充足されるものとし (Ltr. Rul. 200017035 (Feb. 1, 2000), *supplementing* Ltr. Rul. 199943030 (Aug. 2, 1999); *see also*, Ltr. Rul. 199941027 (Jul. 15, 1999), *supplementing* Ltr. Rul. 199940003 (Apr. 14, 1999))、さらに、市場を通じた自社株買いと TOB による自社株買いとを併せて20％未満の自社株を取得する場合にも、やはり上記③の要件は満たされるものとしている (Rev. Proc. 96-30, § 4.05(1)(b))。

第11章

M&A と連結納税制度

1 はじめに
2 連結納税グループの内外に跨る M&A に係る税務上の留意点
3 連結納税グループ内部における企業再編に係る税務上の留意点
4 連結法人に係る行為計算否認規定（法法132条の3）に関する検討
5 連結納税制度の課題と展望

1 はじめに

　平成14年度税制改正により「従来の法人税制を抜本的に改めるもの」として導入された[1]連結納税制度は、一定の範囲内にある複数の法人のグループを単位として、そのグループ全体の所得に対して法人税を課す制度(即ち、そのグループに属する各法人相互間で所得の金額と欠損金額を相殺する制度)であり、個別の法人を単位としてその所得に対して法人税を課すことを原則とする法人税法の中では、特異な制度である[2,3]。

　連結納税制度の適用を受ける法人(以下、かかる法人を「連結法人」、連結法人により構成されるグループを「連結納税グループ」、連結法人のうち連結納税グループの頂点に位置するものを「連結親法人」、連結法人のうち連結親法人以外のものを「連結子法人」、という[4])の数は、連結

1　柴崎澄哉ほか『改正税法のすべて〔平成14年版〕』(大蔵財務協会、2002) 242頁。

2　平成22年度税制改正により法人のグループを対象とした税制が整備されたが、当該改正後も、法人のグループを課税単位とする制度は連結納税制度に限られるため、依然として、連結納税制度は特異な制度であるといえる。なお、かかる制度の特質に鑑みて、法人のグループを対象とした税制のうち、連結納税制度以外の制度を「グループ法人単体課税制度」と呼び、連結納税制度とグループ法人単体課税制度を総称して「グループ法人税制」と呼ぶことがある(資本に関係する取引等に係る税制についての勉強会「論点とりまとめ」(2009) 3頁参照)。

3　このように、連結納税制度の適用を受ける場合と受けない場合とでは課税単位が根本的に異なるため、法人税法上、連結納税制度の適用を受ける法人の課税標準及び税額の計算に係る条文は、連結納税制度の適用を受けない法人の課税標準及び税額の計算に係る条文とは異なる章に規定されている(前者は第二編第一章の二、後者は同編第一章)。

4　厳密には、①「連結親法人」とは、法人税法4条の2(連結納税義務者)の承認を受けた同条に規定する内国法人をいい、②「連結子法人」とは、同条の承認を受けた同条に規定する他の内国法人をいい、③「連結法人」とは連結親法人又は当該連結親法人との間に連結完全支配関係がある連結子法人をいう(法法2条12号の6の7、12号の7、12号の7の2)。

納税制度が導入された直後の2004年6月末時点では4,854に過ぎなかったが[5]、2016年6月末時点では13,675にまで至っており[6]、平成22年度税制改正により一部連結納税制度の見直し[7]が行われたことから、今後更にその数は増加すると思われる。従って、必然的に、連結納税制度の適用を受ける法人を当事法人とするM&Aや企業グループ内再編も今後増加していくことが予想されるが、冒頭で述べたとおり、連結納税制度は法人税の課税単位を変更する特異な制度であるため、かかるM&Aや企業グループ内再編を実施する際に留意すべき連結納税制度特有の規定が多数存在する。

そこで、本章では、連結納税制度の適用を受ける法人を当事法人とするM&Aや企業グループ内再編を、連結納税グループの内外に跨るM&A（後記2）と連結納税グループ内部における企業再編（後記3）とに分けて、留意すべき連結納税制度特有の規定等について説明するとともに、連結納税制度との関係でタックス・プランニング上留意すべき点について論じることとする。特に連結納税グループの内外に跨るM&Aについては、当該M&Aに係る法人や移転する資産に係る租税属性[8]についての特別な取扱い（例えば、繰越欠損金の切捨てや資産の時価評価等）を定める連結納税制度特有の規定が適用され得るため、詳細に論じる[9]。

---

[5] 国税庁の2004年10月付け「連結納税に係る課税事績について」と題するプレスリリース。

[6] 国税庁の2016年9月付け「平成27事務年度　法人税等の申告（課税）事績の概要」と題するプレスリリース。

[7] 具体的には、連結納税制度の適用を開始する際の繰越欠損金の持込み等に係る制限が緩和された。

[8] 租税属性とは、納税者自身やその資産・負債に認められる性質・属性のうち、租税負担に影響を与えるものをいい、例えば、繰越欠損金や資産の取得価額がそれに該当する（岡村忠生『法人税法講義〔第3版〕』（成文堂、2008）434頁参照）。

[9] 紙幅の関係上、連結納税制度の適用の開始を予定する法人を当事法人とするM&Aや地方税等の法人税以外の税目に係る留意点は割愛しており、網羅的な検討をしたものではない点に留意されたい。

```
連結納税制度の          連結納税グルー      イ  株式譲渡等により法      連結納税制度特有
適用を受ける法          プの内外に跨る          人の経営権が当該法      の規定
人を当事法人と          M&A                    人の同一性を維持し      ✓ 連結納税グループ
するM&Aや企                                    たまま移転する場合        への加入
業内グループ再                                                          ✓ 連結納税グループ
編成                                        ロ  合併や会社分割等          からの離脱
                                                により法人が有する      ✓ 連結納税グループ
                        連結納税グルー          資産・負債・権利義        の解消
                        プ内部における          務が他の法人に移転
                        企業再編                する場合
```

2 連結納税グループの内外に跨るM&Aに係る税務上の留意点

(1) 留意すべき連結納税制度特有の規定の概要

連結納税制度が適用されない場面において、租税属性は、①納税者の法主体としての同一性が認められる場合には維持され、②納税者の法主体としての同一性が認められない場合には原則として破棄されるが、例外的に、適格組織再編成等に該当する場合に限り、他の法主体に引き継がれる[10]。これに対して、法人や資産が連結納税グループの内外に跨って移転する場合には、課税単位が個別の法人から法人のグループへ（又は法人のグループから個別の法人へ）変更されることから、かかる課税単位の変更の際に、原則として租税属性は破棄される必要がある。そのため、このような移転が生じる場合には、租税属性の維持を原則とする前記①の規律の例外として、連結納税制度特有の規定が適用され得る。他方、租税属性の破棄を原則とする前記②の規律の例外を定める連結納税制度特有の規定は

---

10 岡村・前掲（注8）444頁参照。

基本的には存在しない。

　この(1)では、主にこれらの連結納税制度特有の規定の内容について論じる。但し、前記のとおり、納税者の法主体としての同一性が認められるか否かにより、これらの規定がどのように作用するかは大きく異なるため、以下、株式譲渡等により法人の経営権が当該法人の同一性を維持したまま移転する場合（後記**イ**）と、合併や会社分割等により法人が有する資産・負債・権利義務が他の法人に移転する場合（後記**ロ**）とに区分した上で論じることとする。

イ　株式譲渡等により法人の経営権が当該法人の同一性を維持したまま移転する場合

⑷　はじめに

　株式譲渡等により、法人の経営権が当該法人の（法主体としての）同一性を維持したまま移転する場合に関しては、①連結納税グループへの加入、②連結納税グループからの離脱、及び③連結納税グループの解消、のそれぞれの場面に応じた連結納税制度特有の規定が設けられている。連結納税グループの内外に跨るM&Aを行う場合は、(a)いかなる場合に前記の加入、離脱又は解消が生じるのか、(b)加入、離脱又は解消が生じた場合にいかなる課税上の効果が生じるのか、という点を理解しておく必要がある。このうち(a)の問題については、基本的には、①下記の連結子法人たる要件を充足した場合に「**加入**」が生じる一方で、②下記の連結子法人たる要件を充足しなくなった場合に「**離脱**」が生じ、そして、③下記の連結親法人たる要件を充足しなくなった場合に「**解消**」が生じることになる。

〔連結子法人たる要件の概要〕
(i)　外国法人でないこと（法法4条の2柱書参照）
(ii)　租税法上特殊な扱いを受ける法人（例えば、資産の流動化に関する

法律2条3項に規定する特定目的会社。以下、かかる法人を「連結除外法人」という）でないこと（法法4条の2柱書括弧書、法施令14条の6第1項参照）

(iii) 連結親法人との間に当該連結親法人による完全支配関係が存する[11]こと（法法4条の2柱書参照）

(iv) 上記(iii)の完全支配関係の中途に、外国法人及び連結除外法人が介在しないこと（以下、外国法人及び連結除外法人が介在しない完全支配関係を「連結完全支配関係」という[12]）（法法4条の2柱書括弧書、法施令14条の6第2項、4条の2第2項参照）

〔連結親法人たる要件の概要〕

内国法人（但し、普通法人又は協同組合等に限る）との間に当該内国法人による連結完全支配関係がある法人でないこと（法法4条の2第2号参照)[13]

---

[11] 連結親法人による完全支配関係が存するとは、連結親法人に発行済株式（自己株式並びに従業員持株会及びストック・オプションにより取得された株式のうち一定のものを除く。以下同じ）の全てを直接又は間接に保有されることを意味する（法法4条の2柱書括弧書、法施令14条の6第2項、4条の2第2項、法法2条12号の7の6参照）。

[12] 「連結完全支配関係」とは、厳密には、「連結親法人と連結子法人との間の完全支配関係（第4条の2に規定する政令で定める関係に限る。以下この号において同じ。）又は連結親法人との間に完全支配関係がある連結子法人相互の関係」と定義されており（法法2条12号の7の7）、そこには連結法人間の完全支配関係のみが含まれる（連結納税グループ外の法人を当事法人とする完全支配関係は含まれない）点に留意されたい。

[13] なお、これは、かかる内国法人が存する場合、当該内国法人が連結親法人となるからである。

(ロ) 連結納税グループへの加入に関する留意点及び法的問題点
　a　連結納税グループへの加入が生じる場面

　ある法人が前記(イ)に記載した連結子法人たる要件を充足した場合、即ち、内国法人（連結除外法人は除く）が、連結親法人との間に、当該連結親法人による連結完全支配関係を有することとなった場合には、当該内国法人は、原則として、当該連結完全支配関係を有することとなった日[14]に、連結納税グループへ加入する（法法4条の3第10項）。かかる加入の効果は、納税者にとって好ましい法人だけを連結納税グループに含めることにより租税負担を軽減することを防止するため、納税者の申請を待たずに連結完全支配関係のある内国法人の全体について自動的に生じる[15]。

　従って、連結納税グループの内外に跨るM&Aが行われる場合、例えば、連結納税グループ内の連結法人が株式譲渡や株式交換等により連結納税グループ外の法人の発行済株式の全部を取得した場合には、当該連結納税グループ外の法人は完全支配関係を有することとなった日[16]に、自動的に当該連結納税グループに加入することになる。また、M&Aに係る対象法人のみならず、当該対象法人にその発行済株式の全部を直接又は間接に保有される法人（完全支配関係のある子会社や孫会社等）も、当該M&Aの結果、新たに連結親法人による完全

---

[14] 「完全支配関係を有することとなった日」の意義については、連結納税基本通達1－2－2参照。

[15] 岡村・前掲（注8）495頁参照。なお、連結納税グループへの加入に係る届出は必要となる（法施令14条の7第4項）。

[16] 連結納税基本通達1－2－2では、株式の購入を原因とする場合は、当該株式の株主権が行使できる状態になった日である「当該株式の引渡しのあった日」が「完全支配関係を有することとなった日」に該当するものとされている。この点は、株式を譲渡した法人における譲渡利益額又は譲渡損失額の計上時期（原則として当該株式の譲渡に係る「契約をした日の属する事業年度」。法法61条の2第1項柱書）とは異なる点に注意が必要である。

支配関係を有することとなる場合は、連結納税グループに加入することになることに注意が必要である。もっとも、連結親法人に発行済株式の全部を直接又は間接に保有される場合でも、外国法人若しくは連結除外法人に該当する法人又は連結親法人との間に外国法人若しくは連結除外法人が介在している法人は、連結納税グループに加入しないものとされている。

b 連結納税グループへの加入に際して留意すべき連結納税制度特有の規定

連結納税グループの内外に跨るM&Aを行った結果、連結納税グループへの加入が生じる場合には、その加入した法人（以下「加入法人」という）の課税単位が個別の法人から法人のグループへと変更される。そのため、加入法人の法主体としての同一性は維持されているにも拘らず[17]、加入法人に係る租税属性が更新される場合が生じる。そこで、当該M&Aの際に考慮すべき加入法人に係る租税属性の更新のうち、特に重要な、①事業年度、②資産の取得価額、及び③繰越欠損金に関する取扱い、並びにそれらに関する実務上の留意点等について、以下論じる。

(a) 加入法人の事業年度の更新（みなし事業年度）

連結納税グループへの加入が生じた場合、加入法人は、その加入日から、連結納税制度の下で申告納付を行わなければならない（法法15条の2第1項4号）。そのため、連結親法人の事業年度の中途において当該加入が生じた場合には、当該加入日を境として、当該加入日の前日の属する加入法人の事業年度開始の日から当該前日ま

---

[17] 法人の法主体としての同一性が維持される限り、当該法人に係る租税属性も維持されるのが原則である（岡村・前掲（注8）444頁参照）。

での期間（単体申告）及び当該加入日から当該加入日の属する連結親法人の事業年度終了の日までの期間（連結申告）、という2つのみなし事業年度が設定される（法法14条第1項6号）[18]。

(b) 加入法人の資産の取得価額の更新（時価評価課税）
(i) 加入法人の資産の時価評価課税ー原則

法人税法上、原則として、資産の含み益又は含み損は、益金又は損金には算入されない（法法25条1項、33条1項）。しかしながら、連結納税グループへの加入の場面においてもかかる原則を維持した場合、単体納税制度の下で生じた加入法人の資産に係る含み益や含み損を連結納税グループに持ち込んだ上で実現し、他の連結法人の所得の金額や欠損金額と相殺することが可能となり、租税回避の問題が生じる[19]。

そのため、連結納税グループへの加入が生じる場合には、単体納税の場合とは異なり、原則として、加入法人が加入日の前日の属する事業年度（単体納税制度が適用される事業年度）終了時に保有する資産を時価評価した上で、当該時価評価によって生じた評価益又は評価損を当該事業年度における益金の額又は損金の額に算入することを強制することにより、単体納税制度の下で生じた資産の含み損益を連結納税グループに持ち込むことが封じられている（法法61条の12第1項柱書、法施令122条の12第3項）。そして、かかる時価評価課税が行われた場合には、当然に、その評

---

[18] 連結納税制度の下での申告納付の基礎となる事業年度は、連結親法人の事業年度とされている（法法15条の2第1項柱書）ことから、加入法人の事業年度と連結親法人の事業年度との間にずれが生じている場合、加入日の属する連結親法人の事業年度終了後は、連結親法人の事業年度をもって加入法人の事業年度とみなされる（法法14条1項4号）。

[19] 朝長英樹編著『連結納税制度』（法令出版、2013）43頁参照。

価益又は評価損の分だけ、時価評価の対象となった資産の帳簿価額が増額又は減額されることになる（法施令122条の12第4項）[20]。

従って、連結納税グループの内外に跨るM&Aを行う場合、連結納税グループに加入する法人が保有する資産の種類、帳簿価額、含み損益の状況、及び含み益が実現した場合の課税インパクトを慎重に検討しておく必要がある。

(ii) **時価評価課税が不要となる加入法人―例外**[21]

もっとも、前記(i)で述べた原則の例外として、租税回避のおそれが少ないと政策的に判断された[22]以下の①から⑤までの法人（以下「時価評価対象外法人」と総称する）については、連結納税グループへの加入に伴う時価評価課税は不要とされている（法

---

[20] なお、連結納税グループへの加入に伴う時価評価課税は、加入法人において加入日の前日の属する事業年度が存在することを前提としているため、加入日に設立された加入法人については、かかる事業年度が存在しないことから、その保有する資産については時価評価課税の対象とはならない、とする見解も存在する（朝長・前掲（注19）100－101頁参照）。

[21] なお、連結納税制度の適用を開始する場面においては、連結納税グループは連結親法人の真実の姿を表したものであり、租税回避のおそれも少ない、との政策的な判断に基づき、連結親法人となる法人が保有する資産は時価評価課税の対象から除外されている（法法61条の11第1項柱書）。また、その他の法人についても、加入の場面と同様の形で、時価評価課税の対象から除外される法人が定められている（法法61条の11第1項）が、加入の場面とは異なり、適用開始の場面では、適用開始前に連結親法人となる法人と連結子法人となる法人との間に連結完全支配関係が継続していることも想定され（加入の場面では、加入が制限される場合を除き、連結完全支配関係が生じた時点で加入するため、加入前に連結完全支配関係が継続することはない）、また、株式移転により連結親法人となる法人と連結子法人となる法人との間に連結完全支配関係が生じることも想定される（加入の場面では、株式移転により連結親法人と加入法人との間に連結完全支配関係が生じる余地はない）ため、適用開始の場面と加入の場面とでは、時価評価課税の対象外とされる法人が多少異なる点に注意が必要である。

[22] 泉恒有ほか『改正税法のすべて〔平成22年版〕』（大蔵財務協会、2010）244頁参照。

法61条の12第1項)。

① 連結親法人又は連結子法人に設立されて連結納税グループに加入した法人
② 適格株式交換等により連結親法人又は連結子法人に発行済株式の全部を保有されて連結納税グループへ加入した法人[23]
③ 上記②の加入法人(株式交換等完全子法人)の子法人で、当該適格株式交換等により連結納税グループへ加入した法人。但し、当該適格株式交換等の日の5年前の日[24]から当該適格株式交換等の日の前日まで継続して、上記②の加入法人による連結完全支配関係があった法人に限られる。
④ 適格合併により連結納税グループへ加入した法人。但し、当該適格合併の日の5年前の日[25]から当該適格合併の日の前日まで継続して、当該適格合併に係る被合併法人による連結完全支配関係があった法人に限られる。
⑤ 法人の株主が有する単元未満株式(会社法189条1項)を当該法人若しくは連結法人が買い取ったことその他これに類する買取り又は法人の株主が法令の規定によりその有する当該法人

---

[23] **第8章**等において詳述するとおり、平成29年度税制改正により、株式交換のほか、全部取得条項付種類株式を利用した完全子会社化、株式併合を利用した完全子会社化、及び株式売渡請求を利用した完全子会社化が組織再編税制の下に位置づけられ、課税上の取扱いが統一された。これらの方法による完全子会社化は、株式交換とあわせて「株式交換等」(法法2条12号の16)と定義され、適格要件が整備された(法法2条12号の17)。かかる改正に伴い、「適格株式交換等」による連結納税グループへ加入した一定の法人が、時価評価課税の適用除外とされた。

[24] 当該法人が当該5年前の日から当該適格株式交換等の日の前日までの間に設立された法人である場合には、その設立の日。

[25] 当該法人が当該5年前の日から当該適格合併の日の前日までの間に設立された法人である場合には、その設立の日)。

の株式の保有を制限されたことに伴う当該法人若しくは連結法人による当該株式の買取りにより、連結納税グループへ加入した法人。但し、これらの買取りに係る株式が発行されていなかったとするならば、これらの買取りの5年前の日[26]からこれらの買取りの日まで継続して連結親法人による連結完全支配関係があったこととなる法人に限られる。

　従って、連結納税グループへの加入が生じるM&Aを実行する際には、時価評価課税による課税インパクトを考慮して、前記の例外に該当する適格株式交換等や適格合併により加入法人の株式を取得することを検討する必要がある。なお、会社分割は移転する資産・負債を自由に選択できるため、租税回避のおそれがあるとして、適格会社分割により連結納税グループへ加入した法人が保有する資産は時価評価課税の対象とされていることには注意が必要である。

　また、前記⑤の類型は、株式の発行法人等からすれば法令の規定によりやむを得ず取得するものであることを考慮して設けられた類型であり[27]、その中の「その他これに類する買取り」は、法令の規定による株式の買取請求権の行使に基づく買取りに限られるとされている（法基通12の3－1－2）。従って、**第8章**において論じた全部取得条項付種類株式利用スキームの中で、端数株式の強制売却の制度（会社法234条）を利用して、発行法人又は連結法人が株式を買い取ったとしても、それは株

26　当該法人が当該5年前の日からこれらの買取りの日までの間に設立された法人である場合には、その設立の日。

27　連結納税制度の適用を開始する場面において、前記⑤の類型と同様の類型について解説した柴崎・前掲（注1）268頁参照。

主の買取請求権の行使に基づく買取りではなく、法令の規定によりやむを得ず取得したものともいい難いため、全部取得条項付種類株式利用スキームにより連結納税グループに加入した法人は、前記⑤の類型には該当しないものと解される[28]。この点、平成29年度税制改正により、株式会社の最大株主（その保有する当該株式会社の株式の数が最も多い株主をいう。）が、全部取得条項付種類株式若しくは株式併合を利用して又は当該株式会社の承諾を得た一の株主が株式売渡請求を利用して当該株式会社を完全子会社化する取引（スクイーズ・アウト又はキャッシュ・アウト）は、株式交換とともに「株式交換等」（法法2条12号の16）と定義されると共に、適格組織再編成に該当するための要件が整備され、課税上の取扱いの統一が図られた。その結果、全部取得条項付種類株式を利用した完全子会社化取引により、連結納税グループに加入した法人であっても、その取引が適格株式交換等（法法2条12号の17）に該当するものであれば、原則として、時価評価課税の対象とはならない。

　なお、連結納税グループに加入した後、その加入日の属する連結親法人の事業年度が終了する日以前に、連結納税グループから離脱した場合、連結納税グループが解消した場合又は合併により解散した場合（即ち、一度も連結納税制度の下で申告納付を行わなかった場合）であっても、時価評価課税の対象となるのが原則であるが（法基通12の3-2-3参照）、例外的に、以下の⑥の法人が保有する資産については、連結納税グループへの加入に伴う時価評価課税は不要とされている（法法61条の12第1項柱書、61条の11第1項柱書、法施令122条の12第1項

28　稲見誠一＝佐藤信祐『グループ法人税制・連結納税制度における組織再編成の税務詳解』（清文社、2012）192-193頁参照。

8号)。これは、前記①から⑤までの類型とは異なり、一時的に連結納税グループに加入するに過ぎない場合にも時価評価課税が行われて納税負担及び事務負担が生じるといった問題点に対処するために設けられた類型である[29]。

⑥　加入日以後2ヶ月以内に連結納税グループから離脱した法人[30]又は合併により解散した法人。但し、当該連結納税グループに属する連結法人を合併法人とする合併により解散した法人（即ち、その法人が有する資産が解散後も連結納税グループ内に留まる場合）及び加入日の属する連結親法人の事業年度が終了する日後に連結納税グループから離脱又は合併により解散した法人（即ち、一度でも連結納税制度の下で申告納付を行った場合）は除かれる。

(iii) **時価評価課税の対象から除かれる資産―例外**

　加入法人が前記(ii)に所掲の法人には該当せず、時価評価課税の対象となったとしても、その保有する資産の全てが時価評価課税の対象となる訳ではなく（以下、かかる時価評価課税の対象となる資産を「時価評価資産」という）、以下の資産については、事務の簡便性や金額の重要性等に鑑み、時価評価課税の対象から除かれている（法法61条の12第1項柱書、61条の11第1項柱書、法施令122条の12第1項）。

①　棚卸資産[31]

29　泉・前掲（注22）272頁参照。
30　連結納税グループからの「離脱」の場合に限定されており、連結納税グループの「解消」の場合には適用されない（法施令122条の12第1項8号、法法4条の5第2項4号、5号）。
31　但し、土地は時価評価課税の対象とされているため、棚卸資産である土地については、時価評価課税の対象から除外されない（法法61条の12第1項柱書、61条の11第1項柱書括弧書）。

②　資産の価額とその帳簿価額との差額[32]が加入日の前日の属する事業年度終了の時点における加入法人の資本金等の額の2分の1に相当する金額又は1,000万円のいずれか少ない金額に満たない資産

③　圧縮記帳制度の適用を受けた減価償却資産のうち一定のもの[33]

④　売買目的有価証券[34]

⑤　償還有価証券[35]

⑥　加入法人との間に完全支配関係のある内国法人の株式で、その価額が帳簿価額に満たないもの。但し、当該内国法人は、(ⅰ)清算中のもの、(ⅱ)解散（合併による解散を除く）をすることが見込まれるもの、又は(ⅲ)当該内国法人との間に完全支配関係がある他の内国法人との間で適格合併を行うことが見込まれているもの、のいずれかに該当する法人に限る[36]

---

[32]　差額を計算する際の基礎となる資産の単位は、法人税法施行規則27条の13の2及び27条の15第1項に規定されており、例えば有価証券であれば、その銘柄の異なるごとに区分した単位をもって差額を計算し、当該差額と資本金等の額の2分の1に相当する金額又は1,000万円のいずれか少ない金額とを比較することになる（同項4号）。なお、圧縮記帳制度の適用を受けた固定資産のうち一定のものについては、当該差額の計算方法について特則が設けられている（法施令122条の12第1項5号括弧書）。

[33]　担税力又は政策的見地から、資産の帳簿価額を減額し、その減額した金額を損金の額に算入することにより課税繰延べを認める、との圧縮記帳制度の趣旨を考慮して設けられた類型である（柴崎・前掲（注1）265頁参照）。

[34]　毎事業年度終了の時に時価評価課税の対象となることから（法法61条の3）、連結納税グループへの加入に際しての時価評価課税は不要と判断された類型である。

[35]　事業年度終了の時における帳簿価額がおおむね時価と一致することから、時価評価課税は不要と判断された類型である（柴崎・前掲（注1）265頁参照）。

[36]　当該内国法人の繰越欠損金と当該内国法人の株式の評価損との二重控除防止のために設けられた類型である（斎須朋之ほか『改正税法のすべて〔平成23年版〕』（大蔵財務協会、2011）275頁参照）。

⑦　資産の帳簿価額が1,000万円に満たない資産[37]

(iv)　**自己創設営業権の時価評価課税に係る問題点**

　加入法人が前記(ii)に掲げた法人に該当しない場合には、その保有する固定資産（前記(iii)の②又は③に該当するものは除く）は、時価評価課税の対象となる。然るところ、法人税法上、かかる固定資産には「営業権」が含まれる（法法2条22号、23号、法施令13条8号ヲ）が、更に進んで自己創設営業権までもが、ここでいう「営業権」に含まれるか否かについては、連結納税制度の創設以前から財務省主税局内部において議論されていたようである[38]。

　この点、平成16年度税制改正の際に、課税当局が、自己創設営業権も固定資産に含まれ、従って時価評価課税の対象になるとの立場を暗黙裡に採用したことが明らかとなっていた。即ち、同改正前は、含み益を有する減価償却資産が、連結納税グループへの加入に伴って時価評価されて、その帳簿価額が増額された場合、かかる増額部分については、会計上の帳簿価額に計上されないため、減価償却費の損金算入のための要件である会計上の損金経理要件（法法31条1項参照）を充足できないとの問題が存在した。そこで、当該改正により、かかる増額部分についても損金経理要件を充足するよう規定が整備された（同条5項、法施令61条の4表4参照）が、当該改正に係る立案担当者による解説の中では、

---

[37]　平成29年度税制改正により、資産の帳簿価額が1,000万円に満たない資産は時価評価資産の範囲から除外された。1,000万円に満たないか否かの判定は、資産の種類ごとに定められた区分に従って（例えば、金銭債権については、一の債務者ごと。有価証券については銘柄の異なるごと）判定する（法規27条13の2、27条の15第1項）。

[38]　山本守之＝阿部泰久「連結納税関係法令・通達の留意点と企業の対応」税経通信58巻12号（2003）15－18頁参照。

「自己創設した営業権のように時価評価により計上された減価償却資産については、その帳簿価額の全額が評価益に相当する金額であることから、その帳簿価額の全額が損金経理額とみなされることになります」とされており[39]、自己創設営業権も連結納税グループへの加入の際における時価評価課税の対象となることが当然の前提とされている。また、その後の平成18年度税制改正により、非適格合併等によって移転を受ける資産等に係る調整勘定の損金算入等の規定が設けられた際には、法人税法施行令123条の10第3項において、当該調整勘定の算定の基礎となる資産に含まれる営業権は、「営業権のうち独立した資産として取引される慣習のあるものとする」〔傍点筆者ら〕と規定されたことにより、法人税法上の「営業権」の概念が、自己創設営業権も包含し得る相当に幅広い概念である（少なくとも、独立した資産として取引される慣習のあるものには限定されない）ことが、法文上も明確にされている[40]。更に、課税当局の担当者が執筆した論考の中でも、自己創設営業権は当然に時価評価課税の対象になるとされていた[41]。

このように、課税当局は、自己創設営業権も固定資産の中の「営業権」に含まれ、時価評価課税の対象になるとの立場を採用していたが、その時価評価方法については、何らの指針も示していなかった。そのため、実務上は、事案に応じて適切と思われる

---

[39] 住澤整ほか『改正税法のすべて〔平成16年版〕』（大蔵財務協会、2004）161頁。

[40] 青木孝徳ほか『改正税法のすべて〔平成18年版〕』（大蔵財務協会、2006）367頁においても、非適格合併等により移転を受ける資産等に係る調整勘定を算定する場面においては、独立した資産として取引される慣習のある営業権のみを考慮すべきことを規定したに過ぎず、「これによって営業権の一般的な概念を画したものではな」いと解説されている。

[41] 窪田悟嗣「連結納税制度に係るQ＆A」租税研究741号（2011）221－222頁参照。

評価方法（例えば、加入法人の買取価額と時価純資産価額との差額を基礎とする方法やDCF法）を適宜選択せざるを得ず、課税上のインパクトが大きくなることが多い（故に、案件の成否に影響することも多い）ことから、納税者の負担となっていた。かかる問題意識のもとに、自己創設営業権も固定資産の中の「営業権」に含まれるという課税当局が採用する解釈について、疑問も提起されていた[42]。

　この点、平成29年度税制改正では、資産の帳簿価額が1,000万円に満たない場合に、その資産を時価評価課税の対象から除くこととされた（法施令122条の12第1項4号）。他方、平成29年度税制改正により、それまで、完全子会社となる法人において時価評価課税が不要であった全部取得条項付種類株式を利用した完全子会社化取引を含め、株式交換、全部取得条項付種類株式、株式併合及び株式売渡請求を利用した完全子会社化取引は「株式交換等」とまとめられ、適格組織再編成に該当するための要件が整備された。その結果、税制適格要件を充足しない非適格株式交換等の場合には、完全子会社となった法人（株式交換等完全子法人）において、資産の時価評価課税が生じることとなり（法法62条の9第1項）、時価評価課税の対象が拡大されることとなった。これに伴い、適格株式交換等においては、納税者の事務負担に配慮し、帳簿価額が1,000万円に満たない少額の資産は一律に時価評価課税の対象外とすることとされ（法施令123条の11第1項4号）、未計上の自己創設の営業権も、時価評価の対象外となることが明らかにされた[43]。然るところ、連結納税グループへの加入

---

[42] 錦織康高「連結子会社の自己創設のれん課税強化を考える」朝日新聞法と経済のジャーナル Asahi Judiciary（2012年6月27日掲載）、佐藤信祐『組織再編におけるのれんの税務』（中央経済社、2008）209-213頁。

[43] 藤山智博ほか『改正税法のすべて〔平成29年版〕』（大蔵財務協会、2019）333頁。

時の時価評価課税において、帳簿価額が1,000万円に満たない資産を時価評価課税の対象から除く旨を定めた法施令122条の12第1項4号は、非適格株式交換等における株式交換等完全子法人の時価評価課税の対象資産につき例外を定める法施令123条の11第1項4号と同じ文言であり、それ故、平成29年度税制改正により、連結納税グループの加入時における時価評価課税においても、未計上の自己創設の営業権は、（帳簿価額が零である資産であるから、）時価評価の対象外とされたものと解される。

(c) 加入法人の繰越欠損金の更新（繰越欠損金の切捨て）
(i) 繰越欠損金の切捨て－原則

繰越欠損金は、納税者の法主体としての同一性が認められる限り維持され、法主体としての同一性が失われれば切り捨てられるのが原則である[44]。しかしながら、法主体としての同一性が維持されることを根拠に、連結納税グループへの加入の場面においても加入法人の繰越欠損金を維持した場合、単体納税制度の下で生じた加入法人の繰越欠損金を、他の連結法人の所得の金額と相殺することが自由に認められてしまい、租税回避の問題が生じる[45]。

そこで、連結納税グループへの加入が生じる場合には、通常の場合とは逆に、原則として、単体納税制度の下で生じた繰越欠損金を連結納税グループに持ち込むことは禁じられている（連結納税グループ全体の課税所得計算の際に損金の額に算入される繰越欠損金は、原則として、連結申告の下で生じた繰越欠損金に限られる。法法81条の9第1項、2条19号の2）。そして、連結納税

---

44 岡村・前掲（注8）444頁参照。
45 柴崎・前掲（注1）308頁参照。

グループへ持ち込むことが禁じられた繰越欠損金については、当該加入法人が連結納税グループから離脱した場合、連結納税グループが解消した場合又は合併により解散した場合であっても、原則として復活することはない[46]ため、完全に切り捨てられることになる（法法57条9項2号）。

従って、M&Aの結果として加入法人となる対象法人及びその100％子会社や孫会社等が繰越欠損金を有する場合には、以下で述べる例外的取扱いを受けられるか否かが重要な問題となる。

(ⅱ) 例外的に繰越欠損金が維持される加入法人[47]

法人税法上、繰越欠損金を損金の額に算入することが認められている（法法57条1項参照）のは、所得の金額と欠損金額とを平準化することにより、所得変動に関して中立的で公平な課税を実

---

[46] なお、この場合、当該加入前の繰越欠損金は復活しないのが原則であるが（法法57条9項2号）、例外的に、加入日の属する連結親法人の事業年度が終了する日以前に、ⅰ）連結納税グループから離脱した場合、ⅱ）連結納税グループが解消した場合、又はⅲ）合併により解散した場合（即ち、一度も連結納税制度の下で申告納付を行わなかった場合）には、単体納税制度の下で生じた繰越欠損金の連結納税グループへの持込みの問題は生じないため、前記(b)(ⅱ)の①から⑤までの類型に該当しなくとも、当該加入前の繰越欠損金は切り捨てられない（同号）。但し、合併による解散のうち、当該連結納税グループに属する連結法人を合併法人とする合併による解散の場合には、加入法人の繰越欠損金が当該合併法人に引き継がれ、単体納税制度の下で生じた繰越欠損金の連結納税グループへの持込みの問題が生じるため、例外的に、前記(b)(ⅱ)の①から⑤までの類型に該当しない限り、当該加入前の繰越欠損金は切り捨てられる（法法57条9項1号）。

[47] なお、連結納税制度の適用を開始する場面においては、連結納税グループは連結親法人の真実の姿を表したものであり、租税回避のおそれも少ない、との政策的な判断に基づき、連結親法人となる法人及びそれと同視できる法人の繰越欠損金は、連結納税グループへ持ち込むことが認められており、しかも、それらの法人の個別所得金額の範囲を超えて利用することはできないとの制限も課されていない点に注意が必要である（法法81条の9第2項1号、3項1号）。

現するためである[48]。そして、連結納税グループへの加入が生じても、かかる平準化の必要性は失われないはずである[49]。

そこで、前記(i)で述べた原則の例外として、租税回避のおそれが少ないと政策的に判断された[50]、前記(b)(ii)の①から⑤までの類型の法人（時価評価対象外法人）については、単体納税制度の下で生じた繰越欠損金を連結納税グループに持ち込むことが許容されている（法法81条の9第2項1号、61条の12第1項各号）。但し、連結納税グループへ持ち込まれた繰越欠損金を加入法人以外の連結法人の所得の金額と相殺することを認めると、租税回避に利用されるおそれがあるため、かかる繰越欠損金は加入法人の個別所得金額[51]を超えて利用することはできない、との制限が課されている（法法81条の9第1項1号イ、2項1号、3項1号）。

(d) **資産の取得価額に係る規律と繰越欠損金に係る規律との非対称性に関する問題**

(i) **減価償却資産の時価評価を利用した繰越欠損金及び含み損の実質的な持込み**

前記のとおり、単体納税制度の下で生じた繰越欠損金の連結納税グループへの持込みは原則として禁止され、仮にそれが例外的に認められる場合であっても、かかる繰越欠損金は、加入法人の個別所得金額を超えて利用することができない。

これに対して、加入法人が単体納税制度の下で繰越欠損金を抱えている場合において、時価評価課税の対象となる当該法人の保

---

48 岡村・前掲（注8）436－437頁参照。
49 岡村・前掲（注8）501頁参照。
50 泉・前掲（注22）244頁参照。
51 法人税法81条の9第1項1号イ所定の「控除対象個別所得金額」を指す。

有に係る減価償却資産に含み益が存する場合には、実質的には、単体納税制度の下で生じた繰越欠損金が連結納税グループへ持ち込まれ、しかも、加入法人の個別所得金額を限度とする制限にも服さずに利用され得ることになる[52]。即ち、加入法人は、加入時の時価評価課税の結果、加入日の前日を最終日とする単体申告事業年度において、減価償却資産に係る評価益を計上し、その有する繰越欠損金と相殺して所得計算する一方で、その評価益計上された金額（繰越欠損金と相殺された金額）に相当する分だけ、当該減価償却資産の税務上の簿価を増額（ステップアップ）させることになる。そして、その増額された減価償却資産の税務上の簿価は、連結納税グループ全体の課税所得計算の際に、減価償却費として、特段の制限もなく損金の額に算入されることになる。このような事態が生じる典型的な場合が、時価評価課税の対象となる加入法人が、多額の計上済みの自己創設営業権（減価償却資産）と繰越欠損金とを有する場合[53]である。それ故、自己創設営業権を時価評価課税の対象とすることが、納税者にとって有利に働く場合もあるといえる（前記(b)(iv)参照）。

　また、連結納税グループへの持込みが制限される資産の含み損についても、上述したところと同様の方法により、減価償却資産の税務上の簿価をステップアップさせることで、実質的に連結納

---

[52] 但し、繰越欠損金とは異なり、減価償却資産に係る減価償却費は、連結子法人が連結納税グループに属している間の当該連結子法人の利益積立金額の増減額に含まれるため、投資簿価修正の対象となる。従って、投資簿価修正の観点からは、減価償却資産のステップアップされた税務上の簿価としてではなく、繰越欠損金として持ち込んだ方が、納税者にとって望ましいといえる（後掲（注84）参照）。

[53] 例えば、製薬ベンチャー企業のように、多額の初期投資を必要とするが、利益が計上されるのが数年先となる企業においては、多額の繰越欠損金と自己創設営業権の両方が存在することも多い。

税グループ内に持ち込むことが可能となっている[54]。

(ⅱ) 含み損に係る規律と繰越欠損金に係る規律との非対称性

　資産の含み損と繰越欠損金とは、損失が実現し、既に損金として認識されているか否かという点では違いはあるものの、いずれも、将来の所得の計算の際に控除されて、税額を減少させる可能性があり、納税者にとって有利に働く租税属性であるという点では共通している。そのため、繰越欠損金の利用が制限される場合には、資産の含み損の利用もパラレルに制限される場合が多く[55]、例えば、**第4章**で述べたとおり、適格合併の場面においては、被合併法人の繰越欠損金の合併法人への引継ぎが制限されるとともに（法法57条2項、3項）、合併法人が被合併法人から引き継いだ資産に係る含み損の利用も制限されている（法法62条の7第1項、2項1号）。

　これに対して、連結納税グループへの加入の場面においては、資産の含み損の利用の制限に係る規律と繰越欠損金の利用の制限に係る規律は必ずしも整合的なものとはなっていない。即ち、加入法人が時価評価対象外法人に該当する場合には、単体納税制度の下で生じた資産の含み損及び繰越欠損金のいずれについても連結納税グループへ持ち込むことが許容されており、この点では両者の整合性は保たれている。しかしながら、連結納税グループへ持ち込まれた後の利用制限の有無の点では非対称性が存在してい

54　繰越欠損金とは異なり、資産の含み損については加入法人の個別所得金額を超えて利用することができないとの制限は課されていない（後記(ⅱ)参照）。また、減価償却資産に係る減価償却費と同様に、資産の含み損が実現すれば、投資簿価修正の対象となる（後掲（注84）参照）。従って、これらの観点からは、資産の含み損として持ち込むか減価償却費として持ち込むかで、差異は生じない。

55　岡村・前掲（注8）457頁参照。

る。即ち、資産の含み損であれば、それを実現して、連結納税グループ全体の課税所得の計算の際に特段の制限もなく損金の額に算入することができるのに対し、繰越欠損金については、加入法人の個別所得金額を超えて利用することができないとの制限が課されている（前記(c)(ii)参照）[56]。

従って、連結納税グループの内外に跨るM&Aを行う場合に、M&Aの対象となる法人が時価評価対象外法人に該当するときは、繰越欠損金として連結納税グループへ持ち込むよりも、資産の含み損として連結納税グループへ持ち込む方が納税者にとって有利である[57,58]。それ故、このような観点から、資産の含み損を有する資産の譲渡のタイミングをM&Aの実行の前後（連結納税グループへの加入前後）のいずれとすべきかという点について、注意が必要となろう。

---

[56] なお、連結納税グループに加入した法人が、一度も連結納税制度の下で申告納付を行わずに、①連結納税グループから離脱、②合併により解散又は③連結納税グループが解消した場合における取扱いに関しても、含み損に係る規律と繰越欠損金の利用の制限に係る規律は整合的なものとはなっていない。即ち、その原因が、①連結納税グループからの離脱又は②合併による解散（但し、他の連結法人を合併法人とする合併による解散を除く）である場合、加入前の繰越欠損金は無条件に切捨てを免れるが（前記(c)(i)及び前掲（注46）参照）、時価評価課税を免れるためには、更に、加入日以後2ヶ月以内に離脱又は合併により解散する、との要件を充足する必要がある（前記(b)(ii)⑥参照）。また、その原因が、③連結納税グループの解消に存する場合には、繰越欠損金の切捨ては免れるが、時価評価課税は不可避である（法施令122条の12第1項8号、法法4条の5第2項4号・5号）。

[57] 資産の含み損の利用の制限に係る規律と繰越欠損金の利用の制限に係る規律が整合的でないとの問題の詳細については、酒井貴子「連結納税制度における損失控除制限のあり方―米国連結財務省規則におけるSRLYルールを巡る議論を主な題材として―」税大ジャーナル15号（2010）42–43頁を参照。

[58] 但し、後掲（注84）で述べるとおり、投資簿価修正の観点からは、含み損ではなく、繰越欠損金として連結納税グループへ持ち込む方が納税者に有利に働く場合がある。

(ハ) 連結納税グループからの離脱に関する留意点及び法的問題点
　a　連結納税グループからの離脱が生じる場面

　連結子法人が連結親法人との間に当該連結親法人による連結完全支配関係を有さなくなった場合には、前記(イ)で述べた連結子法人たる要件を充足しなくなることから、当該連結子法人は、原則として、その有さなくなった日に、連結納税グループから自動的に離脱する[59,60]（法法4条の5第2項5号）。また、連結子法人の合併による解散[61]が生じた場合には、当該連結子法人は連結納税グループ内に留まることが不可能となるため、原則として、当該合併の日に連結納税グループから自動的に離脱する（法法4条の5第2項4号）。

　従って、連結納税グループの内外に跨るM&Aに伴い、連結納税グ

---

[59] 岡村・前掲（注8）517頁参照。なお、連結納税グループからの離脱に係る届出は必要となる（法施令14条の9第2項1号）。
[60] 一般的には、連結納税グループからの「離脱」という用語は、連結子法人が合併により解散して連結納税グループ内に留まることが不可能となった場合を含む意味で用いられている。しかしながら、連結子法人が合併により解散する場合には、①合併の日の前日の属する事業年度が単体申告する事業年度となることにより、単体申告へ移行してから合併により消滅する場合と、②一度も単体申告へ移行せずに合併により消滅する場合、の2つがあるところ（後記b(a)(i)参照）、①の場合には、他の「離脱」の場合（例えば、株式譲渡による離脱の場合）と同じく、法人がその法主体としての同一性を維持したまま連結申告から単体申告へ移行するため、その移行に伴う課税処理が問題となる（その後の合併については、単体申告する法人同士の合併であり、基本的には通常の合併と同一の条文が適用される）のに対して、②の場合には、かかる移行は生じず、連結法人が有する資産・負債・権利義務の他の法人への移転が生じるに過ぎない。そこで、本章では、一般的な「離脱」の用法とは異なり、連結子法人が合併により解散する場合のうち、①の場合のみを「離脱」に含めて論じることとし、②の場合については、「離脱」には含めずに、後記の口(ハ)（法人が有する資産・負債・権利義務の他の法人への移転）において論じることとする。
[61] 前掲（注60）で述べたとおり、この口(ハ)（連結納税グループからの離脱）において言及している連結子法人の合併による解散は、基本的に、①合併の日の前日の属する事業年度が単体申告する事業年度となることにより、単体申告へ移行してから合併により消滅する場合を指している点に留意されたい。

ループからの離脱が生じるか否かを判断するためのメルクマールは、当該M&Aの結果、連結親法人による連結完全支配関係がなくなった連結子法人があるか否か、及び連結子法人の合併による解散が生じたか否かということになる。

b 連結納税グループからの離脱に際して留意すべき連結納税制度特有の規定

連結納税グループからの離脱が生じる場合には、離脱した法人（以下「離脱法人」という）の課税単位が法人のグループから個別の法人へと変更される。かかる変更後は、離脱法人と他の連結法人との間で所得の金額と欠損金額を相殺することができなくなるため、かかる変更のタイミングが重要となる。もっとも、連結納税グループへの加入の場面とは異なり、租税回避の問題が生じる余地は少ないため、離脱法人の繰越欠損金や資産の取得価額についての特別な取扱いは設けられていない。また、離脱法人のみに生じる問題ではないが、離脱法人の株式を保有する連結法人において、二重課税や損失の二重控除の問題を排除するために、当該株式の帳簿価額の修正（投資簿価修正）が生じる点にも注意が必要である。

以下では、M&Aの際に考慮すべき、離脱法人に係る①単体申告への移行のタイミング、②資産の取得価額、③繰越欠損金、④再加入の制限、及び⑤離脱法人の株式を保有する連結法人に係る投資簿価修正の取扱いについて、それぞれ論じる。

(a) 離脱法人に生じる問題
(i) 単体申告への移行のタイミング（みなし事業年度）

連結納税グループからの離脱が生じた場合、連結親法人による連結完全支配関係がなくなった日又は合併の日（以下「離脱日」という）以後の期間について、連結納税の承認の効力は失われ、

離脱法人は、当該離脱日を境に連結法人ではなくなる（法法4条の5第2項4号・5号、2条12号の7の7・12号の7の6）。しかしながら、離脱法人は、必ずしも、当該離脱日を境に連結申告から単体申告に移行する訳ではない。連結親法人による連結完全支配関係がなくなったときは、①離脱日が連結親法人の事業年度終了の日の翌日である場合には、当該離脱日を境に連結申告から単体申告へ移行するが、②それ以外の場合には、連結親法人の事業年度開始の日から離脱日の前日までの期間（連結法人として単体申告）及び当該離脱日から当該連結親法人の事業年度終了の日までの期間（単体申告）、という2つのみなし事業年度[62]が設定され、離脱日より前のみなし事業年度まで遡って単体申告へ移行する（即ち、連結法人のまま単体申告する[63]。法法14条1項8号、15条の2第1項3号）。この点は、合併により連結子法人が解散した場合も同様である（法法14条1項10号、15条の2第1項2号）。

　従って、連結親法人の事業年度終了の日の翌日以外の日が離脱日である場合には、当該離脱日よりも前の事業年度であるにも拘らず、連結親法人の事業年度開始の日から離脱日の前日までのみなし事業年度において、離脱法人に生じた所得の金額又は欠損金額は、他の連結法人の欠損金額又は所得の金額と相殺することができない。

　そのため、離脱日の直前まで離脱法人と他の連結法人との間で

62　離脱法人の事業年度と連結親法人の事業年度との間にずれが生じている場合、連結親法人の事業年度終了の日の翌日から当該翌日の属する離脱法人の事業年度終了の日までの期間もみなし事業年度とされる（法法14条1項8号）。
63　法人税法は、連結申告する連結法人と単体申告する連結法人とを区別するために、前者を「連結申告法人」と定義している（法法2条16号括弧書）。

所得の金額と欠損金額とを相殺することが望ましいケース（例えば、離脱日の直前に離脱法人に多額の所得の金額が発生する一方で、連結納税グループに多額の繰越欠損金が存する事案）では、離脱日を連結親法人の事業年度終了の日の翌日とすることを検討すべきであろう[64]。

(ii) **資産の取得価額（時価評価不要）及び繰越欠損金の維持**

離脱法人が保有する資産の含み益や含み損を連結納税グループの外に持ち出すことを認めたとしても、その後、当該含み益や含み損を実現した上で、他の連結法人の所得の金額や欠損金額と相殺することができる訳ではない。このように、連結納税グループへの加入の場面とは異なり、租税回避のおそれが少ないため[65]、離脱に伴い、離脱法人が保有する資産を時価評価する旨の規定は設けられていない[66]。

また、同様に、連結納税グループ全体の課税所得計算の際に損金の額に算入することが認められる繰越欠損金（以下「連結繰越欠損金」という）のうち離脱法人に帰せられる部分（以下、連結繰越欠損金のうち各連結法人に帰せられる部分を「連結繰越欠損金個別帰属額」という）を当該連結納税グループの外へ持ち出す

---

[64] 離脱法人と他の連結法人との間における所得の金額と欠損金額との相殺をどの程度認めるかは立法政策の問題ではあるが、離脱日が期首か期中かという違いにより、大きな差を設ける理由を合理的に説明することは困難であると思われる（岡村・前掲（注8）525頁参照）。

[65] 稲見誠一＝大野久子監修『詳解　連結納税Q＆A〔第9版〕』（清文社、2017）491－492頁参照。

[66] 岡村・前掲（注8）493頁は、連結納税グループへの加入の場面と連結納税グループからの離脱の場面とで取扱いが異なる点をもって、「ここに非対称性が存在し、問題が発生する可能性が認められる」と指摘する。

ことを認めたとしても、租税回避のおそれが少ないため[67]、連結納税グループから離脱した場合でも、かかる連結繰越欠損金個別帰属額については、連結納税グループ外に持ち出すことが認められている（即ち、当該帰属額については離脱時に切り捨てられない)[68]。具体的には、離脱法人に係る連結繰越欠損金個別帰属額は、単体申告へ移行した後における離脱法人の事業年度[69]に係る所得の金額の計算上、損金の額に算入可能な繰越欠損金とみなされ（法法57条6項、4条の5第2項4号・5号、81条の9第6項）、他方で、当該金額が、離脱した連結納税グループに係る連結繰越欠損金から控除される（法法81条の9第5項1号・6号）。

(iii) **再加入の制限**

　離脱法人が離脱した連結納税グループへ再加入することを自由に認めると、納税者にとって都合の良い事業年度についてのみ連結納税制度の適用を受けることが可能となり、租税回避の問題が生じる[70]。そのため、離脱法人は、離脱日以後5年を経過する日の属する事業年度終了の日までは、離脱した連結納税グループに再加入することができない（法法4条の2柱書括弧書、法施令14条の6第1項4号）。

　なお、この租税回避の問題は、離脱法人が離脱した連結納税グループに再加入することを認めた場合にのみ生じる問題であるため、離脱法人が新たに連結納税制度の適用を開始することや、離脱した連結納税グループとは別の連結納税グループへ加入することに関しては、何らの制限も設けられていない（連結納税基本通

67　稲見＝大野・前掲（注65）493頁参照。
68　前掲（注66）参照。
69　当然、前記(i)で論じた、連結法人として単体申告する事業年度も含む。
70　稲見＝大野・前掲（注65）500頁参照。

達1－3－5参照)。

(iv) 連結法人税の精算に係る問題点

　連結納税グループ全体の所得に対して課される法人税(以下「連結法人税」という)は、納税手続の便宜上、連結親法人が一括して納付することとされているが(法法81条の27)、その中には連結子法人に帰せられる部分(以下「連結法人税個別帰属額」という)も含まれている(法法81条の18第1項)。かかる連結法人税個別帰属額については、実務上、連結親法人と連結子法人との間で、①精算する(金銭を授受する)ないし②精算しない、という2通りの対応が考えられる。このうち①の対応を採った場合は、連結法人税個別帰属額の精算金を受け取る側では受取額は益金不算入とされる一方、支払側ではその支払額は損金不算入として取り扱われ、その時点においては何らの租税負担も生じないことが法人税法上明記されている(法法26条4項、5項、38条3項、4項)。これに対して、②の対応を採った場合の課税関係については、法人税法上明らかにされていないが、考え方としては以下の2つが考えられる[71]。

　　②－ⅰ：連結親法人と連結子法人との間には当然に連結法人税個別帰属額の精算に係る権利義務関係が生じており、かかる精算を行わないことは債務免除を行うに等しいため、精算金を受け取るべき側では寄附金が、支払うべき側では受贈益が、それぞれ生じるとする考え方

　　②－ⅱ：精算を行うか否かは当事者の任意に委ねられており、

---

[71] 朝長英樹「連結子法人を買収した場合の連結法人税の精算と寄附金・受贈益の取扱い」T&Amaster455号(2012)28頁以下参照。②－ⅰの考えに親和的な立場を採用するものとして、森・濱田松本法律事務所『取引スキーム別　契約書作成に役立つ税務知識Q&A〔第2版〕』(中央経済社、2018)66－69頁参照。

精算を行わなくとも何らの課税関係も生じないとする考え方

　連結法人税個別帰属額の精算に係る当事者間に完全支配関係が存在する場合は、グループ法人税制が適用され、寄附金は全額損金不算入、受贈益は全額益金不算入とされる（法法25条の2第1項、37条2項）ため、仮に上記②－ⅰの考え方が適用されるとしても、その時点においては何らの租税負担も生じず、いずれの考えが正しいかは特段問題とならない。これに対して、連結納税グループからの離脱が生じた後に連結法人税個別帰属額の変動が生じた場合（例えば、離脱後に更正処分が行われた場合）に精算を行わないとすると、その時点では離脱法人と連結親法人との間の完全支配関係が消滅しており、グループ法人税制も適用されないため、②－ⅰと②－ⅱのいずれの考え方が適用されるかによって、課税関係が大きく異なることとなる。課税当局がいずれの考え方に依っているかは不明であるが、2013年11月1日付けで公表された、国税庁による「連結法人間の寄附の取扱い（連結法人税の個別帰属額）」と題する質疑応答事例（《https://www.nta.go.jp/law/zeiho-kaishaku/shitsugi/hojin/36/01.htm》にて閲覧可能）では、完全支配関係のある当事者間で精算が行われないとしても「経済的な利益の供与に該当するものとして、……寄附金……とされることはありません」として、精算が行われない場合には、経済的な利益の供与はないと整理する考え方に依っているように思われること、平成22年度税制改正に際して「連結法人税の個別帰属額の授受を必ずしも行う必要がな」いと解説されていること[72]等に鑑みれば、結論的には、課税当局が②－ⅱの考え方

72　泉・前掲（注22）208頁参照。

に依っている可能性も相当程度存すると思われる。

　従って、実務上の対応としては、連結納税グループからの離脱が生じた後に連結法人税個別帰属額の変動が生じた場合であっても精算を行わないことは十分にあり得ると思われるが、いずれにせよ、上記の問題については、課税当局に対する事前照会を行うなど、慎重に対処することが望ましいと思われる。

(b)　**離脱法人の株式を保有する連結法人に生じる問題**
　～投資簿価修正～
(i)　**投資簿価修正の制度趣旨**
　法人の株主が投資リターンを回収する方法には、配当の受領による方法と株式の譲渡等を通じたキャピタル・ゲインの実現による方法の2つが存在する。この点、かかる投資リターンは、法人段階で課税済のものであるため、法人の株主がそれを回収する段階で課税がなされると、法人段階とその株主段階という二段階課税が生じてしまう。そこで、法人税法は、配当の受領に関しては、受取配当益金不算入制度を定め、このような二段階課税の問題を緩和している（法法23条）。しかしながら、キャピタル・ゲインの実現に関しては、法人税法上、上記の二段階課税の問題を緩和するための規定は設けられていない。このように、法人税法は、原則として、投資リターンの回収が配当によるものかキャピタル・ゲインの実現によるものかで全く異なる課税上の取扱いをしている。

　しかしながら、連結納税制度が適用される場合にも、キャピタル・ゲインに関して上記のような取扱いをした場合には、大きな問題が生じる。即ち、連結納税制度が適用される場合、法人とその株主たる法人とは連結納税グループという一つの課税単位に包含されることとなるため、そこである法人が稼得した利益につ

き、法人段階とその株主段階とで課税してしまうと、同一の課税単位における二重課税の問題が生じてしまう。この問題は、連結納税制度が適用されない場合に生じる、異なる課税単位間における二段階課税の問題とは異なり、看過できない。そこで、法人税法は、かかる二重課税を排除するために、連結子法人が稼得した利益の額に応じて、当該連結子法人の株主における当該連結子法人株式の帳簿価額を増額する制度（投資簿価修正の制度）を設け、かかる利益の額に対応するキャピタル・ゲイン課税が株主側で生じないように調整している[73]。言い換えれば、投資簿価修正の制度は、連結納税制度が適用される場面において、配当とキャピタル・ゲインとの取扱いを接近させる制度であるといえよう[74,75]。

---

[73] 連結子法人が益金不算入とされる利益を稼得した場合（例えば、配当の受取り）であっても、かかる利益に応じて、当該連結子法人株式の帳簿価額は増額される。確かに、益金不算入とされる利益は、法人段階では課税されないため、純粋な形での、連結納税グループ内における二重課税は生じない。しかしながら、かかる簿価修正をしないとすると、当該連結子法人株式に関して当該利益に対応するキャピタル・ゲインが生じるため、それが実現した際には、結局、当該利益が同一の連結納税グループ内で益金算入されたのと同様の結果となる。つまり、利益を益金不算入とした意味が失われる。これは、二重課税の問題と全く同じ問題であり、課税すべきではないキャピタル・ゲインが生じるという問題である。そこで、法人税法は、連結子法人が益金不算入とされる利益を稼得した場合であっても、かかる利益に応じて、当該連結子法人株式の帳簿価額を増額することにより、かかる利益に対応するキャピタル・ゲインが生じないように調整している。

[74] 増井良啓「日本における連結納税制度の方向性－投資修正は必要か？」租税研究624号（2001）19頁参照。

[75] 稲見＝佐藤・前掲（注28）195頁参照。連結納税制度が適用される場面においては、投資簿価修正の制度の適用により、法人がその配当の原資として獲得した利益に対応して、当該法人の株式の帳簿価額は増額修正されている。そして、配当を実施した場合には、その支払配当の額だけ当該帳簿価額が減額される。従って、配当を実施しない場合と実施した場合とでは、税務上のキャピタル・ゲイン（ロス）の金額には差異がなく、納税者にとっての優劣は生じない。

また、逆に、法人に損失が生じた場合、その株主たる法人がキャピタル・ロスを実現させることにより、法人段階とその株主段階とで税務上損失が二回控除されることになるが、法人税法では、このような損失の二回控除の問題については特段の手当てをしないのが原則である。しかしながら、連結納税制度が適用される場面においても、かかる取扱いを貫徹すると、法人が利益を稼得した場合について述べたところと同様に、異なる課税単位間における損失の二回控除の問題に留まらず、同一の課税単位における損失の二重控除の問題が生じてしまう。そこで、法人税法は、連結子法人に生じた損失の額に応じて、当該連結子法人の株主における当該連結子法人株式の帳簿価額を減額すること（投資簿価修正）により、かかる損失に対応する税務上のキャピタル・ロスが株主側で生じないように調整している[76]。このように、投資簿価修正の制度は、二重課税のみならず、損失の二重控除の排除をも目的としている[77]。

---

[76] 連結子法人に、損金不算入とされる利益の社外流出が生じた場合（例えば、配当の支払い）であっても、かかる社外流出に応じて、当該連結子法人株式の帳簿価額は減額される。確かに、損金不算入とされる利益の社外流出は、法人段階では損金に算入されないため、純粋な形での、連結納税グループ内における損失の二重控除は生じない。しかしながら、かかる簿価修正を行わないとすると、当該連結子法人株式に関して当該社外流出に対応するキャピタル・ロスが生じるため、それが実現した際には、結局、当該社外流出が同一の連結納税グループ内で損金算入されたのと同様の結果となる。つまり、利益の社外流出を損金不算入とした意味が失われる。これは、損失の二重控除の問題と全く同じであり、損金に算入すべきではないキャピタル・ロスが生じるという問題である。そこで、法人税法は、連結子法人に損金不算入とされる利益の社外流出が生じた場合であっても、かかる社外流出に応じて、当該連結子法人株式の帳簿価額を減額することにより、かかる社外流出に対応するキャピタル・ロスが生じないように調整している。

[77] 柴崎・前掲（注1）286頁参照。

(ii) **投資簿価修正の修正事由及び修正タイミングに係る留意点**

　上記のような投資簿価修正制度の趣旨からすれば、連結子法人が稼得した利益等の額に応じて、当該連結子法人の株主における当該連結子法人株式の税務上の簿価を事業年度ごとに修正することも考えられる。しかしながら、それでは事務が余りに繁雑になるため、法人税法は、連結子法人株式の譲渡や評価換えによりキャピタル・ゲイン（ロス）が実現することから当該連結子法人株式の税務上の簿価を確定する必要がある場合や、連結子法人が連結納税グループから離脱するため今後かかる税務上の簿価を修正する機会が失われる場合など、投資簿価修正が必要な一定の場合[78]に限って、当該制度を適用することとしている（法施令9条1項6号、2項、9条の2第1項4号、2項）[79]。

　そして、連結子法人が連結納税グループから離脱する場合には、その後当該連結子法人株式の税務上の簿価を修正する機会が失われるため、原則として、離脱日の前日に[80]当該株式の税務上の簿価（帳簿価額）を修正することが強制される（法施令9条2項3号）。

　なお、連結子法人株式の譲渡により、当該連結子法人が連結納税グループから離脱する場合、①その株式の譲渡に係る譲渡損益は、その譲渡に係る「契約をした日」の属する事業年度に計上しなくてはならないが（法法81条の3第1項、61条の2第1項柱

---

[78] 離脱は、投資簿価修正が必要な一定の場合のうちの一つである。その他、例えば、連結グループ内における株式譲渡によりキャピタル・ゲイン（ロス）が実現する場合にも必要となるため、投資簿価修正の制度は、離脱の場面に固有の制度ではない点に注意が必要である。

[79] 稲見＝大野・前掲（注65）534頁参照。

[80] 泉恒有ほか『改正税法のすべて〔平成20年版〕』（大蔵財務協会、2008）349－350頁参照。

書)、他方で、②前記のとおり、当該株式に係る投資簿価修正は、離脱日の前日、即ち、当該株式の「引渡しのあった」日の前日に行われる（連結納税基本通達1-2-2）。従って、株式の譲渡人において、①当該契約をした日の属する事業年度と②当該株式の引渡しのあった日の前日の属する事業年度とが異なる場合には、本来譲渡損益を計上すべき①の事業年度において譲渡原価が確定しないためにかかる計上が不可能になる、との事態が生じ得る。そこで、実務上、このような事業年度のずれが生じないように、M&A（連結子法人株式の譲渡）に際しての売買契約締結日とクロージング日の設定には注意が必要である[81]。

(iii) 投資簿価修正を要する法人

　連結子法人が連結納税グループから離脱する場合に、離脱法人株式の帳簿価額を将来修正する機会が失われるという点は、全ての離脱法人株式に共通する事情であり、また、それぞれの離脱法人株式ごとに帳簿価額が異なるような事態が生じることは好ましくない[82]。そのため、譲渡された離脱法人株式のみならず、全ての離脱法人株式につき投資簿価修正が強制され、離脱法人株式を保有する全ての連結法人において投資簿価修正が行われる（法施令9条2項3号）。

　また、ある連結子法人が離脱した場合、それに伴い、当該離脱法人に株式を直接又は間接に保有されている連結子法人も連結親法人による連結完全支配関係がなくなるため、連結納税グループから離脱し、かかる連結子法人の株式も投資簿価修正の対象となる（法施令9条2項3号）。従って、ある連結子法人が離脱した

81　朝長・前掲（注19）491−493頁参照。
82　朝長・前掲（注19）204頁参照。

場合には、当該連結子法人（離脱法人）及びその傘下の連結子法人の株式を保有する全ての連結法人において投資簿価修正を行う必要があり、離脱法人自身においても、その保有する連結子法人株式に係る投資簿価修正が行われる。

　なお、このように離脱法人が複数存在する場合には、ある離脱法人の株式に係る投資簿価修正が行われると、当該株式を保有する他の離脱法人の利益積立金額が増減するため、当該他の離脱法人の株式に係る投資簿価修正の内容が変動することになる（法施令９条１項６号、９条の２第１項４号。投資簿価修正の金額が利益積立金額に基づき計算される点については、後記(iv)参照）。従って、当該変動の金額を確定させるため、離脱法人が複数存在する場合には、最も下位に位置する離脱法人の株式から、順次、その上位の離脱法人の株式について投資簿価修正が行われていくことになる（法施令９条第３項１号ニ、連結納税基本通達１－８－４）。

(iv)　投資簿価修正における修正金額及びその問題点

　投資簿価修正の制度は、二重課税及び損失の二重控除の問題の排除を目的とするが、前述したとおり[83]、ほぼ同様の理由から、益金不算入となる利益及び損金不算入となる利益の社外流出が生じた場合にも、投資簿価修正は必要となる。

　従って、投資簿価修正の金額を算出する際には、その対象となる株式の発行法人である連結子法人が連結納税グループにおいて計上した所得の金額及び欠損金額のみならず、益金不算入とされた利益及び損金不算入とされた利益の社外流出の額をも加味した利益積立金額が用いられる。具体的には、当該連結子法人が連結

83　前掲（注73）及び（注76）参照。

納税グループに属している間における当該連結子法人の利益積立金額の増減額[84]に、投資簿価修正を要するものとされる連結法人が保有する当該連結子法人株式の割合を乗じた金額が、投資簿価修正の金額になる[85,86]（法施令9条1項6号、3項、9条の2第1項4号、3項）。当該金額がプラスであれば、当該連結子法人株式の帳簿価額に加算されて上記連結法人におけるキャピタル・ゲインの額が減額され（キャピタル・ロスの額が増額され）、他方で、当該金額がマイナスであれば、当該帳簿価額から減算されて上記連結法人におけるキャピタル・ゲインの額が増額される（キャピタル・ロスの額が減額される）。

そして、この投資簿価修正に対応して、投資簿価修正を要するものとされる連結法人では、当該投資簿価修正の金額だけ、その利益積立金額が増減する（法施令9条1項6号、9条の2第1項4号）。

なお、投資簿価修正の基礎となる利益積立金額の増減額には、前記(a)(i)で述べた、離脱法人が「連結法人として単体申告する事

---

[84] 連結納税グループに持ち込まれた繰越欠損金のうち、損金の額に算入された金額については、当該連結子法人が連結納税グループに属している間における、当該連結子法人の利益積立金額の増減額には含まれないため、投資簿価修正の対象とはならない（法施令9条1項1号ヘ、9条の2第1項1号ヘ）。これに対して、連結納税グループ内で実現した含み損は、当該増減額に含まれるため、投資簿価修正の対象となる（法施令9条1項1号イ、9条の2第1項1号イ）。従って、投資簿価修正の観点からは、含み損ではなく、繰越欠損金として連結納税グループへ持ち込む方が、納税者に有利に働く。

[85] 厳密には、連結子法人の利益積立金額の増減額を算出する際に、既に投資簿価修正の対象となった利益積立金額（更に、過去に当該連結子法人を当事法人とする組織再編成が行われている場合には、当該組織再編成により変動した利益積立金額について一定の調整がなされる）は減算されることとなる（法施令9条3項1号、4項）。

[86] みなし配当事由が生じた場合には、投資簿価修正の金額について特別な取扱いが設けられている点に注意が必要である（法施令9条3項1号柱書括弧書）。

業年度」に係る利益積立金額の増減額も含まれることに注意が必要である（法施令9条3項1号ロ）。この点、かかる事業年度において離脱法人に生じた所得の金額又は欠損金額は、他の連結法人の欠損金額又は所得の金額と相殺することができないため、かかる事業年度においては、投資簿価修正の制度趣旨である二重課税及び損失の二重控除の問題を排除すべき要請は本来働かないはずである。にも拘わらず、形式的に連結法人であるとの理由のみで、かかる事業年度も投資簿価修正の対象とされている[87]。

(v) 資産の含み損益と投資簿価修正

前記(i)で述べたとおり、連結納税制度が適用されない場面では、法人段階とその株主段階における二段階課税の問題（もっとも、受取配当益金不算入制度により、この問題は全部又は一部解消されている）及び損失の二回控除の問題が生じるのに対し、連結納税制度が適用される場面においては、投資簿価修正の制度が適用されることにより、これらの問題の解消が図られている。従って、連結法人が保有する資産に含み損益が存する場合を想定すると、納税者にとっては、①連結子法人が保有する資産の含み益は、連結納税グループから離脱する前に実現することで、二段階課税を回避することが望ましく[88]、逆に②当該資産の含み損は、

---

[87] 稲見＝大野・前掲（注65）558頁参照。

[88] 資産の含み益が、当該資産を有する連結子法人の株式が取得される前に生じたものである場合には、かかる含み益に関しては、二重課税の問題が生じていないにも拘らず、二重課税を解消することを目的とする投資簿価修正の制度が適用されるため、かかる含み益は一切課税対象とならないとの問題が生じる。この点、そもそも、資産の含み益を連結納税グループに持ち込むことは厳しく制限されているため、このような事態が生じることは稀であるが、かかる問題の詳細については、酒井貴子「アメリカ連結税制における投資損失の取扱い」岡村忠生編『新しい法人税法』（有斐閣、2007）173頁以下を参照。

連結納税グループから離脱した後に実現することで、損失の二回控除の利益を享受することが望ましい[89]ということになる。

(二)　連結納税グループの解消[90]に関する留意点及び法的問題点
　　a　連結納税グループの解消が生じる場面
　　連結親法人と他の内国法人（普通法人又は協同組合等に限る）との間に当該他の内国法人による連結完全支配関係が生じた場合には、当該連結親法人は、連結親法人たる要件を充足しないことになるので、当該連結親法人を頂点とする連結納税グループは解消され、それに属する全ての連結法人は、その法主体としての同一性を維持したまま単体申告に移行する（法法4条の5第2項1号）。但し、たとえ連結親法人がその発行済株式の全てを他の内国法人に直接又は間接に保有されることとなったとしても、当該連結親法人と当該他の内国法人との間に外国法人若しくは連結除外法人が介在している場合には、連結納税グループの解消の問題は生じない。

　　また、連結親法人が合併により解散した場合には、連結納税グループを維持することが不可能となるから、当該連結納税グループは解消され、そこに属する全ての連結子法人は、その法主体としての同一性

---

[89] 連結子法人が保有する資産の含み損の実現時期を、当該連結子法人が連結納税グループから離脱するまで遅らせることに基因する問題の詳細については、岡村・前掲（注8）530頁、酒井・前掲（注88）173頁以下を参照。
[90] 連結親法人が合併により解散することで連結納税グループが解消した場合、連結親法人においては、他の「解消」の場合とは異なり、法人がその法主体としての同一性を維持したまま連結申告から単体申告へ移行することに伴う課税処理が問題となることはなく、連結親法人が有する資産・負債・権利義務の他の法人への移転が生じるに過ぎない。そこで、本章では、かかる連結親法人については「解消」には含めずに、後記ロ(ハ)において論じることとする。

を維持したまま単体申告へ移行する（法法4条の5第2項3号）[91]。
　更に、連結子法人がなくなった場合にも、連結納税グループを維持することが不可能となるから、当該連結納税グループは解消され、連結親法人は、その法主体としての同一性を維持したまま単体申告へ移行する（法法4条の5第2項2号）[92]。

　従って、連結納税グループの内外に跨るM&Aの実行に伴い、連結納税グループの解消が生じるか否かを判断するためのメルクマールは、当該M&Aの結果、①連結親法人と他の内国法人との間に当該他の内国法人による連結完全支配関係が生じること、②連結親法人が合併により解散すること、③連結子法人がなくなること、のいずれかが生じたか否かということになる。

b　連結納税グループの解消に際して留意すべき連結納税制度特有の規定

　連結納税グループの解消が生じる場合には、当該連結納税グループに属する連結法人（合併により解散する連結法人を除く。以下、そのそれぞれを「解消法人」という）の課税単位が、法人のグループから個別の法人へと変更される。この場合において留意すべき連結納税制度特有の事項は、「連結法人として単体申告する事業年度」が生じないという点を除き、連結納税グループからの離脱に際して留意すべき連結納税制度特有の事項と内容的にほぼ同一であるため、以下では、

---

[91]　前掲（注90）で述べたとおり、本章では、連結親法人が合併により解散することで連結納税グループが解消した場合の連結親法人は「解消」に含めていないが、かかる場合の連結子法人においては、法人がその法主体としての同一性を維持したまま連結申告から単体申告へ移行することに伴う課税処理が問題となるため、かかる連結子法人は「解消」に含めて論じている。

[92]　連結納税グループの解消に係る届出は必要となる（法施令14条の9第2項1号・3号）。

離脱の場合と異なる点を中心に、ごく簡単に論じることとする。

(a) 単体申告への移行のタイミング（みなし事業年度）

　連結納税グループが解消した日[93]（以下「解消日」という）以後の期間について、連結納税の承認の効力は失われ、解消法人は、当該解消日を境に連結法人ではなくなる（法法4条の5第2項1号・2号・3号・2条12号の7の7・12号の7の6・12号の7の5）。そして、連結親法人の事業年度の中途において当該解消が生じた場合には、当該解消日を境に、全ての解消法人において、みなし事業年度が設定される（法法14条1項12号・14号・17号）。但し、この場合には、連結納税グループからの離脱の場合とは異なり、連結親法人においても解消日を境とするみなし事業年度が設定されるため[94]、解消日が必ず連結親法人の事業年度終了の日の翌日となる。従って、「連結法人として単体申告する事業年度」が生じないための要件が必ず充足される（法法15条の2第1項柱書括弧書）ことから、いずれの解消法人においても、連結法人として単体申告する事業年度は生じない。

(b) 再加入の制限

　連結納税グループが消滅するため、連結納税グループからの離脱の場合とは異なり、同一の連結納税グループへの再加入の問題は生じ得ない。

---

[93] ①連結親法人と内国法人との間に当該内国法人による連結完全支配関係が生じた場合には、その生じた日、②連結親法人が合併により解散した場合には、その合併の日、③連結子法人がなくなった場合には、そのなくなった日、をそれぞれ指す（法法4条の5第2項1号・2号・3号）。

[94] 連結親法人が合併により解散する場合であっても、当該連結親法人において、当該合併の日を境にみなし事業年度が設定される（法法14条1項2号）。

(c) 資産の取得価額（時価評価課税不要）及び繰越欠損金の維持

連結納税グループからの離脱の場合と同様に、連結納税グループの解消に伴い、解消法人が保有する資産を時価評価する旨の規定は設けられておらず、また、解消法人に係る連結繰越欠損金個別帰属額を連結納税グループの外に持ち出すことは認められている（法法57条6項、4条の5第2項1号・2号・3号、81条の9第6項）。

(d) 投資簿価修正

連結納税グループが解消する場合には、今後連結子法人株式の帳簿価額を修正する機会が失われるため、連結納税グループからの離脱の場合と同様に、全ての連結子法人の株式[95]が投資簿価修正の対象となる（法施令9条1項6号、2項3号、3項、連結納税基本通達1－8－4）。

ロ　連結納税グループの内外に跨る合併又は分割等により法人が有する資産等が他の法人に移転する場合

(イ)　はじめに

連結納税制度が適用されない場面において、合併又は分割等により法人が有する資産・負債・権利義務（以下、場合により、「資産等」と総称することがある）が他の法人に移転する場合には、そもそも納税者の法主体としての同一性が認められないため、当該法人等が有していた租税属性は原則として破棄され、例外的に、適格組織再編成等に該当する場合に限り、当該他の法人に引き継がれる。従って、かかる移転が連結納税グループの内外に跨るものだとしても、前記イとは異なり、課税単位が個別の法人から法人のグループに（又は法人のグループから個別の

---

[95] 連結親法人株式は、それを保有する法人が連結法人ではないため、投資簿価修正の対象にはならない（法施令9条1項6号、9条の2第1項4号）。

法人に）変更されることに伴う特別の規律（租税属性を破棄させる旨の規律）を設ける必要はない。そのため、この場合、基本的には、連結納税制度が適用されない場面と同様の規律が適用される。そこで、かかる規律の内容の詳細については**第4章**及び**第5章**に譲ることとし、ここでは、いかなる条文を根拠に、かかる規律が連結納税グループの内外に跨る資産等の移転が行われる場面にも適用されるのかという点について、ごく簡単に論じることとする。

(ロ) **連結納税グループの外から内への資産等の移転**

 a **移転が生じる場面と連結納税グループからの離脱**

  連結納税グループの内外に跨るM&Aのうち、連結納税制度の適用を受けていない法人（以下「非連結法人」という）を対象法人、連結法人を取得法人とする合併又は分割等が行われた場合には、対象法人（非連結法人）が有する資産等が取得法人（連結法人）に移転するが、当該合併又は分割等に際して、その対価として、連結子法人である取得法人の株式が対象法人又はその株主に対して交付されたときには、当該取得法人は連結納税グループから離脱することになる。この場合には、当該合併又は分割等の結果として、対象法人と取得法人のいずれもが非連結法人となるため、連結納税制度との関係では、前記**イ**(ハ)で論じたところに従い、取得法人が連結納税グループから離脱することに基因する問題のみを検討すれば足りる。

 b **連結納税グループの外から内への資産等の移転に際して留意すべき連結納税制度特有の規定**

  (a) **資産等の取得価額の引継ぎ**

   この場合における資産等の取得価額については、連結納税制度特有の規定は特に設けられておらず、単体申告に係る規定が準用されている。従って、①連結法人が適格組織再編成等に基づき取得する

資産及び負債の取得価額については譲渡人における帳簿価額を引き継ぐこととなるが、②それ以外の場合は、それらの取得価額は時価とされている（法法81条の3第1項、62条、62条の2、62条の3、62条の4、62条の5）。

(b) **繰越欠損金の引継ぎ並びにその引継ぎ及び利用の制限**

連結法人は、適格合併の場合にのみ、対象法人の繰越欠損金を引き継ぐものとされている（法法81条の9第2項2号イ）[96]。但し、当該適格合併の直前に、合併法人（連結法人）と被合併法人（非連結法人）との間に支配関係が存する場合には、①当該適格合併の日の属する連結親法人の事業年度開始の日の5年前の日から継続して支配関係があること[97]、又は②みなし共同事業要件のいずれかが充足されない限り、繰越欠損金の引継ぎが一部制限される（法法81条の9第2項2号イ括弧書、57条3項）。

---

[96] 平成29年度税制改正前は、適格合併に該当するための要件として、原則として、被合併法人（非連結法人）の株主に対して、合併法人（連結法人）又はその完全親会社の株式のみを交付することが必要とされていたため、連結親法人を合併法人とする吸収合併か、連結子法人を合併法人として連結親法人の株式のみを交付する三角合併だけが、被合併法人（非連結法人）の繰越欠損金が連結納税グループ内に引き継がれる可能性のある適格合併となり得たところである。この点、平成29年度税制改正により、吸収合併が適格合併に該当するための対価要件が緩和され、合併の直前において合併法人が被合併法人の発行済株式等の3分の2以上を有するときは、合併法人が被合併法人と吸収合併をするに当たり、少数株主に対して金銭その他の資産を交付する場合であっても、適格合併に該当し得ることになった。その結果、平成29年度税制改正後は、連結納税グループ内の連結子法人が、同社が3分の2以上の発行済株式等を有する非連結法人との間で少数株主に対して現金対価を交付する適格合併（吸収合併）を行って、連結納税グループ内に非連結法人の繰越欠損金を取り込むことが可能となっている。

[97] 合併法人又は被合併法人が設立されてから5年間を経過する前に適格合併が行われた場合には、「その設立の日から継続して支配関係があること」となる。

また、適格合併により連結納税グループに持ち込まれた繰越欠損金を、合併法人以外の連結法人の所得の金額と相殺することを認めると、租税回避に利用されるおそれがあるため、連結納税グループへの加入について論じたところと同様に、連結法人に引き継がれた繰越欠損金は、連結法人たる当該合併法人の個別所得金額を超えて利用することはできないとの制限が課されている（法法81条の9第1項1号イ、2項2号、3項2号)[98]。

　更に、合併法人等（連結法人）が有する繰越欠損金についても、適格組織再編成等（但し、こちらは適格合併に限られない）が行われた場合に、当該組織再編成等の直前に当事法人の間に支配関係が存するものについては、前記①又は②のいずれかの要件を充足しない限り、当該連結法人が有する連結繰越欠損金の利用が一部制限される（法法81条の9第5項3号、57条4項）。

(c) 含み損に係る制限

　適格組織再編成等により、連結法人が資産の含み損を引き継ぐことが可能な場合であっても、連結法人における当該含み損の利用については、連結納税制度が適用されない法人の間における適格組織再編成の場合と同様の制限（なお、当該制限については、単体申告に係る規定が準用されている）が課されている。即ち、連結法人が適格組織再編成により資産を引き継ぐ場合において、当該適格組織再編成等の直前に当事法人の間に支配関係が存するときは、前記(b)記載の①又は②のいずれかの要件が充足されない限り、当該引き継いだ資産に係る含み損の利用が一部制限される（法法81条の3第1

---

[98] 連結納税グループへ持ち込まれた後の利用制限の有無の点で、含み損に係る規律と繰越欠損金に係る規律との間に非対称性が存することについては、前記イロb(d)(ⅱ)参照。

項、62条の7第1項)。また、連結法人が適格組織再編成等の前から保有していた資産の含み損の利用についても、同様に制限される(法法81条の3第1項、62条の7第1項)。

(ハ) 連結納税グループの内から外への資産等の移転
a 移転が生じる場面と連結納税グループからの離脱

連結納税グループの内外に跨るM&Aのうち、連結法人を対象法人、非連結法人を取得法人とする合併又は分割等が行われた場合には、対象法人(連結法人)が有する資産等が取得法人(非連結法人)に移転する。もっとも、既に述べたとおり[99]、連結子法人が合併により解散する場合のうち、単体申告へ移行してから合併により消滅する場合に該当するときは、かかる合併は、単体申告を行う法人同士の合併であり、基本的には通常の合併と同一の取扱いがなされるため、後記b(a)から(c)で述べるような問題は生じない(かかる合併の取扱いについては**第4章**を参照されたい)。この場合には、連結納税制度との関係では、前記イ(ハ)で論じたところに従い、被合併法人の連結納税グループからの離脱に基因する問題のみを検討すれば足りる。

b 連結納税グループの内から外への資産等の移転に際して留意すべき連結納税制度特有の規定
(a) 資産の取得価額の引継ぎ

①非連結法人が適格組織再編成等に基づき取得した資産及び負債の取得価額は、譲渡人における帳簿価額を引き継ぐが、②それ以外の場合は、非連結法人における取得価額は時価となる(法法62条、62条の2、62条の3、62条の4、62条の5)。なお、非連結法人が取得する資産に連結子法人の株式が含まれている場合、当該連結子

---

[99] 前掲(注60)参照。

法人は連結納税グループから離脱することになるため、その離脱日の前日に、当該株式に係る投資簿価修正を行う必要がある。従って、その場合には、前記①により非連結法人が引き継ぐ当該株式の取得価額は、当該投資簿価修正後の帳簿価額となる。

(b) **繰越欠損金の引継ぎ並びにその引継ぎ及び利用の制限**

　非連結法人は、適格合併の場合にのみ、対象法人（連結法人）の連結繰越欠損金個別帰属額を引き継ぐこととなる（法法57条7項、2項）。但し、当該適格合併の直前に、合併法人（非連結法人）と被合併法人（連結法人）との間に支配関係が存する場合には、①当該適格合併の日の属する事業年度開始の日の5年前の日から継続して支配関係があること[100]又は②みなし共同事業要件のいずれかが充足されない限り、連結繰越欠損金個別帰属額の引継ぎが一部制限される（法法57条7項、3項）。

　また、非連結法人である合併法人等が有する繰越欠損金についても、適格組織再編成等（但し、こちらは適格合併に限られない）が行われた場合に、当該組織再編成等の直前に当事法人の間に支配関係が存するものについては、前記の①又は②のいずれかの要件が充足されない限り、その利用が一部制限される（法法57条4項）。

(c) **含み損に係る制限**

　非連結法人が引き継いだ資産の含み損の利用制限（法法62条の7第1項）及び非連結法人が適格組織再編成等の前から保有していた資産の含み損の利用制限についても、前記(b)の場合と同様である（法法62条の7第1項）。

---

[100] 合併法人又は被合併法人が設立されてから5年間を経過する前に適格合併が行われた場合には、「その設立の日から継続して支配関係があること」となる。

(d) 対象法人の株主（連結法人）における処理（投資簿価修正）

連結納税グループの内外に跨るM&Aの結果、対象法人（連結子法人）が連結納税グループから離脱する場合又は合併により解散する場合[101]には、対象法人の株主（連結法人）において、対象法人株式に係る投資簿価修正が必要となる（前記イ(ハ)b(b)参照）。また、前記のいずれにも該当しない場合であっても、連結子法人を分割法人、非連結法人を分割承継法人とする分割型分割がなされる場合には、当該連結子法人の株主が当該連結子法人株式の一部を譲渡したものとみなされるため（法法81条の3第1項、61条の2第4項）、当該連結子法人（分割法人）の株主において、当該連結子法人（分割法人）の株式に係る投資簿価修正が必要となる（法施令9条2項1号）[102]。

(2) 具体的なケースにおけるタックス・プランニング上の留意点

この(2)では、連結納税グループの内外に跨るM&Aを、当事法人の属性及びM&Aの種別に応じて場合分けした上で、前記(1)で論じた内容を踏まえ、各ケースにおけるタックス・プランニング上の留意点について論じる（但し、紙幅の関係上、連結親法人Aが対象法人Tの株式又は事業を取得するケースを中心に検討し、その他のケースについては主なポイントのみを指摘することとする）。なお、以下の各事例における法人は、外国法人

---

[101] ①単体申告へ移行してから合併により消滅する場合と②一度も単体申告へ移行せずに合併により消滅する場合の両方を含む。いずれの場合であっても、今後、合併により解散する連結子法人の株式の帳簿価額を修正する機会が失われるため、当該株式を投資簿価修正の対象とする必要があるからである（法施令9条2項3号）。

[102] 前掲（注86）で述べたとおり、みなし配当事由が生じた場合には、投資簿価修正の金額について特別な取扱いが設けられているため（法施令9条3項1号柱書括弧書）、連結納税グループの内外に跨るM&Aが、非適格合併又は非適格分割型分割（みなし配当事由）である場合には注意が必要である。

及び連結除外法人のいずれにも該当しないことを前提とする。

イ　ケース１：対象法人 ＝ 非連結法人、取得法人 ＝ 連結親法人

【図11－1】　対象法人 ＝ 非連結法人、取得法人 ＝ 連結親法人

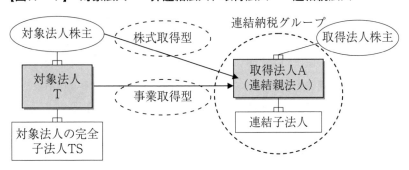

(イ)　**株式取得型**

　【図11－1】のような、取得法人Ａ（連結親法人）が対象法人Ｔ（非連結法人）の発行済株式の全部を取得する（株式取得型）Ｍ＆Ａの手法としては、①株式譲渡、並びに②株式交換、全部取得条項付種類株式利用スキーム、株式併合利用スキーム、および株式売渡請求利用スキーム（株式交換等、法法２条12号の16）[103]が考えられる。これらのＭ＆Ａが行われた場合、Ｔの連結納税グループへの加入を始めとする連結納税制度特有の問題

103　「全部取得条項付種類株式利用スキーム」、「株式併合利用スキーム」及び「株式売渡請求利用スキーム」の概要については**第８章**を参照。「全部取得条項付種類株式利用スキーム」、「株式併合利用スキーム」又は「株式売渡請求利用スキーム」を利用する前提として、取得法人が対象法人の発行済株式の一定割合を保有している必要があるため、本文において、「全部取得条項付種類株式利用スキーム」、「株式併合利用スキーム」又は「株式売渡請求利用スキーム」に係る課税関係を検討するに当たっても、取得法人Ａ（連結親法人）が対象法人Ｔ（非連結法人）の発行済株式の一定割合を保有していることを前提とする。

が生じる(課税関係の概要は後掲の【表11-1】参照)。

(ロ) 事業取得型

【図11-1】のような、取得法人A（連結親法人）が対象法人T（非連結法人）の事業を取得する（事業取得型）M&A（承継又は移転される資産の中には対象法人の完全子会社であるTSの株式が含まれることがある）の手法としては、①合併、②分社型分割（いわゆる吸収分割）、③現物出資又は事業譲渡が考えられる。これらのM&Aが行われた場合、Tの繰越欠損金の連結納税グループへの持込み制限を始めとする連結納税制度特有の問題が生じる（課税関係の概要は後掲の【表11-2】参照）。

(ハ) ケース1におけるタックス・プランニング上の留意点
 a 株式取得型M&Aにおけるタックス・プランニング上の留意点
  (a) 連結納税グループへの加入による時価評価資産の時価評価課税及び繰越欠損金の切捨て

株式取得型のM&Aにより連結親法人Aが非連結法人Tの発行済株式の全部を取得する場合、T及びTSは連結納税グループに加入するため、適格株式交換等による場合（TSにおいては、TによるTSに対する連結完全支配関係の継続に係る要件も充足する場合）を除き、時価評価資産の時価評価課税及び繰越欠損金の切捨てがなされる。

また、連結納税制度特有の問題ではないが、T株主においては、A株式又はその完全親法人の株式のいずれか一方以外の資産が対価として交付されない株式交換（以下「金銭等不交付株式交換」という）が用いられた場合を除き、Tの株式についてキャピタル・ゲイン課税が生じる可能性がある。

従って、T及びTSにおける時価評価資産の時価評価課税及び繰越欠損金の切捨てを回避し（なお、時価評価資産の時価評価課税により含み損が実現する場合であっても、当該含み損の実現により生じる繰

越欠損金は原則として切り捨てられる）、かつ、Ｔ株主に対するキャピタル・ゲイン課税を回避するためには、適格株式交換を利用することが考えられる（なお、ＴによるＴＳに対する連結完全支配関係の継続に係る要件を充足していない場合には、かかる要件が充足されるまで期間が経過するのを待ってから適格株式交換を実施することも考えられる）。また、Ｔ株主に対するキャピタル・ゲイン課税を甘受できるのであれば、株式交換以外の適格株式交換等に該当する取引、即ち、適格要件を充足する全部取得条項付種類株式利用スキーム、株式併合利用スキーム又は株式売渡請求利用スキームを利用することも考えられる。

但し、これらによって引き継がれるＴ及びＴＳの繰越欠損金は、それぞれＴ又はＴＳの個別所得金額の範囲を超えて利用することはできない点には注意が必要である。

なお、適格株式交換等を利用することができない場合には、具体的な事実関係によっては、Ｔ又はＴＳにおける時価評価資産の時価評価課税及び繰越欠損金の切捨てがＴ又はＴＳに重大な不利益をもたらすことがある。そのような場合には、①ＡがＴの発行済株式の一部のみを取得する株式譲渡の方法を選択して、そもそもＴ又はＴＳを連結納税グループへ加入させないこととするか、②Ｔ又はＴＳが一旦連結納税グループに加入した後に、即座にＴ又はＴＳの発行済株式の一部を連結法人以外の者に保有させることで、かかる時価評価課税及び繰越欠損金の切捨てを回避することも考えられよう。但し、これらのスキームにおいては、Ｔ又はＴＳは連結納税グループに加入せず（即ち、Ｔ又はＴＳの所得の金額又は欠損金額と連結法人の欠損金額又は所得の金額とを相殺できない）、また、Ｔ又はＴＳが一旦連結納税グループに加入してから離脱するスキームである上記②の方法を選択した場合、Ｔ又はＴＳは５年間は当該連結納税グループへ再加入できない（将来、時価評価資産の時価評価課税及び繰越欠損金の切捨てを免れ

ることが可能となったとしても、当然に再加入が許容される訳ではない）点に留意する必要がある。なお、上記①又は②の方法を用いる場合において、T又はTSの発行済株式を保有するものとされる連結法人以外の者の属性については特段制限されていない（例えば、連結法人の関連会社や役員であっても問題ない[104]）が、かかる連結法人以外の者が単なる名義人に過ぎず、実際の権利者は連結法人である、と認定されないように慎重に検討を進める必要がある（いわゆる名義株の問題。連結納税基本通達1－2－1参照）。

(b) 適格株式交換等以外のスキームの利用可能性

T及び／又はTSが含み益を有する減価償却資産を保有する場合でも、実現した評価益と相殺できるだけの十分な繰越欠損金を有するときは、T及びTSにとって、適格株式交換等以外のスキームを用いる方が望ましい場合もある。即ち、この場合には、当該減価償却資産の時価評価により生じる評価益を、期限切れにより利用できなくなることが見込まれる繰越欠損金と相殺することで、繰越欠損金を有効に利用することが可能となるとともに、当該時価評価課税により帳簿価額が増額（ステップアップ）されることで、連結納税グループ加入後に損金算入可能な減価償却費の額が増加し、しかも、当該減価償却費は連結納税グループ加入後に生じた費用であるから、適格株式交換により引き継いだ繰越欠損金のように、T又はTSそれぞれの個別所得金額の範囲にその利用が限定されることなく、連結納税グループ全体で利用することが可能である。特に、上記の状況に加えて、T及びTSが連結納税グループに加入した後も赤字が続くことが見込まれるような場合には、上記のように、繰越欠損金を実質的に連結納税グループ全体で利用することができる減価償却費に転換するスキームである適

---

[104] 岡村・前掲（注8）496頁参照。

格株式交換等以外のスキームを選択することも考えられよう。

　もっとも、逆に含み損のある時価評価資産については、時価評価により評価損を計上する（その上で、繰越欠損金は切り捨てられる）よりも、時価評価を回避して、連結納税加入後に損失を実現し、連結納税グループで利用する方が有利となり得る[105]ため、上記のスキーム選択に際しては、Ｔ及びＴＳが有する時価評価資産の構成及び含み損益の状況を見極めた上で判断を行う必要がある。なお、その他、金銭等不交付株式交換以外のスキームでは、Ｔ株主（株主レベル）において、その保有するＴの株式の含み損益が実現し、キャピタル・ゲイン課税が生じる可能性があるため、この点も考慮して、スキーム選択を検討する必要がある。

(c) **株式取得型 M&A を実行する前に行われる組織再編成**

　また、連結親法人が非連結法人の発行済株式を全て取得する前に、ＴとＴＳとの間で繰越欠損金の引継ぎや資産の含み損益を移転させる組織再編成を実施することが、Ｔ及びＴＳに望ましい課税上の結果をもたらすことがある。例えば、ＴによるＴＳに対する連結完全支配関係の継続に係る要件を充足していないため、そのまま適格株式交換を実施したのでは、ＴＳにおいて時価評価資産の時価評価課税及び繰越欠損金の切捨てが生じる場合において、Ｔを存続法人、ＴＳを消滅法

---

[105] Ｔ及びＴＳが保有する時価評価資産に、含み損を有する資産のみならず、含み益を有する減価償却資産が含まれる場合には、含み損を実現する機会がない資産について、連結納税グループへの加入を契機に含み損を実現させ、（実現した含み損を減価償却資産の含み益と相殺することにより、結果的に含み損を）損金算入可能な減価償却費へ転換した上で、連結納税グループへ持ち込むことも考えられる。他方、含み損を実現する機会がある資産については、損金計上される時期が固定される減価償却費へ転換するよりも、実現時期を選択できる含み損の形で連結納税グループに持ち込む方が納税者にとって望ましいのではないかと思われる。

人とする適格合併を実施し、ＴＳの繰越欠損金及び資産の含み損をＴに引き継いだ上で、その後にＡとＴとの間で適格株式交換を実施すれば、かかる時価評価課税及び繰越欠損金の切捨てを免れることができる。他にも、Ｔに多額の含み益を有する減価償却資産があり、ＴＳに多額の繰越欠損金がある場合には、適格組織再編成による当該減価償却資産のＴからＴＳへの簿価移転、又は、Ｔを存続法人、ＴＳを消滅法人とする適格合併によるＴＳの繰越欠損金のＴへの引継ぎの後に、ＡとＴとの間で適格株式交換以外のスキームによるM&Aを実施すれば、かかる繰越欠損金を減価償却費に転換することにより、実質的にそれをＴＳの個別所得金額の範囲に制限されずに利用できる。従って、これらの方法による組織再編成の可否等を検討しておくことも有益であると考えられる。

b 事業取得型 M&A におけるタックス・プランニング上の留意点
(a) 連結納税グループへの加入による時価評価資産の時価評価課税及び繰越欠損金の切捨て

事業取得型 M&A に分類される合併、会社分割、現物出資又は事業譲渡において、ＴＳの発行済株式の全部が承継又は移転の対象とされている場合には、当該 M&A の結果、ＴＳはＡの連結納税グループに加入することとなり、連結納税制度特有の問題として、ＴＳにおいて時価評価資産の時価評価課税及び繰越欠損金の切捨ての問題が生じ得る。

実際のプランニングにおいては、M&Aの当事者であるＴ（法人レベル）におけるその資産に係る譲渡損益課税繰延べの有無及び繰越欠損金の引継ぎの有無、Ｔの株主（株主レベル）におけるみなし配当課税（受取配当の益金不算入）及び譲渡損益課税の繰延べの有無を含めて、様々な角度から分析の上、スキームを選択することになるが、上記のＴＳにおける時価評価資産の時価評価課税及び繰越欠損金の切捨

ての問題を回避するという観点からは、AとTとの間で行われる事業取得型M&Aは「適格合併」で行われる必要があり、かつ、TによるTSに対する連結完全支配関係の継続に係る要件を充足する必要がある。なお、適格合併が行われる場合には、Tにおいては、その資産に係る譲渡損益課税は繰り延べられ、Tの繰越欠損金はAに引き継がれる（但し、連結納税制度との関係で、当該繰越欠損金の利用はAの個別所得金額の範囲に限られ、更に、一定の要件を充足しない場合、繰越欠損金の引継ぎ及びAの連結繰越欠損金の利用が制限される）。また、T株主においては、みなし配当課税はなく、譲渡損益課税も繰り延べられることとなる。

(b) **適格合併以外のスキームの利用可能性**

　上記(a)のような問題を考慮して適格合併を行うという選択肢以外にも、会社分割、現物出資又は事業譲渡によりM&Aを行う場合には、合併と異なり、資産・負債の一部のみを承継又は移転することが認められるから、そもそもTS株式を承継又は移転の対象から除外して、会社分割、現物出資又は事業譲渡を行うということも考えられる。

　また、前記a(b)で述べたとおり、TSにおいて、時価評価資産の時価評価課税を生じさせて減価償却資産に係る含み益を実現させ、これと繰越欠損金とを相殺させる一方で、当該減価償却資産の帳簿価額を増加（ステップアップ）させる（これらを通じて、TSの繰越欠損金を実質的に将来の減価償却費に転換させ、連結納税グループ内で利用する）ために、適格合併以外のスキームを選択することも考えられる。

　なお、適格合併を選択し、AがTの繰越欠損金を引き継いだとしても、かかる繰越欠損金はAの個別所得金額の範囲を超えて利用することができない。これに対して、適格組織再編成以外のスキームによりAがTから時価で引き継ぐ減価償却資産及びAにおいて計上される資

産調整勘定に係る減価償却費は、かかる制限に服することなく利用できる。従って、かかる観点から、Aにとって、適格組織再編成以外のスキームが望ましいこともある点には、留意する必要がある。

c ケース1におけるタックス・プランニング上の留意点

前記aとbでは、株式取得型と事業取得型とに分けてタックス・プランニング上の留意点について述べたが、株式取得型と事業取得型のいずれもが選択可能な場合、連結納税制度との関係上、その選択に際して考慮すべき主なポイントは3つあると考えられる。

まず、Tが有する繰越欠損金の連結納税グループにおける利用可能性である。即ち、**ケース1**において、株式取得型の適格株式交換等又は事業取得型の適格合併（一定の要件を充足する場合）を利用した場合には、いずれもTの繰越欠損金については切捨てを免れ、連結納税グループにおいてTが有していた繰越欠損金を利用することが可能である。もっとも、Tの繰越欠損金は、ⅰ）株式取得型の場合にはT、ⅱ）事業取得型の場合にはAの、各個別所得金額の範囲でしか利用することができない。従って、Tの繰越欠損金の利用期限までの間に、T又はAにおいてどれだけの課税所得が見込まれるかという点がスキーム選択に際しての重要な考慮要素となり得る（但し、このような観点から適格合併が望ましいとされる場合でも、適格合併の際の繰越欠損金の引継ぎ及びその利用に係る制限との関係で、まず株式取得型の適格株式交換を行った上で、連結納税グループ加入後に、連結納税グループ内部における企業再編として適格合併を行うことで、上記の制限を受けることなく、AにおいてTの繰越欠損金を利用するということも考えられる（後記**3**(1)ハ参照））。

次に、時価評価資産の時価評価課税の問題について検討する。株式取得型の適格株式交換等又は事業取得型の適格合併を利用できる場合には、大きな差異は生じないものと思われるが、これらを利用できない場

合には、時価評価資産の時価評価課税が問題となり得る。このような場合は、事業取得型の合併以外の分割又は事業譲渡等を利用することで、承継又は移転の対象から、多額のキャピタル・ゲイン課税を生じさせる資産や、(繰越欠損金の切捨てにより連結納税グループ加入後に利用できない) キャピタル・ロスを生じさせる資産を除外することにより、これらの資産の時価評価課税を回避することも検討に値すると思われる。

　また、株主レベルにおける課税関係に着目すると、株式取得型とは異なり、事業取得型（非適格合併や非適格分割型分割）のスキームによりM&Aを行うときはTの株主にみなし配当課税が生じ得ることから、Tの株主の太宗が法人株主であるような場合には、株式取得型のスキームよりも、それら法人株主が受取配当益金不算入制度適用のメリットを享受することが可能な（みなし配当が生じる）事業取得型のスキーム（非適格合併又は非適格分割型分割）を用いる方が望ましい場合がある。

　株式取得型M&A又は事業取得型M&Aのいずれのスキームを選択することが望ましいかは、これらの要素を総合的に考慮した上で、判断することが必要である。

ロ ケース２：対象法人 ＝ 非連結法人、取得法人 ＝ 連結子法人

【図11－２】 対象法人 ＝ 非連結法人、取得法人 ＝ 連結子法人

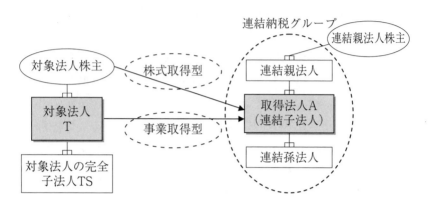

　連結子法人であるＡが対象法人Ｔ（非連結法人）の発行済株式の全部（株式取得型）又は事業（事業取得型）を取得するM&Aが行われた場合、その対価にＡが発行する株式が含まれるときは、連結親法人による連結完全支配関係が崩れるため、Ａ及びＡに発行済株式の一部でも直接又は間接に保有されている連結法人が、全て連結納税グループから離脱することとなる。この場合、Ａ及びそれらの離脱法人が同一の連結納税グループに再加入することは制限され、また、仮に別途Ａを連結親法人とする連結納税制度の適用を開始したとしても、Ａ以外の離脱法人は、時価評価資産の時価評価課税及び繰越欠損金の切捨ての対象となり得る（切捨てを免れても、繰越欠損金を個別所得金額の範囲を超えて利用することはできない）。

　かかる場合のスキーム選択のポイントは、前記イにおいて、連結親法人が非連結法人の発行済株式又は事業を取得する場合について検討したところと同様となるが、仮に、タックス・プランニング上、適格株式交換等（株式取得型）又は適格合併（事業取得型）を選択することが最適であるとの結論に至った場合、前記のような連結子法人の離脱に係る問題が生じ

ないように、連結親法人の株式を対価として交付する、適格三角株式交換（株式取得型）又は適格三角合併（事業取得型）を選択するか、又は平成29年度税制改正により適格組織再編成該当性が認められることとなった少数株主に対して取得法人の株式以外の金銭その他の資産を対価として交付する株式交換等（株式取得型）若しくは適格合併（事業取得型）を選択することになる点に注意が必要である。

ハ　ケース3：対象法人 ＝ 連結親法人、取得法人 ＝ 非連結法人

【図11－3】　対象法人 ＝ 連結親法人、取得法人 ＝ 非連結法人

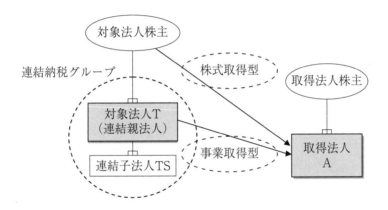

　取得法人A（非連結法人）が対象法人T（連結親法人）の発行済株式の全部（株式取得型）又は事業（事業取得型）を取得するM&Aが行われた場合、以下のような連結納税制度上の問題が生じる。
　即ち、Aによる株式取得型のM&Aが行われた場合、Aが連結親法人であるTの発行済株式の全部を取得し、連結親法人が他の内国法人の完全子法人になるため、既存の連結納税グループの解消が生じる。また、Aにより事業取得型のM&Aが行われた場合においても、連結親法人が解散する形態の合併の場合には、同様に連結納税グループの解消が生じることにな

る。また、会社分割、現物出資又は事業譲渡により、Aに対してT傘下の連結子法人の発行済株式の一部でも移転された場合には、当該連結子法人だけでなく、それに直接又は間接に株式を保有されている連結法人は全て連結納税グループから離脱することになる。

　上記のように連結納税グループの解消が生じた場合、仮に別途Aを連結親法人とする連結納税制度の適用を開始したとしても、A以外の解消法人は、時価評価資産の時価評価課税及び繰越欠損金の切捨ての対象となり得る（切捨てを免れても、繰越欠損金を個別所得金額の範囲を超えて利用することはできない）。また、離脱が生じた場合に生じ得る問題は、前記ロにおいて述べたところと同様である。

ニ　ケース4：対象法人 ＝ 連結子法人、取得法人 ＝ 非連結法人

【図11－4】　対象法人 ＝ 連結子法人、取得法人 ＝ 非連結法人

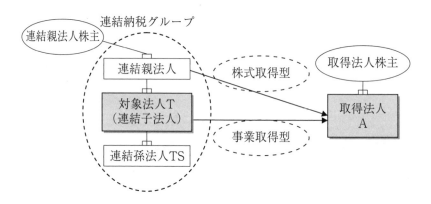

　取得法人A（非連結法人）が対象法人T（連結子法人）の発行済株式の全部（若しくは一部）を取得する株式取得型M&A又はTの事業の全部若しくは一部を取得する事業取得型M&Aが行われた場合、ケース3と同様に、①株式取得型及び事業取得型M&Aのうち合併によるものである場合

は勿論のこと、②事業取得型M&Aのうち会社分割、現物出資又は事業譲渡によるものでその承継又は移転される資産の中に連結法人の株式が含まれている場合には、T及びTに発行済株式の一部でも直接又は間接に保有されている連結法人全てについて連結納税グループからの離脱が生じる（但し、前記②の場合には、連結親法人による連結完全支配関係が崩れていない限り、離脱しない）。

このケース4において、このような連結納税グループからの離脱の問題を回避するためには、事業取得型M&Aのうち会社分割、現物出資又は事業譲渡による方法のいずれかを選択した上で、当該M&AによりTからAに承継又は移転される資産の中に連結法人の株式を含めないようにする他ない。

【表11－1】 対象法人＝非連結法人、取得法人＝連結親法人（株式取得型）

		T[106]	TS[107]	T株主	A（連結親法人）
株式譲渡	T株式の全部取得	・連結納税グループに加入 ・時価評価課税及び繰越欠損金の切捨て	・連結納税グループに加入 ・時価評価課税及び繰越欠損金の切捨て	・T株式に係るキャピタル・ゲイン課税	・T株式を時価で取得
	T株式の一部取得	・連結納税グループには加入しない	・連結納税グループには加入しない		

---

[106] Tが連結納税グループへ加入する場合であっても、例外的に、当該加入後間もなくTが連結納税グループから離脱又は合併により解散すること等の一定の要件を充足するときは、時価評価課税及び繰越欠損金の切捨てを免れる場合がある（法法61条の12第1項柱書、61条の11第1項柱書、法施令122条の12第1項8号、法法57条9項2号参照）。

[107] 前掲（注106）の場合と同様に、TSが連結納税グループに加入する場合であっても、例外的に、当該加入後間もなくTSが連結納税グループから離脱又は合併により解散すること等の一定の要件を充足するときは、時価評価課税及び繰越欠損金の切捨てを免れる場合がある（法法61条の12第1項柱書、61条の11第1項柱書、法施令122条の12第1項8号、法法57条9項2号参照）。

株式交換等	適　格	・連結納税グループに加入 ・時価評価課税及び繰越欠損金108の切捨ては生じない	・連結納税グループに加入 ・一定の要件109を満たせば、時価評価課税及び繰越欠損金110の切捨ては生じない ・それ以外の場合、時価評価課税及び繰越欠損金の切捨て	・A株式又はその完全親法人の株式のいずれか一方以外の資産が対価として交付されなかった場合、T株式に係るキャピタル・ゲイン課税は繰延べ ・それ以外の場合、T株式に係るキャピタル・ゲイン課税〔第5章参照〕	・A株式またはその完全親法人の株式のいずれか一方以外の資産が対価として交付されなかった株式交換の場合には、T株式を株式交換の直前の帳簿価額111で取得 ・既存のT株式に係るみなし配当課税は生じず、キャピタル・ゲイン課税も繰延べ
	非適格	・連結納税グループに加入 ・時価評価課税112及び繰越欠損金の切捨て	・連結納税グループに加入 ・時価評価課税及び繰越欠損金の切捨て		・T株式を時価で取得

108　但し、繰越欠損金はTの個別所得金額を超えて利用することはできない。

109　適格株式交換の日の5年前の日（ＴＳが当該5年前の日から当該適格株式交換の日の前日までの間に設立された法人である場合には、その設立の日）から当該適格株式交換の日の前日まで継続して、ＴとＴＳとの間にＴによる連結完全支配関係があること。

110　但し、繰越欠損金はＴＳの個別所得を超えて利用することはできない。

111　株式交換の直前におけるＴの株主の数が50名以上である場合には、Ｔの簿価純資産価額。

112　①非適格株式交換の場合には、Ｔが株式交換の直前の時において有する時価評価資産の評価益及び評価損を、株式交換の日の属する事業年度において益金の額又は損金の額に算入する必要があるが、②かかる評価益又は評価損については、既に、連結納税グループへの加入に伴い、株式交換の日の前日の属する事業年度において益金の額又は損金の額に算入されているため、非適格株式交換に伴う時価評価損益が別途計上されることはない。

【表11－2】 対象法人＝非連結法人、取得法人＝連結親法人（事業取得型）

		T	TS[113]	T株主	A（連結親法人）
合併	適格	・キャピタル・ゲイン課税は繰延べ〔第4章参照〕	・連結納税グループに加入 ・一定の要件[114]を満たせば、時価評価課税及び繰越欠損金[115]の切捨ては生じない ・それ以外の場合、時価評価課税及び繰越欠損金の切捨て	・みなし配当課税は生じず、A株式又はその完全親法人の株式のいずれか一方以外の資産が対価として交付されなかった場合には、T株式に係るキャピタル・ゲイン課税も繰延べ ・それ以外の場合、T株式に係るキャピタル・ゲイン課税〔第4章参照〕	・Tの資産及び負債を簿価で引き継ぎ、Tの繰越欠損金も引き継ぐ[116] ・適格合併の直前に、TとAとの間に支配関係が存するものについては、①当該適格合併の日の属する事業年度開始の日の5年前の日から継続して支配関係があること[117]、又は②みなし共同事業要件、のいずれかを充足しない限り、TからAへの繰越欠損金の引継ぎが一部制限され、更に、Aの既存の繰越欠損金、AがTから引き継いだ資産の含み損及びAが適格合併の前から保有していた資産の含み損の利用も一部制限される

---

113 TSが連結納税グループへ加入する場合であっても、例外的に、当該加入後間もなくTSが連結納税グループから離脱又は合併により解散すること等の一定の要件を充足するときは、時価評価課税及び繰越欠損金の切捨てを免れる場合がある（法法61条の12第1項柱書、61条の11第1項柱書、法施令122条の12第1項8号、法法57条9項2号参照）。

114 適格合併の日の5年前の日（TSが当該5年前の日から当該適格合併の日の前日までの間に設立された法人である場合には、その設立の日）から当該適格合併の日の前日まで継続して、TとTSとの間にTによる連結完全支配関係があること。

115 但し、繰越欠損金はTSの個別所得金額を超えて利用することはできない。

116 但し、繰越欠損金はAの個別所得金額を超えて利用することはできない。

117 合併法人又は被合併法人が設立されてから5年間を経過する前に適格合併が行われた場合には、その設立の日から継続して支配関係があること。

合併	非適格	・キャピタル・ゲイン課税〔第4章参照〕	・連結納税グループに加入 ・時価評価課税及び繰越欠損金の切捨て	・みなし配当課税が生じる ・A株式又はその完全親法人の株式のいずれか一方以外の資産が対価として交付されなかった場合、T株主におけるA株式等の取得価額は、T株式の帳簿価額（みなし配当が生じる場合には、みなし配当額を加算した金額）を引き継ぎ、T株式に係るキャピタル・ゲイン課税は繰延べ ・それ以外の場合、T株式に係るキャピタル・ゲイン課税〔第4章参照〕	・Tの資産及び負債を時価で取得 ・資産調整勘定又は負債調整勘定を計上 ・繰越欠損金及び資産の含み損の利用制限なし
会社分割	適格	・キャピタル・ゲイン課税は繰延べ〔第4章参照〕	・連結納税グループに加入 ・時価評価課税及び繰越欠損金の切捨て	・みなし配当課税は生じず、キャピタル・ゲイン課税も繰延べ〔第4章参照〕 ※分割型分割の場合に生じる課税関係であり、分社型分割の場合には何も生じない	・移転対象のTの資産及び負債を簿価で引継ぎ ・適格分割の直前に、TとAとの間に支配関係が存するものについては、①当該適格分割の日の属する事業年度開始の日の5年前の日から継続して支配関係があること118、又は②みなし共同事業要件、のいずれかを充足しない限り、Aの繰越欠損金、AがTから引き継いだ資産の含み損及びAが適格分割の前から保有していた資産の含み損の利用が一部制限される

---

118 分割法人又は分割承継法人が設立されてから5年間を経過する前に適格分割が行われた場合には、その設立の日から継続して支配関係があること。

	非適格	・キャピタル・ゲイン課税〔第4章参照〕	・連結納税グループに加入 ・時価評価課税及び繰越欠損金の切捨て	・前記非適格合併の場合と同じ〔第4章参照〕 ※分割型分割の場合に生じる課税関係であり、分社型分割の場合には何も生じない	・移転対象のTの資産及び負債を時価で取得 ・資産調整勘定又は負債調整勘定を計上 ・繰越欠損金及び資産の含み損の利用制限なし
現物出資/事業譲渡	適格現物出資	・キャピタル・ゲイン課税は繰延べ〔第4章参照〕	・連結納税グループに加入 ・時価評価課税及び繰越欠損金の切捨て		・移転対象のTの資産及び負債を簿価で引継ぎ ・適格現物出資の直前に、TとAとの間に支配関係が存するものについては、①当該適格現物出資の日の属する事業年度開始の日の5年前の日から継続して支配関係があること119、又は②みなし共同事業要件、のいずれかを充足しない限り、Aの繰越欠損金、AがTから引き継いだ資産の含み損及びAが適格現物出資の前から保有していた資産の含み損の利用が一部制限される
	適格現物出資以外	・キャピタル・ゲイン課税〔第4章参照〕			・Tの資産及び負債を時価で取得 ・資産調整勘定又は負債調整勘定を計上 ・繰越欠損金及び資産の含み損の利用制限なし

---

119 現物出資法人又は被現物出資法人が設立されてから5年間を経過する前に適格現物出資が行われた場合には、その設立の日から継続して支配関係があること。

3 連結納税グループ内部における企業再編に係る税務上の留意点

(1) 留意すべき連結納税制度特有の規定の概要

イ はじめに

　連結納税グループ内部において企業再編が行われたとしても、前記2で論じた連結納税グループの内外に跨るM&Aとは異なり、法人や資産の連結納税グループの内外に跨る移転は基本的に生じない。従って、連結納税グループ内部における企業再編を行う際には、かかる移転に伴う連結納税制度特有の問題（例えば、時価評価資産の時価評価課税や繰越欠損金の切捨て）は生じず、基本的には、連結納税制度が適用されない場面について**第4章**及び**第5章**において論じた内容を検討すれば足りる（もっとも、100％グループ内におけるM&Aであるため、グループ法人税制が適用されることになる）。

　但し、①連結子法人が合併により解散して連結納税グループ内に留まることが不可能となった場合には、当該連結子法人の単体申告への移行のタイミング等の問題が生じる。更に、連結納税グループ内部における企業再編は、連結納税グループという一つの課税単位内部における取引であるため、②連結法人間における繰越欠損金の引継ぎに係る制限等を緩和する措置が設けられており、また、③その課税単位内部における二重課税及び損失の二重控除の排除を目的とする投資簿価修正の制度も適用される。

　ここでは、連結納税グループ内部における企業再編を行う際に留意すべき連結納税制度特有の規定である上記①から③までについて、それぞれの概要を論じることとする。

ロ　連結納税グループ内部における合併の際に被合併法人（連結子法人）に生じる問題

(イ)　単体申告への移行のタイミング（みなし事業年度）

　連結子法人を被合併法人とする連結納税グループ内部における合併が行われると、当該連結子法人は、①合併の日が連結親法人の事業年度終了の日の翌日である場合には、単体申告に移行することなく解散するが、②それ以外の場合には、連結親法人の事業年度開始の日から合併の日の前日までの期間につきみなし事業年度（以下「連結法人として単体申告する事業年度」という）が設定され、かかる事業年度まで遡って単体申告へ移行する（即ち、連結法人のまま単体申告へ移行し、その後に合併により消滅する。法法14条1項10号、15条の2第1項2号）。

　従って、連結法人として単体申告する事業年度において、当該連結子法人に生じた所得の金額は、他の連結法人の欠損金額と相殺することができないため、納税者にとって、合併の日の直前まで当該相殺が認められることが望ましい事案では、合併の日を連結親法人の事業年度終了の日の翌日とすることを検討すべきものと思われる。

　但し、連結納税グループの内外に跨るM&Aの場合とは異なり、連結法人として単体申告する事業年度において生じた欠損金額を、他の連結法人の所得の金額と相殺することが認められている点には注意が必要である（後記(ロ)参照）（法法81条の9第4項）。

(ロ)　繰越欠損金の維持

　連結子法人において連結法人として単体申告する事業年度が設定される場合に、当該連結子法人に係る連結繰越欠損金個別帰属額を単体申告へ持ち出すことが認められる。具体的には、当該連結子法人に係る連結繰越欠損金個別帰属額は、「連結法人として単体申告する事業年度」に係る所得の金額の計算上、損金の額に算入可能な繰越欠損金とみなされる（法法57条6項、4条の5第2項4号、81条の9第6項）。

ハ　連結法人間における繰越欠損金の引継ぎに係る制限等の緩和

　連結納税制度が適用されない場面では、繰越欠損金の引継ぎが認められる組織再編成は適格合併に限定されており、一定の要件を充足しない限り、かかる引継ぎも一部制限される（法法57条3項）。また、適格組織再編成等が行われる場合には、一定の要件を充足しない限り、取得法人自身の繰越欠損金の利用が一部制限される（法法57条4項。以上の詳細については、**第4章2(3)ロ及び3(1)ハ参照**）。

　これに対して、連結納税グループの一体性を重視すれば、連結納税グループ内部における企業再編において繰越欠損金の引継ぎが認められる組織再編成を、特に適格合併に限定する必要はないと考えられる。また、繰越欠損金を連結納税グループ内部へ持ち込むことは厳しく制限されており、連結法人に係る繰越欠損金は、当該制限をクリアした繰越欠損金又は連結納税グループ内部で生じた欠損金額により構成されることから、かかる繰越欠損金を当該連結納税グループに属する他の連結法人に引き継ぐことを認めたとしても、繰越欠損金を利用した租税回避のおそれは低いと考えられる[120]。

　そこで、法人税法は、連結納税グループ内部において企業再編が行われる場面において、前記制限をある程度緩和する規定を設けている。

(ア)　**繰越欠損金の引継ぎ**

a　適格合併

　連結納税グループ内部で行われる合併の被合併法人に係る連結繰越欠損金個別帰属額は、連結法人として単体申告する事業年度において損金の額に算入された部分を除き、無条件で合併法人に引き継がれることとされており[121]、かかる引継ぎを制限する規定は存在しない（法法81条の9第5項1号括弧書、6項、法施令155条の21第2項2号）。

---

[120]　稲見＝大野・前掲（注65）863頁参照。

また、被合併法人の「連結法人として単体申告する事業年度」において欠損金額が生じた場合には、当該欠損金額は無条件で合併の日の属する連結事業年度の連結所得の計算上、損金の額に算入するとされており、かかる損金算入を制限する規定も存在しない（法法81条の9第4項）。

　従って、連結納税グループへの加入前ではなく、加入後に適格合併をした方が納税者にとって望ましい場合がある。例えば、多額の繰越欠損金を有し、今後も欠損金額を計上することが見込まれる非連結法人が連結納税グループに加入する事例を想定する。当該非連結法人の繰越欠損金が連結納税グループの内部に持ち込まれたとしても、当該非連結法人の個別所得金額の範囲を超えて利用できない旨の制限が課されるのであれば、（今後も欠損金額を計上することが見込まれることから、）当該繰越欠損金は利用されずに期限切れを迎えてしまう。そこで、当該繰越欠損金を利用する方法として、毎年多額の課税所得を計上している連結法人が当該非連結法人を吸収合併（適格合併）し、当該連結法人の個別所得金額の範囲まで当該繰越欠損金を利用することが考えられる。この際、ⅰ）当該非連結法人が連結納税グループに加入する前に、当該連結法人と適格合併する場合には、繰越欠損金の引継ぎが制限され得るが、ⅱ）当該非連結法人が適格株式交換により連結納税グループへ加入した後に、当該連結法人と適格合併するのであれば、かかる制限は課されない。

121　被合併法人に係る連結繰越欠損金個別帰属額に、被合併法人の個別所得金額の範囲を超えて利用することはできないとの制限が課されている場合には、合併法人にそれを引き継いだ後も、合併法人の個別所得金額の範囲を超えて利用することはできないとの制限が課せられる（法施令155条の21第5項2号）。もっとも、それまで被合併法人の個別所得金額の範囲内でしか利用できなかった連結繰越欠損金個別帰属額が、合併法人の個別所得金額の範囲まで利用できるようになるという点は重要である（稲見＝大野・前掲（注65）259-260頁参照）。

それ故、合併法人の被合併法人に対する支配の継続に係る要件又はみなし共同事業要件の充足に問題がある場合には、連結納税グループへの加入前に適格合併を行うと当該被合併法人が有する繰越欠損金（の一部）は当該合併法人へ引き継がれずに消滅してしまうため、前記ⅱ）のとおり、連結納税グループへの加入後に適格合併を行うことが考えられる。

　b　非適格合併

　連結納税グループ内部で非適格合併が行われた場合、被合併法人に係る連結繰越欠損金個別帰属額が合併法人に引き継がれることはなく、しかも、当該金額が連結納税グループに係る連結繰越欠損金から控除される（法法81条の9第5項1号、6項、法施令155条の21第2項2号）。従って、被合併法人に係る連結繰越欠損金個別帰属額は、当該法人の「連結法人として単体申告する事業年度」において利用できない限り、完全に消滅する。

　これに対して、被合併法人の「連結法人として単体申告する事業年度」において生じた欠損金額については、合併の日の属する連結事業年度の連結所得の計算上、無条件で損金の額に算入されるものとされている（法法81条の9第4項）。

　従って、連結納税グループ内部において非適格合併を行う場合には、適格合併を行う場合とは異なり、当該非適格合併後も当該連結納税グループにおいて利用することができる被合併法人の欠損金額は、「連結法人として単体申告する事業年度」において被合併法人に生じた欠損金額のみであり、当該事業年度以外の事業年度において生じた被合併法人の連結繰越欠損金個別帰属額を合併法人に引き継ぐことはできない。それ故、非適格合併の直前に被合併法人において多額の欠損金額が生じる事案においては、合併の日を連結親法人の事業年度終了の日の翌日以外に設定し、当該欠損金額を「連結法人として単体申

告する事業年度」において生じた欠損金額とすることにより、当該非適格合併後も当該欠損金額を当該連結納税グループにおいて利用できるようにすることが、納税者にとって望ましい場合がある。

c 合併以外の組織再編成

会社分割など、合併以外の組織再編成により、繰越欠損金の引継ぎが生じることはない。但し、合併以外の組織再編成が行われる場合には、上記の非適格合併の場合とは異なり、対象法人に係る連結繰越欠損金個別帰属額が連結納税グループに係る連結繰越欠損金から控除されることはなく、当該連結繰越欠損金個別帰属額は、当該組織再編成後も、分割法人等において利用することが可能である。従って、連結納税グループ内部において組織再編成を行う場合には、納税者にとって、非適格合併よりも他の組織再編成（例えば、非適格合併とほぼ同等の効果を生じさせることが可能な非適格分割型分割）を選択した方が望ましい場合がある[122]。

(ロ) 繰越欠損金の利用制限

連結納税グループ内部において適格組織再編成等を行う場合には、当該適格組織再編成等に係る取得法人の繰越欠損金の利用は一切制限されない（法法81条の9第5項3号）。

(ハ) 含み損に係る引継ぎ及びその利用の制限

上記の繰越欠損金の取扱いとは異なり、資産の含み損の利用制限については、連結納税グループ内部における適格組織再編成等であっても、何らの緩和措置も設けられておらず、その利用が制限されている（法法

---

[122] 連結納税グループ内部における非適格合併に係る課税上の取扱いに関する問題点の詳細については、岡村・前掲（注8）522-523頁を参照のこと。

81条の3第1項、62条の7第1項)(即ち、繰越欠損金の方が納税者にとって有利に取り扱われている)点には注意が必要である。

二　投資簿価修正

　連結子法人株式の譲渡ないし連結子法人の解散が生じた場合には、その時点において当該連結子法人の株式につき投資簿価修正を行うのが原則とされている(法施令9条2項1号・3号)。しかしながら、それらが連結納税グループ内部において完結する適格組織再編成に基因するものである場合には、当該組織再編成の前後を通じて、当該連結子法人の株式の帳簿価額が当該グループ内部で引き継がれる(ないしは消滅する)他、当該株式に係る投資簿価修正の金額の算定の基礎とすべき当該連結子法人の利益積立金額も当該グループ内部で維持ないし引き継がれることになるため、当該組織再編成の時点において当該株式の帳簿価額を修正せずとも、当該連結子法人及びその株主における二重課税や損失の二重控除の問題が生じることはない(今後問題が生じたとしても、投資簿価修正をする機会が残されている)。

　そこで法人税法では、納税者の事務負担に配慮し、連結子法人株式の譲渡ないし連結子法人の解散が連結納税グループ内部において完結する適格組織再編成に基因するものである場合には、例外的に、当該組織再編成の時点における投資簿価修正は不要とされている(法施令9条2項1号イロハ・3号イ)[123]。

---

[123] 稲見＝大野・前掲(注65)544-545頁参照。

4 連結法人に係る行為計算否認規定（法法132条の3）に関する検討

(1) 連結法人に係る行為計算否認規定（法法132条の3）の趣旨及び要件

　平成14年度税制改正により連結納税制度が導入された際、同族会社の行為計算否認規定（法法132条）及び組織再編成の行為計算否認規定（法法132条の2）に加えて、新たに連結法人に係る行為計算否認規定（法法132条の3）が設けられた。

　この規定は、「単体納税制度と連結納税制度の違いを利用した租税回避行為としては、含み損益や繰越欠損金を利用するものが考えられ」るところ、「これに対しては、連結納税の開始等に伴う時価評価資産の時価評価……や繰越欠損金の連結納税への持込みを認めないことといった個別の規定により、一定程度その防止を図ることができる」が、「連結納税制度の仕組みを利用したり、あるいは、連結納税制度と単体納税制度の違いを利用した租税回避行為については、これらに止まらず、その行為の形態や方法が相当に多様なものとなると考えられることから、これに適正な課税を行うことができるように」一般的な租税回避防止規定として設けられたものである[124]。

　法人税法132条の3により連結法人に係る行為又は計算の否認が認められるための要件及びその効果の詳細については、本書**第14章**を参照されたい[125]。

---

[124] 柴崎・前掲（注1）370頁参照。

[125] 法人税法132条の3に係るより詳細な分析については、北村導人＝黒松昂蔵「連結納税制度と行為計算否認～ヤフー・IDCF事件東京地裁判決を踏まえた初期的検討～」太田洋＝伊藤剛志『企業取引と税務否認の実務～税務否認を巡る重要裁判例の分析～』（大蔵財務協会、2015）265頁を参照されたい。

(2) IBM事件と法人税法132条の3

イ　IBM事件の事案の概要

　法人税法132条の3の適用が問題となり得るのではないかということが議論された具体的な事案としては、IBM事件（東京高判平成27年3月25日判例時報2267号24頁により納税者側が勝訴し、最高裁は平成28年2月18日に国側の上告を棄却し、上告受理申立を不受理としたため、納税者側の勝訴が確定。）（以下「IBM事件」という）が著名であるので、以下、当該事件について、簡単に紹介する。

　当該事件の概要は、以下のとおりである。即ち、米国IBMの傘下にある米国WT社は、従前、日本IBMの発行済株式総数の100％を保有していたが、平成14年（2002年）に日本法人であるAP社（取得前は休眠会社）の発行済株式総数の100％を第三者から取得した後、①WT社からAP社に対して株式取得資金を融資した上で、②AP社をして、WT社が保有する日本IBM株式の全てを取得せしめた。その後、③AP社は、平成14年以降数回に亘ってその保有する日本IBM株式の一部を日本IBMに譲渡し（以下「本件各譲渡」という。なお、この取引は日本IBM側から見ると自社株買いに当たる）、その譲渡収入の一部をみなし配当として益金不算入とした上で、譲渡収入から当該みなし配当の額を控除した譲渡対価の額と譲渡原価の額との差額につき株式譲渡損失（約3,995億円）を計上してそれを損金に算入し、税務申告を行っていた。然るところ、AP社は、平成20年（2008年）12月期から自らを連結親法人とする連結納税を開始し、AP社が毎期累積して計上してきた繰越欠損金の額を連結繰越欠損金の額として、その連結子法人である日本IBMの課税所得と相殺した。

　この事件では、課税当局が、平成22年（2010年）2月19日に、(a)平成14年度、15年度及び17年度分のAP社の税務申告について、法人税法132条1項の規定を適用して上記株式譲渡損失の損金算入を認めない旨の更正処分をし、また、(b)平成16年度、18年度及び19年度分の税務申告について、

上記(a)に基づく繰越欠損金の減少に伴う更正処分をし、更に、(c)平成20年度分のAP社の連結納税申告について、上記(a)に基づく繰越欠損金の減少に伴って平成20年度の連結納税開始時における連結繰越欠損金の額が減少したことに伴う更正処分を行ったため、AP社が、これらの更正処分の取消しを求めて争った。この事件における主な争点は、上記の一連の行為を背景として行われた本件各譲渡に対して、法人税法132条の適用による同族会社の行為計算の否認が認められるか否かである。

【IBM事件概要図】

```
                                              米IBM
                日本          ①資金提供         WT社
                         ┌──────────────┐
                         ↓              │
                    IBM・AP社    ②日本IBM              米国
                    ┌─────┐       株式売却
                   売却損+みなし配当　親
                   （益金不算入）
                    赤字        ③日本IBM
                      │         株式売却
                      ↓                    日本IBM
                  連結納税で相殺  ←──── 黒字    子
```

ロ　IBM事件と法人税法132条の3の適用の可否

　IBM事件では、前記イに記載したとおり、課税当局は、AP社に対して、法人税法132条の同族会社の行為計算否認規定を適用してその行為又は計算を否認した。もっとも、課税当局は、少なくとも、IBM事件の一審判決である東京地判平成26年5月9日（判例タイムズ1415号186頁）により敗訴し、その主張を変更せざるを得なくなるまでは、IBM事件の全体像を、わが国の連結納税制度を利用して、IBMグループのわが国にお

ける課税負担を減少させる目的で行われた、租税回避スキームであると捉えていたようである。

　このような課税当局の見方からすれば、結果的に連結納税制度を利用して租税負担を減少させたということで、法人税法132条の3の適用についても検討の俎上に上った可能性がある。

　しかしながら、本書**第14章**10で述べるとおり、同条は、「連̇結̇法̇人̇の̇行̇為̇又は計算」が行われた場合に限って適用される規定であるところ、IBM事件では、平成20年の連結納税開始により利用された連結欠損金は、連結納税が開始される前の平成14年、15年及び17年に行われたAP社による日本IBMに対する同社株式の譲渡（日本IBM側から見れば自社株買い）に係る行為又は計算により生じたものであり、直接的には、平成20年の連結納税開始後における「連̇結̇法̇人̇の̇行̇為̇又は計算」により生じたものではない（なお、AP社は連結法人として上記の連結繰越欠損金を利用する旨の申告行為を行っているが、当該申告行為自体が否認の対象にならないことは当然である）。それ故、IBM事件では、課税当局は、法人税法132条の3を適用せず、同法132条の適用によりAP社の行為又は計算を否認したものと考えられる[126]。

---

[126] IBM事件における法人税法132条の適用に係る問題点については、本書**第14章**3及び11のほか、太田洋「ヤフー・IDCF事件及びIBM事件東京地裁判決の分析－その射程とM&A実務への影響－」租税研究2014年10月号178頁以下、太田洋＝伊藤剛志編『企業取引と税務否認の実務』（大蔵財務協会、2015）153頁以下〔園浦卓〕、太田洋「IBM事件東京高裁判決の検討」国際税務2015年10月号80頁以下、太田洋「租税判例速報法人税法132条1項の不当減少性要件の解釈とその射程―最一小決平成28年2月18日」ジュリスト2016年6月号10頁以下、及びそれら各文献に引用されている文献参照。

5 連結納税制度の課題と展望

「連結納税制度を採用している法人は、創設時に想定していたよりもかなり少ない」と立案担当者が吐露するとおり[127]、連結納税制度の適用を新たに開始する際のハードルはまだまだ高く、多くの法人がその適用を躊躇しているのが現状である。特に課題として挙げられるのが、平成22年度税制改正により幾分緩和されたとはいえ、繰越欠損金の持込みに係る制限が依然として厳しいという点である。租税回避のおそれが小さいとの判断の下、一定の法人については、資産の含み損を連結納税グループへ持ち込み、他の連結法人の所得の金額と相殺することを認めておきながら、かかる法人が繰越欠損金を連結納税グループへ持ち込んだ場合には、その利用を当該法人の個別所得金額の範囲に制限することは首尾一貫性を欠いているのではないのかという疑問が残る。連結納税制度の適用開始後も、個々の法人における所得の金額と欠損金額の平準化の必要性は失われない以上、連結納税グループへ持ち込んだ繰越欠損金の利用を個々の法人の個別所得金額の範囲に制限するのであれば、全ての法人について、繰越欠損金を連結納税グループへ持ち込むことを認めることも検討の余地はあるように思われる[128]。

また、連結納税グループの全部又は一部を買収するM&Aを阻害している点も、現行の連結納税制度が抱える大きな課題の一つと考えられる。例えば、買収により旧連結納税グループに属する法人が新たな連結納税グループに加入した場合、一定の例外を除き、各法人の連結繰越欠損金個別帰属額は切り捨てられるが、このような場合に、新連結納税グループに加入した後も、旧連結納税グループに属していた法人グループの範囲であれ

---

[127] 朝長・前掲（注19）はしがき参照。
[128] 以上につき、酒井・前掲（注57）43頁参照。

ば、旧連結納税グループに係る連結繰越欠損金個別帰属額と所得の金額との通算を認めても特段の不都合はないように思われる[129]。特に、外国法人が（自己の）株式を対価として日本の連結納税グループ（対象会社グループ）の全部又は一部を買収しようとする場合、対象法人の株主に租税負担を生じさせない（なお、自社株対価TOBについては、**第9章**参照）ためには、適格三角合併又は適格三角株式交換を利用する他ないが、その場合には、旧連結納税グループ（対象会社グループ）からの離脱又は解消が必然的に生じ、その後に新たに連結納税制度の適用を開始したとしても、旧連結納税グループに属していた法人に係る連結繰越欠損金個別帰属額（連結親法人となる法人に係る部分を除く）を他の法人の所得の金額と相殺することはできないとの問題が生じるため、新連結納税グループの中に旧連結納税グループに属していた連結法人から成るサブグループの形成を認めない現行の税制は、このような買収を阻害する一要因となっているようにも思われる。

　まずは、実務上のニーズや制度改正による影響等を考慮しながら、これらの課題を解決することが先決であろうが、この他にも、世界的な競争激化の中で機動的かつ柔軟なグループ経営が益々求められるようになってきている状況下において、わが国でも連結納税制度の適用対象を画する議決権割合及び出資割合の基準を100％にしたままでよいのか[130]（例えば、米国ではかかる議決権割合及び出資割合の基準は80％以上とされている[131]）といった問題についても、今後検討していくことが必要となろう。

---

[129] 酒井・前掲（注57）43頁参照。

[130] 連結納税制度の適用対象を100％グループ以外にも拡大すべきか否かの詳細については、酒井貴子「連結納税制度の日米比較－最近の米国連結納税制度の話題をふまえて」租税研究764号（2013）113頁以下を参照のこと。また、連結納税制度に関する議論全般につき、山林茂生ほか「連結納税制度の見直しについて」税務大学校論叢第89号1頁以下参照。

[131] 連邦内国歳入法典1504条(a)(2)参照。

第12章

海外への本社移転
（コーポレート・インバージョン）
と課税

1 はじめに
2 インバージョンの実態とその背景
3 わが国のインバージョン対応税制
4 インバージョンに関するわが国の税制対応の課題
5 インバージョンの手法と実務上の留意点

1 はじめに

　本章では、海外への本社移転（コーポレート・インバージョン）と課税について概説する。ここでいう、インバージョン（inversion）ないしコーポレート・インバージョン（corporate inversion）[1]とは、米国で1980年代から行われるようになった多国籍企業の行動を説明するために用いられる用語であり、米国では、一般に、米国に本拠を置く多国籍企業グループの企業形態を、法人所得に対する租税負担の極端に低い又はゼロの国（タックス・ヘイブン）に新設された外国法人が、米国に所在する既存の親会社に代わって当該企業グループの親会社になるように変更する取引のことをいうものとされている[2]。この用語に特に学術的な定義として確立されたものはないが、本章では、以上述べた米国における定義を多少一般化して、X国に本拠を置く企業グループの企業形態を、X国よりも法人所得に対する実効税率（以下「法人実効税率」という）が低いY国に新設された法人（以下「インバージョン親会社」ないし「新設外国親会社」という）が、本国であるX国に本店機能を有し、当該企業グループの資本構造の頂点に位置する既存のグループ親会社（以下「既存親会社」ないし「内国親会社」という）に代わって、当該企業グループの資本構造の頂点を占める親会社となるように変更する取引のことを、以下「インバージョン」と呼ぶことにする。このインバージョンは、後述するとおり、わが国でも僅かながらではあるが実例が登場し始めており、諸外国と比較した場合のわが国の法人実効税率の相対的な高さ等に鑑みれば、今後、そのような取引が益々増加することも十分に考えられる。そこで、本章では、英米における

---

[1]　corporate expatriation とも呼ばれる。
[2]　See Office of Tax Policy, Dept of the Treasury, Corporate Inversion Transactions: Tax Policy Implications 1 (2002).

インバージョンの実態とその背景について概観した上で（後記**2**）、わが国のインバージョン対応税制の概要（後記**3**）とインバージョンに関するわが国の税制対応の課題（後記**4**）について、総合的に考察することとしたい[3,4,5]。その上で、わが国で今後行われることが予想されるインバージョンの手法と実務上の留意点（後記**5**）を述べることとする。

2　インバージョンの実態とその背景

(1)　インバージョンの目的

　米国において、多国籍企業グループによりインバージョンが行われるようになった目的は、究極的には企業グループ全体としての租税負担を軽減する点にあるが、より分析的に見ると、その目的は以下の3つであると指摘されている[6]。第一は、国外事業から稼得される国外源泉所得への米国での法人課税を回避することである。即ち、米国では、わが国と同様、内

3　本章は、太田洋「インバージョン対応税制の在り方とその未来」金子宏編『租税法の発展』（有斐閣、2010）717-747頁を再構成し、これを大幅に加筆修正したものである。

4　インバージョンを取り扱ったわが国の論考のうち、後述する平成19年度税制改正によるインバージョン対応税制制定前の代表的なものとしては、例えば、中里実「金融取引をめぐる最近の課税問題（46）タックスヘイブン親会社」税研21巻4号（2006）92頁以下、森信茂樹「新会社法と租税回避問題—三角合併を中心に—」フィナンシャル・レビュー84号（2006）22頁以下、同「三角合併とコーポレート・インバージョン」証券税制研究会編『企業行動の新展開と税制』（日本証券経済研究所、2006）201頁以下、渡辺徹也『企業組織再編成と課税』（弘文堂、2006）118-124頁（初出「税法における適格合併の概念—アメリカ法におけるC型組織再編成と会社法に依拠しない適格要件の必要性」フィナンシャル・レビュー84号（2006）58-62頁）、本庄資「米国ベース多国籍企業に対する国際課税ルールの変革—米国企業のインバージョン取引の阻止を中心として」国際税制研究15号（2005）45頁以下などが挙げられる。

国法人に関し全世界所得課税方式が採用されており、内国法人についてはその全世界所得に対して課税がなされる一方、外国法人については国内源泉所得に対して・のみ課税がなされるため、内国親会社が支店形態や子会社形態で従来行っていた国外事業を、支店や子会社の付け替えの形で新設外

5 　平成19年度税制改正によるインバージョン対応税制制定後においてインバージョンを取り扱った代表的な論考としては、例えば、岡村忠生＝岩谷博紀「国外移転に対する実現アプローチと管轄アプローチ～インバージョン（inversion）取引を中心に」岡村忠生編『新しい法人税法』（有斐閣、2007）285頁以下、緒方健太郎・財務省主税局参事官室参事官補佐〔当時〕「クロスボーダーの組織再編成に係る税制改正（インバージョン対策等）について」ファイナンス43巻5号（2007）42頁以下、前田睦人「国際課税関係の改正」税務弘報55巻7号（2007）255頁以下、山崎昇「コーポレート・インバージョン（外国親会社の設立）と国際税務─クロスボーダーの三角合併解禁に伴う国際的租税回避の懸念─」税務大学校論叢54号（2007）10頁以下、太田達也＝秋元秀仁＝諸星健司＝須磨一郎「〔座談会〕徹底討論　グローバル企業再編の税務（コーポレート・インバージョン＆信託税制篇）」国際税務2007年11月号21－32頁、太田洋「三角合併等対応税制とM&A実務への影響」租税研究2008年7月号35頁以下、西本靖宏「インバージョンの変遷と対応策─アメリカ連邦租税法における議論を中心として」税務弘報56巻13号（2008）105頁以下、倉見智亮「コーポレート・インバージョン対策税制の現状と課題─タックス・ヘイブン対策税制との関係からのアプローチ─」税法学561号（2009）25頁以下、中村繁隆「コーポレート・インバージョンと課税管轄」関西大学大学院法学ジャーナル84号（2009）1頁以下、中村大輔「コーポレート・インバージョン対策税制に関する一考察」税研25巻6号（2010）95頁以下、松田直樹「法人資産等の国外移転への対応─欧米のコーポレイト・インバージョン対策税制及び出国税等が包含する示唆─」税務大学校論叢67号（2010）1頁以下、中村繁隆「コーポレート・インバージョン対策税制と実質的事業活動テスト」現代社会と会計5号（2011）213頁、大江晋也「外国子会社合算税制（コーポレート・インバージョン税制含む）」日本税務研究センター編『内国法人の国際取引に係る法人税』（日本税務研究センター、2012）163頁以下、大石篤史「コーポレート・インバージョン税制の実務と課題」金子宏他編『租税法と市場』（有斐閣、2014）468頁以下、大石篤史「コーポレート・インバージョンをめぐる米国の状況とわが国税制のあり方」企業会計67巻1号（2015）82頁以下、加本亘「国際取引法学会〈研究報告〉(11)コーポレート・インバージョンの問題点と日米の税制比較」国際商事法務44巻1号（2015）60頁、原田誠「コーポレート・インバージョンと租税回避」社学研論集19巻（2016）130頁などが、それぞれ挙げられる。

6 　中里・前掲（注4）93頁参照。

国親会社に移転すれば、当該国外事業から稼得される国外源泉所得に対して課税できなくなる。その結果、新設外国親会社の所在国における法人実効税率が米国におけるそれよりも低い場合には、企業グループ全体の事業の実態が不変であったとしても、インバージョンにより、当該企業グループ全体としての租税負担を軽減できることになる。第二は、CFC 税制（わが国でいうタックス・ヘイブン対策税制）[7]の適用回避である。インバージョン後に、内国親会社の外国子会社のうち、米国におけるCFC 税制である連邦内国歳入法典のサブパートFの適用を受けていた被支配外国会社（Controlled Foreign Corporation）を、現物出資等の方法により新設外国親会社の傘下に付け替えれば、それら付け替えられた外国子会社に対するサブパートFの適用が回避される（且つ、第一において述べたとおり、それら付け替えられた外国子会社からの配当に対する米国での法人課税も回避されることになる）[8,9]。第三は、いわゆるアーニングス・ストリッピング（earnings stripping）による国内所得についての米国での租税負担の軽減である。即ち、インバージョン後に、内国親会社が新設外国親会社に対して（知的財産権等に対する）ロイヤルティ、マネジメントフィー、利子、保険料、賃料等の控除可能な費用を支払うアレンジメントがなされれば、当該内国親会社においてそれら費用が税務上損金に算入されるため、米国内における課税所得が減少することになる。勿論、これら支払われた費用については、受け手の新設外国親会社に対して米国において源泉

---

[7] わが国ではタックス・ヘイブン対策税制ないし外国子会社合算課税制度などと呼ばれることが多いが、本章では、便宜上、わが国のそれを含めて、その外国での通称である「CFC 税制」と表記することとする。

[8] Reuven S. Avi-Yonah, For *Haven's Sake: Reflections on Inversion Transactions*, 27 TAX NOTES INT'L 225（2002）.

[9] 米国では、類似の制度として1986年に創設された受動的外国投資会社（PFIC）税制が存在するが、サブパートFとPFIC 税制とが重複を生じた場合には、連邦内国歳入法典1297条(e)項(1)号により、前者が適用されるものとされている。なお、PFIC 税制に関する詳細については、後掲（注169）及び（注170）参照。

徴収課税がなされるが、当該新設外国親会社が米国と租税条約を締結している国の「居住者」である場合には、かかる源泉徴収課税は軽減又は免除されることになり得る[10]。その結果、新設外国親会社の所在国における法人実効税率が米国におけるそれよりも低い場合には、企業グループ全体の事業の実態が不変であったとしても、第一で述べたのと同様に、インバージョンにより、当該企業グループ全体としての租税負担を軽減できることになる。

(2) 海外におけるインバージョンの実例

以上のような企業グループ全体としての租税負担の軽減効果が誘引となって、1983年以降、特に1990年代後半から2000年代初頭にかけて、米国では多国籍企業グループのインバージョンが相次ぐことになった[11]。前記1の意味におけるインバージョン(「単独型インバージョン」等と呼ばれることがある)その嚆矢とされるのは1983年のMcDermott Inc.[12]であるが、その後、1994年のHelen of Troy[13]、1996年のTriton Energy Corp.[14]、1997年のChicago Bridge & Iron[15]、Tyco International Ltd.[16]及びSanta Fe International Corp.[17]、1998年のPlayStar Corporation[18]と続き、1999年には8件

---

[10] See Avi-Yonah, *supra note* 8, at 225.
[11] 米国におけるインバージョンの実例等に関する簡単な概説としては、例えば、中田謙司=谷本真一『国際税務入門〔第2版〕』(日本経済新聞社、2006) 47頁及び西本・前掲(注5) 107頁以下参照。
[12] インバージョン先はパナマ。同社のインバージョンの詳細については、西本・前掲(注5) 107頁参照。
[13] インバージョンの効力発生は1994年2月16日。インバージョン先はバミューダ。同社のインバージョンの詳細については、西本・前掲(注5) 107-108頁参照。
[14] インバージョンの効力発生は1996年3月25日。インバージョン先はケイマン諸島。
[15] インバージョンの発表は1996年12月18日。インバージョン先はオランダ。
[16] インバージョンの効力発生は1997年7月2日。インバージョン先はバミューダ。
[17] インバージョンの発表は1997年6月1日。インバージョン先はケイマン諸島。
[18] インバージョンの発表は1998年5月5日。インバージョン先はアンティグア。

(Fruit of the Loom[19]、Gold Reserve[20]、White Mountains Insurance[21]、PXRE Group[22]、Amerist Insurance、Global Crossing Ltd.[23]、Transocean Sedco Forex[24]及び XOMA[25])、2000年には少なくとも5件 (Everest Re Group[26]、Trenwick Group[27]、Applied Power[28]、R&B Falcon[29]及び Arch Capital Group[30])、2001年には少なくとも5件 (Foster Wheeler Ltd.[31]、Ingersoll-Rand Co. Ltd.[32]、Global Marine[33]、Seagate Technology LLC[34]及び Accenture[35])、2002年には少なくとも5件 (Cooper Industries Inc.[36]、Noble Drilling Services Inc.[37]、Leucadia National Corp.、Nabors Industries Ltd.[38]及び Weatherford International Inc.[39]) のインバージョンが行われたといわれている[40,41]。

---

[19] インバージョンの効力発生は1999年3月4日。インバージョン先はケイマン諸島。
[20] インバージョンの発表は1998年11月24日。インバージョン先はカナダ。
[21] インバージョンの発表は1999年9月23日。インバージョン先はバミューダ。
[22] インバージョンの発表は1999年7月7日。インバージョン先はバミューダ。
[23] インバージョン先はバミューダ。もっとも、同社は、法人実効税率が相対的に低い国に当初段階から持株会社を設立する方法を採用しており (see Craig M. Boise & James C. Koenig, *Practical and Policy Considerations in Corporate Inversion Transactions*, Corporate Business Taxation Monthly, Sept. 2002, at 3, 11)、厳密な意味ではインバージョンではないとの見方もある。
[24] インバージョンの効力発生は1999年5月14日。インバージョン先はケイマン諸島。
[25] インバージョンの効力発生は1999年1月5日。インバージョン先はバミューダ。
[26] インバージョンの発表は1999年9月17日。インバージョン先はバミューダ。
[27] インバージョンの発表は1999年12月19日。インバージョン先はバミューダ。
[28] インバージョンの発表は2000年3月10日。インバージョン先はバミューダ。
[29] インバージョンの発表は2000年8月21日。インバージョン先はケイマン諸島。
[30] インバージョンの効力発生は2000年11月8日。インバージョン先はバミューダ。
[31] インバージョンの効力発生は2001年5月25日。インバージョン先はバミューダ。
[32] インバージョンの効力発生は2001年12月31日。インバージョン先はバミューダ。
[33] インバージョンの発表は2001年9月4日。インバージョン先はケイマン諸島。
[34] インバージョンの発表は2001年4月20日。インバージョン先はケイマン諸島。もっとも、同社は法人実効税率が相対的に低い国に当初段階から持株会社を設立する方法を採用しており、厳密な意味ではインバージョンではないとの見方もある。

その後、2002年に米国でインバージョン対策税制(後述の連邦内国歳入法典7874条など)が創設されたことに伴って、米国の多国籍企業グループによるインバージョンは劇的に減少したが、インバージョンを行う企業グループが全くなくなった訳ではない[42]。

　なお、米国の多国籍企業グループのインバージョン先は、いわゆるタックス・ヘイブンであるバミューダ(特に保険会社の場合)やケイマン諸島が圧倒的に多いが、企業グループの親会社がバミューダ法人又はケイマン諸島法人のいずれになった場合でも、ニューヨーク証券取引所への株式上場を維持することは可能であり[43]、S&P500への登載が取り消されること

---

[35] インバージョンの発表は2001年7月19日。インバージョン先はバミューダ。もっとも、同社は法人実効税率が相対的に低い国に当初段階から持株会社を設立する方法を採用しており、厳密な意味ではインバージョンではないとの見方もある。

[36] インバージョンの効力発生は2002年5月22日。インバージョン先はバミューダ。同社のインバージョンの詳細については、西本・前掲(注5)108頁参照。

[37] インバージョンの効力発生は2002年4月30日。インバージョン先はケイマン諸島。

[38] インバージョンの効力発生は2002年6月24日。インバージョン先はバミューダ及びバルバドス。なお、同社の事例は、バミューダをインバージョン先とした場合に米国子会社からバミューダ親会社への配当ないし利子について課される米国の源泉徴収課税(税率はいずれについても30%)を回避するため、米・バルバドス租税条約を利用した例として著名である。即ち、バミューダ法人をバルバドスを管理支配地とするInternational Business Corporationとして登記した場合、かかる会社は米・バルバドス租税条約上、バルバドスの「居住者」とされ、米国子会社からの配当ないし利子についての米国での源泉徴収税率は5％に軽減される(当該会社に対してはバミューダでは法人所得税は課されず、バルバドスでも1％～2.5％の法人所得税しか課されない)。以上につき、see Boise & Koenig, supra note 23, at 3, 9.

[39] インバージョンの効力発生は2002年6月26日。インバージョン先はバミューダ。

[40] 以上の実例については、see, e.g., Jim A. Seida & William F. Wempe, *Effective Tax Rate Changes and Earnings Stripping Following Corporate Inversion*, 57 NAT'L TAX J. 805, 811 (2004); Jim A. Seida & William F. Wempe, *Market Reaction to Corporate Inversion Transactions*, 97 TAX NOTES 1098, 1100 (2002).

[41] この他、インバージョンを行うことを発表したものの最終的に撤回した事例として、Stanley Works、Veritas DGC及びPricewaterhouse Coopers Consulting (Monday Ltd.) 各社の例がある。

もない[44]。

　また、同様の現象は、米国と同様に、法人実効税率[45]が相対的に高く[46]、内国法人への所得課税に全世界所得課税方式を採用すると共にCFC税制を有する他の先進国においても見られる。

　例えば、英国は、法人所得課税に関して上記のような特徴を有している（英国の法人実効税率は、2011年4月1日現在では26％であったが、2012年4月から24％、2013年4月から23％、2014年4月から21％、2015年4月から20％、2017年4月から19％にまで段階的に引き下げられており、更に2020年4月からは17％にまで引き下げられる予定である旨が公表されている）が、例えば、1999年には Catlin Group Limited が、2006年には Hiscox PLC、Omega Underwriting Holdings PLC 及び Colt Telecom Group PLC が、

42　なお、インバージョンを行っている訳ではないものの、世界的な客船運航会社大手でニューヨーク証券取引所上場会社である Carnival Corporation は、米国フロリダ州マイアミに本拠を置きながら、パナマを設立準拠法国とし、且つ、傘下の子会社をタックス・ヘイブンに置くこと等で驚異的に低い財務諸表上の法人実効税率を達成していることで著名である。また、2007年3月11日に、世界的な大手油田開発企業の Halliburton が、アラブ首長国連邦のドバイに本社を移転することを発表し、インバージョンではないかと議論となったが、同社は本社移転後もデラウェア州法人であり続けるとしており、内国法人と外国法人との区別につき設立準拠法主義を採る米国の連邦内国歳入法典の下では、同社の行為はテクニカルにはインバージョンには該当しないと考えられる（《http://www.marketwatch.com/story/halliburton-dubai-move-revives-foreign-tax-controversy》参照）。なお、詳細につき、Julie Roin, *Can the Income Tax Be Saved? The Promise and Pitfalls of Worldwide Formulary Appointment*. 61 TAX LAW REVIEW 169, 189（2008）参照。

43　太田洋「企業結合型インバージョンと米国新インバージョン規制」旬刊商事法務2059号（2015）55頁参照。

44　太田・前掲（注43）55頁参照。

45　国税と地方税とを合わせた法人に対する所得課税の実効税率（combined corporate income tax rate）を指す。

46　米国（カリフォルニア州）の法人実効税率は2013年1月現在40.75％といわれている（財務省の2013年5月付け「法人所得課税の実効税率の国際比較」《http://www.mof.go.jp/tax_policy/summary/corporation/084.htm》にて閲覧可能）参照。

2007年にはKiln PLC及びHardy Underwriting Group PLCが、2008年にはUnited Business Media plc、Shire Pharmaceuticals Group plc、Regus Group plc、Carter plc、WPP Group Plc、Henderson Group plc及びExperian plcが、2009年にはBeazley PLCが、それぞれ、主としてわが国会社法における三角合併の手法に対応するスキーム・オブ・アレンジメント（scheme of arrangement）⁴⁷の方法により、インバージョン⁴⁸を行っている。

このうち、United Business Media plc、Shire Pharmaceuticals Group plc、Experian plc及びBeazley PLCは、それぞれの企業グループの資本構造の頂点に立つ親会社を、英国法人から、英領ジャージー諸島法人であって国際租税法上アイルランドの「居住者」とされる法人に移している⁴⁹。また、保険会社には、Catlin Group Limited、Hiscox PLC、Omega Underwriting Holdings PLC、Kiln PLC及びHardy Underwriting Group PLCなど、バミューダをインバージョン先とする企業グループが多い⁵⁰。この他、Colt Telecom Group PLC及びRegus Group plcはルクセンブルクをインバージョン先としている。

バミューダは代表的なタックス・ヘイブンであるが、アイルランドは内国法人の法人所得課税について領土内所得課税方式（国外源泉所得非課税方式）を採用しており、法人税率も25％（但し、キャピタル・ゲインに対する税率は20％であり、EU域内の子会社からアイルランドの持株会社に対する配当のうち当該子会社の事業所得（trading profits）に由来するも

47　英国2006年会社法第26章（Part 26 of the UK Companies Act 2006。その前身は1985年会社法第13章）に基づく。
48　英国ではRedomicilingないしRedomiciliationと呼ばれることが多い。
49　*See* Fintan *Clancy, In Ireland, the Grass Is Greener for Multinational Holding Companies,* 50 TAX NOTES INT'L 759（2008）．なお、ジャージー諸島法人を利用した英国企業のアイルランドへのインバージョン及びジャージー諸島の会社法制及び税制の詳細に関しては、《http://www.mondaq.com/article.asp?articleid=67572》も参照のこと。
50　前述のBeazley PLCは、保険会社ではあるが、アイルランドをインバージョン先にしている（但し、会社法上はジャージー諸島法人）。

のに対する税率は12.5％）と相対的に低い[51]。また、ルクセンブルクは内国法人の法人所得課税について全世界所得課税方式を採用しているが、オランダ、ベルギー及びスペインなどと同様に、participation exemption（資本参加免税）と呼ばれる国外源泉所得に関する広汎な課税免除を認めており、国外源泉の配当やキャピタル・ゲインについては課税が免除されている[52]ほか、実質的な意味での法人所得に対する租税負担は非常に軽い[53]。なお、企業グループの親会社が、ジャージー諸島法人、バミューダ法人及びルクセンブルク法人のいずれになった場合でも、ロンドン証券取引所への株式上場を維持することは可能である。

なお、英国では、2008年にインバージョンが急増しているが、これは2007年6月21日に出された英国財務省・歳入関税庁の「Taxation of the Foreign Profits of Companies: A Discussion Document」と題する討議用文書の影響であると指摘されている。即ち、当該文書においては、後述するわが国の外国子会社配当益金不算入制度と同様に、外国会社の10％以上の株主である英国企業については、当該外国法人からの受取配当につき課税

---

[51] *See* Clancy, *supra* note 49, at 761. なお、例えば、2002課税年度における、総資産5億ドル以上を保有する上位7,500の米国被支配外国法人の平均外国法人税率を、設立国別に比較すると、英国を設立国とするものは23.24％であるのに対し、アイルランドを設立国とするものは5.39％に過ぎない（George K. Yin著・青山慶二訳「米国納税義務者による海外直接投資の課税の改善に向けて」租税研究2008年11月号215頁掲記の表2参照）。

[52] Cleary Gottlieb Steen & Hamilton 法律事務所の「Thoughts on the Scope and Implications of New Section457A（Nonqualified Deferred Compensation）」と題する2008年11月3日付けニューズ・レター（《http://www.cgsh.com/files/News/5c22f7d8-1b43-4c95-bc28-9c207c4bb2d4/Presentation/NewsAttachment/e64636e1-23be-452f-bb76-a4e9f6f39332/CGSH%20Alert%20Memo%20-%20457A.pdf》にて閲覧可能）14頁参照。

[53] ルクセンブルクの法人実効税率は28.59％であるが、例えば、2002課税年度における、総資産5億ドル以上を保有する上位7,500の米国被支配外国法人の平均外国法人税率を、設立国別に比較すると、ルクセンブルクを設立国とするものは、わずか7.41％に過ぎない（Yin・前掲（注51）215頁掲記の表2参照）。

を免除する旨が提案されているが、同時に、英国企業がその課税所得を軽課税国に所在する外国企業の所得に転換して英国における法人課税を回避することを防止するため、CFC税制及び過少資本税制を厳格化する旨が併せて提案されており、多くの英国の多国籍企業にとっては、これらの課税厳格化による不利益が、外国子会社からの受取配当への非課税による利益を上回る可能性があるといわれていた。具体的には、この提案の下では、CFC税制は、他の会社（英国法人であるか否かを問わない）の10％以上の株式を保有する英国企業に対して適用される形に改正され、また、適用対象となる子会社に焦点を当てた従来のモデル（子会社単位モデル：entity based model）から、所得の性質に焦点を当てたモデル（所得類型別対処モデル：income based model）に修正され、従来においてはCFC税制の適用対象とされていなかった一定のキャピタル・ゲイン、ロイヤルティ又は知的財産権の所有から稼得される所得のような受動的国外所得（passive overseas income）に対しても、課税の網が掛けられる事態が生じ得るものとされていた。また、この提案の下では、過少資本税制に関して、英国の多国籍企業グループがその全世界の企業グループの資金調達のために必要な額（「worldwide debt cap」と呼ばれている）を超えて借入れを行った場合に当該税制の適用がなされるものとされていた[54]。

　なお、上記討議用文書を踏まえて2009年7月21日に成立した財政法においては、上記のCFC税制の見直しは見送られる一方、ⅰ）中規模及び大規模の英国法人及び外国法人の英国支店（以下本項においてこれら両者を併せて単に「英国法人等」という）が海外から受け取る一定の配当についての英国法人税の課税免除と、ⅱ）同一企業グループに属する英国法人等

---

[54] 以上の全体につき、Herbert Smith法律事務所の電子版ニュース・レターである2008年10月28日付けCorporate e-bulletin所掲の「Tax Driven Redomiciling」と題する記事
（〈http://www.herbertsmith.com/NR/rdonlyres/C9E54A3F-9553-479D-B57D-662FE51A477B/8880/2008corporate_ebulletin_issue_30.html〉にて閲覧可能）参照。

がグループ・ファイナンスによる利息を支払う場合において、その英国法人税の課税所得計算上、損金に算入される支払利息額の単純合計額のうち、当該同一企業グループが全世界ベースで第三者（英国法人等を除く）に対して支払う利息の合計額から全世界ベースで第三者（英国法人等を含む）から受け取る利息の合計額を控除した残額（但し、その値がゼロ以下であればゼロ）を超過する部分につき、税務上損金に算入しないこと等を基本とする新たな制度の創設とが盛り込まれている[55]。

　因みに、英国では現在インバージョン対策税制は存在していないが、最近ではその導入を求める声も上がってきているようである。もっとも、英国では、わが国や米国と異なり、内国法人と外国法人との区別の基準として管理支配地主義と設立準拠法主義との併用方式が採用されている[56]ため、実体のない新設外国親会社（インバージョン親会社）にインバージョンを行っても、基本的にはインバージョンによる租税負担の軽減効果は得られない。それ故、英国では、設立準拠法国ないし本店所在地で実質的な事業活動を行っていないことに着目して組み立てられている、わが国の租税特別措置法40条の7乃至40条の9、66条の9の2乃至66条の9の5及び68条の93の2乃至68条の93の5[57]（インバージョン親会社の課税対象所得を内国株主の課税所得に合算する制度）や米国の連邦内国歳入法典7874条（インバージョン親会社に内国法人同様の課税を行うこと等を許容する制

---

[55]　詳細につき、山田彰宏「外国子会社配当益金不算入制度の導入と企業行動」国際税制研究22号（2009）58－60頁参照。

[56]　わが国と米国は本店所在地主義又は設立準拠法主義のみを採用している。

[57]　引用の各条項の条文番号は原則として平成30年度税制改正後のものである。なお、平成29年度税制改正においてCFC税制が抜本的に改正され（後記(4)及び太田洋「地域統括会社の設置・運営に関する実務上の留意点」旬刊商事法務2161号（2018）33－38頁参照）、当該改正と同様にインバージョン対策税制も改正された結果（藤山智博ほか『改正税法のすべて〔平成29年版〕』（大蔵財務協会、2017）733－736頁〔池田洋一郎ほか〕）、平成29年度税制改正以前とは条文番号が大きく異なっていることに注意を要する。

度)に相当する制度は、基本的に設ける必要がないという点には留意する必要がある[58]。とはいえ、管理支配地の所在は、基本的には、取締役会の開催地など恣意的に操作可能な要素によって判定されている[59]ため、インバージョンが完全に抑止される状態とはなっていない。

この他、かつて法人実効税率が先進国の中で相対的に高かったイタリア[60]では、一時期、インバージョンがしばしば行われていたようであり[61]、後述するように、2006年7月4日から新たなインバージョン対策税制が施行された[62]。

(3) 国際的な経営統合の結果としての本拠地の移転

前項で述べた他、米国では、国境を越えた国際的な経営統合に際して、多国籍企業グループの本拠地を、米国以外の国に設ける例(「企業結合型インバージョン」等と呼ばれることがある)が散見される旨が指摘されている。例えば、①1998年にドイツ企業であるダイムラー・ベンツと米国企業であるクライスラーとの統合(非常に複雑なスキームが用いられたが、大雑把にいえば逆三角合併のスキームが用いられたといってよい)に際して、統括会社の本拠はドイツに置かれた。また、②同年の英国企業 British Petroleum による米国企業 Amoco Corp. の買収に際しても、統括会社で

---

[58] 中里・前掲(注4)95頁は、わが国にインバージョン対策税制が導入されていなかった時点において、わが国課税当局がインバージョンに対応するために考え得る立法的対応策の一つとして、管理支配地主義の導入を挙げていた。

[59] *See* HUGH J. AULT & BRIAN J. ARNOLD, COMPARATIVE INCOME TAXATION: A STRUCTURAL ANALYSIS 371-373 (2004).

[60] 2004年以前は、イタリアの法人実効税率(地方税を含む)は40%を超えており、周辺のEU諸国が有していた資本参加免税制度も存在しなかった。しかしながら、イタリアは、2004年に資本参加免税制度を導入した上、法人税率を引き下げ、その後も法人税率の引下げを続けた結果、現在では、法人税率は27.5%、州事業税(IRAP)の税率は3.9%となっている。*See* ROLF EICKE, TAX PLANNING WITH HOLDING COMPANIES - REPATRIATION OF US PROFITS FROM EUROPE: CONCEPTS, STRATEGIES, STRUCTURES 185-186 (2009).

あるBP Amoco plcは英国会社とされ[63]、③1999年に行われた英国企業Vodafone Group Plcによる米国企業AirTouch Communicationsの買収に際しても、統括会社であるVodafone AirTouch Plc.は英国企業とされた。もっとも、これらの事例において、統括会社が米国以外の国に置かれたのは租税負担についての考慮を主たる理由とするものではないと指摘されている[64]。

また、1991年の税制改正前において、法人税率が52％、利潤配分税を加

---

[61] インバージョンそのものではないが、1996年にOlivetti S.p.A.のCEOに就任したRoberto Colaninnoは、自らが支配するルクセンブルク持株会社であるBell S.A.を通じて、当時上場会社であったOlivettiの株式を順次21.32％まで買い増し、Olivettiの経営を支配していた。その後、Olivettiが敵対的買収により1999年にイタリア最大の電話会社であるTelecom Italia S.p.A.の株式の54.96％を取得したため、ルクセンブルク法人であるBellが事実上Telecom Italiaの持株会社として機能するに至った。その後、2001年7月にイタリアのタイヤ・メーカーであるPirelli S.p.A.がBenetton創業家の投資会社であるEdizione Holding S.p.A.と共に買収受皿会社を通じてBellの保有していたOlivetti株式を買収した（各々の出資割合は80：20）ため、現在、Telecom ItaliaはPirelliが支配している（以上、Olivettiが2003年1月10日に米国SECに提出したSchedule 13DのAmendment No.8参照）。この事例では、OlivettiやTelecom Italiaはインバージョンを行っていた訳ではないが、Pirelli等による買収までは、事実上、ルクセンブルク持株会社であるBellにグループ統括機能を（形式的に）移していたと評価することも可能である。なお、その後、イタリア課税当局は、Bellは実質的にイタリアで管理されており、従って、イタリア国内税法（73条）及びイタリア＝ルクセンブルク租税条約（4条）上はイタリア国内法人であると解され、その全世界所得についてイタリアの所得課税に服するとして、BellによるOlivetti株式の売却とその売却益のBell株主への分配に関して、Bellとそのイタリア在住株主等に総額16億ユーロの課税処分を行った（*see* Marco Rossi, *Telecom Italia Deal Hit With Massive Tax Bill*, 47 Tax Notes Int'l 649, 649-650（2007））。

[62] *See* Marco Rossi, *Italy Introduces Corporate Tax Residency, Anti-Inversion Rules*, 43 TAX NOTES INT'L 699, 701 (2006).

[63] 《http://www.bp.com/liveassets/bp_internet/globalbp/STAGING/global_assets/downloads/A/Amoco_Key_facts_and_highlights.pdf》参照。

[64] *See* Reuben S. Avi-Yonah, *For Haven's Sake: Some Tax Policy Implications of Inversion Transactions*, 27 TAX NOTES INT'L 225, 229 (2002).

味した実効税率ベースでは57％であったスウェーデン（1991年の税制改正により利潤配分税は廃止され、法人税率も30％に引き下げられた。その後、法人税率は、1995年に28％に、2009年に26.3％に、更に2013年には22％にまで引き下げられている）では、1980年代から90年代にかけて、国際的な経営統合などを契機として、本社をスウェーデン国外に移転させる動きが活発化したと指摘されており、例えば、1999年における、ABB AB（スウェーデン。1996年の社名変更前は Asea AB）と ABB AG（スイス。1996年の社名変更前は BBC Brown Boveri AG）（この両社は、二重国籍上場会社ないし二重本社会社を形成していた）による単一統括持株会社の形成[65]に際しては、当該持株会社（ABB Ltd.）[66]はスイス法人とされている[67]。

これ以外にも、近年では国際的な経営統合に際して統括会社を他の国に置く（移転させる）させる例が増加している。公表・実行されたそのような例の代表的なものとしては、例えば、2011年における、①米国の製薬会社

---

[65] 当該持株会社である ABB Ltd.による ABB AB と ABB AG 両社に対する exchange tender offer（いわゆる自社株対価 TOB）により実行された。

[66] なお、上記の完全統合の前段として、1988年に、当時の Asea AB（スウェーデン）と BBC Brown Boveri AG（スイス）は、それぞれの事業のほとんどを現物出資して、それぞれが50％ずつ出資する新会社である ABB Asea Brown Boveri Ltd.（スイス法人）を設立している。これによって、Asea AB（スウェーデン）と BBC Brown Boveri AG（スイス）とは、いわゆる二元上場会社（Dual Listed Company）ないし二重本社会社（Dual-headed Company）を形成することとなった（このような二元上場会社のスキームは、downstream Dual Listed Company structure と呼ばれる。かつての Royal Dutch/Shell も同様の構造を採用していた。これに対して、"equalization" arrangements と呼ばれるスキームを用いて、単に経済的にのみ統合されている状態を創り出している二元上場会社のスキームは、synthetic Dual Listed Company structure と呼ばれる。この例としては、BHP-Billiton 及び RTZ-CRA などがある）。この二元上場会社の詳細については、**第13章**参照。

[67] 1999年当時のスイスの法人実効税率は25.09％であった。この点につき、OECD による「Basic (non-targeted) corporate income tax rates」と題する表（《http://www.oecd.org/document/60/0,3746,en_2649_37427_1942460_1_1_1_37427,00.html》にて閲覧可能）参照。

であるJazz Pharmaceuticals, Inc.によるアイルランド同業のAzur Pharma Public Limited Company（非上場）の買収（統括会社の本拠はアイルランド）、2012年における、②米国産業用設備大手Eaton Corporationによるアイルランドの送電設備大手Cooper Industries plcの買収（統括会社の本拠地はアイルランドのEaton Corporation plc）、2013年における、③米国のケーブルTV大手Liberty Global Inc.による英国のデジタルTV大手Virgin Media Inc.の買収（統括会社の本拠地は英国）、④米国の製薬会社Perrigo Companyによるアイルランドのバイオテクノロジー大手Elan Corporation plcの買収（統括会社の本拠地はアイルランド）、⑤米国の後発医薬品大手Actavis, Inc.によるアイルランドの製薬会社Warner Chilcott Public Limited Company買収（統括会社の本拠地はアイルランド）、⑥米国の製薬大手Endo Health Solutions, Inc.によるカナダの同業Paladin Labs Europe Limitedの買収（統括会社の本拠地はアイルランド）、2014年における、⑦米国ハンバーガーチェーン大手Burger King Worldwide Inc.とカナダドーナツチェーン大手Tim Hortons Inc.との統合（統括会社の本拠地はカナダ）、⑧イタリアの自動車大手Fiatと米国の同業大手Chryslerとの国際経営統合（統括会社であるFiat Chrysler Automobiles NVの本拠地はオランダ（税務上の本拠地は英国））、2015年における、⑨米国の医療機器大手Medtronic, Inc.によるアイルランドの同業Covidien plcの買収（統括会社の本拠地はアイルランド）、⑩米国の製薬大手Mylan, Inc.による米国Abott Loboratoriesからの米国以外の事業の買収（統括会社であるMylan N.V.の本拠地はオランダ）、2016年における、⑪米国の自動車部品・空調設備大手Johnson Controls, Inc.によるアイルランドの同業であるTyco International plcの買収（統括会社の本拠地はアイルランド）、⑫フランスの油田サービス大手Technip S.A.による米国の同業FMC Technologies, Inc.の買収（統括会社の本拠地はフランス）などが挙げられる。

　この他、競争当局による企業結合規制に係る承認が得られなかったこと

により最終的に破談となった事案として、2011年に公表され統括会社（本社）をオランダに設立するものとされていたNYSEユーロネクストとドイツ証券取引所との国際経営統合や、2013年に公表され統括会社（本社）を同じくオランダに設立するものとされていた東京エレクトロンとApplied Materials, Inc.との国際経営統合等がある。また、2014年の米国Pfizerによる英国AstraZenacaに対する買収提案は、買収の後に統括会社を英国等に移転することを企図しているとされていたが、買収提案がAstraZenecaに受け入れられずに終了している。

　なお、上記のように、競争当局による企業結合規制に係る承認が得られずに取引が実行に移されなかったものや、当事者間における合意が成立しなかったものとは別のものとしては、米国AbbVie Inc.によるアイルランドShire plcとの買収合意の事案が挙げられる。この事案では、米国AbbVie Inc.が2014年7月にアイルランドShire plcを買収し、統括会社を英国に移転することが企図されていたが、2014年9月に公表された米国のインバージョン対策税制の改正（後記4(4)で詳述）により、企図していた税務メリットが得られるかが不明確になったものとして、最終的に、AbbVieが16億ドル以上の違約金をShireに対して支払った上で当該買収を実行しないことが合意された。また、2015年11月23日に契約が締結された旨が公表された米国Pfizerによるアイルランドの後発薬大手Allergan plcの実質的な買収取引（グローバル本社はアイルランドに置かれるものとされていた）も、2016年4月に米国連邦財務省が公表したインバージョン対策税制の強化策の一環である「先行買収ルール」（連邦財務省規則1.7824－2T条。米国企業がインバージョン取引を行うに当たり、それに先立って、インバージョン取引によって外国新本社となる会社が、その株式を対価として、インバージョン取引の当事者となる米国企業＝米国旧本社となる企業以外の米国企業を買収してその株主に株式を発行しておくことにより、その規模を拡大し、インバージョン取引が行われた場合における米国旧本社株主継続保有割合の算定に当たって、相対的に、分子となる

米国旧本社の旧株主による外国新本社株式の保有割合が低くなるような場合があり得る、との問題意識の下に、当該インバージョン取引に先立つ取引において発行される外国新本社の株式のうち、当該インバージョン取引の契約締結日から遡ること36か月の期間内に米国企業から取得された資産に対応する部分については、連邦内国歳入法典7874条の下における「80％インバージョン」に該当するか否かの基準となる、米国旧本社株主継続保有割合が80％以上か否か等を判定する際の計算において、その分母から除外するというもの）が導入されたことにより、結果的に合意破棄を余儀なくされた（後記4(4)で詳述）。

このほか、案件として公表され、統合新会社の本拠地を別の国に移転させることが企図されていながら、最終的に破談に終わったこれ以外の事案としては、米国のバイオ医薬品企業である Auxilium Pharmaceuticals Inc. によるカナダの眼科薬メーカー QLT Inc. の買収事案（統括会社の本拠地はカナダの予定であった）や米国のバナナ大手 Chiquita Brands International Inc. によるアイルランドの同業 Fyffes plc の買収事案（統括会社の本拠地はアイルランドの予定であった）、米国の広告代理店大手 Omnicom Group Inc. と仏の同業大手 Publicis Groupe SA との国際経営統合の事案（統括会社の本拠地はオランダの予定であった）がある。

(4) わが国におけるインバージョンに関連する制度的環境

英米と異なり、わが国では、インバージョンが行われた実例は、後述のとおり、まだ非常に少ないが、わが国においても、英米と同様に、わが国を本拠とする多国籍企業グループがインバージョンを行うことを動機付けられる制度的環境は揃っているものと解される。

即ち、まず第一に、わが国でも、英米と同様に、内国法人の法人所得課税については全世界所得課税方式が採用され（法法4条1項、5条、69条）、外国法人についてはその国内源泉所得に対してのみ課税がなされるので（法法4条3項、9条）、インバージョンによって、内国親会社がそ

の外国支店や外国子会社を通じて行っていた国外事業を新設外国親会社に移転すれば、当該国外事業から稼得される国外源泉所得に対しては、わが国の課税は及ばないことになる（**インバージョンへの誘因の第一**）。

　第二に、わが国でも、英米と同様に、インバージョン後に、内国親会社が支配していた特定外国関係会社ないし対象外国関係会社の株式が新設外国親会社に現物出資されれば、当該特定外国関係会社ないし対象外国関係会社は当該新設外国親会社の子会社に転換されるため、CFC税制の適用が回避され、更には、当該特定外国関係会社ないし対象外国関係会社からの配当に対して課税することができなくなる[68]（**インバージョンへの誘因の第二**）。

　第三に、わが国でも、英米と同様に、新設外国親会社に対して内国親会社からロイヤルティ、マネジメントフィー、利子、保険料、賃料等の控除可能な費用を支払うアレンジメントがなされれば、内国親会社の側では当該費用は税務上損金に算入される結果、わが国での課税所得が減少する[69]

---

[68] なお、この国際現物出資は、外国法人に対して国内資産を現物出資する場合の適格性の否定の例外として設けられた、外国法人の発行済株式等の総数の100分の25以上の数の株式を有する場合における当該外国法人の株式を他の外国法人に現物出資する取引に該当するため、別段の規定がない限り、適格現物出資となり得る（法法2条12号の14括弧書、法施令4条の3第10項括弧書）。この例外規定は、海外子会社を統括する中間持株会社の設立を妨げないようにするために設けられたものである。但し、後記3(2)イで述べるとおり、平成19年度税制改正において、インバージョン対応税制の一環として、「CFC税制からの離脱抑止課税」（「適格現物出資の範囲に関する特例」とも呼ばれる）制度が導入され、内国親会社との間に80％以上の資本関係を有する新設外国親会社（措法68条の2の3第5項4号、措令39条の34の3第14項）に対して、「特定外国子法人」（措法68条の2の3第5項3号）の株式をクロスボーダーで現物出資した場合、当該現物出資につき、組織再編税制の下における税制適格該当性を否定するものとされている（措法68条の2の3第4項）。

[69] もっとも、後述のとおり、借入金に係る利子の損金算入による国内所得の減少については、過少資本税制（措法66条の5）及び平成24年度税制改正により導入された過大利子控除制限税制（「過大支払利子税制」とも呼ばれる。措法66条の5の2以下）によって一定の制約が課されている。

ため、インバージョンにより、これら国外所得に対する課税権の喪失のみならず、国内所得に対する課税権の浸食も生じることになる。因みに、これら支払われた費用については、外国法人に対して源泉徴収課税（所法178条、179条、212条、213条）がなされる一方で、租税条約による軽減又は免除の可能性がある[70]点も、英米の場合と同様である[71]（**インバージョンへの誘因の第三**）。

なお、わが国では、内国法人と外国法人との区別に関しては、英国のように管理支配地主義が採用されておらず、本店所在地主義のみが採用されている（法法2条3号・4号）ため、英国の場合と異なってインバージョン対策税制の必要性は相対的に高いと解されるが、この本店所在地主義の意義については若干の異説がある。即ち、有力な論者は、内国親会社の本店所在地を軽課税国に国外移転させることによっても、国外事業に対する課税権の喪失が生じる[72]と指摘しており、「本店」概念を会社法等からの借用概念ではないと解しているようにも思われる[73]が、仮にそのように理解するのであれば、「本店」概念を管理支配地的に理解し、定款又は商業登記簿に記載された形式上の「本店」ではなく、実態としての「本店」（事業活動の中心となるべき事業所）がわが国に所在するか否かで内国法人か外国法人かが定まることにもなり得る[74]。しかしながら、現在のところ、通説は法人税法上の「本店」概念を会社法等からの借用概念であると解し、定款又は商業登記簿に記載された本店所在地を基準に判断すべきと

---

[70] かかる課税減免がなされた場合には、上記のアーニングス・ストリッピングによる租税負担軽減効果が更に高まることになる。
[71] 以上の全体につき、例えば、中里・前掲（注4）93－94頁など参照。
[72] 岡村＝岩谷・前掲（注5）311頁。
[73] 倉見・前掲（注5）51頁参照。
[74] このような解釈の可能性を示唆する見解として、倉見・前掲（注5）51頁参照。

解しており[75]、かかる形式上の「本店」所在地は外国に所在すると解される余地がない[76]。従って、このような通説を前提とする限り、「本店」概念を管理支配地的に理解することはできないと解されることになり、そうであれば、立法によって管理支配地主義を採用するのでない限り、わが国では、インバージョンに対処するための特別の立法的手当てが存在することが（少なくとも）望ましいものと考えられる[77]。

このほか、企業グループの親会社がケイマン諸島などタックス・ヘイブン国の法人になった場合でも、東京証券取引所への株式上場を維持することは可能である[78]し、実際にケイマン諸島法人が東京証券取引所にその発行株式を上場している実例も存在しており、上場ステータスの維持は、わが国の上場会社がインバージョンを断念する決定的な理由には必ずしもならないと思われる[79,80]。

もっとも、わが国でインバージョン対策税制が導入された平成19年度税制改正当時と異なり、現在では、その後の税制改正の結果として、以上のようなわが国法人税制の構造に起因するインバージョンへの誘引は、微妙

---

[75] 小松芳明『国際租税法講義〔増補版〕』（税務経理協会、1998）46頁、木村弘之亮『国際租税法』（成文堂、2000）345頁、川田剛『国際課税の基礎知識〔10訂版〕』（税務経理協会、2017）48頁及び増井良啓＝宮崎裕子『国際租税法〔第3版〕』（東京大学出版会、2015）11頁など参照。

[76] 何故なら、本店所在地は会社法上様々な訴えの専属管轄地となるため（会社法835条1項、848条、856条等）、わが国において設立する会社の本店を外国に置くことはできない（江頭憲治郎『株式会社法〔第7版〕』（有斐閣、2017）70頁）と解されているからである。

[77] 前掲（注58）参照。

[78] 太田洋・前掲（注43）55頁参照。

[79] 太田洋・前掲（注43）55頁参照。

[80] もっとも、TOPIXについては、内国普通株式のみで構成されている（東京証券取引所「東証指数算出要領（市場別指数編）2015年11月11日版」4頁参照）ため、インバージョンによって上場株式の発行会社が外国会社となった場合には、少なくとも現在の東京証券取引所の規則上はTOPIXの構成銘柄から除外されることになると考えられる。

ではあるものの、若干弱まっているとも考えることができる点に注意する必要がある。

　即ち、内国法人の法人所得課税については、確かに現在でも全世界所得課税方式が維持されてはいるものの、平成21年度税制改正によって外国子会社配当益金不算入制度（法法23条の2）が導入されたことにより、内国親会社が外国子会社[81]を通じて行っている国外事業から稼得された利益（国外源泉所得）については、当該外国子会社の所在地国（源泉国）における法人実効税率がわが国のそれよりも低い場合であって、且つ、源泉国における課税後のそれら利益がわが国に還流したときでも、基本的にはわが国において追加的課税は行われない[82]こととなり、その結果、それら国外源泉所得についてのわが国の法人実効税率が事実上大幅に軽減されることとなった。そのため、当該内国親会社を頂点とするわが国の多国籍企業グループにとって、外国子会社を通じて営まれているそれらの国外事業を新設外国親会社に移転させることで、当該国外事業から稼得される国外源泉所得に対するわが国における租税負担を軽減させよう、というインセンティブ（上記の「インバージョンへの誘因の第一」）は、事実上ほとんどなくなった（当該国外事業を新設外国親会社に移転させても、源泉国での課税はそのままである[83]ため、わが国に還流される当該国外源泉所得が外国子会社配当益金不算入制度の対象とされている限りは、基本的には、当該国外源泉所得については租税負担の軽減効果はほとんど生じない）。勿論、当該内国親会社が外国支店を通じて行っている国外事業から得られる利益に関しては、当該外国支店の所在地国（源泉国）における法人実効税

---

[81] 他方、後述のとおり、当該内国親会社が外国支店を通じて国外事業を営んでいるときは、当該国外事業から稼得された利益（国外源泉所得）についてもわが国において追加的課税が行われる。

[82] 正確には、配当額の5％は益金に算入される（法法23条の2第1項、法施令22条の4第2項参照）ため、その限度ではわが国において追加的課税がなされることになる。

率がわが国のそれよりも低い場合には、(外国税額控除は単に国際的二重課税を排除するに止まるため)わが国において追加的課税が行われることになるので、その分に関しては、当該外国支店を新設外国親会社に付け替えることで租税負担の軽減を図ることは依然として可能である。しかしながら、外国での裁判管轄権に服することを回避する等の理由によって、わが国の多国籍企業グループの間では子会社形態で国外事業を営むことが通常であることに鑑みれば、やはり、外国子会社配当益金不算入制度の創設により、わが国の内国親会社が国外源泉所得についての租税負担軽減を狙ってインバージョンを行うインセンティブは、相当程度小さくなったということができるように思われる(CFC税制による合算課税の対象となる外国関係会社からの受取配当についても、外国子会社配当益金不算入制度の創設により一定の範囲で益金不算入とされることになったが[84]、合算課税との関係で、上述したインバージョンへの3つの誘因のうちの第二の誘因、即ち、インバージョンによって軽課税国に所在する外国関係会社を新設外国親会社の子会社に付け替えることでCFC税制の適用を回避するという誘因は、外国子会社配当益金不算入制度の創設後も引き続き残ってい

---

[83] もっとも、わが国と当該源泉地国との間の租税条約で定められている軽減税率と新設外国親会社の所在地国と当該源泉地国との間の租税条約で定められている軽減税率とに差異があれば、源泉地国における支払配当に関する源泉徴収税率が異なってくることになる。なお、外国子会社配当益金不算入制度が適用される場合、当該外国子会社が所在する源泉地国における当該配当に対する源泉税はわが国の受取法人において損金不算入とされるほか、外国税額控除(直接税額控除)の対象ともならない(法法23条の2第1項、69条1項、法施令142条の2第7項3号参照)ため、わが国の受取法人側では、当該源泉税額がそのままコストとして税引後の手取額を減少せしめることになる。

[84] 法法23条の2、法施令22条の4及び措法66条の8第2項・3項参照。

る[85])。

 とはいえ、外国子会社配当益金不算入制度の創設による影響は必ずしも単線的なものではない。この制度が存在することで、わが国の多国籍企業グループにとっては、わが国よりも法人実効税率が低い国に所在する外国子会社に対して可能な限り利子やロイヤルティ等を支払い、当該支払額をわが国で税務上損金算入するという形で、国内源泉所得をそれらの受け手である外国子会社の所得に一旦転換してしまえば、その後、当該転換された所得をわが国に還流させてもわが国での追加的課税は基本的に生じないため、結果的に、企業グループ全体としての租税負担が軽減されることになる。その意味で、インバージョンを実際に行うかどうかはともかくとして、わが国の多国籍企業グループにとって、アーニングス・ストリッピングを行うインセンティブ（前記の「インバージョンへの誘因の第三」）が生じている。従って、外国子会社配当益金不算入制度の創設により、総体的に見て、インバージョンを行うインセンティブが実質的に小さくなったと言い切れるかどうかは微妙であるともいえよう。

 もっとも、近時、わが国でも CFC 税制が強化されつつあり、この面では、わが国の多国籍企業グループが、CFC 税制の適用を回避するために、インバージョンを行った上で、内国親会社の傘下にある外国子会社を新設外国親会社に付け替える、といった行動に踏み切るインセンティブは増大したともいえる。例えば、平成22年度税制改正による CFC 税制の改正[86]では、①トリガー税率（租税負担割合が低いと判定される基準税率）が「25％以下」から「20％以下」に引き下げられると共に、②株主等が特定

---

85 もっとも、前掲（注68）で述べたとおり、平成19年度税制改正において、インバージョン対応税制の一環として、「CFC 税制からの離脱抑止課税」（「適格現物出資の範囲に関する特例」とも呼ばれる。後記3(2)イ参照）制度が導入されたため、この観点からインバージョンを行う場合にも、入り口段階では、一定の制約は課される。
86 泉恒有ほか『改正税法のすべて〔平成22年版〕』（大蔵財務協会、2010）490−502頁参照。

外国子会社等の留保所得につき合算課税を受けることになる要件である株式保有割合要件が従来の「5％以上」から「10％以上」に引き上げられ、③その地において事業活動を行うことに十分な経済合理性があるものと評価することが適当である統括会社については合算課税の対象外とされるなど、合算課税の適用除外要件が拡大されたが、④適用除外要件を満たす特定外国子会社等であっても、ポートフォリオ株式・債券の運用による所得など一定の資産性所得（受動的所得＝パッシブ所得）については例外的に合算課税の対象となるという「資産性所得合算制度」が導入（米国やカナダのCFC税制でかねてから用いられてきた所得類型別対処モデル＝所得指定型の一部導入）され、⑤従来、一定の場合に認められてきた、人件費の10％相当額を合算所得から控除するという人件費控除措置が撤廃されるなど、CFC税制が一部強化された。更に、平成29年度税制改正では、OECDとG20が進めているBEPS（Base Erosion and Profit Shifting）プロジェクトを受けて、CFC税制が抜本的に改正され、①外国関係会社の範囲の見直し（資本関係を断絶しつつ、契約等によって支配を維持する場合に対応すべく、外国法人が保有する財産に対する支配関係に注目した実質支配関係基準を導入すると共に、発行済株式等の保有割合の計算を、従来の掛け算方式から50％超の連鎖方式に変更）及び②外国関係会社の活動実態を類型化して合算課税の範囲を決めるアプローチの導入（i）租税回避リスクが特に高い「ペーパー・カンパニー」等の「特定外国関係会社」については、税負担割合が30％未満であることを条件に会社単位の合算課税を適用すると共に、ii）経済活動基準を一つでもクリアできなかった「対象外国関係会社」については、税負担割合が20％未満であることを条件に会社単位の合算課税を適用する一方、iii）経済活動基準を全てクリアした「部分対象外国関係会社」についても、税負担割合が20％未満であるか又は少額基準による適用免除とならない限り、受動的所得に対して合算課税を適用するという制度を導入。また、iii）の「部分対象外国関係会社」につき部分合算課税の対象となる「受動的所得」についても、外国関係会社

の資産規模や人件費等の経済実態に照らして通常発生し得ないと考えられる「異常所得」もその範囲に含める改正を実施)など、CFC税制の強化が図られている。

(5) わが国におけるインバージョンの実例

前述のとおり、英米では上場会社がインバージョンを行うことは決して珍しくないが、わが国でも、上場会社が「事実上」インバージョンを行った実例は既に存在する。即ち、大阪証券取引所第1部上場会社であったサンスターは、株式非公開化を伴うMEBO（Management Employee Buy-Out）を通じて、2007年11月1日にスイスへの本社機能移転を完了させている（従来わが国の上場会社であったサンスターはスイスの持株会社であるSunstar SAの子会社となった）が、これは事実上わが国上場会社が行った初めてのインバージョンの実例であると評価できる[87,88]。

この事例は、前述した英米における典型的なインバージョンの実例のように、内国親会社の上場会社としての地位を新設外国親会社が引き継ぐ（即ち、当該内国親会社の従来の株主が当該新設外国親会社の株主に振り替わる）という方式によるものではなく、株式非公開化を伴うMEBOを利用したものではあるが、多国籍企業グループの頂点に位置する会社が内国親会社から新設外国親会社に振り替わったという意味では、広い意味で

---

[87] 太田洋・前掲（注43）56頁及び中村繁隆「コーポレート・インバージョンと課税管轄」関西大学大学院法学ジャーナル84号（2009）10-11頁参照。このほか、いかなるスキームによるものかは公表されていないため不明であるが、雑貨店「フランフラン」を運営するバルスがMBOを実施し、2012年4月に本社を香港に移転すると報じられている（2012年2月24日付け日本経済新聞朝刊9面参照）。

[88] 同様に、法人実効税率が相対的に低い国に当初段階から持株会社を設立する方法は、前述のとおり、Global Crossing Ltd.(持株会社はバミューダ法人)、アーサー・アンダーセンのコンサルティング部門であったAccenture（持株会社はバミューダ法人）及びSeagate Technology LLC（持株会社はケイマン法人）によって採用されているところである（*see* Boise & Koenig, *supra* note 23, at 3, 11）。

のインバージョンの範疇に含まれるといってよいと考えられる。また、サンスターの報道発表資料等による限り、当該取引は、必ずしもグループ全体としての租税負担の軽減を主眼としたものではなく、グローバルに展開する医薬品企業としてはスイスに本社機能を置くことが最善であるとの経営判断の下に行われたもののようであるが、多国籍企業グループの本社機能がわが国からスイスに移転したという意味において、インバージョンの実例と評価することが可能であると考えられる。

この、サンスターが行った「インバージョン」は、具体的には以下の方法によって行われている[89]。即ち、まず、サンスターの創業家等がスイスにインバージョン親会社となる事業統括管理会社（Sunstar SA）[90]を設立し、次いで当該事業統括管理会社がわが国にサンスターの買収ビークルであるSSAを設立した。その上で、野村プリンシパル・インベストメントからの貸付け等をも原資としてSSAがサンスターの株式をキャッシュTOBで買収し、更に、全部取得条項付種類株式を用いたスキームでサンスターの少数株主をスクィーズ・アウトして、サンスターの株主をSSA、サンスター従業員持株会及び創業家の資産管理会社であるSTARLECSの3社に集約し、サンスターの発行株式を非公開化した。その後、サンスターは、その保有する自己株式をSSAに第三者割当ての方法で処分するなどしてSSAの子会社となり、更に買収ビークルであるSSAを吸収合併（いわゆる逆さ合併）して、最終的にはスイスの事業統括管理会社の子会社となった（他の株主はサンスター従業員持株会と上記の資産管理会社）。

---

[89] 詳細は、中村・前掲（注87）10－18頁参照。
[90] なお、このスイスの事業統括管理会社はルクセンブルク法人であるHosei Gijuku Luxembourg S.A.の100％子会社である。なお、ルクセンブルクには同国に親会社を置いた場合に税制上の優遇措置を与える1929年持株会社税制が存在したが、2006年に廃止されている。その際、同年8月1日までに設立された持株会社については、資本の移動がない限り2010年12月末まで同制度の恩典を享受できることとされた。岡田至康監修「Worldwide Tax Summary」国際税務2006年11月号3－4頁参照。

その後、サンスターは、そのスイスの事業子会社であるサンスタースイスSAの株式を上記事業統括管理会社に譲渡し、当該事業統括管理会社はサンスターの株式をサンスタースイスSAに現物出資して、サンスターは、最終的に当該事業統括管理会社であるSunstar SAの孫会社となって現在に至っている（以上につき、後掲の【図12－1】参照）。なお、サンスターは、このMEBOの実施を発表すると同時に、グローバルな医薬品事業の展開のためにはスイスに本社を置いた方が研究者などの人材も確保しやすいこと等を理由として、そのグループ本社機能をスイスに移転する（即ち、上記のスイス事業統括管理会社がグループ本社機能を果たす）ことを公表している。

　以上の取引の結果、サンスターの企業グループ全体としての租税負担は軽減されたものと推測される。何故なら、スイスの法人実効税率はわが国より大幅に低く、州によって異なるが2017年1月現在連邦法人税と州税とを合わせて12％強から24％強程度である[91]のみならず、わが国とスイスとは租税条約を締結しているため、スイスの事業統括管理会社が利子や配当の形でサンスターから利益を吸い上げたとしても、わが国における課税はそれらに対する10％の軽減税率による源泉徴収のみで完結する[92]からである。

　勿論、以上の取引の過程でキャッシュTOBに応じて持株を売却したサンスター株主や同社から現金によってスクィーズ・アウトされた株主は、従来有していた同社株式の含み益について株式譲渡益課税に服しているが、サンスターの資産含み益については、全部取得条項付種類株式を用い

---

[91] 因みに、スイスでは持株会社優遇税制があり、連邦法人税（税率8.5％）を除いた州の法人所得税は、持株会社については全ての州で免税とされている。「持株会社」とは、他社への資本参加又はそこから稼得される所得が長期的に総資産額又は総所得金額の3分の2以上を占めている会社、と定義されている。詳細は、山﨑・前掲（注5）60頁以下参照。

[92] 当該スイス事業統括管理会社がわが国に恒久的施設（PE）を有していないことを前提とする。

【図12-1】 サンスターのMEBO

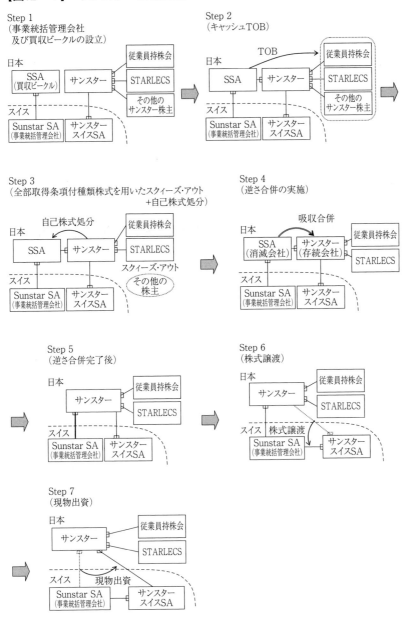

たスクィーズ・アウトの手法を用いることにより、時価評価課税は回避し得たところである（**第8章**参照）。また、サンスターの創業家等は、前記MEBO に際して、その資産管理会社を通じて従来から保有するサンスターの株式につき譲渡その他の処分を行っておらず、当該資産管理会社はサンスターの株主として引き続き残留したため、創業家等は、上記MEBOに際して特段の課税を受けていないものと考えられる。

以上のように、わが国の上場会社であっても、株主レベルでの株式譲渡益課税など過去の利益の蓄積に対する一定の課税を覚悟しさえすれば、グループ本社機能を（わが国よりも法人実効税率の低い）外国に移転させることは現実に可能である。

(6) わが国で今後行われることが予想されるインバージョンのパターン

以上の分析に基づいた場合、わが国で今後予想されるインバージョン（但し、わが国での国内事業は従来どおり維持することを前提とする）のパターンとしてはどのようなものが考えられるであろうか。

まず第一に考えられるのは、バミューダやケイマン諸島、香港など、典型的なタックス・ヘイブン国・地域にインバージョン親会社を置く形のインバージョンである（以下「パターンA」という）。このパターンのインバージョンを行った場合、前述した「インバージョンへの誘因の第一」と「第二」が達成されることによる租税負担の軽減効果を最大限享受することができるだけでなく、その「第三」であるアーニングス・ストリッピングによるわが国での租税負担の軽減についても、（これらの国・地域は通常わが国との間で租税条約を締結していない[93]ために、国外支払利息等に対するわが国の源泉徴収課税によって、一定の範囲内に限定されはするも

---

[93] 香港は、中華人民共和国の領土を構成しているが、日中租税条約は適用されず、2011年8月14日に発効した日本と香港との間の租税協定（日港租税協定）が適用される。

のの、）相当程度達成することができる。特に、保険料や再保険料はわが国の源泉徴収課税の対象となっておらず、米国のように excise tax も課されないため、保険会社については、このようなパターンでインバージョンを行うことに強いインセンティブが働くものと考えられる[94]（更に、前述したとおり、英米では保険会社がバミューダ等にインバージョンを行っている事例が多数に上っていることに鑑みれば、これら英米の保険会社との level playing field の確保という観点からも、同様のインバージョンを行うことについて強い誘因が働くであろう）。

　第二のパターン（以下「パターンB」という）として予想されるのは、典型的なタックス・ヘイブン国・地域ではないものの、法人実効税率がわが国より相当に低く、且つ、わが国との間で租税条約を締結しており、他の国とも租税条約ネットワークを構築している国（例えば、シンガポール[95]、英国[96]、オランダ[97]、ルクセンブルク[98]、スイス[99]、アイルランド[100]など）にインバージョン親会社を置く形のインバージョンである。このパ

---

[94] 中里・前掲（注４）94頁参照。

[95] 日星租税条約上、源泉国課税の限度税率は利子につき10％、ライセンス料（使用料）についても10％とされている。シンガポールの法人税率は17％である。

[96] 日英租税条約上、源泉国課税の限度税率は利子につき10％、ライセンス料（使用料）についても10％とされている。なお、英国の法人税率は、前述したとおり、2018年１月１日現在で19％であるが、2020年４月から17％にまで引き下げられることが公表されている。

[97] 日蘭租税条約上、源泉国課税の限度税率は利子につき金融機関等の受取利子に限定してではあるがゼロ（それ以外は10％）、ライセンス料（使用料）についてもゼロとされている。なお、オランダの法人実効税率は25.5％である。

[98] 日本・ルクセンブルク租税条約上、源泉国課税の限度税率は利子につき10％、ライセンス料（使用料）についても10％とされている。なお、ルクセンブルクの法人実効税率は28.59％である。

[99] 日瑞租税条約上、源泉国課税の限度税率は利子につき10％、ライセンス料（使用料）についてはゼロとされている。なお、スイスの法人実効税率は21.17％である。

[100] 日愛租税条約上、源泉国課税の限度税率は利子につき10％、ライセンス料（使用料）についても10％とされている。

ターンのインバージョンを行った場合、上記のパターンAほどには「インバージョンへの誘因の第一」と「第二」が達成されることによる租税負担の軽減は享受できないものの、その「第三」であるアーニングス・ストリッピングによるわが国での租税負担の軽減については、租税条約によって国外支払利息等に対するわが国の源泉徴収課税が減免されるため、むしろパターンA以上に租税負担の軽減を実現することができる。なお、前述した幾つかの国の中でも、特に、シンガポール、英国及びアイルランドでは、内国法人の法人所得課税について領土内所得課税方式（国外源泉所得非課税方式）が採用されており、法人税率も世界的に見て低い[101]。また、オランダ及びルクセンブルクでは、内国法人の法人所得課税について全世界所得課税方式が採用されているものの、participation exemption（資本参加免税）と呼ばれる国外源泉所得に関する広汎な課税免除が認められており、その実質は領土内所得課税方式（国外源泉所得非課税方式）にかなり近い[102]。従って、これらの国にインバージョン親会社を置いた場合には、「インバージョンへの誘因の第一」が達成されることによる租税負担の軽減効果はかなり高い（パターンAとの違いは、概ね、インバージョン親会社所在国における国内源泉所得に対する法人実効税率の違いだけである）。また、スイスには持株会社優遇税制が存在する[103]ので、スイスに持株会社形態のインバージョン親会社を置いた場合には、インバージョン親会社所在国における国内源泉所得に対する法人課税を相当低く抑えることが可能となるように思われる。

---

[101] 前述したとおり、アイルランドの法人税率は25％（但し、キャピタル・ゲインに対する税率は33％であり、EU域内の子会社からアイルランドの持株会社への配当のうち当該子会社の事業所得（trading profits）に由来するものに対する税率は12.5％）である。

[102] Cleary Gottlieb Steen & Hamilton法律事務所・前掲（注52）14頁参照。なお、オランダの資本参加免税制度の詳細については、山﨑・前掲（注5）59-60頁参照。

[103] スイスの持株会社優遇税制の詳細については、山﨑・前掲（注5）60-61頁参照。

英米では、既に見たように、インバージョンを行った会社が属する業種としては、保険、各種機械、石油・ガス掘削、通信及び海運などが比較的目立つが、わが国でも、少子高齢化の進行で国内市場が縮小に向かう一方で、世界規模での厳しい競争を勝ち抜いていくために、企業はグローバルな事業展開に活路を見出さざるを得なくなっており、そのような環境の下で、電機、自動車、工作機械その他各種機械、通信、海運などグローバル化が進んだ業界に属するわが国の多国籍企業が、このパターンBによるインバージョンに向かうことになる可能性は、あながち否定できないように思われる。

　最後に、第三のパターン（以下「パターンC」という）として予想されるのは、韓国にインバージョン親会社を置く形のインバージョンである。韓国の法人実効税率は2017年1月現在24.20％であって既に中国の25.0％よりも低く（因みに、29.97％のわが国より相当低い[104]）。その他にも、韓国はわが国から地理的に極めて近く、時差もないばかりか、通信・交通網などの各種のインフラストラクチャーも整備されている。また、法制度もわが国と似通った部分が多く、特に商法が改正されて2012年4月15日から三角合併を利用できるようになり[105]、それに併せて子会社による親会社株式の取得・保有禁止規制が緩和されていることから、韓国をインバージョン先としてインバージョンを行うことも容易となったものと考えられる。このような状況を踏まえると、近い将来、わが国の多国籍企業の中で、隣国である韓国をインバージョン先としてインバージョンを行い、製造拠点などもわが国から韓国に移転させる企業が現れる可能性は、それなりにあるのではないかとも思われる。

---

[104] OECDのTax DatabaseにおけるCorporate income tax rateに関する表（《http://stats.oecd.org//Index.aspx?QueryId=58204》にて閲覧可能）参照。

[105] 李厚東ほか「韓国改正商法の概要と実務への影響」旬刊経理情報1308号（2012）30−33頁参照。

ここでは、主に前記(4)記載の3種類の「インバージョンへの誘因」の観点から、わが国で今後行われ得るインバージョンのパターンを概観したが、更に一歩進んで、実務的にどのような視点に基づいてインバージョン親会社の設立準拠法国及びインバージョンのスキームを選択すべきかという点については、後記5において改めて触れることにする。

3　わが国のインバージョン対応税制

(1)　インバージョン対応税制創設の背景

　わが国のインバージョン対応税制は、**第2章**で述べたとおり、平成19年度税制改正によって創設されたが、これは、直接的には、会社法の全面施行に伴って2007年5月1日にいわゆる三角合併等が全面的に解禁された結果、クロスボーダーの三角合併等を用いて、内国親会社を、海外に新設したインバージョン親会社の傘下に収めることが法技術的に可能となり、わが国企業の中にも、インバージョンによってわが国における課税負担を大幅に軽減させる企業が出現してくる可能性が生じたことを背景としていた。

　このクロスボーダーの三角合併を用いたインバージョンは、具体的には、以下の3段階のステップを通じて行われる。まず、①軽課税国にCFC税制の適用対象となる子会社（外国関係会社）を有する内国親会社の株主（わが国の居住者ないし内国法人であるS）が、同じ又は別の軽課税国に新設外国親会社を設立してその発行済株式を100％取得する。次いで、②当該新設外国親会社は、国内に100％子会社となる内国子会社を設立した上で、当該内国子会社を合併法人、上記の内国親会社を被合併法人とするクロスボーダー三角合併を実行する。このような取引（インバージョン）を行うことで、当該新設外国親会社を頂点とし、旧内国親会社を傘

下に収める企業グループが構築される[106]。その後、③旧内国親会社が有していた外国関係会社の株式を、当該新設外国親会社に対して現金を対価として譲渡することにより、当該外国関係会社は当該新設外国親会社の直接の子会社となり、わが国のCFC税制の適用を受けないことになる（以上につき、後掲の【図12－2】参照）。

(2) わが国のインバージョン対応税制の概要[107]

このような手法によるインバージョンに対処するため、平成19年度税制改正では以下のようなインバージョン対策税制が導入された。第一が、インバージョンの際に、わが国国内に存している資産の含み益が非課税のまま外国に流出することを防止するために、インバージョンを行う内国親会

---

[106] クロスボーダー三角合併による手法について具体的な数値を用いて解説するものとして、山崎・前掲（注5）45－47頁参照。なお、クロスボーダー組織再編全般については、平野嘉秋「国際的企業組織再編成と課税問題」会計学研究15号（2003）83頁以下、西本靖宏「三角組織再編に対する課税についての一考察」ジュリスト1302号（2005）156頁以下、渡邊健樹「国際間の株式を対価とする企業買収と課税および会社法―三角合併を中心として」中里実＝神田秀樹編『ビジネス・タックス―企業税制の理論と実務』（有斐閣、2005）176頁以下、宮本十至子「国際的三角合併と課税管轄―ドイツの課税権喪失の議論を参考として―」税法学558号（2007）141頁以下、中村繁隆「三角合併と通行税―間接的株式移転の発想を題材に―」税法学559号（2008）3頁以下、吉村政穂「国際的組織再編をめぐる課税問題―日米比較を中心に―」租税法学会編『国際租税法の新たな潮流（租税法研究第36号）』（有斐閣、2008）45頁以下、手塚貴大「ドイツの企業結合税法の法構造と諸問題―機関会社制度、組織再編税制、国際的アスペクト―」森本滋編『企業結合法の総合的研究』（商事法務、2009）392頁以下、朝長英樹「三角合併」T&A master423号（2011）16頁以下及び同427号（2011）22頁以下、大石篤史「株式を対価とする外国企業とのM&Aの実務〔上〕〔下〕」旬刊商事法務2044号（2014）24頁以下及び2045号（同）115頁以下など参照。

[107] 以下、租税特別措置法の条文番号は、平成19年度税制改正当時の条文番号ではなく、平成28年3月31日法律第16号「関税定率法等の一部を改正する法律」8条による改正後の番号に、租税特別措置法施行令は平成28年3月31日政令第159号「租税特別措置法施行令の一部を改正する政令」1条による改正後の番号に従って引用している。

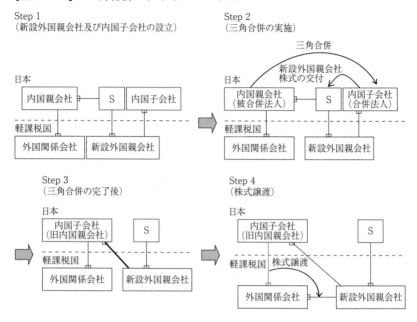

【図12－2】 三角合併によるインバージョン

社のレベルで、組織再編税制の下での税制適格該当性を否定して課税を行う制度（以下「適格合併等の範囲に関する特例」という）である。これは非常に大雑把にいえば、米国で2004年10月22日に成立したアメリカ雇用創出法によって導入された連邦内国歳入法典7874条の(a)項所定のいわゆる「60％インバージョン」対処規定に対応するものといえる[108]。第二は、インバージョンの際に、内国親会社の発行株式の含み益という形で化体されている国内資産の含み益が、非課税のまま外国親会社の株式に転換されて、わが国の課税権が及ばなくなることを防止するために、インバージョンを行う内国親会社の株主のレベルで課税を行う制度（以下「特定の合併

---

[108] 連邦内国歳入法典7874条については、後述の(b)項を含め、例えば、西本・前掲（注5）110－112頁及び太田・前掲（注43）28頁以下参照。

等が行われた場合の株主等の課税の特例」という）である。これは、米国で連邦内国歳入法典367条(a)項の下でインバージョンに対応できるように強化[109]された、いわゆる Toll Charge 規定に対応するものといえる[110]。第三は、従来わが国で CFC 税制に服していた外国関係会社等がインバージョンによってその網を免れることを抑止するための課税措置（以下「CFC 税制からの離脱抑止課税」という）である。

そして、第四が、インバージョンの結果として、その後にアーニングス・ストリッピングによってわが国から流出した課税所得を「事後的に」捕捉するための制度（以下「インバージョン対策合算税制」という）であり、前述した米国の連邦内国歳入法典7874条の(b)項所定のいわゆる「80％インバージョン」対処規定に対応するものである[111]。

これら4つの制度（以下併せて「インバージョン対策税制」といい、アーニングス・ストリッピングへの対処規定を含む、広義の「インバージョン対応税制」と区別して用いることとする）は、いずれも平成19年度税制改正で導入されたものの、施行は2007年10月1日とされた。

この他、広い意味でインバージョンに対応するための税制としては、過少資本税制など、インバージョン後に行われるアーニングス・ストリッピングに対処するための税制が考え得るが、この点、わが国では、平成19年度税制改正に際しては、特にインバージョンを意識した特別な手当ては講じられなかったところである。以下、各々の税制につき詳述する。

---

[109] Temp. Reg. § 1.367(a)–3T, 1996–1 C.B. 43 T.D. 8683（1995）及びそれを受けて修正された Temp. Reg. § 1.367(a)–3T, 1997–1 C.B. 92 T.D. 8702（1996）参照。
[110] 西本・前掲（注5）111頁参照。米国におけるこれらの対処規定の内容の詳細については、例えば、西本・前掲（注106）157–160頁、岡村＝岩谷・前掲（注5）285頁以下及び太田・前掲（注43）33頁以下参照。
[111] 西本・前掲（注5）112頁及び太田・前掲（注43）33頁以下参照。

イ　インバージョンに際しての課税措置[112]

　インバージョン対策税制のうち、前記の第一から第三まではいずれもインバージョンに際してその当事者に課税を行い、わが国の課税権の浸食を防ぐと共に、インバージョンを事実上抑止することを目的とした措置である。

　まず、第一の「適格合併等の範囲に関する特例」[113]であるが、これは、軽課税国に所在する実体のない外国親会社（インバージョン親会社）がわが国に買収ビークルを設立し、当該外国親会社がその発行株式を対価とする三角合併等によりわが国の対象会社を買収するような場合には、当該買収ビークルに事業実体がないこと及び当該対象会社と当該買収ビークルとが相互に又は共通の株主グループによってその発行済株式等の50％超を直接又は間接に保有されていること、といった要件等が満たされれば、このような三角合併等は税制適格要件を満たさないとするものである（措法68条の2の3第1項、措施令39条の34の3第1項[114]など）。

　具体的には、ⅰ）新設外国親会社の内国子会社（買収ビークル）と内国

---

[112] イ記載の内容の詳細については、前田・前掲（注5）245-260頁、青木孝徳ほか『改正税法のすべて〔平成19年版〕』（大蔵財務協会、2007）551-577頁〔緒方健太郎他〕及び山﨑・前掲（注5）72-79頁参照。

[113] 「特定グループ内合併等についての税制適格組織再編成からの除外」措置と呼ばれることもある。なお、「平成31年度税制改正の大綱」64頁及び96頁においては、間接親会社株式を用いた組織再編であっても適格組織再編成とする見直しに対応する形で、インバージョン対策税制の適用要件を見直すべきことが盛り込まれており、今後の立法の動向が注目される。

[114] 三角合併の税制適格該当性の否定は、措法68条の2の3第1項・措施令39条の34の3第1項（これにより税制非適格とされた三角合併は「特定グループ内合併」と呼ばれる）、三角分割についての税制適格該当性の否定は措法68条の2の3第2項・措施令39条の34の3第2項・3項（これにより税制非適格とされた三角分割は「特定グループ内分割」と呼ばれる）、三角株式交換についての税制適格該当性の否定は措法68条の2の3第3項・措施令39条の34の3第4項（これにより税制非適格とされた三角株式交換は「特定グループ内株式交換」と呼ばれる）。

親会社との間に、合併等の直前の現況において50％超の「特定支配関係」（措法68条の２の３第５項２号、措施令39条の34の３第10項・11項）があり、且つ、ⅱ）当該内国親会社の株主等に「特定軽課税外国法人」（措法68条の２の３第５項１号、措施令39条の34の３第５項。なお、平成27年度税制改正によるCFC税制の改正により、外国法人が設立後間もない等のために前２年内事業年度がない場合においては、その合併等が行われる日を含む事業年度において、その行うこととされている主たる事業に係る収入金額から所得が生じたとしたときにその所得に対して適用される本店所在地国の外国法人税の税率が20％未満である場合には、特定軽課税外国法人に該当するものとされた。）の株式（出資を含む。以下同じ）が交付されることになるグループ内組織再編については、たとえ、組織再編税制の下における三角合併等についての一般的な税制適格要件が満たされていても、税制適格該当性が否定され、課税繰延べが認められないものとされる。但し、ⅲ）特定軽課税外国法人が独立企業としての実体を備え、且つ、その地で事業活動を行うことにつき十分な経済的合理性があると認めるに足る一定の基準を満たす場合には、例外的に、前記の特例の適用が排除される（措施令39条の34の３第７項）。

　第二の「特定の合併等が行われた場合の株主等の課税の特例」であるが、これは、前記の「適格合併等の範囲に関する特例」が適用される結果として税制非適格となるような三角合併等（前記の「特定グループ内合併」等[115]）によって、前記の「特定軽課税外国法人」の株式の交付を受ける内国株主（居住者株主及び内国法人株主）並びに国内に恒久的施設（PE）を有する外国株主（非居住者株主及び外国法人株主）について、たとえインバージョン取引が組織再編税制上の税制適格要件を一般的には満たす場合であったとしても、課税繰延べが認められず、当該「特定軽課税外国法人」株式の時価を譲渡収入とする（従前有していた内国親会社株式

---

[115] 前掲（注114）参照。

の簿価が取得価額とされる）形でキャピタル・ゲイン課税を行うとする制度である（措法37条の14の3、68条の3、68条の109の2）。

　第三の「CFC税制からの離脱抑止課税」は、「適格現物出資の範囲に関する特例」とも呼ばれ、内国親会社との間に80％以上の資本関係を有する新設外国親会社（措法68条の2の3第5項4号、措施令39条の34の3第14項）に対し、「特定外国子法人」（措法68条の2の3第5項3号）の株式をクロスボーダーで現物出資した場合、当該現物出資につき、組織再編税制の下における税制適格該当性を否定するというものである（措法68条の2の3第4項）。この措置は、インバージョン取引前において内国親会社が支配していた特定外国子会社等の株式を適格現物出資により新設外国親会社に移転することでCFC税制の適用を回避する行為に対し、一種のToll Chargeを課すことで、一定の歯止めを掛けることを目的としたものである。

ロ　インバージョン後における課税措置

　インバージョン対策税制のうち、前記第四の「インバージョン対策合算税制」は、大雑把にいうと、5グループ以下の株主グループ（措法66条の9の2第1項・措施令39条の20の2等において「特殊関係株主等」と定義されている）によって80％以上の株式を保有されている内国法人の株主が、三角合併等の組織再編成により、軽課税国に所在する実休のない外国法人（インバージョン親会社）を通じて当該内国法人（又は当該内国法人から資産及び負債の大部分の移転を受けた内国法人）を支配（80％以上の株式保有）することとなった場合に、当該インバージョン親会社及びその外国子会社のうち軽課税国に所在する実体のないものに留保された所得を、当該インバージョン親会社に対する持分割合に応じて、特殊関係株主等である内国法人ないし居住者[116,117]の所得に合算して課税するという制度である。

　この制度は、「取引前要件」と「取引後要件」を課すことで、内国親会社を頂点とする企業グループの資本構造を、インバージョンの前後におい

て株主構成を実質的に変更させることなく、軽課税国に新たに設けられた実体のないインバージョン親会社を頂点とする企業グループに転換させる行為を規制対象としている。このうち、「取引前要件」とは、後述の「特定関係」が生ずることとなる直前に、内国法人が5グループ以下の株主グループ（5名[118]以下の株主及びこれらと特殊の関係のある個人及び法人）によって発行済株式等の80％以上を保有されていることである（措法40条の7第2項1号、66条の9の2第2項1号及び68条の93の2第2項1号）。これに対して、「取引後要件」とは、当該内国法人[119]の全株主及びこれらの者と特殊の関係のある個人及び法人（＝「特殊関係株主等」[120]）が、軽課税国に所在するインバージョン親会社（＝後述の「特定外国関係法人」、「対象外国関係法人」ないし「部分対象外国関係法人」）を通じて、当該内国法人（又は当該内国法人から資産及び負債の概ね全部の移転を受けた内国法人）（以上を併せて「特殊関係内国法人」と呼ばれる[121]）の発行済株式等の80％以上の数又は金額の株式等を間接的に支配すること（＝「特定関係」[122]が生じたこと）をいうとされる[123]。

---

[116] なお、この制度の下で納税義務者とされる特殊関係株主等が居住者の場合については措法40条の7以下、内国法人の場合については措法66条の9の2第1項以下、連結法人である場合については措法68条の93の2以下に、それぞれ規定されている。以下、本章で条文を引用する場合、基本的に、このうち納税義務者とされる特殊関係株主等が内国法人の場合における該当条文を引用する。

[117] 非居住者ないし外国法人も「特殊関係株主等」に該当する場合があり得るが、それらの所得は合算課税の対象から除外されている（「徹底討論　グローバル企業再編の税務　コーポレート・インバージョン＆信託税制篇」国際税務27巻11号（2007）24頁〔秋元秀仁発言〕参照）。

[118] 以下では、便宜上、法人の数についても「名」で表記する。

[119] 「特定内国法人」と呼ばれる（例えば、措法66条の9の2第2項1号参照）。

[120] 例えば、措法66条の9の2第1項、措施令39条の20の2第1項、2項及び前掲（注117）参照。

[121] 例えば、措法66条の9の2第2項2号、措施令39条の20の2第12項参照。

[122] 例えば、措法66条の9の2第1項、措施令39条の20の2第4項参照。

[123] 以上につき、倉見・前掲（注5）52頁参照。

そして、インバージョンがこの両方の要件を満たす場合、当該インバージョン親会社及びその外国子会社のうち「外国関係法人」[124]であって、①租税回避リスクが特に高いとされる「特定外国関係法人」[125]、又は、②法人全体として所謂「能動的所得」を得るために必要な実態を備えているか否かを判断する基準である所謂「経済活動基準」を一つでも満たさない「対象外国関係法人」[126]については、これらの法人に留保された所得が、また、③先述の「経済活動基準」を全て満たす（但し「特定外国関係法人」ではない）「部分対象外国関係法人」[127]については、その法人に留保された所得の中で所謂「受動的所得」[128]に当たる所得が、いずれも、実際に株主に対して配当がなされたか否かに拘らず、当該インバージョン親会社に対する持分割合に応じて[129]、特殊関係株主等に該当する居住者及び内国法人の所得に合算して課税されるものとされている（措法40条の7乃至40条の9、66条の9の2乃至66条の9の5及び68条の93の2乃至68条の93の5）。なお、「特殊関係株主等」と「特殊関係内国法人」との間に介在する①「特定外国関係法人」の租税負担割合が30％以上の場合、②「対象外国関係法人」の租税負担割合が20％以上の場合、又は③「部分対象外国関

---

[124] 例えば、措法66条の9の2第1項、措施令39条の20の3第5項・6項参照。

[125] 概要「ペーパーカンパニー」「事実上のキャッシュ・ボックス・カンパニー」及び「ブラック・リスト国所在外国関係法人」から成る。例えば、措法66条の9の2第2項3号、措施令39条の20の3第5項参照。なお、「平成31年度税制改正の大綱」86－90頁では「ペーパー・カンパニー」の範囲見直し等が盛り込まれており、今後の立法の動向が注目される。

[126] 例えば、措法66条の9の2第2項4号、措施令39条の20の3第7項乃至9項参照。

[127] 例えば、措法66条の9の2第2項7号参照。

[128] 例えば、措法66条の9の2第6項、措施令39条の20の4及び後掲（注169）参照。

[129] なお、CFC税制の場合（例えば、措法66条の6第1項1号参照）とは異なり、合算課税を受けることになる持分割合の最低限（フロアー要件）は定められておらず、1株でも有していれば合算課税を受けるものとされている。また、CFC税制の場合（例えば、措法66条の6第1項2号、2項1号ロ・5号、措施令39条の16）とは異なり、実質支配基準は導入されていない。

係法人」の租税負担割合が20％以上若しくは所得が一定の金額以下の場合には、いずれもインバージョン対策合算課税制度の適用除外とされている（措法40条の7第5項、10項、66条の9の2第5項・10項及び68条の93の2第5項・10項、措施令25条の26第16項、25条の29、39条の20の3第16項、39条の20の6、39条の120の3第11項及び39条の120の6）。

なお、以上のインバージョン対策合算税制が適用される場合のインバージョン親会社（「特定外国関係法人」、「対象外国関係法人」ないし「部分対象外国関係法人」）と内国親会社（「特殊関係内国法人」）及び納税義務者となる当該内国親会社の株主（「特殊関係株主等」）3者の関係を図示すると【図12－3】のとおりとなる。

【図12－3】 三者間の関係[130]

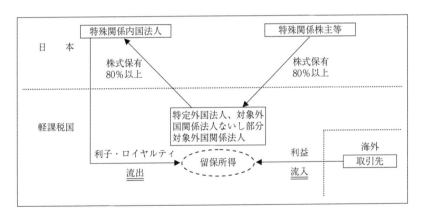

以上で概観したところを前提に、わが国のインバージョン対応税制が抱える問題点のうち、代表的なものについて、**4**以下で検討する。

---

130 倉見・前掲（注5）53頁所定の図5に基づいて作成。

4 インバージョンに関するわが国の税制対応の課題

(1) インバージョン対策合算税制と租税条約との抵触

わが国のインバージョン対応税制のうち、インバージョン対策合算税制については、前述のとおり、CFC税制の制度設計を応用する形で構築されている。従って、憲法98条2項により条約の法律への優位を定めているわが国においては、CFC税制の場合と同様に、わが国が租税条約を締結している56カ国のうちの軽課税国にインバージョン親会社を設立するインバージョンが行われ、これに対してインバージョン対策合算税制が適用される場合には、租税条約との抵触が問題となる[131,132]。

具体的には、インバージョン親会社について、その「所得に対して課される租税の額が当該所得の金額に占める割合」(租税負担割合)が一定の税率(「特定外国関係法人」については30％、「対象関係外国関係法人」及び「部分対象外国関係法人」については20％)未満である場合には、インバージョン対策合算税制の適用対象となり得る。そして、この「所得に対して課される租税の額が当該所得の金額に占める割合」が当該一定の税率未満であるか否かは、概要、「各事業年度の所得に対して課される外国法人税額」を「対象国の法令により算定した所得の金額に非課税とされた所得の金額等を加算した額」で除した割合(＝X％)が当該一定の税率未満

---

[131] この点、米国では、そもそも一般的に後法優位の原則が妥当するほか、狭義のインバージョン対策合算税制である連邦内国歳入法典7874条(a)項及び(b)項は、同条(f)項により、米国が締結した租税条約に優先して適用されるものとされている(いわゆるトリーティ・オーバーライド(treaty override)の問題)ため、それらの租税条約との抵触という問題は、少なくとも米国の国内法の問題としては生じない。もっとも、条約法に関するウィーン条約26条により、条約違反の問題が生じ得ることは別論である(藤本哲也『国際租税法』(中央経済社、2005)138頁参照)。

[132] この問題を指摘するものとして、例えば、太田洋・前掲(注5)57頁参照。

であるか否かで判定されるため[133]、インバージョン親会社の本店所在地国の法人実効税率が当該一定の税率未満でない場合でも、租税減免措置や損金算入される支払配当の額等が存在する場合には、上記のX％が当該一定の税率未満となることがあり得る。従って、わが国が租税条約を締結している国の中でも、法人実効税率が低い、シンガポール、香港、韓国、英国、スイス、アイルランド、オランダ、ルクセンブルクなどにインバージョン親会社を設立した場合には、現在又は将来において、状況により、インバージョン対策合算税制が適用されることがあり得る。そして、インバージョン対策合算税制が実際に適用され、インバージョン親会社の留保所得がわが国の「特殊関係株主等」の所得に合算して課税されることとなった場合には、CFC税制の場合と同様に、租税条約中の「PEなければ事業所得課税なし」の原則を定めた条項(例えば、日星租税条約では7条1項)、「配当の支払いなくして配当受領者の居住地国での課税なし」を定めた条項(例えば、日星租税条約では10条1項)及び居住者・非居住者判定条項(例えば、日星租税条約では4条)との抵触が、理論上問題となり得る[134]。

この点については、以前、CFC税制との関係で、納税義務者が内国法人株主である場合と居住者株主である場合のそれぞれについて、相次いで最高裁判決が下されたので、その判示が参考となる(前者につき、最一小

---

[133] 詳細は、例えば、措法66条の9の2第5項及び措施令39条の20の3第16項によって準用される、CFC税制における租税負担割合の計算に係る措置令39条の17の2を参照。なお、「平成31年度税制改正の大綱」90-92頁では、外国関係法人の本店所在地国の外国法人税に関する法令の規定に連結納税の規定及びパススルーに関する規定が存する場合における、租税負担割合の計算方法が明確化される旨が記載されており、今後の立法の動向が注目される。

[134] CFC税制とOECDモデル租税条約との抵触について論じたものであるが、Reuven S. Avi-Yonah, *Back to the Future? The Potential Revival of Territoriality*, 62 BULL. FOR INT'L FISCAL DOCUMENTATION 471, 472 (2008) 参照。

判平成21年10月29日民集63巻8号1881頁〔グラクソ事件〕[135]、後者につき、最二小判平成21年12月4日判例時報2068号34頁〔飛鳥鋼管工業（代表者）事件〕）。このうち、前者は、CFC 税制のうち特定外国子会社等の留保所得を内国法人株主の所得に合算して課税する旨を定めた租税特別措置法66条の6第1項[136]は日星租税条約7条1項に違反しないとしたものであり、後者は、特定外国子会社等の留保所得を居住者株主の所得に合算して課税する旨を定めた租税特別措置法40条の4第1項[137]は日星租税条約7条1項に違反しないとしたものであるが、その理由付けはほぼ同一であり、「タックス・ヘイブン対策税制を設けることは、国家主権の中核に属する課税権の内容に含まれる」以上、「租税条約その他の国際約束等によってこのような税制を設ける我が国の権能が制約されるのは、当該国際約束におけるその旨の明文規定その他の十分な解釈上の根拠が存する場合でなければならない」が、「日星租税条約7条1項は、いわゆる法的二重課税を禁止するにとどまるものであって、同項が禁止又は制限している行為は、一方の締約国の企業に対する他方の締約国の課税権の行使に限られる」ところ、わが国の CFC 税制は、あくまでわが国の内国法人ないし居住者に対する課税権の行使として行われるものであるから、「日星租税条約7条1項による禁止又は制限の対象に含まれないことは明らか」というものである。なお、両判決は、上記に加えて、CFC 税制が日星租税条約7条1項の「趣旨目的に明らかに反するような合理性を欠く課税制度」であれば、「実質的に同条約に違反するものとして、その効力を問題とする余地がないではない」とするが、結論的には、わが国の CFC 税制は、「独立企業と

---

[135] 担当の最高裁判所調査官の解説として、岡田幸人「判解」法曹時報63号7号（2011）245頁以下参照。また、本判決の詳細な分析としては、例えば、弘中聡浩＝采木俊憲「グラクソ事件最高裁判決—租税条約との関係—」中里実＝太田洋＝伊藤剛志＝北村導人編著『タックス・ヘイブン対策税制のフロンティア』（有斐閣、2013）56頁以下参照。

[136] 平成12年法律第97号による改正前のもの。

[137] 平成14年法律第79号による改正前のもの。

しての実体を備え、その所在する国又は地域において事業活動を行うことにつき十分な経済合理性がある場合」にまで合算課税の対象とするものではなく、「全体として合理性のある制度」であるから、「シンガポールの課税権や同国との間の国際取引を不当に阻害し、ひいては日星租税条約の趣旨目的に反するようなものということもできない」としている。

本件に関しては、わが国のCFC税制が「みなし配当理論」に依拠した制度であれば格別、実質的に、特定外国子会社等の事業所得に対してわが国の課税権を及ぼすものであるとすれば、当該特定外国子会社等がわが国にPEを有していない限り、日星租税条約7条1項所定の「PEなければ事業所得課税なし」の原則に反するのではないかということが学説上有力に主張されてきたところであるが[138]、最高裁は、基本的にこの点には立ち入らず[139]、概ね、わが国のCFC税制は、特定外国子会社等が独立企業としての実体を備え、その所在する国又は地域において事業活動を行うことにつき十分な経済的合理性がある場合については適用除外としているので

---

[138] わが国のCFC税制が合算課税の対象としている特定外国子会社等の課税対象金額の本質はみなし配当であるとするものとして、占部裕典「タックス・ヘイブン税制と租税条約の抵触関係について」同志社法学58巻2号（2006）239－254頁、本庄資「タックス・ヘイブン対策税制と租税条約」税経通信62巻8号（2007）153－154、156－157頁、事業所得であるとするものとして、中里実「タックスヘイブン対策税制」税研21巻3号（2005）77頁参照。なお、諸外国の状況も含めたこの問題の詳細については、例えば、山本哲也「タックス・ヘイブン対策税制の問題点と、その解決策の検討－租税条約との関係において」東京大学法科大学院ローレビュー第2号（2007）113頁以下、浅妻章如「タックス・ヘイヴン対策税制（CFC税制）の租税条約適合性－技術的な勘違いと議論の余地のある領域との整理－」立教法学73号（2007）329頁以下、橋本秀法「我が国タックス・ヘイブン税制と租税条約の関係－租税条約締結国に所在する子会社への参加に起因する所得に対するタックス・ヘイブン課税の適用の可否－」税務大学校論叢54号（2007）97頁以下参照。

[139] 但し、グラクソ事件最高裁判決における涌井判事の補足意見は、本件で合算課税が問題とされた留保所得の主要部分はむしろ株式譲渡益であり、そうであるとすれば、その部分については、CFC税制の下における合算課税の対象としたとしても、日星租税条約7条1項違反の問題は生じないのではないかとする。

あるから、シンガポールは日星租税条約において潜在的にわが国のCFC税制を許容していると解され、従って、日星租税条約違反の問題は生じないとする学説[140]の論理構成に近い理由付けを採用したものと解される[141]。

　以上の最高裁のロジックからすれば、インバージョン対策合算税制と日星租税条約7条1項など、わが国が締結している租税条約の事業所得条項との抵触の問題についても、現行のわが国のインバージョン対策合算税制は、基本的にわが国の居住者ないし内国法人にわが国の課税権を及ぼすものに過ぎず、且つ、インバージョン親会社が独立企業としての実体を備え、且つ、その地で事業を行うことにつき十分な経済的合理性があると認められる場合には合算課税の適用対象外としている以上、基本的には、日星租税条約7条1項や、わが国と英国、スイス、アイルランド、オランダ、ルクセンブルク又は韓国などとの租税条約の事業所得条項には抵触しないと解されることになろう。

　もっとも、以下の2点には注意が必要である。第一は、以上述べてきたところから明らかなとおり、今後、インバージョン対策合算税制が改正され、インバージョン親会社が独立企業としての実体を備え、且つ、その地で事業を行うことにつき十分な経済的合理性があると認められる場合についても合算課税の適用対象とするような場合には、日星租税条約7条1項など、わが国が締結している租税条約の事業所得条項との抵触が問題となり得るということである。第二は、現行のインバージョン対策合算税制

---

[140] 占部・前掲（注138）223−228頁。See also Linda L. Ng & Masako Tokunaga, *Singapore and the Japanese Anti-Tax-Haven Tax Regime*, 27 TAX NOTES INT'L 829, 830-832 (2002). なお、シンガポールはOECD加盟国ではないが、2017年版OECDモデル租税条約1条コメンタリー81においても、CFC税制は租税条約に反せず、条約においてそのような確認を明示的に行う必要はないとされているところである。

[141] なお、Avi-Yonah教授は、CFC税制とOECDモデル租税条約7条との抵触の問題について、同条は源泉地国の課税を制限するものであって居住地国の課税権を制限するものでないから、居住者にCFC税制を適用することは同条違反の問題にならないとする（*see*, Avi-Yonah, *supra* note 130, at 5）。

は、「特殊関係株主等」にはわが国の非居住者ないし外国法人も含まれるとしつつ、納税義務者となるのは「特殊関係株主等」のうち、居住者及び内国法人（連結法人を含む）に限定している（措法40条の7第1項、66条の9の2第1項、68条の93の2第1項）が、仮にかかる納税義務者に関する制約を外した場合には、日星租税条約7条1項など、わが国が締結している租税条約の事業所得条項との抵触が問題となり得るということである。

なお、わが国のCFC税制と「配当の支払いなくして配当受領者の居住地国での課税なし」を定めた条項（例えば、日星租税条約では10条1項）及び居住者・非居住者判定条項（例えば、日星租税条約では4条）との抵触の問題については、上記の2つの最高裁判決は特に言及するところがないが、恐らく、これらに関しても、最高裁は、少なくともわが国のCFC税制が、特定外国子会社等が独立企業としての実体を備え、且つ、その地で事業を行うことにつき十分な経済的合理性があると認められる場合について適用除外を定めている限りは、条約違反の問題は生じないと解するのであろう[142]。そうであれば、少なくともわが国のインバージョン対策合算税制が、インバージョン親会社が独立企業としての実体を備え、且つ、その地で事業を行うことにつき十分な経済的合理性があると認められる場合については合算課税の適用対象外としている限り、わが国の裁判所は、それが「配当の支払いなくして配当受領者の居住地国での課税なし」を定めた条項（例えば、日星租税条約では10条1項）及び居住者・非居住者判定条項（例えば、日星租税条約では4条）と抵触するとは判断しないのではないかと解される。この点については、今後の裁判例の集積が待たれるところである。

---

[142] Avi-Yonah教授は、CFC税制は、被支配外国会社（CFC）の居住地をその親会社の居住地国と再定義（redefine）するものであり、OECDモデル租税条約4条にも10条にも違反しないと解される旨述べている（*see*, Avi-Yonah, *supra* note 130, at 5）。

(2) 上場会社によるインバージョンへの対応

イ 問題の所在

　現行のインバージョン対策合算税制は、前述のとおり、インバージョン取引前に内国法人が5グループ以下の株主グループによって発行済株式等の80％以上を保有されていること（「取引前要件」）をその適用要件の一つとしている（措法40条の7第2項1号、66条の9の2第2項1号及び68条の93の2第2項1号）。この「取引前要件」は、わが国においては多数の株主を擁する上場会社がインバージョン取引を行う可能性が低いと考えられること、同税制が保有割合要件なしにすべての株主を合算課税の対象とするため、不特定多数の小口株主を持つ内国親会社を制度の適用対象にしても実効性が確保できないことなどを考慮して設けられたとされており[143]、当該要件が存在するために、結果的には、わが国のインバージョン対策合算税制は、上場会社によるインバージョンには適用できないこととなっている。しかしながら、前述のとおり、わが国でも、既に上場会社が（MBOによる）ゴーイング・プライベート取引を利用して事実上のインバージョンを行った実例は存在しており、英米の動向に鑑みても、今後、同様のスキームや、インバージョンの際に株主レベル及び内国親会社レベルで多少のToll Chargeを支払った上で上場を維持しつつインバージョンを行うようなスキームを用いて、わが国の企業グループがインバージョンを実施する事例が増加していくことは、十分に考えられる。

　それでは、わが国として、このような動きに対してはどのように対処すべきであろうか。

　この問題を検討するに際しては、まず、現行のインバージョン対策合算税制が果たしている役割・機能を明らかにする必要があろう。しかしながら、現行租税法令上、インバージョン対策合算税制の存在理由は必ずしも

---

[143] 緒方・前掲（注5）54頁。

はっきりしない。上記のとおり、現在のインバージョン対策合算税制では、上場会社が行うインバージョンには対処できず、基本的には、同族会社的な内国親会社の株主が、軽課税国にインバージョン親会社を設立することで、当該内国親会社の稼得する国外源泉所得に対するわが国の法人所得課税を免れようとする行為等を、実質上無意味にすることしかできない。しかも、そもそもわが国のCFC税制の下では、内国親会社にとって孫会社以下のレベルの会社に留保させた利益についても合算課税の対象となり得る[144]ので、敢えてインバージョン対策合算税制を創設しなくとも、軽課税国に設立したインバージョン親会社の傘下に「特定外国子会社等」を移してそれらに対するCFC税制を免れようとする行為についても、ある程度は対処が可能である。

　そうであるとすれば、結局、現行のインバージョン対策合算税制は、基本的には、同族会社的な内国親会社の株主が、軽課税国にインバージョン親会社を設立し、その傘下に当該内国親会社の海外子会社のうちCFC税制の適用を受けないものや海外支店を付け替えることで、それら海外子会社等から送金される配当その他の受動的所得（パッシブ所得）についてのわが国の法人所得課税を免れるような行為を抑止する機能しか有しないものと解される。しかも、これとても、平成21年度税制改正により外国子会社配当益金不算入制度が創設されたことで、海外子会社から送金されてくる配当については、その金額の5％を除き、わが国では法人所得課税に服さないこととなった（言い換えれば、子会社形態で海外に進出する場合には、事実上、全世界所得課税方式ではなく領土内所得課税方式にほぼ移行した[145]）ため、現在では大幅に意義が薄れている（海外子会社から送金される受動的所得のうち配当については、特にそれら海外子会社をインバージョン親会社の傘下に付け替えなくとも、内国親会社にとってわが国での

---

[144] 措法40条の4第1項・2項及び措施令25条の21、措法66条の6第1項・2項及び措施令39条の16、措法68条の90第1項・第2項及び措施令39条の116参照。

[145] 松田直樹「国外所得免除制度が惹起する課題」租税研究2010年1月号43頁参照。

法人所得課税はほとんど生じないこととなったため)。以上からすると、現行のインバージョン対策合算税制は、少なくとも平成21年度税制改正による外国子会社配当益金不算入制度の創設後においては、実際上、その存在理由が薄れていると解さざるを得ない。それでは、仮に、今後当該税制について抜本的な改革がなされるとした場合、どのようなアプローチが採られる可能性が存するであろうか。

ロ 「取引前要件」の撤廃又は合算課税の対象となる株主の持株割合による絞り込み

まず第一のアプローチとして、単純に「取引前要件」を撤廃することが考えられる[146]。しかしながら、これをただ撤廃したとしても、現行のインバージョン親会社の留保利益の株主への合算課税制度を維持する限り、上場会社によるインバージョンへの対処は実際上不可能であると考えられる。株主が数千人ないし数万人に上ることもあるわが国の上場会社について、個々の株主の課税所得にそれぞれの持株割合に応じてインバージョン親会社の留保利益を割り付け、合算して申告させることは、事務手続が余りにも煩瑣となるため、結局のところ事実上不可能といわざるを得ないからである。

第二に、CFC 税制と同様に、インバージョン後の新設外国親会社の5％ないし10％以上の株式を保有する大株主についてだけ、合算課税による納税義務を負わせるというアプローチも考えられる。しかしながら、これについても、多くのわが国の上場会社では、10％以上の株主はおろか5％以上の株主も数社程度しか存在していないのが現状であり[147]、インバージョン後の新設外国親会社の5％ないし10％以上の株式を保有する大株

---

146 かかる方策を提唱するものとして、倉見・前掲(注5)61頁参照。
147 新田敬祐「株主構成の変容とその影響」ニッセイ基礎研 REPORT131号(2008) 8頁参照。

主についてだけ合算課税による納税義務を負わせても、通常は、それら大株主の持株割合の合計は50％に届かず、従って、留保利益のうち50％超は合算課税の対象から漏れることとなる。これでは、インバージョンによって、わが国上場会社グループが国外源泉所得についてわが国における法人所得課税を免れる行為等を抑止する効果が弱過ぎるし、上場会社の場合には、5％株主や10％株主でも経営への影響力が限られている場合が多く、持分法が強制適用される20％株主であればともかく、5％株主や10％株主に対してのみ他の少数株主と区別して合算課税の対象とする合理的根拠は乏しい。

ハ　みなし内国法人アプローチ又は管理支配地主義ないし多数派株主所在地主義の（部分的）採用

　以上の他、第三のアプローチとして、米国[148]のように、外国法人を「内国法人」とみなして全世界所得課税を実現する方策（以下「みなし内国法人アプローチ」という）を採用することや、内国法人と外国法人の区別の基準として管理支配地主義を（部分的に）採用することも、理論上考えられる。

　この点、米国では、インバージョンによる租税負担の軽減を防止するために、国外に移転された資産の含み益がその移転の時点で実現したものと看做す手法である「実現アプローチ（realization proposal）」[149]と国外移転した非居住者又は外国法人を居住者又は内国法人と看做す手法である「管轄アプローチ（jurisdiction proposal）」という2つのアプローチが採用さ

---

[148] 連邦内国歳入法典7874条(b)項所定の「80％インバージョン」対策税制参照。もっとも、同項では、軽課税国で新規に設立された法人として事業を開始する場合には、当該法人は内国法人と看做されない。*See* Roin, *supra* note 42, 186 n.51

[149] 前述の連邦内国歳入法典367条(a)項及びその下の1996年規則と連邦内国歳入法典7874条(a)項所定の「60％インバージョン」対処規定は、こちらのアプローチに基づくものである。

れ[150]、わが国のインバージョン対策合算税制が意図しているような、インバージョン後における、インバージョン親会社を用いて国外源泉所得に対する米国の課税を免れる行為については、連邦内国歳入法典7874条(b)項（「80％インバージョン」対処規定）の下で、「管轄アプローチ」の観点から「みなし内国法人アプローチ」による課税がなされている。

　このような米国での対応を参考に、わが国でも、「管轄アプローチ」の観点から、「みなし内国法人アプローチ」を採用すべきであると主張する見解（A説）[151]が実際に存在する。この見解は、現行のわが国のインバージョン対策合算税制では、上場会社が行うインバージョンに対処できないばかりか、国外源泉所得について法人レベルと株主レベルの2段階で課税することができず（株主レベルでの1段階課税のみ）、しかも、租税負担を増大させる法令の規定が内国法人にのみ適用される場合に、外国法人としての地位を利用して租税負担の軽減を図る行為に対しても無力である[152]こと等を理由に挙げる。類似した見解として、現行のわが国のインバージョン対策合算税制では、少なくともインバージョン親会社の「適用対象金額」（概ね、かつてのCFC税制における留保所得に相当する金額である）のうち、非居住者ないし外国法人の持株割合の合計に対応する部分は合算課税の対象から外れてしまうこと等を理由に、わが国においても法人の居住地判定の基準として、「設立準拠法地基準」に加えて「管理支配地基準」を一部併用し、インバージョンの有無に拘らず、「軽課税国に所在する実体のない外国親会社」のうち、その管理支配をわが国の子会社やわが国の株主（居住者又は内国法人）が行っているものを「内国法人」と看做した

150　Alice G. Abreu, *Taxing Exits*, 29 U.C. DAVIS L. REV. 1087, 1094 (1996).
151　岡村＝岩谷・前掲（注5）310－312頁。なお、この見解は、必ずしも明確ではないが、米国の連邦内国歳入法典7874条(b)項と同様、インバージョンが行われた場合にのみ、このような「みなし内国法人アプローチ」を適用して課税を行うべきであると解するのであろう。
152　岡村＝岩谷・前掲（注5）311頁。

上で、内国法人と同様に課税すべきことを示唆する見解（B－1説）[153]も存する。なお、イタリアでは、かねてから、設立準拠法地、経営管理支配地及び主たる事業地のうちいずれか一つがイタリアにあれば内国法人とされていたところであるが、税制改正により、2006年7月4日から、ⅰ）イタリア国外の法主体がイタリア内国法人を直接支配し、且つ、当該法主体がイタリアの居住者若しくは内国法人により直接若しくは間接に支配されるか、又はⅱ）イタリアの居住者が過半数を占める取締役会若しくはそれに類似する経営機関によって運営されている場合、当該法主体の経営管理支配地はイタリア国内に存在するものと推定される（納税者は明白且つ信用に足りる証拠を示して反証することで、推定を破ることはできる）こととなった（イタリア租税法73条5項、通達28Ｅ条8.3項など参照）[154]。これは、法人の居住地判定の基準として「設立準拠法地基準」に加えて「管理支配地基準」等を付加することに止まらず、更に一歩進んで、経営管理支配地基準が適用される場合に問題となる納税者による恣意的な操作や判定の困難さを可及的に解消する試みとして、注目に値する。B－1説の発展形として、「管理支配地基準」を一部併用した上で、このような管理支配地に関する推定規定を導入すること（B－2説）も、立法論としてあり得るであろう。これらの見解に対しては、例えば、ⅰ）「みなし内国法人アプローチ」が適用されると、インバージョン親会社は内国法人として課税されることとなり、過少資本税制や移転価格税制の適用を免れることとなって不都合であること、ⅱ）租税条約との関係で「双方居住者」の問題が生じること、ⅲ）OECDモデル租税条約7条及びそれに従ってわが国が

---

[153] 山﨑・前掲（注5）80－84頁。もっとも、この論者は、居住者又は内国法人が軽課税国に法人を設立した場合には、PE課税やタックス・ヘイブン対策課税が機能すると考えられることから、現時点ではそこまでの対応をする必要はないと述べる（同84頁）。ただ、上場会社のインバージョンには、現行のインバージョン対策合算税制が無力であることは明らかであり、これについての対処規定は早晩検討の俎上に上ってくるものと考えられる。

[154] *See*, Rossi, *supra* note 62, 699-702.

締結した租税条約に定められた「PE なければ事業所得課税なし」の原則との関係で、トリーティ・オーバーライド（条約蹂躙）の問題が生じること、並びにiv）執行上の困難性[155]などを挙げて、「みなし内国法人アプローチ」を、わが国に導入することに消極的な見解[156]が見られる。しかしながら、かかる消極説の論者が挙げている論拠はいずれも説得力に乏しい。まず、ⅰ）については、インバージョン親会社に過少資本税制や移転価格税制が適用できなくとも、「みなし内国法人アプローチ」を導入するなり管理支配地基準を（部分的にでも）採用するなりすれば、アーニングス・ストリッピング等によってインバージョン親会社に流入した収益についてはわが国の課税権が及ぶことになるので、特段不都合はない。また、ⅱ）についても、確かに「みなし内国法人アプローチ」を導入するなり管理支配地基準を採用するなりすれば、インバージョン親会社について「双方居住者」の問題は生じるが、現在でも、その問題は、インバージョンが行われた場合であるか否かに拘らず、わが国と異なって居住地判定に管理支配地基準を使用ないし併用する国（例えば、英国、ドイツ、フランス、カナダ、オーストラリア、スイス、ベルギー、シンガポール、インドネシア、マレーシア、香港[157]など）との間では一般的に生じ得る問題であるし、わが国の締結している租税条約においては、基本的には、かかる問題が生じた場合、最終的には両締約国の権限のある当局間でいずれの国の居住法人であるかが決定されることになる（例えば、日星租税条約4条3項）[158]。

---

[155] 管理支配地主義を採用した場合には、法人税の執行に際して、法人居住地を常に判定することが必要となり（常時判定の問題）、執行コストが増大するということが問題点として指摘される（山崎・前掲（注5）80頁参照）。

[156] 倉見・前掲（注5）63−67、73頁及び中村・前掲（注87）40−43頁。

[157] 中田＝谷本・前掲（注11）33頁及び本庄資＝川田剛編『国際課税の理論と実務〔第3巻〕租税条約』（税務経理協会、2000）60−61頁参照。

[158] OECDモデル租税条約においては、法人が双方居住者となった場合における振り分け基準として、管理支配地基準が採用されている（2017年OECDモデル租税条約4条3項）。

従って、英国におけるように、仮にかかる租税条約に基づく協議のプロセスでわが国においては「外国法人」であると決定された場合には、わが国の国内租税法令上も「外国法人」と看做される旨の規定を国内租税法令の中に設ければ、この問題は特に大きな障害とはならないものと解される[159]。

更に、ⅲ)についても、OECDモデル租税条約7条及びわが国が締結している租税条約中の同種の規定（事業所得規定）は、まず、対象企業がいずれの締約国の居住法人であるかが決定された上で適用されるものとされている[160]ので、居住地判定規定（例えば、日星租税条約4条）によってインバージョン親会社がわが国の「内国法人」と決せられた場合には（少なくとも、上記のＢ－1説のアプローチをわが国が採用した場合には、結果的にそのように判定されることとなる可能性は高いであろう）、その事業所得に対してわが国が全世界所得課税を採用することは、OECDモデル租税条約7条及びわが国が締結している各国との租税条約中の事業所得規定とは抵触しないことになる[161]。

加えて、ⅳ)についても、執行上の困難性は、わが国にPEを有しない非居住者や外国法人の場合にも一般的に生じる問題であるところ、インバ

---

[159] 山﨑・前掲（注5）83頁参照。

[160] 仲谷栄一郎＝井上康一＝梅辻雅春＝藍原滋『外国企業との取引と税務〔第5版〕』（商事法務、2013）70－71頁参照。なお、租税条約等の実施に伴う所得税法、法人税法及び地方税法の特例等に関する法律（以下「租税条約実施特例法」という）6条も参照。

[161] これに対して、わが国がA説のアプローチを採用した場合には、Ｂ－1説ないしＢ－2説を採用した場合に比して、一般論として、わが国の国内租税法令上、内国法人と判定されたインバージョン親会社が、当該インバージョン親会社の所在国との租税条約の居住者判定規定上、わが国の内国法人と判定されない場合がより多く生じる可能性がある。その場合、わが国では、基本的には、条約優位を定めた憲法98条2項により、当該インバージョン親会社を内国法人として課税することはできないこととなる（なお、租税条約実施特例法6条参照）。なお、米国は「みなし内国法人アプローチ」を採用するものの、連邦内国歳入法典7874条(f)項で、当該取扱いは租税条約に優先する旨が明示的に定められているため、少なくとも、米国の国内法上は租税条約との抵触の問題がそもそも生じないことに留意する必要がある。

ージョンが行われる場合には、通常のPEを有しない非居住者や外国法人の場合と異なり、わが国に多数の関係者が所在していることが一般的であると予想されるので、例えば、連結法人グループの子法人に課される、親会社の納付すべき税額についての連帯納付責任（法法81条の28）と同様の責任を、インバージョン親会社傘下のわが国の内国親会社（インバージョン親会社の100％子会社に限定すべきか否かについては議論があり得よう）に課すなどの方策を講じることにより、ある程度は解決することが可能であるように思われる。なお、この執行上の問題を解消するため、立法論としては、多数派株主の設立準拠法地又は居住地を法人の居住地の判定基準の一つとして用いること（C説）も考えられる[162]。例えば、オーストラリアでは、海外で組織された法人が国内に経営及び支配の中枢を有するか、又はオーストラリアの居住者である株主によってその議決権を支配されている場合にはオーストラリアの居住者たる法人とされる[163,164]し、スウェーデンでも、外国持株会社は、ⅰ）その経営支配の場所がスウェーデンにある場合、ⅱ）ポートフォリオ会社である場合、又はⅲ）スウェーデン居住者が法人の主たる権利を直接若しくは間接に保有する場合には、スウェーデンの居住者とされる[165]。なお、わが国のインバージョン対策合算税制は、インバージョンが行われた場合に限定してではあるが、一種のC説

---

[162] *See* Roin, *supra* note 42, at 189-190.

[163] 本庄＝川田・前掲（注157）61頁及び中央監査法人国際本部＝中央クーパース・アンド・ライブランド国際税務事務所『海外税制ガイドブック〔第3版〕』（中央経済社、1997）28頁参照。

[164] スウェーデンでも、かつては、いわゆる「Luxembourg rule」の下で、主としてスウェーデンの居住者に支配され、且つ、実質的にスウェーデンの居住者に経営管理される外国持株会社は、スウェーデンの国内租税法上、スウェーデンの居住者とされていたが、1990年1月1日付けでこの「Luxembourg rule」は廃止され、CFC税制に取って代わられた。*See* DANIEL SANDLER, TAX TREATIES AND CONTROLLED FOREIGN COMPANY LEGISLATION: PUSHING THE BOUNDARIES 29-30（2nd. ed. 1998）.

[165] 本庄＝川田・前掲（注157）61頁参照。

的な考え方を採用したものと評価できなくもない[166]。しかしながら、わが国の現行のインバージョン対策合算税制では上場会社によるインバージョンに対処できないことは前述のとおりである。また、いずれにせよ、法人実効税率が所定のトリガー税率以下の軽課税国に所在する被支配外国会社（CFC）の課税対象所得しか合算課税の対象とならないため、タックス・ヘイブンとされるような国や地域以外にインバージョン親会社を設立するようなインバージョンには対処できない。

　以上から、わが国でも、今後上場会社によるインバージョンが増加してくる兆候が現れてきた場合には、現行のインバージョン対策合算税制を抜本的に改正し、少なくともインバージョンが行われた場合には、「みなし内国法人アプローチ」を用いたり、管理支配地主義ないし多数派株主所在地主義を併用したりすることで、インバージョンによる租税負担の軽減効果を打ち消す方向で法整備が図られる可能性があるのではないかと考えられる。その場合、具体的にどのようなアプローチが採用されることになるかは、現段階では予測の域を出ないが、わが国が既に締結している各国との租税条約との関係では、Ｂ－１説ないしＢ－２説のようなアプローチを採用する方が、問題が生じにくい（租税条約との抵触が生じにくい[167]ためインバージョンによる租税負担の軽減を抑止する効果が発揮されやすい）ため、そのような方向性のアプローチが採用される可能性が相対的には高いように思われる。もっとも、その場合には、ⅰ）「管理支配地」の所在を判定する基準を、取締役会の開催地や主たる銀行口座の所在地に求めるか、ⅱ）上級役員が日常的に業務を執行している（物理的な）場所又は上級役員の居住地に求めるか（インターネットの発達により、テレビ会議や電話会議を低コストで開催することが可能となった今日では、ⅱ）の基準の方

166　CFC税制はＣ説的な考え方の延長線上にある制度であると評価することも可能である。*See* Roin, *supra* note 42, at 190.
167　前掲（注158）のとおり、OECDモデル租税条約は、法人の場合の双方居住者の振り分けの基準につき、事業の実質的管理の場所を基準としている。

がより適切であるようにも思われる）等が、実務上大きな問題となろう[168]。

　また、管理支配地の所在を判定することの実務上の困難さに鑑み、CFC税制の適用対象となるような軽課税国以外の国や地域にインバージョン親会社を設立するようなインバージョンに対処することも視野に入れて、補助的に、米国のPFIC税制のように、主としてパッシブ所得のみを稼得する外国会社の所得を、その株主であってわが国の居住者又は内国法人である者の所得に合算して課税する制度[169]の導入が検討されることもあり得るであろう[170]。

---

[168] *See* Roin, *supra* note 42, at 187-189.

[169] 米国のPFIC税制（連邦内国歳入法典1291条乃至1298条）では、総所得の75％以上がパッシブ所得であるか、総資産の50％以上がパッシブ所得を生じる資産であるような会社（Passive Foreign Investment Company:「PFIC」）の居住者株主又は内国法人株主（持株割合のフロアー要件はない）は、当該PFICの所得のうちそれぞれの持株割合に対応する額を、自らの所得に合算して課税されるものとされている。詳細については、例えば、中田＝谷本・前掲（注11）123－124頁参照。なお、前記2(4)で触れた平成29年度税制改正によるCFC税制の抜本的見直しに際しては、租税負担割合が30％未満であることを条件に会社単位の合算課税が適用されることになる（租税回避リスクが特に高いとみなされる）「特定外国関係会社」の一類型として、事実上のキャッシュ・ボックス・カンパニー（総資産の額に対する一定の受動的所得、即ち、①受取配当等、②受取利子等、③有価証券貸付対価、④有価証券譲渡損益、⑤デリバティブ取引損益、⑥外国為替差損益、⑦その他の金融所得、⑧固定資産貸付対価、⑨無形資産等使用料及び⑩無形資産等譲渡損益の割合が30％超の「外国関係会社」。但し、総資産の額に対して貸借対照表上の有価証券、貸付金及び固定資産（無形資産等を除く）の帳簿価額が50％を超える「外国関係会社」に限定されている）が含められており、部分的に、米国のPFIC税制と同様の考え方が取り入れられている。

[170] もっとも、米国のPFIC税制と同様の税制をわが国に導入する場合、CFC税制と同様、わが国が締結する租税条約との抵触が問題となる。前述のグラクソ事件最高裁判決では、CFC税制は日星租税条約には抵触しないとされたが、当該判決の理由付け（わが国のCFC税制が、特定外国子会社等が独立企業としての実体を備え、且つ、その地で事業を行うことにつき十分な合理性があると認められる場合について適用除外としていることを重視している）からすれば、米国のPFIC税制と同様の税制をわが国に導入した場合、それが、わが国が締結する租税条約と抵触しないと判断される保障は必ずしもないようにも思われる。

(3) CFC 税制及び外国子会社配当益金不算入制度との関係

　わが国のインバージョン対策合算税制（狭義のインバージョン対策課税）は、既に見たとおり、「みなし内国法人アプローチ」を採用する米国やイタリアにおける（狭義の）インバージョン対策税制と異なり、CFC税制における留保所得合算課税の仕組みを応用して、インバージョン親会社の株主に対する課税を通じて、インバージョンによってそれら株主が軽課税国に蓄えた利益から租税を徴収するという、かなり特異な制度である。そのため、米国やイタリアの場合と異なり、株主への課税を通じてそれら株主が軽課税国に蓄えた利益から租税を徴収するという点で同様の構造を有する CFC 税制との重複が、問題となり得る。この点、現行の租税法令上は、インバージョン対策合算税制と CFC 税制とが重複する場合には、CFC 税制が優先適用される（措法40条の7第12項、66条の9の2第12項及び68条の93の2第12項）ものとされている。

　それでは、外国子会社配当益金不算入制度とインバージョン対策合算税制との関係はどうであろうか。特に外国子会社配当益金不算入制度の創設によって、インバージョン対策合算税制の機能や役割は変容を遂げたのであろうか。この点、CFC 税制については、外国子会社配当益金不算入制度の創設により、その存在意義が大きく変容した（従来は、CFC 税制は、軽課税国に設けられた外国子会社に所得を留保することにより、それらがわが国に還流するまでの期間、課税のタイミングを遅らせる行為を防止する機能を果たしていたところであるが、外国子会社配当益金不算入制度の創設で、外国子会社に留保されていた所得をわが国に配当の形で還流させてもわが国ではその5％にしか課税されないことになった結果、CFC 税制の機能は、わが国企業が、その事業やオペレーションを軽課税国に移転させること自体を抑止することで、国際的な資金や投資の流れが歪むことを可及的に防止することに重点が移ったのではないかと考えられる）ことから、問題となる。

外国子会社配当益金不算入制度の創設で、わが国は、少なくともわが国企業が子会社形態で海外に進出する場合に関しては、内国法人の法人所得課税についての全世界所得課税方式を事実上放棄し、領土内所得課税主義に移行したものと考えられる[171]。従って、前述したとおり、わが国の多国籍企業グループにとって、外国子会社を通じて営まれている国外事業をインバージョン親会社に移転させることで、当該国外事業から稼得される国外源泉所得に対するわが国における租税負担を軽減させよう、というインセンティブ（前記の「インバージョンへの誘因の第一」）は、事実上ほとんど消滅したものと解される。そうであるとすれば、インバージョン対策合算税制が意図していた政策目標のうち、わが国多国籍企業による、インバージョンを通じてインバージョン親会社に国外事業を移転させることで、全世界所得課税方式の下におけるわが国の重い課税負担を免れようという動きを抑止するという目標は、もはや意味のないものとなったと解される[172]。

　もっとも、外国子会社配当益金不算入制度の創設後も、インバージョンへの誘因のうち、第二（インバージョン親会社に特定外国子会社等を付け替えることによりCFC税制の適用を免れること）と第三（アーニングス・ストリッピングによって内国親会社の租税負担を軽減すること）は依然として残存しているため、インバージョン対策合算税制のように、インバージョン親会社を設立する行為自体を抑止する効果を有する税制を持つことの政策的必要性が消滅した訳ではない。しかしながら、それらの誘因は、CFC税制やアーニングス・ストリッピングへの対処規定の強化によ

---

[171] 山崎・前掲（注5）89頁参照。
[172] これに対し、米国では、前述のアメリカ雇用創出法によって、時限措置として、外国子会社の利益を国内に送金し、且つ、その資金を米国内の雇用創出等に利用する場合について、受取配当金に対する課税を大幅に軽減する措置が講じられた（連邦内国歳入法典965条）が、恒久措置とはされておらず、狭義のインバージョン対策合算税制を存置する意義は失われていない。

ってかなりの程度解消され得るものであり、その意味で、インバージョン対策合算税制それ自体の存在意義は薄れたといえる。従って、今後は、広い意味でのインバージョン対応税制のうち、CFC税制やアーニングス・ストリッピングへの対処規定をどのように強化していくかということが、より重要性を増してくるものと考えられる。

(4) インバージョン後のアーニングス・ストリッピングへの対応

　前記(3)で述べたとおり、広い意味でのインバージョン対応税制のうち、今後はCFC税制とアーニングス・ストリッピングへの対処が重要になるものと考えられるが、中でも、インバージョンへの対応として、アーニングス・ストリッピングへの対処が特に重要であることについては、かねてより指摘されているところである[173]。この点については、最近でも、米国におけるアーニングス・ストリッピングへの対処規定の強化の動きに言及しつつ、わが国でも同様の政策的対応が必要であると主張する見解[174]がある。

　わが国の国内租税法令において、アーニングス・ストリッピングに対処する規定としては、一般規定としての移転価格税制に関する規定（措法66条の4以下）と、利払いを利用したアーニングス・ストリッピングに対処するための過少資本税制に関する規定（措法66条の5以下）及び平成24年度税制改正により導入された過大利子控除制限税制（措法66条の5の2以下）とが用意されている。しかしながら、前者については、支払いが独立企業間価格によって行われていればそもそも問題とすることができず[175]、後二者については、利払い以外の経費（ロイヤルティ、保険料、賃料など）の支払いによるアーニングス・ストリッピングには対応できない。

　この点、米国では、後者の点につき、かねてより1989年に連邦内国歳入

173　中里・前掲（注4）95-96頁参照。
174　中村・前掲（注87）39-43頁参照。
175　中里・前掲（注4）95頁参照。

法典163条に追加された同条(j)項(非課税関連者に対する支払利子の損金算入制限規定)によって対処してきたところであるが、2007年に財務省が公表したレポート[176]を踏まえて2009年5月11日に米国政府が公表した「General Explanations of the Administration's Fiscal Year 2010 Revenue Proposals」(通称「Greenbook」)においては、アーニングス・ストリッピング・ルールの強化が打ち出されている。具体的には、設立国における事業実体がない外国法人によって買収された米国法人による利払いなど、一定の要件に該当する場合には、現行の連邦内国歳入法典163条(j)項所定のセーフ・ハーバー(期末負債資本比率が1.5：1以下であること)の適用を認めず、支払利子の損金算入限度額を調整後課税所得の50％から25％に引き下げること等が提案されてきたところである[177]。

このような流れの中で、2010年代に入って急速に増加するに至った、米国の多国籍企業による、本拠地国よりも法人所得に対する税負担が相対的に低い他の先進国(以下「相対的軽課税国」という)に所在する(通常は自らよりも小規模な)競合企業を買収し、その際、買収後の企業グループの本拠を当該相対的軽課税国に移し(当該企業グループの資本関係の頂点に位置する会社を当該相対的軽課税国に所在する会社とし)、それによって当該企業グループの全体的な税負担の軽減を図る行為(以下「**企業結合型インバージョン**」という)に対応するため、米国は、オバマ政権下において、2014年9月22日に、米国連邦財務省及びIRSが告示(IRS Notice 2014-52)を発出したのを皮切りとして、2015年11月19日、新たにIRS Notice 2015-79を発出し、更に、最終的に、2016年4月4日に、以上の各告示記載の内容を、一部修正及び補充する形で連邦財務省規則に落とし

---

[176] 2004年に成立した前述のアメリカ雇用創出法により、議会が財務省長官に命じたアーニングス・ストリッピング・ルールに関する調査を受けて出されたものである。詳細については、中村・前掲(注87)27頁参照。

[177] 詳細については、徳弘高明＝小林徹「米国における国際課税強化－国際課税制度の改正方針－」国際税務29巻11号(2009)48頁参照。

込み、これによってようやく米国企業による企業結合型インバージョンには急ブレーキがかかることとなった[178]。

　これらに関連して、米国連邦財務省は、上記の2016年4月4日に、内国歳入法典385条による委任の下で、アーニングス・ストリッピングを抑止するための連邦財務省規則案（REG－108060－15）を公表し、それに基づき、最終的に、同年10月13日付けで、一連の連邦財務省最終規則及び暫定規則（TD9790）（これらを総称して、以下「新アーニングス・ストリッピング規則」という）が公表された。この新アーニングス・ストリッピング規則の主要な柱の一つは、一定の取引に際して発生した一定のグループ内債務（debt）を税務上出資（equity）とみなし、当該債務についての支払利子の損金算入を否認するというルール（Reg.§1.385－3及びReg.§1.385－3Ｔ：「取引ベースのリキャラクタライゼーション・ルール」）の導入である。これは、原則的ルールと「原資調達取引ルール」とに分けられるが、前者は、一定の債務が、①一定の関連者間における株主に対する分配（distribution）によって発生した場合（例えば、子会社が親会社に対して債務性の証券を現物分配することによって子会社が親会社に債務を負担する場合等）、②一定の関連者間における自社株買いその他の株式の取得の対価として発生した場合、又は③一定のグループ内の資産の組織再編（internal asset reorganization）に際して、資産移転法人の株主に対する税制非適格対価（boot）の交付として発生した場合（要は、当該債務の負担が現金の交付と引換えになされたものではなく、実質的に見て「分配」としてなされたものである場合）に適用されるルールであって、かかる場合

178　オバマ政権下で2014年、15年、16年に相次いで公表された米国のインバージョン税制の強化策については、太田洋「企業結合型インバージョンと米国新インバージョン規制」中里実＝太田洋＝伊藤剛志『BEPSとグローバル経済活動』（有斐閣、2017）22頁以下参照。また、いわゆるトランプ税制改革法（The Tax Cuts and Jobs Act of 2017）による、更なるインバージョン対策税制の強化については、太田洋「トランプ税制改革法と日本企業への影響〔下〕」旬刊商事法務2180号（2018）29－30頁参照。

には、当該債務（debt）は出資（equity）であるとみなされ、当該債務に係る支払利子については税務上損金算入が否定され、配当として取り扱われるというものである。これに対して、後者は、上記①から③までの類型の取引（tainted transaction）に該当しない取引であっても、それらの分配、取得又は交付の原資を調達することを「主要な目的」の一つとしてなされた債務負担行為に基づく金銭の交付であれば、上記と同様に、当該債務負担行為に基づく債務は税務上出資であるとみなされるものとされ、更に、当該分配、取得又は交付の前後36か月間（つまり、合計で6年間の期間）に当該分配、取得又は交付をなす者が行った債務負担行為による債務については、税務上、自動的に出資とみなされるとするルールである。もっとも、新アーニングス・ストリッピング規則においては、その適用対象は、基本的に、「拡張グループ（expanded group）」（Reg.§1.385-1(b)(4)：議決権割合80％以上又は出資割合80％以上の資本関係でつながった企業グループ）内における、米国法人等（covered member）による、当該「拡張グループ」内の他の法人（但し、当該米国法人等が属する米国連結納税グループに属する法人は除く）に対する債務負担行為（典型的には、外国親会社に議決権割合又は出資割合にして80％以上を保有されている米国子会社による当該外国親会社からの借入れ）に対する債務負担行為に限定されており（つまり、いわゆる米国から見てアウトバウンドの債務負担行為のみが対象とされている）、米国連邦財務省によって、外国子会社による米国親会社グループへの債務負担行為については引き続き検討する旨が公表されている。

　もっとも、新アーニングス・ストリッピング規則のもう一つの主要な柱であった、一定のグループ内債務が税務上「債務」としての性質を維持するためには、特定の文書化及び分析が適時に行われなければならないとするルール（Reg.§1.385-2：「文書化ルール」）については、「新アーニングス・ストリッピング規則制定時には2018年1月1日以降に発生する債務に対して適用されるものとされていたところであるが、2017年7月28日、

米国連邦財務省及びIRSは、IRS Notice 2017-36を発出して、文書化ルールの適用時期を先送りし、当該ルールは2019年1月1日以降に発生する債務に対して適用される旨公表した。そして、2018年9月24日、米国連邦財務省は、最終的に当該文書化ルールを連邦財務省最終規則から削除する旨公表した。

　また、2017年12月20日における米国連邦議会の上院及び下院での法案可決、12月22日のトランプ大統領による署名によって成立した連邦税制改革法（俗にThe Tax Cuts and Jobs Act of 2017と呼ばれる。以下、この税制改革法を「トランプ税制改革法」、トランプ税制改革法による改正を「トランプ税制改正」という）では、支払利子の損金算入制限ルールが抜本的に改正された[179]。

　即ち、トランプ税制改正により、2018年1月1日以降に開始する事業年度について、既存の過少資本税制（アーニングス・ストリッピング・ルール。トランプ税制改正前の旧連邦内国歳入法典163条(j)）に代えて、英国やドイツにおける同様の税制、更にわが国で平成24年度税制改正により導入されている過大利子控除制限税制（措法66条の5の2）と同様に、調整後の課税所得額の一定割合を超過する支払利子の額について損金不算入とする旨の新たな損金算入制限制度が適用されることとなった（連邦内国歳入法典163条(j)）。この制度の下では、具体的には、概ね、事業上の支払利子の額が、EBITDA（2022年1月1日以降はEBIT）の30％並びに事業上の受取利子の額及び一定の資産購入に係る借入利子（floor plan financing interest）の額を合計した額を超過した部分の額については、税務上損金不算入とされる。当該損金不算入とされた額については、（7年間の期間制限がある）わが国の過大利子控除制限税制とは異なり、期間制限なく次年度以降に繰越しが可能とされている（つまり、上記の30％の枠内であれ

---

[179] 以下で述べるトランプ税制改革法による支払利子の損金算入制限に関する抜本改正及びBEATについての詳細は、太田・前掲（注178）26-29頁参照。

ば繰り越された額は損金算入可能となる）。

　この制度の下における損金算入制限については、オートリース事業等で発生する支払利子や小規模事業者等については適用除外とされているものの、（関連者に対する支払利子に対して・の・み適用される）わが国の過大支払利子税制とは異なり、関連者に対する支払利子であると非関連者（例えば、外部の金融機関）に対する支払利子であるとを問わず、また、負債・資本比率に関係なく、適用される。

　また、トランプ税制改正により、新たに Base Erosion and Anti-Abuse Tax（税源浸食・濫用防止税。以下「BEAT」という）も創設（連邦内国歳入法典59A条）された。

　これは、税源浸食及び濫用的租税回避に対抗するためのミニマム課税として課される税であり、米国法人の Modified Taxable Income（当該米国法人の「国外関連者」に対する「税源浸食的支出」による「税源浸食的便益」がなかったとした場合における課税所得。以下「調整後課税所得」という）の10％（但し、2018年については5％、2026年以降は12.5％）が、（税額控除適用後の）通常の法人税額を超過する額を、通常の法人税額に追加して徴収するというものである。この BEAT による課税は、2018年1月1日以降に開始する課税年度から適用されている。

　なお、BEAT は、外国法人であっても、それが米国での取引若しくは事業に実質的に関連する所得を有している場合（米国に支店等を設けて事業を営んでいる場合が典型である）には適用されるが、以下では、叙述の複雑化を避けるため、BEAT が外国法人に適用される場合については捨象して説明することとする。

　ここでいう「国外関連者」はかなり広い概念で、①対象となる米国法人が発行する株式等の議決権「又は」出資価値の25％以上を直接又は間接に保有する株主（以下「25％株主」という）、②対象となる米国法人又は25％株主と50％超の資本関係にある者、及び③米国の移転価格税制上「関連者」とされる者、と定義されている（連邦内国歳入法典59A条(g)）。

また、この「調整後課税所得」は、通常の連邦法人税の課税所得に、国外関連者に対して支払われ又は発生した「税源浸食的便益」の額（以下、日本語の語感の観点から、直訳とは異なるが、この額を「特定支払額」と呼ぶことにする）を足し戻すことにより計算される（上述したBEATの税額の計算方法に鑑みると、非常に大雑把にいえば、最低でも「特定支払額」について10％の税率による追加課税がなされるようにする制度がBEATということになる）が、当該「特定支払額」（即ち、「税源浸食的便益」の額）とは、前述の「税源浸食的支出」のうち、対象事業年度において税務上損金算入されている金額を意味する。そして、かかる「税源浸食的支出」は、大雑把にいうと、総支払額から棚卸資産の売上原価（以下「COGS」という）相当額及び米国の移転価格税制上マークアップ不要とされる役務対価相当額等を除いた額とされており、通常の役務提供対価、賃貸料、ライセンス料（ロイヤリティ）、マネージメント・フィー、再保険のプレミアム（再保険料）等、非常に広範囲の支払いが含まれる。COGSが「税源浸食的支出」に含まれないのは、米国では、わが国法人税法における課税所得計算と異なり、COGSは損金（deductions）に入るのではなく、総収入（gross receipts）の減算要素（reduction）として位置付けられており、課税所得は、わが国法人税法のように益金－損金ではなく、総収入－COGSで計算される総所得（gross income）から「総所得控除（損金算入）額」を差し引いて計算されるものとされており、BEATはかかる考え方を前提として制度設計されているためである。

　なお、「税源浸食的支出」には、上記で述べたとおり、支払利子も含まれるため、支払利子については、上で述べた連邦内国歳入法典163条(j)に基づく包括的な損金算入制限だけでなく、このBEATも適用されることになる。

　但し、米国の国内法により源泉税が課されるものとされている支払額は、（米国で課税済みと看做されるため）この「税源浸食的支出」に含まれないものとされている。そのため、租税条約により米国での源泉徴収税

率が軽減されている場合には、対象となる支払額のうち当該軽減された割合（課税がカットされた割合）に対応する部分は「税源浸食的支出」に含まれることになるとされている。例えば、米国から日本に対して支払われるロイヤルティは、日米租税条約上非課税とされているため、その全額がBEATの対象となる「税源浸食的支出」に含まれるものとされ、また、米国から日本への支払利子については、米国国内法に基づく30％の源泉税率が日米租税条約により10％に軽減されている（つまり、米国国内法に基づく税率の３分の２がカットされている）ため、当該支払額の３分の２が（BEATの適用対象となる）「税源浸食的支出」に含まれることになる。

以上を大雑把な算式で示すと、次のとおりとなる。

$$\text{BEATの額}＝\text{調整後課税所得}×10\％－\begin{pmatrix}\text{税額控除適用後の}\\ \text{通常の法人税額}\end{pmatrix}$$

もっとも、BEATの適用対象は、一定の大規模な法人グループに属する米国法人に限定されており、①50％超の資本関係にある法人グループの過去３年間における平均年間総収入額の合計が５億ドル以上、且つ、②base erosion percentage（以下「税源浸食割合」という）が３％以上（但し、銀行等の金融グループに属している法人については２％）である法人グループに属する米国法人のみがBEATの課税に服するものとされている。この「税源浸食割合」は、「特定支払額」（即ち、「税源浸食的便益」の額）を「総所得控除（損金算入）額」で除すことで計算される（税源浸食割合＝特定支払額÷総所得控除額）。なお、前述のとおり、米国では、課税所得は、益金－損金ではなく、総収入－COGS－総所得控除（損金算入）額で計算されるため、ここでいう「総所得控除（損金算入）額」にはCOGSの額は含まれない。

また、BEATは、上述したとおり、「調整後課税所得」の10％（2018年は５％）が通常の法人税額を超過した額とされている結果、単純計算では、「特定支払額」によって通常の課税所得が52.3％（2018年は76.2％）減少した場合に適用されることになると考えられ、その意味で、相当程度

大きな国外関連者に対する支払いがない限り、BEATを支払わなければならない事態は生じないものと考えられる。

　米国の状況は以上のとおりであるが、わが国でも、中里実教授が、かねてから、フランス一般租税法238A条のように、わが国企業が、恩恵的な租税制度を有する国[180]や地域に所在する企業に対して利子、使用料、給与、報酬、コミッション等の人的役務提供の対価等を支払った場合に、その支払いが現実の取引に対応し、且つ、その支払いが異常なものでないことを支払者が証明した場合でなければ、それら支払経費の税務上の損金算入を認めない、といった制度[181]を導入すべきであると唱えている[182]が、前述のとおり、外国子会社配当益金不算入制度の創設により、支払経費の増額という形で、わが国多国籍企業がわが国における租税負担の軽減を図るインセンティブが強まっている現在、わが国でも、そのような一般的な形でのア

---

[180] かつては、当該国・地域の法人所得税率がフランスの3分の2未満（2006年当時で約22％）であれば「恩恵的」と看做されたが、2006年1月1日以降は上記「3分の2」は「2分の1」(即ち、2006年当時で約16.7％)に引き下げられた。*See* Claire Guionnet-Moalic, *Are French Anti-Avoidance Rules More Favorable or Less Favorable to Corporate Taxpayers?, in* TAX PLANNING AND ANTI-AVOIDANCE LEGISLATION, at 15, 15 (BNA Int'l Tax Planning International: Special Report Sept. 2006), *available at* http://www.hugheshubbard.com/files/tbl_s20NewsPring/PDFUpload103/1538/TPI%20moalic.pdf.

[181] 2009年12月31日に成立したフランスの2009年修正財政法によってフランス一般租税法238A条は改正され、情報交換に関するOECDグレーリストに掲載されており、フランスと情報交換協定を締結していないEU非加盟の国・地域（「非協力国等」）であって、法人所得税率がフランスの2分の1未満の国・地域に設立された者に対して支払いをなす場合には、当該支払いがarm's-length basisのものであって、且つ当該支払いが非協力国等への送金を目的とするものでないことを立証しない限り、当該支払経費の税務上の損金算入性が否定される旨が新たに定められた。以上につき、Sullivan & Cromwell法律事務所の2009年11月25日付けの「Anti-Tax Haven Measures to be Introduced in France」と題するニューズ・レター
(《http://www.sullcrom.com/files/Publication/b87f4315-f929-4f7a-951f-0d5ee1160f93/Presentation/PublicationAttachment/7d5471a8-e8ca-4102-9afa-0ef10124de36/SC_Publication_Anti_Tax_Haven_Measures_to_be_Introduced_in_France.pdf》にて閲覧可能)参照。

[182] 中里・前掲（注4）95－96頁及び中里実『国際取引と課税』（有斐閣、1994）53－54頁。

ーニングス・ストリッピング規定が今後整備されていくことになる可能性は高まっているように思われる。利子についてのみの制度ではあるが、平成24年度税制改正により過大利子控除制限税制が導入されたことも、このような動きに沿うものである。

(5) 今後の課題についての総括

　本章では、インバージョン対応税制をどのように構築すべきかは、内国法人と外国法人との区別の基準（設立準拠法主義か管理支配地主義か）、外国子会社配当益金不算入制度、CFC税制、移転価格税制、過少資本税制及び過大利子控除制限税制など、国際租税の分野における他の制度との相互関係や、わが国の多国籍企業グループの国際競争力など、様々な視点に基づく複眼的な考慮を要する問題であることを明らかにした。以上で見てきたとおり、英米の動向に鑑みれば、多国籍企業グループ間の国際競争が激化している今日、わが国の多国籍企業グループが、そのグループ統括会社（本社）を、法人実効税率が国際的に見て高い水準にあるわが国から他国に移転させる動きは今後本格化してくるものと考えられる。その中で、わが国のインバージョン対応税制は、現状では、上場会社によるインバージョンに十分対応し切れていないと思われる。特に、わが国の現行税制は、利払い以外の手段によるアーニングス・ストリッピングに十分対応し切れておらず、この点については早晩立法的な手当てがなされることになるであろう。

5　インバージョンの手法と実務上の留意点

(1) インバージョン親会社の設立準拠法を選択する際の考慮要素

　わが国でも、世界的な法人実効税率の引下げ競争ともいえる状況の中

で、戦略的に国際的な事業を統括するとともに、企業グループとしての全世界における税負担を減少させ、効率的な事業活動を行うことを目的として、インバージョンを実行することを検討する企業が徐々に現れる可能性がある。その場合、インバージョン親会社をどの国に設立するか（どの国の会社法をその設立準拠法として選択するか）を検討するに当たっては、経済的要素や社会的要素を含め、様々な要素を考慮する必要があるが、法律・税務の観点からは、例えば、以下の事項がポイントとなろう。

第一のポイントは、わが国との租税条約による配当や使用料等についての源泉徴収課税の減免の有無である。即ち、わが国の現行税制の下では、インバージョンによって企業グループ全体としての税負担を軽減するためには、インバージョン後に、わが国の内国親会社が、インバージョン親会社（新設外国親会社）に対して、（知的財産権等に対する）ロイヤルティ、マネジメントフィー、利子、保険料、賃料等の控除可能な費用を支払うようなアレンジメントを構築することが重要となる。勿論、このようなアレンジメントを構築した場合でも、わが国の会社から支払われるこれらの費用については、受け手となるインバージョン親会社に対してわが国において源泉徴収課税がなされるが、当該インバージョン親会社がわが国と租税条約を締結している国の「居住者」とされる場合には、かかる源泉徴収課税は軽減又は免除されることになり得る[183]。従って、インバージョン先候補国を選定するに当たって、日本と当該インバージョン先候補国との間の

---

[183] 因みに、日蘭租税条約上、利子についての源泉国課税の限度税率は、金融機関等の受取利子に限定してではあるがゼロ（それ以外は10％）、ライセンス料（使用料）についての源泉国課税の限度税率もゼロとされており、これらの点は、日瑞租税条約及び日英租税条約上も同様である。他方で、配当についての源泉国課税の限度税率は、日蘭租税条約及び日英租税条約は、議決権の50％以上を6か月以上直接又は間接に所有する法人はゼロ、議決権の10％以上を6か月以上直接又は間接に所有する法人は5％、それ以外の者は10％とされているが、日瑞租税条約は、配当支払法人がスイスの居住者である場合について、「議決権」ベースではなく「発行済株式又は議決権」ベースで保有比率を判定する点で若干異なる。

租税条約において、日本からインバージョン親会社に対して支払う配当、利子及びロイヤルティ等についてわが国における源泉徴収課税が減免されているか否かということは、重要な考慮要素の一つとなろう。

　第二のポイントは、インバージョンを実行することを可能にするような会社法制が整っているか否かである。例えば、インバージョン先候補国において、会社法制上、三角合併等が解禁される前のわが国の会社法制と同様に、子会社が親会社株式を取得又は保有することが禁じられていると、その国に設立されたインバージョン親会社が、わが国に所在する対象会社を三角合併又は三角株式交換によって子会社（又は孫会社）化することが困難になる（三角合併又は三角株式交換を実施する前提として日本に設立された買収ビークルが当該インバージョン親会社の株式を取得することが、当該国の会社法制に抵触しかねないこととなるため）[184]ので、この観点だけからすれば、インバージョン先候補国（地域）としては、アメリカの各州やケイマン諸島などのように子会社による親会社株式の取得・保有禁止規制が存在しない国（地域）の方が望ましい。もっとも、子会社による親会社株式の取得・保有禁止規制が存在する国をインバージョン先としてインバージョンを行うことも、様々なスキームを駆使することで可能となる場合があり得るが、本書では紙幅の関係上、その詳細には立ち入らないこととする。その他、インバージョンを行おうとするわが国企業が種類株式を発行している場合には、インバージョン先候補国の会社法制上、当該種類株式と実質的に同じ内容の種類株式を発行することが可能であるか等も問題となり得る。

---

[184] 親会社が外国会社の場合には、子会社が当該親会社の株式を取得できるか否かについては、当該外国会社の従属法によって規律されると解されている（江頭・前掲（注76）272－273頁及び藤田友敬「企業再編対価の柔軟化・子会社の定義」ジュリスト1267号（2004）112頁参照）ため、当該外国会社の従属法に子会社による親会社株式の取得・保有禁止規制が存在するか否かを検討する必要が存するが、英、独、仏、伊、香港、シンガポール、マレーシアなど、かかる規制が存在する国は少なくない。

第三に、特に創業家等による株式保有割合が高い会社（典型的には非上場会社であろうが、上場会社でもそのような状況はあり得る）がインバージョンを行おうとする場合に問題となり得るのが、相続税・遺産税・贈与税の有無やその税率である。例えば、オーストラリア、カナダ、スイス、オーストリア、スウェーデン、シンガポール、タイといった国では相続税は存在しない。もっとも、相続税の問題を考えるに当たっては、相続又は遺贈により日本国外にある財産を取得した個人が、当該財産を所得した時点で日本国内に住所を有しない場合でも、その者が日本国籍を有しており、且つ、その者又は被相続人がその相続開始前5年以内のいずれかの時において日本国内に住所を有したことがあるときには、わが国の相続税に服するものとされている（相続税法1条の3第2号・2条1項）こととの関係で、インバージョンに際しては、インバージョン親会社の設立準拠法国をどの国にするかだけでなく、当該会社の株式を受け取る株主の住所をどの国に定めるかについても併せて考える必要がある（なお、相続税法10条1項8号により、株式については、その発行法人の本店又は主たる事務所の所在地にその所在があるとされているため、対象会社の本社も海外に移転させる必要がある）点に、留意が必要である（究極的には、当該株主にとって「住みやすい国」といえるかどうかによっても決まり得る）[185]。

(2)　株主の「移管」方法

イ　三角合併スキーム

　インバージョンを実行するには、インバージョンを行おうとするわが国企業の株主を、インバージョン親会社の株主に「振り替える」ことが必要となる。そのための最も代表的な方法が、**第6章**で論じた三角合併又は三角株式交換である。なお、インバージョン先候補国において、会社法制上、子会社が親会社株式を取得又は保有することが禁じられていると、その国に設立されたインバージョン親会社が、わが国に所在する対象会社を三角合併又は三角株式交換によって子会社（又は孫会社）化することが困

難になるため、スキーム構築に際しては特段の工夫が必要となることについては、前記(1)で述べたとおりである。

　三角合併又は三角株式交換を利用することにより、インバージョンを行うわが国企業が非上場会社である場合だけでなく、上場会社である場合にも、上場を維持しつつインバージョンを行うことは、わが国会社法制上可能である。例えば、わが国の上場会社であるX社が、軽課税国であるA国

185　なお、平成27年度税制改正による国外転出時課税制度（正式名称は「国外転出をする場合の譲渡所得等の特例」制度）の創設により、相続人（受贈者）と被相続人（贈与者）の両方が海外移住をし、それぞれ5年超を過ごすことによる国外資産についての相続税等の回避スキーム（以下「相続人・被相続人5年超海外居住による国外資産についての相続税等回避スキーム」という）は、本制度が適用される限度で、その節税効果が減殺される（少なくとも、被相続人（贈与者）が国外転出する時点までの国外転出時課税制度対象資産の含み益については譲渡損益課税を受ける）ため、わが国企業の本社の海外移転（いわゆるコーポレート・インバージョン）の動きにも一定の抑止効果が及ぶと思われる。即ち、従来は、わが国企業の株式等をコーポレート・インバージョンによって外国持株会社の株式等に転換すれば、「相続人・被相続人5年超海外居住による国外資産についての相続税等回避スキーム」により、当該わが国企業の株式等の含み益についての相続人・受贈者に対する相続税等だけでなく、被相続人・贈与者に対する株式譲渡所得課税も回避することが可能であったが、本制度の創設により、少なくとも後者の株式譲渡所得課税については完全に回避することは不可能になった。なお、国外転出時課税制度の詳細に関しては、太田洋＝飯永大地「富裕層の海外移住と国外転出時課税制度の創設」中里実＝太田洋＝伊藤剛志編著『BEPSとグローバル経済活動』（有斐閣、2017）67頁以下参照。更に、平成29年度税制改正により相続税及び贈与税の納税義務が見直され、概要、①国内に住所を有しない者であって日本国籍を有する相続人等に係る相続税の納税義務については、国外財産が相続税の課税対象外とされる要件が、被相続人及び相続人等が相続開始前10年以内のいずれの時においても国内に住所を有したことがないことに改正され、また、②国内に住所を有しない者であって日本国籍を有しない相続人等が、国内に住所を有しない者であって相続開始前10年以内に国内に住所を有していた被相続人等から相続又は遺贈により取得した国外財産を、相続税の課税対象に加える旨の改正がなされた（藤山ほか・前掲（注57）576－579頁〔坂井裕幸＝三木文平〕参照）。このため、株式譲渡所得課税に限らず、「相続人・被相続人5年超海外居住による国外資産についての相続税等回避スキーム」はもはや利用できなくなっている。

にインバージョン親会社であるY社を設立し、その際、X社の株主がそのままY社の株主に振り替わるようにすることは、以下の方法で可能である（三角株式交換を用いる方法は、基本的な構造が三角合併を用いる方法と共通しているため、以下では、三角合併を用いる方法のみを例にとって説明する）。

　まず、最も単純なものとしては、①X社がわが国よりも法人実効税率が低いA国に（ノミナルな額の現金出資により）Y社を設立し、次いで②Y社がわが国にX'社を設立した上で、③X'社が、Y社に対して第三者割当増資（発行価額は、基本的に、下記④でX社の株主に交付されることになるY社株式の時価総額相当額）を行う一方、何らかの方法で（下記④でX社の株主に交付すべき）Y社株式を取得し、④X社を消滅会社、X'社を存続会社、Y社株式を対価とする三角合併を実施することにより、X社の株主にY社株式を交付する（このとき、X社株式に代えてY社株式を上場する）ことでインバージョンを実行する、という方法が考えられる（後掲の【図12－4】参照）。なお、A国の会社法制上、子会社による親会社株式の取得・保有禁止規制が存在するときは、スキーム構築に際しては特段の工夫が必要となることについては、前記(1)で述べたとおりである（なお、X'社によるY社株式の取得については会社法800条1項・2項参照）。

　上記が基本形であるが、通常は、新設会社であるY社には手持ち資金が存しないため、上記③で、Y社がX'社による第三者割当増資をどのようにして引き受けるかが問題となる。この点、その後のY社によるX'社に対する第三者割当増資を有利発行によって行うのであれば、その前段階であるX'社が行う第三者割当増資のY社による引受けについても、Y社がX'社に対して払い込むべき金額は少額で足りることとなるが、Y社によるX'社に対する第三者割当増資を有利発行によって行った場合には、X'社はわが国で受贈益課税を受ける可能性があるため（法施令119条1項4号、法基通2－3－7参照）、かかるリスクを回避するためには、当該第三者割当増資は時価発行（即ち、発行価額は、基本的に、前記④でX社

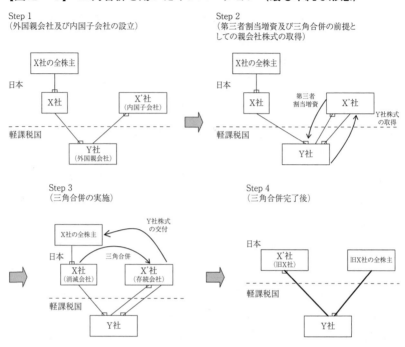

【図12－4】 三角合併を用いたインバージョン（最も単純な形態）

の株主に交付されることになるＹ社株式の時価総額相当額）で行わなければならず、ひいては、その前段階であるＸ'社によるＹ社に対する第三者割当増資についても、時価発行で行うのが無難であるものと考えられる（Ｘ'社は、Ｙ社に対する第三者割当増資によって資金を調達するのではなく、Ｘ社からの借入れによって資金を調達するということも考えられなくはないが、この場合には、Ｘ'社によるＸ社の吸収合併の際に、当該借入債務が混同によって消滅することとなり、これに関して税務上債務消滅益についての課税が生じる可能性があり得るとも考えられるため、ここでは一応Ｘ'社は、Ｙ社に対する第三者割当増資によって資金を調達することを前提としておく）。

　では、Ｙ社はＸ'社に対する払込資金をどのようにして調達すればよい

であろうか。この点、対象会社であるX社に十分な手許資金がある場合は、Y社は、X社からの借入れによって資金を調達することも考えられる（Y社は最終的にはX社から吸い上げる配当等によって当該借入金を返済すればよい）。しかしながら、X社に十分な手許資金がない場合には、外部からの借入れ等によって資金を調達するか、他の方法を考える必要がある。この「他の方法」については、様々な方法が提唱されている[186]が、例えば、Y社とX'社とが相互に株式（新株）を現物出資するという方法が利用できるのではないかと主張されている。もっとも、この方法は、Y社の設立準拠法国であるA国において、その会社法制上、わが国と同様、そのような相互増資が許されないものとされている場合（わが国の会社法上は、X'社は、まず払込財産であるY社株式の給付を有効に受けた後、初めてその株式（X'社株式）をY社に対して発行することができるものと解されているところ、Y社は、払込財産であるX'社株式の給付を有効に受ける前において、その株式（Y社株式）をX'社に対して発行することはできないものと考えられる）には、結局利用不可能である。しかしながら、A国の会社法制上、そのような相互増資が許容されている場合（米国デラウェア州やケイマン諸島においては、Y社がそのような形でその株式を発行することが許容されているようである）には、この方法（即ち、X'社が、払込財産であるY社株式の給付を有効に受けた後、それと引換えにX'社株式をY社に対して発行し、Y社は当該X'社株式の給付を受ける前に自らの株式をX'社に対して発行する方法）を用いて、別途キャッシュを調達することなく、Y社とX'社との間で相互に、前記④でX社の株主に交付されることになるY社株式の時価総額相当額により増資を行うことができるものと考えられる[187]。

---

[186] 森・濱田松本法律事務所編『税務・法務を統合したM&A戦略（第2版）』（中央経済社、2015）200－204頁参照。
[187] 大石篤史「三角合併を利用した本社の海外移転〔上〕」旬刊商事法務1943号（2011）8頁参照。

なお、上記の方法を用いた場合には、三角合併の効力が発生する直前において、日本法の観点からは、先にX'社がY社の第三者割当増資を引き受けてY社株式のほぼ全てをX'社が保有することになった後にY社がX'社による第三者割当増資を引き受けていることになるため、「子会社であるY社」が「親会社であるX'社」の株式を取得していることになり、わが国会社法上の子会社による親会社株式取得禁止規制（会社法135条1項）に抵触するのではないかということも問題となり得る。もっとも、この問題については、相互増資の効力発生日と合併の効力発生日を同日とするとともに、X'社が財産（Y社株式）の給付を有効に受けたことを合併の効力発生の条件とすることにより、解消し得る（この場合、X'社が、払込財産であるY社株式の給付を有効に受けた後、当該Y社株式をX社株主に交付し、同時にX'社株式をY社に対して発行することになるので、Y社の設立準拠法の下でY社の新株発行についての払込み（X'社株式の給付）が行われる前の段階でY社株式が適法に発行されたものとしてこれを第三者に対して譲渡することが可能かについての確認は必要となるものの、これが可能なのであれば、Y社は「X'社の子会社としては」X'社の株式を取得していないと考えられるためである）のではないかと指摘されている[188]。

　なお、以上のような相互増資を行う場合、X'社は、払込財産であるY社株式の給付を受けてその株式を発行することになるため、原則として検査役の調査が必要となる。しかしながら、元々X'社はY社の完全子会社であるので、現物出資により発行する株式の数を発行済株式総数の10分の1以下に設定することで、検査役の調査を回避することは可能である（会

---

[188] 大石・前掲（注187）8頁参照。なお、かかるアレンジが技術的に困難な場合は、X'社がY社に対して、X'社の株式を発行する代わりに、X'社の新株予約権を交付するという対応も考えられる（葉玉匡美「国内企業の三角合併活用法」ビジネス法務2007年9月号19-20頁及び森・濱田松本法律事務所・前掲（注186）199頁参照）。

社法207条9項1号)[189]。

　次に、上記のような三角合併スキームを用いてインバージョンを行った場合の課税関係であるが、まず、X社の株主にY社株式のみが交付されるのであれば、三角合併が税制適格要件を満たすか否かに拘らず、原則として対象会社であるX社の株主レベルでは株式譲渡益課税が繰り延べられる（法法61条の2第2項、措法37条の10第3項1号、37条の11第3項。但し、X社の株主のうち、非居住者及び外国法人については、当該X社株式の譲渡益がわが国で課税対象となる国内源泉所得に該当する限り、当該譲渡益について課税される[190]。この点については、前記**3(2)イ**参照)[191]。

　また、**第6章**で詳述したとおり、当該三角合併が一定の要件を充足すれば、適格組織再編成（法法2条12号の8本文）となって、X社の法人レベルでの資産含み損益についての譲渡損益課税が繰り延べられると共に、X社の株主レベルでのみなし配当課税も生じないものとされる。上記の例では、Y社がX'社の発行済株式の全部を直接保有する関係があり、また、Y社が三角合併後に新X社（X'社＋X社）の発行済株式の全部を継続して保有する見込みがあるので、X社とX'社との間に完全支配関係が認められれば、税制適格要件が満たされる（法法2条12号の8イ、法施令4条の3第1項・2項）。

　それでは、上記の例において、X社とX'社との間に完全支配関係は認められるか。この点、相互増資がなされる場合には、前述のとおり、三角合併の効力発生時において、Y社株式のほぼ全てをその子会社である

---

[189] 相澤哲＝葉玉匡美＝郡谷大輔編著『論点解説　新・会社法』（商事法務、2006）207頁参照。

[190] 措法37条の14の3、68条の3及び68条の109の2、措施令25条の14、39条の35及び39条の128参照。

[191] 譲渡益に対する課税が繰り延べられる場合であっても、当該三角合併が税制適格組織再編成に該当しない場合には、X社の株主はみなし配当課税に服することになる（法法24条1項1号）。

X'社が保有し、X社のY社に対する株式保有割合はごくわずかに過ぎないこととなるため、果たしてX社とX'社との間に完全支配関係は認められるかという点が問題となり得る。

この点、**第4章1**においても詳細に論じたとおり、国税庁の質疑応答事例においては、完全支配関係とは、法人の発行済株式の全てがグループ内のいずれかの法人によって保有され、その資本関係がグループ内で完結している関係をいうとされている[192]。そして、本件において、X'社の株式の全てはX社を頂点とするグループ内の法人によって保有されているから、結論的に、X社とX'社との間には完全支配関係が認められ、上記の例における三角合併は、原則として、税制適格要件を満たすものと解される[193]。

もっとも、前記(1)の考慮要素において述べたように、A国がいわゆる軽課税国（租税負担割合が20％未満の国又は地域[194]。以下同じ）であるような場合には、3(2)イで前述した、「適格合併等の範囲に関する特例」の適用があり得ることに留意する必要がある。これは、内国法人間で行われる合併のうち、消滅会社と存続会社との間に特定支配関係（50％超の資本関係）があり、且つ、消滅会社の株主に特定軽課税外国法人（租税負担割合が20％未満である外国法人であって（措施令39条の34の3第5項）、且つ、CFC税制における経済活動基準と同様の要件（措施令39条の34の3第7項）を全て満たすものを除く）に該当する外国親法人の株式が交付される

---

[192] 国税庁HPに掲載されている「資本関係がグループ内で完結している場合の完全支配関係について」と題する質疑応答事例（《https://www.nta.go.jp/law/shitsugi/hojin/33/01.htm》にて閲覧可能）参照。

[193] X社とX'社との間には完全支配関係が存在することから、仮に三角合併が税制適格組織再編成に該当しないとしても、グループ法人税制によりX社の資産含み損益に対する譲渡損益課税は原則として繰り延べられる（法法61条の13）。

[194] 例えば、ケイマン諸島、シンガポール及び香港は、いずれも原則として軽課税国に該当する。なお、租税負担割合の計算方法は、CFC税制におけるそれが準用される（措施令39条の34の3第6項）。

合併に該当するものは、事業関連性を含む一定の適用除外要件（通常の共同事業要件よりも要件が厳しい点に注意を要する。措施令39条の34の3第1項）を満たす場合を除き、適格組織再編成への該当性が否定される、というものである（グループ法人税制の適用もないものとされている。措法68条の2の3）。

この点、前記の例における三角合併においては、X社とX'社との間に完全支配関係が存在する（即ち、消滅会社と存続会社との間に特定支配関係が存在する）ものと解されるので、A国が軽課税国であるような場合には、ⅰ）X社とX'社とが事業関連性要件を含む一定の適用除外要件を満たすか、ⅱ）Y社がCFC税制における経済活動基準と同様の要件を満たさない限り、当該三角合併は適格組織再編成には該当しないこととなる。そして、その場合には、X社の株主は、居住者及び内国法人を含めて、X社株式の譲渡益に対して課税されることになる（措法37条の14の3、68条の3）。

この他、前記の例についても、所定の要件に該当する場合には、3(2)で前述したインバージョン対策合算税制が適用されることになるが、X社が上場会社である場合や株主が分散している非上場会社である場合は、かかる税制が適用されることは例外的な場合に限られるであろう。

最後に、前記の例のように、三角合併スキームにおいて相互増資が行われる場合、存続会社となるX'社が、親会社株式（Y社株式）を、対象会社（X社）の株主に対して合併の対価として交付する際の譲渡益に対する課税も問題となる。

この点、X'社が、三角合併の効力が発生する直前に、Y社に対して対象会社であるX社の株式時価総額に等しい金額の金銭を払い込むことによりY社株式を取得した場合であれば、原則として、X'社におけるY社株式の税務上の簿価はX社の株式時価総額に等しくなるはずであり、そもそも譲渡益が生じることはないが、前記の例のように相互増資が行われる場合には、X'社におけるY社株式の税務上の簿価がどのようになるかが必

ずしも明確ではないという問題がある[195]。

　もっとも、**第6章**で詳述したとおり、三角合併が適格組織再編成に該当する場合には、原則として、前記の親会社株式（Y社株式）については、その簿価で譲渡したものとして取り扱われ、存続会社であるX'社は譲渡益課税を受けない（法法61条の2第6項）ものとされている。しかしながら、例外的に、当該三角合併が適格組織再編成に該当するか否かに拘らず、ⅰ）存続会社が合併契約日において保有する親会社株式については、契約日において、親会社株式をその日の時価で譲渡し、且つ、その価額で取得したものとみなされており、また、ⅱ）存続会社が、合併契約後に適格合併その他の事由（適格現物出資を含む）により親会社株式を取得した場合についても、同様のルールが定められている（法法61条の2第23項、法施令119条の11の2）ため、かかる例外規定との関係で、前記の例のように、三角合併スキームにおいて相互増資が行われる場合、存続会社となるX'社における親会社株式（Y社株式）を合併の対価として交付する際に譲渡益課税がなされるか否かが問題となる。この点、X'社がY社株式を取得するのは合併契約日の後であり、また、X'社が現物出資により受け入れる資産はY社が保有する資産ではなく、Y社が新たに発行する株式であるから、法人税法の規定上、Y社のX'社に対する現物出資（X'社のY社に対する新株発行）が適格現物出資の要件を満たすことはないものと

---

[195] X'社が受け入れるY社株式の税務上の簿価は、原則として当該Y社株式の時価に等しい金額となるため（法施令119条1項）、当該Y社株式の時価がどのような金額であるかが問題となる。この点、相互増資の時点では、Y社の純資産の金額はノミナルな金額に過ぎないため、X'社に対して発行されるY社株式の時価も、それを上回ることはないという考え方も論理的には一応あり得るが、相互増資時にはノミナルな金額に過ぎなかったY社株式の時価が、三角合併の効力発生と同時に対象会社であるX社の株式時価総額相当額まで突如として増加するというのは不自然であり、前述のとおり、相互増資が行われるのは、実務的には三角合併契約の効力発生と同時（又はその直前）であるとすれば、X'社に対して発行されるY社株式の時価は、インバージョンの対象会社であるX社の株式時価総額に等しいと考えるのが自然ではないかという見解もあるところである（大石・前掲（注187）8頁参照）。

考えられる（法法２条12号の14参照）。従って、前記三角合併が税制適格要件を満たす限り、上記の例外ⅰ）又はⅱ）のいずれにも該当せず、原則どおり、X'社は譲渡益課税に服しないものと考えられる[196]。

　以上は、最も基本的なスキームについて説明したものであるが、実際には、インバージョンの対象会社（前記の例のX社）が既に海外子会社株式を保有している場合がほとんどであると考えられ、そのような場合には、当該海外子会社株式をどのようにインバージョン親会社の下に移動させるか（あるいは移動させないか）といったことにも注意を払う必要が生じてくることになる。通常は、それら海外子会社の株式を対象会社（前記の例では新X社＝X'社＋X社）からインバージョン親会社（Y社）に対して譲渡することとなろうが、かかる方法を採った場合には、それら海外子会社株式の含み損益について新X社において株式譲渡損益課税が生じる他、Y社が当該株式を譲り受けるための原資の手当て（外部からの借入れや新X社からの借入れ等によって調達することが考えられるが、Y社に借入れ余力が足りない場合であって同社が旧X社に代わって上場会社となる場合であれば、Y社がライツ・オファリングを実行する方法等も考えられよう）等が問題となる。

ロ　MBO／MEBO スキーム

　前述のとおり、インバージョンを実行するには、インバージョンを行おうとするわが国企業の株主を、インバージョン親会社の株主に「振り替える」ことが必要となるが、対象会社が上場会社であるなど、対象会社の既存株

---

[196] 大石篤史「三角合併を利用した本社の海外移転〔下〕」旬刊商事法務1944号（2011）66-67頁参照。なお、三角合併が税制非適格である場合も、前掲（注195）のように、Y社株式の時価は、X'社に対して発行される時点において、既に対象会社であるX社の株式時価総額に等しいと整理するのであれば、X'社は譲渡益課税を受けないことになる。

主の全てをインバージョン親会社の株主に「振り替える」ことが実務的に難しい場合であっても、前述のサンスターやバルスの事例のように、MBOやMEBOの手法によって対象会社の株主を少数の者に集約することを契機としてインバージョンを実行する方法も検討に値する。具体的には、対象会社の大株主等のMBOないしMEBOの実行主体（投資主体）が海外にインバージョン親会社を設立し、当該インバージョン親会社がわが国に設立した買収ビークルを通じてキャッシュTOB等の方法で対象会社の株式をその既存株主から買い集め、最後に株式併合や現金株式交換を用いるスキーム等（**第8章**参照）によって対象会社のスクィーズ・アウトを実施した上で、買収ビークルと対象会社とを合併させる、という方法である。

但し、この方法を用いた場合には、対象会社の株式をTOBに際しての譲渡又はスクィーズ・アウトによって手放すこととなる既存株主が株式譲渡損益課税に服することは避けられない。他方で、対象会社の法人レベルでは課税が生じない（つまり、その資産の含み益について譲渡益課税が生じない）形でインバージョンを実行する余地はある（スクィーズ・アウトに際しての課税関係の詳細については、**第8章**参照）。

ハ　国際的な経営統合に際しての「インバージョン」

前記**2(3)**で述べたとおり、①1998年における、ダイムラー・ベンツ（ドイツ）とクライスラー（米）との経営統合では、統括会社（本社）は（相対的に法人実効税率の低い）ドイツに置かれ、②1999年における、ABB AB（スウェーデン。1996年の社名変更前はAsea AB）とABB AG（スイス。1996年の社名変更前はBBC Brown Boveri AG）（この両社は、二重国籍上場会社ないし二重本社会社を形成していた）による単一統括持株会社の形成[197]に際しては、当該持株会社（ABB Ltd.）は（相対的に法人実効税

---

[197] 当該持株会社であるABB Ltd.による、ABB ABとABB AG両社に対するexchange tender offer（いわゆる自社株対価TOB）の方法で実行された。

率の低い）スイス法人とされ[198]、また、③最終的に破談にはなったが、2011年における、NYSEユーロネクストとドイツ証券取引所との経営統合では、統括会社（本社）は（相対的に法人実効税率の低い）オランダに設立されるものとされていた（後掲の【図12－5】参照）。このように、インバージョンそのものとはやや性質は異なるが、わが国の上場会社等が、国際的な経営統合を行う機会に、統括会社をわが国よりも法人実効税率の低い国に設ける事例が、今後わが国でも登場してくるものと思われる。

実際、競争法上の企業結合規制の関係で、米国連邦司法省の承認を得られずに最終的に実行には至らなかったが、2013年9月24日発表の、東京エレクトロン（東京証券取引所第一部上場）と米国のアプライドマテリアルズ（NASDAQ上場）との経営統合は、共同持株会社を第三国に置く形態による、わが国上場会社を一方当事者とする上場会社同士の初めての国際的な経営統合事例であるが、共同持株会社は、日本及び米国と比較して法人実効税率が相対的に低いオランダ（同国の現在の法人実効税率は25.0％）に設立するものとされており、今後、同様の事例は増加するのではないかと予想される。

因みに、この東京エレクトロンとアプライドマテリアルズとの国際経営統合の事例では、東京エレクトロンがオランダに少額の現金で設立した会社が、東京エレクトロンを三角株式交換により買収して同社の株式を100％保有する持株会社となり（この部分だけ切り取ると、正にコーポレート・インバージョンである）、その後、当該持株会社が米国でアプライドマテリアルズを逆三角合併の方法で買収することにより、東京エレクトロンとアプライドマテリアルズの両社を傘下に収める共同持株会社となる（同社が東京証券取引所及びNASDAQに上場する）、というスキーム（前述のドイツ証券取引所とNYSEユーロネクストとの国際経営統合の際に

---

[198] 前掲（注66）参照。

【図12−5】　ドイツ証券取引所＝NYSE ユーロネクストの統合スキーム

※自社株対価TOBと三角合併との組合せによる国際的な経営統合スキーム

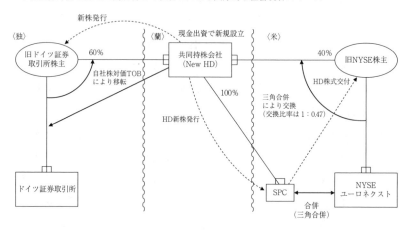

【図12−6】　東京エレクトロンとアプライドマテリアルズとの統合スキーム

※三角合併と逆三角合併との組合せによる国際的な経営統合

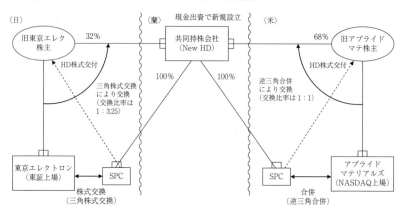

予定されていたスキームと類似している。後掲の【図12−6】参照）が採用されていた（当初のスキーム公表段階）。

　このような、インバージョン的な要素を含んだ国際的な経営統合は、典型的には、①わが国よりも法人実効税率が低い国に所在する「統合会社」

（経営統合先の会社そのもの又はわが国の対象会社と当該経営統合先の会社とが共同で設立した共同出資会社。以下、本項において同じ）が、わが国の対象会社をキャッシュTOBにより「買収」する方法、②わが国よりも法人実効税率が低い国に所在する「統合会社」がわが国の対象会社を自社株対価TOBの方法により「買収」する方法、及び③わが国よりも法人実効税率が低い国に所在する「統合会社」がわが国の対象会社を三角合併の方法により「買収」する方法のいずれかによって行われることになると考えられる。

このうち、上記①又は②の方法が用いられた場合には、対象会社の株式をTOBに際しての譲渡（又はその後のスクィーズ・アウト）によって手放すこととなる対象会社の既存株主は、株式譲渡損益課税に服することになるが、対象会社の法人レベルでは課税が生じない（つまり、その資産の含み益について譲渡益課税が生じない）形で実質的なインバージョンを実行することが可能である。

しかしながら、上記③の方法が用いられた場合には、前記イで述べたとおり、対象会社の株主に「統合会社」の株式のみが交付されるのであれば、三角合併が税制適格要件を満たすか否かに拘らず、原則として、対象会社の株主レベルでは譲渡益課税が繰り延べられる（但し、対象会社の株主のうち、非居住者及び外国法人については、その保有株式の譲渡益がわが国で課税対象となる国内源泉所得に該当する限り、当該譲渡益について課税される）が、対象会社の法人レベルでその資産含み損益について譲渡損益課税がなされるか否か、及び対象会社の株主にみなし配当課税がなされるか否かは、当該三角合併が税制適格組織再編成に該当するか否かによって決まることになる。この場合に課税上問題となる事項は、基本的に上記イで論じたものと共通しているが、特に以下の２点については、若干問題状況が異なってくることになると考えられる。

第一は、「統合会社」が軽課税国に所在する場合の税制適格要件の問題、具体的には、「適格合併等の範囲に関する特例」の適用の有無である。即

ち、前述のとおり、「統合会社」が軽課税国に所在する外国法人である場合、「適格合併等の範囲に関する特例」の適用があり得ることになるが、消滅会社（即ち、わが国の対象会社）と存続会社（即ち、「統合会社」がわが国に設立又は保有する買収ビークル）との間に特定支配関係（50％超の資本関係）がない場合は、上記特例の適用はない。従って、「統合会社」と対象会社との間の資本関係が50％以下であれば、たとえ「統合会社」が所在する国が軽課税国であったとしても、「適格合併等の範囲に関する特例」の適用が問題となることはない[199]。

　第二は、事業関連性要件の問題である。即ち、インバージョン的な要素を含んだ国際的な経営統合が行われる場合、通常は、対象会社と買収ビークル（「統合会社」のわが国における完全子会社）との間には完全支配関係も支配関係も存しないので、三角合併が適格組織再編成に該当するためには、共同事業要件が満たされる必要がある（法法2条12号の8ハ、法施令4条の3第4項）。このうち、実務的には、対象会社と買収ビークルとがいわゆる事業関連性要件（法施令4条の3第4項1号）を充足するか否かという点が、最も問題となりやすいのではないかと思われる。この点、**第4章**及び**第6章**で詳述したとおり、事業関連性要件については、存続会社（つまり、買収ビークル）が、三角合併の時点において事業を本格的に開始していない場合であっても、一定の要件を満たす限り、事業関連性要件は充足されるものとされている（法施規3条）。しかしながら、この要件を満たすには、存続会社（つまり、買収ビークル）が、「自己の名義をもつて、かつ、自己の計算において」事業を営んでいなければならないとされており、しかも、国税庁は、買収ビークルが対象会社との三角合併のためだけに行う事業はこの要件を満たさず、買収ビークルが三角合併の成否とは無関係に（三角合併を当てにせず）自らの収益目的のために自ら事業

---

[199] 大石・前掲（注196）68頁参照。

を行うとの前提が存することが必要と解しているようである[200]。このような国税庁の解釈には疑問もあるが、実務上は、国税庁がこのような解釈を示している以上、「統合会社」としては、新たに買収ビークルをわが国国内に設立するよりは、対象会社が営む事業と事業関連性を有する事業を営んでいる既存のわが国企業を買収ビークルとしておく方が安全であろう。

(3) 本社機能の移管について

インバージョンを行うためには、インバージョン親会社を設立して、前記のように対象会社の株主を「移管」しただけでは不十分であり、本社機能を対象会社からインバージョン親会社に移管して初めてインバージョンは完結することになる。

具体的にどのような本社機能をインバージョン親会社に対して移管すべきかについては、個別の事案ごとに異なってくると考えられるが、インバージョンを実施することで税負担の軽減効果をも享受しようとするのであれば、一般的には、①グループ戦略の立案・統括管理機能、②海外子会社管理機能、③知的財産権の所有・管理機能、④グループの資金調達・配分機能（キャッシュ・マネジメント・システム：CMSなどを含む）等の機能をインバージョン親会社に移管することが考えられよう。そして、これらの機能を移管させるのであれば、少なくとも一定の無形資産の移転及び一定数の人員の現実の移動は不可欠であると考えられ、これらの移転が伴う以上、会社法上は、事業（の一部）の譲渡がなされたものと解されることが多いであろう。この場合、対象会社は、基本的にわが国で譲渡損益課

---

[200] 国税庁が平成19年4月に公表した、「共同事業を営むための組織再編成（三角合併等を含む）に関するQ&A〜事業関連性要件の判定について〜」（《https://www.nta.go.jp/law/joho-zeikaishaku/hojin/6037/01.pdf》にて閲覧可能）参照。

税に服することになる[201]。この場合、当該「事業（の一部）」の譲渡は対象会社の国外関連者に対してなされることになるので、当該譲渡の価額については移転価格税制（措法66条の４）が適用されることになる。従って、譲渡対象となる「事業（の一部）」の対価を設定するに際しては、当該「事業（の一部）」の時価を慎重に評価することが必要となる。

　なお、対象会社からのインバージョン親会社に対する事業の一部譲渡については、現物出資という構成を採ることで、完全支配関係が存する場合における適格現物出資（法法２条12号の14イ）に該当することになる可能性もある。もっとも、この場合、内国法人が外国法人に対して行う現物出資については、税制適格要件が厳しく限定されている点に注意が必要である。即ち、国内にある不動産、国内にある不動産の上に存する権利や、国内にある事業所に属する資産又は負債は、原則として適格現物出資の対象とはならない（法法２条12号の14、法施令４条の３第10項、法基通１－４－12）。他方、例えば、国外にある不動産や、国外にある事業所に属する資産又は負債は、適格現物出資という形で対象会社からインバージョン親会社に対して移転させることができる。また、国内にある事業所に属する資産であっても、外国法人の発行済株式等の総数の25％以上の数の株式を有する場合におけるその外国法人の株式は、適格現物出資の対象となり得る。但し、当該外国法人とインバージョン親会社とが共に軽課税国に所在する場合は、前記 **3(2)イ** で述べたとおり、適格現物出資に該当するための要件は更に厳格化されているので、注意が必要である（措法68条の２の３第４項）[202]。

　また、前記の①から④までの機能がインバージョン親会社に移管された

---

[201] 譲渡対象に対象会社傘下の外国子会社の株式が含まれる場合は、外国子会社配当益金不算入制度（法法23条の２）を活用して、株式譲渡の前に外国子会社から配当を吸い上げておくということも、タックス・プランニング上は検討しておく必要があると思われる。

[202] 大石・前掲（注196）66頁参照。

場合には、わが国の対象会社は、通常、インバージョン親会社との間で経営指導や知的財産権のライセンス等に係る契約を締結し、経営指導その他のサービスに対する対価やライセンス料等をインバージョン親会社に対して支払うことになると考えられる。なお、前記(1)の考慮要素において述べたところと関係するが、インバージョン親会社の設立準拠法国としていかなる国を選択するか、インバージョン親会社がわが国の対象会社からいかなる形（利息、配当、ロイヤルティ及び経営指導料等）でキャッシュを吸い上げるのが適切かについては、適用される租税条約の有無及び内容を踏まえて、対象会社に利子、配当、ロイヤルティ及び経営指導料等についてどのような内容の源泉徴収課税がなされるかを分析・検討した上で決定されることになろう。

　なお、対象会社がインバージョン親会社に対して支払う経営指導料やロイヤルティ等については、基本的には対象会社において税務上損金に算入することが可能であるが、移転価格税制の適用対象となり得る[203]ことに注意が必要である。また、対象会社の外国子会社から対象会社を経由せずに直接インバージョン親会社に支払われるこれらの費用や配当などについては、原則として、わが国の課税権は及ばない。

　因みに、対象会社からインバージョン親会社に対して費用を支払う場合、そのうち一定のもの（例えば、ロイヤルティや利子等）については、わが国で源泉所得税が課される。これについては、前述のとおり、わが国とインバージョン親会社の所在地国との間の租税条約によって、源泉徴収税率が軽減されていたり、場合によってはゼロとされていることがある[204]

203　仮に、対象会社からインバージョン親会社に対して利子の支払いが生じる場合は、過少資本税制（措法66条の5）及び過大利子控除制限税制（過大支払利子税制。措法66条の5の2）にも留意が必要となる。
204　前掲（注95）、同（注97）、同（注98）、同（注99）、同（注100）及び同（注183）参照。

が、会社法制との関係で、インバージョン親会社の設立準拠法を相対的に柔軟なケイマン諸島の法律（ケイマン法）としつつ、かかる租税条約上の源泉徴収課税の減免措置の適用を受けることは果たして可能であろうか。

　この点、法人の居住地の判定について管理支配地主義を採用する諸国、例えば、シンガポールや香港に本社機能を置けば、インバージョン親会社の設立準拠法をケイマン法としつつ、日本とシンガポールとの間の租税条約（日星租税条約）や日本と香港との間の租税協定（日港租税協定）[205]所定の源泉徴収課税に関する減免措置の適用も受けることが可能ではないかと考えられる[206]。

　即ち、シンガポールでは、法人の居住地の判定について、わが国のような設立準拠法主義ではなく管理支配地主義を採用しているため、インバージョン親会社の事業に係る管理支配の実態によっては、シンガポールの国内租税法の下で、インバージョン親会社がシンガポールの「居住者」と認められることがあり得る。その場合、日星租税条約において、居住者性については、シンガポールの国内法令により判定されるものとされていることからすれば（日星租税条約4条1項参照）、インバージョン親会社の設立準拠法がケイマン法であっても、その本社機能の所在地が実態としてシ

---

[205] 香港との間で締結されている租税協定（2011年8月14日発効）。源泉徴収される租税に関しては、2012年1月1日以後に租税を課される額について適用される。

[206] なお、必ずしも租税条約所定の恩典を享受するためということではないと考えられるが、東京証券取引所に上場する企業でも、チャイナ・ボーチー・エンバイロメンタル・ソリューションズ・テクノロジー（ホールディング）カンパニー・リミテッド（東京証券取引所第一部に上場していたが、同社を吸収合併消滅会社とする吸収合併により上場廃止）や新華ホールディングス・リミテッド（東京証券取引所市場第二部上場）は、いずれも設立準拠法をケイマン法としつつ、本社機能を中国に置いている。なお、アジア・メディア・カンパニー・リミテッド（元・東京証券取引所マザーズ市場上場）は、設立準拠法をバミューダ諸島法としつつ、本社機能を中国に置いていたが、有価証券報告書に対する監査法人の意見表明が得られず、2008年9月20日付けで上場廃止となっている。以上の点につき、中里実＝太田洋＝弘中聡浩＝宮塚久『国際租税訴訟の最前線』（有斐閣、2010）292頁〔太田洋〕参照。

ンガポールにあると認められるのであれば、対象会社からインバージョン親会社への費用の支払いに関して、一定の手続に従って、日星租税条約上の源泉徴収課税に関する減免措置の適用を受けることができる可能性が存するのではないかと思われる。

また、香港でも、管理支配地主義が採用されているため、基本的に同様のことが妥当するものと考えられる（なお、日港租税協定においては、日星租税条約と異なり、居住者の判定について**より明確な**規定が置かれており、「香港特別行政区内に事業の管理及び支配の主たる場所を有する法人」は、香港の居住者であるとされ（日港租税協定4条1項(a)(iii)）、また、「事業の管理及び支配の主たる場所」とは、「法人又はその他の者の役員及び上級管理者が当該法人又はその他の者のための戦略上、財務上及び運営上の方針について日々の重要な決定を行い、かつ、当該法人又はその他の者の従業員がそのような決定を行うために必要な日々の活動を行う場所」をいうとされている（同協定議定書3）ところである）[207]。

(4) インバージョンの実施に伴う実務上の問題点

最後に、上記の他、インバージョンを実行するに際して実務上問題となり得る点につき、若干触れておく（なお、三角合併及び三角株式交換固有の問題に関しては、**第6章**を参照されたい）。

イ　対象会社株式に譲渡制限が付されている場合の問題点

対象会社が上場会社であり、三角合併によりインバージョン親会社株式を交付した後も当該株式を上場する場合には、東京証券取引所その他の金融商品取引所の規則により、それら取引所に上場される株式については譲渡制限を付すことが認められていないため、当該三角合併によって対象会社株主に交付されることになるインバージョン親会社の株式に譲渡制限が

---

[207] 以上につき、大石・前掲（注196）も参照。

付されることは考えられない。従って、対象会社の株主総会における当該三角合併の承認決議の決議要件は、通常の合併と同様、出席株主の総議決権の３分の２以上の賛成である（会社法783条１項、309条２項12号）。

　他方、対象会社が上場会社ではなく、その発行株式に譲渡制限が付されているような場合には、インバージョン親会社の株式にも譲渡制限を付したいとのニーズがあることも多いと考えられるが、会社法上、三角合併の対価として対象会社（消滅会社）の株主に交付される株式が外国会社の株式であって、それが譲渡制限の付されたものである場合については、当該三角合併は当該対象会社の株主全員の同意に基づくものでなければ行うことができないとされている（会社法783条２項・４項、会社法施行規則185条参照）[208]ため、注意が必要である。

　この点は、対象会社の株主の人数や構成に照らして当該株主全員の同意が得られると見込まれるのであれば、それら全員の同意を取得することで問題は解決するが、そうでない場合には、次善の策として、対象会社の株主に交付されるインバージョン親会社の株式には譲渡制限を付さない形で三角合併を行った上で、事後的にインバージョン親会社の設立準拠法国の会社法制に従って別途譲渡制限を付すことができないかを検討することになろう[209]。

ロ　対象会社が種類株式を発行している場合の問題点

　対象会社が種類株式を発行している場合には、インバージョンに際して、更に複雑な問題が生じる。

---

[208] 江頭・前掲（注76）859頁、878頁参照。外国会社における株式譲渡制限は、日本法に基づく譲渡制限株式と異なり、持分の譲渡に類似する可能性があるからであると説明されている。

[209] 投下資本の回収のために、株式会社制度の基本原則として定められていることが通常である、「株式譲渡自由の原則」に例外を設けるものであり、株主全員の同意を得ずにそのようなことが可能か否かについては、事前にインバージョン親会社の設立準拠法国の会社法制を慎重に検討しておく必要がある。

そもそも合併に際しては、株式の種類ごとに異なる取扱いを行うことが可能である（会社法749条2項）ため、対象会社が種類株式を発行している場合、一般的には、当該種類株式を保有する株主に対し、三角合併に際して、当該種類株式とできるだけ同じ内容を持つインバージョン親会社の株式が交付されることが望まれるのではないかと考えられる。しかしながら、わが国では、会社法の制定に際し、種類株式の内容の設計に関して大幅な柔軟化が行われた結果、極めてバリエーションに富んだ内容の種類株式を発行できるようになっていることもあって、インバージョン親会社の設立準拠法国における会社法制では、同様の内容の種類株式を設計・発行することが許容されていない場合も十分にあり得る[210]。この場合には、対象会社の種類株主に対し、対象会社が発行している種類株式とほぼ同内容の種類株式を交付することを断念するか、又は、対象会社の種類株式1株に代えて、当該国の会社法制において許容されている内容の複数の種類株式を組み合わせて交付するなどして、あたかも、対象会社の種類株式1株に代えて実質的にほぼ同内容のインバージョン親会社の種類株式1株が交付されるかのような状態を創り出していくことになると考えられる。

なお、対象会社が非上場会社である場合には、株主ごとに異なる取扱いを行う旨（属人的定め）が定款で定められていることがあり得るが、この場合には、属人的定めがなされている株主が有する株式を、当該権利に関する事項について内容の異なる種類の株式と看做すものとされており（会社法109条3項）、その結果、属人的定めがなされている株主とそうでない株主との間で、三角合併の際に異なる取扱いをすることが可能である（会社法749条2項）[211]。

但し、いずれの場合（特に、属人的定めの場合には、予め定款で種類株主

---

[210] その他、インバージョン親会社の設立準拠国法上、優先株式について、その優先配当額を円貨で定めることができない場合には、厳密にはこれまでと同じ種類株式を設計することができない、といった問題が生じる。

[211] 郡谷大輔編著『中小会社・有限会社の新・会社法』（商事法務、2006）313頁参照。

総会を排除することができない）についても、種類株主に損害を及ぼすおそれ[212]があるときには、種類株主総会を開催することが必要であり（会社法322条1項柱書）、株主構成によっては、対象会社の種類株主総会における承認を得ることが極めて困難な場合（例えば、インバージョンに賛成の大株主とそうでない株主との間で、種類株式の内容が異なる場合）もあり得る。

ハ　開示規制

インバージョンを行おうとする対象会社が上場会社を始めとする有価証券報告書提出会社である場合など、わが国の金融商品取引法上、対象会社の株式について開示が行われているにも拘らず、インバージョン親会社の設立準拠法国における証券法制上、その株主に対して三角合併の際に対価として交付されるインバージョン親会社株式について開示規制が課されていない場合には、インバージョン親会社に対し、わが国において、インバージョン後に当該株式につき発行開示義務及びその後の継続開示義務が課されるものとされている点に注意が必要である（金融商品取引法2条の2、4条、24条等）。

また、対象会社が上場会社である場合などでは、米国証券諸法における規制との関係で、米国の証券取引委員会（SEC）に対してForm F-4やForm CBといった一定の書類のファイリングが必要となる場合も存する[213]。

なお、インバージョンを行おうとする対象会社が有価証券報告書提出会社でなく、わが国金融商品取引法上の開示規制に服さない会社であるよう

212　種類株式に市場価格がないときは、ある種類株式の株主に損害を及ぼすおそれがない割当比率を決定することは通常困難であり、種類株主総会（会社法322条1項7号）又はそれに代わる株式買取請求権（会社法322条2項・785条2項1号ロ・806条2項2号）による処理が必要になるものとされている（江頭・前掲（注76）869頁参照）。
213　大石・前掲（注187）10-11頁参照。

な場合であっても、インバージョン親会社の設立準拠法国における証券法制の内容いかんでは、当該国において発行開示規制（及び継続開示規制）が課される可能性が全くないとは断定できない。従って、この点についても当該国における証券法制を事前に確認しておくことが必要である。この点は、特に、インバージョンに際し、大株主がインバージョン親会社の設立準拠法国に居住することとなるような場合や、対象会社に従業員持株会が存在する場合など、株主が比較的多数に亘るときには重要な問題となる可能性がある。

二　保有する許認可の承継に係る問題点

　第6章において述べたとおり、わが国の会社法では、対象会社を消滅会社、買収ビークルを存続会社とする正三角合併の・・みが認められており、当該買収ビークルを消滅会社、対象会社を存続会社とする逆三角合併は直接的には認められていない。そのため、対象会社が許認可を保有している場合には、インバージョンのための正三角合併に際して対象会社の法人格が消滅することに伴い、関係する業法の内容いかんでは、当該許認可が消滅することがあり得る（例えば、銀行法上の銀行業の免許、貸金業法上の貸金業の登録、「医薬品、医療機器等の品質、有効性および安全性の確保等に関する法律」（旧薬事法）上の医薬品製造販売業許可が代表的である）。従って、そのような場合には、インバージョンのためのスキームそれ自体をどのようなものにするか検討しなくてはならない。既に**第6章**において論じたとおり、対象会社を株式交換完全子会社、買収ビークルを株式交換完全親会社とし、対象会社の株主にインバージョン親会社の株式が交付されるような三角株式交換を用いることによってもこの問題は解決できるが、他の選択肢も存する。もっとも、ここでは紙幅の関係上、この点の詳細には立ち入らないこととする。

ホ　海外統括会社の運営体制に係る問題点

　わが国企業についてインバージョンを実行した後は、株主の多くがわが国にそのまま留まるにも拘らず、インバージョン親会社自体は海外に存在することになるため、実務上、対処すべき問題点が数多く生じ得る（もっとも、大半は実務上の工夫で十分に対応できよう）。

　そのような問題としては、例えば、インバージョン親会社の設立準拠法国における会社法制上、その株主総会を物理的に海外（わが国）で開催することが可能か、できないとしてテレビ電話会議方式で開催することが可能か、といった問題や、インバージョン親会社の株主に書面又は電磁的方法による議決権行使が認められているか、といったものが考えられる。また、インバージョン親会社の設立準拠法国における会社法制上、インバージョン親会社の株主に対して直接円貨で配当を支払うことは可能か、不可能であるとして、paying agent を用いるなど何らかのアレンジによって株主が事務的な手間やコストを負担することなく円貨で配当をそのまま受領できるようにすることは可能かといった点や、当該国における外国為替・送金規制等により、株主がインバージョン親会社からの配当を十分に受け取ることができないような事態が生じないかという点についても検討する必要がある。

第13章

二元上場会社
(デュアル・リステッド・カンパニー)

1 二元上場会社とは
2 なぜ二元上場会社なのか〜二元上場会社の利点〜
3 二元上場会社の仕組み
4 二元上場会社の事例分析〜カーニバルの事例〜
5 二元上場会社の問題点
6 二元上場会社に関する日本法上の論点

1　二元上場会社とは

　経済のグローバル化が急速に進展する中で、2017年にはわが国企業による海外M&A（アウトバウンド取引）の件数が672件と過去最多を記録するなど、わが国企業によるクロスボーダーM&Aが堅調である[1]。こうした動きを背景に、最近では、単なる海外での事業展開のためのM&Aを超えて、わが国上場企業が、海外企業と事実上の経営統合にまで踏み込む動きすら出てきている。

　例えば、形としては「買収」ではあるが、2006年2月発表の日本板硝子による英ピルキントンの買収は、いわゆる「小が大を呑むM&A」であって、買収後の日本板硝子の社長兼CEOにもピルキントンのスチュアート・チェンバース社長が就くなど、事実上、国境を越えた「対等統合」に近いものであった。また、2007年11月に発表されたGCAホールディングスと米投資銀行サヴィアン（非上場）との経営統合も、法的スキームとしては現物出資＋共同株式移転のスキームが用いられているが、統合比率が55：45とほぼ対等な比率とされており、事実上の「対等統合」であったといえる[2]。また、2013年に入ってからは、**第12章5**で詳述した東京エレクトロンとアプライドマテリアルズとの国際経営統合の事例が公表されたほか[3]、森精機（現商号：DMG森精機）も、独ギルデマイスター（現商

---

[1]　2017年における日本企業が当事者となるM&A件数、金額等については、レコフの2018年1月4日付けプレスリリース「2017年1－12月の日本企業のM&A動向」（《https://www.marr.jp/free/q_report/entry/7768》にて閲覧可能）参照。

[2]　詳細については、中里実＝太田洋＝弘中聡浩＝宮塚久『国際租税訴訟の最前線』（有斐閣、2010）274頁－276頁〔太田洋〕参照。

[3]　もっとも、東京エレクトロンとアプライドマテリアルズとの国際経営統合は、米国の連邦競争法に基づく企業結合規制との関係で、最終的に中止されることとなった（詳細については、東京エレクトロンの2015年4月27日付けプレスリリース（《http://www.tel.co.jp/news/2015/0427_003.htm》にて閲覧可能）参照）。

号：DMG Mori Aktiengesellschaft）との間で、「対等の精神」による「合併」を模索していたところである[4]。このように、今後、わが国上場企業が、海外の上場企業との「経営統合」に踏み切る動きが徐々に広がってくるのではないかと予想されるが、その際、彼我の企業規模がおおむね同程度であるような場合には、「対等合併」（merger of equals）を通じた経営統合が志向されることが多いのではないかと予想される。しかしながら、現在のわが国会社法の下では、日本企業が外国企業と直接合併や共同株式

---

[4] 2013年3月22日付け日本経済新聞朝刊9面、2013年4月20日付け日本経済新聞朝刊10面参照。なお、森精機は、ギルデマイスターとの「合併」の方法として三角合併等様々な選択肢を探っていたようであるが（2013年9月18日付け日本経済新聞朝刊電子版参照）、同社が DMG Mori Aktiengesellschaft の総議決権の76.03％に相当する株式を取得するとともに、同社との間でドミネーション・アグリーメントを締結し、同社との一体性を強化するに至っている（DMG 森精機による2016年4月7日付けプレスリリース（《https://www.dmgmori.co.jp/corporate/ir/ir_library/pdf/20160407_collaboration_j.pdf》にて閲覧可能）。

[5] 日本法に基づき設立された株式会社と外国会社との合併は日本法上可能であると解すべきとする見解も有力に主張されているものの（江頭憲治郎『株式会社法〔第7版〕』（有斐閣、2017）860−861頁等）、伝統的にはこのような国際合併はできないと解されてきたほか、会社法の立案担当者も消極に解しているところであり（森本滋編『会社法コンメンタール17—組織変更、合併、会社分割、株式交換等(1)』（商事法務、2010）91頁−92頁〔柴田和史〕、相澤哲編著『一問一答　新・会社法〔改訂版〕』（商事法務、2009）212頁）、筆者らの知る限り、日本法に基づき設立された株式会社と外国会社との合併例は存在しない。

[6] 詳細については、本書**第9章**及び西村高等法務研究所責任編集・太田洋＝森本大介編著『自社株対価 TOB による国際企業買収—クロスボーダー M&A の新たな手法について』（商事法務、2011）28頁−30頁参照。また、2017年6月1日に公表された産業ガス世界2位の独リンデと3位の米プラクスエアの経営統合（2017年6月3日付け日本経済新聞朝刊13面参照）も、第三国であるアイルランドに設立された親会社（Linde PLC）が、リンデ株主に対する自社株対価 TOB 及び Linde PLC の完全子会社とプラクスエアとの三角合併によりリンデ及びプラクスエアを完全子会社化する方法で実施されている（Linde PLC による米国 SEC への届出資料（《https://www.sec.gov/Archives/edgar/data/1707925/000119312517193608/d283276ds4.htm#rom283276_77》にて閲覧可能）参照）。

移転等を行うことはできないと解するのが多数説である[5]。そのことを前提とすると、外形的に「対等合併」ないし「共同持株会社傘下での経営統合」と同様の結果を実現する途としては、例えば、2011年にドイツ証券取引所とNYSEユーロネクストとが経営統合を発表（ただし、後に破談）した際に用いられたスキームである、第三国（この例ではオランダ）に設立した持株会社が、統合の両当事者を三角合併又は自社株対価TOBによって完全子会社化する実現する方法[6]が考えられる。しかしながら、この方法によると、統合の両当事会社の株主は第三国の会社の株主となるため、後述するとおり[7]、株式のフローバック問題が生じたり、配当に対する課税の面などで不利益をこうむることになる可能性がある。

そのような問題点を解消しつつ、国境を越えた「対等合併」を事実上実現することを可能にするスキームが、二元上場会社（Dual Listed Company）[8]のスキームである。二元上場会社とは、2つの上場会社が、その法人格、上場ステータス及び税務上の居住者性を維持しながら、両社間の契約により株主への分配や議決権等を均等化し、両社をあたかも一つの法人であるかのように運営するという仕組み（仮想的な合併：virtual mergerの一つともいわれる）である。この仕組みを採用していたかつての著名な例としては、ロイヤル・ダッチ＝シェルなどがあるほか、世界的

7 　後記2(3)ロ参照。
8 　二元上場会社は、英語では、Dual Listed Companyと呼称されることが一般的であると思われるが、Dual Headed Companyと呼称されることや、その仕組みが、DLC Structure, Dual Headed Structure, DHC Structureないし Dual Pillar Structure等と呼称されることもある。わが国においては、二元上場会社の前例がないこともあり、「二元上場会社」という用語自体未だ定着したものとは必ずしもいえないように思われるが（例えば、藤田勉『上場会社法制の国際比較』（中央経済社、2010）104頁においては、「二重上場会社」との用語が用いられている）、本稿においては、実務上相対的には浸透していると思われる（例えば、リオ・ティント・グループの日本法人であるリオティントジャパンのウェブサイト《http://www.riotintojapan.com/company3c.php》においても「二元上場会社」との用語が用いられている）二元上場会社との用語を用いることとする。

な家庭用品大手のユニリーバや世界的な大手資源会社であるBHPビリトンなど、この仕組みを採用している企業は欧州やオーストラリア等を中心に少なからず存在する（主な二元上場会社の例は、【表13－1】のとおり。以下、各二元上場会社の名称は、同表記載の通称に従って記載す

9　米国においては、スミスクライン＝ビーチャムが特殊な形態の二重株式型二元上場会社を形成していた例があるほか、米国に主たる事務所を有し、ニューヨーク証券取引所において上場しているカーニバル・コーポレーションが、英国法人であるカーニバルPLC（二元上場会社化当時の商号はP&OプリンセスPLC。以下「P&Oプリンセス」という）と二元上場会社を形成している例が存在するのみである。ただ、カーニバル・コーポレーションの設立準拠法はパナマ法であること等により、米国各州法を設立準拠法とする上場会社が二元上場会社を構成している例は未だ存在しないとの説明もしばしばなされる。*See, e. g., Stuart R. Cohn, The Non-Merger Virtual Merger: Is Corporate Law Ready for Virtual Reality?*, 29 DEL. J. CORP. L. 1, 2 (2004). 米国法人を含む二元上場会社が存在しない理由としては、後述するように、二元上場会社はその運営が複雑であることのほか、米国においては、二元上場会社化は会計上取得取引として扱われること（但し、後記2(4)のとおり、IFRSの下においても二元上場会社化は取得取引として扱われること、及び、米国におけるその他のM&A取引についても取得取引として整理されることになったことから、現時点においては、米国の会社が二元上場会社の当事会社になることの大きな不利益では必ずしもない）及び後記5(7)のとおり、米国での税務上の懸念があるからであると指摘されている。Peter C. Canellos and Adam O. Emmerich, *"Dual Pillar" Structures After BHP-Billiton*, NEWS LETTER (Wachtell, Lipton, Rosen & Katz), March 22, 2001 at 1; D. Kevin Dolan *et al.*, *Virtual Mergers: Is America Ready?*, 87 TAXES-THE TAX MAGAZINE 165, 177-182 (2002).

10　近年も、実現には至っていないものの、二元上場会社スキームによる経営統合が検討される例はしばしばみられる。例えば、2012年に検討されたBAE Systems plc（英国）とEADS N. V.(オランダ)との間の二元上場会社化（《http://www.reuters.com/article/2012/10/10/eads-bae-idUSL6E8LAEK420121010》参照）、2008年から2009年にかけて検討されたバーティ・エンタープライゼズ（インド）とMTN（南アフリカ）との間の二元上場会社化（Esha Shekhar and Vasudha Sharma, *Cross-Border Mergers in Light of the Fallout of the Bharti-MTN Deal*, 4 NUJS L. REV. 101, 105(2011))、2008年に検討されたブリティッシュ・エアウェイズとカンタス航空との間の二元上場会社化（《http://www.ft.com/intl/cms/s/0/85ac818a-c072-11dd-9559-000077b07658.html#axzz2LSdtdb9R》参照）等がある。

る)[9,10,11,12]。しかしながら、日本企業がこのような仕組みを採用した前例はまったくなく、そもそもわが国ではこのような仕組みそれ自体についてあまりなじみがない。そこで本稿では、二元上場会社の仕組みを紹介するとともに、わが国上場会社が二元上場会社の仕組みを採用するに当たっての論点を検討することとしたい[13]。

2 なぜ二元上場会社なのか～二元上場会社の利点～

　二元上場会社化には、2つの上場会社間の「経営統合」の典型的な手法である合併や一方当事会社による自社の株式を対価とした他方当事者の株

---

[11] なお、近時、OECDにおけるBEPS（Base Erosion and Profit Sharing：税源浸食及び利益移転）行動計画6「租税条約濫用の防止」において、いわゆる租税特典制限（LOB：Limitation of Benefits）ルールを構成する「適格居住者」要件に含まれる上場企業テストの中に登場する「主たる種類の株式（principal class of shares）」の範囲を決定するに際して、二元上場会社の仕組みを実現するために発行された一定の種類の株式（後記4のカーニバルの事例における特別議決権株式のような株式）を除外すべきものとされている（See OECD (2015), Preventing the Granting of Treaty Benefits in Inappropriate Circumstances, Action 6-2015 Final Report, OECD Publishing, Paris. available at http://dx.doi.org/10.1787/9789264241695-en）。因みに、2004年3月30日に発効している現在の日米租税条約では、LOB条項（22条）が新たに導入され、配当等の受領者である親会社等は、条約締結国の「適格居住者」でない限り、条約上の課税減免の恩典を受けることができないとされているところ、「適格居住者」に該当するためには、当該親会社等が発行する「主たる種類の株式」が、その設立地国の証券取引所で上場され、かつ通常の取引が行われており、その全ての株式の50％以上が、当該国の証券取引所に上場している居住者たる法人5社以下によって直接又は間接的に所有されているか、他の要件を充足することが必要とされている。

[12] なお、単一の企業が、複数の国の証券取引所に上場していることを指してdual listedと表現されることもあるが（日本語では、このような場合は「二重上場」や「重複上場」等と呼ばれることが多い）、本書が検討の対象としている二元上場会社はこれとは異なる。

式の買収の方法[14]と比較して、以下のとおり、さまざまな利点がある。なお、二元上場会社の当事会社となる会社に適用される制度次第では、以下のいずれかが妥当しない場合があることはもちろんである。

(1) 「対等合併（統合）」の実現

一方当事会社が他方の会社を「買収」する場合、一方の会社が被買収会社という立場に置かれることとなる。しかしながら、電力等のインフラ、

---

[13] 二元上場会社の全般的な解説として、Stephen Hancock *et al.*, *When two heads are better than one*, EUROPEAN COUNSEL JUNE 1999 at 25; Eddy Wymeersch, *Some Aspects of Cross border co-operation between business enterprises*, UNIVERSITEIT GENT FINANCIAL LAW INSTITUTE WORKING PAPER SERIES WP 2000-051, 3（2000）; Baker & McKenzie, *Dual Listed Companies*, NEWS LETTER, July 2001 at 1; Colin Smith and Vijay Cugati, *Innovative Structures? Dual listed Companies*, NEWS LETTER（Allens Arthur Robinson）, July 2001 at 1; Lovells, *DLC merger structures*, NEWS LETTER SEPTEMBER 2001 CORPORATE FINANCE, September 2001 at 1; Sara Luder, *Dual Headed Structures*, NEWS LETTER（Slaughter and May）, June 2003, at 1; Cleary Gottlieb Steen & Hamilton, *European M&A Report*, NEWS LETTER, October 2003 at 1, 3; Herbert Smith, *Dual listed company*（*"DLC"*）*structures-recent developments*, CORPORATE BRIEFING, November 2003 at 1; Peter H. Blessing, *Virtual Mergers*, in 18 THE CORPORATE TAX PRACTICE SERIES: STRATEGIES FOR ACQUISITIONS, DISPOSITIONS, SPIN-OFFS, JOINT VENTURES, FINANCINGS, REORGANIZATIONS & RESTRUCTURINGS 2010, 242-1（2011）参照。また、二元上場会社について全般的に解説するとともに、日本法人が二元上場会社のスキームを採用するに当たっての法的論点や課題を分析した邦語による文献として、長谷川顕史「日本法人における Dual-Listed Company の実行可能性〜国際企業合同の一類型としての『DLC』〜」未公刊（2005）がある。

[14] わが国上場企業が、買収対価の全てを自社の株式として外国「上場」企業を買収した事例は、現在のところ、筆者らが知る限り、2017年5月31日に公表された、東証2部上場のプロスペクトが、同社の株式を買収対価として、ロンドン証券取引所上場の会社型投資ファンドである The Prospect Japan Fund Limited の発行済株式の全部を、英国王室属領ガーンジー（以下「ガーンジー」という）会社法上のスキーム・オブ・アレンジメント（Scheme of Arrangement：以下、本章において「SOA」という）の方法により取得した例（この事例の詳細については、角谷仁之＝谷田部耕介＝渡邊大貴「株式を対価とする英国上場会社の買収―クロスボーダー M&A の新たな手法」旬

資源、メディア、金融など、国民生活の基盤となる産業を営んでいる企業が「被買収会社」とされるような場合には、政府や国民の（情緒的）反発

刊商事法務2150号（2017）25頁以下参照）以外には存在しない。なお、わが国上場企業が、オランダに設立した共同持株会社を介して株式を対価とした国際経営統合を行うことを発表した事例として、2013年9月24日発表の、東京エレクトロンと米国のアプライドマテリアルズとの経営統合事例（**第12章5**参照）が存在する（詳細は、同日付けの東京エレクトロンのプレスリリース《http://www.tel.co.jp/news/2013/0924_001.htm》参照。もっとも、この統合案件は、前掲（注3）のとおり、米国の連邦競争法に基づく企業結合規制との関係で、最終的に頓挫している）。しかしながら、日本の上場会社が外国の非上場会社を買収するに当たって自社の株式を買収対価の一部として使用する例は、近時徐々に増えてきている。この点、最近の事例としては、例えば、2018年5月8日に公表された、武田薬品工業によるガーンジー法人のShire plcの買収事例（ガーンジー会社法上のSOAを用いる事例。詳細は武田薬品工業による2018年5月8日付けプレスリリース（《https://www.takeda.com/jp/newsroom/newsreleases/2018/20180508_7964/》にて閲覧可能）参照）、オリックスによるオランダ法人であるロベコ・グループN.V.の買収事例（オリックス等による2013年2月19日付けプレスリリース（《http://www.orix.co.jp/grp/pdf/news/130219_ORIXJ1.pdf》にて閲覧可能）参照）やディー・エヌ・エーによる米国カリフォルニア州法人であるngmoco, Inc.の買収事例（ディー・エヌ・エーによる2010年10月12日付けプレスリリース（《http://dena.jp/press/2010/10/ngmocono1.php》にて閲覧可能）参照）等がある。この後者のディー・エヌ・エーによるngmoco, Inc.の買収事例における法的論点等については、棚橋元「上場国内会社の株式を対価とする外国会社の買収―上場国内会社による米国での三角合併―」旬刊商事法務1922号（2011）29頁参照。また、外国の上場会社が株式を対価として日本の上場会社を買収した事例には、①上記の東京エレクトロンとアプライドマテリアルズとの経営統合事例（東京エレクトロンがオランダに設立した共同持株会社となる会社が東京エレクトロンを正三角合併により買収するものと発表されていた）及び②米国デラウェア州法人であるシティグループ・インクによる日興コーディアルグループの三角株式交換を通じた完全子会社化した事例がある（後者の事例の詳細及び法的論点等については、谷川達也＝清水誠「シティグループと日興コーディアルグループによる三角株式交換等の概要〔上〕」旬刊商事法務1832号（2008）55頁、谷川達也＝水島淳「シティグループと日興コーディアルグループによる三角株式交換等の概要〔下〕」旬刊商事法務1833号（2008）19頁、松尾拓也＝千明諒吉「三角株式交換等における実務上の諸論点―シティ・日興の件を踏まえて―」旬刊商事法務1837号（2008）41頁等参照）がある。

から、そのような「買収」自体が頓挫することも少なくない[15]。「対等合併」や「共同株式移転による共同持株会社傘下での経営統合」が可能であれば、このような問題は回避できるが、前述したとおり、少なくとも、現在のわが国の会社法の下では、実務上、国境を越える形で合併や共同株式移転を行うことはできないと考えられているところであるし、そもそも統合の相手方会社の設立準拠法で国境を越える形で合併や共同株式移転を行うことが可能とされていない限り、わが国会社法の解釈がどうであれ、いずれにせよこのようなスキームを採用することは不可能である。

これに対して、二元上場会社のスキームを通じた経営統合であれば、いずれの当事会社の法人格も維持され、双方の上場がそのまま維持されることにより、それぞれの「国籍」が維持されるほか、両社が対等の立場で統合されるという、事実上の「対等合併（統合）」が、形式上も実現できるため、一方の当事会社が被買収会社等の立場に置かれることに伴う問題を回避できる。

また、二元上場会社の仕組みは、一方が他方を買収する場合のように当該他方の株主に対しプレミアムを支払う必要が必ずしもなくなるという意味においても、対等合併（統合）の実現に資することになる。

(2) 株式のフローバック問題の回避

上場企業（買収会社）が、その発行株式を対価として他国の証券取引所に上場している他国の上場企業（被買収会社）を買収する場合、被買収会社の株主は、従前保有していた被買収会社の株式に代わって買収会社の株

---

[15] 例えば、ブリティッシュ・エアウェイズとカンタス航空との間で二元上場会社スキームによる経営統合が検討されていた際には、オーストラリア労働党政府は、カンタス航空の51％がオーストラリアの投資家の手元に残ることを条件に当該経営統合は受入れ可能であるとし、ブリティッシュ・エアウェイズが二元上場会社を検討したという経緯があった（前掲（注10）の記事参照）。

式を受領することになるが、この場合、いくつかの理由により、被買収会社株主が、対価として受け取った買収会社の株式を直ちに売却してしまい、その結果、買収会社の株価が大きく値下がりするリスクが存在する[16,17]。即ち、第一に、後記(3)ロのとおり、税務上の理由により、外国企業の株式に投資することが嫌われる場合があり、この場合、被買収会社の国内株主が、受け取った買収会社（当該国内株主にとっては外国会社に該当する）の株式を売却する可能性がある。第二に、被買収会社の株式がS&P500やTOPIXなどの株式インデックスに組み込まれている場合、インデックス投資を行っている投資家は、対価として受け取った買収会社の株式をインデックス外の株式として売却してしまうことがある。第三に、これら以外の理由（例えば、言語やあるマーケットにおける習熟度等）により、ある国の上場株式に重点的に投資している投資家も、（他国の上場会社である）買収会社の株式を受け取り次第売却する可能性がある。この問題は、一般に株式のフローバック（flow back）問題と呼ばれており、こ

---

[16] やや古いデータではあるが、例えば、1998年のダイムラー・ベンツAGによるクライスラー・コーポレーションの買収事例においては、対価とされたダイムラー株式のうち48％にフローバックが生じ、ダイムラーの株価にマイナス27％もの悪影響が生じている。他の事例のデータを含め、Dolan et al., *supra* note 9 at 167-168参照。

[17] なお、外国でのみ上場している株式は、外国の取引所に十分なアクセスを有しない国内投資家にとっては流動性が低いものとして扱わざるを得ず、その結果、そのような株式を対価としたM&A取引について株主の承認を得ることが困難になると思われるため、クロスボーダーM&A取引においては、事実上、対価となる株式は、消滅会社ないし被買収会社となる会社（即ち、その株主が、当該取引に際して当該対価となる他の会社の株式を受け取る側の会社）が上場している取引所と同一の国の取引所に上場していることが望ましい場合が多いと考えられる。前掲（注14）記載のシティグループによる日興コーディアルグループの三角株式交換を通じた完全子会社化事例においても、対価となるシティグループ・インクの普通株式は、株式交換契約の締結日である2007年11月14日の翌15日に東京証券取引所に上場されていた（谷川＝清水・前掲（注14）58頁参照）。

れを理由に、米国企業がその発行株式を対価として他国の企業を買収することに躊躇することがあるとの指摘も存在する[18]。

これに対して、二元上場会社の仕組みを用いた場合、両当事会社の株主は、そのままそれぞれの会社への投資を継続できることになるため、かかる株式のフローバック問題を回避することが期待できる[19]。

(3) 税務上の利点

二元上場会社のスキームを用いて経営統合を行う場合、他のスキームを用いた場合と比較して、以下のとおり、税務上有利な場合がある。

イ　キャピタル・ゲイン課税の繰延べ

上場会社が、三角合併や自社株対価TOBなどの方法により、その発行株式を対価として他国の証券取引所に上場している外国上場会社を買収する場合、法域によっては、その買収（対象会社の株主の側からみれば「株式の交換」）のタイミングで、当該対象会社の株主においてキャピタル・

---

[18] *See* Symposium, *The Next Century of Corporate Law*, 25 DEL. J. CORP. L. 1, 114 (2000).

[19] もっとも、その思惑が必ず当たるわけではない。例えば、トムソン＝ロイターの二元上場会社化に当たっては、実質的な被買収会社であったロイター・グループPLC（英国）が、英国の投資家をつなぎ止めるために二元上場会社スキームの採用を希望したものの（*see* Alarna Carlsson-Sweeny, *Thomson Reuters: A dual listed company transaction*, CROSS-BORDER QUARTERLY, July-September 2008, 37, 37 (2008))、期待に反して、英国の投資家によるトムソン・ロイターPLC（商号変更後のロイター・グループPLC）の株式保有比率は約58％から約25％に減少し、英国投資家によるトムソン＝ロイターの二元上場会社全体の株式保有比率は約5％にすぎなくなった。このことが、トムソン＝ロイターの二元上場会社を最終的に一元化するに至った理由として挙げられている。*see* Thomson Reuters, *Proposed Unification of Dual Listed Company Structure: Frequently Asked Questions*（July 1,2009）.

ゲインが認識され、課税される場合がある。しかし、二元上場会社のスキームによれば、そもそも「株式の交換」が生じないため、二元上場会社化を行った時点で、両当事会社の株主レベルでキャピタル・ゲイン課税が生じることはない。但し、後記3(1)イの共同保有型二元上場会社のスキームを採用した場合、事業子会社を中間持株会社の傘下に集約する過程でキャピタル・ゲインが認識される可能性がある点は、別途考慮する必要がある。

ロ　配当に関する税務上の効率性

　経営統合を合併又は自社株対価TOBなど株式を対価とする買収の形で行う場合、以下の①から③までの理由により、株主レベル及びグループ内における配当の過程において、税務上の非効率性が生じやすい。他方、二元上場会社のスキームを採用する場合には、株主関係の変動はなく、また、事業子会社から上場会社への配当についても、統合以前の状態を維持することも可能であるため、税務上グループ内及びその株主に対する配当について、他の方法によって経営統合を行う場合と比較して、以下に述べるような税務上の非効率性を生じさせないことができる。

① 株主レベルにおける配当課税の問題

　　多くの法域では、二重課税を排除するため、受取配当に関しては、一定の範囲で、配当所得が課税対象から除外されたり（exemption）、配当についての課税額が所得税額から控除される（tax credit）（受取配当益金不算入や配当控除など）ものとされている。これらの措置の結果、配当を外国法人から受け取る場合に比べて内国法人から受け取る場合の方が税務上効率的である場合が多い[20]。このため、ある上場会社が他国の上場会社の株式を対価として買収された場合、買収された上場会社の国内株主は、内国法人への投資による税務上のメリットを失うこととなる。このことは、株主が経営統合に反対することや、対価として取得した他国の上場会社の株式を売却すること（前記(2)で述べた株式のフロー

バック問題)の原因となり得る。もっとも、税務上の居住地を英国とする企業が同様の居住地をアイルランドとする企業の傘下に入る形で経営統合が行われる場合等では、かかる問題は、income access share（利益参加株式）アレンジメントを用いることで解消され得る[21]。

② グループ内での配当課税の問題

一方の上場会社が他方の上場会社を買収する場合、買収会社が被買収会社ないしその傘下の会社から配当を得る過程において、少なくとも被買収会社からの配当は国境を越えることとなる。かかる越境配当について、前記の課税除外ないし税額控除を十分に受けられないことによる税務上の非効率性が生じ得る。

---

[20] オーストラリアにおいては、配当についてインピュテーション方式が採用されており、法人税納付後の利益から支払われる配当について、株主はフランキング・クレジットを受け取ることができるところ、経営統合後もオーストラリア会社の株主に対しフランキング・クレジットの付与を継続できるようにすることが、リオ・ティントやBHP ビリトンで二元上場会社のスキームが採用された一因であるといわれている。*RTA/CRA The Mining Merger*, PLC JANUARY/FEBRUARY 1996. 28（1996）, Anna Styles and Charles Jacobs, *BHP Billiton*, PLC, http://us.practicallaw.com/2-101-6240. なお、日本の税制においては、日本の法人株主が内国法人から受け取る配当等については、当該株主が当該内国法人の発行済株式総数の3分の1超を保有している場合には、受取配当等の額の全額が益金不算入となるが、発行済株式総数の5％超3分の1以下を保有している場合には受取配当等の額の50％しか益金不算入とならず、発行済株式総数の5％以下しか保有していない場合には受取配当等の額の20％しか益金不算入とならない（法法23条1項、81条の4第1項、法施令22条の3、22条の3の2）。他方、日本の法人株主が外国法人から受け取る受取配当等については、租税条約において別途の定めがない限り、当該株主が当該外国法人の発行済株式総数の25％以上を保有しているような例外的な場合（この場合には、受取配当等の額のうち、5％が費用とみなされ、残りの95％が益金不算入となる（法法23条の2、法施令22条の4））を除き、益金不算入制度の適用はなく、外国税額控除制度により、一定額の税額控除が受けられるのみである（法法69条、81条の15）。

③　源泉徴収の問題

　他国の株主への配当については、配当を行う会社の所在する国の国内租税法に基づき、（租税条約によって免除されていない限り）一定の源泉徴収が課されることがあり[22]、この点も国境を越える配当が嫌われる理由となり得る。

ハ　その他の税務上の利点

　以上に加え、仮に経営統合をしようとしている二社のうち、（法人格及び上場ステータスを維持することになる）実質上の「買収会社」の所在地国が「被買収会社」の所在地国よりも重課税国である場合、単純な買収ではなく、二元上場会社のスキームを採用することで、少なくとも実質上の

---

[21]　income access share（利益参加株式）のアレンジメントは、基本的には、被買収会社（その他、インバージョンや経営統合等により資本的に下位に位置付けられる会社。以下、便宜上本章において「T社」という）の旧株主が、買収等の後も、T社から従来どおり直接配当を受領しているのと同様の状態を実現するために用いられるアレンジメントである。かつては、T社の旧株主に買収等に際して親会社となる会社（以下、本章において「P社」という）の株式を発行し、両者を切り離して譲渡できないようにするスキームである stapled share（ホチキス留めされた株式）のスキームが用いられていたが、近時は、T社が、買収等に際してP社に種類株式（その配当可能利益が優先して配当される株式）1株を割り当て、P社が当該種類株式を信託に供した上で、T社の旧株主を含むP社の全株主に対し、P社の普通株式についての配当全額を受領するか、当該信託の受益者となって当該信託からの収益の分配を受ける一方で、当該分配を受けた額だけ減額された配当をP社から受領するかについての選択権を付与する信託スキームが用いられている。かかる income access share のアレンジメントを採用している会社としては、（2019年に武田薬品工業に買収される前の）Shire や Experian 等が存する。詳細については、例えば、《https://content.next.westlaw.com/Document/I43e1d3d11c9a11e38578f7ccc38dcbee/View/FullText.html?contextData=(sc.Default)&transitionType=Default&firstPage=true&bhcp=1》参照）。

[22]　わが国では、租税条約において別途の定めがない限り、非居住者が受領する上場内国法人の配当について、15％の源泉徴収所得税が課される（所法164条2項、169条2号、措法8条の4第1項）。

「被買収会社」が従前享受していた税務上のメリットを失わずに済むという点が挙げられる[23]。

また、英国における印紙税その他、二元上場会社のスキームを用いることで、他の買収スキームを用いた場合に課される税務上の負担[24]を回避できる場合がある。

(4) 会計上の利点

合併や株式取得の方法で経営統合を行う場合、取得取引として、会計上の・・・れ・・・んを認識するとともに、そののれんを一定期間の間に償却することが要求される場合があるが、のれんの償却期間中は会計上の利益が圧迫されることになるという意味で、統合後の会社にとっては好ましくないことが多い。この他、二元上場会社の方法によることで、かかるのれんの認識等を回避できる場合には、会計上も二元上場会社化が望ましい場合がある。もっとも、US GAAP及びIFRS上、二元上場会社化を取得取引として扱うことが要求されるに至ったことから[25]、かかる会計面での優位性が妥当する場面は現在では限定的であると思われる。

---

[23] ユニリーバの二元上場会社は、オランダ法人が英国法人の傘下に入ることにより、オランダ法人の利益に対してなされることになる課税（当時、オランダでは配当された利益に対しては9.05%の税率による課税しかなされていなかった）を回避するよう設計されたとの指摘が存在する。Justin Mannolini, *Convergence or Divergence: Is there a Role for the Eggleston Principles in a Global M&A Enbironment?*, 24 SYDNEY L. REV. 335, 352（2002）。また、カーニバルの事例においては、英国法人であるP&Oプリンセスが英国のとん税に関する利益を維持できたことが、二元上場会社採用のメリットの一つであるといわれている。Luder, *supra* note 13 at 3.

[24] 例えば、英国企業の株式を決済機関を通じて取得した場合、取得価格の0.5%（買収会社の株式をクリアリング・システム内に発行しなければならない場合には1.5%）の印紙税準備税（Stamp Duty Reserve Tax）が課されることとなる。Finance Act, 1986, §87, 96.

[25] ASC 805-10-25-11, IFRS 3. 43.

(5) チェンジ・オブ・コントロールの回避

　合併や、買収による被買収会社の株主の異動（チェンジ・オブ・コントロール）は、当事会社又はその子会社が締結している契約において禁止事項とされていたり、契約の相手方に対し何らかの権利（例えば、契約の解除権やJVの持分の先買権、プット・オプション等）を与えることとなったりする場合がある。また、いずれかの当事会社が事業上必要な許認可を保有しているときに、合併や株主の異動により当該許認可が取り消されるような場合もある。これらが経営統合のための取引実行に当たって経済上ないしはスケジュール上の負担となる場合があるが、二元上場会社のスキームを採用することで、かかる問題を回避できる場合がある[26]。

(6) 経営統合のための手続上の負担の軽減

　法域によっては、二元上場会社のスキームによる経営統合の方が、合併や株式を対価とする買収と比較して、手続上の負担が軽い場合がある。例えば、英国の会社を最終的に100％買収する際、株式公開買付け（TOB）による場合には90％以上の応募が、スキーム・オブ・アレンジメントによる場合には当該英国会社の株主の75％以上の賛成による株主総会特別決議及び裁判所の認可が、それぞれ必要となるが[27]、二元上場会社のスキーム

---

[26]　ただし、日本語で締結される契約におけるチェンジ・オブ・コントロール条項は、「経営状態の重大な変更」等、より幅広い事項をカバーしていることが通常であり、このような場合には二元上場会社のスキームも該当してしまう場合があることには注意が必要である。

[27]　英国企業の100％買収のための手続に関する最近の邦語による解説として、例えば戸倉圭太「キャッシュ・アウトに係る英国の法制と日本における制度設計への示唆〔上〕」旬刊商事法務1969号（2012）34頁以下及び角谷＝谷田部＝渡邊・前掲（注14）25頁以下参照。

を採用する場合には、株主総会の普通決議で足りるとされている[28,29]。また、オーストラリアにおいても、スキーム・オブ・アレンジメントによる買収と二元上場会社のスキームを採用する場合における決議要件は、いずれも株主の75％以上の賛成による株主総会特別決議であるものの、スキーム・オブ・アレンジメントによる場合にはさらに裁判所の認可が必要となる点で、二元上場会社の方が手続的負担が軽いとされている[30,31]。

また、合併や一方による他方の買収の形式による場合、規制当局による許認可の再取得等が必要となったり、外国為替管理法等に基づき政府が当

---

[28] この手続上の違いは、リード・エルゼビアが経営統合に際して二元上場会社スキームを採用するに当たっての大きな考慮要素だったといわれている。Hancock *et al.*, *supra* note 13 at 6.

[29] なお、英国テイクオーバー・コード上、二元上場会社化（コードにおいては、"dual holding company transactions"と表現されている）もコードの対象となる取引類型の一つとされている。The City Code on Takeovers and Mergers, Introduction 3 (b), The Panel on Take Over and Mergers, *Dual Listed Company Transactions and Frustrating Action: Statement by the Code Committee of the Panel Following the External Consultation Process on PCP 11*, RS 11 (August 27, 2002).

[30] Baker & McKenzie, *supra* note 13 at 6.

[31] 米国においては、未だ二元上場会社の実例がないこともあり（前掲（注9）参照）、二元上場会社化のために必要な手続は明らかではない。もっとも、「仮想的な合併」であるという二元上場会社化の実態に鑑み、解釈上、株主総会決議及び株主に対する株式買取請求権の付与が必要となると主張する見解も存在する。Cohn, *supra* note 9, at 32-41.

[32] 他方、二元上場会社化により、合併等その他の経営統合スキームによれば必要とされる各国独占禁止法に基づく当局による審査を回避することは、困難であると考えられる。例えば、カーニバルの事例では、両社の二元上場会社化は、EU当局やハート・スコット・ロディーノ法に基づく米国当局に対し報告が必要とされる取引ではなかったものの、英国、ドイツ及び米国において当局による審査がなされている。*See* Ilene Knable Gotts and James F. Rill, *Reflections on Bush Administration M&A Antitrust Enforcement and Beyond*, 5 COMPETITION POL'Y INT'L 1, 4 (2009). なお、オーストラリアにおいては、反競争的な二元上場会社の禁止及びこれに関連する当局の権限等が法制化されている（Trade Practices Legislation Amendment Act (No.1) 2006 (No. 131, 2006) による改正後の Trade Practices Act 1971の49条及び88 (8 B) 条）。

該合併等の取引を審査することになったりする場合があるが、二元上場会社化によればこれらを回避できる場合があり得る[32]。

(7) 資本市場へのアクセスの維持

例えば、オーストラリアの資本市場においては、多くの鉱業会社の株式等が取引されており、市場における鉱業会社の理解が進んでいることから、鉱業会社にとっては、オーストラリアの会社として、オーストラリアの資本市場に対するアクセスを維持しておくことが有益であると指摘されている。このように、特定の資本市場に対するアクセスを維持しておくことが当事会社にとって有益であることがあり得る。二元上場会社のスキームを採用すれば、各上場会社がその国籍と上場ステータスを維持することになるため、従前有していた資本市場へのアクセスも引き続き維持することができる。

3 二元上場会社の仕組み

二元上場会社は、前述のとおり、2つの上場会社が、その法人格、上場ステータス及び税務上の居住者性を維持しながら[33]、両社をあたかも一つの法人であるかのように運営するというものである。その基本的な特徴は、①両社の株主が、いずれの会社の株式を保有しているかにかかわら

---

[33] なお、後記4のカーニバルの二元上場会社（以下の分類における独立保有型二元上場会社に該当する）に関しては、フロリダ州法に基づく暫定的クラスアクション（Putative Class Action）において、二元上場会社それ自体は被告適格を有さないとされている（Sabo v.Carnival Corp., 762 F. 3d 1330（11th Cir. 2014）. *See also* Chad A. Pasternack, *Dual-Listed Company Structures: Effect on Liability and Indemnity Contracts,* THE CLS BLUE SKY BLOG（Feb.12, 2016）, http://clsbluesky.law.columbia.edu/2016/02/12/dual-listed-company-structures-effect-on-liability-and-indemnity-contracts/）。

ず、経済的に等しい立場に置かれるようにするため、配当及び資本の払戻しが両社間の契約により「均等化」(equalization) されていること、②両社において、同一の意思決定が行われるような仕組みが採用されている点にあり、その他、両社を一つの法人であるかのように取り扱うためのさまざまな工夫がなされている。二元上場会社の仕組みには、個別の事例に応じて様々なバリエーションが存在するが、その特徴に応じて、①共同保有型（joint ownership structure）、②独立保有型（separate ownership structure）及び③二重株式型（twinned share structure）に分類されることが多い[34]。以下、まず、これら3つの基本的な仕組みを紹介した上で、二元上場会社の個別の特徴を検討する。

(1) 二元上場会社の基本的な仕組み

イ 共同保有型二元上場会社

共同保有型二元上場会社とは、両上場会社が中間持株会社の株式を一定の持株割合で保有し、中間持株会社が事業子会社の株式を保有することで両社の事業を統合するという仕組みであり、その基本的な構造は、【図13－1】のとおりである。

---

[34] *See* Luder, *supra* note 13 at 1-2; The Panel on Take Over and Mergers, *Consultation Paper Issued by the Code Committee of the Panel: Dual Listed Company Transactions and Frustrating Action: Revision Proposals Relating to the Definition of an Offer and Rule 21. 2 of the Take Over Code*, PCP 11 at 6-8（April 26, 2002）. 図13－1～5は、これらの資料に記載の図を参考に筆者らにて作成。

【図13−1】 共同保有型二元上場会社の構造

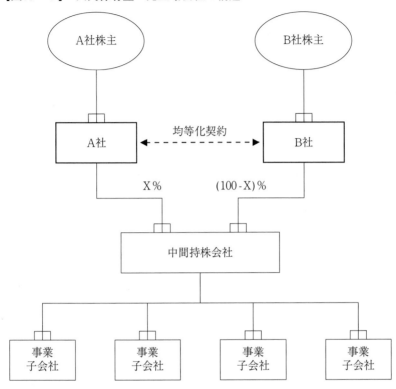

　そのバリエーションとして、①中間持株会社が複数存在するケース（例えば、リード・エルゼビアでは、事業子会社を保有する中間持株会社（英国法人）と金融子会社を保有する中間持株会社（オランダ法人）とが存在する[35]）、②両当事会社の中間持株会社に対する持株比率が50：50ではないケース（例えば、かつてのロイヤル・ダッチ＝シェルではオランダ法人が60％、英国法人が40％という比率であった）、③一定の事業子会社を中

---

[35] リード＝エルゼビアの二元上場会社の仕組みの詳細については、*The Reed Elsevier merger: Preserving separate identities*, PLC January/February 1993. 15, 16（1993）参照。

間持株会社を通じて共同保有するほか、各上場親会社が別途それぞれの事業子会社を保有するケース（例えば、かつての ABB）等が存在する。

共同保有型二元上場会社においては、両社の事業を中間持株会社の下で共同管理することで、より一体的な事業運営が期待できるほか、事業からの利益について各上場会社が一定割合で分配を受けることになるため、後記ロのとおり、独立保有型二元上場会社で懸念されるような、均等化された配当を行うための原資が一方の会社において足りなくなるという問題が生じにくい。

他方で、欠点としては、事業子会社の株式を中間持株会社に移すことになるため、その過程でキャピタル・ゲイン課税が生じる場合があるほか、傘下に第三者との JV が存する場合に、JV 契約にしばしば規定されている先買権等を処理する必要が生じる等、子会社レベルでチェンジ・オブ・コントロールに伴う問題が生じることになる点が挙げられる。また、事業子会社から中間持株会社、又は中間持株会社から各上場会社にそれぞれ配当を行う過程で、国境を越えた配当が行われることとなり、税務上の非効率性が生じやすい（前記 2(3)ロ参照）点も問題となる。かかる税務上の非効率性を回避するため、一定の事業子会社から中間持株会社を通さず上場会社に適切なフローで利益を配当することを目的として、income access share（利益参加株式）と呼ばれる株式が用いられることもある[36]。

ロ　独立保有型二元上場会社

独立保有型二元上場会社とは、両上場会社が二元上場会社化以前に有し

---

[36] income access share（利益参加株式）のアレンジは、事例により様々であるが、例えば、リード・エルゼビアの事例では、中間持株会社（英国法人）傘下のオランダ法人から、二元上場会社の一方当事会社であるエルゼビア NV に対し直接配当を行うため、これらのオランダ法人からエルゼビア NV に対して直接に income access share（利益参加株式）が発行されている。The Reed Elsevier merger, *supra* note 35 at 16-17.

ていた事業をそのまま保持する仕組みであり、その基本的な構造は、【図13－2】のとおりである。

【図13－2】 独立保有型二元上場会社の構造

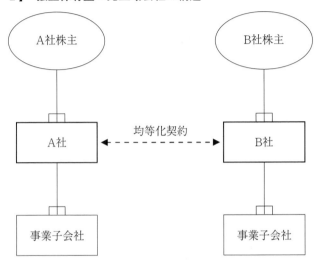

　独立保有型二元上場会社の場合には、共同保有型二元上場会社の場合と異なり、二元上場会社化の前後でそれぞれの上場会社と事業子会社の関係に変更はないため、一般に、キャピタル・ゲイン課税の問題はそもそもなく、また、配当についても、二元上場会社化前との比較で非効率性が生じることはないほか、子会社レベルにおけるチェンジ・オブ・コントロールの問題も原則として生じない[37]。しかしながら、各事業会社の業績によっては、上場している各当事会社に配当される金額が大きく異なることになり得るところ、そのような場合には、収益性の低い方の上場会社は、均等化された配当を実施する原資を得るため、後記(2)のとおり、他方の上場会

37　リオ・ティントのケースでは、既に傘下に多数のJVが存在しており、これらのJVの契約に規定されている先買権等を発動しないようにすることが、独立保有型が選択された一因であるといわれている。Hancock *et al.*, *supra* note 13 at 30.

社から一定の金銭の支払いを受け取る必要が生じるという問題がある[38]。

このタイプの二元上場会社の代表的な例として、リオ・ティントの二元上場会社スキームとユニリーバの二元上場会社スキームとを図示したものを【図13－3】及び【図13－4】にそれぞれ掲げる。

【図13－3】　リオ・ティントDLCの仕組み

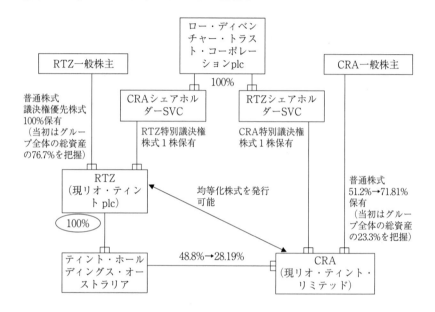

---

[38] この問題は、とりわけ、それぞれの上場会社傘下の事業会社の間に収益性の点で恒常的な差が生じた場合には深刻となり、このことが、独立保有型二元上場会社が共同保有型二元上場会社に移行する動機となり得るとも指摘されている。Luder, *supra* note 13 at 4.

《発行されている株式の種類》

RTZ 普通株式	1株1議決権の RTZ 普通株式
RTZ 優先議決権株式	1株4議決権の RTZ 種類株式
RTZ 特別議決権株式	共同決議事項及び RTZ の定款変更の場合に限り、CRA 株主総会における一般株主の議決権行使結果に応じた議決権が発生する RTZ 株式 配当受益権及び（額面金額を除く）残余財産分配請求権がなく、譲渡制限が付されている。
CRA 普通株式	1株1議決権の CRA 普通株式
CRA 特別議決権株式	共同決議事項及び CRA の定款変更の場合に限り、RTZ 株主総会における一般株主の議決権行使結果に応じた議決権が発生する CRA 株式 固定額の配当受益権及び額面金額の残余財産分配請求権しか与えられておらず、譲渡制限が付されている。

【図13－4】 ユニリーバ DLC の仕組み

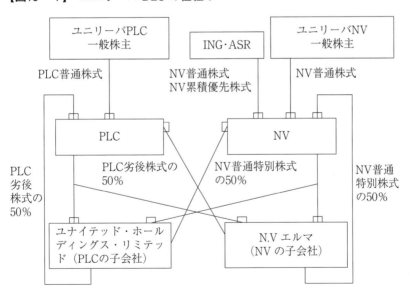

《発行されている株式の種類》

NV 普通株式	各名目資本0.16ユーロごとに1議決権の普通株式(両社の株式が経済的に等価となるように調整している)
NV 普通特別株式	通常時においては議決権を有しないが、取締役の選任に関する定款規定の変更に関する拒否権が付与された株式。既に同株式を保有している者にしか譲渡できないという譲渡制限が付されている。
NV 累積優先株式	各種累積優先株式
PLC 普通株式	各名目資本$3\frac{1}{9}$ペンスごとに1議決権の普通株式(両社の株式が経済的に等価となるように調整している)
PLC 劣後株式	通常時においては議決権を有しないが、取締役の選任に関する定款規定の変更に関する拒否権が付与された劣後株式。清算時には普通株式と同様の払戻しを受けることができるのみであり、配当も限られた場合にのみ受領することができる。

ハ 二重株式型二元上場会社

　二重株式型二元上場会社とは、両当事会社の株式を一定割合で一つのユニットとし、片方の株式を分離して譲渡等できないようにすることで、両社に対する株主としての権利の行使(議決権行使、並びに配当及び資本の払戻しの受領)が一体的に行われるようにするという仕組みであり、その基本的な構造は、後掲の【図13－5】のとおりである。

【図13−5】 二重株式型二元上場会社の構造

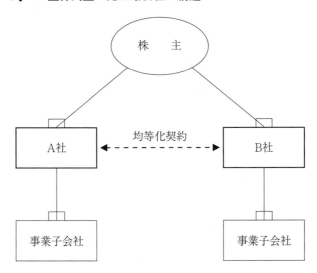

　二重株式型二元上場会社の利点として、両社の株式が常に同時に取引されるため、共同保有型や独立保有型の場合のように両社の株価に乖離が生じる（後記5(2)参照）ことがない点が挙げられる。

(2) 株主の経済的条件の均等化

　二元上場会社では、両当事会社のそれぞれの株主の経済的条件を均等化するため、両当事会社間で、株主に対する分配（配当及び資本の払戻し）を合意された一定の比率（均等化比率：equalization ratio）に基づいて行うことが合意される。この際、かかる均等化比率に基づいて株主に分配される額を、税引前で計算するか税引後で計算するかも定める必要がある。かかる合意内容は、均等化契約において定められるとともに、二元上場会社の各当事会社の設立準拠法において認められる方法に従い、定款においても定められることがある。

　特に独立保有型二元上場会社においては、前述したとおり、各当事会社

傘下の事業会社の収益性に格差が生じる等の理由により、株主への分配のための原資が一方の当事会社において不足する場合があり得る。かかる事態に対処するため、均等化契約において、一方の当事会社において分配のための原資が不足する場合には、当該当事会社に対し、他方の当事会社が不足相当額の支払い（equalization payment）を行う旨が合意される。もっとも、かかる金銭の支払いが受取り側で課税所得となり、支払い側で税務上損金算入できない場合には、税務上非効率であるという問題がある。

(3) 株主総会

　二元上場会社は、一体として運営されるため、一定の株主総会決議事項については両当事会社の株主総会において同様の決議がなされることが必要となる。例えば、両当事会社の取締役の構成を同一にするためには、両当事会社において同一のメンバーが選任される必要がある。しかしながら、当事会社それぞれの株主構成は通常大きく異なることから、両社において同様の決議がなされる保証はない。この問題を緩和するため、一方又は双方の当事会社が、一般株主に発行する株式とは別の株式を特別議決法人（Special Voting Entity）に発行し、かかる株式による議決権行使を通じて両当事会社で同一の決議がなされることを確保するといった仕組みが採られる場合がある[39]。

　なお、両当事会社の株主総会は観念的には別の会議であるが、一つの会議であるかのように行いたい（即ち、議長による議事進行や質疑応答等は双方の株主総会のものを兼ね、採決も同時に行う）という実務上の要請がある。この場合、株主総会の開催地をどうするか、別会場にテレビで中継する形とするか等につき、それぞれの当事会社の設立準拠法上の株主総会招集・開催手続に関する規制やIRの観点も踏まえながら、実務上の適切

39　このような共同決議の仕組みは、リオ・ティントで初めて採用され、BHPビリトンやカーニバルを始め、その後組成された多くの二元上場会社においても取り入れられている。

な運営方法を検討する必要がある。

(4) 取締役会及び役員構成

　二元上場会社では、両当事会社が一体として運営されるため、両当事会社の取締役及び上級経営陣は同一とすることが多い[40]。特に取締役については、株主総会の結果等により両上場会社でメンバーが異ならないようにするため、一定の手当てをすることを各上場会社の設立準拠法に照らして検討しておく必要がある。具体的には、各当事会社の定款において、他の当事会社の取締役でない者は取締役になることができない旨を定める例等が存在する。また、両当事会社共通の取締役候補者を決定するため、両社共同の指名委員会を設置する例もしばしば見られる。

(5) 相互の債務保証

　二元上場会社化にあたって、両社がそれぞれ相手方の債務を相互に保証する場合がしばしばある。これは、理念的には、両社の債務をあたかも統合された一社の債務として取り扱うものであるが、具体的な効果としては、信用力の高い方の会社が信用力の低い方の会社を補完することで、後者の格付けが向上することが期待される。

4　二元上場会社の事例分析～カーニバルの事例～

　二元上場会社の主な特徴は以上のとおりであるが、以下では、具体的な事例においてどのようなアレンジメントがなされているかについて、比較的新しい二元上場会社化の事例であり、ニューヨーク証券取引所上場であ

---

[40]　他方、ロイヤル・ダッチ＝シェルやABBにおいては、両社の取締役構成は異なっていた。このことは、二元上場会社を構成する両当事会社における意思決定を複雑化かつ遅延する原因となり得る。Hancock *et al.*, *supra* note 13 at 33.

って米国に本店を有する会社を一方当事会社とするカーニバルの事例を紹介する。

　カーニバルの二元上場会社は、もともとは、2001年11月20日に、ロイヤル・カリビアン・クルーズ・リミテッド及びP&Oプリンセスとの間で二元上場会社のスキームによる経営統合が発表されたものの、カーニバル・コーポレーション（以下「カーニバル」といい、二元上場会社としてのカーニバルを「カーニバルDLC」という）による対抗提案の結果、2003年4月14日付けで、カーニバル及びP&Oプリンセスとの二元上場会社として成立したものである。

　かかる二元上場会社化は、2003年1月8日に両社間で締結された実施契約（Implementation Agreement）に基づき実施された。また、二元上場会社化後の両社の契約関係は、①均等化及びガバナンス契約（Equalization and Governance Agreement）、②SVE特別議決証書（SVE Special Voting Deed）、③カーニバル保証証書（Carnival Deed of Guarantee）並びに④P&Oプリンセス保証証書（P&O Princess Deed of Guarantee）によって規律されるとともに、両社の定款においても二元上場会社の運営等について規定されている[41]。

　カーニバルは、ニューヨーク証券取引所に上場しており、米国のS&P500インデックス銘柄となっている。P&Oプリンセスは、ロンドン証券取引所に上場するとともに、そのADS（米国預託株式）がニューヨーク証券取引所に上場されており、また、英国のFTSE100インデックス銘柄となっている。カーニバル及びP&Oプリンスは、それぞれ、また一体として、米国サーベンス＝オクスレー法及びニューヨーク証券取引所の上場規

---

[41] P&Oプリンセスの、カーニバルとの間の二元上場会社化取引の提案に関する株主への案内状兼臨時株主総会招集通知（以下「P&Oプリンセス株主総会招集通知」という）200頁。これらの契約の概要については、P&Oプリンセス株主総会招集通知194頁以下参照。また、本4の記載については、P&Oプリンセス株主総会招集通知185頁以下参照。

則に服するとともに、P&Oプリンセスは、英国の上場関連当局及びロンドン証券取引所の規則に引き続き服している。

(1) **ストラクチャー**

　カーニバルDLCの仕組みは、【図13－6】のとおりである。カーニバルDLCは、前述した独立保有型二元上場会社の仕組みを採用しており、二元上場会社化に際して、カーニバルとP&Oプリンセスとの間で特に資産の移転はなされていない。カーニバル特別議決権株式の保有者であるカーニバル・スペシャル・ボーティング・エンティティは、カーニバルSVEオーナー（イングランド及びウェールズに設立された独立受託会社であるザ・ロー・ディベンチャー・トラスト・コーポレーションPLC）に保有されている。また、P&Oプリンセス特別議決権株式は、ケイマン法に基づくP&Oプリンセス・スペシャル・ボーティング・トラスト（その受託者は、ザ・ロー・ディベンチャー・トラスト・コーポレーション（ケイマン））に信託されている。P&Oプリンセス・スペシャル・ボーティング・トラストの信託受益権は、信託設定後カーニバルに移転され、さらに直ちにカーニバルの株主に分配されており、同信託受益権は、カーニバルの普通株式と1つのユニットとして取引されている。

【図13-6】 カーニバル DLC の仕組み

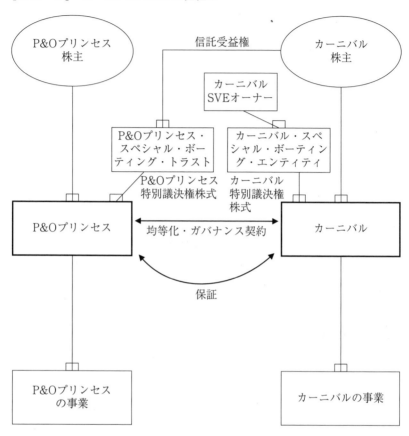

※ P&O プリンセス株主総会通知185頁記載の図及び同通知記載の解説を基に筆者らにて作成

(2) 経済的利益の均等化

　カーニバル株式1株とP&Oプリンセス株式1株は、利益及び資本の分配並びにジョイント・エレクトレイト・アクション（後記(3)参照）について、同一の権利を有するものとされている（当初の均等化比率）。

均等化に関連する規律としては、大要、以下の二つが挙げられる。

第一に、一定の場合には、両社の株主間の権利を調整するため、均等化比率が自動調整される。即ち、当事会社の一方で、①時価未満での株式発行、②株主に対する証券や証券関連のオプションの勧誘若しくは付与等、③株主に対する金銭以外の分配若しくは全て（若しくは実質的に全て）の株主に対する時価を超える価格での自己株式取得の勧誘、④株式の併合若しくは分割、又は⑤無対価若しくは利益・準備金の資本組入れによる株主に対する株式の発行が行われた場合、他方の会社において、(i)マッチング・アクション（カーニバル株式の保有者及びP&Oプリンセス株式の保有者にとって、その時点における均等化比率、勧誘又は行為のタイミング及びその他関連する事情について経済的に同様であるとカーニバル及びP&Oプリンセスの取締役会が合理的に考える勧誘若しくは行為であり、両社のいずれかの株主にも重大な悪影響を与えないものをいう）又は(ii)クラス・ライツ・アクション（後記(3)参照）により承認された自動調整に代わる方策が執られない限り、均等化及びガバナンス契約の定めに従い、均等化比率が自動調整される。他方、㋑従業員持株制度に基づくP&Oプリンセス又はカーニバル株式等の発行、㋺株式への転換権付証券の発行（一方の会社の株主の全て又は実質的に全てに対する場合を除く）、㋩対価の額が時価未満等一定の条件を満たす自己株式取得など、一定の場合には、自動調整は行われない。

株主への配当その他の分配に関する通貨は、カーニバルについては米ドルであり、P&Oプリンセスについては、株主が米ドルで受領することを選択した場合を除き、米ドルで決定され、英ポンドで支払われる。

第二は、株主に対する分配を均等に行うための規律である。即ち、一方の会社が、株主に対して金銭による配当その他の分配を提案した場合、他方の会社は、均等化比率に従い、これに対応する金銭による配当その他の分配をしなければならない。また、両社による金銭による配当その他の分配は、できる限り近接した時期にアナウンスされ、実行されなければなら

ない。さらに、一方の当事会社が所要の金銭による配当その他の分配を行うための原資を有していない場合、他方の当事会社は、当該一方の当事会社に対し、分配を可能とするための金額の支払い（いわゆる equalization payment である）を行うか、当該一方の当事会社が分配可能な限度まで、自らによる分配額も減少させる必要がある。

(3) 株主の議決権

カーニバル及びP&Oプリンセスの株主総会決議事項は、(i)いずれかの会社に関する株主総会決議事項、(ii)二元上場会社の根本に関わる事項、(iii)手続的ないし技術的事項に大別される。詳細は後述するとおりであるが、(i)は、ジョイント・エレクトレイト・アクションと呼ばれ、いずれの会社の決議事項についても、あたかも両社の株主全体が各社の株主であるかのように決議されることとなる。(ii)は、クラス・ライツ・アクションと呼ばれ、原則として、両社の株主がそれぞれ承認しない限り、全体として否決されることとなる。

まず、(i)ジョイント・エレクトレイト・アクションについては、クラス・ライツ・アクションとされている事項以外の株主総会決議事項であるとされ、以下の手続により、あたかも両社が一つの会社であるかのように意思決定がなされることになる。即ち、両社の株主総会は、同日又は実務上可能な限り近接した日に行われる。カーニバルにおいては、普通株式1株につき1議決権が与えられる。また、カーニバル・スペシャル・ボーティング・エンティティ（以下「カーニバルSVE」という）が保有するカーニバル特別議決権株式には、P&Oプリンセスの株主総会において対応する決議事項について有効な行使がなされた議決権数に均等化比率を乗じた数の議決権が与えられ、カーニバルSVEは、SVE特別議決証書に基づき、P&Oプリンセスの株主総会でなされたのと同一の比率で、カーニバルの株主総会において賛成又は反対の議決権行使をする。これにより、カーニバルの株主総会決議について、P&Oプリンセスの株主総会決議の結

果が反映されることになる。また、P&O プリンセスの株主総会においても、同様の方法でカーニバルの株主総会決議の結果が反映される。

　次に、(ii)クラス・ライツ・アクションとされる事項は、おおむね、①一方当事会社の、株主総会決議を要する自主的な清算又は解散、②一方当事会社の全て又は実質的に全ての資産の売却、リース、交換その他の処分（処分される資産の時価と合理的に均等化された対価による、正当な事業目的に基づいた真正な商業取引であって、二元上場会社構造を破壊することを主たる目的又は効果としないものを除く）、③均等化及びガバナンス契約に基づかない、カーニバルの普通株式数又は均等化比率の変更、④二元上場会社構造を維持するためのカーニバルの定款若しくは附属定款又はP&O プリンセスの定款の規定の変更若しくは削除又はその効果の変更、⑤均等化及びガバナンス契約、SVE 特別議決証書、P&O プリンセス保証証書又はカーニバル保証証書の変更又は解除（これらの契約等の規定に基づく場合を除く）、⑥強制交換（後記(8)参照）の原因となるカーニバルの定款における一定の税務関連規定の変更若しくは削除又はその効果の変更、⑦カーニバルの取締役会及び P&O プリンセスの取締役会が、クラス・ライツ・アクションとして承認されるべきことに同意し、又は指定したもの、である。クラス・ライツ・アクションについても、両社の株主総会は実務上可能な限り近接して開催する必要がある。

　クラス・ライツ・アクションについては、カーニバルの株主総会において、カーニバル SVE は、P&O プリンセスの株主総会において当該議案が否決された場合にのみ議決権を行使することができる。この場合、カーニバル SVE は、カーニバル特別議決権株式について、カーニバルの株主総会で議決権を行使できる全ての株式について賛成の議決権が行使されたとしても否決できるための議決権のパーセンテージより小さい最大の整数のパーセンテージ（つまり、普通決議事項については49％となり、カーニバルの株主総会で議決権を行使できるカーニバル特別議決権株式以外の株式の総議決権の98％相当となる）相当の議決権を行使する。この結果、カー

ニバルの普通株主のうち2％以上の議決権を有する者が議決権を行使しなかった場合には、当該決議事項は自動的に否決されることになる。P&Oプリンセスの株主総会についても同様である。この結果、クラス・ライツ・アクションについては、いずれの株主総会においても承認されない限り、原則として否決されることになる。

最後に、(iii)手続的ないし技術的事項については、ジョイント・エレクトレイト・アクション及びクラス・ライツ・アクションのいずれにも該当せず、それぞれの株主総会において別個に決議されることになる。この場合、特別議決権株式は議決権を有しない。かかる手続的ないし技術的事項に該当するか否かは議長が決定する。

(4) 取締役及び経営陣のメンバー

両社の定款の規定により、両社の取締役及び上級経営陣のメンバーは同一とするものとされ、一方当事会社の取締役は、他方当事会社の取締役であることを要するものとされている。

両社の取締役は、自らが取締役を務める会社に対して通常の信認義務（fiduciary duties）を負うとともに、二元上場会社であるカーニバルDLCがあたかも一つの会社であるかのように両社の株主の利益を勘案することができる旨が両社の定款上規定されている。なお、両社の定款上、取締役が一方当事会社の情報を他方当事会社に開示することも許容されている。

取締役の選任及び解任は、ジョイント・エレクトレイト・アクションとされている。

(5) 相互保証

両社は、二元上場会社化とともに、それぞれがその時点及び将来において負担する金銭債務を相互に保証しており、これにより、各当事会社の債権者は、他の当事会社においても当該債権に対応する債務が負担されているのと同様の地位に置かれている。

(6) 買収規制

　カーニバルDLCについては、二元上場会社の仕組みの下、両社が単一の経営陣によって一体として運営されるべきこと、及び英国のテイクオーバー・コードを尊重することを目的として、両社の定款の規定により、一定の買収規制が設けられている。

　具体的には、一定の例外を除き、①ある者がカーニバルDLCのジョイント・エレクトレイト・アクションについて議決権を有する両社の株式の合計の30％以上を取得した場合、又はすでにある者が当該株式の30％以上50％以下を有しており、かつ12ヵ月以内にジョイント・エレクトレイト・アクションについて議決権を有する株式を追加取得した場合（これらの閾値を「統合グループ・テイクオーバー・コード・リミット」という）であって、②当該取得者が、統合グループ・テイクオーバー・コード・リミットを超えてから10日以内に、カーニバルDLCを構成する両社に対し「同等のオファー」を行う拘束ある意思を表明するとともに、③かかる表明から28日以内にカーニバルとP&Oプリンセスの双方の株主に対してかかるオファーを行わなかった場合には、当該取得者が保有するカーニバル株式及びP&Oプリンセス株式のうち統合グループ・テイクオーバー・コード・リミットを超える部分については、両社の定款の規定に基づき、強制的に信託に移され、当該取得者は、これらの株式について分配を受ける権利及び議決権を失うことになるとされている。「同等のオファー」とは、大要、(i)カーニバル株式及びP&Oプリンセス株式の保有者の全てに対し同時に行われること、(ii)カーニバル株式及びP&Oプリンセス株式へのオファーに適用される全ての法令を遵守していること、並びに(iii)当初のオファー及びその後のあらゆるオファーの増加又は延長について、P&Oプリンセス及びカーニバルの取締役会によって、その対価、オファーの条件、オファーに関する情報及び両社株式にとってオファーを検討する時間が同等であると判断されること、という諸条件を満たすオファーをいう。オフ

ァーが「同等」であるか否かは、両社の取締役会によって、ケース・バイ・ケースで判断される。上記の株式の信託への強制移転は、統合グループ・テイクオーバー・コード・リミットを超えた理由が、いずれかの会社による自己株式の取得による場合など、一定の場合には適用されない。

(7) **相互保有株式の取扱い**

カーニバルが保有するP&Oプリンセス株式について、カーニバルは、持株割合が90％超でない限り、①議決権が行使できず、②清算時の分配を受けられないほかは、P&Oプリンセスの他の株主と同様の権利を有する。P&Oプリンセスが保有するカーニバル株式についても同様である。

(8) **強制交換（一元化メカニズム）**

一定の場合には、P&Oプリンセス株式は、その時点における均等化比率に基づき、カーニバル株式と強制的に交換される（以下「強制交換」という）。これにより、カーニバルDLCは一元化されることになる。

かかる一定の場合の第一は、租税に関する法令やその適用ないし解釈に変更が生じ、法律意見書に基づき、かつ、採用可能な他の選択肢を模索する商業上合理的な努力を行った後、P&Oプリンセスの取締役会が、(i)かかる変更は、一つのエンティティとして考えた場合のカーニバルDLCに重大な悪影響を与えるであろうと合理的に判断し、(ii)かかる重大な悪影響は、強制交換により消滅し、若しくは実質的に削減することが可能であろうと合理的に判断し、かつ、(iii)強制交換以外の商業的に合理的な他の選択肢では、かかる重大な悪影響を実質的に削減することができないと判断した場合であって、かつ、強制交換が、ジョイント・エレクトレイト・アクションとして、P&Oプリンセス及びカーニバルのそれぞれの株主の3分の2以上によって承認された場合である。

また、かかる一定の場合の第二は、(i)(a)租税以外に関する法令やその適用ないし解釈に変更が生じ、P&Oプリンセスの取締役会が、法律意見書

を受領した上で、二元上場会社に関する契約書の全部若しくは重要な部分が不適法、違法若しくは執行不能になると合理的に判断した場合、又は、(b)裁判所、その他政府機関が、二元上場会社に関する契約書の全部若しくは重要な部分が不適法、違法若しくは執行不能である旨の審判、判決若しくは命令等を発し、P&Oプリンセスの取締役会が合理的に適当であると判断する程度に上訴がなされた場合、のいずれかに該当する場合であって、かつ、(ii)P&Oプリンセスの取締役会が、法律意見書に基づき、採用可能な他の選択肢を模索する商業上合理的な努力を行った後、かかる違法性又は執行不能性は、強制交換により消滅するものであって、P&Oプリンセス及びカーニバル株主の権利について、総体として、又は相互の関係について、重大な悪影響を与えない形での二元上場会社に関する契約書の変更によっては消滅させることができず、かつ、当該法令変更又は当該審判、判決若しくは命令等が、カーニバルDLCに対し重大な悪影響を与える形で執行されるであろうと合理的に考えられると判断し、更に、(iii)P&Oプリンセスの取締役会が、強制交換の効力を発生させる旨を決定した場合である。

5 二元上場会社の問題点

　二元上場会社には、前記2のとおり、数多くのメリットが存するものの、他方で、以下のとおり、他の手法による経営統合にはない問題点も存在する。かかる問題により、二元上場会社化が見送られる場合があることはもちろんのこと、後記(8)のとおり、これらの問題点が大きいこと等を理由として、二元上場会社が1つの上場会社に一元化される例もみられる。

(1) 運営の複雑さ

　二元上場会社においては、2つの上場会社を1つの会社であるかのよう

に運営するため、前記のように、配当等株主への分配の均等化、特別議決権株式等を用いた両社における株主総会決議の統一化の試み、取締役及び他の経営陣のメンバーの統一（それを実現するための諸方策の採用）等がなされる。配当や意思決定についてどのようなアレンジを行うかは個別の事例の事情に基づいて決定されることになるが、通常、両社が合併等で統合する場合と比較して複雑にならざるを得ず、その結果、二元上場会社化後の運営も複雑になるという問題がある。

また、一方の当事会社が新たに株式を発行する場合には、両社の株主間における衡平を保つため、均等化比率を変更する必要がある。かかる手続の煩瑣から、二元上場会社化後は、機動的な株式の発行（M&Aの対価として発行する場合も含む）が困難になる場合がある。

(2) 株価の乖離

二元上場会社においては、両当事会社の株主への分配が均等化される結果、理論的には、両社の株価は、一定の比率に固定されたまま変動するはずである。しかしながら、現実には両社の株価が理論値から乖離して変動することが観察されている[42]。例えば、12の二元上場会社について1980年から2002年までの期間を対象として行われたある研究によれば、それら12の二元上場会社の株価の理論値からの乖離の絶対値平均は約4％から12％近くにまで及んでおり、裁定取引によってもこの乖離は解消されていない[43]。このような乖離が生じる理由としては、取引通貨や取引時間の相違、均等化契約の不完全さに起因する問題、税務上の問題、コーポレー

---

[42] この分野の先駆的な研究として、Kenneth A. Froot and Emil Dabora, *How Are Stock Prices Affected by the Location of Trade?*, 53 J. FIN. ECON. 189（1999）参照。

[43] Abe de Jong et al., *The Risk and Return of Arbitrage in Dual-Listed Companies*, 13 REV. FIN. 495 500-502（2009）。なお、二元上場会社は、多くの文献において、裁定取引機会の典型例として紹介されている。*See for example*, Kenneth A. Froot and Andre F. Perold, *Global Equity Markets: The Case of Royal Dutch and Shell*, Harvard Business School Case 296-077, April 2006（Revised from original March 1996 version）.

ト・ガバナンス上の問題、及び各資本市場における流動性の差異（特に空売り規制の差異）等が指摘されている[44]。

(3) 資本市場における非効率

インデックス投資においては、通常、株式時価総額が大きいほど大きなウェイトで投資されることになり、その結果として当該会社の株式の流動性も高まることになる。しかしながら、二元上場会社の場合、各当事会社が別々の銘柄として上場されることとなるため、インデックス投資に際して、二元上場会社全体としての株式時価総額に応じた投資を受けられないこととなる。

また、単一の上場会社と比較してその仕組みが複雑で、投資家から見て分かりにくいため、一定の投資家から敬遠され得る。

その結果、両当事会社が合併等により単純に経営統合し、全体として一つの上場会社として上場する場合と比較して、流動性が下がり、株価に悪影響が生じることもあり得る。

(4) 両国の規制に服することによる負担

二元上場会社化後も、両当事会社がそれぞれ異なる国の法人格及び異な

---

[44] Jong *et al.*, *supra* note 43 at 512. また、米国の著名なアクティビスト・ファンドであるエリオット・マネジメントは、BHPビリトンに対して、2017年4月10日付けの同社取締役宛てレター（《https://fixingbhp.com/content/uploads/2017/07/BHP-Letter-to-the-Directors.pdf》にて閲覧可能）において、他の経営改善要望事項とともに、同社の二元上場会社の仕組みの解消（オーストラリアを本店とする税務上オーストラリアの居住者となる会社への統合）を提案している。これは、オーストラリア法人（BHP Billiton Limited）の株主のみがフランキング・クレジットの付与を受けられており（前掲（注20）参照）、その結果、経済的な非対称性を理由に、英国法人（BHP Billiton PLC）の株価が、オーストラリア法人の株価に比して平均12.7％割安となっていることを問題視するものである。エリオット・マネジメントによるBHPビリトンに対するレター等は、エリオットのキャンペーンサイト（《https://www.fixingbhp.com/》にて閲覧可能）参照。

る取引所での上場ステータスを維持することから、それぞれの国の会社法その他の法令、上場ルール及び会計基準に服することとなり、合併等による経営統合の場合と比較して、重い手続的負担を負うことになる。このことは、一般に経営統合の重要な目的の一つであるコスト削減によるシナジーの追求の妨げとなる。

(5) 敵対的買収の可能性が減少することによる株価への悪影響

　二元上場会社の当事会社の一方のみが第三者に買収された場合における他方の当事会社の株式の保護のため、①一方の当事会社の株式の一定割合以上を取得した場合には議決権及び配当受領権を停止する[45]、ないし、②他方の当事会社に中間持株会社の株式のコール・オプションを付与する[46]といった措置が講じられることがある。この場合、第三者は二元上場会社を買収するためには、異なる法令及び上場ルールに規律された2つの会社の買収を試みなければならなくなる[47]。このことは、第三者による二元上場会社の買収のインセンティブを削ぐことから、二元上場会社の株価のマイナス要因となる。

(6) 取締役の善管注意義務

　両当事会社の取締役の構成を同一とし、両社をあたかも一つの会社であるかのように運営する場合でも、各取締役はあくまでそれぞれの当事会社の取締役としてそれぞれの上場会社（ないしはその株主）に対して善管注

---

[45] 例えば、前記のカーニバルの事例。

[46] アライド・チューリッヒにおいて採用されていた。Hancock *et al.*, *supra* note 13 at 35.

[47] 2008年に試みられ、失敗に終わったBHPビリトンによるリオ・ティントの敵対的買収においては、英国及びオーストラリアにおいて、それぞれの法域のルールに従い、非常に複雑な株式公開買付けが実施された。*See The Wonderful Complexity of BHP-Rio Tinto*, THE NEW YORK TIMES DEALBOOK (Feb. 8, 2008, 2: 35 PM), http://dealbook.nytimes.com/2008/02/08/the-wonderful-complexity-of-bhp-rio-tinto.

意義務(ないしは信認義務)を負うことになる。特に、両当事会社の間に利益相反が生じるような場合や、両上場会社の設立準拠法における善管注意義務の内容が異なる場合[48]に、取締役が両社に対して善管注意義務を尽くすことができるのか、また、善管注意義務を尽くすためにはどのような配慮をする必要があるのかが、理論上も実務運用上も問題となる[49]。

(7) 税務上の問題点

 前記のとおり、二元上場会社スキームを採用する利点の一つとして、経営統合の両当事会社がそれぞれの所在地国における税務上の居住者性を維持できることが挙げられる。しかしながら、二元上場会社においては、両社が共通の取締役及び役員の下で統一的に運営されるため、両社の居住者性の認定に当たって、例えば英国やオランダ等のように管理支配地主義が用いられる場合には、国内租税法及び租税条約の規定次第では、両社が同一の国の居住者として認識される(その結果として、少なくとも一方の会社は、税務上二元上場会社前とは異なる国の法人として扱われることになる)可能性が理論上存在する。

 また、二元上場会社が米国の税務上どのように扱われるかが不明確であると指摘されている。即ち、第一に、仮に、米国の内国法人と外国法人とが「結合した事業体(stapled entities)」であるときには当該外国法人を内国法人として取り扱うとする連邦内国歳入法典269B条が、米国法人を

---

[48] その例として、例えば、二元上場会社に対して敵対的買収がなされる場合に、アメリカにおいては、被買収会社の取締役は、競売人として、株主のために合理的に獲得し得る最善の価格を引き出すべく行動することが要請される(いわゆるレブロン義務; Revlon, Inc. v. MacAndrews & Forbes Holdings, Inc., 506 A. 2d 173 (Del. 1986))のに対し、英国においては敵対的買収を阻害するようなあらゆる行為が禁止されている点が挙げられる。See Symposium, *supra* note 18 at 115.

[49] オーストラリアにおけるこの問題を取り扱ったものとして、Matthew Harding, *Dual Listed Companies: Understanding Conflicts of Interest for Directors*, 25(2) UNSW L. J. 594 (2002) 参照。

一方当事者とする二元上場会社に適用されることとなれば、当該米国法人と二元上場会社を構成する外国法人それぞれの全世界所得が、全て米国において課税対象となることになる[50]。第二に、米国法人を一方当事者とする二元上場会社が、米国の税務上、全体としてパートナーシップとして取り扱われる可能性が指摘されている。通常、二元上場会社を構成する各上場会社は、それぞれが保有する子会社から受領する配当について配当所得として課税されることになるが、仮に、米国の税務上、両社がパートナーシップとして取り扱われることになると、米国の税務上は、両社が、それぞれが保有する全子会社からの配当について、その保有割合に基づいて所得として課税されることになり、特に二元上場会社を構成する他方の当事会社（非米国法人）傘下の子会社からの配当の方が多い場合には、米国での課税負担が重くなる[51,52]。

仮に以上のような取扱いがなされる場合、米国の会社と二元上場会社を構成することは、重い税務上の負担を招き得ることになる。そして、このことが米国の会社を一方当事者とする二元上場会社が存在しないことの一因であると指摘されている[53]。

(8) 二元上場会社の一元化

二元上場会社には、以上のとおり、さまざまな不都合も存在するところ

---

[50] Dolan *et al.*, *supra* note 9 at 177-178. なお、米国連邦内国歳入庁は、連邦内国歳入法典269B条に関する最終規則（財務省規則1.269B条(b)-1）の公表に際して、269B条及び当該規則の適用対象から二元上場会社を排除すべきであるとの規則案に対するコメントに対し、二元上場会社を適用除外とはしないが、今後さらに二元上場会社について研究し、二元上場会社への269B条の適用については個別事案ごとに判断する旨を明らかにしている（《http://www.irs.gov/irb/2005-36_IRB/ar05.html》参照）。

[51] Dolan *et al.*, *supra* note 9 at 178-179.

[52] 以上の2点のほかにも米国税務上、様々な論点が存在することについて、Blessing, *supra* note 13 at 5-9参照。

[53] 前掲（注9）参照。

であり、これらを踏まえて二元上場会社が一つの上場会社に一元化（unification）する例も少なからず存在する[54]。

共同保有型ないし独立保有型二元上場会社については、例えば、1999年にABBが二元上場会社の一元化を行ったのを皮切りに、翌年には、ノルドバンケン＝メリタ、デクシア及びアライド・チューリッヒが一元化を実施し、2004年にはロイヤル・ダッチ＝シェル[55]、2006年にはブランブルズ[56]、2009年にはトムソン＝ロイターが、それぞれ一元化を実行している[57,58]。なお、フォルティスは、2001年に共同保有型から二重株式型二元上場会社に移行している。

また、二重株式型二元上場会社については、例えば、1996年にスミスク

---

[54] 前掲の**表12－1**において、期間の終期が記載されているもののうち、ロスマンズとヴァンドーム（この両社については、後掲（注58）参照）を除く各社が、一元化を実行した会社である。二元上場会社の一元化の事例及びその理由の分析については、Stephen Hancock *et al.*, *Dual-headed structures revisited*, GLOBAL COUNSEL OCTOBER 2002 at 14参照。

[55] ロイヤル・ダッチ＝シェルの一元化の理由は独特である。即ち、同社の二元上場会社を構成する両当事会社の取締役会は異なるメンバーで構成されていたところ、2004年に発表された同社の炭化水素の確認埋蔵量の下方修正に端を発するガバナンス改革の一環として、経営体制をより簡略化するために二元上場会社の一元化が行われた。*See* Sara Catley, *Royal Dutch Shell unification*, PLC MAY 2006 27, 29（2006）.

[56] ブランブルズの一元化の理由については、①二元上場会社の仕組みの複雑さを排して、成長性ある事業により集中できるようにすること、②両社の株価の乖離をなくすこと、及び③オーストラリア証券取引所におけるリーディング・カンパニーとしての地位を強化することが挙げられている。*See* Brambles Industries Limited, INFORMATION MEMORANDUM UNIFICATION PROPOSAL at 1（2006）.

[57] トムソン＝ロイターの一元化の理由については、前掲（注19）参照。

[58] ロスマンズとヴァンドームについては、いずれもリシュモン・グループによる完全子会社化により上場ステータスを失っており、一つの上場会社になるという意味での一元化は行われていない。

ライン＝ビーチャム[59]、2007年にユーロトンネル[60]が、それぞれ一元化を行っている。

二元上場会社が一元化を実施する理由はさまざまであるが、多くの事例において、両上場会社の株価の間に乖離（前記(2)参照）が生じていたことが、一元化の理由として挙げられている[61]。このことは、株主の利益を最大化する統合スキームを選択するという観点からは、軽視すべきではない点であると思われる。二元上場会社化を実行した場合には、その後も両社の株価を継続的にモニタリングし、かかる株価の乖離の問題と他のメリッ

---

[59] スミスクライン＝ビーチャムの二元上場会社の一元化について、*Sumithkline Beecham replaces dual share structure*, PLC MARCH 1996 1, 1 (1996) at http://plc.practicallaw.com/6-100-2038参照。

[60] ユーロトンネルによる一元化は、同社の債務整理を目的とした再生プラン（セーフガード・プラン）の一環として行われたものである。*See* Groupe Eurotunnel SA and Eurotunnel Group UK PLC, REGISTRATION DOCUMENT (i. 07-021) at 17 (2007).

[61] Jong *et al.*, *supra* note 43 at 516. もっとも、逆に、一元化を行った場合には、実質的に解消される方の本社（以下「消滅本社」という）の所在地国の機関投資家株主が、当該解消の結果として消滅本社の株式が当該所在地国の株式市場における株価インデックスから外れること等により、株価が大幅に下落するフローバックが生じるおそれがあるとして、一元化に反対するような事例も見られる。例えば、代表的な独立保有型二元上場会社であるユニリーバ（前掲【図13－4】参照）は、2018年3月に、一元化を実施して、英国本社であるユニリーバPLC（ロンドン証券取引所及びニューヨーク証券取引所上場）を廃止して、オランダ本社であるユニリーバNV（ユーロネクスト・アムステルダム証券取引所及びニューヨーク証券取引所上場）に本社を統合する計画（厳密には、新たに設立される新ユニリーバNVに両社を統合する計画）を公表したが、かかる一元化が実行された場合、新ユニリーバNVは英国の代表的な株価インデックスであるFTSE 100（FTSE100種総合株価指数）から外れることになるため、現在ユニリーバPLCの株式を保有している英国の機関投資家による大量の株式売却を招き、新ユニリーバNVの株価の大幅な下落につながりかねないとして、主としてユニリーバPLCの株主から強く批判された。その結果、ユニリーバは、2018年10月4日、最終的に一元化の断念に追い込まれた（以上につき《https://www.reuters.com/article/us-unilever-structure/unilever-details-plans-for-december-listing-of-new-dutch-entity-idUSKCN1LR0GW》及び《https://www.irishtimes.com/business/health-pharma/unilever-abandons-plans-to-scrap-dual-listing-1.3652657》参照）。

ト・デメリットも勘案しつつ、状況に応じ一元化を含めたさらなる再編を検討することが必要な場合もあろう。

なお、実証研究によると、一元化の公表後、二元上場会社を構成する両当事会社の株価の乖離は解消に向かうことが観察されている[62]。

6 二元上場会社に関する日本法上の論点

日本企業が二元上場会社の一方当事者になることについては、相手方当事会社に適用される法令や選択するストラクチャーにもよるものの、日本法上数多くの論点が存在する。以下では、かかる論点のうち、日本企業を一方当事者とする二元上場会社化の検討に当たって、特に重要であって、かつ、多くの事例において妥当すると考えられる、いくつかの論点についてのみ簡潔に検討する。

(1) 均等化契約の承認手続

日本企業が二元上場会社化のために均等化契約を締結するに当たっては、その内容にもよるものの、一般的には「事業の全部の賃貸、事業の全部の経営の委任、他人と事業上の損益の全部を共通にする契約その他これらに準ずる契約の締結」（会社法467条1項4号）に該当するものとして、会社法468条所定のいわゆる簡易又は略式の例外に当たらない限り、当該日本企業において株主総会の特別決議による承認及び反対株主の株式買取請求のための所定の手続が必要になると考えられる。

会社法467条1項4号列挙の各契約のうち、「経営の委任」とは、会社が

---

[62] Jong *et al.*, *supra* note 43 at 515, Jaideep Bedi *et al.*, *The Characteristics and Trading Behavior of Dual-listed Companies*（June 2003）, RESERVE BANK OF AUSTRALIA RESEARCH DISCUSSION PAPER NO. 2003-06 at 19（2003）, *available at* SSRN: http://ssrn.com/abstract=418500.

事業の経営を他の会社に委託し、委託会社の名義で行われるものであり、受託会社の計算で経営をする場合と委託会社の計算で経営をする場合とがあるとされる[63]。また、「他人と事業上の損益の全部を共通にする契約」とは、数個の企業が法律上の独立性を保ちながら、損益を共同計算する契約であり、民法上の組合契約の一種であるとされる[64]。さらに、「その他これに準ずる契約」とは、会社の経営に影響する程度が同号列挙の諸契約と同等のものを全て含み[65]、経済上単一体に結合し統一的な管理の下に服する各種のトラスト、コンツェルンないしは利益共同関係形成のための契約を指すものと解されている[66]。

　この点、均等化契約により配当その他の株主への分配を均等化する場合には、両当事会社の株主は、両当事会社が損益を共同計算されているのと極めて近い状況に置かれることとなる。会社法467条の趣旨が株主の保護にあること[67]に鑑みると、株主への分配を均等化する均等化契約は、二元上場会社の両当事会社それ自体の間では損益が共同計算されるわけではないものの、それに準ずるものとして、「他人と事業上の損益の全部を共通にする契約」「に準ずる契約の締結」に該当すると判断すべき場合が多いのではないかと考えられる。

　また、二元上場会社の仕組みとして、共同保有型を採用し、両当事会社傘下の事業子会社を全て中間持株会社の傘下に集約した上、そこから生まれる収益の全てを当該中間持株会社を通じて両当事会社に分配することとした場合には、当該仕組みそれ自体は組合契約ではないにせよ、実質的には両社の損益が共同計算されているのと等しい状態に置かれ得るため、均

---

[63] 落合誠一編『会社法コンメンタール12―定款の変更・事業の譲渡等・解散・清算(1)』(商事法務、2009) 39頁〔齊藤真紀〕。

[64] 落合・前掲（注63）39頁〔齊藤〕。

[65] 龍田節『会社法大要』(有斐閣、2007) 522頁。

[66] 烏賀陽然良「商法改正法案を評す⒀」法学論叢63巻2号 (1937) 350－351頁。

[67] 上柳克郎＝鴻常夫＝竹内昭夫編集代表『新版　注釈会社法(5)』(有斐閣、1986) 262頁〔落合誠一〕。

等化契約ないし二元上場会社化の実行契約の締結が、「他人と事業上の損益の全部を共通にする契約」「に準ずる契約の締結」に該当することになり得ると考えられる。

　さらに、二元上場会社化に当たり、一方当事会社となる日本企業がその経営を他方の当事会社に委ねることは通常考えられないが、二元上場会社化に当たって、当該日本企業が相手方会社より小規模であり、株主総会決議事項が、特別議決法人等を通じて実質的に相手方会社の株主の判断に委ねられたり、取締役の過半数が相手方会社の出身者で占められたりするなどして、当該日本企業における経営判断が実質的には相手方会社（及びその株主）によりなされるような状況になったような場合には、そのような状況をもたらす均等化契約の締結は、「事業の全部の経営の委任」「に準ずる契約の締結」に該当すると判断すべき場合もあり得ると考えられる。

　なお、均等化契約の締結が、会社法467条1項4号所定の契約の締結に該当する場合、その締結に加え、当該契約の本質的事項に関わる事項の変更や法定原因によらない解約[68]についても、原則として株主総会の特別決議による承認及び反対株主の株式買取請求のための所定の手続が必要になる（会社法467条1項4号、469条）。

(2) 取締役の資格を二元上場会社を構成する他方当事会社の取締役である者に限る旨の定款規定の有効性

　前記のとおり、二元上場会社を構成する両当事会社の取締役会の構成を統一するため、各当事会社の定款において、取締役の資格について、他の当事会社の取締役であることを要する旨を規定する例が多く見られるが、日本の会社において同様の定款規定が有効であるかが問題となる。この点、会社法上、定款で取締役の資格を制限することについては、公開会社について取締役が株主でなければならない旨を定款で定めることができな

68　落合編・前掲（注63）262頁〔中島弘雅〕。

い旨が規定されているのみである（会社法331条2項）。その他の資格制限については、諸説あるものの、会社法331条2項ないしその前身である旧商法254条2項、あるいは一般的な公序良俗ないしは株式会社の本質論を理由に、個々の会社の具体的事業に照らして不合理であってはならないとする見解が多い[69]。

取締役の資格制限の合理性は、会社法331条2項の趣旨が、取締役の権限拡大に伴って、できるだけ広く適材を求め得るようにするとともに、取締役の資格を大株主に限ることによる弊害を防止する点にあることを踏まえて判断されるべきものと解されるところ[70]、取締役の資格を二元上場会社を構成する他の当事会社の取締役である者に限る旨の定款規定は、当該他の当事会社の取締役の資格として不合理な制限が課されていない限り、上記の趣旨には反しないものと考えられる。従って、当該定款規定は、結論的に有効であると解すべきであろう。

(3) 取締役会の決議事項の範囲の差異に伴う取締役会の適切な構成の問題

日本の監査役会設置会社における取締役会の決議事項の特徴として、①（とりわけ「重要な業務執行」（会社法362条4項柱書）が全て取締役会の専決事項とされている点で）その範囲が広汎かつ強行法規的であり、また、②取締役会の専決事項でありながらその決議を欠く代表取締役による取引は、相手方が、重要な業務執行に該当すること、又は決議を経ていないことを知り若しくは知り得べかりしときには無効とされていること、そ

---

[69] 上柳克郎＝鴻常夫＝竹内昭夫編集代表『新版 注釈会社法(6)』（有斐閣、1987）15－17頁〔今井宏〕等参照。

[70] 大隅健一郎＝今井宏『会社法論 中巻〔第三版〕』（有斐閣、2001）158－159頁等参照。取締役の資格制限の可否は、従来、取締役の資格を一定期間以上同社の従業員であった者に限ること、年齢（定年制）、住所又は国籍等による制限等を念頭に議論されていた（江頭・前掲（注5）362－363頁参照）。

して、③「重要な業務執行」に該当するか否かが、定款自治等の会社の判断ではなく、究極的には司法審査の対象となっていることが挙げられる[71]。加えて、④これらの専決事項については、形式上取締役会が承認することのみならず、取締役会において実質的な審議及び決定が行われることまで要求されているものと解されている[72]。

その結果として、二元上場会社の他方当事会社となる会社が、その準拠法及び運用上、経営上の意思決定の大きな部分を経営陣（officer）に委ねているような場合（典型的にはアメリカ式のモニタリング型取締役会）であっても、二元上場会社の一方当事者となる日本の会社においては同様の仕組みを採用できない場合があり得る。

この問題を軽減する方策としては、日本側の当事会社が指名委員会等設置会社や監査等委員会設置会社に移行する等して、取締役会の専決事項の範囲を狭めることが考えられるが、加えて、二元上場会社化の検討の初期段階において、当事会社となる両社に適用される法令上の取締役会の構成等に関する規律の差異を認識した上で、適切な経営を行うための取締役会構成について議論を深めることが重要であると考えられる。

なお、二元上場会社化に当たり、一方当事会社がわが国上場会社（当然、取締役会設置会社ということになる）である場合には、3⑴イで前述した共同保有型二元上場会社の形態を採用して、中間持株会社に親会社たる当該取締役会設置会社の業務執行の意思決定権限を委譲することができるかも問題となる。例えば、監査役設置会社たる取締役会設置会社では、重要な業務執行の意思決定を取締役に委任することはできない（会社法362条4項）ものとされているが、わが国会社法における株主総会の万能機関制の否定（会社法295条2項）―取締役会における重要な業務執行

---

[71] 齊藤真紀「監査役設置会社における取締役会―会社法362条4項を素材として―」川濱昇ほか編『（森本滋先生還暦記念）　企業法の課題と展望』（商事法務、2009）161頁以下参照。
[72] 落合誠一編『会社法コンメンタール8―機関⑵』（商事法務、2009）217頁〔落合誠一〕。

の決定—代表取締役によるその執行—取締役会と監査役による監視・監査という公開会社（取締役会設置会社）における機関の分化・権限分配ルールは、強行法規であって、重要な業務執行の意思決定権限を外部の第三者に委譲することは原則としてできないと解されるのではないかということが問題となる。この点は、紙幅の関係上、ここで詳細に論じることは困難であるので、別途機会があれば論じることとしたい。

(4) 剰余金の配当を二元上場会社を構成する他方当事会社による配当と一定比率で行う旨の定款規定の有効性

　剰余金の配当を均等化するための方策として、均等化契約への規定に加えて、定款に、剰余金の配当を、二元上場会社を構成する他方当事会社による配当と一定比率で行う旨を規定することが考えられる[73]。かかる定款規定のわが国会社法下における有効性については、配当決議により配当財産の額等の権利内容が確定する前の剰余金配当請求権（抽象的剰余金配当請求権）は株主の固有権であり、これを不当に侵害するような定款規定は無効となる余地があると解されている[74]ことから、当該規定が株主の抽象的剰余金配当請求権を侵害するものであるとして無効とならないかが一応論点となろう。具体的には、剰余金の配当を、二元上場会社を構成する他方当事会社による配当と一定比率で行う旨の定款規定が、株主の抽象的剰余金配当請求権を不当に侵害するものであって無効となるかが問題となる。

---

[73] 剰余金配当の決定権限が株主総会にある場合には、株主提案権の行使等を通じ、均等化契約所定の比率を超える剰余金の配当がなされることは否定できない。また、会社法460条1項に基づき、定款の規定により剰余金配当の決定権限を取締役会に委譲した場合には株主総会は決定権限を失うため（江頭・前掲（注5）681頁）、株主提案を通じた均等化契約違反の剰余金配当の支払いの虞はなくなるものの、取締役会が均等化契約違反の剰余金配当を決定する可能性は理論的には存在する。そのため、本文記載の定款規定の定めを置くことが株主の立場からは望ましいと考えられる。

[74] 上柳克郎＝鴻常夫＝竹内昭夫編集代表『新版　注釈会社法(9)』（有斐閣、1988）34頁〔龍田節〕。

しかしながら、①かかる規定は、株主を他方の当事会社と合併した場合と類似の経済状態に置くものであるところ、会社法上合併が許容されている以上、株主がそのような経済状態に置かれることは会社法上も想定されていること、②かかる定款変更は均等化契約の締結と同時に行われることになると考えられるが、当該契約の締結に当たっては、前記(1)のとおり「事業の全部の賃貸、事業の全部の経営の委任、他人と事業上の損益の全部を共通にする契約その他これらに準ずる契約の締結」に該当するものとして、株主総会の特別決議が要求されるとともに、反対株主には株式買取請求権が付与されることになり、株主には合併の場合と同様の保護が与えられることから、結論的に、かかる定款規定は、株主の固有権を侵害する不当なものとまではいえず、有効であると解すべきであろう。

　なお、かかる定款規定に違反した剰余金の配当に関する株主総会決議は、定款違反の決議として取消しの対象となり（会社法831条1項1号）、株主は、当該決議に基づき受領した配当について、会社に対して不当利得返還義務（民法703条）を負うこととなる[75]。

【表13-1】　主な二元上場会社のリスト

二元上場会社の通称*	当事会社(設立国)	二元上場会社のタイプ	主たる事業	期　間
ロイヤル・ダッチ＝シェル	Shell Transport & Trading Co PLC（英国） Royal Dutch Petroleum（オランダ）	共同保有型	石油、エネルギー	1907〜2004
ユニリーバ	Unilever PLC（英国） Unilever NV（オランダ）	独立保有型	家庭用品	1930〜

75　江頭・前掲（注5）687頁。

【表13－1】 主な二元上場会社のリスト

二元上場会社の通称*	当事会社（設立国）	二元上場会社のタイプ	主たる事業	期　間
ABB（アセア・ブラウン・ボベリ）	ABB AB（スウェーデン） ABB AG（スイス）	共同保有型	ロボティクス、電力・オートメーション技術	1988〜1999
スミスクライン＝ビーチャム	SmithKline Beecham PLC（英国） SmithKline Beecham Americas Inc.（米国）	二重株式型	製薬	1989〜1996
ユーロトンネル	Eurotunnel SA（フランス） Eurotunnel PLC（英国）	二重株式型	英仏海峡トンネルの管理運営	1989〜2008
アジアス（旧フォルティス）[76]	Fortis AG（ベルギー） Fortis AMEV（オランダ）	共同保有型	金融	1990〜2001
	Ageas SA/NV（ベルギー） Ageas NV（オランダ）	二重株式型		2001〜2012
リード＝エルゼビア	Reed Elsevier PLC（英国） Reed Elsevier NV（オランダ）	共同保有型	情報提供サービス	1993〜
ロスマンズ	Rothmans International PLC（英国） Rothmans International NV（オランダ）	二重株式型	タバコ	1993〜1995

[76] 2010年にフォルティスからアジアスに改称（なお、改称は、2007年以降の世界金融危機を受けた事業再編に由来するものであり、2001年の二元上場会社のタイプの変更に伴うものではない）。

二元上場会社の通称*	当事会社(設立国)	二元上場会社のタイプ	主たる事業	期間
ヴァンドーム[77]	Vandôme PLC(英国) Vandôme SA(フランス)	二重株式型	ラグジュアリー製品	1993～1998
リオ・ティント	Rio Tinto Limited (CRA)(オーストラリア) Rio Tinto PLC (RTZ)(英国)	独立保有型	鉱業・資源	1995～
デクシア	Dexia Belgium Dexia France	共同保有型	金融	1996～2000
ノルドバンケン／メリタ	Nordbanken Holding AB(スウェーデン) Merita PLC(フィンランド)	共同保有型	金融	1997～2000
アライド・チューリッヒ	Allied Zurich PLC(英国) Zurich Allied(スイス)	共同保有型	保険	1998～2000
BHPビリトン	BHP Billiton Limited(オーストラリア) BHP Billiton PLC(英国)	独立保有型	鉱業・資源	2001～
ブランブルズ	Brambles Industries Limited(オーストラリア) Brambles Industries PLC(英国)	独立保有型	サポートサービス	2001～2006
インベステック	Investec Limited(南アフリカ) Investec PLC(英国)	独立保有型	バンキング、アセットマネジメント	2002～

---

[77] ロスマンズとヴァンドームの各二重株式型二元上場会社は、1993年に実施されたロスマンズ、リシュモン及びダンヒルの組織再編により誕生したものである。*See* "Rothmans restructuring" PLC, 1993, IV(8), 11.

二元上場会社の通称*	当事会社(設立国)	二元上場会社のタイプ	主たる事業	期　間
カーニバル	Carnival PLC（英国） Carnival Corporation（パナマ）	独立保有型	クルーズ客船運営	2003～
モンディ	Mondi Limited（南アフリカ） Mondi PLC（英国）	独立保有型	製紙	2007～
トムソン＝ロイター	Thomson Reuters PLC（英国） The Thomson Corporation（カナダ）	独立保有型	メディア、金融情報提供サービス	2008～2009

＊　これらの通称は、筆者らが便宜上付けたものであり、必ずしも各社が公式に名乗っているものではない。

第14章

M&A・企業グループ再編と一般的行為計算否認規定

1 はじめに
2 同族会社の行為計算否認規定（法法132条）の趣旨及び概要
3 法人税法132条の適用要件とその射程
4 法人税法132条の効果に関する問題
5 法人税法132条の2の趣旨と概要
6 法人税法132条の2の適用要件とその射程
7 法人税法132条の2の適用の効果
8 「ステップ・トランザクションの法理」（段階取引の法理）
9 連結法人に係る行為計算否認規定（法法132条の3）の趣旨及び概要
10 法人税法132条の3に係る解釈上の留意点及び問題点

1 はじめに

　平成13年度税制改正によって組織再編税制が創設されたことも追い風となって、わが国でも、21世紀に入ってから、グループ内企業再編やグループの枠を超えた経営統合が急速に増加している。特に、最近では、経済のグローバル化に伴う（多国籍）企業間の国際的な競争の激化を受けて、わが国でも、新日本製鐵と住友金属工業との経営統合や東京証券取引所グループと大阪証券取引所との経営統合、更には（最終的には破談になったものの）東京エレクトロンとアプライドマテリアルズの国際経営統合など、今まででは考えられなかったほど大規模な企業再編が相次ぐようになってきている。

　このように、組織再編税制の創設は、わが国における企業再編の増加を後押しする役割を果たした点で高く評価されるが、2001年4月1日の施行から10年余りを経て、様々な課題も明らかになってきている。その一つが、組織再編税制の中に埋め込まれた租税回避行為に対する一般的否認規定である法人税法132条の2の射程を巡る問題である。この点、わが国では、これまで法人税法132条の2の適用の是非が直接問題となった裁判例や裁決例は見当たらなかったところであるが、近時、ヤフーが、ソフトバンクIDCソリューションズ（以下「IDC」という）をソフトバンクから約450億円で買収した上で同社を吸収合併した取引につき、附帯税を含めて総額約265億円の更正処分がなされた事例（いわゆるヤフー事件）[1]や、同じく、IDCがその営業部門を分離して、IDCフロンティアを設立した際に計上されたIDCの税務上の「のれん」を損金算入した税務処理につ

---

[1] 2010年7月1日付け北海道新聞朝刊、同日付け日本経済新聞朝刊、ヤフーの同年6月30日付けプレスリリース及びソフトバンクの同日付けプレスリリースを参照。

き、過少申告加算税を含めて約 6 億円の更正処分がなされた事例[2]、日本IBM グループに対する巨額の追徴課税事件[3]など、企業再編に関連して、法人税法132条の 2 や同族会社に関する一般的な行為計算否認規定である法人税法132条の適用が問題とされる課税処分事案が、相次いで公になっている。

そこで、本章では、本書を締め括るに当たり、今後、実務上の重みが更に増していくと予想される、この法人税法132条、132条の 2 及び132条の 3 の適用範囲を巡る問題について、概説することとしたい。

2 同族会社の行為計算否認規定（法法132条）の趣旨及び概要

同族会社の行為計算否認規定が初めて設けられたのは、大正12年（1922）の所得税法の改正においてであり、その後、昭和22年の改正で「法人税を免れる目的があると認められるものがある場合」との要件が付加されたものの、昭和25年度税制改正でこの要件が「法人税の負担を不当に減少させる結果となると認められるものがあるとき」と改められ、現在の姿になっている。

この規定は、所有と経営とが未分離・一体であり株主間の牽制作用が弱い同族会社においては、そのこと故に、税負担の軽減又は排除を目的として、必ずしも経済的合理性があるとはいえない、いわゆる「お手盛り」による取引・経理等が行われやすいという構造的な問題が見られるということを背景として、そのような行為・経理等により税負担が軽減又は排除されることを防止するために設けられたもの[4]であり、伝統的に、租税回避

2　2012年 4 月 1 日付け朝日新聞朝刊参照。
3　2010年 3 月18日付け朝日新聞朝刊及び同日付け日本経済新聞夕刊等参照。
4　谷口勢津夫『租税回避論』（清文社、2014）290頁参照。

の否認規定と解されてきた[5]。

　法人税法132条に基づき同族会社の行為又は計算の否認が認められるための要件及びその効果は、以下のとおりである。

> ①　税務署長は、
> ②　内国法人である同族会社及び法人税法132条１項２号のイからハのいずれにも該当する内国法人[6]（以下「同族会社等」という）に係る法人税につき更正又は決定をする場合において、
> ③　その法人の行為又は計算で、
> ④　これを容認した場合には法人税の負担を不当に減少させる結果となると認められるものがあるときは、
> ⑤　その行為又は計算にかかわらず、税務署長の認めるところにより、その法人に係る法人税の課税標準若しくは欠損金額又は法人税の額を計算することができる。

3　法人税法132条の適用要件とその射程

(1)　否認の対象となる行為又は計算の主体

　法人税法132条の適用対象となる行為又は計算は、前記２の③記載のと

---

[5]　例えば、最三小判昭和52年７月12日訟務月報23巻８号1523頁は、この規定を「同族会社であるためにされた不自然不合理な租税負担の不当回避行為」を否認する規定と判示している。学説上もかかる解釈が通説といえる（清永敬次『租税回避の研究』（ミネルヴァ書房、1995）385、413頁、水野忠恒『大系租税法〔第２版〕』（中央経済社、2018）645－647頁等）。

[6]　いわゆる企業組合を念頭に置いたものである。

おり、「〔同族会社等〕の行為又は計算」とされている。それ故、「同族会社等」以外の法人の行為又は計算により、結果的に同族会社等に係る法人税の負担が減少したとしても、当該行為又は計算を同条の適用により否認することはできない[7]。

この点、上場会社等の非同族会社が100％子会社（当該子会社は法人税法上同族会社に該当する）を有しているような場合に、当該子会社との間の資本等取引について、法人税法132条が適用され、非同族会社である親会社が課税処分を受けることがないかが一応問題とされることがあるが、法人税法132条１項は、「次に掲げる法人に係る法人税につき更正又は決定をする場合において……その法人に係る法人税の課税標準若しくは欠損金額又は法人税の額を計算することができる」〔傍点は筆者〕と規定しており、その「次に掲げる法人」には「同族会社等」のみが含まれている（同族会社等の株主その他の同族会社の関係者は含まれていない）ことは明らかであるから、非同族会社である親会社が同条の適用によって課税処分を受けることはない[8,9]。

(2) 否認の対象となる「行為」の範囲

法人税法132条１項は、その否認の対象を「その法人〔筆者注：次に掲げる法人、即ち、同族会社等〕の行為」とのみ規定しており、その行為が同族会社等と誰との間の取引であるかは特段問題とされていない。従っ

---

[7] なお、法人税法132条１項とは異なり、所得税法157条１項、相続税法64条１項及び地価税法32条１項は、同族会社の株主その他の同族会社の関係者を更正又は決定の対象としている。

[8] 過去の裁判例においても、法人税法132条１項により法人税につき更正又は決定を受ける法人が同族会社に限定されることは当然の前提とされていると考えられ、例えば、東京高判昭和53年11月30日訟務月報25巻４号1145頁〔最一小判昭和54年９月20日税務訴訟資料106号562頁により上告棄却判決がなされ確定〕は、「同族会社に対してのみこのような行為計算の否認の規定〔筆者注：法法132条〕を設けたことについては十分な合理性がある」と判示している。

て、法人税法132条1項の文言上、同族会社の行為であれば、(たとえ第三者との間の取引であったとしても) すべからく同条による否認の対象となり得ることは明らかである[10]。

(3) 否認の対象となる「計算」の範囲

　法人税法132条1項にいう「計算」の否認とは何を意味するかについては、学説上余り論じられていないが、それは「行為自体は認めるがそれに基づいて行われた計算が不当である場合に、その計算の全部又は一部を否認する」ものであると解する見解[11]が有力である。そうであるとすれば、

9　この点、清永・前掲（注5）386頁も、「租税回避の否認の一般規定〔筆者注：法法132条〕は同族会社についてのみ行為計算の否認規定として定められているにすぎないことから、非同族会社の場合には租税回避の否認は許されない」と述べる。また、大淵博義「－法人税法解釈の判例理論の検証とその実践的展開－同族会社の行為計算の否認規定（法法132条）を巡る論点の考察(3)」税経通信63巻14号（2008）61頁も、「法人税法132条1項の行為計算の否認は、同族会社の行為計算を否認して、当該同族会社の法人税の不当減少を正当なあるべき税額に更正するものであるから、『同族会社の行為計算＝同族会社の法人税の不当減少』を否認するのに対して、所得税法157条1項及び相続税法64条1項の場合には、『同族会社の行為計算＝株主等の所得税（相続税等）の不当減少』を否認するという点で異なる」と述べている。

10　広島地判平成2年1月25日判例タイムズ736号135頁〔確定〕も、「〔法人税法132条による〕否認の対象は、同族会社とその株主その他特殊関係者（個人）との間における作為的取引（隠れたる利益処分）に限られる」〔傍点筆者〕との納税者の主張を排斥している。また、武田昌輔編『DHCコンメンタール法人税法第5巻 §§81～137』（第一法規、加除式）5566頁も、「同族会社の行為又は計算は、たとえ第三者との取引に関するものであっても、その行為によってその同族会社の法人税の負担を不当に減少させる結果となれば、これは当然に否認されるべきである」と述べる。このほか、否認の対象となる行為をした同族会社等は、同族会社等であれば更正等を受ける法人と異なってもよいかも問題となる。この点、IDCF事件控訴審判決（後掲（注35）参照）は、法人税法132条の2に関して、「132条において、否認の対象となる行為又は計算が、法人税につき更正又は決定を受ける法人のものに限定されるとしても……132条の2について132条と同様に解すべき理由はない」と判示しており、傍論ながら注目に値する。

11　武田・前掲（注10）5565頁。

法人税法132条所定の「計算」は、あくまで「同族会社等」の「行為」に基づく「計算」に限られるということになろう。

(4) 「法人税の負担を……減少させる結果となる」の意義

　法人税法132条1項を適用するには「法人税の負担を……減少させる結果となる」ことが必要とされているため、同条を適用するには、行為又は計算を行った同族会社等の法人税の負担が減少した、即ち、現実に行われた行為又は計算による法人税の負担が、通常なされたであろう行為又は計算による法人税の負担と比較して軽いと認められる必要がある[12]。従って、繰越欠損金を抱えていて清算されることが具体的に予定されており、爾後、課税所得が生じることが見込まれない同族会社等が、繰越欠損金の額が増加するような行為を行ったとしても、法人税の負担は、そのような行為を行わない場合と比較して現実問題としては軽くなるものではない（増加した繰越欠損金の額はいずれにせよ損金に算入されることはなく、最終的には切り捨てられる）ため、そのような行為について法人税法132条が適用されることはないものと解される。

　しかしながら、同族会社等の経済的合理性を欠いた行為又は計算が、その年度の税負担には影響を及ぼさず、後の年度の税負担を減少させた場合

---

[12] 東京地判平成13年11月9日判例時報1784号45頁（なお、控訴審である東京高判平成16年1月28日判例時報1913号51頁、上告審である最三小決平成17年10月11日税務訴訟資料255号順号10154及び最三小判平成18年1月24日判例時報1923号20頁並びに差戻控訴審である東京高判平成19年1月30日判例時報1974号138頁においては、法人税法132条に関する判断は示されていない）は、「現にされた行為は、普通採ったであろう行為計算……と比較した場合において、何ら法人税を減少させるものではないのであるから、……これを容認したとしても法人税の負担を不当に減少させる結果となるとは認め難く、法132条適用の前提条件を欠くものである」と判示しており、法人税法132条1項を適用するためには、現実に納税者が選択した法形式を採用することで、課税当局が主張する通常の法形式を採用した場合と比較して、法人税の負担が減少することが必要であるとされている。

には、一連の経過を一体的に捉えて、税負担の減少した年度において当該行為又は計算が否認され、税額が計算し直されることになると解されている[13,14]ため、この点には注意が必要である。

(5) 「不当に」の意義

　法人税法132条1項にいう「不当に」の意味については、判例上、(a)非同族会社では通常なし得ないような行為・計算、即ち、同族会社なるが故に容易になし得る行為・計算がこれに当たると解する傾向（以下、本章において便宜上「非同族会社基準説」という）と、(b)純経済人の行為として不合理・不自然な行為・計算がこれに当たると解する傾向（以下、本章において便宜上「経済的合理性基準説」という）の二つが存在するといわれている[15]。

　これについて、金子宏名誉教授は、「抽象的な基準としては」上記(b)の

---

[13] 最三小判昭和52年7月12日訟務月報23巻8号1523頁及び金子宏『租税法〔第22版〕』（弘文堂、2017）501頁参照。

[14] なお、東京高判平成18年6月29日税務訴訟資料256号順号10440〔最二小決平成20年6月27日税資258号順号10980により上告棄却及び上告不受理決定がなされ確定〕は、「当期の法人税額が更正処分後も異動しない場合であっても、当初計上された欠損金額のうちに、通常の経済人としては不自然、不合理な行為によって作出された欠損金額が含まれており、当該欠損金額が翌期以降に繰り越されることによって、それが翌期以降の損金に算入されることで法人税を減少させることが可能となる状態が作出されるのであれば、所得金額を不当に減少させたことに変わりはない以上、当該欠損金額について、『法人税の負担を不当に減少させる結果となる』と認められ、法人税法132条の適用のためには現実の損金への算入の有無を問わない」と判示しており、同族会社の行為又は計算により繰越欠損金額が増加したに過ぎない場合であっても、それが翌事業年度以降損金の額に算入される可能性がある限りは、法人税法132条所定の「法人税の負担を……減少させる結果となる」との要件を充足すると解されている。

[15] 清永・前掲（注5）385、413頁、水野・前掲（注5）647-650頁。

考え方が妥当であるとし、「ある行為または計算が経済的合理性を欠いている場合に否認が認められると解すべき」とした上で、ⅰ）「行為・計算が経済的合理性を欠いている場合とは、それが異常ないし変則的で租税回避以外に正当な理由ないし事業目的が存在しないと認められる場合のことであり」、ⅱ）「独立・対等で相互に特殊関係のない当事者間で通常行われる取引……とは異なっている取引には、それにあたると解すべき場合が多いであろう」〔傍点筆者〕と論じている[16]（「正当な事業目的の不存在」を基準とする考え方。以下、かかる考え方を、本章において、便宜上「異常変則性・事業目的併用説」という）。この異常変則性・事業目的併用説の考え方は、一部の下級審裁判例[17]によっても支持されており、従来、少なくとも学界においては多数説であったものと考えられる。

　これに対して、法人税法132条の適用の可否が正面から争われた近時の事案であるIBM事件に関する東京高判平成27年３月25日判例時報2267号24頁[18]（以下「IBM事件控訴審判決」という）は、上記(b)の経済的合理性基準説を妥当として、「同族会社の行為又は計算が経済的合理性を欠く場合」に法人税法132条１項所定の「不当性」の要件が充たされるとしつつ、法人税法132条１項の適用には同族会社に租税回避の意図があることが不要であると解されるということ（後記(6)で後述する）から、一足飛びに、上記の異常変則性・事業目的併用説のうち前段のⅰ）の部分を否定してお

---

[16]　金子・前掲（注13）498頁参照。なお、金子宏名誉教授は、同書第16版までは、「行為・計算が経済的合理性を欠いている場合とは、それが異常ないし変則的で租税回避以外に正当な理由ないし事業目的が存在しないと認められる場合のみでなく、独立・対等で相互に特殊関係のない当事者間で通常行われる取引……とは異なっている場合をも含む」〔傍点筆者〕との表現を用いている（『租税法〔第16版〕』（弘文堂、2011）421頁参照）が、同書第17版からは、基本的に本文に記載した表現に改めている（『租税法〔第17版〕』（弘文堂、2012）431頁参照）。もっとも、同書第17版では、「〔中略〕とは異なっている取引の中には、それにあたると解すべき場合が少なくないであろう」〔傍点筆者〕との表現が用いられている。

り、極めて注目される[19]。更に、同判決は、最二小判昭和53年4月21日訟務月報24巻8号1694頁及び最一小判昭和59年10月25日集民143号75頁を引用しつつ、同族会社の行為又は計算が、法人税法132条1項にいう「これを容認した場合には法人税の負担を不当に減少させる結果となると認められるもの」か否かは、「専ら経済的、実質的見地において当該行為又は計

---

[17] 福岡地判平成22年9月6日税務訴訟資料260号順号11501（福岡高判平成23年3月11日税務訴訟資料261号順号11638も支持）は、「原告の行った本件E物件の一連の売買は、……原告が租税回避の意図のもと、本来的に不必要な本件E物件を原告の代表者の妻……から高額で購入して、何ら合理的理由なく購入価格をはるかに下回る価格で原告の代表者に売却したというものであり、これらの一連の売買は、租税回避以外に正当な理由ないし事業目的が存在しないと認められる場合であるといえ、これをそのまま容認した場合には、原告の法人税の負担を不当に減少させる結果となることが明らかであるから、法132条1項に規定する同族会社の行為に該当する」として、課税当局が法人税法132条1項を適用して行った課税処分を適法と判示している。また、広島地判平成2年1月25日行集41巻1号42頁も、逆さ合併による繰越欠損金の引継ぎの可否が問題となった事案について、「本件合併において、逆さ合併の方式を採用したのは、……専ら本件繰越欠損金を損金に算入する意図に出たものであって、右のような租税負担の回避以外の、例えば、上場会社としての株式の額面を五〇〇円から五〇円に変更するためとか、欠損会社に資産的価値のある商号やのれんがある場合にこれを引き継ぐためなどの合理的な理由があったものではない。営業活動や経営上問題のない黒字優良会社……が、債務整理をして清算するほかない赤字欠損会社……に吸収合併させるがごときは、前記のような合理的な理由が認められるなどの特段の事情のない限り、経済人の行為としては不合理、不自然なものであ」る等として、「本件繰越欠損金の損金算入を容認した場合、実質的には、法五七条の趣旨・目的に反して被合併法人……が本来負担することとなる法人税額を不当に減少させる結果となると認められるから、右は、法一三二条にいう租税回避行為に該当するものというべきである」として、課税当局が法人税法132条1項を適用して行った課税処分を適法と判示している。

[18] 同判決についての詳細な評釈として、岡村忠生「最近の重要判例―IBM事件」ジュリスト1483号（2015）37頁、太田洋「IBM事件東京高裁判決の検討」国際税務35巻9号（2015）80頁参照。この他、同判決について言及したものとして、朝長英樹「検証・IBM事件高裁判決〔第1回〕〔第2回〕〔第3回〕」T&Amaster592号（2015）4頁、同595号（同）4頁及び同596号（同）4頁、大淵博義「『租税回避』概念の混迷と否認の限界」T&Amaster614号（2015）7-8頁などがある。

算が純経済人として不合理、不自然なものと認められるか否かという客観的、合理的基準に従って判断すべき」ものと判示した上で、「同項が同族会社と非同族会社の間の税負担の公平を維持する趣旨であることに鑑みれば」という簡単な理由だけを挙げて、「当該行為又は計算が、純経済人として不合理、不自然なもの、すなわち、経済的合理性を欠く場合には、独立かつ対等で相互に特殊関係のない当事者間で通常行われる取引（独立当事者間の通常の取引）と異なっている場合を含むものと解するのが相当」と判示している[20]（IBM事件控訴審判決が判示する以上のような考え方

---

[19] しかしながら、同族会社に租税回避の意図があることが法人税法132条1項を適用するための「独立の要件」でないからといって、それだけで同項の「不当性」の要件の解釈について、異常変則性・事業目的併用説の前段ⅰ）の部分のように解することが妥当でないということにはならないはずである。そもそも、異常変則性・事業目的併用説の上記ⅰ）の部分は、その論理構造上、租税回避の意図ないし目的が存することを「不当性」の要件が充足されるための必要条件としたものではなく、「不当性」の要件が充たされるためには「行為・計算が異常ないし変則的であること」及び「正当な理由ないし事業目的が存在しないこと」の双方が認定されることが必要十分条件であるとしているに過ぎない（租税回避の意図ないし目的が積極的に認定できなくとも、これら2つが認定されれば「不当性」の要件は充たされることになる）と解することが十分可能である。従って、IBM事件控訴審判決が、異常変則性・事業目的併用説の上記ⅰ）の部分を「不当性」の要件に関する解釈論として妥当でないと判断するのであれば、「不当性」の要件が充足されるためには「行為・計算が異常ないし変則的であること」及び「正当な理由ないし事業目的が存在しないこと」の双方が認定されることが必要十分条件であると解釈することが、何故不適切であるのかを示すべきであった。

[20] なお、国税不服審判所裁決平成10年6月23日裁決事例集55集175頁は、「同族会社が株主等との間で行った行為又は計算が経済的合理性を欠いている場合とは、それが異常ないし変則的で租税回避以外に正当な理由が存在しないと認められる場合のみでなく、独立・対等で相互に特殊関係のない当事者間で通常行われる取引とは異なっている場合をも含むと解され、否認の要件としては、経済的合理性を欠いた行為又は計算の結果として、株主等の所得税の負担が減少すれば十分であって、租税回避の意図ないし租税負担を減少させる意図が存在することは必要ではないと解されている」としており、本判決と同様に、「不当に減少させる場合」に「独立当事者間の通常の取引とは異なっている場合」を「含む」と述べている。

を、以下、本章において、便宜上「独立当事者間取引基準説」という）。この判示の表現は、上記の異常変則性・事業目的併用説のうち後段のⅱ）の部分と表面的には似通っているようにも見えるが、その論理構造は大きく異なっている。まず、異常変則性・事業目的併用説は、独立当事者間の通常の取引とは異なっている取引には、「行為・計算が経済的合理性を欠いている場合」、即ち、「〔行為・計算〕が異常ないし変則的で租税回避以外に正当な理由ないし事業目的が存在しないと認められる場合」（異常変則性・事業目的併用説のうち後段のⅰ）の部分）に当たると解すべき場合が多いとしているのみであって、独立当事者間の通常の取引とは異なっている取引であれば当然に「行為・計算が経済的合理性を欠いている場合」に該当すると論じているわけではない。他方、IBM事件控訴審判決は、「行為又は計算が……経済的合理性を欠く場合」には、それが「独立当事者間の通常の取引」と「異なっている場合を含む」〔傍点筆者〕と判示しており、独立当事者間の通常の取引とは異なっている取引であれば、当然に「行為・計算が経済的合理性を欠いている場合」に該当すると述べているように読める。つまり、（少なくとも判文の字面の上では、）独立当事者間の通常の取引とは異なっている取引であれば当然に法人税法132条１項にいう「不当性」の要件を充たすといえるだけでなく、同族会社のそれ以外の行為・計算についても「不当性」の要件を充たす場合があり得ると解しているわけである。これは、所得税法157条（同族会社等の行為又は計算の否認）に関してではあるが、パチンコ平和事件一審判決（東京地判平成９年４月25日訟務月報44巻11号1952頁）が判示した、当該「規定の対象となる同族会社の行為又は計算は、典型的には株主等の収入を減少させ、又は経費を増加させる性質を有するものということができ……右の収入の減少又は経費の増加が同族会社以外の会社との間における通常の経済活動としては不合理又は不自然で、少数の株主等によって支配される同族会社でなければ通常は行われないものであり、このような行為又は計算の結果として同族会社の株主等特定の個人の所得税が発生せず、又は減少する結

果となる場合には、特段の事情がない限り、右の所得税の不発生又は減少自体が一般的に不当と評価されるものと解すべきである。すなわち、右のように経済活動として不合理、不自然であり、独立かつ対等で相互に特殊な関係にない当事者間で通常行われるであろう取引と乖離した同族会社の行為又は計算により、株主等の所得税が減少するときは、不当と評価されることになるが、所得税の減少の程度が軽微であったり、株主等の経済的利益の不発生又は減少により同族会社の経済的利益を増加させることが、社会通念上相当と解される場合においては、不当と評価するまでもないと解すべき」という考え方[21]と近似している。

IBM事件控訴審判決が判示したこのような考え方は、法人税法132条1項の射程を、従来学説上一般に考えられていたよりも大きく拡張するものであり[22,23]、また、同族会社が行う取引について、同項を実質的にあたかも移転価格税制に関する規定であるかのように取り扱うものであって、租税法律主義の観点から重大な疑問がある。なお、かかる考え方は、一見すると、法人税法132条1項の「不当性」の要件に関する水野忠恒教授の考

---

[21] なお、名古屋地判平成20年12月18日税務訴訟資料258号順号11107頁も、「株主等の収入の減少又は経費の増加が同族会社以外の会社との間における通常の経済活動としては不合理又は不自然であって同族会社とでなければ通常は行われないものであり、このような行為又は計算の結果として当該株主等の所得税の負担が減少することとなる場合には、特段の事情がない限り、当該株主等の所得税の負担の減少は『不当』と評価されるものと解すべき」と判示しており、パチンコ平和事件一審判決とほぼ同様に、「同族会社以外の会社との間における通常の経済活動としては不合理又は不自然であって同族会社とでなければ通常は行われないもの」である場合には「特段の事情」のない限り、不当性の要件が満たされるとしている。

[22] 朝長英樹税理士も、本判決につき、「裁判所は、『租税回避』の範囲を広く解することになる国の主張を採用し、納税者の主張を排斥しています」と評価している（朝長英樹「検証・IBM事件高裁判決〔第1回〕」T&Amaster592号（2015）8頁）。

[23] なお、一部の裁判例も、概ね異常変則性・事業目的併用説と近い判断枠組みを採用していると考えられることについては、前掲の（注17）参照。

え方（独立当事者間取引を指標とする考え方[24]）にも比較的近いようにも見えるが、同教授は、"arm's length transaction"でなければ直ちに租税回避として否認されるというものではないと明言した上で、第一に、当事者の特殊関係に着目して、その行為・計算が適正なものかを精査した後、第二に、事業上の必要性の認定ないし事業目的の不存在を問うことになるとしており、結論的には、同教授の考え方とIBM事件控訴審判決が判示している上記の考え方とはかなり異なっていることが明らかである[25]。なお、IBM事件最高裁決定は、後述のヤフー事件最高裁判決と全く同一の裁判体において、課税当局側の上告受理申立てを不受理とした[26]が、IBM事件控訴審判決が示した独立当事者間取引基準説を妥当とする趣旨と解するのは早計であろう。むしろ、ヤフー事件最高裁判決が、法人税法132条の2の「不当に」の要件の解釈として、法人税法132条1項における異常変則性・事業目的併用説を基礎とし、それに組織再編税制の一環を成す一般的行為計算否認規定であるという法人税法132条の2のあり方に適合させるための修正を加えた解釈を採用していると解されることに鑑みれば、最高裁は、基本的には、法人税法132条1項の「不当に」の解釈につき、独立当事者間取引基準説のような緩やかな解釈を採用することには否定的

---

[24] 水野・前掲（注5）648-649頁は、同族会社の行為・計算否認規定の解釈に当たっては、同族会社においては閉鎖的、家族的な事業が行われていて役員・事業主と会社の利害対立が見られず、役員（株主）の都合により法人が操作されることが容易であるところに問題点の本質があることから、このような当事者間の特殊関係を重視すべきであり、移転価格税制の場合と同様、「独立当事者間取引」（"arm's length transaction"）を指標とする観点が重要である旨を指摘する。

[25] なお、水野忠恒教授自身は水野・前掲（注5）650-651頁において、IBM事件控訴審判決について、「この判決の注目すべき点は、経済合理性の判断に、独立当事者間の通常の取引と異なっている場合を含むとしたことであり、独立当事者間取引（arm's length transaction）を基準に採用したことである」と評価しており、必ずしも自説との関係を明らかにしていないようである。

[26] 最一小決平成28年2月18日 LEX/DB 文献番号25542527。

であると考えるべきように思われる[27]。

なお、IBM事件控訴審判決は、「不当に」の解釈に関する一般論としては独立当事者間取引基準説の立場を採ることを明らかにしたとはいえ、具体的な事案との関係では、納税者がその購入価格とほぼ同額の譲渡価額で行った日本IBMに対する同社株式の譲渡（2002年、2003年及び2005年に実施された日本IBMによる自社株買いに対応してなされた各譲渡。以下、本章において「本件各譲渡」という）の譲渡価額は、独立したFAによって算定されたもので、その算定過程及び算定結果が不合理であると認めるに足りる証拠はなく、本件各譲渡はそれ自体で独立当事者間の通常の取引と異なるものとはいえない等として、結論的に法人税法132条に基づいて行われた課税当局による課税処分を全て取り消し、納税者全面勝訴の判決を下している。従って、実務上の対応としては、当面、従来からの多数説

---

[27] この点、IBM事件では法人税法132条1項の適用が問題になったのに対し、ヤフー事件及びIDCF事件で問題となっていたのは法人税法132条の2の適用の可否であるので、IBM事件最高裁決定とヤフー・IDCF事件最高裁判決との間には矛盾はなく、両者間の関係について議論する意味はないと解することも、論理的には不可能ではない。しかしながら、IBM事件最高裁決定とヤフー・IDCF事件最高裁判決との時期的近接性（後者は前者の11日後の判決である）やIBM事件最高裁決定とヤフー事件最高裁判決とが全く同一の裁判体による判断であること等からすると、結論的には、この両者の差異は、IBM事件最高際決定においては、納税者勝訴の原判決の結論がそのまま維持されることとなったが故に、原判決の示した、一般的には納税者にとって不利益な法人税法132条1項の不当性減少要件についての緩やかな解釈をあえて問題とする意味がなかった（不当性減少要件についての緩やかな解釈の下でも納税者勝訴の判断に至る以上、そのような解釈は緩きに失するのではないかということをあえて問題とする必要がなかった）のに対し、ヤフー・IDCF事件最高裁判決においては、納税者敗訴の原判決の結論を維持するためには、そもそも法人税法132条の2の不当性減少要件に関する解釈が納税者にとって過度に不利益なものとなっていないかどうかを検証しなければならなかった故に、ヤフー・IDCF事件控訴審判決における当該要件に関する解釈の是非を吟味する必要があったことに基づくものと考えるのが合理的であろう。太田洋「ヤフー・IDCF事件最高裁判決の分析と検討」税務弘報64巻6号（2016）44頁、48-50頁参照。

である異常変則性・事業目的併用説に依拠して、法人税法132条1項にいう「行為又は計算」が「不当に」の要件を満たすのは当該行為又は計算が「純経済人の行為として不合理・不自然」である場合であって、より具体的には、「経済的合理性を欠いている場合とは、それが異常ないし変則的で租税回避以外に正当な理由ないし事業目的が存在しないと認められる場合」であると解しつつ、IBM事件控訴審判決が独立当事者間取引基準説の立場を採用していることにも鑑み、取引を行う主体が同族会社である場合には、念のため、当該取引が「独立かつ対等で相互に特殊関係のない当事者間で通常行われる取引（独立当事者間の通常の取引）と異な」るものではないことを基礎付ける資料をできる限り確保しておくのが無難であるものと解される。

(6) **主観的な租税回避目的の要否**

法人税法132条の適用要件として、主観的な租税回避の意図ないし目的が存在することまで必要か、という点もしばしば問題となるが、同条については、主観的な租税回避目的の存在は要件ではないとするのが通説[28]及び判例[29]である。

---

[28] 昭和25年度税制改正によって、同族会社の行為計算否認規定から「法人税を免れる目的」の語句が削除されたことなどを理由とする（清永・前掲（注5）421頁、佐藤信祐『組織再編における包括的租税回避防止規定の実務』（中央経済社、2009）11頁参照）。

[29] 前掲のIBM事件控訴審判決は、法人税法132条の適用要件として、主観的な租税回避の意図ないし目的が存在することは不要である旨を明言している。その他、所得税法157条の事案ではあるが、前掲のパチンコ平和事件一審判決（東京地判平成9年4月25日訟務月報44巻11号1952頁）は、「租税回避等の目的あるいは不当性に関する認識を有していることを要件とするものではない」と判示しており、当該判断は、控訴審判決である東京高判平成11年5月31日税務訴訟資料243号127頁〔これに対する納税者側からの上告及び上告受理申立ては、最二小決平成16年4月20日により棄却〕でも維持されている。

4 法人税法132条の効果に関する問題

　法人税法132条による否認の効果はどの範囲にまで及ぶのであろうか。この点、一般に、法人税法132条による否認の効果は同条の適用を受ける同族会社に係る法人税の関係においてのみ生じ、当該否認の対象となった取引の相手方その他の当該同族会社以外の者の課税関係に影響を及ぼすものではないと解されており[30]、例外的に、同条が同族会社に適用された場合に、当該同族会社の株主その他の当該同族会社の関係者の所得税、相続税、贈与税又は地価税について一定の範囲で更正又は決定をする権限が税務署長に与えられているに過ぎない（所謂対応的調整の規定。所得税法157条3項、相続税法64条2項、地価税法32条3項）。

5 法人税法132条の2の趣旨と概要

　法人税法132条の2は、平成13年度税制改正における組織再編税制の創設の際に、組織再編に係る一般的な租税回避の行為計算否認規定として制定された。同条の制定の趣旨については、立案担当者によって、「近年の企業組織法制の大幅な緩和に伴って組織再編成の形態や方法は相当に多様となっており、組織再編成を利用する複雑、かつ、巧妙な租税回避行為が増加するおそれがあ」るところ、「繰越欠損金や含み損を利用した租税回

---

[30] 最二小判昭和48年12月14日訟務月報20巻6号146頁〔塚本商店事件〕は、「法人税法132条に基づく同族会社等の行為計算の否認は、当該法人税の関係においてのみ、否認された行為計算に代えて課税庁の適正と認めるところに従い課税を行なうというものであって、もとより現実になされた行為計算そのものに実体的変動を生ぜしめるものではない」と述べた上で、法人税法132条による否認は、その否認の対象となった取引の相手方の所得税額の計算に「なんら影響を及ぼすものではな」い旨判示している。

避行為に対しては、個別に防止規定……が設けられていますが、これらの組織再編成を利用した租税回避行為は、上記のようなものに止まらず、その行為の形態や方法が相当に多様なものとなると考えられる」ことから、「これに適正な課税を行うことができるように」、個別的な租税回避防止規定とは別に、包括的な組織再編成に係る租税回避防止規定として創設されたもの、と説明されている[31]。このように、法人税法132条の2は、「組織再編成に係る」という点で一定の限定が付されてはいるものの、一般的な租税回避行為防止規定として制定されており、この点で、同族会社の行為計算に係る一般的な租税回避行為防止規定である法人税法132条1項に「類似する」又は「同様の」規定であると説明されている[32]（実際、法人税法132条の2は132条の枝番として規定され、その文言は、否認の対象となるのが組織再編成に係る特定の法人の行為又は計算とされているところを除けば、法人税法132条1項とほぼ同様の規定振りである）。

しかしながら、ヤフー・IDCF事件一審判決[33]並びにヤフー事件控訴審判決[34]及びIDCF事件控訴審判決[35]は、同族会社の経済的合理性を欠いた行為又は計算を否認するために設けられた法人税法132条と同法132条の2とはその基本的な趣旨・目的を異にするため、両者の要件を同義に解しなければならない理由はないと判示し、同法132条の2に基づく否認の要件

---

[31] 中尾睦ほか『改正税法のすべて〔平成13年版〕』（大蔵財務協会、2001）243－244頁参照。

[32] 中尾ほか・前掲（注31）137－138頁、金子・前掲（注13）488頁、水野・前掲（注5）565頁参照。

[33] ヤフー事件につき、東京地判平成26年3月18日判例時報2236号25頁（以下、本章において「ヤフー事件一審判決」という）、IDCF事件につき、東京地判平成26年3月18日判例時報2236号47頁（以下、本章において「IDCF事件一審判決」という）。これらを併せて、以下、本章において「ヤフー・IDCF事件一審判決」という。

[34] 東京高判平成26年11月5日訟務月報60巻9号1967頁（以下、本章において「ヤフー事件控訴審判決」という）。

[35] 東京高判平成27年1月15日税資265号順号12585（以下、本章において「IDCF事件控訴審判決」という）。

は同法132条と同様であるとの納税者の主張を排斥した。そして、ヤフー事件最高裁判決及びIDCF事件最高裁判決[36]は、組織再編成は、その形態や方法が複雑かつ多様であるため、これを利用する巧妙な租税回避行為が行われやすく、租税回避の手段として濫用されるおそれがあることから、組織再編成に係る租税回避を包括的に防止する規定として法人税法132条の2が設けられたものである旨を判示し、後述のように、法人税法132条の2が組織再編税制に係る各規定の濫用防止規定であることを明確にした。

なお、法人税法132条の2に基づき組織再編成に係る行為又は計算の否認が認められるための要件及びその効果は、以下のとおりである。

> ① 税務署長は、
> ② 合併、分割、現物出資若しくは現物分配……又は株式交換若しくは株式移転……に係る次に掲げる法人（※）の法人税につき更正又は決定をする場合において、
> ③ その法人の行為又は計算で、
> ④ これを容認した場合には、合併等により移転する資産及び負債の譲渡に係る利益の額の減少又は損失の額の増加、法人税の額から控除する金額の増加、第一号又は第二号に掲げる法人の株式……の譲渡に係る利益の額の減少又は損失の額の増加、みなし配当金額……の減少その他の事由により法人税の負担を不当に減少させる結果となると認められるものがあるときは、
> ⑤ その行為又は計算にかかわらず、税務署長の認めるところにより、その法人に係る法人税の課税標準若しくは欠損金額又は法人税

---

36 最一小判平成28年2月29日民集70巻2号242頁（以下、本章において「ヤフー事件最高裁判決」という）及び最二小判平成28年2月29日民集70巻2号470頁（以下、本章において「IDCF事件最高裁判決」という）。それらの評釈として、太田・前掲（注27）参照。

の額を計算することができる。

※一　合併等をした法人又は合併等により資産及び負債の移転を受けた法人
　二　合併等により交付された株式を発行した法人（前号に掲げる法人を除く。）
　三　前二号に掲げる法人の株主等である法人（前二号に掲げる法人を除く。）

6　法人税法132条の2の適用要件とその射程

　法人税法132条の2については、その制定当時から、その射程範囲が不明確であって、納税者の予測可能性を損ない、場合によっては、社会経済的に見て有益であって、組織再編税制の趣旨からも課税繰延べが認められて然るべきような企業再編が行われることを阻害するのではないかと指摘されていた[37]。そこで、以下では、同条の射程範囲を画する、その適用要件のそれぞれについて、順次検討していくこととしたい。

(1)　適用対象となる行為・計算

　平成13年度税制改正によって組織再編税制が創設された当時は、法人税法132条の2の適用対象となる行為・計算は、合併、会社分割、現物出資又は事後設立に係る同条各号に定める法人の行為又は計算、と規定されていた。その後、平成18年度税制改正によって株式交換・株式移転に係る税制が組織再編税制の中に組み込まれると、同条の適用対象に、株式交換・

37　渡辺徹也『企業取引と租税回避』（中央経済社、2002）201－203頁参照。

株式移転に係る同条各号に定める法人の行為又は計算が付加され、平成19年度税制改正で三角合併等対応税制が導入されると、同条の適用対象に、組織再編の対価となる株式を発行した法人、即ち、三角合併等の場合における合併法人等の親法人等が追加された（現在の同条2号の追加等）[38]。更に、平成22年度税制改正によって、①グループ法人税制が導入され、これによって基本的に100％グループ内における資産譲渡全般について強制的な課税繰延べが適用されるに至ったことに伴い、一定の資産譲渡に限って組織再編税制の下で課税繰延べを認めてきた「適格事後設立」の制度が廃止される一方、②新たな組織再編成の類型として「適格現物分配」の制度が創設（法法2条12号の15）された。これに伴って、法人税法132条の2も改正され、従前、同条の適用対象とされていた「事後設立」が同条の適用対象から除外される一方、新たに「現物分配」が同条の適用対象に追加された。そして、平成29年度税制改正に基づくスピン・オフ税制の導入に伴って、上記の「現物分配」の一種として、新たに「株式分配」が法人税法上の組織再編成の一類型として追加され（法法2条12号の15の2）、これについても法人税法132条の2の適用対象に含まれることとなった。

　以上のような改正経緯は、法人税法132条の2が、組織再編税制において（課税繰延べが認められる）「税制適格要件」が規定されているような行為類型を適用対象としたものであり、具体的には、問題とされる行為の税制適格要件の充足に関わる不当な「操作」としてなされる租税回避行為を対象とする規定であることを強く示唆している[39]。従って、法人税法

---

[38] 佐々木浩「平成一九年度の法人税関係の税制改正の概要－組織再編成を中心に」別冊商事法務編集部編『別冊商事法務309号合併等対価の柔軟化への実務対応』（商事法務、2007）76頁参照。

[39] 本来非適格組織再編成となるべきものを適格組織再編成となるように「操作」する類型及び本来適格組織再編成となるべきものを非適格組織再編成となるように「操作」する類型が、法人税法132条の2の適用対象であることを指摘する文献等として、例えば、朝長英樹「会社組織再編成に係る税制について〔第3回〕」租税研究2001年7月号32頁参照。

132条の2が対象とする取引類型と同様の経済的効果をもたらす取引であっても、同条が限定列挙する取引類型に該当するものでない限りは、同条の適用は問題とならない。例えば、現金を対価として上場会社等の少数株主を締め出す（いわゆるスクィーズ・アウト）ための方法としては、従来、①いわゆる現金株式交換の他に、実務上、②全部取得条項付種類株式を用いる方法が多用されていた[40]が、この②の方法を用いた場合に、スクィーズ・アウトを行った対象会社に対して、課税当局が、法人税法132条の2を根拠として、（上記①の方法を用いたときには問題となる）対象会社が保有する資産の含み損益についての時価評価課税を行った事例は、平成29年度税制改正によって、このようなスクィーズ・アウトの課税上の取扱いについても組織再編税制の下で統一的に規律されるようになる（詳細については、**第8章**参照）まで、見当たらないところであった[41]。もっとも、この点については、**第8章**で詳述したとおり、平成29年度税制改正後は、株式等売渡請求、株式併合ないし全部取得条項付種類株式を用いたスクィーズ・アウトも、株式交換と同様に組織再編税制によって規律される組織再編成の一環として位置付けられることとなり、全部取得条項付種類株式の端数処理、株式併合の端数処理ないし株式等売渡請求による完全子会社化に際しては、全て、当該完全子会社化の対象となった会社の有する資産につき、株式交換（又は三角株式交換）による完全子会社化の場合と同様、原則として時価評価課税がなされることとなり、一定の税制適格要件が満たされた場合のみ、「適格株式交換等」（法法2条12号の16・12号の17）として、当該時価評価課税の対象から除かれるものとされていると

---

[40] なお、平成26年会社法改正により、新たなキャッシュ・アウトのための方法として、株式等売渡請求制度が導入されたが、詳細については**第8章**を参照されたい。

[41] 平成29年度税制改正によって、このようなキャッシュ・アウトに係る課税上の取扱いについても組織再編税制の下で規律されることとなった結果、現在では、キャッシュ・アウトにも、法人税法132条の2所定の組織再編成に係る一般的行為計算否認規定が適用されることとされている。

ころである（法法62条の9参照）。

　他方、法人税法132条の2の適用対象となり得る典型的な行為類型としては、(a)本来非適格組織再編成となるべきものを、敢えて適格組織再編成に該当するに至るように「操作」する類型[42]及び(b)本来適格組織再編成に該当するものを非適格組織再編成となるように「操作」する類型（所謂「適格外し」の類型）[43]が挙げられる。

　このうち、上記(a)の例としては、例えば、①平成29年度税制改正前における、上場会社等の完全子会社化のためのキャッシュ・アウトの手段としていわゆる「端数株式交換スキーム」を用いる行為[44]等が挙げられる[45]。これは、株式交換を用いて対象会社を完全子会社化する際に、当該対象会社の少数株主には1株に満たない端数株式が交付されるように株式交換比率を調整することで、少数株主には端数株式に代わる金銭を交付し、少数株主を対象会社から締め出すスキームであるが、平成29年度税制改正前は、端数株式に代わる金銭を株式交換の対価として用いても当該株式交換は適格株式交換に該当するものとされていたため（平成29年度税制改正前の法基通1－4－2参照）、現金株式交換により完全子会社化のためのキャッシュ・アウトが行われた場合と異なり、当該対象会社の資産についての時価評価課税がなされない結果となっていたことを利用する行為である[46]。も

42　朝長・前掲（注39）32頁参照。

43　朝長・前掲（注39）32頁参照。

44　渡辺裕泰「組織再編税制の適格要件に関する一考察－配当見合い金銭、端数株式の代り金はどこまで可能か－」金子宏編『租税法の基本問題』（有斐閣、2007）543頁参照。

45　本書**第8章4(2)**参照。

46　もっとも、平成29年度税制改正により、スクィーズ・アウトの課税上の取扱いについても組織再編税制の下で統一的に規律されることとなった結果、この「端数株式交換スキーム」を用いた上場会社等の完全子会社化のためのスクィーズ・アウトについても、現金株式交換を用いた場合と同様、企業グループ内の株式交換と同様の税制適格要件を満たさない限り、「適格株式交換等」には該当せず、当該完全子会社化の対象となった会社については、その資産につき時価評価課税がなされることとなった。

っとも、これについては、正に組織再編行為である株式交換を用いるスキームであり、平成29年度税制改正前においても、法人税法132条の2の適用が当然問題となり得たものと解される。この他の上記(a)の例としては、例えば、②子会社の株式の51％を有する親会社が、当該子会社を吸収合併するに当たって、当該子会社の少数株主に対して現金を交付する現金交付合併の方法を用いた場合には、当該合併は非適格合併となるところ、当該合併を適格合併とするために、全く合理的な必要性がないにも拘わらず、敢えて、まず当該子会社の発行済株式総数の3分の2まで買い増した上で（又は当該子会社から新株発行を受けて、当該子会社の発行済株式総数の3分の2を保有するに至った上で）、当該子会社を現金交付適格合併の方法により合併するようなケースが考えられる。これは、平成29年度税制改正により、前記**第6章5**で述べたとおり、三角合併に係る税制適格要件のうち、現金等不交付要件については、三角合併の直前において買収ビークル（合併法人）が買収対象会社（被合併法人）の発行済株式（自己株式を除く）の3分の2以上を有する場合におけるその他の株主に対して交付する対価を除外して判定されることとなった（法法2条12号の8）ことを利用したスキームである。また、この他の例として、例えば、②**第10章2(2)二(イ)**で詳述するスピン・オフ税制の下で、いわゆる「分割型単独新設分割類型」のスピン・オフについても課税繰延べが認められることとなったが、当該類型については税制適格要件として、スピン・オフ後の分離会社に支配株主が登場する見込みがないこと（非支配関係継続要件）が定められている[47]ところ、当該要件との抵触を回避するために、事業A・Bを兼営している親元会社が、本来は許認可等の関係で事業Aを分離会社に承継させる方が合理的であるのに、敢えて事業Bを分離会社に承継させ、事業Aが残った親元会社に支配株主が登場するスキームを採用することも考えられるように思われる。

---

47 法人税法施行令4条の3第9項1号柱書参照。

また、上記(b)の例として平成13年度税制改正による組織再編税制の導入当時に議論されていたものとしては、例えば、①合併交付金等を交付して、組織再編成を敢えて非適格組織再編成に該当させ（法法2条12号の8等参照）、本来であれば認識できないはずの資産の含み損を実現させる行為[48]（例えば、分社型分割を実施する前に、分割承継法人が第三者割当増資を行って、分割法人に会社分割の対価に相当する金銭を出資させ、分社型分割の際に当該分割承継法人が当該出資を受けた金銭を当該分割法人に対して会社分割の対価として還流させるスキーム（「第三者割当増資＋現金会社分割」スキーム）を採用する行為[49]、②完全親子会社間で吸収合併を実施する前に、親会社が子会社株式を一部敢えて第三者に譲渡するスキームを採用する行為[50]、③親会社が子会社を吸収合併する際に、親会社に引き継がれる子会社の従業者数を減らすようにする、又は子会社の主要な事業を引き継がないようなスキームを敢えて採用する行為[51]、④特別利益及び含み損を有する子会社を他の子会社に敢えて非適格合併させる行為[52]、⑤分割型分割を実施する際に、分割法人の株主間で異なる種類の種

---

[48] 武田昌輔＝後藤喜一＝原一郎編『企業再編の税務』（第一法規、2002）6657頁参照。
[49] 現金を対価とする会社分割は非適格分割に該当する（法法2条12号の11柱書参照）ため、分割により移転する資産の含み損失が分割法人において損金計上されることになる（佐藤信祐『組織再編における包括的租税回避防止規定の実務』（中央経済社、2009）114頁参照）。
[50] 合併法人と被合併法人との間の完全支配関係をなくすことで、当該合併が非適格合併となり（法法2条12号の8イ参照）、合併により移転する資産の含み損失が損金計上されることになる（武田＝後藤＝原・前掲（注48）6657頁参照）。
[51] 合併法人へ引き継がれる従業者を被合併法人の従業者数の80％未満とする、又は被合併法人が営む主要な事業を引き継がないとすることで、当該合併が非適格合併となり（法法2条12号の8ロ参照）、合併により移転する資産の含み損失が損金算入されることになる（武田＝後藤＝原・前掲（注48）6657頁参照）。
[52] 武田・前掲（注10）5603の3頁は、法人税法132条の2の想定適用事例として、特別利益及び含み損を有する子会社を他の子会社に非適格合併させる事例を挙げている。

類株式を交付するスキームを採用する行為[53]等があり、その他の例としては、例えば、⑥種類株式等の消却を、それが本来可能な時期には行わず、意図的に組織再編成の際に当該種類株式等の対価として現金等を交付することで、本来適格要件を充足し得る組織再編成を税制非適格とするような行為、等が考えられよう。

　なお、上記に関連して、IDCF事件では、「否認の対象となる行為は、納税者が選択した私法上の法形式をもつ行為であって、引き直される正常な法形式は、納税者が選択した私法上の法形式とは別の法形式を持つ私法上の行為でなければならず、私法上の法形式としては同一であるものは否認の対象とならない」と解されるかということが問題となった。この点、IDCF事件一審判決は、法人税法132条の2の規定は、組織再編成の形態や方法が相当に複雑かつ多様となっており、組織再編成が租税回避の手段として濫用されるおそれがあるため、適正な課税を行うことができるように包括的な組織再編成に係る租税回避防止規定として設けられたものである」から、「法132条の2の規定により否認され、引き直される〔もの〕は、法形式を異にするものには限られず、」「事実行為としてその内容を異にするものも含む」と判示していたところであるが、IDCF事件控訴審判決は、「法132条の2の規定は、〔中略〕同条各号所定の法人の行為又は計算にかかわらず、税務署長の認めるところにより、法人税の課税標準若しくは欠損金額又は法人税の額を計算することができる旨を定めるものであって、これは法人税法その他の税法の諸規定を離れて判断することはできないから、上記『行為又は計算』に該当する事実と税務署長が同条の規定

53　この場合、分割法人の株主が有する分割法人株式の数の割合に応じた株式の交付がなされない（いわゆる「非按分分割」に該当する）ので、会社分割が非適格分割となり（法法2条12号の11柱書）、分割により移転する資産の含み損失が分割法人において損金算入されることになる（種類株式を用いずに会社分割すれば適格分割に該当するため課税所得計算の基礎とならなかったはずの含み損失が、損金算入されることによって、結果的に課税所得が減少する）。以上につき、朝長・前掲（注39）36頁参照。

により計算する基礎となる事実との関係」につき、「〔IDCF〕主張のように〔否認の対象となる行為は、納税者が選択した私法上の法形式をもつ行為であって、引き直される正常な法形式は、納税者が選択した私法上の法形式とは別の法形式を持つ私法上の行為でなければならず、私法上の法形式としては同一であるものは否認の対象とならないと〕解すべき理由はない」との理由付けを、新たに追加している。いずれにしろ、IDCF事件最高裁判決では、上記の論点に関してIDCF事件控訴審判決が示した上記結論を当然の前提として判示がなされており（判決文では当該論点について直接言及はなされていない）、理由付けはともかくとして、判例上は、この点に関する解釈は固まり、これによって、「行為」の否認には、ⓐ当事者が用いた私法上の法形式を課税上無視し、通常用いられる私法上の法形式に対応する課税要件が充足されたものとして取り扱うという類型だけでなく、ⓑ一定の課税上の効果Xと結び付けられた事実行為xを別の事実行為yに読み替えることや、当該事実行為xが存在しなかったものとして取り扱うことまで含まれることが明らかとなった。

(2) 適用対象となる法人

　法人税法132条の2の適用対象となる法人は、①組織再編成を行った又は組織再編成により資産及び負債の移転を受けた法人、②組織再編成により交付された株式を発行した法人、並びに③上記①の法人又は上記②の法人の株主等である法人であるが、このうち上記②及び上記③の一部（即ち、上記②の法人の株主等である法人）は、前述のとおり、平成19年度税制改正において三角合併等対応税制が創設された際に追加されたものである。

　ところで、ヤフー・IDCF事件では、法人税法132条の2に基づき否認することができる行為又は計算は、法人税につき更正又は決定を受ける法人の行為又は計算に限られるかという問題が争点の一つとなった。この点、ヤフー・IDCF事件一審判決は、法人税法132条の2の規定に基づき

否認することができる行為又は計算は、法人税につき更正又は決定を受ける法人の行為又は計算に限られず、同条により否認することができる行為又は計算の主体である法人と法人税につき更正又は決定を受ける法人とは異なり得ると判示しており、この判示はヤフー事件控訴審判決及びIDCF事件控訴審判決でも踏襲されたところである。そして、ヤフー事件最高裁判決及びIDCF事件最高裁判決では、組織再編成の形態や方法は複雑で多様であるため、これを利用する巧妙な租税回避が行われやすいことから法人税法132条の2が設けられたというその趣旨と、平成19年度税制改正前の規定も行為又は計算の主体である法人を更正又は決定を受ける法人に限定していなかったところ、平成19年度税制改正が行為又は計算の主体である法人を更正又は決定を受ける法人に限定するものであるとはうかがわれないという改正の経緯等を踏まえ、法人税法132条の2に基づき否認することができる行為又は計算は、法人税につき更正又は決定を受ける法人の行為又は計算に限られるものではないと結論づけている。

(3) 「不当に」という文言の意義

　法人税法132条の2は、その適用要件として、問題となる行為・計算が、適用対象となる法人の「法人税の負担を不当に減少させる結果となる」ものであることを挙げているが、ここでいう「不当に」の意義は、それがいわゆる不確定概念であるだけに不明確であって、それについて明示的に議論している判例・学説等も、ヤフー・IDCF事件一審判決が登場するまでは、ほとんど見られなかった。

イ　ヤフー・IDCF事件一審判決並びにヤフー事件控訴審判決及びIDCF事件控訴審判決

　この点、従来の学説の大勢では、法人税法132条の2の「不当に」の意義につき、同法132条1項にいう「不当に」の意義とパラレルに解すべきことを前提に、問題となる行為・計算が「異常ないし変則的」であること

や「異常、不合理」であることが重視されてきた。これに対し、ヤフー・IDCF事件一審判決並びにヤフー事件控訴審判決及びIDCF事件控訴審判決は、このような従来の学説の大勢とは異なり、法人税法132条の2所定の「法人税の負担を不当に減少させる結果となると認められるもの」は、「(i)法132条と同様に、取引が経済的取引として不合理・不自然〔注：ヤフー事件控訴審判決では、この部分は「不自然・不合理」と修正されている〕である場合」に限られるものではないと判示したばかりか、「(ii)組織再編成に係る行為の一部が、組織再編成に係る個別規定の要件を形式的には充足し、当該行為を含む一連の組織再編成に係る税負担を減少させる効果を有するものの、当該効果を容認することが組織再編税制の趣旨・目的又は当該個別規定の趣旨・目的に反することが明らかであるものも含む」と判示して、学界及び実務に衝撃を与えた。

更に、これらの判決は、以上に続けて、「組織再編成を構成する個々の行為について個別にみると事業目的がないとはいえないような場合であっても、当該行為又は事実に個別規定を形式的に適用したときにもたらされる税負担減少効果が、組織再編成全体としてみた場合に組織再編税制の趣旨・目的に明らかに反し、又は個々の行為を規律する個別規定の趣旨・目的に明らかに反するときは、上記(ii)に該当するものというべき」であると述べ、法人税法132条の2の適用範囲を、従来一般に考えられていたよりも大きく拡張していた。これによれば、①組織再編成それ自体やそれを構成する個々の行為については「異常ないし変則的」とまではいえず、また、「正当な理由ないし事業目的」がないとはいえないような場合でも、法人税法132条の2による否認の対象となり得るばかりでなく、②組織再編税制に含まれる個別の規定において一定の課税上の効果が発生するための要件が厳格に定められている場合でも、同条により当該要件の充足が否認され得ることになる。このような拡張的な解釈は、法人税法132条の2が同族会社の行為計算否認規定と「類似」ないし「同様」の規定であるとする従来の通説的見解に反しているだけでなく、「不当に」の要件への該

当性を判断するに際して、租税回避行為の概念に関する考え方を手掛かりに、問題となる行為・計算が「異常ないし変則的」であることや「異常、不合理」であることを重視してきた従来の学説の大勢からも大きく逸脱するものとして、厳しい批判に晒された[54]。

ロ　ヤフー事件最高裁判決及びIDCF事件最高裁判決

　ヤフー事件最高裁判決及びIDCF事件最高裁判決は、以上のような下級審の判示内容を大きく変更し、法人税法132条の2にいう「『法人税の負担を不当に減少させる結果となると認められるもの』とは、法人の行為又は計算が組織再編成に関する税制（以下「組織再編税制」という。）に係る各規定を租税回避の手段として濫用することにより法人税の負担を減少させるものであることをいうと解すべきであり、その濫用の有無の判断に当たっては、①当該法人の行為又は計算が、通常は想定されない組織再編成の手順や方法に基づいたり、実態とは乖離した形式を作出したりするなど、不自然なものであるかどうか、②税負担の減少以外にそのような行為又は計算を行うことの合理的な理由となる事業目的その他の事由が存在するかどうか等の事情を考慮した上で、当該行為又は計算が、組織再編成を利用して税負担を減少させることを意図したものであって、組織再編税制に係る各規定の本来の趣旨及び目的から逸脱する態様でその適用を受けるもの又は免れるものと認められるか否かという観点から判断するのが相当である」〔傍点筆者〕と判示した。

　かかる判示は、ヤフー事件及びIDCF事件の下級審判決が示した考え方、即ち、「法人税の負担を不当に減少させる結果となると認められるもの」には、(i)法人税法132条1項所定の不当減少性が満たされる場合と、

---

[54]　例えば、岡村忠生「組織再編成と行為計算否認(1)」税研177号（2014）80－81頁、吉村政穂「『不当に減少』とその判断基準としての経済合理性」税務弘報62巻7号（2014）60－62頁、水野忠恒「東京地裁平成26年3月18日判決（ヤフー事件）の検討―組織再編成と租税回避―」国際税務34巻8号103－105頁参照。

(ii)同法132条の2に特有の場合の両者が含まれるとする考え方（以下、本章において便宜上「二元説」という）を明確に否定し、「法人税の負担を不当に減少させる結果となると認められるもの」とは、抽象的には、「法人の行為又は計算が組織再編税制に係る各規定を租税回避の手段として濫用することにより法人税の負担を減少させるもの」であって、「濫用」にあたるか否かは「当該行為又は計算が、組織再編成を利用して税負担を減少させることを意図したものであって、組織再編税制に係る各規定の本来の趣旨及び目的から逸脱する態様でその適用を受けるもの又は免れるものと認められるか否か」で一元的に判断されるという考え方（以下、本章において便宜上「濫用基準説」という）を採用したものと整理することができよう。

ハ　小　括

　ヤフー事件最高裁判決及びIDCF事件最高裁判決が示した濫用基準説は、法人税法132条の2は同法132条1項に「類似する」又は「同様の」規定であるとの解釈を前提として、法人税法132条1項にいう「法人税の負担を不当に減少させる結果となると認められるもの」とは、抽象的には、「行為又は計算が経済的合理性を欠いている場合」であって、そのような場合とは、具体的には「それが異常ないし変則的で租税回避以外に正当な理由ないし事業目的が存在しないと認められる場合のこと」であると解される以上、法人税法132条の2にいう「法人税の負担を不当に減少させる結果となると認められるもの」とは、「私的経済取引として異常又は変則的で、かつ、租税回避以外に正当な理由ないし事業目的が存在しないと認められる」ものであるとする考え方（前記3(5)で触れた異常変則性・事業目的併用説」）とは、二元説を否定する点では共通しているが、その内容及び力点の中心は若干異なっている。

　即ち、ヤフー事件最高裁判決及びIDCF事件最高裁判決の判示では、①（組織再編成の手順、方法及び形式等に着目した上で、）行為又は計算が

「不自然なものであるか」どうかと、②当該行為又は計算を行うことにつき「税負担の減少以外に」「合理的な理由となる事業目的その他の事由が存在するかどうか」ということが考慮されるものとされており、この点では、行為又は計算が「異常又は変則的」かどうか及び「租税回避以外に正当な理由ないし事業目的が存在しないと認められる」かどうかを基準とする異常変則性・事業目的併用説と似通っているが、ⓐそもそも上記の①と②の双方のテストをクリアすることが法人税法132条の2の不当減少性要件が充足されるための必須の要件とはされていないだけでなく、ⓑ上記①と②とは当該行為又は計算が組織再編税制に係る規定を「濫用する」ものか否かを判断するための考慮事由の一つに過ぎないとされており[55]、更に、ⓒ「濫用する」ものか否かは、最終的には、税負担を減少させる意図があるか否か及び組織再編税制に係る各規定の適用を受ける（又は免れる）ことがそれらの規定の本来の趣旨及び目的から逸脱するか否かという観点からなされるべきものとされている点で大きく異なっている。

　そのため、この判示の下では、理論上は、ヤフー事件控訴審判決及びIDCF事件控訴審判決の判示の下におけるのと同様、ⓘ組織再編成それ自体やそれを構成する個々の行為については「異常ないし変則的」とまではいえず、また、「正当な理由ないし事業目的」がないとはいえないような場合でも、法人税法132条の2による否認の対象となり得るばかりでなく、ⓡ組織再編税制に含まれる個別の規定において一定の課税上の効果が発生するための要件が厳格に定められている場合でも、同条により当該要件の

---

[55] 一方で、ヤフー事件最高裁判決及びIDCF事件最高裁判決の調査官解説では、「①行為・計算の不自然性と、②そのような行為・計算を行うことの合理的な事業目的の不存在は、単なる考慮事情に留まるものではなく、実質的には、法132条の2の不当性要件該当性を肯定するために必要な要素であるとみることができる」〔傍点筆者〕とされている（徳地淳＝林史高「判解」法曹時報69号5号（2017）299頁、69巻6号（同）341頁参照）。

充足が否認され得ることになる[56]。

その意味で、ヤフー事件最高裁判決及びIDCF事件最高裁判決の示した濫用基準説には、納税者の予測可能性を損なう面があることは否定し難い。他方で、ヤフー事件最高裁判決及びIDCF事件最高裁判決は、ヤフー事件控訴審判決及びIDCF事件控訴審判決が示した法人税法132条の2の不当減少性要件に関する緩やかな解釈に一定の歯止めを掛けたものとして、積極的に評価することもできるように思われる。いずれにせよ、この点については今後の裁判例[57]及び学説の蓄積が期待される[58]。

(4) 税負担の減少をもたらす事由

法人税法132条の2は、当該行為・計算によって税負担が減少することをその適用要件として定めているが、同時に、当該税負担の減少が一定の事由によるべき旨を定めている。かかる事由として、法人税法132条の2は、具体的に、

---

[56] そうであるが故に、結論的には、ヤフー事件においてもIDCF事件においても、法人税法132条の2の適用が肯定され、納税者は敗訴することとなったわけである。

[57] 例えば、東証一部上場企業の自動車部品メーカーの納税者（X社）と鋳造加工事業を営む子会社（A社）について、X社とA社との間には5年以上の支配関係があり、欠損金引継ぎの要件（法法57条3項）を満たしていたところ、大要、①X社がA社を消滅会社とする吸収合併、②A社から、A社と名称や役員構成を同じくする新子会社（B社。なお、①乃至③の取引が実行される約2週間前にX社が全額出資して設立）に対する、当該鋳造加工事業に係る棚卸資産の譲渡、及び③X社がB社に対して鋳造加工事業に係る工場建物等及び製造設備を賃貸する契約の締結等を、全て同日のうちに行ったケースについて、課税当局が法人税法132条の2を適用し、A社の繰越欠損金はX社に引き継がれないとして更正処分を行った事案が報じられている。当該処分を是認した国税不服審判所裁決平成28年7月7日（東裁（法）平28－5）は、少なくとも形式的にはヤフー事件最高裁判決及びIDCF事件最高裁判決で示された濫用基準説を踏襲したものとされている（神山弘行「組織再編成と法人税法132条の2」ジュリスト1504号（2017）11頁参照）。本件は東京地裁にて係争中とのことであり（「ヤフー・IDCFに続く否認事例が訴訟に」週刊T&A master703号（2017）11頁）、今後の動向が注目される。

① 組織再編成により移転する資産及び負債の譲渡に係る利益の額の減少又は損失の額の増加
② 法人税の額から控除する金額の増加
③ 法人の株式の譲渡に係る利益の額の減少又は損失の額の増加
④ みなし配当金額の減少
⑤ その他の事由

という5つを挙げているが、解釈論上は、同条の適用範囲の外延を画す上でも、最後の⑤「その他の事由」の意義が特に問題となる。この点は従来余り議論されてこなかったところであるが、論理的には、(a)上記①から④までに類似する事由に限定されるものと解する方向（限定説）と(b)法人税負担を減少させる結果となる事由を広く含むと解する方向（非限定説）とがあり得る。また、これらとは別の角度からの議論として、論理的には、(x)税負担の減少が組織再編行為の「直接的な」効果としてなされるものであることを要するか（直接効果限定説）、それとも、(y)組織再編行為の結果生み出された状態に基づいて「間接的に」生じるような場合でも足りるか（間接効果包含説）、ということも問題となり得る。

---

58 金子名誉教授も、法人税法132条の2について「『税負担を不当に減少させる』とは、法人の組織再編成にかかる租税減免規定（課税繰延規定を含む）の趣旨・目的に適合しないにもかかわらず、税負担の軽減または排除を唯一のまたは主要な目的として、私法上の形成可能性を異常または変則的な態様で利用すること（濫用）によって、自己の行為や計算を減免規定の要件を充足させるように仕組むことである」として、ヤフー事件最高裁判決及びIDCF事件最高裁判決を踏まえた具体的な解釈論を展開しつつも、「この規定の解釈・適用については、同族会社の行為・計算の否認の場合と同様に、公平な税負担の確保と法的安定性の維持という2つの相反する要請の調整に細心の注意を払う必要がある」と述べ、具体的な解釈・適用に関してはなお問題が残されていることを示唆している（金子・前掲（注13）488－489頁）。また、水野・前掲（注5）566頁も「個別事例の集積により適用基準が明確化されることが必要である」とする。一方、濫用基準説の実質的内容は経済合理性基準説であるとして、同説への収斂を説くものとして谷口勢津夫『税法基本講義〔第6版〕』（弘文堂、2018）73頁参照。

この点、法人税法132条の2が、組織再編行為の態様や方法が多岐に亘ることを踏まえ、一般的な行為計算否認規定として設けられたことを重視すれば、「その他の事由」を広く捉えて(b)非限定説を採り、更に、(y)間接効果包含説を採って、現物出資その他の組織再編行為を「起点」として「間接的な」税務上のメリットを得るような行為も、同条の射程の内に含めるべきということになろう。因みに、組織再編税制が導入された平成13年度税制改正の立案担当者は、法人税法132条の2が想定する典型的な否認対象事例として、㋑繰越欠損金や含み損のある会社を買収し、その繰越欠損金や含み損を利用するために組織再編成を行うこと（なお、平成18年度税制改正で創設された法人税法57条の2参照）、㋺複数の組織再編成を段階的に組み合わせることなどにより、課税を受けることなく、実質的な法人の資産譲渡や株主の株式譲渡を行うこと、㋩相手先法人の税額控除枠や各種実績率を利用する目的で組織再編成を行うこと[59]、㋥株式の譲渡損を計上したり、株式の評価を下げたりするために分割等を行うこと、といった事例を挙げており[60]、これらのうち、特に㋩や㋥（就中、株式の評価を下げるために分割等を行うこと）まで法人税法132条の2の射程に含めていることからすれば、(b)非限定説、且つ(y)間接効果包含説を正当とする立場に立っているのではないかと考えられる。

　しかしながら、特に㋥所定の株式の譲渡損の計上や株式の評価を引き下

---

[59] この㋩の事例の具体例としては、例えば、合併を行って資本金や所得金額等を増加させて、外国税額控除枠や貸倒引当金の繰入額又は寄附金損金算入限度額を引き上げる方法や、会社分割によって資本金の額を引き下げて、全体としての交際費の損金算入額の増額を図る方法（以上につき、成道秀雄「組織再編成における租税回避行為」日本税務研究センター編『同族会社の行為計算の否認規定の再検討―租税回避行為との関係を含めて―』（財経詳報社、2007）175頁参照）などが挙げられている。

[60] 以上の㋑から㋥までにつき、中尾ほか・前掲（注31）244頁を参照。また、平成29年度税制改正及び平成30年度税制改正によって認められるようになった、多段階組織再編成による繰越欠損金の移転に対する行為計算否認について、佐藤信祐「多段階組織再編の税務上の留意点」経理情報1516号（2018）59-62頁も参照。

げること[61]などは組織再編行為を用いなくとも行い得るものであり、通常の取引行為等を用いた場合と異なって、たまたま組織再編行為を「手段」として用いた場合の・み・、行為計算否認の対象となるというのは、余りに衡平を失するのではないかと思われる。

　それ故、仮に上記の(y)間接効果包含説を採るとしても、法人税法132条の２の適用範囲は、少なくとも、組・織・再・編・行・為・を・用・い・る・こ・と・に・よ・っ・て・の・み・初めて問題となる結果（税負担の減少）が生じる場合に限定すべきではないだろうか。

　また、そもそも、(b)非限定説はともかくとして、上記の(x)直接効果限定説の代わりに(y)間接効果包含説まで採用する場合には、法人税法132条の２の適用範囲が余りに広汎、且つ不明確になり過ぎるようにも思われる[62]。従って、前記㈧のような類型は、最判平成17年12月19日民集59巻10号2964頁〔外国税額控除りそな銀行事件〕[63]が採用した、いわゆる課税減免規定の限定解釈の手法（一定の政策目的を実現するために税負担を免除ないし軽減している規定に形式的には該当し得る行為や取引であっても、税負担の回避・軽減が主な目的で、その規定の本来の政策目的とは無縁であるという場合に、その規定がもともと予定している行為や取引には当たらないと考えて、その規定の縮小解釈ないし限定解釈によって適用を否定

---

[61] 株式の評価を引き下げる事例としては、例えば、利益の出ている事業を会社分割で子会社に移し、（類似業種比準方式での）親会社株式の相続税評価額を引き下げる行為（武田・前掲（注10）5603の３頁及び5604頁参照。なお、佐藤・前掲（注49）31頁参照）などが挙げられている。これについては、法人税法132条の２の適用範囲の外延が余りに不明確になり過ぎるとの批判がある（例えば、佐藤・前掲（注49）９頁は、この類型は、法人税法132条の２の適用によって解決すべきではなく、時価の妥当性の問題として処理すれば足りるとする。なお、財産評価基本通達第６項参照）。

[62] 太田洋「〔講演録〕組織再編行為と否認」租税研究2011年７月号80頁参照。また、これに言及するものとして、秋元秀仁「組織再編成に係る行為又は計算の否認規定（法132条の２）の適用の是非」国税速報6315号（2014）19頁がある。

[63] なお、最判平成18年２月23日訟務月報53巻８号2461頁〔外国税額控除UFJ銀行事件〕も、ほぼ同趣旨の判示をしている。

するという否認の手法[64,65]）を、組織再編税制の税制適格要件や法人税法所定の他の課税減免規定についても応用すること[66]によって対応すべきように思われる。いずれにせよ、この「税負担の減少」をもたらす事由とは何かは、法人税法132条の2の適用範囲の外延を画す上でも非常に重要で

---

[64] 金子・前掲（注13）131-132頁、中里実「政策税制の政策目的に沿った限定解釈」税研22巻2号（2006）75頁（以下「中里・税研論文」として引用する）、中里実「租税法における事実認定と租税回避否認」金子宏編『租税法の基本問題』（有斐閣、2007）121頁を参照。

[65] なお、一定の政策目的を有する「課税規定」の限定解釈の手法が、現実に課税当局の実務において用いられた例ではないかと解されるものとして、近時、国税庁制定の移転価格事務運営要領改正によって新設された、同運営要領2-2(3)ロがある。即ち、中里・税研論文79頁は、移転価格税制に係る租税特別措置法の規定は、一定の政策目的を有する「課税規定」の一例である旨指摘しているところ、上記移転価格事務運営要領2-2(3)ロは、国外関連取引の当事者が共同出資会社（合弁会社）である場合、「その出資者など国外関連取引の当事者以外の者が当該国外関連取引に係る取引条件等の交渉の当事者となる場合があること。また、当該交渉において独立企業原則を考慮した交渉が行われる場合があること」に配慮し、50対50の出資比率で設立された海外合弁会社と一方の合弁当事者である内国法人との取引については、移転価格税制の各要件を形式的な解釈・適用に基づく機械的な課税処分を行うべきではない旨を強く示唆している。その詳細については、国税庁HP（《http://www.nta.go.jp/law/zeiho-kaishaku/jimu-unei/hojin/kaisei/010601/02.htm》）参照。

[66] 吉村政穂「判批」判例評論572号（2006）26頁を参照。なお、前述のとおり、課税減免規定のみならず、一定の政策目的を有する「課税規定」についても、外国税額控除りそな銀行事件最高裁判決の採用した限定解釈論が適用され得る旨を説くものとして、中里・税研論文77頁以下及び中里実「タックスヘイブン対策税制と子会社の赤字」西村あさひ法律事務所＝西村高等法務研究所編『西村利郎先生追悼論文集　グローバリゼーションの中の日本法』（商事法務、2008）234頁参照。また、ヤフー事件最高裁判決及びIDCF事件最高裁判決を踏まえ、伝統的通説である金子説が「租税回避否認規定であるとされる法132条・132条の2の不当性要件と、効果において否認されたのと同じになるにすぎない限定解釈の法理の要件を一元的に説明できる学説を構築し、それが最高裁にも受け入れられているのが現況であるとの分析がありうる」と、法人税法132条の2と限定解釈の法理の連続性を指摘するものとして、長戸貴之「『分野を限定しない一般的否認規定（GAAR）』と租税法律主義」フィナンシャル・レビュー129号（2017）181-188頁参照。

あり、今後の判例及び学説の蓄積を通じてその解釈が明確化することが強く期待される。

(5) **主観的な租税回避目的の要否**

　法人税法132条の2の適用要件については、主観的な租税回避の意図ないし目的が存在することまで必要か、という点も問題となる。この点、法人税法132条1項（同族会社の行為計算否認規定）については、前述のとおり、主観的な租税回避目的の存在は要件ではないとするのが通説及び判例である。従って、法人税法132条の2が、前述のとおり、同族会社の行為計算否認規定と「類似する」又は「同様の」規定であるとするなら、主観的な租税回避の意図ないし目的の存在は、同条の適用要件ではないと解するのが自然であろう。

　もっとも、ヤフー事件最高裁判決は、前記(3)ロで述べた法人税法132条の2の不当減少性要件の意義に関する一般論（濫用基準説）に即して、当該不当減少性要件が充足され、同条が適用される結果、法人税法施行令112条7項5号（現3項5号）所定の特定役員引継要件の充足が認められないこととなるかを判断しているところ、法人税法132条の2による否認を正当化する事情として、以下の具体的事実を認定する等している。即ち、同判決は、まず、「本件の一連の組織再編成に係る行為は、……IDCSの利益だけでは容易に償却し得ない約543億円もの未処理欠損金額（本件欠損金額）を〔ヤフー〕の欠損金額とみなし、これを〔ヤフー〕の損金に算入することによりその全額を活用することを意図して、……ごく短期間に計画的に実行されたもの」であって、かかる本件欠損金額全額の活用のためには特定役員引継要件が充足される必要があったと認定した上で、「本件では、……従来のIDCSの特定役員については、本件合併後に〔ヤフー〕の特定役員となる事業上の必要性はないと判断され、実際にそのような予定もなかったため、本件合併後に〔井上氏〕が〔ヤフー〕の代表取締役社長の地位にとどまってさえいれば特定役員引継要件が満たされるこ

ととなるよう、本件買収の前に〔井上氏〕がIDCSの取締役副社長に就任することとされたものということができる」と認定し、本件副社長就任は、「法人税の負担の軽減を目的として、特定役員引継要件を満たすことを意図して行われたものである」〔傍点筆者〕と判示した（本件副社長就任が、法人税軽減のために特定役員引継要件を充足させる意図でなされたことの指摘）。そして、続けて、本件においては、①本件副社長就任は、ソフトバンクの代表取締役社長である孫社長の依頼を受けてなされたものであるところ、かかる「依頼の前からIDCSと〔ヤフー〕においてその事業上の目的や必要性が具体的に協議された形跡はないこと」、②「本件提案、本件副社長就任、本件買収等の行為は……ごく短期間に行われたものであって、〔井上氏〕がIDCSの取締役副社長に就任していた期間もわずか3か月程度であり、本件買収により特定資本関係が発生するまでの期間に限ればわずか2か月程度にすぎないこと」、③井上氏がIDCSの取締役副社長として行っていた「業務の内容は、おおむね本件合併等に向けた準備やその後の事業計画に関するものにとどまること」、④井上氏は、IDCSの「取締役副社長となったものの、代表権のない非常勤の取締役であった上、具体的な権限を伴う専任の担当業務を有していたわけでもなく、IDCSから役員報酬も受領していなかったこと」等の事情を認定し、「これらの事情に鑑みると、〔井上氏〕は、IDCSにおいて、経営の中枢を継続的かつ実質的に担ってきた者という……特定役員引継要件において想定されている特定役員の実質を備えていたということはできず、本件副社長就任は、本件合併後に〔井上氏〕が〔ヤフー〕の代表取締役社長の地位にとどまってさえいれば上記要件が満たされることとなるよう企図されたものであって、実態とは乖離した上記要件の形式を作出する明らかに不自然なものというべきである」と判示した（本件副社長就任が実態とは乖離した特定役員引継要件の形式を作出する明らかに不自然なものであったことの指摘）。そして、上記①に照らせば、IDCS及びヤフーにおいて「事前に本件副社長就任の事業上の目的や必要性が認識されていたとは考え難

い」こと、また、上記③の井上氏のIDCSにおける業務内容や、上記②及び④の井上氏の取締役副社長としての在籍期間や権限等にも鑑みると、「本件副社長就任につき、税負担の減少以外にその合理的な理由といえるような事業目的等があったとはいい難い」旨判示している（税負担の減少以外に本件副社長就任を行うことの合理的な理由となる事業目的等が存しなかったことの指摘）。同判決は、これらの検討を踏まえて、「以上を総合すると、本件副社長就任は、組織再編成を利用して税負担を減少させることを意図したものであって、適格合併における未処理欠損金額の引継ぎを定める〔法人税〕法57条2項、みなし共同事業要件に該当しない適格合併につき同項の例外を定める同条3項及び特定役員引継要件を定める〔法人税法〕施行令112条7項5号の本来の趣旨及び目的を逸脱する態様でその適用を受けるもの又は免れるものと認められるというべき」であるので、法人税法132条の2の不当減少性要件は充足されており、結論的に、同条を適用することは認められる旨判示した。

　以上のとおり、ヤフー事件最高裁判決が、本件副社長就任が、法人税軽減のために特定役員引継要件を充足させる意図でなされたことを明示的に認定し、この点を重視していることからすると、同判決は、法人税法132条の2を適用するための独立の要件としては租税回避の意図・目的を要求しないものの、同条所定の不当減少性要件の解釈という形で、同条を適用するためには、(i)租税回避の意図・目的が存在しており、かつ、(ii)問題となる取引を行うに際して、租税回避の意図・目的が正当な事業上の目的に優越していることが必要であること（しかも、恐らくはそれを課税当局側で立証すること）を、（少なくとも暗黙裡には）前提としているように思われる[67]。

　なお、この点については、紙幅の関係上詳細は省略するが、IDCF事件

---

[67] 太田洋「関連企業間取引の税務否認を巡る近時の裁判例」金子宏監修『現代租税法講座第3巻　企業・市場』（日本評論社、2017）266頁注40・277頁及び太田・前掲（注27）50-51頁注12参照。

最高裁判決も同様の立場を採っているものと解される[68]。いずれにせよ、この点については、今後、裁判例や学説等で更に議論が深められることが期待される。

7 法人税法132条の2の適用の効果

　法人税法132条の2が適用され、「行為」の否認がなされたときは、従来、当事者が用いた私法上の法形式は租税法上無視され、通常用いられる私法上の法形式に対応する課税要件が充足されたものとして取り扱われる（税務署長は、それに基づいて税額等を計算することになる）べきであると一般的に解されてきたところである。しかしながら、IDCF事件一審判決及び同控訴審判決（並びにそれらの結論を暗黙裡に前提とした判示を行っているIDCF事件最高裁判決）によって、前記6(1)で前述したとおり、「行為」の否認には、ⓐ当事者が用いた私法上の法形式を課税上無視し、通常用いられる私法上の法形式に対応する課税要件が充足されたものとして取り扱うという類型だけでなく、ⓑ一定の課税上の効果Xと結び付けられた事実行為xを別の事実行為yに読み替えることや、当該事実行為xが存在しなかったものとして取り扱うことまで含まれることが明らかとなった[69]。それでは、そのような事実行為xの読み替えに関して、具体的にどのような「読み替え」をすることまでが可能なのであろうか。

　この点、結論的には、①当該事実行為xを課税上の効果Xと結び付かない別の内容の事実行為yと読み替えること、及び②当該事実行為xは「行われなかった」と看做すことまでは、論理的に可能であるように思われるが、更に進んで、③当該事実行為xと他の行為又は事実（行為）zとの時

68　この点の詳細については、太田・前掲（注67）282－284頁等参照。
69　この点の詳細については、太田・前掲（注67）280－281頁参照。

間的先後関係が入れ替わったと看做すことや、㋥実際には行われていない事実行為が「行われた」ものと看做すことは、法人税法132条の2柱書の文理に照らして、租税法律主義の観点から困難ではないかと思われる[70]。

　法人税法132条の2に基づく「行為」の否認に関しては、上記に加えて、同条の適用の効果として、㋑複数の組織再編行為を課税上一体の組織再編行為又は取引（売買等）と看做すこと[71]や、㋺単一の組織再編行為を課税上複数の（組織再編行為ではない）取引（売買等）に分解すること、㋩単一の組織再編行為を課税上複数の組織再編行為に分解すること、更には㋥複数の取引行為（売買等）を課税上一体の組織再編行為と看做すことが可能であるかも、それぞれ解釈論上問題となる。この点、上記㋑から㋩までは、法人税法132条の2の文理に照らしても、解釈論上可能であるように思われるが、上記㋥に関しては、同条各号の文理との関係で、やはり解釈論上無理なように思われる。かかる否認を行うためには、いわゆる「私法上の法律構成に基づく『否認』」の理論（納税者が行ったと主張する、税負担の免除・軽減をもたらす私法上の行為ないし取引について、慎重に事

---

[70] この点の詳細については、太田洋「ヤフー・IDCF事件に関する司法判断とM&A実務への影響」太田洋＝伊藤剛志編『企業取引と税務否認〜税務否認を巡る重要判例の分析〜』（大蔵財務協会、2015）119頁参照。

[71] 平成13年度税制改正の立案担当官は、複数の組織再編成を段階的に組み合わせることなどにより、課税を受けることなく、実質的な法人の資産譲渡や株主の株式譲渡を行う行為を例示している（中尾ほか・前掲（注31）244頁参照）。このような事例としては、例えば、ⅰ）他の法人の土地を取得する際に、その法人を株式交換によって完全子法人化し、爾後、当該法人からの現物出資によって土地を取得する方法を用いる行為（完全子会社からの現物出資は適格現物出資に該当（法法2条12号の14イ）し、当該土地の含み益は課税所得に含まれないため、売買によって取得した場合には課税所得とされていたはずの土地の含み益が、課税所得から除かれることになる。以上、成道・前掲（注59）175頁参照）や、ⅱ）適格合併を実施する前に、含み損失を有する資産のみを抽出して合併法人に資産譲渡し、爾後、適格合併を行うというスキームを採用する行為（適格合併によって移転していれば課税所得計算の基礎とされなかったはずの当該資産の含み損失が損金算入され、課税所得が減少する。以上につき、佐藤・前掲（注49）105-106頁参照）等が議論されている。

実認定及び法律行為の解釈を行った結果、納税者の主張と異なる私法上の真実の法律関係を認定し、その真の法律関係に則した課税を行うというもの[72])を用いる以外にないであろう。なお、この問題に関連して、米国において判例上認められている、いわゆる「ステップ・トランザクションの法理」(段階取引の法理)がわが国でも妥当する余地があるかという問題については、次の 8 において触れることとする。

以上、「行為」の否認について述べてきたが、「計算」の否認がなされたときは、例えば、不適切な取引価格で行われた組織再編行為につき、組織再編の法形式は当事者が採用したものを前提とした上で、当該組織再編所定の対価の価格についてのみ、時価に引き直して課税所得が計算されることになる。

8 「ステップ・トランザクションの法理」(段階取引の法理)

IBM 事件控訴審判決は、米国において租税回避否認の法理として判例上用いられている step transaction doctrine、即ち、「ステップ・トランザクションの法理(段階取引の法理)」に近い判断枠組みを用いているのではないかと指摘されている[73]。

そもそも、IBM 事件の事案は、次のようなものであった(後掲の【図14-1】参照)。即ち、IBM グループは、2001年から2004年にかけて、北米、欧州及び日本を含む事業上主要と考えられる地域に、地域又は国単位の中間持株会社を置くことによるグループ会社再編を行うこととし、日本

---

72 金子・前掲(注13)132-133頁参照。この私法上の法律構成に基づく『否認』の理論について議論状況を整理するに、浅妻章如「なるべくわかりやすく知りたい金子租税法の租税回避の考え方」税務弘報64巻1号(2016)90-91頁も参照。
73 太田・前掲(注67)252-253頁参照。

においても中間持株会社として有限会社アイ・ビー・エム・エイ・ピー・ホールディングス（以下、本章において「IBMAP」という）を設置し、その下に、日本IBM等4社を置くこととする組織再編を実施することとした。そして、その一環として、米国IBMの子会社であるIBM World Trade Corporation（米国IBMの海外の関連会社を統括する持株会社。以下、本章において「米国WT」という）が、グループ外の第三者から、それまで休眠有限会社であったIBMAPを買収し、それによって米国WTの100％子会社となったIBMAPは、米国WTから日本IBM等4社の発行済株式の全てを買収し（以下、本章において「本件株式購入」という）、その買収対価の一部を米国WTからの増資（以下、本章において「本件増資」という）によって得た資金で賄った上で、残額については準消費貸借とした（以下、本章において「本件融資」という）。そして、かかるグループ会社再編後に、日本IBMは、2002年、2003年及び2005年の3回に亘って自社株買いを行い、IBMAPは、本件株式購入における1株当たりの購入価格とほぼ同額の1株当たりの譲渡価格で日本IBMに対して同社株式（以下、本章においてまとめて「本件株式」という）を譲渡し（以下、本章において「本件各譲渡」という）、本件各譲渡の譲渡代金として日本IBMから受け取った金額を、本件融資の返済のために米国WTに送金した。本件各譲渡の結果、IBMAPにはみなし配当と同額の株式譲渡損失が発生し、それは各事業年度の法人税の確定申告において繰越欠損金として計上されていた。

【図14－1】 IBM事件の事実関係

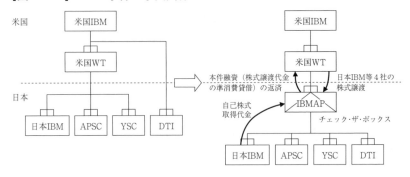

　かかる事実関係の下で、課税当局側は、控訴審段階から新たに、上記で述べた本件一連の行為は、IBMグループが日本国内において負担する源泉所得税額を圧縮しその利益を米国IBMに還元すること（以下、本章において「本件税額圧縮」という）の実現のために一体的に行われたものであるところ、法人税法132条１項所定の不当減少性要件が充足されるか否かにつき独立当事者間取引基準説（前記３(5)参照）を採ることを前提に、本件一連の行為は、独立当事者間の通常の取引とは明らかに異なるもので経済的合理性を欠くものであって、その結果、IBMAPは、本件税額圧縮を実現しただけでなく、本件各譲渡による巨額の有価証券譲渡に係る譲渡損失額を計上し、（当該譲渡損失額に由来する繰越欠損金の連結損金への算入を通じて、最終的に）法人税の負担を減少させているので、本件一連の行為の一部を構成する本件各譲渡を容認した場合には「法人税の負担を不当に減少させる結果となると認められるものがあるとき」に当たる、と主張した。

　これに対して、IBM事件控訴審判決は、上記の課税当局側の主張に沿って、本件一連の行為が、本件税額圧縮の実現のために一体的に行われたものか否かについて検討し、本件でIBMAPを中間持株会社とすること、即ち、「本件各譲渡以外の本件一連の行為（米国WTによる〔IBMAP〕の持分取得、本件増資、本件融資及び本件株式購入）は、日本IBMから米

国 IBM への利益還元に係る日本の源泉所得税の負担を軽減すること」、言い換えれば、「本件税額圧縮の実現も重要な目的として、米国 IBM が決定した計画に従って実施されたものであることが明らかである」〔傍点筆者〕と認定したが、それにも拘らず、同判決は、そうであるとしても、本件各譲渡については、「本件税額圧縮の実現のため、〔IBMAP〕の中間持株会社化（米国 WT による〔IBMAP〕の持分取得、本件増資、本件融資及び本件株式購入）と一体的に行われたことを認めるに足りる証拠はない」〔傍点筆者〕と判示して、結論的には、納税者（IBMAP）側全面勝訴の判決を下した。

このように、IBM 事件控訴審判決は、課税当局側の主張に対応した形ではあるものの、ステップ・トランザクションの法理（段階取引の法理）に近い判断枠組みを用いたようにも見える。

この「ステップ・トランザクションの法理（段階取引の法理）」とは、法形式的には別個独立の一連の取引を、裁判所が実質に応じ、税務上、一つの取引として取り扱うことを許容する原則である。この法理の下では、裁判所は、統合された個別の取引を無視し、その取引に関する課税上の効果の発生を否定することができるものとされる[74]。

この点、わが国では、一般に、課税は私法上の取引を前提として行うべきとの原則が存在するものと考えられており、当事者の意思を無視して、課税の観点から、単一の私法上の取引ないし行為（以下、本章において「取引等」という）を複数の取引等に分解し、それら複数の取引等の存在を前提に課税することや、逆に、複数の取引等を単一の取引等に引き直し、そのように引き直された単一の取引等を前提に課税することは、法人税法132条1項や同法132条の2などの明文の否認規定に依らない限り、明文なき租税回避の否認（当事者が意図した私法上の法律関係を無視する課

---

[74] Joshua D. Blank and Nancy C. Staudt, *Corporate Shams,* 87 N.Y.U.L. REV. 1641, 1651（2012）.

税）を行うに等しく、租税法律主義に抵触するものとして、そもそも許されないものと考えられる[75]。このことは、場面は異なるものの、「いわゆる租税法律主義の下においては、法律の根拠なしに、当事者の選択した法形式を通常用いられる法形式に引き直し、それに対応する課税要件が充足されたものとして取り扱う権限が課税庁に認められているものではない」とした、いわゆる相互売買事件に関する東京高判平成11年6月21日高裁民集52巻1号26頁[76]の趣旨からも導き出すことができると解される。

それ故、わが国では、租税事件の処理に際して「ステップ・トランザクションの法理（段階取引の法理）」の考え方を応用することができるか、できるとして具体的にどのように応用すべきかという問題は、法人税法132条1項や同法132条の2などの行為計算否認規定との関係で、「複数の行為ないし取引（又は計算）を課税上一体の行為ないし取引（又は計算）と看做すこと」がどのような要件の下で認められるべきか、という問題に還元されるものとして議論されてきた。具体的には、「複数の行為ないし取引（又は計算）」が相互にどのような関係にある場合に、法人税法132条1項や同法132条の2などでいう「不当減少性要件」が充足されることに

---

[75] 財務省主税局において法人税法改正等に従事していた佐々木浩氏は、「日本の組織再編税制は、構造的にステップトランザクションの考え方をとっていなくて、その時点、その時点で決着を付けるという考え方で整理されています。……もちろん、行為計算否認規定あたりの適用まで考えるのであればそれもありますけれども、一般的にはそうではない」と述べている（仲谷修＝栗原正明＝中村慈美＝佐々木浩＝武井一浩「座談会 企業組織再編税制及びグループ法人税制の現状と今後の展望」大蔵財務協会編『企業組織再編税制及びグループ法人税制の現状と今後の展望』（大蔵財務協会、2012）69－70頁）。なお、平成29年度税制改正を経た後の同氏によるステップ・トランザクションの法理に関する発言として、佐々木浩＝合間篤史＝武井一浩＝諸星健司「誌上座談会 平成29年度税制改正の趣旨と実務への影響〈下〉」税務通信3455号（2017）40－41頁参照。

[76] 最二小決平成15年6月13日税資253号順号9367による上告不受理決定により確定。

なるのか、という問題である[77]。この点、米国では、「ステップ・トランザクションの法理（段階取引の法理）」が適用され、単一の取引として課税すべき取引か否かを判断する基準としては、以下の3つの基準があると指摘されている[78]（なお、①、②、③の順で「単一の取引」として取り扱われる範囲が拡大する[79]）。

①拘束的約定基準： 第1の段階において第2の段階が続くことが拘束力ある合意をもって約束されている場合にのみ、両段階を単一の取引として取り扱う旨の判断基準
②相互依存基準： 複数の段階が全て完了しない限り、その全部又は一部の段階が意味を失ってしまう場合に、それらを単一の取引として取り扱う旨の判断基準
③最終結果基準： 複数の段階が、最終の結果を実現するために当初から意図された計画の一部に過ぎない場合に、それらを単一の取引として取り扱う旨の判断基準

なお、上記①から③までの各基準のうち、どの基準をどのような場合に

---

[77] 川端一真「複数の組織再編等の組み合わせによる租税回避とその否認－取引の一体的把握の是非をめぐって－」第23回租税資料館賞租税資料館奨励賞入賞作品（2014）（《http://www.sozeishiryokan.or.jp/award/023/008.html》にて閲覧可能）146－147頁参照。

[78] Yoram Keinan, *Rethinking the Role of the Judicial Step Transaction Principle and a Proposal for Codification*, 22 AKRON TAX J. 45,61-74（2007）。なお、段階取引の法理については、例えば、大石篤史「M&Aにおける租税回避問題の検討〔上〕－米国の議論からの示唆－」旬刊商事法務1710号（2004）43－44頁、岡村忠生「グレゴリー判決再考－事業目的と段階取引－」税務大学校論叢40周年記念論文集（2008）129－130頁、川端一真「複数の組織再編等の組み合わせによる租税回避とその否認〔2〕－米国における否認ルールからの示唆－」福岡大学大学院論集45巻2号（2013）245－263頁及び川端・前掲（注77）103－122頁参照。

[79] 岡村・前掲（注78）129－130頁参照。

適用すべきかの統一的なルールは現状では存在せず、それら相互間における適用順序や排他性が定まっているわけでもないとされている[80]。

然るに、IBM事件に関しては、控訴審段階における課税当局側の主張を見る限り、課税当局は、本件一連の行為が、本件税額圧縮（IBMグループが日本国内において負担する源泉所得税額を圧縮しその利益を米国IBMに還元すること）の実現のために行われたことを立証することで、法人税法132条1項の不当減少性要件が充足されることが立証できると考えているようであって、上記①から③までの判断基準の中では、上記③の基準に依拠していたのではないかと推測される（課税当局は、ここでいう「最終の結果」を「本件税額圧縮の実現」と捉えていたものと考えられる）。しかしながら、IBM事件控訴審判決は、本件一連の行為のうち本件各譲渡（IBMAPが日本IBMによる自社株買いに応じて行った本件株式の各譲渡）は、「日本IBMから米国IBMへの利益還元に係る日本の源泉所得税の負担を軽減すること」（即ち、本件税額圧縮の実現）とはそもそも直接関係ない（本件株式購入を行うか否かは本件税額圧縮が実現するか否かとは直接関係ない）と指摘して、課税当局側の主張を排斥したわけである。そして、IBM事件控訴審判決が、本件各譲渡はそれ自体で独立当事者間の通常の取引と異なるものであり経済的合理性を欠くといえるかを検討していることに鑑みると、これによって、同判決は、実質的には、本件で問題となった「本件各譲渡による巨額の株式譲渡損失」に起因するIBMAPの法人税額減少の効果を直接的にもたらした同族会社の行為が、「純粋経済人として不合理、不自然」な行為計算（即ち、「経済的合理性を欠く」と認められる行為計算）と一体として捉えられるものでなければ、法人税法132条1項にいう「これを容認した場合には法人税の負担を不当に減少させる結果となると認められるもの」には該当しないという解釈を示したのではないかと考えられる。

80　川端・前掲（注78）120頁参照。

言い換えれば、IBM 事件控訴審判決は、法人税法132条１項の適用のためには「不合理、不自然な」行為計算が法人税負担の減少に「直接」向けられたものでなくとも構わないが、少なくとも、問題となった法人税額の減少に直接つながった行為計算が「純粋経済人として不合理、不自然」な行為計算（即ち、「経済的合理性を欠く」と認められる行為計算）と一体として捉えられるものであることを要する、との解釈（一体性要求説）を示したものと考えられる。

　いずれにせよ、本件で問題となっている「本件各譲渡による巨額の株式譲渡損失」に起因する IBMAP の法人税額減少の効果は、直接的には本件各譲渡によってもたらされているのであるから、課税当局としては、本件各譲渡がそれ自体で独立当事者間の通常の取引と異なるものであり経済的合理性を欠くといえない（実際、IBM 事件控訴審判決は結論的にそのように判断している）のであれば、法人税法132条１項を適用するためには、本件株式購入も（課税当局側の主張においては「不合理、不自然」な一連の行為として位置づけられる）本件税額圧縮の実現を目的とした一連の行為の一環を成すものであることを立証する必要があったはずであり、それができなかった以上、IBM 事件控訴審判決の上記判断はある意味で当然の判断であって、課税当局側の主張自体に根本的欠陥があったといわざるを得ない。

　その意味で、本件では、たとえ裁判所が「ステップ・トランザクションの法理（段階取引の法理）」の考え方を採用し、かつ、上記③の最終結果基準を採用することを肯定したとしても、そもそも課税当局側の主張が認められる余地はなかったものといえ、結論的には、「複数の行為ないし取引（又は計算）」が相互にどのような関係にある場合に、法人税法132条１項や同法132条の２などでいう「不当減少性要件」が充足されることになるのか、という問題（例えば、「複数の行為ないし取引（又は計算）」が上記①から③までの基準のどの基準を満たせば、それを単一の「行為ないし取引（又は計算）」と取り扱って「不当減少性要件」が満たされているか

否かを判断することができるのか、という問題）については、IBM事件控訴審判決は何らの回答も示していないものと解すべきように思われる[81]。

なお、前記7で述べたとおり、法人税法132条の2の下で、前記㋑の「複数の組織再編行為を課税上一体の組織再編行為又は取引（売買等）と看做すこと」はともかくとして、少なくとも、前記㋺の「複数の取引行為（売買等）を課税上一体の組織再編行為と看做すこと」については、同条各号の文理との関係で、解釈論上無理であるように思われるが、この点については、今後の裁判例及び学説の動向に十分注意する必要があろう。

9　連結法人に係る行為計算否認規定（法法132条の3）の趣旨及び概要

平成14年度税制改正により連結納税制度が導入された際、同族会社の行為計算否認規定（法法132条）及び組織再編成の行為計算否認規定（法法132条の2）に加えて、新たに連結法人に係る行為計算否認規定（法法132条の3）が設けられた。

この規定は、「単体納税制度と連結納税制度の違いを利用した租税回避行為としては、含み損益や繰越欠損金を利用するものが考えられ」るところ、「これに対しては、連結納税の開始等に伴う時価評価資産の時価評価……や繰越欠損金の連結納税への持込みを認めないことといった個別の規定により、一定程度その防止を図ることができる」が、「連結納税制度の仕組みを利用したり、あるいは、連結納税制度と単体納税制度の違いを利用した租税回避行為については、これらに止まらず、その行為の形態や方法が相当に多様なものとなると考えられることから、これに適正な課税を

81　太田・前掲（注67）256頁参照。

行うことができるように」包括的な租税回避防止規定として設けられたものである[82]。

法人税法132条の3により連結法人に係る行為又は計算の否認が認められるための要件及びその効果は、以下のとおりである。

---

① 税務署長は、
② 連結法人の各連結事業年度の連結所得に対する法人税又は各事業年度の所得に対する法人税につき更正又は決定をする場合において、
③ その連結法人の行為又は計算で、
④ これを容認した場合には、
　(a) 当該各連結事業年度の連結所得の金額又は当該各事業年度の所得の金額から控除する金額の増加、
　(b) これらの法人税の額から控除する金額の増加、
　(c) 連結法人間の資産の譲渡に係る利益の額の減少又は損失の額の増加
　(d) その他の事由により
⑤ 法人税の負担を不当に減少させる結果となると認められるものがあるときは、
⑥ その行為又は計算にかかわらず、税務署長の認めるところにより、その連結法人に係るこれらの法人税の課税標準若しくは欠損金額若しくは連結欠損金額又はこれらの法人税の額を計算することができる。

---

[82] 柴崎澄哉ほか『改正税法のすべて〔平成14年版〕』（大蔵財務協会、2002）370頁参照。なお、法人税法132条の2及び132条の3の趣旨は「制度制定時に想像もつかないような事態に備えるものであって、制度制定時に予想されていた事象〔中略〕について適用するためのものではない」とする中里実「中間持株会社について」中里実ほか『クロスボーダー取引課税のフロンティア』（有斐閣、2014）113頁も参照。

10 法人税法132条の3に係る解釈上の留意点及び問題点

(1) 否認の対象となる行為又は計算の主体

　法人税法132条の3の適用対象となる行為又は計算は、上記**9**に記載した③のとおり、「連結法人の行為又は計算」とされている。それ故、「連結法人」以外の法人の行為又は計算により、結果的に連結法人の各連結事業年度の連結所得に対する法人税等が減少したとしても、当該行為又は計算を、同条の適用により否認することはできない。例えば、連結納税グループ外の法人が連結納税開始又は加入の前に組織再編成を行うことにより、連結納税の開始若しくは加入の際又はその後に、保有資産の時価評価又は繰越欠損金の引継ぎ若しくは利用の点で、結果的に、当該組織再編成を行わない場合よりも有利な取扱いを受けることがあり得る[83]。このような事例では、そもそも連結納税開始又は加入前に行われた組織再編成に係る行為又は計算は、「連結法人」によるものではないため、仮に、連結納税制度上、当該組織再編成を行わない場合よりも有利な取扱いを受ける結果が生じたとしても、法人税法132条の3を適用することにより当該組織再編

---

[83] 例えば、連結納税制度の適用開始時には、連結子法人となる法人（以下、本章において「連結子法人予定法人」という）が有する繰越欠損金は原則として切り捨てられるが、連結親法人となる法人（以下、本章において「連結親法人予定法人」という）が有する繰越欠損金は切り捨てられないため、当該開始前に、当該連結子法人予定法人を被合併法人とし、当該連結親法人予定法人を合併法人とする適格合併を行い、一定の要件の下、当該連結子法人予定法人が有する繰越欠損金を当該連結親法人予定法人に引き継いでおけば、当該適格合併を行わなければ切り捨てられるはずだった繰越欠損金を連結納税グループへ持ち込むことが可能となる（稲見誠一＝佐藤信祐『グループ法人税制・連結納税制度における　組織再編成の税務詳解』（清文社、2012）120－122頁参照）。

成に係る行為又は計算を否認することはできないと解される[84]。

　もっとも、上記のような事例において、連結納税開始又は加入前の組織再編成に係る行為又は計算は、法人税法132条の3の適用により否認することはできないものの、例えば、連結納税制度上の損益の相殺を利用することそれ自体が「連結法人の……計算」に該当するものと解し、なお同条が適用され得るという解釈も理論上はあり得る。この点については、本書**第11章**でも詳述するが、法人税法132条の3所定の「計算」の意義をどのように解するかが問題となる[85]ところ、同様の規定構造を有する法人税法132条所定の「計算」の否認について、前記3(3)で述べたとおり、「行為自体は認めるがそれに基づいて行われた計算が不当である場合に、その計算の全部又は一部を否認する」ものであるとする通説的な見解を前提とすれば、法人税法132条の3所定の「計算」は、あくまで「連結法人」の「行為」に基づく「計算」に限られるものと解されるため、上述したような法

---

[84] 稲見誠一＝大野久子監修『詳解　連結納税Ｑ＆Ａ〔第9版〕』（清文社、2017）767頁も、「この規定〔筆者注：法法132条の3〕は『連結法人の』連結事業年度の連結所得（または事業年度の所得）に対する法人税についての更正または決定をする場合に適用ができることとされており、連結法人でない法人の所得については適用できません。……従って、連結法人でない法人の所得や税額計算等（例えば、連結納税開始前の時価評価（法61の11）に関する行為や計算）については、この規定の適用対象外と考えられます」と述べる。

[85] 他方、同条の文理上「又は計算」と規定されている点を重視して、「計算」は「行為」とは独立して観念されるべきであるという解釈を採る場合は、本文のような事例においても、連結法人における損益相殺それ自体が「連結法人の……計算」に該当するとして、同条の適用が認められ得るが、この場合は更に、「計算」の意義及び範囲が問題となり得よう（なお、入谷淳『組織再編包括的否認規定の実務解釈』（中央経済社、2013）67－70頁は、法人税法132条の3と同様の規定構造を有する法人税法132条の2における「計算」の否認に関して、同条にいう「計算」とは「対価の計算や時価の計算等、一定の金額を算出する行為を意味するもの」〔傍点筆者〕と解されるべきであり、結論的に、「計算」の否認として、税務上の処理のみを否認することは許されない、と述べている）。

人税法132条の3の適用は認められないということになろう[86]。

なお、法人の行為又は計算が法人税法132条の3の適用対象から外れる場合であっても、別途、同族会社の行為計算否認規定（法法132条）又は組織再編成の行為計算否認規定（法法132条の2）の適用があり得ないかは、問題である。即ち、連結納税制度の下では、（納税義務者である）連結親法人により納税された法人税額は、各連結法人の「法人税の負担額」として割り付けられる（法法81条の18）ことから、例えば、連結納税開始又は加入前における法人の行為又は計算であって法人税法132条の3の適用があり得ないとしても、当該行為又は計算により連結納税開始又は加入後における当該法人の「法人税の負担額」を減少させる結果となる場合は、法人税法132条1項又は同法132条の2所定の「法人税の負担を……減少させる結果となると認められる」に該当するものと解され得る。それ故、これら条項の他の要件（前者については同族会社の行為又は計算、後者については組織再編成に係る当事者たる法人の行為又は計算であること等）を充足する限り、これらの各項に基づく否認の対象となり得ると考えられる[87]。

(2) 否認の対象となる「行為」の範囲

法人税法132条の3は、その否認の対象を「その連結法人の行為」との

---

[86] なお、岡村・前掲（注18）41頁は、IBM事件控訴審判決に関連して、仮に法人税法132条の3の「不当減少性要件」が、ヤフー事件控訴審判決が同法132条の2の不当減少性要件に関して判示した解釈（前記6(3)で触れた「二元説」）とパラレルであるとすると、本件では、「国は、連結子法人となった日本IBMの留保利益から反射像のように生じた株式譲渡損失を、日本IBMの利益から控除する結果となることは、一連の取引の経済的合理性に拘らず、連結納税制度の根幹に反すると主張すること」によって、本件各譲渡によって生じた株式譲渡損失に由来する繰越欠損金の連結損金への算入という「計算」を、同法132条の3に基づいて否認することができたのではないかと示唆するが、前述のとおり、ヤフー事件最高裁判決及びIDCF事件最高裁判決によってそもそも二元説は否定されているところであるし、いずれにせよ本文で述べた理由から、かかる解釈にはいずれにせよ無理があるように思われる。

み規定しており、その行為が連結法人と誰との間の取引であるかは特段問題とされていない。従って、法人税法132条の場合と同様、同法132条の3の文言上、連結法人の行為であれば、(たとえ第三者との間の取引であったとしても) すべからく同条による否認の対象となり得ることは明らかである。

(3) 否認の対象となる「計算」の範囲

　法人税法132条の3にいう「計算」とは何を意味するかについては、上記(1)で論じたとおり、あくまで「連結法人」の「行為」に基づく「計算」に限られるものと解される。

87　なお、連結納税グループへの加入条件(直接又は間接での100％の保有)は、同族会社の要件も同時に充足するため、法人税法132条の3の新設の必要性について疑問を呈する見解もある(村井正「連結納税制度と行為計算否認規定」税経通信57巻11号(2002) 21頁、増井良啓「連結納税制度をめぐる若干の論点〔Ⅲ〕—法人税制の変容を中心として」税研16巻2号(2000) 132頁)。また、同族会社が連結親法人である場合、法人税法132条と同法132条の3の双方が適用されると述べるものとして、野田秀三「連結納税制度と同族会社の否認規定」財団法人日本税務研究センター編・前掲(注59) 185頁参照。この点、連結納税制度と同じく完全支配関係グループに係る税制であるグループ法人税制に関する租税回避については、法人税法132条の3のような行為計算否認規定が存在しないところ、現に、法人税法132条を用いた否認によって対応されている。例えば、国税不服審判所裁決平成28年1月6日(大裁(法)平27-34)では、大要、同一の者による完全支配関係がある兄弟会社間での不動産の譲渡において、譲渡人である法人が、当該譲渡に先立ち、同社の総務経理部長に対する取得条項付株式の第三者割当増資を行うことで当該完全支配関係を喪失させ、当該譲渡につきグループ法人税制の適用はないものとして譲渡損失を認識したところ、課税当局は法人税法132条を適用して当該第三者割当増資を否認し、完全支配関係が存在する場合に引き直して譲渡損失を損金に算入することを認めず、国税不服審判所もこの判断を是認した(北村豊「同族会社の行為計算否認—グループ法人税制外しと認定された事例」ジュリスト1503号(2017) 10頁)。

(4) 法人税法132条の3所定の「不当に」の意義と個別否認規定との関係

　法人税法132条の3所定の「不当に」の解釈については、裁判例はなく、かつ、学説においてもほとんど議論されていない[88]ところである。

　この点、従来の学説では、法人税法132条の3についても同法132条1項と同様に「不当に」という字句が用いられている以上、同法132条の3の「不当に」の意義に関しては、同法132条1項にいう「不当に」の意義とパラレルに解すべきことを前提に、問題となる行為・計算が「異常ないし変則的」であることや「異常、不合理」であることを重視する考え方が大勢であったのではないかと思われる。そして、法人税法132条1項所定の「不当に」の解釈については、「純経済人の行為として不合理・不自然な行為・計算」と解する見解（前記3(5)で述べた異常変則性・事業目的併用説）が判例及び通説であり、更に、従前の学説の大勢及び一部の裁判例では、前述のとおり、「純経済人の行為として不合理・不自然な行為・計算」とは、「経済合理性を欠いている場合とは、それが異常ないし変則的で租税回避以外に正当な理由ないし事業目的が存在しないと認められる場合」と解されてきた[89]ため、結論的には、同法132条の3所定の「不当に」についても、それが充足されるのは、連結納税制度の仕組みや連結納税制度

---

[88] 金子・前掲（注13）452頁は、法人税法132条の3所定の「不当に」の解釈について、「組織再編成にかかる行為・計算の否認の場合と同様に、公平な税負担と法的安定性の2つの価値の対立を軸として、種々の解釈理論と判例が形成されてゆくことになろう」として、今後の課題であることを指摘している。また、稲見＝大野・前掲（注84）766－767頁も、法人税法132条の3に関して、「そもそも連結納税制度の適用は選択制であり、連結納税制度を採用した方が有利な法人のみが適用すると考えられ、一般的には連結納税の採用により法人税額は減少します。そのため、どのような場合に法人税の負担を『不当に』減少させることになると判定されるのかが明らかではありません」と述べた上で、ヤフー事件最高裁判決の内容を斟酌ことが考えられるものの、「具体的な内容については、今後の税務判例等に留意する必要があるものと考えます」と指摘するにとどまる。

と単体納税制度との違いを利用して税負担の減少を生ぜしめる行為又は計算で、「それが異常ないし変則的で租税回避以外に正当な理由ないし事業目的が存在しないと認められる」場合であると解されてきたのではないかと思われる。

　もっとも、法人税法132条の3所定の「不当に」の解釈に関しても、仮に前記6(3)で述べた、ヤフー・IDCF事件一審判決並びにヤフー事件控訴審判決及びIDCF事件控訴審判決による同法132条の2所定の「不当に」の要件に関する解釈（二元説）が基本的に妥当するものと解されるのであれば、同法132条の3所定の「法人税の負担を不当に減少させる結果となると認められるもの」は、(i)法人税法132条1項の場合と同様に、取引が経済的取引として不合理・不自然である場合に限られるものではなく、(ii)連結法人の行為が、連結納税制度に係る個別規定の要件を形式的には充足し、連結法人の税負担を減少させる効果を有するものの、当該効果を容認することが連結納税制度の趣旨・目的又は当該個別規定の趣旨・目的に反することが明らかであるものも含まれるものとされ、それ故、連結法人の個別の行為について個別に見ると事業目的がないとはいえないような場合であっても、当該行為又は事実に個別規定を形式的に適用したときにもたらされる税負担減少効果が、連結納税制度の趣旨・目的に明らかに反し、又は個々の行為を規律する個別規定の趣旨・目的に明らかに反するときは、上記の(ii)に該当する、と解されることになるのではないかとも指摘されていた[90]。しかしながら、この点に関しては、前記6(3)で述べたとおり、ヤフー事件最高裁判決及びIDCF事件最高裁判決が、上記の二元説を否定し、法人税法132条の2にいう「法人税の負担を不当に減少させる結

89　金子・前掲（注13）498頁。
90　太田洋「ヤフー・IDCF事件東京地裁判決とM&A実務への影響〔上〕」旬刊商事法務2037号（2014）14－16頁、太田洋「ヤフー・IDCF事件東京地裁判決とM&A実務への影響〔下〕」旬刊商事法務2038号（2014）44－45頁及び太田洋「ヤフー事件控訴審判決の分析と検討」税務弘報63巻3号（2015）32頁・37頁参照。

果となると認められるもの」とは、抽象的には、「法人の行為又は計算が組織再編税制に係る各規定を租税回避の手段として濫用することにより法人税の負担を減少させるもの」であって、「濫用」に当たるか否かは「当該行為又は計算が、組織再編成を利用して税負担を減少させることを意図したものであって、組織再編税制に係る各規定の本来の趣旨及び目的から逸脱する態様でその適用を受けるもの又は免れるものと認められるか否か」で一元的に判断されるという考え方(濫用基準説。なお、この考え方は、法人税法132条の2にいう「法人税の負担を不当に減少させる結果となると認められるもの」には同法132条1項の不当減少性要件を満たす場合は含まれないとする考え方であり、上記の二元説と対比する意味では、「一元説」と呼ぶこともできる)を示し、判例上は決着がつけられたところである。

　この濫用基準説は、既に前記**6**(3)ハで述べたとおり、法人税法132条1項にいう「法人税の負担を不当に減少させる結果となると認められるもの」の意義に関する異常変則性・事業目的併用説(前記**3**(5)参照)とは、その内容及び力点の中心が若干異なっている。即ち、ヤフー事件最高裁判決及びIDCF事件最高裁判決の判示では、①(組織再編成の手順、方法及び形式等に着目した上で、)行為又は計算が「不自然なものであるか」どうかと、②当該行為又は計算を行うことにつき「税負担の減少以外に」「合理的な理由となる事業目的その他の事由が存在するかどうか」ということが考慮されるものとされており、この点では、行為又は計算が「異常又は変則的」かどうか及び「租税回避以外に正当な理由ないし事業目的が存在しないと認められる」かどうかを基準とする異常変則性・事業目的併用説と似通っているが、ⓐそもそも上記の①と②の双方のテストをクリアすることが法人税法132条の2の不当減少性要件が充足されるための必須の要件とはされていないだけでなく、ⓑ上記①と②とは当該行為又は計算が組織再編税制に係る規定を「濫用する」ものか否かを判断するための考慮事由の1つに過ぎないとされており、更に、ⓒ「濫用する」ものか否か

は、最終的には、税負担を減少させる意図があるか否か及び組織再編税制に係る各規定の適用を受ける（又は免れる）ことがそれらの規定の本来の趣旨及び目的から逸脱するか否かという観点からなされるべきものとされている点で大きく異なっている。そのため、この判示の下では、理論上は、ヤフー事件控訴審判決及びIDCF事件控訴審判決の判示の下におけるのと同様、㋑組織再編成それ自体やそれを構成する個々の行為については「異常ないし変則的」とまではいえず、また、「正当な理由ないし事業目的」がないとはいえないような場合でも、法人税法132条の2による否認の対象となり得るばかりでなく、㋺組織再編税制に含まれる個別の規定において一定の課税上の効果が発生するための要件が厳格に定められている場合でも、同条により当該要件の充足が否認され得ることになる。

　とはいえ、この濫用基準説の考え方は、二元説の考え方を否定するものであるため、ヤフー事件最高裁判決及びIDCF事件最高裁判決の考え方を論理的に演繹すれば、法人税法132条の2だけでなく、同法132条の3（連結納税に係る行為計算否認）、更には、同法147条の2（恒久的施設帰属所得に係る行為計算否認）についても、同じ「法人税の負担を不当に減少させる」という文言が用いられていても、それら各条所定の不当減少性要件が充足される範囲は、同法132条1項の不当減少性要件が充足される範囲とは無関係に、それぞれ組織再編成、連結法人（連結納税）、外国法人の恒久的施設帰属所得という領域ごとに定まることとなる[91]。そして、同法132条の3にいう「法人税の負担を不当に減少させる結果となると認められるもの」とは、基本的には、「法人の行為又は計算が連結納税制度に係る各規定を租税回避の手段として濫用することにより法人税の負担を減少させるもの」であって、「濫用」に当たるか否かは「当該行為又は計算が、

91　渡辺徹也『スタンダード法人税法』（弘文堂、2018）262－263頁参照。なお、ヤフー事件最高裁判決の調査官解説も、「立法趣旨が異なれば、同一の文言であってもその意義や内容に差異が生じることはあり得べき」であるとする（徳地＝林・前掲（注55）296頁）。

連結納税制度を利用して税負担を減少させることを意図したものであって、連結納税制度に係る各規定の本来の趣旨及び目的から逸脱する態様でその適用を受けるもの又は免れるものと認められるか否か」で一元的に判断されることになるのではないかと考えられる。いずれにせよ、この点については、今後の裁判例及び学説の動向が注目される[92]。

(5) 主観的な租税回避目的の要否

　法人税法132条の3については、同法132条や132条の2の場合と同様、その適用要件として、主観的な租税回避の意図ないし目的が存在することまで必要か、という点も問題となる。この点、同族会社の行為計算否認規定である法人税法132条については、前述のとおり、主観的な租税回避目的の存在は要件ではないとするのが通説及び判例である。従って、法人税法132条の3と同法132条の条文構造や文言等の共通性に照らして、同法132条の3が同法132条の同族会社の行為計算否認規定と「類似する」又は「同様の」規定であるとするなら、主観的な租税回避の意図ないし目的の存在は、同条の（独立した）適用要件ではないと解するのが自然であろう。

　もっとも、上記6(5)で述べたとおり、同じく条文構造や文言等が法人税法132条と共通する同法132条の2について、同条にいう「不当に」の解釈として、同条を適用するためには、租税回避の意図・目的の存在を課税当局側で立証することが必要であると解されるのであれば、同法132条の3の連結法人に係る行為計算否認規定における「不当に」の解釈においても、同様に解すべきではないかと思われる。

　この点についても、今後の裁判例及び学説の動向が注目される。

---

[92] なお、法人税法132条の3における不当減少性要件の判断基準や、連結納税制度において想定される租税回避の具体例をまとめている山林茂生ほか「連結納税制度の見直しについて」税務大学校論叢89号（2017）175頁以下参照。

(6) その他の問題

　その他、法人税法132条の3についても、同法132条の2の場合と同様、同条に列挙されている否認の対象となる事由のうち、キャッチ・オール条項である「その他の事由」の外延をどのように解すべきであるか等が問題となるが、それらの問題については、本書**第11章4**において引用している文献等を参照されたい[93]。

---

[93] なお、北村導人＝黒松昂蔵「連結納税制度と行為計算否認～ヤフー・IDCF事件東京地裁判決を踏まえた初期的検討～」太田＝伊藤編・前掲（注70）265頁以下等も参照。

索　引

〔あ〕

アーニングス・ストリッピング
　（earnings stripping）……………740
ROE（株主資本利益率）……20, 641,
　　　　　　　　　　　　642, 646, 653
ROA（総資産利益率）…………20, 64
IRS Notice2014－52 ………………800
IFRS …………26, 27, 31, 32, 33, 34, 35,
　　　　　　　　36, 37, 544, 842, 852
IFRS 3 号（企業結合会計基準）…26
IDCF 事件一審判決……911, 919, 920,
　　　　　　　　　921, 922, 934, 951
IDCF 事件控訴審判決…899, 908, 911,
　　　　　　　　　　919, 920, 921, 922,
　　　　　　　　　　925, 926, 951, 953
IDCF 事件最高裁判決…222, 908, 912,
　　　　　920, 921, 923, 924, 925, 926, 927,
　　　　　930, 933, 934, 948, 951, 952, 953
IBM 事件控訴審判決………116, 730,
　　　　　　　731, 732, 902, 903, 904, 905,
　　　　　　　906, 907, 908, 909, 936, 938,
　　　　　　　939, 942, 943, 944, 948
IBM 事件最高裁決定…………907, 908
アウトサイド・ベイシス…………349
飛鳥鋼管工業（代表者）事件……782
アメリカ雇用創出法……772, 798, 800
Annuity（年金）………………12, 14
按分型分割…………124, 226, 240, 331
按分交付要件………………………124

〔い〕

E 型組織再編成（recapitalization：
　資本再編成）………………………134

EBITA ……………………………30, 40
EBITDA …………1, 20, 24, 28, 29, 30,
　　　　　　　　　37, 38, 39, 40, 803
EBITDA マージン…………………30
EPS（1 株当たり利益）………19, 38
EV/EBITDA マルチプル
　（EBITDA 倍率）………………29, 39
EU 公開買付指令…………………524
"equalization" arrangements ……751
equalization payment …………864, 870
遺産税………………………………811
異常所得……………………………762
異常変則性・事業目的併用説……902,
　　　　　　904, 905, 906, 907, 909,
　　　　　　924, 925, 950, 952
一時所得課税………101, 360, 361, 385,
　　　　　　　　　　531, 533, 535
一部現金交付株式交付……………553
一部現金対価株式交換………261, 285,
　　　　　　　　　　　　286, 287
一部現金対価三角合併…311, 338, 339
一部現金対価三角株式交換…311, 338,
　　　　　　　　　　　　339
一物一価の法則…………………38, 50
一般財団法人………………………128
移転価格税制………384, 385, 391, 393,
　　　　　533, 791, 792, 799, 804, 805,
　　　　　808, 828, 829, 906, 907, 930
移転資産に対する法人支配の継続
　………118, 119, 120, 121, 122, 123, 135
医薬品、医療機器等の品質、有効
　性及び安全性の確保等に関する
　法律………………………………649

索　引　957

「医薬品、医療機器等の品質、有効性および安全性の確保等に関する法律」（旧薬事法）..........835
income access share
　（利益参加株式）..........850, 851, 858
インサイド・ベイシス..............349
印紙税..........................852
印紙税準備税
　（Stamp Duty Reserve Tax）......852
Intrinsic Valuation...............41
インバージョン対策合算税制......773,
　　776, 779, 780, 781, 784, 785,
　　786, 787, 788, 790, 791, 794,
　　795, 797, 798, 799, 819
インバージョンへの誘因の第一....755,
　　758, 766, 768, 798
インバージョンへの誘因の第二 ...755
インバージョンへの誘因の第三
　..........................756, 760
インプライド・ボラティリティ
　（implied volatility）.............76

〔う〕

ウィリアムズ法..............546, 558

〔え〕

ASBJ............................26, 33
A型組織再編成
　（type A reorganization）.........89
永久成長率........................53
営業権..........20, 28, 151, 152, 211,
　　212, 272, 273, 274, 428,
　　671, 672, 673, 674, 677
営業譲渡.........................213
英国テイクオーバー・コード......854
AT&T........................567, 646
ADS（米国預託株式）.............866

ABB........751, 822, 858, 865, 881, 890
APB意見書16号.....................21
エクアドルバナナ事件..............393
エクイティ・カーブアウト........572,
　　　　　　　　　　　　　　578, 646
excise tax......................767
エクスチェンジ・テンダー・オファー（exchange tender offer）
　...........................93, 626
SRLYルール......................679
SFAS141号...................21, 22, 25
SFAS141R.....................22, 25
SFAS142号.......................25
FASB...........................24
F. Modigliani（モディリアーニ）...55
MEBO（Management Employee Buy-Out）..................762
M. H. Miller（ミラー）...........55
MBO完遂尽力義務............406, 407
MBO指針.......................403
MBOの合理性確保義務..........406
エリオット・マネジメント........877
LLC....................203, 742, 762
LOB条項.......................843
エレクトレイト・アクション......868,
　　　　　　　　　870, 872, 873, 874

〔お〕

OECDモデル租税条約......781, 784,
　　　　　　　785, 791, 792, 793, 795
over-the-top...................354
オウブンシャホールディング事件
　..............365, 368, 370, 371, 372,
　　　　　　　　373, 374, 375, 376
オウブンシャホールディング事件
　最高裁判決........368, 370, 371, 372,
　　　　　　　　373, 374, 375, 376

オプション・デルタ ……………73, 74
親会社株対価TOB ……485, 499, 512,
　　　　　　　　　　　514, 530, 553
親子上場 ………………………295, 397
親法人完全支配関係 ………………106

〔か〕

カール・アイカーン ………………643
海外統括持株会社 …………………515
外国関係法人………131, 496, 497, 500,
　　　　　　501, 504, 506, 512, 625,
　　　　　　777, 778, 779, 780, 781
外国子会社配当益金不算入制度…746,
　　　　　748, 758, 759, 760, 787, 788,
　　　　　797, 798, 807, 808, 828
外国税額控除 …759, 850, 928, 929, 930
外国税額控除（直接税額控除） …759
外国税額控除UFJ銀行事件 ………929
外国税額控除りそな銀行事件
　………………………………929, 930
外国における組織再編成に係る我
　が国租税法上の取扱いについて
　…………………………………… 354
外国法人に対する現物出資につい
　ての適格現物出資からの除外制
　度 ……………………………… 133
解散価値…………………………… 18
会社分割に伴う労働契約の承継等
　に関する法律 ………………… 214
会社法平成26年改正…………395, 398,
　　　　　399, 407, 409, 411, 423, 434,
　　　　　437, 438, 451, 452, 453, 454,
　　　　　455, 456, 457, 458, 460, 480
解消法人 …………696, 697, 698, 716
改正開示ガイドライン ………488, 523
改正企業結合会計基準………………31
改正企業内容開示府令 …488, 522, 523

改正基本指針 ………………………507
改正公開買付けQ&A……487, 519, 523
改正民法 ………………………454, 458
買取請求………164, 276, 411, 423, 452,
　　　　　453, 454, 455, 456, 457, 458,
　　　　　459, 469, 476, 477, 478, 480,
　　　　　509, 510, 512, 513, 554, 667,
　　　　　668, 834, 854, 883, 885, 889
価格交渉義務 …………………405, 419
価額填補責任……………505, 506, 511,
　　　　　　　　　　　513, 549, 554
額面発行 …………………366, 388, 389
隠れた利益配当 ……………………373
貸金業法 …………………649, 650, 835
加重平均資本コスト（WACC）…63, 64
過少資本税制…328, 747, 755, 773, 791,
　　　　　　　792, 799, 803, 808, 829
課税減免規定の限定解釈の手法 …929
仮装払込み規制 ……………………328
過大支払利子税制 ………755, 804, 829
過大利子控除制限税制 ……………829
合併等対価の柔軟化……101, 129, 313,
　　　　　　　325, 334, 431, 460, 914
合併に係る清算所得に対する法人
　税 ………………………………249, 256
合併（分割承継）法人による全部
　保有関係 ………………………109
合併法人が合併前から有していた
　繰越欠損金の使用の制限 ………209
合併類似適格分割型分割 ……208, 230
加入法人の繰越欠損金の更新（繰
　越欠損金の切捨て） ……………674
加入法人の資産の取得価額の更新
　……………………………………664
カネボウ損害賠償請求事件 ………521
株価変動性（ボラティリティ）……75

株券等の公開買付けに関する
　Q&A ……………………………408,487
株式移転＋株式譲渡＋清算方式
　………………426,427,430,432,434
株式売渡請求（制度）…286,441,442,
　　　443,444,445,447,448,
　　　666,668,673,705,707
株式売渡請求利用スキーム …705,707
株式管理事業 ……………………605
株式継続保有要件（取得株式継続
　保有要件）………120,123,196,197,
　　　　　　　198,227,228,229
株式交換等 ……23,106,107,122,127,
　　　264,265,267,273,274,286,287,
　　　295,299,334,339,340,428,460,
　　　470,471,472,473,474,475,536,
　　　557,561,662,666,667,668,673,
　　　674,705,706,707,708,709,712,
　　　714,715,718,840,845,915,916
「株式交付」制度………………489,548
株式の資本コスト（株主資本コス
　ト）…………………………47,50,52
株式の資本コストに関する
　CAPMの式 ……………………50
株式の無償譲渡 …………………292
株式分配…104,118,121,124,125,126,
　　　127,157,158,159,160,161,
　　　173,174,175,326,592,593,
　　　601,608,611,623,624,914
株式併合…122,266,267,273,286,334,
　　　339,398,423,440,451,454,
　　　455,456,457,458,459,463,
　　　464,466,467,468,471,472,
　　　474,475,476,477,478,479,
　　　480,481,482,483,536,666,
　　　668,673,705,707,822,915
株式併合利用スキーム……………122,

266,267,273,286,334,339,
398,423,440,451,454,455,
456,457,458,459,463,464,
466,467,468,471,472,474,
475,476,477,478,479,480,
481,482,483,536,666,668,
673,705,707,822,915
株主均等割合保有関係………106,107,
　　　109,110,111,113,125,
　　　151,152,156,211
株主の共同利益に配慮する義務
　…………………………………418,419
株主利益最大化原則 ………………419
株主割当増資 ………………378,386
貨幣の時間的価値
　（time value of money）…………255
川上持株会社 ………………………243
川下持株会社 ………………………243
簡易自社株対価TOB……………524
簡易認定自社株対価TOB …508,509,
　　　　　　　　　519,520,523
簡易発行等 ………………509,510
管轄アプローチ
　（jurisdiction proposal）…………789
関係事業者……463,465,466,496,497,
　　　498,500,501,504,506,512,529,625
監査等委員会設置会社 ………624,887
監査役会設置会社 ………624,886,887
完全支配関係…103,106,109,111,113,
　　　121,122,125,126,127,141,152,
　　　156,158,160,181,182,187,188,
　　　189,195,197,198,207,208,209,
　　　217,218,226,229,238,239,240,
　　　241,268,269,270,271,272,274,
　　　278,280,281,282,283,284,285,
　　　286,287,288,292,302,325,333,
　　　334,339,345,347,464,592,593,

604, 607, 610, 611, 612, 613, 614,
615, 618, 619, 644, 657, 661, 662,
665, 666, 667, 670, 680, 681, 682,
686, 691, 695, 696, 697, 706, 707,
709, 711, 714, 717, 718, 719, 817,
818, 819, 826, 828, 918, 949
完全支配関係継続見込み要件……610,
　　611, 613, 614
完全支配関係のある企業グループ
　内の分割 ……………………………604
『完全支配グループ内組織再編成
　＋現物分配』類型…………593, 630,
　　631, 651, 652
完全な資本市場…………55, 56, 57, 60,
　　62, 63, 64
管理支配地主義……748, 749, 756, 757,
　　789, 792, 795, 808, 830, 831, 879

〔き〕

企業会計基準委員会…………26, 27, 31
企業会計基準第21号……………21, 22, 26
企業価値研究会 ………………………403
企業価値の向上及び公正な手続確
　保のための経営者による企業買
　収（MBO）に関する指針……403, 466
企業組合 ………………………………897
企業グループ内の無対価組織再編
　成 ………………………………………113
企業結合型インバージョン
　………………………………744, 749, 800, 801
企業結合に関する会計基準…21, 22, 26
企業固有リスク …………45, 46, 47, 48
企業再編税法
　（Umwandlungssteuergesetz:
　UmwStG） …………………………647
企業内容等開示ガイドライン……488,
　　621, 622, 634

企業内容等の開示に関する内閣府
　令 ……………………………………487, 488
期待（平均）収益率 ………………42, 43
逆三角A型組織再編成 ……………90
逆三角合併…………311, 317, 333, 335,
　　336, 494, 749, 823, 835
キャッシュ・アウト……127, 273, 299,
　　334, 338, 431, 447, 482,
　　536, 668, 853, 915, 916
キャッシュ・スクィーズ・アウト
　………470, 471, 472, 473, 474, 475, 476,
　　477, 478, 479, 480, 481, 482
Capex …………………………………30
旧産活法……………93, 94, 308, 581,
　　582, 583, 584, 586
「（強制）プロ・ラタ」方式………162,
　　164, 169
兄弟会社化…………………261, 289, 291,
　　292, 293, 294
共通リスク ………………………44, 45
（共同）吸収分割……………………243
（共同）現物出資……………………243
共同事業再編類型 …118, 119, 123, 125
共同事業を行うための組織再編成
　………………110, 112, 113, 197, 225,
　　227, 229, 240, 244, 300
共同事業を行うための分割………604,
　　605, 608
共同事業を行うための無対価組織
　再編成 …………………………………113
共同出資会社………241, 242, 243, 244,
　　245, 246, 247, 825, 930
共同出資会社を用いた事業統合 …243
共同新設現物出資 ………245, 246, 504
共同新設分割 ………241, 242, 245, 246
共同保有型二元上場会社……849, 856,
　　857, 858, 859, 860, 887

共同持株会社 ………243, 303, 308, 309,
　　　　　　　　823, 841, 845, 846
共同持株会社傘下での経営統合
　………………………………841, 846
居住者・非居住者判定条項 …781, 785
金銭その他の資産を対価として交
　付する株式交換等（株式取得
　型）若しくは適格合併（事業取
　得型）……………………………715
金銭等不交付型分割型分割 ………326
金銭等不交付合併 …………………192
金銭分配請求権……583, 621, 622, 623,
　　　　　　　　　624, 625, 638, 639
均等化及びガバナンス契約
　（Equalization and Governance
　Agreement）……………………866
均等化契約…………863, 864, 876, 883,
　　　　　　　　　884, 885, 888, 889

〔く〕

グラクソ事件 ……………782, 783, 796
グラクソ事件最高裁判決…………782,
　　　　　　　　　　　　783, 796
クラス・ライツ・アクション……869,
　　　　　　　　　　　870, 871, 872
Greenbook …………………………800
繰越欠損金 ……99, 103, 117, 183, 208,
　209, 210, 214, 216, 218, 219, 221,
　230, 231, 470, 473, 480, 658, 663,
　670, 674, 675, 676, 677, 678, 679,
　681, 683, 684, 693, 698, 700, 701,
　703, 706, 707, 708, 709, 710, 711,
　712, 713, 714, 716, 717, 718, 719,
　720, 721, 722, 723, 724, 725, 726,
　727, 728, 729, 730, 731, 732, 733,
　734, 900, 901, 903, 910, 926, 928,
　937, 938, 944, 946, 948

繰越欠損金の使用制限 ……………231
グループ内組織再編……104, 123, 229,
　289, 294, 461, 471, 472, 585, 588,
　589, 593, 594, 595, 596, 600, 610,
　611, 612, 630, 631, 632, 644, 647,
　649, 651, 652, 775
グループ法人税制 ………100, 104, 106,
　114, 115, 121, 129, 134, 141, 154,
　158, 182, 209, 238, 239, 292, 293,
　329, 607, 657, 668, 686, 722, 818,
　819, 914, 940, 946, 949
グループ法人単体課税制度 ………657
クロスボーダー組織再編…87, 128, 771

〔け〕

経営管理支配地基準 ………………791
経営参画要件（特定役員引継要
　件）……………………………201, 228
経営の委任 ………………883, 885, 889
経済活動基準……………131, 302, 761,
　　　　　　　　　　　778, 818, 819
経済産業省関係産業競争力強化法
　施行規則 …………………………499
経済的な利益の供与 ………………686
継続価値（going concern value）…41
結合した事業体
　（stapled entities）………………879
減価償却資産………117, 272, 359, 428,
　　　　　　　670, 671, 672, 676, 677,
　　　　　　　678, 708, 709, 710, 711
減価償却資産の時価評価を利用し
　た繰越欠損金及び含み損の実質
　的な持込み ………………………676
現金会社分割 ………………………918
現金合併……………460, 461, 463, 465,
　466, 467, 471, 472, 475, 476,
　478, 479, 480, 483, 700, 715

現金株式交換方式（産活法方式）
　……………426, 429, 433, 434, 715
現金交付合併……93, 194, 195, 431, 917
現金対価を交付する適格合併
　（吸収合併）………………………700
現金等不交付株式交換 ……………276
現金等不交付要件…122, 123, 124, 194,
　　　198, 223, 226, 265, 275, 276,
　　　286, 338, 339, 429, 430, 460,
　　　461, 471, 472, 917
検査役調査 ……………505, 506, 513
源泉徴収課税…435, 586, 628, 740, 741,
　　　743, 756, 766, 767, 768,
　　　809, 810, 829, 830, 831
源泉徴収選択口座制度 ………527, 535
源泉分離課税 …………………6, 586
現物残余財産分配 …………95, 96, 97,
　　　105, 575, 635, 636,
　　　637, 638, 639, 640
現物出資規制 …505, 506, 511, 513, 549
現物出資規制の適用除外 …………505
現物出資＋共同株式移転 …………839
現物出資＋現物分配 ……94, 588, 592,
　　　593, 600, 610, 611, 614,
　　　647, 649, 650, 651
現物配当…………89, 92, 93, 94, 95, 96,
　　97, 103, 104, 105, 118, 292, 528, 561,
　　563, 564, 580, 581, 582, 583, 584, 586,
　　587, 588, 589, 590, 600, 620, 621, 622,
　　623, 624, 626, 633, 637, 638, 639, 640,
　　644, 645, 646, 647, 648, 649
現物分配に伴う源泉徴収 …………608
現物分配法人…124, 157, 158, 160, 161,
　　　173, 174, 175, 326, 609

〔こ〕

公益財団法人 ………………………128
高額発行 ………………………359, 369
恒久的施設（いわゆる Permanent
　Establishment: PE）…321, 764, 775
恒久的施設管理株式 ………………321
恒久的施設帰属所得…………321, 602,
　　　603, 953
恒久的施設帰属所得に係る行為計
　算否認 ……………………………953
航空機リース事件 …………………391
控除対象個別所得金額……676, 989, 21
公正な価格 ……407, 417, 418, 422, 455
合同会社 ……………203, 468, 479, 513
後発的理由に基づく更正の請求…249,
　　　256, 258, 259
公募増資 …378, 379, 380, 381, 382, 384
効率的ポートフォリオ …………47, 48
子会社管理事業 ……290, 291, 302, 307
子会社による親会社株式取得禁止
　規制（会社法135条1項）………816
子会社による親会社株式の取得・
　保有禁止規制 …………769, 810, 813
子会社連動株式 ………………381, 576
国外関連者………………384, 385, 533,
　　　804, 805, 807, 828
国外源泉所得………738, 740, 745, 746,
　　755, 758, 759, 768, 787, 789, 790, 798
国外転出時課税制度 ………………812
「国外転出をする場合の譲渡所得
　等の特例」制度 …………………812
国際現物出資 ………………………755
国際財務報告基準（IFRS）………544
国際的組織再編等課税問題検討会
　……………………………………354
国税不服審判所裁決
　平成24年5月25日 ………………166
国内源泉所得………130, 133, 275, 321,
　　　323, 349, 601, 603, 739,

　　　　　　　754, 760, 768, 817, 825
50％超グループ内再編類型………122,
　　　　　　　125, 615
個別リスク ……………………44, 45
コングロマリット化 ………………298
コングロマリット・ディスカウン
　ト…………563, 568, 574, 575, 577,
　　　　　　　578, 579, 648, 649
混合対価 ……………………498, 529
混合取引 …………103, 105, 587, 637
混合配当 ……………………………149
コンソル債…………………………13
continuity of interests…………118, 538

〔さ〕

サード・ポイント ……………583, 642
サーベンス＝オクスレー法 ………866
再加入の制限 …………681, 684, 697
債権者保護手続……235, 292, 468, 481,
　　　　　　　511, 556, 574, 581, 583
裁定取引 …………………11, 71, 876
裁定の論法…………………11, 52, 54
サイバード ……………………403, 404
再保険のプレミアム（再保険料）…805
差額負債調整勘定………210, 211, 212,
　　　　　　　214, 232
逆さ合併…………333, 334, 335, 336,
　　　　　　　337, 480, 763, 903
The City Code on Takeovers and
　Mergers ……………………550, 854
The Tax Cuts and Jobs Act of
　2017 …………………………801, 803
札幌地決平成18年12月13日金判
　1259号14頁〔オープンループ事
　件〕……………………………………72
サブパートF ………………………740
三角合併等の全面解禁………313, 316,

　　　　　　　324, 460, 514
三角株式交換（親会社株式を対価
　とする株式交換）…………………92
三角株式交換完全子法人 …………101
三角株式対価TOB ……485, 514, 515,
　　　　　　　516, 517, 518, 519, 534, 537, 553
三角C型組織再編成 …………………90
三角B型組織再編成 …………………90
三角分割（親会社株式を対価とす
　る会社分割）…………………89, 92
産業競争力強化法 …93, 117, 135, 137,
　　　　　　　308, 309, 385, 395, 437, 438,
　　　　　　　461, 462, 463, 466, 489, 499,
　　　　　　　514, 529, 583, 623, 625
産競法施行規則 ……496, 499, 504, 509
産競法施行令 ………………………499
産競法平成30年改正……462, 463, 465,
　　　　　　　467, 489, 495, 496, 497, 498,
　　　　　　　507, 512, 542, 543, 547, 549,
　　　　　　　623, 624, 625, 642
三項ツリーモデル……………………72
サンスター…………402, 403, 404, 409,
　　　　　　　762, 763, 764, 765, 766, 822
残余財産の現物分配………95, 105, 635

〔し〕

CFC税制 ……740, 744, 747, 748, 755,
　　　　　　　759, 760, 761, 762, 770, 771, 773,
　　　　　　　775, 776, 778, 780, 781, 782, 783,
　　　　　　　784, 785, 787, 788, 790, 794, 795,
　　　　　　　796, 797, 798, 799, 808, 818, 819
GM ……………………567, 571, 572, 577
COGS ……………………………805, 806
G型組織再編成
　（type G reorganization）…………89
仕入税額控除 …………………215, 234
JMIS ……………………………27, 35, 36

ジェン・プローブ………563, 569, 581,
　　　　　　　　　584, 585, 587
時価評価課税……98, 99, 102, 106, 107,
　　263, 265, 266, 267, 272, 273, 274,
　　286, 287, 295, 296, 298, 299, 319,
　　334, 338, 339, 340, 409, 428, 429,
　　430, 433, 434, 460, 470, 471, 472,
　　473, 474, 478, 536, 537, 542, 664,
　　665, 666, 667, 668, 669, 670, 671,
　　672, 673, 674, 676, 677, 679, 698,
　　706, 707, 708, 709, 710, 711, 712,
　　713, 714, 716, 717, 718, 719, 720,
　　721, 722, 766, 915, 916
時価評価課税の対象から除かれる
　　資産 …………………………669
時価評価資産…286, 338, 339, 340, 669,
　　671, 706, 707, 709, 710, 711, 712,
　　713, 714, 716, 718, 722, 729, 944
時価評価対象外法人…………665, 676,
　　　　　　　　　678, 679
時間差スピン・オフ …………610, 612
事業関係の要件 ……………199, 200
事業基準 ………………………302
事業規模要件………123, 195, 197, 201,
　　202, 220, 226, 240, 241, 245,
　　246, 247, 248, 268, 270, 287,
　　302, 303, 304, 306, 307, 308,
　　342, 597, 617, 618, 619
事業継続性（Continuity of Busi-
　　ness Enterprise : COBE）……123
事業継続要件…125, 126, 127, 195, 196,
　　198, 204, 205, 206, 207, 208, 226,
　　227, 240, 241, 268, 269, 270, 271,
　　277, 280, 281, 282, 283, 287, 288,
　　342, 471, 472, 595, 596, 597, 604,
　　607, 608, 609, 616, 617, 618, 619

事業再編の実施に関する指針
　　……………………466, 496, 626
事業譲渡 …89, 92, 95, 96, 97, 100, 101,
　　130, 134, 185, 187, 213, 214,
　　215, 216, 233, 234, 235, 321,
　　349, 465, 601, 603, 706, 710,
　　711, 713, 716, 717, 721
事業譲渡類似株式 …130, 134, 321, 349
事業譲渡類似みなし株式譲渡
　　………………………601, 603
事業性の要件 ………199, 200, 320, 354
事業統括管理会社 ……………763, 764
事業の全部の経営の委任
　　……………………883, 885, 889
事業部門連動株式 ………………576
事業持株会社 ……………………201
仕組債………………………………71
事後設立規制 ……………………290
自己創設営業権……273, 274, 671, 672,
　　　　　　　　673, 677, 990, 22
自己創設営業権の時価評価課税 …671
自己創設のれん…287, 339, 673, 988, 20
資産性所得合算制度 ……………761
資産調整勘定…101, 151, 152, 193, 209,
　　210, 211, 212, 213, 214, 216,
　　231, 232, 233, 711, 720, 721
資産等超過差額 ………………211, 213
資産の取得価額に係る規律と繰越
　　欠損金に係る規律との非対称性
　　…………………………………676
資産評定 …………………………211
事実上のキャッシュ・ボックス・
　　カンパニー ………………778, 796
自社株買い………19, 20, 37, 62, 89, 94,
　　115, 162, 164, 165, 166, 411, 563,
　　571, 572, 573, 578, 610, 611, 626,
　　627, 628, 629, 630, 631, 632, 633,

索　引　965

634, 651, 652, 653, 654, 730, 732, 801, 908, 937, 942
自社株対価相対株式取得……497, 498, 512, 513, 549
自社株対価TOB＋スクィーズ・アウトによる完全買収の方法
　………………541, 542, 543, 546, 547
自社株TOB…………165, 549, 628, 653
市場からの買付けの方法による自社株買い……………………165
市場のリスク・プレミアム……41, 47, 50, 51
市場ポートフォリオの期待収益率…47
市場ポートフォリオの超過収益率…48
市場リスク……………………………45
システマティック・リスク…45, 46, 47, 48, 50
実現アプローチ（realization proposal）……………………789
実現主義………………………5, 264
実施指針…………466, 496, 499, 500, 501, 502, 503, 507
実質上の減資に伴う株式の有償消却　………………………563, 580
シティグループによる日興コーディアルグループの三角株式交換を通じた完全子会社化…………847
支配株主…………23, 32, 107, 110, 111, 119, 120, 121, 122, 126, 127, 196, 198, 227, 229, 230, 240, 269, 271, 288, 375, 384, 385, 398, 423, 438, 439, 440, 441, 442, 443, 444, 445, 446, 447, 448, 449, 451, 454, 463, 464, 467, 468, 533, 594, 595, 596, 597, 605, 615, 616, 617, 618, 619, 652, 653, 917
支配関係…………106, 109, 111, 113, 122, 124, 126, 127, 128, 185, 187, 188, 189, 191, 195, 196, 197, 198, 207, 208, 209, 216, 217, 218, 219, 220, 221, 222, 225, 226, 227, 229, 231, 238, 239, 240, 241, 245, 268, 269, 270, 271, 272, 274, 278, 280, 281, 282, 283, 284, 285, 286, 287, 288, 292, 299, 300, 302, 325, 333, 334, 339, 345, 347, 461, 464, 471, 472, 474, 588, 589, 592, 593, 594, 595, 596, 604, 605, 607, 608, 609, 610, 611, 612, 613, 614, 615, 616, 618, 619, 627, 631, 637, 644, 657, 661, 662, 663, 665, 666, 667, 670, 680, 681, 682, 686, 691, 695, 696, 697, 700, 701, 703, 706, 707, 709, 711, 714, 717, 718, 719, 720, 721, 761, 775, 817, 818, 819, 826, 828, 917, 918, 926, 949
支配関係継続見込み要件……281, 283, 610, 611, 613, 614, 615, 616, 627, 637
支配関係のある企業グループ内の分割……………………………604
支配関係のある法人間の組織再編成（50％超グループ内再編類型）……………………………615
「資本金等の額」の引継ぎ…………154
資本組入れ……………144, 145, 146, 176, 177, 180, 869
資本準備金………………144, 563, 581
資本剰余金………23, 58, 59, 144, 147, 148, 149, 157, 587, 645
資本積立金額………139, 143, 144, 164, 176, 177, 178, 179, 180
資本等取引…82, 99, 100, 101, 103, 329, 359, 369, 373, 526, 534, 587, 898

資本の払戻し……………147, 148, 149,
　　　　　　　　153, 856, 862, 863
指名委員会等設置会社………624, 887
借用概念……………144, 177, 180, 756
社債、株式等の振替に関する法律
　………………………………444, 447
シャルレ……………404, 405, 406, 407
収益率の標準偏差（SD(R)）………43
収益率の分散（Var(R)）…………43
従業員引継要件…………204, 207, 208
従業員持株会……………188, 661, 763,
　　　　　　　　　　　835, 984, 16
従業者継続従事要件……127, 195, 196,
　　　　　　　268, 270, 271, 280, 281,
　　　　　　　282, 283, 287, 288
修正国際基準（JMIS：国際会計
　基準と企業会計基準委員会によ
　る修正会計基準によって構成さ
　れる会計基準）……………………26
修正PBR………………………………18
重複上場……………………………843
重要な使用人……………605, 606, 607
受贈益………………………101, 107, 212,
　　　　328, 329, 359, 360, 361, 364, 366,
　　　　367, 368, 369, 370, 371, 372, 374,
　　　　375, 376, 377, 378, 379, 381, 385,
　　　　388, 389, 390, 391, 530, 531, 532,
　　　　533, 535, 685, 686, 813
受贈益課税……101, 328, 329, 359, 360,
　　　　　361, 364, 366, 367, 368, 369, 370,
　　　　　371, 372, 374, 375, 376, 378, 379,
　　　　　381, 385, 388, 389, 390, 391, 530,
　　　　　531, 533, 535, 813
受動的外国投資会社（PFIC）税制
　…………………………………740
受動的国外所得（passive over
　seas income）……………………747
受動的所得…………761, 778, 787, 796
取得請求権付株式………………136
取得法（Acquisition method）…25, 26
主要資産・負債移転要件……226, 227,
　　　　　　　　　　　　　240, 241
種類株式……82, 93, 94, 122, 136, 188,
　　　　266, 267, 273, 286, 295, 334, 335,
　　　　336, 339, 362, 395, 398, 403, 404,
　　　　407, 408, 409, 410, 411, 412, 413,
　　　　414, 415, 416, 417, 418, 420, 421,
　　　　422, 423, 425, 426, 433, 434, 435,
　　　　437, 439, 440, 441, 443, 445, 447,
　　　　448, 451, 452, 453, 454, 457, 459,
　　　　462, 464, 466, 467, 468, 471, 472,
　　　　474, 475, 476, 478, 479, 480, 536,
　　　　551, 553, 627, 629, 630, 633, 634,
　　　　666, 667, 668, 673, 705, 707, 763,
　　　　764, 810, 832, 833, 834, 851, 861,
　　　　915, 918, 919
純粋持株会社………201, 300, 301, 302,
　　　　　　　　　　304, 306, 307, 308
準備会社への吸収分割・現物出資
　スキーム……………………650, 651
ジョイント・エレクトレイト・ア
　クション……868, 870, 872, 873, 874
償却可能資産………………………32
償却不能資産………………………32
商事法定利率………………454, 458
上場株式の譲渡所得課税について
　の軽減税率……………………527
譲渡制限……77, 78, 79, 80, 81, 83, 84,
　　　　　　　　85, 347, 360, 362, 509,
　　　　　　　　582, 831, 832, 861, 862
譲渡制限株式……………360, 509, 832
譲渡損益調整資産…114, 115, 129, 181,
　　　　　　　182, 183, 239, 292, 293
消費税……………………………215, 234

剰余金の配当 …………… 58, 75, 147,
　　148, 149, 157, 158, 160, 161, 162,
　　167, 173, 174, 276, 293, 332, 429,
　　500, 582, 624, 888, 889
新株発行の差止め ………………… 510
神鋼商事事件 ……………………… 377
申告分離課税 ………… 78, 527, 532, 535
synthetic Dual Listed Company
　　structure ……………………… 751

〔す〕

スキーム・オブ・アレンジメント
　　…………… 490, 491, 494, 495, 497,
　　　　　551, 745, 844, 853, 854
スクィーズ・アウト
　　（squeeze-out：現金を対価とす
　　る少数株主の締出し）……… 92, 668
スチュワードシップ・コード …… 641
stapled share（ホチキス留めされ
　　た株式）……………………… 851
ステップ・アップ ………………… 329
ストック・オプション …… 78, 79, 80,
　　81, 82, 83, 84, 188, 277,
　　311, 347, 362, 568, 661
スピン・オフ税制 … 104, 105, 119, 121,
　　124, 125, 126, 127, 133, 134, 135,
　　150, 159, 559, 563, 572, 578, 587,
　　589, 590, 595, 598, 599, 604, 606,
　　607, 610, 611, 627, 630, 631, 632,
　　640, 641, 642, 643, 645, 647, 648,
　　649, 650, 651, 652, 914, 917
スピン・オフに関する特例措置 … 528
『スピンオフ』の活用に関する手
　　引 ……………………… 612, 623

〔せ〕

税源浸食的支出 ………… 804, 805, 806

税源浸食的便益 ………… 804, 805, 806
税源浸食割合 ……………………… 806
正三角 A 型組織再編成 …………… 89
正三角合併 ………… 314, 319, 333, 336,
　　　　　337, 835, 845
清算（ないし解体）価値（liqui-
　　dation value）………………… 41
税制適格ストック・オプション
　　………………… 78, 81, 82, 84, 277
税制非適格ストック・オプション
　　…………………………… 79, 83
成長する永久債（定成長モデル）… 12
正当な事業目的 ………… 335, 421, 422,
　　　　　424, 589, 871, 902
正ののれん ……………… 31, 210, 212,
　　　　　214, 216, 232, 233
税引前加重平均資本コスト（税引
　　前 WACC）…………………… 64
生保年金二重課税事件 ……………… 8
善管注意義務 ………… 406, 407, 418,
　　　　　419, 446, 878, 879
1992年キャピタル・ゲイン税法
　　（Taxation of Chargeable Gains
　　Act 1992）…………………… 538
1933年連邦証券法 ……… 397, 543, 544,
　　　　　546, 547, 558
1929年持株会社税制 ……………… 763
潜在的租税債務 …………… 213, 232
ゼンショー＝カッパ・クリエイト
　　事件 ……………………… 166
選択と集中 …………… 298, 562, 567,
　　　　　568, 640, 641, 642
全部取得条項付種類株式 … 93, 94, 122,
　　136, 266, 267, 273, 286, 295, 334,
　　335, 336, 339, 395, 398, 403, 404,
　　407, 408, 409, 410, 411, 412, 414,
　　415, 416, 417, 418, 420, 421, 422,

423, 425, 426, 433, 434, 435, 437, 439, 440, 441, 447, 448, 451, 452, 453, 454, 459, 462, 464, 466, 467, 471, 472, 474, 475, 476, 478, 479, 480, 536, 627, 629, 630, 633, 634, 666, 667, 668, 673, 705, 707, 763, 764, 915
全部取得条項付種類株式の取得価
　格決定申立て ……………………453
全部取得条項付種類株式利用スキ
　ーム ………………93, 94, 122, 136, 266, 267, 273, 286, 295, 395, 398, 403, 409, 410, 411, 421, 422, 423, 426, 433, 434, 437, 439, 440, 441, 447, 451, 453, 459, 462, 464, 466, 467, 474, 475, 476, 479, 480, 666, 667, 668, 705, 707, 763, 764, 915
全部保有関係 ………109, 111, 112, 113

〔そ〕

相互増資 ………815, 816, 817, 819, 820
相互タクシー事件 ………………359
相互売買事件 …………………390, 940
相殺構成 ………………………80, 81
総所得控除（損金算入）額 …805, 806
相続税 ……………8, 9, 10, 252, 811, 812, 898, 899, 910, 929
相続人・被相続人５年超海外居住
　による国外資産についての相続
　税等回避スキーム ……………812
贈与税 ……………8, 9, 811, 812, 910
属人的定め ………………………833
組織再編行為に関する差止制度 …453
組織再編成に係る行為又は計算の
　否認 ……………………912, 929
租税条約 …275, 321, 349, 741, 743, 750, 756, 759, 764, 766, 767, 768, 780,

781, 782, 783, 784, 785, 791, 792, 793, 795, 796, 805, 806, 809, 810, 829, 830, 831, 843, 850, 851, 879
租税条約実施特例法 ……………793
租税条約の事業所得条項 ……784, 785
租税属性（tax attributes）………98
租税特典制限（LOB:Limitation of Benefits）ルール ………………843
租税負担割合 …69, 131, 760, 778, 779, 780, 781, 796, 818
その他資本剰余金 ………………58, 144, 147, 148, 149
その他利益剰余金 ………144, 145, 147, 148, 149, 176, 177, 180
損金算入の制限 ………………209, 231

〔た〕

Terminal Value ……………40, 52, 53
第一次デンソー事件 ……………302
対価の均一性規制 ………520, 521, 522
対価の交付の見込み ……445, 446, 448
対価要件 ………126, 127, 155, 173, 194, 197, 198, 218, 223, 226, 240, 241, 460, 461, 471, 472, 604, 607, 608, 609, 616, 617, 619, 624, 700
タイ子会社有利発行事件東京高裁
　判決 ………357, 366, 367, 371, 372, 374, 375, 376, 377, 386, 387, 388, 389, 390, 392
第３次以降の組織再編成 …………277
第３次再編等に係る適格要件の緩
　和 ……………………125, 134
対象外国関係会社 ………………755, 761
対象外国関連法人 ………………131
「対等合併」（merger of equals）…840
第２次再編 ……124, 127, 204, 205, 206, 277, 278, 279, 280, 281, 282,

索引　969

283, 333, 334, 335, 345
第二次納税義務 ……………215, 233
代表社員 ………………………203
耐用年数 ………………………32, 33
downstream Dual Listed
　Company structure ……………751
抱合せ株式…………151, 155, 159, 167,
　　　　　　169, 172, 475, 478
多数派株主所在地主義 ………789, 795
多段階再編……………121, 204, 206,
　　　　　　277, 281, 283
多段階組織再編成 …593, 611, 613, 928
立川の自主解散…………………19
タックス・ヘイブン…………130, 131,
　132, 302, 322, 323, 351, 515, 737,
　739, 740, 743, 744, 745, 757, 766,
　767, 782, 783, 791, 795
タックス・ヘイブン対策税制……131,
　　132, 302, 322, 323, 351,
　　515, 739, 740, 782, 783
他人と事業上の損益の全部を共通
　にする契約 ………883, 884, 885, 889
単純現物分配類型………124, 590, 591,
　　　　　600, 601, 607, 608, 609,
　　　　　624, 625, 631, 651, 652
単体申告……………664, 677, 680, 681,
　　　　　682, 684, 693, 695, 696,
　　　　　697, 699, 701, 702, 704,
　　　　　722, 723, 724, 725, 726
単独新設現物出資………588, 589, 592,
　　　　　　610, 613, 614
単独分社型分割 …………………323

〔ち〕

地域統括持株会社 ………………515
チェンジ・オブ・コントロール
　…………………………853, 858, 859

地方税………………527, 532, 586, 658,
　　　　　　744, 749, 793
中外製薬……………563, 569, 580, 581,
　　　　　　584, 585, 586, 587
中間試案 …439, 489, 548, 549, 551, 553
中間持株会社…128, 283, 284, 317, 318,
　340, 344, 460, 514, 515, 605, 755,
　849, 856, 857, 858, 878, 884, 887,
　936, 937, 938, 939, 945

〔て〕

DHC Structure …………………841
DLC Structure …………………841
TOB の撤回 ……………………510
D 型組織再編 …………………589
定成長モデル …………………12, 15
適格会社分割により連結納税グル
　ープへ加入 …………………667
適格合併等の範囲に関する特例
　（特定グループ内合併等につい
　ての税制適格組織再編からの除
　外）………………………322, 323
適格合併により連結納税グループ
　へ加入 ………………………666
適格株式交換等……106, 107, 127, 267,
　　　　　273, 286, 287, 299, 334, 339,
　　　　　340, 472, 473, 475, 536, 666,
　　　　　667, 668, 673, 674, 706, 707,
　　　　　708, 712, 714, 915, 916
適格株式交換により連結納税グル
　ープへ加入 …………………725
適格株式分配（適格スピン・オ
　フ）………………104, 124, 125,
　　　　　126, 127, 158, 160, 161, 173, 174,
　　　　　175, 592, 593, 601, 608, 611, 624
適格居住者 ……………………843
適格現物出資 ………91, 100, 124, 126,

970

128, 133, 156, 205, 214, 241,
244, 246, 247, 278, 323, 326,
345, 600, 638, 721, 755, 760,
776, 820, 828, 935
適格現物出資の範囲に関する特例
　……………………755, 760, 776
適格現物分配………103, 127, 135, 157,
158, 160, 292, 293, 326, 607, 636, 914
適格三角合併………311, 319, 322, 327,
337, 343, 344, 345, 348, 715, 734
適格三角株式交換……………715, 734
適格事後設立……………100, 129, 914
適格外し……………………193, 916
敵対的買収………19, 402, 537, 545,
567, 584, 750, 878, 879
デット・エクイティ比率（Debt/
Equity ratio）……………………65
Debt Pushdown……………………69
Dual Pillar Structure………………841
Dual Headed Company……………841
Dual Headed Structure………841, 844
デルファイ……………………567
転換株式……………………136
典型的スピン・オフ………594, 597,
598, 645, 646

〔と〕

東京地決平成18年6月30日判タ
1220号110頁〔サンテレホン事
件〕………………………………72
統合グループ・テイクオーバー・
コード・リミット…………873, 874
投資の継続（continuity of inter-
est）………………………………90
投資簿価修正……21, 22, 25, 26, 27, 28,
29, 677, 678, 679, 681, 687,
688, 689, 690, 691, 692, 693,
694, 698, 703, 704, 722, 728
投資持分継続性要件………………632
同族会社の行為計算否認規定（法
法132条）……729, 893, 896, 944, 948
登録免許税………………234, 244, 308
Toll Charge 規定……………………773
特殊関係株主等……131, 132, 323, 324,
350, 351, 776, 777,
778, 779, 781, 785
特殊関係内国法人…131, 777, 778, 779
特定外国関係会社………755, 761, 796
特定外国関係法人……………131, 777,
778, 779, 780
特定外国子会社等………302, 760, 761,
776, 782, 783, 785, 787, 796, 798
特定外国子法人………………755, 776
特定外国法人………………131, 324
特定関係………………465, 466, 777
特定関係事業者………………465, 466
特定グループ内合併………132, 322,
323, 774, 775
特定グループ内株式交換…………774
特定グループ内分割………………774
特定軽課税外国法人…………775, 818
特定現物出資………………116, 128
特定支配関係…216, 775, 818, 819, 826
特定剰余金配当制度………………625
特定組織再編成発行手続……620, 622
特定内国法人……………131, 324, 777
特定の合併等が行われた場合の株
主等の課税の特例…………772, 775
特定の現物出資により取得した有
価証券の圧縮記帳額の損金算入
制度………………………………322
特定引継資産………………………219
特定保有資産………………………219
特定無対価合併……………………111

索引　971

特定無対価株式交換 …………………107
特定役員………195, 196, 197, 201, 202,
　　203, 204, 221, 222, 226, 228, 229,
　　245, 266, 268, 270, 287, 288, 303,
　　304, 305, 306, 342, 604, 605, 606,
　　607, 608, 609, 619, 931, 932, 933
特定役員就任要件…604, 605, 606, 607
特定役員引継要件……………201, 202,
　　204, 221, 222, 228, 266, 304, 305,
　　306, 342, 608, 609, 931, 932, 933
特別事業再編計画…………………117,
　　135, 463, 464, 466, 495, 496,
　　497, 499, 502, 506, 529, 537,
　　541, 542, 556, 557, 625, 626
特別支配株主…………………398, 423,
　　438, 439, 440, 441, 442, 443,
　　444, 445, 446, 447, 448, 449,
　　451, 454, 463, 464, 467, 468
独立当事者間取引基準説……905, 907,
　　　　　　　　　　908, 909, 938
独立保有型……855, 856, 858, 859, 860,
　　863, 867, 881, 882, 889, 891, 892
独立保有型二元上場会社……855, 858,
　　　　　859, 860, 863, 867, 881, 882
独立リスク ………………………44, 45
ToSTNeT－2 ……………165, 166, 653
ToSTNeT－3 …………………166, 653
トラッキング・ストック……563, 564,
　　575, 576, 577, 578, 579, 648, 649
トランプ税制改革法
　（The Tax Cuts and Jobs Act of
　　2017）……………………801, 803
トランプ税制改正 …………803, 804
トリーティ・オーバーライド
　（treaty override）………………780
トレイリング PER ………………38
ドロップ・ダウン組織再編成………90

〔な〕

内国親会社………………………737, 739,
　　740, 754, 755, 756, 758, 759, 760,
　　762, 770, 771, 772, 774, 775, 776,
　　779, 786, 787, 794, 798, 809
内国歳入庁 ……………391, 392, 880
NYSE ユーロネクストとドイツ証
　券取引所との国際経営統合 ……753

〔に〕

NISA …………………………………527
二項格子モデル……………………72
2項みなし配当 ……………………144
二重株式型……………………842, 856, 862,
　　　　　　　　　　863, 881, 890, 891
二重株式型二元上場会社……842, 862,
　　　　　　　　　　　863, 881, 891
二重国籍上場会社（Dual Listed
　Company）……………………751
二重国籍上場会社（二元上場会
　社）………………………………751
二重上場 ……………………841, 843
二重本社会社
　（Dual-headed Company）……751
二段階買収 ………………………498
日英租税条約 ………………767, 809
日米租税条約 ………………349, 806, 843
日蘭租税条約 ………………349, 767, 809
日港租税協定 ………………766, 830, 831
日産事件 …………………………391
日中租税条約 ……………………766
日本興業銀行、富士銀行及び第一
　勧業銀行によるみずほホールデ
　ィングスの下での経営統合 ……308

日本製紙と大昭和製紙による共同
　持株会社である日本ユニパック
　ホールディングスの下での経営
　統合 …………………………303
日本版 ISA …………………………527
日本預託証券（JDR） …………343
日本・ルクセンブルク租税条約 …767
任意 TOB ……………………………507
認定自社株対価 TOB …385, 488, 489,
　　497, 506, 508, 509, 510, 511, 513,
　　519, 520, 523, 526, 528, 529, 530,
　　531, 533, 534, 536, 549, 553, 556,
　　557, 558
認定特別事業再編事業者 …………135

〔の〕

のれん分け ……………………………574

〔は〕

PER（株価収益率） …………19, 38
パーチェス法……21, 22, 23, 24, 25, 26,
　　27, 28, 177, 179, 265, 273, 428
ハート・スコット・ロディーノ法
　　………………………………854
パートナーシップ ……………647, 880
Perpetuity（永久債） …………12, 13
配当税額控除 ……………………163
配当の支払いなくして配当受領者
　の居住地国での課税なし …781, 785
Hybrid Instrument ………………69
端数株式 ………………93, 253, 299,
　　409, 410, 411, 420, 423, 430,
　　431, 433, 434, 435, 436, 455,
　　456, 458, 462, 475, 667, 916
端数株式交換スキーム………299, 423,
　　433, 916
端数株式交付合併方式 ……………430

端数処理金 …………………498, 529
80％インバージョン…………754, 773,
　　789, 790
パチンコ平和事件一審判決………905,
　　906, 909
バルス …………………………762, 822

〔ひ〕

非按分比例型スプリット・オフ …632
非按分分割 ……………………………919
BEAT …………803, 804, 805, 806, 807
PE なければ事業所得課税なし
　…………………………781, 783, 792
P/E レシオ …………………………19
BHP ビリトンによるリオ・ティ
　ントの敵対的買収 ………………878
B 型組織再編成………90, 134, 137, 538
BP Amoco plc ………………………750
PBR（株価純資産倍率） ……………18
非課税口座 ……………………………527
被合併法人の繰越欠損金の引継ぎ
　の制限 ………………………209
被支配外国会社（CFC） ……785, 795
非支配関係継続要件……124, 604, 605,
　　607, 608, 609, 611, 631, 917
（ヒストリカル）ボラティリティ …76
非典型的スピン・オフ ………594, 598
1 株当たり利益（EPS:Earnings
　Per Share）………………………571
100％グループ内再編類型…………121
費用収益対応の原則………………31
標準偏差（σ：シグマ）……………76
比例交付要件………604, 607, 608, 609,
　　616, 617, 619, 632, 652, 653
非連結法人………699, 700, 702, 703,
　　704, 705, 706, 709, 714,
　　715, 716, 717, 719, 725

索引　973

〔ふ〕

Fisher Black（ブラック） ………74
Form F－4 …………397, 543, 544, 546, 547, 558
Form CB ………………………834
フォワード PER ………………38
不課税取引 ……………………234
複数株式移転 …………………613
複数新設現物出資 …………245, 613
複数新設分割 ………………245, 612
含み損に係る規律と繰越欠損金に
　係る規律との非対称性 ………678
不公正発行 ……………………510
負債調整勘定………151, 152, 209, 210, 211, 212, 214, 231, 232, 720, 721
負債の資本コスト（負債資本コスト） ……………………47, 50
ブックビルディング方式……378, 379, 380, 381, 382, 384
プット＝コール・パリティの公式 ………………………70, 71
不動産関連法人株式の譲渡………130, 134, 321
不動産取得税 …………………234
負ののれん ………23, 31, 210, 212, 214
部分対象外国関係会社 ……………761
部分対象外国関係法人………131, 777, 778, 779, 780
部分的スピン・オフ ………566, 588, 589, 598, 625
部分的なスプリット・オフ ……………………627, 628, 629
ブラック・リスト国所在外国関係法人 ………………………778
フリージアトレーディング ………553
フリージア・マクロス ……………553

不利発行 ………………………369
フローバック（flow back）
　……571, 841, 846, 847, 848, 849, 882
分割型（吸収）分割 …………223
分割型三角分割 ………………605
分割型新設分割 …………104, 124, 590
分割型単独新設分割……150, 581, 584, 585, 590, 591, 600, 604, 605, 607, 612, 617, 630, 631, 632, 647, 649, 651, 652, 653, 917
分割型単独新設分割類型………590, 591, 600, 604, 605, 607, 630, 631, 647, 649, 651, 652, 917
分割型分割（人的分割）………98, 582
分割型分割タイプの三角分割 ……340
分割等＋株式譲渡スキーム …235, 236
分散…42, 43, 44, 45, 46, 47, 48, 568, 819
分社型吸収分割………236, 237, 238, 244, 612
（分社型）共同新設現物出資………245
分社型共同新設分割 …………241, 242
分社型新設分割 ………94, 236, 237, 238, 244, 592, 593, 600, 610, 611, 614, 631, 647, 649, 651
分社型新設分割＋現物分配……94, 600
『分社型新設分割又は現物出資＋現物分配』類型 …………592, 593
分社型（単独）新設分割 …………588
分社型分割タイプの三角分割 ……340
分社型分割（物的分割）………98, 582
分配可能額規制 ………293, 294, 458

〔へ〕

並行第三者割当増資 ……382, 383, 384
米国預託証券（ADR） ……………343
平成10年度税制改正 …………128, 322
平成12年商法改正 …116, 241, 561, 581

平成13年6月商法改正 …………380
平成13年度税制改正…………6, 100,
　　116, 118, 134, 144, 146, 164, 176,
　　177, 187, 249, 256, 263, 298, 526,
　　895, 910, 913, 918, 928, 935
平成14年度税制改正 ……657, 729, 944
平成15年改正産活法 ……………528
平成15年度税制改正…………124, 134,
　　　　　　　　　　　　204, 205
平成16年度税制改正 ……………671
平成17年改正前商法……249, 290, 291,
　　　　　　　　563, 579, 581, 587
平成17年商法改正 ………………361
平成18年度税制改正 ………59, 78, 99,
　　116, 119, 124, 134, 143, 176, 178,
　　211, 285, 289, 290, 291, 301, 362,
　　369, 395, 409, 426, 427, 429, 430,
　　434, 437, 460, 672, 913, 928
平成19年度税制改正……………101,
　　102, 116, 129, 131, 132, 133, 134,
　　181, 738, 739, 755, 757, 760, 770,
　　771, 773, 914, 920, 921
平成20年基準 ………………22, 31
平成20年度税制改正 ……………344
平成21年度税制改正 ……758, 787, 788
平成22年度税制改正……100, 103, 105,
　　106, 108, 114, 115, 121, 129, 134,
　　136, 153, 154, 157, 164, 165, 171,
　　172, 182, 208, 230, 238, 239, 292,
　　329, 515, 628, 636, 657, 658, 686,
　　733, 760, 914
平成23年度税制改正 ……………181
平成24年度税制改正……234, 528, 755,
　　　　　　　　　　799, 803, 808
平成25年度税制改正 ……………528
平成26年改正会社法 ……………446
平成27年度税制改正 …………59, 208,

　　　　　　　　　　234, 775, 812
平成28年度税制改正 …………78, 119,
　　263, 265, 266, 268, 270,
　　275, 277, 304, 305, 362
平成29年度税制改正……104, 105, 119,
　　120, 121, 122, 123, 124, 125, 131,
　　133, 134, 135, 150, 155, 159, 173,
　　191, 194, 205, 206, 210, 215, 218,
　　223, 229, 232, 263, 265, 266, 267,
　　272, 273, 276, 277, 284, 285, 286,
　　287, 295, 299, 311, 334, 335, 338,
　　339, 395, 399, 408, 459, 460, 461,
　　470, 471, 472, 473, 474, 475, 476,
　　477, 478, 479, 480, 481, 482, 536,
　　563, 578, 589, 592, 595, 597, 601,
　　610, 614, 615, 616, 617, 618, 630,
　　641, 645, 646, 647, 649, 650, 651,
　　666, 668, 671, 673, 674, 700, 715,
　　748, 761, 796, 812, 914, 915, 916,
　　917, 928, 940
平成30年度税制改正…………104, 106,
　　107, 108, 110, 117, 121, 125, 126,
　　134, 135, 137, 207, 211, 278, 496,
　　528, 529, 537, 541, 542, 547, 556,
　　557, 563, 592, 600, 611, 618, 642,
　　644, 646, 649, 651, 748, 928
平成31年度税制改正の大綱…199, 320,
　　　　　　　325, 334, 347, 774, 778, 781
米・バルバドス租税条約 …………743
BEPS………………761, 801, 812, 843
ペーパー・カンパニー…131, 200, 246,
　　　　　　　299, 320, 323, 761, 778
（変動幅限定付）変動制交換比率
　方式 ……………………………506

〔ほ〕

包括的所得概念 ………………4, 5

法人所得についての2段階課税の
　原則 …………………… 146, 162
法人税法22条2項に関する限定説
　………………………………… 369
法人税法22条2項に関する無限定
　説 ……………………………… 369
法人の清算所得課税制度………… 105, 134, 636
法と経済学……………………………… 3
ボーダフォン・エアタッチ ……… 491
ポートフォリオ会社 …………… 794
保険相互会社 …………………… 243
ボラティリティ ………… 41, 43, 75, 76
本源的価値（Intrinsic Value） …… 41
本店所在地主義 ……………… 748, 756

〔ま〕

Market Cap ……………………… 39
マイナンバー …………………… 136
Myron Scholes（ショールズ）…… 74
マッチング・アクション ………… 869
マンネスマン …………………… 491

〔み〕

みなし共同事業要件…… 204, 220, 221, 222, 700, 703, 719, 720, 721, 726, 933
みなし事業年度……… 153, 154, 663, 664, 681, 682, 697, 723
みなし内国法人アプローチ… 789, 790, 791, 792, 793, 795, 797
みなし役員 ………………… 203, 228

〔む〕

無裁定理論 ……………………… 11
無償構成 ………………………… 80
無対価合併 ………… 97, 108, 109, 110, 111, 126, 151, 211
無対価交換（無対価での株式交換）… 97
無対価組織再編………… 108, 112, 113, 125, 134
無対価の適格組織再編 ………… 172
無対価分割 …… 97, 108, 109, 110, 111, 112, 126, 152, 156, 211
無対価分割型分割……… 109, 110, 111, 112, 126, 211
無対価分社型分割 ………… 111, 112, 211
無リスク利子率 … 4, 10, 45, 46, 47, 48, 50, 51, 52, 54, 73, 75

〔め〕

名義株 ………………………… 708

〔も〕

目論見書 ……………………… 623
持株会社……… 128, 130, 131, 200, 201, 243, 283, 284, 289, 290, 291, 292, 293, 294, 297, 300, 301, 302, 303, 304, 306, 307, 308, 309, 317, 318, 322, 340, 344, 351, 426, 427, 430, 460, 493, 514, 515, 605, 742, 743, 745, 750, 751, 755, 762, 763, 764, 768, 794, 812, 822, 823, 841, 845, 846, 849, 856, 857, 858, 878, 884, 887, 936, 937, 938, 939, 945
持株会社優遇税制 …………… 764, 768
持分プーリング法……… 21, 22, 23, 24, 25, 26, 27, 28
モンテカルロ法………………… 72

〔や〕

役員等……… 188, 202, 226, 228, 229, 245, 406, 504, 605, 619
薬機法 ……………………… 649, 650

ヤフー・IDCF事件一審判決 ……911,
　　　　920, 921, 922, 951
ヤフー・IDCF事件控訴審判決 …908
ヤフー・IDCF事件最高裁判決
　…………………………222, 908
ヤフー事件……202, 204, 222, 895, 907,
　　　　908, 911, 912, 921, 922, 923,
　　　　924, 925, 926, 927, 930, 931,
　　　　933, 948, 950, 951, 952, 953
ヤフー事件一審判決 ………………911
ヤフー事件控訴審判決…911, 921, 922,
　　　　925, 926, 948, 951, 953
ヤフー事件最高裁判決………907, 908,
　　　　912, 921, 923, 924, 925,
　　　　926, 927, 930, 931, 933,
　　　　948, 950, 951, 952, 953

〔ゆ〕

有価証券届出書……519, 522, 523, 620,
　　　　621, 622, 623, 633,
　　　　634, 638, 639, 640
有価証券の売出し…623, 633, 634, 639
有価証券の募集………………523, 621,
　　　　622, 623, 634
有限責任事業組合（LLP）………243
融資証明書 ……………408, 442, 446
有償減資 …563, 581, 583, 584, 585, 587
有償減準備金 …563, 581, 583, 584, 587
有利発行……80, 81, 101, 328, 329, 357,
　　　　360, 361, 362, 363, 364, 365, 366,
　　　　367, 368, 369, 370, 371, 372, 373,
　　　　374, 375, 376, 377, 378, 379, 380,
　　　　381, 382, 384, 385, 386, 387, 388,
　　　　389, 390, 392, 508, 511, 512, 513,
　　　　530, 531, 533, 549, 554, 813
有利発行規制……80, 81, 328, 360, 364,
　　　　379, 508, 511, 512, 531, 549, 554

有利発行規制の適用除外 ……508, 511

〔よ〕

預金残高証明書 ……………………446

〔ら〕

ライツ・オファリング …583, 584, 821
濫用基準説………………924, 926, 927,
　　　　931, 952, 953

〔り〕

利益準備金 ……144, 145, 176, 177, 180
利益積立金額の引継ぎ …153, 154, 171
リスク回避的（risk averse）………46
リスク・プレミアム ………41, 45, 46,
　　　　47, 50, 51
離脱日……………………681, 682, 683,
　　　　684, 690, 691, 703
離脱法人………681, 682, 683, 684, 686,
　　　　687, 691, 692, 693, 694, 714
Redomiciliation ……………………745
Redomiciling ……………………745, 747
「私法上の法律構成に基づく『否
　認』」の理論……………………935
略式組織再編………………423, 437, 448,
　　　　464, 465, 466, 467
略式組織再編行為の差止請求制度
　…………………………………448
留保所得合算課税 ………323, 351, 797
領土内所得課税主義 ………………798
領土内所得課税方式（国外源泉所
　得非課税方式）……………745, 768
臨時報告書 ……………………522, 523

〔る〕

ルーセント・テクノロジーズ ……567
Rule 802 ……………………………544

索　引　977

Luxembourg rule ·················794

〔れ〕

レックス ········395, 398, 399, 402, 403,
　　404, 405, 408, 409, 410, 412, 413,
　　414, 415, 416, 417, 418, 419, 420,
　　421, 423, 424, 425, 435, 437
レブロン義務 ·······················879
連結親法人たる要件 ······660, 661, 695
連結親法人予定法人 ··················946
連結完全支配関係········657, 661, 662,
　　665, 666, 667, 680, 681, 682,
　　691, 695, 696, 697, 706, 707,
　　709, 711, 714, 717, 718, 719
連結完全支配関係を有することと
　なった日 ·····························662
連結繰越欠損金······683, 684, 698, 701,
　　703, 711, 723, 724, 725,
　　726, 727, 730, 731, 732,
　　733, 734
連結繰越欠損金個別帰属額···683, 684,
　　698, 703, 723, 724, 725,
　　726, 727, 733, 734
連結子法人たる要件 ······660, 662, 680
連結子法人予定法人 ··················946
連結除外法人 ···661, 662, 663, 695, 705
連結申告 ···664, 674, 680, 682, 695, 696
連結申告法人 ························682
連結納税グループからの離脱······660,
　　679, 680, 681, 683, 686, 687,
　　696, 697, 698, 699, 702, 717
連結納税グループの解消······660, 679,
　　695, 696, 698, 715, 716
連結納税グループへの加入·········296,
　　473, 660, 662, 663, 664, 665, 667,
　　668, 670, 671, 672, 673, 674, 676,
　　678, 679, 681, 683, 701, 705, 706,
　　709, 710, 718, 725, 726, 949
連結法人税················24, 685, 686, 687
連結法人税個別帰属額 ···685, 686, 687
連結法人税の精算··················24, 685
連結法人として単体申告する事業
　年度 ·········24, 684, 693, 696, 697,
　　723, 724, 725, 726
連結法人に係る行為計算否認規定
　　··············655, 729, 893, 944, 954
連帯納付責任 ···············232, 233, 794
連邦内国歳入法典163条(j) ·········800,
　　803, 805
連邦内国歳入法典269B条····879, 880
連邦内国歳入法典362条(b)項·········538
連邦内国歳入法典367条(a)項···773, 789
連邦内国歳入法典368条(a)項(1)号(B)
　　··538
連邦内国歳入法典482条···385, 391, 392
連邦内国歳入法典1291条 ············796
連邦内国歳入法典1504条 ············734
連邦内国歳入法典7874条······743, 748,
　　754, 772, 773, 780, 789, 790, 793

〔ろ〕

ロイヤル・ダッチ＝シェル···841, 857,
　　865, 881, 889
60％インバージョン ············772, 789

〔わ〕

我が国の産業活力の再生及び産業
　活動の革新に関する基本的な指
　針 ·······································487
WACC·········47, 51, 52, 53, 63, 64, 65
割引率·····················40, 51, 52, 53, 54

《編著者略歴》

太田　　洋（おおた　よう）　第1章～第14章担当
　弁護士（西村あさひ法律事務所メンバーパートナー）
　1991年東京大学法学部第二類卒業、1993年弁護士登録、2000年米国ハーバード大学ロースクール LL.M.(法学修士号) 取得、2000年～2001年 Debevoise & Plimpton 法律事務所（米国 NY）勤務、2001年米国 NY 州弁護士登録、2001年～2002年法務省民事局付（任期付任用公務員）（法務省民事局参事官室にて、平成13年・14年商法改正・商法施行規則の立案作業に関与）、2007年経済産業省「新たな自社株式保有スキーム検討会」委員、2010年金融庁金融税制研究会委員、2013年～2016年東京大学大学院法学政治学研究科教授、2018年金融審議会ディスクロージャー WG 委員・経済産業省「我が国企業による海外 M&A 研究会」委員。
　現在、（株）リコー社外監査役、日本化薬（株）社外取締役、電気興業（株）社外取締役、（社）日本取締役協会幹事

【主な著書・論文】
『租税法概説〔第3版〕』（共著、有斐閣、2018年）
「組合に係る課税関係についての若干の考察」金子宏＝中里実編『租税法と民法』（有斐閣、2018年）所収
『社債ハンドブック』（共編著、商事法務、2018年）
『新株予約権ハンドブック〔第4版〕』（共編著、商事法務、2018年）
『個人情報保護法制と実務対応』（共編著、商事法務、2017年）
『種類株式ハンドブック』（共編著、商事法務、2017年）
『経済刑法』（共著、商事法務、2017年）
『会社法実務相談』（共編著、商事法務、2016年）
『独立取締役の教科書』（共著、中央経済社、2015年）
『消費者集団訴訟特例法の概要と企業の実務対応』（共編著、商事法務、2015年）
『平成26年会社法改正と実務対応〔改訂版〕』（共編著、商事法務、2015年）
『企業取引と税務否認』（共編著、大蔵財務協会、2015年）
「有利発行に関する課税問題」金子宏＝中里実＝マーク・ラムザイヤー編

『租税法と市場』（有斐閣、2014年）所収
『クロスボーダー取引課税のフロンティア』（共編著、有斐閣、2014年）
『論点体系　金融商品取引法〔1〕〔2〕』（共編著、第一法規、2014年）
『タックス・ヘイブン対策税制のフロンティア』（共編著、有斐閣、2013年）
『ビジネスパーソンのための企業法務の教科書』（共著、文春新書、2012年）
『租税判例百選〔第5版〕』（共著、有斐閣、2011年）
『移転価格税制のフロンティア』（共編著、有斐閣、2011年）
『新しい持株会設立・運営の実務―日本版ESOPの登場を踏まえて』（共編著、商事法務、2011年）
『M&A法務の最先端』（共編著、商事法務、2010年）
「インバージョン対応税制の在り方とその未来」金子宏編『租税法の発展』（有斐閣、2010年）所収
『国際租税訴訟の最前線』（共編著、有斐閣、2010年）
『経営判断ケースブック』（共著、商事法務、2008年）
『ビジネス・タックス―企業税制の理論と実務―』（共著、有斐閣、2005年）
「金銭債権の回収不能に基づく貸倒損失―劣後債権についての貸倒損失認識時期の問題を手掛かりとして」金子宏先生古稀祝賀記念論文集『公法学の法と政策〔上〕』（有斐閣、2000年）所収、等多数

《共著者略歴》

野田　昌毅（のだ　まさき）　第12章担当
　弁護士（西村あさひ法律事務所パートナー）
　2000年東京大学法学部第一類卒業、2001年東京大学大学院法学政治学研究科修士課程修了、2002年弁護士登録、2006年～2008年及び2012年～現在成蹊大学法学部非常勤講師（租税法）、2009年バージニア大学ロースクールLL.M（法学修士号）取得、2009年～2010年 Sullivan & Cromwell 法律事務所（米国NY）勤務、2010年 NY 州弁護士登録、2014年～2016年東京大学法学部非常勤講師
【主な著書・論文】
『新株予約権ハンドブック〔第4版〕』（共著、商事法務、2018年）

「組織再編の差止請求及びキャッシュ・アウトの差止請求に関する実務上の論点〔上〕〔下〕」金融・商事判例1471号及び1472号（共著、2015年）
『クロスボーダー取引課税のフロンティア』（共著、有斐閣、2014年）
『国際仲裁と企業戦略』（共著、有斐閣、2014年）
『論点体系 金融商品取引法〔1〕〔2〕』（共著、第一法規、2014年）
"Getting the Deal Through – Private Equity2018（Japan Chapter, Transactions)"（Co-author, Law Business Research, 2018）
"Practical Law Global Guide 2016／17 Tax on Corporate Transactions（Japan Chapter)"（Co-author, Thomson Reuters, 2016）等多数

清水　　誠（しみず　まこと）　第12章・第13章担当
弁護士（西村あさひ法律事務所パートナー）
2003年東京大学法学部第一類卒業、2004年弁護士登録、2012年ワシントン大学ロースクール LL.M.（法学修士号）取得、2012年～2013年 Paul, Weiss, Rifkind, Wharton & Garrison 法律事務所（米国 NY）勤務、2013年～2014年 Pinheiro Neto 法律事務所（ブラジル・サンパウロ）勤務、2015年～株式会社ユーグレナ社外取締役

【主な著書・論文】
『M&A 法大全〔全訂版〕（上）（下）』（共著、商事法務、2019年）
"Shareholder's Rights & Obligations"（Japan Chapter)(Co-author, Global Law and Business, 2017）
「ブラジル税務の基礎（1）（2）」商事法務ポータル（2016年）
『租税判例百選〔第6版〕』（共著、有斐閣、2016年）
『企業取引と税務否認の実務』（共著、大蔵財務協会、2015年）
『クロスボーダー取引課税のフロンティア』（共著、有斐閣、2014年）
"The PLC Cross-border Tax on Transactions Handbook2011／12（Japan Chapter), The PLC Cross-border Tax on Transactions Handbook2011／12"（Co-author, Practical Law Company, 2011）
『M&A 法務の最先端』（共著、商事法務、2010年）、等多数

石川　智也（いしかわ　のりや）　第8章担当
　弁護士（西村あさひ法律事務所パートナー）
　2005年東京大学法学部第一類卒業、2006年弁護士登録、2015年バージニア大学ロースクール LL.M.(法学修士号) 取得、2016年ミュンヘン知的財産法センター LL.M.(法学修士号) 取得、2016年ノエル法律事務所（ドイツ・ミュンヘン）出向、2017年米国 NY 州弁護士登録
【主な著書・論文】
　『個人情報保護法制と実務対応』（共著、商事法務、2017年）
　『資本・業務提携の実務（第2版）』（共著、中央経済社、2016年）
　『秘密保持契約の実務　作成・交渉から平成27年改正不競法まで』（共著、中央経済社、2016年）
　『知的財産法概説〔第5版〕』（共著、弘文堂、2013年）
　"The International Comparative Legal Guide to: Mergers & Acquisitions 2012" (Co-author, Global Legal Group Ltd, 2012)
　「株式対価型組織再編における株式買取請求権」ジュリスト増刊『実務に効く M&A・組織再編判例精選』（共著、有斐閣、2013年）
　『会社法実務解説』（共著、有斐閣、2011年）
　『新しい持株会設立・運営の実務―日本版 ESOP の登場を踏まえて』（共著、商事法務、2011年）
　『M&A 法務の最先端』（共著、商事法務、2010年）等

園浦　卓（そのうら　たく）　第3～6章・第11章担当
　弁護士（西村あさひ法律事務所カウンセル）
　2000年東京大学法学部卒業、2001年弁護士登録、2001～2013年長島・大野・常松法律事務所勤務、2007年ニューヨーク大学ロースクール（LL.M.）卒業、2007年～2008年ボストンのロープス・アンド・グレイ法律事務所勤務、2009年ニューヨーク州弁護士登録
【主な著書・論文】
　『クロスボーダー取引課税のフロンティア』（共著、有斐閣、2014年）
　『企業取引と税務否認の実務』（共著、財団法人大蔵財務協会、2015年）
　「地方税法343条2項後段の類推適用による固定資産税の賦課の可否」（ジュ

リスト No.1487（2015年12月号））

「金融判例に学ぶ営業店 OJT＜融資業務編＞競売の配当金が供託された場合の被担保債権への弁済充当の時期」（金融法務事情2042号（2016年5月25日号））

「金融案例に学ぶ営業店 OJT＜融資業務編＞事業の譲渡会社のブランド名を継続利用した譲受会社の責任」（金融法務事情2048号（2016年8月25日号））

「金融案例に学ぶ営業店 OJT＜融資業務編＞倒産手続開始の申立ての決定を秘匿して融資を受けた会社の取締役の責任」（金融法務事情2054号（2016年11月25日号））

「日本 IBM 事件判決の検討－法人税法132条の適用－」（経理研究 No.59（2016年12月））

辰巳　郁（たつみ　かおる）　第9章担当
弁護士（西村あさひ法律事務所）
2004年東京大学法学部第一類卒業、2005年弁護士登録、2012年米国デューク大学ロースクール LL. M.（法学修士号）取得、2012年～2013年 Kirkland & Ellis 法律事務所（米国シカゴ）勤務、2013年米国 NY 州弁護士登録、2013年～2015年法務省民事局付（任期付任用公務員）（法務省民事局参事官室にて、平成26年会社法改正の立案作業等に関与）、2014年司法試験考査委員（商法）。2018年からニューヨーク事務所に所属。

【主な著書・論文】

『M&A 法大全〔全訂版〕〔上・下〕』（共著、商事法務、2019年）

『会社法実務相談』（共著、商事法務、2016年）

『一問一答　平成26年改正会社法〔第2版〕』（共著、商事法務、2015年）

『立案担当者による平成26年改正会社法関係法務省令の解説』（共編著、別冊商事法務397号、2015年）

『立案担当者による平成26年改正会社法の解説』（共著、別冊商事法務393号、2015年）

「表明保証と当事者の主観的事情—サンドバッギングの可否を中心に—〔上〕・〔下〕」（単著、旬刊商事法務1998号・1999号、2013年）等多数

飯永　大地（いいなが　だいち）
　　弁護士（西村あさひ法律事務所）
　　2012年東京大学法学部第一類卒業、2014年弁護士登録、2017年〜現在成蹊大学法学部非常勤講師（租税法）

増田　貴都（ますだ　たかと）　第1章〜第3章、第10章、第11章担当
　　弁護士（西村あさひ法律事務所）
　　2014年東京大学法学部第一類卒業、2016年弁護士登録
　【主な著書・論文】
　　『新株予約権ハンドブック〔第4版〕』（共著、商事法務、2018年）

〔第4版〕**M&A・企業組織再編のスキームと税務**
～M&Aを巡る戦略的プランニングの最先端～

平成31年2月21日　初版印刷
平成31年3月16日　初版発行

不許複製

編　著　　太　田　　　洋

(一財)大蔵財務協会　理事長
発行者　　木　村　幸　俊

発行所　一般財団法人　大蔵財務協会

〔郵便番号　130-8585〕
東京都墨田区東駒形1丁目14番1号
TEL（販　売　部）03(3829)4141　FAX（販　売　部）03(3829)4001
　　（出版編集部）03(3829)4142　　　（出版編集部）03(3829)4005
http://www.zaikyo.or.jp

乱丁・落丁はお取替えいたします。　　　印刷　恵友社
ISBN978-4-7547-2626-3